駐馬店年鑑

2016 YEAR BOOK OF ZHUMADIAN

驻马店市人民政府主办

驻马店市地方史志办公室编

方志出版社

图书在版编目（CIP）数据

驻马店年鉴. 2016 / 驻马店市地方史志办公室编
. -- 北京 : 方志出版社, 2016.12
ISBN 978-7-5144-2287-0

Ⅰ. ①驻… Ⅱ. ①驻… Ⅲ. ①驻马店－2016－年鉴
Ⅳ. ①Z526.13

中国版本图书馆CIP数据核字(2016)第302595号

驻马店年鉴(2016)

编　　者：驻马店市地方史志办公室
责任编辑：顾　洁

出 版 人：冀祥德
出 版 者：方志出版社
地址　北京市朝阳区潘家园东里9号（国家方志馆4层）
邮编　100021
网址　http://www.fzph.org
发　　行：方志出版社发行中心
电话（010）67110500
经　　销：各地新华书店
印　　刷：河南匠心印刷有限公司

开　　本：889×1194　1/16
印　　张：44.25
字　　数：1678千字
版　　次：2016年12月第1版　2016年12月第1次印刷
印　　数：000～1500册

ISBN　978-7-5144-2287-0　定价：290.00元

导　读

一、《驻马店年鉴》是由驻马店市人民政府主办、驻马店市地方史志办公室编纂的地方综合年鉴，是一部系统记述驻马店市区域内自然、历史、政治、经济、文化、社会等方面情况的年度性、地方性、资料性文献，也是一部具有历史性、文化性、知识性、科学性的基本市情读本。

二、年鉴编纂出版坚持以马克思列宁主义、毛泽东思想、邓小平理论、“三个代表”重要思想为指导，全面贯彻落实科学发展观和习近平治国理政思想，遵守国家有关法律、法规，力争做到观点正确，框架科学，资料翔实，记述准确，编写规范，编纂出版符合国家标准。

三、《驻马店年鉴》为年刊，1993年创刊，每年出版一卷。本卷为2016卷，总第24卷。

四、本年鉴采取分类编辑法，以部类为单元，每一部类由若干类目、分目、次分目及条目、文章组成；条目与文章为基本表现形式。

五、本卷共分解读天中、年度进展、统计数据三大部类。

六、“解读天中”设地理历史、物产风情、社会经济、天中文化、古代诗文、历代名人6个类目，旨在提供充分的地情和历史文化知识，以期让读者对驻马店有深度的了解和认识。

七、“年度进展”记述2015年全市各个方面的最新进展情况，设特别关注、大事记、人物、政治、法治、军事、经济、科学文化、社会民生、区县概况、天中文摘等11个类目，类目下设若干分目和次分目。人物、天中文摘等个别资料适当上溯至2014年，或下延至2016年。

八、“统计数据”为国民经济主要指标和社会文化基本数据，以2015年度数据为主，兼及历年或重要年份数据。

九、本卷年鉴所用稿件，“解读天中”由市地方史志办公室撰稿；“年度进展”由市直各单位、各区县及各驻驻单位提供，并经过各单位领导审核；“统计数据”由市统计局提供；新闻类图片资料，由驻马店日报社提供。

十、本年鉴配备多重检索系统，书前有目录，书后有主题索引、图照索引。

十一、阅读本年鉴电子版，请登录驻马店市情网www.zmdsqw.com。

十二、由于编辑水平有限，不妥之处在所难免，敬请读者指正。

驻马店市地方史志编纂委员会

顾　　问　余学友（市委书记）

主任委员　陈　星（市委副书记、市政府市长）

副主任委员　李宝清（市委副书记）

张　昕（市委常委、市政府常务副市长）

戚存杰（市委常委、宣传部部长）

李国胜（市委常委、市委秘书长）

张丽彩（市人大常委会副主任、市总工会主席）

刘汝生（市政协副主席）

潘小平（驻马店军分区参谋长）

办公室主任　赵心田（市地方史志办公室主任）

《驻马店年鉴》编辑委员会

《驻马店年鉴》编辑人员

主　　编　赵心田

副 主 编　李文杰　李方伟

执行编辑　于　红　王方明（图片）　张佳佳

编　　辑　丁喜明　王平选　王　敏　邱蕴湛　易　文　鲁紫裕　周晓敏

《驻马店年鉴》编辑部

地　　址：河南省驻马店市驿城区健康路西段

电　　话：（0396）2832066　2814882

邮政编码：463000

电子信箱：zmdnjbjb@163.com

官方网站：驻马店市情 zmdsqw.com

本卷撰稿人

市委办公室　吴少方
市委组织部　蔡占领
市委宣传部　赵　哲　贾帅领
市委统战部　刘金玉　代芸铭
市委市直机关工委　刘文俊
市委保密办公室　王　涛
市委政策研究室　张　瑜　代　予
市委党史研究室　李志强
市档案局　袁丽婷
市委老干部局　杨寒之
市委群众工作部（市政府信访局）　万　兵
市委党校　张璐璐
市文明办　任　军　李　涛
市纪律检查委员会　高　超
市人大办公室　郭　爽
市政府办公室　周　威　刘　学
市机构编制委员会办公室　米中祥
市民族宗教事务委员会　刘　洋
市外事侨务办公室　米　丰
市直机关事务管事局　王校星
市接待办公室　刘　羽
市地方史志办公室　李方伟
市行政服务中心（公共资源交易中心）　胡培培
市政协办公室　王　静
民进驻马店市委　陈海珍
民盟驻马店市委　张　靖
农工党驻马店市委　姚新芝
市总工会　李彦峰
共青团驻马店市委　胡　涛
市妇女联合会　陈雨阳
市归侨侨眷联合会　谢　威
市工商业联合会　王亚军　马　杰
市委政法委　王艺刚
市政府法制办公室　张　伟
市公安局　郝哪达　郑　方
市人民检察院　钟云锋
市中级人民法院　王东风
市司法局　李　瑞
河南省豫南监狱　张继文
驻马店军分区　王　伟　黄立营　徐亚飞
　　张　驰　周建省
中国人民武装警察部队驻马店支队　莫景廉
市公安消防支队　邢海舰
市人民防空办公室　刘　迪
市发展和改革委员会　王金锋　冯　冰
市国资委　张　猛
市安全生产监督管理局　胡万军　李　静
市工商行政管理局　徐其林
市质量技术监督局　骆　涛
市审计局　罗城伟
市统计局　苑拥军　杜向阳　黄艳婷　李怡明
国家统计局驻马店调查队　娄　明　洪曼绮　任清华
市财政局　董华亭
市国家税务局　朱小如　康会霞
市地方税务局　刘　倩
中国人民银行驻马店市中心支行　王太帅
驻马店银监分局　冯大明　康文晋
市政府金融服务办公室　王东亮
中国工商银行驻马店分行　李向锋
中国农业银行驻马店分行　李海峰　张　亮
市农业发展银行　于卫东　李　申
省农村信用社联合社驻马店市办公室　潘文洲
中国建设银行驻马店分行　王　俊
中国银行驻马店分行　刘显峰
中原银行驻马店分行　毛国华　陈　薇
中国邮政储蓄银行驻马店分行　戚煜珩
市保险行业协会　许　伟
中国人民财产保险驻马店分公司　刘夏普
中国人寿保险驻马店分公司　匡苏予
新华保险驻马店中心支公司　吕东红

平安财产保险驻马店中心支公司　杜　贞
平安人寿驻马店中心支公司　彭　欣
太平洋产险驻马店中心支公司　李　茹
阳光人寿驻马店中心支公司　张　芳
华夏人寿驻马店中心支公司　娄志刚
人保健康驻马店中心支公司　张书玉
富德生命人寿驻马店中心支公司　沈　杨
国华人寿驻马店中心支公司　王增利
国元农业保险驻马店中心支公司　周　平
市国土资源局　李文友
市城乡规划局　曹　圳
市住房和城乡建设局　王明华
市住房管理中心　赵树理　李　倩
市住房公积金管理中心　饶　勇
市投资公司　吴隆浩
市环保局　甄宇嫡
市交通运输局　乐　林
驻马店车务段　黄玉霞
市邮政管理局　赵　晨　旦祥胜
中国邮政集团公司驻马店市邮政分公司　殷明珠
中国联合网络通信有限公司驻马店分公司　李向阳
河南省移动公司驻马店分公司　李金胜
中国电信驻马店分公司　谭　峰
驻马店无线电管理局　俞　超
市农业局　丁洪生　曾　勇　胡国安　张金虎
张风影　佟建伟　褚艳丽　韩　琴　韩建强
市农科院　贺建峰　朱统泉　段　莹
潘正茂　姜　俊　赵红星
市委农村工作办公室　杜瑞娟　任慧敏　王国云
周保印　尹胜利　王林昶　吴巧霞　任　亚
聂海博　李　东　陈诗忠　魏武忠
市畜牧局　羊国华
市林业局　黑竞颖
市水利局　韩　璐　陈　栋　李　琦　朱琳琳
梁群立　赵国彬　孙学高　杨　良　张银玲
陈亚东　刁淑平　庄振超　陈治国
市农机局　张　磊
市工业和信息化委员会　任新军　尚小惟
驻马店供电公司（电业局）　阙东阳
华能河南中原燃气发电有限公司　高　娟
河南中烟工业有限公司驻马店卷烟厂　徐　铮
平煤蓝天化工有限公司　王　会
河南蓝天集团有限公司　何　飞　申明洲

驻马店中集华骏车辆有限公司　段青春　张　宁
王守义十三香调味品公司　王鹏举
豫龙同力水泥有限公司　邵子涵
天方药业公司　邓　懿
市商务局　李耀华
市粮食局　王　尚
市供销合作社　王　琛
中石化驻马店石油分公司　舒华强
中石油驻马店销售分公司　刘艳春
市烟草局（公司）　石拴成
市盐业局（公司）　刘　潇
市旅游局　汪　军
驻马店经济开发区管委会　魏全洲　宋　君
驻马店市产业集聚区管委会　吴　鹏
驻马店市城乡一体化示范区　骆成勋
市科技局　杨新立
市科协　徐翠英　冯　翔
市气象局　李奕洁　于　谦　李双霞　陈建杰　韩贵甫
市社会科学界联合会　刘　馨
市文化新闻出版局　张文超
市文学艺术界联合会　赵　靓
驻马店日报社　傅维刚　程守俊　程建明
天中晚报社　李贺建
驻马店广播电视台　孟继恩
河南省新华书店驻马店市店　户平安
市教体局　王新洪　王梅枝
黄淮学院　徐　君
驻马店职业技术学院　王志刚
市卫生和计划生育委员会　曹立新　马宏伟
市人力资源和社会保障局　张　乐　刘　洋
市食品药品监督管理局　王　丽
市民政局　张富华　郭建设
市残联　吕银霞
市红十字会　李青峰　刘惠锋
驿城区　刘贝贝
遂平县　薛永亮
西平县　于　威
上蔡县　张　燕
汝南县　王怀若
平舆县　苏会强　秦继东
正阳县　侯存生　陈新顺
确山县　许　霞
泌阳县　张国锁　李广正

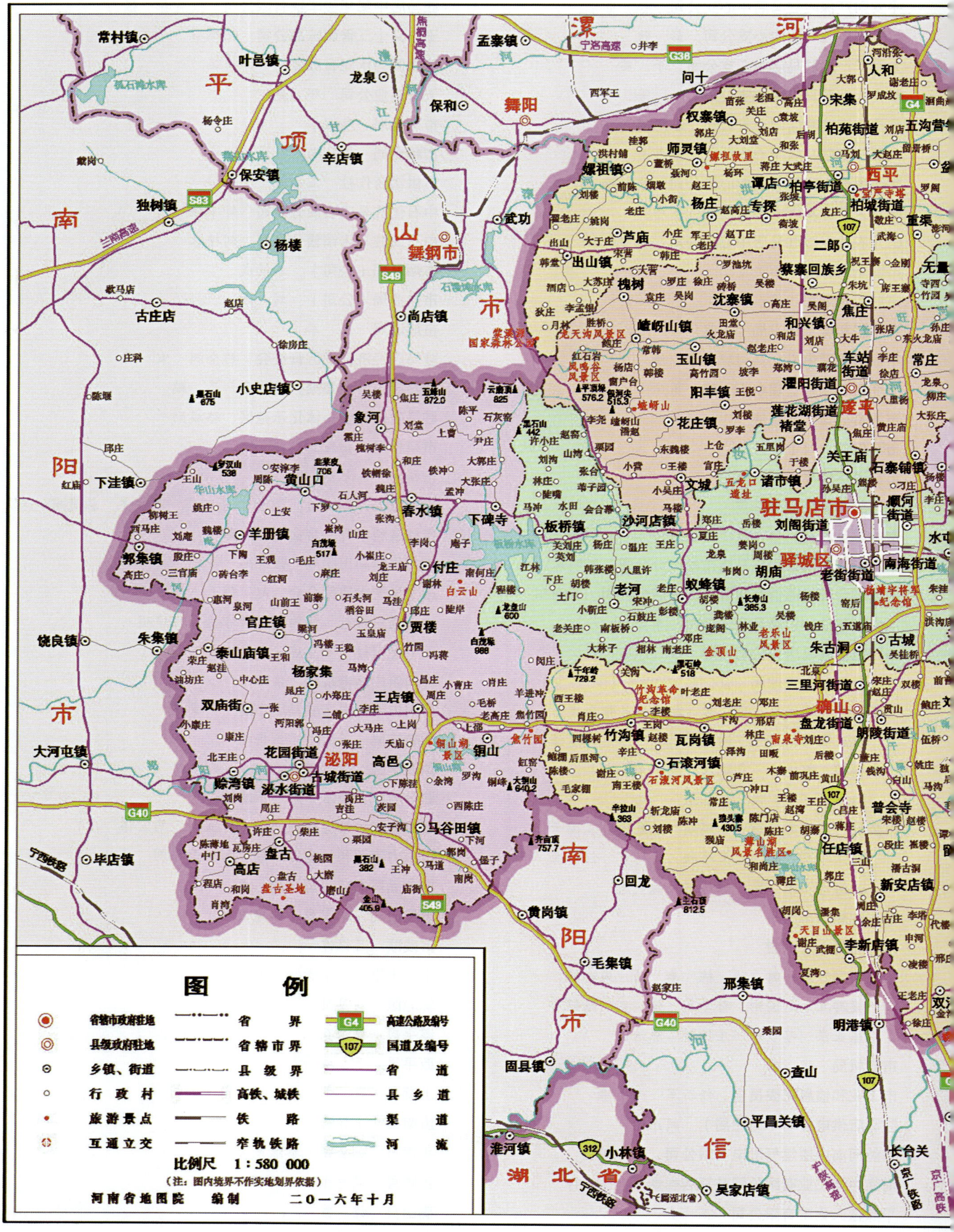
图 例
省辖市政府驻地
县级政府驻地
乡镇、街道
行政村
旅游景点
互通立交
省 界
省辖市界
县 级 界
高铁、城铁
铁 路
窄轨铁路
高速公路及编号
国道及编号
省 道
县 乡 道
渠 道
河 流
比例尺 1：580 000
（注：图内境界不作实地划界依据）
河南省地图院 编制 二〇一六年十月
平顶山市
南阳市
漯河
湖北省
信
驻马店市
驿城区
泌阳
确山
遂平
西平
舞钢市
舞阳
常村镇
叶邑镇
龙泉
孟寨镇
保和
辛店镇
保安镇
独树镇
杨楼
武功
尚店镇
古庄店
小史店镇
下洼镇
饶良镇
朱集镇
大河屯镇
毕店镇
象河
春水镇
黄山口
羊册镇
郭集镇
下碑寺
付庄
官庄镇
贾楼
泰山庙镇
杨家集
双庙街
王店镇
花园街道
泌水街道
古城街道
赊湾镇
高邑
铜山
马谷田镇
盘古
高店
黄岗镇
毛集镇
回龙
邢集镇
固县镇
明港镇
查山
平昌关镇
淮河镇
小林镇
吴家店镇
长台关
权寨镇
师灵镇
嫘祖镇
杨店
专探
芦庙
出山镇
槐树
沈寨镇
嵖岈山镇
玉山镇
阳丰镇
花庄镇
莲花湖街道
褚堂
板桥镇
沙河店镇
文城
诸市镇
刘阁街道
老河
蚁蜂镇
胡庙
老街街道
南海街道
朱古洞
三里河街道
盘龙街道
竹沟镇
瓦岗镇
石滚河镇
朗陵街道
普会寺
任店镇
新安店镇
李新店镇
人和
宋集
柏苑街道
柏亭街道
柏城街道
二郎
蔡寨回族乡
焦庄
和兴镇
车站街道
灈阳街道
常庄
关王庙
石寨铺镇
顺河街道
古城
五沟营
重渠
G4
G38
G40
S83
S49
107
312

驻马店市政区图

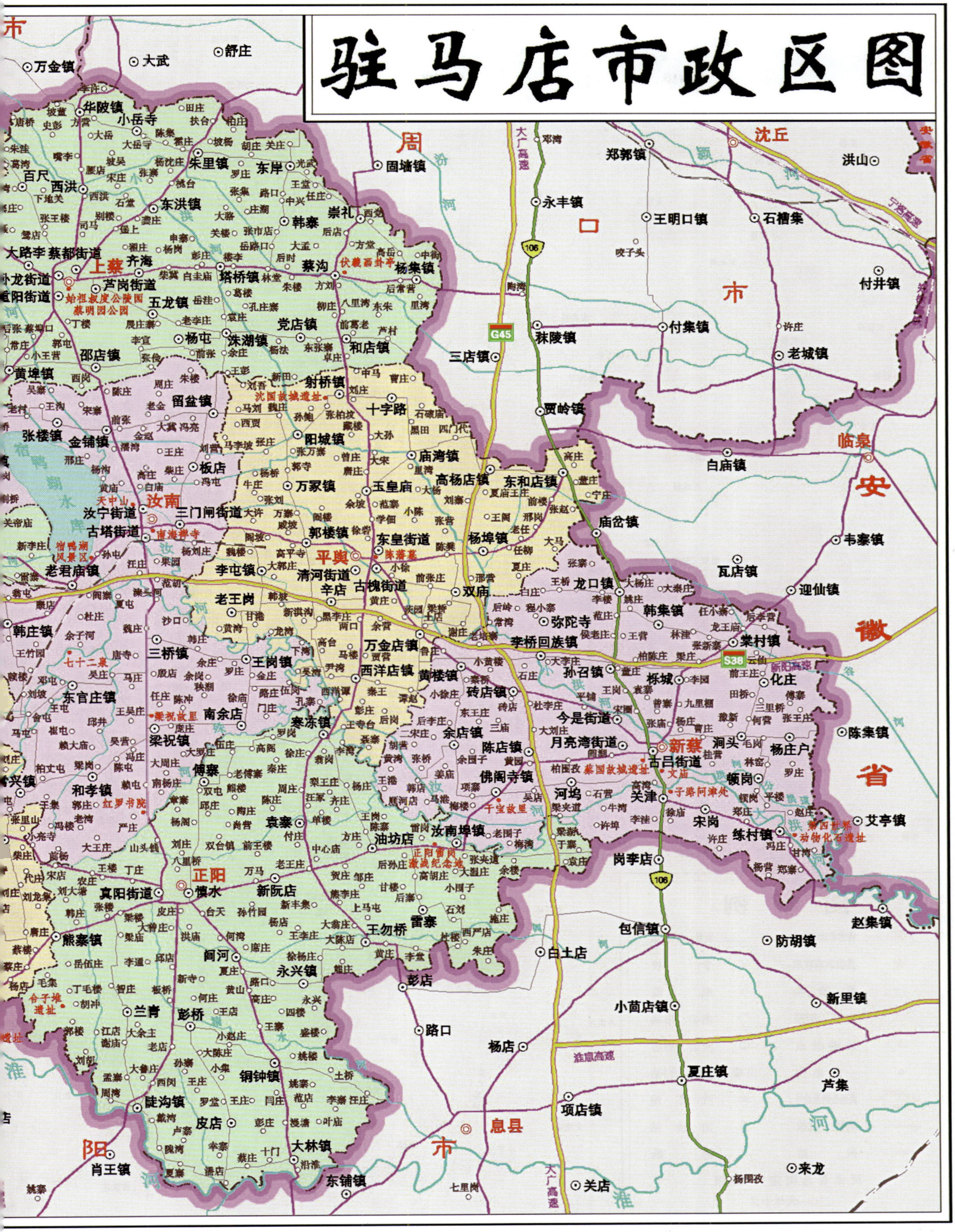

驻马店市政区图
周口市
沈丘
郑郭镇
洪山
固墙镇
永丰镇
王明口镇
石槽集
付井镇
付集镇
秣陵镇
三店镇
老城镇
贾岭镇
临泉
白庙镇
安徽省
韦寨镇
瓦店镇
迎仙镇
庙岔镇
龙口镇
韩集镇
棠村镇
化庄
陈集镇
新蔡
古吕街道
今是街道
月亮湾街道
洞头
杨庄户
顿岗
宋岗
练村镇
艾亭镇
关津
河坞
佛阁寺镇
陈店镇
余店镇
砖店镇
孙召镇
栎城
弥陀寺
李桥回族镇
岗李店
包信镇
白土店
赵集镇
防胡镇
小茴店镇
新里镇
夏庄镇
芦集
项店镇
息县
关店
来龙
杨店
路口
彭店
平舆
清河街道
古槐街道
东皇街道
杨埠镇
双庙
万金店镇
西洋店镇
庙湾镇
高杨店镇
东和店镇
万冢镇
玉皇庙
郭楼镇
辛店
李屯镇
老王岗
十字路
射桥镇
阳城镇
汝南
三门闸街道
汝宁街道
古塔街道
老君庙镇
板店
金铺镇
张楼镇
留盆镇
王岗镇
三桥镇
南余店
梁祝镇
东官庄镇
韩庄镇
和孝镇
傅寨
寒冻镇
黄楼镇
汝南埠镇
油坊店
袁寨
正阳
真阳街道
慎水
新阮店
熊寨镇
闾河
永兴镇
雷寨
王勿桥
兰青
彭桥
铜钟镇
陡沟镇
皮店
大林镇
东铺镇
肖王镇
上蔡
蔡都街道
芦岗街道
五龙镇
邵店镇
黄埠镇
齐海
东洪镇
朱里镇
华陂镇
小岳寺
东岸
韩寨
崇礼
蔡沟
杨集镇
塔桥镇
党店镇
洙湖镇
和店镇
杨屯
百尺
西洪
万金镇
大武
舒庄
大广高速
G45
106
S38
宁洛高速
新阳高速
淮

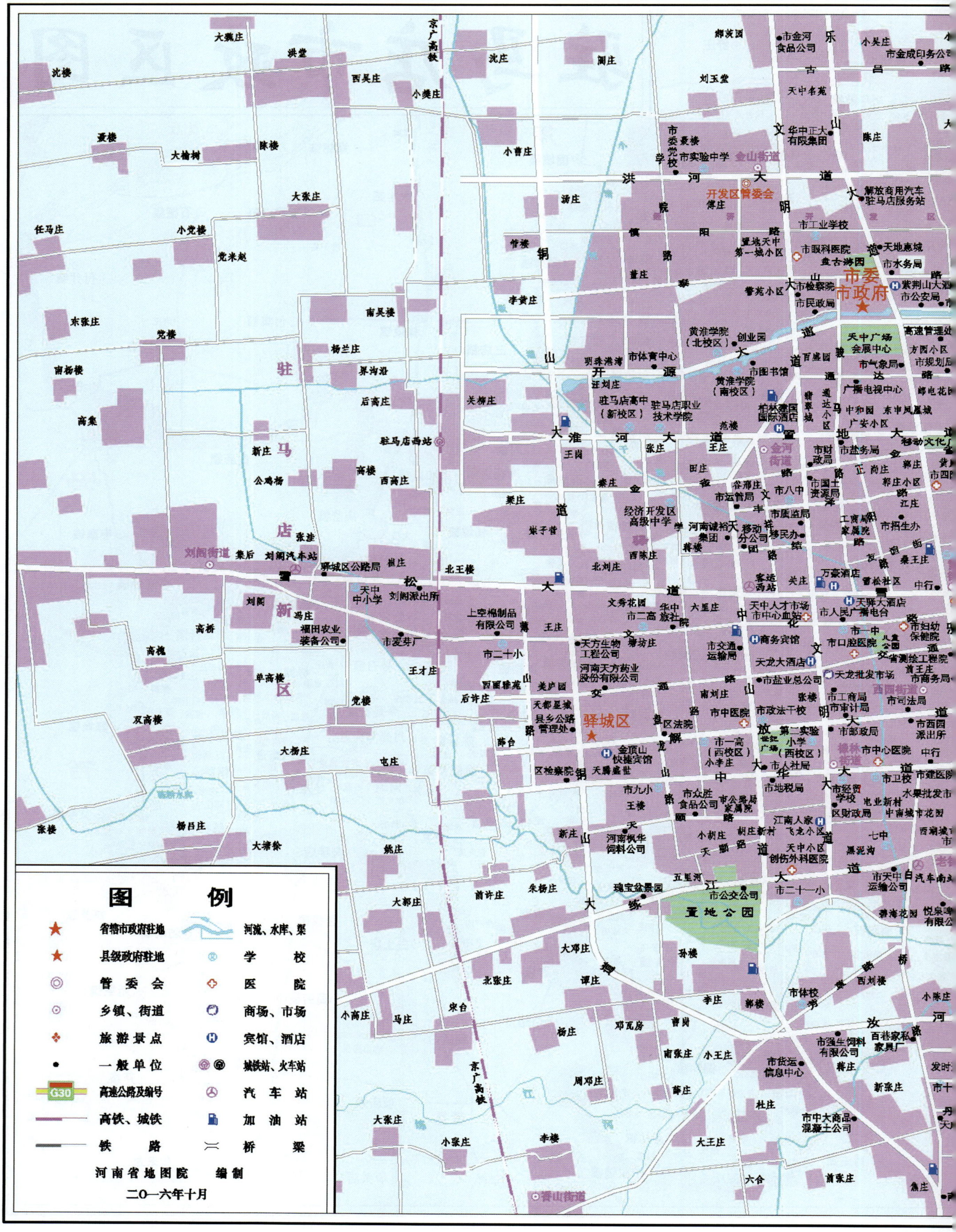

京广高铁
大魏庄
洪堂
沈楼
西吴庄
小樊庄
沈庄
闫庄
刘玉堂
市金河食品公司
小吴庄
市金成印务公司
天中名苑
姜楼
大榆树
陈楼
小曹庄
市委党校
市实验中学
金山街道
华中正大有限集团
陈庄
开发区管委会
傅庄
解放商用汽车驻马店服务站
汤庄
市工业学校
大张庄
任马庄
小党楼
党米赵
管楼
置地天中第一城小区
市眼科医院
盘古游园
天地惠城
市水务局
董庄
市检察院
市委
市政府
紫荆山大酒店
市公安局
李黄庄
市民政局
东张庄
南吴楼
党楼
杨兰庄
黄淮学院（北校区）
创业园
天中广场会展中心
高速管理处
驻
方圆小区
市规划局
南杨楼
界沟沿
明珠港湾
市体育中心
市图书馆
市气象局
后高庄
汪刘庄
黄淮学院（南校区）
广播电视中心
邮电花园
商集
关帝庄
驻马店高中（新校区）
驻马店职业技术学院
柏林春园
国际酒店
中和园
东市风凰城
广安小区
驻马店西站
范楼
新庄
马
王岗
张庄
王庄
金河街道
市财政局
市盐务局
移动文化
郭庄
公鸡杨
高楼
西高庄
田庄
市八中
市运管局
市国土资源局
郭庄小区
梁庄
经济开发区高级中学
市质监局
江庄
店
张楼
柴子营
河南诚裕集团
移动分公司
移民办
工商局家属院
市招生办
刘阁街道
集后
刘阁汽车站
驿城区公路局
崔庄
北王楼
北刘庄
西陈庄
蒋楼
客运西站
关庄
万豪酒店
曹楼社区
桑王庄
中行
天中中小学
刘阁派出所
文秀花园
天中人才市场
市中心血站
天驿大酒店
市人民广播电台
刘阁
新
冯庄
高桥
上京棉制品有限公司
华中旅社
市二高
大星庄
福田农业装备公司
市粮油厂
王庄
市交通运输局
商务宾馆
市一中
市口腔医院
八角公园
市妇幼保健院
高槐
天方生物工程公司
市二十小
天龙大酒店
省测绘工程院
西国雅苑
王才庄
河南天方药业股份有限公司
天龙批发市场
首王庄
市商务局
单高楼
区
美庐园
市盐业总公司
后许庄
南刘庄
张楼
市工商局
市审计局
西园街道
市司法局
党楼
天都星城
县乡公路管理处
驿城区
区法院
市中医院
市政法干校
市邮政局
市西园派出所
双高楼
第二实验小学（西校区）
世纪广场
市一高（西校区）
小李庄
蒋合
金顶山快捷宾馆
大杨庄
屯庄
区检察院
天鹏盛世
市中心医院
橡林街道
市人社局
中行
市卫校
市建医院
市九小
王楼
市众胜食品公司
市公路局家属院
市地税局
市经贸学校
水果批发市场
电业新村
区财政局
中南城市花园
张楼
杨吕庄
大墙徐
姚庄
新庄
河南枫华饲料公司
小树庄
树庄新村
江南人家
飞龙小区
天中小区
创伤外科医院
七中
黑泥沟
西湖城市
五里河
天中自汽车南站
运输公司
大郭庄
前许庄
朱杨庄
瑰宝盆景园
市公交公司
市二十一小
碧海花园
悦泉有限公司
置地公园
大邓庄
孙楼
西刘楼
北张庄
谭庄
市体校
小陈庄
小商庄
马庄
宋合
李庄
郭楼
杨庄
邓瓦房
曹岗
市强生饲料有限公司
百巷家私家具厂
南张庄
小王庄
市货运信息中心
蒋庄
新张庄
周邓庄
谢庄
杜庄
大张庄
小张庄
李楼
市中大商品混凝土公司
大王庄
六合
前张庄
香山街道
图 例
省辖市政府驻地
河流、水库、渠
县级政府驻地
学校
管委会
医院
乡镇、街道
商场、市场
旅游景点
宾馆、酒店
一般单位
城铁站、火车站
G30
高速公路及编号
汽车站
高铁、城铁
加油站
铁路
桥梁
河南省地图院 编制
二〇一六年十月

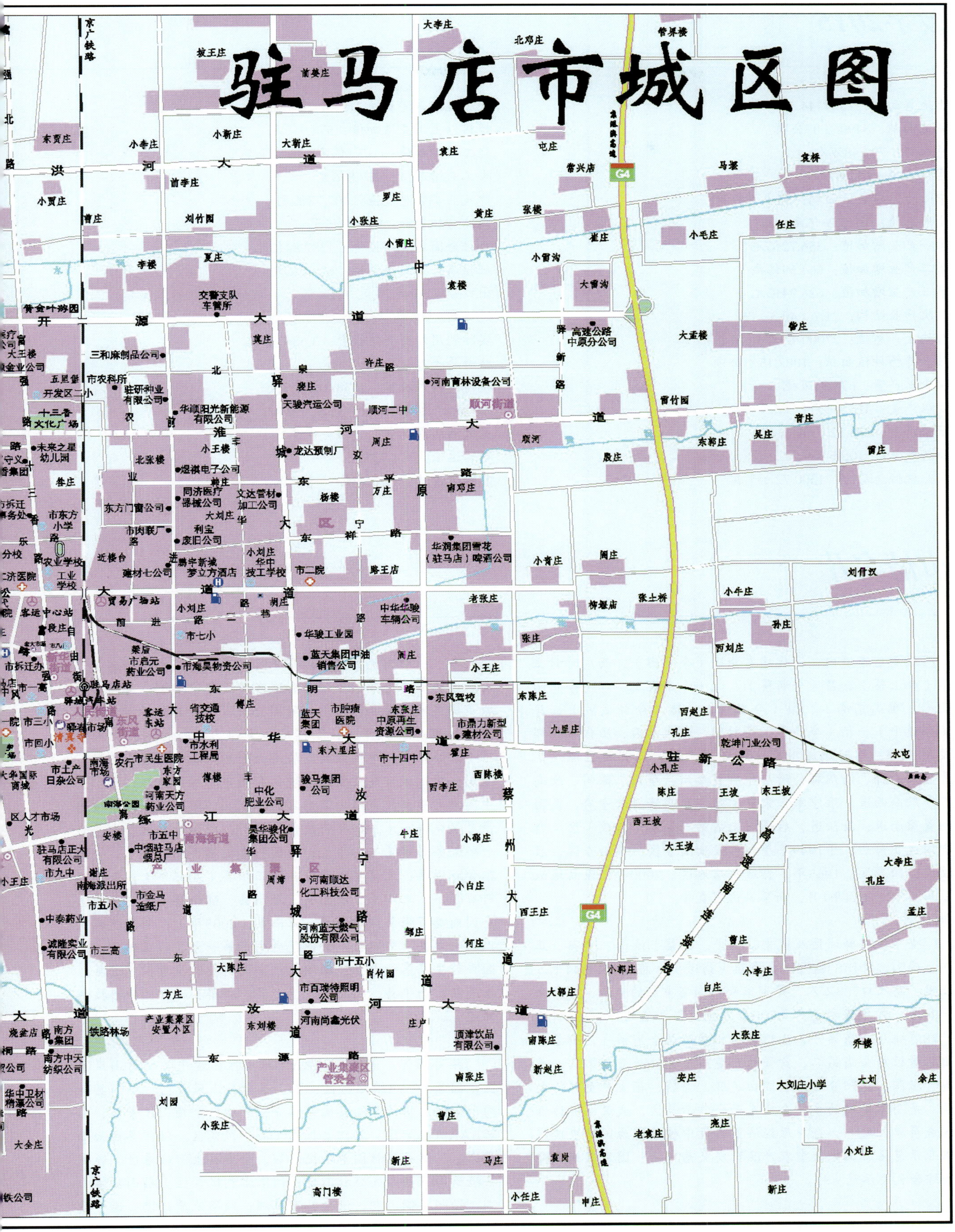
驻马店市城区图
京广铁路
大李庄
北郑庄
管屏楼
坡王庄
前娄庄
东贾庄
小李庄
小靳庄
大靳庄
袁庄
屯庄
营兴店
马湾
袁桥
洪河大道
前李庄
小贾庄
罗庄
黄庄
张楼
曹庄
刘竹园
小张庄
崔庄
小毛庄
任庄
小曹庄
小雷沟
李楼
夏庄
中
袁楼
大雷沟
交警支队
车管所
黄金叶游园
开源大道
驿新路
高速公路
中原分公司
大董楼
鲁庄
莫庄
三和麻制品公司
许庄
大王楼
五里营
市农科所
驻研种业
有限公司
开发区二小
北
泉
袁庄
天骏汽运公司
河南富林设备公司
顺河街道
华顺阳光新能源
有限公司
顺河二中
雷竹园
十三香
文化广场
淮河大道
曹庄
未来之星
幼儿园
小王楼
北张楼
龙达预制厂
周庄
顺河
殷庄
东郭庄
吴庄
曹庄
焊棋电子公司
韩庄
平
路
南郑庄
同济医疗
器械公司
文达管材
加工公司
杨楼
万庄
原
东方门窗公司
市东方
小学
大刘庄
市肉联厂
利宝
废旧公司
区
宁
祥
路
华润集团雪花
（驻马店）啤酒公司
小青庄
闫庄
刘台汉
近楼台
腾宇新城
梦立方酒店
小刘庄
华中
技工学校
市二院
路王庄
农业学校
建材七公司
工业
学校
贸易广场站
小刘庄
客运中心站
老张庄
中华华骏
车辆公司
傍堰庙
张士桥
小牛庄
市七小
华骏工业园
张庄
孙庄
西刘庄
市启元
药业公司
市海昊物资公司
蓝天集团中油
销售公司
闫庄
小王庄
驻马店站
东
明
路
东风驾校
东陈庄
东
客运
东站
省交通
技校
傅庄
蓝天
集团
市肿瘤
医院
东张庄
中原再生
资源公司
市鼎力新型
建材公司
九里庄
西赵庄
孔庄
乾坤门业公司
水屯
市一高
人民街道
东风
街道
清真寺
中
华
市水利
工程局
东大里庄
市十四中
曾庄
驻新公路
小孔庄
市回小
市工产
日杂公司
市交生医院
东方
家园
傅楼
骏马集团
公司
西李庄
西陈楼
蔡
陈庄
王坡
东王坡
河南天方
药业公司
中化
肥业公司
汝
州
西王坡
人才市场
驻马店正大
有限公司
市五中
中华驻马店
酒总厂
练
江
大
道
昊华骏化
集团公司
牛庄
小郭庄
大王坡
小王坡
安楼
南海街道
驿
宁
市九中
产业集聚区
周湾
河南顺达
化工科技公司
小白庄
大李庄
孔庄
南海派出所
市金马
造纸厂
市五小
城
路
西王庄
孟庄
中泰药业
河南蓝天燃气
股份有限公司
邹庄
何庄
诚隆实业
有限公司
市三高
大陈庄
市十五小
肖竹园
道
曹庄
小郭庄
小李庄
方庄
市百瑞特照明
公司
大郭庄
白庄
汝河大道
产业集聚区
安置小区
东刘楼
河南尚鑫光伏
庄户
南方
集团
铁路林场
顶津饮品
有限公司
南陈庄
大张庄
乔楼
南方中天
纺织公司
东
源
产业集聚区
管委会
南张庄
新赵庄
安庄
大刘庄小学
大刘
余庄
刘园
华中卫材
精源公司
小张庄
曹庄
老袁庄
亮庄
小刘庄
大全庄
新庄
马庄
袁岗
高门楼
小任庄
申庄
新庄
京港澳高速
G4
高速南连接线

数字2015

土地总面积：1364444.35公顷
耕地面积：849068.83公顷
总人口：792.48万人
常住人口：611.6万人
中心城区建成区面积：85平方公里
生产总值：1648.26亿元
第一产业增加值：356.72亿元
第二产业增加值：664.59亿元
第三产业增加值：626.94亿元
三次产业结构：21.7：40.3：38
人均生产总值：27000元
粮食作物种植面积：1082.15千公顷
粮食总产量：674.31万吨
夏粮产量：418.99万吨
秋粮产量：255.32万吨
油料产量：110.45万吨
农业机械总动力：1300.72万千瓦
化肥施用量（折纯）：67.26万吨
规模以上工业增加值：574.9亿元
轻工业增加值：317.2亿元
重工业增加值：257.8亿元
建筑业实现总产值：402.77亿元
商品房销售额：242.84亿元
全社会固定资产投资：1382.84亿元
社会消费品零售总额：699.2亿元
出口额：3.94亿美元
进口额：0.49亿美元
实际利用外商直接投资：3.68亿美元
旅游总收入：134.7亿元
接待国内外游客：2438.9万人次
A级旅游景区：23处
星级酒店：36个
旅客运输量：1.73亿人
货物运输量：1.16亿吨

市情名片

□□驻马店市境内，商代建有挚国（今平舆），西周时封立蔡（今上蔡）、吕（今新蔡）、沈（今平舆）、江（今正阳西南、确山东南）、慎（今正阳）、道（今驿城区）、房（今遂平）、柏（今西平）等封国。秦代以后，历代常置郡设州、府，秦时属颍川郡，汉置汝南郡，三国魏置豫州，晋置汝南郡、汝阴郡，隋唐先后置溱州、蔡州、豫州、汝南郡、淮南西道、淮宁军，宋置蔡州，元明清置汝宁府，民国初置豫南道、汝阳道，后设河南省第八督察（行政）区。新中国成立前后，于1949年年初曾设汝南专区、确山专区，后改设信阳专区。1965年，置驻马店地区。2000年，设立地级驻马店市。2014年1月，新蔡县由省直管。

□□全市现辖驿城区及遂平、西平、上蔡、汝南、平舆、正阳、确山、泌阳8县，169个乡镇（街道），总面积13644平方公里，总人口788万人，是国家和河南省重要的粮油、畜禽生产基地，常年粮食总产量700多万吨，占全省的1/8，油料总产78万吨居全省第一，生猪存出栏量位居全省第一，牛羊存出栏量位居全省第二，禽蛋总产量31万吨位居全省第三，平舆、泌阳、正阳分别为全国白芝麻、香菇、花生产量第一大县。是全国最早的乡镇企业东西合作示范区，武汉经济协作区成员单位之一，在中原经济区建设中被确定为国家级现代农业示范区、国家大型农产品批发交易市场、国家农业废弃物综合利用示范基地。

□□成就与荣誉：全国“双拥”模范城（2003年、2007年、2012年）；中国优秀旅游城市（2009年国家旅游局命名）；国家园林城市（2011年住房和城乡建设部命名）；全国文明城市提名城市（2014年）；跨国公司眼中最具投资潜力20个中国城市（2006年）；全国城市竞争力排行榜十佳案例城市（2008年）；中国最具发展潜力金融生态示范城市（2009年）；中国城市商业信用环境优秀城市（2013～2014年）；中国十大最具投资潜力旅游目的地（2013年）；全国科技进步考核先进市（2013年科技部评定）；中国最具投资竞争力金融服务城市（2013年）；中国传奇之都（2014年）；全国粮食百强县：上蔡县、西平县、正阳县（2005年）；全国油料百强县：正阳县、汝南县、泌阳县、确山县（2005年）；全国肉类百强县：西平县、正阳县（2005年）；全国芝麻生产第一大县：平舆县；全国花生生产第一大县：正阳县；全国香菇生产第一大县：泌阳县；全国科技进步考核先进县：汝南县、西平县、泌阳县、遂平县、新蔡县（2013年科技部评定）。

□□旅游品牌：国家AAAAA级旅游区：遂平县嵖岈山风景区；国家AAAA级旅游区：确山县老乐山风景区、确山县竹沟革命纪念馆、汝南县南海禅寺、驿城区金顶山风景区；国家AAA级旅游区：泌阳县铜山（湖）风景区、泌阳县白云山景区、泌阳县焦竹园革命纪念馆、平舆县上河城景区、遂平县嵖岈山卫星人民公社旧址；国家水利风景区：确山县薄山湖、泌阳县铜山湖、汝南县宿鸭湖；国家地质公园：遂平县嵖岈山；国家森林公园：遂平县嵖岈山、确山县薄山、泌阳

全市境内高速公路通车里程：437公里
邮政电信业务收入：56.2亿元
财政总收入：142.62亿元
地方公共财政预算收入：95.98亿元
地方公共财政预算支出：384.24亿元
全部金融机构人民币存款余额：2235.47亿元
全部金融机构人民币贷款余额：1114.67亿元
普通高等学校：2所；在校生2.23万人
中等职业教育学校：29所；在校生：5.29万人
普通中等学校：304所；在校生：43.72万人
小学：1986所；在校生：64.45万人
省工程技术研究中心：31个
省级创新型试点企业：8家
授权专利：893件
河南省名牌产品：43种
全国重点文物保护单位：15处（17项）
国家级非物质文化遗产名录：9个（含新蔡县）
卫生机构：3452 个(含个体诊所)

人口自然增长率：5.29‰
城镇化率：39.2%
城镇居民人均可支配收入：22608元
农村居民人均可支配收入：9174元
享受政府最低生活保障城镇居民：10.33万人
享受政府最低生活保障农村居民：34.13万人
救助城乡医疗困难群众：47.58万人次
国家级森林公园：4个
市区环境空气优良天数：183天
全市已发现矿种：54种
已开发利用矿种：24种
全市森林覆盖率：15.41%
亿元国内生产总值死亡率：0.011
参加城镇职工基本养老保险人数：38.84万人
参加失业保险人数：34.67万人
参加城镇职工基本医疗保险人数：43.7万人
全社会用电量：111.44亿千瓦时

县铜山（湖）、西平县棠溪源。

□□全国重点文物保护单位15处（17项）：驿城区杨台寺遗址（新石器时代）、西平县董桥遗址（新石器时代）、驿城区台子寺遗址（新石器时代）、汝南县天堂寺遗址（新石器时代）、上蔡蔡国故城（西周、春秋）、上蔡楚国贵族墓地（周至战国，并入蔡国故城）、新蔡县葛陵故城（东周、汉）、楚长城（河南长城合并）、西平酒店冶铁遗址（战国、汉）、泌阳下河湾冶铁遗址（战国至汉）、平舆县沈国故城（春秋至汉）、正阳县正阳石阙（东汉）、西平宝严寺塔（宋）、平舆县秀公戒师和尚塔（金）、汝南悟颖塔（明）、确山中共中央中原局旧址（1938~1939年）、遂平嵖岈山卫星人民公社旧址（1958~1983年）。

□□民间文化品牌：中国盘古圣地（泌阳）、中国嫘祖文化之乡（西平）、中国梁祝文化之乡（汝南）、中国重阳文化之乡（上蔡）、中国冶铁铸剑文化之乡（西平）、中国车舆文化之乡（平舆）、中国女娲文化之乡。

□□国家级非物质文化遗产：梁祝传说（汝南）、盘古神话（泌阳）、重阳节（上蔡）、打铁花（确山）、锣鼓艺术（大铜器）（西平）、罗卷戏（汝南）。

□□著名人物：中华民族的伟大母亲、华夏文明的奠基人之一嫘祖（今西平人），“周室三母”之一太任（今平舆人），春秋时期孔子“七十二弟子”之漆雕开、漆雕侈、漆雕从、漆雕凭、秦冉、曹恤（均为蔡国人），秦代丞相、杰出政治家、军事家、文字学家、书法家李斯（上蔡人），西汉著名政治家、文学家、《盐铁论》作者桓宽（上蔡人），西汉丞相、著名政治家翟方进（上蔡人），东汉著名诤臣、烈士陈蕃（平舆人）、范滂（确山人），东汉名士许劭、许靖(平舆人），东晋中国志怪小说创始人、《搜神记》著者干宝（新蔡人），南北朝杰出唯物主义思想家、《神灭论》著者范缜（泌阳人），隋代杰出画家董伯仁（汝南人），唐代著名政治家、书法家袁滋（确山人），著名文学家袁郊（袁滋之子），五代时期南汉国建立者刘知谦、刘隐、刘龑（上蔡人），北宋“孙氏三状元”孙何、孙仅、孙暨（均汝南人），北宋著名理学家谢良佐（上蔡人），北宋著名文学家穆修（汝南人），明代著名史志学家李本固（汝南人），明代抗倭名将卢镗（汝南人），清代著名学者、方志学家张沐（上蔡人），现代杰出军事家、著名抗日英雄杨靖宇（确山人），现代著名革命家、教育家、民主人士任芝铭，著名书画家李丁陇（新蔡人）、吕佛庭（泌阳人）、魏紫熙（遂平人），中共第十七届中央委员、原中共海南省委书记、全国人大财政经济委员会副主任委员卫留成（泌阳人），中共第十八届中央委员、中共新疆维吾尔自治区党委书记陈全国（平舆人），第十一届全国政协副主席、农工党中央常务副主席陈宗兴（正阳人），中国科学院院士、清华大学副校长施一公，以及著名书画家张万庆（汝南人）、马国强（驿城区人）、宋华平（确山人）、毛国典（上蔡人）等。

目　录

古代诗文 / 163

古代诗选 / 163

年度进展

法　治 / 347

军　事 / 357

统计数据

解读天中

汝南南海禅寺　　张爱武 摄

解读天中

地理历史

自然地理

【区域位置】 驻马店市位于河南省南部，淮河以北的黄淮平原南域，处于亚热带与暖温带的过渡地带。地理坐标为东经113°10′～115°12′、北纬32°18′～33°35′之间。东与安徽省阜阳市相依，西与南阳市相连，南与信阳市毗邻，北与平顶山市、漯河市和周口市接壤。境域西起泌阳县郭集乡传庄村黄庄，东至新蔡县练村乡闻营村，南起正阳县皮店乡潘庄村，北至西平县人和乡三李村。辖区东西最大距离191.5千米，南北最大距离137.5千米，总面积15083平方千米，人口密度为每平方千米540人。

驻马店市历史上多以平舆、汝南为中心设置郡、州、府（参见“建置沿革”）。1965年7月以驻马店为中心设驻马店专区，专员公署驻驻马店镇（后改为市）。1978年，辖驻马店市、遂平县、西平县、上蔡县、汝南县、平舆县、新蔡县、正阳县、确山县和泌阳县等9县1市，行政公署驻驻马店市。2000年6月8日，国务院批复同意撤销驻马店地区，设立地级驻马店市，原驻马店市改称驿城区。2014年1月1日，新蔡县正式成为河南省直管县，由河南省政府全面管辖。2014年全市辖驿域区、遂平县、西平县、上蔡县、汝南县、平舆县、正阳县、确山县和泌阳县等8县1区。驿城区位于驻马店市中部，地理坐标为东经113°57′～114°05′，北纬32°55′～33°01′；遂平县位于市境中北部，地理坐标为东经113°37′～114°10′，北纬32°59′～33°18′；西平县位于市境西北部，地理坐标为东经113°36′～114°13′，北纬33°10′～33°35′；上蔡县位于市境北部，地理坐标为东经114°06′～114°42′，北纬33°04′～33°25′；汝南县位于市境中部，地理坐标为东经114°09′～114°35′，北纬32°39′～33°11′；平舆县位于市境东部，地理坐标为东经114°24′～114°55′，北纬32°44′～33°10′；新蔡县位于市境东部偏南，地理坐标为东经114°38′～115°12′，北纬32°34′～32°58′；正阳县位于市境南部，地理坐标为东经114°12′～114°53′，北纬32°18′～32°47′；确山县位于市境西南部，地理坐标为东经113°37′～114°14′，北纬32°27′～33°03′；泌阳县位于市境西部，地理坐标为东经113°10′～113°48′，北纬32°34′～33°09′。

驻马店市驿城区北距省会郑州铁路里程206千米，公路里程228千米；南距武汉市公路里程321千米，铁路里程327千米。驻马店市与市内各县城距离为：东距汝南县公路里程32千米；距平舆县公路里程60千米；距新蔡县公路里程97千米，东南距正阳县公路里程80千米。南距确山县铁路里程20千米，公路里程20千米。西距泌阳县公路里程94千米。北距遂平县铁路里程18千米，公路里程19千米；距西平县铁路里程44千米，公路里程52千米。东北距上蔡县公路里程45千米。

【交通】 驻马店素有“豫州之腹地、天下之最中”之称，处于中国南北交通通道，区位优势明显。周显王四十五年（前324），区内有连接今鄂、豫、皖的楚国商运古道夏路。秦统一中国后，在全国修筑驰道，区境内古道同驰道网连接。后经历代续建，至清代形成以汝南为中心北通汴洛、南达鄂粤、东连皖苏、西接宛邑的古道网。

驻马店市境内最初的公路是民国元年（1912）在古驿道基础上改建的。京广铁路纵贯南北，途经西平、遂平、驿城区、确山，单程全长111.29千米。石武高铁客运专线驻马店段全长107.787千米。公路四通八达，2015年境内公路网总里程1.84万千米，公路密度为每百平方千米135.3千米。公路网布局构成为：高速公路5条（京港澳高速、沪陕高速、新蔡至泌阳高速、大广高速、焦桐高速）444.5千米；国道2条（G107京深线、G106京广线）156.38千米；省道11条（北南纵线S206商桐线、S213吴黄线、S216平长线、S219永定线、S220七蚁线、S224确平线、S234平桐线7条，东西横线S331高兰线、S333张南线、S334君二线、S335棠西线4条）1197.576千米；县道26条（北南纵线17条，东西横线9条）1674.934千米；乡道142条2317.298千米；村道总里程13450.284千米；专用公路总里程31.471千米。按技术等级分：高速公路444.5千米，一级公路60.698千米，二级公路1683.246千米，三级公路1145.02千米，四级公路10016.105千米，等外公路5922.874千米。按路面等级分：有铺装路面9599.998千米（其中：沥青混凝土路面3430.981千米，水泥混凝土路面6169.017千米），简易铺装路面3041.874千米，未铺装路面6169.017千米。公路桥梁3147座，93401.8延米（其中：干线公路桥梁492座，25863.11延米；农村公路桥梁2655座，67538.69延米）。

一、铁路

京广铁路市境段 北起西平县人和车站以北K817+800米处，南至确山县李新店车站以南明河桥K937+279米处，单程长119.48千米，管内自北向南跨西平县、遂平县、驻马店市和确山县。始建于清光绪年间，1937年“七七事变”以后，几经战乱毁坏，1949年8月1日郑州至武汉恢复通车。新中国成立后，多次改造。后遭“75·8”特大洪水毁坏部分设施，运输中断46天，1975年9月23日恢复通车。1976年～1985年，区境段线路钢轨更换为60千克/米，线路采用无缝焊接长轨，确山以北平原地带每节1000米～3000米，确山以南丘陵坡地每节300米～500米。线路道岔逐步更换为高锰整体辙岔心。1987年，区境段行车最高时速93千米，机车牵引最大吨位上行3500吨、下行3700吨。1988年，电气化线路改造工程动工，1990年5月，郑州至武昌区段电气化铁路开通投入使用。至2000年，固定列车允许时速140千米，道路两侧采取全封闭。2006年，为准备铁路第六次大提速，完成提速道岔的更换，新更换的提速道岔每组长77米，重140余吨。设车站11个，其中驻马店车站为一等甲级客货中间站。

京广铁路客运专线市境段 北由西平县宋集乡入境，南至确山县李新店，单程长106.4千米，自北向南跨西平县、遂平县、驻马店市和确山县。2006年7月国家发改委批复项目建议书。2008年4月国家发改委批复可行性研究报告，8月铁道部批复项目初步设计，10月15日宣布工程正式开工建设。2012年9月28日，全线开通。市境内设驻马店西站。车站所处线路中心里程为京广高铁线907+768米，上行方向与漯河西站相邻，下行方向与明港东车站相邻。驻马店西站始建于2010年10月10日，隶属武汉铁路局驻马店车务段。2012年9月28日开通运营。设计站场规模为4台面6线。其中，到发线4条，正线2条，中间站台2座。通过2座8米宽旅客进、出站地道连接2座岛式站台。无天桥设计。途经西平、遂平、驿城区、开发区、确山5个县区18个乡镇，全长107.787千米，占全省8个沿线省辖市总长度的1/5。

二、国家干线公路

京港澳高速公路驻马店段 京港澳高速（G4）即京珠高速，初为京广高速，随着1999年广州至珠海段贯通，更名为京珠高速。京港澳高速公路由京珠高速公路全段和新辟路线广州至香港和珠海至澳门两段组成，全长2310千米，是驻马店市境内第一条高速公路。市境段自北由漯河市入境，经西平县、遂平县、上蔡县、驻马店市、汝南县、确山县，全长119.1千米。分为漯河至驻马店段和驻马店至信阳段2个工程项目分别进行勘察设计施工。漯河至驻马店段北起许昌至漯河高速公路接点，途经漯河市东、西平县东、上蔡县西、遂平县东、汝南县西、驻马店市东，止于驻（马店）新（蔡）公路以南1070米处汝南县王坡村西。全长67.2千米，其中漯河市境内6.4千米，驻马店地区境内60.8千米（西平县境内27.574千米、上蔡县境内1.412千米、遂平县境内23.057千米、驻马店市境内6.272千米、汝南县境内2.485千米）。沿途经驻马店地区13个乡（镇）40个村委，其中西平县5个乡镇和老王坡农场计19个村委。工程为新建全幅高速公路，平原微丘区双向4车道沥青混凝土路面（厚度为160毫米），全立交，全封闭。设计行车速度为120千米/小时，设计荷载汽车—超20级，挂车—120级，路基总宽度为28米。共有大桥7座1555.44米，中桥33座1510.32米，涵洞75道2537.95米，通道79道2512.06米，互通立交3处（西平县、遂平县、驻马店市），分离式立交72座，平均每千米有桥涵通道4.4处。1998年11月21日，在驻马店市举行漯驻高速公路控制工程开工典礼奠基仪式。1999年3月28日正式开工建设。至2000年，67.2千米路基和279座桥涵通道工程全部完成，路面基层基本完成，路面下层完成12千米。漯驻高速公路连接线建设工程全长43.3千米，连接线设计路基宽12米～24米，路面宽9米～22米，沥青混凝土结构。全线新建公路立交桥2座730.52延米，中桥3座97.12延米，小桥14座208.09延米，涵洞77道1547.72延米。特大桥、中桥荷载标准为汽—超20级、挂—120级，小桥涵荷载标准为汽—20级、挂—100级。各项建设任务于2001年9月全部完成，9月14～15日通过交工验收，9月18日开始通车试运营，2003年正式通车。区间设驻马店、遂平、西平、确山4个收费站。2011年，京港澳高速漯驻段完成改扩建工程的前期工作。漯驻段驻马店境改扩建60.8千米；京港澳高速公路市区北新增出口项目协议书已经草签。采用沿老路双侧加宽的改扩建方案，4车道扩建为标准8车道，路基全宽42米，扩建宽度为14米。加宽部分新建路面111.99万平方米，原路面罩面115.01万平方米。全线加宽大桥7座，中桥31座，全线改造单喇叭互通式立交3座，加宽公路分离式立交63座，接长通道72道，接长涵洞68道，改扩建服务区1处。驻马店至信阳段：工程路线北起漯河至驻马店高速公路的终点，沿京广铁路东侧布线，向南经确山、明港、信阳到省界（与湖北交界），全长约133.9千米，其中区境段58.3千米，途经8个乡镇30个行政村。设计路基宽度28（26）米，双向4车道，行车时速120千米/小时。2001年8月19日，驻马店至信阳高速公路建设举行开工仪式。2003年12月2日，京珠高速公路驻马店至信阳段建成通车。2009年，京港澳高速驻信段加宽改造项目勘察定界、地上附属物清点工作全部完成，征地和地上附属物补偿资金兑付全面展开。2011年，完成改扩建工作前期工作。2012年12月21日，京港澳高速公路至驻马店段双向八车道改扩建正式动工，项目全长63.5千米，总投资21.6亿元。驻马店至信阳段四车道改八车道改扩道也同时开工，项目全长136.7千米，批复总投资68.77亿元。2015年12月11日，漯河至驻马店段改扩建项目召开交工验收会，标志着工程圆满完工。同期，驻马店至信阳段改扩建项目主体工程建设完成，实现八车道通行。

大广高速公路驻马店段 大广高速公路（G45）是国家高速公路“7918工程”（采用放射线与纵横网格相结合布局方案，由7条首都放射线、9条南北纵线和18条东西横线组成，简称为“7918”网，总规模约8.5万公里。）规划网中从中国东北黑龙江省大庆市至中国南方广东省广州市的一条高速公路，为《国家高速公路网规划》纵向的第五条线。北起大庆市，经乌兰浩特、朝阳、北京、衡水、开封、黄石、赣州，止于广州市，全长约3770千米。其中，河南省境内全长约560千米。公路途经平舆县、新蔡县、正阳县3县，驻马店段北起项城市与平舆县交界的安李庄北约200米，向南经高杨店西偏向西南行，经刘寨村东、荒坡村西，于杨埠镇西跨洪河后与省道S333线相交，设平舆互通式立交（K12+285）；至八里岗折向东南行，经大南营东、于常湾西跨越小清河，进入新蔡县境；在三空桥西与新蔡至泌阳高速公路相交，设枢纽互通式立交（K23+926）；过高庄西，在K28+050附近设新蔡服务区；经砖店与S216线相交，设新蔡互通式立交（K30+441）；过大刘庄、刘庄之间，跨S335线，经王寨西、刘乐庄东，跨李大湖、汝河后路线出新蔡进入正阳境；经曹岗西，于岳城乡东跨汝岗路，设正阳互通式立交（K50+775）；至正阳与息县交界的李寨西约500米处出境。全长52.13千米，路基宽28米。工程设计标准双向6车道，设计行车速度每小时120千米。2004年7月29日，举行奠基仪式正式开工。2007年10月10日建成通车。大广高速公路驻马店段共有大型桥涵5座，分离式立交42座，互通式立交4处（含枢纽互通1处）。境内共设出口4个，平舆杨埠收费站（K2146+780），新蔡砖店收费站（主站K2164+886、副站K2165+168），正阳岳城收费站（K2185+489）。

沪陕高速泌阳段　沪陕高速（G40）是上海至西安的高速公路，国家重点公路建设规划“十三纵、十五横”中的“第八横”，也是贯穿东南和西北的大通道。公路途经驻马店市泌阳县，境内全长34千米，途经马谷田镇、盘古乡、赊湾乡，在盘古乡设有服务区和连接泌阳县城的出口。设计标准双向6车道，行车速度每小时120千米，境内占地226.13公顷（3392亩）。路面采用沥青混凝土结构，桥梁设计荷载汽—20、挂—120，路基均宽41.2米，路面宽30.5米。2004年5月始施工，境内设计桥梁47座，通道及过水涵洞138道。2006年9月建成通车。

（北）京广（州）路驻马店段　北京至广州公路，又称106国道，由周口市项城入境，经平舆县东和店、安徽省临泉县庙岔、新蔡县龙口、孙召和关津，进入信阳地区息县，与唐河至临泉、明港至临泉路交叉，长43千米，属二级公路。春秋为陈（今淮阳）、项（今沈丘或项城老城）至蔡（今上蔡、新蔡）、黄（今潢川）之车马道，宋、元、明、清为南方部分府、州、县通汴京（今开封）、北京驿道的一段。民国时期修开封至商城路并改为汴粤国家级公路。抗战时期，为阻止日军侵犯被人为破坏，久不通车。1958年，新蔡至息县段由土路改建为砖石简易路面，宽3.5米。1969年此路段定为国家级公路馆陶至麻城路过境段，同年年初，将路基改线，并拓宽至10米～13米，侧设履带车道宽4.5米，平曲半径最小70米，小于标准者4处，修建跨越洪河、汝河钢筋混凝土大桥2座和永久性中小桥涵43座（道）。1970年～1972年3月，此路段铺白灰土底层渣油路面宽6米～7米，但部分路基高填土压实度差，波浪起伏较大。1985年路基加宽到13米～16米，至1986年，受车流量的逐渐增大和洪水的不断侵袭，路况日益恶化。1988年以前已改造为三级、二级公路。1992年，国道106线新蔡县城关改建砼路3.2千米，以平原普通二级公路标准施工，路基宽24米。1994年，省计委批准立项，列入河南省第二批世界银行贷款路网建设项目，改建工程新蔡县境全长31.26千米，其中大桥1座、中桥4座、小桥4座、涵洞22道，按平原一般二级标准设计，路基宽12米，路面宽9米，桥涵荷载标准为汽—20级、挂—100级。此路改建工程分为两部分，其中S1合同段全长16.01千米，中小桥4座，涵洞7道，1995年6月11日正式开工。S2合同段全长15.25千米，大桥1座、中小桥2座，1995年5月16日开工。1996年11月30日主体工程竣工。1997年，平舆境改善砼路面8千米。改建工程设计标准为平原微丘一般二级公路，路基宽12米，路面宽9米，基层采用水泥综合稳定土结构。1998年，该路区辖段经过改建测定为43千米，路基宽12米～16米，次高级路面9米，属二级公路，有永久性桥梁11座470.9米，涵洞38道655.8米，全部绿化，晴雨通车，设公路养护道班5个。2001年9月26日新蔡境改善工程开工，北起驻马店市与安徽省交界新蔡县龙口镇北，桩号K909+419，止于驻马店市与信阳息县交界处，桩号K944+195，该段路线全长34.78千米。该工程按平原微丘区二级公路技术标准改善，路基宽15米，路面宽12米，路面设计年限12年。小桥涵与路基同宽，小桥涵设计车辆荷载标准为汽车—20级，挂车—100，设计洪水频率1/50；大桥设计车辆荷载标准为汽车—超20级，挂车—120，设计洪水频率1/100。2002年，国道106线新蔡县城北上王岗（K925+400）至城南孔岗（K937+710）段进行改建，经县城西侧通过，在全长12.31千米。项目建设标准拟按照平原微丘区二级公路进行改建，行车速度80千米/小时；路基宽24米，路面宽18米（快车道为4×3.5米），土路肩宽2×3米；桥涵荷载等级大桥为汽—超20级，挂120；中小桥及涵洞为汽—20级，挂100；路面面层为沥青砼结构。2005年，G106线平舆境改建工程开工，全长8.02千米。2007年，驻（马店）周（口）交界至临泉大修工程开工，全长7.97千米。2010年，新蔡县孙召乡（桩号K887+000）至驻马店市与信阳市息县交界处（桩号K907+083）的20.08千米进行大修。该工程按80千米/小时平原微丘区二级公路技术标准改善，其中，K896+071～K898+950新蔡县城段主车道宽12米，其余路段路基宽15米，路面宽12米。

（北）京深（圳）路市辖段　北京至深圳公路，又称107国道，由漯河市入境，经西平县宋集、潘庄、西平县城关、二郎、焦庄、遂平县和兴、遂平县城关、关王庙、驻马店市、确山、任店、李新店无明河进入信阳市全长114千米，与区内西（平）上（蔡）路、周（口）遂（平）路、驻（马店）新（蔡）路、南（阳）驻（马店）路、确（山）内（乡）路、明（港）临（泉）路、确（山）汝（南）路等省道交会，属二级至三级公路。原为京广古道一段，民国时期多次征工重修，将路基扩宽至7.5米。新中国成立初期，公路与铁路反复交叉，线型弯曲，桥涵残缺，边沟淤塞，低洼积水，路基仅宽5米～7米，仅能通畜力车。1958年，此路改修砖石简易路面，宽3.5米，质量差，晴通雨阻。1965年建立驻马店专区时，此路称郑州至武胜关路，路况基本未变，好路率约占15%，车流量日夜20车～70车。1968年～1969年，将路基改移铁路西侧2千米～4千米，修宽到8.5米～10米，并铺碎石路面，宽6米。1971年～1973年，补强白灰土和碎石底层，修渣油路面，宽6米～7米，平曲半径最小16米，小于标准者18处。1977年，路基加宽为12米，大修路面31千米。20世纪80年代，由于车辆通行量与日俱增，路基底层承受重力不足，路面宽度不够，交通状况恶化。1987年，漯河至确山段路基加宽以15米～23米，底层大修77千米，油路面加宽到9米。1993年，在西平至遂平和兴段按25米宽路基，12.25米主车道，2×5.5米慢车道改建汽车专用二级公路22.2千米，包括改线7.1千米、扩宽15.1千米，工程于1994年6月竣工。该工程的建成通车结束了驻马店地区无汽车专用公路的历史。1994年，国道107线第二期改扩建工程施工，按照平原区汽车专用二级公路标准，过往城区的道路结合城市道路规划标准设计，时速80千米/小时。1996年5月，将西平至遂平砼路面改铺油路5.99千米。1997年3月，在西平境投资改造基层采用水泥稳定碎石结构，24米宽沥青路面9.1千米。1998年在西平、遂平交界路段，按照路基宽24米，路面宽23米，基层为20厘米厚水泥稳定矿石结构，面层为10厘米沥青砼标准，大修路段长6.1千米；在西平县潘庄北段改扩建砼路面工程8.2千米，建设标准为路基宽20米，路面宽18米，基层为20厘米水泥砂砾结构，面层为26厘米混凝土板。此路区辖段经过改建测定113千米，路基宽19米～25米，次高级路面18米～24米，属二级公路，其中砼路面85.7千米，油路面27.3千米，有永久性桥梁44座1883.8米，涵洞169道4318.1米，全部绿化，晴雨通车，设公路养护道班10个。2001年10月，国道107线驻马店段全面开工，该工程全长69.9千米，按平原微丘区二级公路标准建设，计算行车速度80千米/小时，沿线桥涵与路基同宽，设计荷载采用汽—20级，挂—100。2002年驻马店、确山境城区段公路改建工程开工，2003年底完成，2004年通车投入使用。项目建设的技术标准拟按照平原微丘区二级公路进行改建；计算行车速度为80千米/小时；路基宽北段为24米，中段为40.7米，南段为29.6米；路面宽分别为21米（快车道为6×3.5米）、39.5米（快车道为6×3.5米）、28.4米（快车道为4×3.5米）；路面面层类型为沥青砼结构。2015年5月22日，107国道驻马店境改扩建项目动工，由原来二级公路升级改道为一级公路。总投资22.32亿元，设计时速100千米/时，双向四车道。

三、省级干线公路

新阳高速公路 河南新蔡至泌阳高速公路（S38）经河南省发展和改革委员会批准修建。项目起于新蔡县孙召乡北侧，止于泌阳县城东南马谷田镇，全长163.5千米，路基宽度26米，双向4车道，行车速度100千米/小时。路线总体走向为东西方向，经过新蔡县、平舆县、汝南县、驿城区、确山县、泌阳县6个县区，是大广国家重点公路（G45）、京港澳国道主干线（G4）、沪陕国家重点公路（G40）之间的重要连接线，是河南省“686”高速公路网重要组成部分。新阳高速公路分成新蔡至驿城区段和驿城区至泌阳段2个工程项目施工。新蔡至驿城区段2004年10月15日举行开工典礼，2007年12月19日建成通车。2004年8月，驻马店至泌阳高速公路新蔡至驿城区段开工建设。2007年9月28日，驻马店至泌阳段举行通车仪式。2009年5月，新阳高速公路化庄（省界）至新蔡段开工建设。该路段起点位于驻马店市新蔡县化庄东北豫皖2省交界处，与安徽省在建的阜新至新蔡高速公路相连通，向西与335省道相交，在新蔡县孙召乡北与新阳高速新蔡至驻马店段相接，并通过新蔡互通立交和106国道相连，全长25.81千米。2011年12月16日，新阳高速公路化庄（省界）至新蔡段举行通车仪式。该路段路基宽度26米，双向4车道，行车速度100千米/小时。

焦桐高速公路驻马店段 焦桐高速公路（S49），是河南省内焦作至桐柏的高速公路，为河南省高速公路网络规划中6条南北纵线中的重要一段。从舞钢市与泌阳县交界处入境，经泌阳县的象河乡、春水镇、付庄乡、贾楼乡、王店乡和高邑乡，先后与S234、S333、S334相交，止于泌阳县东南部铜山湖边，与驻马店至泌阳高速公路相交，由泌阳到桐柏交界处出境。全长53千米，路基宽28米，双向4车道，行车速度120千米/小时，设有泌阳北、春水2个收费站，白云山服务1处，桥梁47座，涵洞81道。泌阳至桐柏段起于泌阳县城东南马谷田乡，与驻马店至泌阳高速公路终点对接，并与沪陕高速公路信阳至南阳段相连，向北可接焦桐高速泌阳段，由泌阳与桐柏交界处出境，泌阳县境23.1千米。全线双向4车道，设计时速100千米。2007年11月22日，焦作至桐柏高速公路泌阳至桐柏段建成通车。2008年5月，S49焦桐高速公路泌阳段开工建设。全长44.22千米。2010年10月31日，焦桐高速公路泌阳段举行通车仪式。

S206商桐线 前身为原周遂路、驻上路、驻蚁路。北起商丘、南至南阳桐柏，自上蔡县朱里入境，经东洪、上蔡城关、黄埠，汝南县罗店，驿城区顺河、胡庙、蚁蜂，确山县竹沟、石滚河乡西南出境，市境全长139.71千米。其中，驻马店至上蔡段1991年纳入第三批以工代赈计划，1997年7月1日正式竣工通车，为二级油路。2002年～2005年，S206线商桐路分段改建，建设标准为平原微丘区二级公路，计算行车速度80千米/小时。2007年，上蔡境关楼至前翟段大修，工程设计标准为设计速度80千米/小时的二级公路，路基宽度12米，路面宽度9米。2010年～2012年，S206商桐线分段进行了3次改建，工程设计标准为速度80千米/小时的二级公路，路面主要结构采用9厘米沥青混凝土+18（20）厘米水泥稳定碎石基层，大桥设计荷载标准为汽—超20、挂—120，中小桥及涵洞设计荷载标准为汽—20、挂—100，设计洪水频率为桥梁1/100，涵洞1/50，路基宽度15米、12米、12—17—23米，路面宽度12米、10.5米、10.5—15.5—21.5米。市境全线有大、中、小桥57座3800.2延米。

S213吴黄线 北起濮阳南乐吴家庄（省界），南至信阳新县姑畈（省界），自上蔡县崇礼乡入境，向南经蔡沟、和店、平舆县射桥、玉皇庙、平舆县城关、西洋店、正阳县寒冻、袁寨、新阮店、王勿桥乡东南出境，市境全长106.29千米。1988年以前此路全长41.4千米，路基宽5米～11米，次高级路面宽7米，属四级公路。1995年，正阳境修建三级油路19千米。到1998年此路路基宽12米～15米，次高级路面7米，属三至四级公路，有永久性桥梁8座383.5米，涵洞31道228米。2005年，驻马店、周口交界至正阳小王庄段改建工程开工，全长102.557千米，建设标准为平原微丘二级公路。后因公路质量未完成验收即通车，路面损毁严重。全线有大、中、小桥27座1161.8延米。2014年，正阳中心庙至驻信交界段进行改道，建设标准为平原微丘二级公路。

S216平长线　平舆至商城县长竹园乡，境内为原驻新路一段，自平舆县城关经万金店、新蔡县黄楼、砖店、十里铺、新蔡城关、关津、宋岗、练村镇东南出境，市境全长64.5千米。20世纪70年代，此路属二至三级路，次高级路面宽6米～9米。后多次进行小修，通行状况有所改善。2001年9月29日，平舆至新蔡段改建，工程全长38.1千米。2004年，S216线新蔡县城至驻信交界段改建，项目起点位于新蔡县城西北3千米处，终点止于新蔡县麻里乡（之后入信阳市淮滨县界）。该项目按平原微丘区二级公路技术标准，设计行车速度80千米/小时，路基宽12米。2009年，平舆县城至新蔡县城中修，全长37.6千米，该工程设计标准为设计速度80千米/小时的二级公路，路基宽度15米，路面宽度12米。沿线有桥梁4座148.5延米。

S219永定线　原开粪路。北起安阳永和乡（省界），南至信阳罗山定远（省界），市辖段由漯河市辖区入境，经上蔡县华陂、西洪、上蔡城关、邵店，汝南县金铺、汝南城关、三桥、马乡，正阳城关、闾河、铜钟、大林过淮河，进入信阳地区罗山县境，市境全长146.6千米。市辖段沿路与4条省级公路相交，为市境内最长经济干线。1970年～1976年，此路段改修，使线路避离窄街闹市，进一步改善线型。同时，上蔡至正阳大林段修白灰土底层渣油路面，宽6米。1984年～1987年，因交通量增大，底层承重力不足和水毁后遗症，益智面层出现坑槽龟裂，只好不断补修，至1987年，补强白灰土底层23.5千米。1988年以前，此路段属二至四级公路，路基宽12米～16米，次高级路面宽6米～9米，上蔡至正阳段白灰土底层23.5千米。1989年～1990年，在正阳县境改善次高级路面工程19.64千米。1994年～1999年，汝南、正阳进行4次改建。2000年，豫26线开粪路汝南至正阳段公路改善工程开工，该工程按平原微丘区二级公路、计算行车速度80千米/小时进行设计，路基宽12米，路面宽9米，沿线桥涵与路基同宽。2001年，开粪线上蔡至正阳段改建工程开工建设。该工程按平原微丘区二级公路、计算行车速度80千米/小时的标准设计。路基宽15米，路面宽12米。沿线桥涵与路基同宽，设计荷载采用汽—20级，挂—100。2009年～2012年，又对S219永定线分段进行3次改造。沿线有大、中、小桥46座1954.6延米。

S220七蚁线　北起开封尉氏邢庄七里头（接S219线），南至驿城区蚁蜂（接S206线），自平顶山市舞钢与驻马店市遂平县的交界处入境，经张台乡、文城乡向南横跨S333线后，继续向南经八陈庄、大王庄、杨庄至项目终点蚁蜂镇并接于省道S206商桐路上，市境全长37.83千米。2005年，S220七蚁路市境段二级公路改建工程开工建设，建设标准为平原微丘区二级公路，设计行车速度80千米/小时。2012年，S220线平顶山交界至驻马店市S333张南线路口段中修，路线全长29.56千米。沿线有大、中、小桥17座729.4延米，其中大桥1座245.1延米，中桥4座221.8延米，小桥12座262.5延米。

S224确平线　北起确山县城，南至信阳浉河平靖关（省界），经确山县城、普会寺、留庄镇，正阳慎水镇、陡沟镇西南过淮河出境，市境全长72.06千米。2002年11月7日，S224线确山至正阳县城段开工，该工程全长42.75千米。2003年，S224线正阳至陡沟段改建工程开工，路线全长27.89千米。该工程按平原微丘区二级公路标准设计。2010年，S224线正阳境宋店至陡沟段改造工程开工，该项目起点位于正阳县宋庄，终点接陡沟镇淮河桥北桥台，路线全长16千米，其中新建路段3.2千米。2012年，京港澳高速公路正阳站出口至正阳县城段改建工程开工，全长27.4千米。沿线有大、中、小桥30座1474.9延米。

S234平桐线　原许泌路。北起平顶山叶县止张，南至南阳桐柏县城，自泌阳县象河乡汪庄村入境，南经春水、付庄、贾楼、杨家集、花园、泌水镇、盘古乡磨山村出境，泌阳县境全长80.82千米。1986年，为许（昌）泌（阳）公路，泌阳县境长51.8千米，与南驻路重复6.6千米。三至四级公路，其中三级次高级沥青路面11.2千米，四级中级砂石路面40.6千米。路基9米，路面4米～9米。1996年，按平原微丘二级标准改建毛胡张至二铺段，于1997年8月竣工。1997年7月30日，许泌路泌阳境付庄桥竣工通车。1998年，许泌路泌阳境界牌河至毛胡张22.5千米改建路段，设计标准为平原微丘二级标准，路基宽9.5米，路面宽9米，基层采取水泥稳定砂结构，面层为沥青碎石结构。2005年2月，泌阳县城至驻南交界段改建工程开工，全长20.89千米，建设标准为平原微丘区二级公路。2006年，S234平桐线泌阳象河至李岗段大修工程开工，全长20千米。2010年，S234平桐线泌阳境贾楼大街改造工程开工，全长2.2千米。2012年，沿线共有大、中、小桥40座2368.6延米。2016年全线改建项目开始建设。

S331高兰线　原西出北路、西上路、上项路。东起周口项城高寺西G106线，西至三门峡市卢氏县兰草（省界），自上蔡县杨集镇入境，经蔡沟、塔桥、齐海、上蔡县城、大路李乡、陈老庄，西平县城、钻探乡、出山镇西出境，市境全长114.8千米。上蔡至项城段：1977年，为建上蔡、平舆、项城县际油路网，上蔡至蔡沟段32千米修成渣油路面，宽6米。1982年，蔡沟至杨集段13千米修成油路。1988年，属三级公路，路基宽10米～15米，次高级路面宽6米。2001年，上蔡至项城公路全线改善工程开工，工程按平原微丘区二级公路、计算行车速度80千米/小时进行设计，路基宽12米，路面宽9米。沿线桥涵与路基同宽，设计荷载采用汽—20级，挂—100。西平至上蔡段：古为车马大道，新中国成立后确定为干线公路，1957年、1958年，线路基线北移，路基加高、加宽，上蔡段修成碎石路面，西平段修成砖石路面，路面宽3.5米～6米，交通量日夜20车次。1965年～1966年、1969年～1971年2次大修，路基加宽至10米～12米，修成碎石底层渣油路面宽5.5米。1985年此路部分狭窄路基加宽到12米～20米，1987年全路补白灰土底层，重修油路面宽7米～9米。1988年此路全长25.5千米，路基宽12米～20米，次高级路面7米～9米。1995年在上蔡县境改建二级油路14.7千米。2001年10

月7日，西平至上蔡段改建工程开工，该工程起点位于西平县柏城镇京珠连接线东段约1千米处，基本沿原路方向，终点位于上蔡县蔡都镇。该段全长26.7千米。西平至出山段：新中国成立前，此路弯曲狭窄无路面。1958年西平至权寨段取直，权寨至吕店段修路基。1973年按四级公路标准重修，1976年完成师灵至出山段23千米，路基加宽至8.5米～11.5米，砖渣白灰土底层，渣油路面宽5.5米、厚1.5厘米～2厘米。1988年此路长41.2千米。后经过改建测定，全长为45.2千米，路基宽14米，次高级路面7米～9米，属二至四级公路，其中二级公路4千米，三级公路27千米，四级公路14.2千米，有永久性桥梁15座395.3米，涵洞42道365.5米。2007年5月，上蔡梁庄至小翟庄段改建工程开工，建设标准为平原微丘区二级公路。2008年～2012年，S331线上蔡境柴冀至梁庄段、京港澳高速至驻平交界段、京港澳高速公路西平站出口至上蔡县城段、S331高兰线蔡沟至齐海段进行改建、大修。全线共有大、中、小桥23座1050.9延米，其中大桥2座230.3延米，中桥11座622.7延米，小桥10座198.0延米。

S333张南线　原平临路、驻新路、南驻路。东起周口项城贾岭镇张新庄（省界），西至南阳市南召县南河店镇，自平舆县东和店镇入境，向西经杨埠镇、平舆县城、郭楼镇，汝南县三门闸街道、三里店街道、老君庙镇，驿城区水屯、刘阁、沙河店、板桥，泌阳县下碑寺、春水、黄山口、羊册、由郭集镇西出境，市境全长178.65千米。平舆至临泉段：1970年，此路段定为省道唐河至临淮关（安徽凤阳东）路的一段，按五级公路标准重修，实修路基宽9米～10米，礓石底层碎石路面。1977年，重修为白灰土底层渣油路面，宽6米。1985年补强底层5千米，将4千米狭窄路段路基拓宽至15米。1988年以前该路区辖段属三级公路，路基宽9米～15米，次高级路面宽6米，长27千米。1992年～1997年，进行2次大修。2006年4月，平舆东和店至县城段改建工程开工，建设标准为平原微丘区二级公路，设计行车速度80千米/小时，路基宽12米。2008年～2012年，又分4段进行大修。驻马店至平舆段（原驻新公路驻平段）：1978年～1987年，驻汝段大修32千米，渣油路面拓宽为9米。1988年底，路基宽16米～23米，次高级路面宽6米～9米。1991年～1992年，修建驻马店市至汝南段，其中改建成砼路面12.2千米，改善路面4.45千米。1993年，按15米宽路基、12米宽路面改建二级混凝土路面13.5千米，新建大桥1座。2003年，驻马店至汝南段改建，工程按平原微丘区二级公路标准设计。2006年，平舆县城绕城段改造工程全长3千米。驻马店至南阳段：1975年8月，板桥水库溃坝，水毁此路段路基19千米。路面10千米，沙河店至板桥8千米路基夷为平地，交通中断。后经抢修，方恢复通车。由于交通量增大，1985年驻板段55千米路基由8.5米～10米加宽到13米～16米。1987年，此路段与京广铁路交叉处建立交桥，两端引道修混凝土路面1.6千米（宽40米）。驻马店至刘阁段底层大修6.6千米，油路面拓宽为9米，其中有1.9千米采用水泥与河沙拌和稳定基层新技术。板桥至郭集段仍为中级路面。1988年，区内辖段长103千米，此路段属二至四级公路，路基宽8.5米～16米，次高级路面38千米，中级路面65千米，路面宽6米～9米。2002年，全部为二级沥青路面，路基宽12米，路面宽9米。全线有大、中、小桥84座3943.2延米，其中大桥10座1857.4延米，中桥21座1180.7延米，小桥53座905.0延米。

S334君二线　原确汝路、确内路一段。东起汝南县老君庙，向西经韩庄乡、确山县城、瓦岗镇、竹沟镇至泌阳县二铺，全长95.65千米。确山至汝南段：自确山经洪山铺、吴桂桥、韩庄至汝南老君庙，长28千米，与汝宛古道东段同线，西接G107线，东连S333线。属四级公路，路基宽12米～15米，部分中级路面宽4米～6米，至1987年，路况不佳，后仅进行局段小修。2005年4月，河南省发改委下达汝南老君庙至确山县城段建设计划，为省第二批干线公路项目，该项目全长24.6千米，总建设标准为平原微丘区二级公路，设计行车速度80千米/小时。2008年竣工，但由于建设质量不达标，公路不能达到设计通行标准。确山至泌阳段：原属确（山）内（乡）公路一段。1982年前称确山至泌阳公路，驻马店辖区段长90千米，属三级路。1987年，此路段改建为油路。1988年该路区辖段全长90千米，路基宽8.5米～12米，次高级路面7米，属三级公路。1989年竹沟至泌阳境改善油路面工程25.5千米。1991年～2010年，经过多次改造。2012年，全线有大、中、小桥43座2563.1延米。

S335棠西线　原明临路、确内路一段。东起新蔡县棠村，向西经栎城乡、新蔡城关、佛阁寺镇、正阳县汝南埠、新阮店、熊寨、确山双河、信阳明港、邢集镇、桐柏毛集镇、黄岗镇、泌阳县马谷田镇、泌水镇、赊湾镇出境，市境全长108.54千米。明临路市辖段：市境段长113.4千米。原正（阳）明（港）路为区内干线之一，后定为月河至新蔡路一段。明港经正阳至新蔡段、新蔡至临泉段原为2条县道，1982年两段连接为明港至临泉路，并被定为省道。1970年，正阳至明港、明港至月河路被定为省道月河至正阳路。按三级路标准修碎石路面宽7.5米，后补强白灰土底层，修渣油路面宽7米。1977年，正阳至新蔡段路基改线，修白灰土底层渣油路面，宽6米。1979年，汝河汝南埠大桥建成，此段始全线通车。同年，按四级路标准重修新蔡至临泉段，路基宽8.5米～10米，白灰土底层渣油路面，宽5.5米～6米。其中，部分结构为纯粗沙、白灰粉、重油拌和铺筑，以沙代石，成本低，工艺新。1988年，明临路区辖段长113.4千米，路基宽9米～11米，次高级路面宽6米～9米，属三至四级公路。2001年，明临线明港至新蔡段改建，工程按平原微丘区二级公路、计算行车速度80千米/小时的标准进行设计。确内路市辖段：驻马店辖区段长90千米，属三级路。1972年，重修二铺至大路庄段路基和碎石路面，改建桥涵75座（道）。1988年该路区辖段全长90千米，路基宽8.5米～12米，次高级路面7米，属三级公路。1989年～1995年，竹沟至泌阳境、泌阳境、确山境路段经过多次改造。2005年2月，界牌岭至涧岭店段改建工程开工，全长45.8千米，建设标准为平原微丘区二级公路。2012年，S335驻马店市境段共有大、中、小桥42座1960.4延米，其中大桥4座880.0延米，中桥15座725.5延米，小桥23座354.9延米。

明代驻马店市境驿递一览表

县名	基本设置	递铺
汝阳县 （今汝南县）	走递夫五十名，续加夫八十名，走递马四十匹，续减马二十匹。汝阳驿马二十二匹，驴一十四头。急递铺二十有八	在府前者为总铺， 东则为高旗铺、普照铺、冯庄铺、万金铺可抵新蔡县， 又东为三堆铺、桃台铺、谭陂铺可抵项城县， 东南则为穆家铺、方良铺、黄冈铺、雾城铺、杨庄铺、张五铺可抵息县， 南则为汝南铺、三桥铺、冯店铺、常安铺、塘下铺可抵真阳县， 西则为断济铺、冯头铺、申寨铺可抵遂平县， 西南则为白马铺、黄栏铺、寒庄铺可抵确山县， 北则为八里铺、桃源铺、金乡铺可抵上蔡县
上蔡县	走递夫五十名，续加夫七十名，走递马三十匹，续减马三匹。上蔡驿马十二匹、驴七头，续加马四匹、驴四头	急递铺有九，在县前者为总铺， 南则为十里铺、邵店铺， 西则为朱里桥铺、赵庄铺， 北则为洪桥铺、陈寨铺、华陂铺
新蔡县	走递夫三十名，走递马十五匹	急递铺有七，在县前者为总铺， 南则为官津铺， 西则为八里铺、平信铺、砖桥铺、湖塘铺， 北则为龙口铺
西平县	走递夫七十名，续加夫七十四名，走递马二十匹，续加马十匹。西平驿马十二匹、驴七头，续加马三匹，驴一头	急递铺有八，在县前者为总铺， 东则为仙女铺、重渠铺， 南则为蔡寨铺， 西则为范庄铺、合水铺、洪村铺， 北则为李庄铺
遂平县	走递夫三十五名，续加夫二十名，走递马三十匹，续加马六匹	急递铺有八，在县前者为总铺， 东则为和凤铺、石寨铺， 南则为八里铺、新店铺， 西北则为牛住口铺、张陵冈铺， 北则为斗城铺
确山县	走递夫六十名，续加夫二十七名，走递马四十匹，续加马八匹	急递铺有二十，在县前者为总铺， 南则为十里铺、黄山铺、沙河铺、新安铺、枣庄铺、砖桥铺、明港铺， 西则为十里铺、夏阳铺、瓦冈铺、剥羊铺、竹沟铺、冷水铺， 北则为十里铺、红村铺、新村铺、古城铺、施家铺、驻马铺
真阳县 （今正阳县）	走递夫五十名，续加夫五十名，走递马四十匹，续加马十五匹	急递铺有八，在县前者为总铺， 东南为哈店铺、黄山铺、建安铺、铜钟铺、漫塘铺， 西则为宋庄铺， 北则为山头铺

说明：资料来自明万历三十六年（1608）李本固主纂《汝南志》

清代驻马店市境驿递一览表

县名	基本设置	递铺
汝阳县（今汝南县）	现设驿塘马十四、驿塘扛递等夫四十名。 岁支工料等银八百四十九两七钱三分一厘，遇闰照例加增	东则为高旗铺、普照铺、冯庄铺、万金铺可抵新蔡县， 又东为三堆铺、桃台铺、谭陂铺可抵项城县， 东南则为方良铺、黄岗铺、雾城铺、杨庄铺、张五铺可抵息县， 南则为汝南铺、三桥铺、冯店铺、长安铺、塘下铺可抵真阳县， 西则为断济铺、冯头铺、申寨铺可抵遂平县， 西南则为白马铺、黄栏铺、韩庄铺可抵确山县， 北则为八里铺、桃源铺、金乡铺可抵上蔡县
上蔡县	现设驿塘马八匹、驿塘扛递等夫二十一名。 岁支工料等银四百七十六两一钱七分一厘，遇闰照例加增	南则为十里铺、邵店铺， 西则为朱里桥铺、赵庄铺， 北则为东洪桥铺
新蔡县	现设驿马二匹、马夫一名。 岁支工料等银五十四两七钱，遇闰照例加增	南则为官津铺， 西则为八里铺、平信铺、砖桥铺、湖塘铺， 北则为龙口铺
西平县	现设驿塘马五十二匹、驿塘扛递等夫九十一名。 岁支工料等银两千五百八十二两六钱三分八厘，遇闰照例加增	东则为仙女铺、重渠铺， 南则为蔡寨铺， 西则为范庄铺、合水铺、洪村铺， 北则为李庄铺
遂平县	现设驿塘马五十八匹、驿塘扛递等夫九十四名。 岁支工料等银两千八百一十五两二钱四分，遇闰照例加增	东则为和凤铺、石寨铺， 南则为八里铺、新店铺， 西北则为牛住口铺、张陵冈铺， 北则为斗城铺
确山县	现设驿塘马五十八匹、驿塘扛递等夫九十名。 岁支工料等银两千八百一十八两八钱四分，遇闰照例加增	南则为五里铺、十里铺、黄山铺、戚家铺、吴寨铺、新安铺、枣庄铺、砖桥铺、明港铺， 西则为西十里铺、夏阳铺、瓦冈铺、博阳铺、竹沟铺、冷水铺， 北则为北十里铺、红村铺、新村铺、古城铺、施家铺、驻马铺
正阳县	现设驿马二匹、驿递等夫五名。 岁支工料等银一百四十六两八钱，遇闰照例加增	东南为哈店铺、黄山铺、铜钟铺、漫塘铺， 北则为八角庙铺、山头铺。 还有李通店铺、蓝青店铺、黄鲁店铺、马乡店铺
泌阳县	本县驿站，并协济改解外，额征支解银一百二十六两一钱五分。一岁支给夫马工料等项共银七十八两四钱；一岁裁减夫马工料等项共银四十七两七钱五分。以上驿站银两，遵照嘉庆八年十月内巡抚马（慧裕）具奏，将驿站应需夫马、工料等项银两，在于丁地银内扣支；应解裁减银两，每岁扣贮县库于奏销后，照数批解按察司衙门，贮库	

说明：资料来自清嘉庆元年（1796）德昌主修、王增纂《汝宁府志》。泌阳县资料来自清道光八年（1828）倪明进主修《泌阳县志》

【地貌】 河南省在全国地貌格局中的位置，正处于第二级地貌台阶向第三级地貌台阶过渡的地带，北部的太行山和西部伏牛山，属于全国第二级地貌台阶，东部平原和西南部的南阳盆地属于全国第三级地貌台阶，而南部边境地带呈东西向展布的桐柏—大别山构成第三级地貌台阶的横向突起。驻马店市则位于全国第三级地貌台阶上，横跨南阳盆地东缘和淮北平原，分属长江流域和淮河流域。其地势总的特点是西高东低，西部为伏牛山、桐柏山余脉构成的低山丘陵，海拔高度多在 300 米 ~ 600 米。位于泌阳县境内的白云山为最高峰，海拔 983 米。洪河、汝河、臻头河、泌阳河等河流均发源于西部山地。低山丘陵的外围为波状起伏的山前冲积洪积倾斜平原（岗地），由山前向平原倾斜，坡度多在 5° ~ 10° 之间。东部则为开阔的淮北冲积湖积低缓平原，以 1/4000 ~ 1/10000 的坡降向东缓倾，最低处海拔 32 米。

山地面积 1950 平方千米，约占全市土地总面积的 12.9%。为豫南桐柏山向西北延伸的余脉和豫西伏牛山向东延伸的余脉，主要分布于泌阳、确山、遂平、西平等县。440 多座山峰海拔多在 300 米 ~ 700 米之间，相对高度在 200 米 ~ 400 米之间，低矮的山峰呈岛状突出于波状起伏的丘陵之上。海拔超过 500 米山峰 61 座，超过 700 米的 17 座。其中，泌阳县白云山主峰白茅垛 983 米，为全市最高峰，另有泌阳县五峰山 872 米、确山县乐山 813 米、泌阳县大铜山 632.6 米、遂平县嵖岈山 417 米。

丘陵面积 1642 平方千米，约占全市总面积的 10.9%。海拔多在 200 米 ~ 400 米之间，相对高度在 200 米以下。主要分布在泌阳县境以及确山县的西部，遂平及西平县西南部的边缘地带亦有零星分布。由于流水的侵蚀切割，丘陵低缓起伏，或呈浑圆的丘状，或呈狭长的陵状，丘陵起伏，谷地开阔。以前丘陵地带一般森林植被覆盖率较低，土地瘠薄，水土流失严重，每遇山洪，沙石俱下，河道漫溢，水冲沙压良田。20 世纪 90 年代，以来植被覆盖率逐年提高，水土流失状态有所好转。

岗地（洪积平原）面积 1144 平方千米，约占全市总面积的 7.6%。坡度多在 5° ~ 10° 之间，海拔一般在 100 米 ~ 200 米之间，主要沿山麓地带分布，呈现为岗地、河流谷地相间分布的波状起伏的地貌形态。岗顶一般宽 1 千米 ~ 2 千米，长数千米或十数千米。岗地的组成物质，靠近山前的较粗，越往下游越细。

平原面积 10347 平方千米，约占全市总面积的 68.6%。主要分布于汝南、平舆、上蔡、新蔡、正阳 5 县和西平、遂平、确山 3 县的东部。其地势平缓，自西北向东南倾斜，海拔在 32 米 ~ 100 米之间，地面平均坡降 1/5000 ~ 1/8000。地表组成物质主要为亚砂土、亚黏土和灰黑色含钙质的砂姜土。由于地势低洼平缓，有些是封闭洼地，如老王坡、吴宋湖、宿鸭湖、蛟停湖等，流水不畅，成为河南洪涝灾害较为严重的地区之一。

【土地资源】 驻马店市土壤面积 1217652.2 公顷，占全市总面积的 80.64%。耕地土壤养分状况是：有机质含量偏低，缺磷少氮，一部分土壤缺钾。全市土壤有黄褐土、砂姜黑土、潮土、水稻土、黄棕壤、粗骨土、石质土 7 个土类。黄褐土是驻马店市面积最大的土壤类型，土壤面积 507453.5 公顷，占全市土壤面积的 41.67%。砂姜黑土是驻马店市的非地带性土壤，土壤面积 397713 公顷，占全市土壤总面积 32.66%，其中上蔡、平舆、新蔡等县均在 6 万公顷以上。驻马店市潮土土壤总面积 141443.6 公顷，占全市土壤总面积的 11.62%。主要分布在洪河、汝河、泌阳河干流及其支流两岸和古河流的故道上，多呈带状延伸。以泌阳、上蔡、西平县面积最大，其他各县（区）均有分布。水稻土土壤面积 12546.6 公顷，占全市土壤总面积的 1.03%。主要分布在正阳县、确山县，泌阳县、汝南县面积较小。黄棕壤土壤面积 8024.4 公顷，占全市土壤总面积的 0.66%，主要分布在泌阳、确山、遂平等县和驿城区的低山丘陵的中下部。粗骨土土类土壤面积 93854.8 公顷，占总土壤面积的 7.71%。分布在泌阳、确山、遂平、驿城区的低山丘陵区。石质土土壤面积 56616.3 公顷，占土壤总面积的 4.65%。主要分布在泌阳、确山、遂平县和驿城区的石质山地上。

根据第二次土地调查数据显示，至 2014 年年底，全市土地总面积 1364444.35 公顷。其中，耕地 849068.83 公顷，园地 2598.03 公顷，林地 157147.36 公顷，草地 29454.13 公顷，城镇村及工矿用地 123256.06 公顷，交通运输用地 46472.39 公顷，水域及水利设施用地 97870.73 公顷，其他用地 18576.82 公顷。驻马店市是农业市，耕地以旱地为主，旱地占耕地的 76.4%。

根据地形、气候、水文、土地利用开发状况及社会经济的不同和 1987 年 ~ 1994 年全区土地利用现状调查汇总数据，驻马店地区土地可分为 4 个不同类型区。一是西部低山丘陵区。位于驻马店地区西部，主要包括泌阳县全部、确山县西部和遂平、西平两县的西部地区。该区域土地特征是地貌复杂多样，土地自然属性较差。二是中部城镇、经济开发区。位于驻马店地区中部，主要包括驻马店市、遂平县中部、汝南县西部和确山县北部。该区域土地特征是建设用地比重大，城镇已具规模；科技文化较发达，工业门类较齐全；人口密度高，城市人口比重增长快；农业生产条件好，矿产资源较丰富。三是北部坡洼平原区。位于驻马店地区北部和东部，主要包括西平县东部、遂平县东部、汝南县大部、平舆县和新蔡县。该区域土地特征是地势平坦，土层深厚，土地结构单一。四是南部起伏平原区。位于驻马店地区南部，主要包括驻正阳县和确山县南部。该区域土地特征是人均耕地较多，农副产品商品量较大。

驻马店市土地利用多样，分布差异明显。地理位置、地貌、气候条件对土地利用的影响，以及人们先易后难、先开发平地后开发山地，先开发浅山后开发深山的土地利用演进过程，形成全区土地利用现状的多样性。众多的土地利用类型在地域分布上大体呈现出耕地广泛分布于平原、岗地和洼地；园地主要分布平原、岗地和丘陵；林地则集中分布于山地的丘陵；城乡建设和交通用地以平原和岗地占绝对数量。根据 1987 年 ~ 1994 年全区土地利用现状调查汇总数据，驻马店地区土地利用以平原为主，农业用地相对数量大；垦殖指数高，天然植被覆盖差；土地利用率高，农业后备资源有

驻马店市地势图

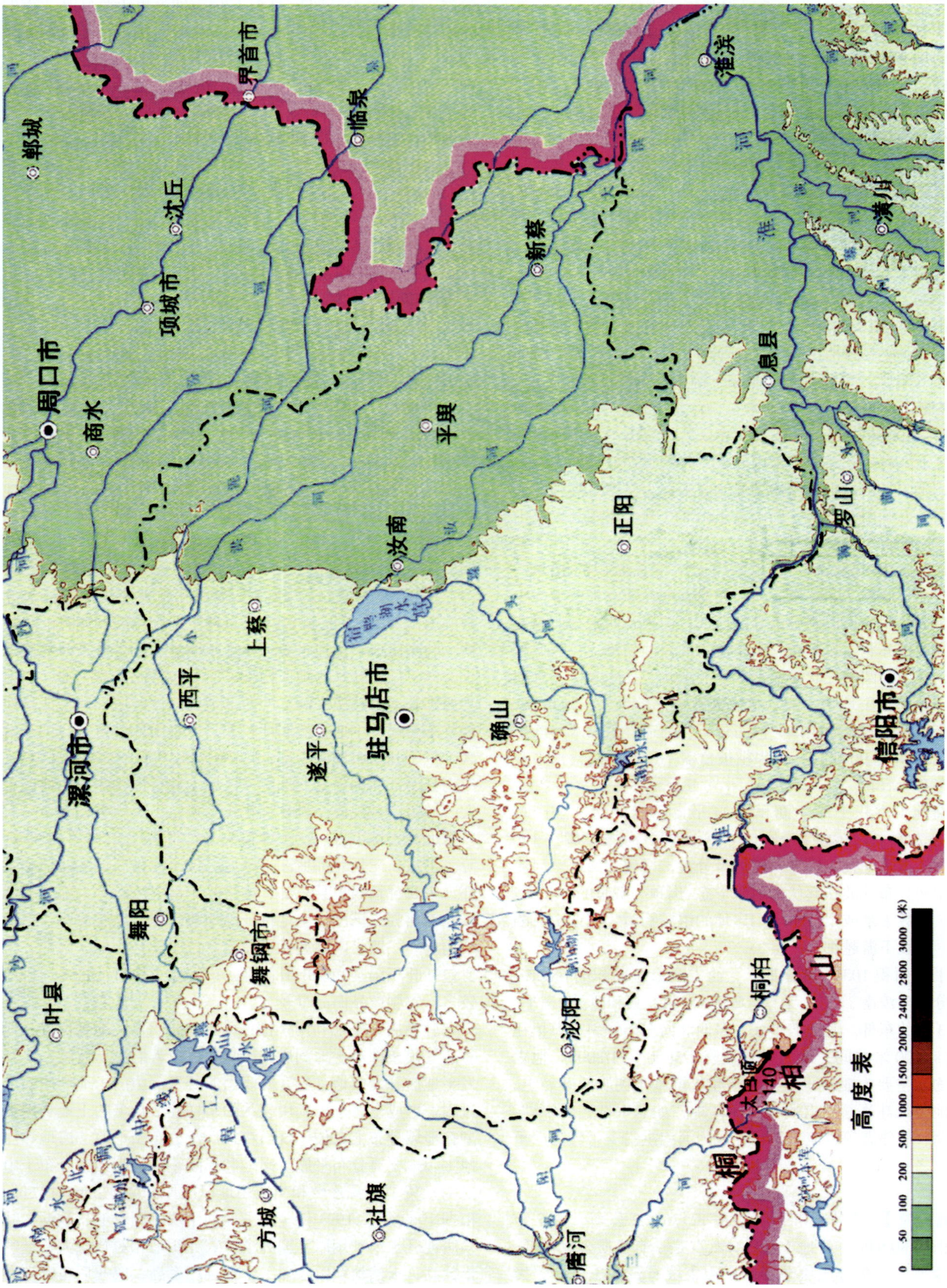

（摘自《河南森林资源——森林资源分布图集》，中原出版传媒集团、中原农民出版社，2013年4月第1版）

限；建设用地增加速度快，所占土地条件优越。

【山峰】 驻马店市的山地为伏牛山、桐柏山余脉，海拔高度多在 300 米 ~ 600 米之间，最高峰白云山为 983 米。境内海拔高度超过 500 米的山峰 61 座，超过 700 米的山峰 17 座。

一、白云山

俗称白茅垛，古称大湖山或大狐山。位于泌阳城东北 35 千米，在大路庄、板桥、贾楼、付庄诸乡交界处，东接确山。主峰白茅垛海拔 983 米，高度为全市山峰之冠。系汉江和淮河支流分水岭。东南麓山水汇为泌阳河源头，西、北麓山水曲折东流入沙河。其山势陡峭，高大雄伟。组成岩石为大理岩、花岗岩、石英岩、片麻岩等。有油松、马尾松、板栗、茶叶等林木，产沙参、柴胡等 60 余种中草药。

二、老乐山

又名乐山，位于京广铁路西侧确山县城西北 10 千米处的朱古洞镇、瓦岗镇、三里河乡和驿城区胡庙乡接合部，由大小 9 座山峰相接而成，南北走向，长约 15 千米，宽约 5 千米，面积约 75 平方千米。主峰乐山顶海拔 813 米，为区内次高峰。千年岭南麓为臻头河发源地，西北麓为汝河南源发源地。为伏牛山余脉与淮北平原分界线。主要矿藏有铁、铅、锌、铝、煤、磷、萤石、花岗岩、大理石、白云石、石英石、石灰石等。乐山原名朗山，以山顶云笼即为雨兆，山顶明朗预示天气晴朗而得名。宋真宗大中祥符五年（1012），因避赵玄朗讳，改为乐山。该山悬崖峭壁，怪石古洞，蔚为壮观。唐代建有八宫（玉真宫、玉虚宫、南海宫、紫霄宫、斗母宫、玄都宫、灵应宫、万寿宫）二观（群仙观、回龙观）和一个拜台。顶峰有庙宇 10 余间，石碑数十块，南天门和天门街有铁铸神像二尊，各重 12500 千克。乐山北有唐代的军营石垒遗迹。民国初年，白朗起义军曾在此据守，抗击北洋军阀。

三、铜山

又名大铜山、铜峰，位于泌阳县城东大路庄乡境，海拔 632.6 米。该山危峰突出，峡谷深幽，山前山后有滴石崖、仙人洞、垛子石、天桥岭、齐头崖等景胜。有古刹四座，历来为游览胜地。产茶色水晶石。

四、嵖岈山

本名嵯峨山，又名玲珑山。位于遂平县城西 25 千米嵖岈山乡境内。海拔 417 米，南北长 2.5 千米，东西宽 1.75 千米，面积 4.38 平方千米。由蜜腊山、南山、北山三大主峰构成，被誉为“中原盆景”。

五、五峰山

位于泌阳县北部，因有五峰而得名。主峰在象河乡境内，海拔 872 米。山体由石英岩、页岩、花岗岩等构成。山势南缓北陡。东麓诸水南流，为斗流河源；南麓诸溪入象河；西麓诸水西流为界牌河源。产桔梗、半夏、防风等数十种中草药及木耳、栗针、黄花菜等。主要矿产为红岩石。南麓有石洞，俗称“龙洞”，旁有万寿庙。

六、大寨子

海拔 736 米，位于泌阳县黄山口乡东北部。

七、韭菜皮

海拔 706 米，位于大寨子东，泌阳县黄山口与春水乡交界处，古代与大寨子等山统称为中阳山。

八、羊皮沟

海拔 793 米，位于泌阳县下碑寺乡北部，与龙王掌相连。

九、蜡烛子山

海拔 844 米，因山形似蜡烛故名。位于泌阳县摩天岭东北，与舞钢市接界。

十、打虎山

亦名大虎山，海拔 810 米，位于泌阳县下碑寺乡北部与舞钢交界。

十一、桂花山

海拔 740 米，位于泌阳县铜山乡境内，白云山西南。

十二、塔山

海拔 761 米，位于泌阳县白云山西北，竹林村东。

十三、牛腚山

海拔 745 米，位于泌阳县韭菜坡南。

十四、罗汉顶

海拔 752 米，位于泌阳县牛腚山东南。

十五、大光石脑

海拔 832 米，位于泌阳县白云山南。因山全为巨石故名。

【河流】 驻马店市东西横跨淮河、长江两大流域，东部属淮河流域，由洪汝河水系、淮河干流水系、沙颍河水系等组成，总面积 13415 平方千米；西部属长江流域的汉水水系，面积 1680 平方千米。全市流域面积在 100 平方千米以上的河流有 50 条，其中流域面积 5000 平方千米以上的河流有洪河和汝河 2 条；流域面积在 1000 平方千米 ~ 5000 平方千米的河流有小洪河、臻头河、北汝河和泌阳河 4 条。全市多年平均地表径流量 39 亿多立方米，径流深度 257.4 毫米。径流的分布趋势大体和降水一致，从西南向东北由 300 毫米递减至 150 毫米，径流系数为 0.4 ~ 0.2，且汝河流域大于洪河流域，山丘区大于平原，西部大于东部，南部大于北部。径流年内变化与降水量相一致，季节变差很大，径流的 60% 集中在 6 月 ~ 9 月。径流年际变化与降水量相一致，变差较大，丰水年为 59.84 亿立方米，平水年为 31.13 亿立方米，中等干旱年为 16.71 亿立方米，枯水年为 5.05 亿立方米。市内河流天然水质良好，总硬度 4 度 ~ 7 度，pH 值 7.6 ~ 8.0，适用于饮用和工农业用水。

一、洪汝河水系

洪汝河水系在境内的流域面积为 12380 平方千米，占全市总面积的 75%，多年平均径流量为 28 亿多立方米，占全市径流量的 70.4%。洪汝河水系由小洪河、汝河、臻头河等河流组成。小洪河与汝河在班台汇合后称大洪河，大洪河向东南走向，沿豫皖两省边界注入淮河干流。该水系上游为山丘区，河道比降较陡；下游为平原区，地势平缓；中间过渡地带较短。

小洪河：小洪河发源于平顶山市舞钢市与泌阳县交界处的龙头山，流经舞钢市、西平县、上蔡县，至新蔡县班台与汝河汇合，河道全长 251.5 千米（含上游境外河长），流域面积 4287 平方千米，其中驻马店市境内流域面积 3446 平方千米，堤防总长 378.8 千米。多年平均径流量为 8.89 亿立方

驻马店市水系流域图

（摘自《河南森林资源——森林资源分布图集》，中原出版传媒集团、中原农民出版社，2013年4月第1版）

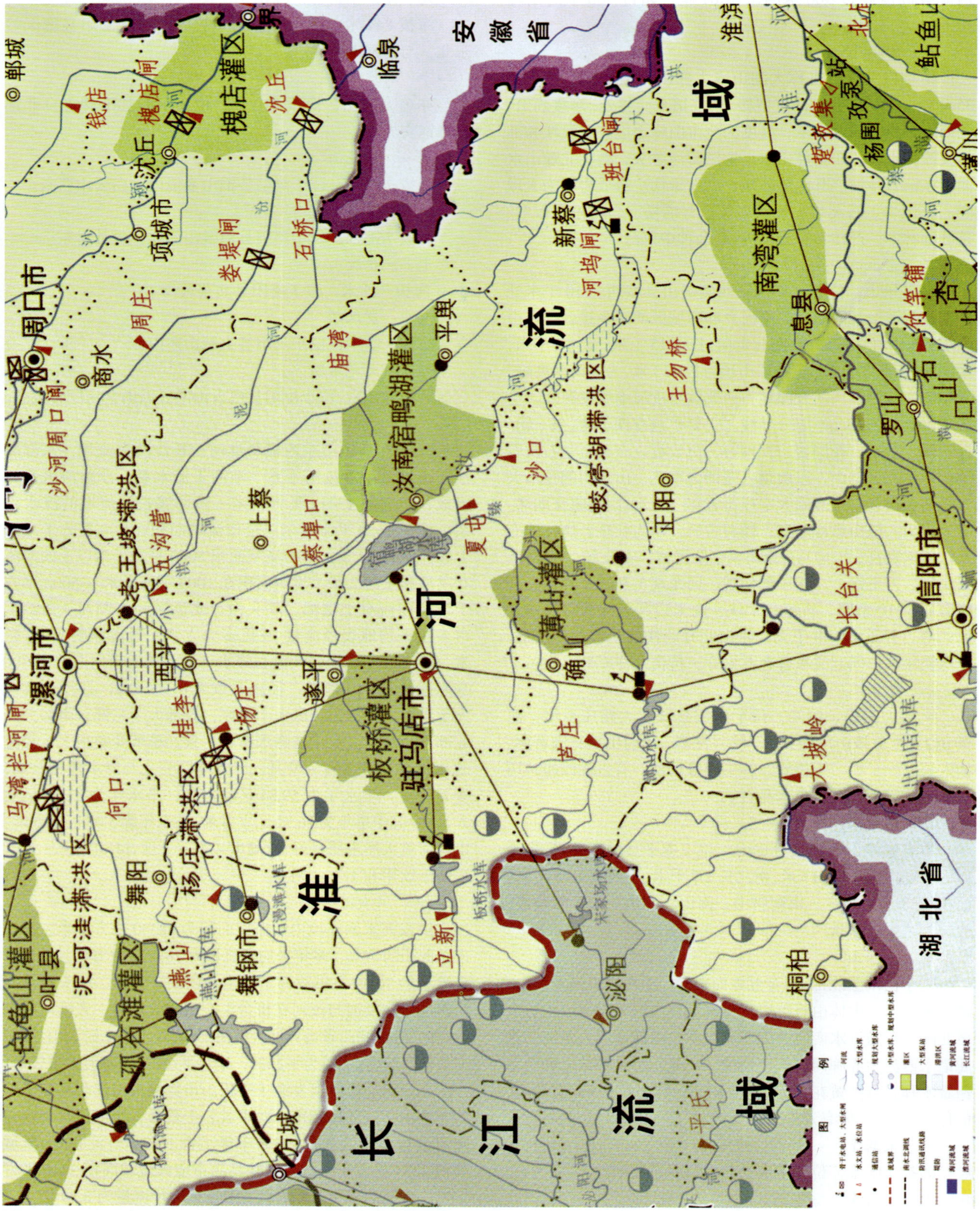

米。主要支流有淤泥河、杨岗河、小清河、戚桥港、龙口大港、柳条港、新息界沟等15条。班台以下称大洪河，大洪河从新蔡县黑龙潭出境，沿豫皖边界至淮滨县洪河口入淮，河道长74.5千米，流域面积640平方千米，其中境内河道长18千米，流域面积222平方千米。

汝河：汝河发源于泌阳县黄山口乡大寨子山北麓。流经泌阳、遂平、汝南、平舆、正阳等县，在新蔡班台与小洪河汇流入大洪河。汝河河道总长251千米，流域面积7362平方千米,多年平均径流量为13.05亿立方米。遂平以下河段，两岸河堤高筑,平均高出地面3米～4米,坝顶平均宽4米～5米，河床平均宽100米～150米，深18米～20米。汝河沙口以上称沙河，上游处浅山丘陵区，因山石风化，造成河内大量淤沙，遂平境内河段盛产河砂。下游有水运。汝河主要支流有象河、石河、黄溪河、赵文献河、练江河、吕岗河、奎旺河、北柳堰河、文殊河、慎水河、黄大港、臻头河等。

臻头河：臻头河源于确山县西部千年岭，东西折东北流，经竹沟、瓦岗、任店、留庄、刘店入汝南县境，过官庄、野猪岗，在沙口入汝河，沿途有西王楼沟、关沟、陈楼沟、弧山冲、十里河、小沙河、吕岗河等100多条支流汇入。臻头河本干全长135千米。最宽处1000米，最窄处不足100米。最大流量7640立方米/秒，流域面积1877平方千米。河道全线无堤防，不通航，下游产河沙。夏秋洪水暴涨，冬季不结冰。

练江河：练江河流域面积204平方千米，河道总长42.7千米，发源于西南山区的老乐山，北支五里河发源于西北岗地的刘阁乡马岗，于市天中大道处汇合。汇合口以上的流域面积为106平方千米（其中练江河流域面积79平方千米，北支五里河流域27平方千米）属山前岗地区，占全流域面积的52%，汇合口以下为平原区，区间面积98平方千米，占流域面积48%。

二、淮河水系

淮河干流水系：在区境内的流域面积为1495平方千米，占全市总面积的9%，多年平均径流量为5亿多立方米，占全区径流量的12.9%。境内注入淮河干流的主要支流有闾河、清水河和田白河等。淮河干流在境内南部边界处，由西向东经确山县双河乡入区境，从杨店乡出境入信阳市，复沿正阳县陡沟入境，经彭湾、潘店至涂店进入息县境。淮河干流在确山县境内长2.5千米，在正阳县境内长40千米，沿岸无堤防，如遇淮河大水，洪水漫溢成灾。

淮北支流：驻马店地区南部及东南部直接从淮河北岸流入淮河的16条支流的统称。淮河干流在确山县境内长2.5千米，有二道河、双河、曹河、金钩河；在正阳县境内长40千米，有闾河、清水河、甜水河、陡沟河等。

三、沙颍河水系

沙颍河水系在境内的流域面积为624平方千米，多年平均径流量为1.66亿立方米，占全市径流量的4.3%。沙颍河水系在境内只有黑河一条河流。

黑河：黑河属淮河流域颍河水系汾泉河的支流，源于漯河市东郊，从郾城流入上蔡县境，流经上蔡县华陂、西洪、小岳寺、东洪、朱里、韩寨、塔桥、蔡沟、和店、杨集等10个乡镇，由相湾村入项城市境，东流经项城至沈丘入泉河，上蔡县境内称黑河，下游境外称泥河。黑河在上蔡县境内长48千米，流域面积446平方千米。河床平均宽为42米，水深约4米，最大流量460立方米/秒。水色深绿，为平原草河，属季节性流水。主要支流有青龙沟、和沟、杨河等。

四、汉水水系

汉水水系在境内的流域面积为1680平方千米，占全市总面积的11.1%，多年平均径流量为4.56亿立方米，占全市径流量的11.7%。汉水水系分布在内境西部泌阳县境内，流向由东向西，主要有泌阳河、马谷田河、红河、梁河、箅河等支流。

泌阳河：源出泌阳县大路庄乡白云山东麓，经邓庄铺后折向西，经宋家场、高邑、泌阳城关，由赊湾乡多庄入唐河县境，在境内长74.3千米，流域面积1338平方千米。河道坡陡流急，水浅，无航运，河宽150米～300米，沿河修筑有滩地堤防及护坡工程。

【气候】 驻马店市处在亚热带与暖温带的过渡地带，具有亚热带与暖温带的双重气候特征，是典型的大陆性季风型半湿润气候，阳光充足，热量丰富，雨量充沛，温和湿润，四季分明。但由于地理位置的特殊性，又决定了境内容易出现干旱、暴雨和局地性的冰雹、龙卷风等灾害性天气。确山县、遂平县的西部和泌阳县东部系浅山丘陵区，由于局地气候的影响，多发山洪和暴雨。境内东部平坦低洼，降水集中时，容易发生洪涝。

驻马店境内四季特点为：春季，东亚大槽变平，低纬度副热带高压系统逐渐活跃起来，降水逐渐增多但不稳定，灾害性天气以连阴雨、大风和寒潮为主。夏季，冷空气影响势力北退，副热带高压带着西南暖湿气流西伸北抬，其边缘若与西风带低槽或低涡配合，境内将形成明显降水，暴雨、局地大风和冰雹等灾害性天气大多出现在这个时期。在受到较强且稳定的副热带高压控制时，又容易出现高温和干旱天气。秋季，东亚大槽建立，副热带高压逐渐南退，北部冷空气逐渐加强，温度和湿度下降，降水减少。但当西风带气流较为平缓，而西南暖湿气流较强时，也会出现连阴雨天气，有时伴有大风和寒潮。冬季，东亚大槽变得深厚而且稳定，蒙古冷高压强盛并逐渐控制全市，境内盛行东北风，气候寒冷干燥，雨雪较少。

日照光能资源丰富。全市累年太阳辐射总量112～120千卡/平方厘米，为省内次高值区。其地理分布为东部高于西部。驻马店年平均日照时数介于1854.1小时～2076.8小时之间。日照时数的分布以5月份为最长，2月份最短。全市年平均日照百分率为42%～47%，其地理分布与日照时数相同。西平县最高，为47%；汝南县和驿城区最低，为42%。

气温：全市累年平均气温为14.8℃～15.4℃，各县区差别不大，由于局地气候的影响，上蔡县、泌阳县、西平县较低，为14.8℃～14.9℃，确山县较高，为15.4℃。全市月平均气温与年平均气温的地理分布基本一致。气温年际变化规律一般是1月～6月气温由低逐渐升高，升致7月达到高峰，

驻马店市气候分区图

（摘自《河南森林资源——森林资源分布图集》，中原出版传媒集团、中原农民出版社，2013年4月第1版）

驻马店市土壤分布图

（摘自《河南森林资源——森林资源分布图集》，中原出版传媒集团、中原农民出版社，2013年4月第1版）

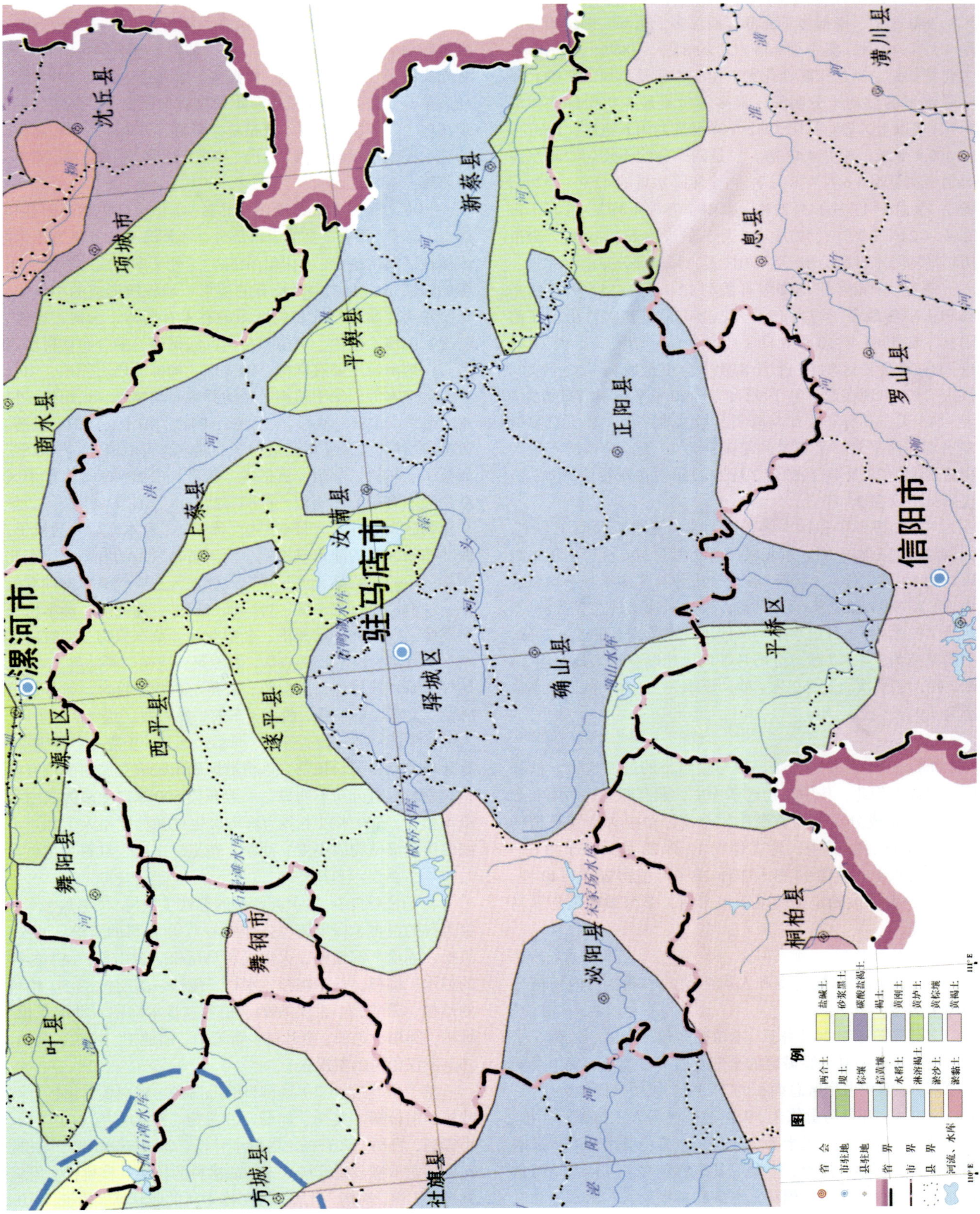

7月份平均气温为27.1℃～27.5℃；自8月份开始逐渐降温，降至翌年1月为最低值，1月份平均气温为1.0℃～1.8℃。全市极端最低气温出现在1月、2月或12月，出现概率2月占50%。全市无霜期天数为220天～231天。

降雨：雨量比较适中。全市累年平均降水量为850毫米～980毫米，南部多于北部、西部多于东部。雨量最多的是4月～10月，集中全年降水量的82%～86%。市内降水主要特征是：一是年际变化大。由于本市受季风的影响，年际降水量的波动十分明显，最多年份是最少年份降水量的2～3倍以上，如驻马店1982年降水量1791.6毫米，1966年仅400.9毫米，相差4.47倍。二是四季分配不均匀。降水主要集中在夏季（6月～8月），占全年降水量的42%～52%；秋季（9月～11月）占22%～23%；春季（3月～5月）占22%～24%；冬季（12月～2月）最少占6%～8%。全市历年平均降水日数为90天～103天，其地理分布南多北少。

降雪：全市年平均降雪日数为12.7天～15.5天，西平县和正阳县最多，均为15.5天。全市最早初雪日出现在泌阳县，在1981年10月8日；西平县最早初雪日出现11月11日；其余县区均在11月8日。全市最晚降雪终日为4月15日，出现在西平县1992年。全市年平均积雪日数为9天～13天，其分布规律与降雪日数基本一致，积雪日数最多出现在西平县、平舆县和泌阳县为13天。全市历年最大积雪深度为38厘米，1989年2月23日出现在新蔡县，驿城区、正阳县出现在24日。

风：全市冬季和秋季盛行东北风，夏季以西南风为主，偏东风次之；春季则以东北风、西北风为主。全市多年平均风速为1.8米/秒～2.4米/秒。全市各县区多年月平均风速为1.4米/秒～2.8米/秒，月最大平均风速出现在3月份（新蔡为2.8米/秒），月最小平均风速出现在汝南县的8、9月份，平均风速为1.4米/秒。全市月平均风速以春季为最大达2.4米/秒，冬季次之达2.2米/秒，夏季为2.1米/秒，秋季最小为1.9米/秒。

【植物】 驻马店市处于亚热带与暖温带的过渡地带，植物区系组成以华北、华中植物区系为主，兼有西北、西南和东北植物区系成分。植物资源比较丰富，全市有维管束植物131科，846种。其中，藤类植物12科28种，裸子植物3科25种，双子叶植物94科653种，单子叶植物20科140种。2014年，香樟被确定为驻马店市市树，紫薇被确定为驻马店市市花。

一、植被类型

由于地形、海拔高度和人类活动的影响，境内植被分为两个类型。

东部平原落叶阔叶林区　本植被区包括上蔡、汝南、平舆、新蔡、正阳县和驿城区的全部及西平、遂平、确山县的平原部分，面积占全区总面积的71.3%。该植被区地势平坦，人口密度大，开垦历史悠久，天然植被已为人工植被所代替。栽培植物中以小麦、玉米为主，正阳、确山县南部有少量水稻。平舆、新蔡、汝南、上蔡等县芝麻较多。其他栽培植物有油菜、大豆、花生、棉花、红薯和瓜果菜类。木本植物以华北植物区系为主，有臭椿、楝树、榆树、国槐、楸树、小叶杨、毛白杨、旱柳、桑树、泡桐、刺槐等。随着科技水平的发展，栽培树种不断变化。20世纪70年代栽植大官杨、加拿大杨、箭杆杨、沙兰杨较多，20世纪80年代后栽培水杉、池杉、沙兰杨较多。该植被区各地均有小片竹林，除正阳县南部河滩有少量桂竹外，其余多为淡竹。经济林树种有梨、桃、葡萄、苹果、枣、石榴、杏、柿树、李子等。田间杂草有光头稗子、马唐、莎草、野燕麦、刺儿菜、荠菜、米瓦罐、马齿苋等。路旁、河岸荒地草本植物有狗牙根、白茅、蒲公英、紫花地丁、苜蓿、苍耳、夏枯草、野苋、平车前、黎和蒿类。低洼水湿地植物有芦苇、菖蒲、水蓼、红蓼、慈姑、莲、菱角、浮萍等。

西部山区常绿、落叶阔叶林区　本植被区包括泌阳县和确山、遂平、西平3县的山区部分，总面积4302.5平方千米。该植被区属伏牛山、桐柏山余脉，正处于中国南北气候、土壤的过渡带，加之山区特有的地形、地貌所形成的小气候，植物种类丰富。华北植物区系的乔木有杨树、柳树、榆树、刺槐、国槐、楸树、臭椿、桑树、泡桐等，多分布在村庄四旁。山地南岭主要有麻栎、栓皮栎、槲栎油松、侧柏、山合欢、黄连木等。华中植物区系的乔木有马尾松、火炬松、杉木、毛竹、水杉、池杉、落羽杉、柳杉、柏木、乌桕、枫杨、黄檀、杜仲等。常见华北植物区的灌木有野山楂、荆条、酸枣、胡枝子、柘树、棠梨、黄栌木、蔷薇、扁担杆子等。华中区系的灌木有茶、山胡椒、杜鹃、盐肤木、油茶、山茶等。华东植物区系的乔木有日本黑松、赤松等，灌木有绿叶胡枝子。西北植物区系的灌木有枸杞。西南植物区系的有刺楸。东北植物区系的有蒙桑、大叶朴。该植被区主要经济林树种有板栗、油桐、枣、梨、桃、杏、柿、核桃、葡萄等。藤本植物有葛藤、爬山虎、猕猴桃、金银花等。草本植物主要有白羊草、黄背草、白茅、夏枯草、委陵菜、地榆、蒲公英、柴胡、桔梗、蕨、凤尾蕨、翻白草、蛇莓、苜蓿、百合、射干、茵陈蒿、艾蒿、鸡矢藤、茜草、车前、曼陀罗、益母草、防风、大戟、牛膝、马兜铃、苦参、丹参、半夏、土麦冬、鱼腥草、狗牙根和众多菊科植物。该植被区确山野豌豆属河南特有植物。森林垂直分布不明显，一般海拔500米以上多为灌木和草本植物，500米以下多为栎类次生林和马尾松人工林。山间农田栽培植物以小麦、油菜、花生、玉米、红薯为主。

二、典型木本植物

裸子植物门：（1）苏铁科的苏铁（铁树、凤尾蕉），（2）银杏科的银杏（白果树、公孙树），（3）松科的雪松、油松、黑松、赤松、湿地松、火炬松、马尾松、黄山松，（4）杉科的杉木、柳杉、日本柳杉、水杉、池杉、落羽杉，（5）柏科的侧柏、千头柏、北美香柏、柏木、日本扁柏、日本花柏、绒柏、圆柏、龙柏、金叶桧、铅笔柏、铺地柏、粉柏、刺柏，（6）罗汉松科的罗汉松。

被子植物门：（7）杨柳科的毛白杨、银白杨、山杨、响叶杨、箭杆杨、美杨、加杨、沙兰杨、意214杨、小叶杨、小青杨、青杨、大官杨、塔形小叶杨、北京杨、旱柳、垂柳、河柳、龙爪柳、簸箕柳，（8）胡桃科的核桃、核桃楸、野核桃、山核桃、枫杨、化香，（9）桦木科的鹅耳枥、榛子，（10）

壳斗科的板栗、茅栗、麻栎、栓皮栎、槲栎、柞栎、橿子栎，（11）榆科的白榆、榔榆、大果榉、光叶榉、朴树、黑弹树、黄果朴、青檀、榉树，（12）桑科的桑、蒙桑、鸡桑、构树、小构树、柘树、无花果，（13）毛茛科的牡丹，（14）小檗科的首阳小檗、栌木，（15）木兰科的紫玉兰、白玉兰、厚朴、洋玉兰、鹅掌楸、五味子，（16）蜡梅科的蜡梅，（17）樟科的樟树、山胡椒，（18）海桐花科的海桐，（19）金缕梅科的枫香、继木，（20）杜仲科的杜仲，（21）悬铃木科的悬铃木、一球悬铃木、二球悬铃木，（22）蔷薇科的绣线菊、白鹃梅、红柄白鹃梅、山楂、野山楂、湖北山楂、山里红、木瓜、贴梗海棠、白梨、梨、杜梨、豆梨、西洋梨、苹果、花红、河南海棠、十姐妹、月季花、木香、刺玫蔷薇、玫瑰、白玫瑰、红玫瑰、黄刺玫、刺悬钩子、小叶悬钩子、多腺悬钩子、高泡梁、杏、山杏、梅、红叶李、李、桃、蟠桃、山桃、榆叶梅、毛樱桃、郁李、樱花、樱桃、石楠、枇杷，（23）豆科的合欢、山合欢、皂荚、野皂荚、紫荆、槐树、龙爪槐、葛藤、马棘、紫穗槐、刺槐、紫藤、红花锦鸡儿、锦鸡儿、黄檀、胡枝子、美丽胡枝子、多花胡枝子、杭子梢，（24）芸香科的花椒、竹叶花椒、野花椒、黄檗、枸枳、柚、橙、佛手、柑橘、羊奶桔，（25）苦木科的臭椿，（26）楝科的楝树、香椿，（27）大戟科的重阳木、油桐、乌桕、叶下珠、千年桐、日本桐、山麻杆，（28）黄杨科的小叶黄杨、雀舌黄杨，（29）漆树科的黄连木、漆树、野漆树、盐肤木、火炬树，（30）冬青科的枸骨、冬青，（31）卫矛科的卫矛、丝棉木、冬青卫矛、金边黄杨、金心黄杨、南蛇藤，（32）槭树科的三角枫、五角枫，（33）无患子科的栾树、文冠果，（34）鼠李科的枳具、小叶鼠李、枣、酸枣，（35）葡萄科的葡萄、山葡萄、爬山虎，（36）椴树科的糯米椴、少脉锻、中国椴、扁担杆子，（37）锦葵科的木槿、木芙蓉，（38）梧桐科的梧桐，（39）猕猴桃科的猕猴桃，（40）山茶科的茶、山茶、油茶，（41）藤黄科的金丝桃，（42）柽柳科的柽柳，（43）瑞香科的芫花，（44）胡颓子科的沙棘，（45）千屈菜科的紫薇，（46）石榴科的百榴，（47）八角枫科的八角枫，（48）五加科的刺楸，（49）山茱萸科的山茱萸，（50）杜鹃花科的杜鹃、迎红杜鹃，（51）柿树科的柿树、野柿、软枣，（52）木犀科的白蜡树、雪柳、丁香、紫丁香、白丁香、连翘、桂花、丹桂、金桂、四季桂、女贞、小叶女贞、迎春花、探春花、茉莉，（53）夹竹桃科的夹竹桃，（54）马鞭草科的黄荆，（55）茄科的枸杞，（56）玄参科的兰考泡桐、楸叶泡洞、白花泡桐、毛泡桐，（57）紫葳科的梓树、楸树、灰楸、凌霄花，（58）茜草科的栀子、鸡矢藤，（59）冬科的金银花、六道木、接骨木、绣球花，（60）蓝果树科的喜树，（61）金娘科的大叶桉、赤桉，（62）禾本科的毛竹、刚竹、淡竹、桂竹、慈竹、阔叶箬竹，（63）棕榈科的棕榈，（64）百合科的凤尾兰。

【动物】 驻马店市在动物地理区划上，属古北界华北区和华中区的过渡地带，动物区系成分南北种类均有，且互相渗透。动物种类近 2000 种，其中原生动物 30 余种，多孔和腔肠动物 2 种，扁形动物 10 余种，线形动物约 15 种，环节动物 5 种，软体动物 12 种，节肢动物 1500 余种，鱼类 79 种，两栖类 10 余种，爬行类 30 余种，鸟类 200 余种。因境内大部为平原，所以动物具有平原型特征，多为适应性强的广布种，特有种少，动物的种类多，但数量较少。

一、动物区

由于自然条件等方面的差异，境内可划分为 3 个动物亚区。

黄淮平原动物亚区：东部平原属华北动物区系的黄淮平原动物亚区，以耕作区的动物为主要特征，多为适应性很强的广布种。哺乳类以黄鼬、草兔为主，啮齿类也广泛分布，其中仓鼠、田鼠等鼠类的数量较多；鸟类以灰喜鹊为优势种，秃鼻乌鸦、喜鹊较占优势；爬行类以丽斑麻蜥、山地麻蜥为优势种，鳖较多，龟罕见，蛇主要有黄脊游蛇、赤链蛇、白条锦蛇、红点锦蛇等；两栖类数量较多，主要有中华大蟾蜍、泽蛙、北方狭口蛙等。

南阳盆地岗地平原动物亚区：泌阳西北部、西平及遂平西部为华中动物区的南阳盆地岗地平原动物亚区。虽为浅山丘陵，但森林面积较小，动物也具有平原型特征。兽类普通种有刺猬、褐家鼠、小家鼠、纹背家鼠、长尾仓鼠、短耳仓鼠、黑线姬鼠、黄鼬、草兔等；鸟类以火斑鸠、黑卷尾为突出的优势种。爬行类中鳖的分布广泛，还有乌龟、无蹼壁虎及蛇类；两栖类有中华大蟾蜍、泽蛙、金线蛙等。

大别、桐柏山地丘陵动物亚区：泌阳东南部、确山西部属于华中动物区的大别、桐柏山地丘陵动物亚区。动物组成成分显示出亚热带区系特点。两栖和爬行类的种类和数量较多，爬行类以蛇类为主；两栖类有大鲵、东方蝾螈和各种蛙类；鸟类主要代表种和经济种有白鹳、秃鹫、白冠长尾雉、画眉、杜鹃、啄木鸟、长尾山雀、黑眉燕尾等；兽类中有貉、獾、豹猫、水獭等。

二、动物品种

（一）原生动物：以间日疟原虫、滴虫、变形虫、草履虫、藻类为主，30 余种。

（二）多孔和腔肠动物：种类少，有脆针海绵、普通水螅 2 种。

（三）扁形动物：有华支睾吸虫、肝片吸虫、猪带绦虫、犬复孔绦虫等 10 种，寄生生活，对人类和家畜、家禽危害极大。

（四）线形动物：包括蛔虫类、蛲虫类、班氏吴策丝虫、旋毛虫、线虫类等 15 种，对人类和庄稼危害很大。

（五）环节动物：包括霍甫水丝蚓、陆地蚯蚓、蛭类约 5 种。

（六）软体动物：有田螺、耳萝卜螺、条华蜗牛、圆顶珠蚌、背角无齿蚌、蚶形无齿蚌、褶纹冠蚌、河蚬等 12 种，有些可食用，或作饲料，有些则为农业害虫。

（七）节肢动物：本区主要有甲壳类、蛛形类、多足类及昆虫类 4 大类。甲壳类生活在水中，老年低额等低等种类是鱼类的主要饵料，米虾、日本沼虾等虾蟹类为高等甲壳动物，是重要的水产品；蛛形类主要有角红蟹蛛、短胸长蟹蛛、黑色蝇虎、东亚钳蝎、棉叶螨、苜蓿苔螨（长腿红蜘蛛）、人疥螨等，蜘蛛及螨类多为害虫，蝎类有毒，但可入药；多足类较少，有巨马陆、少棘蜈蚣、多棘蜈蚣等；昆虫类约 15 目 1500 余种，其中有的为农业害虫，有的为害虫天敌，有的是人畜传染病的媒介，有的可入药。主要有华北蝼蛄、蝗类、地鳖、黑翅土白蚁、中华草蛉、叶蝉类、蚜科的麦蚜、菜蚜等，蜱类的斑须蝽、黄斑蝽等，虱目的人虱、人蚤，鞘翅目的金龟子、栗实象甲、豌豆象、桑天牛、红缘天牛、柳蓝叶甲、七星瓢虫。磷翅目的各种蛾类和螟类，如：棉红铃虫、麦蛾、大豆实心虫、豆荚螟、二化螟、玉米螟等。膜翅目的蜂类，如栗瘿蜂、褐斑马尾姬蜂、梨茎蜂、麦叶蜂等。双翅目的蝇类和蚊类，有舍蝇、黑边家蝇、厩腐蝇、夏厕蝇、粪种蝇、红头丽蝇、丝光绿蝇、大头金蝇、中华按蚊、三带喙库蚊、白纹伊蚊、淡色库蚊、致倦库蚊等。

（八）脊椎动物

鱼类：区内鱼类资源较为丰富，约有79种，其中以鲤科种类为多。主要品种有鲤、鲫、草鱼、马口鱼、鲶、泥鳅、赤眼鳟、逆鱼、长春鳊、青梢红鲌、棒花鱼、斗鱼、黄鳝、鳜鱼等。

两栖类：数量较多，主要有中华大蟾蜍、东方蝾螈、花背蟾蜍、黑斑蛙、金线蛙、泽蛙、虎纹蛙、北方狭口蛙、无斑雨蛙等。

爬行类：主要有两目。一为龟鳖目，龟罕见，鳖较多。二为有鳞目，其中蛇的种类和数量较多，有王锦蛇、锈链游蛇、乌游蛇、小头蛇、翠青蛇、斜鳞蛇、黑头剑蛇、黄脊游蛇、赤链蛇、白条锦蛇、红点锦蛇、黑眉锦蛇、蝮蛇、菜花烙铁头、竹叶青等，此外还有丽斑麻蜥、山地麻蜥、华北草蜥、无蹼壁虎等。

鸟类：主要有秃鼻乌鸦、喜鹊、灰喜鹊、白鹭、绿头鸭、石鸡、鹌鹑、环颈雉、红腹锦鸡、斑鸠、杜鹃、雨燕、啄木鸟、家燕、黄鹂、八哥、画眉、白鹤、雁、大山雀、凤头百灵、云雀、夜鹰、戴胜、黑卷尾等。

哺乳类：经济兽类除野兔、黄鼬、狗獾、猪獾、豹猫、狐、艾虎、刺猬等广布种外，还有貉、青羊、水獭、花面狸等。鼠类最多，农田分布的种类主要有黑线姬鼠、纹背仓鼠、大仓鼠、棕色田鼠、华北酚鼠及鼹鼠等；住宅内以褐家鼠、小家鼠、黄胸鼠为主。

【矿产】 驻马店市矿产资源极为丰富，矿产资源总的特点是：分布矿种较多，分布广，矿床规模有大有小，大部分为非金属矿。初步探明的矿产有50多种，其中化工灰岩、熔剂用灰岩、白云岩分别占全省同类资源储量的91%、25%、56%。截至2014年年底，全市已发现各类矿产52种，其中金属矿17种，非金属矿28种，能源矿产4种，其他矿产3种。发现各类矿产地370多处，其中大型矿床12处，中型矿床20处，小型矿床77处，矿泉水7处。有储量信息的矿产39种。

驻马店全市已探明储量的矿产有20余种。其中，新探明的金属矿产中金红石矿储量达5000万吨以上，煤已探明储量1.37亿吨，石油储量2146万吨，天然气储量4.33亿立方米。石灰岩储量5亿多吨，其中熔剂灰岩储量1.85亿吨，平均品位54.77%，占河南省总储量36%；化工灰岩储量1.75亿吨，CaO含量平均55.22%，占河南省总储量的79%，位居全省第一位；水泥灰岩储量1.5亿吨。含钾岩石勘探储量1819万吨，远景储量16.87亿吨，品位8% ~ 11%。白云岩储量8500万吨，居全省第三位。萤石储量100多万吨，居全省第三位；矿泉水年可开采量1.5亿立方米，占全省第一位。磷矿储量1292万吨。2000年，在泌阳县境内发现金红石、芒硝矿。金红石矿呈北西—南东向，分布长60多千米，宽500米 ~ 800米，含金红石2% ~ 4%，具有较高的开发价值。芒硝矿分布于油田一带，具大型规模，埋藏深度在900米 ~ 1200米之间，累计厚度达20米左右，估算资源量2000万吨以上。膨润土、沸石、陶土矿、花岗岩、大理石等均具有较高的开发价值，特别是花岗岩品种齐全、质量好，“泌阳青”和“芝麻灰”花岗岩远销日本、韩国及东南亚地区。

驻马店全市开采利用的矿产主要有煤矿、石油、天然气、铀矿、铁矿、铜锌矿、铅锌矿、金矿、萤石矿、硅石矿、熔剂灰岩、白云岩、化工灰岩、钾长石、蛇纹石、水泥灰岩、水泥黏土、硅灰石、沸石、膨润土、熔岩、花岗石、大理石、建筑砂和陶土矿等。形成了确山刘店水泥灰岩矿区，年开采水泥灰岩矿100万吨，主要供应周边水泥厂；驻马店市朱古洞的建筑石料远销漯河、周口等地区；泌阳县条山铁矿区年产铁矿石70万吨，是信阳钢厂优质铁矿石原料基地；确山县的萤石选矿厂年采选萤石矿2万吨，产值超千万元；确山县采石厂是京广铁路道砟供应地，年产道砟40万吨；西平县年产30万吨高速公路用玄武岩矿开发粗具规模；确山县花岗岩远销日本、韩国等地。1986年 ~ 2000年，全区矿产资源开发及加工企业已发展到2000余家，从事开发矿业的人员约2万人，共计采挖各类矿石总量6206万吨，形成矿业产值23亿元，利税3.36亿元。

一、能源矿产

煤：全市已发现的煤矿产地3处，即确山煤田吴桂桥井田、确山煤田安里井田和七棵树煤矿点。确山煤田是豫南较大的煤田之一，分布范围为驻马店市罗庄以南，正阳县杜文集、熊寨以北，西至107国道，东到正阳县城，面积1400平方千米。现经勘查已查明储量的有吴桂桥井田和安里井田。七棵树煤矿点仅作过矿点检查。

石油、天然气：驻马店市油气资源仅有下二门中型油田1处，该油田属于河南油田的一部分，位于泌阳县高店乡下二门一带的泌阳凹陷中。核桃园组生油条件层系最大厚度2000余米，生油岩丰度高，有机碳为1.27% ~ 2.05%，氯仿沥青“A”为0.12% ~ 0.19%，烃含量最高为百万分之1455。该油田以核三段生油条件最好，生油量为13.73亿吨，占总生油量的89%，储集层为砂岩。砂岩最大厚度1500米，孔隙度大于15%，最大33.7%，渗透率大于300千分达西。油田生储组合形式主要是自生自储自盖。生、储油层呈层间互层出现。产油层为下第三系核桃园组二、三段，平均油层厚度28.16米，油层物性好，孔隙度15.43% ~ 22.66%，渗透率343 ~ 2427千分达西。原油比重0.85 ~ 0.88，属中质原油。产油层埋深800米 ~ 2380米，为背斜型藏油。

铀矿：全市共有铀矿产地4处，其中小型铀矿1处，矿点3处。遂平小型铀矿位于遂平县嵖岈山乡。矿体产于下寒武统炭质粉砂岩中，属砂岩型矿床。矿床成因类型为沉积变质 – 淋滤富集型。铀矿石主要为浅变质的炭质粉砂岩和构造角砾岩。试验表明，该矿石为易浸出矿石，具较好的工艺条件，是有利用价值的矿床，伴生元素镓可考虑综合利用。此矿床曾是河南省的主要铀矿之一，1985年4月停产闭坑。

二、金属矿产

铁：全市估算铁矿资源总量约6亿吨，相当于全省已查明铁矿石资源储量的近1/5。有铁矿产地39处，其中大型铁矿1处，中型铁矿1处，小型铁矿12处，铁矿点25处（部分勘查区未最终提交报告，暂时将这类资源地列为矿点）。泌阳是驻马店市的铁矿分布大县，计有产地15处，确山县12处，正阳县6处，新蔡县2处，遂平县2处，西平县1处，驿城区1处。这些铁矿按成因类型可分为矽卡岩型、沉积变质型、热液充填型及风化壳型四类。

锰、铁锰：驻马店市有锰矿化点3处，均分布于泌阳县，小型铁锰矿床1处，分布于确山县。其中，南庄小型铁锰矿位于确山县新安店镇镇南庄，地理坐标为北纬32° 35′ 28″、东经113° 58′ 11″，是驻马店市唯一发现的小型铁锰矿床。1960年，原河南地质局豫11队作过补充勘查工作，探明铁锰储量C1+C2级21.283万吨，属小型矿床，可供民采。

铬铁矿、钛铁矿：驻马店市有铬铁矿点4处，均分布于泌阳县；钛铁矿化点2处，均分布于确山县。4个铬铁矿点即碾盘山铬铁矿点、薛头湾铬铁矿点、大尖山铬铁矿点和肖庄铬矿点，均位于泌阳县黑山—歪头山一带。2处钛铁矿点即马尾山钛铁矿化点、阎庄钛矿化点。

金红石：驻马店市有超大型金红石矿1处，即羊册金红石矿。矿区位于驻马店市泌阳县羊册镇。矿床东起羊册，西至南召县云阳镇，地理坐标为北纬33° 00′ ~ 33° 28′，东经112° 41′ ~ 113° 15′。矿带分布长约65千米，宽约8千米，金红石含量1.5% ~ 2.8%，最高达4%，已作地质普查工作的面积160平方千米，地质详查工作面积30平方千米。全市远景储量2892.37万吨，是目前全国发现的最大金红石矿。

铜：全市已知铜矿点、矿化点17处，其中泌阳县14处、确山县3处。

铜锌矿：驻马店市铜锌矿产地2处，均属矿点，分布于泌阳县境内。一是私银沟铜锌矿点，位于泌阳县马谷田镇私银沟，地理坐标：北纬32° 36′ 36″，东经113° 32′ 00″。矿床成因为热液型，现为断续民采点。二是方老庄铜锌矿点。位于泌阳县马谷田镇方老庄一带，地理坐标：北纬32° 34′ 54″，东经113° 20′ 10″。矿化带产于方老庄—老龙顶挤压带中，带长1800米，宽50米~70米，分东、西2个矿段。该矿点现已小规模民采。

铅、铅锌矿：驻马店市铅锌矿产地3处，其中矿点2处，矿化点1处，均分布于确山县。铅矿产地5处，其中西平县1处，泌阳县4处。

多金属：驻马店市有多金属矿化点5处，分布于确山县3处，泌阳县2处。

钼矿：驻马店市钼矿产地共3处。一是塔橛钼矿化点。该矿化点位于遂平县张堂乡塔橛。矿化成因属斑岩型或中温热液细脉浸染型。矿化极不均匀，品位低，规模小，因工作程度较低，暂不具工业意义。二是河南省确山县小董庄钼矿。矿体位于确山县小董庄。矿体分布于花岗斑岩脉中，断续长200余米，矿化类型以细脉浸染型为主。三是河南省确山县三宗素钼矿。位于确山县小董庄，行政区划隶属于确山县新安镇，面积7.175平方千米。矿化不均匀，品位低，规模小。

铜钼矿：驻马店市铜钼矿产地1处，即分金炉铜钼矿化点。位于遂平县嵖岈山乡分金炉。矿化点产于汝阳群黑云石英片岩夹大理岩透镜体中，其东部有燕山期花岗岩，周围有化探钼（Mo）、铅（Pb）异常显示。该矿化点虽然铜（Cu）、钼（Mo）品位均较低，但成矿地质条件有利，具有进一步工作意义。

金矿：驻马店市已发现金矿点3处，均分布于泌阳县马谷田镇月儿湾—王老庄金矿（化）带中。在月儿湾—王老庄一带发现十余处金、铜金、银金矿（化）点，集中分布在岩体东部约40平方千米范围内，形成北东60° 方向，宽约4千米，长约10千米的矿化带。

铅银矿：驻马店市铅银矿产地仅1处，即铜坑岭铅银矿化点。位于泌阳县马谷田镇，其地理坐标：北纬32° 36′ 35″，东经113° 20′ 29″。矿化体为硅化炭质白云绢云石英片岩，具变余砂状结构、鳞片花岗变晶结构，浸染状构造。金属矿物有褐铁矿、黄铁矿，局部可见铅矿、黄铜矿。矿化不均匀，局部富集处矿石品位银（Ag）40×10^{-6}，铜（Cu）0.03%，铅（Pb）2.87%。

稀有金属矿产：驻马店市稀有金属矿产主要为含稀有金属铌、钽的矿物。驻马店市稀有金属矿产地共4处，其中矿点3处，矿化点1处，均分布于泌阳县。

三、非金属矿产

萤石：萤石是驻马店市分布较广的矿种，已做过地质勘查工作的矿产地25处，其中泌阳县13处，确山县12处；中型矿床1处，小型矿床3处，矿点21处。此外尚有许多未作过地质工作的民采点未统计在内。该矿种是驻马店市开发利用程度较高的矿种之一。

硅石：硅石是驻马店市优势矿种之一，已发现矿产地18处（确山县7处、驿城区4处、泌阳县4处、西平县2处、遂平县1处），其中石英岩矿床14处（大型1处、中型2处、矿点11处），石英砂岩矿床2处（中型1处、矿点1处），脉石英矿床2处（小型1处、矿点1处）。

熔剂灰岩：驻马店市共有熔剂灰岩矿产地3处，其中大型1处、小型2处，分别分布于确山县和泌阳县。

白云岩：白云岩是驻马店市最优势矿种之一，在豫南占有重要地位。已查明有矿产地16处，其中大型矿床3处，中型矿床1处，小型矿床1处，矿点11处。主要分布在确山县，次为驿城区、泌阳县及遂平县。

化工灰岩：驻马店市仅有化工灰岩产地1处，即南山大型化工灰岩矿床。另外，在少数水泥灰岩矿中也有部分矿体达到化工灰岩的要求。

含钾岩石：驻马店市含钾岩石资源较为丰富，计有产地8处，泌阳县分布3处，确山县分布5处。

钾长石：驻马店市已知钾长石矿产地4处，其中小型矿床3处，均分布于泌阳县，矿点1处，分布于确山县。其中，梁湾小型钾长石矿床储量计算邱蝶钾长石量为2.95万吨。

磷矿：驻马店市已知磷矿产地5处，其中小型矿床2处，矿点3处，分别分布于确山、遂平、泌阳等县。

含硼泥岩：驻马店市含硼泥岩产地仅1处，即胡庙含硼泥岩矿化点。位于驿城区胡庙乡西南约 2.5 千米的黄湾村。矿化赋存于北大尖组青灰色泥岩中。矿化体出露长约 700 米，宽约 30 米，厚 5 米～10 米。矿床成因类型为沉积变质型，成矿时代为中元古代，矿化具一定的规模，但由于工作程度低，目前未发现较富的工业矿体。

重晶石：驻马店市重晶石产地仅 1 处，即磨镰石沟重晶石矿点。位于确山县石滚河乡陈冲村磨镰石沟北东。该矿点重晶石含量高，但规模小，现已基本采完。

蛇纹石：驻马店市蛇纹石产地仅 1 处，即大高庄小型矿床。分布于泌阳县官庄乡大高庄一带。蛇纹石是由斜辉橄榄岩蚀变而成。大高庄一带超基性岩体出露于羊册韧性剪切带西南约 1.6 千米处，是黄岗—王岗杂岩带的西延部分。杂岩带除超基性岩外，还有辉长岩、闪长岩。超基性岩已全部蚀变为蛇纹岩，呈包体状产于变辉长岩中，共有 5 个矿体，沿北北西方向呈带状分布，Ⅰ—Ⅴ矿体由北向南依次排列，断续长达 2.2 千米。以上 4 个矿体总计远景储量 559.55 万吨。各矿体多被第四系残积层覆盖，唯 1 号矿体覆盖最薄，4 米左右，开采利用较方便，其余矿体由于埋藏较深，均在 19 米以下，加之面积又小，不易露天开采。

黄铁矿：驻马店市黄铁矿点 1 处，即黑山沟黄铁矿点，位于泌阳县马谷田镇。1960 年，经泌阳县工业局地质队普查，按边界品位 6% 以上，最低工业品位 10%，最低可采厚度为 1 米圈定矿体，矿石储量 C1 级 4.08 万吨，C2 级 11.89 万吨。

石墨：驻马店市已知石墨矿产地仅 1 处，即确山县黑山西石墨矿，该矿位于确山县瓦岗乡。该矿体现已开采。

天然碱：驻马店市天然碱矿目前查明 1 处，即泌阳县高店碱矿。该矿位于泌阳县高店—安棚一带。经地质勘探，已探明储量达 1000 万吨以上。该矿具有埋藏深，杂质少，品位高等特点。目前未开发利用。

水晶：分布于驻马店市的特种非金属矿产仅有水晶一种，产地 6 处，其中泌阳县分布 5 处，确山县分布 1 处。由于地质工作程度较低，各处皆为矿化点，且有用品多被前人采空。据历史资料，泌阳县水晶开采已有百年历史，用作眼镜石久已驰名。水晶主要品种有茶色水晶和无色透明水晶两种，沿产地河流亦时有水晶冲出。

水泥灰岩：市境内共有水泥灰岩产地 10 处，其中中型 2 处，小型 7 处，矿点 1 处。现已探明储量 1.5 亿吨，估算远景储量大于 2 亿吨。均分布于确山县，是驻马店市及邻区重要的水泥、石灰原料。

水泥黏土：驻马店市水泥黏土经地质勘查已发现 4 处产地，其中大型 1 处，中型 2 处，小型 1 处，均分布于确山县境内。

硅灰石：驻马店市市硅灰石矿产地仅 1 处，即石灰窑小型硅灰石矿床。矿床位于泌阳县下碑寺乡石灰窑，规模为小型。区内共圈出矿体 8 个，但规模较小，其中Ⅶ、Ⅷ号矿体厚度不足 1 米。经河南省地矿厅地调三队 1989 年普查，对规模相对较大的Ⅱ、Ⅲ号矿体求得平衡表内 D 级储量：矿石量 1.93 万吨，硅灰石量 0.66 万吨。在泌阳县杨集乡滑石岭也发现有硅灰石矿化，但被第四系覆盖。

透闪石：驻马店市透闪石矿床仅 1 处，即高楼小型矿床。该小型矿床分布于泌阳县王店乡高楼南西 0.5 千米。地理坐标：北纬 32° 48′ 57″，东经 113° 24′ 21″。该矿床估算地质储量大于 100 万吨。

滑石：驻马店市目前仅有矿化点 1 处，即杨庄滑石矿化点。该矿点分布于确山县石滚河乡毛家棚沟杨庄东约 550 米。地理坐标：北纬 32° 43′ 10″，东经 113° 42′ 40″。矿床成因类型为区域变质型，成矿时代为上元古代。该矿床规模小，二氧化硅、氧化镁达不到工业要求，氧化钙含量超标，列为矿化点，但成矿地质条件有利，需进一步开展工作。

沸石：驻马店市沸石产地 4 处，均为矿点，分布于确山县。

膨润土：驻马店市产地仅 1 处，即桂沟膨润土矿点。分布于确山县任店镇桂沟—范庄—明家沟—康庄一带。地理坐标：北纬 32° 40′ 00″ ～ 32° 40′ 51″，东经 113° 54′ 00″ ～ 113° 55′ 38″。含矿岩石断续出露长 1500 米，宽 100 米～300 米，出露面积 0.26 平方千米，估算地质储量达 5000 万吨以上，矿床规模较大，但由于工作程度较低，暂定为矿点。

熔岩：驻马店市熔岩矿 1 处，即大连庄中型熔岩矿。该矿位于确山县任店镇西南 3 千米薄山水库管理局—大连庄一带。在李岗、南沟、水库大坝北侧、大连庄等处有火山凝灰岩分布，仅大连庄一带出露达 0.3 平方千米。火山凝灰岩体重 2 吨 / 立方米，估算地质储量大于 0.6 亿吨，矿床规模为中—大型火山熔岩矿床。

花岗岩：初步查明有花岗石产地 25 处，其中大型矿床 1 处，中型矿床 2 处，小型矿床 22 处。集中分布在确山县西北部，遂平县西部山区及泌阳县。已查明的名优品有桃红、肉红、红白珍珠、芝麻黑、乌龙柏等。在遂平县嵖岈山东坡、黑子沟南、泌阳县象河关、角子山东也分布有小型花岗石矿床，均有开采。

大理石：驻马店市已知大理石矿产地 14 处，其中小型矿床 5 处，矿点 9 处，主要分布于泌阳县、确山县和遂平县，驿城区也有少量分布。

玄武岩：驻马店市玄武岩产地主要分布于西平、泌阳及遂平县，采矿点较少，规模开采的有 5 处。

高岭土：驻马店市高岭土（陶瓷土）产地仅有 3 处，分别分布于西平、泌阳及确山县。

建筑砂（河砂）：驻马店市建筑砂产地主要分布于京广铁路以西的确山、泌阳、遂平、西平等县，采矿点星罗棋布。建筑砂的富集场所和搬运通道主要是流经并发源于市境内的沙河，次为臻头河、泌阳河、石阳河及奎旺河。该矿种由于地质工作程度低，已知规模开采的有 8 处，不论其规模大小暂定为小型建筑砂矿。

黏土矿：驻马店市境黏土资源丰富，各县、区均有分布，含矿岩系主要为第四系中更新统和上更新统的黏土、亚黏土，成因类型为冲洪积或坡积，成矿时代为第四纪。该类矿地质工作程度低，在全市有较大规模的利用，矿点众多。

（李文杰　王平选　张佳佳）

建置沿革

【先秦】 夏禹时期，境内为蔡地（今上蔡县）、吕地（今新蔡县）、挚地（今平舆县）和柏皇氏活动地（今西平县）。后，夏禹分天下为九州，地属豫州。西周地域分属蔡国（今上蔡县、新蔡县，治今上蔡县城）、沈国（今平舆县及汝南县东部、正阳县北部，治今平舆射桥）、江国（今正阳及确山南部，治今正阳县大林镇涂店村）、道国（今确山县北、驿城区南，治今驿城区古城）、房国（今遂平县，治今遂平县文城）、柏子国（今西平县，治今西平县西）、申国（今泌阳县属之，治今南阳）。

春秋时地域分属楚、江、沈、蔡、道、房、柏子等国所辖。东周时（前 506）蔡灭沈，后蔡、道、江、房等国均为楚所灭并，柏子国也在春秋末期归楚。

战国时大部地域属楚，今西平县和泌阳县地域属韩。

秦时，大部地域先属颍川（治今禹州）、南阳（治今南阳）、楚（治今江陵）3 郡，后属陈（治今淮阳）、南阳（治今南阳，今泌阳县属之）2 郡。境内置上蔡、新蔡、平舆 3 县。

【两汉】 西汉（前 206 ~ 8）置汝南郡（先治今上蔡县，后治今平舆县）和南阳郡（治今南阳市）。汝南郡隶豫州刺史部，领 37 县、侯国，境内有 16 县：平舆县（今平舆县北）、阳城县（今平舆县西北）、新蔡县（今新蔡县）、归德县（今新蔡县佛阁寺一带）、鲖阳县（今新蔡县北）、安阳县（今正阳县南）、慎阳县（今正阳县）、阳安县（今驻马店市驿城区古城）、安昌县（今确山县西）、朗陵县（今确山县西南）、安成县（今汝南县东南）、宜春县（今汝南县西南）、濯阳县（今遂平县）、吴房县（今遂平县文城）、上蔡县（今上蔡县）、西平县（今西平县吕店附近）。南阳郡隶荆州刺史部，领 36 县，境内居 2 县：舞阴县（治今泌阳县羊册镇）、比阳县（治今泌阳县泌水镇）。西汉末，归德县省入新蔡县。

王莽称帝后，新莽初始二年（9），新蔡县易名新迁县。建武元年（25），新迁县复名新蔡县。

东汉（25 ~ 220）时，境内为汝南郡（治今平舆县）和南阳郡（治今南阳市）所辖。汝南郡属豫州刺史部，辖 37 县、侯国，境内有 16 县：平舆县（今平舆县北）、阳城县（今平舆县西北）、新蔡县（今新蔡县）、鲖阳县（今新蔡县北）、安阳县（今正阳县南）、慎阳县（今正阳县）、阳安县（今驻马店市驿城区古城）、安昌县（今确山县西）、朗陵县（今确山县西南）、安成县（今汝南县东南）、北宜春县（今汝南县

蔡国地域图

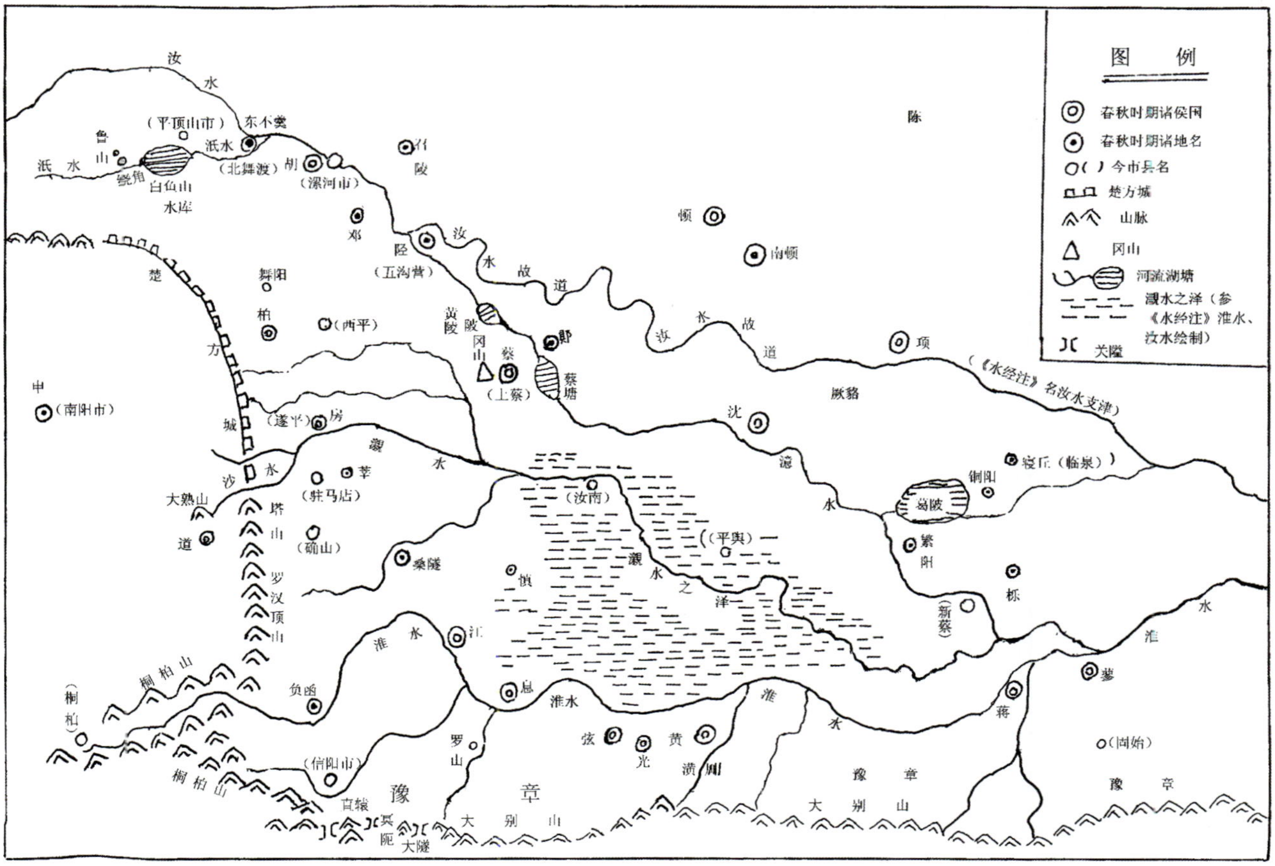

（摘自尚景熙著《蔡国史研究》，中州古籍出版社2016年5月第1版）

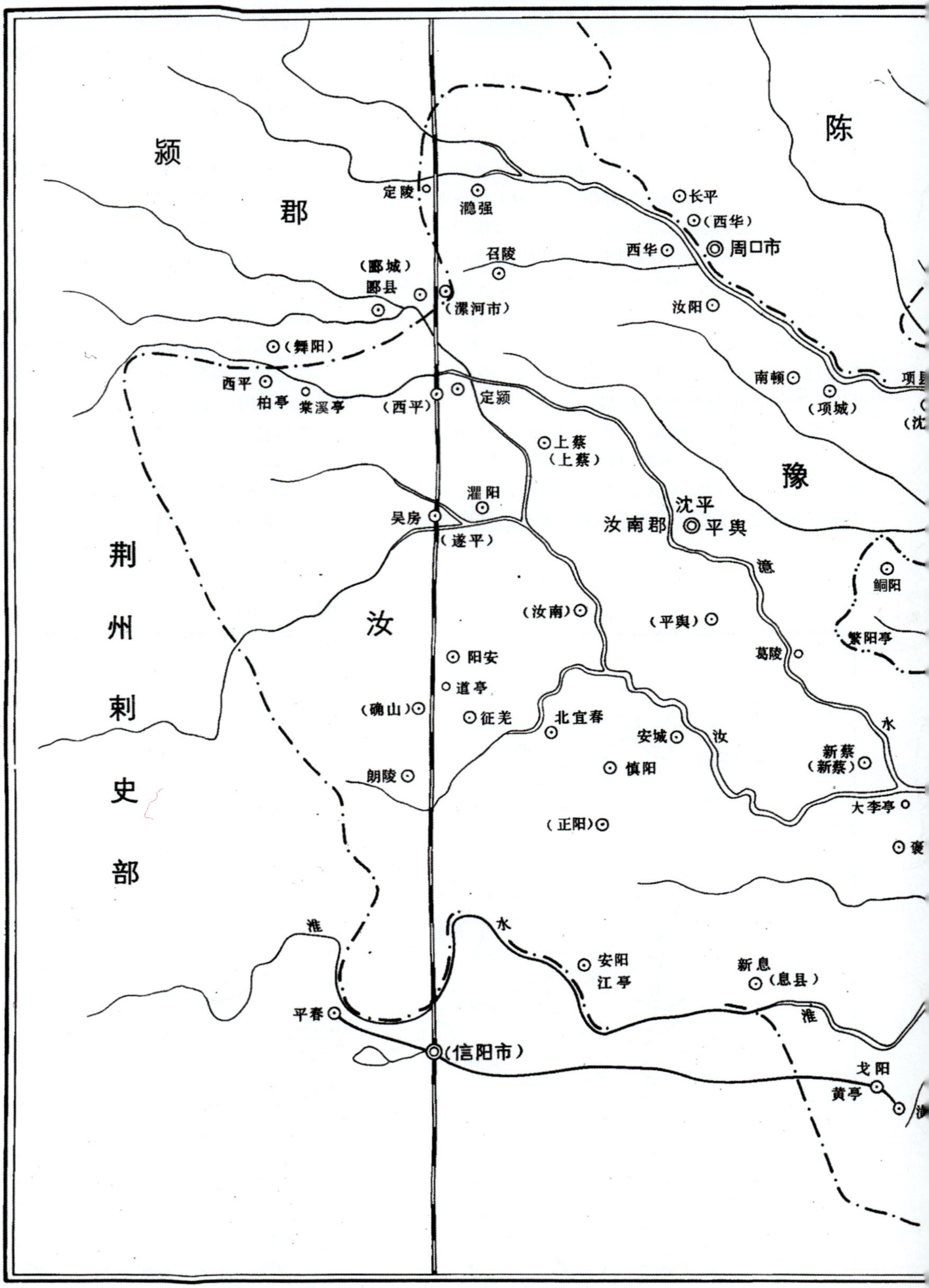
颍
郡
陈
定陵
灈强
长平
（西华）
西华
周口市
召陵
（郾城）
郾县
（漯河市）
汝阳
（舞阳）
西平
柏亭
棠溪亭
（西平）
定颍
南顿
（项城）
项县
上蔡
（上蔡）
豫
灈阳
沈平
吴房
汝南郡
平舆
（遂平）
鲖阳
荆
州
刺
史
部
汝
（汝南）
（平舆）
葛陵
阳安
道亭
（确山）
征羌
北宜春
安城
汝
水
新蔡
（新蔡）
慎阳
朗陵
大李亭
（正阳）
淮
水
安阳
江亭
新息
（息县）
平春
淮
（信阳市）
弋阳
黄亭

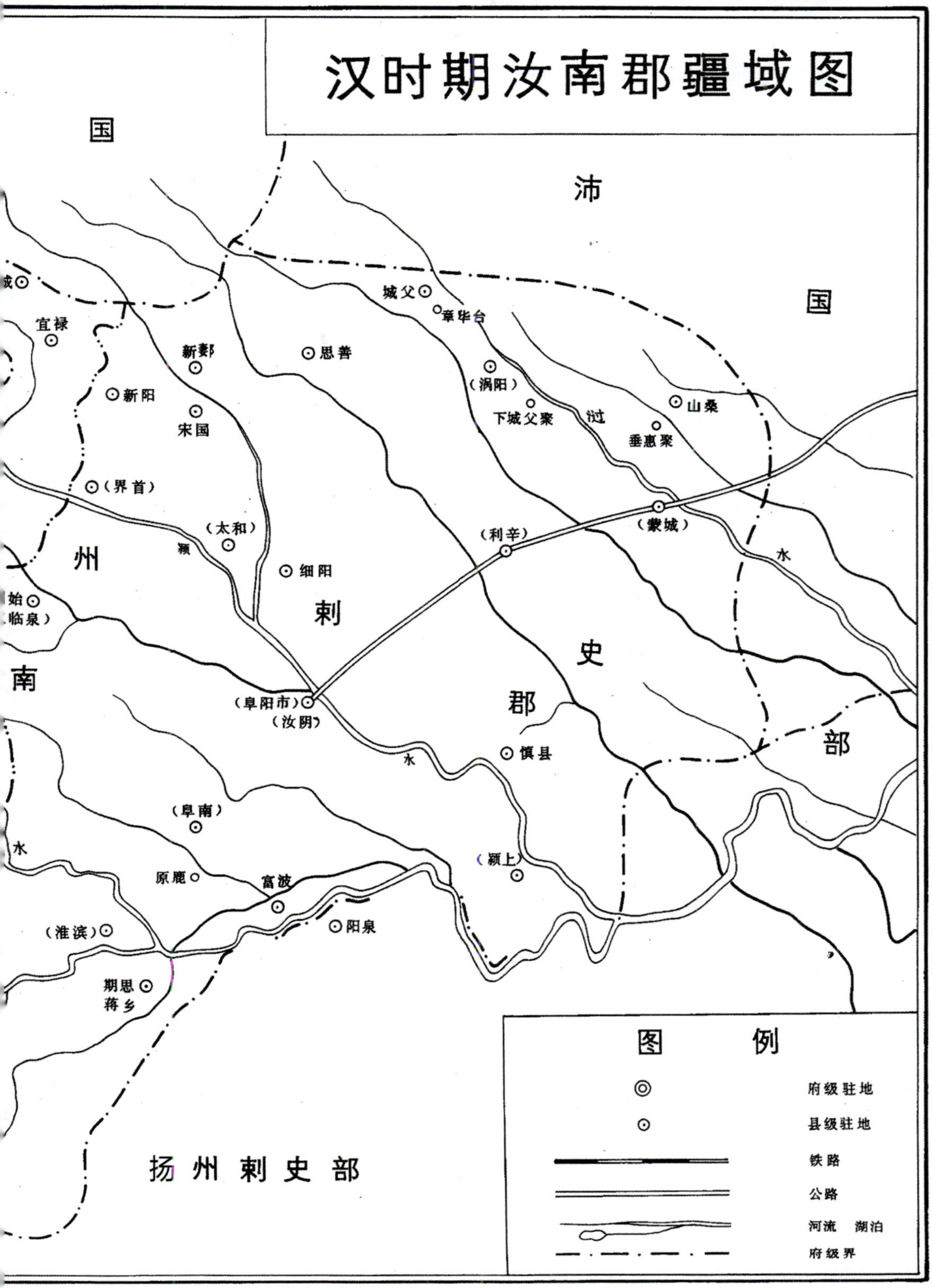

（原载《驻马店地区志》，中州古籍出版社2001年9月第1版）

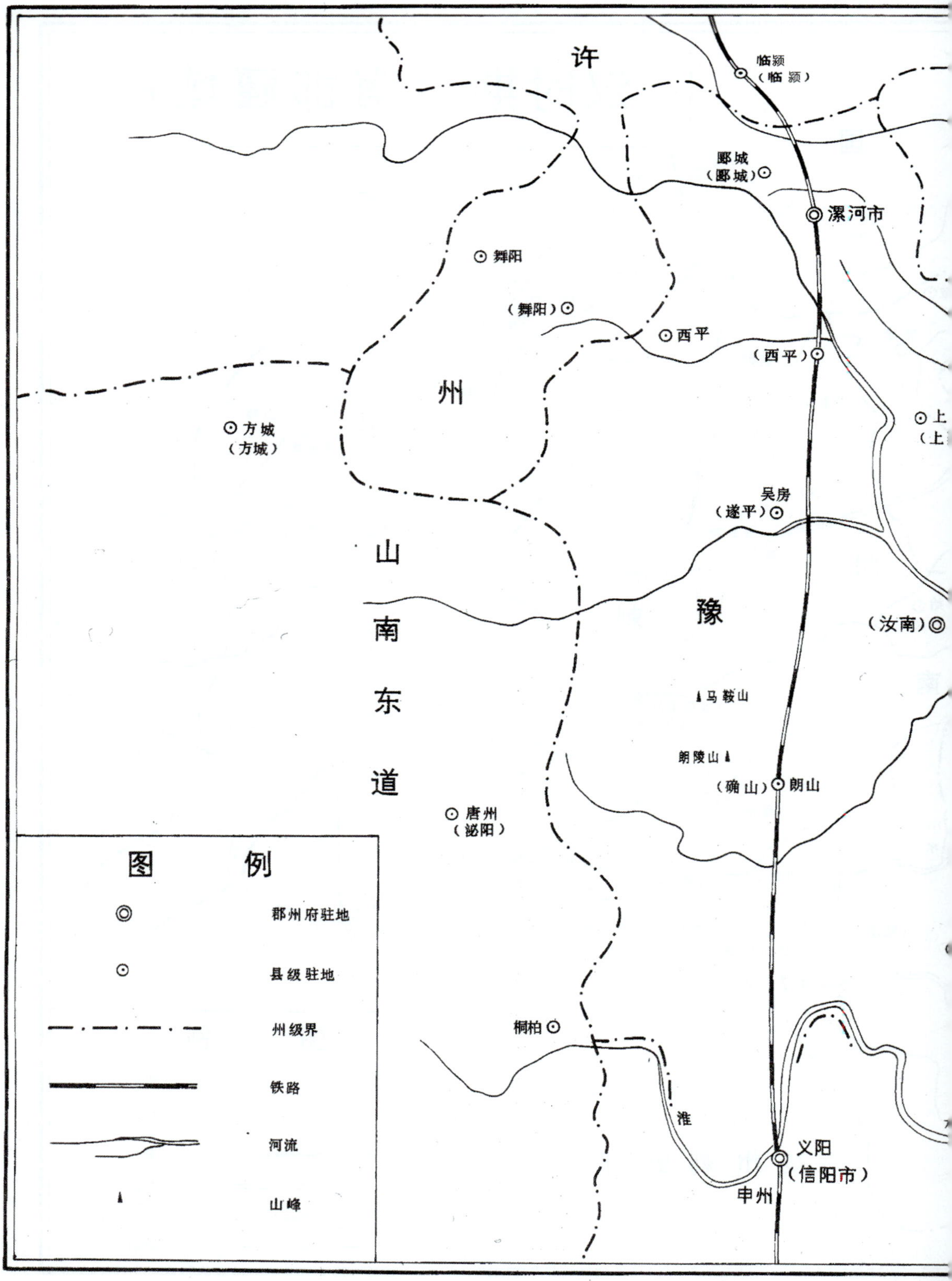
许
临颍
（临颍）
郾城
（郾城）
漯河市
舞阳
（舞阳）
西平
（西平）
州
方城
（方城）
上
（上
吴房
（遂平）
山
南
东
道
豫
（汝南）
马鞍山
朗陵山
（确山）朗山
唐州
（泌阳）
桐柏
淮
义阳
（信阳市）
申州
图例
郡州府驻地
县级驻地
州级界
铁路
河流
山峰

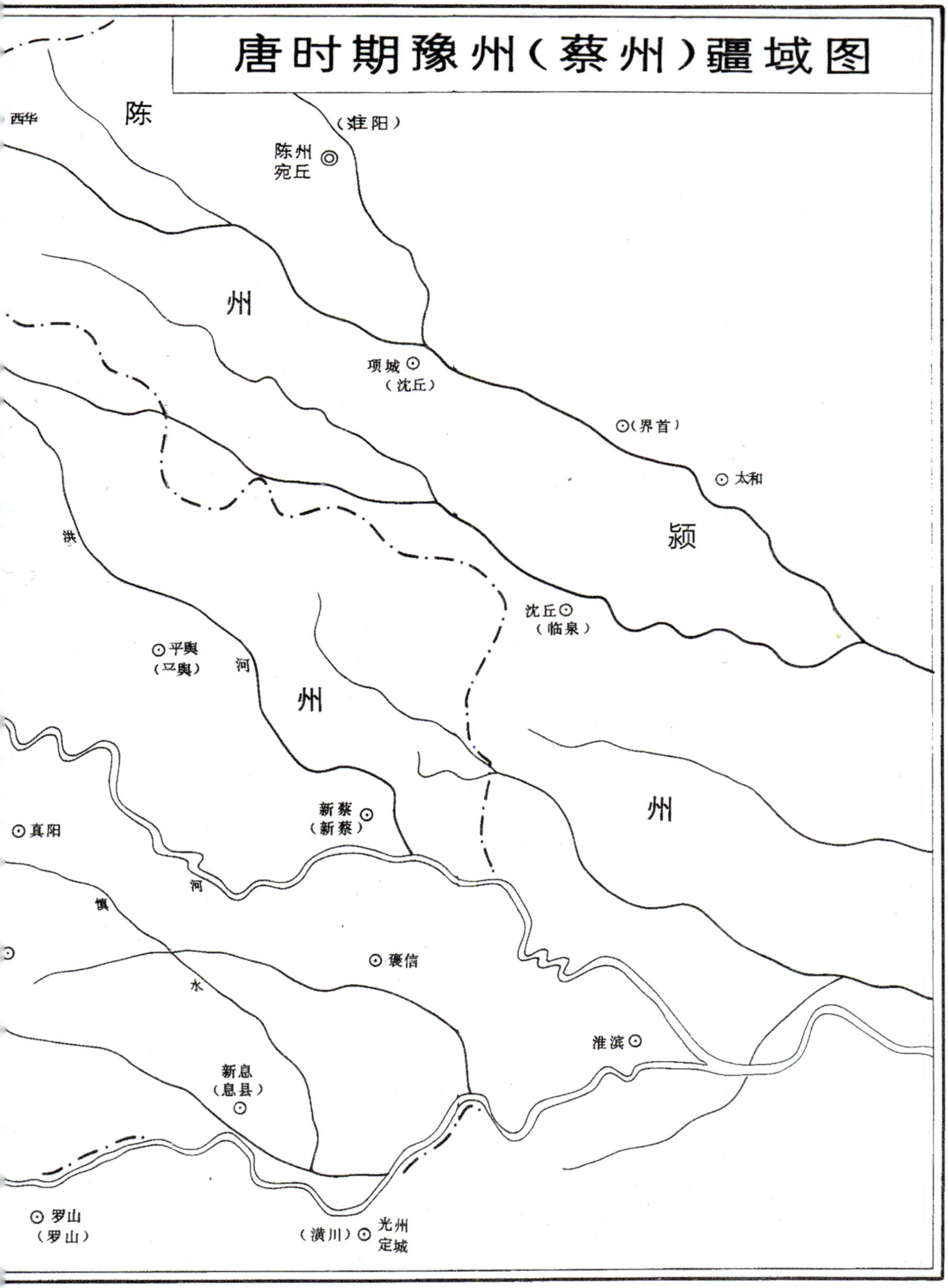

唐时期豫州（蔡州）疆域图

（原载《驻马店地区志》，中州古籍出版社2001年9月第1版）

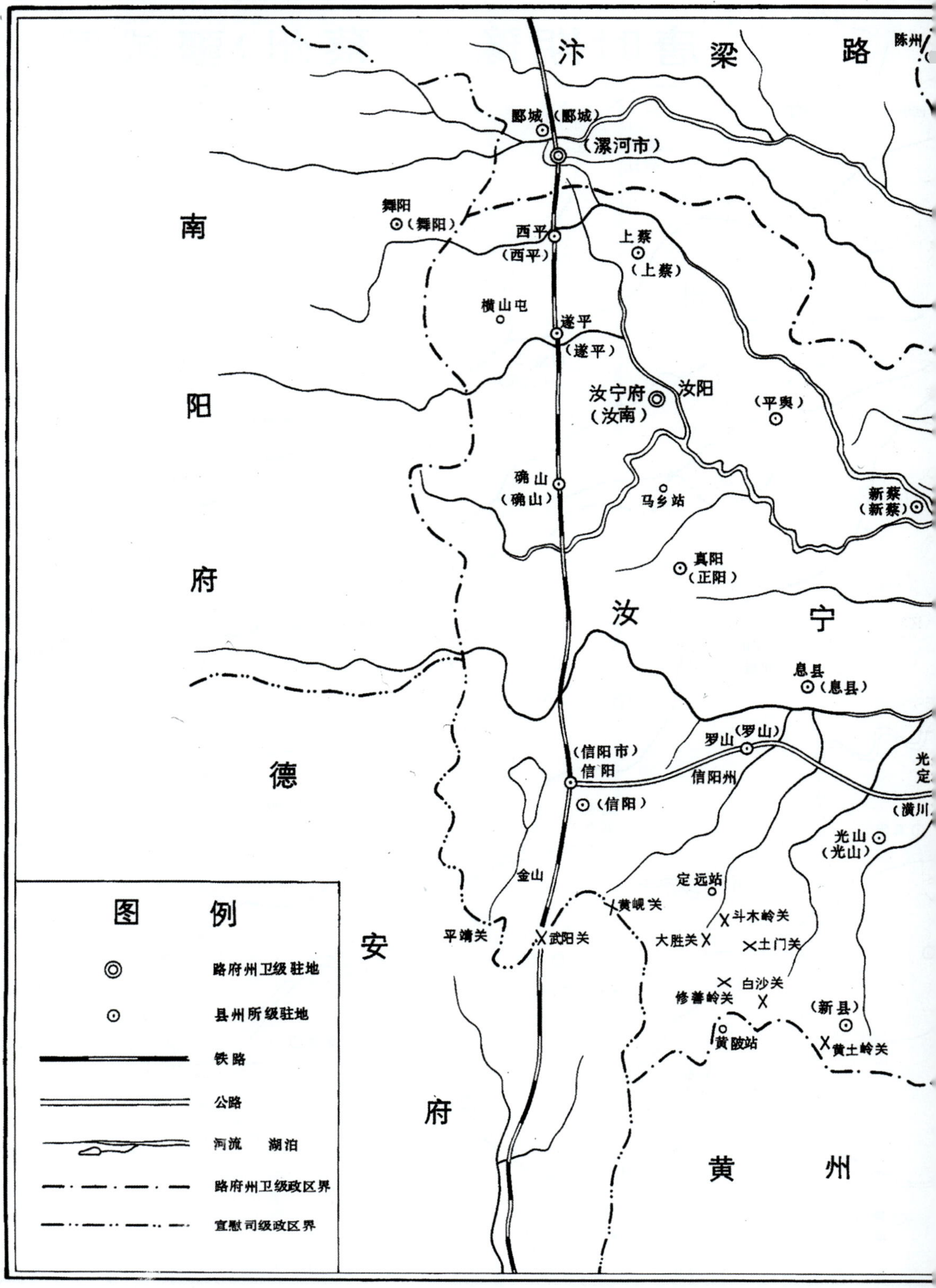
汴
梁
路
陈州
郾城（郾城）
（漯河市）
舞阳
（舞阳）
西平
（西平）
上蔡
（上蔡）
横山屯
遂平
（遂平）
汝宁府
（汝南）
汝阳
（平舆）
确山
（确山）
马乡站
新蔡
（新蔡）
真阳
（正阳）
汝
宁
息县
（息县）
南
阳
府
德
安
府
（信阳市）
信阳
（信阳）
罗山（罗山）
信阳州
（潢川）
光山
（光山）
金山
定远站
黄岘关
斗木岭关
平靖关
武阳关
大胜关
土门关
白沙关
修善岭关
（新县）
黄陂站
黄土岭关
黄
州
图例
路府州卫级驻地
县州所级驻地
铁路
公路
河流
湖泊
路府州卫级政区界
宣慰司级政区界

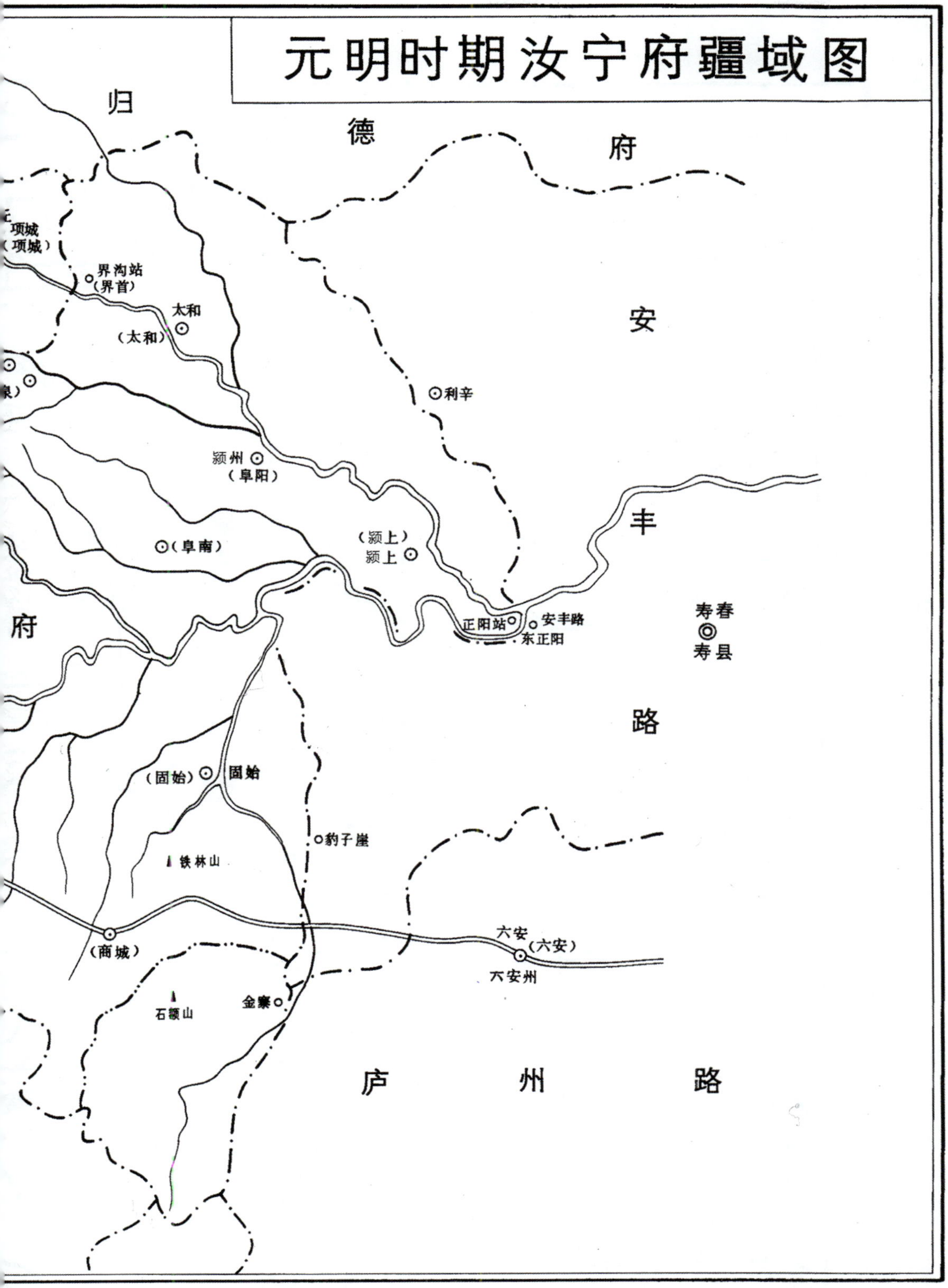

（原载《驻马店地区志》，中州古籍出版社2001年9月第1版）

一百一十五里
西平縣
上蔡縣
遂平縣
汝陽縣
確山縣
信陽州
羅山縣
西至汝陽縣界一百七十里
百一十五里

明汝宁府全图

（原载明万历《汝南志》）

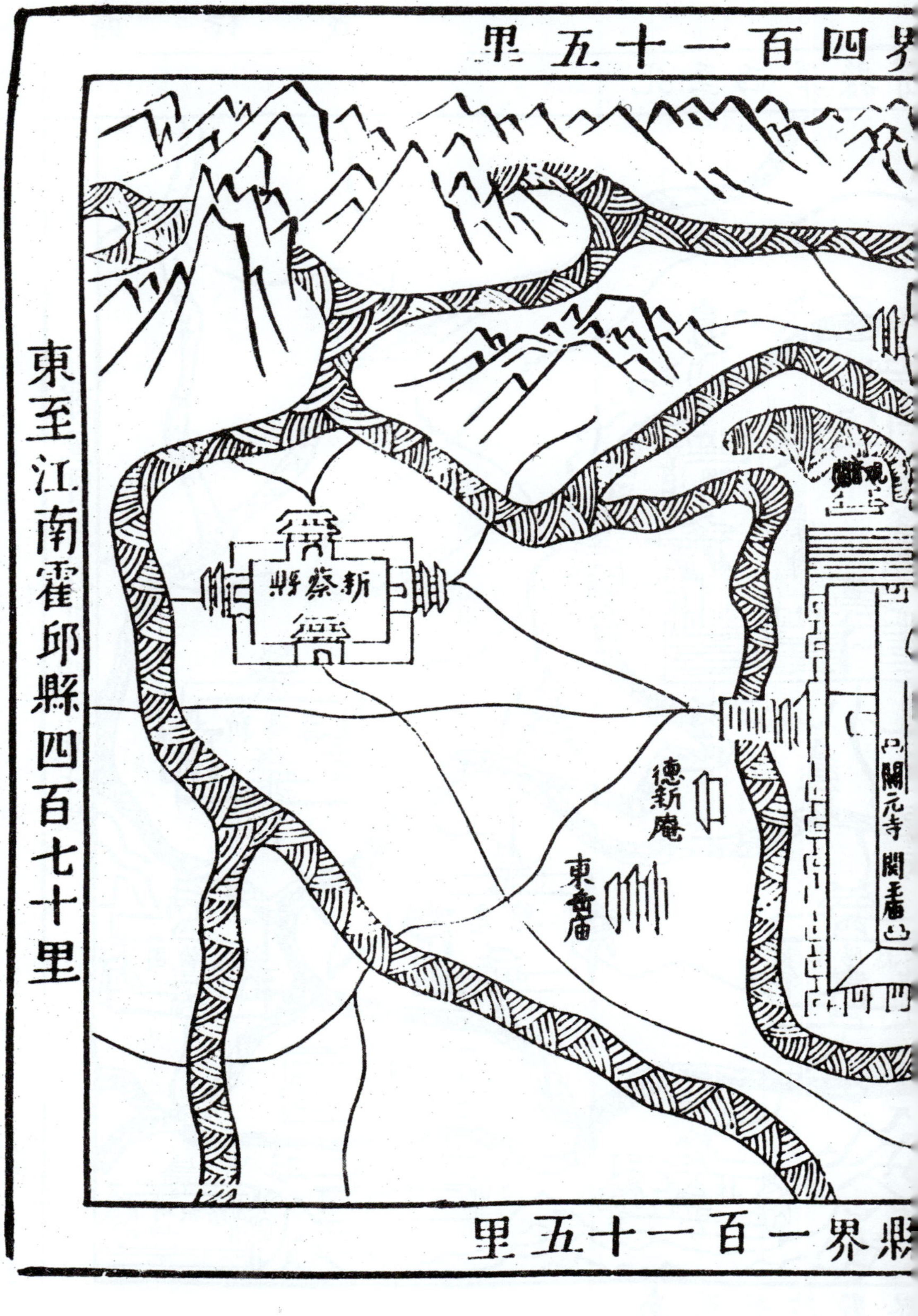
界四百一十五里
東至江南霍邱縣四百七十里
新蔡縣
德新庵
東岳廟
開元寺
縣界一百一十五里

清汝宁府境图

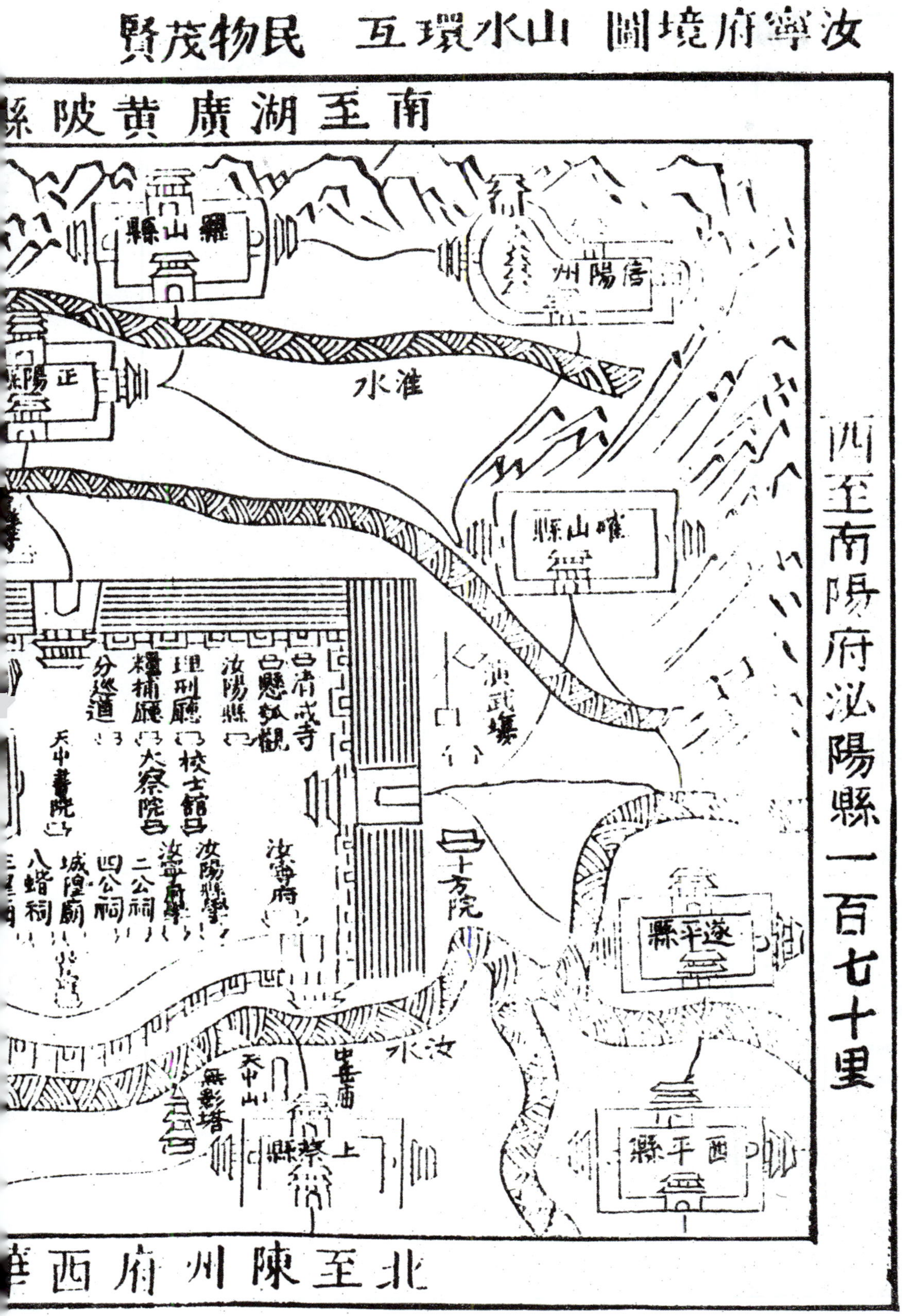

（原载清嘉庆《汝宁府志》）

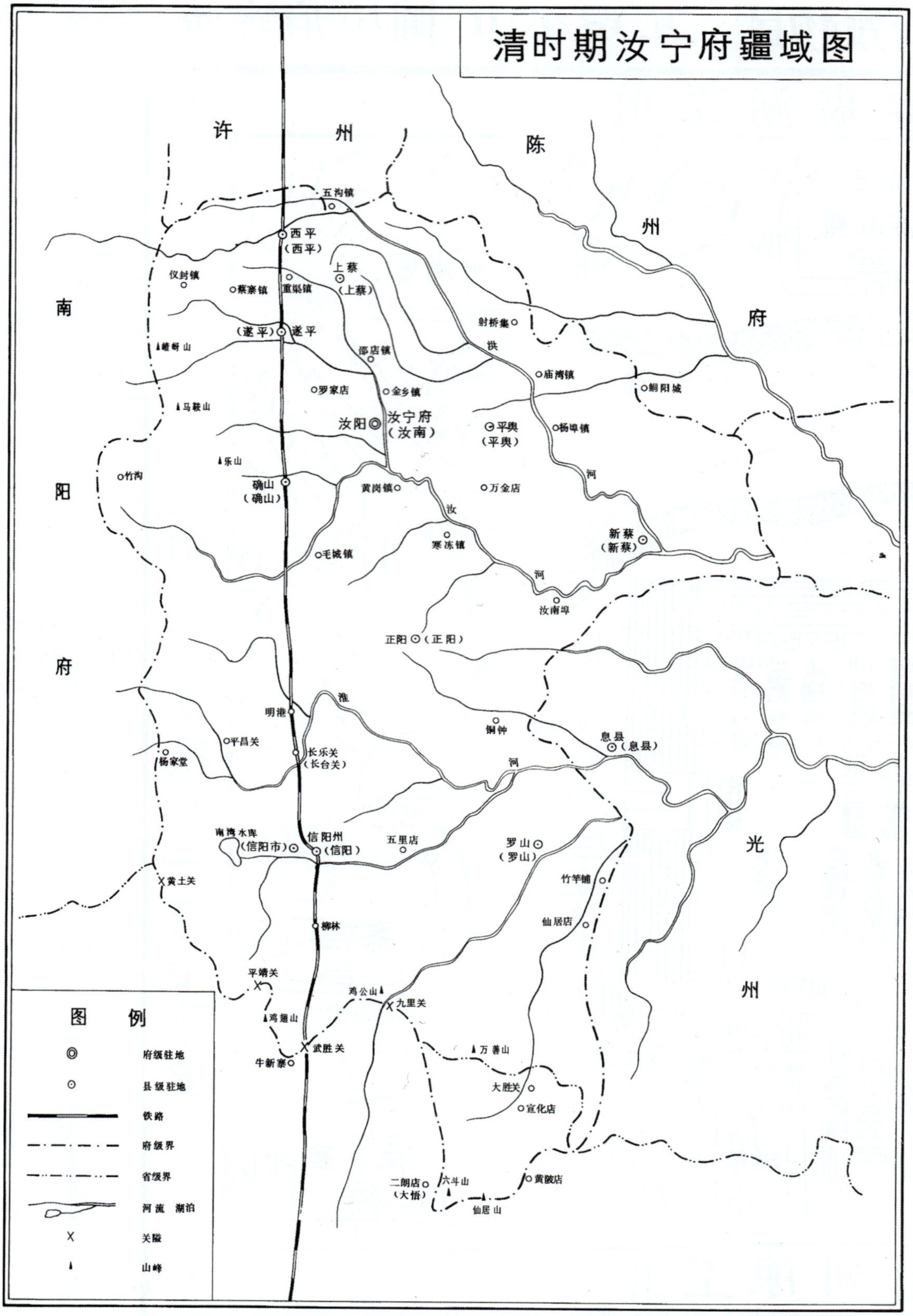

（原载《驻马店地区志》，中州古籍出版社2001年9月第1版）

西南）、瀙阳县（今遂平县）、吴房县（今遂平县文城）、上蔡县（今上蔡县）、征羌（今确山东）、西平县（今西平县吕店附近）；南阳郡属荆州刺史部，境内有2县：舞阴县（今泌阳县西北）、比阳县（今泌阳县泌水镇）。永初二年（108），在西平县和上蔡县之间置定颍县，历经魏、晋，至南朝刘宋废。

【魏晋】 三国（220～265）时，境内属魏国汝南郡（治今息县）和南阳郡（治今南阳市）。汝南郡属豫州（治今汝南县东南），领27县，境内有13县：定颍县（今西平县）、西平县（今西平县吕店附近）、上蔡县（今上蔡县）、平舆县（今平舆县北）、新蔡县（今新蔡县）、慎阳县（今正阳县）、安阳县（今正阳县南）、宜春县（今汝南县西南）、安成县（今汝南县东南）、朗陵县（今确山县西南）、阳安县（今驻马店市驿城区古城乡）、瀙阳县（今遂平县）、吴房县（今遂平县文城）。南阳郡属荆州，辖27县，境内有2县：舞阴县（今泌阳县西北）、比阳县（今泌阳县泌水镇）。魏明帝景初二年（228）置汝阴郡（治今安徽省阜阳市），新蔡县属之。

西晋（265～317），境内置汝南郡和南阳国。汝南郡属豫州，太康二年（281）改为汝南国，领15县，境内有12县：定颍县（今西平县）、西平县（今西平县吕店）、上蔡县（今上蔡县）、平舆县（今平舆县北）、慎阳县（今正阳县）、安阳县（今正阳县南）、北宜春县（今汝南县西南）、安成县（今汝南县东南）、朗陵县（今确山县西南）、阳安县（今驻马店市驿城区古城）、瀙阳县（今遂平县）、吴房县（今遂平县文城）；南阳国属荆州，领14县，境内有2县：舞阴县（今泌阳县西北）、比阳县（今泌阳县泌水镇）。晋元康元年（291），析汝阴置新蔡郡，治鲖阳，领4县，区境有2县：鲖阳县（今新蔡县北）和新蔡县。

东晋十六国（317～420），境内先后属后赵、前燕、前秦、后秦，后复为东晋所属，归豫州汝南郡管辖（治今息县）。东晋大兴二年（319），后赵分立隶属豫州的新蔡郡，次年被东晋收复。废新蔡郡，属东豫州汝南郡。咸和四年（329）复归后赵，重置新蔡郡（治今新蔡县城），新蔡县属之。前燕、前秦沿之。太元八年（383），归东晋，新蔡郡并入豫州汝南郡。后秦时，复置新蔡郡，后秦亡，仍为东晋属地。义熙十四年（418），汝南郡治所由息县迁至悬瓠城（今汝南县城）。

【南北朝】 南北朝（420～581）建置演变频繁。南朝宋于境内置隶属于豫州的汝南郡、新蔡郡、初安郡和绥城郡，隶属于雍州的南阳郡和广平郡。汝南郡（治悬瓠，今汝南县）领11县，境内8县：武津县（今上蔡县）、上蔡县（今汝南县）、真阳县（今正阳县）、安成县（今汝南县东南）、朗陵县（今确山县西南）、阳安县（今驻马店市驿城区古城）、西平县（今西平县吕店）、瀙阳县（今遂平县）；新蔡郡（郡治鲖阳）领4县，境内1县：新蔡县（今新蔡县）；初安郡，境内1县：新怀县（今确山县西北）；绥城郡，境内1县：安昌县（今确山县南）；南阳郡辖7县，境内1县：舞阴县（今泌阳县西北）；广平郡，境内1县：比阳县（今泌阳县泌水镇）。

北魏时，绥城郡并入初安郡，增置襄城郡（治今西平县师灵）、东荆州、城阳郡（治今泌阳县高店乡）、江夏郡（治今泌阳县付庄乡）、西汝南郡、北义阳郡（治今泌阳县西北）等。其中，属豫州（治悬瓠，今汝南县）的有汝南郡（治悬瓠，今汝南县）、新蔡郡、襄城郡、初安郡、东荆州、城阳郡和江夏郡。汝南郡领7县，境内居6县：上蔡县（今汝南县）、临汝县（今上蔡县）、平舆县（今平舆县）、安成县（今汝南县东南）、阳安县（今驻马店市驿城区古城）、真阳县（今正阳县）；襄城郡境内居4县：西平县（今西平县吕店附近）、武阳县（今西平县西南）、义绥县（今遂平县北）、遂宁县（今遂平县）；初安郡境内居2县：新怀县（今确山县西北）、安昌县（今确山县南）；东荆州郡境内居1县：阳平县（今泌阳县泌水镇）；城阳郡境内居1县：城阳县（今泌阳县高店乡）；江夏郡境内居1县：江夏县（今泌阳县付庄乡）。

永熙三年（534），北魏分为东、西魏后，东魏置引台（中央代表机关）治悬瓠（今汝南县），改东荆州为鸿州，北周时改为淮州；将鸿州并入淮州。北齐时，废初安郡，侨置荆州，襄城郡改置文城郡，北周改荆州为威州，将设在悬瓠城的总管所改为舒州。

【隋唐五代】 隋（581～618）开皇初，废威州、文城郡、舞阴郡，改舒州为豫州，淮州为显州，由州直接辖县。至隋炀帝大业三年（607）将州改为郡，实行郡辖县，仍是两级地方政区。隋时境内置汝南郡（治汝阳，今汝南县）和淮安郡（治比阳，今泌阳县泌水镇）。汝南郡领11县，境内居8县：汝阳县（今汝南县）、平舆县（今平舆县）、新蔡县（今新蔡县）、上蔡县（今上蔡县）、吴房县（今遂平县）、西平县（今西平县）、郎山县（今确山县）和真阳县（今正阳县）；淮安郡领6县，境内居3县：比阳县（今泌阳县泌水镇）、显冈县（今泌阳县西北）、慈丘县（今泌阳县付庄乡）。

唐（618～907）实行道、州、县三级制。唐初改汝南郡为豫州，改淮安郡为显州。贞观九年（635）改显州为唐州（治比阳，今泌阳）隶山南东道。宝应元年（762）改豫州为蔡州（治汝阳，今汝南县）隶河南道。蔡州领11县，境内居8县：汝阳县（今汝南县）、平舆县（今平舆县）、新蔡县（今新蔡县）、上蔡县（今上蔡县）、吴房县（今遂平县）、西平县（今西平县）、郎山县（今确山县）、真阳县（今正阳县）；唐州领7县，境内居2县：比阳县（今泌阳县泌水镇）、慈丘县（今泌阳县付庄乡）。

五代（907～960）后汉时，蔡州改为防御州，所辖县境无变。

【宋金】 北宋（960～1127）地方行政区划分为路、府（州、军、监）、县三级。境内置蔡州和唐州（治泌阳，今唐河县）。蔡州领10县，境内居8县：汝阳县（今汝南县）、平舆县（今平舆县）、新蔡县（今新蔡县）、上蔡县（今上蔡县）、吴房县（今遂平县）、西平县（今西平县）、郎山县（今确山县）、真阳县（今正阳县）。大中祥符五年（1012），郎山县改称确山县；唐州领7县，境内居2县：比阳县（今泌阳县泌水镇）、慈丘县（今泌阳县付庄乡）。

南宋（1127～1279）高宗建炎二年（1128），金兵攻陷蔡州，改蔡州属南京路。绍兴十一年（1141），宋金议和，唐州归金，隶南京路。泰和八年（1208），升蔡州为镇南节度，镇南军治蔡州汝阳县，新蔡县改属息州。

【元明清】 元代（1271 ~ 1368），政区分省、府、州、县四级。至元三十年（1293），升蔡州为汝宁府（治汝阳县，今汝南县）。元时境内为汝宁府和南阳府（治今南阳市）所辖，隶河南行中书省。汝宁府领 14 州县，境内有 1 州即息州（治今息县）7 县：汝阳县（今汝南县）、新蔡县（今新蔡县）、上蔡县（今上蔡县）、遂平县（今遂平县）、西平县（今西平县）、确山县（今确山县）和真阳县（今正阳县）；南阳府领 5 州 13 县，境内有唐州（治今唐河县）泌阳县。

明朝时期（1368 ~ 1644），境内为汝宁府和南阳府所辖，隶河南布政使。汝宁府（治汝阳县，今汝南县）辖 2 州 12 县，境内居 7 县：汝阳县（今汝南县）、新蔡县（今新蔡县）、上蔡县（今上蔡县）、遂平县（今遂平县）、西平县（今西平县）、确山县（今确山县）、真阳县（今正阳县）；南阳府领 2 州 11 县，境内居 1 县：泌阳县（今泌阳县）。

清朝时期（1644 ~ 1911），驻马店市仍为汝宁府和南阳府所辖。雍正二年（1724）汝宁府领 1 州 8 县，境内有 7 县：汝阳县（今汝南县）、新蔡县（今新蔡县）、上蔡县（今上蔡县）、遂平县（今遂平县）、西平县（今西平县）、确山县（今确山县）和真阳县（今正阳县）。雍正元年（1723），为避雍正名讳，改真阳县为正阳县。南阳府境内有 1 县为泌阳县。

【中华民国】 中华民国成立，驻马店市属河南都督府南汝光淅兵备道，民国 2 年（1913），改称豫南道，汝阳县改为汝南县。民国 3 年（1914）豫南道改称汝阳道，民国 16 年（1927）道废，各县直属河南省。民国 21 年（1932）设河南省第八行政区，领 7 县即汝南县、遂平县、西平县、上蔡县、新蔡县、正阳县和确山县。泌阳县属河南省第六行政区（南阳）。

1947 年 10 月，豫皖苏解放区在境内建立第四专区，辖平汉铁路以东各县；12 月，桐柏解放区在境内建立第二专区，辖遂平县、确山县和泌阳县。1948 年豫皖苏解放区在境内建立第七专区，上蔡县属之；建立第八专区，汝南、新蔡、正阳等县属之。

【中华人民共和国】 1949 年 3 月，驻马店市全部解放，建立确山专区，专员公署从汝南县迁驻马店市，辖遂平、西平、上蔡、汝南、新蔡、正阳、确山和信阳 8 县及驻马店、信阳 2 市；泌阳县划归南阳专区。8 月，专署迁信阳市，改为信阳专区，辖区未变。

1950 年 5 月，将汝南县改为汝南市。1951 年 4 月，撤销汝南市，划出汝南县东部 8 个区置平舆县。

1965 年 7 月，信阳、驻马店分治，建立驻马店专区，辖遂平、西平、上蔡、汝南、平舆、新蔡、正阳、确山、泌阳 9 县和驻马店镇。专员公署驻驻马店镇。

1979 年 11 月，驻马店专员公署改称驻马店地区行政公署。

1986 年，境内辖遂平、西平、上蔡、汝南、平舆、新蔡、正阳、确山、泌阳 9 县和驻马店市。行政公署驻驻马店市。

2000 年 6 月，驻马店地区辖 9 县 1 市，即遂平县、西平县、上蔡县、汝南县、平舆县、新蔡县、正阳县、确山县、泌阳县和驻马店市。行政公署驻驻马店市。

2000 年 6 月 8 日，国务院批复同意撤销驻马店地区，设立地级驻马店市，原驻马店市改称驿城区。7 月 27 日，河南省人民政府下发通知，撤销驻马店地区，设立地级驻马店市，驻马店市辖遂平县、西平县、上蔡县、汝南县、平舆县、新蔡县、正阳县、确山县、泌阳县和驿城区。市人民政府驻驿城区。

2014 年 1 月 1 日，新蔡县正式成为河南省直管县，由河南省政府全面管辖。2015 年年底，驻马店市辖遂平县、西平县、上蔡县、汝南县、平舆县、正阳县、确山县、泌阳县和驿城区。

（李方伟　王平选　张佳佳）

行政区划

明代驻马店各县行政区划表

县名	村		集市
汝阳县（今汝南县。43 村）	上蔡路	八里铺、桃源、金乡、半坡、烟亭	10 个：四牌坊集、南十字街集、南门内集、东门内集、北门内集、西门内集、南关集、东关集、北关集、西关集
	新蔡路	李旗屯、万金店、杨埠、平舆、西长店	
	遂平路	楚家铺、罗家店	
	确山路	老君庙、康家店、韩庄、北堰	
	真阳路	三里店、七里店、溱头、三桥、阴店、北马乡、南马乡、火烧店、宋家店	
	息县路	生王店、沙河口、黄冈、雾城、寒冻、杨庄、汝南埠、张五店	
	项城路	大柳树、万家店、桃台、谭陂、庙儿湾、五座桥、板桥、刘岔店、射桥、官庄	

续表1

上蔡县（15村）		县东北：东岸、扶台	4个：东街集、南街集、西街集、北街集
		县东：朱里、固墙、卢村、崇仁、蔡沟、高岳	
		县南：邵店、半坡、黄埠	
		东南：朱湖	
		县西：朱里桥	
		西北：百尺	
		县北：华陂	
新蔡县（38村）		县东：三岔口、沈冈、南沈冈、涧头、顿家冈、宋家冈、楝村、林村、袁家店、崔家店、赵家店、杜家店、张家店、王老人店	10个：东关集、南关集、西关集、北关集、邹家集、杨家集、新李家集、孙家集、韩家集、黄福兴店集
		县南：官津、汪家店、李家店、柏家店、铸丘、岳城	
		县西：平信、砖桥、李庄桥、葛陵、陈昶店、草庙、余家店、宋家店	
		县北：张六店、水家店、野栎店、龙口、瓦店、杨家店、九里港、孙招店，蒋家店、河坞店	
西平县（21村）		县东：楼子村、洪港村、绪麻村、留册店	10个：县前集、学前集、十字街集、东门内集、南门内集、北门内集、东关集、南关集、后街集、桥西集
		县东南：重渠镇	
		县南：焦家店、祝王村、蔡寨镇	
		县西南：专探店、卢家庙、仪封镇	
		县西：谭家店、王寨、师灵店、合水镇、张家店、洪村	
		县西北：小刘家店、权家店	
		县北：王家店	
		县东北：柏杨村	
遂平县（23村）		县东：徐家店、蔡冈、济源	2个：平阳坊集、钟鼓楼集
		县南：宜安、葛中、界牌	
		县西南：小渠、诸市	
		县西：上渠、苏家店、阳奉店、横山、流水、土山、杨家店、任校尉店、石灰店、傅家店、文城	
		县西北：半坡、冈头	
		县北：刘家店	
		县东北：张铁店	
确山县（32村）		县东南：樊寨、毛城、李家镇、刘庄、刘彦隆镇、杨家镇	6个：修善集、毛城集、三宗集、黄西集、瓦店集、鄗阳集
		县南：新镇、郭家镇、黄山、戚家镇、驻龙镇、任家镇、沙河、新安镇、潘家镇、明港	
		县西南：陈门、卢庄	
		县西：常家店、邢家店、夏阳店、瓦冈、竹沟	
		县西北：五道镇、孙常镇	
		县北：三里店、七里店、古城、烧盆店、驻马店	
		县西北：仪封、臧家店	

续表2

真阳县（今正阳县。25村）		县东：杨家店、阮家店、张五店、油房店、西严店、汝南埠、岳城	21个：东关集、南关集、西关集、北关集、杨家店集、西严店集、汝南埠集、朱家店集、岳城集、寒冻店集、阮家店集、王家店集、裴家店集、油房店集、铜钟店集、钟家店集、鲁家店集、蓝青店集、陡沟店集、闾河集、宋家店集
		县东南：哈店、闾河、鲖阳寺、王务桥	
		县南：板桥、钟家店、陡沟、铜钟店、孟家店、裴家店、大林店	
		县西南：李通店、蓝青店	
		县西：宋家店、西杨家店	
		县北：山头店	
		县东北：鲁家店、寒冻店	

说明：资料来自明万历三十六年（1608）李本固主纂《汝南志》

清代驻马店各县行政区划表

县名	村	集市
汝阳县（今汝南县。44村）	县北：八里店、桃源店、金乡铺、半坡店、烟亭店	5个：南十字街集、北门内集、西门内集、南关集、东关集
	县东：李旗屯店、万金店、杨埠镇、平舆集、西长店	
	县西北：楚家店、罗家店	
	县西：湾店、老君庙、康家店、韩庄店、北堰店	
	县南：三里店、七里店、半截河、溱头店、三桥店、阴店、北马乡店、南马乡店、和孝店、陶陂店、宋家店	
	县东南：生王店、沙河口、黄冈镇、雾城店、寒冻镇、杨庄集、汝南埠、张五店	
	县东北：大柳树店、万家店、桃台店、庙儿湾镇、五座桥店、板桥店、刘盆店、射桥集	
上蔡县（27村）	县东北：东岸、扶台、一棍店、张乡店、张氏店、王氏店。	4个：东街集、南街集、西街集、北街集
	县东：李家店、朱里、固墙、卢村、崇仁、蔡沟、雷音堂、杨岗店、桃花店、党家店、高岳	
	县南：邵店、半坡店、黄埠	
	县东南：冀家店、朱湖	
	县西：朱里桥	
	县西北：百尺	
	县北：鸳鸯店、马家店、华陂	
新蔡县（17村）	县东：三岔口店、沈冈店、顿家冈店、楝村店	5个：东关集、南关集、西关集、北关集、韩家集
	县南：官津店、岳城店	
	县西：平信铺、砖桥店、李庄桥店、余家店	
	县北：张六庙店、水家店、野栎店、龙口店、瓦店、孙招店、蒋家店	

续表1

西平县 （21村）	县东：叶家店、留册店 县东南：重渠镇 县南：祝王店、毛家寨 县西南：蔡寨店、专探店、尹家店、仪封镇 县西：谭家店、王寨镇、师灵店、合水镇、邢家店、郭家店、酒店、张家店 县西北：西刘家店 县北：王家店 县东北：寇家店、刘家店	10个：县前集、学前集、十字街集、东门内集、南门内集、北门内集、东关集、南关集、后街集、桥西集
遂平县 （6村）	县东：村新店 县南：界牌店 县西南：诸市店 县西：横山店、土山店 县东北：张铁店	2个：大十字街集、丁字街集
确山县 （31村）	县东南：樊寨镇、毛城镇、刘庄镇、刘彦隆镇、杨家镇 县南：新店、郭家镇、黄山镇、戚家镇、驻龙镇镇、任家镇、沙河镇、新安镇、潘家集、明港镇 县西南：陈门镇、卢庄镇 县西：常家镇、邢家镇、夏阳镇、瓦冈镇、竹沟镇 县西北：五道镇、孙常镇 县北：三里店、七里店、古城镇、烧盆镇、驻马镇 县西北：仪封店、臧家店	6个：修善集、毛城集、三宗集、黄西集、瓦店集、鄎阳集
正阳县 （15村）	县东：杨家店、油房店、西岩店、岳城店 县东南：闾河店、王务桥 县南：钟家店、陡沟店、铜钟店、王家店 县西南：蓝青店 县西：宋家店 县北：山头店 县东北：鲁家店、寒冻店	10个：南关集、西关集、北关集、杨家店集、岳城集、寒冻店集、王家店集、油房店集、铜钟店集、钟家店集

续表2

泌阳县	《方舆纪要》云，泌阳旧编户 40 里。旧志云，洪武初设 5 保，宣德间添设 6 保，正统间添设 6 保，成化间添设 12 保，正德间添设 7 保，共 36 保。经明季兵燹，清顺治二年并为 10 保，康熙十二年裁去琢城、富庶 2 保，凡 8 保 39 集镇、69 地方，共计村庄 1600 有奇	39 个集镇
	毗阳保：附郭，共 216 村庄	
	饶良保：城西 70 里，共 127 村庄	
	象河保：城北 120 里，共 201 村庄	
	高邑保：城东 30 里，共 272 村庄	
	百秩保：城东北 120 里，共 184 村庄	
	牛蹄保：城东北 90 里，共 287 村庄	
	官庄保：城北 40 里，共 236 村庄	
	羊册保：城西北 70 里，共 132 村庄	

说明：资料来自清嘉庆元年（1796）德昌主修、王增纂《汝宁府志》。泌阳县资料来自清道光八年（1828）倪明进主修《泌阳县志》

【中华民国】 中华民国成立，驻马店市属河南都督府南汝光淅兵备道，民国 2 年（1913），改称豫南道，民国 16 年（1927）废道各县直属河南省。民国 21 年（1932）境内为河南第八行政督察区和第六行政督察区所辖。第八行政督察区辖遂平、西平、上蔡、汝南、新蔡、正阳和确山 7 县。第六行政督察区辖 13 县，境内有泌阳县。1947 年境内有 8 县 1 区 34 镇 87 乡。

【中华人民共和国】 1949 年 3 月，成立确山专区。辖遂平、西平、上蔡、汝南、新蔡、正阳、确山、信阳 8 县和信阳、驻马店 2 市。8 月，专署迁驻信阳市，改称信阳专区。

1950 年 5 月，汝南县改为汝南市。

1951 年 4 月，撤销汝南市，划出汝南县东部 8 个区置平舆县。

1952 年 12 月，信阳、潢川 2 专区合并，仍称信阳专区。

1958 年 4 月，撤销驻马店市，改为县（确山）辖镇。

1958 年 4 月 ~ 11 月，变区、乡政权体制为政社合一的“人民公社”体制，人民公社下辖生产大队、生产小队。

1963 年，将驻马店镇铁路西街道划分为人民、新华 2 个街道。

1965 年 7 月，信阳、驻马店分治，设驻马店专区。南阳专区的泌阳县划归驻马店专区。境内辖遂平、西平、上蔡、汝南、平舆、新蔡、正阳、确山、泌阳 9 县和驻马店镇。

1980 年 9 月，驻马店镇改称驻马店市（地辖市）。

1981 年驻马店市行政区、战斗街街道分别更名为西园、东风街道。

1983 年，撤销人民公社建制，将公社改为乡、镇人民政府，生产大队改为村或街道，生产小队改为村民小组或居民委员会。

1985 年，全区行政区划为 9 县 1 市，191 个乡镇，4 个街道，2877 个村（居）民委员会。

20 世纪 80 年代后期，随着乡村经济的快速发展、城市化进程的加快及国家规定县政府所在地均应设镇的要求，驻马店地区一些经济条件较好的乡纷纷撤乡设镇。

1987 年，撤销汝南县和孝乡、马乡、留盆乡、老君庙乡、王岗乡，设立和孝镇、马乡镇、留盆、老君庙镇、王岗镇；撤销泌阳县羊册乡、沙河店乡，设立羊册镇、沙河店镇；撤销上蔡县杨集乡、黄埠乡，设立杨集镇、黄埠镇；撤销新蔡县龙口乡、棠村乡、练村乡，设立龙口镇、棠村镇、练村镇。截至年底，全区共辖 9 县 1 市，4 个街道，170 个乡，21 个镇，53 个居民委员会，2842 个村民委员会，35510 个村民小组，22660 个自然村。

1988 年，撤销确山县竹沟乡、任店乡、新安店乡、留庄乡，设立竹沟镇、任店镇、新安店镇、留庄镇；正阳县撤销汝南埠乡、寒冻乡、陡沟乡、铜钟乡，建立汝南埠镇、寒冻镇、陡沟镇、铜钟镇；新蔡县撤销李桥回族乡，设立李桥回族镇。截至年底，全区辖 9 县 1 市，4 个街道，162 个乡，30 个镇，66 个居民委员会，2851 个村民委员会，36377 个村民小组，22464 个自然村。

1993 年，撤销平舆县东和店乡、杨埠乡，设立东和店镇、杨埠镇。

1994 年，撤销遂平县车站乡，设立车站镇。

1995年，撤销平舆县庙湾乡，设立庙湾镇；撤销上蔡县朱里乡，设立朱里镇；撤销泌阳县板桥乡，设立板桥镇。

1996年，撤销上蔡县党店乡，设立党店镇；撤销正阳县熊寨乡，设立熊寨镇。截至1996年年底，全区共辖9县1市，4个街道，192个乡镇，34个居民委员会，2924个村民委员会，36258个村民小组，

1997年，撤销新蔡县韩集乡、砖店乡、佛阁寺乡，设立韩集镇、砖店镇、佛阁寺镇；撤销泌阳县马谷田乡，设立马谷田镇；撤销西平县出山乡，设立出山镇；撤销确山县刘店乡，设立刘店镇；撤销遂平县玉山乡，设立玉山镇；撤销汝南县水屯乡、金铺乡，设立水屯镇、金铺镇；撤销上蔡县华陂乡，设立华陂镇。至年底，全区辖9县1市，4个街道、139个乡、53个镇，84个居民员委会、2882个村民委员会，36391个村民小组。

1998年，全区共辖9县1市，4个街道，192个乡镇，34个居民委员会，2924个村民委员会，36603个村民小组。

1999年，撤销泌阳县春水乡，设立春水镇；撤销平舆县西洋店乡，设立西洋店镇；撤销新蔡县陈店乡，设立陈店镇。

2000年，撤销确山县蚁蜂乡、朱古洞乡，设立确山县蚁蜂镇、朱古洞镇。

2000年6月，撤驻马店地区改为驻马店市。

2000年年底，全市辖9县1区，有135个乡、57个镇、4个街道办事处、1个国有农场，102个居委会，2874个村民委员会。

2000年7月～2007年6月，撤乡建镇工作冻结。

2004年8月和2005年11月，撤销驿城区老街、橡林、刘阁、顺河4个乡，分别设立老街、橡林、刘阁、顺河、南海、雪松6个街道。

2005年，撤销西平县柏城镇，设立柏城、柏亭2个街道。

2007年，撤销平舆县古槐镇，设立古槐、清河2个街道；撤销正阳县大林乡，平舆县郭楼乡、后刘乡，设立正阳县大林镇，平舆县郭楼镇、后刘镇。至年底，全市共辖9县1区，14个街道、114个乡，58个镇，145个居民委员会，2650个村民委员会。

2008年，撤销平舆县东皇庙乡，设东皇街道；撤销驿城区香山乡，设立香山街道；撤销遂平县濯阳镇、车站镇设立濯阳、车站、莲花湖3个街道；撤销遂平县嵖岈山乡、石寨铺乡，设立嵖岈山镇、石寨铺镇。至年底，全市辖9县1区，19个街道，111个乡，58个镇，158个居民委员会，2650个村民委员会。

2015年驻马店市区划基本情况一览表

县区名称	乡、镇、街道名称	乡镇（街道）数
驿城区	西园 人民 新华 东风 老街 橡林 雪松 南海 刘阁 顺河 香山街道，水屯 蚁蜂 沙河店 诸市 板桥镇，古城 朱古洞 胡庙 关王庙 老河乡	11个街道5个镇5个乡
遂平县	濯阳 车站 莲花湖街道，玉山 嵖岈山 石寨铺 和兴 沈寨 阳丰 常庄 花庄镇，褚堂 槐树 文城乡	3个街道8个镇3个乡
西平县	柏城 柏亭 柏苑街道，五沟营 权寨 出山 师灵 盆尧镇，人和 重渠 宋集 焦庄 二朗 蔡寨回族 谭店 吕店 芦庙 专探 杨庄乡	3个街道5个镇11个乡
上蔡县	蔡都 芦岗 重阳 卧龙街道，黄埠 洙湖 党店 杨集 朱里 华陂 东洪 塔桥 邵店 五龙 和店镇，蔡沟 齐海 无量寺 崇礼 东岸 西洪 百尺 小岳寺 韩寨 大路李 杨屯乡	4个街道11个镇11个乡
汝南县	汝宁 三门闸 古塔、宿鸭湖街道，和孝 梁祝 留盆 王岗 老君庙 金铺 东官庄 常兴 罗店 韩庄 三桥 张楼镇，南余店 板店乡	4个街道12个镇2个乡
平舆县	古槐 东皇 清河街道，杨埠 东和店 庙湾 射桥 西洋店 郭楼 阳城 李屯 万金店 高杨店 万冢镇，辛店 双庙 玉皇庙 十字路 老王岗乡	3街道11个镇5个乡
正阳县	真阳 寒冻 汝南埠 铜钟 陡沟 熊寨 大林 永兴镇，慎水 袁寨 新阮店 油坊店 雷寨 闾河 彭桥 皮店 兰青 傅寨 王勿桥乡	8个镇11个乡
确山县	盘龙 三里河 朗陵街道，竹沟 任店 留庄 刘店 新安店 双河 瓦岗 李新店 石滚河镇，普会寺乡	3个街道9个镇1个乡
泌阳县	泌水 花园 古城街道，羊册 春水 马谷田 赊湾 官庄 郭集 泰山庙 王店镇，盘古 付庄 下碑寺 铜山 高邑 杨家集 高店 贾楼 黄山口 象河 双庙街乡	3个街道8个镇11个乡
合计	2015年年底：34街道、77个镇、60个乡（171个街道乡镇）	

2009 年，将确山县蚁蜂镇整体划归驿城区管辖。同年，撤销上蔡县蔡都镇、芦岗乡，设立蔡都、芦岗、卧龙、重阳 4 个街道，撤销汝南县汝宁镇、三门闸乡、三里店乡，设立汝宁、三门闸、古塔 3 个街道。撤销确山县双河乡、瓦岗乡、石滚河乡、李新店乡，泌阳县赊湾乡、官庄乡，平舆县李屯乡、万金店乡，正阳县永兴乡，汝南县官庄乡，新蔡县黄楼乡、孙召乡建镇。截至年底，全市共辖 9 县 1 区，26 个街道，68 个镇，96 个乡。

2010 年，将泌阳县的老河乡、沙河店镇整体划归驿城区管辖。同年，撤销西平县盆尧乡，上蔡县塔桥乡、东洪乡建镇。截至年底，全市共辖 9 县 1 区，26 个街道，71 个镇，93 个乡，145 个居民委员会，2650 个村民委员会，34567 个村民小组，22199 个自然村。

2011 年，将泌阳县板桥镇整体划归驿城区管辖。同年，撤销新蔡县古吕镇、十里铺乡设立古吕、今是 2 个街道；撤销泌阳县泌水镇、花园乡，调整县城区周边赊湾、王店、杨家集、盘古、双庙街 5 个乡镇部分行政区域，设立泌水、花园、古城 3 个街道。撤销遂平县和兴乡、阳丰乡、沈寨乡，汝南县常兴乡、罗店乡、韩庄乡，新蔡县余店乡，平舆县高杨店乡、万家乡，驿城区诸市乡，分别建立建制镇。截至年底，全市共辖 9 县 1 区，31 个街道，79 个镇，81 个乡，277 个居民委员会，2586 个村民委员会。

2012 年，将新蔡县今是街道的城郊、七里朱、闫湖、十里赵、马油坊、朱约铺、刘庄、高庄 8 个村委会析出，设立月亮湾街道；撤销上蔡县邵店乡，泌阳县郭集乡，汝南县张楼乡、三桥乡，分别设立办事处。截至 2012 年年底，全市共辖 32 个办事处、83 个镇、77 个乡，290 个居委会，2575 个村委会。

2014 年 1 月 1 日，新蔡县正式成为河南省直管县，由河南省政府全面管辖。

2015 年年底，驻马店市辖 8 个县，1 个区，171 个乡、镇、街道，其中 60 个建制乡，77 个建制镇，34 个街道。

（李方伟　张佳佳）

历史地名

【挚】 地在今平舆县。传为远古金天氏部落聚居之地，黄帝轩辕氏之子生于此。历夏、商，其名不衰。商中期，“祖乙七世孙成，徙国于挚，更号挚国”（《世本·氏姓篇》）。商末，挚国首领次女大（太）任（妊）嫁于季历为妻，生周文王。《诗》云：“挚仲氏任，自彼殷商。来嫁于周，曰嫔于京。乃及王季，维德之行。大任有身，生此文王。”（《诗·大雅·大明》）西周建立后，由于与周王室的亲缘关系，挚国再次受封。后并入周文王第十子季载所封之沈国。挚国都城位于今平舆县古槐镇西塔寺，汉时尚有挚亭。1979 年，考古工作者在西塔寺附近发现商代挚国古城遗址。

【蔡】 西周封国。姬姓，侯爵。都邑在今上蔡县蔡都镇。古为蔡地，周武王灭商后封叔度于此，是为蔡国。叔度与霍叔挟武庚作乱，被囚死于郭凌。其子胡改行率德，成王复封于蔡。至灵侯杀父自立，楚灵王伐其罪，灭蔡三年。楚平王复其国，迁都古吕地（今新蔡县古吕镇）。及昭侯又为楚所逼，再迁州来（今安徽省凤台）。蔡侯齐四年（前 447）为楚所灭。原范围相当于今上蔡、汝南 2 县境，春秋并吞沈、吕 2 国后扩至今平舆、新蔡一带。

【吕】 吕一作“甫”，亦作“有吕”。唐尧时伯益佐禹治水有功，肇封吕地。周穆王时封吕侯于此。姜姓。都城在今新蔡县古吕镇东南隅。所封地域约相当于今新蔡县全境。春秋时为蔡国吞并，蔡迁都于此，称新蔡。后蔡国灭，为楚国邑。

【房】 古国名。房一作“防”。唐尧子丹朱封房邑。陈怀公元年（前 505），吴王阖闾弟夫概奔楚，被楚王封于此，始名吴房。战国时，吴房改称“叾焚”。都城在今遂平县濯阳镇西南 20 千米小文城。辖区相当于今遂平县全境和西平县西南、泌阳县西北、平顶山市舞钢市东南部分境域。约在楚灵王时被楚吞并，国灭。

【道】 西周封国名。姬姓，子爵。都城在今驻马店市驿城区南 10 千米古城村北。《左传》载：鲁昭公十一年（前 531），“楚之灭蔡也，灵王迁许、胡、沈、道、房、申于荆焉”。鲁昭公十三年（前 529），“平王即位，既封陈、蔡，而皆复之，礼也”。在楚昭王时期（前 515 ~ 前 489），道国为楚所灭。地域范围相当于今确山县臻头河以北，汝南县汝河以西及驻马店市驿城区一带。

【江】 西周封国。子爵，嬴姓。都邑在今正阳县真阳镇东南 35 千米大林乡涂店村。其疆域相当于今正阳县西南部和确山县东南部分地区。西临道国，北接蔡、沈，东连息国，南滨淮水（今淮河）。周初曾随武庚叛周。江国势力弱小，春秋时先依附于楚，后睦于齐、宋。鲁文公四年（前 623）为楚所灭。

【沈】 西周封国名。子爵，姬姓。北接蔡国，西、南与道、江毗邻。周文王第十子季载封于沈。鲁定公四年（前 506）为蔡所灭。辖境约相当于今商水县南部、汝南县中东部和平舆县全境。都城在今平舆县古槐镇北 25 千米射桥乡古城村。

【柏】 西周封国名。柏皇氏后裔。周武王灭商后，约在周昭王时封柏子国，地在今西平县西。约在公元前 529 年，与房国等一起为楚国所灭。其遗民被迁于柏子山，在今湖北麻城东北 15 千米处。

【汝南郡】 汉高祖四年（前 203）置，属豫州，初治今上蔡县，后移治今平舆县射桥集，辖县 37。范围相当于今驻马店、信阳、漯河市全部和平顶山、许昌、周口及安徽省阜阳地区部分地域。以大部境地在汝水之南，故名。新莽曰汝汾。东汉复位汝南郡，辖、属范围未变。三国魏、晋皆因之。南朝宋迁治悬瓠城（今汝南县汝宁镇），改属司州，领县11，范围相当于今驻马店、信阳2地区大部。南齐、北魏属司州，范围有缩小。东魏北周因之。隋开皇初郡废，大业初复置，辖11县，范围相当于今驻马店地区和信阳地区部分境地。寻废。唐天宝元年（742）又复置，乾元元年（758）改曰豫州，为豫之腹地。境内有淮、汝、溱、溱、瀙、濯诸水，山川平地，地富饶食。南北朝时，地处南北争斗地带，政治混乱，农田荒芜。隋唐时，郡有置废，但政治稳定，经济复苏。且南接荆襄，西扼宛洛，北控许汴，东傍颍州，为八方辐辏之地。水陆通达，文化发达，由汉至唐，名流辈出。

【豫州】 三国魏置。治安城，即今汝南县汝宁镇东南19.5千米汝河南岸王岗北胡村。晋徙治于项（今沈丘），领郡国10，县85。永嘉之乱，豫州沦没，北魏皇兴二年（468）移治悬瓠城（今汝南县汝宁镇），领郡9、县39。其境相当于今驻马店、信阳、漯河3地市及许昌、平顶山东部和安徽省西部地区。北周大象二年（580）改曰舒州。寻复曰豫州，又改溱州，再改曰蔡州。隋大业初改汝南郡，唐武德四年（621）四月，平王世充置豫州总管府。七年（624）改为都督府，州并存。天宝元年（742）改曰汝南郡。乾元元年（758）复位豫州。宝应元年（762）为避代宗李豫讳，改曰蔡州。

【蔡州】 ①东魏置。北齐废。治所在今新蔡县古吕镇。领郡2：新蔡郡（辖新蔡、南赵2县）、汝南郡（辖新息、南顿2县）。范围相当于今新蔡、息县、项城、淮滨4县境。境内有汝水、溱水、淮水。地处南北对峙地带，战乱频繁。②唐宝应元年（762）以避代宗李豫讳改豫州为蔡州，隶河南道。治今汝南县汝宁镇。辖汝阳（今汝南）、上蔡、西平、遂平、平舆、郾城、褒信（今新蔡南）、新息（今息县）、朗山（今确山）、和真阳（今正阳）10县。五代因之。宋置淮康军。金曰蔡州淮康军。元亦称蔡州。元至元三十年（1293），以其"去汴梁地远，凡事稽误"，升为汝宁府。其地幅员广阔，控制关山，襟带淮汝，"居天下之中"。唐中叶藩镇李希烈、吴元济先后割据于此。为古代中原地区政治、军事、交通要地之一。

【淮康军】 治所在今汝南县汝宁镇。北宋置，属京西北路。领汝阳、上蔡、褒信（治今息县包信）、平舆、遂平、新息、确山、西平、真阳、新蔡等10县。辖境相当于今驻马店市和信阳市北部。

【汝宁府】 元初为蔡州，元至元三十年（1293）升为汝宁府。领4州15县，属河南行中书省，范围相当于今驻马店、信阳两地区。明弘治十八年（1505）领光州、信阳州、汝阳、上蔡、新蔡、西平、遂平、确山、真阳、光山、固始、息县、商城、罗山等2州12县。清初沿明治。雍正二年（1724），升光州为直隶，光山、固始、息县、商城属之，汝宁府领信阳州、罗山、正阳、确山、西平、遂平、上蔡、新蔡、汝阳（今汝南）等1州8县。1913年，汝宁府改称豫南道，汝阳县改称汝南县。1914年，豫南道改称汝阳道，治今信阳市。1927年，豫南道改置为豫南行政区，各县直属河南省。1932年，废豫南行政区，置河南省第八行政督察区，治汝南县，辖汝南、确山、正阳、上蔡、新蔡、西平、遂平等7县。汝宁府为豫南要地，辖域广阔，山川沃野。南有三关之险；西有乐山、嵖岈山（亦称嵯峨山）之秀；有淮、汝、澺、溱诸水。西通宛，南接荆襄，北连许汴，交通便利。府治汝阳（今汝南县）。设有学府、县学、书院，人才荟萃。

【河南省第八行政督察区】 民国21年（1932）设置。治所在今汝南县汝宁镇，兼理汝南县政。辖汝南、上蔡、西平、遂平、新蔡、正阳、确山7县，隶属国民党河南省政府。民国27年（1938）署、县分治。1943年～1944年，日寇占据汝南，曾移治新蔡县境。1945年8月日本投降，仍治汝南县城。1947年12月23日，人民军队解放汝南县城，迁治正阳县城。1949年正阳解放，第八区遂废。

【确山专区】 1949年4月人民政权设汝南专署，驻汝南县。不久汝南专署改称确山专署，专署机关移设驻马店市。辖汝南、上蔡、西平、遂平、正阳、息县、新蔡、确山、信阳9县及信阳、驻马店2市。属河南省人民政府。同年8月16日撤销，改称信阳专署，移驻信阳市。

【驻马店】 位于现驻马店市驿城区老街。"驻马店"一名，最早见于明万历三十六年（1608）成书的《汝南志》。据此志记载，确山县当时有村市32个，其中有驻马店；有急递铺20个，其中有驻马铺。1904年平汉铁路通车，于此设驻马店车站，城市开始兴起。1949年年初，人民政权确山专署于此设县级驻马店市，同年8月16日改属信阳专区。1952年8月改为确山县辖镇。1953年7月改省辖镇，同年11月改为省辖市。1958年复为确山县辖镇。1962年12月直属信阳专区。1965年6月驻马店专区成立，改属驻马店专区辖镇，为驻马店专区驻地。1980年驻马店镇改置县级市，属驻马店地区。2000年驻马店地区撤销，设立地级驻马店市，原县级驻马店市改设为驿城区。

【挚亭】 在今平舆县古槐镇西塔寺街西端，南靠小清河，北临净衣塘。传周文王母大任（太妊）诞生于挚地，故又称之为文王母亭。隋开皇十六年（596），于此建西塔寺。今亭、寺皆不存。遗址出土有石器、陶器、兽骨等文物。

【大吕亭】 在今新蔡县古吕镇东北2千米，洪河故道南岸。古吕侯之亭。宋徽宗年间（1101～1119）曾修整。明万历年间（1573～1620），亭已不存，仅有土基。遗址今名蔡台，属县级文物保护单位。

【小吕亭】 在今新蔡县古吕镇东花台子村内。春秋时，蔡平侯徙都于此，建亭。为区别于吕侯亭（大吕亭）故名。传明代邑人宋祖法（曾任福建佥事）曾于此亭址建花园。今聚居成村落。遗址南北长 150 米，东西宽 100 米。为县级文物保护单位。

【江亭】 古江国之都亭。在今正阳县真阳镇东南 35 千米大林乡冢子园，江国故城址西北隅。南北朝时亭犹存。后毁于战乱，今仅存遗址。

【道亭】 古道国之都亭。《汉书·地理志》载其在汝南郡阳安县，应邵曰："道国也，今道亭是也。"地在今驻马店市驿城区南 10 千米古城村。

【沈亭】 古沈国之都亭。位于今平舆县射桥乡古城村西南里许。西汉尚存，毁时不详，今存遗址。

【柏亭】 古柏国之都亭。《清一统志》载："柏亭，在汝宁府西平县西。"在今西平县柏亭街道。

【伏羲庙】 在上蔡县蔡都镇东 15 千米蔡河北岸白圭庙村。相传，伏羲氏曾取此地蓍草和大龟"以画八卦之变""定天下之吉凶"。庙始建于汉代。明清时曾重修。据县志载，庙为二进院，面积 8000 平方米。前院正殿雕梁画栋，供伏羲坐像，供案上有白石龟一尊。后院有三皇阁，祀天皇、地皇、人皇。西北隅有画卦亭，汉蔡邕题"伏羲蓍台"四字。历代诗人学者多来此游观赋诗。明清时农历三月十五有庙会。民国年间神像被拆，庙废。现仅存画卦亭及白石龟。为县级文物保护单位。

【蓍台】 在上蔡县蔡都镇东 15 千米白圭庙村，面积 300 余亩。台畔丛生蓍草，相传伏羲氏曾于此用蓍草画卦，故名蓍台。后人建白龟庙于台上。庙西北有画卦亭，汉蔡邕尝为之题写碑文。由汉至清，游人瞻拜不息。民国间神庙渐废，部分台地筑为村舍，余辟为耕田。今存画卦亭。

【棠溪】 古冶炼地。在今西平县柏城镇西南 34 千米，棠溪河沿岸。春秋属楚。吴王夫差弟夫概奔楚，封此为棠溪氏。有龙泉水，淬刀剑甚精利。著名"龙泉剑"即出于此地。战国时为韩国铸剑重地。苏秦说韩王"韩有剑戟，出于棠溪"。汉代置铁官，在此建冶炉城。东汉、三国、魏、西晋皆因之。南北朝时，以战乱频繁，其基地渐遭废弃。

【悬瓠】 亦名悬壶城。即今汝南县汝宁镇老城区。以滨临汝水，城若藤蔓之系瓠故名。三国魏太和（227 ~ 232）年间，城西南隅起高堞建悬瓠楼。晋时始谓悬瓠城。南朝宋侨立司州于此。宋泰始三年（467），悬瓠沦于魏，城被毁。北魏孝文帝延兴二年（472）复兴，为豫州汝南郡治。后历为郡、州、军、府、县治所。元季又毁于兵。城址呈瓠形，周长约 3.5 千米，四周城河环绕。以位南北要冲，地势险要，恃淮、泗为屏障，控颍、洛，历为兵家争夺要地，常屯兵置戍。晋兴宁二年（364）燕李洪等攻汝南，败晋兵于此。宋文帝元嘉二十六年（449），魏军围攻悬瓠城，汝南太守陈宪率兵苦守 40 余日，魏军死伤不计。唐元和十二年（817）李愬袭蔡，雪夜入悬瓠擒吴元济即此。现古城仅存北门，其他城门、城垣皆毁。

【天中书院】 在今汝南县汝宁镇北门外石桥东，汝河北岸。北依天中山，故名。明嘉靖十三年（1534），在三公祠旧址建聚奎堂贮书阁等，名曰"笃志书院"。嘉靖四十一年（1562），知府徐中行建天中阁，改"笃志书院 "为"天中书院"。万历二十二年（1594），知县岳和声建讲堂对庭。明天启七年（1627），巡按邱兆祥重修前堂、后堂、快成楼、号舍等，占地约 400 亩。后毁。清知府熊仲龙复建。同治初年增建学舍。清末废科举，兴学堂，书院废。民国初改为县立高级小学校。1929 年校迁城内清戒寺，旧址遂废为耕地。

【汝水】 古水名。位于今河南省中部，古淮水重要支流。《水经注》载："汝水出梁县勉乡西天息山（今嵩县车村镇龙池曼山西麓）"。东北流又折东南，经今汝阳、临汝、郏县、襄城、舞阳、郾城、西平、上蔡、汝南、平舆、正阳、新蔡、安徽省阜南等县境，在今淮滨县谷堆乡洪河口村东南入淮，流长约 560 千米。上通洛汴，下航吴越。元至元三十年（1293），以下游泛滥为灾害，江北行省平章伯颜下令自郾（今郾城县城东南干河陈村）以下堨断南流。原汝水上游（即今郾城以西河段），借古大㶏水（亦称溃水）故道东流入颍（今颍河），称"北汝"；下游（即今郾城以南）河段，则改以原支流沅水（即今西平境内小洪河）为源，称"南汝"。明嘉靖末，沅水东注入㵩水（今洪河），南汝又改以溙水（今沙河，俗称南汝河）为源。以下至汝口仍为旧道。

【鸿隙陂】 亦名洪池陂。为古代著名大陂。跨今平舆、汝南、正阳、新蔡、息县五境地。汉成帝年间（前 32 ~ 前 7）废。东汉建武年间（25 ~ 55）依形复修，可蓄洪排涝。顺帝永和三年（138）又废。现成"三湖""十七陂"。其中，以平舆县境南部蛟停湖较大，为汝南、平舆、新蔡 3 县交界处大型滞洪区。

【葛陂】 在今平舆县东部，新蔡县西北部。《水经注》曰："㵩水（今洪河）又东南，左迤为葛陂，陂方数十里。"东出为鲖水、富水等，入颍水（今颍河），范围相当于今平舆县杨埠、东和店二乡及新蔡县李桥、弥陀寺、孙召三乡境。传为东汉费长房投杖成龙处。东汉末，黄巾起义军曾与鲍鸿大战于此。历史上曾起到防旱排涝作用。今为耕地。

【溙水】 即今南汝河。《山海经》谓之视水。在今泌阳、遂平、汝南三县境。《水经注》云，溙水源出沅阳县（今泌阳县西北部）东上界山（又名中阳山、葴山，今名大寨子山）。东过吴房（汉故县，治今遂平县小文城村），又东过灈阳（治今遂平县灈阳镇），上蔡（北魏治悬瓠城，即今汝南县汝宁镇）2 县南境入汝。本为汝水支流之一。明嘉靖末，西平、遂平间汝水断流，此后南汝河遂以此为正源。今名南汝河，泌阳、遂平二县境内称沙河。

【溱水】 今名臻头河。为古汝水重要支流。位于今确山、汝南2县境内。《水经注》载，溱水“出浮石岭北青衣山”（今确山县西千年岭），东南经朗陵县故城西，东北流经官庄西，又东北折东南流入沙口店，东入汝水。清代称溱河、臻河。全长130千米，下游通航。

【㶏水】 古水名，在今河南省南部。《水经注·汝水》载：“水上承汝水，别流于奇额城（今舞阳县拐子王乡胡城集）东，东南流，为练沟，径召陵县（治今漯河市召陵区）西，东南流注，至上蔡西岗（今芦岗）北为黄陵陂，陂东流，于上蔡冈东为蔡塘，又东经平舆县故城（今平舆县射桥镇）南为㶏水。”元至元年间（1264 ~ 1294），汝水自涡河（今漯河市）堨断，其上游自溵水（今沙河）入颍水（今颍河），㶏水改以㳽水为源，出方城县北羊头山，流经舞阳、郾城、西平、上蔡、平舆等县，至新蔡县城东南入汝水，长约560千米，宽50米~100米。元至正年间（1341 ~ 1368），㳽水（今沙河）自舞阳县锅垛口塞断，北流入澧河，㶏水改源为舞阳县（今舞钢市）与泌阳县交界处之五峰山。因㶏水原在西平境已有洪河之名，故统称之为洪河。元代航运可上溯至舞阳县锅垛口，明代可至西平县合水镇。

【灈水】 位于今遂平县西、中部。发源于吴房县（今遂平县）西部。西北为奥山（即奥来山，今称尖山）。东北流穿横山店（今玉山乡政府驻地）。又东北有源出岭峰垛（今大歪山）之渊水（今南石羊河）汇入，东南流，至灈阳县故城（今遂平县城老城区）西，南流入㶏水（今汝河）。河道弯曲狭窄，遇雨，山洪骤下，常泛滥成灾。明万历末于横山店东塞断之，北入石羊河。清同治十一年（1872），上游于横山店改道北入渊水。上游即今君章河，下游为今连环湖沟。汉置灈阳县，以此水得名。

【比水】 故河名。曾名沘水、泌水、泌河。流域在今河南省西南部和湖北省西北部。源出比阳（今泌阳）东大湖山（今白云山），西南流经县南又西汇唐河，再西南流经新野县入淯水（今白河）。《吕氏春秋》载：“齐令章子将而与韩、魏攻荆……与荆人夹沘水而军。”《水经注》曰：“昔汉光武破甄阜、梁丘赐于沘水西，斩之于斯水也。”唐天宝元年（742）易名泌水。1949年，县境内河段以县名改称泌阳河。

【慎水】 在今正阳、息县二县境内，汉以之名县。据《水经注图》等载，水源出县治西（今正阳县慎水乡西北部），东流至慎阳县城（今傅寨乡伍庄村刘楼），南汶水注之，又东南流积燋陂、上慎陂、中慎陂、下慎陂，汇鸿隙陂散流。又东南流经新息（今息县北），又东南至慎口（今息县临河西）入淮。北宋初，慎水改道，以上慎陂水为主流东入汝，中慎陂、下慎陂改为广丰陂，另汇闾河东南入淮。

（赵心田）

重大事件

【叔度封蔡】 周灭商后，周武王分封诸侯，驻马店境内有蔡（今上蔡县）、吕（今新蔡县）、沈（今平舆县及汝南县东部，正阳县北部）、江（今正阳县及确山县南部）、道（今确山县北部、汝南县西部和驿城区）、房（今遂平县）、柏（今西平县）、唐（今泌阳县）等小封国。战国时期，这些小封国先后被楚国吞并，战国七雄长期在这里相互攻伐。

周武王克商后，封其五弟叔度（姬度）于蔡（今上蔡县），以国为姓（史称蔡叔度）。西周初年，两代蔡侯接力筑城，终于建起一道至今还存在的已有3000多年历史的古城墙。三监之乱后，周公“放蔡叔，迁之，与车十乘，徒七十人从。……蔡叔度既迁而死。其子曰胡，胡乃改行，率德驯善。……于是周公言于成王，复封胡于蔡，以奉蔡叔之祀，是为蔡仲。”（见《史记·管蔡世家》），此为蔡国二度受封。春秋初年，蔡国尚出兵与鲁、宋等伐郑。公元前684年楚国利用蔡、息2国的矛盾，出兵俘虏蔡哀侯，将蔡国纳入楚国控制范围。从此，蔡国在楚的压迫下生存，深受其害。公元前531年，楚一度灭蔡。公元前529年，蔡平侯复国，为避楚之锋芒，迁都吕亭（今新蔡县），史称新蔡。公元前506年蔡国曾随吴国伐楚，并攻入郢都。公元前493年在楚国的逼迫下，蔡昭侯迁都州来（今安徽凤台县），史称下蔡。公元前447年，蔡国再次为楚所并，成为楚邑。

【孔子游蔡】 孔子文化博大精深，在上蔡也留有厚重的一页。孔子周游列国时“居蔡三岁”，曾在华陂镇的鸿隙湖畔、蔡河岸边演礼弦歌，在蔡地得高徒6人，分别是漆雕开、漆雕从、漆雕凭、漆雕侈、曹恤、秦冉，故有“孔门七十二贤上蔡居六”之说。其中，上蔡华陂人漆雕开和鲁国人曹恤比较有名。曹恤晚年厌倦官场生活，便辞官为民。他见洪河岸边水草丰茂，百花斗艳，珍禽异兽出没其间，随定居于此，取名“曹寨”。孔子及其弟子周游列国时，在陈蔡绝粮被困7日之后前往楚国，产生了历史典故“子路问津”。上蔡现在还有漆雕开墓、曹恤墓、孔子晒书台、蔡沟厄台白果树等跟孔子有关的遗址。

【汝南设郡】 西汉高帝四年（前203）置汝南郡，属豫州刺史部，治所在今平舆县射桥乡古城村，领37县，包括今驻马店、信阳、漯河3市及平顶山、许昌、安徽阜阳的部分地区。今驻马店市境内设有16县：平舆县（今平舆县北）、阳城县（今平舆县西北）、新蔡县（今新蔡县）、归德县（今新蔡县佛阁寺一带）、鲖阳县（今新蔡县北）、安阳县（今正阳县南）、慎阳县（今正阳县）、阳安县（今驻马店市驿城区附近）、安昌县（今确山县西）、朗陵县（今确山县西南）、安成县（今汝南县东南）、宜春县（今汝南县西南）、灈阳县（今遂平县城）、吴房县（今遂平县文城）、上蔡县（今上蔡县）、西平县（今西平县吕店）。另，今泌阳境内设2县：舞阴县

（治今泌阳县羊册镇）、比阳县（治今泌阳县泌水镇）。舞阴县、比阳县归属南阳郡（荆州刺史部）。西汉末，归德县并入新蔡县。东汉（25 ~ 220）时，驻马店境内仍为汝南郡和南阳郡所辖。汝南郡所辖驻马店境内有 15 县：平舆县（今平舆县北）、阳城县（今平舆县西北）、新蔡县（今新蔡县）、鲖阳县（今新蔡县北）、安阳县（今正阳县南）、慎阳县（今正阳县）、阳安县（今驻马店市驿城区附近）、安昌县（今确山县西）、朗陵县（今确山县西南）、安成县（今汝南县东南）、北宜春县（今汝南县西南）、瀙阳县（今遂平县城）、吴房县（今遂平县文城）、上蔡县（今上蔡县）、西平县（今西平县吕店）；南阳郡所辖境内有 2 县：舞阴县（今泌阳县西北）、比阳县（今泌阳县泌水镇）。两汉时期，汝南郡地位重要，受到朝廷重视，经济、文化得到空前发展，大型水利工程鸿隙陂的修建，进一步促进了汝南郡农业生产发展和两汉经济繁荣。两汉时期还涌现出翟方进、桓宽、许扬、陈蕃、许劭、许靖等著名人物。整个东汉时期，汝南郡人才辈出，被誉为“汝半朝”“汝南固多奇士”。

【蔡州割据】 经过安史之乱，唐王朝从强盛转向衰落。各地节度使乘机扩大兵力，造成藩镇割据。唐德宗即位后想改变藩镇专权的局面，结果引起藩镇叛乱。唐德宗派兵讨伐，叛乱不但没有平定，反而蔓延开来。公元 782 年，有 5 个藩镇叛乱，其中淮西节度使李希烈兵势最强。他自称天下都元帅，向唐境进攻。宰相卢杞与年老的太子太师颜真卿有矛盾，就推荐他去劝导，存心陷害。颜真卿却不在乎，带了几个随从就到淮西去了。李希烈把颜真卿送到驿馆里，企图慢慢软化他，颜真卿不为所动。公元 784 年，李希烈攻入汴州，旋称楚帝，年号武成。不久为刘洽所败，逃归蔡州，又派部将逼颜真卿投降，不成之后就派人逼迫颜真卿自杀。贞元二年（786），李希烈被部将陈仙奇毒死，陈仙奇被任命为淮西节度使。七月，陈又被淮西兵马使吴少诚所杀。自吴少诚起，历经吴少阳（吴少诚之弟）、吴元济（吴少阳之子），吴氏割据淮西 30 年。唐宪宗元和九年（814）闰八月，吴少阳卒。其子吴元济隐匿少阳死亡的消息，径自接掌军务，拥兵自立。各路唐军因缺乏最高统帅，难以协调行动，只能各自为战。宪宗调名将李晟之子太子詹事李愬为西路唐军统帅。九月，李愬部将李佑向李愬进言说，淮西精兵都在洄曲和边境，守卫蔡州的全是老弱，可以乘虚直捣其城，出其不意，一举擒吴元济，李愬深以为然。十月初十，李愬利用风雪交加、敌军放松警戒、利于奇袭的时机，命史旻留镇文城，命李佑等率训练有素的敢死队 3000 人为前锋，自己与监军将 3000 人为中军，命李进城率 3000 人殿后。军队的行动十分秘密，除个别将领外，全军上下均不知行军的目的地和部队的任务。李愬只下令说向东。东行 30 千米后，唐军在夜间抵达张柴村，乘守军不备，全歼包括负责烽燧报警士卒在内的守军。待全军稍事休整和进食后，李愬留 500 人守城栅，防备朗山方向之敌，另以 500 人切断通往洄曲和其他方向的桥梁，并下令全军立即开拔。诸将问军队开往何处，李愬才宣布说，入蔡州直取吴元济。诸将闻说皆大惊失色，但军令如山，众将只得率部向东南方向急进。此时夜深天寒，风雪大作，旌旗为之破裂，人马冻死者相望于道。张柴村以东的道路，唐军无人认识，人人自以为必死无疑，但众人都畏惧李愬，无人敢于违令。夜半，雪愈下愈大，唐军强行军 35 千米，终于抵达蔡州。近城处有鹅鸭池，李愬令士卒击鹅鸭以掩盖行军声。自从吴少诚抗拒朝命，唐军已有 30 余年未到蔡州城下，所以蔡州人毫无戒备，未发现唐军的行动。四更时，李愬军到达蔡州城下，守城者仍未发觉。李佑、李忠义在城墙上掘土为坎，身先士卒，登上外城城头，杀死熟睡中的守门士卒，只留下巡夜者，让他们照常击柝报更，以免惊动敌人。李佑等既已得手，便打开城门，迎纳士军入城。接着，又依法袭取内城。鸡鸣时分，雪渐止，李愬进至吴元济外宅。这时，有人觉察情形有异，急告吴元济说，官军来了。吴元济高卧未起，笑着回答说，俘囚作乱，天亮后当杀尽这些家伙。接着，又有人报告说，城已陷。元济仍漫不经心地说，这一定是洄曲守军的子弟向我索求寒衣。起床后，吴元济听到唐军传令，响应者近万人，才有惧意，率左右登牙城抗拒。李愬入城后，一面派人进攻牙城，一面厚抚董重质的家属，遣其子前往招降。董重质单骑至李愬军前投降，吴元济丧失了洄曲守军回援的希望。十二日，唐军再次攻打牙城，蔡州百姓争先恐后地负柴草助唐军焚烧牙城南门。黄昏时分，城门坏，吴元济投降。申、光 2 州及诸镇兵 2 万余人亦相继降唐，淮西遂平。藩镇割据的局面因之暂告结束，唐朝又恢复了统一。

【宋蒙灭金】 金、蒙古是和宋并存的中国北方 2 个少数民族政权。1126 年，金攻陷北宋汴京之后，继续进攻新建的南宋政权。尽管南宋偏居一隅，无心收复中原，但金人的残暴统治激起了中原人民极大的愤慨。此间，出现了岳飞、韩世忠、辛弃疾、陆游、刘锜等许多抗金名将，他们领导的抗金斗争一直没有停止，而金人也在长期的对宋战争中，消耗了大量的人力和物力而国势日衰。1219 年，金人发动了最后一次大的侵宋战争，妄图一举击败南宋，达到扩地和索取贡赋的目的，但以失败告终。1223 年底，金宣宗去世，哀宗继位，才正视现实，宣布不再南侵，但为时已晚。蒙古是继契丹、金之后发展起来的北方少数民族政权，最初隶属于金王朝，但随着蒙古族内部的统一和经济的发展迅速壮大起来，接着便掀起一阵阵的抗金浪潮。在蒙古凌厉攻势下，1232 年底，金哀宗从开封逃往归德（今河南商丘）。1233 年正月，金朝大将崔立在开封发动兵变后降蒙。金王朝的后妃、宗室 500 多人被崔立押赶青城。金哀宗孤军对蒙作战，接连失利。六月，迁都蔡州。九月，被迫退守蔡州。宋朝军队与蒙古军队结成同盟，共同作战。在宋、蒙联军的强大攻势下，金兵一败涂地。哀宗叹息着对左右说：“我做了皇族幼儿 10 年，太子 10 年，人主 10 年，自知没有大的过错，死也无恨了。但是祖宗传业百年，到我而绝，下场与荒淫暴乱之君一样，心里很不是滋味。”哀宗召集百官开会，把国君的宝座让给了负责城东面防御的元帅承麟。他对承麟说：“我身体笨重，不便驰驱，不得已才把社稷托付给你。你身体轻捷，又有将略，万一得脱，使大金的国祚不致断绝，我死也瞑目了。”不久，成千上万的宋军登上城墙，与金军展开了殊死的肉搏战。金哀宗深知大势已去，慌忙取出宝玉放到幽兰轩，用草掩盖着，并命令贴身随从说：“我死后，用火烧掉我的尸体。”接着自杀身亡。金将士100多人，都跳汝河自杀。金新立君承麟率众退守到保子城内，他们听说以上诸事，与群臣一起抱头痛哭，并借此对大家说：“先帝在位10年，勤俭经营，宽仁待人，为了恢复昔日帝业，鹄鸿之志，未得实现，真是可悲，今我欲自杀而死，哀痛又有什么用处呢？”还未等他实现夙愿，宋、蒙联军攻下保子城，承麟亦被乱军杀死。至此，存在120年，灭亡了北宋，并一直威逼南宋的金朝寿终正寝了。金灭后，蒙古窝阔台可汗撕毁了将黄河以南归还南宋的协议，改为陈蔡以北属蒙古，以南属南宋。南宋政府被迫承认了这一事实，各自引兵退后。从此，蔡州又成为宋蒙两军争夺的战略要地。

【新蔡志士参加辛亥革命】 20世纪初，驻马店涌现出一批接受了西方社会思想和科学文化的资产阶级、小资产阶级知识分子。这些人或者是封建士子，曾在科考中中榜的秀才举人，如刘纯仁、刘积勋、刘积学、闫梦松、任芝铭等；或者是新兴的资产阶级、小资产阶级知识分子，曾出国留学或曾在新式学堂中接受了西方科学民主思想，如李儒纯、刘凤桐、单懋统等。他们在民族危亡的刺激下，逐渐萌发了民族民主革命思想，倾向“民权主义”和革命学说，立志于“使民权伸张，山河再造”，从而成为反帝反封建的中坚力量。在驻马店，新学数量和出国人数以新蔡为最多，且由于地处河南边缘地带，清朝统治力量相对薄弱，新蔡遂成为豫南辛亥革命的策源地和中心之一，为河南辛亥革命做出了重要贡献。

1902年，新蔡人闫梦松与张应举等人在刘积勋私塾成立秘密革命团体“豫南学务研究会”，抨击时政，宣传革命思想。1904年，刘积学在开封与车钺、王梅溪等创办半日学堂。刘纯仁、刘积勋、闫梦松等同乡都曾在该学堂开展革命活动，为日后河南同盟会的成立做了组织上和思想上的准备。1905年，同盟会河南分会在东京成立，刘积学首批加盟。1906年，刘纯仁、闫梦松赶赴开封，创办河南学会，并与同盟会河南分会从东京派回的人员一起，正式建立同盟会河南支部，刘积勋、任芝铭等均积极参与筹备工作，并率先加入同盟会，刘纯仁还被推选为支部长。当时，新蔡是全省同盟会员最多的县份，占河南全省的一半。1908年，中国同盟会新蔡支部在刘积勋私塾成立，任芝铭为支部长，这是河南省内第一个县级同盟会组织。同盟会以办学为掩护，积极传播革命思想，大力发展会员。经过不懈努力，次年，新蔡同盟会员已经发展到100多人。新蔡同盟会持河南同盟会的公函向上海军政部都督陈其美和同盟会领导人黄兴求援，建议组织一支河南北伐队，从独立省区北伐河南，推翻清王朝在河南的统治。得到支持后，闫梦松速回新蔡与刘积勋、任芝铭、张应举等人一起组织淮上军，会同冯侠岭、展文友等民间武装300余人加入河南北伐队，与安徽张孟介的淮上军会合，闫梦松任副总司令，淮上北伐军先后光复了皖北许多州县和河南商城、固始等县城，之后在新蔡东南三岔口与毅军姜桂题部交战，给清军以重大打击。单懋统、单懋钢、单懋修还联合汝阳、项城等地武装，组成“汝、新、项3县北伐军”，与淮上军相互呼应，连武昌、四川、陕西、山西等省的革命军也与淮上军取得了联系。袁世凯北洋政府成立后，1913年5月，闫梦松奉黄兴之命返回河南，一方面联络白朗起义军，另一方面鼓动新蔡县知事宣布新蔡脱离北洋军阀而独立。新蔡、汝南等县还组织武装数千，计划起义北伐。由于走漏消息，起义遭到河南巡防营的镇压而失败。任芝铭、刘积勋等流亡外地，闫梦松不幸被捕，在开封被杀害。7月，反袁“二次革命”爆发。新蔡、汝南、确山、正阳等县的大批志士仁人群起响应。由于没有掌握武装，他们四处联络农民武装和会党。时任陆军五十九团独立团长的正阳县人刘凤桐和黄兴相约，将自己的队伍作为奋勇军北伐队，同样因计划泄漏而遇害。1915年，反对袁世凯、维护民主共和的护国运动在全国兴起，确山县农会对袁世凯的罪恶行径进行声讨，正阳县国民党党员于衡章积极参加反袁复国斗争。出身官僚地主家庭的正阳县国民党党员袁家驹，祖上与袁世凯结有联宗，父亲袁乃宽与袁世凯以叔侄相称，备受袁世凯信任。袁世凯要称帝复辟的消息传来，袁家驹即刻表示与父亲决裂，“不甘为其子”，并公开反对帝制。他还和陈伯平、赵寿鼎等人合谋，在北京新华宫正殿安装炸弹，欲将袁世凯炸死，未能成功。1915年12月，袁世凯发表接受帝位申令，1916年1月，汝南人张星槎就举起大旗，率领民众反袁称帝。4月，刘积学还与省内其他1800多名河南籍同乡一道，联名上书袁世凯，奉劝袁尽早退位。护法运动开始后，暗杀袁世凯未果的袁家驹从京返乡，声称奉黎元洪之命举兵护法，这些斗争都以失败而结束。此后，辛亥革命的浪潮在驻马店沉寂下来，革命党人内部也发生了分化。一些屡战屡败的革命党人对革命悲观失望，失去了斗争意志，有的则更加坚定了革命信念，继续寻找救国救民的真理。

【杨靖宇领导确山农民暴动、刘店起义】 1927年4月5日，为迎接北伐军的到来，在中共河南省委、驻马店特支领导下，杨靖宇（马尚德）、张家铎、李鸣岐、张耀昶等共产党人率确山数万农民举行了震惊中外的大暴动，夺取了县政权。4月24日，建立了中国共产党领导下的县级苏维埃农工政府—确山县临时治安委员会。杨靖宇（马尚德）被民主选为临时治安委员会主席，代行县长职权。确山县临时治安委员会是第一次国内革命战争时期，中国共产党领导下建立的全国第一个县级革命政权，在中国革命史上占有重要地位。

1927年夏，蒋、汪合流疯狂镇压共产党人，轰轰烈烈的第一次国内革命战争惨遭失败，革命陷入低潮。在李鸣岐、杨靖宇等率领下，转入农村发动群众进行革命斗争。1927年9月，中共河南省委按照中共武汉“八七”会议精神，决定在豫南举行秋收起义。同时成立了中共豫南特委，先后派王克新、兆奎、虞松如、蔡训明、易云等懂军事的人员到确山，先后担任豫南特委书记，加强对确山秋收起义的领导。李鸣岐在刘店先后主持召开中共豫南特委办事处和确山特支扩大会，传达了中共中央“八七”会议精神和河南省委关于豫南武装起义工作的指示，贯彻了“依靠工农阶级，发动武装起义，以推翻反动的资产阶级军阀统治，建立工农革命政权”的新政策。会议作出了举行刘店秋收起义建立革命武装的决定。秋收起义指挥部就设在刘店镇火神庙文昌宫内。1927

确山刘店秋收起义指挥部旧址。旧址位于确山县刘店镇刘店小学院内，原是一座普通的文庙。2006年6月8日被河南人民政府公布为重点文物保护单位。 樊金凤 摄

年11月1日凌晨，杨靖宇、李鸣岐等指挥全县农民自卫军和农民敢死队数百人，围攻刘店民团指挥部，经过2个多小时激战和政治攻势，彻底消灭了刘店民团，取得了秋收起义的胜利，拉开了确山县土地革命的序幕。同日，在刘店镇召开庆祝大会，建立了“确山县工农革命军”。11月3日，中共豫南特委和确山特支，又在刘店镇组织召开了确山县第二次人民代表大会，大会选举成立了第二次国内革命战争时期全国最早的、河南第一个苏维埃政权“确山县革命委员会”，选举李鸣岐任确山县革命委员会主席，杨靖宇、张家铎、张立山、张耀昶、董子祥、王国卿等11人为执行委员。之后又成立了“中共确山县委”，李鸣岐任中共首届确山县委书记。刘店农民秋收起义，是第二次国内革命战争时期中国共产党领导的河南最早的农民起义之一，比毛主席领导的湖南农民秋收起义仅晚20余天，早于全国其他地方的武装起义，并建立了全国最早、河南第一个县级苏维埃政权。而且较早产生了“建立革命根据地，农村包围城市，武装夺取政权”的革命思想。刘店秋收起义指挥部旧址位于驻马店市确山县城东10千米刘店镇刘店小学院内，原为火神庙中的文昌宫，现仅存“文昌宫”面阔3间，硬山式青砖青瓦，清代建筑风格。2006年6月河南省政府公布为省级文物保护单位。

【中共中央中原局在竹沟领导华中抗战】 1927年4月，共产党员李畔林、赵子乐带领竹沟、石滚河一带3000民众，参加杨靖宇将军领导的震惊中外的确山农民暴动，建立了河南第一个县级政权—确山临时治安委员会。之后在竹沟建立了党支部。在3年游击战争中，张星江、王国华、仝中玉、周骏鸣等在与党中央失去联系的情况下，开辟了以竹沟为中心的桐柏山区根据地，建立了豫鄂边省委，创建了红军游击队，成为南方8省14处著名游击根据地之一。抗日战争爆发后，竹沟逐渐成为河南人民抗日战争的指挥中心。1938年党中央在竹沟设立中共中央中原局，刘少奇、李先念等从延安到竹沟，领导豫、鄂、皖、苏地区党的工作，竹沟成为中国共产党在中原地区的重要阵地和战略支撑点。由此竹沟被誉为“小延安”。中原局和河南省委在这里先后开办了军政教导村、党训班及青年、妇女、卫生等训练班，培训各级抗日军政干部3000多名，其中党员2200多名，成为中原地区的革命摇篮。竹沟又是新四军二、四、五师的发祥地，周骏鸣、陈康、肖望东、彭雪枫、王海山、李先念、陈少敏、刘少奇、朱理治、王国华等先后率领14批基干队伍东进南下，汇集各地党领导的武装力量，发展成为新四军二、四、五师，成为坚持华中抗日的主力部队。1956年，在竹沟镇建立确山竹沟革命纪念馆，周恩来总理亲笔题写了馆名，成为全国建立较早的革命纪念馆之一。竹沟镇北1.5千米的小山丘上，是竹沟革命烈士陵园，全国重点烈士纪念建筑物保护单位，高大的纪念碑底座上有国家主席李先念题写的“竹沟烈士革命纪念碑”。1989年7月，河南省政府公布竹沟为省级历史文化名镇。2008年12月，国务院公布竹沟为第四批全国历史文化名镇。

【遂平嵖岈山成立全国第一个人民公社】 1958年4月20日，嵖岈山人民公社成立，由遂平县西部的杨店、土山、鲍庄3个乡和张台乡的友谊第八农业合作社等27个高级农业合作社合并而成，取名卫星集体农庄，下设农业、工业、水利、畜牧、财经、文化、卫生、交通8个部门，是中国建立的第一个人民乡。6月，定名为“嵖岈山人民公社”。嵖岈山人民公社的建立受到了毛泽东等人的充分肯定和赞扬，《卫星人民公社试行简章（草案）》经中共中央在北戴河政治局扩大会议上审定，在《人民日报》《红旗》杂志上相继公开发表，接着全国各地党刊党报纷纷刊登，成了指导全国人民公社化的指导性文献，全国人民公社化的先进典型，毛泽东主席曾于1958年11月13日乘专列到遂平与县、公社两级主要领导会见调查了解嵖岈山卫星人民公社运作情况，并亲笔题词“人民公社好”。同年12月，周恩来亲自签发奖状表彰为“全国农业社会主义建设先进单位”。“嵖岈山人民公社旧址”作为中国人民公社历史的一个典型实物形态，具有珍贵的史料价值。1982年重新设立乡政府，人民公社宣布退出历史舞台。公社旧址位于驻马店市遂平县西部嵖岈山乡政府所在地，东距县城26千米，是全国重点文物保护单位。

【驻马店建地、设市】 1965年7月，信阳、驻马店分治，设驻马店专区，南阳专区的泌阳县划归驻马店专区，全区辖汝南、上蔡、新蔡、汝南、平舆、正阳、确山、遂平、西平9县和驻马店镇，专区行政公署驻在驻马店镇。2000年6月8日，国务院下文撤销驻马店地区和县级驻马店市，设立地级驻马店市。市人民政府驻新设立的驿城区。驿城区以原县级驻马店市的行政区域为驿城区的行政区域，驻马店市辖原驻马店地区的西平县、上蔡县、平舆县、正阳县、确山县、泌阳县、汝南县、遂平县、新蔡县和新设立的驿城区。

【“七五·八”特大洪灾】 1975年8月5日～8日，驻马店地区普降暴雨，暴雨中心泌阳县林庄，最大3天降雨量1605.3毫米，24小时降雨量1060.3毫米，6小时降雨量830.1毫米，下陈站60分钟降雨量218.1毫米。以上雨量均超过中国大陆历次暴雨纪录，其中林庄6小时雨量已达世界

最高纪录。洪、汝河流域新蔡县班台以上4日～8日平均降雨量609.9毫米。4日～8日总降雨量大于1000毫米的雨区为1557.2平方千米，大于600毫米的雨区为8695平方千米，大于400毫米的雨区为18918平方千米，全区洪水总量约60亿立方米。由于雨大势猛，山洪暴发造成水库漫溢垮坝，河道漫决，属大中型的板桥、竹沟水库垮坝失事，24座小型水库被冲垮。老王坡、泥河洼滞洪区，沙河、澧河、干江河溃决洪水与洪、汝河内漫决之洪水到处窜流，东西长200千米，南北宽130千米，深1米～4米，洪水漫流，波涛汹涌，一片汪洋。沙、颍、洪、汝河中下游平原区积水面积达1.2万平方千米，时间长达3天～15天，最长达21天。板桥水库垮坝洪水最大流量为78100立方米／秒，6个小时向下游倾泻7.01亿立方米洪水，8日4时到达遂平县城附近水面宽10千米，洪水越过京广铁路，一部分顺汝河及右岸洼地进入宿鸭湖水库，一部分沿奎旺河左岸漫流于上蔡、平舆、汝南、新蔡县洪、汝河之间三角地带及黑河两岸。竹沟水库垮坝洪水最大流量11200立方米／秒，1小时11分钟向下游薄山水库倾泻洪水1843万立方米；另有8座垮坝的小型水库的洪水也先后进入薄山水库，进库洪峰流量高达9550立方米／秒，洪水超坝顶0.6米，水库以1600立方米／秒流量，向下游宿鸭湖水库宣泄，进入宿鸭湖的最大洪峰24500立方米／秒，水库拦蓄洪水12.28亿立方米，距坝顶仅0.34米，水库以6100立方米／秒向下游宣泄，水库内外洪波翻滚。洪河上游许昌地区（现平顶山市）的石漫滩水库垮坝洪水以30000立方米／秒的流量，5个小时向下游倾泻1.67亿立方米洪水，造成田岗水库（中型）随之漫决，洪水一股顺洪河而下，另一股与澧河、干江河决口之洪水相汇合漫流入西平县废杨庄水库，由水库大坝缺口下泄漫流。进入老王坡滞洪区的洪水总量约为15.72亿立方米，老王坡滞洪区最大蓄水量达4.54亿立方米，为设计最大蓄水量的2.67倍。老王坡滞洪区南北堤漫决。洪水期间出区洪水总量15.66亿立方米，向东漫流入周口地区，汾泉河以南一片汪洋。

由于洪水泛滥成灾，给驻马店地区以及邻近地区造成惨重损失。尤其是板桥水库垮坝出库洪峰，犹如山崩地裂，翻江倒海，摧毁能力相当惊人。60吨重的大油罐被冲到20千米外的宿鸭湖，50吨重的火车车厢被冲走5千米，京广路铁轨被冲成麻花型，水库管理局院内4人合抱粗的大槐树被拔起冲走15千米。洪水过后一切面目全非，村镇、树木、房屋、道路、桥涵一扫而光。8日黎明时分汝河干流和两岸水深处，水面上人头攒动，拼命挣扎呼救。遇难人的尸体一片狼藉，惨不忍睹。从水中钻出来的幸存者，有的抓着树枝树干，有的扒着房椽屋檩，有的爬上麦秸垛，有的骑上草篓……水中的漂浮物都成了救生的器材，幸存的人们被冲到几十千米外的上蔡县、汝南县境内。洪水过后一片空荡，正如灾民说的："远看白茫茫，近看空荡荡，做饭没有锅，睡觉没有窝，进村没有路，全村没有一棵树。"

全区受灾10个县、镇，162个公社，受灾人口5405771人，受灾耕地面积1010.6万亩。冲垮大、中型水库各1座，小型水库24座，大小河道决口842处，破坏堤防2100千米，损坏桥涵41436座，灌区渠道与建筑物、机电灌站、井泉遭到大量损毁，使全区有效灌溉面积锐减220余万亩，到1975年底有效灌溉面积仅328.71万亩。高压电线、邮电通信线路大部分被冲坏，6个县城停产停电。京广铁路被冲102千米。淹死22564人，伤92096人，损失各种公私财产按当时物价折算直接经济损失26亿多元。

当暴雨袭来，洪水猛发之际，驻马店地区的党、政、军、民在上级党委和政府领导下，全力以赴，展开了以保人保畜，保薄山、宿鸭湖、宋家场等水库为中心的抗洪抢险斗争，领导分工负责，军民齐心协力，全区组织抢救队50万人，日夜奋战，使大中小型137座水库脱险度汛，救出落水群众

1992年4月，全国政协副主席钱正英（前排中）在板桥水库视察。

李　新　摄

10多万人。

中央对灾区十分关怀，12日派来了以纪登奎副总理为团长的慰问团，发来了慰问电，人民解放军和全国各地立即派人赶赴灾区，救人救物，并支援大批灾区急需的各种物资。参加抗洪的人民解放军共有7个大军区，1个省军区，海、陆、空军64个单位4.2万多人，另有医疗队900多人。抢救出被洪水围困群众130万人。武汉军区、河南省委、河南省军区、水电部、铁道兵司令部等主要领导坐镇灾区，指挥抗洪抢险。武汉军区、河南省还派出慰问团到灾区慰问。全国各地派来医疗队198个2799人。中央领导的到来，人民解放军和全国各地的支援，极大地鼓舞了全区干群同洪水灾害顽强斗争的士气。很快排除积水，修复铁路、公路桥涵，架通了邮电线路，恢复了高压输电线，恢复了工业生产，搭起简易庵棚，安排了灾民生活。在这段时间里共动用飞机1668架次，汽车1800辆，为灾民投运食品和抢险救生器材，治疗各种疾病300多万人次。

在抗洪抢险中涌现出许多像王新安等舍生忘死、舍己救人的英雄模范人物。洪水退后，灾区广大人民群众在中央"奋发图强、自力更生、恢复生产、重建家园"的方针指引下，在各级党委和政府的领导下，在解放军和全国各地的支持帮助下，立即开展了恢复生产重建家园的斗争，在保人保畜的前提下开展了以恢复水毁工程，烧砖瓦、拉石头搭庵建房，大搞副业生产为内容的生产自救活动。全国25个省、市、自治区和解放军支援灾区的各种物资有粮、棉、油、钢材、木材、水泥、汽车、衣服、被褥、布匹、锅、碗、瓢、勺等155个品种，按当时的物价折款3亿多元。

受灾后国家共拨给驻马店地区救灾款3.7亿多元（不包括中央和省直接用于驻马店地区恢复铁路、公路等水毁经费），安排灾民生活、治病、建房等，扶持灾区恢复生产重建家园。黑龙江建设兵团和河南省的新乡、安阳、郑州、开封、商丘、洛阳、信阳、鹤壁、焦作等地市支援大批耕种机械和人力，帮助灾区种好小麦，次年获得了大丰收，总产超过历史上任何一年。1975年年底，全区搭盖庵棚110万间，到1976年上半年建成新房200万间；到1979年年底，共建成新房280万间，基本完成建房任务。经过艰苦奋斗，大干苦干，生产自救，全区工农业生产有所发展，人民生活有所提高，水毁工程逐渐恢复，灾区面貌焕然一新。在大灾之后，灾民的吃、穿、住、医均得到切实安排，没有发生饿死人、冻死人和人员流亡、疾病蔓延的现象。灾区生产自救、抢种小麦，次年丰收，这在全省乃至全国的救灾史上堪称奇迹。

【驻马店连续十八届举办全国"农洽会"】 1998年12月，首届全国乡镇企业东西合作经贸洽谈会在驻马店举行，由农业部和河南省人民政府举办，全国政协副主席陈俊生，中共河南省委书记马忠臣，河南省委副书记、河南省人民政府代省长李克强等领导出席会议。全国21个省、自治区、直辖市、计划单列市代表团和各地参会代表1.2万余人、500多家企业参加洽谈会。2000年11月，全国乡镇企业东西合作经贸洽谈会召开，与会的有全国政协副主席张思卿、省委书记陈奎元、省长李克强等领导，以及来自国内和境外的24个代表团1.2万多人。

1998年12月4日，全国乡镇企业东西合作经贸洽谈会在驻马店市召开。省委副书记、省长李克强（前）出席并讲话。

2007年11月30日～12月1日，国务院总理温家宝（中）视察上蔡县。图为温总理为上蔡县红丝带家园题词。

2001 年，全国乡镇企业东西合作经贸洽谈会更名为全国乡镇企业东西合作经贸洽谈暨产品展销会，11 月 1 日在驻马店世纪广场举行，中共河南省委书记陈奎元，河南省人民政府省长李克强等领导出席会议。2005 年，会议名称更改为全国乡镇企业民营企业东西合作经贸洽谈暨农产品加工贸易博览会；2008 年会议名称更改为全国农产品加工业博览暨东西合作投资贸易洽谈会。2011 年农洽会首次设立了境外展区和农产品食品加工机械展区，举办了现代农业发展论坛，成为“农洽会”一大特色和亮点。

2012 年，全国 27 个省（区、市）参会参展，首次在农洽会期间举办了“2012 年河南省农产品产销对接洽谈会”。本次大会对 16 个省、自治区、直辖市 285 家企业申报的 568 个产品进行评奖，共评出金奖 35 个，优质奖 140 个。2013 年全国“农洽会”更名中国“农洽会”，大会凸显“农洽会”的国际性、开放性，市场化程度将进一步提高。十一届全国政协副主席陈宗兴出席开幕式并宣布大会开幕。河南省委副书记、省长谢伏瞻，农业部副部长陈晓华分别讲话。

2015 年 9 月 6 日 ~ 8 日，第十八届中国农产品加工业投资贸易洽谈会举行，4800 多家企业近 2 万人参会。中国农加工洽谈会是中国目前唯一以农产品加工为主题的 4A 级展会，大会在市场化、专业化、品牌化、国际化、信息化上取得了新进展，中国农加工洽谈会的影响越来越大，品牌越来越响。

【温家宝总理两次视察上蔡】 2005 年 2 月 7 日 ~ 9 日，中共中央政治局常委、国务院总理温家宝与随行的全国人大常委会副委员长韩启德，卫生部常务副部长高强，国务院副秘书长徐绍史，总理办公室主任丘小雄，卫生部原副部长、中国医师协会会长殷大奎，在省委书记、省人大常委会主任徐光春，省委副书记、省长李成玉，副省长王菊梅陪同下，来到驻马店上蔡县，检查指导艾滋病防治工作。在上蔡期间，温家宝主持召开了省市县乡各级领导和医疗疾病预防专家、驻村工作队代表参加的艾滋病防治工作汇报座谈会。农历大年三十，温家宝视察了上蔡芦岗乡南大吴村卫生院，还走访了南大吴村、文楼村、籽粒村、丁楼村的 10 余户艾滋病患病群众的家庭，与这里的艾滋病患病群众一起度过了一个难忘的新春佳节。

2007 年 11 月 30 日 ~ 12 月 1 日，温家宝再次到上蔡县，视察艾滋病防治工作，在河南省委书记徐光春、省长李成玉的陪同下，到位于上蔡县芦岗乡王营村的中华红丝带家园，看望艾滋病致孤儿童。温家宝在上蔡县主持召开座谈会，邀请专家和基层干部就防治艾滋病工作发表意见和建议。温总理强调，近年来艾滋病防治工作取得很大成绩，但是绝不可以麻痹和松懈。这是一项长期而艰巨的任务，要做好打持久战的准备，要加强防治艾滋病知识的宣传和教育，综合防治、依法防治、科学防治，在全社会筑起防治艾滋病的钢铁长城。

（李方伟）

责任编辑：赵心田　李方伟

物产风情

风景名胜

【天中山】 天中山，亦名天台山。在汝南城北 1.5 千米处，占地约 800 平方米，高 3 米余，上土下石。宋代刘敞《天台山记》云："汝阳地理书有天台山，在今县北三里所。其高尺（丈）余，传自古至今，莫有能损者。其上土，其下石也。亦曰天中山。以为豫州于四方最中，汝南故刺史治，于豫州亦最中，是山于汝南又最中，盖处天地三万里之极。自古考日景（影）、测分至者，皆莫正于此，以是名之。"（《公是集》）这是有关天中山最早的文献记载。由此可见，天中山非自然造化之功，而是人工构筑的日咎测影和观察天象的地方。

唐朝建中年间，汝南是蔡州府治所。淮西节度使李希烈拥兵自重，自立为王，对抗朝廷。他以蔡州为据点，占许昌，攻开封，围汝州，侵占中原大片土地。德宗皇帝下诏，派年逾七旬的三朝元老、太子太师颜真卿到蔡州宣慰，李希烈软硬兼施，逼颜真卿给他当宰相，颜公宁死不屈，被囚禁在龙兴寺，后被李希烈缢杀。颜鲁公在蔡州被扣押期间，写下遗表、墓志铭及"天中山"三个雄浑铿锵的大字。天中山碑不仅表明了颜真卿渴望平定中原、江山终归一统的愿望和忠贞报国的浩然正气，也因此使这座天下最小的山扬名华夏。

明嘉靖四十一年（1562），吴兴徐中行为汝南知府，修缮原笃志书院，更名为"天中书院"，并建天中阁。明万历《汝南志》卷一舆地志开篇即谓："汝南当天地之中，山川环互，风物朴茂，屹然一都会也。"明确山人陈耀文著《天中记》六十卷，"是编乃其类事之书。以所居近天中山，故题曰《天中记》"（《四库全书提要》）。明天启年间（1621~1627）安徽徽州人程春宇所著士商用书《士商类要》载，汝宁府又称"天中""汝南"。明张岱（1597~1680）辑纂的类书《夜航船》，在"山川"类中，也收录了"天中山"："天中山。汝宁府城北。在天地之中，故名。自古考日影测分数，莫正于此。"清初理学家、方志学家上蔡人张沐，著有《溯流史学钞》20 卷，其中有《天中录》6 卷，为其在汝宁府天中书院担任主讲时所作札记。说明至迟在唐宋时期，"天中山""天中"作为历史文化概念已为官方和民间广泛接受并普遍使用，"天中"已成为汝宁府和汝阳县（汝南县）的代称。

"山不在高，有仙则名。"天中山闻名，因为它是天下最中的标志，还是唐代重臣、大书法家颜真卿的尽节殉难之地。在今天中山游园大门两侧，镌刻着中国书协主席张海书写的"天中山圭影千古运转，颜鲁公气节万世长存"对联，全面概括了天中山的历史文化内涵。

【嵖岈山】 嵖岈山又名玲珑山、石猴仙山。嵖岈山风景区位于驻马店市遂平县西 25 千米处，距离驻马店市区 42 千米，景区紧邻 107 国道、京广铁路、京广高铁、京港澳高速。景区总面积 150 平方千米，核心景区面积 52 平方千米，辖嵖岈山主景区、凤鸣谷景区、龙天沟景区、红石崖景区和全国第一个人民公社旧址馆。是国家 AAAAA 级旅游区、国家地质公园、国家森林公园、国家重点文物保护单位、全国青年文明号、全省首批文明景区、十佳山水景区和"河南最美的地方"之一，电视剧《西游记》续集的主要外景拍摄基地。

嵖岈山景区系伏牛山东缘余脉，属典型的花岗岩地质地貌景观，山势嵯峨，怪石林立。主要景点有南山、北山、花果山、六峰山，秀蜜湖、琵琶湖、百花湖、天磨湖，以及九大奇观、九大名峰、九大名洞、九大名棚、九大奇石，各

类景点200多处，著名景点60多处，具有“奇、险、奥、幽”四大特点，享有“华夏盆景”“中州独秀”“江北石林”“伏牛奇观”之美誉。

1987年，嵖岈山景区被河南省人民政府确定为省级风景名胜区。1989年开始开发，正式向游客开放。经过多年的发展，先后开发建设南北山景区和天磨湖景区；新修、整修上山步游道、增设了旅游服务基础设施；修建景区至县城的二级公路及景区内环线；开辟天磨湖景区；修建生态停车场、生态广场、星级厕所、旅游饭店等旅游服务设施。围绕把嵖岈山建成河南省的重点景区和全国的知名景区，创新景区管理体制。2004年6月18日，遂平县政府与天津海加利集团公司签订嵖岈山风景区经营权转让合同书，规划50年投资5亿元，重新打造嵖岈山。同年9月3日，河南嵖岈山旅游实业发展有限公司成立。2012年2月13日，以河南嵖岈山旅游实业发展有限公司为核心组建的“河南嵖岈山旅游实业发展集团”正式成立，是驻马店市第一家登记注册的旅游业集团公司。公司先后开发建设观光悬索桥、内环线观光大道、景观式生态山门、多功能生态广场、停车场、大型观光水车群组、环山水系、地质博物馆、游客服务中心、天磨湖度假村、商业步行街和休闲游憩带等新景观新设施，形成融观光、探奇、度假、西游文化娱乐和地质科普于一体的原生石景生态旅游示范区。

【老乐山】老乐山又名乐山，主峰海拔813米。古称朗陵山，隋代改为朗山，宋大祥符五年（1012）因避宋祖赵玄朗之讳改名乐山，2014年定名老乐山。老乐山位于河南省驻马店市确山县三里河乡、瓦岗乡和驿城区胡庙乡、蚁蜂镇交界处，距驻马店市9千米。南北长约12.5千米，东西宽约11千米，规划总面积67平方千米。东邻107国道、京广铁路、京广高铁。1957年12月始建乐山国营林场，1992年11月经林业部批准建立乐山国家级森林公园。园内植物茂密，森林覆盖率达95%以上。野生动物达30多种，植物80多种。主要景区有北泉寺景区、塔儿湾景区、玄都宫景区。景区主要景点有隋果、唐柏、八卦池、九曲池、颜真卿尽节处、古长城、古碑、古塔、龙虎石、九曲飞瀑、蛤蟆泉、神仙洞、十八盘、倒栽古柏，以及“八宫两观一拜台”（八宫：玄都宫、斗母宫、南海宫、玉虚宫、紫霄宫、灵应宫、万寿宫、玉真宫，两观：群仙观、回龙观，一拜台：拜台宫）。2012年10月23日，景区正式开游。2014年，景区被评为国家AAAA级景区，同时为区别四川乐山大佛景区，更名为“老乐山景区”。

北泉寺位于景区主峰东南山脚下，兴建于北齐年间，距今已有近1500年历史。初名树佛寺，唐代改名为资福禅寺，宋代改为万寿禅寺。后因确山城西有南泉、中泉和北泉三泉，且三泉之前都有寺院，故名北泉寺。有确山十景之“佛手圆光”“地涌金莲”。寺内颜鲁公祠，原为嘉靖二十六年（1547）知府潘于正、知县许大来始建，1982年秋河南省文物局拨款重修。颜鲁公祠西有八卦池，呈八角形，宽丈余。八卦池左右各有唐柏1棵，胸围皆丈余。寺内还有4棵隋代银杏树，最大1棵胸围7.15米，老树新枝，参天蔽日，依然硕果累累。另有1棵曾遭雷击失火，形成巨大树洞，可坐4人对饮，别是一番情趣。

【薄山湖】薄山湖坐落在驻马店市确山县城南20千米处，107国道西侧，距驻马店市42千米，位于桐柏山与伏牛山

中原盆景——嵖岈山天磨湖全景图。　张爱武 摄

老乐山北泉寺大雄宝殿。 王留群 摄

老乐山北泉寺八卦池。 周一渤 摄

的结合部。湖库容6.2亿立方米，水体绵延25千米，景区总体规划面积158平方千米,其中核心区面积88平方千米(湖水22平方千米,山林66平方千米),保护区面积70平方千米。景区以湖为中心，四周群山环抱，森林茂密，峡谷高耸，形似巨龙，又名“龙湖”。著名景观有湖心岛、鲸鱼岛、九子沟、龙女潭、卢王寨遗址、水上运动训练中心等近百处。集古、幽、秀、奇于一体，素有“中原漓江”“百里画廊”之美誉。

薄山湖风景区由薄山水库、薄山林场和确山县任店、新安店、李新店、瓦岗、石滚河5个乡镇的部分村庄组成。薄山水库、薄山林场均建于1954年。薄山湖旅游开发于1992年起步。1993年驻马店地区行政公署批准设立“薄山风景区”，1994年林业部批准设立“薄山国家森林公园”，1995年河南省政府批准设立“薄山湖省级风景名胜区”。2001年，被水利部评为国家级水利风景区。薄山湖水质纯净，环境幽雅，是动植物繁衍生息的天堂。区内植物有1400多种，其中马尾松、杜鹃、枫香、柯楠为国内北缘分布树种;大叶林、野皂夹为国内南缘分布树种；野大豆、杜仲、绒毛皂荚、香果树为国家重点保护植物；薄山兰花品质优异，种类繁多，是国内北方著名的兰花品种资源库。区内动物近百种，有白天鹅、鸳鸯、锦鸡等珍稀种类10多种，鱼类有娃娃鱼、鳜鱼、鲳鱼等30多种。区内盛产板栗、猕猴桃、八月炸、野山菌等名贵特产。景区特色独具，风景宜人，是电视连续剧《西游记》《长征》外景拍摄地。

【铜山】 铜山风景区位于驻马店泌阳县城东30千米处的铜山乡，为伏牛山、桐柏山余脉的结合部。景区包含铜山、铜山湖、云雾峰三个不同特点的景区，总面积74平方千米。主峰铜峰海拔632.6米。铜山景区融汇山峦、湖水、岛屿、潭瀑、洞穴、寺庙、革命遗址、神话传说、历史故事等风景名胜资源，集“雄、险、奇、秀”于一体。自东汉以来，佛道两家的释子道徒，在铜山修身养性，弘扬拂法，形成丰富的宗教历史文化内涵。主要景点有“一天桥”“二古庙”“三宫观”“四道天门”“五大石崖”“六大洞穴”“七大寺院”“八大景观”“九大奇石”“十座名峰”等。铜山下元寺始建于东汉灵帝年间，盛于隋唐，2009年3月泌阳县政府按照修旧如旧原则，对下元寺按照唐代寺院风格重新复建。2010年5月26日，下元寺复建工程竣工暨佛像开光大典隆重举行。建成后的下元寺座东南向西北，沿中轴线布局有山门、天王殿、钟鼓楼、大雄宝殿、毗卢殿、藏经阁等殿堂。景区1994年被河南省人民政府批准为省级风景名胜区，2002年11月经国家林业局批准建立国家森林公园，2007年8月被评为国家AAA级旅游景区。

【金顶山】 金顶山位于驻马店市驿城区蚁蜂镇境内，驻马店市西20千米处，面积约71平方千米，境内大小山峰6座，有“天然氧吧”“绿色家园”之美誉。据史书记载，金顶山多云雾，紫绯色，望若金光，故名金顶。金顶山景区地处桐柏山余脉与伏牛山余脉结合地带，东接乐山，西连白云山，东西绵延15千米，面积70平方千米，最高峰海拔680米，主要有大金顶、小金顶、黄帽岭、四十亩岭等六大山峰。景区内植物资源有麻栎、板栗、紫檀、松、杉、合欢为主的乔木40余种。山果、酸枣为主的灌木30多种，一年生草本植物80多种。何首乌、桔梗、柴胡等多种名贵中药材50多种。动物繁多，有野猪、狼、野羊、麂子、狐、獾子、松鼠、草兔等野生哺乳动物10余种；有蟒蛇、四足蛇、乌龟等爬行动物30余种；有国家二级保护动物冠长尾雉、鸢、山雀、杜鹃、山鸡、啄木鸟、山鹰等飞鸟40多种。主要景观有竹林寺、金扇佛经、云空寺、锯截石、天桥沟、潮油石、黑龙泉、

泌阳铜山。　张爱武 摄

黄帽顶、凉水洞、狮子口、金顶紫雾、云梦仙洞、云空飞瀑、金龙湖、一线天、奇树沟等。2000 年 12 月经省林业厅批准建立省级森林公园，2007 年 8 月被评为国家 AAA 级旅游景区。

【棠溪源】 棠溪源位于驻马店市西平县西南部 42 千米处，京珠高速、107 国道转 331 省道可直达景区，是以山水景观为主要特色的山岳型自然风景旅游区，分为棠溪湖、棠溪峡、蜘蛛山、跑马岭 4 个游览区，总面积 38 平方千米，森林覆盖率 95% 以上。

棠溪源景区集柏皇始祖（祖之源）、冶铁铸剑（剑之源）、棠溪源头（水之源）三源之盛。战国冶铁遗址位于景区内的棠溪湖两岸，现存的唯一一座冶铁炉是国内最早、保存最完整的战国冶铁炉，距今已 2400 多年。历史上的棠溪、龙泉、干将、莫邪等九大名剑皆出于此，素有“天下之剑韩为众”的美誉。棠溪峡“十里春谷蝉盈耳”，每年三月蝉鸣，实为一种罕见、奇特的自然现象。天设地造的天然城堡，东西绵延 10 余千米，极具太行之磅礴大气。相传为柏皇始祖化身的始祖峰，仰卧在蜘蛛山的北峰。其他景点还有嫘祖庙、始祖庙、汪郎祠、九连池、瀑布崖、双龙飞瀑、古栗子树、野葡萄长廊、天鼓、古代造磨场、大唐石寨、摩崖题记、仿古铸剑坊、兵器展览馆、刘秀饮马井、狄青练兵场等。

【宿鸭湖】 宿鸭湖位于驻马店市汝南县境内，距市区 20 千米，紧邻省级公路张南线。是集国家鸟类保护区、国家湿地保护区于一体的水域观光型自然风景旅游区。宿鸭湖水库始建于 1958 年，属淮河水系，水库土坝全长 35.29 千米，湖宽 15 千米，控制流域面积 4715 平方千米，库区占地 35 万亩，库容 8.2 亿立方米，湖面有 5 万亩森林植被，湖西岸万亩芦苇荡，环湖有数万亩绿杨翠柳，是全国最大的人工平原湖泊，享有“人造洞庭”之美誉。宿鸭湖鸟类栖息地面积 239 平方千米，是国家级鸟类自然保护区，多种鸟类常年或季节性栖息的地方。到冬季成群的大雁、仙鹤来这里栖息，常年居住各类世界保护鸟类大雁、鹤鸟等几十种。宿鸭湖湿地自然保护区位于宿鸭湖西岸，占地 5 万余亩，2000 年投资 4000 万元开发而成，为中国占地面积最大的平原湿地自然保护区。保护区内森林植被种有杉木、垂柳、速生杨等十几个树种，还有多种野生植物和动物，是一处休闲、观光、野外餐营活动绝佳之地。湖中有二岛，一名仙女，一名遇仙，传为董永遇仙处。现存有仙女桥、董永墓等遗址。

【板桥水库】 板桥水库位于驻马店市驿城区板桥镇。景区依托板桥水库，结合南岸的白云山森林公园等自然景观和库区各种纪念建筑等人文景观，集观光、娱乐、休闲、度假或科学、文化、教育活动为一体，具有很高的旅游价值。此外，该水利风景区在维护工程安全、涵养水源、保护生态、改善人居环境、拉动区域经济发展诸方面都有着极其重要的功能作用。2012 年 12 月被批准为“国家级水利风景区”。

板桥水库在淮河支流汝河上游，位于景区中部。始建于 1952 年，是共和国初期建设的第一批大型水库之一。1956 年扩建加固，1975 年 8 月遭遇特大洪水漫坝溃决。垮坝后中央慰问团多亲临水库视察和灾区慰问，特别是共和国总理李鹏先后两次视察这里，指导复建工作。1987 年复建，1992 年竣工，1993 年 6 月 5 日通过国家验收。大坝全长 3720 米，高 50.5 米，总库容 6.75 亿立方米，水库控制流域面积 768 平方千米，总泄洪量 15000 立方米 / 秒，设计灌溉面积 3 万公顷（45 万亩），水电站装机容量 3200 千瓦，供水引水流量 1.5 立方米 / 秒，水产养殖面积 0.22 万公顷（3.3 万亩）。雄伟大坝拦蓄着碧绿湖水，南依白云山，西接宋平山，青山绿水，山水相映，既见中原山水雄浑，又有江南山清水秀，景色如诗如画。复建后的板桥水库，成为一座防洪为主兼有灌溉、发电、城市供水、水产养殖及旅游等综合效益的大型水利枢纽工程。白云山森林公园面积 1.06 万公顷（15.9 万亩），生长多有原始天然次生林（栎、栗、柏、楝等），少部分人工林（松、水杉、池杉、柳杉）、经济林（桃、李、杏、榴、梨）。多林种，多林分，阔叶与针叶，乔木与灌木，藤本与草本，低等（藻、苔、蕨）与高等（裸子与被子植物），自然趣合，构成多姿多彩的茫茫林海、绿色世界、岛的天堂。“百啭千声随意移，山花红紫树高低”，这是欧阳修赞美白云山的美丽诗句。

【南海禅寺】 位于驻马店市汝南县城东南隅。宋代开始在此兴建“小南海”，明清 600 年的营建形成 600 亩左右的佛家园林，在古代被誉为蔡州“八景之一”。1932 年河南省政府在这里建立园林学校，寺院逐渐废弃。1994 年，台北大香山观音禅寺主持明乘大法师出资 1.5 亿元在原址南扩建此寺。台北白圣法师舍利塔，也建在此寺院中。1994 年 9 月 24 日，来自泰国、印尼、新加坡等国家及中国台湾、香港等地区的大法师、高僧及社会各界人士 800 余人，参加白圣法师舍利塔落成典礼。经过十几年的开发建设，2007 年 10 月 12 日南海禅寺举行开光大典。2010 年 7 月，南海禅寺被国家旅游局正式批准为国家 AAAA 级旅游景区。

寺院主要建筑有山门、大雄宝殿、观音殿、普贤殿、文殊殿、天王殿、钟鼓楼、十二道牌坊、白圣舍利塔和世纪和平钟楼。南海禅寺建造在汝河滩地之上，平面布局整体呈“士”字形，周边为高 3 米，长 5300 余米的围墙，墙体砖混结构。寺院门前为三殿门，殿内两旁供奉 2 尊金刚，寺内南部是以大雄宝殿为中心的殿堂建筑区。

南海禅寺大雄宝殿，建筑面积 5274.30 平方米，高 36 米，为世界建筑规模最大的大雄宝殿。为三层重檐殿堂，室内供有 1 尊高 17 米，重 72 吨铜雕鎏金坐像，殿前为 1200 平方米的广场。大雄宝殿前为天王殿，建筑面积 333.16 平方米，高 15 米，殿内有四大金刚、八大怪彩泥塑像。主体建筑大雄宝殿平面呈边长 80 米的正方形，超过北京故宫太和殿与山东曲阜孔府大成殿的建筑规模。大雄宝殿台基上雕刻的花岗岩质 500 罗汉，集全国 20 多处罗汉堂之精华，风格殊异。后为观音殿，建筑面积 2170.8 平方米，殿内仅供奉 1 尊高 14 米，由香樟木雕刻千手千眼前后双面观音鎏金坐像。左右为文殊、普贤殿，二殿建筑面积均为 1520 平方米，高 21 米，殿内均供奉 1 尊高 9 米、重 12 吨的通体鎏金文殊、普贤铜雕坐像。

（李方伟）

土特名产

【小磨香油】 小磨香油产于驻马店市各县区，因以芝麻为原料，故称“芝麻油”“麻油”，又称“小磨油”，以味醇质优享誉海内外。驻马店地处淮河流域，属于亚热带向暖温带过渡地带，四季分明，光照充足，雨量充沛，土地肥沃，适宜芝麻的生长发育。特殊的地理气候条件，造就了驻马店芝麻的优良品质。驻马店素有天下粮仓、中州油库和芝麻王国之美称，是中国重要的芝麻生产基地，芝麻产量占世界总产量的 1/10。

驻马店生产小磨油历史悠久，最早可以追溯到汉代。当时的汝南郡，传说一许姓官员从石穴舂芝麻盐中受到启发，采用石穴浸出法生产出了香油，后人经进一步改进工艺，用石磨研磨芝麻生产香油，这即是小磨香油的来历。驻马店小磨香油具有枣红透明、清澈莹亮，香味浓郁、油质醇正的特点，属万般食用油品之首，堪称绝佳的烹调用料。小磨香油采用低温水代法制取，芝麻本身含有一种天然抗氧化物质——芝麻酚，芝麻酚具有浓郁的芳香气味，小磨香油在制作的过程中，芝麻酚在低温下不易被破坏流失。因此小磨香油的保质期、保存期较长。小磨香油在低温下制取的过程中，其所含的营养成分不易被破坏流失，因此营养价值较高。用石磨加工芝麻香油的传统工艺，一直延续到现在，小磨香油与机械榨出的香油有着明显不同的生产工艺，是用物理榨油法取代化学榨油法，不含任何添加剂和溶剂残留物。研磨过程中不宜起热，有效保护了芝麻中的营养成分和天然芳香。芝麻香油得名出自于《物类相感志》。驻马店市的小磨香油生产遍布于全市九县一区，培养了正道、天中古味、品正等一批知名品牌。其中正道小磨香油 2003 年 7 月获得了中国国家质量监督检验检疫总局植物油生产许可证，成为驻马店首家准入 QS 标志的食用油企业。2004 年 5 月 26 日“正道”牌小磨香油获得国家质检总局的原产地标记注册认证，获得国家地理标志保护产品称号。

小磨香油水代法生产工艺流程：芝麻→筛选→漂洗→炒籽→扬烟→磨酱→兑浆搅油→振荡分油→毛油处理→小磨香油。筛选时强调清除芝麻中的泥土、砂石、铁屑、杂草籽和不成熟芝麻粒等杂质，筛选愈干净愈好。要将芝麻漂洗浸泡 1 小时 ~ 2 小时，让芝麻均匀地吃透水分。浸泡后的芝麻含水量为 25% ~ 30%。将芝麻沥干，再入锅炒籽。若芝麻尚湿就入锅炒籽，容易掉皮。炒芝麻出烟后出锅，炒好的芝麻用手捻即出油，呈咖啡色，牙咬芝麻有酥脆均匀、生熟一致的感觉。这里值得一提的是，专为食用的芝麻酱要用文火炒籽，而专提取小磨香油的芝麻要火大一些，炒得焦一点。将炒酥吹净的芝麻用石磨或金刚砂轮磨浆机磨成芝麻酱。芝麻酱磨得愈细愈好。把芝麻酱点在拇指指甲上，用嘴把它轻轻吹开，以指甲上不留明显的小颗粒为合格。磨酱时添料要匀，严禁空磨，随炒随磨，熟芝麻的温度应保持在 65℃ ~ 75℃，温度过低易回潮，磨不细。由于芝麻含油量较高，出油较多，芝麻酱中固体物和油很难通过静置而自行分离。因此，必须借助于水，使固体粒子吸收水分，增加密度而自行分离。用人力或离心泵将芝麻酱泵入搅油锅中，芝麻酱温度不能低于 40℃，分 4 次加入相当于芝麻酱重 80% ~ 100% 的沸水。搅拌开始时芝麻酱很快变稠，难以翻动，除机械搅拌外，需用人力帮助搅拌，否则容易结块，吃水不匀。后经几次加水搅拌，油开始浮出。

【王守义十三香清真调味品】 王守义十三香调味品是全国调味品十大品牌之一，为中国驰名商标、河南省著名商标、中华老字号、全国辛料调味品行业领军品牌、消费者最喜爱最放心调味品。其生产企业驻马店市王守义十三香调味品集团有限公司是河南省农业产业化优秀龙头企业。年产各种调料达 6 万余吨。公司前身是驻马店市兴隆堂十三香调味品有限公司，由王守义先生始创于 1984 年，主要生产经营王守义十三香系列清真调味品。2000 年，公司顺利通过 ISO9000 质量体系认证。公司产品除“王守义十三香”调味料外，又开发出“麻辣鲜调料”“包子饺子调料”“炖肉料”“鸡精”“炖鸡料”“炖鱼料”“炸鸡料”等 200 多种规格的清真调味品，产品畅销全国 30 多个省市，是深受广大消费者喜爱的高知名度、高美誉度产品，在全国香辛料调味品行业中处于领军地位。“王守义”和“十三香”商标均被国家商标局认定为中国驰名商标，“十三香”产品曾获得中国名牌产品、河南名优产品、消费者最喜爱最放心调味品等多个荣誉。公司先后荣获“中国调味品著名品牌企业 20 强”“河南省旅游产品定点生产企业”“中国调味品行业复合调味品十强品牌企业”“国家级扶贫龙头企业”“河南省农业产业化优秀龙头企业”“中国最具影响力食品企业 / 品牌”“中国香辛料调味品产业领导品牌”等荣誉称号。2011 年 3 月，“王守义”商标被商务部认定为“中华老字号”。

【泌阳驴】 泌阳驴是中国优良中型驴种，因产地以泌阳为中心而得名。因其眼、嘴周围和腹部为粉白色，又称“三白驴”。俗谚称：“泌阳驴，缎子黑，粉鼻眼白肚皮。”泌阳驴体格大，姿态健美，头直颈长，大眼大口大鼻，肩直背长，肌肉丰满，四肢端正，筋明腱显，蹄质坚实，强健有力，性情活泼，役用长久，饲养简单，抗病性和适应性强，遗传性稳定。公驴性情悍威，母驴性情温驯，一般体重 300 千克 ~ 350 千克。泌阳驴是中国优良的畜禽品种资源，被列入国家品种志，对改良小毛驴和配军骡曾起过较大的作用。泌阳种畜场是泌阳驴品种资源的重点保护单位。泌阳驴在主产区的饲养数量常年保持在 2 万头以上。泌阳县泌水镇是河南省最大的驴交易集散地。

【正阳三黄鸡】 正阳三黄鸡属蛋肉兼用品种，具有黄喙、黄羽、黄跖的“三黄”特征，体格中等，耐粗饲，适应性强，抗病力强，产蛋多，肉质鲜美。主要分布在正阳、汝南、确山 3 县交界的文殊河流域，29 个乡镇，方圆百余里。其许多稳定遗传的经济性状，是培育和创造中国新鸡种的宝贵基因库，有重要的保存利用及科学研究价值，适合培育机械

驻马店市中国驰名商标一览表

商标名称	所属公司	认定时间	企业简介
王守义	王守义十三香调味品集团	2002年	王守义十三香调味品集团由王守义先生创始于1984年，是我国大型调味品(清真)生产企业。公司研制开发了40多个品种、200多种规格的王守义清真系列调味品。公司占地270亩，建筑面积12万平方米，注册资金8000万元。产品和企业先后获得“中国驰名商标”“中国名牌产品”“原产地标记注册产品”“全国质量管理先进单位”“全国双评双爱先进企业”等荣誉
十三香	王守义十三香调味品集团	2009年	同上
正道	正道油业有限公司	2013年	正道小磨香油采用驻马店优质的芝麻，其具有含油高、微量元素丰富的特点。正道小磨香油发扬传统工艺，用石磨研磨而成。2003年7月，正道小磨香油获得了中国国家质量监督检验检疫总局植物油生产许可证，成为驻马店首家准入QS标志的食用油企业。2004年5月26日，“正道”牌小磨香油获得国家质检总局的原产地标记注册认证，获得国家地理标志保护产品称号。2004年6月，通过ISO9001-2000国际标准质量体系认证。2007年12月，正道小磨香油获得河南省优质产品荣誉称号。2008年9月，获得2008年度全国农产品加工业博览会优质产品奖。2009年9月，获得2009年度全国农产品加工业博览会优质金奖
驿马及图	河南骏化发展股份有限公司	2015年	昊华骏化集团有限公司2005年加入中国昊华化工（集团）总公司，是中国化工集团旗下的中央直属控股企业。历经40余年发展，公司从单一的合成氨生产企业发展成为以生产农用化学品、材料化学品和精细化学品为主的大型化工综合性企业。2011年，公司总资产达82亿元，实现销售收入56亿元，创税4181万元，中国化工100强、中国氮肥50强、河南省百强和百户重点企业，被商务部确定为“中国外贸企业信用体系示范单位”，河南省政府确定为全省煤化工产业基地，中国化工集团批准为化工产业园区。公司的产品销往全国10多个省区，并出口到欧盟、美国、东南亚等国家
豫花及图	河南大程面粉实业有限公司	2015年	河南省大程面粉实业（集团）有限公司是于1999年组建起来的股份合作企业，下辖河南省大程面粉实业有限公司、驻马店市天中面粉实业有限公司、驻马店市大程食品科技有限公司和山东大程面业有限公司，以及大程工业园。拥有5条国内先进水平的小麦粉生产线和12条挂面生产线，年加工转化小麦88.5万吨，年产高档营养挂面24万吨。是全国最大的粮食加工转化企业，被确定为河南省农业产业化重点龙头企业、河南省人民政府重点扶持建设的小麦加工转化企业、全国光彩事业重点项目基地和国家级扶贫龙头企业
惠洁及图	河南惠洁管业有限公司	2015年	河南惠洁管业有限公司是一家专业从事高分子材料及其制品研究开发、生产制造、销售、安装一体的高新技术企业。公司成立于2007年，总投资6.5亿元，注册资金1.003亿元，占地400余亩，建筑面积16万平方米，位于河南省确山县东城工业园区。先后荣获了“中国著名品牌”、“国家AAA级企业”、“河南省著名商标”、“河南名牌产品”、河南省“安康杯”优胜企业、河南省“百项职工优秀技术创新成果”奖、驻马店市“品牌示范企业”、“五十强企业”、“县长质量奖”等荣誉称号

驻马店市地理标志产品一览表

产品名称	所属县区（企业）	批准时间	产品简介
平舆白芝麻	保护范围：河南省平舆县现辖行政区域	2003 年 公告号：国家质量监督检验检疫总局 2003 年第 74 号 产品标准编号：DB41/T798-2013	平舆白芝麻以个大籽饱、皮薄肉厚、色泽洁白、口味香醇等独特的优异品质而享誉国内外，是平舆县传统的出口商品。平舆白芝麻含油率高，生产加工成的“小磨香油”是食用油中的珍品，富含各种营养元素和维生素 E、C，亚油酸等。1980 年，平舆白芝麻获国家经贸部授予的“优质产品”称号。全县白芝麻种植面积稳定在 50 万亩左右，种植面积、总产、年出口量均居全国县级第一位，素有“中原百谷首，平舆芝麻王”之称。平舆县培育出了优质高产白芝麻品种“豫芝二号”和“豫芝六号”
确山板栗	保护范围：河南省确山县石滚河、任店、瓦岗、竹沟、蚁蜂、三里河、新安店、李新店 8 个乡镇现辖行政区域	2005 年 国家公告号：国家质量监督检验检疫总局 2005 年第 115 号 产品标准编号：DB411725/T3.1 —2007	确山板栗，简称“确栗”，品种以红油栗最多，占种植面积的 60%；紫油栗次之，占 30%。素以坚果大、色泽美观、油质发亮、涩皮易剥、易贮存、肉质细腻、营养丰富、口感香甜味美等诸多优点而闻名于世。远销至港澳地区、日本及东南亚各国。2005 年，经国家质检总局审核，决定对其实施国家地理标志产品保护
泌阳花菇	保护范围：河南省驻马店市泌阳县	2006 年 7 月 国家公告号：国家质量监督检验检疫总局 2005 年第 213 号 产品标准编号：GB/T 22746-2008	泌阳花菇是河南省名牌产品。泌阳花菇朵圆、肉厚、质地细腻、色泽洁白、爆花自然、口感鲜嫩、菇香浓郁，营养、药用价值极高，含有 17 种人体所必需的氨基酸、30 余种酶类和丰富的香菇多糖，维生素 D 的含量达 120 个国际单位，菇质远远优于外地同类产品。泌阳香菇含有防治心脑血管疾病和降低胆固醇的有效成分腺嘌呤衍生物和丰富的防治肿瘤效能的香菇多糖，被日本学者森喜作称为“消灭癌症的秘密”。全县的香菇种植户达 30 多万人，农民人均纯收入的 1/3 来自香菇种植业，全县有 3000 多名香菇种植能手常年受聘于全国 12 个省、市指导香菇生产。本县农民创造的“大袋立体小棚香菇种植模式”，被香菇界誉为“世界香菇技术史上的第三次革命”。2006 年，按照标准化技术操作规程生产的“泌阳花菇”，顺利通过了国家质检总局的考察验收，成为国家地理标志保护产品
正阳花生	保护范围：河南省正阳县真阳镇、慎水乡、新阮店乡、油坊店乡、汝南埠镇、永兴镇、傅寨乡、寒冻镇、袁寨乡、王勿桥乡、彭桥乡、雷寨乡、兰青乡、吕河乡、熊寨镇、铜钟镇等 16 个乡镇现辖行政区	2008 年 3 月 国家公告号：国家质量监督检验检疫总局 2008 年第 97 号 产品标准编号：DB412829/T006 —2007	正阳花生是河南省正阳县特产，中国国家地理标志产品，正阳花生以优质珍珠豆型特色著称，花生米粒外观整齐，含油量高达 55% 以上，且富含有 17 种人体必需的氨基酸。正阳花生用于榨油出油率高，加工效益好，加工的食品或炒货具有香、酥、脆的突出特点，细腻好吃，是内销加工，外销出口的优质原料。2010 年在北京举行的“首届中国农产品区域公用品牌建设论坛”会上，河南省的“正阳花生”以 16.82 亿元的品牌价值，位居农产品区域公用品牌价值评估百强榜第 36 位，正阳县被国家统计局认定为全国花生种植第一大县，全国油料百强县之一。正阳花生产品已远销到湖南、广东、广西、山东、江苏、福建、河北等省，并转港出口到日本、韩国、东南亚等国家和地区

续表

正阳三黄鸡	保护范围：河南省正阳县慎水乡、兰青乡、铜钟镇、大林镇、皮店乡、陡沟镇等6个乡镇现辖行政区域	2010年 国家公告号：国家质量监督检验检疫总局2010年第70号 产品标准编号：DB412829/T07.2-2007	正阳三黄鸡分布在河南驻马店市正阳、汝南、确山3县交界一带，方圆百余里29个乡的文殊河流域。三黄鸡因具有嘴黄、毛黄、爪黄而得名。三黄鸡由于在正阳县分布广、数量多、品质好，被《河南省地方优良畜禽品种志》定名为正阳三黄鸡。具有许多稳定遗传的许多有利经济性状，是培育和创造国内新鸡种的宝贵基因库，有重要的保存利用及科学研究价值。该品种曾一度濒临灭绝的地步
驻马店小磨香油 （“正道”牌）	驻马店市正道油业有限公司	2004年4月	正道小磨香油采用驻马店优质的芝麻，其具有含油高、微量元素丰富的特点。正道小磨香油发扬传统工艺，用石磨研磨而成。2003年7月，正道小磨香油获得了中国国家质量监督检验检疫总局植物油生产许可证，成为驻马店首家准入QS标志的食用油企业。2004年5月26日，“正道”牌小磨香油获得国家质检总局的原产地标记注册认证，获得国家地理标志保护产品称号。2004年6月，通过ISO9001-2000国际标准质量体系认证。2007年12月，正道小磨香油获得河南省优质产品荣誉称号。2008年9月，获得2008年度全国农产品加工业博览会优质产品奖。2009年9月，获得2009年度全国农产品加工业博览会优质金奖
棠溪宝剑 （“棠溪”牌）	河南省西平县棠溪宝剑厂	2004年	河南省西平县棠溪宝剑厂是目前国内集历史名剑棠溪宝剑的挖掘、研制、生产、开发的唯一专业厂家。1987年，棠溪宝剑恢复生产。2000年10月，棠溪千年龙剑被中国历史博物馆永久收藏。2002年后，棠溪宝剑先后获得国家知识产权局授予的8项专利，并获得ISO-9000质量认证。2004年9月，被河南省政府定为“名牌产品”。同年，又被国家技术监督检验检疫总局代表146个成员国审核、认定，并颁发“原产地标记注册保护”证书，成为世界名牌。2005年，被评为河南省著名商标。2006年，被评为全国创名牌企业
驻马店十三香清真调味品 （“王守义”牌）	王守义十三香调味品集团	2002年	王守义十三香调味品集团由王守义先生创始于1984年，是我国大型调味品（清真）生产企业。公司研制开发了40多个品种、200多种规格的王守义清真系列调味品。公司占地270亩，建筑面积12万平方米，注册资金8000万元。产品和企业先后获得“中国驰名商标”“中国名牌产品”“原产地标记注册产品”“全国质量管理先进单位”“全国双评双爱先进企业”等称号

（李文杰　李方伟）

化笼养蛋肉兼用型良种鸡。20世纪90年代，由于受机器孵化的影响和外来鸡苗的冲击，正阳三黄鸡的饲养量呈下降趋势，常年存栏在20万只左右。到2006年，种群不足2000只，品种处于濒危阶段。2007年后，当地政府开始重视保护，进行产业扶持，推行市场化保种运作模式，到2012年存种鸡群达3个品系、80个家系、3万套，形成系谱资料齐全的庞大种群，正阳三黄鸡品种进入稳定发展的好时期。

【确山黑猪】 确山黑猪是河南省地方优良品种。主产区位于确山县竹沟镇及周边10多个山区乡镇，交通相对闭塞的山地丘陵区。1982年发现，1984年正式命名，1987年驻马店地区畜牧兽医总站与河南省农科院联合对确山黑猪进行屠宰测定。确山黑猪具有产仔多、耐粗饲、母性好、肉质优良等特性。生长发育较快，在粗放条件下，8月龄体重达90千克。繁殖性能好，母猪每窝平均产仔12.05头，瘦肉率48%～50%。用其做母本与瘦肉型品种杂交后，能获得显著的杂交效果，具有极大的保种和开发利用价值。由于外来瘦肉型品种猪的冲击，黑猪的市场销路不好，群众普遍不愿意饲养，确山黑猪的饲养量逐年下降，常年存栏在1万头左右，迫切需要加强保护。截至2011年年底，确山黑猪中心产区的养殖场户为30多户，公猪存栏11头，母猪80头。2012年3月，“确山黑猪”地理标志证明商标正式获得国家商标局批准。2012年6月上旬，确山县畜牧主管部门再次对全县确山黑猪资源进行摸底调查，全县饲养确山黑猪的规模养殖场发展到12个，饲养确山黑猪的养猪户发展到100多户，全县确山黑猪存栏数量约2000头，其中公猪20头，母猪200多头。但具有60%～70%确山黑猪血统的较纯种母猪仅存近30头，种公猪5头。

【平舆白芝麻】 平舆白芝麻被列入国家原产地域保护产品，是平舆县种植业仅次于小麦的第二大优势作物。平舆县是全国面积最大的生产基地县。1980年，平舆芝麻获国家经贸部授予的“优质产品”称号。1988年，平舆县被河南省命名为白芝麻外贸出口基地县。1997年，平舆县被国家批准为商品油料基地县。1998年，平舆县被国家质量技术监督局列为白芝麻标准化种植试点县。2000年和2001年，平舆县连续实施国家财政支持科技扶贫白芝麻标准化生产项目建设。全县白芝麻种植面积稳定在50万亩左右，种植面积、总产、年出口量均居全国县级第一位，素有“中原百谷首、平舆芝麻王”美誉。20世纪80年代，平舆县培育出优质高产白芝麻品种“豫芝二号”和“豫芝六号”。河南省农科院长期在平舆县东皇庙乡张庙村开展白芝麻新品种研究工作，相继培育出芝麻新品种“豫芝五号”“豫芝八号”“豫芝十号”。平舆白芝麻以个大籽饱、皮薄肉厚、色泽洁白、口味香醇的优异品质享誉国内外，是平舆县传统的出口商品，年出口量1500万千克左右，在出口创汇方面占有重要地位。平舆白芝麻含油率高，生产加工成的“小磨香油”是食用油中的珍品，富含各种营养元素和维生素E、C，亚油酸等，被西方国家称为“营养之王”，具有软化血管、降低血压、健发润肤等诸多功效。以平舆白芝麻生产的小磨香油，采用传统工艺，手工磨制，棕色透明，香味持久，1986年代表河南省在北京农展馆参加全国优质农产品展览，被农业部原部长何康赞为“河南小磨油香全国第一”。

传统节俗

【春节】 春节俗称“年下”“过年”。但过年并非专指过正月初一，而是包括年头和年尾。一入腊月，便有了过年的气氛，民间有“过了腊月二十三，天天都过年”的说法。临近春节的每天活动习俗，如歌谣所说：“二十三点灶蜡，二十四扫房子，二十五磨豆腐，二十六去买肉，二十七杀灶鸡，二十八把面发，二十九去打酒，年三十贴花门儿。”

腊八：腊月初八日。这一天家家喝腊八粥，有“腊八不喝粥，妻子撵着丈夫哭”之说。过了腊八，人们便开始着迷似地赶集上店置办年货，所以人们把吃腊八粥戏称“喝迷魂汤”。在上蔡，家庭主妇习惯在腊八日用去籽的高粱穗子扎炊帚，有“腊八串炊帚，年下喂大猪”之谚。腊八为双月双日，为图吉利，人们多选这一天举行婚礼。

祭灶：腊月二十三日，俗称“过小年”。这天晚上家家烙烧饼，祭灶神，俗称“送老灶爷上天”。祭祀时，先将旧灶神像取下，焚香摆供品，捉一公鸡作为灶神的坐骑，然后叩头祷告，祈求灶神“上天言好事，下界保平安”，再将旧神像焚烧。必不可少的供品是用大麦和谷子制作的饴糖，叫灶糖。灶糖可粘住灶神嘴巴，防止他上天汇报不利的话。上蔡等县祭灶，要把烙馍用的鏊底翻过来，放五谷杂粮少许，以示五谷丰登，让灶神上天汇报人间丰收情况。腊月二十三开始打扫房子，干干净净迎新年。晚饭习吃火烧，喝豆腐汤，也有的吃面叶，相传吃得越多来年年成越好，称为“填仓”。吃晚饭时，还要先燃放小挂鞭炮。个别姓氏或村庄，有在腊月二十四过小年、祭灶的习惯。20世纪80年代后，民间祭灶之习渐衰。但过节吃火烧（烧饼）、灶糖之习仍存。

蒸馍熬肉过油：二十七日至二十九日三天，要做年饭，主要是蒸馍、过油和熬肉，以方便年后待客之用。蒸馍一般是蒸制馒头（圆形）、卷子（长方形）、肉包、菜包、年糕、枣花子。熬肉即炖煮猪肉、牛肉、羊肉、鱼肉、鸡肉等。过油也叫“出油锅”，是用食用油炸制各种荤素菜品，主要有丸子、红烧肉（碗顶子）、酥肉和鸡块、鱼块等。20世纪80年代以前，由于肉类缺乏，人们常以素菜炸制成各种形状，充作鸡类、鱼类丸子，也有个别穷人家用一整块肉做红烧肉，只切一半厚，并做成半熟，让客人夹不起来，用一个碗顶子款待整整一个年下的客人，传为笑谈。

赶年集：一过腊月二十三日，人们就开始走集市、进县城购置过年用品，俗称赶年集。除夕上午还有半天集，俗称“半拉集”“赶穷人集”。旧时穷人家挨到最后一天，才办点简单年货，故又称“赶哧溜集”，上蔡称“赶露水集”，平舆称“赶呼隆子集”。

除夕：除夕指腊月的最后一天，俗称“年三十”。是日，家家换门画，贴春联，备供品，安置神主牌位，到墓地恭请祖宗神灵回家过年。请神后，将两根裹着红纸条的木炭节放在左右门墩上，或者拿一根要棍放在门口，称“拦门棍”，以防邪祟入内。外出的人们一定要赶在此日前回家团圆，但出嫁的闺儿忌回娘家过年。汝南、平舆、泌阳中午吃团圆饭，其他县市团圆饭均在晚上。

晚饭前，要在堂屋香案上摆好枣花子、香炉、祭祀牺牲、红蜡烛、鞭炮、烧纸等物品。晚饭做好后，由家中长辈先把饺子（扁食）放在堂屋香案上，点燃蜡烛、香柱，首敬老天爷，再敬各神仙，然后敬祖先，一边敬神敬祖，一边烧纸，祈求老天爷、祖先保佑家人一年平平安安、全家兴旺发达。烧过纸，方可以燃放鞭炮。届时，各家各户陆续燃放鞭炮、烟花，鞭炮声、烟花声此起彼伏，接连不断，小孩满村奔跑拾鞭炮。燃放鞭炮后，家人即可吃晚饭。晚饭一般吃水饺、汤圆，谁吃到包有硬币或红枣、花生米饺子，预示来年好运。平舆县有俗谚："三十晚上吃顿扁，既不'呼歇'（哮喘）又不喘。"饭后自家长辈给晚辈发"压岁钱"，寓意健康平安，孙子孙女给爷爷奶奶磕头。

除夕之夜，不少人家将纸糊的红灯笼吊上树，或在院中的约一两丈高的木杆上，叫点"天灯"，以避妖邪。除夕人们习惯熬夜，谓之"守岁""熬福贵""熬棉袄"，即众人围于炉前取暖聊天、筵饮玩乐，有"熬得时间越长越有福"之说。但禁大声喧哗，禁说不吉利话，以免惊扰神灵。正阳人称熬年夜叫"守年根"，并于当晚洗脚，有俗话"三十晚上洗洗脚，打的粮食没地儿搁"。20 世纪 80 年代后，年夜饭后全家人一起看中央电视台春节联欢晚会，成为"守岁"的主要方式。进入 21 世纪，除夕人们多用电话、手机等通信工具与亲友通话、发短信互祝春节快乐，或通过电子信箱、QQ、微信给亲朋好友拜年。

大年初一：农历正月初一日，又称大年初一。凌晨零点，人们竞相早起燃放鞭炮"接年"，又谓之"抢年"。先是燃放三个较大、较响的"开门炮"，然后着新衣，点蜡烛，烧香，烧纸，祭祖先，放鞭炮，煮饺子。新年放"开门炮"、做第一顿饭，大多由男人完成。西平、上蔡等县有的地方早饭以馍、水饺为主，忌食面条，意免与鬼邪连扯，有的则是水饺、面条均要吃点，寓意能吃者有福。汝南、平舆、上蔡一些地方除食馍、水饺外，兼食捞面条，谓之"钱串子"。泌阳县有的兼食汤圆、荷包鸡蛋。乡村人家，多在牲口槽内放饺子、面条、蒸馍类食品，表示对牲畜的怜爱，有"打一千、骂一万、大年初一吃顿饭"之谣。在新蔡，有拿一白馍一杂面馍喂狗，以卜年成之习。若狗先吃白馍，兆当年夏粮丰收；若先吃杂面馍，则兆当年秋粮丰收。

早饭后，晚辈向家长拜年，长辈给幼童发压岁钱。然后人们纷纷出门，到东邻西舍相互拜年问候，路上遇见不管熟人生人，都要互道"过年好"。

初一禁忌颇多。日出前忌向室外泼水、撒尿，忌喊人名，日出后忌向室外倒垃圾，终日忌动刀剪（因剪刀有岔，恐全年多差错，不吉利）。此日，男不事生产，女不理针线。

走亲戚：正月初二日开始，人们携带礼品到亲友处拜年，俗称"走亲戚"。初二为外甥拜舅日，初四或初六为新媳妇回娘家日。不少地方，若姥爷（外祖父）或姥娘（外祖母）亡故，每年正月初二日外甥到舅家走亲戚，要先到姥爷或姥娘墓上拜祭后再回舅家拜年，有"三辈忘不了姥娘家"之说。走亲戚宜趁早，迟晚会被视为不敬，走姥家、舅家不可迟于初三，走姑家、姨家不能迟于初五六。走亲戚所带礼品，20 世纪 80 年代前，一般只携带饼干、点心（俗称果子）。此后物质逐渐丰富，多为罐头、烟、酒、饮料、方便面等。农村初四或初六瞧岳父，俗称走"老丈人家"，有些地方要给"新女婿"抹花脸，甚至满村遍野追着抹。晚辈走亲戚，长辈应给晚辈压岁钱，20 世纪 80 年代前，农村多为 3 角、2 角，90 年代后 1 块、2 块至 10 元、20 元，近年来多至 50 元以至数百元。

破五：正月初五日，为春节之尾声，过年活动至此告一段落，一些年规禁忌自此可以破除，故称"破五"。是日，家家吃水饺，放鞭炮，祭祀祖先神灵，并收起门前"拦门棍"。乡村农家，男人于此日开始下地耕田或锄地，叫"试犁"或"应好"，妇人也开始用剪刀、使锥子、动扫帚，做各种家务活。城市商店门铺燃放鞭炮，开始营业。

【元宵节】 正月十五日元宵节俗称"正月十五""灯节"，过节称"过十五"，是继春节之后第一个重要节日。一般人家，晚饭前先点蜡烛，焚香，烧纸，祭拜老天爷、神仙、祖先，祭拜后即可燃放烟花爆竹，家人吃团圆饭。这一天城镇习吃元宵，乡村吃水饺。上蔡等县十五日夜吃水饺，十六日夜吃元宵，有"十五扁，十六圆"之说。新蔡县把吃元宵称"喝浮子茶"（糯米做成的米酒叫浮子）。汝南一带元宵节请女儿带女婿回娘家，称"请闺女待女婿"。

是日，家家门前挂灯笼，房门口点燃用面蒸制的一种灯盏。儿童们手拎扎成龙、凤、鸡、鱼、羊、莲花等各式各样的灯笼，口念"灯笼会，灯笼会，灯笼灭了回家睡"的儿歌，结伴游玩。玩狮、耍龙、撑旱船、踩高跷等文艺节目演至深夜。在西平，男孩子于元宵夜给未生育的嫂辈或长辈妇女"偷灯"，祝早生贵子。初婚女子则于节前去娘家"躲灯"，至十六日上午方归。平舆县东部地区，放置灯盏有不少讲究：祝福人财兴旺的，放于粮仓、槽头、鸡窝、灶台等处；预测旱涝的，放于堂屋门或大门两侧各六个，按月份排列，待油将燃尽时，察看灯内水分的多少，若水多则兆涝灾，若无水则兆旱灾。上蔡等县，新中国成立前有在元宵节放天灯之俗，目的是为父母还愿。其灯大若背筐，小如斗，用食油作燃料，灯捻如拇指般粗细。点燃后升腾高空，随风飘移，待燃料用尽方徐徐降落。相传，此灯若落于庭院则为不祥之兆。

20 世纪 80 年代后，市区和各县每年都在某一地点集中燃放烟花，文艺队表演舞龙灯、撑旱船、踩高跷等节目，观者如潮，人山人海，直到深夜。确山县 1988 年后在县城南山广场表演"打铁花"，燃放焰火，配以龙灯表演，甚为壮观。西平县每年正月十七日在县城东关广场举办全县大铜器比赛，锣鼓喧天，高潮迭起，叹为观止。

【二月二】 二月初二日，俗称龙抬头节，俗谓"二月二，龙抬头"。过了二月二，"过年"就算完全结束了，新的一年农事正式开始。此日，人们习惯吃萝卜面馍，煎萝卜馅饼，俗称煎"蛐蜒爪"，意为烧死各种毒虫，以保一年不受毒虫侵害。还要吃炒豆，俗称"吃蝎子肚""吃蝎子爪"。有歌谣："二月二，龙抬头，家家户户炒豆豆，你一把，我一把，剩下这把喂蚂蚱。"此日黎明时分，人们口念"二月二撒墙根儿，蛐蜒蝎子死一堆儿"的歌谣，将青灰撒于庭院内外，谓能避蛇蝎毒虫。在场地撒成一个个圆圈，象征麦圈、柴垛，以祈丰年。主妇们用木棍敲打门头、床帮，口念"二月二，敲门头，大圈满，小圈流"；"二月二，敲门枕，金子银子往家滚"；"二月二，敲屋山，大圈满，小圈尖"；"二月二，敲梁头，金子银子往家流"。因"正月不剃头，剃头死舅舅"，故二月二男人要理发，大人理发，希望带来好运；儿童理发，称"剃龙头"，保佑孩子健康成长，长大后出人头地。当日，农村忌讳挖土、忌讳打夯盖房，以免惊龙醒、动龙脉；妇女忌讳做针线活，谓之“扎龙眼”。20 世纪 80 年代后，以二月二为吉日，当日结婚者增多。

【清明节】 农历清明节俗称鬼节。2008 年清明节正式成为法定节假日，放假一天。清明节期间，本地习俗主要是扫墓、插柳、踏青和植树。是日清晨，各家大门两侧插置柳枝，妇孺头戴柳丝编结的柳圈帽，有“柳枝著户上，百鬼不入家”“清明不插柳，变成老黄狗”之谣。民间以门上所插柳枝的干湿预卜天气，有“晒干柳，打干麦”“清明晒干柳，好面蒸馍撑死狗”之谣谚。有的地方将柳芽干储，供夏日沏茶清火。扫墓习俗各县略有不同，一般在节前带着贡品到祖坟祭奠，先是给祖坟清理杂草、培植新土，起新坟头，谓之“添坟头”。惟李斯故里上蔡李七楼村，添坟不置坟头，以纪念其祖先李斯被腰斩身亡。拢坟后，摆上贡品，烧纸钱祭奠，谓之给祖先“送钱”。出嫁闺女节前到娘家坟地烧纸，娘家人当日烧纸，也有些地方出嫁女清明节则不允许上坟烧纸。清明节日期间，单位和学校会组织人员到烈士陵园扫墓、献花，缅怀先烈，进行革命传统教育，移风易俗。20 世纪 80 年代后，随着人们生活水平的不断提升，本地兴起为祖先立墓碑之风。近年每逢清明，机关、学校、部队要组织人们到烈士陵园扫墓，缅怀先烈寄托哀思，进行革命传统教育。

【端午节】 农历五月初五为端午节，俗称“五月当五”“当午”，上蔡等个别地方称端阳节。五月初五，原名“五月单五”，“单”字儿化音为“端”，“五”与“午”同音，故称“端午”。端午节为国家法定节假日，放假一天。是日，家家户户于日出前，在门两侧插艾蒿，早饭煮鸡蛋、大蒜，吃粽子、糖糕、油条等。吃鸡蛋、大蒜以求多子多孙，鸡蛋又称“蛋子”，古代大蒜为“百子蒜”；吃粽子，以纪念诗人屈原，有“五月五，麦子熟，包好粽子过端午”之谣；吃油条、糖糕，以纪念民族英雄岳飞，相传岳飞当年抗金大本营曾在汝南，岳飞被秦桧夫妇害死后，当地人把秦桧夫妇做成面人放油锅里炸，成了新食品油条。端午节插艾草，以驱虫避邪。旧时五月初五为恶日，故用雄黄酒涂抹小儿头顶、耳、鼻、手心、脚心，谓可祛毒；幼童佩戴用彩色丝线或花布缝制的内装中药香料的香囊（俗称“香布袋”），谓可避瘟；人们于日出前到野外采集具有清热解毒功效的猫儿眼、绞股蓝等草药，以备不时之需。旧有此日喝雄黄酒者，今不多见。西平洪河两岸儿童起早入河洗浴，求败毒医疮。

【六月六】 农历六月初六日，俗称“六月六”。时值盛夏，烈日炎炎，麦收完毕，秋禾植定，农事稍懈，人们趁闲炸油条、烙焦馍、走亲戚，暴晒衣物床被，造曲制酱。炒面是用大麦、小麦焙炒磨制成面，吃时有糖和水拌和成面疙瘩。焦馍类似烙馍，只是在擀制过程中撒上一些芝麻，吃时要在锅内烘焙或在微火上烤干，放凉后即成焦馍。早晨吃焦馍、油条、炒面，传说此日吃焦馍、炒面可以防止暑天泻肚。上蔡等地相传此日吃焦馍是为蚂蚁过生日。新蔡、泌阳等地乡村，出嫁女子多于此日用竹篮挎油馍回娘家探亲，故称女孩为“油馍（果）篮子”；遂平、确山、正阳等地有此日把未过门媳妇接到家中过节之俗。20 世纪末以后，六月六节日习俗较淡。近年来，农村青年人出外打工者日渐增多，但麦收时节一般要回老家参加麦收，此时麦收已完，秋种已播，年轻人往往借“六月六”小酒相聚，然后各奔东西继续打工。

【七月七】 农历七月初七日，旧称七夕节、乞巧节。传说此夜为牛郎、织女鹊桥相会之日，多下“泪雨”。相传董永（牛郎）和七仙女（织女）故事发生在汉代的汝南郡，所以本地对七月七比较重视，视为八大传统节日之一。旧时民间每逢七月七，白天女人们习惯吃点心等“巧食”，染手指甲；夜晚来临，女孩在月光下比赛穿针引线，即在萝卜或其他东西上插上七根针，女孩在月光下“认针”，看谁“认针”数量最多，赢者称为“巧姐”。遂平一带，是日晚放一水盆，因盆水浮锈，女孩往水盆中轻轻抛针，看谁抛的绣针立起来的多，最多者即为“巧姐”。此外，当日夜晚，女孩子们往往聚在树下，对着月亮，向织女遥拜，祈求织女保佑自己心灵手巧；年轻女子则祈求织女保佑自己爱情幸福；已婚妇女则祈求织女保佑自己早生贵子，因此，七月七又被视为妇女节、女儿节、情侣节。20 世纪 80 年代后，此节旧有习俗日渐式微，但“情侣节”影响日隆，七月七成为青年男女最传统的情侣节。七月七来临，青年男女往往借助手机、QQ 等互发短信，祝愿有情人终成眷属。情侣节的寓意，成为各商家搞促销活动的噱头。

【中秋节】 农历八月十五为中秋节，又称团圆节，因其恰值三秋之半，成为本地八大传统节日之一，仅次于春节和元宵节。旧时习俗，八月初一至十五走亲戚，互送月饼，是日则吃月饼、赏月、吃团圆饭、小儿玩灯。确山有当日雕花瓜之俗，泌阳、正阳主妇于是日晚则以月饼、瓜果设香案拜月，俗称圆月，即对月亮许愿、还愿。2008 年，此节列为国家法定节日。节前走亲访友，购买月饼、水果等礼物相送，以示亲朋团圆；当日早晨则炸油条、烙焦馍，中午吃饺子，上蔡中午吃蒜面条，以示长寿吉祥；夜晚，则举家吃团圆饭，赏月，饮红酒，吃月饼、梨、枣、石榴、柿子、西瓜等。在远方未归的人往往于当日给家人打电话、发短信，互报平安。月亮、月饼、饺子、石榴形体皆似圆，寓意团团圆圆。各级政府机构或企事业单位也往往于是日前向工作人员分发月饼，或以“团团圆圆、和和美美”为主题举办各种文体活动。本地习以小公鸡馈赠亲友，当年春天养殖的小公鸡至中秋节基本长成，肉质正是鲜美，所以皆以 4 至 6 只送至亲、长辈，普通朋友至少也要送上 2 只；中秋节期间待客，小公鸡必不可少，有煸炒鸡、黄焖鸡、炖鸡块、炸鸡块、小鸡炖蘑菇、小鸡炖粉条、烧鸡、鸡汤、母鸡汤等十几种做法。

【重阳节】 农历九月九日为重阳节，又称茱萸节、九日节、登高节、菊花节、女儿节、老人节、敬老节，为本地“八大传统节日”之一，也是起源于驻马店境内的一个重大节日。南朝梁吴均（469 ~ 520）《续齐谐记》载：“汝南桓景随费长房游学累年，长房谓曰：‘九月九日，汝家中当有灾。宜急去，令家人各作绛囊，盛茱萸，以系臂，登高饮菊花酒，此祸可除。’景如言，齐家登山。夕还，见鸡犬牛羊一时暴死。长房闻之曰：‘此可代也。’今世人九日登高饮酒，妇人带茱萸囊，盖始于此。”在重阳节之日，民间习俗携亲友登高、爬山，在门窗上插茱萸以避邪，吃重阳糕，赏菊、饮菊花酒、喝菊花茶、做菊花枕。有些地方准女婿要到未来岳父家送重阳糕，已婚妇女此日要回娘家走亲戚，男人喜欢喝酒，有“九月九，喝烧酒”之谣。儿童则于此日争相放风筝、爬杆子、踢毽子、荡秋千。2003年农历九月九日，国家邮政局在上蔡举行重阳节特种邮票首发式，上蔡县于是年开始举行每年一届的中国·上蔡重阳文化节。2005年12月，上蔡县被中国民间文艺家协会命名为“中国重阳文化之乡”。上蔡县张社（女），被确定为河南省首批省级非物质文化遗产项目重阳茱萸绛囊的代表性传承人。

【十月一】 农历十月初一俗称“十来一儿”，称为“鬼节”。民间传说此日为放鬼的日子，故“十来一儿”为本地继清明之后的又一传统祭祖日。当日上午，要炸油馍、油条，杀鸡，买肉，到祖坟上烧纸祭奠。中午改善生活，向来有“十来一（儿），杀小鸡（儿）”之谣。此日，出嫁女子于节后回娘家上坟烧纸，有“早清明，晚十来一儿”之说。

【冬至】 以农历二十四节气的冬至日为节。冬至日为“头九”第一天，故本地称此日又为“交九”。当日，人们习惯吃水饺，民间传说冬至要吃饺子，以防冻伤耳朵。上蔡一带有“冬至不吃地菜扁（荠菜馅饺子），冻掉耳朵冻烂脸”之谣。各县冬至吃饺子略有差异，一般是中午吃饺子，正阳、泌阳为早晨吃饺子；大多吃肉饺子，惟上蔡吃素饺子。

（王平选）

日常饮食

【概况】 当地居民一般每日三餐。一般称早饭、午饭称“吃饭”，称晚饭称“喝汤”。正阳一带早饭称粥，午饭称饭，晚饭称汤。平日吃家常便饭，节日着意改善生活，安排特色饭食。农家饭食多由主妇操办，男人农闲时吃饭喜串饭场，冬聚向阳处，夏凑树荫下，数人甚至是数十人蹲在一起，边吃边喷空（聊天），谈古论今，乐在其中。女人吃饭则多在厨房、锅台边，一般不到“饭场”。吃饭时也多有禁忌，如忌用筷子敲碗，否则喻为“要饭的”。农村饮食多由主妇操办。主妇将饭做好后，先给长辈盛饭，然后给小孩盛，自己最后吃。在乡村，饭做好要等下地干活的人回来一起吃；若不宜久等，要预先留足适量饭菜后再行开饭。

20世纪80年代前，庄稼产量低，吃饱肚子实属不易，民间饮食简单粗糙。细粮（小麦面、大米）不足，往往以红薯、高粱、玉米、豆类等粗粮为主食。公职人员及城镇居民国家供应白面（小麦面，俗称“好面”），农民则大多以食高粱、大豆、谷子、大麦、红薯、玉米等杂粮为主，有“红薯汤红薯馍，离了红薯不能活”之谣。麦、米等细粮仅在逢年过节、招待客人或老弱病幼者时才能食用。由于粮食短缺，乡村往往要根据季节的变化及农活的忙闲安排和调剂饮食。一般来说，农忙时伙食较好，农闲时次之；一日之内，午饭较为讲究，改善生活也多在中午。

【主食】 旧时民间喜吃面食，品种多变，其中馍和面条是驻马店人最喜食的主食。馍分为蒸馍和烙馍两大类。蒸馍依据制作方法不同又分为圆馍、卷子、花卷、油卷、窝头、包子等。面条的种类很多，有捞面、卤面、汤面等。20世纪80年代后，随着生活条件的不断改善，驻马店居民日常饮食品种日渐多样化。早点类有豆腐脑、胡辣汤、水煎包、咸豆腐脑、油馍、小笼包子；小吃类有热豆腐、热干面、凉皮、米皮、米线、凉粉、烙馍豆腐串；主食类有汤面、捞面、卤面、炸酱面、烙菜馍、烙馍、发面饼、焦馍、火烧；粥类有稀饭、小米粥、大米粥。肉食类主要有卤兔肉、卤狗肉、卤羊蹄。清真食品有馓子、春卷、罐饺子、羊肝羊肺汤、羊肉汤、牛肉汤、牛杂汤等。

馍：主食的主要形式之一。用酵母发好的面团手工揉搓成圆锥形，上笼屉蒸熟即成。过年时也做枣花馍，用发面做成柿花、鱼、兔等形状，上嵌红枣蒸制。

包子：用发面擀皮包裹肉、菜、豇豆、红薯疙瘩等蒸成肉包、菜包、豆包、红薯包等包子。豆包最多，内包豇豆、红薯疙瘩，软甜可口。

花卷：用白面和玉米面、红薯面或高粱面等杂面卷蒸制而成。一层白面一层杂面，故名花卷。

油卷：把发面擀成厚片，涂上食用油，撒上葱花、食盐、五香粉等调料，卷成卷子，切成馒头般长短，蒸熟即成。

窝头：多用红薯面、高粱面、玉米面等杂面制作，先以开水烫面，揉搓成团，再捏成窝头状蒸熟。

烙馍：有发面馍和死面馍之分，又有油馍、火烧、菜馍、焦馍多种。油馍一般以死面制成，先把面团擀成饼状，涂上食用油，撒上五香粉、盐等调料后，再折叠擀成饼状烙烤而成。焦馍的做法是在白面中加入芝麻、盐、五香粉等和成面团，擀成薄饼，在鏊子上烙熟，冷凉后吃起来焦香酥脆，为地方节日美食，尤其是中秋节的必备食品。

火烧：用发面制作，圆饼状，制法与油馍大体相同，但要用平底锅煎烙成熟，为当地腊月二十三祭灶日必用食品。

菜馍：也叫菜盒，是用两张死面圆片中间加入青菜、鸡蛋等做成的馅料烙制或蒸制而成。

油馍：即油条，又俗称作油果子，是用白面拌以盐、食用碱、矾反复揉搓均匀，切成条状或各种形状，入热油锅中炸制而成。多以发面切条入油炸制，俗称“老鸹头”。

捞面：分为臊子面、蒜面，近些年又有炸酱面做法。其制作方法是先将自家手擀的面条或机器轧制的面条放入开水锅中煮熟捞出，拌以用蔬菜炒肉末或番茄炒鸡蛋丁等做制的臊子，称为臊子面；拌以用肉末、面酱烧好的炸酱，则称为炸酱面。在夏季最普遍的则是蒜面或凉面。做法是先将煮熟的面条放入凉白开中拔凉，再放上焯好的苋菜、黄瓜、豆芽或其他时令蔬菜，最后把用蒜汁、姜汁、小磨香油、食醋等做成的调料浇上拌匀，吃起来滑爽筋道，清凉可口。

汤面：也称汤面条，是一种带稀汤的面条，主食的主要形式之一。以好面（小麦面）做的称好面条，以杂面（豆面、红薯面、高粱面等）做的称杂面条；用猪肉丝做的称肉丝面条，用鸡肉做的称鸡肉面条，用鸡蛋做的称鸡蛋面条，只用青菜不用肉丝或鸡蛋的称素面条。多在农闲时节或晚上食用。

【副食】 副食中的肉类食物，最主要的是猪肉、鸡肉、牛肉、羊肉、鱼肉等。20世纪70年代以前，物质贫乏，人们一年到头极少能吃到肉食，只有到春节或办理婚丧宴席时才准备荤菜。主要荤菜，用猪肉做的有红烧肉（俗称碗顶子）、炒肉丝、炒肉片、大肉炒粉条、肉片汤等；用鸡肉做的有炖鸡汤、炒鸡块、炒鸡杂、烧鸡等；用牛肉做的有五香牛肉、红烧牛肉、牛肉汤、牛杂汤等；用羊肉做的有白菜羊肉汤、羊杂汤、炖羊肉等；常见食用鱼类有鲢鱼、鲤鱼、鲫鱼、鲶鱼、草鱼等，做法主要有红烧鱼（整个）、清炖鱼（整个）、清炖鱼块、炸鱼块等。本地旧俗驴肉、狗肉和鳖肉不上宴席，20世纪80年代后才日渐普遍。近年，随着物质的丰富和运输的快捷，海鲜类的海鱼、海虾、鱿鱼、海参等，也逐渐走上城乡居民餐桌。

蔬菜类，包括农家自种蔬菜、野菜、树头菜及豆制品。自种蔬菜主要有白菜、黑白菜、菠菜、苋菜、包菜、大青菜、芹菜、西红柿、萝卜、胡萝卜、豆角、茄子、荆芥、芫荽、生菜、空心菜、黄瓜、丝瓜、南瓜、冬瓜、苦瓜、大蒜、辣椒、芝麻叶、油菜等。野菜有荠菜、面条菜（俗称好面嘴儿）、马齿菜（马齿苋）、野腊菜、野蒜、野芹菜、山白菜、山芝麻叶等。树菜有香椿芽、洋槐花、槐花、檀芽、榆钱、桐树花、柳树芽等，这些菜多以蒸食为主。豆制品有豆芽、豆腐、豆皮、豆饼儿、人造肉、凉粉、凉皮、粉皮、粉条、粉丝等。冬季除了储存的大白菜、萝卜外，各地均有腌制酱菜的习俗，如酱豆、豆腐乳、萝卜干、大头菜、蒜头、蒜薹及咸鸡蛋、咸鸭蛋等，供冬季或蔬菜淡季佐餐食用。

水果类，本地出产桃、杏、李、苹果、梨、西瓜、柿子、葡萄、石榴、大枣、樱桃等。在人们的饮食习惯中，瓜果多被当作茶余饭后之品，称其为"佐餐"或"配餐"之招待品，或作为祭祀品、礼品，互相馈赠。旧时由于生活条件的限制，人们往往把水果视为奢侈品，只有家境殷实的人家或在逢年过节才会享用。近年来，商场、超市中可以看到来自全国乃至世界各地的奇瓜异果，如香蕉、哈密瓜、菠萝、柑橘、荔枝、火龙果、提子、芒果、桂圆、山竹、木瓜、杨桃、榴莲、柚子、椰子等。

【饮食习惯】 20世纪70年代前，日常饮食中的午饭较为讲究，早晚相对较差。早饭多淡食，习用小米、玉米糁或红薯面杂以红薯、红薯干等煮成糊状稀饭，俗称"糊涂"，城镇居民多称为"粥"。常见的有红薯糊涂、南瓜糊涂、红薯干糊涂等。农忙季节，早饭也配馍、饼之类干食。午饭常以蒸馍、包子、窝头、干饭等干食为主，佐以炒菜、凉拌菜和稀饭、菜汤；午饭也习吃面条，多为捞面、炒面、卤面，夏季为凉面条。晚饭，俗称"喝汤"，习咸食，多为汤面条、咸稀饭等，多配以馍、窝窝头、蒸红薯等。

20世纪80年代后，城乡居民生活水平逐渐提高，饮食结构发生重大变化。农村居民主食逐渐由过去的红薯面、玉米面、高粱面为主，转变为以小麦面为主，杂面条、小米面馍、红薯干、红薯馍、烤红薯、玉米糁、嫩玉米棒成为城乡居民调剂生活的小食品。随着生活条件的不断改善和生活节奏的加快，在外吃饭已习以为常。

【节日饮食】 民间习俗不同节令有不同的饭菜、小吃。

春节、除夕夜的晚餐，是本地人最为看重的年夜饭，俗称"团圆饭"，讲究全家团圆，辞旧迎新，往往极为丰盛。春节家宴以肉为主，有猪、鸡、鸭、鱼肉和牛羊肉。饺子必不可少，饺子捏成月牙或元宝形状，表示"招财进宝"，还要在个别饺子中包进一枚硬币，散在所包的饺子中，谁若吃到钱饺，预示着"双喜（年禧、财禧）"，在新的一年里吉星高照，要交财运。

初一吃团圆饭菜之后，初二开始，人们开始携带礼品，依亲疏关系为序，到亲戚家拜年，俗称走亲戚。亲戚多的大家族，甚至要延续到正月十五，几乎天天有客，天天摆宴席。凡有来家拜年的亲朋，人们也是以高于家常便饭的宴席规格招待，饭菜多为鸡、鱼、酥肉、炒肉、丸子等菜肴，以肉菜居多。过年期间，民间禁忌喝面汤（糊涂）。

元宵节：正月十五日，吃元宵、饺子。部分县乡正月十六吃元宵，故有"十五扁（扁食，即饺子）十六圆（元宵）"之说。

二月二：俗称"龙抬头"，民间为祈求风调雨顺，五谷丰登，健康平安，有很多的饮食习俗，如新蔡、上蔡等县，早餐要吃五谷面馍，或年下剩的饭菜，中午吃饺子，"二月二吃顿扁，一不呼嘘二不喘"；晚上要吃煎饼，为"煎蝎子"、煎"蛐蜒爪"，以保一年不受害虫侵害，有个好收成。确山县民间流行在这一天蒸布袋条馍，并把黄豆炒熟，拌以盐、糖，为炒"蝎子肚儿"，期望是年丰收。

端午节：农历五月初五日"端午节"，俗称"当午"。家家炸菜角、糖糕，煮粽子、鸡蛋和大蒜等。

中秋节：农历八月十五日"中秋节"，俗称"八月十五"，是民间极为重视的节日。节日前，人们就开始以月饼、瓜果等作为拜节的礼品互相赠送。当日，家家炸油货、杀鸡子、买鱼、割肉、烙焦馍。中午吃饺子或面条。中秋夜，家人团聚月下，设香案，摆上月饼、瓜果，置酒菜，尽享天伦之乐。

腊月初八：农历十二月初八日称"腊八"，民间有吃腊八粥的习俗。是日早饭，家家用小米或大米、糯米，杂以红枣、葡萄干、红薯、桂圆、花生、栗子、核桃等原料，慢火熬制，谓之"腊八粥"或"八宝粥"，软糯香甜，风味独特，营养丰富，老幼咸宜。

冬至：二十四节气之一，交九由此开始，民间习吃饺子，有"冬至吃饺子，不冻耳朵"之说。

小年：农历二十三为祭灶日，俗称"小年下"。有吃火烧馍、喝豆腐汤的习俗，有些地方也吃擀糖瓜"灶糖"，烙油馍。

【待客饮食】 驻马店人历来淳朴好客，即使平日生活拮据，若有来客，也会买肉沽酒，倾其所有热情款待。有的人家甚至还会到邻里处借些鸡蛋、细粮等待客。农家来客，夏季烧鸡蛋茶，冬季沏馓子茶或冲白糖水招待。城市多以茶叶水应酬。淮河沿岸的正阳、确山一带招待一般的客人，饭前先上一碗汤圆，因汤圆少而汤水多，故称“汤圆茶”；招待贵客，饭前则要先上一碗经过蒸熟、晒干，再炒成金黄的糯米冲泡的米茶，米粒不烂不沉，喝起来清甜香醇。

20世纪80年代后，待客饭菜，主食以烙馍、捞面、大米饭、蒸馍等为多，菜类荤素搭配。菜碟多少依客人数量而定，多为偶数，有6盘、8盘、10盘、12盘不等。招待客人忌做3个菜，否则喻客人为“吹响器的”，大不敬。农村有请人陪客习惯，家来贵客，主人要请能言善酒懂礼者或至交好友、有威望之人作陪。客人坐上席，陪客居下位。

办红白事宴席，常有4碗4碟、8碗8碟。汝南一带有“五碗四”（5碗荤4盘素）、“十碗八”、“三滴水席”、“小八八席”、“大八八席”、“海味席”等。酒菜上完再上饭菜，最后上汤。饭菜顺序各地不一，一般为“头碗鸡，二碗鱼，三碗就是大肉皮（红烧肉）”。鱼头对准上座主客，主客喝完“鱼头酒”，用筷按鱼头，让众客剔肉先吃，表示礼让。客人多而餐具少时可分几拨待客，头拨客人席罢，餐具收回洗净，第二拨客人入座，重新上餐具上菜。平舆一带招待婚后3天回门新人用“3清席”，俗称“3吃3撤”，即上3次菜、清3次桌，每次清桌都要更换餐具、请客人净手。首次上点心、水果，每人1碗米酒汤；第二次上喝酒菜，即6荤6素4果盘；第三次上吃饭菜，有羊肉、全鸡、全鱼、红烧肉“4大件”和4碗热汤（荤素咸甜兼有）等，“4大件”和热汤交替上桌，蒸馍随红烧肉上席。

狗肉不得上红白事宴席，有“狗肉包子上不了大席”之说。20世纪90年代，城市居民多在餐馆订桌待客，海参、鱿鱼、大虾等也入大席。席上规矩依旧。不少村庄办白事仍用豆腐、肉、禽蛋、白菜、萝卜、土豆或其他季节性瓜菜等，做成混合“大盆菜”，配用蒸馍、稀饭招待客人和乡邻，简单、实惠、节约。白事待客可喝酒，但忌划拳。

【饮酒】 驻马店人素有相聚喝酒划拳的习俗，较少自斟自饮。喝酒开始后，若是主人请亲朋宾客喝酒，则要先向客人敬酒；若是亲朋好友聚会，则要先同饮3杯，所谓“酒过三巡”。敬酒一般是2杯，叫“好事成双”，也可是4杯，叫“四季发财”，6杯叫“六六大顺”等。之后，即行酒令，通常有“猜枚”、“大压小”、敲“杠子老虎”、翻扑克牌、猜宝、“说七倍”等游戏。

猜枚：也称“喊响枚”，杯来盏去之间，猜拳行令，或穿插种种由猜拳变通的游戏。一则助酒兴，二则活跃席间气氛。即使在餐馆酒肆之中，或家宴小酌之余，也每每会遇到精于酒道者，以拳博戏，较量划拳技艺之高低，增进饮酒之趣，给席间带来欢愉。多以2人为1组，或1桌人分为2组，互为对抗，也有每人轮流与在座其他人依次行令，称为“打关”。猜枚时要先伸一指或二指，喊声“哥俩好”，以示尊重，称“先礼后兵”，然后双方同时喊数目（0~10）、伸指头，以口喊数目与2人所伸指头总数相符者为胜。酒拳之数，用拳来表示，从0至5，拳头为0；伸出拇指为1，不可以用别的指头表示1；2不可用食指和中指表示，一般不伸大拇指和小指，若伸则不可用小指指向对方，其余则不限；任意伸出3或4个指头为3或4；手掌全部张开则为5。口手虽一，但所喊之数不可小于自己出拳之数，亦不可大于自己出拳之数加5，否则为“失枚”。一般来讲，“失枚”即为输，须罚酒1杯，如事先规定失拳为误，停拳重划，则仅视为误拳，可以不罚酒。连续输3枚者，可自饮1杯，称为“学习酒”；又有“学一不学二”之说，意即不能总是“学习”而影响划拳进程。酒拳之数从1到10，说法各异，如一心敬、俩不错、三桃园、四季财、五魁首、六高升、七个巧、八大仙、快九州、十圆满，又如一点通、哥俩好、三星照、四季财、五魁首、六高升、七个巧、八仙敬、九连环、全来到，再如一点点、两个好、三星照、四喜财、魁五首、六六六、七巧巧、八匹马、快喝酒（九）、全到了。时下，在小青年中兴起一种新酒拳，废弃了“哥俩好”与“五魁首”，盛行“快拳”和“一字拳”。所谓快拳，出手如旧，口喊变为点点、俩好、三星、四喜、六六、七巧、八马、喝酒（九）、齐了。而一字拳的口喊只能说一字，却不出现数，即点、好、星、喜、路、巧、双、酒、满，更为直观的是0、1、2、3、5、6、7、8、9、10。

猜大枚：一般为相邻3人1组，确定第一个人认领的点数是“1、4、7”，第二个人是“2、5、8”，第三个人是“3、6、9”，3个出拳，出拳数相加，尾数对应认领点数者为输，若尾数为0，则重新开始。若第一个人输称为“坐庄”，若第二个人输，则第一个人出局，与原第三个人相邻者加入，若第三个人输，则前2个人均出局，与之相邻2人加入，输者为1、4、7，其他2人分别认领点数依顺序执行，连续坐庄者可增加赌注。也有4人参加的猜法，第四人数字为0和10。

大压小：不喊数目，同时各伸一指，以相临手指“大压小”，俗称“哑枚”。“大压小”顺序是：拇指—食指—中指—无名指—小指—拇指，周而复始。赌酒数量可双方协商决定，一般是随前者的规矩进行，若改变规矩则要先喝一杯酒。

敲“杠子老虎”：2人参加，1人拿1根筷子，依同一个节奏敲击桌子，口喊“老虎”“杠子”“鸡”或“虫”，每次喊一个，胜负顺序为杠子打老虎，老虎吃鸡，鸡吃虫，虫蛀杠子。赌酒规则同上。

翻扑克牌：1副或2副扑克牌。推举一人为酒司令，由酒司令发牌并确定发牌顺序。1人1张，首轮发牌通常由酒司令说出“大的喝”或“小的喝”。有人感觉自己的牌可能输者，可自愿喝1杯认输；若无人认输，则要亮牌决胜负，通过亮牌决出的输家要喝2杯。下一轮，则由输家根据自己的牌说出“大的喝”或“小的喝”；若输家不止1人，则以酒司令为基准顺时针第一位开始发牌，并确定酒令。

猜宝：猜手中有无物品，以论输赢。2人对决，一个出，另一个猜，猜前通常先“亮宝”，伸开手掌让对方看到手中确实有东西。出宝者通常背后把宝放入或取出，然后以拳示猜宝者，猜宝者喊出酒令，如“有，我喝；没有，你喝”；或“有，我喝”（意即“没有，你喝”），出宝者当众伸开手，明示结果，输赢立现。

说七倍：即酒席间以某人为首说“1”，顺时针转去，就席为续，每人接喊一数，2、3、4、5、6，第七人该喊“7”时，不能喊“7”，可说“过”或拍一下桌子，第八位便须喊出“8”，转至第十四人次时，因 14 为 7 的倍数，此人亦不能喊“14”，只能说“过”。如此类推，21、28、35……7 数的倍数以及以 7 为尾数的数字均只喊“过”，而下一个即喊这个倍数加一的数字。如此循环中，谁喊错谁算输，须罚酒一杯。

（王平选）

传统游艺

【游戏类】 民间游戏俗称“玩耍”，主要流行于少年儿童中间和节日里成年人娱乐节目之中。有些游戏项目在发展中逐渐完备，最后形成竞技项目或杂技艺术。游戏内容和形式多源自生活，以娱乐为主且没有功利色彩，成为驻马店人不可或缺的生活内容。

摔哇呜（娲喔）：又叫“摔泥巴”“补锅”“打窝窝响”，属儿童游戏。玩时，人数多少无限制，各自备泥一团，并用泥团捏成各式各样的泥碗状，即为“哇呜”。捏好后，然后用力将“哇呜”口朝下摔在地上。在接触地面时，“哇呜”内空气冲破“哇呜”底成一窟窿，发出“嘭”的响声。摔者大喊“补”！对方只能乖乖地用自己的泥来给摔者补洞，而后自己摔，由对方补。双方轮流摔和补，洞越大，赢的泥就越多，最终泥多者为胜家。或双方同时摔，互相给对方补洞。在补洞时讲究补“片”还是补“蛋”，“片”即用泥压成薄片来补洞，这样用泥少，“蛋”即用泥搓成球状，这样用泥多。摔“哇呜”时常会伴着一些说辞。比如“东乡的、西乡的，都来听俺放炮的”，“东北风、西北风，摔个响儿给你听”，“晴天？阴天？”摔者喊“晴天”，意即摔的更响，洞更大，获得的泥更多，反之补洞者会喊“阴天”。据说，此游戏源于女娲补天的传说。

挤油油：数人背靠墙依次站成一排，中间站个大个子，两边人数均等。站好后，两边的人一起咬牙、猫腰、弓腿……使出自己最大的力量，向中间扛挤。游戏的过程中伴着歌谣：“挤、挤，挤油油，挤了油油换糖球（即糖葫芦）……”游戏规则是先被挤出者为输，但被挤出者可以从后面加到队伍里继续挤。冬季，挤油油是孩子们取暖的一种方式。

丢手绢：参与者推选一个丢手绢者，其余的人围成一个大圆圈或蹲或坐，在歌声中开始游戏。丢手绢的人绕着圆圈外行走，并择机偷偷地将手绢丢在某一个的身后，被丢了手绢的人如发现自己身后的手绢，要迅速起身拿起手绢追逐丢手绢的人，丢手绢者围绕圆圈跑，跑到被丢手绢人的位置不被抓住为胜，若被抓住，表演一个小节目后，继续做丢手绢的人。如果被丢手绢的人在未发觉之前被丢手绢者抓住，就要做下一轮丢手绢的人，他的位置则由刚才丢手绢的人取代。以此类推，你追我赶，妙趣横生。

捉迷藏：又叫“藏猫儿”或“藏老猫儿”。有两种方式，一是将一人的双眼蒙住，其他参加者，围着他跑，引他来抓，捉到谁，就互换角色。二是几个人分成两组，一组藏，另一组找，能将对方全部找到为胜，然后互换角色。儿童在晚上捉迷藏时，常有玩到太晚而睡着藏身处现象，深更半夜被心急火燎的家长找到后，免不了一顿训斥。

摸瞎：也称摸“拐马”“打瞎驴”。一个人用手帕蒙住眼睛当“瞎子”，其余的人把一只手绑在小腿上扮作“瘸子”。双方均进入划定的区域内，游戏开始。“瘸子”吹口哨，“瞎子”循声去摸“瘸子”，如果“瘸子”被摸到，则双方互换角色，继续游戏。为防止个别“瘸子”要赖不吹或少吹口哨“保护”自己，游戏还规定“瘸子”要不停吹口哨，否则就要受罚，改当“瞎子”。

挑兵挑将：又称“老柳树砍大刀”，群体游戏。双方人数相等对面站成两排，每排人数一般在 10 人左右，两排之间相距 10 步开外，队员手拉手分别组成两堵人墙，一方向另一方挑战，挑战方喊：“老柳树。”对方回：“砍大刀。”“恁那班儿里尽俺挑。”“挑谁？”“挑玉梅。”“玉梅没给家（不在家）。”“专挑那个某某某。”被挑中的人就跑步朝对方猛冲，一般是选择对方最薄弱处作为冲击点，若是能冲开对方的“防线”，则可拉回对方一名队员；若冲不开，就只能留在对方的队伍中。最终以双方队伍中所剩人数的多少来分胜负，人多者胜。

踢房儿：又称“跳房子”、踢瓦。在地上画上格子，找一块 5 厘米大小的废瓦片（或用布缝成的沙包）放在格内，踢房儿者采用单腿跳的形式，用脚尖踢格子内的瓦片（沙包），按顺序把瓦片（沙包）从第一个格里逐一踢进下一个格子里。其间不可换腿，另一只脚不能着地，瓦片（沙包）不能压线或过界，否则判为失误。失误后，可在下一轮从失误格继续。顺利踢完所有格子后，可自由选择一个格子作为自己的营地，下次自己踢至该处时，可双脚着地休息片刻，别人踢到此格时，必须跳过或踢过，人和瓦不准进入。当一方所占格子超过总数的一半时就算胜利。

打陀螺：取一段长约 10 厘米、直径 5 厘米左右的圆木头，将一头削成圆锥形，有的还会在陀螺的锥尖部分镶嵌一个钢珠，以减少陀螺和地面的摩擦力。用一根木棍绑上结实的绳子，做成鞭子，用鞭子把陀螺绕几圈并用力甩出，使陀螺快速旋转，然后用鞭子抽打使其旋转不停。有时竞赛者会画一条线，相互抽打到对方的地界，陀螺“死”在哪一方，该方即为输。

跳马：也称“过五关”。通常为男孩子们的游戏，先“石头、剪刀、布”决出输赢，输者弯腰当“马”，赢者跳。跳“马”者先要助跑，以手撑“马”背分腿跳过去者为赢，跳不过去者则当“马”让对方跳。如果所有的人都跳过去，当“马”者要调整姿势，抬高“马”背，增加难度。

推铁环：铁环的直径约 40 厘米，一般是用废弃的木桶箍做成，也有用竹片做的。用硬度较高的粗铁丝做夸推铁环的工具，一端做成把手状，便于把持，另一端做成“U”形，便于控制铁环。更为简便的工具是用一根树枝，利用枝丫的“Y”形分叉来推，这样较之铁丝做成的工具，少了些声音。

推铁环时，速度可快可慢，常会以控制铁环的时间或距离来决定胜负。有一个好的铁环配一个耐用的铁丝工具，成为当时不少孩子的梦想。

毂轮毂轮圆圆：一种5人以上的游戏。游戏者相互间手扯手、面向圆心围成一个大圆圈。游戏开始时一般是先逆时针转圈，边转边唱："毂轮毂轮圆圆，腰里别个瓶胆（音），啥瓶？瓦瓶，毂轮毂轮圆圆进城。"在转圈的同时，其中一组高高抬起拉着的手臂，一人要先从下面钻过去，被他拉着手的人要跟着他钻，其余的人依次从下面钻过去；等全部都钻出来，原先的面对圆心就变成了背对圆心，继续边转边唱，循环钻圈，复变为面对圆对圆心，循环往复。

抓子儿（石子）：挑选指头肚大小、比较规则的圆形石子，或用陶瓷碗底砸成粒，大小相当，一般有抓5子、7子。场地选择较平坦地面即可。抓五子规则是先抓住随意在地上丢开，拿起其中1颗石子向上抛（称为"头儿"，不确定，中途可以换成另外1颗），趁"头儿"未落地前，完成抓石子或其他动作，并接住"头儿"，若不能接住，则视为失败，依次类推。抓起石子的顺序是1、1、1、1（一段），2、2（二段），3、1（三段），4（四段）。全部按顺序完成后的程序是：抛"头儿"——将手心里的4颗石子洒落地上——接住"头儿"；再上抛，以手背接住；小心用相邻两根手指分别夹住1颗石子，上抛手背上石子的同时，把手指夹住的石子稳稳地放在地上，位置尽可能接近，接住"头儿"；抛"头儿"——从地上捡起1颗（通常是位置较散的）——接住"头儿"；抛"头儿"——把手中的1颗放在另外3颗搭成的底座上——接住"头儿"（此步骤在规定的次数内不能完成为失败）；完成一次手背接抛"头儿"，再以手在空中抓住"头儿"，唖散搭起的石子堆；抛"头儿"——一次性抓齐地上的4颗石子，即完成一次循环。抓7子规则是将7个石子一起抛出并用手背接住其中的一个，然后将其抛起，同时迅速抓取地上的石子，顺序是1个、2个、3个，并接住向上抛的石子，且手不能触碰不需要抓的石子，完成一轮可赢1颗石子，如没有完成，改由对方进行。

"老鼠"钻十二"洞"：群体游戏，大人小孩子均可参与。先指定1人当"老鼠"，1人当"猫"，另有若干人手拉手围成一个圆圈，两臂自然伸开，相邻两人之间留出空隙为"洞口"。"老鼠"在"洞"里，可钻出"洞"并迅速回"洞"；"猫"在"洞"外伺机捉住出"洞"的"老鼠"，但不能进到"洞"里。"老鼠"进出"洞"的次数累计达到"洞"的数量，且没有被"猫"捉到者为赢，反之为输，原来进出"洞"的次数归零，接着游戏时重新计数。

下地棋：随地画图为棋盘，双方任选树枝、树叶、土坷垃、瓦片为棋子，对阵取乐。以其不受场地、天气、人数限制，因而广受欢迎。当地棋玩法多样，名目也各有不同。常见的有走方、大炮轰小鬼、憋死猫（又叫蛤蟆跳井、憋死驴、尿憋死儿、走井等）、赶牛角等等。走方最为普及，走方也称"占方""丢方"，棋盘为横竖各5条线组成叫五方、6条线叫六方（大方）、7条线叫七方。基本原则相同，具体规则有差别。

五方的规则是双方各执16个子，除4个角不能放子外，一替一步，轮流按交叉点占子。能将自己的棋子布成一个小正方形为"一方"；占得一条直线上的5个交叉点为"一杠"；占得一条对角线上的5个交叉点为"一檩"。布局时，以做成上述棋型并破坏对方棋型为目的。布局做成一方或一杠、一檩的可分别提掉对方1子或2子、3子，但不得破坏对方的方、杠、檩。尔后，由先占的一方主动提掉自己1颗子，谓之"除路"。再由对方行棋，一替一步，行棋中再成方、杠、檩者，提子办法同上，直到把一方队伍吃垮。

六方则是棋盘的任何交叉点均可占子，布局做成方（同五方）、斜（3个以上棋子形成一条斜线，称三斜、四斜、五斜、六斜）、龙（又叫鞭，横或竖6个一样的棋子连成一条线）分别提掉对方1子、2子、3子，但不得破坏对方的方、斜、龙。在整个棋盘布满棋子后，落最后1子的一方赢取先去除对方一子和先走动棋子的权利，去除的棋子必须是没有组成任何阵形的棋子。在双方各去除对方1子后，开始走动棋子，在走棋过程中不可以让对家没有可走动的棋子（也有憋死算输的规则），行棋中形成新的方、斜、龙，可提掉对方相应的棋子数，直到一方认输。

七方落子方式与六方同，单方的形式的功能同六方，另有"双方"（形成竖"日"或横"日"）、周（形成横或竖相连的7个子），"双方"和"周"均可提掉对方2个棋子。行棋规则同五方、六方，形成方、日、周对应提掉对方1至2个棋子。吃掉对方棋子所剩无几者赢。

指鼻子眼儿：2人互动游戏，甲方只能喊头部的眼睛、嘴巴、耳朵、头发等部位，错喊为输，与乙方对方座，拉乙方手。乙方一只手心向上，用另一只手的食指点着自己的鼻子。游戏开始时，甲用手拍打一下乙的手心并喊出口令，如"鼻子，鼻子——眼睛。"乙要随口令迅速移动食指并点在眼睛上，乙若过慢或指错，则由甲继续喊口令，直到乙能快速、准确指出所喊部位为赢，然后互换角色。有调皮者故意喊"屁股"，对方防备不及，也会指到脸上，惹得哄堂大笑。

挑冰棍儿：每个人拿出同样数量的冰棍儿放在一起，采用"剪刀、石头、布"决定谁先挑。先挑者举起冰棍儿，松手使冰棍儿随机散落，拿起没有被别的冰棍儿压住的一根，作为工具去挑那些压在一起的，若其他冰棍儿不动，则所挑出的冰棍儿就归自己。若其他冰棍儿动了为输，再由下一个人将地上剩余的全拿起来抛撒，散落后，像前一个人那样去挑。如此轮回，直到大家出的冰棍儿被挑光为止。

打"面包"："面包"是用书本纸或报纸折叠的正方形如同面包大小的玩具，正面带折叠印，背面是光面。一般是2人玩，也可多人玩，用"剪刀、石头、布"决定谁先打。先打者用自己的"面包"打对方放在地上的"面包"，如果能一次将"面包"打翻至另一面朝上，即可据为己有。打翻之后，负者继续放，直到"面包"没有被打翻，改由对方打。一下打不翻，双方轮流打，多人参与也是如此。

砸杏核（hú）：参与者可多可少，地上放一块砖头，每人兑出相同数量的杏核放在上面，在距砖头一定的距离（4米左右）画一条线，通过"剪刀、石头、布"确定砸的顺序。每人有1枚"老母子"（个头最大的杏核），有的孩子对"老母子"进行加工，增加其重量，目的是增加其杀伤力。先砸者站线外用“老母子”去砸砖头上的杏核，被砸掉地上的杏核就归砸所有，接着按顺序依次砸，直至砖上的杏核被砸落完再进行下一局。如果“老母子”不慎留在砖上，则要按照事先约定的兑上2到3个杏核换回“老母子”，也算是“丢卒保车”。

过“家家”：俗称“花亲戚”“当花客”。这是男、女儿童数人共同做的一种游戏，一般为学龄前儿童所做。他（她）们用随手捡来的破盆、瓦片作为“家”用炊具。随便在一块空地或闲房内就可以做。各人分别扮作一个家庭的男、女、老、幼等角色，模仿着他（她）们在实际生活中接触到或听到的事进行表演。主要模仿做饭中的各种动作。

拍山墙：一人面对墙壁站好当“拍墙人”，其他人离墙一定的距离静止站立。游戏开始后，“拍墙人”用手拍墙，口念“1、2、3。”其他人在其喊的时间迅速向前走，当数到3时，“拍墙人”迅速回头，众人则不可再动，再动者则被退出游戏，其他人继续进行。如此往复，直到有人走到“拍墙人”身后且未犯规者为赢，胜者可做新“拍墙人”。如果胜者多于1人，则可通过“剪刀、石头、布”确定人选。

【竞技类】 竞技类活动多由民间游戏发展而成，现多为单位集体举办的群众性体育活动，如拔河、叨鸡等。

叨鸡：也叫“斗鸡”，可双人对阵，也可多人乱斗。单腿站立，另一条腿弯曲抬至膝盖上方，并用双手抱住。2人单腿跳跃相互顶撞，其间不能用手推、脚蹬，被顶倒或双脚先着地者为输。游戏中多采用挑、砸、磨等技巧。挑，通常为个子较小一方，伺机将膝盖插入对方弯曲腿下，猛向上用力，使对方失去重心倒地。砸，通常为个子较高一方，利用身高优势，由上向下进攻对方的办法。磨，考验的是一个人的灵活性和韧性，实质是消耗对方。若双方旗鼓相当，考验的是双方的智慧和把握时机的能力了。

跳绳：分跳短绳和跳大绳。跳短绳通常是单人游戏，双手握绳头，用力快速转动的大圆环，当绳转至地面时，脚跳起让绳通过，如此循环，脚踩着绳或拌着绳不能通过者为失败。短绳有两飞或三飞等花式玩法，拿绳者为主跳，另一人贴近主跳随着节奏跟着跳。3人跳时，主跳前后各站1人，跟着主跳的节奏跳。单人跳绳比赛可分为花式或体能2种。花式有正跳、反跳、双飞、三飞、麻花跳和多人跳等；赛体能的分为比速度的计时计数和比耐力的不计时计数制。跳长绳是由2人专门甩动长绳，其他人轮番上下，或同时跳，跳的过程中谁跳错就要被处罚。

老鹰捉小鸡：一人当“老鹰”，一人当“鸡妈妈”，其余人在“鸡妈妈”身后排成队，抓住前一个人的衣襟当“小鸡”。“老鹰”的任务是捉住“小鸡”，“鸡妈妈”的任务是保护“小鸡”不被捉住，“小鸡”的任务是跟在“鸡妈妈”身后跑，保护好自己不被“老鹰”捉住。“老鹰”可以进攻若干次，捉住“小鸡”为胜，否则为败。游戏可以很好地培养团队精神，锻炼反应能力。

打翘子：也叫打尜（gá）。用长约10厘米，直径4厘米左右的木棍，将两头削尖，做成翘子，在地下画一个方框，称为“城”，将翘子放进“城”里，再用一根木棍（或刀型木板）去敲击翘子的头。使翘子弹起，然后迅速将翘子打向远处。另一方用帽子或衣服去接，接不住就捡起翘子往“城”里扔，如接住翘子或扔进“城”就要互换角色，以此循环。团体玩法更是激烈。三五人一组，轮流接替打和扔，会出现战线很长的局面，双方玩得热火朝天。

斗百草：有两种方法，一种是“文斗”，另一种是“武斗”。斗百草最先是从“武斗”开始的。即采一些有“草头”的草（如车前草）或花打成结，双方互套，然后再拉，谁的花草断了，谁就输了。也有利用树叶的梗子来斗的。另一种是比赛“文斗”，即各人把自己收集的各种花草拿来，然后一人报一种花草名，另一人接着种类拿出花草并对答花草名称，一直“斗”下去，直到最后见分晓。这种“文斗”，结果大都是谁收集的花草多，种类齐全，谁就能报到最后，也就是赢家。

【综合表演】 驻马店民间游艺综合表演项目众多，常见的社火表演包括打铜器、唢呐（俗称喇叭、响器）、舞龙、舞狮、踩高跷、划旱船、大头翁等，曲艺类有说书、唱戏，民间工艺有剪纸、纸扎、面塑、泥塑等。

西平大铜器：西平县民间大铜器历史悠久流传广泛，距今已有1400多年的历史，素有“城东喇叭、城西铜器”之说，全县80%的自然村都有铜乐队，是群众参与最广泛的一种民间艺术表演形式。西平县大铜器所用器乐一般有大鼓、大铙、大镲、边鼓等。大铜器表演人数根据其功能而定，目前常用的乐器规格以大铙（直径约50厘米～60厘米）、大镲（直径约30厘米～40厘米）、大鼓（直径约100厘米、150厘米或180厘米）为主，并配有大锣、二锣、手镲等，以边鼓（直径为20厘米）为指挥，这是正规的铜器他形式。演奏人员15～50人不等，最少的乐队编制是1个边鼓、2对大锣、2对大镲、2对小镲和中镲，大鼓、大锣、中锣和小汤锣各一面。其中大铙、大镲为主要乐器，也是场上的表演核心，鼓、锣及其他乐器通称“小五件”起“伴奏作用”。最大规模的多达300人，演奏起来音乐洪亮，形象生动鲜明，丰富多彩，演奏技巧性强且表演形式多种多样，深受群众喜爱。大铜器的热闹欢快、响声震天的性质决定了它的表演规模是没有上限的。大铜器表演曲目多以广为流传的民间传说、神话故事为内容，与佛教文化崇拜、中华民族的图腾龙凤相关，劝善、助人、励志等内容均有涉及。流传大铜器曲目180首，能找到曲谱的不足150首。2007年，西平大铜器被列入河南省首批非物质文化遗产名录；2008年6月，被国务院列入全国第二批非物质文化遗产保护名录。

确山铁花：又叫“打铁花”，初源于工匠们的祭祀活动。每年年初，五门（金、银、铜、铁、锡）工匠们开业之前，为首的工匠会协商，选定吉日，到本县老君庙、火神庙进行祭祀，求全年平安、生意兴隆、四季发财。搭好花棚，并在花棚的北方，面向南搭一神棚，献上各种祭祀品，五匠中各门店、字号内的所有人等，都抬着本店供奉的老君神像，列队而行，一路吹吹打打、鸣放鞭炮到神棚。沿途各工匠的店铺都要设香案供品迎送。队伍到达神棚后，把老君神像安放在神棚之内，举行祭祀仪式。夜晚开始打花。参加打花的多是各门店的工匠，打花之前都要在神棚内跪拜、更衣，求神灵保佑安全，避免烧伤。流传至今，祭祀的内容淡化，表演成为主要目的。“确山铁花”的表演形式和操作过程充满了神秘和惊险：组织者在1个宽阔的场地上搭起1个丈余高的大棚，称为“花棚”，“花棚”顶铺一层新鲜的柳树枝，树枝上绑满各种烟花、鞭炮等。“花棚”顶部正中竖起一丈余高的杆子，称为“老杆”。“老杆”顶上绑上鞭炮、烟花等，称为“设彩”。“花棚”旁边立1座熔化铁汁用的熔炉，把事先准备好的生铁化成铁汁待用。打铁花时，先把铁汁注入事先准备好的“花棒”，即1根拳头粗细、1尺多长的新鲜柳树棒，棒的顶端掏有直径3厘米大小的圆形坑槽，用以盛放铁汁。打花者一手拿着盛有铁汁的“花棒”（也叫“上棒”），一手拿着未盛铁汁的“花棒”（也叫“下棒”），赤裸着上身，头上反扣一葫芦瓢，迅速跑至“花棚”下，用下棒猛击上棒。十几个“打花”者一棒接一棒，一人紧跟一人，往来于熔炉和花棚之间，一棒铁花冲天而起，另一棒接踵而至，棒中的铁汁冲向“花棚”后，遇到棚顶的柳枝立刻迸散开来，冲向夜空，犹如火树银花，绚丽多姿，光彩夺目。铁花又点燃了棚上的鞭炮、烟花等，顿时，铁花倒悬如火山喷发，鞭炮齐鸣似两军激战，雾岚氤氲，流光溢彩，惊心动魄。每当打铁花时，附近的龙灯会都组织龙灯赶来助兴，在铁花飞溅的花棚下穿梭，称为“龙穿花”。“龙穿花”是显示每个龙灯队阵容、意志、技巧的最佳场合。“穿花”穿得最好的龙灯队会受到同行和观众的好评及敬慕，也会受到打铁花组织者的奖励，日后便名声大振。2008年被国务院公布为“全国第二批非物质文化遗产”。

吹喇叭：喇叭即唢呐，民间俗称“响器”。源出古代西域，金元时传入内地，明清时渐在河南民间传开，遍及河南各地，民间唢呐班一般由3～5人组成，1人吹唢呐，2人吹笙（又叫捧笙），1人打梆子，再有1人执铜器，俗称“响器班”“吹鼓手”“外棚”等。演奏者多为世代相传的“门里出身”。所演内容十分丰富，有传统曲牌，有民间小调，还有著名戏剧段落和歌曲的模仿，依环境、听者之需要而定。长期以来，唢呐成为民间婚丧礼仪、祝寿贺礼和节日庆典等活动的常用文艺形式。中华人民共和国成立后，许多唢呐班也开始被邀参加大型社火活动，作为民间社火玩会的内容之一而出现在社火队伍中。有一队独显其能者，有多队对赛各献绝技者。其优美的音质，动听的韵调，欢快的情绪和引人入胜的花样翻新，常常使喜爱者置凳路中，求其停下加演，格外为社火大队锦上添花。

舞龙：又称“玩龙灯”“玩龙”“要龙灯”，是驻马店民间社火的重要形式之一，是由多人表演的模式舞蹈。龙灯用竹篾或粗铁丝制成，龙身为纸或布质，上画鳞状花纹，披以红绸。一条龙由7节、9节或12节组成，长数丈，分为龙头、龙身和龙尾3部分。每节的上面安一木柄，供表演者双手握持挥舞翻腾。龙灯若在夜间表演，“龙肚”内置以蜡烛，近代多代之以电灯。龙睛以小电灯泡饰之。龙灯起舞时，有一武生打扮的人手持“宝珠”逗引其上下起舞翻飞，做出“蛟龙探海”“滚龙盘柱”等各种造型动作。如为双龙，则演出“二龙戏珠”“二龙吐水”等。许多地方还配合鱼灯、龟灯和螃蟹灯表演。也有的根据“龙从云”的传说，扎上许多云朵形的灯笼，一人持2个随龙灯前后翻转舞动。龙灯表演时，或擂响牛皮大鼓或配以铜器乐。

舞狮：也叫“狮子舞”“要狮子”或“舞狮子”。是驻马店民间社火中非常流行的舞蹈形式，属“模拟舞蹈”。多4人表演，2人共披一麻布染制的狮子皮扮演狮子，另有1人武生打扮，手舞用红、黄、蓝、绿、紫、青、橙7种颜色缠绕而成的绣球为逗狮子者。还有1人披1张小狮皮为“狮子娃”。演出时有数人配合扶桌子、搬道具。开始先由拿绣球者逗引狮子表演抖毛、舔毛、打滚、直立、啃痒、蹲、卧、摇头摆尾等习惯性动作，然后表演“大盘门”“啃桌角”“窜桌子”“滚绣球”“大过桥”“上老杆”。舞狮子时始终要有铜器伴奏，俗称“玩狮子离不开铜器”，常用的铜器点有《紧急风》《小虫闹》等。驻马店民间舞狮多为“文狮”，“文狮”动作细腻乖巧，温驯，神态安详。民间认为狮子乃“百兽之王”，是吉祥的灵物，节、会表演狮子舞时，一些有病或遇有灾难的家庭，往往邀其到家门前表演，俗称“拜门子”，以消灾祛病。凡拜过门子的人家，都烧纸钱放鞭炮，表示狮子驱邪降福之意，还赏给舞狮子者香烟和请其饮茶解渴。舞狮子者拜完门子临走时，也要喊段吉利的“彩头”。

划旱船：民间亦称其为“花船”“赶花船”“旱船”或“旱船舞”，是社火中常见的舞蹈形式。船用竹篾或秫秸扎成架子，饰以布圈、纸花、彩绸，“坐”船者站在“船”中之“通孔”间将“船”系于腰上，四周以布相围，表演时似在水中行进。跑旱船一般由5人表演，坐船者扮1女子，艄公1人（多画成“小花脸”），帮船女2人，有的还配1个“彩旦”。1个船表演，民间俗称为“单船”。2个船或多船者，走在前面撑船者称“头道篙”，其后称“二道篙”“三道篙”等。表演时，坐船女子身驾船身，以跑步、碎台步、蹲步、搓步、慢步模仿出船在水中行进、颠簸、旋转的各种形态和女子的羞涩动作。撑船者要以摇桨、撑篙、起锚等动作表现舵翁的撑船技巧和风度。内容上多以传统戏曲或传说故事为主，增加诙谐夸张的表演，以娱乐大家。

说书：说书，包括坠子、大鼓书、评书、快板、琴书、三弦书等。说书者或1人执扇讲说，或1人自拉自唱。如2人合作，1人1手握简板或鸳鸯板、1手执鼓槌边打边说边唱，1人执弦拉琴，一边还适时和唱者搭话对白。表演时，书场有1张桌子，1条板凳即可演出，只要管饭和烟茶招待即可，即使给些报酬也甚低微。民间十分欢迎此种娱乐方式，遇到节日、喜庆之事，或农闲之际，便请说书人到村中演出，即使平时，一些“听书迷”于闲暇之际，也常到乡镇街头说唱者设摊演出之“地摊儿”听书。其内容有历史故事、演义小说，也有“劝人行善”讲论纲常的家常小段儿，人称“劝善书”。乡里组织听书一般3天，听大部书多连续数十天。本地人听说书，多喜欢河洛大鼓、南阳大鼓、豫南大鼓、坠子、渔鼓道情等。这些说书演唱，乡土气息浓厚，通俗易懂，有“一人造博大场面，瞬间闻千古世界”的特点。听说书之俗于20世纪80年代后期，渐渐淡出人们的生活，当今顺手说书，多是通过广播电台、买些碟片或从网上下载，没有了走街串巷到农村说书艺人。

唱戏：驻马店人十分喜好戏剧，所好剧中多以河南地方戏为主，主要有豫剧、曲剧、越调等。民间观看专业戏班演出，谓之“看大戏”，大戏演出多在节日或庙会上。有戏迷者更是几乎场场不落，连轴看戏俗称“连灯拐”。20世纪60年代前，戏班在集镇戏园、庙台售票演出时，或购票看戏，或在场外听戏和等看“放水戏”。所谓“放水戏”，即旧时演戏每场戏的戏剧情节演过一半之后，便不再卖票而大开戏院门让无票者进场看戏，此俗为民间戏迷提供了免费欣赏戏剧的良好机会。驻马店人不仅好看戏，许多还喜好自己唱戏。不管能不能记得全唱词，也不管是不是走音跑调，就图个自娱自乐。一些戏迷还自己兑钱买“戏箱”，农闲时排戏、演戏，遇节日在村中设“地摊儿”甚至搭台演唱。不要戏票，不祭台，不靠演戏吃饭，也“不算下九流”，是过去民间自娱自乐的重要形式。驻马店人有“点唱大戏”习俗，多以村、社组织，或富庶人家专门请戏班到村中演出。旧时点戏目的一为祭神，二为娱人，讲究颇多，常见的有祭神戏、祭祖戏、白头戏（出嫁妇女受屈死，娘家强迫婆家为死者唱大戏以示“出气”）、节令戏、贺喜戏、集会戏等，演出的戏班（剧团）所演剧目须顺应对方要求，否则易犯忌而不愉快。现代多是出于娱乐目的，没有了过去的陈规陋俗。当代农村唱大戏多是在传统节会上，组织者请几个剧团演出几天助兴，丰富群众的生活。城市看戏多在剧院购票观看。平时，在公园等处，有戏迷自发组织演出，纯属自娱自乐，以娱乐健身为主，引众人围观喝彩。

剪纸：民间剪纸工具简单，一把剪子，一张彩纸，便可凭灵巧之双手运用各种剪法，如平铺式、对称式、多折式、拉网式等方法，随心所欲，剪制成各种花、草、虫、鸟等造型，以作窗花、墙花、门头花、服饰花、喜花、祭祀花之用。本地节日剪纸多以“门吊”（春节时各家门口贴的由彩纸剪成带有图案的装饰）为主，婚庆时剪红“囍”或各种吉祥图案，取其美好祝福之意。

面塑：面塑为驻马店民间用面捏制的各种花鸟、人物造型，俗称“面花”“花馍”“花糕”。制作时，用水和好白面先揉制圆、长或方诸形状的面盘糕，上面再添加各种捏花。以枣子加花者为“枣花子”，以核桃加花者为核桃面花。面花还分作“高花”“平花”。高花上既有花鸟鱼虫之形象，还有人物造型，其捏制手法夸张，想象丰富。制成之面花有“八仙过海”“莲生贵子”“富贵花开”“刘海戏金蝉”“龙虎凤”以及《西游记》《白蛇传》《劈山救母》中的人物。面花制作原用于寺庙祭神。祭庙神时，要预先做好，做好的面花至庙会日供于庙神前，以祈神保佑风调雨顺、五谷丰登。清朝以后，面花开始主要用于结婚喜庆、生子祝寿，也是过年过节相互赠送的礼品。其捏制的花形也因事制宜，因时制宜，如祝寿，面花上要加“寿桃”，以祈长寿；结婚要塑以“双喜”字以祝百年夫妻；生子则加塑以“胖娃娃”以求其健康成长；作丧葬礼品时，多塑“奠”字于面花之上，以表悼念之意。中秋节时则以“嫦娥奔月”之花型相塑等等。

泥塑：俗称“捏泥人”，用黏土或掺入少许棉花纤维和泥制坯，捏成各种人物或动物等造型，阴干后上粉施彩的工艺品，其造型有猴、虎、狗、鸟、蛙、鱼、猫、牛等，还有泥乐器“梨喽”，俗称“喔笛”。在农村颇为普及。现代普通人多不再以做泥塑为游戏，少数从事者渐转为职业。泥塑更多成为人们日常的装饰品。

纸扎：驻马店民间将用有色纸扎制的各种艺术品称作“纸扎”。会纸扎制作一般以竹篾或秫子为骨架，彩纸剪好或绘图，以糨糊裱糊在骨架的适当部位，大型的则用各个糊制好的小件拼凑而成，实为剪纸、绘画和裱糊的综合艺术。民间纸扎制品大体分两类，一为喜庆娱乐制品；一为丧葬祭祀制品。喜庆娱乐制品，多出现在节日喜庆日，如节日扎“彩门”，并以松柏枝叶相陪衬，以为节日助兴。每年新春佳节，除扎制各种花灯外，还为各种社火扎制道具，诸如龙灯、竹马、花车、花船。喜玩风筝者，要扎制自己喜爱的风筝花样，如雄鹰、蝴蝶、巨龙、寿星等样式。丧葬祭祀制品随着人们的想象增多，主要用来寄托对死者的祝福。

（王平选）

乡村聚落

【村落分布及特点】 2015年，驻马店市（不含新蔡县）共有171个乡镇（办事处），2559个行政村（居委会），21760个自然村。

全市乡村聚落多以半聚集型（规模较小，住宅彼此排列保持一定的距离，分布于山区或地广人稀的新开发地区）和密集型（规模较大，房屋高度密集，多分布于地势平坦，人口稠密的以旱作农业为主的平原地区）为主。西部浅山丘岭区多为相对松散的半聚集型，个别属分散型（规模小，呈点状，松散布局，分布于地势起伏较大的山区或特殊的生产类型区）；东部平原则是密集型集中居住。村落多依道路而建，村落中主街道常为村内人员外出干道，村外多有沟渠围绕，以利汛期排涝。20世纪70年代，在农村推行“排房化”，即在农村新规划的宅基地，实行棋盘状规则布局，试行一批房屋排列比较整齐，村内街道平直的村落，属计划设计而非自然形成。大部分村落为没有经过规划设计，长期发展过程中自然形成，往往大而紧凑，村民住房排列杂乱无章，村中道路较为弯曲。农村集镇则是多靠近人口密集区，交通运输方便，便于人流和物流集散和信息传播，多为靠近乡镇政府所在地，便于居民办事和购物。另有部分街市，依街而建，或历史形成的交易市场，交易多为农副产品。民间起集设市习以农历计时，一般平原地区集稠，城镇以天天集、隔日集多；山区集稀，多两日一集或三日一集。乡村聚落的形成还与传统风俗习惯、文化背景有关。农村多以族群群居为主，显得宗族繁盛，往往集村之内全是同姓，或同姓族人居住相对集中，所以以姓氏为名称的聚落比比皆是。如马庄、郭庄、齐庄、刘庄等。

2005年后，全市落实中央推进社会主义新农村建设的政策，加大对农村建设的规划管理，从严落实相关土地政策，农村建设更注重人居环境的改善，农村脏、乱、差的状况得

驿城区蚁蜂镇庞阁村民居。 周一渤 摄

到一定改善。

【建筑习俗】 境内建房多择日“应好”，动土前皆鸣炮庆贺。建民房砸地基多用8人抬石磙或4人提木桩作夯，由领夯者喊号，抬夯者响应，使夯受力一致，起落平稳。夯号如“同志们抬起来哟”，众人应“嗨—哟”。20世纪80年代后期，县城建民房多租用汽夯、电夯。民房建筑规矩颇多：西平一带安放檩条将根部朝西、北，谓之“日不晒根”，意对后代有益。正阳一带上梁将根部向阳，谓之“晒根不晒梢，晒梢把祸招”。平舆一带忌用从树身中部截取一段做梁，俗称“悬梁”。上梁前将红纸对联贴于梁，上书“青龙缠玉柱，白虎架金梁”，后墙正中贴“姜太公在此诸神退位”，窗户及门口上方贴“吉星高照”“紫气东来”等条幅。上梁时燃放鞭炮，也有杀白公鸡绕房基滴血者。屋梁坐稳后，泥瓦匠将主人准备好的蒸馍从梁头抛向围观者，众人哄抢嬉笑，一番热闹景象“俗称撒上梁馍”。进入20世纪90年代，新建草房、瓦房者减少，建平房、楼房者逐渐增多，屋顶多用水泥、沙石、钢筋“整浇”。上梁之事演变为浇注屋顶时向众人抛糖块，主人请所有参建人员聚餐，饭食以白馍、豆腐、肉类为主。新房落成必住人，恐“鬼邪”抢住。正阳县西部乡村在屋内拴只公鸡，直至住人为止。窗户大小、高度均不能超过门。忌房屋后墙开窗，称为“留后眼”，对邻家不利。梁、檩、椽忌用楝木，因“楝”与“炼”“殓”谐音，恐失火、死人。一宅之内主房高于陪房。正宅东头为上，偏宅左侧为上。两宅相邻，左宅、后宅为上。上宅屋脊高于下宅相应屋脊，否则上宅屋脊即竖一小门楼或砖，超过下宅屋脊高度，以免“下欺上”。自家主房不得高于或低于两侧邻居主房，高于则喻为“小鬼担挑”，低于则喻为“二鬼抬轿”，认为那样会对邻居或自己不利。大路直对房院时在直对墙壁上镶“泰山石敢当”石牌，以避“箭”射。前宅邻居屋山、屋梁不得与后宅门窗直对，以免“咬牙”遭殃。若两宅之间隔一宽路则相互不再受“影响”。院落忌前宽后窄簸箕状，恐向外霍财。院内地面忌前高后低，恐倒流水。

【居住习俗】 民宅一般一户一院，大多坐北朝南，叫“正宅”，坐南朝北者称“倒宅”，坐东朝西、坐西朝东者称“偏宅”。主房大多坐北朝南，3间建筑，各间等高等深，称“堂屋”。正中间较宽称“明间”“当门儿”，作客房用。东、西2间较窄称“暗间”“梢间”“里边儿”，分别为长、幼卧室，兼放衣箱、衣柜、粮食之类。“明九暗八五”之说指明、暗间宽度分别为九尺（约3.0米）、八尺五寸（约2.8米）。各房之间富裕者以竹、木隔扇相间，一般人家则以高粱秆编结箔席相间，20世纪80年代后，明暗间多以砖砌“硬山”相隔，硬山上装单扇门。暗间顺后墙置床。明间顺后墙放条儿，墙上挂山水画、中堂画。主房后墙不开门窗。前墙明间设双扇门，暗间开窗。厨房俗称“灶火”，多设在东西偏房。偏房一般放杂物、养牲畜。院内栽石榴、香椿、杏、枣、李、桐、榆等树，忌栽桑、柳、杨树，有“前不栽桑（丧），后不栽柳（新坟所插幡杆皆为柳），院里不栽‘鬼拍手’（杨树，风刮叶摆似拍手）”。厕所多在主房一侧。手压井、粪池、畜舍置院落左右。

院落类型主要有半拉院、厦子院、四合院等。用正房和一侧厢房的为“半拉院”；有正房和两侧厢房的为“厦子院”，为正房、临街房和两侧厢房的为“四合院”，民间称“四阁斗宅”。一个院落内若居住多户人家，称之为“小杂院”，多是婚后另立门户单过的同胞兄弟。

20世纪70年代前，草房是农户的主要住房，多低矮狭窄简陋。木梁檩条，泥巴墙或砖基土坯墙。房顶用槐草或巴茅、麦秸、稻草等覆盖，厚可盈尺，门窗皆为木制，正房多为双扇门，方格窗棂。草房的大小，分为三檩房、五檩房、七檩房等。建房的材料多就地取材，但也多有禁忌，如忌用楝木和桑木作梁、檩，枣木不能用来做门窗过木等。栋梁房架多用榆木、杨木、泡桐的那个树干制成。泌阳等地的人家则多以枣木为檩、榆木做梁，杏木做门，以求“早积（枣脊）余粮（榆梁）幸福（杏木）门”之吉。20世纪70年代后，砖包后墙瓦接檐的“海青房”随处可见，20世纪80年代开始，草房的数量急剧减少。

海青房，俗称“瓦接檐”“金镶玉”。是20世纪70年代后流行的房屋样式。房屋结构与草房相同。只是房顶苫草后，再在房檐、屋山处覆以震瓦，以减少雨水的冲刷，延长房屋寿命。海青房有“大海青”“小海青”之分，区别在于大海青用瓦封屋山、房檐，比较费瓦，而小海青则只封屋山，不封屋檐，只是在屋檐下接数层青砖，因此比较省瓦。以瓦封山的方法有“双岱”和“单岱”两种，封3行瓦，再在两道瓦缝上封岱，称为“双岱”，封2行瓦，再在一道瓦缝上封岱，称为“单岱”。海青房的墙壁为砖坯合筑，其砖基通常砌7～9层，白灰勾缝，上接土坯。

用瓦盖顶的房屋俗称“瓦房”。其房架与草房相同，由梁、檩组成，房顶多用汉瓦即灰色弧形小瓦覆盖，瓦下铺箔席，上面再覆以约2寸厚的泥巴。家境好的，则在瓦下铺以方砖。一些大户人家还在瓦房的房脊砌上五道花脊，脊上刻以鸟兽形纹饰，俗称“五脊六兽”；梁成双且分大小，小梁架与大梁之上，大梁之下有木柱，柱下再置础石，俗称“重梁起架”。

各地瓦房房顶上瓦的行数也有讲究。习用单数，忌讳双数，据说是为了避木工始祖鲁班乳名“双”之讳。瓦的放置多有阴无阳，即弧形瓦凹部朝上，凸部朝下，层层相错叠压，2行瓦之间要以泥灰封实。也用的人家在2行瓦缝之上再反扣一层瓦，叫“封岱”。

房屋的墙壁，主要有砖基土坯墙、里坯外砖墙和纯砖墙之分。椽瓦房也有全土墙的“土对土”草房。里坯外砖墙因外边是经过烧制的砖，里边是未经烧制的土坯，俗称“里生外熟墙”。门窗多油漆为黑色或深棕色，20世纪70年代末开始，多月红色，以示喜庆。屋内石灰刷白。

平房是20世纪70年代后兴起的民居样式，房顶不起脊，用水泥和钢筋制作的水泥板覆盖，四周垒以花墙。出1米多宽的前檐，有走廊，安装有玻璃窗，房内为水泥地板。有的人家还在房侧设置通往房顶的阶梯，便于在屋顶养花栽草，晾晒粮食、衣物等。有的农户还在房顶留有洞口，便于将晾晒好的粮食直接收入房屋仓内。

20世纪80年代，民宅大多建起院墙，有的建高门楼，不少家庭在门楼上镶彩色瓷片对联。20世纪90年代后期国家取消福利分房，城市富裕居民自建房院或自购商品楼房，成套住房结构合理，功能齐全，客厅、卧室、卫生间、厨房，一应俱全。一些富裕农家仿城市建起成套平房或楼房，“老三间”规矩打破，有的砖混水泥浇顶，有的出厦带有走廊，宅基宽敞，有房有院，绿树掩映，空气新鲜，令许多城市家庭艳羡不已。城乡搬家大多“燎锅底”。搬前在新房燃放鞭炮庆贺、“驱邪”，亲友帮忙搬物，主人备酒、菜招待。有的雇请搬家公司搬运，省去招待。农村住房较稳定，搬家较少，多为自搬自运。

庵棚多为临时住所。无论山区还是平原，在瓜园、果园或菜园，还经常可以看到古朴、简陋的庵棚。庵棚俗称“草庵”“小庵儿”“庵子”或“瓜庵”等，一般有两种：一种是用树桩、木板搭起半人高的平台，上边用树枝和草架起棚子，既通风防潮，又遮阳避雨，能居高远眺，利于看管园圃。另一种是以4根较粗的木料搭成2个人字形，中间架横木，斜放几根稍细的竹木作椽，上面覆以秫秸、柴草等物，棚内铺草苫、凉席。多数庵棚夏季使用秋后拆除，少数不拆，只将庵棚一头用草堵死，棚内铺草，使其防冻保暖，适合冬季使用。遂平一带山区人家习于炎热的夏天在院内利用树干或木桩搭约一人高的平台，叫“天棚”。晚上睡在天棚上，既凉爽又安全。

（王平选）

亲戚称谓

【通用称谓】 新中国建立前，一般民众对有权势有地位的人称老爷、先生，对军职人员称老总。当地人称外来客商为客官或客，外来客商称当地人为掌柜的。民众之间，视年龄而异，对男的一般称大爷、老哥、小弟等，对女的一般称大娘、大嫂、大姐、小妹等。1949年后，由于社会制度和社会风气的变化，称谓也有所改变。20世纪50年代初期，群众对公职人员不论男女一般称其姓，前冠以“老”或“小”字，如老赵、老张、小王、小李等；公职人员称群众老年人为大爷、大娘、老乡等。20世纪50年代后期，群众对公职人员（包括基层干部）的称谓加上了职务，如王书记、张乡长、李助理、赵会计等，公职人员对群众称同志、老乡、老弟等。当地人称外来客商为客，有的加上来处，如上海的客，广东的客等。对请来传经授艺的科技人员，有职称的按职，如王工（即王工程师）、李教授等；对无职称的一般称师傅，如王师傅、李师傅等。外地来客称当地人一般称老乡、同志、大娘、大嫂等。外地人来当地问路，忌讳不喊称呼只喊“喂喂”，那样会被认为不懂礼貌而置之不理。

民间称谓习俗，各地大致相同。生人相见泛称“同志”。乡间，对年长者男性多称“大爷”，称女性为“大娘”。年龄相仿时称男为“大哥”“老兄”“老弟”，称已婚女子为“大嫂”“大姐”“妹子”。城市，对年长者男性多称“叔叔”“大伯”“爷爷”，称女性为“阿姨”“奶奶”。称幼儿为“小朋友”。

20世纪90年代，路人相见称男为“老师儿”“师傅”，称女为“大娘”“阿姨”“大妹子”,称未婚女子为“妮儿”“姑娘”，称商人为“老板”,称酒店、旅社女服务员为“小姐”“妮儿”。后“小姐”称谓由于其歧义,服务业女职员常以“美女”称呼。

【亲戚称谓】 同一个家族的人，同辈份者按年龄大小排行称呼，不同辈分者按宗谱顺序分别长幼称呼。对其他家族、邻里则按世交关系分别确定称呼。

一、直系血亲（父系）

曾祖父：父亲的爷爷，称“老太爷”或“老太”。

曾祖母：父亲的奶奶，称“老太奶”或“老太”。

祖父：父亲的父亲，称“爷爷”或“爷”。

祖母：父亲的母亲，称“奶奶”或“奶”。

父亲:乡村一般称“大”“答”“爹”“伯”,城镇一般称“爸爸”或“爸”。

儿子：夫妻间的第一代男性，称“儿”“儿子”。通常按顺序，称“大儿子”“二儿子”……最后一个称“老末”。

女儿：夫妻间的第一代女性，称“闺女”。

孙：夫妻间的第二代，依性别又分孙子、孙女。有时孙子是一种不分性别的称呼。

曾孙：夫妻间的第三代。

二、直系血亲（母系）

外曾祖父：母亲的爷爷，称“太姥爷”或“太姥儿”。

外曾祖母：母亲的奶奶,称“太姥姥”或“太姥娘”“太姥”。

外祖父：母亲的父亲，称“姥爷”。

外祖母：母亲的母亲，称“姥娘”“姥姥”“姥儿”。

母亲:乡村一般称“娘”“妈”，城镇多称“妈”“妈妈”。

三、旁系血亲（父系）

堂曾祖父：曾祖父的兄弟，根据排序称呼“大老太”“二老太”“三老太”等，有时区分男女加上“老太爷”。

堂曾祖母：曾祖母的妯娌，随曾祖父兄弟排序称为“大老太”“二老太”“三老太”等，有时区分男女加上“老太奶（奶）”。

堂祖父：祖父的兄弟，根据排序称呼“大爷”（爷重读，以区别于称呼伯伯的“大爷”）“二爷”“三爷”等。

堂祖母:祖母的妯娌，随祖父兄弟排序称为“大奶”（大奶奶，下同）“二奶”“三奶”等。

姑奶奶：爷爷的姐妹，简称“姑奶”。根据姑奶姐妹排序称呼“大姑奶”“二姑奶”等，最小一位姑奶往往称“小姑奶”。不须区分排序时通称“姑奶”。

姑爷爷：姑奶奶的丈夫，简称“姑爷”（“爷”字重读，与表示女婿的“姑爷”不同），根据姑奶姐妹排序称呼“大姑爷”“二姑爷”等，最小一位姑爷往往称“小姑爷”。不须区分排序时通称“姑爷”。

姨奶奶：奶奶的姐妹，简称“姨奶”。根据姨奶姐妹排序称呼“大姨奶”“二姨奶”等，最小一位姑奶往往称“小姨奶”。不须区分排序时通称“姨奶”。

姨爷爷：奶奶的姐妹的丈夫，简称“姨爷”。根据奶奶姐妹排序称呼“大姨爷”“二姨爷”等，最小一位姑爷往往称“小姨爷”。不须区分排序时通称“姨爷”或“爷”。

舅爷爷：奶奶的兄弟，简称“舅爷”。根据奶奶兄弟排序称呼“大舅爷”“二舅爷”等，最小一位姑爷往往称“小舅爷”。不须区分排序时通称舅爷。

妗奶奶：奶奶的兄弟的妻子，简称“妗奶”。根据奶奶兄弟排序称呼“大妗奶”“二妗奶”等，最小一位姑爷往往称“小妗奶”。不须区分排序时通称“妗奶”。

伯伯：爸爸的哥哥，称“大爷”“大伯”“伯”。根据爸爸哥哥排序称呼“大伯”（“大大爷”或“大大”）“二伯”（“二大爷”或“二大”）等。

伯母：爸爸的哥哥的妻子，称“大娘”“大妈”。根据爸爸哥哥排序称呼“大娘”（大大娘）“二大娘”（二娘）等。

叔叔：爸爸的弟弟，称“叔”或“爹”。根据爸爸弟弟排序称呼为“大叔”（大爹）“二叔”（二爹）“三叔”等，也有称“二大”“三大”“小大”的。

婶婶:爸爸的弟弟的妻子,称“婶子”,也有称“花娘”“花婶”“娘娘”。根据爸爸弟弟排序称呼为“大婶”（大娘）“二婶”（二大娘）等。

姑姑：爸爸的姐妹，称姑、姑娘、娘（niang）。根据爸爸姐妹排序称呼为“大姑”“二姑”等,最小者往往称“小姑”。

姑父:爸爸的姐妹的丈夫。根据爸爸姐妹排序称呼为“大姑父”“二姑父”等，最小者往往称“小姑父”。

堂兄、堂弟：叔叔、伯伯的儿子。

堂姐、堂妹：叔叔、伯伯的女儿。

侄子：兄弟的儿子，称“侄儿”。女子娘家兄弟的儿子通常称“娘家侄儿”，以区别婆家兄弟的儿子。已婚女子丈夫随妻子称呼。

侄女：兄弟的女儿，称“侄女”。女子娘家兄弟的女儿通常称“娘家侄女”，以区别婆家兄弟的女儿。已婚女子丈夫随妻子称呼。

四、旁系血亲（母系）

外曾祖父兄弟分别根据排序称“大太姥（爷）”“二太姥（爷）”。外曾祖母妯娌分别称呼“大太姥”“二太姥”。姥爷的兄弟分别根据他的排名称呼,比如:“大姥爷”“二姥爷”。他们的妻子称呼为“大姥姥”“二姥姥”等。

姑姥姥：姥爷的姐妹。称“姑姥”或“姑姥娘”，根据姥爷姐妹排序称“大姑姥（娘）”“二姑姥（娘）等。

姑姥爷：姥爷的姐妹的丈夫。根据姥爷姐妹排序称“大姑姥（爷）”“二姑姥（爷）等。

姨姥姥：姥姥的姐妹。称“姨姥（娘）”，根据姥姥姐妹排序称“大姨姥（娘）”“二姨姥（娘）”等。

姨姥爷：姥姥的姐妹的丈夫。根据姥姥姐妹排序称“大姨姥（爷）”“二姨姥（爷）”等。

舅姥爷：姥姥的兄弟。又称“舅姥”，根据姥姥兄弟排序称“大舅姥（爷）”“二舅姥（爷）”等。

舅姥姥：姥姥的兄弟的妻子。亦称“舅姥”“舅姥娘”，根据姥姥兄弟排序称“大舅姥（娘）”“二舅姥（娘）”等。

舅舅：妈妈的兄弟。通常称“舅”。根据妈妈兄弟排序称“大舅”“二舅”，最小者往往称“小舅”。

舅妈：妈妈的兄弟的妻子。有地方称“舅母”“妗子”，根据妈妈兄弟排序称“大舅妈”（大妗子）“二舅妈”（二妗子）。

姨：妈妈的姐妹。根据妈妈姐妹排序称为“大姨”“二姨”，最小者往往称“小姨”。

姨父：妈妈的姐妹的丈夫。根据妈妈姐妹排序称为“大姨父”“二姨父”，最小者往往称“小姨父”。

表哥、表弟：姑姑、舅舅、姨的儿子。也有称“姨哥”“姨弟”。

表姐、表妹：姑姑、舅舅、姨的女儿。也有称“姨姐”“姨妹”。

外甥：男性称姊妹的儿子为“外甥”，最长的称“大外甥”，最幼的称“小外甥”。

外甥女：男性称姊妹的女儿为“外甥女”，最长的称“大外甥女”，最幼的称“小外甥女”。

姨甥：女性称姊妹的儿子，通常简称“外甥”。

姨甥女：女性称姊妹的女儿，通常称“外甥女”。

五、姻亲

公公：丈夫的父亲，女子随丈夫称呼“大”“爹”“爸”。

婆婆：丈夫的母亲，女子随丈夫称呼“娘”“妈”。

岳父：丈人，妻子的父亲，丈夫随妻子称呼“大”“爹”“爸”。

岳母：丈母娘，妻子的母亲，丈夫随妻子称呼“娘”“妈”。

儿媳：对儿子的妻子称“儿媳妇”，简称“媳妇”，公婆多直呼名字，以显亲切。

女婿：对女儿的丈夫称“女婿”，岳父母多直呼名字，以显亲切。

嫂子：对兄长妻子的称呼，有的称“嫂儿”。

弟妹、弟媳：对弟弟妻子的称呼，又称“兄弟媳妇”，或直呼名字。

姐夫：对姐姐丈夫的称呼，多称“哥”，也有称“表兄”。

妹夫：对妹妹丈夫的称呼，现在多直呼名字。

妯娌：兄弟的妻子间互相间的称呼或合称，也叫“妯娌们”。

连襟：姐妹的丈夫间互相间的称呼或合称，也称“一条檀儿”“担挑”。

大伯子：对丈夫的哥哥的称呼，又称“大伯”，多称“哥”“大伯子哥”。

小叔子：对丈夫的弟弟的称呼，又称“小叔”，多称“弟”或直呼名字。

大姑子：对丈夫的姐姐的称呼，随丈夫称“姐”。

小姑子：对丈夫妹妹的称呼，又称“妹妹”或直呼名字。

大舅子：对妻子哥哥的称呼，又称“内兄”或“哥”。

小舅子：对妻子弟弟的称呼，又称“内弟”“弟”或直呼名字。

大姨子：对妻子姐姐的称呼，随妻子称“姐”。

小姨子：对妻子妹妹的称呼，随妻子称“妹”，多直呼名字。

丈夫：结婚的女人对自己伴侣的称呼，旧时称“孩子他爹”“孩家大”或“外头人”，现多直呼名字，或昵称为“亲爱的”“老公”等。

妻子：结婚的男人对自己伴侣的称呼，旧时称“老婆”或“家里人”“孩子他娘”，现多直呼名字，或昵称为“亲爱的”“老婆”等。

其他：称姑、姨之公爹为“表爷”，姑、姨之婆母为“表奶”。姑父、姨父之兄弟姐妹为“表大爷”“表叔”“表姑”。舅爷、姨奶之儿女为“表大爷”“表叔”“表姑”。称姨姥之儿女为“表舅”“表姨”。同姓同族的一般论资排辈互相称谓，为区别于直系亲属，往往冠以名字，如仁厚大爷、大伯，对女的称谓常冠以丈夫的名字，如仁厚丈夫的名字，加上自己的本姓或名字，如王大娘、李大婶、春花嫂子等。对外族外姓人，一般对老年男性称大爷，前面冠以姓，如老王大爷，对老年女性称大娘。对于年龄相当的，一般直呼其名或尊称哥、嫂子。长辈称晚辈直呼其名，在家呼乳名倍感亲切。若晚辈年龄比自己过大，为表示尊重，不直呼其名，多称“大侄子”“大侄女”“侄儿媳妇”“孙子媳妇”，对膝下有儿女者称“某某他爸”“某某他妈”。同辈之间，称男为“哥”“弟”，称女为“姐”“妹”，称哥之妻为“嫂子”，弟之妻为“弟妹”。对弟、妹、弟妹、妻子或丈夫多直呼其名。

（王平选）

土语俗词

【自然】

日头：太阳。

日头地儿：太阳照射的地方。

月姥姥儿：月亮。

月亮地儿：月亮照射的地方。

月亮头：有月光的夜晚。

月黑头：无月光的夜晚。

贼星：流星。

勺子星：北斗星。

扫帚星：彗星。

参儿星：猎户星座中三颗直线等距离的亮星，即参宿一、参宿二、参宿三。

云彩：云。

瓦块儿云：瓦状或鱼鳞状的云霞。

刹风：风停了。

沤热：天气潮湿闷热。

打闪：闪电。

滴点儿啦：下零星小雨。

冷子：冰雹。

流冰：雨雪后因寒冷地面上凝结的冰凌。

琉璃儿：房檐下的冰柱。

龙抓啦：被雷电击中而死。迷信鬼神者认为是龙王抽了筋，把人抓走了。

地翻身：地震。

地：旱地，也泛指水田与旱地。

发水：河水上涨。

发大水：大洪水。

土垃：粉末状的土。

坷垃、土坷垃：土块。
井拔凉水：夏天刚从井里打出来的凉水。
乌笃水、温笃水：未煮沸的温水。
吸铁石：磁石。
坑：池塘。
坡（陂）地：洼地。

【时间】
多大晚儿、多旦儿、多点儿：什么时候。
多会儿：刚才。
这一伐子、这一蓊子、这一弯儿：最近一个时期。
一崩子：一会儿、一口气。
震晚儿：这时候。
才将、将将儿：刚才。
今儿个、今儿：今天。
夜儿、夜儿个、夜儿哩：昨天。
明儿、明个儿：明天。
后儿、后个儿、后印儿：后天。
前半儿：上午。
后半儿、晚晌：下午。
晌午头儿：中午。
晌午错：刚刚过了中午。
赶明儿：明天后天，将来。
每道儿、每涝儿：从前。
麻擦眼儿、麻擦乎眼儿、黑麻子眼：傍晚时分。
晚晌黑：夜晚。
冷层明儿：黎明。
秋明儿：清明节。
五月单五儿、五月当五儿、当五儿：端阳节。
十来一儿：阴历十月初一。
年尾（yǐ）儿：年底。
年头哩：春节前。
年下：春节。
过了年儿：春节后。
年时个儿：去年。
前年个：前年。
年把儿：一年左右。
年成：收成。
冲开：不大一会儿。

【农活农具】
垄：地里高起的埂子，便于浇水。
垄沟：畦中通水的小沟。
晒旱地：休耕地，即一季或两季不种庄稼的地块。
犁地：用犁子翻耕土地。
耙地：用带钉齿的耙将地耙平，以便保墒。
抹（mā）地：用不带钉齿的耙方子将地抹平，以便保墒。
耩地：用镂将作物籽粒播种到地里。
锄地：在庄稼地里用锄头锄草。
蹲地：播种后用石磙把松土碾实，以便保墒。
薅（hāo）草：用手拔草。
剔苗儿：剔除过密的庄稼苗儿。
歇晌：午休。
造（cào）场：用石磙将一块土地碾平，用作麦子、稻子等庄稼的收获脱粒。
打场：在场上用石磙和耪石将晒干的麦子、高粱等庄稼反复碾轧脱粒。
木锨：木制的锨，用于晾晒粮食。
铁锨：铁制的锨，用于挖地取土。
钉刨、抓钩：有三根铁齿的一种刨地农具。
粪钗子：用于铲农家肥、麦秸等的三齿铁制农具。
割谷子：用镰刀收割谷子。
割豆子：用镰刀收割豆子。
割麦子：用镰刀收割麦子。
砍秫秫：用镢头或镰刀将秫秫整棵砍割下来。
杀芝麻：用镰刀收割芝麻。
磕芝麻：将晒干的芝麻秆头朝下用力相互碰撞，以便将芝麻籽粒磕下来。
打芝麻叶:将嫩芝麻叶从芝麻棵上打下来，当蔬菜食用。
翻红薯秧：在红薯生长季节定期用木棍将红薯秧翻起来，防止红薯秧生根。
刨红薯：用镢头从地里将红薯刨出来。
窖红薯：冬季将红薯储藏在地窖里。
拖（tuò）车：专门运送犁子、耙等农具的木制工具。
架子车：双车把、左右两汽轮胎的木制平板车。

【植物】
苞谷、玉蜀秫（黍）：玉米。
秫秫：高粱。
秫秆：高粱秆。
甜秫杆、甜秆：甘蔗。
秕子：有壳无实或不饱满的谷物籽粒。
兰花豆：蚕豆。
木胡蛋：马铃薯。
秦椒、广椒：辣椒。
红萝卜：胡萝卜。
辣萝卜：萝卜。
花骨朵：花蕾。
树秧子：树苗。
树疙瘩：树根。
树骨碌子：截成段的树干。
柳绵子：柳絮。
杨绵子：杨絮。
烘柿子：成熟的柿子。
漤柿子：用温水或石灰水浸泡去掉涩味的柿子。
水浮漂：浮萍。
靠山红、照山红：杜鹃花。
小桃黄儿、桃红：凤仙花。
葵瓜：葵花，向日葵。
倭瓜：南瓜。

刺角芽：大蓟。
黄黄苗：蒲公英。
甜甜芽：枸杞。
车轱辘子棵：车前草。
大麻籽：蓖麻。
萝卜缨子：萝卜叶子。
叫角：皂角。
米乎菜：苋菜。
癞瓜：苦瓜。

【动物】

牛：读“耦（òu）”。
水牛：读“水耦（òu）”。
牦牛（máo òu）、牦牛蛋子：未阉割的公牛。
老犍、犍子：阉割过的公牛。
犃牛（shòu òu）：母牛。
叫驴：公驴。
草驴：母驴。
大西驴、泌阳驴：泌阳县特产的一种驴。
驴娃子：驴驹。
马娃子：马驹。
驴骡、马扪子：母驴和公马交配所生的杂种。
马骡、驴扪子：母马和公驴交配所生的杂种。
臊胡：公羊。
水羊：母羊。
羯子：阉割过的公羊。
伢狗：公狗。
郎猪、郎猪子：未阉割的公猪。
伢子：阉割过的公猪。
豚子：阉割过的母猪。
老改教（劁）：阉割后的种猪。
郎猫：公猫。
咪猫：母猫。
小豁儿：家兔。
搬藏：日鼠。
癞肚、癞头：蟾蜍。
河摸、蛤蟆：青蛙。
蚂鳖：蚂蟥。
壳蚌：蚌。
臭虱：臭虫。
圪蚤：跳蚤。
出串：蚯蚓。
土鳖子：土元。
屎壳郎：蜣螂。
恶仔：田螺。
恶仔牛：蜗牛。
长虫：蛇。
老扁担：一种较长的青色蚂蚱。
老飞头：一种灰色的短小蚂蚱。
老天爷的大闺女：蝼蛄。
蛐子：蝈蝈儿。
花蛛蛛：蜘蛛。
蜓蜓：蜻蜓。
出出子：蟋蟀、蛐蛐。
刀螂：螳螂。
麻吱了儿：蝉。
爬叉：蝉的幼虫。
明明虫：萤火虫。
爬叉皮：蝉蜕。
虫翼儿：泛指鸟类。
小虫儿：麻雀。
老鸹：乌鸦。
老等：鹭鸶。
叨木官儿：啄木鸟。
黄黄鹭儿：黄鹂。
光棍儿扛锄：布谷鸟。
马喳子儿、毛戛子、马尾鹊：喜鹊。
扁嘴子：鸭子。
饿老雕：鹰。
夜猫子：猫头鹰。
燕扁蝴儿：蝙蝠。
家鱼：鲢鱼。
火头：黑鱼。
草混：草鱼。
泥狗子：泥鳅。
圪牙：黄鱼。
王八、老鳖：鳖。
勃、将：母畜生产。
拴驹、走驹、落驹、司驹：马、驴交配。
走犊：牛交配。
跑圈子：猪交配。
跑羔儿：羊交配。
恋蛋、走窝子：狗交配。
猫叫春儿：猫交配。
踩水：鹅、鸭交配。
压蛋儿、踩蛋儿：鸡、鸟类交配。
落犊：牛流产。

【身体】

呼些（吸）门儿、呼些（吸）顶儿：囟门儿。
眉头、业老盖子：前额。
头把子、脑油后：后脑勺。
谢顶、稀顶：秃顶。
眵麻糊：眼屎。
牙花子：齿龈。
脖儿梗：脖颈。
呼咙：喉咙。
肩么头儿：肩头。
胳老肢儿：腋窝。
脊娘（梁）沟子：脊背。

肋巴骨：肋骨。
妈儿：乳房。
妈穗儿：乳头。
壳郎子：胸腔。
肚么脐儿：肚脐。
光肚儿：裸体。
胳老盖儿、胳老瓣儿：膝盖。
迎面骨：胫骨。
螺丝骨：踝骨。

【称谓】

俺：我，我们。
恁：你，你们。
自个儿：自己。
这货：这个人。
那货：那个人。
堂兄妹：伯、叔家的同辈。
爷儿们：父子、叔侄间互称。
表兄妹、表姊妹：姑、舅、姨家的同辈。
姑表兄妹：姑家的同辈。
姨表兄妹：姨家的同辈。
娘儿们、媳妇子：对已婚妇女的蔑称。
外头人：妻子称丈夫。
屋里人：丈夫称妻子。
兄弟：弟弟。
佃儿们：弟兄们。
客：女婿。
老疙瘩：对最小子女的爱称。
妻孙：骂人话。
龟孙：骂人话。
一条椽、一条檩、一条杠儿:亲姐妹的丈夫之间的通称。
一家子：同姓氏者的互称。
掌柜哩：妻子称丈夫。
小妮儿：小姑娘。
妮子：女孩子。
孩儿、孩子、小家伙：男孩子。
半大橛子：十五六到二十来岁的男孩子。
老身（师）儿：对工匠师傅的尊称。
先生：医生。
白脖儿：外行。
信子、霎（tèng）子：傻子。
二货、二蛋、二信子：不够精明。
半吊子、半瓜子：不通事理，言行鲁莽的人。
眼子：容易被人捉弄、诓骗的老实人。
光棍儿：惹不起或有权势的人。
光肚汉子、光荡汉子、光棍儿：单身汉。
老妮儿：未婚大龄女子。
月子婆娘：生完孩子一个月内的女人。
炮筒子：言语直爽、无所顾忌的人。
二意子：阴阳人。
褪（tùn）胡：男同性恋者。
二道毛：指作风粗鲁、不懂礼貌的人。
下三儿：下贱、没出息的人。
半掩门儿、半门子：暗娼。
破鞋、烂货：与人通奸的女人。
肉头：指与人通奸的女人的丈夫。

【婚葬】

红事儿：结婚。
白事儿：殡葬。
说媒哩：给人介绍对象的人。
看家儿：定亲前家长或本人到对方家相看。
看好儿：选择黄道吉日。
送好儿：结婚前男家到女家告知结婚日期。
搬亲：娶亲、完婚。
出门子、出阁：女子出嫁。
回门：女子出嫁后第三天与丈夫一同回娘家看望父母。
引：妇女生孩子。
过月子、坐月子：产妇生育后第一个月。
扳了、丢了、扔了：婴幼儿夭亡。
殇了：少年、中年人死亡。
下世、过世：老年人死亡。
土活、老屋：棺材。
摔老盆：发丧时长子在灵柩前把烧纸的盆子摔破。
穿孝、戴孝：死者的家属亲朋穿着白帽、白巾、白衣。
大手巾：把白色孝布撕成条状，用于裹头。
哀杖子：哭丧杖。用柳条或高粱秆子粘上白纸穗制成。
幡杆子：死者的招魂幡，用粗柳枝做成，埋葬时插在坟前。

【疾病】

不得劲儿：生病。
冒肚：腹泻。
气蛋：疝气。
哕（yuě）、干哕：呕吐。
发疟子、放老犍、打摆子：生疟疾。
哕冒病：霍乱。
出花儿：出牛痘。
点花儿：种牛痘。
羊羔风：癫痫病。
绞肠痧：阑尾炎。
钉疙瘩：疮痂。
疤瘌：疮口愈合后留下的疤痕。
溃脓：疮生了脓。
蒙脸痧、黑星子：雀斑。
害耳底：中耳炎。
痄腮：腮腺炎。
黄病：肝炎。
噎食病：食道癌。
罗锅儿、背锅儿：驼背。

【家居衣着】

门外：庭院的外面。
堂屋：坐北朝南的正房。
当门儿、明间：外屋，客厅。
里间：里屋。
灶火、灶屋：厨房。
门欠子：门槛儿。
门插子：门闩板。
门搭吊儿：门环、门链。
门鼻儿：钉在门上用以叩门环的铁圈儿。
茅道子、茅茨、夹道子：厕所。
磨屋：磨坊。
锅克廊子：锅台。
风掀：风箱。
炊帚把子：炊帚。
老绑：扫帚。
秧柴：柴草。
槃柴：木头棒子。
大氅：大衣。
战带：搬运工人或农民系的宽而长的腰带。
盖的：被子。
铺的：褥子。
泥屐儿：雨天走泥路穿的木屐。
手箍儿：戒指。
围脖儿：围巾。
围嘴子：婴儿脖颈下面围的手帕子、布片。
兜兜儿：兜肚。
坎子：无领无袖的上衣。
小坎儿：背心儿。
遮巾子：围裙。
雨淋子：斗笠。
铺衬：碎布。

【饮食】

喝汤：吃晚饭。
糊涂：用高粱面、玉米面熬制的粥。
馍：馒头。
窝窝头、窝窝：圆锥形粗粮馒头，底部有个凹儿。
疙瘩汤：用白面搅拌成糊下到开水里煮成的面汤。
擀汤：擀面条。
圪渣儿：碎锅巴。
扁食：饺子。新蔡又叫“包汤”。
角子：油炸或蒸制的半月形菜包。
菜盒儿：中间夹馅的烙饼。
锅盔：圆而厚的烙饼。
好面：小麦面粉。
杂面：杂粮做的面粉。
下面：磨过多遍，质量粗糙的小麦面。
凉面条、蒜面条子：以蒜汁调拌的捞面条儿。
蒸馍：圆形馒头。
卷子：长方形馒头。
花卷子：白面与杂面分层的卷子馒头。
油果子、油馍：油条。
酵子：做馒头用的酵母。
细粉：粉条。
赚头、口条：对牲畜舌头的讳称。
杂碎、里落儿：牲畜内脏。
金针菜：黄花菜。
猪旺子、红豆腐：猪血。
茶：白开水。
叨菜：用筷子夹菜，多用于劝客人进食。
吃场子、吃摊子、坐桌子：参加宴席。
写酒：斟酒。
恶水：刷锅、洗碗用过的水。
澌气：食物的馊味。
碓窑子：舂米、去麦壳用的石臼。
蒜臼：捣蒜用具。
醋水：放置汤匙的小碟子。
吃对乎儿：吃饭 AA 制，各人分摊饭钱。

【社会】

中：行，好，可以。
不哩：不同意、不干。
不中：不行。
不赖、不孬：好。
不沾、不沾弦：不行。
得劲：舒服、快意；工具顺手好用。
眼气：羡慕。
摆活、拉呱儿、拍话儿：说闲话儿。
斜豁、咋呼：说话嗓门高。
言一声儿：打个招呼。
舔、溜白、溜沟儿：溜须拍马。
可烦：厌恶。
磕碜：讨厌，难看。
戴见、爱见：喜爱。
认哩：认得。
绝人、嚼人：骂人。
绝架：对骂；互相骂玩。
拿捏人：故意挑剔，指责人。
遭际人：嘲骂人，糟践人。
摆治：反复拨动或移动；摆布、安排；玩弄。
打渣子、打王诈：开玩笑，骂玩。
俚戏：开玩笑，骂玩。
拾掇：整人；收拾、修理东西。
估摸：估计、猜测。
编圈儿：设置圈套。
对乎：凑合。
巴不哩：巴不得。
慌了脚了：慌忙、着急。
抖搂：说出事情的原委。

抓瞎：糟糕、不好。
搅泥：纠缠。
作精：故意挑剔、找麻烦。
掂对：调整；摆布、刁难。
挖胯：倒霉；事情办坏了。
扒碴：扒；挣扎着上进、奔波。
欺么：欺侮。
沤：长时间赌气、纠缠。
刻乎：欺侮；使……吃苦。
抛洒：浪费；随便扔东西。
喷、瞎喷：吹牛、夸口。
喷空儿：聊天。
仗：添、放东西。多指在饮食中添放调料。
谝：显示；夸耀。
谝能：夸耀自己有本事。
撇：说话装腔作势；嫌东西不好而不要。
抖：发迹；得势。
抠：吝啬。
抠撮：吝啬。
跩（zhuǎi）：故作高雅；吃穿优越，生活富裕。
麻缠：纠缠不清；难办。
磨叽、磨磨叽叽：停止不做或非常慢地做事。
倒搐：退步。
没眼色、死板：不会见机行事。
迷瞪：发愣；糊涂。
破上：不顾一切地硬拼。
癔症、发癔症：发呆。
腌讥：用轻蔑的口气讥讽人。
摆划：处置，安排；修理，整治；指点，教育。
磨嘴：费口舌、吵架。
口：性情厉害、蛮不讲理。
不使闲儿：一直不停，无休止。
妥啦：完结；停当。
有门儿：有办法。
胡啰、胡砍、胡筳：没有边际地乱说。
圪意人、嫞奈人:对言语、行动或环境感到恶心、不满意。
揽把：贪婪，占有很多东西。
摧人：骗人。
不搁人：不易合作。
斗：逮捕、抓获；吃、拿。
晒暖儿：晒太阳。
打圆弧：调解纠纷，缓和僵局。
扒豁子：引起纠纷；惹祸。
坐萝卜：事情没办好而作难。
不咋着：不怎么样。
翻精：小孩顽皮捣蛋。
皮脸：小孩对长者的教训置之不理。
卯：剩下；留下。
去𡱂、去伙：不行；作罢。
活脱儿：两人相貌、举止十分相似。
耐涴（wò）：耐脏。
赔释：道歉，安慰。
拖滑：偷懒、耍滑。
办赖：使人难堪。
治赖：使人难堪。
没捞摸：无依靠；摸不清别人的话儿和事儿。
不徐乎：没注意，不知道、不清楚。
搁伙计：合作共事。
抱屈：受到委屈而难过。
挖软泥儿：欺负弱者。
咬牙印儿：表态；说出一定标准、数量等。
啥：什么。
啥啥：筛选筛选。
楞：得意、炫耀。
托底：对某人或某事的原委知道得很清楚。
淤岗：到处传说，都说。
捏摆、捏作：过分谦让。
枯搐：皮肤或物品表面发皱。
忽记：忽略忘记。
耳性：记性。
烧：卖弄、炫耀。
烧包：卖弄、炫耀。
圪对：凑合。
不甩、不甩乎：不搭理；不买账。
不行意：不习惯。
爽：批评。
猫：骗。
猫人：骗人。
猫话儿：故事，传说。
数道：带有斥责的劝说。
要过：说话干净利落；穿戴整齐利索。
害赖：害羞。
庆：较稀的东西因冷却而变稠。
争敬：认为别人对自己不够尊敬而生气。
钻挤：脑子灵活；善于钻营。
材坏：人体伤残；事情没有办好。
黏牙：无休止地纠缠。
拧筋：无理强辩。
不瓤：不弱，很强。
怪气：奇怪。
毒气：气势大，权势大；很兴盛。
泼：泼辣。
落：寂寞。
打锅：体质很差；身体顶不住。
差纰：事情没有办成，出错了。
薄性：小气。
闻早儿：趁早。
邋乎：不整洁；不利落。
富态：身体胖。
清寂：清净。

尖：吝啬。
缩气：事情被戳穿显得没意思；小气；没本领。
臊气：倒霉。
郎当：办事不认真。
撮胡儿：事情办坏；不行。
澎了、澎圈了：糟糕。
黄了：事情办不成。
苦包、确包：作弄。
紧巴：不宽裕。
刺挠：痒；不痛快。
胡尔马叶：马马虎虎，不认真。
老实巴交：特别老实本分，不善言辞。
傻不愣登：傻里傻气。
恁：很；那么。
没任啥儿：什么都没有。
咋来：怎么了。
咋样儿：怎么样。
啥样儿：什么样。
根儿干：跟前。
点儿上、胆儿上、高头：上边。
严好儿、严可儿、严肯儿：正好。
曩（nǎng）：哪个方向？那个方向。
白：别，不。
并：不应，不用。
嗲拉：娇声娇气地说话。
且：起，起来。
情：尽管。
就碗儿、净碗儿：立即，随即。
稀乎儿、稀齁儿：几乎，差一点儿，快要……
到了儿：到底，到最后。
没带（得）：没有。
争该、争个儿：一直、反复。
逛么、管么：恐怕，大概；可能。
单意儿：故意。
打老契：认干亲。

【数量】

仐："一个"的合音。
俩："两个"的合音。
仨："三个"的合音。
木扭仐：没有一个。
一半个：少数的约数。
十来个：十个左右。
百十个：一百个左右。
千把子：一千个左右。
一齁儿：一点点儿。
一捏儿：指粉状物的量很少。
一谷堆：一堆。
一谷抓：一嘟噜。

【动作】

铁（tié）：力气大，本事大。
谷堆：蹲。
飙：跑。
加崩子跑：快跑。
出律：溜走；滑下去。
窜圈：逃跑。
登倒：交替地在容器中倒出倒入；物体交换地方。
扳迟（视）：仔细观察。
板倒：摔跤。
杀：用绳子把车上东西捆紧。
尿脬：撒尿。
扤：把胳膊弯起来挎着篮子。
搁劲、驰劲：使劲，用力。
活络：器物的零件活动、不牢固。
砍：器物翻过来。
砍住：把器物翻过来罩住物品。
提（dī）溜：提；悬挂。
搭把手儿：帮帮忙。
瓦：用瓢或碗等器物去盛取粮食、面粉等的动作。
濡：插入，捣。
股隆：人或动物非常缓慢地动作。
挺着：躺着。
肉：动作迟缓。
捋着：顺着，沿着。
招招：向远处仔细看看。
瞅：看。
看死眼子：一直盯着人看。
搲（wǎ）：舀，用瓢取东西。
鬻（yǔ）：热的汤饭从锅中溢出来。

（赵心田）

婚姻丧葬

【婚嫁习俗】旧时婚嫁必遵"父母之命，媒妁之言"，讲究门当户对，包办、买卖婚姻盛行。旧时民间订婚年龄一般为5岁以后，15岁以前。一到订婚年龄，父母即请媒人为子女提媒说亲。新中国成立后，废除包办、买卖婚姻，提倡婚姻自主，自由恋爱结婚逐渐成习。随着中国第一部婚姻法颁布，早婚习俗得到抑制。近年，农村订婚趋向低龄，十七八岁就开始订婚。市境内传统的民间婚姻形式多种多样，主要有转亲、换亲、招赘亲、两姨亲、姑表亲、童养婚、抱养婚、娃娃媒、指腹为媒、招夫养子、转房婚、再醮、续弦、纳妾、冥婚等。多数受传统续香火观念影响而出现的婚姻形式，当代已不复存在，但有的地方仍有买卖婚姻等陋习。市境内民间的婚嫁礼俗深受古代婚嫁惯制"六礼"的影响，从订婚到结婚程序烦琐，讲究颇多。城市男女青年结婚多数简化程序，婚礼多采用土洋结合的偏中式婚礼仪式。在结婚的年龄上，城市青年一般较过去晚一些，大多男性在25岁～28岁，女性在23岁～26岁。农村则比较复杂，有许多农村青年男女十七八岁，甚至十六七岁便结婚。有些初中刚毕业，到外地打工，便同居生子。无论城乡，过去曾经出现过的所谓“娃娃亲”基本已经绝迹。

提亲：旧时孩童长至五六岁，媒人（一般为亲朋做媒）按门当户对向家长提亲，双方相互了解情况。媒人认为男女双方条件相当，即上门与双方父母通信，一般男方设酒宴款待媒人，有“成不成三两瓶”之说。也有双方或一方托媒人出面说合的。新中国成立后，农村男女青年因共同参加集体劳动结识并结合者增多，城市青年男女多数因工作、学习等关系恋爱结婚。无论城乡，多数父母对子女都不再像以前那样强硬干涉子女的婚姻，男女两情相悦，双方互相送毛巾、手帕等作为信物，就算确定了恋爱关系。20世纪90年代以后，农村男女青年大批涌向城市打工或经商，越来越多的男女青年不再重视中间人这个程序。媒妁牵线介绍也有一定比例，尤其是在农村，即使是男女自由恋爱，双方家长也会请亲友充当中间人，提亲的必要程序仍然还是要进行的。

相家：传统婚俗，男女两家不论熟悉与否，均由媒人从中联系。相家一般择双日（视为吉利），媒人带女方家人到男方家看家庭情况，男方设盛宴招待。有的相家分作几次，大致为女方叔、兄首次，大娘、婶第二次，嫂子及女方本人第三次。男女当事人见面，谈话投机者以信物相赠，称“换表记”，不换信物预示告吹。20世纪80年代后，为避免不必要吃喝招待，大多采取男女先见面再相家，一方不如意便告终止。多是中间人在联系好男女双方之后，让其在约定时间和地点会面，城市青年见面大多在公园、电影院或其他公共场所，农村青年多选择第三方家里（通常是媒人家、亲戚家等）。如果双方见面之后感觉还算满意，至少不反感的情况下，男女双方自己再约定下次见面的时间和地点，并告诉家长见面情况和自己的想法，然后双方家长之间再约定见面。双方家长见面多是男方主动约女方家长，有时连中间人一起，到饭馆、酒店吃个饭，双方家人相互认识一下。

定亲：也叫订婚、婚约，俗称“传契”“传柬”。男女双方如愿者，男方置丰盛酒席邀女方父兄或伯叔及媒人，男方将定亲衣、钱交给女方来客。20世纪80年代，定亲礼数百元。90年代标准提高，如1001元，意夸女孩“千里挑一”，个别富户送“三金”，即金项链、金耳环、金戒指。进入21世纪，订婚的情况也日益复杂化，一方面有些地方和家庭定亲礼金愈来愈高，多者达数万元之巨，对于男方家庭贫困者成为巨大负担。另一方面，由于自由恋爱的青年男女日益增多，有许多青年不再讲求这些仪式，只看中对方的人品和能力，不再要求礼金。家长也日益开放，许多人也不苛求烦琐的礼节，而顺应孩子的意愿。定亲后，春节、六月六、八月十五双方互走亲戚，一般男方先瞧女方，而后女方回礼。现在，由于交通和通信日益发达，也多不再讲求这些，平常走动就非常频繁，许多男女青年在婚前就经常住在对方家里，或者在他们共同打工、经商的地方一起租房同居。

订婚：俗称“商量事”“看好”“定好”，指男方提出初步意见，托媒人到女家商量举行婚礼的日子，“商量事”的时间是之前双方商量好的，男方叔兄携双份酒、烟、肉到女方家中商量结婚日子，西平县城以东另携鱼、连根青菜。迷信者提前掐生辰八字、算卦确定婚日，双方将掐算日子互告对方，明确婚日。多选冬春间的二、六、十、十二中的黄道吉日。有的因种种原因，一次商量不定需改日另商，男方再买礼物去女家。当代，尽管越来越多的人不再刻意讲求礼节，一切从简，有相当一些青年男女将结婚证书领了之后，也不再举行各种仪式，就居住在一起。但大多数家庭仍然坚持举行一个婚礼，甚至有些地方和家庭仍然认为婚礼比结婚证书还要重要，无论有无结婚证书，只要举办了婚礼，就得到公众的认可。所以，对婚礼中的环节仍相当重视，但具体的细节较前也大为简化，只是双方家长，或双方指定的中间人，在一起敲定婚礼的时间，不再有以往那样烦琐仪节，甚至有相当部分青年男女，其婚期由当事人自己商定后告知双方家长，然后由双方家长告知自己的亲友，并为他们的婚礼做准备。在婚期的选定上，也不再像过去那样讲求黄道吉日，而是大多选在“五一”、“十一”、元旦等公共假日，或阳历的九月九日、六月六日、八月八日等数字吉祥的日子，一些特殊人群也可能会选在对自己从事职业具有特殊意义的日子，如军人选在“八一”建军节，教师选在九月十日教师节等。

送好：婚期确定后，双方都要作成亲准备，男方一般要准备洞房、床等，女方备嫁妆，亲友赠物作礼，谓之“添箱”；男方备婚礼，整理庭院，准备迎娶。特殊情况下，在婚期近日，男方将烟、酒、肉、钱等送到女家，供女方招待来客。有的男方置办箱柜、桌椅、家用电器等，入夜抬到女家，作为女方嫁妆。也有男方送钱供女方购买嫁妆。如今，这种现象已经很少，一般是用电话随时沟通，有什么问题立即告知对方。双方结婚准备情况视各自的家庭经济条件，男方家庭条件好的，准备的结婚用品就非常多。而女方家庭条件好的，也会为女儿置办很多用品作为陪嫁。20世纪70年代以前，一般双方都是准备一些床和桌、椅、盆架、箱子、脸盆、暖水瓶及棉被、衣服等日常用品，条件特别好的城市青年，家庭会为其准备自行车、缝纫机、手表等。20世纪80年代到90年代，曾流行在结婚时准备的自行车、缝纫机、手表、录音机，被称为“三转一响”。此后，随着经济发展，婚嫁用品也明显变化，上述一些物品不断被新的家用电器产品所取代，电视机、空调、洗衣机、成套的组合家具等都成为曾经风行一时的结婚用品。如今，有不少家庭甚至将房产、小汽车作为结婚用品。农村也有以成套的大型农机具作为结婚陪嫁的。

迎娶：也叫“完婚”“搬新”“办喜事”，为女儿出嫁忙碌称“打发闺女”，男方迎娶称“娶新媳妇”。过去，在婚期前一日，女方设宴招待亲戚及村邻“添箱”之人。晚上由嫂子把嫁衣装入箱柜，并在箱柜四角放硬币。喜事前一日晚，男方嫂辈（忌孕妇、寡妇、再婚妇）为新人铺床，并在棉被下、尿罐中放置红枣、花生、桂圆、莲子，意取谐音“早生贵子”。成亲这天，男方富者用花轿，较贫者用席篷车娶亲。女子出嫁时，不论冬夏，都身着红棉袄、棉裤，头蒙红布，由兄长背送上轿或上车。迎亲车辆带烟、酒、糖果、鱼、肉、红麻、红纸及新娘头饰、衣物、鞋袜等，赶早到女家“抢好”。上蔡等地女方家不去送亲，男方迎亲带一名小男孩“压车”，把新娘接走。新娘上车前多由其嫂梳妆打扮。汝南、平舆一带，新娘由新娘兄弟背入迎亲车。进入20世纪90年代，县城女子出嫁多到美容店盘头扎花，租赁婚纱。红“盖头”由头上顶改为手中拿。婚事用车奢简不定，有的二三辆即可，有的图虚荣、争面子、讲排场、比阔气，十几辆、几十辆车招摇过市，炫耀一时。迎亲车队来回忌走同一条路，每逢十字路口即放鞭炮。新娘娶到家，由二女搀扶引导入院，男方长者迎面抛撒红纸屑混以铜钱、枣、花生等，以示迎新喜庆。新娘下车前先换鞋，称“去鞋（邪）气”。新郎抱新娘下车后，新娘撒喜钱、喜糖，众人哄抢，鞭炮、音响大放。双方在众人簇拥下，在供案前拜天地，然后入洞房。“拜天地”时新娘站上位，新郎立下位，在主持人组织下“一拜天地，二拜高堂，夫妻对拜，抱入洞房”。农村仍沿旧制，“天地桌”上置斗、秤、谷、麦、柏枝、香炉等物。随着城市婚庆服务行业的出现，专门为结婚者扎彩车、派司仪、跟踪录像。有些还请一些乐队，沿途吹吹打打，显得更加热闹。进入21世纪后，越来越多的人开始讲求传统礼仪，又重新出现骑马、乘轿迎娶新娘的。喜庆中亲友邻里向新郎父母脸上涂颜料“打花脸”逗人发笑，增添欢乐气氛。过去，男女双方为子女办婚礼一般是分别进行，由于现在有越来越多的独生子女，所以，许多青年男女结婚时，如果双方居住地距离不远，男女双方多一起办婚宴，双方家长同时接受新人的叩拜，双方客人在一起进餐，女方不再单独举办回门宴。女方家长也与男方家长一样被客人们“打花脸”。

喜宴：俗称待客。喜事当日午，男方大摆酒宴招待村邻送礼者及男女双方来客。规模由20世纪80年代的几桌、十几桌发展到后来的一二十桌、几十桌，甚为铺张。席上，女方舅家男主人为上宾，坐主桌上座，有号令“开桌”（席启）“起席”（席毕）之权。新娘坐另桌首席。席间，新郎新娘向来客逐桌逐人敬酒，先从上座主客敬起，依次下排。宾主让汤禁说“舀”（咬），应说“起”。上鱼时鱼头对准上座主客，劝主客喝“鱼头酒”。每上一道菜主客先动筷，“陪客”最后进食。部分乡村有“敬菜”旧俗，饭菜上桌不得妄动，同桌客人互相询问对方，附近有无年长亲友未到席者，若有，即将饭菜撤下敬赠。也有不撤桌上饭菜，让厨师另做一份赠予者。席罢，女方“送客”会见新郎父母，商定“回门”事宜。“送客”不论路途远近，当天务必返回。20世纪80年代后，县城待客多到酒店“包桌”，根据可能参加婚礼的客人多少，按照一定的标准在酒店预订酒席。20世纪90年代以前，农村婚宴多在家里举办，适逢天气又比较晴朗，便在自家或邻居院子里搭起棚子，自己购置鱼肉及各种蔬菜，请厨师制作加工。如果天气不好，一般多在自家或邻居家的屋内设宴。农村出现专门从事出租婚宴使用的碗碟、桌椅等物品的经营者，一般按照桌数来收费，一桌即一桌宴席所使用的全套物品。也有些是专门为别人婚宴制作菜品的厨师自己出租这些东西，请他们去制作菜品，就直接捎带这些全套用品，仍然按桌收取费用。近年来，也有不少农村家庭到县镇的饭馆酒店举办婚宴，一是图省事儿，不再到处购置婚宴所用的肉和蔬菜等，也不再到处借别人的桌椅碗筷。农村还出现在家包桌的情况，专门经营宴席的人与主人商定宴席的桌数、标准及每桌的价格，婚宴上所有的东西均有经营方准备，在婚宴当天，由专门经营宴席者到主人家中制作宴席，主人只按事先商定的价格按桌数付钱即可。

闹洞房：当晚，亲邻喝喜酒，闹洞房。新婚之夜，主人备烟、酒、糖、水果等供闹房者享用。亲友不分老少均可戏要新郎新娘逗乐取笑，有“三天之内无老少”之说。若无人闹洞房则讥为人缘差、不为人。夜间嫂、弟偷听新郎新娘密语，俗称“偷听话儿”。进入20世纪90年代后，“偷听话儿”者逐渐减少。过去，闹洞房时比较野蛮，用各种手段取笑新人，有些带有猥亵和调戏的味道，因为此时，无论如何新人都不能恼怒，所以有些甚至酿成新郎或新娘的人身伤害。随着文明程度的提高，闹洞房的方式也发生重大变化，过去许多不文明的行为越来越少，一般只是几个关系特别好的同学或朋友到新房与新人说笑一番。

回门：新婚3日（也有4天或6天的），女方弟或兄到男方家请新娘回娘家，俗称“请客”“叫客”。中午男方设宴招待来客，并将媒人推为上宾，称“谢大宾”“酬大宾”，上蔡、平舆县称“谢媒”。“开桌”后主客将男方所备礼金“封子”送给厨师，厨师允上鲤鱼，否则，厨师用红纸将鱼眼盖住表示不满意，鲤鱼上桌后客人不得食用。酒饭后，新娘随弟或兄回娘家，称“回门”。数日后，新郎去岳家接回新娘。确山、汝南、泌阳等县大部分村庄沿另俗：当日，新郎、新娘同被请至女方娘家，中午女方娘家设宴招待“添箱”亲友，确山县称“申客”，汝南县称“谢客”，泌阳县称“待新客”，新郎坐上席。泌阳县女方晚辈给新郎抹花脸逗乐。席罢，新郎新娘同返男方家中。平舆县新娘在娘家住3日后，由父、兄送新娘回婆家。西平县人和乡在回门当日晨，女方哥起早携衣物到男家“添柜”，意增添富贵。新娘随哥于午前赶回娘家，有“回门不能晚，晚了瞎她婆婆眼”之说。

拜年：有地方叫“走新亲戚”。新婚后第一个春节，正月初四或初六（上蔡、平舆县为初二）新郎新娘携“礼条”（猪肋条肉）、果品、点心等物到女方娘家拜年，给女方娘家及其近亲每家1份礼品。当地有“戏新郎”之俗：新娘远房弟弟、侄儿、侄媳妇、侄孙对新郎幽默戏骂，有的用锅灰、墨水、鞋油等颜料给新郎“打花脸”逗乐。午宴，新郎坐上席。宴后，主人将果品、点心等物收下，礼条让新郎新娘捎回，来年再拜再买，至第三年主人将礼条收下食用。有的为节俭，第一年随将礼条收下，以后拜年不再置买礼条。确山一带新婚拜年，女方家给新郎、新娘不菲的“压筐子钱”。

20世纪60、70年代倡导婚事简办，女方不要彩礼，男方不收贺礼，不摆宴席，深受群众欢迎。结婚当日，新郎新娘到政府民政部门领取结婚证。改革开放以后，城乡男女青年结婚，不论媒人撮合或自由相爱，大多遵从自愿原则。经济条件差或子女有生理缺陷之家仍有转亲、换亲或变相买卖婚姻者。20世纪80年代后，结婚要彩礼、讲排场、大摆宴席之风盛行，给群众造成沉重经济负担；加之结婚办证时“搭车收费”较多，申领结婚证消极，出现无证同居、未婚先孕现象。20世纪90年代政府对非法同居实行经济处罚，并减少“搭车收费”，无证同居现象稍减。有些青年人提前办理结婚登记手续，待日参加集体婚礼或旅游结婚。随着人们婚嫁观念改变，再婚再嫁不为稀罕，招婿入赘大多不被歧视。婚嫁由经媒人撮合逐步趋向自由恋爱。少数相恋男女自定婚期，告知亲朋，烦琐婚礼应免尽免；大多数家庭仍遵循提亲、相家、订婚、送好、迎娶、待客、闹洞房、回门、拜年等一系列礼仪。汉族人与回族人结婚，汉族人必须申请入教、作进教仪式、洗大净、请阿訇念古兰经，生活习俗遵随回族。

【丧葬习俗】 老人之丧历来为头等大事，老年病危即通知至亲好友，一旦病故立即向亲友报丧。邻里亲友携祭品前往吊唁。主家设席招待。旧时丧葬习俗甚为复杂，新中国成立后提倡丧事简办，送祭品改为送花圈，吊唁仪式改为追悼会。殡葬旧俗渐被打破。

停丧：人将“落气儿”（意即死亡，或称“咽气”“断气”）时，抬入正房当门儿左侧灵箔上，头朝外，穿齐“送老衣”（另有叫“装老衣”），洗脚穿鞋袜，儿女日夜守候，以求断气时“得继”（亦有人死后才换上“送老衣”的）。“咽气”后脚缠麻批“绊脚索”，口含“噙口钱”，脸上盖“蒙脸纸”。头前置供桌，上放香炉、水果、长明灯、“供灵鸡”（死者大儿或大女将活鸡搦死、拔毛、不开膛、轻煮、插筷），有的还放熟面条、“刀头肉”（猪肋肉，淡水轻煮后交叉插筷）等，桌前放盛纸灰的瓦盆，称“老盆”。盆底由死者晚辈每人锥一孔。正阳一带将临终所穿内衣换下扔于房顶，3天后取下烧掉。其他县则将换下衣、被、灵箔扔于村外荒僻处。公职人员死后尸体大多停放医院太平间或自家居室。烧纸放鞭，举家痛哭，向亲友逐家报丧。停丧的时间根据情况而定，一般死者的年龄越大，停丧的时间越长，但都是单数，一般3天，也有5天或7天的。

报丧：亲人故去之后，要立即安排亲族或朋友，或自己亲自通知所有的亲朋。过去，在通信不发达的时候，一般要安排几个人步行或骑自行车一个个到亲朋家中去通知。随着通信日益发达，电话在城乡日益普及，大多由死者的子女或家属电话通知各位亲朋好友，农村通常仍是安排人报丧，电话通知被认为失礼。

吊唁：亲戚朋友在接到报丧的通知后，便会陆续到现场吊唁死者。如果是亲戚，一般会在接到通知后立即来到现场，向死者亲属致以问候，要以“节哀顺变”等话语来安慰死者的亲属，同时，会赠送挽幛、花圈、烧纸等，并会拿一些钱给死者亲属，以示慰问。并且会跪在灵前烧纸点香、痛哭，此后，便留在事主家中帮忙处理一些细碎杂务。一般的同事或朋友，大多出殡（火化）前几天或在出殡（火化）当天入殓前去吊唁，他们多是集体到来，向死亡鞠躬致哀，向主人表示慰问，并送主人一定数额的钱，称为“随礼”。如果不能亲自到现场的，也可以让其他人捎给主人。很多情况是由一人将大家的钱收下来，用一张纸将每位同事送的钱数写上，到主人家后，将钱和所记纸张一起交给主人，这种称为“凑份子”。“份子钱”由几元、几十元涨至几百元甚至更多。20世纪60、70年代倡导以追悼会形式向死者致哀，禁用管弦鼓乐。20世纪80年代起，鼓乐盛行，除年少急死者外，年老病丧（当地称“喜丧”）大多请鼓乐吹奏，甚者请三四班对吹对唱，常逗观者哄笑。20世纪90年代中期，有的搭过街灵棚，图虚荣，讲排场，显气派，张扬数日。

戴孝：死者晚辈按不同辈别穿戴不同孝衣孝帽，幔不同白鞋。直系儿女（俗称孝子、孝女）、儿媳腰腿束麻，日夜守灵。亲友携幛子、纸、炮、烟、酒、肉、礼金等来吊唁，孝子（或孝女，下同）下跪施礼，放鞭迎接。给亲友发白布“吉利”，20世纪70、80年代后，一般给前来吊唁的亲友发朵纸叠的白花。对死者晚辈亲戚发孝帽。出殡之前忌穿孝进入他家宅院，而且，头上的孝布从眉头向后漫过，两端垂于身后，脑后用麻纰将孝布系着。出殡之后，孝布则要盘在头上，而不能再垂于身后。过去，子女要为父母戴孝3年。自20世纪70年代始，首先开始于城市，将原来的孝布孝鞋改成戴黑纱或在黑纱上用白布条拼成“孝”字，2000年前后，大多佩戴从专门经营丧葬用品的店铺买来的铁质或塑料的“孝”章或黑纱。

守灵：老人去世，子孙要为死者守灵。老人去世后，一般要在几天之后殡葬或火化。在死者停丧的几天内，子女或孙辈要为死者守灵。守灵时，子女或孙子孙女们在日夜守在灵前，接待前来吊唁的亲友，不时点燃纸钱，哭喊死者。要让灵桌上的长明灯和老盆内的香火一直燃烧，还要防止猫狗鸡等动物靠近灵床，一直守到死者入殓出殡。

入殓：20世纪80年代，政府号召火葬，农村仍沿旧俗，尸体装棺土葬。公职人员推行火葬，对私自土葬者，死者单位不付给丧葬费及遗属抚恤金。火化当日上午，死者亲友携花圈、纸、炮、幛子、钱等参加吊唁，并送死者到火化场殡仪馆举行追悼告别仪式。送丧车队奢简不一，有的尽量从简，有的排长龙、过闹市、显荣耀。追悼会大多由死者单位主持，领导致悼词，众人戴白花，行鞠躬礼，向遗体告别。土葬仍沿旧制，死者尸体大多放置3日，有放7日者。死者娘家人或岳父家人被尊为上宾，每步骤必请应允。棺内铺黄色纸、布，称“铺金”。孝子将死者蒙脸纸、噙口钱、绊脚索除去，给其净面后抬入棺内。盖白色单布称“盖银”。随葬衣物用品放于尸体两侧。死者娘家人或岳父家人查验后，全体亲友列队绕棺观瞻遗容，盖棺“钉扣”。入殓后，行孝人员再到压魂处“起魂”。20世纪90年代后期，平原地区各级政府强制推行殡葬改革，不论城镇农村，尸体一律火化，违者重罚。死者由孝子或亲友抬上公用灵车，至火化场殡仪馆举行追悼告别仪式。骨灰或寄存县火化场骨灰堂或由孝子捧回家中。农村一般将骨灰装棺入殓，也有将骨灰盒置入砌好的墓穴，水泥板盖顶，封土。骨灰入殓仍“铺金盖银”，孝子将骨灰撒成人形或将骨灰分装衣裤内作仰卧势，随葬物品放两侧，死者娘家人或岳家人验后盖棺“钉扣”。

出殡：出殡前，亲友烧纸行跪拜礼。行礼者在鼓乐伴奏、“礼向”（也有称“礼先儿”，即主持人）指点下轻步缓踱，拱手作揖，三跪九叩，有的二十四叩、三十六叩，甚或七十二叩。出殡时间一般在午前或午后，忌正晌午时。出殡起棺，鞭炮鼓乐齐鸣，铳声震耳。送殡者按不同辈分执不同“哀杖”。孝子摔“老盆”（一般由孝子顶盆，舅家人代摔）、扛柳幡、捧灵牌或遗像，儿媳掂饭罐（俗称“噎老罐”）走在棺前，除个别沿旧俗“夫妇不相送”外，大多夫（或妇）与其他亲友跟棺行进。中途停歇，亲戚施礼金“封子”邀鼓乐“传灵”吹唱。若死者亲生父母、祖父母在世，棺上必置一把秸草，意命短夭亡，草卷而葬。孕妇忌送葬上坟。

埋葬：不入祖坟墓地另选新墓地者，在新墓地周围插彩旗（留有出入门口），称“拔新茔”“另拔茔”。有的请“阴阳先儿”看墓地。墓地选好后，出殡前孝子到墓地挖第一锹，再跪叩求人“开圹”，平舆县称“打井”。墓坑多取东南—西北或西南—东北方向。若死者与配偶合葬，遵循女葬上位，男居下位。棺木“下圹”后鸣炮奏乐，封土。灵牌、噎老罐、麻批随置墓坑。哀杖、柳幡插于坟侧。葬毕，送殡者回主人家院，忌中途入他家或自家。至主人家门口，各掐一块馍入口，而后主人开宴招待。饮酒忌划拳。

祭奠：棺木入土当日傍晚，儿媳提饭上坟“点汤”，次日照时行此。第三日上午死者子女、儿媳、族家晚辈上坟供饺（水饺数与亡者岁数同）焚纸哭祭，添土“圆坟”，并带礼品到死者娘家或岳父家坟地鸣炮、烧纸祭奠，称“谢孝”。死后第六日，家人到坟上烧“一七”纸，“二七”“三七”各隔六日烧纸哭祭一次，谓之“前三七烧六上”，“四七”不祭，“五七”纸烧在死后第三十五天。“五七”是较隆重的哭祭，称为“待五七客”，一般会在死者死亡当月内举行。死后百天、周年及每年清明节、“十来一儿”再祭。有的在“五七”之日焚纸楼、纸电器、纸“摇钱树”、纸桌椅、纸仆人等，花费上千元，显示“孝敬”，求得自慰。死者之家三年内忌贴红对联，以蓝纸白字门联寄托哀思。汝南一带在亲人死后第一、二、三年春节分别贴黄、绿、紫色纸质对联，平舆一带顺序相反，分别贴紫、绿、黄色纸对联。公职人员骨灰或寄存火化场骨灰堂或葬于火化场统一砌筑的自购墓穴，也有运回老家土葬者。骨灰寄存骨灰堂者每逢祭日，家人将骨灰盒捧出，在殡仪馆附近公共祭坛，按死者属相将骨灰盒入位，摆祭品、焚纸香、放鞭炮，哭诉悼念。祭毕，骨灰复寄存。骨灰葬于自购墓穴者，其祭奠活动沿土葬俗。

（王平选）

责任编辑：赵心田　李方伟

社会经济

姓氏地望

【蔡姓】 蔡，古同𦙶，音 cài，又音 jì。《百家姓》排名第155位，多源流，多民族。上蔡、新蔡之“蔡”姓同宗同源，是源于本地的主要姓氏之一，该支蔡氏源姬姓。人类始祖伏羲氏因蓍草生于蔡地而画卦于蔡河之滨，遂名其地为蔡。公元前11世纪，周武王封其弟叔度于蔡，建立蔡国，以国为氏，传18代近500年，史称上蔡。后屡受楚国侵犯，一再迁都，蔡平侯迁至新蔡，后昭侯迁至州来（今安徽凤台、寿县一带），改州来为下蔡。

蔡姓自东周时期蔡人得姓始，前后经历东周、南北朝、唐、两宋及宋元、明清时期5次大的迁徙，使得蔡姓遍布豫、鄂、湘、闽、浙、赣、鲁等诸多省份。明朝以后，蔡姓主要在江南发展，逐渐成为南方大姓。自明清时期至近代以来，由福建、广东沿海地区向东南亚移民的蔡姓人数众多，到达的地区涉及今天的菲律宾、印度尼西亚、越南、泰国、马来西亚、新加坡、柬埔寨、缅甸、老挝等国家和地区。

当代蔡姓为中国第34大姓。人口近650万，约占全国人口的0.52%。在全国的分布主要集中于广东、台湾、福建、江苏、浙江、四川6省，上述6省蔡姓大约占蔡姓总人口的53%；其中广东为蔡姓第一大省，约占蔡姓总人口的15.2%（《中国姓氏·三百大姓》）。蔡姓名人辈出，《二十五史》中纪、传人物有112个。

截至2015年7月，驻马店全市蔡姓人口17132人，其中男性8792人、女性8340人。全市8县1区蔡姓人口分布最多的是平舆县，最少的是遂平县，分别为4789人、497人。

【吕姓】 吕，音 lǚ。《百家姓》第22位，多源流、多民族。吕氏出于姜姓，系以国为氏。约公元前21世纪，炎帝裔孙伯夷佐禹治水有功，封为吕侯，在今新蔡县地建立吕国。春秋初为宋国所并，后人部分以国为氏，亦有以齐、许、申等为氏，吕氏大多尊伯夷为得姓始祖。与吕尚之吕同源，是吕姓的主支系之一。一说伯夷封地吕为南阳，南阳亦被认为吕姓起源地。

吕姓在中国大陆排名第43位，台湾占26位。人口570多万，约占全国人口的0.46%。山东、河南2省居多，约占全国吕姓人口的26%；其次为河北、辽宁、江苏、四川、黑龙江、浙江6省，约占全国吕姓人口的29%。（据《中国姓氏·三百大姓》）

截至2015年7月，驻马店全市吕姓人口57999人，其中男性31178人、女性26821人。全市8县1区吕姓人口分布最多的是泌阳县，最少的是确山县，分别为16191人、1857人。

【沈姓】 沈（瀋），音 shěn，又读 dān 或 xǐn。古同耼。《百家姓》第十四位，今第49位。多源流。源于姬姓（邥 shén），以国为氏，黄帝后裔，最早是夏属子孙封国。西周春秋时国族，周初平叛“三监”之乱后，文王第十子季载因功被周公旦推举为周天子的司空。随后，成王将其封于沈国，又名耼（dān）国。故邑在今河南平舆古槐镇西北24千米处之射桥乡古城村。后为楚所灭，后裔以国为氏，“沈”或“耼”氏。此为平舆沈氏，读 shěn 或 dān。此支沈氏以姬季载、耼季载、沈季载、冉季载为得姓始祖。且沈、叶、尤三氏同为季载后裔。

沈姓人口约470万，约占全国人口的0.38%。约36%分布在江苏、浙江省（以江苏居多）；37%分布在上海、安徽、河南、广东、湖北、贵州、山东7省、市。（据《中国姓氏·三百大姓》）

截至2015年7月，驻马店全市沈姓人口17699人，其中男性9167人、女性8532人。全市8县1区沈姓人口分布最多的是汝南县，最少的是上蔡县，分别为4391人、365人。

【房姓】 房，音 fáng，古音 páng。在《百家姓》中排第170位，1980年排第199位，最新排名为第183常见姓（《中华姓氏源流大辞典》）。房氏，祁姓。相传帝舜封帝尧之子丹朱于房，其地在今遂平县灈阳镇西南20千米处小文城村。其子房陵，以国为氏。西周时封房国，子爵，春秋时灭于楚。民间传说源于古老“三皇”燧人氏和伏羲、女娲的“风”姓，摆脱洞窟穴居始建住房。

房姓全国人口约60万，约占全国人口的0.048%。约37%分布在山东、江苏省（山东省居多）；约33%分布在河南、广东、河北、陕西、安徽5省。（据《中国姓氏·三百大姓》）

截至2015年7月，驻马店全市房姓人口5401人，其中男性2875人、女性2526人。全市8县1区房姓人口分布最多的是平舆县，最少的是上蔡县，分别为1721人、14人。

【道姓】 道（衜），音 dào。道氏，姬姓，出西周之道国，故城在确山县东北故道城镇，即今驿城区古城乡。约在周景王 12 ~ 14 年（前 533 ~ 前 531）被楚灵王所灭。亡国后，道国王族子孙及国民有以故国名为姓者，称道氏。道氏是一个多民族、多源流的古老姓氏群体，但在中国内地的姓氏排行榜上未列入前 500 位，在台湾省名列第 909 位，以蔡州为郡望。

道姓人口分布于北京市，河北河间，山西大同（市）、临汾，上海中心城区、嘉定，江苏南京、高淳、镇江、丹阳、常州、无锡、张家港、苏州、常熟、吴江、太仓、连云港、东台、兴化、扬州、如皋、南通，浙江海宁、嘉善、庆元，安徽淮南，江西宁都，河南郑州、洛阳、固始、林州、叶县、中牟、延津、周口市，湖北公安，湖南长沙市、怀化、新化，广东广州，贵州金沙，云南昆明，陕西三原、富平，甘肃庆城、天祝、环县，新疆塔城等地，以及台湾地区。

截至 2015 年 7 月，驻马店全市道姓人口 2 人，皆为女性，分布在西平县。

【江姓】 江姓为中国第 52 大姓（《中华姓氏源流大辞典》）。唐《元和姓纂》记载："嬴姓，颛顼元孙伯益之后，爵封于江陵，为楚所灭，以国为氏。"江国（金文作邛国、鄅国），故城在今正阳县大林镇涂店村东北与息县接壤处。

江姓起源于江国，历代迁徙，大致经历自北向南的流动过程。江国被楚国所灭，大量人口向东北迁移，至河南陈留、考城（今兰考）一带，然后又迁山东、安徽等地。其后散居于浙江务州（今金华市）、山西蒲坂、河南洛阳、湖北江陵、河北中山、山西平成、山东曲阜等地。西晋灭亡，大量士人南渡，江姓族人自中原、山东等地南迁江苏、浙江等地。唐朝中后期，藩镇割据以及唐末黄巢之乱时，在中原的江姓又南迁长江流域，远至福建。北宋时陆续有江姓迁居浙江西部、江西东部，南下福建。至宋末江万里誓不降元，以名宦而投于水。其后裔及副将迁往福建，散居闽侯、厦门、惠安一带。其后分支有不少后裔迁居广东东部、北部、西部，形成又一个大的迁移过程。明清以后，江姓遍布大江南北，至清朝中叶，福建、广东的江姓人大批迁居台湾，继而迁居南洋（新加坡、马来西亚等地），为当地的开发发挥了重要作用。

人口约450万，约占全国人口的0.36%。主要分布在广西、安徽、江西、广东 4 省、自治区，约占全国江姓人口的 49%（其中广西最多，约占全国江姓人口的 23%）；福建、湖北、贵州、江苏、台湾、湖南 6 省亦多有江姓。（据《中国姓氏·三百大姓》）

截至 2015 年 7 月，驻马店全市江姓人口 8800 人，其中男性 4662 人、女性 4138 人。全市 8 县 1 区江姓人口分布最多的是正阳县，最少的是上蔡县，分别为 2672 人、79 人。

【西陵姓】 传说之上古氏族。相传黄帝妃嫘祖为西陵氏女（《世本》），西陵即今西平。西陵羔，春秋时大夫。（据《世本》）

【概（檕）姓】 源于春秋时吴王阖闾弟夫概。公元前 506 年吴楚之战中，夫概为吴国先锋，柏举之战立下大功，与阖闾、孙武、伍子胥等率吴军攻入郢都。后因秦出兵救楚，吴军败于稷（今河南省桐柏县）。夫概退回吴国，遂自立为王。不久，被阖闾打败，逃到楚国。被楚昭王封于房国（今遂平县）的堂溪（今属西平县），史称吴房侯（又名堂溪侯）。传说，夫概死后葬于属国之风水宝地——凤凰山南（传说中凤凰臀部），今嵖岈山风景区北山门附近的殿坊村，又有衣冠冢在今泌阳县沙河镇的西门外（今镇政府所在地）汝河北岸（当时属吴房国境）。其后裔以祖名为氏，称概氏。后演绎有檕、暨、既（商丘）等氏，现分布于湖南怀化、广东电白等地。

【堂溪姓】 夫概被封堂溪后，子孙以封邑为氏。另演绎有堂谿氏、棠谿氏、唐谿氏或傒氏。棠谿氏汉后无闻，或改为棠氏（见概姓）。

【周姓】 周姓为中国第 9 大姓（《中国姓氏源流大辞典》）。周氏，主体源于姬姓，后稷之裔。源于姬姓的周姓族人主要有三支，均起源于河南。其一，周平王少子姬烈被封于汝坟（今河南叶县东北），历 18 世传至姬邕时，东周被秦所灭。姬邕家族习惯被称作"周家"，姬邕索性改"周"姓，以示不忘本。其二，周伯昌（周文王）之子周公旦次子留居周朝辅佐王室，食父邑于周，世代袭称周公。其三，公元前 256 年周朝被秦国所灭，末代天子周赧王黜为庶人，迁到惮孤（今河南汝州市西北），当地人称其为周家，其子孙遂以"周"为姓。（《中华姓氏河南寻根》）周姓在几千年发展演变中，不断有其他姓氏汇入，成为今天华夏一大姓氏。今鲜卑族、满族高山族、瑶族、东乡族、彝族、布朗族、白族、土家族、保安族、黎族、壮族、羌族等少数民族中，均有周氏族人分布，其来源大多是在唐、宋、元、明、清时期中央政府推行的羁縻政策及改土归流运动中，流改为汉姓周氏，世代相传至今。

周姓源自周朝，得姓却在秦灭东周之后。秦汉时期形成沛郡周氏和汝南周氏两大郡望。周赧王庶子迁居沛，成为沛郡周氏始祖。汝南周氏又有汝南安成周氏和汝南汝阳（今河南商水西北）周氏之分，以汝南安成周氏最为著名。西汉时期，周平王少子汝坟侯姬烈 21 世孙周仁，以医术行世。文帝时，景帝（刘启）为太子，周仁为其舍人。积功迁至太中大夫。景帝即位任为郎中令。以续周朝之嗣，复封为汝坟侯，赐号"正公"。因汝坟下湿，徙迁至安成（今平舆），为安成周氏始祖。周仁玄孙周燕为汝南郡决曹掾，因办案公正，刚直不阿，且舍己为人，亦声名远播。魏晋南北朝、唐末五代、北宋末年等几个时期，战事频仍，河南、山东一带中原周姓大量南迁，多至福建、浙江、广东。宋元时期，又陆续迁至赣、湘、黔。明清以后，周姓集中在江苏、浙江、广东、湖南、湖北、江西、福建等省。台湾周姓主要是明末清初从福建、广东迁入。海外周姓主要分布在东南亚菲律宾、泰国、新加坡、马来西亚、印度尼西亚等国，成为在当地政治、经济、文化、科技、教育等领域占有重要地位的华人姓氏之一。（据《中华姓氏河南寻根》）

周姓人口约 2500 万，约占全国人口的 2.02%。其中，湖南最多，约占全国周姓人口的 10%。（据《中国姓氏·三百大姓》）

截至 2015 年 7 月，驻马店全市周姓人口 115974 人，其中男性 59716 人、女性 56258 人。全市 8 县 1 区周姓人口分布最多的是正阳县，最少的是遂平县，分别为 22934 人、7052 人。

【柏姓】 柏(栢),音 bǎi,古音 bó。为中国第 213 常见姓(《中华姓氏源流大辞典》)。柏国，商代为侯爵，周时降为子爵。故城在今西平柏城镇西。楚成王时灭于楚，后世以国为姓。经历史的演变，栢姓多变为其他姓氏。

柏姓人口约 41 万，约占全国人口的 0.033%。约 53% 分布在安徽、江苏、湖南 3 省（其中安徽最多，约占全国柏姓人口的 19%）;四川、云南、山东、贵州亦多此姓。（据《中国姓氏・三百大姓》）

截至 2015 年 8 月，驻马店全市柏姓人口 1437 人，其中男性 742 人、女性 695 人。全市 8 县 1 区柏姓人口分布最多的是正阳县，最少的是西平县，分别为 488 人、10 人。

【柏侯姓】 柏（栢，音 bǎi）侯，商末柏国诸侯之后。柏国，都邑在今西平县柏城镇。柏侯儁，南阳人，汉末任尚书郎。（据《中华姓氏源流大辞典》）

【聃姓】 聃（那），音 dān。聃氏，姬姓，以国为氏。聃，春秋时小国，子爵。故城在今平舆北。春秋时灭于郑。主要分布河南等地。聃甥，春秋时郑国将（《左传・桓公九年》）。聃伯，春秋时郑大夫。聃启，周顷王时大夫(《左传・十四年》)。

【壶丘姓】 壶丘（壷丘），音 hú qiū。以邑为氏。壶丘，春秋陈邑，在今新蔡县东南。《左传・文公九年》“楚侵陈，克壶丘”是也。壶丘子林，春秋时晋大夫，郑人（《吕氏春秋・下贤》《列子・天瑞》)。《汉书・古今人表》作狐丘子林。

【挚姓】 挚（摯），音 zhì。挚姓，为夏禹时车正奚仲之后裔。商、周时有挚国，商左相仲虺之后。公族以国为氏。周文王母大任，即挚氏女。挚国，侯爵，在今平舆县境。或省为执氏（《中华姓氏源流大辞典》)。挚氏为在两汉为京兆大族。

【袁姓汝南郡望】 袁氏，妫姓，春秋陈公族。舜之裔胡公满 13 代孙陈诸，字伯爰，后世以其字为氏，爰、辕古字通用，至后世孙袁侨，始去车为袁氏。袁氏早期主要是以其发源地陈郡为中心，在河南发展繁衍，陈诸 9 世孙袁颇曾任陈国司徒。颇的 9 世孙生，在汉王刘邦手下担任谋士。生之曾孙幹，西汉时被封为贵乡侯，幹的 5 世孙袁良，汉平帝时（1 ~ 5）举明经，任太子舍人，负责太子的安全保卫工作。东汉光武帝时任成武令，其子袁昌居洛阳，生子袁安。袁安入仕后历官太仆、司空、司徒，食邑于汝南，其子孙兴旺发达，形成望族。在漫长历史演变过程中，由于战乱，官职调迁等原因，汝南袁氏又派生出许多支脉，向外发展，发端于袁安的汝南袁氏始终是中国袁氏中最为兴旺的一支。袁安就是汝南袁氏郡望的始祖。自袁安起，其后的近 200 年时间里，汝南袁氏家族人才辈出，显盛于世，袁安（司空、司徒）、袁敞（司空）、袁汤（司徒、太尉）、袁逢（司空）、袁隗（太傅——位列三公），

汝南袁氏祖墓。有袁安墓、袁敞墓。　王方明 摄

“四世五公”，“与东汉一代相终始”。袁安、袁敞墓在今平舆县阳城乡（原后刘乡）新集村西。

袁姓为中国第37大姓。人口约620万，约占全国人口的0.49%。约37%分布在河南、四川、湖南、湖北（其中河南省最多，约占全国袁姓人口的10.6%）；约29%分布在江苏、江西、贵州、广东、安徽5省。（据《中国姓氏·三百大姓》）

截至2015年7月，驻马店全市袁姓人口42348人，其中男性21943人、女性20405人。全市8县1区袁姓人口分布最多的是上蔡县，最少的是汝南县，分别为9595人、1735人。

【梅姓汝南郡望】 商代有梅国，子姓，公族以国为氏。梅国，伯爵，在今安徽亳州东南。梅伯为纣王所醢，武王克商，封其玄孙于黄梅（今属湖北），号曰忠侯，世居郑、楚间（《中华姓氏源流大辞典》）。《梅氏族谱》云：“有梅销者，梅伯之后。梅销之孙梅嘉官任汝南，此汝南世弟之所由昉也。”梅销后裔后终成汝南望族，以望立堂，亦称上蔡堂、郑州堂、龙山堂。梅赜（一作梅颐，字仲真），东晋汝南西平人，曾官豫章（郡治今南昌）内史、豫章太守，领军司马。因父为城阳太守，少时曾在城阳从臧曹学《尚书》，后以向朝廷贡献《尚书》孤本而闻名于世。梅姓宗祠通用联：“中侯苗裔，汝南望族。”

梅姓为中国第157常见姓。人口约83万，约占全国人口的0.066%。约65%分布在浙江、云南、湖北、河南、江苏、安徽6省（其中浙江省最多，约占全国梅姓人口的13%）；11%分布在湖南、广东、重庆3省、市。（据《中国姓氏·三百大姓》）

【漆雕姓上蔡郡望】 漆雕主要源出姬姓。漆雕本姓漆。春秋时，蔡国漆雕开、漆雕从（《史记》作漆雕徒父）、漆雕侈（《史记》作漆雕哆），皆从学于孔子，为孔门贤儒。春秋末期，漆氏族为纪念漆雕开、漆雕从、漆雕哆三贤，将单姓“漆”改为复姓“漆雕”。漆雕为古代蔡州望族，以望立堂，有蔡州堂，亦称汝南堂、豫州堂。漆雕一族被历代帝王追封为世代功名之家，其族人凡男丁出世，均被赐为“铁帽秀才”。漆雕氏为典型汉族姓氏，在宋《百家姓》中排序为第450位。漆雕姓四川宜宾，山西忻州，辽宁沈阳，安徽潜江，河南上蔡，湖北天门、荆州等地均有分布。漆雕姓在四川宜宾县是大姓。

【应姓汝南郡望】 商代有应国，公族以国为氏。应国，侯爵，故城在今平顶山、鲁山东部一带。周成王封其弟奄于应，其地在今湖北应城。后为楚文王所灭（《中华姓氏源流大辞典》）。后裔以国为氏而姓应，并继续活跃于中原河南地区。至汉代，应氏在汝南和颍川形成望族。

汝南应氏，起初是于应国国破，受姓应氏之际居于顿（古国名，在今商水县北），后为陈（国）所迫，又南迁至今项城西南，故称之“南顿”。西汉时置南顿县，属汝南郡。西晋时在此置南顿郡，北齐时废郡，改县名为和城。隋大业初复其旧名，其后屡废屡复，明朝初年将其并入项城县。东汉以后，随着应氏有人入郡入朝做官，应氏便逐渐移居汝南，形成郡望，号汝南堂。汝南旧城有应玚宅，为历代文人雅士所歌咏。

东晋时，汝南人应詹，随晋元帝司马睿渡江而南，占籍于婺永（今浙江金华一带）。应詹之子应诞留居江西宜黄，应玄随父至婺，留居永康大田里，即今浙江省永康市芝英镇一带，形成大田里应氏。尔后，析居江南各地。南北朝时，因战乱之故，汝南应氏一部分流迁于江南、浙江、福建等地。宁波应氏最早居住在奉化芝应，后移居慈溪县城（今慈城）。唐宋两代，应氏已广布于黄河中下游，其发展中心移至南方，江苏、安徽、江西、浙江成为应氏繁衍滋长新地，在湖南、湖北、四川等地也已有应氏散居。元代以后，应氏在南部省份分布的区域越来越广，福建、广东、海南、广西等地俱有应氏入住，后来还播迁至台湾以及东南亚各国。（据刘炳松《以文显盛的汝南应氏源流考》）

应姓为中国第247常见姓。人口现约有30万，约占全国人口的0.024%。浙江省占近半，主要分布在杭州(萧山区)、宁波（鄞州区）、慈溪、余姚、奉化、宁海、绍兴（越城区）、诸暨、嵊州、江山、兰溪、永康、义乌、东阳、浦江、台州（黄岩区）、仙居、苍南、缙云、松阳等地。安徽、江西、上海、江苏、福建等省市亦多应姓。（据《中国姓氏·三百大姓》）

【邵姓汝南郡望】 邵氏原为召氏，姬姓。周文王族子群奭，初封于召（今陕西扶风召公镇），谓之召公，是为如公奭。武王灭商，改封于燕，长子就封于燕侯，召公留周室仕太保，辅佐文、武、成、康4世。其后子孙世为周之卿士，以召为氏。“召与邵，春秋本一姓，后分为二。汝南、安阳之族皆从邑”（《氏族博考》）。自汉末始，今汝南、安阳一带的召氏加邑为邵氏。（据《中华姓氏源流大辞典》）

魏晋时，散居在河南的召公子孙，多已改为邵姓，邵姓主要聚居于河北安平及河南汝南、安阳一带。魏晋南北朝时期，开始形成汝南（治平舆）、博陵（治今河北安平）、安阳（治今河南安阳西南）三大邵氏望地及堂号。两晋十六国时期，魏郡安阳（今属河南）、冀州（今属河北）、武邑（今属河北）、乐安（今山东博兴东北）、后赵都城襄国（今河北邢台）等有邵姓分布。南北朝时，东迁（今浙江吴兴东）、彭城（今江苏徐州）、新阳（今湖北京山）等有邵姓公布（《中华姓氏河南寻根》）。唐代，今天河南的邵氏不断向北方、南方迁徙。宋元时期，邵氏还分布于今天的浙江、江西、湖北、陕西、山西等地。从清代开始，有邵氏迁至台湾，后来又有一些移居海外。

邵姓为中国第84位大姓。人口约270万，约占全国人口的0.22%。约29%分布在湖北、江苏、浙江省（其中湖北省最多，约占全国邵姓人口的10%）；35%分布在安徽、山东、甘肃、辽宁、河南省。（据《中国姓氏·三百大姓》）

截至2015年7月，驻马店全市邵姓人口18425人，其中男性9859人、女性8566人。全市8县1区邵姓人口分布最多的是西平县，最少的是汝南县，分别为5266人、745人。

【许姓汝南郡望】 许氏，上古东夷部落首领皋陶（咎繇）

之后。皋陶卒，夏封其后于鄦（《史记·夏本纪》假作许），其地在今许昌市东。子孙以国为氏，后假作许氏。春秋时，源于姜姓后裔文叔一支，被郑、楚所逼，多次辗转于叶（今河南叶县西南）、城父（今安徽亳县东南）、荆山（今属湖北）、容城（今河南鲁山东南）等地，后被楚所灭，子孙有流落于今湖南省新晃、芷江一带。秦汉时期，许姓已遍布河南、河北两省绝大部分地区。汉高祖四年（前203）设汝南郡，位于中原腹地，原移居高阳、长安和昌邑之许氏后裔往来汝南为官、经商，形成汝南许氏望族。汝南郡许姓祖先秦末高逸之士许猗，其玄孙许德任西汉安定（今甘肃省平凉、宁夏回族自治区西部一带地区）、汝南（今河南省中部偏南和安徽淮河以北一带）太守，在汝南平舆县定居。此郡望又分支出高阳郡、太原郡、会稽郡等名门望族。

许姓为中国第28大姓，人口约730万，约占全国人口的0.58%。约有40%分布在广东、江苏、福建、河南、台湾省，28%分布在山东、河北、云南、安徽、四川、浙江省。（据《中国姓氏·三百大姓》）

截至2015年7月，驻马店全市许姓人口50689人，其中男性26547人、女性24142人。全市8县1区许姓人口分布最多的是上蔡县，最少的是西平县，分别为15030人、2432人。

（王平选）

人口变迁

【人口总量】 驻马店地区户口最早的文字记载见于《汉书·地理志》，后各朝各代由于战争、行政区划、人口迁移等原因，造成人口数量忽高忽低，极不稳定。

西汉时，汝南郡经过长期的休养生息和改善农业生产条件，成为全国最富庶的地区之一，人口也随之增加。西汉元始二年(2),汝南郡辖37县,县均12475.32户,户均5.62口。东汉时人口数量略有下降，东汉永和五年（140），汝南郡辖37县2100788口，县均10931.03户，户均5.19口。三国时期连年内乱，人口锐减，至西晋太康年间（280～289），汝南郡辖15县25150户,176050口,县均1676.7户,户均7口。晋代战乱四起，境内户口进一步减少。南朝宋大明八年(464)，汝南郡辖11县11291户，89349口，县均1026.45户，户均7.91口。东魏武定年间(543～550),汝南郡辖8县15889户，37061口。

隋时境内人口数量大增，隋大业五年（609），汝南郡辖11县152785户，县均13889.55户，户均5.17口。隋末大乱，境内户口再次锐减，唐贞观十三年（639），蔡州辖10县12182户，60415口，县均1218.2户，户均4.96口。唐天宝元年（742），蔡州户口升至87061户，460205口，县均8706.1户，户均5.29口。宋崇宁元年（1102），蔡州辖10县，98502户，185013口，县均9850.2户，户均1.88口。金元战争又使人口耗减。金代，蔡州辖8县36093户，县均4511.63户。

元代汝宁府辖5县7075户，县均471.67户，区内人口降至有记载以来的最低点。明初，大批移民迁至汝宁地区，境内人口有增。明天顺初年及嘉靖、隆庆年间汝宁府估计户数41690户。清初户口稍减，以后则持续增长。清乾隆六十年（1795），汝宁府人口1241306人，嘉庆二十五年（1820），人口增至1934957人。中华民国时期，人口缓慢增长，民国32年（1943）区内人口2640488人，民国35年（1946）增至2781303人。

新中国成立后，在社会经济条件发生巨大变化的同时，人口也以前所未有的速度增长。1950年年底至1952年年底，全区人口由3965515人增加到3973372人，递增率为1.0‰，社会经济发展和人口变动处在恢复阶段。随着3年经济恢复和进行大规模的经济建设，人民生活安定，人口亦快速增长。1953年年初至1954年年底，区内人口净增247753人，年增长率分别为29.5‰和31.9‰，出现第一个人口增长高峰，全区总人口达到4221125人。1955年年初至1959年年底，全国人民集中力量发展社会主义生产力，工农业产值明显提高，市场繁荣，物价稳定，人民生活显著改善，全区人口处于稳定增长阶段。5年间人口增加265652人，递增率为12.3‰，总人口达到4486777人。1960年年初至1961年年底，严重的自然灾害和“大跃进”的消极影响，给经济建设和人民生活造成严重困难。1960年人口出生率骤然下降，死亡率急剧上升，全区总人口由1959年年底的4486777人降至1960年年底的4121931人。1961年年底人口回升至4132366人。1962年年初至1974年年底，由于人口补偿性生育及“文化大革命”的无政府状况，人口增长失控，造成全区人口恶性增长，年平均递增率为27.4‰，出现新中国建立以来人口增长的第二个高峰，其中1962年人口自然增长率为50.09%，较1954年的高峰值高出18.38个千分点，1974年年底人口总量达到5873180人。1974年全国开始实行计划生育，1975年8月全区遭受特大洪灾，人民生命财产遭受严重损失。之后，人口增长得到一定控制，1979年年底人口达到6460777人，较1974年年底净增人口587597人，年均递增率为19.25‰，较前13年的人口增长率下降8.16个千分点。1980年年初至1985年年底，全区人口增长已开始由高出生、高自然增长向低出生、低自然增长过渡，年平均增加人口88081人，年均递增率为12.86‰，1985年年底全区总人口为6950122人。

1988年，全市总人口为722.16万人，较1978年增加88.77万人，人口自然增长率为14.64‰；1998年，全市总人口为795.52万人，较1988年增加73.08万人，人口自然增长率为7.26‰；2008年，全市总人口为848.78万人，较1998年增加53.54万人，人口自然增长率为5.38‰；2012年，全市总人口为891.65万人，较2008年增加42.87万人，人口自然增长率为4.86‰。2013年，全市总人口896万人，2015年全市总人口792.48万人（不含新蔡县）。

1978 年 ~ 2015 年驻马店市总人口情况统计表

年份	总人口（人）	男（人）	女（人）	年份	总人口（人）	男（人）	女（人）
1978	6333921	3196324	3137597	1997	7900309	4084167	3816142
1979	6460777	3263716	3197061	1998	7952457	4110607	3841850
1980	6562342	3317569	3224773	1999	8023855	4156484	3867371
1981	6630772	3351005	3279767	2000	8104191	4187458	3916753
1982	6719832	3398349	3321483	2001	8156437	4215015	3941422
1983	6800256	3450376	3349880	2002	8210453	4251905	3958548
1984	6875916	3495593	3380323	2003	8263147	4281611	3981536
1985	6950122	3537847	3412275	2004	8307452	4254246	4053206
1986	7032225	3582350	3449875	2005	8352800	4269660	4083140
1987	7122934	3634036	3488898	2006	8402494	4268100	4134395
1988	7221611	3689397	3532214	2007	8442335	4322215	4120120
1989	7341582	3740263	3601319	2008	8487836	4332814	4155022
1990	7455892	3827459	3628433	2009	8530344	4324907	4205437
1991	7548465	3875082	3673383	2010	8830733	4596304	4234429
1992	7618688	3914417	3704271	2011	8873307	4449753	4423554
1993	7674849	3956622	3718227	2012	8916536	4481451	4435085
1994	7732382	3986043	3746339	2013	8960000	4488960	4471040
1995	7786392	4016784	3769608	2014	7883000	3980915	3902085
1996	7840319	4049641	3790678	2015	7924800		

注：2014 年、2015 年统计数字不含新蔡县

1978 年 ~ 2015 年驻马店市人口自然变动表

年份	出生人数（人）	出生率（‰）	死亡人数（人）	死亡率（‰）	增长人数（人）	自然增长率（‰）
1978	137500	21.92	32000	5.10	105500	16.82
1979	129400	20.23	36200	5.66	93200	14.57
1980	102800	15.79	35800	5.50	67000	10.30
1981	103600	15.71	39400	5.97	64200	9.73
1982	102600	15.37	36300	5.44	66300	9.93
1983	123571	18.28	39802	5.89	83769	12.39
1984	116150	16.99	38762	5.67	77388	11.32
1985	119715	17.32	37623	5.44	82092	11.88
1986	131757	18.85	42182	6.03	89575	12.82
1987	140099	19.79	42392	5.99	97707	13.80
1988	144739	20.18	39701	5.54	105038	14.64
1989	172151	23.64	42930	5.90	129221	17.75
1990	163586	22.11	49276	6.66	114310	15.45
1991	142311	18.97	49738	6.63	92573	12.34
1992	116026	15.30	45803	6.04	70223	9.26

续表

1993	73598	13.49	43192	5.67	30406	7.82
1994	74477	14.87	45468	6.30	29009	8.57
1995	104906	13.25	43577	5.46	61329	8.06
1996	81627	15.07	45329	6.17	36298	8.90
1997	82721	10.62	42572	6.02	40149	7.60
1998	107474	13.56	49933	6.30	57541	7.26
1999	104990	13.13	48140	6.02	56850	7.11
2000	92926	13.07	45788	6.01	47138	7.06
2001	101134	12.44	49032	6.03	52102	6.41
2002	97547	11.92	49592	6.06	47955	5.86
2003	94064	11.42	52715	6.40	41349	5.02
2004	92298	11.14	50872	6.14	41509	5.01
2005	92048	11.05	46732	5.61	45316	5.44
2006	97851	11.68	48172	5.75	49679	5.93
2007	97928	11.63	51779	6.15	46149	5.48
2008	96562	11.41	51026	6.03	45536	5.38
2009	95907	11.27	53256	6.26	42651	5.01
2010	97048	11.18	53993	6.22	43055	4.96
2011	98346	11.11	55502	6.27	42844	4.84
2012	99089	11.14	55860	6.28	43229	4.86
2013	99600	11.14	56000	6.27	436000	4.87
2014	89600	11.4	494000	6.3	402000	5.1
2015		11.7		6.41		5.29

注：2014 年、2015 年统计数据不含新蔡县

【人口分布】 区域分布：驻马店人口分布由于各县（市）自然条件和社会条件的差异而极不平衡。1953 年年中，上蔡人口超过 60 万，西平、平舆、新蔡、汝南、泌阳人口在 40 万～50 万，正阳、遂平、确山人口在 30 万以上，驻马店市近 3 万人。1982 年第三次人口普查时，人口最多的上蔡县总人口为 105.74 万人，新蔡县总人口为 81.6 万人，平舆县总人口为 75.34 万人，泌阳县总人口为 74.28 万人，西平县总人口为 71.4 万人，汝南县总人口为 70.45 万人，正阳县总人口为 59.09 万人，确山县总人口为 52.83 万人、遂平县总人口为 51.64 万人，驻马店市总人口数量最少，为 14 万余人。1985 年，上蔡 109.96 万人，新蔡 84.40 万人，平舆 79.59 万人，泌阳 76.81 万人，西平 73.15 万人，汝南 72.31 万人，正阳 60.80 万人，确山 59.39 万人，遂平 53.69 万人，驻马店市 14.95 万人。

1990 年第四次人口普查，全区总人口为 738.45 万人，其中，上蔡县总人口为 118.01 万人，新蔡县总人口为 92.75 万人，平舆县总人口为 84.83 万人，泌阳县总人口为 84.15 万人，汝南县总人口为 77.31 万人，西平县总人口为 76.53 万人，正阳县总人口为 66.61 万人，遂平县总人口为 57.46 万人，确山县总人口为 55.88 万人，驻马店市总人口为 24.92 万人。

2000 年第五次人口普查，全市总人口为 808.77 万人。上蔡县和新蔡县均突破百万人口，总人口分别为 132.7 万人和 100.16 万人；平舆县总人口为 92.81 万人，泌阳县总人口为 92.45 万人，西平县总人口 82.89 万人，汝南县总人口为 82.81 万人，正阳县总人口为 73.53 万人，遂平县总人口为 60.66 万人，确山县总人口为 59.02 万人，驿城区总人口为 31.74 万人。

2010 年第六次人口普查时，全市总人口为 882.34 万人。有 3 个县突破百万，上蔡县总人口为 147.76 万人，新蔡县总人口为 110.19 万人，泌阳县总人口为 101.47 万人；平舆县总人口为 98.05 万人，西平县总人口为 86.98 万人，汝南县总人口为 83.27 万人，正阳县总人口为 80.63 万人，驿城区总人口为 66.01 万人，遂平县总人口为 55.76 万人，确山

驻马店市四次人口普查各县（区）人口分布表

单位：人

县市名称	总人口及位次							
	1982 年“三普”		1990 年“四普”		2000 年“五普”		2010 年“六普”	
	总人口	位　次	总人口	位　次	总人口	位　次	总人口	位　次
驻马店市	6624581		7384502		8087690		8823380	
驿城区	200770	10	249162	10	317358	10	660117	8
西平县	713950	5	765327	6	828900	5	869799	5
上蔡县	1057377	1	1183153	1	1327015	1	1477617	1
平舆县	753422	3	848275	3	928105	3	980458	4
正阳县	590895	7	666144	7	735293	7	806271	7
确山县	528332	8	558755	9	590195	9	522221	10
泌阳县	742828	4	841467	4	924505	4	1014736	3
汝南县	704539	6	773115	5	828071	6	832696	6
遂平县	516405	9	574587	8	606622	8	557584	9
新蔡县	816063	2	927517	2	1001626	2	1101881	2

1978 年～2014 年驻马店市城乡人口分布统计表

年份	总人口（人）	农业人口（人）	非农业人口（人）	年份	总人口（人）	农业人口（人）	非农业人口（人）
1978	6333921	6080702	253219	1997	7900309	7047660	852649
1979	6460777	6168511	292266	1998	7952457	7071337	881120
1980	6562342	6241093	321249	1999	8023855	7138966	884889
1981	6630772	6295314	335458	2000	8104191	7257687	846504
1982	6719832	6370449	349383	2001	8156437	7255404	901033
1983	6800256	6440862	359394	2002	8210453	7291628	918825
1984	6875916	6498893	377023	2003	8263147	7313635	949512
1985	6950122	6542122	408000	2004	8307452	6915123	1392329
1986	7032225	6598696	433529	2005	8352800	6793516	1559284
1987	7122934	6668992	453942	2006	8402494	6669060	1733435
1988	7221611	6748935	472676	2007	8442335	6256143	2186193
1989	7341582	6846713	494869	2008	8487836	6138367	2349469
1990	7455892	6941238	514654	2009	8530344	6014711	2515633
1991	7548465	7016744	531721	2010	8830733	6203590	2627143
1992	7618688	7061927	556761	2011	8873307	6074666	2798641
1993	7674849	7079198	595651	2012	8916536	5934846	2981690
1994	7732382	6991908	740474	2013	8960000	5834000	3126000
1995	7786392	7001149	785243	2014	7883000	4929000	2954000
1996	7840319	7015650	824669				

注：2014 年统计数据不含新蔡县

县总人口为 52.22 万人。（说明：2009 年～2010 年期间，泌阳县老河乡、沙河店镇、板桥镇行政区域整体划归驿城区管辖；确山县蚁蜂镇行政区域整体划归驿城区管辖。区划调整后，驿城区区域面积扩大，总人口超过确山县。）

城乡分布：驻马店系农业区，人口绝大多数居住在农村，市镇人口比重一向较低。1950 年，全区农业人口 3168.2 万人，占总人口的 92.9%，非农业人口 28.3 万人，占 7.1%。且有部分非农业人口居住在农村。1954 年农村人口 404.4 万人，占总人口的 95.8%，城镇人口 17.7 万人，占 4.2%。20 世纪 50 ～ 70 年代，严格限制农村人口进入城市，市镇人口增长较慢。1964 年人口普查时，全区 4298781 人，其中：市人口 36184 人，镇人口 135407 人，农村人口 4127190 人，分

1988 年驻马店市各县区城乡人口分布统计表

县区名称	总人口（人）	农业人口（人）	非农业人口（人）
总　计	7098963	6626287	472676
确山县	545924	511713	34211
泌阳县	801923	757737	44186
遂平县	559466	528846	30620
西平县	749688	711537	38151
上蔡县	1135257	1095065	40192
汝南县	741852	690685	51167
平舆县	816320	786172	30148
新蔡县	885640	841202	44438
正阳县	634547	590797	43750
驻马店市	228346	112533	115813

1998 年驻马店市各县区城乡人口分布统计表

县区名称	总人口（人）	农业人口（人）	非农业人口（人）
总　计	7952457	7071337	881120
确山县	582183	531376	50807
泌阳县	913360	851701	61659
遂平县	597804	542199	55605
西平县	816650	675529	141121
上蔡县	1301525	1223802	77723
汝南县	814902	710943	103959
平舆县	902632	851219	51413
新蔡县	985844	916555	69289
正阳县	725719	660195	65524
驿城区	311838	107818	204020

2008 年驻马店市各县区城乡人口分布统计表

县区名称	总人口（万人）	农业人口（万人）	非农业人口（万人）
总　计	848.78	613.84	234.95
驿城区	59.72	27.70	32.02
西平县	86.30	63.41	22.89
上蔡县	139.89	103.22	36.67
平舆县	96.51	72.14	24.37
正阳县	76.95	57.47	19.47
确山县	51.28	38.38	12.90
泌阳县	97.60	72.98	24.62
汝南县	79.85	59.67	20.18
遂平县	55.50	40.83	14.66
新蔡县	105.19	78.22	26.98

2012 年驻马店市各县区城乡人口分布统计表

县区名称	总人口（万人）	农业人口（万人）	非农业人口（万人）
总　计	891.65	593.48	298.17
驿城区	78.65	30.21	48.44
西平县	87.95	61.62	26.33
上蔡县	149.36	104.97	44.39
平舆县	99.1	67.39	31.71
正阳县	81.53	60.76	20.77
确山县	53.58	35.47	18.11
泌阳县	90.57	61.61	28.96
汝南县	84.15	58.96	25.19
遂平县	55.48	36.67	18.81
新蔡县	111.23	82.86	28.37

别占总人口的 0.84%、3.15% 和 96.01%，市镇人口比重较 50 年代有所降低。20 世纪 70 年代末，实行改革开放政策，农业生产率不断提高，工商交通运输及其他事业迅速发展，农村人口逐渐向市镇转移。1982 年人口普查时，全区总人口 6624581 人，其中：市人口 141973 人，镇人口 250415 人，农村人口 6232193 人，分别占总人口的 2.14%、3.78% 和 94.8%。市镇人口比重由 1964 年的 3.99% 升至 5.92%。随着改革开放的不断深入，市镇人口比重明显提高。1985 年全区 695 万人，其中市镇人口 44.6 万人，占 6.42%，农村人口 650.4 万人，占 93.58%，城乡人口比重依然悬殊。

1990 年后，在“严格控制大城市，合理发展中等城市，积极建设小城市”的城镇化建设方针指导下，驻马店市农村人口向城镇人口的转移速度比较快，城镇人口的比重明显提高。1978 年，全市农业人口 608.07 万人，比重为 96%，非农业人口 25.32 万人，比重为 4%；1988 年，全市农业人口 674.89 万人，比重为 93.45%，非农业人口 47.27 万人，比重为 6.55%；1998 年，全市农业人口为 707.13 万人，比重为 88.92%，非农业人口为 88.11 万人，比重上升到 11.08%；2008 年，全市农业人口为 613.84 万人，比重为 72.32%，非农业人口为 234.95 万人，比重为 27.68%；2012 年，全市农业人口为 593.48 万人，比重为 66.56%，非农业人口为 298.17 万人，比重为 33.44%，城镇化率达 11.1%。2013 年，全市城镇化率为 34.89%。2014 年，全市城镇人口 252 万人，城镇化率 36.36%，较上年增长 1.47%，仍低于全省城镇化率。

【人口密度】 两汉元始二年（2），汝南郡人口密度每平方千米 70 人。东汉永和五年（140）人口密度为每平方千米 60.9 人。清嘉庆二十五年（1820）汝宁府人口密度每平方千米 134.37 人。民国 35 年（1946）全区人口密度为每平方千米 207.3 人。

新中国成立后，社会生产力得到解放，人口密度逐年提高，在全省范围内比较，驻马店是一个人口相对稠密的地区。

1978 年 ~ 2014 年驻马店市人口密度变化表

年份	人口密度（人/平方千米）	年份	人口密度（人/平方千米）
1978	419	1997	527
1979	428	1998	528
1980	435	1999	532
1981	439	2000	537
1982	445	2001	539
1983	451	2002	544
1984	456	2003	548
1985	461	2004	551
1986	466	2005	554
1987	472	2006	557
1988	479	2007	560
1989	488	2008	563
1990	494	2009	566
1991	500	2010	585
1992	505	2011	588
1993	509	2012	591
1994	513	2013	594
1995	516	2014	539
1996	520	注：2014 年数据不含新蔡县。	

2000 年驻马店市各县区人口密度分布表

县区名称	人口数（万人）	土地面积（平方千米）	人口密度（人 / 平方千米）
合 计	810.42	15083	537
确山县	59.11	2013	294
泌阳县	92.98	2774	335
遂平县	60.63	1221	497
西平县	82.88	1092	759
上蔡县	132.81	1529	869
汝南县	82.67	1628	508
平舆县	92.92	1281	725
新蔡县	100.52	1453	692
正阳县	73.45	1889	389
驿城区	32.45	203	1599

2008 年驻马店市各县区人口密度分布表

县区名称	人口数（万人）	土地面积（平方千米）	人口密度（人 / 平方千米）
合 计	848.78	15083	563
驿城区	59.72	778	768
西平县	86.30	1092	790
上蔡县	139.89	1529	915
平舆县	96.51	1281	753
正阳县	76.95	1889	407
确山县	51.28	1701	301
泌阳县	97.60	2774	352
汝南县	79.85	1515	527
遂平县	55.50	1071	518
新蔡县	105.19	1453	724

2011 年驻马店市各县区人口密度分布表

县区名称	人口数（万人）	土地面积（平方千米）	人口密度（人 / 平方千米）
驻马店市	887	15083	588
驿城区	78	1225	639
西平县	88	1090	803
上蔡县	149	1529	972
平舆县	99	1281	770
正阳县	81	1889	429
确山县	53	1701	313
泌阳县	90	2345	384
汝南县	84	1502	558
遂平县	55	1071	516
新蔡县	111	1450	762

1953 年人口普查时全区人口密度为每平方千米 270 人，西平县人口密度达到 454 人 / 平方千米，确山最低为 149 人 / 平方千米。1964 年全区升至每平方千米 287 人，西平县达到每平方千米 515 人，确山县最低为每平方千米 184 人。1978 年，全市人口密度为 419 人 / 平方千米，以后每年都以 3 ~ 5 人的速度在不断增加。1982 年第三次人口普查时，全区人口密度达到每平方千米 442 人，分别比第一、二次人口普查时提高 63.7% 和 54%。以平舆和新蔡提高最快，均在 60% 以上。驻马店镇（现驿城区大部）人口密度高达 1775 人 / 平方千米，上蔡 712 人 / 平方千米，西平 708 人 / 平方千米，平舆、新蔡、遂平超过 450 人 / 平方千米，远远超过英国（229 人 / 平方千米）、西德（247 人 / 平方千米）、荷兰（346 人 / 平方千米）、比利时（323 人 / 平方千米）等以人口稠密著称的西欧工业发达国家的水平。

1988 年，全区人口密度为 479 人 / 平方千米；1998 年，全区人口密度为 528 人 / 平方千米；2008 年，全市人口密度为 563 人 / 平方千米；2011 年，全市人口密度为 588 人 / 平方千米。从地域范围来看，2011 年，上蔡县总人口 149 万人，拥有国土面积 1529 平方千米，人口密度达到 972 人 / 平方千米，是全市人口最稠密的地方；西平县总人口 88 万人，拥有国土面积 1090 平方千米，人口密度为 803 人 / 平方千米，为全市第二；平舆县总人口 99 万人，拥有国土面积 1281 平方千米，人口密度为 770 人 / 平方千米；新蔡县总人口 111 万人，拥有国土面积 1453 平方千米，人口密度为 762 人 / 平方千米；驿城区总人口 78 万人，拥有国土面积 1225 平方千米，人口密度为 639 人 / 平方千米；汝南县总人口 84 万人，拥有国土面积 1502 平方千米，人口密度为 558 人 / 平方千米；遂平县总人口 55 万人，拥有国土面积 1071 平方千米，人口密度为人 /516 平方千米；正阳县总人口 81 万人，拥有国土面积 1889 平方千米，人口密度为 429 人 / 平方千米；泌阳县总人口 90 万人，拥有国土面积 2345 平方千米，人口密度为 384 人 / 平方千米；确山县总人口 53 万人，拥有国土面积 1701 平方千米，人口密度为 313 人 / 平方千米。

2014 年，全市（不含新蔡）人口密度为 539 人 / 平方千米。

【人口自然增长】 新中国成立后，人民在政治上当家做主，随着经济建设的恢复、发展和日益繁荣，人民生活不断改善，医疗保健水平和妇女生育水平迅速提高，全区人口出

1988 年驻马店市各县区人口自然变动表

县市名称	出生人数（人）	出生率（‰）	死亡人数（人）	死亡率（‰）	增长人数（人）	自然增长率（‰）
总　计	161	15.11	55	5.16	106	9.95
确山县	15	16.48	4	4.40	11	12.08
泌阳县	14	13.73	4	2.64	10	10.79
遂平县	12	16.11	6	8.06	6	8.05
西平县	16	15.08	7	6.60	9	8.48
上蔡县	20	12.73	8	5.10	12	7.63
汝南县	17	13.89	4	3.27	13	10.62
平舆县	23	16.20	10	7.04	13	9.16
新蔡县	15	10.74	8	5.73	7	5.01
正阳县	24	25.50	1	1.06	23	24.44
驿城区	5	13.87	3	8.26	2	5.61

1998 年驻马店市各县区人口自然变动表

县市名称	出生人数（人）	出生率（‰）	死亡人数（人）	死亡率（‰）	增长人数（人）	自然增长率（‰）
总计	107474	13.56	49933	6.30	57541	7.26
确山县	8053	13.85	3814	6.56	4239	7.29
泌阳县	12344	13.56	5753	6.32	6591	7.24
遂平县	7655	12.66	3616	5.98	4039	6.68
西平县	11032	13.56	5223	6.42	5809	7.14
上蔡县	17793	13.84	8459	6.58	9334	7.26
汝南县	11008	13.46	5128	6.27	5880	7.19
平舆县	12678	13.86	6037	6.60	6641	7.26
新蔡县	13185	13.41	6116	6.22	7069	7.19
正阳县	9745	13.56	4887	6.80	4858	6.76
驿城区	4026	13.61	1873	6.33	2153	7.28

2008年驻马店市各县区人口自然变动表

县市名称	出生人数（人）	出生率（‰）	死亡人数（人）	死亡率（‰）	增长人数（人）	自然增长率（‰）
驻马店市	96587	11.41	51045	6.03	45542	5.38
驿城区	5731	9.62	2836	4.76	2895	4.86
西平县	9803	11.39	5302	6.16	4501	5.23
上蔡县	16252	11.65	8593	6.16	7659	5.49
平舆县	11165	11.60	5852	6.08	5313	5.52
正阳县	8840	11.52	4627	6.03	4213	5.49
确山县	5968	11.67	3181	6.22	2787	5.45
泌阳县	11272	11.58	5967	6.13	5305	5.45
汝南县	9197	11.55	4881	6.13	4316	5.42
遂平县	6194	11.19	3343	6.04	2851	5.15
新蔡县	12023	11.46	6420	6.12	5602	5.34

2015年驻马店市及县（市、区）人口数据表

地区	2015年数据					
	总人口（万人）	常住人口（万人）	城镇化率（%）	出生率（‰）	死亡率（‰）	自增率（‰）
驻马店市（含新蔡县）	905.21	695.55	38.08	11.66	6.47	5.19
驻马店市（不含新蔡县）	792.48	611.60	39.16	11.70	6.41	5.29
驿城区	81.44	95.03	63.96	11.34	6.35	4.99
西平县	89.31	68.22	34.21	11.35	6.14	5.21
上蔡县	151.66	98.41	34.08	11.71	6.56	5.15
平舆县	100.62	71.73	36.74	11.40	6.21	5.19
正阳县	82.81	62.61	29.74	11.39	6.14	5.25
确山县	52.80	40.27	38.21	11.70	6.42	5.28
泌阳县	91.96	68.22	36.60	11.65	6.35	5.30
汝南县	85.42	65.41	34.13	11.36	6.19	5.17
遂平县	56.26	41.74	38.54	11.75	6.64	5.11
新蔡县	112.73	83.95	30.21	11.35	6.88	4.47

生率除个别特殊年份外，长期保持较高水平，死亡率保持较低水平。1950年～1952年，人口出生率提高6.63个百分点，其间出生30.4万人，年均10.13万人；全区死亡6.56万人，年均2.19万人，年均死亡率为5.6‰。全区人口自然增长23.84万人，年均增长7.95万人，年均自然增长率20.37‰，其中1952年出现新中国成立后全区人口自然增长的第一个高峰，人口自然增长率为24.78‰。1953年自然增长人口4.92万人，自然增长率降至12.38‰。1954年出现新中国成立后第一个出生高峰，出生率高达45.05‰，当年出生18.72万人。自然增长率达到31.71‰，增加人口13.18万人。1955年～1958年，全区出生57.14万人，年均14.29万人，出生率高而稳定，年均出生率达32.95‰。其间，由于危害人民健康的烈性传染病和流行病未能彻底消灭，死亡人口有所增加，全区死亡33.21万人，年均5.54

万人，年均死亡率13.01‰。全区自然增加人口33.74万人，年均8.44万人，年均自然增长率19.44‰。1959年～1961年，全区受严重自然灾害和“大跃进”的影响，人民生活困难，出生率由1958年的36.17‰降至1960年的8.51‰。其间，出生22.76万人，年均7.59万人，年均出生率17.60‰。死亡人口骤增，3年死亡48.6万人，其中1960年死亡37.68万人，死亡率高达87.54‰。全区人口自然增长骤降，1960年人口出现负增长，自然增长率为–79.03‰。由于20世纪60年代初的补偿性生育和“文化大革命”期间的盲目生育，人口出生率始终保持在30‰以上。1962年创最高出生记录，达到59.93‰，死亡率9.84%，自然增长率高达50.09‰，当年人口增加21.39万人。1963年～1974年，全区人口处在较为稳定的高增长阶段，其间自然增长人口163.21万人，年均13.60万人，年均自然增长率27.44‰。1974年起，开始实行生育的计划管理，出生率、死亡率双双下降，至1985年，出生率为17.32‰；其间出生153.59万人，年均12.80万人，年均出生率20.19‰。1975年8月，全区遭受历史上罕见的特大洪水袭击，人民生命财产损失惨重，当年死亡5.67万人，死亡率较上年提高2.95个千分点，高达9.56‰。1976年～1985年死亡37.05万人，年均3.71万人，年均死亡率5.69‰。1975年～1979年自然增长呈下降趋势，5年间自然增长人口49.95万人，年均9.99万人，年均自然增长率16.24‰。

1978年～1988年为高生育阶段，年均出生率超过20‰，年均出生人口近14万人。1992年后，由于计划生育工作的深入开展和人们计生观念的普遍增强，全区人口出生率降到了10‰～15‰的低生育水平上。1998年，全市出生人口为10.75万人，出生率为13.56‰；2008年，全市出生人口为9.66万人，出生率为11.41‰；2012年，全市出生人口为9.91万人，出生率为11.14‰，保持低生育水平。其间人员死亡率均保持较低水平，1978年，全市死亡人口3.2万人，人口死亡率为5.1‰，自然增长人口10.55万人，自然增长率16.82‰；1988年，全市死亡人口3.97万人，死亡率5.54‰，自然增长人口10.5万人，自然增长率14.64‰；1998年，全市死亡人口4.99万人，死亡率6.3‰，自然增长人口5.75万人，自然增长率7.26‰；2008年，全市死亡人口5.1万人，死亡率6.03‰，自然增长人口4.55万人，自然增长率5.38‰；2012年，全市死亡人口5.59万人，死亡率6.28‰，自然增长人口4.32万人，自然增长率4.86‰。2013年，全市人口出生率为11.14‰，死亡率6.27‰，自然增长率为4.87‰。2015年，全市人口出生率为11.66‰，死亡率6.47‰，自然增长率为5.19‰。

【人口迁移】 秦汉时期，曾有大批人口迁徙。西汉元始二年（2），汝南郡人口达200多万，居全国之首。东汉末年及三国时期，战事频繁，民众为避乱而外移。西晋时期，西北少数民族战至中原，区内世家大族纷纷组营迁居富庶的江南。南北朝时期，连年战乱，无数民众离乡南迁，汝南郡“遍地皆蒿草，十里无人烟”。北宋建立后，为恢复农业生产，相继从晋（今山西省临汾一带）、云（今山西省大同一带）、朔（今山西省朔县）向蔡州移民。明朝时期，明太祖下令把太湖流域和山西无地农民迁到豫南，区内各县接收大批移民。

新中国成立前夕，少数国民党军政人员随国民党军队南逃，有的定居香港或台湾地区。20世纪50年代，响应中共中央关于“人口密集的省、地、县市区要移民垦荒，开发边疆”的号召，1956年～1960年上蔡、西平、遂平、确山、汝南、平舆、新蔡7县向边疆移民68482人，多数是18周岁～30周岁的青壮年。其中：移往新疆24613人，移往甘肃29058人，移往青海14811人。1964年前后，绝大多数人离开边疆返回原籍。

1978年后，驻马店人口迁移主要有政策性迁移，分配、调动工作是主要原因，迁移数量少，迁入人口大于迁出人口。20世纪80年代中期，经济建设快速发展，人口迁移和流动活跃起来，迁移原因发生了重大变化，迁移和流动人口数量逐年增多。1986年全市迁入12.94万人，迁出10.49万人。1990年，全市迁入12.5167万人，迁出7.89万人。在人口迁移中，青壮年是迁移人口的主体，占迁移人口的一半以上，多数是考入驻马店市各大中专院校的学生，务工经商、工作调动、分配录用等是人口迁移的主要原因。20世纪90年代后，人口流动速度加快，显著特点是农村大量剩余劳动力的转移，迁出人口逐渐多于迁入人口。2000年，全市迁移人口规模达到26.1万人（5年前常住地变更），其中，迁入15.6万人，外出人口规模达到了81.1万人。2010年，全市离开户口登记地半年以上，户口登记地在外乡镇街道的人口有50.6万人，其中户口登记地在省内的人口有49.1万人，户口登记地在省外的人口有1.5万人。全市户籍人口882.3万人，外出半年以上人口210.7万人，占总人口比重的23.88%。

【人口构成】 性别构成：1950年～1959年，全区年平均人口421.3万人，其中男性211.9万人，女性209.4万人，年均性别比（以女性为100，男性对女性的比例）为101.19，且年度间变化不大，最高年份为102.81，最低年份为100.70。1964年人口普查时，全区人口性别比为99.40。0岁～5岁婴幼儿性别比为100.88，其中：0岁组101.08，1岁组101.77，2岁组105.09，3岁组101.87，4岁组112.25，5岁组112.25。其特点是0岁～3岁组性别比低，4岁～5岁组性别比高。20世纪70年代，全区年平均人口为596.5万人，其中男性299.8万人，女性296.7万人，性别比由1971年的99.85升至1979年的102.06。年均性别比为101.04。1978年，男女性别比为101.87，性别比例男性为50.46%，女性为49.54%；1980年～1985年全区年平均人口675.7万人，其中男性342.6万人。女性333.1万人，年均性别比为102.84，呈稳定上升趋势，0岁～3岁婴儿性别比偏高。1982年普查时，全区人口性别比为102.46，低于全国（106.28）和全省（104.06）。0岁～5岁婴幼儿性别比为107.22，接近全国（107.10），低于全省（108.07）。其中：0岁组108.95，1岁组108.93，2岁组108.50，3岁组106.84，4岁组105.22，5岁组105.56，0岁～3岁组性别比偏高且呈发展趋势。1988年，男女性别比为104.45，性别比例男性为51.09%，女性

1978 年 ~ 2014 年驻马店市人口性别构成表

年份	性别比例（%）		性别比（女性 =100）
	男	女	
1978	50.46	49.54	101.87
1979	50.52	49.48	102.08
1980	50.55	49.45	102.87
1981	50.54	49.46	102.17
1982	50.57	49.43	102.31
1983	50.74	49.26	102.99
1984	50.84	49.16	103.41
1985	50.90	49.10	103.68
1986	50.94	49.06	103.83
1987	51.02	48.98	104.15
1988	51.09	48.91	104.45
1989	50.94	49.06	103.85
1990	51.33	48.67	105.48
1991	51.34	48.66	105.49
1992	51.38	48.62	105.67
1993	51.55	48.45	106.41
1994	51.55	48.45	106.40
1995	51.59	48.41	106.56
1996	51.65	48.35	106.83
1997	51.70	48.30	107.02
1998	51.69	48.31	106.99
1999	51.80	48.20	107.48
2000	51.67	48.33	106.90
2001	51.68	48.32	106.94
2002	51.79	48.21	107.41
2003	51.82	48.18	107.54
2004	51.21	48.79	104.96
2005	51.12	48.88	104.57
2006	50.80	49.20	103.23
2007	51.20	48.80	104.91
2008	51.05	48.95	104.28
2009	50.70	49.30	102.84
2010	52.05	47.95	108.55
2011	50.15	49.85	100.59
2012	50.26	49.74	101.06
2013	50.1	49.9	100.53
2014	50.5	49.5	101.98

注：2014 年统计数据不含新蔡县

2010 年驻马店市各年龄段人口性别构成表

年龄组	性别比（女 =100）	年龄组	性别比（女 =100）
总计	101.43	50 ~ 54	95.11
0 ~ 4	130.69	55 ~ 59	98.78
5 ~ 9	134.51	60 ~ 64	103.63
10 ~ 14	125.79	65 ~ 69	99.85
15 ~ 19	107.23	70 ~ 74	98.18
20 ~ 24	88.34	75 ~ 79	80.43
25 ~ 29	86.8	80 ~ 84	67.29
30 ~ 34	94.66	84 ~ 89	50.66
35 ~ 39	98.89	90 ~ 94	36.77
40 ~ 44	92.76	95 ~ 99	31
45 ~ 49	90.81	100 及以上	13.89

驻马店市历次普查 0 岁 ~ 4 岁婴幼儿性别比变化表

年龄	1990 年第四次人口普查	2000 年第五次人口普查	2010 年第六次人口普查
0 ~ 4	121.20	134.54	125.23
0	120.83	119.99	117.77
1	125.04	146.74	128.07
2	126.26	140.42	125.60
3	121.30	137.94	126.02
4	111.74	132.53	126.47

为 48.91%。

1990 年第四次人口普查，全区 0 岁 ~ 4 岁婴幼儿性别比为 121.2，性别比按婴儿年龄划分为，2 岁、1 岁、3 岁、0 岁、4 岁，性别比分别为 126.26、125.04、121.3、120.83、111.74。从 1991 年开始，全区人口性别比超出常值，年均在 105 以上，总人口性别构成升高已成趋势。1998 年，男女性别比为 106.99，性别比例男性为 51.69，女性为 48.31。2000 年第五次人口普查，全市 0 岁 ~ 4 岁婴幼儿性别比为 134.54，性别比按婴儿年龄划分为，1 岁、2 岁、3 岁、4 岁、0 岁，性别比分别为 146.74、140.42、137.94、132.53、119.99。全市总人口性别比达到 107.06；2000 年后，人口性别构成上升的势头得到有效控制。2008 年，男女性别比为 104.28，性别比例男性为 51.05%，女性为 48.95%。2010 年人口普查时，全市常住男性人口为 3641114 人，占 50.36%；女性人口为 3589630 人，占 49.64%。总人口性别比为 101.43。全市 0 岁 ~ 4 岁婴幼儿性别比为 125.23，性别比按婴儿年龄划分为，1 岁、4 岁、3 岁、2 岁、0 岁，性别比分别为 128.07、126.47、126.02、125.6、117.77。全市人口性别构成在各个年龄阶段上表现不同，0 岁 ~ 4 岁年龄阶段上性别构成偏高，15 岁 ~ 64 岁年龄阶段的性别构成位于平均值，65 岁及以上年龄段的性别构成偏低，且随年龄越大，性别比越低。2012 年，男女性别比为 101.06，性别比例男性为 50.26%，女性为 49.74%。2014 年，男女性别比为 101.98，性别比例男性为 50.5%，女性为 49.5%，与 2013 年基本持平。

年龄构成：20 世纪 30 ~ 40 年代，由于连年战乱和自然灾害的影响，全区人口处在高出生、高死亡的稳定发展时期。1951 年后，出生率上升，死亡率大幅度下降，出现 1952 年 ~ 1955 年的生育高峰和 1962 年的补偿性生育，全区人口年龄构成在 1964 年人口普查时，0 岁 ~ 14 岁组人口占总人口的 40.12%，15 岁 ~ 64 岁组人口占 56.87%，65 岁以上组占 3.01%，老少比（指 65 岁及 65 岁以上人口除以 0 岁 ~ 14 岁人口）为 7.5%，平均年龄 24.98 岁，按国际通用人口年龄类型标准衡量，属年轻型。1963 年 ~ 1974 年的生育高峰期过后，1975 年起，低年龄组人数陆续减少，全区人口的年龄构成开始由原来的一贯增长转变为逐渐缩减的再生产类型。1982 年第三次人口普查，全区人口按年龄比重划分，0 岁 ~ 14 岁、15 岁 ~ 64 岁、65 岁及以上人口所占比重分别为 37.55%、57.44%、5.31%，老少比为 14.24%，人口中位数为 19.2 岁，年龄类型为年轻型向成年型过渡。全区青壮年人口的比重由 1964 年的 56.87% 上升至 1982 年的 57.61%，总负担系数（15 岁 ~ 64 岁人口负担 0 岁 ~ 14 岁人口和 65 岁及其以上人口的数值）由 1964 年的 75.83% 下降到 1982 年的 73.58%，其中每百个 15 岁 ~ 64 岁人口负担 0 岁 ~ 14 岁人口，1964 年为 70.54 人，1982 年为 64.68 人；每百个 15 岁 ~ 64 岁人口负担 65 岁及 65 岁以上人口，1964 年为 5.29 人，1982 年为 8.90 人。全区总人口中，0 岁 ~ 3 岁婴幼儿 528.066 人，占总人口的 7.97%，比 1964 年下降 5.27 个百分点，比重显著降低；4 岁 ~ 6 岁学龄前儿童 443182 人，占全区总人口的 6.69%，较 1964 年上升 1.79 个百分点，比重明显提高。

1990 年第四次人口普查，全区人口按年龄比重划分，0 岁 ~ 14 岁、15 岁 ~ 64 岁、65 岁及以上人口所占比重分别为 27.99%、65.76%、6.25%，与第三次人口普查相比，0 岁 ~ 14 岁人口比重下降 9.56 个百分点，15 岁 ~ 64 岁人口比重上升 8.32 个百分点，65 岁及以上人口比重上升 0.94 个百分点；老少比为 22.33%，较第三次人口普查上升 8.09 个百分点；人口年龄中位数 23.4 岁，较第三次人口普查延长了 4.2 岁，属于成年型人口类型。2000 年第五次人口普查，全市人口按年龄比重划分，0 岁 ~ 14 岁、15 岁 ~ 64 岁、65 岁及以上人口所占比重分别为 25.06%、67.02%、7.92%，与第四次人口普查相比，0 岁 ~ 14 岁人口比重下降 2.93 个百分点，15 岁 ~ 64 岁人口比重上升 1.26 个百分点，65 岁及以上人口比重上升 1.53 个百分点；老少比为 31.59%，较第四次人口普查上升 9.26 个百分点；人口年龄中位数 25.1 岁，较第三次人口普查延长了 1.7 岁。2010 年第六次人口普查，全市人口按年龄比重划分，0 岁 ~ 14 岁、15 岁 ~ 64 岁、65 岁及以上人口比重分别为 22.85%、67.71%、9.45%，与第五次人口普查相比，0 岁 ~ 14 岁人口比重下降 2.21 个百分点，15 岁 ~ 64 岁人口比重上升 0.69 个百分点，65 岁及以上人口比重上升 1.53 个百分点；老少比为 41.36%，较第五次人口普查上升 9.77 个百分点；人口年龄中位数 25.9 岁，较第五次人口普查延长 0.8 岁，属于老年型人口类型，全市人口进入老龄化时代。

驻马店市历次人口普查年龄构成表

	历次普查年龄构成			
	1982 年	1990 年	2000 年	2010 年
0 ~ 14 岁比重（%）	37.55	27.99	25.06	22.85
15 ~ 64 岁比重（%）	57.44	65.76	67.02	67.71
65 岁及以上比重（%）	5.31	6.25	7.92	9.45
老少比（%）	14.24	22.33	31.59	41.36
人口年龄中位数（岁）	19.20	23.40	25.10	25.9

文化构成：新中国成立后，教育事业不断发展，全区有文化人口在总人口中的比重迅速提高。1964 年人口普查时，全区有文化人口 1102.208 人，占总人口的 25.64%。其中：大学文化程度 2579 人，高中文化程度 29232 人，初中文化程度 145729 人，小学文化程度 924668 人。全区文盲率为 67.8%。1982 年人口普查时，全区有文化人口 3326328 人，占总人口的 50.21%。其中：大学文化程度 9237 人，高中文化程度 338114 人，初中文化程度 1076045 人，小学文化程度 1902932 人。全区文盲、半文盲人口（指 12 岁及 12 岁以上不识字或识字不足 1500 个，不能阅读通俗书报，不能写便条的人口）为 2048580 人，占全区 12 岁及 12 岁以上人口的 43.3%，其中男性 701717 人，女性 1346863 人，文盲率分别为 29.52%、57.22%，均高于全国（文盲率为 31.9%，其中男性 19.17%，女性 45.27%）和全省（文盲率为 37.07%，其中男性 23.47%，女性 51.06%）。由于城乡之

驻马店市每 10 万人拥有各种文化程度人数表

单位：人、%

文化程度	每 10 万人拥有各种文化程度人数		
	2010 年	2000 年	增长（%）
合计	85611	84685	1.09
研究生	45	3	1400.00
大学本科	869	281	209.25
大学专科	2451	1249	96.24
高中	11214	7594	47.67
初中	43610	39290	11.00
小学	27422	36268	— 24.39

间在文化教育普及程度上存在的差别，市、县文盲率（分别为 17.13%、43.92%）相差悬殊，农村仍是扫盲工作的重点。全区每万人中拥有大学文化程度的人数由 1964 年的 6 人提高到 1982 年的 14 人，远低于河南省（31 人）和全国（60 人）；拥有高中文化程度的人数由 1964 年的 68 人提高到 1982 年的 510 人，低于河南省（627 人）和全国（662 人）的水平。

随着驻马店教育事业不断发展，有文化人口在总人口中的比重逐渐提高。1990 年人口普查时，有文化人口 5146020 人，占总人口的 69.69%。其中：大学本科 5911 人，大学专科 20948 人，中专 54401 人，高中 351923 人，初中 1775185 人，小学 2937652 人。全区文盲、半文盲人口（指 15 周岁及 15 周岁以上不识字或识字不足 1500 个，不能阅读通俗书报，不能写便条的人口）为 1325707 人，占全区 15 周岁及 15 周岁以上文盲半文盲人口的 24.93%，其中男性 445120 人，女性 880587 人，分别占同龄人口的 16.6%、33.4%。每 10 万人拥有小学以上文化程度人口数为 69686 人，其中男性 38415 人，女性 31271 人。2000 年人口普查时，有文化人口为 6460117 人，占总人口的 86.69%。其中：研究生 229 人，大学本科 20913 人，大学专科 93079 人，中专 125972 人，高中 440026 人，初中 2928220 人，小学 2702956 人，扫盲班 148722 人。全市 15 岁及 15 岁以上文盲人口为 414031 人，占同龄人口比重为 7.41%，其中男性 126317 人，女性 287714 人，分别占同龄人口的 4.48%、10.04%。

2010 年人口普查时，全市有文化人口为 6190784 人，总人口的 85.61%。其中：研究生 3220 人，大学本科 62871 人，大学专科 177244 人，高中 810923 人，初中 3153555 人，小学 1982971 人。全市 15 岁及以上文盲人口为 324024 人，占同龄人口比重为 5081%，其中男性 96558 人，女性 227466 人，分别占同龄人口的 3.57%、7.92%。随着驻马店电大、函大等成人教育和各种职业技能培训不断增加，普通高等教育招生持续扩大，高学历人才逐步增加，中专以上文化程度的人口增加较多，增长较快。2010 年第六次人口普查，全市每 10 万人拥有各种文化程度人口为 85611 人，与 2000 年第五次人口普查相比，增长 1.09%，其中：大学本科文化程度 869 人，增加 288 人，增长 2.09 倍；大学专科文化程度 2451 人，增加 1202 人，增长 96.24%；高中文化程度（包括中专）11214 人，增加 3620 人，增长 47.67%；初中文化程度 43610 人，增加 4320 人，增长 11%；小学文化程度 27422 人，减少 8846 人，下降 24.39%。

（王平选）

民族宗教

【民族概况】 驻马店市是以汉族为主的多民族聚居区，区内少数民族多由外地迁入。回族是最早迁入的少数民族之一，于唐初（693）在泌阳建筑象河关清真寺开始定居。其次是满族，于清代迁入西平县酒店、出山一带，其他少数民族多为新中国成立后随职工工作调动或因婚嫁迁居市内。20 世纪 80 年代中后期，改革开放政策的实施使得区内少数民族迁入较多，迁移也较频繁，居住形式呈现出“小集中、大分散”的特点，且城市少数民族学历普遍比乡村少数民族学历高。全市各县区都有少数民族分布，新蔡县李桥回族镇和西平县蔡寨回族乡是区内 2 个回族乡镇，西平县和新蔡县是少数民族人口较为集中、少数民族人口比例较高的县。少数民族人口增长速度快于汉族。原因是：国家对少数民族的生育政策比较宽松，允许一对夫妇生育二胎；少数民族迁入人口较多，至 2012 年，除回族以外的少数民族人口增长多属于女性婚姻迁入人口；有一些原系汉族人口根据有关民族政策精神，恢复或变更为少数民族成分。

【民族分布与构成】 1964 年人口普查，全区有 13 个民族，另有未识别民族 1 人，外国人加入中国籍 1 人。少数民族人口 31106 人，占全区总人口的 0.71%。1982 年人口普查，全区民族猛增至 25 个，分别是：汉、回、满、壮、蒙古、彝、黎、苗、藏、土家、达斡尔、白、布依、侗、朝鲜、傣、维吾尔、水、纳西、土、哈尼、东乡、高山、普米、京族，其他未识别民族 1 人。民族分布状况为：西平县 14 个，全区最多；上蔡 13 个，另有未识别民族 1 人；驻马店市 13 个，确山、泌阳各 12 个，遂平、平舆、正阳各 9 个，新蔡县 5 个，汝南县 4 个。少数民族人口 47170 人，占全区总人口的 0.71%。回族人口最多，为 46520 人，占少数民族人口的 98.62%。其次为满族 372 人。高山族、普米族、京族各 1 人，其他少数民族人口在 2 人～67 人之间。

1990 年人口普查，全区有 44 个民族（含未识别民族及外国人加入中国籍），汉族人口 7328103 人，占总人口的 99.24%；其次是回族 53945 人，占总人口的 0.73%，占少数民族人口的 95.6%，其他少数民族人口 2454 人，占总人口的 0.03%。少数民族按人口数量依次为：回、满、拉祜、佤、蒙古、傣、彝、土家、壮、苗、哈尼、白、布依、藏、黎、纳西、布朗、瑶、侗、傈僳、维吾尔、锡伯、朝鲜、赫哲、土、达斡尔、普米、羌、水、高山、畲、仫佬、撒拉、珞巴、怒、东乡、京、鄂伦春、景颇、鄂温克、阿昌，另有未识别民族 5 人，外国人加入中国籍 1 人。

2000 年人口普查，全市有 44 个民族（含未识别民族及外国人加入中国籍）。民族人口最多的是汉族，有 7452752 人，占总人口的 99.17%；其次是回族 58012 个，占总人口的 0.78%，占少数民族人口的 94.16%，其他少数民族人口 3595 人，占总人口的 0.05%。少数民族按人口数量依次为：回、满、佤、拉祜、蒙古、苗、土家、壮、彝、哈尼、傣、白、布依、朝鲜、藏、维吾尔、黎、傈僳、侗、布朗、土、纳西、瑶、锡伯、畲、景颇、达斡尔、水、赫哲、高山、珞巴、德昂、柯尔克孜、仡佬、哈萨克、羌、塔吉克、普米、阿昌、俄罗斯、裕固，另有未识别民族 7 人，外国人加入中国籍 1 人。民族分布状况为：驿城区 22 个，其中少数民族人口 8047 人；遂平 25 个，其中少数民族人口 4808 人（含未识别民族

驻马店市民族人口表（历次人口普查数据）

单位：人

	1982年	1990年	2000年	2010年		1982年	1990年	2000年	2010年
民族个数（个）	25	44	44	41	锡伯族	—	12	10	13
总人口	6624581	7384502	7452752	7231234	侗族	8	16	28	7
汉族人口	6577412	7328103	7391145	7175521	白族	12	77	100	22
汉族人口比重	99.29	99.24	99.17	99.23	土家族	14	140	161	209
少数民族人口	47169	55399	61607	55713	哈尼族	2	95	118	49
少数民族人口比重	0.71	0.76	0.83	0.77	傣族	7	169	117	70
少数民族人口					黎族	23	24	32	79
蒙古族	39	172	330	183	高山族	1	5	2	—
回族	46520	53945	58012	52934	水族	4	6	4	3
藏族	15	38	64	30	东乡族	2	1	—	—
维吾尔族	6	13	53	49	纳西族	3	22	13	13
苗族	16	129	282	230	土族	3	8	16	4
彝族	23	162	166	78	达斡尔族	14	7	5	6
壮族	67	130	145	206	阿昌族	—	1	1	—
布依族	9	41	69	56	怒族	—	2	—	1
朝鲜族	7	9	68	13	鄂温克族	—	1	—	—
满族	372	614	663	556	鄂伦春族	—	1	—	—
普米族	1	7	2	—	赫哲族	—	9	4	5
京族	1	1	—	—	珞巴族	—	2	3	—
瑶族	—	20	10	25	哈萨克族	—	—	2	151
傈僳族	—	15	29	14	柯尔克孜族	—	—	3	–
佤族	—	198	663	430	仡佬族	—	—	3	7
畲族	—	4	5	—	塔吉克族	—	—	2	—
拉祜族	—	263	376	166	俄罗斯族	—	—	1	—
景颇族	—	1	5	5	德昂族	—	—	3	—
仫佬族	—	3	—	4	裕固族	—	—	1	5
毛南族	—	—	—	1	保安族	—	—	—	1
羌族	—	6	2	6	门巴族	—	—	—	4
布朗族	—	22	24	24	其他未识别民族	—	5	7	3
撒拉族	—	2	—	1	外国人加入中国籍	—	1	1	50

6人）；西平31个，其中少数民族人口15038人；上蔡21个，其中少数民族人口1580人；汝南21个，其中少数民族人口6024人；新蔡19个，其中少数民族人口6132人（含外国人加入中国籍1人）；正阳22个，其中少数民族人口5214人；确山23个，其中少数民族人口3107人（含未识别民族1人）；泌阳22个，其中少数民族人口5611人；平舆18个，其中少数民族人口6019人。

2010年人口普查，全市有41个民族（含未识别民族及外国人加入中国籍），民族人口最多的是汉族，占总人口的99.23%；回族占总人口的0.73%；其他各种少数民族人口总计占总人口的比重不足0.04%。少数民族按人口数量依次为：回、满、佤、苗、土家、壮、蒙、拉祜、哈萨克、黎、彝、傣、布依、维吾尔、哈尼、藏、瑶、布朗、白、傈僳、纳西、锡伯、朝鲜、仡佬、侗、达斡尔、羌、景颇、裕固、赫哲、土、仫佬、门巴、水，撒拉、毛南、怒、保安族各1人，未识别民族3人，外国人加入中国籍50人。民族分布情况为：驿城区30个，

2015年驻马店市少数民族基本情况统计表

省辖市、省直管县名称	年末少数民族人口（人）										少数民族贫困户（户）	少数民族贫困人口（人）	扶贫开发工作重点村（个）
	总计	按民族分					按城乡分						
		回族	蒙古族	满族	维族	其他民族	乡村	回族	城镇	回族			
总计	74517	70198	253	726	11	3329	53344	50160	21173	20038	530	2133	15
驿城区	13243	12413	35	167		628	3276	2897	9967	9516	36	156	1
遂平县	4183	3576	35	68	2	502	3644	3069	539	507	51	172	
西平县	18130	17377	19	359		375	16708	16050	1422	1327	63	241	4
上蔡县	2509	1689	60	38	3	719	1874	1246	635	443	29	133	1
汝南县	7718	7453	15	22		228	4632	4538	3086	2915	85	410	1
平舆县	10324	10023	33	32		236	7896	7640	2428	2383	109	420	1
正阳县	7793	7583	41	12	3	154	6593	6490	1200	1093	81	328	3
确山县	3237	2773	10	19		435	1941	1502	1296	1271	10	45	
泌阳县	6045	5983	5	6	3	48	5510	5458	535	525	46	152	
开发区	1335	1328		3		4	1270	1270	65	58	20	76	

其中少数民族人口10520人；遂平县36个，其中少数民族人口3294人(含未识别民族1人,外国人加入中国籍29人)；西平县29个，其中少数民族人口13480人（含外国人加入中国籍1人）；确山县25个，其中少数民族人口2103人（含外国人加入中国籍3人）；上蔡县24个，其中少数民族人口1271人（含未识别民族1人，外国人加入中国籍6人）；泌阳县20个，其中少数民族人口4645人；正阳县19个，其中少数民族人口4267人；新蔡县19个，其中少数民族人口4739人（含外国人加入中国籍9人）；汝南县16个，其中少数民族人口5228人。

2015年，全市有44个民族（含未识别民族及外国人加入中国籍），其中少数民族41个，总人口74517人（不含新蔡），居全省第五位，其中回族人口70198人占97%。按人口数量依次为回、壮、满、苗、佤、土家、蒙古、拉祜、傣、彝、侗、布依、黎、白、瑶、哈尼、藏、朝鲜、布朗、傈僳、仡佬、纳西、赫哲、维吾尔、畲、景颇、京、羌、水、仫佬、土、毛南、塔塔尔、阿昌、塔吉克、哈萨克、德昂、普米、怒、高山、鄂伦春。少数民族人口超过万人的县区有西平县、平舆县、驿城区，全市有西平县蔡寨回族乡1个民族乡镇，少数民族人口千人以上的乡镇30个，少数民族聚居村68个。民族分布状况为:西平县31个，上蔡县30个，平舆县29个，遂平县28个，汉南县、正阳县、确山县24个，泌阳县14个，开发区5个，驿城区3个。

【宗教概况】 驻马店市境内有信徒，有活动场所的宗教有佛教、道教、伊斯兰教、基督教、天主教5个主要教派。佛教最早于东汉灵帝光和三年（180）传入驻马店，由白马寺史姓沙弥在泌阳铜山修庵定居，传扬佛法。后上蔡、西平、确山相继建立寺庙，唐代以后，佛教兴盛，至清代，有权势的乡绅多以当1名吃斋信佛的居士为荣。民国以后渐弱。境内道教始于汉，唐高宗（650 ~ 683）奉老子李耳为李氏先祖，封“太上玄元皇帝”尊号，一时道教大盛，道徒多来自武当山、嵩山。清代抑道扬佛，不少道观变为寺院，道教信徒逐渐减少。确山乐山成为道教圣地，清末汉南设“道纪司”管理全县道教。唐长寿年间（约693），大食（阿拉伯帝国）商人在泌阳旬河关定居，伊斯兰教随之传入境内。元代“回回”军屯驻及回族人批量迁居区内，区内各县市均建有清真寺。其中，新蔡李桥镇清真寺为1375年由明朝皇帝朱元璋的大将常遇春所建。清代达到鼎盛，民国初年，许多清真寺毁于战火，宗教活动减少。天主教是在鸦片战争后传入境内，最早在确山县香山李刘庄（今属驿城区），先属南阳教区，民国14年（1925）始属信阳教区，驻马店一度成为天主教在豫南活动基地。基督教晚于天主教传入境内，最早传入地为上蔡县。基督教派派系繁多，教会名称不一。区内有内地会、信义会、安息日会、真耶稣会、神召会、灵工院、四福音等教派。

新中国成立后，各级人民政府执行宗教信仰自由政策，保护合法的宗教活动。“文化大革命”中，宗教活动被强令禁止，教堂寺庙等宗教场所被查封或占用，时有少数信徒进行隐蔽活动。中共十一届三中全会后，中国共产党和人民政府全面恢复和落实宗教政策，归还、重建和扩建宗教活动场所，宗教活动恢复正常。地委恢复统战部，行署设立民族宗教事务处，各县（市）相继恢复并加强了宗教工作机构，为34名在“文化大革命”中受迫害的宗教界人士平反，先后开放教堂2座，清真寺51坊，“三定”（定片、定点、定负责人）活动点95个，宗教爱国组织相继恢复并开展工作。各宗教堂点分别建立了教务领导小组或“三自”（自治、自传、自养）爱国领导小组，制定有教务、财务、行政事务管理制度，信教群众在牧师、长老、传道员、教长的引导下，过着正常的宗教生活。1986年，驻马店地区有信教群众8万余人。

20世纪90年代以后，驻马店地区全面贯彻落实党的宗教政策，广泛团结宗教界人士和信教群众，依法进行宗教事务管理，引导宗教与社会主义相适应。经常对宗教界人士进行爱国主义、社会主义和法律、法规、政策教育，帮助各宗教团体加强组织建设，完善各项管理制度，并督促制度的执行。2000年，经政府登记开放的宗教活动场所382处，其中佛教12处，道教1处，伊斯兰教66处，天主教2处，基督教305处。信教群众193321人。其中佛教14888人，道教4001人，伊斯兰教71628人，天主教3336人，基督教99468人。共有宗教教职人员429人。其中佛教比丘19人，比丘尼27人；道教坤道1人；伊斯兰教阿訇60人，海里凡97人；基督教牧师1人，长老11人，传道员212人。

2012年，全市佛教、道教、伊斯兰教、天主教、基督教5个教派信教群众400536人，全省第四（商丘65万，周口60万，南阳56万），依法登记宗教活动场所570个，宗教教职人员1295人。信教群众分布全市所有乡镇，90%在农村。建立爱国宗教团体35个，其中：市级3个（基督教"三自"爱国运动委员会1个，基督教协会1个，伊斯兰教协会1个），县级爱国宗教团体32个（伊斯兰教协会10个，基督教"三自"爱国运动委员会9个，基督教协会9个，道教协会1个，佛教协会3个）。

截至2014年5月，全市（不含新蔡县）5大教派有信教群众36.69万人，依法登记宗教活动场所536个，宗教教职人员974人。信教群众分布在全市所有乡镇，90%在农村。全市有爱国宗教团体36个，其中市级3个（基督教"三自"爱国运动委员会1个，基督教协会1个，伊斯兰教协会1个），县级33个（伊斯兰教协会9个，基督教"三自"爱国运动委员会9个，基督教协会9个，道教协会1个，佛教协会5个）。

【佛教】 东汉时传入泌阳，汉献帝建安十五年（210），教徒献工献料，在泌阳铜山北山脚下建寺，先后修成南宫和北宫。其时，上蔡建蟾虎寺。东魏时，西平建龙泉寺，北齐时期，确山建北泉寺，初名树佛寺，唐名资福禅寺，宋更名万寿禅寺、北泉寺。唐代，朝廷大力提倡佛教，区内寺院林立。汝南境内有吉祥寺、开元寺、观音阁、白衣阁、二王楼、十方院（广惠禅院）、观音殿、庄王殿等较大寺院。上蔡境内有城东永宁寺、东岸祥佛寺等。清代，区境内庵、寺等佛教庙宇1000多处。仅泌阳县佛寺庵堂多达500多座。新蔡县城南关金粟禅林寺占地百余亩，被誉为江北名刹。并与杭州灵隐寺、汝州风穴寺、汝南广慧寺、正阳宝王寺有联系，一时间，乡绅名士以做居士为荣。

民国后，寺庙管理混乱，一些土豪劣绅以拜佛为名，行中饱私囊之事，民众口碑极差。1930年后，各地拆庙伐神，征收庙产，兴办学校，和尚或回乡返俗，或云游地方，民间吃斋拜佛的善男信女渐少。抗日战争时期，新蔡未遭沦陷，县内风头人物多半皈依佛门，以求自保，全县佛教徒发展到600多名。至全区解放时，所剩极少数僧尼分得了土地，开始自食其力的新生活。新中国成立后，佛教衰微。1966年"文化大革命"前全区有佛教徒13人。至1986年年底无发展新教徒。1992年，佛教职业人员28人（比丘5人，比丘尼23人），佛教主要活动在泌阳、新蔡、确山、汝南、正阳等县，开放活动场所7处。至1995年，全区信仰佛教人数有明显增加，且呈继续发展的趋势。佛教信教群众7460人，僧人46人，尼姑22人，活动场所8处。1997年，全区有"三定"佛教寺庵5处。1998年，区内佛教信教群众增至2.3万人。1999年，全区经政府登记开放的佛教寺庵7处，2000年，增至12处，佛教教职人员中比丘19人，比丘尼27人。

2001年，经政府登记开放的佛教活动场所8处，佛教信教群众3.19万人，教职人员中比丘22人，比丘尼19人。后开放活动场所历年有增有减，信教群众数量逐年增加，教职人员数量相对变化不大。至2006年，经政府登记开放的佛教活动场所21处，佛教信教群众5.5万人，佛教教职人员中比丘49人，比丘尼4人。2012年，全市依法登记佛教活动场所29处，佛教信徒76743人，教职人员106人，成立县级佛教协会3个。2014年，全市佛教信徒76743人，场所29个，教职人员53人，县级佛教协会5个。

【道教】 境内道教始于汉，盛于唐，隋唐时期，汝南城西12.5千米处建有老君庙，系道教四大派系中的全真派。泌阳一带属正一道。道徒多从武当山、嵩山而来。唐高宗（650～683）奉老子李耳为李氏先祖，封"太上玄元皇帝"尊号，令州县建庙观，一时道教大盛，道观星罗棋布，拜神驱邪、卜命、求医者甚多。随着道教信徒的骤增，分化出众多派系，纷纭复杂，不易辨别。清代抑道扬佛，佛教兴盛，不少道观变为寺院，道教信徒逐渐减少。但清初，道士贾上环在确山县乐山倡修道观，乐山环山上下建筑众多官观，成为确山道观的密集区。之后，下传七世至贾重虞。清末，汝南设有"道纪司"，管理全县道教。著名道士唐道成，原名池远，道号霞光道人。1907年离开湖北武当山金顶寺，1908年至泌阳白云山落脚。在第二次国内革命战争时期，常掩护和救治鄂豫边红军游击队的伤病员。曾当选泌阳县政协委员。享年114岁。

新中国成立后，随着科学文化的普及，道教信徒逐渐减少。1986年年底，全区仅有23名道教信徒。1992年，全区有道士5人。1993年，区内道教主要活动在泌阳、新蔡2县，开放活动场所1处。1995年，全区有道教信教群众10人，属零散教徒，道士1人，正常开展活动。1998后，道教信教群众数量猛增至数千人，经政府登记开放的道教活动场所1处。2001年，全市道教信徒过万，职业教职人员有坤道1人，2006年增至5人，当年经政府登记开放的科教活动场所增至5处。2008年，全市经政府登记开放的道教活动场所9处，道教信徒1.39万人，有坤道7人。至2012年，驻马店市有依法登记道教活动场所14处，道教信徒28980人，道教教职人员17人。成立县级道教协会1个。2014年，全市道教信徒28980人，场所12个，教职人员43人，县级道教协会1个。

【伊斯兰教】 伊斯兰教自唐代传入境内。宋代，华南回商北进中原，亦有来境内定居者。元世祖至元十八年（1281），"回回"军屯驻，并建草寺，由长者担任领拜、宰牲，主持婚丧、宰牲、节日等事宜。元末明初，回民族批量迁居区内，伊斯兰教徒随之增多，两平、驻马店、泌阳、汝南、遂平、新蔡、上蔡、正阳、确山、平舆等县均建有清真寺。新蔡县李桥镇清真寺始建于洪武八年（1375），为明朝开国皇帝朱元璋的大将常遇春所建。清朝是伊斯兰教发展的鼎盛时期，各县皆有教徒活动，清真寺也随之增多。至民国初年，全区有清真寺40余坊。民国时期军阀混战，许多清真寺毁于战火，宗教活动渐少。抗日战争爆发后，正阳、西平相继成立“回教救国协会”，捐款捐粮支援抗战，许多穆斯林纷纷参加抗日游击队，为抗日战争的胜利做出贡献。

新中国成立后，国家落实宗教信仰自由的政策，穆斯林的正常宗教活动得到保护。1958年，实行宗教改革，全区保留一批清真寺，供教徒活动。仅西平县就保留清真寺6坊。至1966年“文化大革命”前，全区有清真寺60坊，房产523间，宗教职业者75名，穆斯林群众41850人。“文化大革命”期间，清真寺或毁或占，宗教活动被迫停止，只有少数教徒隐蔽活动。

1979年以后，地、县（市）各级政府恢复建立宗教工作机构，宗教信仰自由政策逐步落实，为蒙冤人员平反昭雪，恢复名誉，各县（市）成立清真寺民主管理委员会或管理小组，政府拨款逐步修复或重建部分清真寺，教徒活动趋于正常。1986年年底有清真寺51坊，房产336间，教长、阿訇54名，穆斯林群众4.7万人。并有17名宗教爱国人士分别当选为县（市）人大代表、政协委员。

区内的伊斯兰教均属逊尼派（又称正统派）中的哈乃裴学派。这一学派又分为“格迪目”和“伊赫瓦尼”两大教派。“格迪目”派在区内历史悠久，教徒遍布全区各县（市），在宗教组织上比较涣散，实行互不隶属的“教坊制”。教坊通常以一个清真寺为中心，包括周围的穆斯林群众而形成，一般只有1个阿訇，寺务管理由穆斯林教徒自理，有经堂教育，学生称为“海里凡”。“伊赫瓦尼”派于20世纪20年代末传入区内，新中国成立前已分布全区，俗称“新新派”，主张“尊经革俗”，故又称“尊经派”。反对阿訇念经收取报酬，提倡用汉语表达宗教的信仰。

至20世纪90年代，这两个教派互相取长补短，逐步融为一体，区内已无教派之别。1992年，全区有伊斯兰教教职人员116人（阿訇56人，海里凡60人），伊斯兰教清真寺54坊。1995年，全区开放伊斯兰教清真寺63坊，教职人员120人。1996年，全区有清真寺63坊，教职人员157人，穆斯林群众6.3万人，经常进寺参加宗教活动的有5000多人。1997年12月30日，驻马店地区伊斯兰教协会第一次代表大会在驻马店市召开，来自全区各县（市）的121位穆斯林代表出席会议。会议听取和审议驻马店地区伊斯兰教协会筹备委员会工作报告，讨论通过驻马店地区伊斯兰教协会章程；选举产生以吕金虎阿訇为首的驻马店地区伊斯兰教协会第一届委员会。1998年，全区经政府登记开放的伊斯兰教清真寺62坊，伊斯兰教有教职人员125人。

2000年，驻马店市伊斯兰教清真寺66处，信教群众71 628人，教职人员157人。其中，伊斯兰教阿訇60人，海里凡97人。后开放清真寺数量和阿訇数量稳定增加，穆斯林群众数量相对稳定。至2005年，清真寺数量增至71坊，信教群众7.1万人。伊斯兰阿訇72人。2010年，驻马店市依法登记伊斯兰教清真寺73处，伊斯兰教信徒8.1万人，伊斯兰教教职人员82人。信教群众分布在全市所有乡镇，多在农村。2012年，全市依法登记伊斯兰教清真寺73坊，伊斯兰教信徒80 832人，教职人员82人，全市爱国宗教团体中市级伊斯兰协会1个，县级10个。2014年，全市伊斯兰教信徒70295人，清真寺65坊，教职人员56人，市级伊斯兰教协会1个。

【天主教】 清咸丰十一年（1861），法国传教士到确山县香山李刘庄传教，因山村闭塞，传教工作困难，3年后撤去。清同治四年（1865），德国人安布满在汝南县城租瓦房10余间设堂传教。同治七年（1868），南阳教区神甫到上蔡洙湖镇东疙瘩张（今上蔡党店乡）巡视传教数次。1872年，南阳教区第二任主教安西满派意大利传教士周慎思、艾庆臣2人再次到李刘庄传教，租民房3间作为教堂。1876年，传教士购买韩庄姓白宅基，建起1座小堂，教堂从李刘庄迁到韩庄。当时有经堂4间，住房3间，均是草房。清光绪四年（1878），法国教士到泌阳传教，有教徒10余户。光绪十六年（1890），南阳主教安西满派意大利籍梅教士在泌阳县城西关购房数间作为教堂，并创办“育婴院”和教会学校，向外界施舍西药，教徒渐增。

清末，外籍传教士以帝国主义列强与清政府签订的不平等条约为护身符，披着宗教外衣，欺压群众，霸占土地，包揽词讼，抗粮抗役，激起公愤。1900年，义和团红枪会聚众5000余人围攻韩庄天主堂，烧毁教堂7间草房，杀死2名意大利传教士，抄了部分教徒的家，称为“确山教案”。1901年，确山县奉清政府命赔偿韩庄（当时属确山管辖）天主教堂钱10万串。南阳教区安西满主教派意大利籍姬天爵（又名纪纯仁）神父到韩庄任本堂，他用赔款新建含配房百余间的大教堂，占地10余亩。同年，姬天爵神父将教会发展到驻马店。光绪二十八年（1902），泌阳县衙户房书吏张云卿为反抗清政府增加田赋充作“庚子赔款”，联合杨华川、程老十、罗振杰等聚众万余人，围攻泌阳县城，焚教堂，杀教徒，酿成“泌阳教案”。清政府被河南巡抚锡良派兵镇压，后张云卿等被捕，不屈就义。

光绪三十年（1904），姬天爵用确山教案赔款余额在驻马店南郊购地30多亩，筹建教堂，光绪三十三年（1907）竣工，名为“南大院”（今159医院），并办有教会医院。但因远离居民区，教徒往来不便，不利于教会发展，故于清宣统二年（1910）又购地建堂于驻马店中华街，在路南建教堂1座，后又在路北先后建起2处院落，二层楼房18间，平房30余间，办教会小学、医院各1所。韩庄、南大院、中华街3处天主堂均由姬天爵主持教务。当年，天主教传入西平。西平县城、权寨乡秦庄、焦庄乡金刚寺、二郎乡祝王寨、盆尧乡盆尧街等地均有教徒，最多时600余人。开始由中国施神甫在县城租用民房传教，后来在县城建教堂1座，房屋18间。民国2年（1913），白朗义军围攻泌阳县城，教堂被守军用炮击毁。民国7年（1918），教士穆文藻在泌阳县城重建教堂。民国8年（1919）和民国12年（1923），汝南先后建成“南天主堂”和“北天主堂”。民国14年（1925），姬天爵因过调离，意大利教士全撤往南阳教区，换德国圣言会教士接管驻马店各堂口。至民国15年（1926），韩庄、南大院、中华街3处教堂均属南阳教区管辖，当时3处教堂共有教徒1200余人。1927年，德国圣言会征得罗马教廷同意，建立信阳教区，划出南阳教区东部，开封教区南部的信阳、罗山、光山、固始、潢川、商城、正阳、息县、汝南、项城、沈丘、上蔡、西平、遂平、确山15个县的教务归信阳教区管辖。主教府设在韩庄天主堂，德国籍法来威任信阳教区首届主教。后于民国20年（1931）将主教府迁到驻马店南大院教堂，由此南大院成为教区的中心。民国18年（1929），天主教传至正刚，在县城建阿处教堂，并办尚志小学1所。民国18年～21年（1929～1932），泌阳连年火荒，泌阳天主堂2次开粥厂赈济饥民，致使信徒增至8000多人。

19世纪20年代以前，境内天主教会多由外籍传教士传教并管理教务，间有少数传教者为中国人；20年代后，中国神职人员增多，但教会仍为外籍传教者控制，县城里的大堂口全为外籍教士管理，乡下的小堂口才交由中国神职人员管理。民国22年（1933）8月，中国天主教驻马店自治教区成立，中国人王继之任主教，袁继平任副主教，管辖确山、泌阳、桐柏、舞阳、遂平、西平、叶县等7县的27个堂口。主教府设在驻马店南大院，各堂口均由中国神职人员接管。自治教区内的外籍教士全部撤往信阳。至此，教会与群众的矛盾渐趋缓和，教徒人数明显增多。民国时期，驻马店教区发展教徒1.5万人。其间，外地神职人员曾到新蔡传教，未建活动场所，发展信徒极少。民国26年（1937），驻马店神甫程远定到遂平县城购地建天主教堂，民国33年（1944）日军侵略遂平，教堂被毁，从此停止活动。

抗日战争时期，驻马店天主教会不遗余力保护信教群众和当地的居民。在1941年和1944年日本侵略军两次侵占驻马店时，信教群众和部分市民纷纷躲进教堂避难，为当地老百姓在战争年代免受战争的痛苦做出应有的贡献。当时由当地居民和教徒自发捐赠给教会一块纪念碑以致谢（纪念碑在今教堂院）。一些外籍神甫以传教为名，欺骗群众，侮辱妇女，进行间谍活动。1937年，德籍神甫康涵义在汝南组织“圣母会”，发展会员108人，并勾结日军司令小林，指使教友刘子和（汝南县维持会会长）等人，强拉民女，组织“色姑院”，任日军蹂躏。1946年，又组织“圣母军”，发展会员60余人，阻止教友参加革命，并派人侦察教区内共产党的活动，进行破坏。1948年10月，成立所谓“圣母军信阳教区汝南军分部”（后改名为军分会），为其主子搜集情报，进行间谍活动，激起各界人士的强烈反抗。1951年，康涵义被依法逮捕，并驱逐出境。

1948年年底，驻马店教区各县相继解放，袁庆平主教带一部分神父和修士去美国，驻马店教区教务委托田树声神父代管。此时，教会创办的医院关门，学校和小修道院停办。

新中国成立后，国家实施宗教信仰自由政策，教会按照“独立自主，自办教会”原则，开展正常的宗教活动。1951年，田树声代主教发扬爱国精神，把教会在南大院（今159医院）的医院暂借给中国人民解放军，以收治抗美援朝战场转移过来的伤病员。1955年12月，驻马店天主教友爱国会成立，委员7人。部分县亦成立天主教友爱国会。至1966年“文化大革命”前，全区共有天主教堂口19个，神职人员15人，教徒885名。“文化大革命”期间，多数天主教堂被毁坏，有些改作他用，神职人员被打成“牛鬼蛇神”，堂内祭衣祭品和经书被抄焚，活动被迫停止。

1978年后，统战机构相继恢复，党的宗教信仰自由政策得以落实，为蒙冤人员平反，并修缮教堂，添置祭衣祭品等设施。1981年12月，正式开放驻马店市中华路天主教堂，宗教活动恢复。1982年3月，成立第二届驻马店天主教友爱国会，委员9人，主任张安东。1985年5月，成立第三届驻马店天主教友爱国会，选举张安东为主任，委员9名。9月，驻马店天主教推荐周景丰到北京中国天主教神哲学院深造，推荐青年学生吉成义考入武汉中南神哲学院。1986年8月31日，周景丰晋升铎品，回驻马店任天主堂本堂神父，主持教务。至年底，由于许多神职人员和老教徒相继去世，新入教者较少，全区仅有天主教堂1座，神职人员4名，信徒334人。逢重大节日，参加“瞻礼”的教徒教友500余人。1989年，驻马店天主教依靠自身的房租收入为经费来源，新建教堂，增置设备，教会条件趋好。1992年3月12日，吉成义在汉口圣若瑟堂口晋升铎品，回驻马店天主堂任神父；1998年，到漯河任神父，2008年又回到驻马店韩庄天主教堂任神父；2011年12月，任省天主教两会副主任。

2012年，全市有天主教开放教堂3座（驿城区2座、上蔡县1座），天主教信徒近2000人，主要分布在市区的中华路、老街、方庄、谢庄和驿城区香山乡韩庄周围以及上蔡县百尺乡纸张村，驿城区中华路教堂宗教活动近1500人，韩庄教堂宗教活动近500人，上蔡宗教活动时近100人。信教群众多为40岁以上的中老年人，男女比例为1 ∶ 5，文化程度以初中以下者居多；有合法神父吉成义、刘开平、李方强、张泗谦4人。

2014年，天主教信徒2912人，场所3个，神父4人。

【基督教】 基督教晚于天主教传入境内。传入最早的为上蔡县，最晚的为平舆县，其他各县以传入时间先后依次为汝南、确山、泌阳、正阳、遂平、新蔡、驻马店。基督教派系繁多，教会名称不一。全区有内地会、安息日会、信义会、真耶稣会、神召会、灵工院、四福音等教派。内地会传入境内最早，属联合教会，礼仪依传教士原属宗派而定，主要活动于上蔡、泌阳、西平、平舆等地。安息日会于清光绪年间传入境内，主张守《圣经》上记载的安息日（即礼拜六），反对守“主日”（即礼拜日），主要活动于上蔡、新蔡、泌阳等地。信义会亦称路德会，于清光绪年间传入境内，强调“因信称义”，是基督教在境内的主要教派之一，活动于汝南、确山、驻马店、西平、新蔡、正阳、遂平、平舆等地。真耶稣教于民国年间传入境内，以上蔡为最早，主要活动于上蔡、泌阳、汝南、西平、平舆等地。自立会为中国教派，民国年间最早出现在上蔡县西洪，坚持独立自主的办教精神，在组织上摆脱了外国人的控制，神职人员均为中国人，主要活动于上蔡、泌阳、驻马店、遂平、西平等地。神召会系美国教派，民国16年（1927），泌阳沙河店建有神召会堂口，神职人员皆为美籍人员。太平洋战争爆发后，美籍神职人员撤离。

新中国成立后，各教会遵照国家的宗教政策，继续进行正常的宗教活动。1954 年，驻马店第一届基督教“三自”爱国运动委员会成立，委员 7 人，主任夏德功。1958 年实行宗教改革，内地会、自立会等教会进行联合礼拜。至 1966 年全区有基督教堂口 122 处，教徒 3393 人。“文化大革命”期间，教堂被封闭，宗教活动被迫停止。时有少数信徒进行隐蔽活动。

中共十一届三中全会后，宗教活动恢复，1979 年 12 月开放驻马店市南海路与自由街 2 处基督教活动点。1982 年开放富强路南段教堂，实行各基督教派联合礼拜。同年 12 月，驻马店召开基督教“三自”爱国会第二届教友代表会，选举产生“三自”爱国委员会，委员 9 人，主任焦世清。1982 年以后，各县亦对基督教活动点进行普查整顿，有计划有组织地批准开放一批“三定”（固定地区、固定活动点、固定宗教活动主持人）点。1986 年年底，全区有教堂 1 座，“三定”点 95 个，教徒 33333 人，长老 1 人。

1992 年，全区有基督教信教群众 58574 人，宗教职业人员 8 人（牧师 1 人，长老 7 人），传道人员 166 人。全区开放基督教活动场所 175 处（5 处教堂，170 处简易活动场所）。1993 年，全区基督教信徒最多，有 9 万多人，开放活动场所 180 余处，另有相当数量的家庭活动点。1994 年，宗教职业人员 19 人（牧师 1 人，长老 12 人，神学生 6 人）。至 1997 年，基督教处于一种狂热的发展状态，经综合治理，逐步走上依法管理、依法活动的轨道。经政府登记的基督教活动“三定”点 272 处，后逐年增多。2000 年，经政府登记开放的基督教活动“三定”点 305 处，信教群众 99468 人，基督教牧师 1 人，长老 11 人，传道员 212 人。2001 年，全市基督教信教群众 11.17 万人。至 2006 年，经政府登记开放的基督教活动场所 419 处，信教老人达 12.98 万人，有牧师 3 人，长老 23 人，传道员 535 人。2008 年，全市有基督教牧师 7 人，长老 243 人，传道员 337 人。2010 年，全市有基督教信徒 211321 人，基督教教职人员 1087 人，信教群众遍布在全市所有乡镇，大多在农村。全市有市级基督教“三自”爱国运动委员会 1 个，基督教协会 1 个，县级基督教“三自”爱国运动委员会 9 个，基督教协会 9 个。至 2012 年，全市基督教团体无变化，信教人数不断增长。

2014 年，基督教信徒 188005 人，教堂 427 个，教职人员 818 人。市级基督教“三自”爱国运动委员会 1 个，基督教协会 1 个；县级基督教“三自”爱国运动委员会 9 个，基督教协会 9 个。

（王平选）

社会事业

【民政】 清代，各县知县衙门设户房或典吏署，由主簿或县丞掌理民政事务，主要是财政税收、调查户口、里甲行政、警政治安、救灾救济、风俗礼教、卫生防疫等。民国时期，初期沿用清制；1928 年后，县级政府设第一科（民政科）掌管民政，重点是地方行政管理和社会治安，诸如建立和强化保甲乡团，管理户籍、七地、社团，救灾救济等等。各县普遍建有救济院、普济堂等福利场所。1946 年，全区 8 所救济院收容贫民、儿童 1030 人。由于社会长期动乱，政府组织涣散，官员贪污腐化，民政工作软弱无力，人民常年生活在天灾人祸之中，流离失所，饥寒交迫。中华人民共和国建立后，党和政府十分重视民政工作。新中国成立初期，专署设民政处，县人民政府设民政科，负责人事、劳动、教育、卫生、基层政权、户口、行政区划、优抚、安置、社会救济、婚姻登记等工作，区、乡无民政机构，设民政助理员负责。之后随着社会经济的恢复发展，民政部门先后交出人事、劳动、教育、卫生等职能。1965 年 7 月，设立驻马店专员公署民政处。1972 年 9 月，改设地区民政劳动局，1973 年 3 月，建立地区民政局。1978 年 ~ 2012 年，城乡基层民主自治制度逐步完备。在农村以村民自治为着力点，在城市以社区建设为载体，全面推进城乡基层民主政治建设，2011 年，全市共有 2675 个村参加第七届村级组织换届选举，全市村村都建立了村民代表会议，都实行了村务公开和民主管理。2014 年，完成第八届村级组织换届选举。2015 年上半年，完成第五届城市居委会换届选举。社会行政事务服务水平全面提高。婚姻登记服务工作的法制化、规范化管理水平不断提高；殡葬改革工作成效明显，2012 年，全市有殡仪馆 7 个，经营性公墓 9 个，村建设公益性墓地 1210 个；2015 年，全市共火化遗体 2.4 万具。实现收容遣送向救助管理的体制转变；依法规范管理社会团体、民办非企业单位的登记工作，至 2012 年年底，全市共有社会组织 1169 个；2015 年年底，基本实现行业协会商会与党政机关脱钩，全市共有社会组织 1612 个（其中社团 675 个、民办非企业单位 937 个）。稳妥的调整行政区划，2007 年以来撤乡建镇 35 个，推进城镇化进程；地名管理工作步入法制化轨道。“双拥”优抚安置工作走向社会化、法制化。“双拥”工作以创建双拥模范城（县）为载体，全面落实各项“双拥”优抚安置政策富有成效，撤地设市后，2003 年、2007 年、2011 年连续三届获得全国“双拥”模范城称号；重点优抚对象的抚恤补助标准自然增长机制全面建立，优待抚恤补助标准逐年提高，优抚对象的生活、住房、医疗保障问题得到较好解决；退伍安置改革稳步推进，经济补偿、就业服务、重点安置、城乡一体的退伍士兵安置政策新体系初步建立；军休干部政治、生活待遇较好落实，交接安置多样化、保障制度法制化、服务管理社会化格局基本形成。社会救助逐步实现全覆盖。城乡居民基本生活最后一道保障网逐步完善，建立以城乡最低生活保障制度为基础，专项救助、临时救助为补充的新型救助体系；困难群众的温饱问题得到解决，至 2015 年年底，全市有城市低保对象 62941 户、126737 人，累计支出低保金 35745.5 万元；农村低保对象 252796 户、392922 人，累计支出低保金 54927.7 万元。全市共有五保供养对象 42858 人，集中供养 16667 人，累计支出五保供养资金 15147.2 万元。救灾工作建立灾民生活救助、灾后恢复重建的工作体系；社会福利服务对象由城市“三无人员”特殊群体逐步扩大到社会家庭老人、儿童，建立完善对社会孤儿和艾滋病致孤人员的救助工作机制，2015年，泌阳县、西平县、上蔡县、汝南县、确山县福利中心投入使用；排查出全市困境儿童10415人。全市有社区居家养老服务中心10所、农村幸福院303所。2015年，全市临时救助11195户，发放临时救助资金533.9万元。

【文化】 区内文艺创作繁荣，历代名家辈出。秦丞相上蔡人李斯，东晋史学家、小说家新蔡人干宝，唐代诗人确山人袁郊，元代杂剧作家西平人李好古，明代诗人新蔡人张九一、汝南人羊可立、李本固，清代诗人上蔡人程元章，民国时期戏曲作家平舆人万道同、诗人西平人于赓虞、著名版画家泌阳人焦心河等，均在文坛有所建树。新中国成立后，一批驻马店籍的作家、艺术家客居他乡，诸如著名画家李丁陇、魏紫熙、吕佛庭，法语翻译家郭麟阁，戏曲作家樊粹庭、傅纯栎，戏剧评论家冯纪汉，民族器乐演奏家王省吾、刘云山，音乐家陈铭志、武秀之，作家苏群、谢文放，著名豫剧演员张秀卿，电影演员赵恒多等，活跃在各地文艺界，均取得辉煌成就。1983年～1984年，地、县（市）相继建立文学艺术界联合会及各艺术协会。文艺创作空前繁荣，涌现出一批较有影响的作品，文艺创作队伍不断发展壮大。改革开放后，驻马店为适应经济发展的需要，满足人民群众对文化生活的需求，对文化行政部门的管理职能和管理机制进行了改革，由办文化向管文化转变，由小文化向大文化转变。全市文化设施建设日臻完善，群众文化活动空前活跃。市群众艺术馆升格为“国家一级馆”；县区的文化馆面积不断扩大，功能不断完善；乡镇都建立文化中心或文化站。截至2012年，全市共有国家级文化建设先进县2个（汝南、确山），省级文化建设先进县4个（汝南、确山、西平、泌阳）；河南省文化建设先进乡、镇（办事处）33个；“中国民间艺术之乡”1个，“中国民间文化艺术之乡”5个，“河南省民间艺术之乡”5个，“河南省民间文化艺术之乡”7个；河南省示范文化大院11个。每年的春节、元宵节等传统节日，都举办声势浩大的民间艺术表演和戏曲展演。每年的5月～10月，市、县都开展艺术展演系列、综艺晚会系列、数字电影晚会系列等广场文化活动。表演艺术在改革中前进。流行在驻马店的表演艺术主要有戏剧、曲艺、杂技等。1985年～2012年，河南省共举办12届戏剧大赛，驻马店市（地区）均派团参加，并取得优异成绩。大型现代戏《风雪桃李》《红河绿柳》获优秀演出奖，《杨靖宇》《抢来警官》分别获特别演出奖和演出金奖。1987年～2012年，全市（地区）共发表、演出剧目80多部，其中35部参加优秀剧目调演或戏剧大赛，获省以上剧本奖13项，有4个剧目被搬上屏幕，2部改编成电影片戏曲，出版5部剧本专集。2015年5月，豫剧《陈蕃》晋京汇报演出。为推动文化产业的发展，2009年，驻马店市出台加快文化产业发展的意见，加强文化产业招商引资力度。遂平县引资4亿多元包装嵖岈山，上蔡县引资2亿元建设中原礼品城，汝南县引资6000多万元建设游艺设备生产基地。2012年年初，市政府决定拿出1000万元作为扶持文化产业发展的专项资金。至2012年，全市共有文化产业经营单位1625家，从业14048人，年产值13亿元。一批文化产业已经形成品牌，并享有较高的知名度。汝南县罗店乡的麦草工艺画，多次获国家级大奖，被文化部誉称“中国民间艺术一绝”。西平县棠溪剑业公司打造的宝剑，被国家权威专家鉴定为“中华第一剑”。汝南县一笑堂工艺品公司生产的陶瓷麦草画工艺瓶，被河南省文化厅评为“河南省知名文化产品”。上蔡县东岸乡和汝南县罗店乡，被河南省文化厅命名为“河南省文化产业特色乡”。西平县杨庄仪封村被河南省文化厅命名为“河南省特色文化产业村”。全市有6个企业、5个乡、5个村，被市委宣传部和市文化新闻出版局分别命名为“驻马店市文化产业示范基地”“驻马店市文化产业特色乡”“驻马店市文化产业特色村”。全市共有艺术表演团体13个，文化馆10个，公共图书馆10个，博物馆1个，档案馆11个。有广播电台10座，中短波广播发射台和转播台1座，广播人口覆盖率100%，电视人口覆盖率99%以上。各类电影放映单位123个。至2015年年底，全市共有国家级非物质文化遗产项目8个，省级非物质文化遗产32个，有全国重点文物保护单位17个。

【教育】 区内教育先后出现私塾、社学、儒学、书院等形式。清时，汝宁府及所属各县皆有儒学署，是为教育行政管理部门。县、乡有儒学、社学、义学和私塾之设。鸦片战争后，开办“新式学堂”成为时尚。民国成立后，儒学署改为劝学所，后又改为教育局。学堂一律改为学校。民国15年（1926）北伐成功后，中小学有较大发展。至民国21年（1932）全区始形成中、初等教育层次。抗日战争爆发后，城乡学校经常停课。民国27年～28年（1938～1939）中共中央中原局、中共河南省委驻确山竹沟，举办“抗大”式教导队，培养了一大批青年学生分赴抗日前线。抗日战争结束后，全区教育处于民国期间最盛时期。民国35年（1946）各级各类学校2242所，在校学生230539人，教职员9484人。适龄儿童入学率为39.9%。后来，由于国民党倾力发动内战，时局动荡，货币贬值，物价飞涨，教师生活无着，人民为饥寒困扰，城乡学校纷纷停办。到1948年能坚持上课的学校已寥寥无几。新中国成立初，区内各县均设文教科（后为教育科、教育局），教育事业开始复苏。1954年～1956年，各类教育走上健康发展的轨道，到1956年全区有小学1955所，初中18所，小学戴帽初中21所，高完中8所，中师3所。1958年，“浮夸风”在教育界泛滥，各级学校猛增，教育质量严重下降。1961年～1963年，贯彻中央“调整、充实、巩固、提高”的方针，教育质量很快回升。1964年，推行两种教育制度度，促进了小学普及和中等教育结构的改善。1966年～1976年的十年“文化大革命”，使教育事业备受摧残，教育质量严重下降。粉碎“四人帮”后，特别是中共中央十一届三中全会到1985年的8年间，积极进行教育改革，全区教育事业获得了开拓性进展，教育质量逐年提高，共为大专院校输送新生18387名，仅1985年就有2560名，为全区历史上最高水平。进入新世纪教育稳步发展。完成了“两基”历史性任务。“普九”人口覆盖率100%，小学和初中适龄人口入学率100%。高中阶段在校生由14.63万人提高到16.06万人，省级示范性高中达到12所。普通高等学校在校生达到3.57万人。实现免费义务教育，落实农村义务教育“两免一补”和公用经费，130多万名学生免费上学，7万多名农村贫困寄宿生享受到生活补助。投资7000多万元，建设在校生10万人规模的市职教园区。投资4.04亿元，改善职业教育办学条件。建立覆盖全市的中等职业学校学生扶困助学体系，落实资金1.22亿元，为4.6万名中等职业学校学生发放国家助学金，为6217名涉农专业学生提供免费就读机会。高中阶段毛入学率由45%提高到82%，省、市级示范性高中达到24所。全市国家级重点中等职业学校达到10所，省部级重点职业学校达到7所。遂平县、正阳县、泌阳县、西平县被认定为河南省“职业教育强县”。在成功申办了黄淮学院的基础上，2009年2月又成功申办了驻马店职业技术学院，填补全市高等职业院校的空白。普通高等学校年招生数由2006年的0.9万人提高到1.2万人，增长31.8%；在校生由2006年的25141人上升到35722人，增长42.1%。高等教育毛入学率为4.28%。民办教育成为新亮点。把大力发展民办教育为教育体制改革的重点，从2009年开始市、县财政每年预算3000多万元，扶持民办义务教育发展。仅2010年全市就新建、扩建民办学校（园）77所。至2015年，全市共有各类学校2331所，在校生116.35万人；在职教职工86235人。

【体育】 区内的体育活动历史久远，早在春秋战国时期，诸如养生、围棋、投壶、钓鱼、射礼、蹴鞠等活动已在区内的蔡、楚等地流行，秦汉以后，体育项目日趋增多。1840年鸦片战争以后，中国因受帝国主义列强的侵略，清政府认识到武科所习硬弓、刀、石、骑射无益兵事，于是，便废止武科举，办起各类学堂。1903年开始在学堂设体操科（通称兵式操）。“五四”运动后，民国政府又将体操科改为体育科，并充实了现代体育内容，进一步向社会的各个方面传播。新中国成立后，国家、省、地、县相继建立了体育运动委员会，专门负责体育工作。1965年以前，区内体育工作分属信阳、南阳等署管理。1965年驻马店建专后，正式成立驻马店地区体育运动委员会。1966年“文化大革命”开始，体育工作受到冲击。1973年全区各级体委机构恢复。1983年10月机构改革，地区体委改为地区行署体育处，县市仍称体委。1984年市、县撤销体委，成立“教育体育局”，内设体育股，管理体育工作。20世纪50年代，遵照“面向基层，大力开展厂矿、机关、学校的体育活动”的方针，在学校和厂矿推行《劳卫制》和《国家体育锻炼标准》，开展广播操和生产操等，推动了群众体育活动的开展。1966年以后，体育工作受到“文化大革命”的冲击。中共十一届三中全会后，体育工作逐步恢复并得到加强。进入20世纪80年代后，全区体育工作面貌发生了巨大变化，群众性体育活动蓬勃兴起，学校体育、职工体育、农民体育广泛开展，业余体校普遍建立并形成网络，培养和输送了一大批优秀体育人才。1974年，驻马店地区首次组团参加河南省第三届运动会，在田径、举重、武术3个项目的比赛中夺得金、银、铜牌各1枚。1982年参加河南省第五届运动会，在田径、摔跤、射击、举重、武术、篮球、排球等7个项目的比赛中共夺得25枚奖牌，其中：金牌5枚、银牌7枚、铜牌13枚。在射击项目比赛中连破省团体和个人纪录。在全国比赛中，傅中玉获全国田径冠军赛女子3000米第一名，史龙、胡明辉多次获全国摔跤冠军。1988年汉城奥运会，驻马店市女运动员张香花和队友夺得女子赛艇自选4人双桨2000米银牌和8人单桨有舵手2000米铜牌。1998年，在意大利米兰举行的世界轻量级赛艇自选锦标赛中，驻马店运动员张华杰与队友合作，打破了欧洲选手在赛艇上的垄断，第一次为祖国夺得这个项目的冠军。2014年9月25日，驻马店水上运动学校运动员刘航在第十七届仁川亚运会赛艇项目男子8人单桨有舵手比赛中获金牌。2015年，驻马店市运动员在国家级比赛中，共夺得冠军4个、亚军1个、第三名1个；参加省级冠军赛、锦标赛23项，共夺得冠军22个、亚军29个、第三名34个。

【旅游】 驻马店山水相依，生态旅游资源丰富。北有《西游记》传奇文化的发源地、国家AAAA级旅游区、国家地质公园、国家森林公园嵖岈山风景区；南有碧波万顷、林茂水幽的国家水利风景区、国家森林公园薄山湖风景区；西有层峦叠嶂、风景秀美的养生天堂铜山、铜山湖风景区；东有渔舟唱晚、雁鸭翔集、水天一色的全国最大平原人工湖宿鸭湖和亚洲最大的佛教寺院、国家AAAA级旅游区南海禅寺。还有乐山、金顶山、龙天沟、凤鸣谷、棠溪源等众多景点，都是休闲度假的好去处。20世纪60年代～70年代，驻马店旅游业几乎没有规模可言，旅游业仅限于外事活动、统一战线方面的工作。1978年后，旅游业从小到大，经历了跨越式的发展过程。全市上下紧紧围绕打造生态休闲旅游基地，创建中国优秀旅游城市。通过推进资源整合、优化环境、打造精品、强化促销、拉长产业链条等工作，旅游业发展成为驻马店最具活力的新兴产业。随着旅游业的快速发展，交通运输、导游服务、旅游商品等关联产业也正在崛起，一批旅游企业在竞争中不断壮大，旅游产业在国民经济中占有越来越重要的地位。2015年，驻马店市接待国内外游客2436万人次，同比增长20.3%；实现旅游综合收入近134.7亿元，同比增长26.5%。全市现有A级景区21家（其中国家AAAAA级旅游景区1家、国家AAAA级旅游景区4家、国家AAA及AA级旅游景区16家），国家、省、市乡村旅游和休闲农业示范县、示范点20余个，乡村客栈、农家餐馆等“农家乐”经营单位300多家，旅行社22家（国际社1家、国内社21家），星级饭店36家（五星级旅游饭店1家、四星级旅游饭店3家、三星级及以下旅游饭店32家），省际旅游汽车公司1家，全市旅游直接从业人员达3万余人，基本形成了以“吃、住、行、游、购、娱”等要素为主体，其他关联产业为支撑，协调配套的旅游产业体系。

【医疗卫生】 民国年间，境内有公立医院8所，教会医院8所，私立医院25家，民间传统的医药店铺千余家，其设备简陋，药价昂贵。每遇战乱灾害，劳动人民缺医少药，疫病大肆流行。

新中国成立后，党和政府十分重视发展卫生事业。20世纪50年代，区内先后建立了县、乡两级卫生医疗机构，增添仪器设备，缺医少药状况逐步改善。1952年开始对国家公职人员实行公费医疗。同时在全区城乡大规模开展环境和个人卫生突击活动，大力推广新法接生，对天花等传染病进行大规模预防。1965年～1978年，医疗卫生工作重点放在农村。在全区乡村大规模开展“两管五改”（管水、粪，改良环境、水井、炉灶、厕所、畜圈）活动。1969年，开始实行农村合作医疗制度，先后培养7000多名赤脚医生，在全区逐步形成地、县、乡、村四级医疗卫生网络。同时，地、县防疫、保健部门对危害群众健康的传染病、地方病、职业病展开全面防治，对疟疾、丝虫病进行大规模的普查普治。1975年8月，特大洪灾发生后，全区广大医务人员同前来救灾的多支医疗队齐心协力，救死扶伤，为抗洪救灾做出了积极贡献。1978年～1985年，是全区医疗卫生事业发展较快的时期，医疗卫生事业逐步向现代化迈进。至1985年，全区医疗卫生机构发展到585个（其中工业部门271个），病床10588张（其中工业部门351张），卫生技术人员11760名（其中工业部门1099名）；行政村医疗点6519个，乡村医生12198名；地、县、乡三级医院装备手术、检验、制剂和辅助诊断等大型医疗设备共1408台（件）。传染病、地方病、职业病发病率和病死率大幅度下降。霍乱、天花在区内绝迹，白喉、黑热病、斑疹伤寒、回归热、布鲁氏菌病、炭疽等传染病已无病例发生，地方性甲状腺肿已达基本控制标准，丝虫病、头癣已达到基本消灭标准。2012年，全市有各类医院53家，基层医疗卫生机构3068家（社区卫生服务中心9家，卫生院186家，村卫生室2729家，诊所、卫生所、医务室127家），专业公共卫生机构41家（疾病预防控制中心10家，妇幼保健院、站10家）。实有床位24793张，医院14944张，卫生院床位数8579张，其他1270张。有卫生人员40430人，其中卫生技术人员25990人，执业医师11100人，注册护士8832人。总诊疗人次28135722人，其中医院诊疗人次7243565人，卫生院诊疗人次6865006人，社区卫生服务中心105025人。

截至2015年，全市医疗卫生机构固定资产达到49亿元，比2010年增长27%。床位数28991张。

（李方伟）

经济实业

【中原粮仓】 驻马店是全国重要的粮食生产基地。全市粮食种植面积一直保持在100万公顷左右，1978年，全区粮食总产量180.97万吨，1986年199.6万吨，2000年增加到369.9万吨。2013年，粮食总产705万吨，连续10年获得丰收。2013年12月24日，农业部评审通过2013年全国粮食生产先进单位和先进个人，驻马店市被评为2013年全国产粮大市，上蔡县、西平县、正阳县、新蔡县、平舆县、汝南县6县被评为全国产粮大县。上蔡县芦岗街道办事处文楼村程静坡、遂平县和兴镇程台村冀东阳被评为全国种粮售粮大户。全年全市共发放农机购置补贴资金15744万元，占全省的1/10。2015年，驻马店市粮食作物面积1082133.33公顷（1623.2万亩），总产67.43亿千克（134.86亿斤），实现“十二连增”。

【芝麻王国】 芝麻是驻马店市的传统油料作物，种植历史悠久。全市9县1区均有种植，常年种植9万公顷。平舆、新蔡为主产县，汝南东北部、上蔡西南部有区域种植，其他县市也有零星种植。区内白芝麻以个大子饱、皮薄肉厚、色泽洁白、口味香醇等独特的优良品质享誉国内外，是传统的出口商品，年出口量500万千克左右，远销日本、韩国及欧美等20多个国家和地区。随着芝麻栽培面积的增加和单位面积产量的提高，芝麻产品的精深加工已开始起步，驻马店市植物油集团生产的“田园”牌小磨香油获部优产品称号和国际金奖，畅销国内外市场。1992年9月，建立了国家级“中原芝麻批发市场”，使驻马店成为全国芝麻产品的集散中心。1995年，推广杂交芝麻品种，芝麻生产的抗灾能力明显提高，全区芝麻种植面积9.86万公顷，每公顷产量865.5千克，单产创新中国成立以来最高水平。区内平舆县是全国最大的白芝麻生产基地，以盛产白芝麻而闻名全国，全县白芝麻种植面积常年稳定在40万亩左右，种植面积、总产量、年出口量均居全国县级第一位，素有“中原百谷首、平舆芝麻王”之称。1988年，平舆县被河南省命名为白芝麻外贸出口基地县，1997年，平舆县被国家批准为商品油料基地县、被农业部确定为白芝麻种植最佳适宜区域。1998年，平舆县被国家质量技术监督局列为“全国高产优质农业标准化生产示范区”、白芝麻标准化种植试点县。2000年、2001年连续实施了国家财政支持科技扶贫白芝麻标准化生产项目建设。2012年，芝麻主产县平舆、新蔡、上蔡、泌阳4个县约占全市芝麻面积的90%，其中平舆县种植面积最大，约占40%，是全国芝麻生产、出口第一大县。随着市场化进程的加快，驻马店芝麻加工企业逐年增加，规模进一步扩大。截至2012年全市有芝麻产品加工企业30余家，其中市级农业产业化龙头企业2家，年加工能力30万吨左右。主要产品有食用油、水洗脱皮芝麻等20多个品种。其中市植物油集团生产的“田园”牌小磨香油获部优称号；原产地域标识品牌“正道”牌小磨香油已通过国家绿色食品认证；市顶志食品有限公司生产的“顶志”牌芝麻油直接出口，年创汇2000万元，利税达2600万元。2015年，驻马店市芝麻种植面积3.113万公顷；总产3.7167万吨。主要分布在平舆、新蔡、上蔡、泌阳4个县。

【畜牧强市】 区内饲草、饲料资源丰富，粮食产量常年稳定在400万吨以上，农作物秸秆年产量500多万吨，为畜牧业的发展提供了丰富的资源。20世纪90年代，全区畜牧业进入商品经济发展的新阶段，畜牧业开始得到长足发展，畜禽存栏量稳步增加。1998 年，首次实现在全省 18 个地（市）中排名第一位，此后一直保持。全区畜牧业产值占农业总产值的比重由 1987 年的 10%、1993 年的 25.34% 提高到 2000 年的 38.1%，畜牧业发展成为全区农村经济中的支柱产业。2007 年，全市肉产量达到 67.2 万吨，首次超过南阳市，位居全省第一。2011 年，全市年畜牧业总产值达到 245 亿元，畜牧业总产值和肉类总产量均位居全省第一位，禽蛋总产量位居全省第二位，生猪、肉牛、家禽、肉羊饲养量分别位居全省第一、二、二、四位。全市有 9 个国家级生猪调出大县，分别是正阳县、西平县、遂平县、汝南县、新蔡县、确山县、上蔡县、平舆县、泌阳县；有 2 个国家级肉牛生产大县，分别是泌阳县、确山县。2015 年，全市肉、蛋、奶产量分别达到 75.82 万吨、31.96 万吨、4.72 万吨。

【中原鞋城】 驻马店原有的制鞋产业有悠久的历史，曾经创造出“健美”等知名布鞋品牌。随着改革开放的深入发展，涌现出上蔡荣光鞋业有限公司、河南省通达公司等知名企业。

上蔡荣光鞋业有限公司前身是上蔡县鞋厂。上蔡县鞋厂为集体企业，1973 年建立，建厂后主要生产千层底布鞋和力士布鞋。1993 年，与中国荣光集团合作组建上蔡荣光鞋业有限公司。荣光鞋业先后数次增资扩建，规模逐步扩大，形成占地 180 亩，资产总值 1.6 亿元，拥有员工近 6000 名，21 条生产线的大企业。生产 1000 多种规格款式的布胶鞋，年产量 3000 多万双，产品远销东欧、南美、中东等 30 多个国家和地区，累计完成工业产值 12 亿元，利税 1.6 亿元，纳税 7000 万元，出口创汇 1700 多万美元，成为驻马店市出口创汇最多的东西合作企业。2001 年，通过 ISO 9001 国际质量体系认证，当年实现产值 2.4 亿元，纳税 1300 万元。2012 年，“荣光”牌“RGP 及图”商标被国家工商行政管理总局认定为“驰名商标”。2015 年，荣光鞋业有员工 6800 人，年产各类布胶鞋 5000 万双，年产值达 20 亿元，产品畅销国内市场并出口美国、欧洲、中东、拉美等 30 多个国家和地区，被誉为“全国东西合作的典范”。

河南省通达公司原为汝南县通达鞋厂，位于汝南县城关北门大街中段。1988 年，第一批被河南省人民政府确认为省一级先进企业；同年，晋升为国家二级计量合格单位。1989 年，获国家出口创汇先进企业。1993 年，生产各种皮、布鞋 126 万双，创产值 1594 万元，实现利税 152 万元，出口创汇 175 万美元，人均创税利 2500 元。1999 年 9 月 9 日，与青岛双星集团正式组建青岛双星中原鞋业有限公司。2000 年，完成工业总产值 1.2 亿元，实现利税 1200 万元，出口创汇 391 万元。2004 年，公司通过 ISO 9001 国际质量体系认证。至 2012 年有员工 600 人，公司下设平板炼胶厂、制帮厂、运动鞋厂、注射鞋厂 4 个分厂，为公司配套的纸箱厂和纸盒厂 2 个，帮片加工厂 8 个，覆盖驻马店、汝南、平舆、上蔡、确山等市县。公司拥有现代化硫化鞋生产线 12 条，年生产高、中、低档硫化鞋 800 万双。主要生产中、高档足球鞋、运动鞋、注射鞋、男女休闲鞋等 30 多个系列，100 多个品种，上千个花色，以其款式新颖、穿着舒适、防臭耐磨、价格适中而畅销全国各地。

【电动车之乡】 中部地区是国内重要的电动车消费市场，占全国销售额的 30%，而生产量却只占全国的 13%。通过广泛调研并征求多方专家意见，汝南县从 2010 年开始，为打造国内最大的电动车生产集散地这一目标，把电动车产业作为优先培育发展的新能源主导产业，重点展开招商引资活动。至 2012 年，汝南共签约引进电动车整车生产及配套项目 34 个，合同总投资 156.9 亿元，成功引进立马车业、绿佳车业、立奥车业、王野车业、广森车业、迪阳车业等 9 家电动车行业知名企业，引进电动车整车生产及配套企业 30 余家，并已具备年产电动两轮车、三轮车、四轮车及特种电动车 200 万辆及 150 万辆配套生产能力，形成一条从单一配件到整车生产、零部件配套研发创新、销售服务等为一体的集群跨越式发展之路。电动车产量年均增长在 22% 以上。2015 年，汝南县有电动车整车及配套企业 47 家，其中电动车整车生产企业 15 家，电动车产量 247.7 万辆，比上年增产 25.7%。

【天方药业】 天方药业始建于 1969 年，是以生产中西药制剂和原料药为主的国家大型综合性医药企业。1969 年 1 月，建立驻马店地区制药厂。1983 年 1 月，兼并驻马店地区磷肥厂。1990 年 12 月，兼并驻马店地区味精厂。1991 年，综合实力跃居河南医药行业第一位，成为河南省医药行业龙头企业、河南省重点支持发展的 100 户省重点工业企业，国家高技术产业化示范企业。1992 年 10 月，成立河南省华中医药集团公司。1993 年 6 月，组建河南省华中医药集团。1997 年，公司全面推行综合体制改革，实行岗位工资制，推行全员劳动合同制。1998 年，公司更名为河南省天方药业集团公司。1999 年 5 月 4 日，公司改制成立河南天方药业股份有限公司。1999 年 6 月和 1999 年 8 月，分别通过了中国科技部和中国科学院的认定，被确认为高新技术企业。2000 年 12 月 22 日顺利通过大容量注射剂、小容量注射剂的 GMP 认证。2000 年 12 月 27 日在上海证券交易所 6000 万 A 股股票成功上市。2011 年实现销售收入 13.3 亿元，税收 4231 万元。截至 2012 年，员工 4280 人，大专以上学历 2100 人。下属 16 个子公司、1 个技术开发中心及 80 个住外办事处。是全国 512 家重点企业之一、科技部和中科院共同认定的高新技术企业。主要产品产能和产量：盐酸林可霉素原料药产能 1200 吨，年产量 1120 吨，乙酰螺旋霉素原料药产能 450 吨、年产量 375 吨；片剂产能 60 亿片；注射剂车间产能 6 亿支。在建和拟建项目主要有天方药业新型原料药产业化项目，总投资 22.3 亿元，占地 1380 亩。项目全部建成达产后，年可新增销售收入 32.4 亿元，新增税收 1.5 亿元。天方药业共生产 11 个类型 366 个品种、规格的产品。生产装备国内一流，计算机应用属国内先进水平。销售网络覆盖全国，主导产品天方罗欣、乙酰螺旋霉素、维脑路通和金霉素的市场占有率分别为 85%、55%、40% 和 30%。而且产品出口能力很强，原料药欧典螺旋霉素、双氯灭痛、阿普唑仑等远销西欧、东南亚、中东、北非的 20 多个国家和地区。

2015年，公司全年完成营业收入17.15亿元，同比增长5.3%，完成年初预算18.5亿元的92.71%，完成三季度中国医药调整后预算17亿元的100.88%。

【中集华骏】 1952年，驻马店市8名个体木工生产者共同创办“木工互助组”，当时主要生产家具、农具和马车等木制品。1970年，更名为驻马店车辆厂。1991年，更名为驻马店车辆铸造总厂。1997年10月，改制为股份制企业——驻马店市华骏车辆有限公司。2000年，完成销售收入12990万元。2002年度以销售收入6.2亿元经营业绩，入选中国机械工业500强，位居202名。2003年，公司完成产值7.3亿、销售收入8亿 。2004年1月底，迁入占地300多亩，投资近亿元的“华骏工业园”。2004年4月，正式加入中集车辆（集团）有限公司，成为中国国际海运集装箱有限公司子公司，是中国规模最大的专用汽车生产企业之一、专用车辆改装工程技术研究中心及外商投资先进技术企业。公司下属2个子公司，总占地面积达1500亩，总资产21亿元。通过三期改造投入，具备年产各种车辆4万辆和汽车零部件12万吨的生产能力。主要产品有半挂车、自卸车、厢式车、消防车、罐式车、铸钢件和铸铁件7大系列1000多个品种。截至2012年年底，公司有员工5000余人，其中工程技术人员和具有中级以上职称的专业技术管理人员1400余人，拥有各项国家专利技术500余项。产品畅销全国20多个省、市、自治区，部分产品已出口到美国、英国、巴西、俄罗斯、越南等十几个国家和地区。主导产品半挂车的产销量连续8年位居全国同行业之首、自卸车的产销量连续多年位居全国同行业前三甲。

2002年，公司技术中心被评为“省级技术中心”；2004年和2008年连续两届以骄人的经营业绩入选中国机械工业500强；2004年5月，被省政府确定为河南省专用汽车生产基地和河南省百户重点企业之一；2008年6月，经人力资源和社会保障部批准设立博士后科研工作站；2011年，被评定为河南省“百强企业”。2012年，实现销售收入42.7亿元、利税1.3亿元。2015年，中集华骏共完成各种车辆14183台，实现利税1.2亿元。2015年年底，被国家工商总局授予国家驰名商标。

【昊华骏化】 昊华骏化集团有限公司前身为驻马店地区化工总厂，始建于1967年3月，位于驻马店市东风路94号。该企业原生产设计能力为年产合成氨3000吨，由于受多种因素影响，生产一直未能稳定，至1980年累计亏损580多万元。1981年，实现扭亏为盈，1984年，企业利润突破100万元，受到化工部嘉奖。1988年，完成年产合成氨3.5万吨的填平补齐任务。1991年7月，试车投产的驻马店地区化工总厂碳铵改产每年4万吨尿素工程，结束了全区化工行业没有尿素生产的历史。同年又投资6000多万元进行第二期尿素工程建设。1994年，在全国小氮肥系统排名第10位，居全省同行业第二位。截至1994年年底，公司拥有固定资产6000多万元，其中国有资产5667万元，职员1400人，占地23万平方米，产品中部优产品1个，省优产品2个，当年完成总产值4283.7万元，销售收入6034万元，分别较上年同期增长8.5%和40%；实现利润327万元，是上年的5倍多，获“全国化肥生产先进单位”。2005年，加入中国昊华化工（集团）总公司，是中国化工集团旗下的中央直属控股企业。

历经40余年发展，公司从单一的合成氨生产企业发展成为以生产农用化学品、材料化学品和精细化学品为主的大型化工综合性企业。2011年，公司总资产达82亿元，实现销售收入56亿元，创税4181万元，拥有7个子公司，2个分公司，职工4000余人，各类专业技术人员1200余人，快速成长为中国化工100强、中国氮肥50强、河南省百强和百户重点企业，被商务部确定为“中国外贸企业信用体系示范单位”，河南省政府确定为全省煤化工产业基地，中国化工集团批准为化工产业园区。拥有自营进出口权，先后通过了ISO 9001国际质量体系认证和ISO 14001国际环境管理体系认证。“驿马”牌尿素是“中国名牌产品”“河南省名牌产品”，“驿马”“骏化”牌复合肥产品被评为“河南省名牌产品”。公司主导产品年生产能力尿素65万吨、高浓度复合肥80万吨、甲醇40万吨、醋酸40万吨、三聚氰胺16.5万吨、纯碱80万吨、氯化铵80万吨、DMF3万吨、DMAC3万吨、硝酸27万吨、硝基复合肥25万吨、二氧化碳20万吨、磷酸一铵10万吨、二甲醚20万吨、化工设备400台（件），年发电量3亿度。公司的产品以优异的质量和售后服务，大量销往全国10多个省区,并出口到欧盟、美国、东南亚等国家。2015年，公司主营业务收入超过100亿元，实现了驻马店市工业企业超百亿企业零的突破。

【王勿桥醋业】 河南省王勿桥醋业有限公司位于河南省正阳县境内。王勿桥醋始于汉代、盛于明清。据康熙年间《正阳县志》记载，“王勿桥醋用井水酿造，气味芳醋，超山、陕出品，并能疗病伤……”其酿造技术由醋师世代相袭，配方秘而不宣。王勿桥醋以优质小麦为原料，用古井水迎初伏，由制醋名师净身更衣，焚香祭拜，精制入缸。经140个日晒夜露,自然发酵而成。成品再入地窖,存放3 ~ 5年方食用。该醋具有深褐清晶，浓香厚醇，酸而不涩，香而微甜，营养丰富，久存不腐等特点，被誉为“民间奇醋、举世无双”。

1975年，组建社办集体企业——王勿桥公社醋厂。1982年，加大投资力度，生产规模得以扩大，产品质量进一步提高，销售市场大为拓宽，使产品在更大范围内走向市场。2001年企业改制，由集体所有制转为民营股份制企业，在继承传统工艺上，研究出以优质小麦为原料半地下池生产优质食醋新工艺，实现酿造技术新突破。2002年6月，在全省同行业企业中率先通过ISO 9001：2000国际质量管理体系标准认证。2003年9月，被评为河南省质量管理先进企业。2004年9月，被评为河南省名牌产品，属河南省食醋行业中唯一获此殊荣的产品。2005年8月，被确认定为河南省著名商标。2011年，王勿桥醋业公司建成驻马店市小麦醋业工程技术研究中心，研制出以小麦为原料半地下池生产优质食醋新工艺，实现年产1000吨一级优质食醋。公司产品于2004年、2007年、2011年被评为河南名牌，2005年、2008年、2012年被评为河南省著名商标，2007年被评为河南老字号，在全国“农洽会”上荣获优质产品奖、金奖。公司在2012年被评为驻马店市50强企业、驻马店品牌示范企业，2013年被评为驻马店50高企业。2011年12月，“王勿桥醋手工制作技艺”被评为河南省非物质文化遗产。2015年，河南省王勿桥醋业有限公司获得2015年度市长质量奖。形成了“公司＋基地＋农户”的现代化农业产业化运作模式，直接带动周围300农户种植优质小麦，每年还吸收安置农村剩余劳动力近200人，使农民增收在100万元左右。公司连续5年被市政府评为驻马店市优秀农业产业化重点龙头企业。

【防水之乡平舆】 20世纪90年代初期，平舆县农民外出打工多在建筑工地上从事一些简单的体力劳动。在施工中，他们发现楼顶、卫生间、地下室的防水防潮工程由于脏、累、苦，很少有人愿意干，但利润丰厚，市场空间大。于是，第一代平舆“防水人”便承包了一项又一项的防水工程，就这样跨入防水防潮行业，同时把技术传给更多的家乡人。到20世纪90年代末，平舆已有数百支防水防潮施工队在全国各地进行防水防潮工程。凭着吃苦耐劳的精神和精明灵活的头脑，平舆人逐渐把防潮防水经营成自己的优势产业。1999年，由平舆县政府牵头，分布在全国的建筑防水防潮施工队联合起来，注册成立河南省天地建筑防水工程有限公司，并取得国家建筑防水工程施工最高等级二级资质证书，拥有专业技术人才1700多名，使全县防水防潮业向规模化、集团化方向发展。

在扩大规模的基础上，平舆又成立河南省天地建筑防水防潮工程集团公司，在天津、北京、上海、广州等地设立70多个分公司及办事处，同时县委选派200名机关干部、职工到各地防水防潮公司工作，支持、帮助企业做大做强。约有15万防水大军遍布全国，数千支防潮队伍驰骋天下，实现组织规模、施工规模、经济实力、技术力量4个全国同行业第一。近年，平舆“防水人”承揽全国1/3的防水工程，先后完成首都机场、北京西客站、长江三峡电站、北京八达岭、宝兰铁路复线、奥运“鸟巢”等全国大型重点工程建设，一部分人甚至已经走出国门。2006年、2007年和2008年，平舆建筑工程防水业产值分别达到36亿元、42亿元和45亿元，涌现出一个千万、百万富翁群体。防水业成为平舆农民外出务工的首选产业，由防水防潮而衍生的劳务经济，正逐步占据该县经济发展的“半壁江山”，并成为该县农民迈向小康社会的重要支撑。2010年2月21日，“中国建设工程防水之乡”授牌仪式在平舆县隆重举行，标志着该县建筑防水迈入一个崭新的历史阶段。2015年，平舆县有防水施工企业1000余家，生产企业30多家，从业人员20多万人，年实现劳务收入160亿元以上，成为河南省发展对外建设劳务的主要品牌之一。

【劳务输出大市】 20世纪80年代，随着农业产业结构的调整和农业生产力的提高，全区农村剩余劳动力逐年增多，区内出现外出务工现象。1988年，驻马店地区和市县相继成立劳动输出办公机构，负责劳动力输出的管理和服务工作。20世纪90年代后，全区成立了劳务中介机构，制定《职业介绍暂行规定》和《劳务市场管理暂行办法》等，规范全区劳动力转移市场。同时，劳动就业主管部门主动搜集大量劳务信息，有组织地组织劳务输出，由群众自发外出向有组织输出过渡。经过十几年的培育和发展，到20世纪90年代末期，全区劳务输出规模位于全省前列，每年有100多万人外出务工。劳务收入逐年增加，到2000年全区劳务收入达40亿元。

2004年，全市劳务输出168.33万人，占全市富裕劳动力的68.5%，带回劳务收入50亿元，其中有组织劳务输出35.3万人，境外劳务输出1417人。新蔡、上蔡、平舆3个县劳务输出均超过20万人。并逐步形成平舆的防水防潮，遂平的保姆，新蔡、西平的渔工、泌阳的保安等一批有影响力的劳务品牌。

2005年，全市劳务输出达181万人，带回劳务收入60亿元。2006年，全市劳务输出191.38万人，劳务总收入达66.9亿元，劳务收入占全市农民年人均纯收入的40%，已经形成劳务输出基地的雏形。新蔡县仅组织农民工赴新疆摘棉一项就组织了6000多人，实现收入1200多万元。

2007年，全市劳务输出达196万人，新转移农村劳动力16万人，劳务总收入达78亿元。在2007年11月份召开的全国劳务品牌展示交流会上，驻马店市参展的遂平家政、平舆防水、泌阳食用菌栽培工和西平缝纫工4个品牌被推荐为全国劳务品牌展示交流大会优秀劳务品牌。

2008年，全年全市劳务输出211万人，劳务总收入达99亿元。2009年，全市组织开展“农民工服务月”“河南农民工风采展”等8项专题活动，强化农村劳动力转移就业服务。全市农村劳动力转移就业规模达221万人，年实现劳务收入120亿元。2010年，农村劳动力转移就业总量达233万人，实现劳务收入208亿元。

2011年，全市农村劳动力转移就业达247万人，实现劳务收入276亿元。2012年，劳务输出达260万人，实现劳务收入316亿元。2013年，劳务输出达268万人，实现劳务收入278亿元。2014年，劳动输出243万人，实现劳务收入近280亿元。2015年全市农村转移就业（包括本地和外出）总人数222.7万人，全年创经济总收入479亿元。

（李方伟）

责任编辑：赵心田　李方伟

天中文化

地域文化

【泌阳盘古神话】 2008年，泌阳的民间文学《盘古神话》被国务院列为国家第二批非物质文化遗产名录。盘古开天辟地创造世界的神话流传久远。驻马店市泌阳县盘古山是传说中开天辟地的盘古居住的地方，也是中华盘古文化的发源地。泌阳至今保存有大量的盘古文化实物，保留有一套完整的有关盘古文化的神话传说和域名体系，每年都举行影响广泛的盘古庙会。泌阳也因此被称为“中国盘古圣地”。

泌阳盘古神话群涵盖的主要是创世神话、人类起源神话，及惩恶扬善、恩泽子孙的神话。具体内容有世界毁灭、混沌世界、盘古始初、开天辟地、滚磨成亲、繁衍人类，体化万物等。反映原始先民们对大自然的崇拜，也反映原始先民们的思维发展和原始宇宙观，有龙图腾信仰的基础，已在民俗活动中扎根，每年庙会上有30万人之多，有明显的本土特征；在几千年传承中，又能和这里的山川地理、气候气象、村落建筑相联系，有实物佐证，有名胜相伴，有风俗相传，富有鲜明浓郁的地方特色，且流传覆盖面大，有千里之广，传承人较多，形成泌阳盘古神话的完整性和独特性。泌阳县域处在伏牛山与桐柏山交会处，南阳盆地东缘。境内泌阳河向西南入白河注汉水，属长江水系；临县的桐柏山又是淮河的发源地。大环境处于两山相交会、两水相分流的独特地域。盘古山位于泌阳县城南15千米处，属泌阳县盘古乡盘古村委辖区，环山3个村均属泌阳地界，人口5000多人，构成泌阳盘古神话群这一民族民间文化珠宝生长和传承的特殊地理环境。

泌阳县盘古山区一带，盘古神话的流传极为广泛，而且内容丰富，情节曲折多变，神系完整，遗迹颇多，是中国盘古神话流传的典型地区。据神话专家考证，泌阳盘古山一带应是中原盘古神话的发源地。泌阳盘古神话群，千百年来演绎传承至今，有其深厚的民众与社会根基，蕴含着中原汉族先民对自然界的原始探索与想象，带有先民们“宇宙起源，人类起源”学说的信息；对其深入研究，就是要从中拓展盘古开天辟地的大无畏精神，就是要通过寻根拜祖凝聚民族精神，增强民族自信心和自豪感，为中华民族的复兴和崛起提供强大精神支持。因此，泌阳盘古神话群具有一定的历史价值、文化价值和科学价值。

泌阳祭祀盘古从唐代至今已有1300多年的历史，每年都举行影响广泛的盘古庙会，每年农历三月三，赶庙会的群众多达数十万人。

【西平嫘祖祭典】 2007年2月，嫘祖祭典被河南省政府公布为河南省第一批非物质文化遗产项目。

嫘祖祭典是西平县城乡千百年来祭祀先蚕嫘祖的民俗活动，源于嫘祖的出生地、始蚕地的河南省西平县吕店乡董桥村（古西陵），遍及全县城乡。每年农历三月初六都要举办大型祭典活动，同时，在嫘祖出生地董桥村委举办蚕桑节、唱大戏等传统活动。祭祀活动一年二次：农历三月初六纪念嫘祖冥诞和二十四节气中的小满节新茧上市谢蚕神。祭典共分六章：迎神、敬香、上供、祭拜、献舞、送神，还要唱三天大戏。这一活动在嫘祖故里西平千百年来久盛不衰。活动以民间口传身授世代沿袭，程序规范而不显繁杂，乐舞优美而不失庄严，具有浓重的乡土气息，集中体现嫘祖家乡老百姓对先祖的尊崇和祈求，表达劳动人民追思先祖丰功伟绩的崇拜感情，也表现农耕社会劳动人民祈求先蚕保佑的传统观念，对研究中国古代农耕文化、祭祀文化有很高的学术研究价值。这一民俗活动在中国漫长的农耕社会影响深远。先秦以来，皇家在宫苑置公桑，每年季春上巳吉时祭先蚕嫘祖，劝农桑，地方官上行下效例行祭祀。而全国各地民间老百姓自发祭祀先蚕，更是久沿成习。由于历史的原因，嫘祖祭典活动在新中国成立后逐渐失传，目前能依稀记起《嫘祖祭典》和操作祭典程序的人已经很少，且又大多年老体衰，急需对这一传统文化项目进行抢救性发掘、整理、传承，取其精华，发扬光大。

【上蔡重阳文化】 重阳节，农历九月初九，二九相重，称为“重九”。汉中叶以后的儒家阴阳观，有六阴九阳。九是阳数，故重九亦称“重阳”。民间在该日有登高的风俗，所以重阳节又称“登高节”。还有重九节、茱萸、菊花节等说法。由于九月初九“九九”谐音是“久久”，有长久之意，所以常在此日推行敬老活动。2012年6月26日，十一届全国人大常委会第二十七次会议初次审议老年人权益保障法修订草案，草案规定每年农历九月初九（重阳节）为老人节。

重阳成为节日，始于东汉时期。南朝的吴均《续齐谐记》有这样一段记载：汝南桓景，从费长房游学，累年。长房谓之曰：“九月九日汝家当有灾，宜急去，令家人各作绛囊，盛茱萸以系臂，登高饮菊花酒，此祸可除。”

于是，桓景按照费长房的嘱咐，届时全家登上山冈。傍晚归家，见鸡犬牛羊皆死。后来，人们为了避祸，每到九月初九，即离开家庭，到高处。这样就逐渐形成了登高望远的习俗，并形成了节日。

桓景避难所登的山冈，即今上蔡县城所在的芦岗。西汉时期，汉高祖四年（前203）在上蔡县置汝南郡，因此，西汉时的汝南，人们均认为即今上蔡。桓景登的山冈，春秋时名冈山，南北长25千米，东西宽7千米，高97米，上土下石，今名芦岗。上蔡境内唯此岗最高，登上岗陵，可以瞭望四野。桓景所登之地，应即此岗。

重阳节的起源地上蔡，自古就有登高远眺的习俗。上蔡县城西南的芦岗上，有蔡侯玩河楼，高踞蔡国故城之上。登上楼台远眺，西面嵖岈翠峰插云，东面洪河蜿蜒若带，周围数十里的村落、田亩、丘陵、林木、道路、沟渠，星罗棋布，均历历在目。因此，明清以来，经常有人到此登高赋诗。清人冀景隽有《望河楼剧饮》诗，李士英有《重阳偕友登望河楼》诗，均描写在望河楼瞭望景色和佩戴茱萸、饮菊花酒的情况。

上蔡县是重阳节的发源地，2003年10月，国家邮政总局在上蔡举行了国家重阳节特种邮票首发式。2005年，上蔡县被中国民间文艺家协会命名为“中国重阳文化之乡”。2006年，上蔡重阳节习俗被河南省人民政府公布为第一批非物质文化遗产保护名录，2011年被列为第三批国家级非物质文化遗产名录。

【平舆车舆文化】 2007年，河南省人民政府公布为河南省第一批非物质文化遗产项目。

平舆县因地势平坦且发明了中国最早的车辆而得名。据史书记载，夏代车正奚仲被分封到挚地（今平舆县），先后创制出独轮车、两轮车和一种有顶盖、供贵族享用的车辆——“舆”，遂成为中国造车的鼻祖，史称舆侯、车神。其后人在继承的基础上不断创新和改进造车技艺，使“舆人为车”的美誉叫响天中，并以平舆为中心形成了特色浓郁的车舆文化。车舆文化的核心是创新创造精神，昭示一种昂扬向上、坚韧不拔、锲而不舍的民族性格，彰显一种为人类进步谋利造福的高远境界。

太平车是远古沿袭下来的一种古旧车辆，是中国古代造车工艺趋向成熟的结晶，主要使用在中国平原地区。该车辆有车棚、车轱辘等主要铁铸件、构件组成。名称数十，坚固耐用，一般载重2吨左右，行驶安全平稳，堪称古代造车史上的瑰宝。相传平舆旧有制作车辆数千辆，它通过中原庙会等商贸手段，流通到苏皖鄂附近各省，不断促进农业生产和交通事业的发展进步。近代随着生产力的发展，太平车的工场作坊不断减少，到1955年，这种车辆已经不再生产，退出历史的舞台。一些能打造太平车的能工巧匠（木匠、铁匠）一般在85岁以上，多半不在人世，即使他们弟子学徒，曾经参加打制过太平车的，年龄也在73岁以上，太平车的制造工艺处于濒危状态。

【西平冶铁铸剑文化】 西平县自古就是中国冶铁铸剑文化的发祥地。属地棠溪是春秋战国至唐代末年享有盛名的全国四大冶铁中心之一和唯一生产宝剑的“天下第一兵工重地”。西平冶铁铸剑，在中国古代的农业史、军工史上产生过重要的影响。2007年7月，被中国民间文艺家协会批准命名为“中国冶铁铸剑文化之乡”和“中国冶铁铸剑文化研究基地”。

西平的冶铁铸剑文化始于2700多年前的青铜时代的西周，而冶铁、铸剑并存的文化产生于春秋战国时代的早期。人们在长期的实践中，不断探索，改变冶炼条件，掌握锻打和退火工艺，铁由硬而脆的“块铁”而由液态冶炼、液态铸造成型、固态脱炭技术所取代的铁属性的改变，大大拓宽了铁的应用领域，西平棠溪宝剑便是铁应用领域的佼佼者。当时，全国大批工匠云集于此，史书云：“工匠达七千之众。”南方的欧冶子、干将、莫邪等铸剑大师也到西平。其高超的冶炼和铸造工艺得以充分施展，铸出令楚王赞叹不已的工布、泰阿、龙渊宝剑，使西平棠溪名声大振，“世称楚棠溪”。规模达480平方千米，到处作坊林立、冶炉遍布，剑光与日月争辉。棠溪辖区形成棠溪城、合伯城、冶炉东城、冶炉西城。

西平棠溪冶铁铸剑辉煌了1700多年，至唐朝末年的一场战乱，官军平叛，“毁城池，戮工匠”，将其毁失殆尽。

西平棠溪冶铁铸剑自唐代之后，断层1000多年，其工艺流传当地民间，历代传承。到二十世纪高氏父子所受。第七代传人高西坤、高庆民父子肩负起挖掘恢复棠溪古剑文化之重任，经数十年潜心探索和无数次失败，终于学习掌握了传统工艺，于1986年将棠溪宝剑研制成功，并且创办了西平棠溪宝剑厂（前期），大力弘扬中华剑文化。2006年，高庆民被评为河南省首届文化杰出传承人和非物质文化遗产传承人。

棠溪冶铁铸剑文化遗址犹存。至今，在西平棠溪一带，仍有大量历史遗址。

中华第一剑是棠溪剑文化的代表作，2001年全国权威专家鉴定会上，受到专家的充分认可，该剑被国家博物馆作为珍品永久收藏。

西平棠溪冶铁铸剑文化在历史上辉煌了1700多年，不仅具有重要的社会价值，而且具有较高的学术价值，对于研究中国古代的冶金史、军工史、科技史提供了范本。

【遂平女娲文化】 女娲是中华民族共同的人文始祖之一，“炼石补天、抟土造人”是中国历史上最为著名的一则神话。女娲在神话传说里是一个蛇身人首的女神。

女娲补天的神话最早记载于《淮南子·览冥训》。相传，水神共工与火神祝融因争权夺利而发生战争，战败的共工无处撒气，用头把支撑天地的大柱子——不周山给撞倒了。于是乎，天哗啦啦塌了一个大洞，大地上洪水泛滥，到处是熊熊的大火，人类饱受苦难。善良的女娲神，看着她的子民们在洪水和大火中四处逃生，十分难过，只好辛辛苦苦去补天。

女娲，亦称娲皇、女皇、阴帝、神媒，风姓，与伏羲同母。史书记载女娲的主要业绩在于：一是抟土造人，创造了人类；二是炼石补天，拯救了人类；三是兄妹成婚，繁衍了人类；四是制定婚姻制度，教化了人类；五是创造笙簧音乐，娱乐了人类。这五大功劳，旷古烁今。因此，女娲得到中华民族的崇拜和尊敬。女娲是华夏古代人类和古代文明的伟大缔造者，被炎黄子孙共尊为创世纪和人类的始祖——“女娲娘娘”。

遂平县是中原地区女娲文化的重要传承地之一。遂平地区流传着丰富的女娲神话，女娲造人、补天、兄妹成婚再传人类的故事，不仅在广大民众中广为流传，而且还以地方传说、民间谚语、民间歌谣、民间小戏等多种艺术形式传播。

遂平县有关女娲的民俗十分丰富，尤其是当地“支鏊子烙馍”，小孩子戴“虎头风帽”，女人出嫁披“红盖头”，雨天扎“扫天娘娘”等生活习俗世代相传。特别是在“千风躲”（相传风姓部族躲避灾难的地方）附近，每年农历三月十五日有女娲庙会。在遂平县至今仍有千风躲、大风井、小风井，阳风河、阳风寺等大量与风姓有关的地名。其“母祖峡”亦称“娘娘峡”，内有女娲井、女娲洞、娘娘城、女娲坟、女娲潭（娘娘潭）、娘娘庙等遗址、遗存。其山名、地名等地理标识都与女娲风姓氏族部落相照应。

2014 年 2 月，中国民间文艺家协会组成专家组深入遂平县进行考察论证后，命名遂平县为“中国女娲文化之乡”，并建立“中国女娲文化研究基地”。

女娲文化源远流长，是史前文明和中华民族优秀的传统文化，也是已经开展的中国史前文明探源的重要研究对象。《楚辞·天问》、《礼记》、《史记》、《山海经·大荒西经》、《淮南子·览冥训》、清朝嘉庆《涉县志》等史料都有关于女娲的记载。女娲文化是人类发展史和民俗研究的重要组成部分，是传承华夏文明和民族精神的重要史料，对研究历史文化具有重要的价值。

【汝南梁祝传说】 2006 年，汝南县的民间文学《梁祝传说》被列入中国首批非物质文化遗产名录。汝南县是中国民协命名的“中国梁祝之乡”，梁祝传说在中国广为流传，集中反映了人民群众对自由、美好爱情生活的向往和对真善美的追求。

相传西晋时，汝南境内的祝庄，祝员外之女祝英台女扮男装去红罗山书院求学，途经曹桥，与梁岗去红罗山书院求学的梁山伯相遇，两人一见如故，遂义结金兰，同往求学。二人同窗三载，同植树，同挑水，同学习，同吃住，情同手足，祝英台逐渐对梁山伯产生爱慕之情。但梁山伯不知英台是女儿之身。三年后，在梁山伯送祝英台下山时，在十八里乡路上，英台对山伯百般提醒，吐露爱慕之情，梁却浑然不觉。英台无奈只好以其妹九红提亲之名，约山伯到祝家楼台相会。后经师娘挑明，山伯前往求婚，却被告知英台已被强许马家。山伯归家后一病不起，百药无治，临终前嘱咐家人，将其葬在马乡北官道旁，以便看到祝英台出嫁时的情形。祝英台被逼出嫁，花轿行至官道旁梁山伯墓前，英台下轿哭祭山伯，撞柳殉情。因梁祝没有结婚，马家又没将其娶到家中，不愿收葬，当地人就把其葬于官道东侧，与梁墓隔路相望。之后，二人魂魄化为蝴蝶，比翼双飞。

起源于西晋的梁祝爱情故事，开始是以口头传承的民间故事沿袭下来的。在梁祝故事发生地的汝南县马乡镇、大王庄乡、和孝镇、三桥乡，从古至今流传着很多关于梁祝故事的民谣、歌谣。如：走一洼，又一洼，洼洼地里好庄稼，高里是秫秫，低里是芝麻，芝麻地里带打瓜，有心摘个尝尝吧，还怕你，吃着甜头连根拔；走一河，又一河，河里飘着一对鹅，公鹅游水前面走，后头母鹅叫咯咯（哥哥）；桑木钩担柏木桶，千提万提提不醒等等。

最早的梁祝故事是以民间故事、民间歌谣的形式在民间口头流传，到 1400 多年前的南朝梁文帝时已有文字记载，唐宋时有小说和词牌，宋末元初开始出现戏曲，明、清以后，梁祝故事在各种文艺形式里出现。最早的戏曲见之于河南古老剧种罗卷戏，400 年前就有《梁山伯》《梁山伯与祝九红》，后有河南曲子《梁山伯求学》《闹五更》《讨砚水》《道友》，豫剧花鼓《西窗会载波楼会》，二夹弦《梁祝》《红罗山》等，至今已有 100 多个剧种演出。

梁祝故事发源地至今保留有全国独一无二的梁祝墓，大王庄境内有红罗山书院遗址，和孝镇有梁祝结拜的曹桥遗址。上述分布于 3 个乡镇的祝庄，梁岗，红罗山书院遗址，分别相距十八里，对于著名学者钱南扬、冯沅君、顾颉刚、黄朴等人提出的“梁祝故事就发生在地点相对集中的地理环境中，方圆不过百里，人物不过二三”“梁祝故事传说以河南为中心，渐次向风物圈周围扩张”的论证，无疑是有力的支持。

【确山打铁花】 2008 年，确山“打铁花”被国务院公布为国家第二批非物质文化遗产名录并获国家专利。

确山铁花又叫“打铁花”，是仅存于河南省确山县的大型民间传统焰火，与全国各地的打铁花表演均不相同，文化内涵十分丰富，独具中原特色。源头是古代道教的炼丹术和金属冶炼，起源于古代先民祭祀天地神灵、祖宗的仪式，以及北宋以来中原道教和民间金、银、铜、铁、锡等工匠共同祭祀“太上老君”的娱神活动。其表演形式和大体操作过程是：在一大广场中间，搭起一个 6 米多高的双层四方八角大棚，称为“花棚”，“花棚”顶上堆设一层新鲜的柳树枝，树枝上绑满各种烟花、鞭炮、起火等。“花棚”顶上正中竖起 6 米高的杆子，称为“老杆”。“老杆”顶上绑上长挂鞭炮、各种烟花、起火等，称为“设彩”。确山铁花的“花棚”搭设是按一棚、二层、四方、八角，上插红、黄、兰、白、黑五面彩旗，寓意为一元、二仪、四像、五行、八卦。正中的杏黄旗上画有太极图，显示出典型的中国道教特征。“花棚”旁边立一座化铁汁用的熔炉，把事先准备好的废生铁化成铁汁待用。打铁花时，把铁汁注入事先准备好的花棒，由打花者一手执盛有铁汁的花棒（上棒），一手执未盛铁汁的花棒（下棒），赤裸着上身，头上反扣着葫芦瓢（最原始的安全帽），迅速跑至“花棚”下，用下棒猛击盛有铁汁的上棒，使棒中的铁汁冲向“花棚”，遇到棚顶的柳枝而迸散开来，点燃了棚上的鞭炮、烟花、起火等，五彩缤纷，蔚为壮观。如有技高一筹的打花者，能一棒击中“老杆”，点燃最高处的烟花、长鞭等，称为“中彩”，中彩者被当众报出单位、姓名，披红挂花、奖励钱物，十分荣耀。

确山的打铁花活动，一般都有龙灯队参与，称为“龙穿花”。数条龙灯在铁花飞溅的花棚下进进出出，各呈绝技，使铁花表演更加壮观、喜庆、吉祥。打花者一棒接一棒，一

国家级非物质文化遗产——确山打铁花。　王留群 摄

人跟一人，赤膊往来于化铁炉和花棚之间，千余度高温的铁汁飞出棒勺，形成壮观的铁花，棒棒相连，络绎不绝。一时间铁花飞溅，如火山喷发；鞭炮齐鸣，似两军激战；起火腾空，若万鸟飞鸣；烟花喷涌，赛百花吐艳。但见壮士健步如飞，出没于火海金涛之中；巨龙昂首长啸，翻腾于火光彩霞内外；铁瀑倒悬，流光溢彩，赏心悦目；雾岚氤氲，霓飞虹摇，惊心动魄；锣鼓喧天，群情激动，欢声震地，数里可闻。充分体现了中华民族团结奋斗、不畏艰险、勇往直前的精神风貌。

“打铁花”的整个过程，充满着神秘、充满着惊险、充满着欢乐，给人以振奋，给人以鼓舞，给人以陶冶，给人以启迪。

【西平大铜器】 2007年2月，西平大铜器被河南省政府公布为河南省第一批非物质文化遗产项目。2008年6月，西平县大铜器被国务院公布为国家级第二批非物质文化遗产项目。

大铜器是流传于西平民间的一种风格独特的闹年打击乐，主要乐器有大铙、大镲（又称钹）、大鼓等。特点是音色铿锵，粗犷豪放，演奏时配以造型舞蹈，传统技巧及绝活有传、撂、翻铙镲，对击和闷击等。其主要用于闹年、拜年、贺寿、镇宅、祭祀、祈福，以及为民间舞蹈表演时的伴奏等。每个表演班队15人~60人不等，传承曲牌有149首，每班队常用曲牌50多首。

西平大铜器属隋唐燕乐遗音，距今已有1400多年的历史。《隋书·音乐志下》《通典一四四乐四》《旧唐书》等均有记载：源于汉、兴于隋唐、盛于明清的灯节与西平大铜器的闹年习俗与功能完全一致。西平清《康熙志·风俗篇》、西平《民国县志·风俗篇》都对西平大铜器演奏活动有所表述。

西平大铜器传承久远，风格独特。其研究涉及音乐史、乐器史、民族迁徙史、中外文化交流史。同时对研究民俗学、社会学、民间舞蹈学等都有较珍贵的参考价值。其曲牌中有关佛教文化、中华民族的图腾以及劝善、助人、恩爱、励志的等均有所表现，是中华民族传统美德和自强不息精神的艺术反映，是传统文化的活化石。

大铜器节奏明快，结构严谨，曲牌众多，技巧多变，指挥语言丰富、独特，音乐形象生动，富于表演性和观赏性，是烘托场景、张扬气氛不可多得的民族民间传统打击乐。在农村，凡大铜器表演活动好的地方，相对人们的生活较充实，乐观向上，赌博斗殴现象少，邻里关系融洽，社会和谐，已成为当地新农村建设一个重要的文化载体。

西平大铜器主要分布于县城以西的乡村，也传播到与之接壤的遂平县、舞钢市、郾城县及漯河市等。2010年6月，芦庙乡高槐树村刘青云被河南省文化厅公布为代表性传承人。

【汝南罗卷戏】 明代末期发源于汝南的“卷戏”和清代初期流入汝南的“罗戏”是中国众多剧种中两个独具特色、古老稀有的地方民间传统剧种。

“卷戏”流行于河南中部，亦称为“小笛子戏”。据考证，卷戏出自寺庙音乐。卷戏的“卷”，就是取自于寺庙《宣卷》的“卷”，《宣卷》是寺庙中的僧人们在诵经、做道场时伴之以吹奏、敲打、唱颂的一种演奏音乐，僧人们称之为“卷调”。明代惠帝时，燕王朱棣在汝南“官场坡”建造一座“燕王庙”，并将驻军之所取名为“燕亭店”。李自成攻陷汝宁府，“燕王庙”被焚。寺庙僧人还俗流落到当地民间，靠演奏“卷调”维持生计，将当地的一些民间小曲小调和民间的一些传说故事吸纳溶入“卷调”之中，使“卷调”逐步发展演变成带有故事情节的“卷戏”。

卷戏以文戏为主，戏文规整押韵、通俗上口。卷戏属板腔体，音乐由三部分组成：唱腔音乐、用以伴奏的吹奏乐和打击乐。唱腔旋律接近当地的民间语音节奏，具有鲜明的地方特色和独特的艺术风格。卷戏的乐队编制有文场武场之别，文场三件：卷戏笛一支、笙两盘；武场五大件：鼓板、大锣、二锣、手钹、梆子。后来，卷戏吸收其他剧种的乐器伴奏形式，逐渐加入“闷子”和一些弓弦乐器。

“罗戏”亦称为“大笛子戏”。于清初流入汝南。罗戏是一个以武为主、别具一格的剧种，其传统音乐是由唱腔音乐、吹奏乐和打击乐三部分组成。罗戏的打击乐除了一般戏曲乐队常用的大锣、二锣、手钹、梆子、鼓板小五件外，还有一套特殊的打击乐器——谓之“四大扇”（由两对大铙、两对大镲组成）。

罗戏流入汝南后，因卷戏善文，罗戏善武，为达到两个剧种相互补益，文武兼而有之的演出效果，所以两个剧种经常同台演出，往往在一个剧目中上部唱卷戏、下部唱罗戏，或甲角唱卷戏、乙角唱罗戏。因此，群众称之为“卷罗同台两下汤”。民国以后，群众就习惯直呼“卷罗戏”或“罗卷戏”而不加区分了。

“罗卷戏”作为民间传统艺术在汝南县诞生已经有360多年的历史。罗卷戏不仅是中国众多剧种中两个风格独特、古老稀有的民间传统剧种，也是整个中华民族传统文化中的重要组成部分。历史上曾对推动豫剧、越调、曲剧等诸多剧种的发展和活跃广大人民群众的文化生活做出过重大贡献，也是承载民族精神与情感的重要载体，有其广泛的群众基础、区域特征和鲜明的时代特色。

自20世纪50年代中期以后，罗卷戏从戏剧舞台上逐渐消失。原因是1958年修建宿鸭湖水库时，卷戏的诞生发源地——燕亭方圆数十里内的村庄被分散迁移，罗卷戏几乎失去赖以生息繁衍、存在发展的环境；罗卷戏与迅猛兴起的新兴剧种豫剧、越调、曲剧等相比，粗犷豪放、激昂高亢的唱腔风格和单调的吹管乐演奏形式变化不大，缺乏创新和竞争力；随着岁月的流逝，罗卷戏艺人相继谢世，传承断代，后继乏人。

至2010年，汝南县会演唱和演奏罗卷戏、伴奏乐器的民间老艺人在世的仅有几人，分别居住在离县城较远的几个偏僻乡镇，而且都已年逾八旬，已是风烛残年。为抢救和传承罗卷戏，国家于2010年下拨专项经费30万元，由汝南县非遗保护中心、县剧团进行挖掘整理、复排录制。

（于　红）

文物古迹

【驿城区杨台寺遗址】 新石器时代遗址。全国重点文物保护单位。位于驿城区诸市乡杨台寺旧址处，现为诸市乡林场所在地，遗址在高出地面7米左右的高台地上，南北宽250米，东西长320米，面积8万平方米。西北距汝河4千米。

从遗址西部深沟和断崖上可见明显文化层2米～5米。已发现有灰坑、房基柱础、陶灶和大量红烧土及陶片。从采集到的陶片和遗物看，其内涵有仰韶、龙山文化遗存。典型器物有白衣红黑彩陶罐、指甲纹鼎足、鸭嘴形鼎足和器盖、陶豆、陶罐、陶碗、红陶钵、澄滤器等，质地有泥质和夹砂、夹蚌3种，陶色有红、黑、灰棕黄诸色，纹饰多为素面，兼有蓝纹、弦纹、镂空和附加堆纹。生产工具有石斧、石镞、石镰、纺轮等，装饰品有陶环。

该遗址文化内涵丰富，经历时间较长，面积较大，保存完好，对研究豫南地区的新石器时代早、中、晚期文化的继承关系，具有重要学术价值。1986年11月21日，河南省人民政府公布为第二批重点文物保护单位。

【西平县董桥遗址】 新石器时代遗址。全国重点文物保护单位。位于西平县城西27千米吕店乡董桥村东南缓坡岗地上，南临西草河，遗址面积123.2万平方米。经钻探文化层厚约1米～2.5米不等。采集的陶片多为夹砂红褐陶，少量灰陶；陶质以夹砂陶居多，泥质陶次之，还有少量掺有云母（蚌粉）的陶片；纹饰以素面居多，压印纹，旋纹次之；还有少量的附加堆纹。生产工具有石斧、石磨棒、石锛、陶纺轮等。地表以上发现有草拌泥烧结块，从泥块修整程度看，应为当时房屋墙壁脱落块。从其文化特征看此处应是仰韶文化时期聚落址。

据文物专家考证年代与黄帝时代相吻合。据郦道元《水经注》载："县，故柏国也。……汉曰西平。其西吕墟，即西陵亭也，西陵平夷，故曰西平。"《史记・五帝本纪》说："黄帝居轩辕之丘，而娶于西陵氏之女，是为嫘祖。"从历史文献记载和该遗址中出土文化遗物看，此处是古吕墟，即西陵氏族所在地，也就是说是黄帝元妃嫘祖诞生地。遗址经龙山文化、二里头文化至东周、秦汉从未间断，遗址面积之大，遗迹之丰富，保存之完好，为省内外专家学者所青睐。2013年5月国务院公布为第七批全国重点文物保护单位。

【驿城区台子寺遗址】 新石器时代遗址。全国重点文物保护单位。位于驻马店市驿城区水屯镇大郭庄村小郭庄自然村北100米处，遗址平面近长方形，长约600米，东西近300米，总面积约18万平方米，整个遗址呈一南北向的大土岗，高出周围地面约5米，保存较好。

遗址文化层深达4米，已发现有灰坑、房基、灶等重要遗迹和大量红烧土及陶片。从采集到的陶片和遗物看，其内涵有仰韶文化、屈家岭文化、石家河文化及龙山文化遗存，并有少量的汉代遗迹。采集遗物有白衣红、黑彩陶罐、宽扁式鼎足、鸭嘴形鼎足、陶豆、陶罐、陶碗、红陶钵、澄滤器等。质地有泥质、夹砂、夹蚌及磨光等。陶色有红、黑、灰、棕黄诸色。纹饰多为素面，兼有蓝纹、弦纹、镂孔和附加堆纹。生产工具有石斧、石镞、石凿、石镰、陶纺轮、陶弹丸等。装饰品有陶环、石环。

该遗址文化内涵丰富，历经时间长，面积大，保存完好，是淮河流域上游同时期遗址中较为典型的一处，对研究豫南地区乃至整个淮河流域上游区域内新石器时代早、中、晚期文化的继承关系及发展序列，具有重要学术价值。2006年6月河南省人民政府公布为第四批文物保护单位，2013年5月国务院公布为第七批全国重点文物保护单位。

【汝南县天堂寺遗址】 新石器时代遗址。全国重点文物保护单位。位于汝南县城东南35千米余店乡西潘庄村委天堂寺村北。遗址呈椭圆形，东、西、南三面高，北面低，高出地面1.5米～8.4米，形成台地。东西长298米，南北宽173米。总面积51554平方米，四周河塘环绕。1982年被汝南县人民政府公布为文物保护单位，1986年11月河南省政府公布为第二批省级重点文物保护单位，2013年5月国务院公布为第七批全国重点文物保护单位。

【上蔡县蔡国故城】 蔡国故城是全国重点文物保护单位，是一座西周—春秋时期的列国故城。位于上蔡县城周围，地处洪汝河环抱间，芦岗中部的东坡上，面积8.68平方千米。

蔡是周王朝的同姓封国，与周王室关系密切。地处汝水中游，起着"南捍荆蛮，而北为中原之蔽"的作用，具有重要的战略意义。作为西周王朝的南方柱石国，长期抵御淮夷入侵，捍卫着淮河流域的广大疆土。春秋时期蔡国作为十二诸侯之一，曾北合郑陈，南御荆楚，与宋卫等国争雄。后楚军北进，为楚所灭，蔡与陈，东西二不羹城并称"四国"，成为楚师北伐中原的军事重镇。

故城平面略呈纵长方形，城垣长10.49千米。现存城垣高3米～15米，宽15米～95米不等，系用黄棕色黏土人工逐层夯筑而成。夯窝为圜底，城角为圆转角，唯西南城角稍向外突出。城墙外的城壕遗址保存基本完整。位于故城中部偏南的宫殿区基址群，高台地四周沟渠环绕，其断壁上有大量的绳纹板瓦、筒瓦堆积和陶质排水管道及古井分布；宫殿区周围广泛分布着铸铜、制陶、制骨作坊遗址。南城墙三处城门遗址，右侧均向内"凹"成U字形深龛，开瓮城之先河。北城垣上的烽火台为中国最早的人工烽火台，位于全国重点文物保护单位蔡国故城西0.5千米的卧龙岗上，东西宽4千米，南北长20千米。集中在岗地中部，南北向，平面呈长条形，宽4千米，长7千米，面积28平方千米，为大中型战国时期楚国贵族墓葬，并有数量较多的甲子形高级贵族墓。残留的有肖里王楚墓，湾李楚墓，郭庄楚墓和孟尧、湾李墓葬区，大胡庄墓葬区等。还有西周至春秋期间的蔡国诸侯墓葬，多有楚墓性质特点，采用积石积砂的防盗措施。

历年来故城内外出土珍贵文物有青铜编钟、簠、匜、青铜鼎、四龙耳青铜鉴、青铜方壶、青铜鬲、青铜敦、青铜缶、青铜甬钟、石编磬、戈、矛、镞、车马器和一定数量的金箔片、玉器、玉贝、海贝、骨贝等精美器物。口径达 80 厘米的青铜重器鼎，口径达 67 厘米的四龙耳青铜鉴，纹饰精美的龙耳方壶，介于玉石之间的石磬都堪称国宝。

蔡国故城对研究先秦列国都城的建制格局和淮河流域的先秦文化以及研究蔡国政治、经济、文化诸方面的历史，有着极其重要的研究价值。

【上蔡楚国贵族墓地】 西周至战国时期。全国重点文物保护单位。位于驻马店市上蔡县蔡国故城西 0.5 千米的卧龙岗上，东西宽 4 千米，南北长 20 千米。集中在岗地中部，南北向，平面呈长条形，宽 4 千米，长 7 千米，面积 28 平方千米，地面起伏不平，岗顶部沟壑纵横。墓地内墓葬排列有序，多为大中型战国时期楚国贵族墓葬，并有数量较多的甲子形高级贵族墓。均为土坑木质棺椁，多数有白膏泥，个别有积砂积石。残留的有肖里王楚墓、湾李楚墓、郭庄楚墓和孟尧、湾李墓葬区，大胡庄墓葬区等。1981 年河南省文物考古研究所在卧龙岗砖瓦场发掘 4 座战国楚墓（被盗），了解了上蔡楚郭贵族墓葬的内涵。1984 年，河南省文物考古研究所在上蔡砖瓦场清理战国楚墓，长方竖穴土坑，单椁单棺，东边有斜坡墓道，四壁有 12 个台阶，出土有敦、钫、豆、壶等陶器。1990 年 12 月，河南省文物考古研究所在上蔡砖瓦场发掘四号战国楚墓（被盗），甲字形，墓圹四台阶，出土少量车马器和陶器等。1992 年 12 月河南省文物考古研究所在上蔡砖瓦场发掘三号战国楚墓（被盗），甲字形，东边有斜坡墓道。

上蔡楚国贵族墓地面积大，墓葬多，其中不乏甲子形高规格墓，不少有较大的封土，是一处极为罕见的高规格楚国贵族墓地，文物蕴藏丰富，是楚文化的一大宝藏。发掘的上蔡郭庄一号楚墓出土的许多精美文物是重要的实物资料，对研究楚文化有着重要的价值，特别是研究楚文化与中原文化交融所形成的淮河流域文化，有着非常重要的启迪作用。

【新蔡葛陵故城】 葛陵故城是战国时期城址。全国重点文物保护单位。位于驻马店市新蔡县城西北 25 千米的李桥镇葛陵村周围。故城在四面环水的高地上，城址平面呈椭圆形，该城址东接党湖，南临洪河，西依奶奶湖，北部临葛陂，四面环水。

城址南北长 1330 米，东西宽 1200 米，面积 159.6 平方米，城垣高出地面 1 米左右，除东城垣南部不存外，其余城墙保存尚好，城内中部较高，发现有房基、陶水管道、子母砖砌的涵洞及陶器、铜器和蚁鼻钱等遗物，其中陶器有战国的鼎、盆、瓮、罐等，汉代的陶瓮、罐、盆等。整个城址被葛陵村、宋营村占去一部分，大面积是耕地，宫殿区在葛陵村西和宋营村南，发现有建筑材料。

城东北部为战国时墓葬区，1994 年 7 月河南省文物考古研究所对新蔡葛陵一号楚墓进行抢救性发掘。其平面呈甲字形，竖穴土坑，四壁呈台阶状内收。墓口东西长 25.25 米，南北宽 22.50 米～23.25 米，深 5.50 米～5.70 米，椁室上有青膏泥。虽遭多次盗掘，但仍出土精美文物，有青铜礼乐器、兵器、水器、容器、车器、马器、装饰品、漆木器、骨角器、玉石器、象牙器、锡器、皮革类、铁器、陶器、竹简等。在多戈戟的有内戈和无内戈上均发现刻有“平夜君成之用戟”，也有“平夜君成之用”的铭文。另外在戈上也发现有“平夜君之用戈”的铭文，基本可确定墓主人“平夜君”的身份。出土最珍贵的是 1571 枚竹简（残），分为卜筮祭祷记录和遣策文书两大类，数量之多，内容丰富，是战国楚简的重大发现，对研究楚文化具有重要的价值。1997 年春又对葛陵二号墓进行抢救性发掘，出土文物有壶、罐、鼎、盆以及陶鞋、竹器等。

该城址以及其墓葬区的文物出土，特别是竹简的出土，更进一步说明与这一区域性文化交融的程度，成为研究豫南楚文化较有力的证据。

【平舆沈国故城】 沈国故城是春秋至汉时期城址。全国重点文物保护单位。位于驻马店市平舆县城西北 45 华里处的射桥乡古城村一带，洪河北约 4 千米处。史载周成王四年（前 1039），周公封聃季载为沈侯，辅佐成王安邦治国，皆有盛名于天下。公元前 771 年，沈国由渭水流域迁徙到淮水水系水之滨（此为商挚国地，时挚国东迁）。鲁定公四年（前 506）四月，沈为邻邦蔡国所灭。沈国灭亡后，战国属楚，以地势平坦，为车辆的发祥地，改名平舆，为楚国的军事重镇。秦始皇二十三年（前 224）秦将李信攻平舆，汉置汝南郡，治平舆，辖 37 县。

遗址呈长方形东西长 1350 米，南北宽 1500 米，总面积 212.5 万平方米，文化层厚度 1 米～5 米。出土有鼎、簋、戟、奁、青铜剑、镞、戈等春秋青铜器，陶器有陶拍、鬲、环底罐等。在故城南春秋战国墓地曾出土一批骨币，故城南有斩龙台、沈子嘉墓、沈君忽墓及大徐汉代铸钱遗址等遗迹。该遗址系春秋沈国故城为汉代汝南郡治及其沿革关系提供了实物依据，对研究列国古城有很高的价值。

1983 年平舆县政府宣布该故城为县级文物保护单位。2006 年被河南省政府公布为河南省文物保护单位。2013 年 5 月国务院公布为第七批全国重点文物保护单位。

【西平酒店冶铁遗址】 战国时期遗址。全国重点文物保护单位。位于驻马店市西平县酒店乡酒店村南 500 米，遗址东临杨庄村，南系龙泉河，北接棠溪河，置谭山水库两岸，是战国至汉时期重要的冶铁基地。

遗址呈长方形，东西长 588 米，南北宽 190 米，面积 11.172 万平方米。遗址上残留有炼炉残壁、炼渣、铁矿石、残铁剑和生活用具陶盆、陶罐、陶瓮及建筑材料砖瓦等，在杨庄遗址西半部发现当时使用的井，为一次性烧制井筒，多节上下相接成一体陶井筒壁，内外均饰粗绳纹，为典型汉代遗迹。在赵庄遗址（谭山水库南岸）尚存冶铁炉 1 座。1987 年 11 月，河南省文物研究所、西平县文化局联合对冶铁炉进行抢救性发掘，同时对酒店冶铁遗址进行试掘，遗址文化层厚为 1.5 米，内含大量铁矿石、炼渣、炼炉残块及陶片、红烧土块、灰土粒等。冶铁炉呈椭圆形，直径 1.7 米～2.7 米，残高 2.25 米，炉口孔宽 2.14 米，底部宽 1.6 米。炼炉内部可分上、下两部分，上部为一椭圆形的锅底状炉缸，炉缸的上口内径东西残宽 1.42 米、南北残宽 1.04 米，下部为井筒状，高 0.6 米、东西宽 0.6 米；北部因同风沟相连，也应属风沟部分，风沟设在炉子的底部，其内孔残长 1.36 米，宽 0.64 米，风沟周围的耐火材料还保留颗粒状，离炉缸较远处耐火材料中羼杂的泥土呈红色，炉子的建造是利用土丘的斜坡先挖一个口大底小井筒，再在南端向底部开一风沟，然后用耐火材料筑炉壁和风沟。出土遗物有陶坠、陶盆、陶罐、陶瓮、板瓦、木炭等，从查阅的有关史料与遗址本身采集标本证明，该遗址自战国延续到晋。

据《史记·苏秦列传》及《吴越春秋》等记载，该地为战国、汉晋时期著名冶铁重地，战国时著名的棠溪、龙泉、干将、莫邪等名剑均在此铸造，遗址上至今保存的战国冶铁炉，系全国迄今发现时代最早、保存最完整、最早用配制的黑色耐火炉壁材料建成的冶铁炉，为研究中国古代冶铁史重要的实物资料。

为确保炼炉安全，1976 年在炉周围炉建保护房 1 座。1986 年 3 月，河南省文物局拨款 2 万元重修保护房，面积 83.1 平方米。1987 年冬，河南省文物研究所对该炉进行抢救性发掘。因地质（膨胀土）问题和雨水冲刷引起水土流失，造成保护房地基下沉，墙体出现裂缝，雨水下流，直接威胁冶铁炉安全。1998 年 12 月，国家文物局拨款 20 万元，重建冶铁炉保护房暨酒店冶铁遗址陈列馆，1999 年 4 月 1 日正式开工，该建筑系仿古式建筑，建筑面积 175.07 平方米。该工程建成后，具有保护、陈列、宣教等功能，既保护冶铁炉又为冶铁遗址出土标本提供展示研究场所。

【泌阳下河湾冶铁遗址】 全国重点文物保护单位。遗址位于驻马店市泌阳县东南 40 千米的马谷田镇南岗村委下河湾村东 30 米处，南面、东面临小河，北面不远是高速公路。遗址南北长 400 米，东西宽 300 米，总面积 12 万平方米。距遗址南面小河南岸不远处就是泌阳县有名的蝎子山和破头山铁矿区。

2004 年 11 月，河南省文物部门和驻马店市、泌阳县文物部门在对上武高速公路泌阳段进行文物调查时发现的，从遗址表面看基本没有遭受大的破坏。遗址区内随处可以看见大量的炉壁残块、炼渣、铁块、铁矿石、陶豆、陶釜、盆、罐、板瓦、筒瓦等遗物残片和大量红烧土块。同时发现一块石范块和几块鼓风管残片。在遗址东部和北部的断壁上，残留着 6 座冶铁炉，从表面上看保存基本完好。从地表面堆积的最大 1 处炉壁残块及地层堆积厚度分析，遗址的冶铁炉至少应有 100 座以上。由于长期从事冶炼活动，遗址表面的颜色已呈现深灰褐色，烧土堆积也特别集中，文化内涵非常丰富。

遗址是迄今全国发现的内涵最丰富、保存最完整、延续时间较长，且集采、冶、炼于一身的战国秦汉时期的官营冶铁遗址，也是迄今全国所发现的最大 1 处冶铁遗址。不仅具有冶炼功能，同时基本具备采矿、冶炼和铸造等所有的功能。该遗址冶铁作坊从战国中晚期一直延续到汉代，使用时间至少在 100 年以上，且一直是一处规格较高的官营手工业作坊。泌阳下河湾冶铁遗址的发现，在中国冶金史上具有重要的学术价值，推动中国冶金考古及世界冶金史研究的进程。

【正阳东汉石阙】 东汉石阙是全国重点文物保护单位，俗称“望乡台”，位于驻马店市正阳县城东烈士陵园南端，现存的石阙为东半部，西半部不知毁于何时。石阙建筑朴质浑厚，凝重端庄。其造型庑殿式，四阿顶的子母阙。一基一身两顶，皆用青石垒筑而成，分阙基、阙身、阙顶三部分，总高 4.75 米。基底 3 层，阶梯式，高 0.67 米。阙身，母阙砌石 11 层，子阙砌石 8 层。子母阙顶东南北三面出檐，顶上均雕琢有屋脊、瓦垄，每垄下沿刻有瓦当，仿汉代屋顶式样。阙身文饰图案，仍隐约可辨，东南两面有人物、牛、龙、钱币等饰，东侧第六层石块上，中间 3 行圆形纹，上下 2 行 4 组为棱形纹，四周勾云纹。余皆漫漶。据史书记载，此阙为“永乐少府贾君阙”，立于公元 169 年与 189 年之间，距今已有 1700 余年的历史。正阳石阙对于研究汉代历史建筑及石雕艺术很有价值。

【汝南悟颖塔】 明代建筑。全国重点文物保护单位。位于驻马店市汝南县城南关。据《汝南县志》记载，此处原有 1 座寺院，后殿堂毁圮，仅留此塔。塔因僧人悟颖主持修建而得名，俗传每逢冬至（冬至为夏至之误）正午无塔影，故又称“无影塔”。

塔面向南，平面六角形，每边长 3.1 米，高近 25 米，为九级单檐楼阁式砖塔。塔身自第一层以上面阔逐层收敛，每层高度均匀递减，使整个塔体的外轮廓略呈抛物线形。塔身基座系平面六角形的单层须弥座。塔檐下砖砌仿木构建筑的五铺作出双抄斗拱，各层每面辟券门或圭形门，或设假门、假棂窗，或嵌砌佛像雕砖。塔身之上为六角形刹座，宝瓶状铁刹，刹顶施火焰宝珠。浑厚的基座，变化有序的塔身，玲珑秀丽的铁刹使这座巍峨壮观的擎天古塔形貌增辉。塔内砌筑有盘旋梯道，可拾级登临。第一、第三层内设有塔心室，除供奉佛像外，可使游人在此稍憩后继续攀登。至第八层，由圭门处向外眺望，繁华的城镇和近郊沃野尽收眼底。

1984 年河南省古代建筑研究所对该塔进行维修，上三层进行整体复原，再维修中发现明代一刻砖，上有明代维修的年号，此塔具有较高的历史、艺术和科学价值。

【平舆秀公戒师和尚塔】 金代建筑，又名普照寺塔。全国重点文物保护单位。位于驻马店市平舆县城西南约 19 千米李屯乡普照寺村北。该塔建于金明昌五年（1194），系金代僧人秀公戒师和尚的墓塔。秀公戒师和尚，扶沟县人，俗姓张，7 岁出家，法号秀公戒师，明昌四年（1193）圆寂。普照寺早毁，仅塔独存。

该塔系六角七级密檐式砖塔。涌高 15.31 米，塔座周长 13.8 米，二级面南设塔门，上嵌铭“金明昌五年甲寅八月”。三级北面设望窗，四至七级均设壁龛，顶部装置石制法轮。该塔整体结构严谨。该塔身有多处砖刻花卉及佛像，形态各异，种类繁多，雕刻精致，体记清晰，层层斗拱各异，设计巧妙，形象丰富，是一组独具匠心的佳作，基本保持着中原一带民间建筑砖磨仿木饰件的特色，具有较高的历史、科学、艺术价值。

【西平宝严寺塔】 北宋时期建筑。全国重点文物保护单位。位于驻马店市西平县柏城镇东大街西平县博物馆院内，东依京广铁路、京珠高速公路，西傍107国道，海拔高度58.3米。

据民国《西平县志》载："宝严寺在县城东门外。唐时创建，明洪武十五年重建，万历二十六年知县张应化复葺。寺外有塔。"观其建筑风格及重修碑文和游人题记以及在修塔时发现的"元符通宝""崇宁通宝"证明此塔的始建年代应为北宋时期，明嘉靖二十五年（1546），清光绪二十八年（1902），中华人民共和国成立之后（1980）三次维修。1986年11月，河南省人民政府公布为第二批文物保护单位。

该塔为楼阁式七级砖塔，平面六角形，塔高28.8米，塔身一层辟一龛，龛内嵌飞天等砖雕纪年砖铭，塔身其余各层辟券门。1、2层内有方形塔心室，3至7层内为六角形塔心室。1、2层有盘旋梯道，3至7层有斜直梯道可供攀登，塔顶中心置铁刹，刹高2.16米。该塔使用不同型号砖37种，外部用灰砌缝，内部使用黄泥垒砌。该塔造型古朴、结构严谨，为国内外古建专家所青睐。

【确山中共中央中原局旧址】 全国重点文物保护单位。位于确山县西30千米的竹沟镇延安街两侧及竹沟镇附近。现有中共中央中原局旧址、中共河南省委组织部旧址、中共河南省委宣传部旧址、中共河南省委军事部旧址、新四军四支队八团队留守处旧址、刘少奇办公室旧址、李先念办公室旧址、彭雪枫办公室旧址、张震办公室旧址、朱理治办公室旧址、拂晓剧团旧址等展览革命旧址26处和延安街中共中央中原局统战部、新四军四支队八团队队部、竹沟地委、竹沟县委等正在维修旧址13处。在中共中央中原局旧址外围，有位于延安街两端的东、西寨门遗址，东寨墙外是军事训练场遗址，距镇北0.5千米有李先念召开豫鄂边军事会议的北窑旧址，竹沟沙河东有竹沟军政教导村队部旧址。

早期竹沟建立了第一个党支部；红军主力长征后，组建豫鄂边省委，创建红军游击队，开辟以竹沟为中心的桐柏山区根据地，成为南方8省14处游击根据地之一。抗日战争爆发后，竹沟逐渐成为河南人民抗日战争的指挥中心。1938年党中央在竹沟设立中共中央中原局，刘少奇、李先念等从延安来到竹沟，领导豫、鄂、皖、苏地区党的工作，竹沟成为中国共产党在中原地区的重要阵地和战略支撑点。

中共中央中原局所在地竹沟是中原地区革命的摇篮，刘少奇、李先念、彭雪枫、张劲夫、张爱萍、张震、方毅、朱理治、陈少敏等老一辈无产阶级革命家都曾在这里工作和战斗过。在竹沟创刊的中国共产党著名报刊《拂晓报》《小消息报》，积极宣传党中央、毛泽东的抗日路线、方针和政策，对建立抗日民族统一战线发挥了积极作用。刘少奇的著名著作《论共产党员的修养》就是辗转中原，抵达竹沟后修订的。中原局、河南省委还在竹沟举办教导队和党训班等，培育党政军干部1400余人。竹沟又是新四军二师一部、四师、五师的发祥地和三师、七师部分骨干力量的出发地。由此竹沟被誉为"小延安"。

【遂平嵖岈山人民公社旧址】 全国重点文物保护单位。嵖岈山人民公社旧址位于驻马店市遂平县西部嵖岈山乡政府所在地，东距县城26千米。嵖岈山人民公社成立于1958年4月20日，由遂平县西部的杨店、土山、鲍庄3个乡和张台乡的友谊第八农业合作社等27个高级农业合作社合并而成，取名卫星集体农庄，下设农业、工业、水利、畜牧、财经、文化、卫生、交通等8个部门，是中国建立的第一个人民乡，6月定名为"嵖岈山人民公社"，1982年重新设立乡权，人民公社宣布退出历史舞台。

现存嵖岈山人民公社旧址东西长172米，南北宽162米，占地面积27864平方米，旧址办公楼位于旧址中部，始建于1958年10月，楼房为双面二层砖木结构，坐北朝南，东西长43.1米，南北宽12.7米。墙面上保留着20世纪50年代书写的标语"人民乡万岁"及60年代书写的毛主席语录、绘制的毛主席画像。办公楼东、西两侧各有4排附属建筑，每排9间，用于机关食堂和工作人员住房。20世纪70年代，在旧址东部新建大礼堂1座和用于乡招待所的2层砖混楼房3座。旧址建筑物总面积3051平方米。陈列展出嵖岈山人民公社图片200幅，文献资料180份，珍贵文物176件。

嵖岈山卫星人民公社的建立受到了毛泽东等人的充分肯定和赞扬，《卫星人民公社试行简章（草案）》经中共中央在北戴河政治局扩大会议上审定，《人民日报》、《红旗》杂志相继公开发表，接着全国各地党刊党报纷纷刊登，成了指导全国人民公社化的指导性文献，全国人民公社化的先进典型，毛泽东主席曾于1958年11月13日乘专列来到遂平与县、公社两级主要领导会见调查了解嵖岈山卫星人民公社运作情况，并亲笔题词"人民公社好"。同年12月周恩来亲自签发奖状表彰为"全国农业社会主义建设先进单位"。"嵖岈山人民公社旧址"作为中国人民公社历史的一个典型实物形态，具有珍贵的史料价值。

【泌阳楚长城】 全国重点文物保护单位。位于驻马店市泌阳县城的北、东、南部的黄山口、象河、春水、下碑寺、付庄、铜山、马谷田、陈庄等乡，是整个楚长城的东段，也是修筑最早的一段长城，其中象河关（古沔关）是长城的大关口之一。长城线路自方城县入境，主线全长67千米，两条复线分别长30千米和20千米，长城多在山区，垒石为固，列城满布（当地俗称列城为寨），唯象河关位于伏牛山系关山与桐柏山系五峰山之间，为一山间凹口平地，此段长城为土筑，山口宽6000米，象河关城居其中。关城遗址在象河乡街，面积约20万平方米，历年出土文物有豆柄、板瓦、筒瓦、镞等。

《辞海》对方城的一种注解为：春秋时楚国所筑长城，北起今河南方城北，南至今泌阳东北，战国时又展筑，自出方城北向西循伏牛山脉折南循白河、湍河间分水岭至今邓州市北。史学界公认的就是楚长城自今方城北至泌阳县东北这段长城是公元前688年楚文王伐申又伐邓后开始修筑的，是楚长城中最早的一段。

泌阳县楚长城因多在山区，保存较好，又修筑最早，古方城塞（象河关）又在其中。公元前301年秦、齐、魏、韩四国共伐楚，夹泚而军，此役史称"垂沙之役"，陷方城塞（象河关）。方城塞退出历史舞台后，楚国一蹶不振，泌阳楚长城与楚国共兴衰，在整个楚长城中有非常重要的地位。

（于　红）

谚语歇后语

【自然农事谚语】

一九二九不出手，三九四九冰上走，五九六九沿河看柳，七九河开八九燕来，九九八十一老狗卧荫里，九九加一九耕牛遍地走。

一日南风三日暖，三日南风大变脸。

一场春雨一场暖，一场秋雨一场寒，十场秋雨要穿棉。

一季麦一季豆，土地不肥也不瘦。

一棵红薯一把灰，红薯结哩成大堆。

二月二，龙抬头。

十雾九晴。

七月十五定旱涝，八月十五定收成。

七月中栽大葱；八月半种大蒜。

七月枣八月梨，九月柿子红了皮。

人不养地，地不养人。

人哄地皮，地哄肚皮。

人勤地生宝，人懒地生草。

八月十五云遮月，正月十五雪打灯。

三天芝麻六天豆，七天棉花要出头。

三月十八，豌豆开花。

三月三，倭瓜（南瓜）葫芦地里钻。

三月怕三七，四月怕初一；三七初一都不怕，就怕四月十二下。

三月怕久雨，六月怕久旱。

三月清明种在后，四月清明种在前。

干冬湿年下。

干榆湿柳水白杨，桃杏栽在山坡上。

下雪不冷化雪冷。

寸草铡三刀，没料也上膘。

大鱼吃小鱼，小鱼吃虾虾，虾虾啃泥巴。

大雪年年有，不在三九在四九。

小暑前后，庄稼老汉种绿豆。

小满见三新（蚕、蒜、樱桃）。

天长长不过五月，天短短不过十月。

天河南北，小孩不跟娘睡；天河东西，小孩冻哩唧唧。

云转东，晒干坑；云转西，披蓑衣；云往南，水涟涟；云往北，晒干坯。

五月不种稻，来年吃茅草。

五月冷，一棵豆子打一棒。

五月南风发大水，六月南风干死禾。

五月栽薯重十斤，六月种薯一把根。

瓦茬云晒死人。

日晕三更雨，月晕午时风。

日落山，是晴天；日落云，雨淋淋；日落黄，大雨冲倒墙；日落黑云起，半夜必下雨。

牛发情吊线，驴发情嘴拌，猪发情跑圈。

牛对天叫，大雨来到。

牛老仨月，人老一年。

反了春，冻断筋。

风湿腿疼兆阴天。

打春一百（天），拿镰割麦。

正月茵陈二月蒿，到了三月当柴烧。

正月栽竹，二月栽木。

东风下，西风晴，倒了南风下不成。

东虹日头西虹雨，出了南虹发大水。

四月二十八，大麦小麦都开花。

生地萝卜熟地麻。

生姜老的辣，甘蔗老的甜。

白天刮风夜里住，五更起风刮倒树。

乐山戴帽，大雨来到。

冬天比粪堆，夏天比谷堆。

冬吃萝卜夏吃姜，不用医生开药方。

立秋三天，寸草结籽。

立秋三天遍地红（高粱）。

立夏不出头（穗），割了喂老牛。

立夏芝麻，芒种谷，清明前后种秫秫。

立罢秋，把扇丢。

头伏有雨三伏旱，三伏有雨吃饱饭。

头伏种芝麻，劈顶一朵花。

头伏萝卜二伏芥，三伏里头种白菜。

头伏萝卜二伏葱，三伏里头种蔓菁。

母鸡叨架，必定要下。

芒种忙，三两场。

过伏不种秋，种了也不收。

有收无收在于水，收多收少在于粪。

有枣没枣打三杆。

百日鸡，正好吃；百日鸭，正好杀。

灰里芝麻泥里豆。

吃了冬至饭，一天长一线。

好麦清明瞒（埋）老鸹。

好种出好苗，好葫芦开好瓢。

麦子夹生割，豆子摇铃收。

麦打短秆，豆收长秧。

麦收一盘耙，秋收一张锄。

麦收八（月）、十（月）、三（月）场雨。

麦怕干热风，风过一场空。

麦怕淹花，豆怕淹荚。

麦茬种豆，豆茬种麦。

麦黄看节，豆黄看叶。

麦盖三床被（雪），头枕白馍睡。

麦锄三遍没有沟，豆锄三遍圆溜溜。

麦熟一晌，蚕老一时。
麦熟樱桃红。
杨树当年不算活，枣树当年不算死。
谷雨麦挑旗（孕穗），立夏麦穗齐。
谷雨前后不种棉。
冷在三九，热在中伏。
沙土花生黏土麦。
初一满天红，初二初三戴斗篷。
鸡上架，天要下；猪拉窝，雨雪多。
鸡鸡二十一，鸭鸭二十八；鹅脖长，一月才见娘。
鸡到俩月半，不喂也下蛋。
鸡寒上树，鸭寒下水。
驴打滚，牛倒沫，有病也不多。
驴老牙长，马老牙黄。
驴骑后，马骑前，骡子骑在正中间。
坡栽槐，湾栽柳，黄岗地上栽椿树，黄沙岭上栽桐树。
若要花生好，磷钾少不了。
枣儿红肚儿，磨镰割豆儿。
枣芽发，种棉花。
雨搅雪，下半月。
鱼长三伏猪长秋。
狗儿秧，马齿菜，剜到篮里都是菜。
狗记千，猫记万，小鸡能记二里半。
夜里星星稠，明天晒死牛。
泥鳅翻筋斗，大雨在后头。
春天粪满坑，秋后粮满仓。
春打六九头。
春雾雨，夏雾热，秋雾凉风冬雾雪。
草膘料力水精神。
柳絮落地，棉花出土。
蚂蚁成阵要下雨，蜻蜓点水要刮风。
种地不上粪，等于瞎胡混。
秋分早，霜降迟，寒露种麦正当时。
重阳无雨看十三，十三无雨一冬干。
前不栽桑，后不种柳，院里不栽鬼拍手（杨树）。
栽桐树喂母猪，十年成个大财主。
栽桑种桐，子孙不穷。
热不过六月，冷不过腊月。
热气生风，冷气生雨。
桃三杏四梨五年，核桃柿子六七年。
桃花开，杏花败，李子开花撵上来。
桃养人杏伤人，李子园里抬死人。
夏至三天，麦秆自死。
夏至无雨三伏热，重阳无雨一冬晴。
烈马必有好活计。
紧拉鱼，慢拉虾。
铁打的骡子纸糊的马。
爱花花结果，爱柳柳成荫。
高地芝麻洼地豆。
高种谷子低种麻，斜坡地上种芝麻。
能种八月土，不种九月墒。
桑树不登堂，椿树不做梁，楝树不打床。
菊花开，正种麦。
雪打灯，好收成。
蚯蚓若出洞，无雨也有风。
犁深耙光，小麦满仓。
猪粪性冷羊粪热，马粪谷子羊粪麦。
清明种芋，谷雨种姜。
清明断雪，谷雨断霜。
淹不死的白菜，旱不死的葱。
深栽红薯浅栽秧，芝麻撒在地皮上。
惊蛰不耙地，好比蒸馍跑了气。
绿肥种三年，瘦地变肥田。
提耧谷子按耧麦。
葱辣鼻子蒜辣心，芥末专串鼻梁筋。
棉花不打杈，长成柴火架。
跑大的马驹，卧大的牛犊。
蛤蟆打呱呱，四十五天吃疙瘩（收麦）。
锄头有粪，越锄越嫩。
窝窝头醮秦椒（辣椒），越吃越上膘。
编筐握（捏）篓儿，养活几口儿。
蒜茬蒜，烂一半。
想吃大头蒜，地锄七八遍。
想吃白字葱，只管把土封。
稠豆子稀麦，两季子不得。
瘦狗鼻子尖，懒驴耳朵长。
鲫鱼汤，鲶鱼肉，逮着火头（黑鱼）吃个够。
燕子贴地飞，出门带蓑衣。
燕子衔泥，小麦挑旗。
篾匠好学，难在厚薄。
蠓虫打脸，离雨不远。
烟搭棚，天要晴。

【社会人生谚语】

一人不进庙，二人不看井。
一人为私，二人为官（公）。
一人传虚，二人传实。
一人挑一担，万人堆成山。
一口吃不成个胖子。
一个女婿半个儿。
一个巴掌拍不响。
一个老养活十个小儿，十个小儿养不了一个老。
一个老鼠坏锅汤。
一个指头按不住俩蛇蚤。
一个黄豆磨不成浆，一块砖头垒不成墙。
一个萝卜一个坑。
一个槽上拴不住俩老叫驴。
一分利钱吃饱饭，加一分钱饿死人。
一半米来一半面，掏钱难买正阳县。
一百个老鼠不咬猫。

一回生二回熟，三回四回当师傅。
一年不吸烟，省个大老犍。
一把钥匙一把锁。
一针不补，千针难缝。
一拃没有四指近。
一咸三分味。
一顿吃伤，十顿喝汤。
一顿省一把，三年买匹马。
一瓶子不满，半瓶子咣当。
一家子不说两家话。
一朝天子一朝臣，这朝不用那朝人。
一朝拜师，终身为父。
一朝拜师，终身为徒。
一朝被蛇咬，三年怕井绳。
二十三（岁），猛一蹿。
二八月里乱穿衣。
十八的能不过二十的。
十个学生九个猴，一个不猴爬墙头。
十回好，百回好，一回不好就坏了。
七（月）坐八爬，九九生牙。
七十不留宿，八十不留餐。
七十瓦上霜，八十风前烛。
人一天三迷。
人上一百，形形色色。
人不死，债不烂。
人比人，气死人。
人生三不幸：幼年丧父，中年丧妻，老年丧子。
人过三十不学艺。
人死如灯灭。
人穷志短，马瘦毛长。
人穷朋友少，衣破虱子多。
人到事上迷，就怕没人提。
人挪活，树挪死。
人要一倒霉，喝水也塞牙。
人要长交，账要短结。
人是（靠）衣裳马是（靠）鞍。
人看一颗心，鼓打两张皮。
人前一句话，马后一鞭子。
人误地一时，地误人一年。
人家牵牛你拔橛儿。
人混一张脸，树活一张皮。
人敬有钱儿的，狗咬扤篮儿的。
人勤地不懒。
人算不如天算。
人熟多吃四两盐。
儿不嫌母丑，狗不嫌家贫。
儿多娘受罪。
三十年河东，三十年河西。
三十如狼，四十如虎。
三人一条心，黄土变成金。
三个女人一台戏，来个小孩加铜器。
三分人样，七分打扮。
三句好话当钱使。
三年不发势，发势吃三年。
干啥讲啥，卖啥吆喝啥。
大小是个人，长短是根棍。
大难不死，必有后福。
大锅的饭，小锅的菜。
大锅的稀饭，小锅的面条。
大路朝天，各走半边。
上面握手，下面踢脚。
小人心多，忙人事多。
小时好栽树，长大有屋住。
千人走路，一人领头。
千金难买老来瘦。
千滚豆腐万滚鱼。
久病床前无孝子。
凡事讲个先来后到。
女大一，不成妻；女大两，黄金长；女大三，抱金砖。
女大十八变，越变越好看。
女大背父，儿大背母。
女婿挑到二十八，不是秃来就是瞎。
马无夜草不肥，人无外财不发。
丰年要当歉年过，遇到灾年不忍饿。
开口不骂没娘孩儿，伸手不打笑脸人。
开水不响，响水不开。
天上下雨地上滑，各人摔倒自己爬。
天天睡到日头出，你不受穷谁受穷。
天黄有雨，人黄有病。
无风不起浪。
无本儿难求利儿。
艺不压身。
不干不净，吃了没病。
不下辛苦力，难赚世人钱。
不见兔子不撒鹰。
不打落水狗，提防咬一口。
不打勤不打懒，专打不长眼。
不吃苦中苦，哪得甜上甜。
不吃辣椒，心不发烧。
不听老人言，吃亏在眼前。
不怕慢，就怕站。
不怕不识货，就怕货比货。
不怕家里穷，就怕出懒虫。
不是一家人，不进一家门。
不摸锅底手不黑，不拿油瓶手不粘。
不瞅便宜不上当。
不磕不碰，骨头不硬。
比上不足，比下有余。
少年夫妻老来伴。
少喝生水少生病。

日有所思，夜有所梦。
手心手背都是肉。
手不溜，怨袄袖。
牛不知角弯，驴不知脸长。
长嫂比母，长兄比父。
父望子成龙，子望父升天。
计划赶不上变化。
心里没闲事，不怕鬼敲门。
心急吃不了热豆腐。
丑话说到头哩。
丑媳妇早晚要见公婆。
劝酒不劝色。
书读百遍，其义自见。
打人不打脸，说话不截短。
打了不罚，罚了不打。
打不着黄鼠狼，反惹一身臊。
打肿脸充胖子。
打断骨头连着筋。
石膏点豆腐，一物降一物。
龙头怎么摆，龙尾怎么甩。
龙行一步，鳖爬半年。
占着茅坑不拉屎，抱住葫芦不开瓢。
旧的不去，新的不来。
只见别人眉毛短，不见自己头发长。
只有人找活儿，没有活儿找人。
只有再一再二，没有再三再四。
只知路上说话，不知草里有人。
只要硬干，事成一半。
生处好赚钱，闹处好过年。
生行莫入，熟行莫出。
生意好做，伙计难搁。
用着人朝前，用不着朝后。
用着了搂在怀里，用不着推到河里。
处处留心皆学问。
外不治癣，内不治喘。
外甥是姥姥家的狗，撵都撵不走。
冬不蒙头，春不露背。
冬练三九，夏练三伏。
饥不择食，寒不择衣。
头要凉，脚要暖，肚子里，别太满。
宁可长一尺，不叫短一寸。
宁可做错事，不可不做事。
宁当鸡头，不做凤尾。
宁吃好桃一个，不要烂桃一筐。
宁走十里远，不走一里喘。
出门问路，入乡随俗。
出门看天色，进门看脸色。
老大亲，老小娇，老二是个受气包。
老驴啃痒，一来一往。
过了这个村，就没有这个店。
在家千日好，出外一时难。
有几个闺女开银行，有几个小子愁断肠。
有千里朋友，没千里威风。
有本好生利，没本干生气。
有同行，没同利。
有多大个鳖，偎多大个窝。
有好汉没好妻，要饭的娶个花滴滴。
有初一，就有十五。
有货不愁聘，没货急死人。
有狠心的儿女，没狠心的爹娘。
有钱一条龙，没钱一条虫。
有钱不娶活人妻，早晚还是人家的。
有钱能使鬼推磨。
有钱难买后悔药。
有病早治，无病早防。
有理不在声高。
有理走遍天下，无理寸步难行。
有剩男，没剩女。
百艺通不如一艺精。
死了烧张纸儿，不如活着端碗水儿。
死猪不怕开水烫。
师傅领进门，修行在个人。
光打雷不下雨。
光种不管，等于白板。
光脚的不怕穿鞋的。
光棍不吃眼前亏。
光棍只打九九，不打加一。
当官的动动嘴儿，当兵的跑断腿儿。
当面锣，对面鼓。
当面数钱不为薄。
当家才知柴米贵，养儿才知父母恩。
当着秃子不说疮，当着瞎子不说光。
早剃头早凉快。
早起早睡身体好，一日三餐莫太饱。
吃人家谷子，还人家米。
吃人家的嘴短，拿人家的手短。
吃亏人常在。
吃亏在于不老实。
吃不穷，穿不穷，打算不到一世穷。
吃别人嚼过的馍没味儿。
吃药不忌嘴，大夫跑断腿。
吃着碗里，看着锅里。
吃喝不讲究，买卖争分毫。
吃馍喝水，瘦成干鬼。
先明后不争。
丢了西瓜，捡个芝麻。
伤筋动骨一百天。
自己一身白毛尾（音意），还说人家是妖精。
自己人不说外话。
自己的文章，人家的老婆。

自己的孩子亲，人家的老婆好。
自己脸上尽麻子，反说别人点子多。
会水水下死，会拳拳下亡。
会写的坐着，会唱的站着。
会当媳妇两头瞒，不会当媳妇两面传。
会挑挑儿郎，不会挑挑家当。
会疼的疼媳妇，不会疼的疼闺女。
杀人偿命，欠债还钱。
众人拾柴火焰高。
各行各的孝，各积各的德。
多个朋友多条路。
多读一遍书，多明一遍理。
争着不足，让着有余。
衣不如新，人不如故。
米面的夫妻，酒肉的朋友。
守住三十，守不住四十。
字是黑狗，越描越丑。
好人不长寿，祸害遗千年。
好人自有好报。
好了伤疤忘了疼。
好马不吃回头草。
好汉不吃眼前亏。
好死不如赖活着。
好鸡不跟狗斗，好男不跟女斗。
好事不出门，坏事扬千里。
好事不背人，背人没好事。
好事学不会，坏事不用学。
好货不便宜，便宜没好货。
好狗不挡路，挡路没好狗。
好看不过素打扮，好吃不过家常饭。
好配好，赖配赖，弯刀对着瓢切菜。
好借好还，再借不难。
好胳膊好腿儿，不如一张好嘴儿。
好厨一勺汤。
买卖不成仁义在。
麦怕胎里旱，人怕老了穷。
麦秸垛怪大，压不死个老鼠。
麦秸垛是圆的，两口子吵架是玩的。
远水不解近渴。
远亲不如近邻，近邻不如对门。
远路怕水，近路怕鬼。
手艺学到手，别人偷不走。
坏人眼前得势，好人死后留名。
严师出高徒。
来得早不如来得巧。
旱不死的葱，饿不死的兵。
呆有呆命，憨有憨福。
男人不坏，女人不爱。
男人有钱就变坏，女人变坏就有钱。
男大当婚，女大当嫁。
男女搭配，干活不累。
男不露脐，女不露皮。
男吵官司女吵穷。
男要俏，一身皂（黑）；女要俏，三分孝（白）。
秀才说书，屠夫说猪。
兵有头，将有主。
兵熊熊一个，将熊熊一窝。
低不成，高不就。
你有千条计，我有老主意。
你的井深，我的绳长。
你敬我一尺，我敬你一丈。
身穿缎子裙，不是养蚕人。
坐卧不迎风，走路要挺胸。
刨树刨根儿，听话听音儿。
饭后百步走，能活九十九。
饭留三口，活到九九。
这山看着那山高。
没有三斧头，坐不了瓦岗寨。
没有不透风的墙。
没有四斤铁，谁敢打大刀？
没有用不着的人，没有走不着的路。
没有金刚钻，揽不了瓷器活。
没吃过猪肉，还能没见过猪走？
没行市，有比市。
没学会走路，就别慌着跑。
没理犟三分。
穷人的孩子早当家。
穷家富路。
初见面小人不小，混熟了大人不大。
忍三分寒，吃七分饱。
鸡多不下蛋，人多瞎胡乱。
玩起来是泥，供起来是神。
拔出萝卜带出泥。
苗好一半谷，妻好一半福。
事不过三。
软面饺子硬面汤。
明人不做暗事。
明人看一眼，傻瓜看到晚。
明白人好说，糊涂人难缠。
货不全，不卖钱。
货比三家不吃亏。
货卖堆山。
货到地头死。
贪小便宜吃大亏。
朋友千个少，冤家一个多。
鱼找鱼虾找虾，乌龟找王八。
兔子不吃窝边草。
兔子不急不咬人。
狐狸看鸡，越看越稀。
狗改不了吃屎。

狗咬狗，一嘴毛。
狗眼看人低，人穷狗也欺。
狗窝里放不住剩馍。
备酒容易请客难。
放长线，钓大鱼。
单方治大病。
河里没鱼市上看。
泌阳不背，山沟里不土。
泌阳能，西平尖，确山实称新蔡憨，其他各县都一般。
性急吃不了热豆腐。
学会《奇门遁》，来人不用问；学会《笑林广》，骂人不用想。
官儿大表准。
话有三说三解。
姐送妹子（出嫁），穷一辈子。
虱多不痒，债多不愁。
春捂秋冻。
挖耳耳聋，剔牙牙稀。
茵陈煮大枣，一吃病就好（治肝炎）。
南京到北京，买家没有卖家精。
南辣北咸，东甜西酸。
药对方，一口汤；不对方，一水缸。
树大分杈，儿大分家。
树大自然直。
树大招风。
要得好，大让小。
歪嘴骡子卖不上驴价钱。
是福不是祸，是祸躲不过。
是骡子是马，拉出来溜溜。
哪把钥匙开哪把锁。
哪里水养哪里人，哪里官向哪里民。
看了《红楼梦》，光得相思病；看了《西游记》，说话如放屁。
看山跑死马。
看花容易绣花难。
看透不说透，还是好朋友。
种不上好庄稼一季子，娶不着好媳妇一辈子。
弯木材，直木匠。
疮大疮小，出头就好。
亲不过父母，近不过夫妻。
亲兄弟，明算账。
亲是亲，财产要分均。
姜是老的辣，醋是陈的酸。
送行的饺子，迎客的面。
前十年看父养子，后十年看子养父。
前三十年睡不醒，后三十年睡不着。
剃头挑子一头热。
活人不能叫尿憋死。
客不食，主不饮。
客走主人安。
说书的嘴，唱戏的腿。
说你长不要笑，说你短不要跳。
说闲话，挨嘴巴。
说话只怕三当面。
捂得住火，捂不住烟。
夏天热死老包，冬天冻死花旦。
贼不打三年自招。
钱是人胆，衣是人脸。
铁匠短了用锤敲，木匠短了卡着腰。
秤杆离不了秤砣，老头儿离不了老婆儿。
笑一笑十年少，愁一愁白了头。
爱好是最好的老师。
胳膊肘儿不能往外拐。
胳膊没有大腿粗。
胳膊拧不过大腿。
饿不死的和尚，旱不死的高粱。
病从口入，祸从口出。
病来如山倒，病去如抽丝。
站着说话不腰疼。
烧的香多，得罪的神多；说的话多，得罪的人多。
酒七茶八。
酒喝头杯，茶饮二盏。
涨水的鱼，退水的虾。
害眼洗脚，强似吃药；害眼剃头，火上加油。
家有万金，不如一技在身。
家有千口，主事一人。
家有千金，不如日进分文。
家事不和外人欺。
家家有本难念的经。
冤有头，债有主。
娘家再好不是家，婆子再好不是妈。
能大能小是条龙，只大不小是条虫。
能吃十顿稀，不忍一顿饥。
能娶大家丫鬟，不娶小家闺秀。
娶了五姑想六姑，吃了萝卜想豆腐。
娶个媳妇卖个儿。
萝卜白菜，各有所爱。
曹操诸葛亮，脾气不一样。
常在河边走，没有不湿鞋的。
眼不见，心不烦。
眼睛向前看，脚印留后边。
脸皮厚，吃个够；脸皮薄，吃不着。
猜贼十个，捉贼一个。
猪拱鸡叨，各有各招。
清官难断家务事儿。
淹死的都是会水的。
婆媳难处，妯娌难搁。
谋事在人，成事在天。
越吃越馋，越歇越懒。
棒打出孝子，娇惯无义郎。

确山老把收，旱涝都不愁。
跑了和尚跑不了庙。
喝酒人谦虚，下棋人骄傲。
喝粥尿多，喝酒话多。
锁住君子，锁不住小人。
善有善报，恶有恶报。
强扭的瓜不甜。
隔山不为远，隔河不为近。
隔行如隔山。
勤是摇钱树，俭是聚宝盆。
路不平有人踩，理不直有人摆。
路是弯的，理是直的。
跟虎进山，跟鸟上天。
跟着好人学好人，跟着师婆子吓假神。
锯响就有末。
躲过初一，躲不过十五。
新三年，旧三年，缝缝补补又三年。
满堂儿女，不如半路夫妻。
嫁个闺女得个儿。
摔死的都是会上树的，淹死的都是会浮水的。
赚钱不赚钱，落个肚儿圆。
箔篱子不如墙，亲嫂子不如娘。
箔篱子不是墙，后娘不是娘。
端人家的碗，服人家管。
漫天要价，就地还钱。
寡妇门前是非多。
撑死胆大的，饿死胆小的。
撑好的痢疾，饿好的伤寒。
聪明过头是傻子。
瞎子拨灯灯不亮，拐子走路路不平。
踢人一脚，防人一拳。
靠山山到，靠水水流。
靠山吃山，靠水吃水。
熟读唐诗三百首，不会写诗也会诌。
熟能生巧。
褒贬是买家，喝彩是闲人。
嘴上没毛儿，办事不牢。
瘸子面前不说短话。
懒汉嘴里明天多。
懒惰百病生。
犟牛损力，犟人损财。

【歇后语】

一个手指头和面——瞎搗搗。
一个在席上，一个在地上——强不了多少。
一百个麻雀做盘菜——净嘴。
一根竹竿搭桥——难过。
一根筷子吃藕——专挑眼子。
八十老头吹喇叭——上气不接下气。
三尺长的梯子——搭不上言（檐）。
三更梆子打两下——差一点。
大闺女坐轿——头一回。
大脚穿小鞋——难为人。
大路上的电杆——靠边站。
上鞋的不拿锥子——真（针）中。
小秃儿抹帽儿——头一名（明）。
小鬼贴告示——鬼话连篇。
小葱拌豆腐——一清（青）二白。
门槛上拴小鸡儿——里外叨食。
飞机上挂茶瓶——高水平（瓶）。
井里的蛤蟆——没见过多大的天。
木匠的斧头——一幂（面）子砍。
木匠带枷——自作自受。
木匠掉斧子——不咋着。
水多面少——活（和）不成。
反贴门神——不对脸。
六个手指头挠痒——多一道子。
孔夫子的徒弟——闲（贤）人。
孔夫子搬家——净输（书）。
打扮闺女陪送杆烟枪——扎的就是坏底子。
打铁的死了不闭眼——欠捶。
正月十五贴门神——晚半月了。
石头上长草——根子硬。
龙王爷搬家——厉害（离海）。
外甥打灯笼——照旧（舅）。
半夜吃柿子——捡软的捏。
对着镜子作揖——自己恭维自己。
扛着竿子过城门——直来直去。
老王卖瓜——自卖自夸。
老水牛掉井里——有劲使不上。
老母猪吃秫秫——顺杆子捋。
老母猪拱刺窝——舍着脸上。
老豆虫爬到脚面上——不咬人疙瘩人。
老灶爷上天——有啥说啥。
老虎拉车——谁敢（赶）？
老婆儿纺花——慢慢上劲。
老鼠拉木锨——大头在后头。
老鼠的耳朵——小皮子。
老鼠钻进风箱里——两头受气。
老鼠钻进书箱里——咬文嚼字。
老臊虎（公羊）打喷嚏——洋（羊）气。
芝麻秆子喂驴——吃不吃让到了。
过河的卒子——横冲直撞。
西瓜掉进油缸里——大滑头。
肉包子打狗——有去无回。
竹篮子打水——一场空。
刘备摔孩子——邀买人心。
羊群里跑个驴——大个。
戏台上的夫妻——假哩。
买个勺子没把子——捏着撇。

买个炮没捻儿——咋想（响）哩。
买个蒸馍揣怀里——自己哄自己。
买个罐子没襻——别提了。
麦秆子吹火——小气。
豆腐掉到灰窝里——吹不哩，打不哩。
秃子头上趴个虱子——明摆着。
秃子跟着月亮走——借光。
床底下放风筝——起不来。
张飞卖秤砣——人硬货也硬。
张天师离了五雷符——没诀掐了。
鸡蛋里挑骨头——没事找事。
鸡罩里拿鱼——没跑儿。
纸糊的窗户——一点就破。
抱着元宝跳井——舍命不舍钱。
茅坑里的石头——又臭又硬。
画匠不给神作揖——知道他是哪坑里泥。
枣胡（核）儿截板儿——没几句（锯）儿。
罗锅腰儿上树——钱（前）缺。
刮大风喃炒面——张不开嘴。
刮大风卖门神——各顾各的摊。
和尚买木梳——没啥用。
和尚念经——老一套。
兔子的尾巴——长不了。
狗头上长角——装洋（羊）。
狗咬刺猬——下不了嘴。
狗咬耗子——多管闲事儿。
狗撵鸭子——呱呱叫。
泥菩萨过河——自身难保。
挂羊头卖狗肉——说一套做一套。
荞麦皮打浆子——板儿都不沾。
茶壶里煮饺子——有嘴儿道（倒）不出来。
南天门上的过木——干板直正。
要饭的不要枣花子——穷跩。
歪嘴子吹火——邪（斜）气。
歪嘴骡子卖个驴价钱——嘴不值钱。
砍一斧子锯一锯——不对茬儿。
砍倒树捉老鸹（乌鸦）——拿稳当的。
哑巴吃饺子——肚里有数。
哑巴吃黄连——有苦说不出。
哑巴妮子进庙里——多磕头少说话。
哑巴娶媳妇——光笑不说。
蚂蚁戴眼镜——面子有点小。
秋后的蚂蚱——蹦跶不了几天。
俩和尚打架——抓不着辫子。
俩跳蚤打架——对蹦。
闺女穿她娘的鞋——老样子。
剃头的扛个铡——干大活哩。
剃头的挑子——一幂（面）子热。
剃头的拿锥子——各师傅各传授。
屎壳郎搬家——滚蛋。
姥姥死了儿子——没救（舅）了。
蚊子挨巴掌——嘴挣的。
铁板上钉钉——硬对硬。
铁路警察——各管一段。
掂着脚脖子号脉——各有各的治法。
黄鼠狼子给鸡拜年——没安好心。
黄鼠狼去了尾巴——皮肉不值钱。
聋子的耳朵——摆设。
唱戏的吹胡子——假生气。
做梦娶媳妇——光想好事。
得法他娘哭半夜——得法（舒服）死了。
猪八戒背把破套子——要人没人要货没货。
猪八戒照镜子——里外不是人。
猫咬尿脬——瞎喜欢。
麻秆打狼——两怕。
婊子立牌坊——假正经。
婊子送客——虚情假意。
骑驴看唱本——走着瞧。
搭起戏台卖豆腐——买卖不大架子大。
棒捶拉弦子——粗而糙（操）之。
程咬金要斧子——头三招。
焦馍卷馓子——自己顾不着自己。
裤裆里放屁——两岔里。
隔着门缝看人——把人看扁了。
隔着窗户吹喇叭——名（鸣）声在外。
碓头掉进磨眼里——实（石）打实（石）。
腰里别扁担——要横。
腿旮旯里插杠子——自己抬自己。
墙上挂狗皮——不像话（画）。
漫野地里烤火——一幂（面）子热。
寡妇死了儿子——没指（子）望了。
鞋里长草——慌（荒）了脚了。
霉烂的花生——没好人（仁）。
瞎子拍皮球——不见起。
瞎子点灯——白费蜡。
瞎猫逮个死老鼠——碰上哩。
嘴角上抹石灰——说白了。
懒婆娘的裹脚——又臭又长。
戴着草帽亲嘴儿——差一帽檐子。
豁牙子喝凉粉——利利凉凉。
癞蛤蟆爬到脚面上——不咬人疙瘩人（烦人）。

（赵心田）

歌　谣

杂唱歌

小白孩

小白孩，坐坑沿儿
洗白手，扎花鞋儿。
扎哩花鞋搁哪嗨儿？
搁板上，
鸡叨跑，狗撵上，
捏住鼻子哭姥娘。
姥娘姥娘你白（别）哭，
我给你买个大白猪。

小白妮

小桃树，耷拉枝，
上面坐个小白妮。
几岁了？八岁了，
烙馍擀汤都会了。

巧妹妹

小鸳鸯，都成对儿，
俺家有个巧妹妹儿。
问多巧，有多巧，
双手用剪都能铰。
先铰狗，后铰鹅，
狗能撵兔子，
白鹅爱下河。

筛罗罗

筛罗罗，打汤汤，
谁来了？大姑娘，
扛哩啥？果子糖，
叫小孩儿吃哩冒一床。

小马娃

小马娃，跑大路，
大路窄，喊大伯，
大伯在家织布袋；
喊婶子，
婶子在家磨粉子；
喊奶奶，
奶奶在家择韭菜；
喊小妮儿，
小妮儿在家杀小鸡儿，
叶叶啦啦杀一堆儿。

老鼠嫁妮儿

吱吱吱，抬花轿，
老鼠嫁妮真热闹。
新媳妇穿个大灰袄，
新女婿戴个红缨帽。
前头喜旗整八对，
后跟响手带火炮。
花轿抬到墙角起，
碰见一个大狸猫，
啊喔啊喔都吃了。

月姥姥

月姥姥，
明晃晃，
开开后门洗衣裳。
洗哩白，浆哩光，
打扮哥哥上学堂。
读诗书，念文章，
旗杆立到咱门儿上，
你看排场不排场！

青石板

青石板，石板青，
青石板上钉银钉，
银钉钉，钉银钉，
数来数去数不清。

天星星

天星星，地灯灯，
灯灯照，驴拉磨，
狗打柴，猫烧锅，
兔子担水拐着脚，
老公鸡和面打烂盆，
老鼠开门笑死人。

月亮走

月亮走，我也走，
我给月亮赶牲口。
一赶赶到九月九，
开开后门摘石榴，
石榴树上卧斑鸠。
斑鸠的鞋谁做哩？
马巧的闺女学做哩！
七根针，八根线，
马巧的闺女好手段。

月亮头

月亮头，快出来，
小布衫子小脚鞋。
你一对，我一对，

咱俩穿上去赶会，
一赶赶到九月九，
开开大门摘石榴，
石榴树上卧斑鸠。
俺问斑鸠做啥饭？
擀面叶子打鸡蛋，
谁烧锅，黑老婆，
谁点灯，洋学生，
谁吹灯，小蜜蜂，
嗡嗡嗡嗡怪好听。

呱嗒板儿

呱嗒板儿，门栓挂，
锅里煮个狼尾巴。
爹吃了，去赶集，
娘在家里抢锅巴。
小孩伸手摸一把，
劈头打个大疙瘩。
小孩小孩你别哭，
你爹给你买个皮老虎。
白天拉着玩，夜里吓老鼠。

泥里头

泥里头，两半子，
里头卧个小燕子。
我去看，才嬎蛋，
我去瞧，才扎毛，
我去撵，噗楞噗楞飞老远。

一二三 到南关

一二三，到南关，
南关一个猜枚的：
叫猜枚，不猜枚，
腰里别个弹花棰；
叫弹花，不弹花，
腰里别个拾粪杈；
叫拾粪，不拾粪，
腰里别个拌料棍；
叫拌料，不拌料，
腰里别个盒子炮；
叫盒子，不盒子，
打死地主的老婆子。

还钱谣

争（欠）你钱，还你钱，
俺家后院二亩蒿草园——
等到蒿子长成树，
锯成板，打成船，
扔到河里沤千年；
船上钉，打成镰，
割枣刺，插路边；
枣刺挂羊毛，
羊毛做成毡，
毡卖了买老牛，
老牛生下小牛犊，
卖了牛犊还你钱。

黑老鸹

黑老鸹，黑沉沉，
俺到姥家住一春。
姥娘看见怪喜欢，
妗子看了瞅两眼。
妗子妗子你别瞅，
豌豆开花俺就走。
走到山上有石头，
走到河里有泥鳅。
大的抓不住，
小的乱出溜。
出溜到锅底闸，
变个烧锅孩儿。
出溜到南场里，
变个卖糖哩。
啥糖？蜂糖，
打点尝尝。
我回家拿芝麻，
俺娘打我一钉耙；
我回家拿蜀黍，
俺娘打我一嘟噜；
回家揿荞麦，
俺娘打我一锅盖；
回家揿豆子，
俺娘打我一扣子。
卖糖的你走吧，
俺娘出来没好话，
高底子鞋、牡丹花，
一下子踢你个仰八叉。

菊花开开

板凳板凳歪歪，
菊花菊花开开，
开几朵？开三朵。
我一朵，你一朵，
留一朵给鹦哥。
鹦哥带上去扫地，
一扫扫到南场里，
南场有个卖糖哩，
“啥糖？”
“白糖。”
给俺一点尝一尝。
尝一点，欠了钱，

急得鹦哥泪涟涟。
俺回家，找俺娘，
俺娘打俺几巴掌。
说俺人小好吃嘴，
还要打断俺的腿。
卖糖哩，你走吧！
俺娘出来没好话，
尖尖鞋，满扎花，
一脚踢你个仰八叉。

树上坐着姊妹仨

小柏树，枝儿发，
树上坐着姊妹仨。
大姐会梳头，
梳个光油油。
二姐会梳头，
梳个望花楼。
三姐不会梳，
梳个燕子窝——
燕子来下蛋，
吓得直叫唤；
燕子来喝水，
吓得直咧嘴；
燕子来吃面条子，
吓得她直喊老婆子！

拨灯棍

拨灯棍，打灯台，
夜里梦见姐姐来；
姐姐爱吃细白面，
套上毛驴磨一遍。
粗箩箩，细箩弹，
磨了一盆细白面。
掂起金盆洗洗手，
掂起银盆和和面，
掂起擀杖一大片，
掂起切刀切成线；
下到锅里滚三滚，
放上葱花打鸡蛋。
妹给姐姐盛一碗，
姐夸妹妹好茶饭。
给妹说个好婆家，
楼瓦雪片有钱花。
还有骡，还有马，
还有轿车走娘家。
妹妹听了心高兴，
脸蛋红的像朵花。

张家娃 会打铁

芝麻叶，呼歇歇，
张家娃，会打铁，
打两钱，给他爹。
他爹买个红缨帽，
他妈买个咯噔鞋，
咯噔咯噔上骡车。
骡车走，他妈扭，
一扭扭到马山口。
马山口，有对鹅，
扑通扑通下南河。

事物歌

小姑娘

小姑娘，会梳头，
一梳梳到麦子熟，
麦子熟了磨成面，
芝麻熟了磨成油，
黄瓜秧子爬满架，
茄子结哩打滴溜。

鹅儿

鹅儿鹅儿大长脖，
疙瘩冠，红眼圈，
两个翅膀在两边，
在哪住？沟里边，
上来一步三拐弯。

小鸭子

小鸭子，一身黄，
扁嘴巴，大脚掌，
尾巴短，脖子长，
一跩一跩下河塘。

葡萄爬上架

葡萄爬上架，
苹果树上挂，
西瓜地上爬，
萝卜藏地下。
池塘里，开荷花，
花儿开了绕莲蓬，
花下藏着藕娃娃。

辣疙瘩

辣疙瘩，地梨子，
俺娘给俺娶媳子，
娶个媳子太小咧，
打门缝里钻跑咧。

萤火虫

萤火虫，挂灯笼，

飞到西，飞到东，
飞到俺庄大路上，
宝宝回家有明灯。

蚂蚱精

蚂蚱精，蚂蚱精，
蚂蚱本是土里生。
小蚂蚱，得了病，
躺在牙床不能动。
蚱蜢慌得请他舅，
豆虫慌得叫表兄，
长虫慌得竖柱子，
花蜘蛛吐丝搭灵棚，
桑皮蚰子吹响器，
癞肚子蛤蟆捧着笙，
花大姐哭得眼圈红，
鸡子和面面盆蹬，
屎壳郎团蛋把馍做，
兔子忙着看坟茔，
看了四十八亩地，
皮鞋扎烂仨窟窿。

十二生肖

小老鼠呀打头来，
牛把那个蹄儿抬。
老虎回头一声吼，
兔儿那个跑得快。
龙和蛇呀尾巴甩，
马羊那个步儿快。
小猴机灵蹦又跳，
鸡唱那个天下白。
狗儿跳呀猪儿叫，
老鼠那个又跟来。
十二动物转圈跑，
请把那个顺序排。

年年七月七

年年七月七，
喜鹊天河飞，
牛郎和织女，
快快来相会。
俺给你送馍，
教俺学做活；
俺给你送汤，
教俺学扎鞋帮；
俺给你送菜，
教俺学剪裁；
俺给你送水，
教俺学纳鞋底；
俺给你送瓜，
教俺学纺花；
俺给你送醋，
教俺学织布；
俺给你送油，
教俺学梳头。

什么走路三尺三

什么走路三尺三？
什么走路把腰弯？
什么走路偏着脸？
什么走路土里钻？
什么弯弯一并排？
什么弯弯往后来？
什么单从当中过？
什么一拉牛脖歪？
犁梢走路三尺三，
犁雁走路把腰弯，
犁面走路偏着脸，
犁铧走路土里钻，
牛角弯弯一并排，
牛梭弯弯往后来，
犁子单从当中过，
撇绳一拉牛脖歪。

什么圆圆圆上天

什么圆圆圆上天？
太阳圆圆圆上天。
什么圆圆水当间？
藕叶圆圆水当间。
什么圆圆大街卖？
烧饼圆圆大街卖。
什么圆圆姐面前？
鞋筐圆圆姐面前。
什么弯弯弯上天？
月亮弯弯弯上天。
什么弯弯水当间？
菱角弯弯水当间。
什么弯弯大街卖？
粽子弯弯大街卖。
什么弯弯姐面前？
梳子弯弯姐面前。
什么一出坐东海？
太阳一出坐东海。
什么一出不吃奶？
小鸡一出不吃奶。
什么一出一片黄？
鹅儿一出一片黄。
什么一出没有娘？
鸭儿一出没有娘。
什么黑黑一小群？

老鸹黑黑一小群。
什么黑黑钻秧林？
田鸡黑黑钻秧林。
什么黑黑三条腿？
鳖子黑黑三条腿。
什么黑黑闹五更？
驾灵黑黑闹五更。
什么上山花丢丢？
长虫上山花丢丢。
什么下山滚绣球？
刺猬下山滚绣球。
什么望人不眨眼？
神仙望人不眨眼。
什么洗脸不梳头？
和尚洗脸不梳头。

十对花

我说一，谁对一，
什么开花在水里？
师父说一俺对一，
莲菜开花在水里。
我说二，谁对二，
什么开花起苔子？
师父说二我对二，
韭菜开花起苔子。
我说三，谁对三，
什么开花叶儿尖？
师父说三我对三，
辣椒开花叶儿尖。
我说四，谁对四，
什么开花一身刺？
师父说四我对四，
黄瓜开花一身刺。
我说五，谁对五，
什么开花过端午？
师父说五我对五，
石榴开花过端午。
我说六，谁对六，
什么开花爬墙头？
师父说六我对六，
梅豆开花爬墙头。
我说七，谁对七，
什么开花把头低？
师父说七我对七，
茄子开花把头低。
我说八，谁对八，
什么开花白花花？
师父说八我对八，
荞麦开花白花花。
我说九，谁对九，
什么开花做好酒？
师父说九我对九，
橘子开花做好酒。
我说十，谁对十，
什么开花铺满地？
师父说十我对十，
十月雪花铺满地。

游戏歌

小孩小孩不出来

小孩小孩不出来，
掂着尾巴撩出来，
（小孩小孩不露头，
掂着尾巴膏点油。）
尾巴掂劈来，
他娘不依来；
尾巴掂掉来，
他娘不要来。

盘姐姐

盘、盘、盘姐姐，
姐姐扎花我锁结，
金脚麻脚，
大脚拿了
小脚伸上……

挑兵挑将

老柳树，
砍大刀，
恁那班里尽俺挑。
挑谁？
挑玉梅。
玉梅没在家，
挑恁姊妹仨。

拍老干

拍拍拍老干，
你的不干我的干，
你的不干发疟子，
我的干了吃角子。

拍手歌

大麦小麦，拍手花开。
你一我一，虫虫脱衣。
你两我两，驴子打掌。
你三我三，金砖银砖。
你四我四，黄瓜茄子。
你五我五，铜锤铁鼓。
你六我六，六把扇子遮日头。

你七我七，七只野鸡。
你八我八，八面开花。
你九我九，菊花做酒。
你十我十，火镰对火石。

老公鸡 叨磨盘

老公鸡，叨磨盘，
有钱没钱都来玩。
菱角刺，扎着脚，
叫俺疼得真难过。
黄鼠狼，卖膏药，
借给俺张先贴着。
有了钱，就给你，
没有钱，就欠着。
红头绳子绿穗子，
不能欠你一辈子。

抓子儿谣

金豆银豆，
磕巴石榴；
石榴打瓦，
一抓一把。

抓子儿歌

一里八，一里仨，
一里对，对一褙，
一月一，小燕飞，
飞河南，飞河西。
两里八，两里仨，
两里对，对两褙，
两月两，酒盅响，
斤对斤，十六两。
三里八，三里仨，
三里对，对三褙，
三月三，拉挂鞭，
狗撵兔子吸大烟。
四里八，四里仨，
四里对，对四褙，
四月四，一根刺，
小丫鬟，来写字。
五里八，五里仨，
五里对，对五褙，
五骨朵，柏叶稠，
稠柏叶，熬桐油。
六里八，六里仨，
六里对，对六褙，
六大娘，簸簸箕，
抬抬手，我过去。
七月八，七里仨，
七里对，对七褙
七大针，七小针，
七个麦芒对手巾。
八里八，八里仨，
八里对，对八褙，
金花花，银花花，
河里小鱼乱喳喳。
九里八，九里仨，
九里对，对九褙，
九月九，上汉口，
拿蒲扇，遮日头。
十里八，十里仨，
十里对，对十褙。
十月十，瞧表侄，
表侄不吃烂扁食。

背把

甲：天上是啥？
乙：星星。
甲：地上是啥？
乙：月饼。
甲：河里是啥？
乙：蚂虾。
甲：一把抓几个？
乙：一把抓十仨。
甲：借给我一个？
乙：掌柜没在家。

打花棍

俺打花棍一月一，
莲蓬开花在水里；
俺打花棍二月二，
黄瓜开花一身刺；
俺打花棍三月三，
老鸹好穿黑布衫；
俺打花棍四月四，
四块金牌四个字；
俺打花棍五月五，
五月端阳煮米粥；
俺打花棍六月六，
六碗丸子六碗肉；
俺打花棍七月七，
七碗羊肉七碗鸡；
俺打花棍八月八，
八月葫芦开了花；
俺打花棍九月九，
九月菊花遍地有；
俺打花棍十月十，
十字路上流金子；
俺打花棍十一月、漫腊月，
丢了花棍俺歇歇。

踢踢歌

踢，踢，踢凳子，
落你身上火星子，
叫你落，你不落，
拿着斧子剁你脚。
踢，踢，踢板凳，
板凳高，磨快刀，
快刀快，切羹菜，
羹菜羹，切辣椒，
辣椒辣，切苦瓜，
苦瓜苦，切豆腐，
豆腐香，煮鸡汤，
煮鸡汤，鸡汤贵，
两个小脚蜷一对。
踢，踢，踢凳脚，
踢到南边水泼子，
水上跑个水拖车。
大奶奶，二奶奶，
都来俺家洗脸来，
大脚站着洗，
小脚跪着洗，
红裙子，一丈一，
花布手巾递给你，
小脚不蜷俺不依。

夸三妮

小三妮儿，
喊我咋？
夸你哩！
夸我哪？
夸你的脸：
你的脸，
是好脸，
拿着官粉擦半碗。
小三妮儿，
喊我咋？
夸你哩！
夸我哪？
夸你的牙：
你的牙，
是好牙，
黑牙根儿白牙茬。
小三妮儿，
喊我咋？
夸你哩！
夸我哪？
夸你的头：
你的头，
是好头，
金子银子往下流。
小三妮儿，
喊我咋？
夸你哩！
夸我哪？
夸你的耳：
你的耳，
是好耳，
金耳环银耳坠。

谁回家

（一）
谁回家，谁吃妈（奶）。
妈不甜，开菜园。
开的菜园不够吃，
爹也叫来娘也唤，
妹子气得不动弹。

（二）
谁回家，吃猪妈。
妈不甜，出来玩。
玩到黑，变个鳖；
玩到明，变个虫。
虫子一曲连，变个小竹竿，
竹竿一叉拉，变个大喇叭。
喇叭一吹，变个粪堆。
粪堆一挪，变个镗锣。
镗锣一敲，变个老包。
老包一唱，变个老胖。
老胖输来我赢来，
我把老胖屁股打红来。

颠倒歌

芝麻秆

（一）
芝麻秆儿，
顶花碗儿，
花碗破，
狗拉磨，
鸡打水，
猫烧锅，
兔子慌哩来和面，
老鼠上去捏窝窝，
扑嗒扑嗒（亻一）（一个），
扑嗒扑嗒（亻一）（一个）。

（二）
芝麻秆儿，
顶花碗儿，
花碗错，

驴拉磨，
狗打水，
猫烧锅，
兔子慌忙拿柴火，
鸡和面来蹬打盆，
吓得老鼠关住门，
老鼠踩着猫的脚，
唉哟唉哟疼死我。

石榴树结樱桃

石榴树，结樱桃，
杨柳树上结辣椒。
吹着鼓打着号，
抬着大车拉着轿。
木头沉了底，
石头水上漂。
小鸡叨个恶老鹰，
老鼠捉个大花猫。
你说好笑不好笑?

反说话

太阳出西还落东，
树梢不动刮怪风，
满天星星下大雨，
夏天结了三尺冰，
花猫蹄子踢死马，
小鸡叨个恶老鹰，
和尚得个月子病，
道士得个产后风，
小老鼠枕着猫腿睡，
青蛙吃着个大长虫，
河里漂着大石磙，
石头高山把船冲。
四个跛子抬着轿，
四个歪嘴捧着笙，
四个瞎子跟着看，
四个聋子跟着听，
轿里坐个新女婿，
小金莲裹得三寸整；
新娘子骑着高头马，
雪白胡须飘前胸。

瞎话精

正月十五黑冬冬，
听俺说段瞎话精。
满天星星下大雨，
树梢不动刮怪风，
石磙刮得尥蹶子，
碾盘刮得贴烧饼。
三间小屋门朝南，
一阵风过去门朝东；
庄南有块三尖子地，
大风过去两头亭；
蚂蚱踢死老叫驴，
老鼠衔个老猫精，
兔子枕着狗腿睡，
鸡娃儿叨只恶老鹰。
这边看——
二十个哑巴唱台戏，
百十个聋子跟着听，
哑巴唱戏干张嘴，
聋子夸着口板清。
四个瘸子抬着轿，
两个豁子吹着笙，
嘀嘀答，答答嘀，
嘀嘀答答吹得红。
轿里坐个新媳妇，
年纪倒有七十冬；
迎亲的新郎正当年，
雪白胡须飘前胸。
老和尚得了月子病，
老道人得了产后风。
我说这话您不信，
日头出西晚落东。
要问我的名和姓，
我南地里说话您北地去听。
人送外号“实话难”，
还有人称“瞎话精”。

瞎胡连

瞎胡连，连瞎胡，
扛住镰刀拿住锄。
镰头落在枣树上，
桑葚落的黑乎乎。
光肚小孩去拣枣，
拣回一包辣萝卜，
开开一看是红薯。
下到锅里是面条，
盛到碗里是糊涂。
张三吃了李四饱，
撑断王五肋巴骨。

顶针歌

小白孩 偷蒜薹

小白孩，偷蒜薹儿；
蒜薹儿辣，偷人家的瓜；
瓜不甜，偷人家的船；
船不走，偷人家的狗；
狗不叫，偷人家的炮；

炮不响，偷人家的骨头搔搔痒。

小麻喳 叨豆芽

小麻喳，叨豆芽；
豆芽一鼓动，
变个小长虫；
长虫一曲连，
变个大竹竿；
竹竿一叉拉，
变个大喇叭；
喇叭一吹，
变个粪堆；
粪堆一挪，
变个镗锣；
镗锣一敲，
变个老包；
老包一唱，
叮叮咣，叮叮咣，
叮咣叮咣——叮叮咣。

小鸡咯嗒

小鸡“咯嗒”，
想吃南瓜；
南瓜留种，
想吃甜饼；
甜饼太甜，
想吃芝麻盐；
芝麻盐太香，
想吃疙瘩汤；
疙瘩汤糊嘴，
想吃狗腿；
狗腿有毛，
想吃红枣；
红枣有核儿，
想吃牛犊；
牛犊叫唤，
叫俺娘来叫俺！

手不溜 怨袄袖

手不溜，怨袄袖；
袄袖长，怨他娘；
他娘怨剪子，
剪子怨铁匠。

小老鸹

小老鸹，就地滚，
打发小孩儿去买粉。
买的粉，不会擦，
打发小孩儿去买麻。
买的麻，不会搓，
打发小孩儿去买锅。
买的锅，不会刷，
打发小孩儿去买瓜。
买的瓜，不会切，
打发小孩儿去买铁。
买的铁，不会打，
打发小孩儿去买马。
买的马，不会骑，
打发小孩儿去买席。
买的席，不会铺，
这头爬到那头哭。

小鸡嘎嘎

小鸡嘎嘎，要吃黄瓜。
黄瓜流水，要吃鸡腿。
鸡腿有毛，要吃樱桃。
樱桃有核，要吃牛犊。
牛犊撒欢，撒到天边。
天边打雷，打你十捶。
十捶告状，告给和尚。
和尚念经，念给先生。
先生算卦，算给蛤蟆。
蛤蟆凫水，碰着老鬼。
老鬼推车，推给他爹。
他爹扬场，扬给他娘。
他娘点灯，一点一嘭呀。

好怕歌

那个太阳也怪好，
就怕云彩遮住了；
那朵云彩也怪好，
就怕大风吹散了；
那股大风也怪好，
就怕墙头堵住了；
那堵墙头也怪好，
就怕老鼠掏空了；
那个老鼠也怪好，
就怕黄猫逮住了；
那只黄猫也怪好，
就怕黑狗咬死了；
那条黑狗也怪好，
就怕麻绳勒死了；
那根麻绳也怪好，
就怕小刀割断了；
那把小刀也怪好，
就怕烈火烧红了；
那堆烈火也怪好，
就怕冷水泼灭了；
那盆冷水也怪好，
就怕太阳晒干了；

那个太阳也怪好，
就怕云彩遮住了。
（周而复始）

风来了

这场大风也怪好，
就怕墙头堵住了。
这个墙头也怪好，
就怕老鼠打透了。
这个老鼠也怪好，
就怕狸猫逮着了。
这个狸猫也怪好，
就怕小绳拴住了。
这个小绳也怪好，
就怕小镰割断了。
这个小镰也怪好，
就怕木炭烧坏了。
这个木炭也怪好，
就怕凉水泼灭了。
这个凉水也怪好，
就怕太阳晒干了。
这个太阳也怪好，
就怕云彩遮住了。
这人云彩也怪好，
就怕大风吹散了。

纺棉花

纺、纺、纺棉花，
纺的棉花弄哪啦？
卖啦；
卖的钱哩？
买肉啦；
肉哩？
猫吃啦；
猫哩？
上树啦；
树哩？
倒坑里啦；
坑哩？
牛犊喝干啦；
牛犊哩？
撅着尾巴上天啦。

棠梨树

棠梨树，棠梨香，
棠梨树上盖瓦房。
三间瓦房没盖起，
婆婆姥姥来送礼：
十二个猪，
十二个羊，
十二个丫头排成行。
头里抬哩花花轿，
后头抬哩顶子床。
顶子床上一碗油，
姊妹三个来梳头。
大姐梳里盘龙盖，
二姐梳里大花楼，
撇个小三不会梳，
一梳梳个燕子窝——
燕子来下蛋，
吓得圆圈转；
燕子来喝茶，
吓得露白牙；
燕子来嚼水，
吓得捂着嘴。

板凳摞摞

板凳板凳摞摞，
里面坐个大哥。
大哥出来买菜，
里面坐个奶奶。
奶奶出来烧香，
里面坐个姑娘——
上穿红，下穿绿，
三寸金莲撑着体，
哭哭啼啼朝前去。
为啥哩？
原来是给他老公公穿孝哩。

（赵心田）

神话

【盘古兄妹开天地】 相传盘古兄妹是混沌以前的人。那时候天底下人口密集，人们做事都是瞒心昧已，见利忘义，几乎没有正直、诚实的人。由于人心不正，造下大孽。玉皇大帝得知后，发了大怒，决心治理一下，来次天塌地陷，发次洪水，彻底把这个无道的人间冲洗一番。可玉皇大帝有好生之德，转思天地毁灭之后，大地上无人主宰万物，遂派太白金星带领天兵天将来到人间，查访世上最好的人，保留一至两个，繁衍后代。

访来访去，终于在泌阳县山脚下发现住着盘古兄妹二人。他们父母早丧，兄妹相依为命，心性慈善，毫无恶意，整日以上山打柴为生。禀报玉帝后，玉帝又派太白金星下凡考验盘古兄妹。

盘古兄妹上山打柴，每次来往都要路过一庙院门前。这个庙院门前有一尊石狮子，兄妹二人非常喜爱，每次看到总是要摸摸头，摸摸身子，摸摸尾巴。一天，兄妹二人正在石狮子跟前休息，忽然从庙院里走出一位须发如银的道人，穿着褴褛，手扶拐杖，来到兄妹面前恳求道："我们庙院没有吃的了，我已饿了整整十八天，求求你们每天给我拿两个馍。如果我不在家，你们把馍放在石狮子的嘴里，我吃的时候自己去取，以免误了你们上山打柴，你们看行吗？"兄妹二人亲眼看到年迈的道人面黄肌瘦，饿得浑身发抖，一个人扑在庙院里，无依无靠，很可怜他，就点头同意了。从此，兄妹采野果、挖野菜充饥，省下的两个馍按时放进石狮子的嘴里。过了一段时间，老道人又给盘古兄妹说："你们兄妹是善良人。由于世上人心不正，造下大孽，玉皇大帝要降罪人间，很快就要天塌地陷。你们看到石狮子眼睛发红时，要到石狮子嘴里避难，千万要记牢。"说后道人飘然而去，转眼就无影无踪了。

一天，红云滚滚，狂风怒吼，云堆雾卷，雷电交加，天色红得可怕，兄妹二人上山拾柴，路过庙院门前，忽然发现石狮子神色不如往日那样安详。它眼冒金星，满身是汗，面带焦急的样子，很快眼睛就变红了。盘古兄妹看到后，慌慌张张跑回去，喊村上的人们到石狮子嘴里避难，村上的人们都说他们是胡扯八道。盘古兄妹无奈离开村庄，跑到石狮子跟前，一起跳进石狮子的嘴里。这时，石狮子腾空而起，忽上忽下，摇摆不停，像只船一样飘荡而去。

兄妹二人从石狮子嘴里向外瞭望，只见云端突然爆炸，洪水如注，整个大地被水淹没，天地间霎时浑水一潭，景象十分凄惨，一场可怕的灾难降到了人间。接着"轰"的一声巨响，山崩了，地陷了，天塌了，日月失去光明，空间被黑暗吞没，整个天地人间销声匿迹了。

他们转身往里边走去，抬头一看，有处院子，屋里有两堆馍。他们一数，每堆都是九九八十一个，原来放在石狮子嘴里的馍，道人一个也没吃，原样没动地放在那里。盘古兄妹在石狮子肚里度过了九九八十一天，石狮子对他们说："我现在告诉你们，我是玉皇大帝的坐骑玉麒麟，因我喝醉了酒，误了玉皇大帝参加王母娘娘的蟠桃会，他罚我到人间戴罪立功。当时玉帝对凡间的人十分恼怒，决定将人间绝迹，大地沉没，重建乾坤。经太白金星查访，天底下只你兄妹二人可传宗接代。于是，我来拯救你们。现在你们已经炼成腾云的本领，可以用自己的智慧创造出新的天和地。你们赶快出去，我向玉帝请罪去了。"

他们爬出石狮子的嘴，抬头望了望四周，到处空荡荡的，世间什么都没有了，只有自己脚踩的一朵祥云。妹妹伤心地说："这该怎么办呢？"盘古说："听说玉皇大帝以前有十层天呢，走，我们去要一层天吧。"说罢兄妹二人腾空向玉帝住的地方飞去。飞呀！飞呀！飞了七七四十九天，才到玉帝住的"云堆宫"（用云彩堆起的宫殿）。兄妹见到玉帝，把来意说了一遍，玉帝想了半天，终于答应道："天可以给你们一层。"接着便把神案上的蓝手帕扔给盘古说："你们到太空的时候，把这条手帕抛出去，便会变成蓝天的。"兄妹接住手帕，深施一礼，急忙向宫外走去。到了宫外，妹妹说："哥哥，这光有个天，没有地怎么办，咱再去要个地吧。"盘古愣住了，"是呀！可是天宫里不允许给人们第二件东西的，这该怎么办呢？"

二人正在发愁之时，说的话全被石狮子听见了："不要紧，我有个办法，但不知你们有没有胆量？"盘古急忙答道："只要能找到大地，我们什么都不怕！"石狮子说："那就对了。玉帝睡觉的地方有个'龙眼宫'，上面有镇宫的圆球，名叫'如意球'，能大能小。你们把它扔出去，说声'大'，它就会变成大地，但再也不会小了。那里有神将看守，我给你们一个兽王牌，到危急的时候，把它拿出来就没事了。"说罢就走了。

盘古叫妹妹在"龙眼宫"外面等着，自己腾云向上面飞去，刚到"龙眼宫"门前，忽然看见好像有两个灯笼在发光，仔细一看，是一条巨大的蟒蛇，头如磨盘，直向盘古扑来，盘古吓得出了一身冷汗，他忽然想起石狮子给他的兽王牌，忙从腰中取出，高举了起来。巨蟒一见兽王牌，忙伏在宫前不动了。盘古从巨蟒身边过去，来到"龙眼宫"一住脚，就看见宫顶上的"如意球"闪闪发光，他赶紧把它摘下来，装在衣袋里，高高兴兴往回走。盘古又到了"龙眼宫"门前，一只吊睛猛虎突然向盘古扑来，盘古赶紧举起兽王牌，猛虎就趴在一边不动了，他趁机飞出"龙眼宫"。

盘古见了妹妹说："快走，玉帝知道了，咱们就没有活命啦。"他带着妹妹向天空飞去。飞到太空，盘古把手帕向上一掷，头顶上果然出现了蔚蓝的天。只因手帕缺了角，所以天的东北角有个黑洞。他们接着又往下飞，到了离天很远的地方，盘古把"如意球"往下一扔．说了声"大"，脚下真的出现了大地。有了天和地，盘占兄妹十分高兴。忽然听到空中有人说："盘古，念你们创造天地心切，偷走了我的'如意球'，不治罪与你。"盘古抬头一看，原来是玉帝和太白金星站在云端；他赶紧跪下说："谢玉帝宽容！不过，整个大地光秃秃的，你能再给点树木花草、五谷杂粮、飞禽走兽好吗？"

玉帝听后生气地说："你们向我要了天，又偷走我的'如意球'造了地，你们还能再向我要东西吗？"遂命天将："你们去把盘古兄妹脚上的祥云取回，免得他们再上天宫闹事。"

太白金星插言道："玉帝，摘掉他们脚上的祥云是对的。但是，念起他们兄妹才创好天和地，地上光秃秃的，你就按照他们的要求给他们些吧！如果地上有了人，他们是会感谢你的！"

玉帝见老臣出面讲情，而且言之有理，实在不好拒绝，便拿出一彩色纸轻轻向大地一撒，顷刻间，太阳悬挂高空，山脉、河流层次分明，山上树木遮天盖地，平地上禾苗郁郁葱葱，到处是鸟语花香。原来混浊的大地，现在变得洁净明朗，焕然一新。不过天的东北角还有一个黑洞没有长严，盘古在河里捞了一块冰，扔往天的东北角，虽然堵住了那个黑洞，但一刮东北风人们就感到很冷，为这盘古至今还在后悔呢！

【嵖岈大仙造山】 古时候，人世间有过一个洪荒时代。暴雨成年累月地下着，天下一片汪洋，百姓年年遭洪祸，简直无法活下去。主管万物的玉皇大帝不管民间百姓死活，只顾在天宫大吃大喝，尽情享乐。

众神仙中，有一个叫嵖岈的大仙，是一个爱民如子的神仙。他看到凡间洪水泛滥成灾，就在宴会上向玉帝说要到凡间治水，拯救黎民百姓。谁知玉帝听不进去，恨恨地说："凡间水祸，乃天庭奇观，再敢言治水者斩！"

此时，诸神仙个个喝得大醉，听到玉帝号令，昏昏迷迷地答道："遵命！"

嵖岈大仙遭到玉帝的一顿怪罪，心似火烧，就离开筵席。太白金星见了，上前拦住大仙："贤弟息怒，主上醉酒心迷，不理凡事，等酒醒之后，咱共同上谏如何？莫走，莫走！不然你可吃罪不起啊！"

"贤弟我不忍心凡间百姓连年遭水灾，死去活来！"嵖岈大仙甩开太白金星老人的阻拦，驾起祥云，经过瑶池，来到一堆奇形怪状的巨石旁边，仔细一看，噫！只见一片凄惨景象：天上降着雨，地上是积水，房屋倒塌。偶然间看见一些百姓，携儿带女，嚎声震天。嵖岈大仙要到人间治理洪水，但又忽然想起玉帝的禁令，不由地打了一个冷战……

正在这时，凡间又传来了百姓的哭声。他再也忍受不住了，施展出搬山倒海的神力，呼风唤雨的本领，把王母娘娘假山上的巨石一块一块地往水乡大泽中填。哪里水大他就往哪里填石头。石头扔到哪里，哪里的水就退了下去，露出了一片平原。最后，他看见还有一片洼地，积水似海深，就把剩下的假山石块一块不留地扔了下去。只见那石头从天而降，如同燃烧的火炭，明光耀眼地落了下来，堆积在一起，大水"呼啦"被挤进了大海。人间水祸消除了。

嵖岈大仙整整干了七七四十九天。世上已是几千年了。他离开王母娘娘的御花园，来到南天门，正要在一座石墩上歇息，一群兵"呼啦"围了上来，原来是嵖岈大仙搬掉假山违抗禁令，玉帝传旨拿他治罪。他望望众神将，回头又看那座山，大笑三声，晕厥过去……

后来，玉帝派太白金星下凡私访查看，知道自己做了错事，为褒奖嵖岈大仙，就把大石头堆成的山封为嵖岈山，并托梦人间帝王，专给此山赐予"嵖岈"二字。所以，后来的字典上专为"嵖岈"立了条目。

【兄妹滚磨成亲】 泌阳县东南约二十五里处有个小集镇名字叫"大磨街"，大磨有多大？在民间流传着一首歌谣："大磨，大磨，百人没把握，磨齿数不清，磨眼摸不着，能搭两台戏，中间把车过。人称无价宝，盘古青石磨。"其实这块磨和一般磨大小差不多，因为它是盘古爷与盘古奶滚磨成亲留下的唯一纪念品，所以名气就大了。

混沌初开，乾坤始奠，天底下只留下盘古与其妹妹二人，天王玉帝想让他们兄妹成亲，繁衍善良的人，传宗接代，主宰世间万物，便派天上石狮子下凡说合。

一天晚上，兄妹二人在草棚前乘凉，从天上的东南方向徐徐飘来一朵白云，只见金光闪闪，越来越近，渐渐看清上面站着一位身穿长袍、头戴红缨帽的大将，兄妹吓得战战兢兢，忙跪倒在地下不敢抬头。惊恐之间，听来人说："我乃石狮也，被玉皇大帝召回后，在天庭诉说你兄妹之事，玉帝非常高兴，命我再次下凡，帮你兄妹成婚，繁衍后代，重创人类，主宰世上万物。"

盘古生气地说："让我们兄妹成亲，断难从命。"

石狮子说："盘古呀！天地之大万物之多，没有不死之树，绝没有不朽之花，没有长生不老的人，更无不败之家，万物都得生生死死，新陈代谢。天地之间只有你兄妹二人，孤阴外不生，孤阳外不长，阴阳相配合，子孙才满堂。我看你兄妹成亲吧！不然的话，人类就得断绝。再说你兄妹到老年，亦需要有人扶持呀。"

盘古妹听罢，勃然大怒："兄妹本是同根生，同胞成亲理不通，宁愿世间人断绝，想使成婚万难从。"

"世上大理有经传，认定死理有缺陷，为人若无长打算，落得老年后悔难。"

盘古认为石狮子说的似有道理，便说："石狮子相劝是良言，打破常规得重传，生下儿女膝下站，到老孝敬靠儿男。"

"兄妹结婚世间丑，何必苦苦劝不休，哥哥同意我不愿，何必惹我皱眉头。"妹妹表示反对。

"我奉玉帝敕旨来说合，此事天意难违，违者不祥。"说罢，石狮子上天宫回复去了。

第二天一早，狮神手托两扇青石磨，到盘古山顶按落云头说："玉帝命把石盘交给你们，兄妹二人各一扇，你们分别站在东西两山顶听我招呼一齐放手，把石磨滚往山下。两扇磨盘若合在一起，你们就成亲，若合不在一起，任由你们。"盘古兄妹心中想，两扇磨盘相距这么远，滚下去各自要经很多沟坎，想使两扇磨合在一起，没有那么巧的事，都勉强同意了。

中午，盘古兄妹各托一扇磨，分别站在东西两山头，石狮子在山下高声喊道："放！"盘古兄妹一齐放手，两扇磨顺着山沟向前滚，一直滚到盘古山东北角的小河边，两扇磨稳稳当当地合在一起了。妹妹羞惭地低下头，气愤地说："你们利用神的法术，欺骗我们兄妹二人，还配得上当神仙吗？"说罢一脚把一扇磨踢往十万八千里的西方去了。在磨盘落下的地方起了一座大山，盘古妹也跟着石磨到西大山居住去了。石狮子一见大怒："你等小辈，竟敢藐视神仙，来，来，来！与我见玉帝去！"盘古吓破了胆，忙跪下哀求道："仙人饶了妹妹吧，我一定想出办法让世上永远有人生活，请狮神回禀玉帝放心。"石狮子想了一会，才愤愤地回天宫去了。

再说盘古山东北角小岸上的一扇青石磨，时间长了，人们都知道是盘古兄妹滚磨成亲留下的纪念品，所以，南来北往的人们都要来此看看这扇磨。由于来观看的人愈来愈多，这里慢慢设了茶摊和饭铺，时间一长变成了一个小集镇，这就是大磨街的来历。

【姊妹成婚】 很久以前，天上有十个日头，晒得人没法活。后来有个叫羿的人，力气特别大，箭射的准，把十个日头射落九个，人的日子好过了。

有一天，玉帝不住地唉声叹气。王母问他有啥心事，玉帝说："唉，你看凡人越来越能了，我的十盏天灯，被他们灭了九盏，说不定哪天他们会把箭射到我的灵霄殿里来。"王母说："你不用担心，凡人五百年遭一次劫难，我替你到凡间去查看查看吧。"

王母来到人间，变成个讨饭的婆婆，要试试凡人的善恶，看看玉帝是不是自寻烦恼。她讨到东家东家骂，讨到西家西家嫌，上屋里老头儿拿棍赶她，下屋里小孩儿使狗咬她。她叹了一口气说：“凡间是没好人，真的要遭劫难啦！”

她走到海边儿，遇到两个没有父母的兄妹，哥哥叫伏羲，妹妹叫女娲。伏羲见讨饭的婆婆可怜，要留她做自己的干娘；女娲见讨饭的婆婆可怜，拿来米饭和鲜鱼叫她吃。她又叹了一口气说：“凡间还是有好人的，人应该遭劫难，但不应该绝种。”然后告诉兄妹俩：“天要降灾了，你俩快把柴米准备足，躲在船上莫下来。天灾来的时候，你们只能救畜生，不能救人，记住。”

嘱咐完了，她就离开了伏羲和女娲，来到困龙山。困龙山山洞里睡了一条黑龙，它一觉睡五百年，一醒就要闯大祸。王母叫醒了它，让它快去收尽世上的人。黑龙一下子冲出洞来，驾起乌云，来到天河里洗个澡，一尾巴把天河打开个口子，又回到山洞里睡觉去了。伏羲和女娲刚装完一船柴米，大雨就连下了七七四十九天，遍地都是洪水。兄妹俩在船上见有个人漂到了船边，怪可怜，就不顾王母的嘱咐，把他救上船来。后来又救了一只乌龟和一条狗。船漂到困龙山脚下，兄妹俩叫救出的那个人守船，他俩拿着鱼叉，带着乌龟和狗，上山去找安身的地方。那个守船的人是个没良心的家伙，等伏羲和女娲上了山，就偷偷把船划走了。兄妹俩找到个大山洞，想着是个安身的好地方，就打算下去把柴米搬进洞里。狗的鼻子灵，闻到洞里有股怪味，就低声对兄妹俩说：“进去除妖怪吧！不杀它，莫说住山洞，就连命也保不住。”兄妹俩进了山洞，见一条龙睡得熟熟的，两把鱼叉一齐朝他扎去。黑龙受了伤，忍着疼冲出山洞，向东南方滚去。黑龙滚过的地方成了一条弯弯曲曲的泥水河，这条河就是黄河。黑龙滚到海里就死了。黑龙一死，王母说的“凡人五百年遭一次劫难”的话以后就不灵了。

兄妹俩下山来搬柴米，哪晓得船不见了。他俩带着乌龟和狗进了山洞，靠上山打猎，下河叉鱼过日子。衣服破的不能穿了热天用树叶遮丑，冷天用兽皮挡寒。

一天，伏羲对女娲说：“世上没有别的人，人会绝种的。咱俩成亲吧。”女娲说：“我是妹来你是兄，兄妹同胞一母生。哪怕世上会绝种，兄妹不可把亲成。”兄妹俩说不到一块儿，就叫狗来评理。狗说：“两朵花开分雌雄，一条根子一条藤。想要开花能结果，兄妹应该把亲成。”女娲不服，对伏羲说：“我跑你撵，你能抓住我，我就跟你成亲。”女娲在前面跑，伏羲在后面追，从日头出来跑到日头偏西，还没追上。乌龟对伏羲说：“她跑你也跑，从少追到老。她跑你不跑，一把抓住了。”伏羲听了乌龟的话不追了，躲在山石后面，等女娲跑近身边时，猛地蹿出来，一把抓住了女娲，兄妹俩这才成了亲。现在很多地方称夫妻还叫兄妹俩哩。女娲恨死了乌龟，骂乌龟：“不要脸的东西，以后不准你出头露脸。多嘴的东西，以后不准你说话。”从这儿起，乌龟总是把头缩进壳里，变成了哑巴。

女娲的气还没有消，在乌龟撒了一泡尿，踏上一脚，又把它踢到河里去。乌龟的壳从那时起有了裂纹，身上也带有尿臊气了。

【盘古造人】 古时候，天底下只有盘古爷、盘古奶兄妹二人。玉帝派了天神下凡，让他们滚磨成亲，结为夫妻。

他们住在盘古山顶，日子过得很美满。可是，天地之大，无人耕种，夫妻很着急。一天，盘古奶腹中疼痛，看样要临产，盘古爷喜欢，采了山果给盘古奶吃。等产下一看，是个肉疙瘩。盘古爷一气之下把它背到北山坡下挖窖儿埋了。一晃又一年，盘古奶又要生了，夫妻又喜又怕。俗话说“怕处有鬼”，盘古奶偏又生了一个肉疙瘩。她想，不该当初，近亲生怪胎。气得一个人跑到西大山去了。盘古爷也生气，就拿砍柴刀把肉疙瘩划破。这一划破不要紧，一窝儿白胖小女孩，活蹦乱跳出来了。不多一会儿，一群小妮都会说话了，上前拉胳膊扯腿，围着盘古爷喊爹叫娘。盘古一点数，有整没零的一百个。盘古好奇，称称都是十斤，心中一合计，说：“是千斤。”演变后世，人们都叫女孩为“千金（斤）小姐”。

盘古爷后悔第一个肉疙瘩不该埋掉，就到山坡下把它挖出来，划开一看，是一群娃儿，盘古一数也是一百个，盘古爷欢天喜地地说：“百灵相助吧！”从此在这里盖了个百神庙。这一百对男女孩子很快长大了，勤快要活干，盘古爷把他们分成一百对，教他们干活，有看杨树林的；有看桃树林的；有看石头的；有看菜的；也有管河、管湖的。谁看管啥，就叫谁啥姓名，由此产生了“百家姓”。打那以后，天底下就有了人烟。

【女娲造人】 盘古开了天地，就累死了。世上空荡荡的，任啥儿也没有。这时候，神农造了花草树木，伏羲造了飞禽走兽，天底下就热闹开了。飞禽说它是王，走兽说它是王；花草说它为大，树木说它为大。鸟、兽、草、木争吵得不可开交，女娲走过来说：“你们都别争了，我造些人，让人做主吧！”

用啥造人哩？女娲想了想，挖点子黄胶泥，揉揉捏捏，一共捏了三百六十个泥人。捏好，就放日头地儿里晒，只要晒七七四十九天，泥人就活了。谁知道晒到四十八天头上，飞来一只鸟，看见泥人的两腿当间多了点东西，当成是虫哩，就一个一个叼吃了。正叼着哩，叫女娲看见了，赶紧把鸟撵跑了。女娲数了数，有一半泥人，两腿当间没那点东西了。女娲正发愁哩，天上来个天神对她说：“那只鸟是老天爷派来的凤凰，是叫它把那一半人的东西叼掉的。没叼掉东西的是男人，叼掉东西的是女人，日后好生孩子，传宗接代。”女娲听了怪高兴，也没说别啥。

第二天，四十九天到了，泥人都活了。女娲对人说：“你们的名字就叫人，是世上万物的主人。叫凤凰叼过的是女人，没叫凤凰叼过的是男人，男女可以阴阳相配，生儿育女。你们都去各找各的活路去吧！”

打这儿起，世上才算有了人。人是黄胶泥捏的，一点儿也不假。不信，你啥时候搓搓身上，总是有泥灰。

【伏羲奏本去人角】 人祖庙里敬的人祖爷伏羲，头上长着两只角。人祖爷长角，他的后辈咋不长角呢？这有个考究。

原先所有的人跟人祖爷一样，头上都长有两只角，年轻时候角很软，一老角就变硬了。那时候，人经常用手掐自己的角。为啥？因为头上的角只要掐不动了，不出三年非死不中，效验得很。只要掐自己的角掐不动了，就没心干活儿了，有的哭，有的东游西逛，啥事也不管，就等着死哩。

这时人祖爷已经上天成神了，他看这样下去不行：人还没到死的时候就先知道了，啥活儿也不干，地也荒了，东西也费了，还净叫家里人陪着伤心。这事得叫老天爷想个办法治治。他给老天爷奏了一本，老天爷就传一道圣旨，把人的角都去掉了。从那时起，人就不再长角了。人没有角掐，就不知道自己啥时候死了，也就安下心好好过日子了。

现在，谁干啥事，实在没办法的时候，常说"没角掐了"，就是用人去掉角不知道啥时候死去，来比喻无可奈何。

【孙悟空骗牛下人间】 传说，原先人间并没有耕地的牛，牛是后来孙悟空从天上骗下来的。

孙悟空大闹天宫，玉帝对他没办法，就让他做了弼马温。才三天两晌，老孙就厌烦起来。没活儿干，就天天去串门儿。

有一天，他去拜访弼牛温，刚进门就问："老兄，那边哪些圆蹄子的家伙是啥呀？"弼牛温说："那是我的部下——牛。"牛在天宫时蹄子还是圆的，老孙哪里见过，忙问他们有啥能耐。

弼牛温说："力气大着哩，每天都给玉帝耕御田呢！"

孙悟空就想人间种地还是肩扛手拉，何不为人间做一件好事呢？他就问弼牛温有没有牛愿意下去帮人种田。

弼牛温说："它们想下去，就是不知下面是什么样子。它们既能吃又能喝，怕下去屈了嘴。"

孙悟空说："人间是鸟语花香，吃的喝的都好；吃的是甘草，喝的是糖水。"

"下面的活儿累不累？"

"脖子驮个小木棍走走转转，累不着。"

弼牛温跟牛一说，牛听到下面这么好，就跟着孙悟空下了人间。

老孙先带它们来到花果山，要它们看看人间怎么样？花果山还能不好吗？牛很满意，只是石头多，牛的圆蹄子走不稳，光打滑。孙悟空想了个办法："这好办！不过你们得受点苦，把你们的蹄子用快刀割几瓣，走路就牢稳了。"

牛想受点苦怕啥，就让孙悟空用快刀割。以后，牛蹄子就变成几瓣的啦。

孙悟空又领它们到山下的村子里，告诉它们到了家了。

干了七七四十九天，牛才知道上了当。吃的不是甘草而是麦秸、稻草，要嚼半天才能咽；喝的也不是糖水，而是池塘里的水。每天牛梭头套在脖子里拉车、犁地、拉磨，累得腰酸腿疼。

牛这才知道上当受骗了，可又没办法。人家说得对呀，只怨自己没细想，何况他是孙大圣，玉帝也畏惧三分，惹得起吗？回天宫吧，可自己沾了凡气割了蹄，也回不去了。

从此，牛就留在了人间。

【盗五谷】 在很久很久以前，人都不种庄稼，靠天上下米下面过生活。米面来得容易，谁也不爱惜，有的女人把面炕成锅盔，给小孩子垫屁股。玉皇大帝知道了，一恼之下，停了下米下面，让人们种五谷。

那时候，五谷满身都是穗，种到地里不用锄地，只要用石片在地头一敲说："草死苗长"，草就死了，粮食年年收成好，吃不完，用不尽。人哩？又慢慢懒起来了。天热的时候，就用绳子把石片吊在树上，人就睡在树底下，等小虫碰着石片一响，人就睡在那儿说："草死苗长"，草就死了。这事又被玉皇大帝知道啦，又一恼，派水神下大雨，把世上的五谷全淹死了。

洪水过去了，五谷淹死了，也没种子了。人没粮食吃啦，就下水捞鱼鳖虾蟹吃。可这也不是长法呀！咋办哩？有人说，西天老佛爷手心里还有五样种子：麦子、稻子、谷子、蜀黍、黄豆。这是玉皇大帝叫他看管着哩，就是不让凡人种。这又咋办哩？还是人能，大家一合计，派五个苍蝇"嗡嗡嗡、嗡嗡嗡"，落到老佛爷的眼皮上，老佛爷抬手去撵苍蝇，这五样种子一下子落到地上，五个小虫叼着五样种子跑了。老佛爷派天兵天将去撵，眼看快撵上啦，小虫嘴一松，这五样种子掉在了地上，五个蚂蚁衔起来钻进蚂蚁窝里，天兵天将再也找不着了。过了几天，这五样种子发芽啦，成苗啦，开花啦，结果啦。收下来也不敢再吃啦，第二年又都种到地里。没过几年，普天下又有了五谷杂粮，粮食又越来越多了。真是一饱忘百饥，又把没粮食的时候忘啦，拿着粮饭乱扔。这事又被玉皇大帝知道了，又派风神下凡刮了一场大风，把五谷全都收取了。这时候老黄狗哀求风神说："上神息怒，我是最爱惜粮食哩，扔掉的饭馍都是让我吃完的，您开开恩给我留点吃的吧！"风神发了慈悲，五谷出了黄豆、小麦、稻子、谷子、蜀黍都只留上面一个穗。风神去摘豆角哩，豆角尖尖扎着了他的手，他没敢再摘，才给黄豆留下了满身豆角。

后来，人们感谢盗五谷保五谷有功的黄狗，给它吃熟食，小虫叫它在穗上吃，蚂蚁在地下吃，苍蝇照天闻香气。

（赵心田）

传　说

地方传说

【西平老王坡】 传说有一年大旱，地上的庄稼都快死了，百姓们焦急得很，整天烧香祷告，巴望老天能下场透雨。玉皇大帝知道了，就传旨让九条龙一起去行雨。九条龙都按照旨意到各自所管的地方行雨。小青龙不知天规厉害，胡乱行雨，有的地方下淹了，有的地方没下雨，玉帝知道后很恼火，就召回小青龙要处以死刑。天兵天将都出来讲情，才免于一死。玉帝传旨，把小青龙贬到九女山（位于西平县酒店乡）受罪三年。

小青龙被贬下界那天，正起大雾，离九女山有百十里地就落下来了，正好落在大王庄村东头。村上的人见从天上落下来一条龙，都来看稀罕。有人说龙肉吃了可长生不老，胆大的就拿刀割龙肉回家煮着吃。后来全村的人都抢着割，硬是把一条龙抢光了。土地爷得知此事后慌忙报给玉帝。玉帝一听大怒，当即让水母娘娘带上五湖四海的水，把大王庄一带的百姓全淹死。水母娘娘正要接旨，太白金星出班奏道："玉帝息怒，土地所奏之事实是令人气愤。可依我看来，大王庄上的人并不是都吃龙肉了，如若没吃也要受到惩罚，岂不滥杀无辜。不如派人到下界查访问实，如真如土地所说，再淹不迟。"玉帝感到太白金星说得有理，就命他到下界查访。

太白金星化装成一个要饭的老头，来到大王庄，挨门查访。全村访完了，就村西北角上住的一家没吃龙肉。这家母女二人，母亲姓王，人称老王婆，一辈子吃斋念佛好行善；闺女叫金莲，不光人长得漂亮，对母亲又特别孝顺。太白金星在吃晚饭的时候来到老王婆家，对老王婆说："天晚了，我想在你家借住一夜，不知道中不中？"老王婆满口答应，先把太白金星让到屋里吃饭，又让闺女去收拾床铺。太白金星吃罢饭，对老王婆说："我是天上的太白真人，奉玉帝圣旨到下界查访小青龙的事情，我已打听清楚，就你一家没吃龙肉。我走后三天这里要发大水，那是玉帝惩罚这一方百姓。你母女二人要赶快准备。不过这事千万不能让外人知道了。"说完化一道清风不见了。

老王婆眼睁睁看着太白金星不见了，可犯起了愁，不能眼看着让这一方百姓淹死，要是都淹死了，就自己逃出去，将来咋有脸见人。想来想去就没有按太白金星说的做。第二天就把这件事给全村人讲了。村上的人听了，都半信半疑，可也都准备起来了。打船的打船，摽筏的摽筏。

太白金星回到天庭，把所查到的向玉皇大帝奏明后，玉帝传旨，命水母娘娘即刻起身，水淹大王庄。

水母娘娘担着两个罐子就下来了，这两个罐子可不是一般的罐子，一个是五湖，一个是四海。张果老听说玉帝命水母娘娘提五湖四海水去淹大王庄，有意拯救这方百姓，就在水母娘娘走到大王庄地界时赶上水母娘娘说："我的驴渴了，能不能用你罐里的水饮饮驴？"水母娘娘说那咋不中哩。就把担子放下让驴喝水，二仙拉起闲话来。正说间，水母娘娘一扭身看见两个罐里的水快让驴喝完了，吃惊不小，慌忙用脚把罐子踢倒了。就剩下个罐根，"哗"地一下倒下来，大王庄方圆四十五里成了一片汪洋。幸好老百姓有的坐船，有的坐筏，撑到没水的地方，一个人也没淹死。

待大水下去后，人们都回来找家，上哪找去？水头太猛，村庄都冲没了，成了一个大凹坡。大王庄的人都回来了，没见老王婆母女俩，全村老少哭着喊着，寻找老王婆，最后在一个洼地方找到了她们母女的尸体，乡亲们厚葬了她们。为了让后代永远记住老王婆的救命大恩，就把这个大坡叫做"老王坡"。

【雌雄剑与三王墓】 汝南城西南七十里的地方，纪桥村西头有座大墓冢，人称"三王墓"。可墓里埋葬的既不是三个皇帝，也不是第三的王子，而是不同姓、不同族的三个烂人头。那为啥叫"三王墓"呢？这就得先从雌雄剑讲起。

相传，春秋时候，楚王一心想争霸天下，召集许多匠人为他铸造剑，可是造出来的剑楚王都相不中，说没有欧冶子造得好，他一恼怒，连着杀了几个造剑匠人。

后来，有位大臣向楚王奏道："听说有一对剑工夫妇，男的叫干将，女的叫莫邪。干将与欧冶子是一个老师，擅长铸剑。干将造的剑，光芒耀眼，锋利无比，能陆地斩犀象，水中断蛟龙。大王要造天下独一无二的宝剑，只有请干将来造。"

楚王听了十分高兴，就派人去找干将。干将早就知道楚王是一个暴君，本不愿意来，可不来又不中，只好进宫见楚王。楚王问干将："你会造剑吗？"干将说："剑是会造，不知大王要造什么剑？"楚王说："要你为我造一把能飞起来杀人的宝剑。"干将心想：要说不答应，他必不依；答应吧，实在不愿为他造剑。便故意找个借口说："造这种剑时间很长，只恐大王等不得。"楚王忙问："能用多长时间？"干将说："至少用三年工夫方能造好。"想着一说恁长时间，楚王一定等不上去，会另找别人给他造剑。哪知道楚王却满口应允了："就限你三年时间。"还把他早已命人选好的三百个童男童女交与了干将，要干将选择良辰吉日，用童男童女祭炉炼剑。

干将心地善良，见童男童女和他们的父母在一旁痛哭号啕，很不忍心，便对楚王说："大王命我铸剑，我如期献上就是，用不着童男童女祭炉。"楚王不依："要铸造宝剑，不用童男童女祭炉怎么能成？"

干将无奈，只得带上童男童女和妻子莫邪一起，跋山涉水，不远千里，来到棠溪村，就是现在西平县的酒店。那个时候，棠溪村南临龙泉水，北靠棠溪河，西北是铁山，东北为冶炉城。当年越国欧冶子曾在这里铸过"龙渊""泰阿""工布"三枚宝剑。干将、莫邪在棠溪做剑，先采集了五大名山最上等的矿石，备了金、银、铜、铁、锡各种原料，尔后在冶炉城里冶炼。不料，炼着炼着，铁汁凝固在炉膛内。这是什么缘故呢？干将心里发了愁，说："难道就是当年师傅所说的，非拿活人祭炉不中吗！"童男童女一听拿活人祭炉，都齐哭乱叫起来。莫邪说："孩子们不用害怕，绝不会拿你们祭炉的。"说着遂剪掉自己的头发和指甲，投在炉里，呼唤三百个童男童女使劲拉风箱，装矿石，添煤炭，鼓炉冶炼。不大工夫，铁汁从炉内流了出来。最后用棠溪水淬火铸成了举世无双的两枚宝剑：一枚取名"干将"，一枚取名"莫邪"。两枚剑上都铸有图形，"干将"剑上是鱼纹，"莫邪"剑上是水纹。这两枚宝剑，就是后来闻名天下的"雌雄剑"。

宝剑一铸成，干将夫妇立即悄悄释放了三百个童男童女，回归故乡与亲人团聚。童男童女们保全了性命，感恩不尽，临走时一再向干将夫妇叩头拜谢。

放走了童男童女，干将就和妻子商量如何向楚王献剑的事儿。干将想：如果把两枚宝剑都献给楚王吧，他恐怕我再给别人造剑，一定会杀我，唉！反正免不了一死。最后决定将"莫邪"剑献给楚王，把"干将"剑交与妻子莫邪带回家里，保藏起来。这时莫邪已经身怀有孕。干将对妻子说："要是生个女孩就不讲了，要是生个男孩，等长大成人，叫他替我报仇！"说罢，别了妻子，就背着剑走了。

楚王闻听干将前来献剑，真是欢喜不尽。遂召文武大臣到朝中相剑。干将将剑献上，相剑官接过剑一看，对楚王说：“此剑原是两枚，一枚是雌剑，一枚是雄剑，献来的是一枚雌剑。”楚王脸色大变，就问干将：“为啥光献雌剑，不献雄剑？还不快快把雄剑献上来！”干将明知死到临头，面无惧色，冷笑着说：“大王命我铸剑，我已如期献上，怎么还要逼我献出雄剑呢？即使我献出雄剑，还会铸造别的宝剑，难道只能给你一人造剑吗？”楚王气得暴跳如雷，当即命人把干将捆绑起来，推出去杀了头。

莫邪听说楚王果然杀害了干将，还怕他派人来搜剑，便连夜带着“干将”剑逃往他乡去了。不久，莫邪生下一个儿子，取名赤比。赤比长到十来多岁，别人都说他是没爹的孩子，回去就问他母亲：“怎么不见我爹爹，他在什么地方呢？”母亲见儿子要爹，不觉痛哭起来，就把干将为楚王铸剑，被楚王杀害之事如实告诉了儿子。赤比让母亲取出宝剑，背在身上，要与父亲报仇，拜谢了母亲养育之恩，独自往楚国去了。赤比走后，莫邪也上吊自缢了。

却说楚王杀害干将之后，一天夜里做个噩梦，梦见一个宽额颅的孩子自说要来与父亲报仇。楚王十分惊慌，便悬千金重赏，到处张贴榜文，画上影相，捉拿梦中所见的孩子。

再说赤比身背宝剑，来到大山之中，迷了路，不知哪是往楚国的途径，正在啼哭，从山上走下一个道人，道人问赤比：“你小小的年纪，为啥在这儿啼哭呢？”赤比就把要替爹爹报仇的事儿向道人诉说一遍。这位道人原来也是一个剑工，不肯为楚王铸剑，才逃进了深山。今日见赤比志在为父报仇，激起了义愤，对赤比说：“你这小小年纪，怎么能够报仇？想那楚王前呼后拥，你也接近不了他，再者，楚王已悬了千金重赏买你的头，你去了不是白白送死吗？不如我代你去报这个仇。不过，我得向你借一样东西。”“只要能替父亲报仇，就是要我的头，我也甘心情愿。”“正是借你的头。”赤比毫不犹豫抽出玉剑，遂割下自己的头来，双手捧着头和剑，交给了道人。道人接过剑和头，见赤比的身子立在那里，僵而不倒，便说：“孩子，你放心吧！我一定替你报仇就是。”说罢，这位道人背着宝剑，提着人头，来到皇宫门外，揭了皇榜。看守皇榜的人立即带着道人进宫去见楚王。道人对楚王说：“这就是大王悬赏千金要的那个孩子的头，今天我把他取来了，献给大王，要把他放到锅里去煮，到肉烂为止，不然日后他还会成精作怪！”

楚王点点头，便命人支汤锅。道人把赤比的头放到锅里煮了三天三夜，又去禀报楚王说：“这孩子的头煮了三天三夜都没煮烂，头还几次从锅里跳出来，睁着一对大眼睛看人，请大王亲自去看看，借大王的威风压一压他。”楚王感到奇怪，就亲自到汤锅边观看。道人迅速抽出宝剑，砍掉了楚王的头，落到了汤锅里，两个人的头相咬起来。道人见孩子的头咬不过楚王的头，遂挥剑自刎，头也掉到汤锅里，三头相咬起来。等文武大臣跑到汤锅跟前，三个人头早已煮烂了，也分辨不出是谁的头了，只好连骨带肉分成三份，用三个瓦罐子装着，埋在宜春县境。人们把这座坟称作“三王墓”，一直流传至今。

【慎将军墓与公主墓】 正阳县城南李庄村西头，有两座又高又大的坟墓，一座是慎将军墓，一座是公主墓。说起这两座坟墓的来历，有段悲壮的故事。

相传，春秋战国时期，正阳为慎国。当时，诸侯混战，天下大乱。这时，慎国出了一位名将叫慎廉。慎廉少年时候，聪明好学，既习文又练武，只想为民解难，为国出力。

一天，慎廉背着父母，带上供品到了“二妃庙”跪在娥皇、女英的神像前，默默祈祷，祝愿女皇显灵，助他平定天下，为慎国建功立业。说着说着，他已昏昏入睡了。在昏睡中，他做了一个梦，梦见狂风大作，乌云遮天，电闪雷鸣，一条张牙舞爪的巨龙向他扑来。他壮了壮胆子，伸出双手抓住了龙爪，叫喊着要与恶龙拼个你死我活。这一叫喊，他却从梦中醒来。巡视四周，仍同梦前一模一样平静，只觉手中多了一物。仔细一看，手中抓的是一条面龙。这条面龙同梦中的恶龙没有两样。正好，他觉得肚中又饥又渴，便几口将面龙吃个精光。说来也怪，自吃下面龙，肚里不饥也不渴，觉得浑身筋骨格格作响，气力越来越大，身子也高了许多，心里欢喜不尽，奔至庙外，骑上马，挥动大刀，练起武来。

一天，慎将军正在练武，猛然听到呼救声，便催马去看究竟。来到密林一旁，见一条两丈多的大蛇，将一女子紧紧缠住，他手起刀落将大蛇砍成数截，救了落难女子。

一天，楚国大将带兵数万，攻打慎国。慎侯急得坐卧不安。聪明的公主看透了父王的心事，便奏了一本。慎侯即刻采纳了公主“比武招婿，选贤任能，平寇卫国”的建议。原来，慎将军从蛇口救出的女子正是公主。那天，公主到林中游玩，见庙殿门前空场上有一勇士在习武，正看得入神，不料被大蛇所缠。因慎将军仗义救人，公主感恩不尽。从此，公主对慎将军产生爱慕之情。眼看敌兵压境，国临危难，父王急得万般无奈，公主才献出这个计策来。

“比武招婿”的皇榜一贴出，慎国军务大臣盈胆的儿子盈去邪心中暗喜。心想，论武艺，军营里比上我盈去邪的不多，讲权势，哪个敢惹我父这个军务大臣？哈哈，我就是当朝驸马了！

哪里料到，比武场上，慎廉夺了魁。这下可喜煞了慎侯和公主。慎侯当场封慎廉为上将，立刻招婿完婚，可慎将军却说：“眼下敌兵压境，国难当头，应立即出兵平寇，完婚之事，来日无妨。”慎侯听了喜不胜喜。

奸臣盈胆见慎将军夺去了他儿子的兵权，又得到公主，按捺不住满腔怒火，他忙向慎侯奏道：“慎将军虽勇猛善战，却从未临阵御敌经验。带兵数万，非同小可。”慎侯道：“以臣之见呢？”盈胆答道：“为了万无一失，还是让我儿盈去邪为主将，慎将军为副将为好。”慎侯听了点头应允。

一进沙场，慎将军一马当先，奋勇杀敌，杀得楚军大败，慎将军得胜班师回朝。喜得慎侯出城迎接，设宴庆贺，还定下了慎廉与公主完婚的日期。

恰在这时，齐国使臣来到慎国，与慎侯商定，两国结盟，出兵伐秦。不几日，慎将军就带兵出征了。

盈胆父子看慎将军带兵远征，感到时机已到，便暗中派人向楚国送了一封密信，说慎国内部空虚，速发兵马攻慎，他们父子做内应，定能取胜。楚国国王依计行事，当即发兵攻打慎国。

慎将军率兵来到边关，正与秦兵交战，“十万火急”的诏书飞向沙场。慎将军一看诏书，知楚军乘虚攻慎，包围了慎国都城，便火速返回慎国救援。

这天晚上，慎将军率兵刚到慎城门外，箭似飞蝗从城墙上朝慎将军射来。慎将军喊道：“我是慎将军，不要射箭！”守城兵士才停下放箭，拿火一照，见真是慎将军带兵回城，就去开城门，迎慎将军进城。盈胆一看大事不妙，大叫道：“不要开门，慎廉已经投降了秦军，给我杀！”盈胆边喊边搭弓放箭，对准慎将军的胸膛射去，只听“哎哟”一声惨叫，一支利箭钻进慎将军的心窝，顿时鲜血浸湿衣衫。慎将军料到不好，拨马离去，行至不远，便一头栽倒马下，死于路旁。

楚兵见慎国强将已死，火速包围了城池，盈胆父子开门献城，投降了楚国。

盈去邪见时机成熟，立刻找到公主，要拜堂成亲。公主哪里肯依！她强压怒火道：“拜堂成亲好说，但要答应三个条件。”“只要公主答应与我成亲，什么条件我都照办，你说吧！”“一、对慎将军要给予厚葬；二、要为他立碑留念；三、我要到墓前祭奠亡魂！”

“这有何难？”盈去邪满口答应，按照公主的要求，隆重厚葬了慎将军。并在墓前立了石碑，公主伏在墓上痛哭不已，最后，碰碑而死。

公主一死，盈去邪惊慌失措。这时，忽听人喊马嘶，一支大军已经来到眼前。原来，慎侯得知国都失守的消息，急忙带领盟军赶回了慎国。慎侯在齐国的协助下，终于打败了楚兵收复了国都，活捉了盈胆父子。

慎侯来到慎将军的墓前，抱起满面血浆的女儿，悲痛欲绝。遂将公主安葬在同慎将军并列的另一个墓内。这就是慎将军墓和公主墓的由来。

【平舆名称由来】 传说五千年前，平舆这块地方原是一个大湖泊。大禹治水，疏通了河道，这里出现了一片平坦的陆地，长出了很多树木和荒草。殷商时期，薛国的国君任成，因得罪了昏庸无道的殷朝天子，便从山东滕县流徙到这里。任成就是发明车辆的鼻祖——奚仲的后代。他继承祖上造车的娴熟工艺，利用这里盛产树木的优势，开始生产一种叫“舆”的车辆。后来“舆”生产得很多又很精美，一时畅销全国。因这里地势平坦，又是舆的发明地，人们便称这块地方为“平舆”，流传至今。

据说，当时从薛国流徙到此地的任成，有三个女儿，二女儿名叫大任，生得聪明贤惠，德才兼备，后与西疆周国公子姬结亲。夫妻二人，互敬互爱，悉心治国，深得时人敬重。大任后生下文王姬昌。姬昌继承父志，在母亲的教育下，治国有方，使周国日益兴旺发达，成为西疆著名的强国。

文王死后，武王继位，灭掉殷商，平了叛乱，因操劳过度病逝。其子成王年幼，由其叔父周公旦摄政。周公旦封其第十的弟弟姬载为沈侯，在大任的家乡挚地建立沈国。当时大任已是九十高龄的老人了，年老思亲，她最疼爱的小孙子姬载，到沈国三年未归，心中十分想念，同时也想回故里挚地看望一下家乡父老乡亲，便向周公旦提出了要求。公旦是个孝子，随派人备了舆马，送祖母起了程。

大任乘舆长途跋涉，翻山越岭，一路风尘，历时数月，到达沈国。家乡父老乡亲热情接待了这位离家数十载的老姑娘。她怕贤孙周公旦惦念，便提笔写了一封回书，命来人带回京都。周公旦一见祖母回书“平舆”二字，便知道祖母乘舆平安到达了。

后来大任病逝，周公旦为尊重祖母遗言和纪念祖母生地挚人造舆之功，便把挚地改为“平舆”，流传至今。

【平舆许扬庙】 从前，平舆城内有一座许扬庙，庙内供有许扬塑像。要问许扬是怎样的一个人？人们为什么给他建庙塑像呢？故事还得从鸿隙陂说起。

西汉时候，汝南与新蔡之间，有一个远近闻名宽阔的平原湖，叫“鸿隙陂”。那时湖里鱼儿肥大，两岸稻谷飘香，人称这里是“小江南”。后来朝中出了个大奸相叫翟方进，是上蔡有名的大地主，想霸占这块地方，遭到了广大农民的反对。他恼羞成怒，破坏了鸿隙陂堤堰，使这个“粮食囤”变成了不淹就旱的大灾区，害得百姓光喝大豆汤，吃芋头疙瘩。

到了东汉初年，邓晨做了汝南太守，决定修复鸿隙陂，四处寻找懂得治水的人才。老百姓就把既懂水利又热心为人民办事的许扬举荐出来。

许扬是平舆人，自幼勤奋好学，懂得不少治水知识，曾当过酒泉督尉，后因不愿为王莽效力，弃官回乡，在民间行医。因他为人品德高尚，乡亲邻里都很尊敬他。

邓晨把许扬召到郡府，问他：“请你出来修复鸿隙陂，不知先生意下如何？”许扬说：“这是富国利民的事业，我诚愿以死效力。”

邓晨便任命他为都水掾（就是郡府中管理水利的官员），负责指挥鸿隙陂修复工程。

许扬上任以后，首先进行实地勘察，制定施工计划，而后又亲自带领民工筑堤堰，挖泥塘，整整用了三年工夫，终于完成了长达四百余里的鸿隙陂堤堰，使四十多万顷土地免除了水旱灾害，农业生产得到了发展，老百姓又过上了好日子。谁知就在鸿隙陂竣工之时，许扬却被关进了监狱。

原来，在许扬修复鸿隙陂工程时，当地的一些官吏、豪绅，想趁此机会“浑水摸鱼”从中捞点油水，向许扬求情照应。许扬铁面无私，一概不允，这些人碰了钉子，对许扬恨之入骨，便捏造事实，诬告许扬贪污受贿。邓晨不查不问，就信以为真，遂将许扬囚禁监狱。

老百姓知道许扬是一个一尘不染、两袖清风的好官，纷纷为许杨鸣冤诉屈，要求邓晨释放许扬。邓晨正在犹豫不定的时候，狱吏慌慌张张地跑进郡府，向邓晨禀报：“启禀大人，许扬在狱中戴不住刑具。”邓晨惊奇地问：“怎么戴不住刑具？”“戴上刑具，自动开裂。”“我却不信！”邓晨到狱中一看，果然是事实，便问狱吏：“这是什么原因？”狱吏说：“听老辈人讲，凡是囚犯刑具自开者，必属冤案。那是上神不许对好人用刑的缘故啊！”邓晨本来就迷信鬼神，又听狱吏这么一说，连夜就把许扬释放出狱了。

据说，当天夜里，月黑头加阴天伸手不见五指。在许扬回家的路上，前面有神灯照路，一直把许扬送到家里。

不久，许扬便去世了，后来，人们为了纪念这位为民造福的好官，大家集资兑料，在平舆城内修了一座许扬庙，立碑塑像。逢年过节，人们到庙里烧香上供，祭祀许扬。如今，许扬庙虽早已不复存在了，但许扬修复鸿隙陂的故事，却一直在民间流传着。

【汝南壶仙观】 汝南城西北十二里，汝河北岸，有一个村庄，名叫壶仙观。讲起壶仙观的由来，那可真是年代久远啦。

相传东汉时候，汝南境内有一个集市，一天忽然从远方来了一位老翁，头戴道冠，身穿道袍，鹤发童颜，双目有神，自称“壶公”。他在集市上摆摊卖药，给人治病，口不二价，药到病除。穷苦人医病求药，分文不取。壶公生意非常兴隆，每日收钱数万，除留三五十外，其余的都施舍给贫苦之人。奇怪的是，他常在屋上挂一玉壶，天黑收摊后，跳入壶中。别的人看不见，唯有费长房在楼上看得清楚。

费长房是管理市场的小职员，那时叫“市掾”。他一向崇拜道家，看到壶公的一切非凡举动，知他不是一个平常之人，便天天与壶公打扫场地，并供奉酒饭。如此数日，长房毫不懈怠。一日，费长房向壶公求教出入壶中的奥妙。壶公说：“见我跳入壶中，你可仿效我跳，但要紧闭双目，不得畏缩，自然便入壶中。”长房依公所言，不觉进入壶中。但见楼观重门，金碧辉煌，数十童儿，分侍两旁，仙乐之声，悦耳动听。华丽而宽绰的大厅内，桌上摆满了丰盛的美酒佳肴，二人对坐共饮。长房欲想把壶斟酒，怎知一个小壶，竟然拿它不动。壶公笑了笑，用两个手指毫不费力地将酒壶提了起来。壶内，充其量也不过装二两酒，不料，两人痛饮半宵，壶里酒依然不增不减。壶公对长房说：“我是一位仙人，因违犯仙规受到惩罚，贬到人间受罪，因你可以教训，才能见我。”酒后，壶公带长房从壶中出来。长房定神一瞧，两人仍然坐在椅子上，桌上放个玉壶，别的什么也没有。从此，长房越发羡慕神仙生活，自言自语地说：“我能像壶公那样，成一位神仙多好啊！”

这天，长房拜见壶公，请求道：“我想修仙学道，请师父收我做个徒弟吧！”壶公道：“收你做徒弟，倒也不难，只怕你心不诚志不坚，吃不得苦。”长房叩首道：“徒儿决心已下，只要师父能度我成仙，哪怕是赴汤蹈火，我也在所不辞！”壶公当即应允，对长房说：“我明天回仙山，你能否与我一路同行？”长房想了想说：“用个什么办法，能使亲眷不知道我走呢？”“这个容易。”壶公说着，取一竹杖交与长房，嘱咐道：“你回到家里，就说病了，将竹杖放在你的床上，然后悄悄出来就行了。”长房按壶公说的办了。去后，家人见“长房”已死，痛哭流涕，葬埋了“长房”。

长房跟着壶公往仙山而去，踏荆棘，穿莽林，行至荒山野岭、渺无人烟的地方，长房说：“师父我累了。”壶公说：“你先在这里歇一会吧，我去去就来。”壶公走后，长房猛听一声虎啸，漫天卷起一阵狂风，树叶飘落，山摇地动。他定眼一看，见草莽中窜出一只黑脑壳，白面额，花条背，剪鞭尾的大老虎，张着血盆大口，瞪着铜铃般的双眼，在离他不远处蹲了下来。长房吓得毛发倒竖，胆战骨酥，只好伏在地上，恨不得寻个地缝钻进去。一会儿，老虎不见了。师父站在他的面前，笑呵呵地说：“徒儿，受惊了吧？”“哎呀，可把我吓死了！”“看来你还缺少点胆量啊！”

壶公又领着长房向前走了一段路程。长房又累又困，请求师父睡一会儿。壶公把长房领到一栋东倒西歪，塌窟窿露天的破房子里说：“你就躺在这块青石板上睡吧，不许挪位！”说罢便出去了。长房躺在那儿，向上一望，见上面悬一块大石，重有数千斤，许多毒蛇争噬系石的朽绳。长房怕绳断石落，把他砸死，便不顾师父的告诫，慌忙离开破屋，跑到门外，恰与壶公撞个满怀。壶公问：“徒儿哪里去？”长房说：“师父，屋内可真太危险了，所以我怕……”“怕把你砸死是不是？”壶公没等长房把话说完，就正色斥道：“俗话说‘国有国法，民有民约，仙有仙规’，像你这样怎么能行！”长房说：“徒儿下次再也不敢了。”

壶公又领着长房继续朝前走，来到一座深山峡谷之中，长房饥饿肠鸣，请求师父找些食物充饥。壶公用手往地上一指，说道：“这就是又好吃、又充饥的食物。”长房见是粪便中的蛔虫，腥臭难闻，实在恶心，不愿吃它。壶公惋惜地说：“几乎可以到达仙境，修道成仙了，怪你心不诚，志不坚，怕吃苦，那有什么办法呢？你只好回家去吧！”

临别时，长房恳求师父教给他一些法术。壶公念长房与他一起走了一段路程，赠送给长房一根竹杖和一道神符，并告诉长房：“骑上这根竹杖，你想到任何地方都可以，带上这道神符，你可以主管地上的鬼神。但你心底要正大光明，为人要规矩老实。否则，竹杖、神符都会失灵。”长房拜谢过壶公，骑上竹杖，片刻工夫到了家中。

常言道：山中方七日，世上十几年。长房回到家中，家人都不敢相认。他把跟壶公修仙学道的经过说了一遍，家人还是似信非信，掘开坟墓，剖开棺木，见棺内放根竹杖，才信以为真。

从此，费长房便在家乡行医治病，驱打恶鬼。后来，因他丢了竹杖和神符，恶鬼把他杀死了。

到了唐朝天宝年间，在费长房遇壶仙的这个集市上，建立了一座庙宇，取名“壶仙观”，并以此作为村名，一直沿袭至今。

【汝南长鸣鸡】 汝南县境内有一种公鸡，黑夜白天都叫唤，有人说它是“更鸡”，有人说它是“长鸣鸡”。为啥会有这种鸡呢？

传说在王莽撵刘秀的时候，有一天傍黑儿，刘秀的人马住在三贤庄，王莽的人马住在王莽店（二村庄均在汝南城西30里处，现宿鸭湖水库内）。两个村只相隔二三里地，可谁也不知道谁。队伍住下以后，刘秀传令鸡叫出发；王莽传令也是鸡叫出发。喝罢汤（即吃过晚饭），刘秀的将士才睡下没多大会儿，迷迷糊糊的还没睡着，全村的鸡都叫唤了。“这个村的鸡子真怪，咋叫唤得恁早哇？真气人！”将士们嘴里都嘟囔着，可谁也不敢不起来。俗话说：军令大如山嘛！刘秀把队伍一集合就出发了。王莽店的鸡呢，你说咋着？就是干等不叫唤，干等不叫唤，一直等到大天老亮才叫唤，叫王莽气得吹胡子瞪眼哩。等王莽带着队伍出发的时候，刘秀的人马已经跑出百里以外了，王莽到底没有撵上刘秀。

为啥两个村的公鸡还不一齐叫唤呢？听老辈人说，因为刘秀有道，王莽无道，天上的金鸡大仙帮助刘秀伐王莽哩。从那时起，咱汝南境内就有了长鸣鸡。

【龙泉剑】 西平县城西80里，有一个村庄叫冶炉城。从前，这里既炼铁又铸剑，说起这里的龙泉剑，还有一段动人的故事哩。

很早以前，冶炉城村西的青龙庙里，住着一位二十多岁的小伙子，他心地善良，勤劳朴实，爹娘死后，给他留下一把锄头，靠上山开荒种地为生。他得空就把庙院打扫得干干净净，还拿出平时自己省下来的银子，为青龙爷整修庙堂。这样时间长了，青龙爷从心眼里对他十分喜欢。

一天，他正在山上开荒，忽听山林里"哇啦，哇啦"，一连几声怪叫，定神一看，是一只长嘴恶鹰追一条小青蛇。小青蛇跑到哪儿，恶鹰追到哪儿，小青蛇一急，连忙爬到年轻人跟前连连点头，好像在说："快救救我吧……"说话不及，恶鹰又朝小青蛇扑来，他把锄头朝恶鹰砸去，一砸，没砸住，却正好勾在恶鹰的脖子上，那恶鹰带着锄头腾空飞去。他回头看，那只小青蛇也无影无踪了。小子没有锄了，又去找张铁匠买，张铁匠挑了一张最好最利的锄卖给他。谁知回家一使，不是掰豁，就是卷刃，只得去找张铁匠换一张。换一张照样不管使，换两次还是不顶用，换的次数多了，张铁匠烦了：给他挑好锄，他偏说不好，今天给他挑最孬的，只要有腿劲，让他再来换。便拿出一张最孬的锄说："小伙子，这一张拿回去保准顶用。"他连忙接到手里，高高兴兴地回庙去了。

再说小伙子在山上救的那条小青蛇，原本是青龙庙青龙爷三闺女。青龙爷有心将三女儿许他为妻，但已许配东海龙王之子，咋办呢？青龙爷想来想去，想起报答小伙子的好办法了。便从腰中取出一颗泪花宝珠，送给女儿说："女儿，这是我家先王千年的眼泪，汇成一颗宝珠，你把它丢在庙前那块岩石下边，那岩石即刻就可化为一潭清澈的泉水。"

说也真巧，小伙子从张铁匠那里拿锄头，一路小跑地往回走，走到庙跟前，不见了石头，却有一潭清澈的泉水，他正口渴哩，就放下锄头，伸手捧水喝，谁知手没伸出去，那张锄"唰"地落入水中。他爱锄如命，顾不得喝水，急忙下水捞，天明捞到天黑，天黑捞到天明，捞了七七四十九个时辰，也没找到，无奈只得回庙。进屋一看，锄在他床上放着哩！他急忙上前拿起锄说："你明明掉进水里为啥跑到这里呢？奇怪……真是奇怪呀！"说奇怪也不奇怪，是老龙爷的三闺女从泉眼里将那张锄送到了他的床上。这张锄自从打泉眼里沾了水，真成了一把好锄，劈山山裂缝，锛地地陷坑，出土闪闪发光，入地锐利无比。从此以后，小伙子有了这张好锄，天天上山开荒种地，日子过得吃穿不愁。后来，这事传到张铁匠的耳朵眼儿里去了。张铁匠有点不信："我给他的是一把最孬的锄，咋会变成宝锄呢？"后来，众人传说的多了，张铁匠要到青龙庙看究竟。

这天，铁匠来到庙院，小伙子迎接："张铁匠，你的手艺真行，看，这张锄怪不得你说它好，依我说它还是一张宝锄哩。"接着把这事从头到尾给张铁匠说了一遍。张铁匠是个能人，一听就断定那泉眼是个龙泉，若在这里打锄淬火，定能生意兴隆，发大财。张铁匠主意已定，便辞别小伙子回家去了。

时隔两天，张铁匠真的在龙泉旁边搭起草棚，生起炉火，"叮叮咣咣"地干开了。他打的锄头淬了龙泉水，四方百姓买他的锄用着都和小伙子的宝锄一样。小伙子看出来了，不是张铁匠的手艺好，是龙泉的水好，这龙泉水咋能让张铁匠一人霸占哩！何不禀与皇上，在这里铸造兵器不就更好吗？小伙子就连夜动身，披星星戴月亮，跋山涉水，来到京都把这事禀与了皇上。皇帝一听，龙心大悦，当即封他为当朝工兵大臣，带领数百人马，银两万贯，很快来到这里，兴建一座冶炉城（即现在的冶炉城村）在此冶铁铸剑，把铸出来的宝剑取名"龙泉剑"。

【端午节插艾蒿】 在咱驻马店一带，逢过端午节，城乡百姓总爱在大门上插几把艾蒿。这是为啥呢？

相传明朝末年，闯王李自成率领农民军攻打汝宁府城（今汝南），城里百姓为躲避战争，纷纷外逃。在逃难的百姓中，有一位中年妇女，身上背着一个五六岁的大孩子，手里扯着一个三四岁的小孩子，走到城北七八里的地方，见迎面来了一队人马，就慌忙钻进一片艾蒿棵子里。

这队人马不是别的，正是闯王李自成带的亲兵。闯王早已在马上看得清清楚楚，心里感到奇怪，到了艾蒿棵边，翻身下马，把那位中年妇女唤来，问道："你这位妇人，为何背着大的，扯着小的，心眼这样偏向？"那位妇女说："军爷，您不知道，这大的是我捡来的一个孩子，他的父母被官兵杀害了；小的，是我的亲生儿子，万一在战乱中亲生儿子死了，我还可以再生；要是捡来的孩子死了，不就绝了人家的后代吗？我宁愿舍掉亲生，也要保住人家的骨肉啊！"

闯王听罢，很受感动，随手拔起一棵艾蒿交与妇人，说："不要怕，我是李闯王，等到义军打开府城以后，你就把这棵艾蒿插到门上，义军就不入宅打扰，你还可以得到一些救济的粮食，快回家去吧。"那位妇女听了，向闯王叩个头就走了。

李闯王打开府城后，开仓济贫，命人去到大街小巷，寻找门上插有艾蒿的人家。可是找来找去，差不多家家门上都插有艾蒿，不知哪一家是真的，便禀报闯王。闯王想了想说："凡是门前插艾蒿的都是穷苦人家，都要给予救济。"

原来，那位妇女带着孩子回到家里，把遇见闯王的情况告诉左邻右舍，谁知一传十，十传百，很快传遍了全城，家家门首都插上了艾蒿。义军打开府城后，果然户户得到了救济，家家安全无事。据说，这天正是五月初五日。后来，人们为了纪念闯王，端午节家家户户门上插艾蒿的风俗就传下来了，一直传到现在。

【六月六为啥吃炒面】 六月六日，家家户户都有吃炒面的习惯，为啥这天要吃炒面呢？说来话长。

南宋绍兴初年，民族英雄岳飞率领岳家军渡江北上，抗击金兵。这年夏天，岳飞攻打汝南，岳家军与金兵在汝河两岸展开一场血战，杀得金兵落花流水，溃不成军。狼主金兀术被牛皋在汝河滩里打落马下（后人称此地为“兀术落”），险些丧命，幸被喽啰救出，才匆匆忙忙收拢残兵败将，仓皇而逃。岳飞收复汝南，传令休兵三日，养精蓄锐，然后准备挥师北进，攻打开封。

城乡百姓见汝南光复，无不兴高采烈，人们烧水送茶，慰劳岳家军。许多老人手捧茶碗，眼含热泪，对将士们说：“早也盼，晚也盼，这可把你们盼来啦！”将士们无不感动。岳家军爱护老百姓，老百姓亲岳家军。在闲聊中，百姓从士兵嘴里得知，岳家军由于急速作战，常常吃不到应时饭，甚至有时因顾不上起火造饭，将士们饿着肚子打仗。人们心疼极了，便想做些饼子和馍馍，送给将士们带在身上，可又怕天气炎热，饼子馍馍容易霉烂。要是能让将士们带一些不发霉，又好吃，又好带的食物该多好啊！究竟带什么食物为好呢？一时人们发了愁。俗话说：人多智谋广。一位白发苍苍的老奶奶说了话：“眼下咱们家中都有麦子面，倒不如把面放到锅里炒熟，用布袋装上，让将士们背在身上，饿了弄点水一和就可充饥。”大家一听，觉得有道理，但没有亲口尝过，还不知怎么样。老奶奶就先回家，弄几斤面放在锅里炒起来。炒着，炒着，白面由白变黄，发出了扑鼻的香味。一会儿面炒熟了，用水和了一碗，大家一尝，香喷喷，甜滋滋，真好吃！于是，大家回到家里，都按照这个法子炒起面来。次日，家家户户把装满面的小袋子送到兵营里。岳飞深知年成不好，加之金兵的掠夺，百姓们生活难过。他见百姓们送来了炒面，很受感动，但不忍收下，一再婉言谢绝。百姓们说啥也不依，无限深情地说：“岳元帅，请收下百姓们的心意吧！要不俺们就跪下啦！”岳飞见盛情难却，只好深表谢意，收下了炒面，并以此鼓励将士，狠狠杀敌，报答百姓们的深情厚谊。

岳家军整军出发那天，人们扶老携幼，眼含热泪，前来送行。将士们与百姓父老依依难舍，挥泪告别，这天是六月六日。

从此，六月六日成为汝南城乡百姓难忘的日子。后来，岳飞被奸臣秦桧陷害，汝南百姓为了纪念民族英雄岳飞，每逢六月六日就吃炒面，世世代代相沿成习。

人物传说

【蚕神嫘祖】 西平古时候叫西陵，住着西陵氏族。嫘祖是西陵氏的女儿。据传，她出生的时候，正是春暖花开时节，说也怪，狂风暴雨却从三月初六一直到三月初九整整下了三天三夜，她也不住声地哭了三天三夜。洪水冲毁了庄园，淹死了很多人。氏族的首领是她父亲。她降生的时候，父亲正领着族人，祷告皇天后土，保佑西陵氏族平安渡过这场劫难。可呼天不应，叫地不灵，狂风照样刮折树木，洪水照样吞噬族人。首领让巫师占卜。巫师说，几天前天上就出了扫帚星，灾星与劫难同时降到了西陵，若不赶快除掉灾星，西陵氏就不会安生。

首领回到家中，得知女儿恰恰与洪水同来，他头“轰”地变大了。你说怪不怪，女儿一听到他的脚步声，又哇哇大哭起来。他走近妻子，刚和女儿碰面，才满三天的血胎娃子，瞪着大大的双眼，脚手乱弹腾，又哭得声嘶力竭，怪吓人的。为了族人的安全，首领没有再犹豫，亲手把她扔到了山沟里。

被首领抛弃的女婴正好落在沟底一块大青石上，她依然大哭大叫。哭喊声引来了狼虫虎豹。奇怪的是这些野兽并不吃她，相反，老虎用身子暖她，狼用奶喂她，豹子衔来干草给她铺了个小窝窝，天空，成群的花喜鹊围着她唱歌。过了七天七夜，母亲来到山沟，惊奇地发现女儿不但没死，睡得正香的小脸上还露着浅浅的笑涡，小身体又白又胖，和满了月的孩子没啥两样。母亲抱起心爱的女儿亲了个够，又飞快奔回家哀求首领：“女儿被百兽救护，喜鹊为她唱歌，听说还有凤凰绕女儿飞了三圈，说不准女儿还真是个贵人哩！”首领被打动了，再说灾难已过，风和日丽，首领抱着美丽的女儿笨拙地亲了一口，说：“自从咱来西陵定居，已经过了十代，头一次遭这么大的劫难，也许命里该女儿连累咱们这一次，咱就叫她累祖吧，也求列祖列宗保佑她。”

日月如梭，转眼之间，嫘祖已长到了十八岁。俗话说，女大十八变，嫘祖长得鼻子是鼻子眼是眼，周周正正的。特别是她为人善良，心灵手巧，又乐于助人，氏族里上上下下、男女老幼都喜欢她。那时，人刚脱离茹毛饮血的生活，有口饭吃，却没衣穿，尽多是把打来的兽皮剥下凉干，往腰里一扎就算了事，既不多挡寒消暑，也未能真正避羞遮丑，行动起来还不方便，在男女混杂的大氏族里更不雅观。加上还是群婚年代，长幼乱伦等伤风败俗的事时常发生。于是，嫘祖把动物骨头在石头上磨成针，再到山里寻找些野蚕结的茧，抽出丝，搓成细绳，把兽皮按照人体的模样连缀起来。这样，穿在身上可体又好看，大伙都争着跟嫘祖学。

一天，嫘祖又到山林里寻找蚕茧。她走啊走啊，不知走了多远路程，来到一个叫蜘蛛山的地方，一不小心，头被什么粘着了。一看，原来是一个大蜘蛛网。她挣脱蛛网，一个念头突然萌发出来，要是能养好多好多的蚕，结好多好多的茧，再抽成丝，像蜘蛛织网一样把丝织成片，连缀起来穿在身上该多好啊！可转念一想，到哪里找那么多桑林，引来那么多蚕哩？她又犯难了。

“喳喳喳！”一只花喜鹊冲她叫着，飘然飞落在她的肩头，对她说：“嫘祖姑娘，三天以后，西陵山要有一场大难，在你走投无路的时候，你哭三声，再笑三声，我和众姐妹来救你。”

三天后中午时分，一道闪电，接着一声炸雷滚过天空，西陵南山烧起了漫天大火。眼看就要烧到部落居住的寨子，任凭首领带全族老幼跪拜祷告，也无济于事。一时，整个部落陷入了惊恐之中，人们纷纷扶老携幼准备逃难。

首领请巫师占卜问卦，巫师摇着头说，这场山林大火依然是十八年前那颗下凡的灾星引起的，这颗灾星眼下还在部落里，不把她快快除掉，部落要遭灭顶之灾。首领急急忙忙回到家里，命令女儿嫘祖立即跳崖自尽，以保全氏族的平安。

嫘祖跪拜在父亲跟前，哭诉自己不是灾星，请求爹爹饶恕。可首领想的是整个氏族的平安，哪里肯依。嫘祖无奈拜别父母及族人，一步一回头地向崖边走去。她站在崖边，想起自己栽桑养蚕的宏愿已没法实现，不由悲从中来，痛哭失声。她回头望一眼西陵的山山水水，闭起双目，正要纵身下跳，一只花喜鹊突然飞过来，冲着她喳喳直叫。她想起了三天前花喜鹊讲过的话，猛然收着身子，转身扑倒在爹的脚边，抱着爹爹的双腿哀求道："爹爹呀，爹爹，我要为咱部落谋好大好大的福。你再给我三天时间吧，我要让南山长出大片大片的桑林，养好多的桑蚕，收好多好多的蚕茧，然后织成很好看又很结实的东西，让全部落里的人都穿上它，又轻巧，又暖和。爹爹呀，到那时女儿再去死也就能闭上眼了。"

此时，首领虽依旧板着面孔，但也已经是泪流满面了。虽然他不相信女儿有那么大的神通，可还是点了点头，说："好吧，爹爹给你三天时间，到时真像你说的那样，也算是天意，爹就免你一死，要不然……"

拜别爹爹，嫘祖来到南山，望着大火后的一片荒坡秃岭，傻眼了。她喃喃自语："我该怎么办呢？我该怎么办呢？"她已经走投无路了，对着山山岭岭大哭三声，又大笑三声。

"嫘祖姑娘，我们来啦！"她举目一看，天边飞来了无数的花喜鹊，它们象云一样遮满了天，每只喜鹊口里都衔着一颗桑椹，在南山坡纷纷落下来，用嘴啄坑，把一粒粒桑椹种了下去，然后，围着嫘祖飞了三圈，旋风一般，叫着飞走了。

第二天早上，人们发现西陵南山长满了枝繁叶茂的桑树林。到了晌午，数不清的喜鹊又飞来了，它们口里都衔着一只只又白又胖的桑蚕，轻轻地把蚕放到桑树的枝叶上，又去衔，直到日落时分，满山遍野的桑树上都爬满了蚕。第三天，所有桑林的枝叶间便结满了白花花的茧子。

嫘祖带领部落里的女人们到南山采摘蚕茧，抽成丝，织成片，给它取名叫布。又把布连缀成像兽皮一样，不，比兽皮还好看得多的东西，给它取名叫衣裳。从此，部落里的人们便穿上了用蚕丝织成的衣服了。从那时起，人们也有了羞耻感，民风也因此变得淳朴了。

后来，轩辕黄帝在涿鹿打了胜仗，回到中原，听说了嫘祖的贤能大德，便派人到西陵把嫘祖迎走，八拜成婚，做了自己的妻子，养蚕织布这一技艺随着黄帝势力范围的扩大传遍五湖四海。后人为了纪念嫘祖的功绩，便把她尊为"蚕神"。

【子路问津】 传说春秋时期，孔子带着弟子周游列国到处游说，宣传他的儒家思想，想求个一官半职，以便治理天下，谁知到哪国哪国都不用他。

这年孔夫子从楚国返回鲁国。一天傍晚时分，孔夫子坐车来到新蔡，到了离县城十来里的关津迷了路。他见两位农夫在地里干活，就让弟子子路前去问路。子路跳下车子来到农夫面前问："关津渡口离这儿还有多远哪？该走哪条道啊？"一个叫长沮的农夫不答反问道："车上是谁啊？"子路说："先生孔丘。""是鲁国的孔夫子吗？""正是。""孔夫子不是一位圣人吗，怎么连关津口在哪儿都不知道哇！"说着扛起镢头就走了。子路吃了个没趣，干气又不便发火。这时，子路见另一个农夫还没走，就上前探问。这个叫桀溺的农夫反问他："你是谁？"子路连忙答道："在下是孔丘的门生子路。"桀溺说："当今天下大乱，没有救世主，不知孔夫子有啥治国良策？像您这样到处游说尽是白费功夫，还不如种地吃饭哩。'说罢，又干他的活去了。子路没有打听到渡口反而受了一顿奚落，气得够呛。孔子听了子路的诉说，"唉"

新蔡关津子路问津处。　王方明 摄

了一声，半天才自言自语道："要是天下太平了，我还出来干什么？"

后来在其他农夫的指点下，孔夫子和弟子在太阳落山时来到关津渡口。这里河道蜿蜒曲折，水如银带；两岸岗峦起伏，芦苇丛生；垂柳翠绿，百鸟争鸣；晚霞映照，景色宜人。孔子观罢，不由赞道："关津晚渡，乃佳景也！"从此，关津晚渡成为新蔡八景之一，招来不少游人墨客，这里兴起了集市，十分热闹。

为了纪念孔夫子，后人在关津集南头修建了"问津台"，还立了一块六尺多高的石碑，上面刻着"子路问津处"五个大字。1987年，中日文化交流协会访华团井上靖一行来到"孔子问津处"，井上靖欣然挥笔写下了"养之如春"四个大字，以作留念。

【张良射鹿】 项羽和刘邦是结拜兄弟，各人带一支人马，与秦朝争天下。这一天，二人走到确山县境内安营扎寨，带几个人出来打猎。猛然看见一只白鹿向西跑去。刘邦对项羽说："兄弟，这只白鹿好比秦朝江山，咱们比试一下，看谁能得到这只鹿，谁就能得天下。"项羽点头同意，二人就放开战马追赶。追到现在胡庙西边的长寿山下，这只白鹿跑到山顶站住了。刘邦和项羽正要各自张弓搭箭。只听"嗖"的一声，一支长箭把这白鹿射死。由于箭长力大，箭的半截牢牢地钉在山石上。原来是张良射死了白鹿。项羽和刘邦见是个年轻猎人，不禁大吃一惊。项羽有勇无谋，自恃武艺高强，力大无穷，没把张良放在眼里，蛮横地说："哪来的野小子！俺们俩赶来的鹿，你为什么要射死它？"张良说："将军息怒。俗话说，山中狩猎，见者有份。咱们三个都是打猎的，鹿死谁手，并无定论。捷足者先得嘛！如果将军想要，愿将白鹿相送。”项羽道：“我要自己射的鹿，哪个要你的赏赐！”刘邦可是个有心计的人，见张良射死白鹿，已经吃惊不小，又见他相貌堂堂，出口不凡，恭谦和气，知此人不是等闲之辈，唯恐他把白鹿送给项羽。现在听项羽不要，正合心意，连忙上前，对张良躬身施礼道：“这位壮士，真乃深明大义，我兄弟不要，请将白鹿送给我吧，决不忘壮士大德。”张良连忙还礼，欣然同意将鹿送给刘邦。项羽见刘邦低声下气向人家乞求猎物，感到丢人，不屑一顾地哼了一声，拔马回营去了。他这一去就算将秦朝的江山白送给了刘邦，这也是天意。

项羽走后，刘邦到山上取下白鹿，可使尽吃奶的力气也拔不下张良射进山石的那支箭。直到现在，长寿山上张良那支箭还牢牢地钉在那里，不过已变成了长石头橛子。刘邦又问明张良的情况，与张良结拜为兄弟，带着张良回到营中，从此张良就投了刘邦。

【张令公焚身求雨】 射桥镇西面有个寨，叫古城。据说，这个地方过去是个县城。远在汉灵帝的时候，有个山西人，名叫张熹，曾经坐古城当县令。他为官清正，爱民如子，老百姓都尊称他为“青天张令公”。

张令公坐古城那年天遭大旱，一百多天没下一滴雨，麦子颗粒没收，晚秋种不上，这可把张令公愁坏了。

一天，张令公出外察看灾情，一路上见有好多百姓跪在红天老日头地里求雨。他心里非常难过，流着泪对大家说：“你们都起来吧，从明天起，我来替父老乡亲们求雨。”

第二天，他命人在城南门外垒起一座高高的土台，台子上面放桌子，桌子上面摞桌子，一下子摞了几十张。桌子下边堆上干柴，天到午时，张令公焚香上台，爬到桌子顶上，对大家说：“从今儿起，三天以内雨不下来，你们就在下边点火，把我烧死算了。”

张令公为民求雨的消息，一传十，十传百，一下子轰动了全县。男的女的，老的少的，那个人呀成群结队朝古城拥来，求雨台周围人山人海。人们看到张令公赤背光头跪在桌子上，都感动得哭起来，跪在地上跟张令公一起磕头祷告。

第一天，没有下雨；第二天，还没有下雨；第三天，午时三刻到了，张令公抬头望望天，天上连一点云彩也没有，长叹一声，吩咐下边点火。

别看平常大家都很听青天张令公的话，可这一回却没人听他的话了，谁愿意去放火烧他呀。张令公无奈，只得自己下来，点着火后又往台上爬。一个老头赶忙上前去捞，拽住了张令公的一只脚，令公一蹬，甩掉了靴子，那老头被闪坐到地上。这时候，火苗子“嘭”地一下子起来了，老百姓“哇”地齐哭大叫起来。

火头几丈高，浓烟滚滚，看不见张令公了，人们可着喉咙喊哪，哭呀，声震天地。这时只见从浓烟烈火中飞起一朵红云，张令公脚踏红云飘然若仙升了天堂。

据说，张令公为民祈雨的诚心，感动了老天爷。老天爷就派两条龙王前去降雨，可是，龙王来晚了一步，没能救下这位青天张令公。老天爷恼了，就命四大天王把那两条龙拉到古城东边就地正法。至今，古城东边二里地的地方还留有“拉龙沟”“斩龙台”的旧址哩。

当地的老百姓为了纪念这位为民丧生的清官，就把他殉身的土台叫“祈雨台”，把他留下的那只靴子埋了个老坟，叫“靴子冢”，还为他修了一座庙，叫“令公祠”，一年四季香火不绝。

【郭林宗义访黄叔度】 东汉末年，汉桓帝朝政腐败，许多读书人不愿做官，喜欢做名士。在当时的名士中，郭林宗（今山西介休人）和黄叔度（今河南正阳人）的名望都很大。提及这两位名士的交往，倒有一段美好的故事呢。

一、巧遇

山西名士郭林宗，在一年夏天，从颍川出发，专程到汝南郡拜访黄叔度。谁知他的到来，惊动了士林诸子，其中有个人称“文章泰斗”的袁阆，慌忙杀猪宰羊，办酒备菜，硬把郭林宗迎进客厅，施礼让座，斟上香茶。可是，郭林宗很快发现这家主人的趣味与自己不相投，便起身要走。袁阆再三挽留，郭林宗还是一口茶没用，离开了袁家。

郭林宗从袁府出来，信步来到汝南城南臻头河桥北头，见路边有株大树，树旁有口水井，树下有几个人在乘凉，谈天。其中有个穿着朴素、斯斯文文的人，两手捧着水壶正在饮水。这时，郭林宗感到口渴，便到水壶主人跟前作个揖，请求道：“先生，想借用一下水壶，提壶水喝喝，行吗？”水壶主人便把水壶递给了郭林宗，说：“请用无妨。”郭林宗接过水壶去打水，哪料想，当水壶快提到井口时，水壶碰到井壁上，绳断壶落，掉入水中。郭林宗的脸“唰”地一下红到耳根，暗暗埋怨自己太不小心，连忙上前向水壶主人深施一礼，赔情道歉，谁知水壶主人却毫不介意，安慰郭林宗说：“无妨，无妨。”这一来，郭林宗更感到不安了，随即从怀里掏出一把钱来，双手往水壶主人手里递，被水壶主人立即用手挡回，并劝郭林宗不必拘于常理。郭林宗哪里肯依，就这样，一个要赔，一个不收，像拉锯似地争执好大一会儿。郭林宗见此人文雅知礼，举止不俗，就有心与他交个朋友。于是，就提出互通姓名。想不到，一通姓名，两个人都喜出望外，高兴得几乎跳起来。原来，此人正是慎阳的黄叔度。黄叔度也是外出游学，刚到这里。两位名士相慕已久，不料如此巧遇。

二、交心

名士遇名士，只恨相识晚。黄叔度请郭林宗和他一块回慎阳，郭林宗自然十分高兴。两人并肩同行，边走边叙，很快来到黄叔度家里。

黄叔度姓黄名宪，字叔度，号徽君，家居慎阳镇十方院（现在的县油厂西侧）。黄叔度家境贫寒，父亲是个兽医。叔度自幼才智过人，4岁时熟背《百家姓》，5岁攻读四书，6岁倒念五经，看书一目十行，过目成诵，人称“神童奇才”。14岁那年，汝南太守山阴王龚经、功曹袁阆荐他到汝南郡做官。他看朝政腐败，谢绝出任，便隐身茅舍，撰写《天禄阁外史》一书。这次郭林宗来到黄叔度家里，住的是茅草屋，吃的是家常饭。黄叔度觉得这样招待朋友太寒酸，过意不去，郭林宗却说：“好，这样才是我的好朋友。好朋友是不讲吃喝的呀！”

郭林宗在黄叔度家里，除了促膝交谈，研究学问之外，就是拜读黄叔度撰写的《开禄阁外史》手稿，书文长达数十万言，分上、中、下三个部分。郭林宗读罢，赞不绝口，说此书与孔圣人的著作不差上下，可又叹息叔度身价太低，家境贫寒，难以问世。

三、送别

名士相逢，终有一别。郭林宗在黄叔度家里居住数日，方才告辞。郭林宗临别时，黄叔度亲自送行，两人边走边谈。不知不觉又来到臻头河桥北头路旁那口水井跟前。黄叔度向农家借了个打水罐子，打了满满一罐子井拔凉水。郭林宗接过水罐，"咕嘟咕嘟"喝了个痛快，笑了笑，说："人好，水也甜呐！"两人就分手了。

后来，当地人为了纪念这两位誉满天下的大名士，便把这口井命名为"仁义井"，并在井旁立了一块石碑，上书"仁义井"三个大字，另刻小字一行："东汉郭林宗义访黄叔度处"。

【曹操求教月旦评】 传说东汉末年，曹操曾到平舆求教过月旦评。要讲这个故事，还得从曹操的出身说起。

曹操出身于宦门，他爷爷叫曹腾，是个宫廷的大太监。父亲叫曹嵩，官居大司农。少年时期的曹操很不成器，常常倚仗权势，到处惹是生非，遭到乡邻的唾骂。一天，父亲把他叫到跟前，严厉斥责道："你整天到处乱跑，不务正业，是何道理？你身为宦门之后，将来不能位列名门，可也不能成为败类呀！"

父亲的训教，使他深受触动，反思数日，决心痛改前非。从此，他关心起时政来。随着年龄增长，耳闻目睹当时朝政腐败增长，奸邪当道，祸乱四起，民不聊生，经常发出忧世不治的感慨，立志要干一番大事业，便发奋图强，博览群书，学习兵法，遍访社会名流，寻求治国良策。

一天，曹操去请教曾作过太尉的乔玄，表述了自己对时政的见解。乔玄听后称赞说："贤侄能有如此抱负，老夫甚喜，可惜我老朽年迈，腐儒无能，你不如去汝南平舆求教许劭。此君乃当今天下名士，不仅学识渊博，通今晓古，而且为人耿直刚正，品德高尚。他与从兄许靖，每月初一在月旦评评论乡党，褒贬时政。他不虚美，不隐恶，不中伤，能辨人之好坏，能分忠奸善恶。言后验证，众皆信服。凡得到他好评的人，无名之辈很快被人器重，有了名气的人也会声誉倍增。贤侄何不驱马前往，向许劭求教呢！"

曹操辞别了乔玄，骑上一匹快马，日夜兼程，不远千里来到平舆。谁知事不凑巧，"月旦日"刚过两天，又看天色已晚，只好寻一客店住下。第二天一大早，他就去许府叩门。一位小童开门走出，笑盈盈地施礼问道："敢问公子尊姓大名，由何而来，作何贵干？"曹操报过名姓，说明来意，小童答道："先生访友外出，不在家中，实不凑巧，待到月旦日再来吧。"

曹操闷闷不乐回到店中，向小二要了酒菜自斟自饮起来。店小二见他满面愁容，长吁短叹，想必有为难之事，便问："公子何以借酒消愁？"曹操就把今天拜访许劭之事述说一遍。店小二听了，笑笑说："劝公子不必性急，许先生的脾性你不知道，他为人正直既不攀高结贵也不嫌弃庶民，像俺邻里当朝太傅陈蕃，他也不巴结，像我这穷家小店，他也常来常往。你来求教于他，要耐心等待，万万急躁不得。"曹操听了店小二这番话，半晌没有吭声。心想：许先生对本乡陈蕃那么大的官，都视若平常，我是一个外乡人，与他素无交往，能对我赏脸吗？也只好等些日子再说了。曹操由于求教心切，在店里住了数天，实感度日如年。于是，他又备些礼物，二次去拜见许劭。

曹操来到许府，小童一看还是他，便入内回禀许劭。许劭告诉小童，今天才初八，要他下月初一再来。小童向曹操传达了许先生的回话，欲去闭门，曹操急步向前施礼道："小管家，请你替俺向先生多多美言几句，能不能在今天……""明天也不行！"小童没等曹操把话说完，就果断地说："先生有规定，不到初一，概不会客。"

曹操二次遭碰，回到客店朝床上一躺，暗暗生气：他许劭究竟有多大能耐，如此目中无人？天下之大，贤能众多，难道我曹孟德非要求教于他不可吗？可又一想，许劭既然名誉天下，必有超人之见，凡有才能的人，都具有自尊的气度，我既立志创大业，就应礼贤下士躬身求教。许先生既然有规定，我理应遵从，不可冒犯，于是又耐心在客店住了下来。

好不容易等到下月初一，老天偏不作美，下起了瓢泼大雨，曹操只好冒雨前往。许劭见他第三次来访，而且又是冒着大雨，足见其诚心，便把他迎至客厅，让座献茶。曹操毕恭毕敬地献上礼物，不料却引起许劭很大反感，冷冷地问道："请问足下不辞劳苦三番五次求见，有何贵干？"曹操满面笑容地回答："学生久仰先生大名，特来寻求治国安邦之道。"许劭心头一震，翻眼望了望曹操，慢声说道："吾乃山野匹夫，才疏学浅，不可谬信人言，误你终身大事。"

曹操忙又躬身施礼道："先生之才，誉满天下，何必过谦。望先生不吝赐教！"许劭起身面对曹操上下审视一番说："足下要问治理天下的事吗？我倒愿意说上一二，但要恕我直言。"曹操一听，正合心意，高兴地说："不妨，不妨，只管讲来。"许劭望了望曹操，又轻轻摇头笑而不答。曹操猜测许劭心有顾忌，便自我表白道："学生虽然出身宦门，但对祖父一班阉党把持朝政，祸国殃民，深恶痛绝，恨不得即刻除掉乱臣，以安天下。"许劭见曹操心诚意切，便直言说道："足下胸怀宏图，不拘小节，又善于随机应变，如果处在太平盛世，你可真是个很有才干的重臣。""如果处在乱世呢？""你会乘机而出，压倒群雄建立异乎寻常的功业。我对你的看法，总的一句话，你是个治世的能臣，乱世之奸雄也！"曹操听罢，仰天大笑，随向许劭道谢告辞，策马而去。

曹操经过许劭的品评，声望很快传扬出去，二十岁时就被地方举为孝廉，黄巾起义逐步扩充力量，纵横天下，迎汉献帝建都许昌，挟天子以令诸侯，先后削平吕布，战败袁绍，统一了中国北部，进位为丞相，后封魏王，号称魏武帝，成为历史上著名的政治家、军事家和诗人。

【关公用计斩蔡阳】 关公过五关斩六将，保着二位嫂嫂到河北寻找兄长刘备。后又听说刘备不在河北，已去豫州汝南，关公又向汝南而来。这一天，关公来到古城，就是现在驿城区南边的古城乡，正好张飞在古城驻守。关公走得人困马乏，见到张飞心里高兴，正要进城，被张飞拦住。因为兄弟分别十二年，又是在对头曹操营中，张飞信不过关公。关公百般辩解，张飞仍然不信。事有凑巧，曹操的大将蔡阳，为了给被关公杀死的外甥秦琪报仇，带领人马追到了古城。蔡阳的到来，更使粗中有细的张飞起了疑心，立即关上城门，不放关公进城，并告诉关公，要是他在城上，三通鼓罢，关公不斩蔡阳，就是和曹操一心，就与他断绝兄弟情义。关公无奈，只好迎战蔡阳。

蔡阳是曹操的名将，武艺高强，力大无比，有万夫不当之勇。关公虽然厉害，但过五关，斩六将，千里跋涉，已人困马乏，饥渴难忍，和蔡阳斗了几十回合，虽不分胜负，可关公自觉力气不足。关公是个仁义之人，守信用，讲义气，在战场上明杀明斗，从不暗箭伤人。可眼下，张飞在城上擂鼓助威，三通鼓已擂过两通，再战不胜，就没法向张飞交代，关公急中生智，便想计斩蔡阳。关公打马到蔡阳跟前说："咱俩单打独斗，为何要请帮手？"蔡阳说："我从来打仗不要帮手。"关公向蔡阳背后一指说："你背后那是何人？"待蔡阳刚刚回头观看之际，关公乘他不备，提马挥刀，立斩蔡阳于马下。蔡阳的那匹白马也是个宝马，通人性，见关公计斩蔡阳，心中不服，围着蔡阳死尸，一阵悲鸣，跑到一个大水塘边跳水自杀了。关羽感到心中有愧，与张飞刘备相会后，厚葬了蔡阳和白马。

现在古城北门三里外有个大冢子，传说就是"蔡阳坟"，一个小冢子群众叫"马坟"，关公与蔡阳争斗的地方，群众叫"跑马坡"。

【汝宁才子李本固】

一、巧对主考官

明朝万历年间，汝宁府出了个吏部天官李本固。他从小家里很穷，但勤奋好学聪明过人，十一二岁已能吟诗作赋，出口成章，是汝宁府有名的才子。

这年秋天，县里举行童试，李本固大大方方进入考场，打开试卷一看，作文题目是《美在其中矣》，随即大笔一挥，立刻交卷。主考官望望试卷上只写一句话："二龙里小芹家岂不美哉！"气得把眼一瞪，便向李本固说："只此一句，也算文章？"李本固说："主考大人你要嫌短，请让我给你重写吧！"主考官又发给李本固一份卷子。这次，李本固交卷时不但拿着卷子，而且扛着桌子，挟着板凳。主考官大为惊奇，忙问："这是何意？"李本固说："大人，那篇文章你不是嫌短吗？我这篇文章长，卷纸不够，我就写在桌子、板凳和石板上了，石板太重，我没有扛来，大人不信，你去看看。"主考官一听，又想气又想笑，冷冷地说："成何体统？放那儿吧！"

李本固走后，主考官拿起试卷一看，嗬！果不平凡！他不由得拍案叫好。等到最后录取发榜时，主考官作难了：取他吧，他犯了考规；不取他吧，他是个人才，怪可惜。想来想去，还是勉强录取了他。本来一试只能录取三名秀才，这次破例取了四名，把李本固列在最后。

李本固呢？想着凭他的才学，应该取个头名秀才，没想到列到第四名，心里很不服气。

这天，主考官离开汝宁到项城去，地方官员、文人学士们按照常礼，把主考官送到城外就回去了，唯有李本固骑着他家磨豆腐用的小毛驴，跟在屁股后头还在送。走了一程，李本固高声喊道："四名秀才李本固，送主考大人！"主考官说："免！"又走一程，李本固又喊："四名秀才李本固，送主考大人！"主考官说："免！"就这样一连几次，主考官心里像吃个苍蝇，又恶心又厌烦，直想冒火，却不好发作，因为人家李本固是以礼送行的嘛！主考官见一再谢绝无效，便想以出对联句难倒李本固，说："咱俩出对联句，我出上联，你对下联，若是对得好，就让你再送一程，若是对不出，你就请回去。"李本固满口答应，对主考官说："请出上联。"主考官看到南关有一座砖塔，塔顶上有个铁尖，高入云霄，思量再三，就以砖塔为题，出了上联：

南关内铁钻钻天

李本固猛一抬头，见菜园里种的红萝卜，便以红萝卜为题对了下联：

北门外金钉钉地

主考官见对仗工整，自然妥帖，暗暗称赞。

又行一程，走到韩坡村。主考官见村边大麻籽的枝叶伸到路上，又出一上联：

大麻籽伸绿掌，要啥？

这时，李本固见一家小院里，石榴树上有几个红石榴，灵机一动，当即对道：

小石榴张红嘴，笑谁？

主考官见李本固对得珠联璧合，天衣无缝，情景交融，妙趣横生，禁不住哈哈大笑，拍手称绝。

前行来到黄土岗，主考官决意告辞，对李本固说：

今日辞别黄土岗

李本固胸有成竹，脱口而出：

他年相逢白玉街

说罢，李本固拉着小毛驴一磨头，返回城里了。

主考官见李本固才思敏捷，出口不凡，后悔不该把他取到第四名，但事到如今，无法挽回，也只好如此了。

第二年，万历开科，李本固进京应试，中了状元，果然在白玉街又与那个主考官相逢了。

二、土地庙的影壁墙

以前，汝南城南关的土地庙内，比别的土地庙多了一堵影壁墙。因为啥？

据说，李天官李本固小的时候，在南关吉祥寺私塾里读书，每天都要路过这座土地庙，见有些人不断地给土地爷烧香上供，生气地说："土地爷也没有做什么好事，光享受香火，请吃坐喝。"就用秫秆扎了一个枷锁，套在土地爷像的脖子上，又写了一张纸条，放在土地爷像前的供桌上。纸条上写着："土地王，土地王，充军发配到南阳，一天跑三趟，夜宿土地堂。"因为他是未来的天官，土地爷不敢违抗，只得每天往南阳跑三趟，晚上还得回到土地庙过夜。这天土地爷实在受不住了，就来向李本固的先生诉苦，请先生救救他。先生醒来，原来是做了一个梦。天明跑到土地庙一看，真的，一点不错。叵来就问学生，别人都不吭声，李本固站起来说是他干的事。先生说："你去土地庙把枷锁去了，纸条撕了，再写个'赦你无罪'放在供桌上！"李本固照先生说的办了，土地爷也不跪路了。

第二天夜里，土地爷又给先生托梦说："李天官每天都要路过土地庄，我就得跪迎跪送，实在受不了，请你在庙里修个影壁墙吧，他看不见我，我看不见他，就不跪迎跪送啦！"后来先生就在土地庙内修建一堵影壁墙。这就是南关土地庙内影壁墙的来历。

三、哑对巡抚

明朝万历年间，汝宁府人在朝居官的甚多，当时曾有"汝半朝"之称。一时，"汝宁多才子"誉满天下。

河南巡抚是一位江南人，因他怀有地方偏见，总是认为"自古江南多才子"，对"汝宁多才子"很不以为然。一日，他巡视汝宁，闻知李本固是汝宁府有名的才子，想亲自试试他的才学。于是，便派人把李本固叫到察院，与他作对联句。当时李本固正在树荫下乘凉看书，听说巡抚大人叫他，拿着书本就去了。

巡抚见李本固年幼身小，衣衫不整，没有把他放在眼里，心想随意出两联，足可难倒他。因为巡抚到汝宁曾游览名胜古迹，观光市容，所以对汝宁地方风物、街道、商店印象很深，就以当铺为题出了上联：

东当铺，西当铺，东西当铺当东西

李本固听了也不回答，只是手拿书本晃了两晃。

巡抚见本固未答，以为对不上，遂又以南关寺为题，出一上联：

南海寺寺前有寺

李本固听了，还不回答，只是用手指指北方摇摇头。

巡抚连出两联，见李本固都没有答言，很是得意，嘲笑地说："久闻你是汝宁才子，今日为何……"

李本固没等巡抚把话说完，赶忙说道："我早已对好下联，大人怎么还不知道呢？"

巡抚板着脸儿说："你晃晃书本摇摇头，明明表示不会对，怎么能说都对出来了呢？"

李本固不慌不忙，一字一板地说："大人，你出的第一联上联是'东当铺，西当铺，东西当铺当东西'，我晃晃书本，即是对'春读书，秋读书，春秋读书读春秋'。你出的第二联上联是：'南海寺寺前有寺'，我指指北方摇摇头，就是对'天中山山后无山'。"

巡抚听了，满意地点点头，说："汝宁出才子，果然名不虚传。"心想：这孩子日后长大，前途不可限量，遂送李本固入府学读书。

四、坊上坊

从前，汝南城里四街八巷，有一百二十多座牌坊，可都是单牌坊，独有辕门口东边那座牌坊与众不同，则是一座牌坊上摞牌坊，人们称作"坊上坊"。

相传明朝万历年间，汝南有个叫傅振商的人，在朝任兵部尚书，修建一座横跨东西大街的牌坊，牌坊北端是傅家的住宅，南端是一户贫苦人家李姓的住宅。李家仅有一间面临大街的破草房，全家三口人，夫妻俩，一个孩子，以磨豆腐、纺棉线为生。孩子叫李本固，正在私塾读书。傅家建牌坊开始挖基时，把李家门口堆满土石，一家出入很不方便。李本固心中闷闷不乐，便问母亲："傅家把牌方修到咱门口，这不是仗势欺人吗？"母亲说："孩子，这是傅大人建牌坊，咱可不能说闲话呀！"傅家牌坊落成时，举行了隆重的仪式，家中宾客满门，皇帝也派使臣祝贺。这时李本固再也憋不住了，毫无惧色地走进客厅，质问傅振商："傅大人，你修牌坊修到我家门口，将来我修牌坊时，让我修在哪里呀？"傅振商一看是对门卖豆腐老李家的孩子，嘿嘿笑了两声说："你呀，将来要修牌坊，就修在我的牌坊上面吧！""说话可得算数呀？""决不食言！"李本固听罢一扭头走了。

从此，李本固发奋苦读，立志上进，后来中了状元，当了吏部天官。皇上命他回乡省亲修坟祭祖，立碑建牌坊。傅振商自知当年口出狂言，羞愧难当，可事到如今，也只得履行诺言。李本固想着既是同乡邻居，又是同朝奉君，怎么也不好意思在傅家牌坊上面建牌坊。最后，两人你推我让，争执不下，傅振商以留下个典故，教育后人为理由，终于说服了李本固，李本固只好建了坊上坊。坊上坊虽早拆毁，但坊上坊的故事却一直在民间流传着。

五、编修《汝南志》

你知道第一部《汝南志》书是谁编修的吗？据说就是明朝万历年间的李本固。

李本固贬官回来以后，在家没事可做，终日不是在书房读书，就是与朋友下棋，或与乡亲谈天说地，或到田间转悠。他的知心好友和地方上的文人学士，见他如此消磨时光，都劝他："叔茂啊！你满腹文才，窝到肚里，咋不著书哩？趁你有生之年，能写几部书，等你百年后，也算是给后人留点遗著。"李本固想想，觉得很有道理，是不能这样虚度年华了，应该为国家、为百姓做点事情。著什么书哩？《汝南郡志》已旷废百年，应该编修。于是，便动手收集资料，凡是见到古书上记载有汝南的人和事就摘抄下来，听到民间的传说轶闻就记录下来，日积月累，几年的时间，就积累了满满一箱柜的资料。

啥事不巧不成书。恰在这时，皇帝下诏，命各州府县修志书。汝宁知府黄邻初（似华）与李本固是老相识了，早就知道他是有名的"汝宁才子"，便请他出来编修《汝南志》。这事正合李本固心意，他满口答应，问知府："不知府台大人限多长时间完成？"黄知府说："三年。"李本固蛮有把握地点了点头说："可以，可以。"

由于李本固把自己保存多年的资料全部贡献出来，又不怕苦不怕累的白天黑夜地干，结果只用了八九个月的时间，就完成了第一部《汝南志》书二十四卷。知府阅罢，十分满意，连声夸赞："好，很好！你为国家、为百姓做了一件大好事！"编修《汝南志》后，还剩一些材料，都是民间传说、奇闻轶事。李本固认为，这些材料虽像鸡肋一样，但抛弃了也实在可惜，如果不把它记录下来，将有湮灭失传的危险。因此，便又整理编选了一部《汝南遗事》，共分上下两卷，收入民间传说、奇闻趣事一百七十一则。《汝南志》和《汝南遗事》，至今均流传于世。

【“妈妈同志”一任锐】任锐是新蔡县城关镇人。从小就深受父亲任芝铭老先生的进步思想和革命活动的影响。她中学毕业考入北京女子师范，秘密加入了孙中山领导的同盟会。她曾参加了谋杀摄政王的革命活动。

经常装扮成达官显贵的闺秀，带着装有炸弹的箱子，往来于大街小巷，从事革命活动。在反清斗争中，她和同盟会会员孙炳文产生了爱情，结成终身伴侣。后来孙炳文和朱德到欧洲勤工俭学，经周恩来介绍一起加入了中国共产党。1927年蒋介石发动“四·一二”反革命政变，孙炳文在上海龙华惨遭杀害。大革命失败后，任锐在白色恐怖中带着烈士的遗孤四处流浪，过着长期颠沛流离的生活。后来她终于在上海找到了地下党组织，成为一名光荣的共产党员。这时，日理万机、戎马倥偬的周恩来派人四处寻找任锐的下落，把她的长子孙泱介绍到朱德身边工作，在武汉找到任锐后连同她的小女儿孙维世一起送往延安。

在延安期间，任锐和小女儿孙维世在抗日军政大学、马列主义学院同窗学习。为了集中精力学习，任锐向女儿约法：在学校不要喊她妈妈。女儿答应了。一天，女儿考试得了满分，高兴得跳了起来，看见妈妈就情不自禁地喊起了“妈妈”，转眼想起了妈妈的约法，就赶快补喊了“同志”。这时，在孙维世身后的同学们才知道她们是母女关系。后来，同学们都随着维世亲切地称呼任锐为“妈妈同志”，一次，毛泽东主席邀请任锐到他家做客，信上也以“妈妈同志”相称。周恩来在送给任锐的一张邓颖超的照片的背后也写着：“妈妈同志”。从此，在宝塔山下，延河之畔，人人都知道这个年龄虽大但壮志不已的“妈妈同志”。

（赵心田）

成语典故

【一木难支】yī mù nán zhī 南朝宋刘义庆《世说新语·任诞》：“（和峤）曰：‘元裒如北厦门，拉摞自欲坏，非一木所能支。’”后以“一木难支”谓崩溃的形势非一人所能挽救。清叶廷琯《鸥波渔话·〈劫灰录〉李定国事》：“苇翁（高苇堂）题一律云：‘一木难支大厦倾，东南半壁尽降城。’”

【二龙】èr long《后汉书·许劭传》：“许劭字子将，汝南平舆人也。少峻名节，好人伦，多所赏识……兄虔亦知名，汝南人称平舆渊有二龙焉。”后因以“二龙”为称赞人兄弟并显之典。南朝梁萧纲《饯临海太守刘孝仪蜀郡太守刘孝胜》诗：“两杜昔夹河，二龙今出守。”同源典故：平舆二许、平舆、许渊龙、渊龙。

【土壤细流】tǔ rǎng xì liú《史记·李斯列传》：“是以太山不让土壤，故能成其大；河海不择细流，故能就其深。”后以“土壤细流”比喻微小的事物。中国近代史资料丛刊《辛亥革命·民国各团体之组织》：“窃比附土壤细流之说，为略呈之。”同源典故：壤流。

【士饱马腾】shì bǎo mǎ téng 唐韩愈《平淮西碑》：“士饱而歌，马腾于槽。”后因以“士饱马腾”谓军饷充足，士气旺盛。清李渔《奈何天·分忧》：“若还一到便攻，一攻就战，他那里士饱马腾，咱这里人疲马倦，子怕没有什么好处哩。”

【下逐客令】xià zhú kè lìng《史记·秦始皇本纪》：“大索，逐客。李斯上书说，乃止逐客令。”又《李斯列传》：“秦宗室大臣皆言秦王曰：‘诸侯人来事秦者，大抵为其主游间于秦耳，请一切逐客。’李斯议亦在逐中。斯乃上书曰：‘臣闻吏议逐客，窃以为过矣……’秦王乃除逐客之令。”后泛称赶走客人为“下逐客令”。《聊斋志异·陈云栖》：“若不下逐客令，俾得长伴老母，于愿斯足。”同源典故：秦逐客、逐客、逐客令、逐客议。

【小家碧玉】xiǎo jiā bì Yù《乐府诗集·碧玉歌二》：“碧玉小家女，不敢攀贵德。”郭茂倩题解引《乐苑》：“《碧玉歌》者，宋汝南王所作也。碧玉，汝南王妾名，以宠爱之甚，所以歌之。”后以“小家碧玉”称小户人家的美貌少女。明范文若《鸳鸯棒·慕凤》“小家碧玉镜慵施，赵娣停灯臂支粟。”同源典故：碧玉、碧玉风标、碧玉年。

【及门】jí mén《论语·先进》：“子曰：‘从我于陈蔡者，皆不及门也。’”本谓现时不在门下，后以“及门”指受业弟子。《元史·许谦传》：“及门之士著录者千余人。”清刘大櫆《翰林编修李公墓志铭》：“而张公于及门中独爱重公。”

【五行俱下】wǔ háng jù xià 汉孔融《汝颖优劣论》：“汝南应世叔（应奉字，今汝南人），读书五行俱下。”《南史·宋孝武帝》：“少机颖，神明爽发，读书七行俱下，才藻甚美。”《梁书·简文帝纪》：“（太宗）读书十行俱下。九流百氏，经目必记。”又《昭明太子统传》：“太子美姿貌，善举止，读书数行并下，过目皆忆。”后遂以形容读书速度极快。多称赞人资质高，十分聪明。宋陆游《老学庵笔记》卷二：“王性之读书真能五行俱下，往往他人才三四行，性之已尽一纸。”同源典故：目五行、目下十行、七行俱下、十行俱下、十行一目、十目一行、数行俱下、五行不辍、五行皆下、五行俱览、一目十行、一目数行、一目五行、应奉五行。

【太丘道】tài qiū dào《汉后书·许劭传》载：东汉陈寔，颍川人，曾为太丘长，有名望，交游甚广。许劭到颍川，独不拜访陈寔。人问其故，许劭曰：“太丘道广，广则难周。”后以“太丘道”称广为交游。唐李端《下第上薛侍郎》诗：“终惭太丘道，不为小生私。”同源典故：道广、太丘道广、太丘广。

【少不更事】shào bù gēng shì《晋书·周顗传》：“君少年未更事。”后因以“少不更事”谓年轻，阅历世事不多。

明张凤翼《窃符记》四折："赵奢之子赵括志大才庸，少不更事。"同源典故：少不经事。

【牛心炙】 niú xīn zhì《晋书·王羲之传》："时重牛心炙，坐客未啖，（周）颚（今汝南人）先割啖羲之，（羲之）于是始知名。"《世说新语·汰侈》第三十："王右军（羲之）少时，在周侯末坐，割牛心啖之，于此改观。"以"牛心炙"谓豪侈之食（物）。宋唐庚《次郑太玉见寄韵》："他时名誉牛心炙，晚岁穷空犊鼻裈。"亦指用牛心做的一种菜肴。

【牛医儿】 niú yī ér《后汉书·黄宪传》："世贫贱，父为牛医……同郡戴良才高倨傲，而见宪未尝不正容，及归，惘然若有失也。其母问曰：'汝复从牛医儿来邪？'"本指汉黄宪，后借指出身微贱而有声望的人。元赵孟頫《咏逸民》诗："谁言牛医儿，乃是人中英。"清汪懋麟《赠徐赞善》诗："荐达收器用，此心原大公。甘愧牛医儿，不屈矜高风。"

【长房缩地】 cháng fáng suō dì 晋葛洪《神仙传·壶公》载：东汉费长房（今平舆人）随仙人壶公学道，"有神术，能缩地脉，千里存在，目前宛然，放之复舒如旧也"。"长房缩地"指传说中方士以法术化远为近。多用以形容思念故乡或异地亲朋等。清李渔《蜃中楼·结蜃》："暂学长房缩地，权为娲氏补天。"同源典故：长房术、缩地、缩地长房、缩地兼程、缩地经、缩地术、缩地无方、缩地仙。

【玉卮无当】 yù zhī wú dàng《韩非子·外储说右上》："一日，堂溪公（今遂平人）见昭侯曰：'今有白玉之卮而无当，有瓦卮而有当，君渴将何以饮？'君曰：'以瓦卮。'"后因以"玉卮无当"喻东西虽好，却无用处。晋左思《〈三都赋〉序》："且夫玉卮无当，虽宝非用；侈言无验，虽丽非经。"

【击缶歌乌乌】 jī fǒu gē wū wū 秦李斯《谏逐客书》："夫击瓮叩缶……而歌呼呜呜快耳目者，真秦之声也。"又汉杨恽《报孙会宗书》："田家作苦，岁时伏腊，烹羊炰羔，斗酒自劳。家本秦也，能为秦声……酒后耳热，仰天抚缶而呼乌乌，其诗曰：'田彼南山，芜秽不治，种一顷豆，落而为萁。人生行乐耳，须富贵何时！'"乌乌，同"呜呜"。后以"击缶歌乌乌"表现狂放不羁，或长歌解愁。宋陆游《小饮赏菊》诗："举袖舞翩仙，击缶歌乌乌。"同源典故：唱乌乌、耳热歌、耳热酒酣、乌乌歌、乌乌击缶歌。

【叹黄犬】 tàn huáng quǎn《史记·李斯列传》载：秦丞相李斯遭赵高诬陷，被腰斩于咸阳市。临刑时对其排行居中的儿子说："吾欲与若复牵黄犬俱出上蔡东门逐狡兔，岂可得乎！"后因以"叹黄犬"为官场遭祸、抽身悔迟之典。唐李白《襄阳歌》："咸阳市中叹黄犬，何如月下倾金罍。"金赵秉文《射虎》诗："寄谢咸阳叹黄犬，何如雾豹隐南山。"同源典故：悲东门、悲黄犬、东门狗、东门黄犬、东门猎、东门牵犬、东门犬、东门逐兔、黄犬悲、黄犬东门、黄犬堪嗟、黄犬泪、黄犬叹、黄犬之乐、李斯黄犬、李斯忆黄犬、李斯怨、李斯追悔、念黄犬、牵狗都门、牵黄、牵黄犬、牵犬东门、牵犬上东门、上蔡悲、上蔡苍鹰、上蔡东门、上蔡黄狗、上蔡牵黄、上蔡牵黄犬、上蔡牵犬儿、上蔡犬、上蔡鹰卢、上蔡逐猎、思牵犬、思犬东门、忆黄犬、忆牵黄犬、鹰犬人。

【乐石】 yuè shí《古文苑·李斯〈峄山刻石文〉》："今皇帝壹家天下，兵不复起……群臣颂略，刻此乐石，以著经纪。"章樵注："石之精坚堪为乐器者，如泗滨浮磬之类。""乐石"原指可制乐器的石料，后以之泛指碑石或碑碣。唐柳宗元《故殿中侍御史柳公墓表》："刊乐石，篆遗德，延休烈，垂宪则。"清赵翼《奉和相公经略来滇》之二："相公自来功自速，好磨乐石待韩碑。"清龚自珍《〈阮尚书年谱〉第一序》："公谓吉金可以证经，乐石可以励史，玩好之侈，临摹之工，有不预焉。"

【问津】 wèn jīn《论语·微子》："长沮、桀溺耦而耕，孔子过之，使子路问津焉。长沮曰：'夫执舆者为谁？'子路曰：'为孔丘。'曰：'是鲁孔丘与？'曰：'是也。'曰：'是知津矣。'"问津，谓询问渡口。后用以喻探求学问门径或仕宦之途。南朝梁沈约《桐柏山金庭馆碑》："寻师讲道，结友问津。"唐王维《皇甫岳云溪杂题五首·上平田》："借问问津者，宁知沮溺贤。"唐方干《上越州杨岩中丞》诗："试把十年辛苦志，问津求拜碧油幢。"同源典故：知津。

【汝南月旦】 rǔ nán yuè dàn《后汉书·许劭传》："初，劭与靖（许靖，劭之从兄）俱有高名，好共核论乡党人物，每月辄更其品题，故汝南俗有'月旦评'焉。"许劭，汝南人。后遂以"汝南月旦"谓品评人物。柳亚子《〈胡寄臣诗〉序》："其尤无耻者，妄窃汝南月旦之评，撰为诗话，已不能文，则假手捉刀，大书深刻，以欺当世。"同源典故：旦评、高谈旦月、高悬月旦、居乡月旦、评月旦、汝南评、汝颍月旦评、汝月、舌端月旦、乡评月旦、许劭评、许劭月旦、许氏评、月旦、月旦持评、月旦春秋、月旦里评、月旦评、月旦堂、月评。

【汝南鸡】 rǔ nán jī 南朝陈徐陵《乌栖曲》之二："惟憎无赖汝南鸡，天河未落犹争啼。"吴兆宜笺注引《后汉书·百官志》刘昭注："蔡质《汉仪》：'卫士传言五更……不畜宫中鸡，汝南出鸡鸣卫士候朱雀门外，专传鸡鸣于宫中。'"后以"汝南鸡"指报晓之鸡。唐陆龟蒙《古别离》诗："何事离情畏明发，一心唯恨汝南鸡。"同源典故：汝南晨鸡。

【扼臂啮指】 è bì niè zhǐ《后汉书·周磐传》："磐（今汝南人）同郡蔡顺……尝出求薪，有客卒至，母望顺不还，乃噬其指。顺即心动，弃薪驰归，跪问其故。母曰：'有急客来，吾噬指以悟汝耳。'"李贤注："噬，啮也。"后以"扼臂啮指"指至孝之人与父母心相感应。清钱谦益《故福建建宁府推官待赠吏科给事嘉善柯君墓志铭》："君初举进士观政，得赠公家书，心动曰：'无病何以非手迹耶？'请急驰归。及门而赠公病革矣……人以是知扼臂啮指，古孝子非虚语也。"同源典故：母啮子痛、啮指、啮指之思、噬指、噬指之恋、指随心痛。

【赤帻】 chì zé 晋干宝《搜神记》卷十八载：安阳城（在今正阳境）南亭西舍，有一老雄鸡，化而为人，冠赤帻。后因以“赤帻”为借指雄鸡之典。唐杜甫《催宗文树鸡栅》诗：“踏藉盘案翻，终日憎赤帻。”宋陆游《赠老鸡》诗：“峨峨赤帻先群辈，喔喔长鸣盖四郊。”

【杖化龙】 zhàng huà lóng《后汉书·费长房传》：“长房辞归，翁（壶公）与一竹杖，曰：‘骑此任所之，则自至矣。既至，可以杖投葛陂中也。’……长房乘杖，须臾来归，自谓去家适经旬日，而已十余年矣。即以杖投陂，顾视则龙也。”后因以“杖化龙”为表现道家神异之典。宋陆游《道室杂咏》：“舄化双凫杖化龙，云山回首不知重。”同源典故：别杖、成龙杖、乘竹杖、葛陂、葛陂龙、葛陂筇竹、葛陂杖、壶公龙、壶公杖、壶叟杖、化杖、化竹、龙腹竹、龙化葛陂、龙化杖、龙杖、龙竹、骑青竹、骑竹、骑竹杖、弃杖成龙、青竹化为龙、青竹一龙骑、投陂竹、投葛陂、携杖逐壶公、杖化、杖化葛陂、掷杖成龙、竹成龙、竹化龙、竹杖成龙。

【利锥】 lì zhuī《晋书·祖纳传》：“时梅陶（今西平人）及钟雅数说馀，纳辄困之。因曰：‘君汝颍之士，利如锥；我幽冀之士，钝如槌。持我钝槌，捶君利锥，皆当摧矣。’陶、雅并称‘有神锥，不可得槌’。纳曰：‘假有神锥，必有神槌。’雅无以对。”后遂以“利锥”比喻人聪颖明利。清黄遵宪《罢美国留学生感赋》：“颇有聪颖士，利锥非钝槌。”同源典故：钝槌、利如锥。

【伯仁】 bó rén《晋书·周顗传》载：晋周顗字伯仁（今汝南人），元帝时为仆射，与王导交情很深。永昌元年，导堂兄江州刺史王敦起兵反，导赴阙待罪。顗在元帝前为导辩护，帝纳其言而导不知。及敦入朝，问导如何处置顗，导不答，敦遂杀顗。后导知顗曾救己，不禁痛哭流涕说：“吾虽不杀伯仁，伯仁由我而死。幽冥之中，负此良友。”后因以“伯仁”代称亡友。续范亭《吊老友杜仲虑忧国自沉》诗：“伯仁非我杀，我竟死伯仁。”

【良佐去矜】 liáng zuǒ qù jīn《宋史·道学二》：“（谢良佐）与程颐别一年，复来见，问其所进，曰：‘但去得一‘矜’字尔。’颐喜，谓朱光庭曰：‘是子力学，切问而近思者也。’”后以“良佐去矜”谓力学上进不骄傲自夸。谢良佐，字显道，今上蔡人。

【阿奴碌碌】 ā nú lù lù 南朝宋刘义庆《世说新语·识鉴》：“周伯仁（即周顗，今汝南人）母冬至举酒赐三子曰：‘吾本谓度江托足无所。尔家有相，尔等并罗列吾前，复何忧？’周嵩起，长跪而泣曰：‘不如阿母言。伯仁为人志大而才短，名重而识暗，好乘人之弊，此非自全之道。嵩性狼抗，亦不容于世。唯阿奴（周嵩弟周谟）碌碌，当在阿母目下耳。”后因以“阿奴碌碌”指平庸与世无争，常得安身。宋魏了翁《柳梢青·某既赋小阕为叔母寿再遣小阕托诸兄代劝》词：“记得年年。阿奴碌碌，常在眼前。彩舫吴天，锦轮蜀地，阅尽山川。”

【陈蕃室】 chén fán shì《后汉书·陈蕃传》：“蕃（今平舆人）年十五，尝闲处一室，而庭宇芜秽，父友同郡薛勤来候之，谓蕃曰：‘孺子何不洒扫以待宾客？’蕃曰：‘大丈夫处世，当扫除天下，安事一室乎！’”后以“陈蕃室”指闲居之处。唐骆宾王《夏日游德州赠高四》诗：“聊安张蔚庐，讵扫陈蕃室。”同源典故：陈室、扫室、扫一室。

【陈蕃榻】 chén fán tà《后汉书·徐稚传》载：徐稚字孺子，乃南昌高士，为太守陈蕃所礼重。陈蕃在郡不接宾客，唯稚来特设一榻，稚离去就把榻悬挂起来。又《陈蕃传》载：陈蕃再迁为乐安太守，又特为郡人高洁之士周璆置一榻，去则悬之。后因以“陈蕃榻”为礼待贤士嘉宾的典故。唐李白《寄崔侍御》诗：“高人屡解陈蕃榻，过客难登谢朓楼。”同源典故：陈蕃解榻、陈蕃下榻、陈蕃悬榻、陈君榻、陈榻、陈徐榻、高士榻、高悬一榻、挂榻、解榻、留徐榻、留徐下榻、南州高士、南州榻、孺子榻、扫榻、设榻、下尘榻、下榻、徐孺榻、徐榻、徐稚榻、悬陈榻、悬床、悬榻、悬徐之榻、一榻高悬、一榻挂壁、迎徐榻、置榻、稚榻。

【陂坏当复】 bēi huài dāng fù《汉书·翟方进传》：“初，汝南旧有鸿隙大陂，郡以为饶。成帝时，关东数水，陂溢为害。方进（今上蔡人）为相，与御史大夫孔光共遣掾行视，以为决去陂水，其地肥美，省堤防费而无水忧，遂奏罢之。及翟氏灭，乡里归恶，言方进请陂下良田不得而奏罢陂云。王莽时常枯旱，郡中追怨方进，童谣曰：‘坏陂谁？翟子威，饭我豆食羹芋魁。反乎覆，陂当复。谁云者？两黄鹄。’”后以“陂坏当复”指修复水利。宋陆游《复湖》诗：“共知陂坏行当复，敢恨台高既已倾。”同源典故：复陂谣、羹芋魁、芋魁豆饭、芋魁饭豆。

【陂湖禀量】 bēi hú bǐng liàng《后汉书·黄宪传》：“叔度（即黄宪，今正阳人）汪汪若千顷陂，澄之不清，淆之不浊，不可量也。”后因以“陂湖禀量”比喻度量宽广恢弘。唐黄滔《祭右省李常侍洵》：“惟灵金石呈姿，陂湖禀量，伊彼昭代，生乎德明。”同源典故：陂量。宋周必大《次韵沈世得抚斡川咏轩》：“频惭陂量容，未为俗驾勒。”

【妖姬荡舟】 yāo jī dàng zhōu《左传·僖公三年》：“齐侯与蔡姬乘舟于囿，荡公，公惧变色，禁之不可。公怒，归之。”蔡姬荡舟致使齐侯恐惧而不知停止而被逐。后遂以“妖姬荡舟”形容妃妾行为轻狂。南朝梁何逊《春夕早泊和諮议落日望水诗》诗：“变童泣垂钓，妖姬哭荡舟。”同源典故：荡舟不禁、荡舟狂、摇舟咎。

【范张鸡黍】 fàn zhāng jī shǔ《文选·范云〈赠张徐州稷〉》诗“恨不具鸡黍，得与故人挥”，李善注引三国吴谢承《后汉书》：“山阳范式字巨卿，与汝南张元伯（张劭）为友，春别京师，以秋为期。至九月十五日，杀鸡作黍，二亲笑曰：'山阳去此几千里，何必至？'元伯曰：'巨卿信士，不失期者。'言未绝而巨卿至。"又《后汉书·范式传》载：后张劭病卒，范式梦见劭告以死讯和葬期，式乃乘素车白马如期赶到送葬。后因用"范张鸡黍"为朋友守信笃情之典。元白朴《摸鱼子》词："季鹰千里莼鲈思，更喜范张鸡黍。"《群音类选·金貂记·饯居田里》："良友各天涯，怎能勾范张鸡黍重相会。"同源典故：白马故人来、炊黍期张、范黍、范张管鲍、范张亲、范张之期、范张之志、割鸡炊黍、故人鸡黍、鸡黍、鸡黍范张、鸡黍襟期、鸡黍期、鸡黍约、具鸡黍、巨卿白马、巨卿哭、死结生交、张范通梦。

【叔度陂湖】 shū dù bēi hú《后汉书·黄宪传》："叔度（黄宪字，今正阳人）汪汪若千顷陂，澄之不清，淆之不浊，不可量也。"后因以"叔度陂湖"比喻人的器宇胸襟宏伟宽大。唐黄滔《祭崔补阙道融文》："多君于士元廊庙，待我以叔度陂湖。"同源典故：黄陂、黄宪万顷、叔度、叔度陂、叔度汪洋、汪洋叔度。

【金印如斗】 jin yìn ru dou 南朝宋刘义庆《世说新语·尤悔》载：晋周𫖮（今汝南人）在营救丞相王导以后，曾对左右说："今年杀诸贼奴，当取金印如斗大系肘后。"后因以"金印如斗"形容位高爵尊。唐王维《送高判官从军赴河西序》："紫绶曳地，金印如斗。"宋刘子翚《蓦山溪》词："一醉万缘空，莫贪伊、金印如斗。"同源典故：臂悬金斗、大印如斗、斗大金章、斗印、金印斗大、印佩黄金斗、印如斗大、肘悬金印。

【周妻何肉】 zhōu qī hé ròu《南齐书·周颙传》："（颙）清贫寡欲，终日长蔬食，虽有妻子，独处山舍……时何胤亦精信佛法，无妻妾。太子又问颙：'卿精进何如何胤？'颙曰：'三涂八难，共所未免。然各有其累。'太子曰：'所累伊何？'对曰：'周妻何肉。'"后因以"周妻何肉"指障碍修习佛法的食色之欲。清赵翼《刘荫萱远寄藏佛一尊赋谢》诗："惟独此心清净退，周妻何肉早悉蠲。"同源典故：何肉、何肉周妻、妻肉、肉似何、食菜周颙、周何累、周妻、周肉何妻、周颙韭。

【狐鸣鱼书】 hú míng yú shū《史记·陈涉世家》："乃丹书帛曰'陈胜王'，置人所罾鱼腹中。卒买鱼烹食，得鱼腹中书，固以怪之矣。又闲令吴广之次所旁丛祠中，夜篝火，狐鸣呼曰：'大楚兴，陈胜王。'"后以"狐鸣鱼书"指鼓动群众的计谋。宋罗大经《鹤林玉露》卷六："如狐鸣鱼书之类，至诈为吉兆以动众。"（陈胜，今平舆人。）同源典故：篝火狐鸣、狐鸣篝火、狐鸣篝中、狐火诡谋、狐鸣火。

【刻画无盐，唐突西施】 kè huà wú yán，táng tū xī shī《晋书·周𫖮传》："庾亮尝谓𫖮曰：'诸人咸以君方乐广。'𫖮曰：'何乃刻画无盐，唐突西施也？'"《世说新语·轻诋》"西施"作"西子"。无盐，齐国丑妇；西施，越国美女。后以"刻画无盐，唐突西施"谓为了突出丑的而损害了美的。清恽敬《与李汀州书》："敬前书可谓刻画无盐，唐突西子矣。"同源典故：刻画无盐、刻画毋盐、刻无盐、巧画无盐、唐突西施、无盐、无盐子。

【沮溺耦】 jù nì ǒu《论语·微子》："长沮、桀溺（今新蔡人）耦而耕，孔子过之，使子路问津焉。"钱穆新解："（长沮、桀溺）两隐者，姓名不传。沮，沮洳。溺，淖溺。以其在水边，故取以名之。"后遂以"沮溺耦"指隐者耦耕生活。唐韦应物《秋郊作》诗："方愿沮溺耦，淡泊守田庐。"同源典故：长沮耕、津难问、沮溺、溺沮耕养、耦耕、耦耕身、行者问津。

【郝钟】 hǎo zhōng 南朝宋刘义庆《世说新语·贤媛》载：晋司徒王浑与汝南内史王湛为兄弟。浑妻钟氏为太傅曾孙，有俊才女德；湛妻郝氏，亦有令姿淑德。"钟郝为娣姒，雅相亲重。钟不以贵凌郝，郝亦不以贱下钟。东海家内，则郝夫人之法。京陵家内，范钟夫人礼"。后世因以"郝钟"为妇德贤淑之典。清翁志琦《答女口号》："不闻郝钟礼法重大义，妇德何尝在识字？"

【拾尘】 shí chén《孔子家语·在厄》载：传说孔子困于陈蔡之间，七日不得食。后得米，由颜回、仲由二人在一间破屋里烧饭。颜回见一块烟灰落到饭里，感到被弄污的饭弃之可惜，就取来吃了。子贡从远处望见，以为他偷食，告诉了孔子。孔子说颜回不会做这种事。后来问明情况，孔子说：我也会这样做的。《吕氏春秋·任数》亦载此事，稍异：谓孔子亲见而怀疑，后查明情况，叹道："所信者目也，而目犹不可信；所恃者心也，而心犹不足恃。弟子记之，知人固不易矣。"后以"拾尘"指因误会而致疑。晋陆机《君子行》："掇蜂灭天道，拾尘惑孔颜。"同源典故：饭煤、拾尘之戒、拾煤。

【思齐】 sī qí《诗·大雅·思齐》："思齐大任（今平舆人），文王之母。"毛传："齐，庄也。"郑玄笺："常思庄敬者，大任也，乃为文王之母。"后因以"思齐"赞美母教及内助之贤。汉蔡邕《太傅安乡侯胡公夫人灵表》："体季兰之姿，蹈思齐之迹。"宋秦观《大行太皇太后挽词》之二："顾命一时聊共政，思齐千古遂同风。"

【鬼董狐】 guǐ dǒng hú 南朝宋刘义庆《世说新语·排调》："干宝（今新蔡人）向刘真长叙其《搜神记》，刘曰：'卿可谓鬼之董狐。'"后遂以"鬼董狐"指专门为鬼作史传的人。唐褚遂良《鬼冢志·附鲁秋胡妻疑冢志》："援笔伸纸，不觉自嘲为鬼董狐矣。"按，董狐，古之良史。

【络秀】 luò xiù 南朝宋刘义庆《世说新语·贤媛》载：周浚（今汝南人）为安东将军，出猎遇雨，止李氏家，见络秀而求为妾。父兄不许。络秀曰："门户殄瘁，何惜一女，若连姻贵族，将来或大益。"父兄从之。后生𫖮及嵩、谟，并列显位。李氏族亦得礼遇。后因以"络秀"借指有才识的女子。宋苏轼《次韵黄鲁直嘲小德小德鲁直子其母微故其诗云》："但使伯仁长，还兴络秀家。"明张四维《双烈记·就婚》："老身当暮景，得安然，始识吾儿络秀贤。”

【班荆道故】 bān jīng dào gù《左传·襄公二十六年》:“楚伍参与蔡太师子朝友，其子伍举与（蔡）声子（今上蔡人）相善……伍举奔郑，将遂奔晋。声子将如晋，遇之于郑郊，班荆相与食，而言复故。”杜预注：“班，布也。布荆坐地，共议归楚，事朋友世亲。”伍举，亦名椒举。声子，即蔡国公孙归生，子朝之子。后因以“班荆道故”泛指朋友相遇，共叙离情。清秦曾熙《〈小螺庵病榻忆语〉跋》:“异日余解组归田，与梅叟徜徉于稽山镜水间，班荆道故，永言亲戚之欢。”同源典故:班草、班荆、班荆道旧、班荆馆、班荆椒举、班荆藉草、班荆坐地、话旧班荆、椒举班荆等。

【袁安高卧】 yuán ān gāo wò《后汉书·袁安传》李贤注引晋周雯《汝南先贤传》:“时大雪积地丈余，洛阳令身出案行，见人家皆除雪出，有乞食者。至袁安（今汝南人）门，无有行路，谓安已死，令人除雪入户，见安僵卧。问何以不出，安曰:‘大雪人皆饿，不宜干人。’令以为贤，举为孝廉。”后以“袁安高卧”指身处困穷不乞求于人、坚守节操的行为。元关汉卿《裴度还带》二折：“看路径行人绝迹，我可便听园林冻鸟时啼，这其间袁安高卧将门闭。”柳亚子《消寒一绝》:“袁安高卧太寒酸，党尉羊膏未尽欢。”同源典故：长安卧雪、冻饿袁安、高卧袁安、僵卧袁安、洛阳高卧、卧雪高人、卧雪先生、卧雪袁、卧雪袁安、卧袁安、雪塞门、夜雪袁安、袁安、袁安闭户、袁安独卧、袁安户、袁安僵卧。

【壶中天】 hú zhōng tiān《后汉书·费长房传》载：费长房（今平舆人）为市掾时，市中有老翁卖药，悬一壶于肆头，市罢，跳入壶中。费长房于楼上见之，知为非常人。次日复诣翁，翁与俱入壶中，唯见玉堂严丽，旨酒甘肴盈衍其中，共饮毕而出。又《云笈七签》卷二八引《云台治中录》:“施存，鲁人。夫子弟子，学太丹之道……常悬一壶如五升器大，变化为天地，中有日月，如世间。夜宿其内，自号‘壶天’，人谓曰‘壶公’。”后以“壶中天”谓仙境，胜境。唐白居易《酬吴七见寄》诗:“谁知市南地，转作壶中天。”宋陆游《壶天阁》诗：“乃知壶中天，端胜缩地脉。”同源典故：碧壶、碧玉壶、壶公、壶公诀、壶公术、壶里乾坤、壶里三光、壶内古今、壶天、壶中白日、壶中地、壶中甲子、壶中景、壶中境、壶中诀、壶中客、壶中阔、壶中日、壶中日永、壶中日月、壶中世界、壶中术、壶中天地、壶中仙家、壶中有家、壶翁仙诀、入壶、天地一壶、仙壶、小壶天、携壶、悬壶、一壶天地、一壶中、玉壶先生、玉壶。

【钱癖】 qián pǐ《晋书·和峤传》载：和峤（今西平人）在晋惠帝时，官至太子太傅，所拥财富可敌王者，但性极吝啬，时人讥笑他为“钱癖”。又《晋书·杜预传》:“时王济解相马，又甚爱之；而和峤颇聚敛，预常称‘济有马癖，峤有钱癖’。”后因称贪财敛钱为“钱癖”。宋孙光宪《北梦琐言》卷四:“虽各有所美，而非近利，与夫牙筹、金埒、钱癖、谷堆不亦远乎！”同源典故：和癖、和峤惟钱。

【谈经夺席】 tán jīng duó xí《后汉书·戴凭传》载:“（戴凭）年十六，郡举明经，征试博士，拜郎中。时诏公卿大会，群臣皆就席，凭独立。光武问其意。凭对曰：‘博士说经皆不如臣，而坐居臣上，是以不得就席。’帝即诏上殿，令与诸儒难说，凭多所解释。帝善之，拜为侍中。”一次朝会，皇帝令群臣说经，相互问难，经解不通者让席位于能通解者。戴凭连夺五十余席，京中人夸其“解经不穷戴侍中”。后以“谈经夺席”指在讨论学问中高人一筹，能折服他人。清平步青《霞外捃屑·诗话下》:“抗颜聊为师，谈经屡夺席。”同源典故:重席谈经、戴凭避席、戴凭夺席、戴凭经、戴凭席、夺席、夺席拔帜、据席谈经、折戴凭。

【雪夜鸣鹅】 xuě yè míng é《新唐书·李愬传》载：吴元济谋反，李愬雪夜下蔡州平叛，夜半抵达，雪愈下愈大，大地白茫一片，军事行动极易被发现。时见城旁皆鹅池，于是让战士击鹅，鹅鸣声掩盖了行军声，麻痹了对方，一举成功。后遂以“雪夜鸣鹅”称以智取胜的战事。清李渔《奈何天·攒羊》:“休怕风寒雪冷，雪夜鸣鹅，不是仗寒威，怎操全胜？”同源典故：鹅池平蔡、鹅池雪、鹅池夜渡、击鹅群、将军半夜鹅。

【蛇盘绶笥】 shé pán shòu sì《后汉书·许曼传》:“桓帝时，陇西太守冯绲始拜郡，开绶笥，有两赤蛇分南北走。绲令曼筮之。卦成，曼曰:‘三岁之后，君当为边将，官有东名，当东北行三千里。复五年，更为大将军，南征。’延熹元年，绲出为辽东太守，讨鲜卑，至五年，复拜车骑将军，击武陵蛮贼，皆如占。”后因以“蛇盘绶笥”为升官晋爵之典。北周庾信《周车骑大将军贺娄公神道碑》:“旍节既秉，高蝉且珥，龟转印函，蛇盘绶笥。”同源典故:蛇盘绶结、双蛇结绶。

【啸诺】 xiào nuò《后汉书·党锢传序》:“汝南太守宗资任功曹范滂，南阳太守成瑨亦委功曹岑晊，二郡又为谣曰：‘汝南太守范孟博，南阳宗资主画诺；南阳太守岑公孝，弘农成瑨但坐啸。’”后以“啸诺”喻为官清闲，无事可做。宋苏轼《熙宁中轼通守此郡题一诗于壁今二十年矣因和前篇呈公济子侔二通守》:“坐令老钝守，啸诺获少休。”同源典故：成瑨坐啸、画诺、画诺坐啸、汝南诺、主诺、宗资诺、宗资主诺、坐啸、坐啸画诺。

【银鹿】 yín lù 唐李肇《唐国史补》卷上：“颜鲁公之在蔡州，再从侄岘家僮银鹿始终随之。”后以“银鹿”代称仆人。明张煌言《仆还》诗：“自是元银鹿，犹胜形影单。”清顾炎武《与王山史手札》:“明早登山，不敢烦起居，得一银鹿指引，足竟诸处。”

【旌阳】 jīng yáng《太平广记》卷十四引《十二真君传·许真君》载：晋许逊（今平舆人）曾任蜀旌阳县令，他曾学道于大洞君吴猛，后因晋室乱而弃官东归。相传于东晋孝武帝太康二年，在洪州西山全家升仙而去。后以“旌阳”指许逊，为咏仙之典。宋姜夔《鹧鸪天》词序:“古枫，旌阳在时物也。”

明屠隆《彩毫记·乘醉骑驴》："簿书作令休云俗，勾漏旌阳俱是仙。"同源典故：旌阳宅。

【寇贾之风】 kòu jiǎ zhī fēng《后汉书·寇恂传》载：执金吾贾复部将杀人，汝南太守寇恂捕杀之。贾以为耻，扬言要杀寇恂。寇恂效蔺相如为大局退让，后经光武帝调解和好。后以"寇贾之风"为顾全大局解除私怨之典。《周书·文帝纪上》："共追廉蔺之迹，同慕寇贾之风。"

【揽辔澄清】 lǎn pèi chéng qīng《后汉书·范滂传》："时冀州饥荒，盗贼群起，乃以滂（字孟博，今确山人）为清诏使，案察之。滂登车揽辔，慨然有澄清天下之志。"南朝宋刘义庆《世说新语·德行》载为陈蕃事。后以"揽辔澄清"谓在乱世有革新政治、安定天下的抱负。唐韦建《黔州刺史薛舒神道碑》："驻车决遗，揽辔澄清。"宋柳永《一寸金》词："仗汉节、揽辔澄清，高掩武侯勋业，文翁风化。"同源典故：澄清、澄清揽辔、澄清志、乘轺揽辔、登车揽辔、登车志、登车壮志、范滂车、范滂揽辔、揽澄清辔、揽范生辔、揽孟博辔、揽辔、揽辔才、揽辔登车、揽辔中原、孟博登车。

【鲂鱼赪尾】 fáng yú chēng wěi《诗·周南·汝坟》："鲂鱼赪尾，王室如毁"毛传："赪，赤也；鱼劳则尾赤。"朱熹集传："鲂尾本白而今赤，则劳甚矣。"后因以"鲂鱼赪尾"形容人困苦劳顿，负担过重。北周庾信《哀江南赋》："既而鲂鱼赪尾，四郊多垒。"同源典故：赪尾、鲂赪、鲂鱼尾、倦尾赤色、鱼劳。

【楚材晋用】 chǔ cái jìn yòng《左传·襄公二十六年》："（蔡）声子（今上蔡人）通使于晋，还如楚。令尹子木与之语，问晋故焉，且曰：'晋大夫与楚孰贤？'对曰：'晋卿不如楚，其大夫则贤，皆卿材也。如杞梓、皮革，自楚往也。虽楚有材，晋实用之。'"后因以"楚材晋用"指引用别国人才或自己的人才为别国所用。《周书·沈重传》："建德末，重自以入朝既久，且年过时制，表请还梁。高祖优诏答之曰：'……不忘恋本，深足嘉尚，而楚材晋用，岂无先哲。'"清钱谦益《光禄大夫铁山三公墓志铭》："楚材晋用，国士所以长嗟，秦智虞愚，贤哲为之永叹。"同源典故：楚才、楚才晋用、楚材、楚材杞梓、楚国材、晋得楚材、晋用楚材、荆衡杞梓、荆南杞梓、杞梓、收杞梓。

【蜂腰】 fēng yāo《南史·周弘直传》："弘直（今汝南人）方雅敦厚，气调高於次昆。或问三周孰贤，人曰：'若蜂腰矣。'"三周，指南朝梁周弘正、周弘让、周弘直兄弟。弘正善谈玄理，弘直方雅敦厚，唯弘让简素，曾任叛将侯景伪官，故时人讥之。蜂腰中间细，比喻居中者最差。清纪昀《阅微草堂笔记·滦阳续录六》："端人先生恒病余不能饮……及余典试得临溪，以书报先生。先生覆札曰：'吾再传有此君，闻之起舞。但终恨君是蜂腰耳。'"

【腹空洞】 fù kōng dòng 南朝宋刘义庆《世说新语·排调》："王丞相（导）枕周伯仁（即周顗，今汝南人）膝，指其腹曰：'卿此中何所有？'答曰：'此中空洞无物，然容卿辈数百人。'"后以"腹空洞"为自谦才乏之语。宋刘克庄《贺新郎》（王实之喜余出岭命爱姬歌新词以相劳辄次其韵）词："此腹元空洞。少年时诸公过矣，上天吹送。"

【解带】 jiě dài《后汉书·周磐传》："（周磐，今汝南人）居贫养母，俭薄不充。尝诵《诗》至《汝坟》之卒章，慨然而叹，乃解韦带，就孝廉之举。"李贤注："以韦皮为带，未仕之服也，求仕则服革带，故解之。"后因以"解带"谓出仕。唐王勃《别卢主簿序》："惟高明之捧檄，属吾人之解带。"

【新亭对泣】 xīn tíng duì qì《晋书·王导传》："过江人士，每至暇日，相要出新亭饮宴。周顗中坐而叹曰：'风景不殊，举目有江河之异。'皆相视流涕。惟导愀然变色曰：'当共戮力王室，克复神州，何至作楚囚相对泣邪！'众收泪而谢之。"后因以"新亭对泣"为哀叹故国沦亡、无力回天的典故。唐吴融《过渑池书事》诗："莫道新亭人对泣，异乡殊代也沾衣。"宋刘辰翁《水调歌头》词："旧日登楼长笑，此日新亭对泣。"同源典故：楚囚垂泪、楚囚对泣、楚囚相对、楚囚相泣、对泣楚囚、对泣新亭、风景不殊、风景新亭、挥泪新亭、泣楚囚、泣王导、泣下新亭、泣新亭、洒泪新亭、叹新亭、痛哭新亭、涕泪新亭、相对新亭、新亭堕泪、新亭风景、新亭挥泪、新亭举目、新亭哭、新亭泪、新亭泣、新亭人物、新亭洒泣、新亭涕、新亭相泣、周顗泪、周顗泣。

【滂母】 pāng mǔ《后汉书·范滂传》载：东汉高士范滂（今确山人）陷党锢之祸，自诣狱就死。母勉之曰："汝今得与李（李膺）杜（杜密）齐名，死亦何恨！既有令名，复求寿考，可兼得乎？"后因以"滂母"为贤母的典型。明邵璨《香囊记·褒封》："授经教子，志有逮于轲亲；勉子成名，行不忝于滂母。"

【题剑】 tí jiàn《后汉书·韩棱传》："（韩棱）为尚书令，与仆射郅寿（今西平人）、尚书陈宠，同时俱以才能称。肃宗尝赐诸尚书剑，唯此三人特以宝剑，自手署其名曰：'韩棱楚龙渊，郅寿蜀汉文，陈宠济南椎成。'时论者为之说：以棱渊深有谋，故得龙渊；寿明达有文章，故得汉文；宠敦朴，善不见外，故得椎成。"李贤注引《晋太康记》："汝南西平县有龙泉水，可淬刀剑，特坚利。"后因以"题剑"为表示君主对臣子特殊恩宠之典。唐张九龄《故刑部李尚书挽歌词》之二："题剑恩方重，藏舟事已非。"亦泛指主仆、上下之间的特殊知遇。唐刘禹锡《秦娘歌》："繁华一旦有销歇，题剑无光履声绝。"同源典故：韩棱之剑、济南剑。

【题舆】 tí yú《太平御览》卷二六三引三国吴谢承《后汉书》载：东汉周景任豫州刺史时，尝辟陈蕃（今平舆人）为别驾。蕃辞不就。景题别驾舆曰："陈仲举座也。"不复更辟。蕃惶惧，起视职。后遂以"题舆"为景仰贤达、望其出仕之典。唐杨炯《从甥梁锜墓志铭》："桓温之征谢奕，暂为司马之官；周景之礼陈蕃，仍降题舆之命。”同源典故：题车。

【膺滂】 yīng pāng《后汉书·李膺传》及《后汉书·范滂传》载：东汉李膺、范滂两人均因党锢被害。因以“膺滂”为遭受党祸的典实。清龚鼎孳《秦淮社集白孟新有诗纪事和韵》：“十年兰艾天难问，诸子膺滂事可怜。”清陈维崧《沁园春·桐川杨竹如刺史招饮剧演党人碑即席有作》词：“叹家世膺滂，破巢剩垒；丹青褒鄂，硬箭强弓。”

【簸之扬之，糠秕在前】 bǒ zhī yáng zhī，kāng bǐ zài qián 南朝宋刘义庆《世说新语·排调》：“王文度、范荣期俱为简文所要，范年大而位小，王年小而位大，将前，更相推在前，既移久，王遂在范后。王因谓曰：‘簸之扬之，糠秕在前。’范曰：‘洮之汰之，沙砾在后。’”本为调侃之词，谓位卑而居前列。后亦用之谦词，谓无才而居前。《〈二刻拍案惊奇〉原序》：“亦曰：‘簸之扬之，糠秕在前’云尔。”（范荣期，名启，慎阳即今正阳人。）同源典故：秕糠簸、秕糠前、簸秕、簸扬糠秕、糠秕、糠秕在前、沙之汰之。

（赵心田）

责任编辑：赵心田　李方伟

古代诗文

古代诗选

汝　坟

先秦·《诗经·周南》

遵彼汝坟，伐其条枚。
未见君子，惄如调饥。
遵彼汝坟，伐其条肄。
既见君子，不我遐弃。
鲂鱼赪尾，王室如毁。
虽然如毁，父母孔迩。

鸿郄陂

汉·民谣

坏陂谁？翟子威。
饭我豆，食芋魁。
反乎覆，陂当复。
谁云者？两黄鹄。

闺思诗

南北朝·范云

春草醉春烟，深闺人独眠。
积恨颜将老，相思心欲燃。
几回明月夜，飞梦到郎边。

别周尚书宏正诗

北周·庾信

扶风石桥北，函谷故关前。
此口一分手，相逢知几年？
黄鹄一反顾，徘徊应怆然。
自知悲不已，徒劳减瑟弦。

韩　碑

唐·李商隐

元和天子神武姿，彼何人哉轩与羲。
誓将上雪列圣耻，坐法宫中朝四夷。
淮西有贼五十载，封狼生貙貙生罴。
不据山河据平地，长戈利矛日可麾。
帝得圣相相曰度，贼斫不死神扶持。
腰悬相印作都统，阴风惨澹天王旗。
愬武古通作牙爪，仪曹外郎载笔随。
行军司马智且勇，十四万众犹虎貔。
入蔡缚贼献太庙，功无与让恩不訾。
帝曰汝度功第一，汝从事愈宜为辞。
愈拜稽首蹈且舞，金石刻画臣能为。
古者世称大手笔，此事不系于职司。
当仁自古有不让，言讫屡颔天子颐。
公退斋戒坐小阁，濡染大笔何淋漓。
点窜《尧典》《舜典》字，涂改《清庙》《生民》诗。
文成破体书在纸，清晨再拜铺丹墀。
表曰臣愈昧死上，咏神圣功书之碑。
碑高三丈字如斗，负以灵鳌蟠以螭。
句奇语重喻者少，谗之天子言其私。
长绳百尺拽碑倒，粗砂大石相磨治。
公之斯文若元气，先时已入人肝脾。
汤盘孔鼎有述作，今无其器存其辞。
呜呼圣王及圣相，相与烜赫流淳熙。
公之斯文不示后，曷与三五相攀追。
愿书万本诵万遍，口角流沫右手胝。
传之七十有二代，以为封禅玉检明堂基。

平蔡州三首

唐·刘禹锡

其一
蔡州城中众心死，妖星夜落照壕水。

汉家飞将下天来，马箠一挥门洞开。
贼徒崩腾望旗拜，有若群蛰惊春雷。
狂童面缚登槛车，太白夭矫垂捷书。
相公从容来镇抚，常侍郊迎负文弩。
四人归业闾里间，小儿跳浪健儿舞。

其二
汝南晨鸡喔喔鸣，城头鼓角音和平。
路傍老人忆旧事，相与感激皆涕零。
老人收泣前致辞，官军入城人不知。
忽惊元和十二载，重见天宝承平时。

其三
九衢车马浑浑流，使臣来献淮西囚。
四夷闻风失匕箸，天子受贺登高楼。
妖童擢发不足数，血污城西一抔土。
南峰无火楚泽间，夜行不锁穆陵关。
策勋礼毕天下泰，猛士按剑看恒山。

咏史诗·上蔡

唐·胡曾

上蔡东门狡兔肥，李斯何事忘南归。
功成不解谋身退，直待云阳血染衣。

秋日题汝阳潭壁

唐·刘希夷

独坐秋阴生，愁来从所适。
行见汝阳潭，飞萝蒙水石。
悬瓠木叶上，风吹何历历。
幽人不耐烦，振衣步闲寂。
回流清见底，金沙覆银砾。
错落非一文，空胧几千尺。
鱼鳞可怜紫，鸭毛自然碧。
吟咏秋水篇，渺然忘损益。
秋水随形影，清浊混心迹。
岁暮归去来，东山余宿昔。

沿流馆中得二绝句

宋·苏轼

淮西功业冠吾唐，吏部文章日月光。
千载断碑人脍炙，不知世有段文昌。

淮上晓发

宋·苏轼

淡月倾云晓角哀，小风吹水碧鳞开。
此生定向江湖老，默数淮中十往来。

过平舆怀李子先时在并州

宋·黄庭坚

前日幽人佐吏曹，我行堤草认青袍。
心随汝水春波动，兴与并门夜月高。
世上岂无千里马，人中难得九方皋。

上蔡县李七楼李斯墓。2015年11月。 肖 伟 摄

酒船鱼网归来是，花落故溪深一篙。

次韵太守向公登楼眺望二首

宋・秦观

茫茫汝水抱城根，野色偷春入烧痕。
千防湘妃枝上泪，一声杜宇水边魂。
遥怜鸿隙陂穿路，尚想元和贼负恩。
粉堞女墙都已尽，恍如陶侃梦天门。

庖烟起处认孤村，天色清寒不见痕。
车网湖边梅溅泪，壶公祠畔月销魂。
封疆尽是春秋国，庙食多怀将相恩。
试问李斯长叹后，谁牵黄犬出东门。

天中山

宋・刘敞

兹山陂陀但盈尺，其下盘根乃无极。
勇如共工莫可触，力敌愚父无能役。
开辟以来传至今，形势虽小当天心。
斗极回旋未易测，日影短长犹可寻。
石旁阴穴穿洞府，中有神物为之主。
祷祠往往见光景，暵旱时时作霖雨。
由来丘山贵灵不贵大，正复陂陀亦何怪?

李斯墓

宋・刘敞

二世三公何足论，忆牵黄犬出东门。
天人忌满由来事，枉恃沙丘有旧恩。

过翟方进墓

宋・刘敞

持法虽深上不疑，萧疏何事触刑机。
主恩未改天心改，使者空乘白马归。

开元寺（寺在汝宁府，本颜鲁公真卿旧居）

宋・刘敞

自古皆有死，岂惟直如弦。
鲁公即中夭，狂寇不独延。
兹寺数经乱，丛林废为烟。
若人昔所居，故老广其传。
直气触白日，沈忧凌青天。
悠悠穹壤间，肯与蛛蚁捐。
事往理冥漠，悲来涕潺湲。
作诗识其处，尚想音容全。

淮西庙梅花独此处有之

宋・刘敞

荏苒江南村，芬菲腊后春。
逾淮翻不变，映雪已争新。
侠骨香惊俗，冰肤冷照邻。
定非随驿使，直恐谪仙人。
闻笛空含怨，看图恨失真。
应为一时赏，莫与众芳伦。

壶公祠大树

宋・刘敞

若人既羽化，伊树亦千年。
委干龙蛇蛰，交阴孔翠鲜。
流光驹过隙，浮世海成田。
信有壶中药，能移物外天。
真游藐何许，神理信茫然。
会见辽东鹤，悲歌感市廛。

壶公祠送别

宋・刘敞

尘世纷纷多别离，一攀庭树欲沾衣。
不知何故壶中叟，能弃人间不复归。

读陈蕃传

宋・杨万里

仲举高谈亦壮哉，白头狼狈只堪哀。
枉教一室尘如积，天下何曾埽得来?

题蔡州壶仙观

宋・祖无择

龙学四月八日游。蔡人每岁于是日来集此，欢赏游歌。其观在城北十里许，有仙榆数十株，亦名大木观。

莺老花残过禁烟，杖藜闲步到壶仙。

仙家本是无尘地，别有风光一洞天。

题蔡州东湖

宋・祖无择

夕阳水底霞铺锦，清夜波心月涌金。
此是东湖最佳处，无人来伴水仙吟。

故里抒怀

宋・孙何

薜荔无因挂一毫，化工镌削亦应劳。
圭形直指明河落，桂影遥分涨海涛。
发地五千何足贵，去天三百未足高。
轩辕辙迹今犹在，斗上丹枕著羽袍。

读陈蕃传

宋・陆游

莫笑书生一卷书，唐虞事业正关渠。
汉廷若有真王佐，天下何须费扫除。

又寿六二叔父

宋・陈著

月旦评中，有如公者，更谁与俦。看纷纷仁意，春风和气，堂堂义事，砥柱中流。已重物轻，身穷道泰，却占人间第一筹。回头笑，彼纷华名利，过影浮沤。

夷犹处户清幽。算此境神仙别一洲。但烧香挂画，呼童扫地，对山揖水，共客登楼。付与儿孙，只将方寸，此外无求百不忧。宜多寿，自今开八帙，到八千秋。

忆君王

宋・谢克家

依依宫柳指宫墙，楼殿无人春昼长。
燕子归来依旧忙。
忆君王，月破黄昏人断肠。

双　庙

宋・范成大

平地孤城寇若林，两公犹解障妖祲。
大梁襟带洪河险，谁遣神州陆地沉？

读《汝南遗事》

元・杨奂

轵道牵羊事已非，更堪行酒着青衣。
裹头婢子那知此，争逐君王烈焰归。
六朝江水故依然，隔断中原又百年。
长笑桓温无远略，竟留王猛佐苻坚。

汝　南

元・傅与砺

驿骑如云远自天，眼中陈蔡郁相连。
高尘映日飞黄雾，乱木含风舞翠烟。
汝水近通城北路，确山遥带郡西田。
经过莫怪频回首，无限秋怀揽辔前。

咏汝河

元・张政

湛湛清流九曲湾，沉沉彻底似拖蓝。
扁舟一叶无人系，风动横移向碧滩。

北　泉

明・林时

独立怀西野，群行望北泉。
断桥妨马度，峭壁咤龙悬。
枫落三秋雨，粳香九月天。
结庐如可遂，枕石纵高眠。

北泉感赋

明・王性初

读罢残碑倚夕阳，白云深处一僧房。
远山积翠迷烟渚，暗水浮花出草堂。
长日几堪消客梦，清樽未卜是他乡。
凭高极目川原老，岁岁春风百和香。

谒上蔡先生祠

明・白应虚

上蔡城边暮雪深，先生祠下树萧森。
当年简册看遗训，此日苹蘩见素心。
一字去来功实际，半生虚过罪难禁。

高山仰止依然在，下拜临风且敛襟。

葛　陂

明・黄尚质

溰水随投杖？仙陂已化龙。
宵钟随雨到，朝岸借云封。
绿润天边草，青浮江上峰。
老农欣袯襫，相聚说年丰。

题鸡黍词

明・王万祚

鸡黍祠临故道旁，石碑高处草生香。
往来南北绕车马，愧杀翻云覆雨郎。

谒徵君祠

明・王万祚

高竹倚溱流，不见黄叔度。
江风吹角巾，扁舟二人渡。

闻调庆阳留别汝南诸父老

明・黄似华

悬瓠城雄古蔡州，疮痍千里未全瘳。
空传画诺堪为守，半竭供输失置邮。
日暖中山忘触鹿，风和汝水趁浮鸥。
应惭卧阁曾虚度，敢道行车自北游。

题鼓角楼

明・李宗延

悬瓠危楼出，凭栏万井平。
云霄威风翥，风雨卧龙鸣。
朗岫窥檐色，河流入座声。
冥氛灵并合，望霭太墟城。

读李叔茂《汝南志》

明・傅振商

久芜先贤传，新披柱史编。
取材搜八酉，索隐屈夷坚。
藻挟风霜入，评高日月悬。
二龙寻往论，臧否觉全偏。

外史传叔度，君今再启关。
千秋回绝笔，一字可名山。
作述眼看白，啸吟发未斑。
如何良史侣，乐圣任投闲。

鼓角楼成，黄使君召集

明・李本固

崚嶒巍阁起中天，夏日登临意爽然。
万井风烟凭槛外，千山岚翠把杯前。
高情已下陈公榻，秀句兼裁郢客篇。
正是太平闲鼓角，何妨清夜共留连。

南湖秋泛作

明・李本固

露冷苹香泽国秋，相将容与上兰舟。
一樽得意青商发，惊起沙边白鹭鸥。

停桡宛在水中央，水面霏霏菡萏香。
欲采芳华向浅浦，不知清露湿衣裳。

大士楼头新月生，冯夷宫外彩云明。
湖光荡漾天如洗，人在清虚镜里行。

荷衣蕙带荔为裳，一任傍人说楚狂。
世事于今那堪问，临风且尽紫霞觞。

天中书院铭

明・岳和声

维汝之阳，维天之中。
逝者如斯，性孰不聪。
自南自北，自西自东。
千涂万轸，岂离于宗。
凡天之生，孰减孰丰。
驰而不止，乃抽厥衷。
怪迁颇僻，蚩蚩梦梦。
觉则不先，匪我求童。
振铎警聋，乃揖斯宫。
孰成而毁，孰蝣而幪。
实天之为，非人能功。
曰兹肯构，偶适其逢。
廊庑秩秩，栋宇明明。
衿缝济济，弦诵雍雍。

言升其堂，于穆圣容。
实修实正，羹墙若通。
开也能信，宁惧其蒙。
凡我友生，实践斯踪。
不腆之赋，用佐飧饔。
司会司铺，有司是供。
无伤薪水，以永磨砻。
愿言千祀，道化是崇。
敢告来者，克成厥终。

确山道中喜晴

明・张九一

一雨征途鬓久斑，褰帷晴报朗陵山。
时看爽气侵人袂，行傍溪流洗客颜。
闪闪斜阳明灭里，依依疏树有无间。
即看岳色高南斗，翠壁丹崖次第攀。

春日同赵太宰良弼何宗伯启图陈炯卿晦伯刘宪使廉卿登乐山

明・张九一

夹道垂杨间碧桃，松风十里似江皋。
飞流峡折潺潺下，峻岭云开处处高。
出没关城分百雉，芊眠草树佐双鳌。
凭将谢眺惊人句，搔首青天照彩毫。
中峰壁立杳难攀，一径欹危翠霭间。
木末波涛翻汝海，雨余云气接嵩山。
扪萝啸逐元猿去，策杖身从碧汉还。
下界苍茫开暮色，月明初上楚江关。

新　蔡

明・曹琏

百里花封一掌平，蔡侯曾此筑新城。
官津日晚人争渡，姜寨春和鸟乱鸣。
窃酒瓮空谁复继？搜神记古理难明。
观风因上高台望，偏野农夫带雨耕。

柏亭春蔼

明・王诰

帝子封疆古柏桥，可怜春色兴偏饶。
云山一带遮亭近，茆屋千家傍水遥。
蔼蔼风光桃李绚，融融烟景燕莺娇。
轮蹄踯躅无停日，题柱当年转寂寥。

郅冢烟树

明・卫善诱

忠心自许弋阳久，抗疏直言汉阙多。
故国东门孤冢在，森森古柏带烟萝。

题嵖岈山

明・许赞

嵖岈山秀寄仙踪，隐隐云烟十万峰。
遗事尚传人已去，洞门深锁碧苔封。

汝宁八咏

明・戴明说

天中山

暮卧嵩山脚，朝望汝山巅。
天地静中气，日运规塔旋。
茫茫吴楚合，草木驰流迁。
化雨传绛雪，恍惚与之然。

王粲宅

日出朗陵红，三分秋正风。
登楼忽而叹，宁独王侍中。
回首望襄阳，碑台剥羊公。
江露入疏竹，澹荡流水空。

葛　陂

秦汉思神仙，反侧无冬春。
剖山搜玉箓，鞭海延上真。
何不见长房，投杖鸣龙津。
大濛合自然，痴骨多苦辛。

袁安故里

北风刷黄河，大雪空山鸣。
所余高士骨，卧与山川撑。
瑕疵捐内视，寂凝毛发明。
日月终亦老，（岘）屺安足惊。

悬瓠池

阵入元济梦，师静鹅池来。
雪深鸟不知，蔡人欢如雷。
日月闭杀运，生气融昭回。
所嗟后人功，万骨白枯灰。

昌黎淮西碑

六经玄化并，志士探穆缈。
嵯碣存灏噩，高深乃翼道。
儿女衄蔵韶，明堂断终少。
蟋蟀怜浮名，吾将藏为早。

富波城

汉台崇武功，砺山带富波。
王霸今已暮，男儿生蹉跎。
云归鸟路澹，长河流金戈。
何以御魑魅，凉月施女萝。

平舆渊

季世畏清议，名重汉鼎轻。
龙影阏夕渊，战气回流莺。
东京日多事，云海竟砰訇。
兰茝自不言，月旦何时平。

过天中山

清·彭而述

洛阳万古此中州，景测淮西片石头。
早料嬴秦能并洛，可无此地作东周？

伏羲画卦台

清·曹文淡

早知一画划天开，何幸登临八卦台。
蓍草巨茎诚诞也，羲皇亲觐亦奇哉！

登蓍台

清·王概

高台突兀接荒城，风雨年年蓍草生。
凤尾飘萧云气湿，龙头天矫露华清。
重瞳此日升双阙，一本何时满百茎。
安得神龟常守护，灵根直拟献承明。

王粲遗宅

清·陈联壁

建安七子独雄才，公宴从军藻思开。
遥忆当年沦落日，登楼几度赋归来。

平舆名胜

清·陈联壁

沈国遗踪溵水西，杏花历乱鸟空啼。
回恩文献风流地，欲陟龙门未有梯。

长房葛陂

清·陈联壁

谁识壶中日月长，化龙旧事已荒凉。
于今更欲呼仙侣，葛水沦埼古树苍。

郭林宗访黄叔度处

清·薛耳

名流几肯问牛医，独有仙舟到竹篱。
径路萧萧都付草，心期落落共烹葵。
一天四云合方士，千顷波澄百世师。
磨镜不忘今日意，中郎已有墓前碑。

重立天中书院

清·金镇

汉世重守吏，养民无所夭。
氓俗苟未和，所急非简编。
顾念淳风邈，教养理必兼。
嗟予夙寡陋，期月惭化宣。
荒畴渐已辟，礼义犹阙焉。
继轨振斯文，旧馆无尺椽。
汝南多君子，表表六孝廉。
衡门栖黄宪，大雪卧袁安。
忝荷王龚职，深慕漆雕贤。
如何兵燹后，诗书殊荡然？
庠序虽犹有，弦诵恐不专。
暇豫揖诸生，废廨可授廛。
商歌宁苦饥，饘粥有薄田。
德业于此进，庶无耳目迁。
佳木生崇冈，明珠出深渊。
朝华与夕秀，文采将司观。
仰企棫朴风，聊用塞素餐。

天中山

清·金镇

孤屿当城北，登临见大荒。

云阴连楚甸，山色入吴房。
百战余残垒，千村祇夕阳。
土圭常不改，影似昔时长。

鸡黍台

清·金镇

凭轼高贤里，登台重友生。
片言轻远道，一梦信交情。
野黍无人设，荒鸡犹自鸣。
寥寥千载后，此意竟谁明。

二龙里

清·金镇

平舆潜二许，高节远彤廷。
不就陈君榻，宁论颍上星。
鱼龙俱寂寞，渊水自清冷。
唯有平原上，双飞起鹡鸰。

干令升宝

清·谭宏宪

令升良史才，起家著作林。
卓荦观载籍，旷怀罗古今。
奋身列通侯，淡漠仍素心。
聊辞石渠业，作令游山阴。
优游迁五马，应荐复朝簪。
既阅当世故，识力自闳深。
乃成晋代史，直与班马侵。
绝笔已千载，芳踪杳难寻。

舆侯祠

清·胡应铨

阙里记中无实录，汝河坟北有名祠。
直将疑信传千古，岂肯因循误一时？
俎豆不祧桑梓重，碑亭无恙路人知。
平舆古木秋来少，野栗山桃满旧陂。

袁安故里

清·顾泰

画图常见先生卧，墟里犹占古道存。
世守高风唯筑室，时当雪夜但封门。
依然芳草凝烟社，无数青山远照村。
纵是汝南多月旦，应教此事独推袁。

咏袁安故里

清·袁世振

高木当山路，行来问故宫。
低徊因吏迹，仰止只高风。
古瓦封尘土，崇台落蔓丛。
伤心车马客，那复忆三公？

咏平舆故城

清·李映午

溱口宜春县，汉时平舆城。
云垂堤岭直，桥近树阴平。
禾瑞因时异，花封以代更。
千家村落里，时听无襦声。

过天中山

清·金钺

天中山畔草芊芊，十里平皋起晓烟。
兵火几年村落尽，昔时圭影独依然。
长堤柳色自参差，萧瑟秋风向晓吹。
野水淙淙人迹少，祇留斜日照丰碑。

九日登乐山绝顶

清·傅鹤祥

攀藤十里陡岩阿，胜地欣逢佳日过。
山色朝来登更好，秋光雨后睡尤和。
北看大岳联嵩峻，南望青岑入楚多。
未许龙山轻落帽，振衣千仞且高歌。
沙海风烟入望牧，诸天飘渺白云留。
芙蓉顶上千峰紫，皓月湾前万树秋。
何代莓苔凝峭壁，无边珠玉溅寒流。
茫茫极目浑沦气，世上浮名若可休。

过鸡黍祠

清·傅鹤祥

昔人重一诺，鸡黍迄如今。
约以神相照，交于信可深。
天空秋色回，霜冷碧潭沉。

岂为山河阻？永坚金石心。
登堂敦处礼，握手庆朋簪。
落落阳春调，洋洋流水音。
高风肃古道，爽气溢青岑。
下马徘徊入，荒祠柏影森。
世情苟若此，勿复绝交吟。

过平舆故城看汉槐

清・李尚苑

开道平舆有古槐，士人传说汉时栽。
千年神物独存种，百代灵根自葆胎。
榻下陈蕃秋月冷，诗题岳庙西风催。
故城废址规模在，四顾茫茫半草莱。

夜登大士阁奉陪何太守南湖泛舟之作

清・邱天英

汝阳城外大士阁，嘉靖年间崇王作。
南湖秋水白如银，八月潮平湖水阔。
荷叶菱芦双逞芳，鸬鹚鸂鶒恣盘错。
此时秋收万宝成，一雨凌空洗出岳。
湖波万顷皎复清，照映青天星斗落。
太守藻鉴明镜悬，夜静呼舟泛湖泊。
四围但闻钟鼓声，三更尚听钧天乐。
堤边杨柳惊宿鸦，两岸人家睡方觉。
曲奏五马清夜游，灯明适照云中鹤。
鹤飞九皋鸣一声，十四州县悉然诺。
金盘玉箸时赐馐，游鱼呷浪潜蚪跃。
兹湖自有今夜游，郎官亦逊名萧索。
君不见，白华山海潮，日夕鸣其间。
自有仙人踞龙尾，翱翔万仞浚潺湲。
即今悬瓠池水宁，水面月出武胜关。
今夜泛舟杳无际，只有骂鹅眠不安，
扬风鼓翅青云端。

九日宴天中山次孔昂圃韵

清・王元梅

闲从嘉会索诗肠，九日晴和似小阳。
鸦柏带霜更旧绿，蟹脐试酒劈新黄。
孟嘉辛里风萧瑟，桓景萸囊事渺茫。
独有真卿遗碣在，此山测景正中央。

九日王逊庵明府招宴天中山

清・孔兴括

一剑羁栖冷热肠，盍簪偏喜值重阳。
筵前酒送衣非白，篱外秋深菊早黄。
胜友若云谈款款，宦途如海笑茫茫。
登高此郡追桓景，相对衔杯乐未央。

九日天中山归次韵

清・刘春荣

节届登高宽酒肠，同僚雅会趁秋阳。
修篁槛外烟添碧，丛菊篱边露洗黄。
笑把茱萸看仔细，闲摩碑碣认微茫。
天中山拟龙山宴，带醉归吟夜未央。

九日宴天中山归次韵

清・李学泗

一尊高会浣愁肠，后至分筵已夕阳。
未及涂鸦惭曳白，且从浮蚁醉流黄。
云消晚霁瞻寥廓，雁远秋声听渺茫。
闻说中州中在此，土圭无影日中央。

佳句争传出绣肠，不教风雨败重阳。
喜同胜阁开清宴，欲向颜碑拓硬黄。
宾从胜游罗俊彦，乡园旧事忆苍茫。
欧苏白战曾相仿，重厉词锋兴未央。

校阅府志

清・李学泗

四时风雨会中央，冥厄关雄控楚疆。
汝海淮汶维地轴，韩碑柳雅抉天章。
里传鸡黍前贤迹，台有龟蓍古圣祥。
更是军功积雪夜，休教墨费段文昌。

先贤有传总堪师，汝颍衡来论莫移。
四世三公清望著，一庄双孝令名垂。
汪汪不浊称颜子，善善同清比伯夷。
载籍幸多供獭祭，遗文肯任益狐疑。

汝南怀古

清・赵光浓

悬瓠形胜郁苍苍，城郭千家眺汝旁。

龙化葛陂仙杖杳，龟游蓍径古台荒。
山连楚豫三关壮，水接江河两戒长。
闻道今犹评月旦，清时无党更何妨？

封狼窃据阻淮西，河北纷纷势与齐。
汉节死犹持鲁国，唐碑生已碎昌黎。
云深洄曲军空壮，雪暗吴房路不迷。
闲向升平思曩迹，鞠场屯处草萋萋。

柏亭春蔼

清·沈荣

封国贻来久，乡亭望去新。
风清山郭晓，云渡野桥春。
鸡犬遥连楚，桑麻宛在秦。
行车长驻处，争识种花人？

郅冢烟树

清·沈荣

荒垄述春草，高秋带夕阳。
我来时下马，一拜郅君章。
史志鸿名旧，碑衔螭首长。
苍茫烟树里，父老尚蒸尝。

登嵖岈山

清·张鼎新

嶙嶙峋峋层相倚，鸟道石磴争尺咫。
千形万状虽难名，不出五行变化止。
或如玉笋簸天空，或如弓案横净几；
或如龙蹲虎豹狞，群飞群走群披靡。
西连天磨耸入云，嵖峰潭底龙栖水。
遥从道口悲元济，又向洞中思李耳。
劫灰千年烬不燃，戈骑每每环兹里。
风光犹逐鼓声飞，溪绿尚渍征骸髓。
则今何以为山筹？莲花峰共我忘忧。

悬瓠观

清·贾存心

仙人往事古今传，秘宇灵宫别有天。
几树寒花冬寂寂，半塘碧水月娟娟。
空林云卷青牛卧，幽境风吹白鹤眠。
胜地有人开妙悟，养生何必羡金丹？

古代文选

谏逐客书

秦·李斯

臣闻吏议逐客，窃以为过矣。昔穆公求士，西取由余于戎，东得百里奚于宛，迎蹇叔于宋，来邳豹、公孙支于晋。此五子者，不产于秦，而穆公用之，并国二十，遂霸西戎。孝公用商鞅之法，移风易俗，民以殷盛，国以富强，百姓乐用，诸侯亲服，获楚、魏之师，举地千里，至今治强。惠王用张仪之计，拔三川之地，西并巴、蜀，北收上郡，南取汉中，包九夷，制鄢、郢，东据成皋之险，割膏腴之壤，遂散六国之众，使之西面事秦，功施到今。昭王得范雎，废穰侯，逐华阳，强公室，杜私门，蚕食诸侯，使秦成帝业。此四君者，皆以客之功。由此观之，客何负于秦哉！向使四君却客而不内，疏士而不用，是使国无富利之实，而秦无强大之名也。

今陛下致昆山之玉，有随和之宝，垂明月之珠，服太阿之剑，乘纤离之马，建翠凤之旗，树灵鼍之鼓。此数宝者，秦不生一焉，而陛下说之，何也？必秦国之所生然后可，则是夜光之璧，不饰朝廷；犀象之器，不为玩好；郑、卫之女不充后宫，而骏良駃騠不实外厩，江南金锡不为用，西蜀丹青不为采。所以饰后宫，充下陈，娱心意，说耳目者，必出于秦然后可，则是宛珠之簪，傅玑之珥，阿缟之衣，锦绣之饰不进于前，而随俗雅化，佳冶窈窕，赵女不立于侧也。夫击瓮叩缶弹筝搏髀，而歌呼呜呜快耳者，真秦之声也；《郑》《卫》《桑间》《韶》《虞》《武》《象》者，异国之乐也。今弃击瓮叩缶而就《郑》《卫》，退弹筝而取《昭》《虞》，若是者何也？快意当前，适观而已矣。今取人则不然。不问可否，不论曲直，非秦者去，为客者逐。然则是所重者在乎色乐珠玉，而所轻者在乎人民也。此非所以跨海内、制诸侯之术也。

臣闻地广者粟多，国大者人众，兵强则士勇。是以太山不让土壤，故能成其大；河海不择细流，故能就其深；王者不却众庶，故能明其德。是以地无四方，民无异国，四时充美，鬼神降福，此五帝三王之所以无敌也。今乃弃黔首以资敌国，却宾客以业诸侯，使天下之士退而不敢西向，裹足不入秦，此所谓"借寇兵而赍盗粮"者也。夫物不产于秦，可宝者多；士不产于秦，而愿忠者众。今逐客以资敌国，损民以益雠，内自虚而外树怨于诸侯，求国无危，不可得也。

汝颍优劣论

汉·孔融

融以为汝南士胜颍川士。陈长文难，融答之曰：
"汝南戴子高，亲止千乘万骑，与光武皇帝共于道中；

颍川士虽抗节，未有颉颃天子者也。汝南许子伯，与其友人，共说世俗将坏，因夜举声号哭；颍川虽忧时，未有能哭世者也。汝南府许掾，教太守邓晨，图开稻陂数万顷，累世获其功，夜有火光之瑞；韩元长虽好地理，未有成功见效如许掾者也。汝南张元伯，身死之后，见梦范巨卿；颍川士虽有奇异，未有能神而灵者也。汝南应世叔，读书五行俱下；颍川士虽多聪明，未有能离娄并照者也。汝南李洪为太尉掾，弟杀人当死，洪自劾诣阁，乞代弟命，便饮鸩而死，弟用得全；颍川虽尚节义，未有能杀身成仁如洪者也。汝南翟子威，为东郡太守，始举义兵，以讨王莽；颍川士虽疾恶，未有能破家为国者也。汝南袁公著，为甲科郎，上书欲治梁冀；颍川士虽慕忠说，未有能投命直言者也。”

（《艺文类聚》二十二，《御览》四百四十七。）

死　友

晋・干宝

汉范式，字巨卿，山阳金乡人也，一名汜。与汝南张劭为友，劭字元伯。

二人并游太学，后告归乡里，式谓元伯曰：“后二年，当还。将过拜尊亲，见孺子焉。”乃共克期日。

后期方至，元伯具以白母，请设馔以候之。母曰：“二年之别，千里结言，尔何相信之审耶？”曰：“巨卿信士，必不乖违。’母曰：“若然，当为尔酝酒。”至期，果到。升堂拜饮，尽欢而别。

后元伯寝疾，甚笃，同郡郅君章、殷子征晨夜省视之。元伯临终，叹曰：“恨不见我死友。”子征曰：“吾与君章尽心于子，是非死友，复欲谁求？”元伯曰：“若二子者，吾生友耳。山阳范巨卿，所谓死友也。”寻而卒。

式忽梦见元伯，玄冕垂缨，屣履而呼曰：“巨卿，吾以某日死，当以尔时葬。永归黄泉。子未忘我，岂能相及？”式恍然觉悟，悲叹泣下。便服朋友之服，投其葬日，驰往赴之。

未及到而丧已发引。既至圹，将窆，而柩不肯进。其母抚之曰：“元伯，岂有望耶？”遂停柩。移时，乃见素车白马，号哭而来。其母望之，曰：“是必范巨卿也。”既至，叩丧言曰：“行矣元伯！死生异路，永从此辞。”会葬者千人，咸为挥涕。式因执绋而引柩，于是乃前。式遂留止冢次，为修坟树，然后乃去。

（干宝《搜神记》）

三王墓

晋・干宝

楚干将、莫邪为楚王作剑，三年乃成。王怒，欲杀之。剑有雌雄。其妻重身当产，夫语妻曰：“吾为王作剑，三年乃成。王怒，往必杀我。汝若生子是男，大，告之曰：‘出户，望南山，松生石上，剑在其背。’”于是即将雌剑往见楚王。王大怒，使相之：“剑有二，一雄一雌。雌来，雄不来。”王怒，即杀之。

莫邪子名赤比，后壮，乃问其母曰：“吾父所在？”母曰：“汝父为楚王作剑，三年乃成。王怒，杀之。去时嘱我：‘语汝子，出户，望南山，松生石上，剑在其背。’”于是子出户，南望，不见有山，但睹堂前松柱下石砥之上，即以斧破其背，得剑。日夜思欲报楚王。

王梦见一儿，眉间广尺，言欲报仇。王即购之千金。儿闻之，亡去。入山，行歌。客有逢者，谓：“子年少，何哭之甚悲耶？”曰：“吾干将、莫邪子也。楚王杀吾父，吾欲报之。”客曰：“闻王购子头千金，将子头与剑来，为子报之。”儿曰：“幸甚！”即自刎，两手捧头及剑奉之，立僵。客曰：“不负子也。”于是尸乃仆。

客持头往见楚王，王大喜。客曰：“此乃勇士头也。当于汤镬煮之。”王如其言。煮头三日三夕，不烂。头踔出汤中，瞋目大怒。客曰：“此儿头不烂，愿王自往临视之，是必烂也。”王即临之。客以剑拟王，王头随堕汤中。客亦自拟己头，头复堕汤中。三首俱烂，不可识别。乃分其汤肉葬之，故通名“三王墓”。今在汝南北宜春县界。

（干宝《搜神记》）

平淮西碑

唐・韩愈

天以唐克肖其德，圣子神孙，继继承承，于千万年，敬戒不怠，全付所覆，四海九州，罔有内外，悉主悉臣。高祖太宗，既除既治。高宗中睿，休养生息。至于玄宗，受报收功，极炽而丰。物众地大，孽芽其间。肃宗代宗，德祖顺考，以勤以容。大慝适去，稂莠不薅，相臣将臣，文恬武嬉，习熟见闻，以为当然。睿圣文武皇帝既受群臣朝，乃考图数贡曰：“呜呼！天既全付予有家，今传次在予。予不能事事，其何以见于郊庙？”群臣震慑，奔走率职。明年平夏，又明年平蜀，又明年平江东，又明年平泽潞，遂定易定，致魏博贝卫澶相，无不从志。皇帝曰：“不可究武，予其少息。”九年，蔡将死，蔡人立其子元济以请。不许，遂烧舞阳，犯叶、襄城，以动东都，放兵四劫。皇帝历问于朝，一二臣外皆曰：“蔡帅之不廷授，于今五十年，传三姓四将，其树本坚，兵利卒顽，不与他等。因抚而有，顺且无事。”大官臆决唱声，万口和附，并为一谈，牢不可破。皇帝曰：“惟天惟祖宗所以付任予者，庶其在此。予何敢不力？况一二臣同，不为无助。”曰：“光颜！汝为陈许帅，维是河东、魏博、郃阳三军之在行者，汝皆将之。”曰：“重胤！汝故有河阳、怀，今益以汝。维是朔方、义成、陕、益、凤翔、延庆七军之在行者，汝皆将之。”曰：“弘！汝以卒万二千，属而子公武往讨之。”曰：“文通！汝守寿，维是宣武、淮南、宣歙、浙西四军之行于寿者，汝皆将之。”曰：“道古！汝其观察鄂岳。”曰：“愬！汝帅唐、邓、随，各以其兵进战。”曰：“度！汝长御史，其往视师。”曰：“度！惟汝予同，汝遂相予，以赏罚用命不用命！”曰：“弘！汝其以节都统诸军。”曰：“守谦！汝出入左右，汝惟近臣，其往抚师。”曰：“度！汝其往，衣服饮食予士。无寒无饥，以既厥事。遂生蔡人，赐汝节斧，通天御带，卫卒三百。凡兹廷臣，汝择自从。惟其贤能，无惮大吏。庚申，予其临门送汝。”曰：“御史！予闵士夫夫战甚苦，自今以往，非郊庙祠祀，其无用乐。”

颜、胤、武合攻其北，大战十六，得栅城县二十三，降人卒四万。道古攻其东南，八战，降万三千。再入申，破其外城。文通战其东，十余遇，降万二千。愬入其西，得贼将，辄释不杀；用其策，战比有功。十二年八月，丞相度至师，都统弘责战益急，颜、胤、武合战益用命。元济尽并其众洄曲以备。十月壬申，愬用所得贼将，自文城因天大雪，疾驰百二十里，用夜半到蔡，破其门，取元济以献。尽得其属人卒。辛巳，丞相度入蔡，以皇帝命赦其人，淮西平，大飨赉功。师还之日，因以其食赐蔡人。凡蔡卒三万五千，其不乐为兵，愿归为农者十九，悉纵之。斩元济京师。册功，弘加侍中，愬为左仆射，帅山南东道。颜、胤皆加司空，公武以散骑常侍帅鄜坊、丹、延，道古进大夫，文通加散骑常侍，丞相度朝京师，进封晋国公，进阶金紫光禄大夫，以旧官相，而以其副总为工部尚书，领蔡任。既还奏，群臣请纪圣功，被之金石。皇帝以命臣愈。臣愈再拜稽首而献文曰：

唐承天命，遂臣万邦；孰居近土，袭盗以狂。往在玄宗，崇极而圮，河北悍骄，河南附起。四圣不宥，屡兴师征，有不能克，益戍以兵。夫耕不食，妇织不裳，输之以车，为卒赐粮。外多失朝，旷不岳狩，百隶怠官，事忘其旧。帝时继位，顾瞻咨嗟；惟汝文武，孰恤予家。既斩吴蜀，旋取山东，魏将首义，六州降从。

淮蔡不顺，自以为强，提兵叫讙，欲事故常。始命讨之，遂连奸邻，阴遣刺客，来贼相臣。方战未利，内惊京师；群公上言，莫若惠来。帝为不闻，与神为谋，乃相同德，以讫天诛。

乃敕颜胤、愬武古通，咸统于弘，各奏汝功。三方分攻，五万其师，大军北乘，厥数倍之。常兵时曲，军士蠢蠢，既翦陵云，蔡卒大窘。胜之邵陵，郾城来降，自夏入秋，复屯相望。兵顿不励，告功不时，帝哀征夫，命相往釐。士饱而歌，马腾于槽，试之新城，贼遇败逃。尽抽其有，聚以防我，西师跃入，道无留者。额额蔡城，其疆千里，既入而有，莫不顺俟。

帝有恩言，相度来宣：“诛止其魁，释其下人。”蔡之卒夫，投甲呼舞，蔡之妇女，迎门笑语。蔡人告饥，船粟往哺；蔡人告寒，赐以缯布。始时蔡人，禁不往来；今相从戏，里门夜开。始时蔡人，进战退戮，今旰而起，左飧右粥。为之择人，以收余惫，选吏赐牛，教而不税。蔡人有言：始迷不知；今乃大觉。羞前之为。蔡人有言：天子明圣，不顺族诛，顺保性命。汝不吾信，视此蔡方；孰为不顺，往斧其吭。凡叛有数，声势相倚，吾强不支，汝弱奚恃？其告而长，而父而兄，奔走偕来，同我太平。淮蔡为乱，天子伐之，既伐而饥，天子活之。始议伐蔡，卿士莫随，既伐四年，小大并疑。不赦不疑，由天子明。凡此蔡功，惟断乃成。既定淮蔡，四夷毕来；遂开明堂，坐以治之。

（韩愈《昌黎先生集》）

天台山记

宋·刘敞

汝阳地理书有天台山，在今县北三里所。其高尺余，传自古至今，莫有能损者。其上土，其下石也。

亦曰天中山。以为豫州于四方最中，汝南故刺史治，于豫州亦最中，是山于汝南又最中，盖处天地三万里之极。自古考日景（影）、测分至者，皆莫正于此，以是名之。

其傍有祠，其主山也，其神为蛇，黑文而赤章。其见无常，或修或短，或幽或明，民有不恭事，不信不饬，则变怪动之。其地居屯营，营之士，岁时献享之。

夏丞相之为此州，尝亲至其处，祝曰：“蛇，若使吾见之，吾力能大而祠。”莫见。丞相去未能数十步，遂见，从骑多见者，犹蛇也，其修尺。丞相亦遂不复顾。然吏民亦以故加严畏之，或夸诞过其真。

要之：有山之名，无山之情，而民不厌以山称之，盖得四方之中，易所谓地中之山，谦尊而光，卑不可踰者也。

故作记表其地。

（刘敞《公是集》）

双庙记

宋·刘敞

淮西于古为豫州。

唐武氏改制称受命，诸李多失职，越王正（贞）以刺史与所部兵讨不当立，既而兵败，王自杀，吏踪迹党与穷治之，数千人皆列大逆。于时武氏方以刑立威，大臣坐飞语，不问曲直皆族夷。以故知越事多滥，无敢救者。狄梁公（仁杰）为刺史，独倡言胁从非首恶，不当坐，奏疏免之，竟全此数千人。

其后百余岁，当宪宗时，豫州已更号“蔡”。节度使吴元济据城反，天子引天下兵征之不顺，攻之不胜，戍之不服，丁壮苦军旅，老弱疲转饷，士大夫咸共怒，而将颜、将重、将古、将武、将通，四面击之，以尽力战尽诛为意。而李太尉（愬）独任智策，夜入其城缚之，不杀一人。所以使百姓复见礼义，脱于戮死。

呜呼！梁公可谓贤相，太尉可谓贤将矣！其恩厚，其施博，尸而祝之，不亦宜也哉！开元中，刺史元通理始作感德碑，载梁公之仁；其后段文昌作《平淮西碑》，明太尉之功。而俱不为祠堂，使民无所追享。宋兴八十载，知军州事王质询问其故，叹曰：善为后慕之也，岂可使二公不祀哉？！度地以作庙，异室而同宇，南面上左，未及成，质迁。又十余岁，换守帅，莫克就者。今太守至，遂就之。庭宇甚设，仪卫甚饰，岁时报焉，水旱祷焉。

呜呼，德之不朽者如此夫！使凡相者而皆若梁公，则治安得不平？使凡将者而皆若太尉，则功安得不成？然则庙此者非徒思昔人而已，亦为来者允蹈之也，不可不刻石以谨其始，故于是乎书。

质者丞相旦弟子，清净慈惠，为政不烦苛，官至天章阁待制、尚书郎中，所居见称云。某月某日刘某记。

（刘敞《公是集》）

壶公祠大树记

宋・刘敞

壶公祠在县西北十里，其中庭有大树，絜之蔽牛。

壶公者，费长房之师。当东汉时，卖药汝南市中，归辄挂其壶而跃入焉。长房为市掾，见而怪之，就传其方，一旦别长房去，莫知所终，盖神仙人也。其所挂壶处，则此树是也。至今百姓道之，疑以为仙者不死，故其物亦寿也。

汉以来九百余岁矣，常草木所不能待也，此独存，是其异者一也；察其根则虬结而胶致，察其干则空虚而穿穴，察其叶则柔而繁泽，是其异者二也；条之下垂，蒂之上属，侧穿复出，大者合抱，小者径尺，环之成林，是其异者三也。挟可异者三，汝南人世世传之，而莫能正其名，故通谓之大树云。

夫天下之物，未可以理穷，则未可以类推也。彭祖欤？冥灵欤？其或使之欤？吾恶乎知之。

咸平二年，有为壶公祠者，不能久，遂废。庆历初，夏丞相守此邦，乃益新之。于是，民之祈福祥者，士之考技术者，吏之览方俗者，常至其下。呜呼！能使此树不朽，未必非壶公也；能使壶公益闻者，未必非丞相。故作记以信来者，刻之庙中。

（刘敞《公是集》）

汝水涨溢记

宋・秦观

汝南风物甚美，但入夏以来，水潦为患。异时，道路化为陂浸。汝水涨溢，城堞危险，湿气薰蒸，殆与吴越间不异。郡人岁岁如此。

《汉书》称："汝南有鸿隙陂。"翟方进为相，始奏罢之，郡人怨甚。窃意鸿隙陂者，非特为灌溉之利、菱芡蒲鱼之饶，实一郡潴水处也。大陂既废，水无归宿，则自然散漫为害。

又《水经》称：汝水至汝南郡西北，枝左别出一枝，又屈而东，转南，会汝，形如垂瓠，故号悬瓠城。今汝水故道已亡，惟存别枝，水潦暴降，则有泛滥之患，亦其势然也。

在汉时为豫州刺史治之，诸邑皆春秋时沈、江、道、柏之国，事迹甚多，欲为作记，无文字检耳。

蓍草台记

明・杨勋

上蔡，古建侯之国也。由东门不二里许，有水一脉，萦纡委折，东流三十里，注于洪河。旧有元龟，素甲缟身，浮游其中，故名曰蔡沟。适沟强半，有台窿临于沟北。台之四周，方广余二十顷。蓍草丛生其间，首若龙娇，尾若凤翔，盈于台畔。伏羲氏作，取而筮之，以画入八卦之变，故名曰："蓍台。"又于其西北为八卦台，后人建白龟庙于台上，以祀元龟之神。其创始岁月，漫不可考。意者唐虞三代之旧与！不然，自伏羲以来，上下数千年间，樵丁牧竖，日操斧刃以相从，蓍与庙湮没久矣，孰知禁御而修葺之邪！

洪武初，朝廷稽古右文，崇尚易道，爰命礼部遣官经理之。以故地二十五顷，瞻护蓍台，禁民不得耕牧。东抵青龙沟，去台九百武。南抵朱雀坑，去台二百武。西抵朱马河，是为白虎沟。视南加三之二有奇。北至元武坑，倍南之数，而杀其四十五。台四周限以沟塍，设守台户赵伯成、丁住见、彭得辛，相继领其事。迨今逾百年。岁久弊滋，守台者利其地之入，与近台之家冒禁为奸利。日侵月剥，盗耕其四之一，以为私有。为县令者，经几政理，莫之谁何。今仁和钱侯来守汝宁，凡政有不便或废缺者，皆罢行之。且喟台庙废驰，乃命县尹刘鼐亲诣台下，葺而新之。正其四疆，而治其侵夺者。于是堂与庙穹然居中，尊严整饬，而前后左右，或起或伏，恍若有神呵护之者。

役成，命勋为文，以识岁月。窃惟太皞伏羲氏观龙马之图，始画八卦，宣泄元秘，幽赞神明。故灵蓍繁殖见子故都之近地。其探迹索隐，钩深致远，定天下之吉凶，成天下之亹亹者，莫大乎是。故台存则蓍存，而易道之用，神龟之灵，因以显白于世后之人。因蓍以求易，因易以求圣人之道，则于神道，其殆庶几，岂特无大过而已哉！然则，台与庙关乎易道之显晦，人事之得失，其不轻而重也昭昭矣。侯留意于是，可谓知所先务。后之为守若令者，尚嗣而葺之，毋替侯之用心也哉。

创建颜鲁公祠记

明・雷以泽

愚尝读《唐书》，至德宗兴元元年八月，逆贼李希烈遣中使杀颜真卿于蔡州。乃掩卷而叹曰："呜呼！卢杞之陷先生，何其酷！先生于死生之际，何其明耶？"

昔先生之在天宝也，出守平原，间道奏贼，而为二十四郡之倡。继而屯博平，使河陇，将五丈原，历履艰危。于时可以死矣！顾能沈晦以图后效。幸而天祚有唐，安史就戮。先生得以旧志立功，完名全节，不辱不殆。昔人谓："生有倚为长城也。"先生以之。及其神州扰乱，天子播迁。先生以正直而为卢杞所雠，使使希烈。维时勤王四起，不日贼擒，先生可以不死矣！顾乃奋身骂贼，益见幽囚，卒为伪敕所迫，乃以朝衣趋坎而从容就缢焉。昔人谓："死有重于泰山也。"先生以之。且先生之未死也，忠贞孝友，羽仪王室，而为四朝之元老。无乃天欲成人之美名，故使得以延其世而不靳其生乎？及先生之死也，伪楚遂平，卢贼继族，而成万古之英烈。无乃天以完节付之，而使之死当其时也耶？史纲谓先生不死于希烈之称号，而书其所谓杀，亦不知先生者矣！由是瘗于城南，尸如金色刀圭，碧霞飞身，罗浮而蚕头马尾之书，犹以付之子孙。是先生虽死，而忠魂义魄无一日而不在天地间也。至于汗史留青，仙箓纪异。则先生之死，与剖心之比干乘箕之传说，又同一光且神也。惜乎！五世之次既终，君子之泽以斩。况偏州下邑，能永先生之思耶？

迩来汝宁守万渠潘侯，得先生英灵于梦寐间，乃稽往志，始知北泉寺为先生自缢之所，爰举春秋二祀，议刱祠宇。以确令迁代不常，竟弗克遂。今年六月间，南峰许侯以八闽之隽，小试兹邑。甫下车，惟廉平节爱，元元有更生之望，而旌别淑慝，又其锐志焉者。月余，值秋祭，见其附主于佛教之堂。喟然叹曰："先生正人也，兹位宁安耶？"于是，即求可以居先生者。东去十步余得一堂，凡三楹，轩豁明朗，可享可祀，然犹病其浅。后构以室，病其缺，前设以屏，遂捐俸资，经营木石，鸠集工役，命吏典罗世洪以董其事。仅逾月而告成功，堂宇庙貌，焕然一新。乃择日具礼，率阖学诸生，正先生之位于其中。仍匾其额曰："唐颜鲁公祠。"盖协诸义而协焉者也。

祠既成，乡诸士大夫往视之，佥曰："南峰侯之意，渊乎微矣？旌孤忠于既往，所以惧奸谀于未来。厥功，与孔子作春秋而乱臣贼子惧者相后先，顾不韪欤！"庠生郭宗弼等请镌诸石，以传不朽，而丐予文以志之。予备述先生抗贼之忠，及南峰建祠之意，昭示来世。则先生之风久而弥长，而南峰之进表忠贞，尚未艾也。南峰名大来，字惟朋，闽泉同安人。南峰其别号云。

嘉靖二十六年丁未十一月记。

《汝南志》序

明・黄似华

汝南旧有《先贤传》，不知谁氏为祖龙？乃汪汪千顷之叔度，同侪无不心折，比之颜子。千载而下，犹想慕其人。顾逖稽瑰琦之行，寥寥寡述，天禄外史，不类东京风致，世固疑其赝久矣！且以漆雕子若在，"圣门雅志"，信斯，而夫子说，说之诚是也。则使之何心哉！说者曰：汝南土厚水冽，风气敦朴，士生其间，抱真守一，乐自有余；论世于周汉之季，其依然有忠质之遗意乎！嗣是代不乏贤。迨入国朝，举南宫、上公车者，累累若若，文献之盛，敌中州七郡而犹过之，几甲海内矣。直其人贞固劲挺，以名节相矜重，少乏委蛇，中道之义如许。忠节之昭烁天地间者勿论，即伏蒲折槛，浴日回天；伏迹林泉，怡情毫素之士，何彬彬也！则岂非以风气渐开，习尚亦稍变哉！故沉实嘉遁，以自全其身名。与昭昭揭日月，而行不顾险危摈弃者，信为变矣！要以忠悬质任，无显无晦，其天性也。陆沉昏浊，则尊生远害为高；鼓吹休明，则荣勋立名为义。性未尝变也，世自变耳！又况风俗朴靡，户口登耗，民生舒促，吏治严易，岂不递迁，而由俗善革，反之古初，当何如其念也。李献吉曰：反古之道者，忠焉，质焉，或可矣。则司世教者之大权，与夫考世证变，章往宪来，宜莫如志。自毅皇帝十五年后，阙然未续。以前亦踳驳无伦，或颇蠹蚀，与无志同，窃怪郡人何仲默，郡守徐子与，先后主盟词坛，胡当其世而不一载笔？令人扼腕！阙事。或曰："仲默自中翰而吏部，视关中学政，著雍大记，年逾颜子才七龄耳，子与能祠仲默而碑之，极相慕说，文章气节於是益显。拮据年余，旋以迁去。隙驹候雁，两不暇给，天之未丧斯文也！若有待焉！"

爰檄州若县，博蒐事迹，胪列鳞次，属李侍御叔茂取其义而衷裁之，寿以剞劂。俾后之君子，凭熊问俗，分虎司风。与夫拜漆雕宇下而抵掌。叔度以后，成事庶几有所考焉！杀青既竟，华诚不文，无能赞一词。乃侍御蕴藉春容，考核严确，蔚然匣然，兼倚相董狐而有之；既仲默先生而在，当亦如皇甫之序三都。而华遂因人成事，获免子与阙事之恨，则厚幸矣！

万历戊申中秋之吉。

赐进士、中宪大夫、知汝宁府事、内江黄似华书。

《汝南志》序

明・李本固

汝南故有志，盖创于武皇帝之辛巳。草昧劻勷，粗具梗概，迄今垂及百禩，天时人事，凡几变更。其循良善政，贤哲流风，坐令湮灭无称，当必有任其责者！

逐客归来，岩栖多暇，思有所论著，成一家言。故于载籍之所披阅，长老之所谈说，但关汝事辄以笔存，久之，奚囊且满。会郡伯黄公下车问俗，首及国志，慨然欲增修之。方蒿目忧时艰，越岁害马尽去。膏泽翔洽，经术吏治，可埒西京，业无不举之政，乃造不佞固而托志焉！固逡巡谢不敏，公曰："此非异人任也。吾子官居柱下，职在兰台，石室秘藏，素所探讨。百年旷典，非子而谁？"于是预檄所部，各采故实，重以属。受简而叹曰："嗟乎！吏治之日堕也，晰夕从事，薄书期会，独恐恐焉，救过之不暇，而暇问掌故，公独神游于绳墨之外，将以鉴往范来，此其意念深矣！固虽暗浅，奚忍负之？且自束发来，睹世道爻丧，生灵愁苦，窃尝有慨于中心焉！愤邑聊以籍手，乃退而取所笔存，博极揣览，勉效一得，愧乏三长。公亦时时枉车骑问劳，相抵掌，扬扢今昔。盖怀铅握椠者，凡九越月而脱稿，为纲者十有二，为目者四十有五，总之二十四卷。而天时、地理、人事、物情，大都已备矣。

昔先贤许子将，负人伦之鉴，悬月旦之评。尝谓太邱道广，仲举性峻而惮于往造，即曹孟德劫以威力，无所挠辞，岂不矫矫人龙哉！然彼不过托诸空言，以裁量人群，维持世教，其操尚乃尔！况郡志系一国之史，斯民犹三代之公，敢奸以私而为人作低昂，则天下后世，其谓我何？故今日之举，咨诹舆论，权度寸衷。妍媸惟人，刻画不事文采。虽亡当于作者，是非颇不谬于圣人，亦恐远惭子将，近负郡伯。自谓操胡奴之刃，辇蜀富之金，所不能夺也。役既竣，固不能无说，而处于此，爰题简端，用竢来哲，庶几有知我者矣！

万历戊申阳月望日。

赐进士第、文林郎、监察御史，前奉命巡视京营、巡按陕西、云南，郡人李本固撰。

《汝宁府志》序

清·金镇

汝宁在汉为汝南郡。明正德辛巳，太守四明冯公及郡人长史强公，故创为《汝南志》。郡之有志，盖防于此云。阅万历戊申，垂及百年。郡人司空李公，同太守内江黄公始继起而增修焉。

岁戊戌秋九月，镇来守兹土。莅官之始，如入晦室，思有所关乎政教风化者，宜莫如志。因求郡志读之，无有也。久之，从司空仲子孔昭，购得抄本，见其辞义简核，不媿史裁，乃兵燹之余，简编失次，中多阙文，甚至不能以句，非复旧观矣！且自戊申，距今五十余载，人物代谢，纪述无闻；而况世变沧桑，运新景命，轶事纷赜，与昔迥殊，使忠孝节义之俦，尽委草莱，不为表见。是谁之责欤？镇慨兹坠典，亟谋纂修之。

刘知几云"史有三长"，袁山松谓"史有五难"。当斯，老成凋落，载籍沦亡，加以镇之姿性婞鄙，学识荒疏，一旦欲征文考献，准诸史笔，勒成一书，不綦难哉！自后，公私会集寮属诸君，乡荐绅先生，必谘以此邦之风土人物、山川厄塞。又尝有履亩之役，驱车阡陌间，呼诸父老，时相慰问，凡有所闻，辷而辄书之于策。如是者经年，虽未若太冲访邛岷之事，构思十稔。然门庭藩溷，几几皆着笔札矣。会大中丞贾公镇抚两河，政化翔洽，督修郡邑诸志，以佐车书一统之盛，乃遍檄属邑，广蒐旧乘，博访遗闻，更征孝廉茂才之盛有文学者，各抒所知，爰修采辑。镇于是发凡举例，比类属辞，目涉手钞，朝乾夕惕，虽薄书旁午，勿敢谖也。如王政始于疆理，则考沿革之或兴或废；天象昭乎分野，则述星野之孰异孰同；画界以明提封，则著山川之若险若易；因民而施礼教，则察风尚之时俭时奢；城池为守土保民之先务，则修浚必稽；学校为训方型俗之大端，则因革必纪。若夫详户口之盛衰，核赋调之登耗，所以重民生固邦本也；审时代之治乱，揆兵制之变更，所以讲军实弭伏莽也；录名宦人物，而必出于至公，所以严论定而寓彰瘅之权也；采艺文、外纪，而必要于典雅，所以广见闻而征治忽之迹也。吾友同里韩子、闻西年家子樵、李谭生、左羽，皆洽闻强识，雅负隽才。适读书郡斋，每遇疑义，辄相发明；或有缺编，共为考镜；即正淄渑之辨，复厘帝虎之伪，而贱息敬敷呫哔少间，亦令操觚珥笔，绎阅较雠。凡拮据逾年，寒暑罔闲，乃克脱稿。出而就正于寮友鞠思郑君、東岩张君，三山名彦，淹雅多才。张君博综群书，天才颖异，相与裁订，斐然有章。复上之观察莱阳张公。盖公尝校书天录，娴于掌故，夙擅马班之长，为定其体裁，加以润色，而志事始竣焉。

嗟乎！汝南居天下之中，为天地和气之所磅礴。从古称其人性清和，风气淳庞，与四方特异。三代以还，文王之化，被及汝坟，载咏周南，猗欤盛矣！迨仲尼迁于蔡者三岁，邦人渐摩圣教。宜其风俗之谆，人材之盛，直溯古初。以故漆雕子、曹子、秦子，皆以蔡人亲承师训，得为高弟，与七十子之列；而端木子亦尝来仕于申，汝南固圣贤接迹之地哉！夫曹、秦二子，其行事不少概见。若漆雕子使仕未信，夫子悦之；端木子辞行作宰，夫子告以"勤之，慎之"。奉天之时，是圣贤或出或处，皆有至道。其授受一堂者，遂足一垂范百世；后之闻风思起，当何如其蒸动也。由是，自汉迄明，仕于斯者，如邓西华之肇修鸿隙，杜君公之疏凿五沟；召翁卿之敦尚礼化；张智季之积薪自焚，天泽斯霈；贾伟节之教民养之，盗自伏辜。其他名贤，深仁至德，丰功伟伐，声施无穷者。项背相望，具载简册，班班可考也。生于斯者，如袁司徒之名重朝廷；陈仲举之忠清直亮；戴侍中之解经夺席；薛孟尝、蔡君仲之克敦孝友；范孟博之揽辔，有澄清天下之志；黄叔度之汪汪，若千顷之陂；许子将之月旦品题人物。其他名贤，高风峻节，瓌才硕学，穷绝古今者，项背相望，具载简册，又班班可考也。

顾明季寇讧中州，所在屠掠。此地经寇氛蹂躏二十余年，被祸尤烈，人民半死锋镝，村落尽为丘墟。比年以来，招徕绥辑，哀鸿甫归，废廛稍葺。乃镇重有慨者：水旱洊臻，寇盗窃发，田畴未辟，赋税多逋；兼之河夫之重累，蹉引之雍阏，康济无方，生计日蹙。而遽思政成俗美，登于上理；譬犹抟沙埏埴以成器，不可得已。虽然事久则变，屯极必亨，转旋气运，端在乎人。此正治术更新之时，贤才蔚起之会。岂遂古今人之不相及也哉！故吾儒当束发受书，伏处蓬荜。以至绾绶登朝，出膺民社，必则效端木、漆雕诸贤，斯可令闻休畅，追踪往哲，驯至汝坟之化；否则，窃盗虚声，贪縻荣禄，设施无当，陨厥身名，大乖于圣贤出处之道，徒为天下后世之所僇笑，奚足取乎？故镇于纂修官师人物，较之别志，其难其慎，倍切精详。而向者，因见人文丕变，重立天中书院，萃一郡之材秀，月为讲课。俎豆端木、漆雕诸贤，岁时歆祀。俾其对越之下，尊为仪型，亦既撰为卮言以朂诸生矣。兹当郡志告成，更推广前说，为有位者朂。愿为寮属诸君共读是编，可当法戒。凡百注厝知所参稽。庶几政令行于上，风俗成于下，不负纂修之意，而无贻瘝旷之讥，则深有关乎政教风化者矣！是为序。

康熙元年清和月。

中宪大夫、知汝宁府事、山阴金镇敬题于清美堂。

《汝宁府志》序

清·宋祖法

大书特书之笔折衷，幸托于圣人；鼓琴鼓缶之书，秦、赵各扬其盛事。其实皆一国纪载尔。余，汝人也，敢言汝志？

汝自周初，被圣王之化，濡泽最先。嗣是八百余年，渐涵愈深。两汉以来，士争矜许名节，故汝南独有先贤志。志之所以鸣盛也。夫山川、土田、城郭、桥梁、学校、仓廪，凡郡所同也，人物则风教所独也。志之者，撮千百之胜，扬元凯之休，著而为书。虽璘璘彬彬，媲美三代；然非凡为郡者之通称也。若夫僻壤陬隐，鳞逸羽臣，其人不殊其俗，所以大一统之义也。职是务者，修之于承平时易，修之兵燹之后难。汝郡二十年间，焚杀之毒百倍。凡寇所经，寿考戕于惨镝，文献化为冤燐。过存即虞，弗询漫置。又虞挂漏，则咨諏难。故府遗编，胥归虐焰。大家秘笈，乱逐飘尘。守残即苦无稽，广猎恒嗟失籍，则蒐讨难。且也组印膏障，灵依华衮，弁钗婴镝，魄绕彤编，憗遗而幽原恐滞英魂，博收而暴骨弗镌姓字，则纪载难。值此三难，虽丘明、茂先亦且意怠舌挢而不下矣。司马氏不见《古文尚书》《武城》一篇，诡谬不经，遂成千古大惑；无征不信，岂非修志者坐困事哉！

乃郡伯金公真长，其以山阴大儒来莅兹土。下车未几，即咨询郡志，知其难而不畏其难，毅然有纂修之志。公之政清可告天，勤无虚晷。如缮雉堞，修黉宫，建矼碕，创书院，均河夫之苦，疏醝引之繁，革户役以恤民，浚河源以通商，建祠宇而妥神灵，立社学而重师资，去行户则市不困，汰冗役则民不扰。心力交瘁，口手卒瘏，固已先志而垂不朽矣。适大中丞贾公有八郡修志之檄，此公之素愿也。于是考旧订新，芟繁补要，或询之长老，或采之稗乘，不数月而成是编。左太冲赋三都，十年始就。公兼薄领之劳，而成书如此之速，书生有愧色矣。志中所载，天文地理，山川之形胜，古迹之题著，郡国之建置，封建之沿革，职官选举之淑慝，政事损益之得失，祥异之徵应，风俗之淳漓，学政之程式，田赋户口之登耗，屯盐马政之格例，仓厂驿传胥役之供费，官师人物之隆盛，莫不灿然明备。而又终之以艺文杂志，临观之后，次之以贲，所谓观乎人文以化成天下也。然于官师、人物两志，与崇祯末年，忠臣孝子，义夫节妇之事，犹详哉！其言之详人物者，续汝南先贤志之意，以见人才之盛也；详官师者，公欲迈迹前人，不欲以贾父召母之称，独擅于昔。官师之状，公之状也。流寇煽虐，乃天地百六之会。其时兰摧玉折，偘然与日月争光者，不有表章，恐与荒烟蔓草同灭没。故详言之，使继此而起者有所裁也。夫时有盛衰，治有污隆，志成可使常隆而无污，挽衰而为盛矣！昔贤有言，耳目之趋向为风俗，风俗之趋向为鬼神。其间，或奢而俭，或俭而礼，后之守此土者，勤恤民隐，读是志而知所救也，此修志者之心也。志云乎哉！

康熙元年壬寅仲夏。

赐进士第、奉直大夫，原任提督福建学政、按察司佥事，前兵部武选司员外、车驾司郎中宋祖法顿首拜撰。

（赵心田）

责任编辑：赵心田

历代名人

古代名人

【黄帝正妃——嫘祖】 嫘祖，又作累祖、雷祖。为古代西陵氏之女，轩辕黄帝的正妃。嫘祖初始植桑养蚕，以蚕丝制衣，史称“始蚕”“先蚕”。嫘祖首倡婚嫁，尚行礼仪，母仪天下，与炎黄二帝开辟鸿茫，告别蛮荒，功高日月，德被华夏，被华夏子孙奉为“先蚕圣母”，并与炎帝、黄帝共同尊为“人文始祖”。嫘祖生玄嚣、昌意二子。玄嚣之子蟜极，蟜极之子为五帝之一的帝喾；昌意娶蜀山（今四川岷山）氏女为妻，生高阳，继承天下，即五帝之一的颛顼帝。西陵，即今西平县。西平县吕店乡的董桥遗址，为一处以仰韶文化为主，兼有龙山文化、二里头文化、东周文化和汉文化的多种文化共存的古聚落遗址，被学术界视为“嫘祖故里”。西平县在2007年被中国民间文艺家协会命名为“中国嫘祖文化之乡”，2008年开始每年在农历三月初六嫘祖诞辰日举行中华母亲节·嫘祖故里拜祖大典活动。

【周文王之母——太任】 太任，女，又称挚仲氏任。任姓，奚仲、仲虺后裔，挚国（今平舆）国君次女，殷末嫁周王季历为妻。太任品德高尚，聪慧善良。据传太任怀姬昌（文王）后，目不视恶色，耳不闻淫声，口不出傲言，并施以胎教，被尊为中华民族胎教第一人。相传她生姬昌后，季历父古公亶父甚喜，欲先传位季历，再传于姬昌。季历兄太伯、虞仲为避位，乃一同逃往荆蛮之地。平舆曾建有“挚亭”、“文王之母亭”、西塔寺“圣母殿”，以供奉纪念太任（其子姬昌，即周文王，又称周侯、西伯、姬伯）。时商纣暴虐，姬昌被囚于羑里（今河南安阳市城南）。后得诸侯拥护，“三分天下有其二，以服事殷”，在位共50年。

【周穆王之母——房后】 房后，女，西周初年时房国（今遂平）人。德貌高尚，嫁于周昭王。因是房国（今遂平）人，故称“房后”。周昭王名姬瑕，为周康王（姬钊）之子，其母亦为房国女，公元前995年～前975年在位。房后生姬满，即周穆王（周穆王于公元前976～前922年在位，曾西击犬戎，东攻徐戎，会合诸侯，并周游天下，《穆天子传》即记其西游故事）。

【蔡国第一侯——蔡叔】 蔡叔名姬度，为周文王（姬昌）第五子、周武王（姬发，周朝建立者）之弟、周成王（姬诵）之叔。周武王十一年（前1046）灭商，次年封姬度于蔡（今河南上蔡），又称蔡叔。蔡国为周王朝同姓国，为十二诸侯国之一，与王室关系密切，地处汝水中游，“南捍荆蛮，而北为中原之蔽”，战略地位重要。周武王十三年，武王又让蔡叔与管叔鲜（武王三弟，封于管，即今郑州市）、霍叔处（武王八弟，封于霍，即今山西霍县）一起监督武庚（殷禄父）治理殷商遗民，由此蔡叔与管叔、霍叔称为“三监”，亦称“三叔”。次年，武王去世，成王年幼继位，周公姬旦摄政，姬度和管叔、霍叔等不服，诬称周公谋害成王，窃夺王位，并勾结武庚发动叛乱。周公率军东征，历三年平定叛乱，管叔、武庚被杀，霍叔被废为庶人，姬度被放逐，与车十乘、随从七十名。不久，郁闷而死，侯国废。其子姬胡，一向修德驯善，为周公姬旦赏识，命其为鲁国（周公自己的封国）卿士。在鲁国，姬胡辅助周公长子伯禽，立章建制，勤理政务，鲁国大治。蔡叔死后，周公以其德才可用，遂言于成王，复封姬胡于蔡地（今上蔡），爵位为“伯”，称蔡仲。

【吴房堂溪氏——夫概】 夫概（或作摡），一称夫概王。春秋时吴国人。吴王诸樊子，阖闾弟。阖闾九年（前506），吴、楚战于柏举（柏国后裔迁居地，在今湖北麻城东）。以楚令尹子常（即囊瓦）所部士卒无斗志，夫概向阖闾献计：先攻子常所部，再以大军攻击楚军，必胜。阖闾不纳，夫概遂自率所部先攻子常，楚军大乱，吴继以全军攻击之，大胜。吴军追至清发水（在今湖北安陆境），又献计乘楚军半渡而攻击，复大败楚军。次年，秦援救楚国，打败吴军，夫概乃率军回吴国自立。阖闾归吴，将其击败，夫概被迫逃至楚国。楚昭王封夫概于堂溪（一作棠溪，时在故房国境，今在西平县西）一带，称堂溪氏。此地原为房国故地，夫概受封于此后，因夫概为吴人，又称之“吴房”。

【下蔡蔡侯——蔡昭侯】 蔡昭侯（？～前491），一作蔡昭公。名姬申（读音近“电”），申或误作甲。蔡悼侯弟。公元前518～前491年在位。蔡昭侯元年（前518），嫁姊大嫃于吴王僚。蔡昭侯五年，吴王阖庐（姬光，庐又作闾），嫁女与蔡昭侯，吴蔡两国关系得以巩固。不久，蔡出兵攻沈国（在今安徽临泉县），沈军溃败，国灭。蔡昭侯十年（前509），蔡昭侯去朝拜楚昭王，向楚昭王献上一件华美裘衣。楚相（令尹）囊瓦（子常）得知，就索要其身穿的另一件裘衣及佩玉，昭侯不给。囊瓦便向楚昭王进谗，蔡昭侯被扣留楚国，长达三年。昭侯无奈，只得把美裘衣献给囊瓦，囊瓦即请楚昭王放昭侯回国。蔡昭侯径去晋国，求晋伐楚，但因拒绝晋国大将荀寅索贿，未能如愿。三年后，蔡昭侯将公子乾和大夫之子送给吴国作人质，请吴国出兵伐楚。与吴、唐三国联军，在柏举（今湖北麻城东）大破楚囊瓦军，并乘胜攻入楚郢都（今湖北荆州）。次年，楚昭王复国。楚昭王二十三年（蔡昭侯二十六年，前493），楚国恢复国力，与陈、随、许四国联军围困蔡国。蔡国解围无望，被迫男女分开，用绳子连捆着出城投降。楚军撤退后，蔡昭侯即向吴国求援。因吴国连年征战，国力不济，无力救援，便派少量军队协助，让蔡国东迁至州来（今安徽凤台）。因州来地处蔡之下游，故称下蔡。蔡昭侯二十八年（前491），昭侯准备去吴国朝拜吴王夫差。诸大夫恐昭侯再次迁国，便合谋由大夫公孙翩（一说贼利）与公孙辰、公孙姓、公孙霍等一起，射杀昭侯。随后，为对国民有所交代，蔡大夫文之锴等又将参与弑君行动的公孙翩、公孙姓、公孙霍等杀掉（公孙辰奔逃吴国），并立昭侯子朔为君，称成侯。昭侯末年，孔子游历至蔡国，居三年。蔡昭侯墓在今安徽省寿县，1955年发掘出600余件铜器。

【儒家八派之一——漆雕开】 漆雕开（前540～？），一名启，字子开，一字子若，春秋末蔡国（今上蔡华陂）人。孔子七十二贤弟子之一。比孔子年少11岁。学道甚笃，以德行和勇敢见称。认为人性有善有恶。明习《尚书》，不乐仕进。孔子让他去做官，他回答说："我对做官这件事还没什么兴趣。"表现出他的清高，受到孔子的赞扬。后韩非论儒，分为八派，有漆雕氏之儒，称其"不色挠，不目逃，行曲则违于臧获，行直则怒于诸侯，世主以为廉而礼之"。（《韩非子·显学》）强调其以"廉"（廉洁正直）自持，不为威势所慑，亦不以势压人，为世所推重。晋陶潜《圣贤群辅录》，谓漆雕氏为"恭俭庄敬之儒"。《汉书·艺文志》著录《漆雕子》十三篇，列入儒家，已佚。唐元宗追封其为滕伯，宋真宗加封平舆侯。漆雕开墓在上蔡县华陂镇华陂村。

【秦丞相——李斯】 李斯（前280～前208），战国末年楚上蔡（今上蔡县芦岗乡李七楼）人。约秦昭王四十七年（前260）始为郡小吏，有大志，观仓中鼠，有"人之贤不肖譬如鼠矣，在所自处耳"之叹。秦昭王五十二年，与韩非、包丘子等从学于荀卿（荀况）。秦孝文王元年（前250），随荀卿去赵国，曾与赵成王议兵。秦孝文王三年离楚入秦，为秦相吕不韦舍人，初任为郎。嬴政为秦王，李斯向秦王献"统一"之策，秦王听其计，拜为长史。秦始皇元年（前246），拜为客卿。十年，秦宗室贵族提出"逐客"（驱逐他国客居人士）主张，李斯亦在被逐之列。被逐途中，向秦王上《谏逐客书》，为秦王采纳。秦王废逐客令，复李斯官职。李斯又向秦王献"先取韩以恐他国"之计，并具体实施了尉缭的反间计。十三年（前234），李斯向秦王推荐韩非。次年，韩非至秦，向秦王上《存韩》书。李斯与姚贾同向秦王建议，如不用韩非，就应"以过法诛之"。秦王下韩非入狱，李斯遣人药杀韩非。秦王开始采用李斯"并六国，先取韩国，再逐一消灭各国，统一天下之策"。秦始皇二十六年（前221），秦国统一各国。李斯任廷尉，奉命与丞相王绾、御史大夫冯劫等共议帝号，颂始皇功业。李斯驳斥王绾恢复封建制的议论，力主推行郡县制。奏请始皇统一文字，并受命编辑《苍颉篇》七章。二十七年，受始皇之命，将天下刑人徒隶70余万人，监治骊山陵。二十八年，随始皇出巡东方郡县，沿途祭山封禅，刻石颂德，李斯撰辞并亲以小篆书写《峄山刻石》《泰山刻石》《琅琊台刻石》。次年，随始皇再次巡游东方，至之罘山，立《之罘刻石》《之罘东观刻石》。三十二年，随始皇出巡，立《碣石门刻石》。始皇发兵攻匈奴，李斯谏阻未被采纳。三十四年（前213），任左丞相，于咸阳宫驳斥淳于越攻击郡县制、恢复封建制的议论。向始皇建议禁私学、焚诗书，别黑白而定一尊。继续统一法律、文字，为始皇"治离宫别馆"。三十七年（前210），向始皇《治骊山上书》。随始皇巡游，至会稽，撰刻《会稽刻石》。归途始皇去世沙丘，李斯恐引起动乱，秘而不宣，置尸于辒辌车中。李斯按始皇意立胡亥为太子，胡亥袭皇位，为二世皇帝。秦二世元年（前209）春，随二世东巡郡县，至碣石、会稽，于始皇刻石旁具刻诏书刻石。七月，秦末农民起义爆发后，上《奏请秦二世行督责书》《谏秦二世极意声色》，劝二世更为法律，行"督责之术"，加强君权。二年（前208）春，李斯与右丞相冯去疾、将军冯劫，同谏二世停止作阿房宫，减轻赋税劳役，胡亥不听。赵高诬李斯"裂地而王"，以莫须有的"谋反"罪，将李斯下狱。同年七月，将李斯俱五刑，腰斩于咸阳，并夷三族。现上蔡县城西南芦岗乡李七楼村有李斯墓，县城内有李斯井、李斯坑等遗迹。

【秦末农民起义领袖——陈胜】 陈胜（？～前208）字涉，楚国阳城（今平舆县阳城乡）人。秦朝末年著名农民起义领袖。陈胜早年穷困，雇农出身，胸有大志。秦二世元年（前209）七月，陈胜和吴广为屯长（小军官），带领900名戍卒前往渔阳（今北京密云西南）戍边，遇雨误期。按法令，误期者当斩首。于是陈、吴二人被迫在蕲县大泽乡（安徽宿州东南的刘村集）起义，杀掉秦县尉，占领陈县（今河南淮阳）后建立起中国历史上第一个农民政权，国号为"楚"（或"张楚"，取"张大楚国"之意）。陈胜以吴广率重兵进攻荥阳（今河南荥阳东北古荥镇），又以周文为将军，率部由陈县出发西击秦，攻破函谷关。再以数十万兵进抵关中戏地（今陕西临潼境），逼近咸阳。秦朝少府章邯率领几十万在骊山修墓的刑徒，武装起来迎击周文军。周文因为孤军深入，屡吃败仗，退出函谷关，在渑池兵败自杀。荥阳城池坚固，秦三川郡守李由死命坚守，吴广久攻不下，与部下田臧起争执，被田臧杀死。吴广死后，军心涣散。秦大将章邯率军攻来，田臧兵败被杀。公元前209年12月，章邯率军进攻陈地（今河南淮阳），陈胜败退至下城父（今安徽涡阳东南），陈胜被车夫庄贾杀害，余众投降秦军。陈胜自起兵称王以至被杀，凡6个月。陈胜部将吕臣率苍头军两度收复陈县，杀庄贾，葬陈胜于芒砀山。刘邦称帝后，追封陈胜为"隐王"。

【西汉汝坟侯、汝南周氏始祖——周仁】 周仁字季房，任城（今河北任县）人。周平王少子汝坟侯姬烈21世孙。以医术行世。汉文帝时，景帝（刘启）为太子，周仁为其舍人。积功迁至太中大夫。景帝即位任为郎中令。以续周朝之嗣，复封为汝坟侯，赐号“正公”。因汝坟下湿，徙迁至安成（今平舆），为汝南周氏始祖。为人沉静少言，不泄人隐秘，得幸于景帝。景帝入卧室，与后宫秘戏，仁亦在旁，终无所言。景帝询问人事，则曰：“上自察之。”景帝赏赐甚多，常辞让不受，群臣馈赂，亦无所爱。武帝即位，以为先帝臣而重之。后以病辞官，食2000石禄。子孙咸至显官。

【西汉《盐铁论》著者——桓宽】 桓宽字次公，汝南（今上蔡）人。博通群书，善著文章，喜研《公羊春秋》。宣帝时举为郎，官至庐江太守丞。始元六年（前81），昭帝（刘弗陵）征请郡国贤良、文学60余人，询问民间疾苦，众人皆请罢止盐铁、酒榷、均输之官，唯御史大夫桑弘羊以为“此乃所以安边境，制四夷，国家大业，不可废也”，与众辩难。宣帝（刘询）时，桓宽整理双方论辩之辞，推衍成《盐铁论》一书。《盐铁论》内容涉及政治、经济、军事、文化各个方面，重点论难经济政策，是研究西汉中期历史的重要资料。《盐铁论》也是一部具有较高文学价值的文学作品。《汉书·艺文志》著录《盐铁论》凡60篇，《隋书·经籍志》《新唐书·艺文志》均作10卷，明张之象为之作注，析为12卷。

【西汉丞相、高陵侯——翟方进】 翟方进（？～前7）字子威，西汉汝南上蔡（今上蔡西南）人。家世寒微，其父曾为汝南郡文学。方进十二三岁时，丧父失学。稍长，到太守府任小吏，因生性迟钝，常遭掾史辱骂。有长者名蔡父，方进向其卜问前途，蔡父见方进相貌奇异，有“封侯骨”，劝其学“经术”、研“诸子”。遂托病辞职，随后母至京师长安，从博士学《春秋》。历经10年，经术大进，颇有创建，门徒日众，博诸儒盛誉。以射策甲科为郎，年二十三举明经，迁议郎。成帝（刘骜）河平（前28～前25）间，转为博士。数年后，迁朔方刺史（朔方郡治所在今内蒙古杭锦旗北）。又数年，迁丞相司直。至任，即在甘泉宫弹劾司隶校尉陈庆，谓其有罪而未伏诛，却无恐惧之心，有损圣德，陈庆因此被免。后又上奏弹劾涓勋，指其初任司隶校尉，不遵礼仪，轻谩丞相、御史，低视上卿，邪谄无常，有失国体。涓勋被贬，谪为昌陵令。一年间连劾两位司隶校尉，朝廷上下皆惧之。时正筑建昌陵，贵戚近臣子弟独断专营，从中牟取暴利，方进指派掾史立案审查，追获赃款计数千万。成帝以为方进可堪公卿大任，鸿嘉三年（前18）徙迁为京兆尹。仍勠力搏击豪强，京师权贵更为畏惧。青州刺史胡常致书方进，称如此硬碰贵戚，“恐有所不宜”，方进心有所悟，略为收敛。永始二年（前15），迁御史大夫。仅数月，丞相薛宣被免为庶人，方进亦因任京兆尹时办理丧事过于张扬而降任执金吾。因相位空缺，群臣多推举方进，成帝亦以方进最宜，仅逾20余天，即擢方进任丞相，封高陵侯，食邑千户。时中郎陈汤被贬谪敦煌，方进上奏成帝，谓少府陈咸与卫尉逢信“邪枉贪污，营私多欲”，与陈汤“亲交贿遗，以求荐举”。陈咸、逢信遂被免职。二年后，成帝诏举方正直言之士，红阳侯王立举荐陈咸，陈咸复拜光禄大夫给事中。方进再奏：陈咸前为罪臣，不知廉耻，凭红阳侯举荐，别人不敢揭露，得以窃取官位。陈咸再次被免职。其后，外戚侍中卫尉定陵侯淳于长有罪，因其为皇太后外甥及红阳侯（受淳于长贿赂）求情，仅免职未治罪。后再被揭露，淳于长终被定罪下狱。方进由此弹劾红阳侯“怀奸邪，乱朝政，欲倾误主上，狡猾不道”。成帝碍于红阳侯为其舅，不忍治罪，遣返郡国。方进又奏，剪除红阳侯党羽及淳于长所厚善者，将军朱博、巨鹿太守孙闳、京兆尹孙宝、右扶风萧育、原光禄大夫陈咸及刺史2000石以上20余人，均被免官遣散，陈咸不久即郁闷发病而死。方进兼通文法吏事，以儒雅缘饰法律，为政公洁，请托不行郡国，甚得成帝器重。然而执法过于严苛，举奏牧守九卿，中伤者尤多。绥和二年（前7）春，星相出现“荧惑守心”现象，主“皇帝驾崩”之意。郎贲丽占星象，以为应由大臣担责消灾。成帝于是召见方进，斥责其任相十年，灾害频仍，民多流亡；盗贼并起，吏民相残；用度不足，政令无常。方进受逼无奈，即日自杀身亡。成帝秘密封锁消息，始称丞相突发重病，假意多次前去看望。后称不治而逝，又数临相府吊唁，所赐物品亦盛于常制。谥恭侯。长子翟宣承嗣，官至南郡太守；次子翟义，官至东郡太守，王莽篡政后起义，众达10余万，后失败被杀。

【东汉袁氏“四世三公”——袁安、袁敞、袁汤、袁逢、袁隗】 袁安（？—92）字邵公，汝南汝阳（治今平舆县郭楼镇高平寺村）人。祖父袁良，习《孟氏易》，平帝时举明经，为太子舍人，建武初至成武令。父袁昌。袁安少传祖父良之学，为人严重有威，见敬于郡里。初为县功曹，后举孝廉，除阴平长、任城令。永平十四年拜楚郡太守，岁余征为河南尹，政号严明，在职十年，京师肃然，名重朝廷。建初八年迁太仆，元和三年代第五伦为司空，章和元年代桓虞为司徒。永元四年（92）春卒。袁安子袁京，字仲誉，初拜郎中，稍迁侍中，出为蜀郡太守。袁安子袁敞字叔平，初任太子舍人，和帝时历位将军、大夫、侍中，出为东郡太守，征拜太仆、光禄勋，元初三年代刘恺为司空。袁京子袁彭，字伯楚，历广汉、南阳太守，顺帝初为光禄勋，终于议郎。袁彭弟袁汤，字仲河，桓帝初为司空，以豫议定策封安国亭侯，食邑五百户，累迁司徒、太尉，卒谥曰康侯。袁汤子袁逢，字周阳，以累世三公子，宽厚笃信，著称于时，后为司空，卒于执金吾。袁逢子袁基，位至太仆。袁逢弟袁隗，字次阳，少历显官，献帝初为太傅。汝南袁氏祖墓在今平舆县阳城镇（原后刘乡）新集村西孔坟，有袁安墓、袁敞墓。曾出土《袁安碑》《袁敞碑》，现藏于河南博物院，为汉代篆书之代表。

【东汉许氏“三世三公”——许敬、许训、许相】 许敬字鸿卿，汝南平舆（今平舆县）人。安帝（刘祜）末，官光禄勋。顺帝（刘保）永建二年（127）七月，迁司徒。永建四年（129）十一月罢司徒，以千石禄终身。其子许训，桓帝（刘志）时任计掾，迁太常。灵帝（刘宏）建宁二年（169）五月迁司徒，任永乐少府。熹平三年（174），迁司空。熹平五年（176）五月再迁太尉，同年七月致仕归。许训之子许相，灵帝（刘宏）时，历侍中、光禄大夫等职。中平二年（185）十月，迁司空。

中平四年（187）五月，为司徒。中平五年（188）八月，罢司徒，迁少府、河南尹。中平六年（189）八月，被司隶校尉袁绍所杀。

【东汉方士——费长房】 费长房，汝南（今平舆县）人。曾为市掾。街市中有一老翁悬壶卖药，及市罢，即跳入壶中，市人都察觉不到，唯长房于楼上看得真切，遂置酒拜请老翁。次日清早，随老翁进入壶中，见其中玉堂严丽，有美酒佳肴，于是饱餐而归。后长房随之入深山求道，未成而归。乘竹杖归来时，感觉离家才十几日，而世上已10余年。长房把竹杖投入葛陂，竟化作一条龙。长房能医病、驱鬼怪，卜知未来。梁吴均《续齐谐记》载，汝南桓景随费长房游学累年，一日长房谓桓景曰："九月九日，你家中有灾祸。应迅速离家外出。让家人每人作一只绛囊，盛上茱萸，系到臂上，并登上高处，饮菊花酒，此祸即可除去。"桓景依其言，齐家登山。傍晚归家，见鸡犬牛羊全部暴死。此传说以后成为重阳登高的由来。相传长房后来因丢失驱鬼符，被众鬼杀害。费长房墓在平舆县东和店镇仙翁庙集西。

【东汉太傅、"三君"之一——陈蕃】 陈蕃（？～168）字仲举，东汉汝南平舆（今平舆县）人。祖父曾任河东太守。陈蕃年十五，尝闲处一室，而庭宇芜秽。父友同郡薛勤来访，谓陈蕃曰："孺子何不洒扫以待宾客？"蕃曰："大丈夫处世，当扫除天下，安事一室乎！"太尉李固表荐，征拜陈蕃为议郎，再迁为乐安（千乘）太守。郡民赵宣，葬亲而居墓道中，行服20余年，乡邑称孝，州郡数礼请之。郡内数荐于陈蕃，蕃问及妻子，而宣五子皆服孝时所生。陈蕃大怒，以"寝宿冢藏，而孕育其中，诳时惑众，诬污鬼神"，治其罪。大将军梁冀威震天下，时遣书诣蕃，有所请托，不得通，使者诈求谒，蕃怒笞杀之，坐左转修武令。稍迁，拜尚书。时零陵、桂阳山贼为害，公卿议遣讨之，又诏下州郡，一切皆得举孝廉、茂才。陈蕃上疏"宜严敕三府，隐核牧守令长，其有在政失和，侵暴百姓者，即便举奏，更选清贤奉公之人，能班宣法令情在爱惠者，可不劳王师，而群贼弭息矣"。以此忤左右，出为豫章太守。陈蕃性方峻，不接宾客，士民亦畏其高。征为尚书令，迁大鸿胪。会白马令李云抗疏谏，桓帝怒，当伏重诛。蕃上书救李云，亦坐免归田里。复征拜议郎，数日迁光禄勋。时封赏逾制，内宠猥盛，蕃即上疏谏止对"河南尹邓万世、尚书令黄儁"荫先人微功受爵，及宫廷"采女数千，食肉衣绮，脂油粉黛，不可赀计"事。桓帝（刘志）纳其言，出宫女500余人，但仍赐黄儁爵关内侯、邓万世南乡侯。延熹六年（163），桓帝车驾幸广成校猎。陈蕃上疏"当今之世，有三空之厄：田野空，朝廷空，仓库空，诚不宜游猎"。书奏不纳。自陈蕃为光禄勋，与五官中郎将黄琬共典选举，不偏权富，而为执家郎所谮诉，坐免归。顷之，征为尚书仆射，转太中大夫。八年，代杨秉为太尉。蕃以"'不愆不忘，率由旧章'，臣不如太常胡广；齐七政，训五典，臣不如议郎王畅；聪明亮达，文武兼姿，臣不如刑徒李膺"辞让，桓帝不许。在任敢于直谏，数上书为大司农刘祐、廷尉冯绲、河南尹李膺、小黄门赵津、南阳大猾张汜、山阳太守翟超、东海相黄浮等鸣冤免罪。九年，李膺等以党事下狱。陈蕃上疏极谏，忤桓帝旨意，桓帝借以陈蕃辟召人才不当，遂策免职。永康元年(167),桓帝崩。窦太后临朝,诏授陈蕃为太傅,录尚书事。时新遭大丧，国嗣未立，诸尚书畏惧权官，托病不朝。陈蕃以书责之,诸尚书惶怖,皆起视事。灵帝（刘宏）即位，窦太后复优诏陈蕃："辅弼先帝，出纳累年。忠孝之美，德冠本朝。謇愕之操，华首弥固。今封蕃高阳乡侯，食邑300户。"陈蕃上疏10余章（次）辞让,竟不受封。当初，桓帝欲立所幸田贵人为皇后。陈蕃以"田氏卑微、窦族良家"极谏，帝不得已，乃立窦后。及后临朝，故委用于陈蕃。蕃与后父大将军窦武，同心尽力，征用名贤，共参政事。灵帝乳母赵娆与中常侍曹节、王甫等谄事太后，太后信之，数出诏命，有所封拜，及其支类，多行贪虐。蕃常疾之，与窦武谋之。及事泄，曹节等矫诏诛窦武等。陈蕃时年70余，遂将官属诸生80余人，并拔刃突入承明门，被王甫兵勇执送黄门北寺狱，即日被害。徙其家属于比景，宗族、门生、故吏皆被斥免禁锢。友人陈留朱震,时为铚令,闻而弃官哭之，收葬蕃尸，匿其子陈逸于甘陵界中。后黄巾义军起，灵帝大赦党人，陈逸出仕，官至鲁相。《后汉书》评论陈蕃道："桓、灵之世，若陈蕃之徒，咸能树立风声，抗论惛俗。以遁世为非义，故屡退而不去；以仁心为己任，虽道远而弥厉。功虽不终，然其信义足以携持民心。汉世乱而不亡，百余年间，数公之力也。"蔡邕评之："陈仲举强于犯上，李元礼严于摄下。犯上难，摄下易。"刘义庆《世说新语》谓："陈仲举言为士则，行为世范。登车揽辔，有澄清天下之志。"

【东汉"八顾"之一——范滂】 范滂字孟博，汝南征羌（今确山县东）人。父范显（字叔矩),郡举至孝,曾为龙舒侯相。范滂少厉清节，为州里所服，举孝廉、光禄四行（敦厚、质朴、逊让、节俭）。时冀州饥荒，盗贼群起，乃以滂为清诏使，案察之。及至州境，守令自知臧污，望风解印绶去。《后汉书·党锢传·范滂》谓："滂登车揽辔，慨然有澄清天下之志。"迁光禄勋主事。时陈蕃为光禄勋，滂执公仪诣蕃，蕃不止之，滂怀恨，投版弃官而去。复为太尉黄琼所辟。后诏三府掾属举谣言，滂奏刺史、2000石权豪之党20余人。滂睹时方艰，知意不行，因投劾归里。汝南太守宗资先闻其名，署为郡功曹，委任政事。滂在职，严整疾恶。其有行违孝悌、不轨仁义者，皆扫迹斥逐，不与共朝。时人誉为"八顾"之一，言"能以德行引导人"。桓帝延熹九年（166），与李膺等被诬钩党,被捕下狱。狱吏谓"凡坐系皆祭皋陶",滂道:"皋陶贤者，古之直臣。知滂无罪，将理之于帝。如其有罪，祭之何益？"众人由此亦止。狱吏将加掠考，滂以同囚多病弱，乃请先就格，遂与同郡袁忠争受楚毒。后获释，南归乡里，汝南、南阳士大夫迎之者数千两。灵帝（刘宏）建宁二年（169），大诛党人，诏下急捕范滂等。督邮吴导至县，抱诏书，闭传舍（驿舍），伏床而泣。范滂闻之，知其为己，即自诣狱。县令郭揖大惊,出解印绶,欲与滂俱亡（逃）。滂道:"我死则祸塞，何敢以罪累君，又令老母流离乎？"遂与其母诀别。母道："汝今得与李膺、杜密齐名，死亦何恨？既有令名，复求寿考，可兼得乎？"范滂遂慷慨赴义，即死狱中，年仅33岁。

【东汉“征君”“当世颜回”——黄宪】 黄宪字叔度，东汉汝南慎阳（今正阳县）人。家世贫贱，父为牛医。颍川荀淑（曾任郎中、当涂长）至慎阳，遇宪于旅舍。时宪年十四，淑竦然异之，揖与语，数日不能去。称之“师表”，誉为“当世颜回”。是时，同郡戴良才高倨傲，而见宪后未尝不正容，及归，罔然若有失也。其母问曰：“汝复从牛医儿来邪？”对曰：“良不见叔度，不自以为不及。既睹其人，则瞻之在前，忽焉在后，固难得而测矣。”同郡陈蕃、周举常相谓曰：“时月之间不见黄生，则鄙吝之萌复存乎心。”及陈蕃为三公，临朝叹曰：“叔度若在，吾不敢先佩印绶矣。”太守王龚在汝南郡，礼进贤达，多所降致，卒不能屈宪。郭林宗少游汝南，先过袁阆，不宿而退。进往从宪，累日方还。有人以此问林宗，林宗曰：‘奉高之器，譬诸泛滥，虽清而易挹；叔度汪汪，若千顷陂，澄之不清，淆之不浊，不可量也。”黄宪初举孝廉，又辟公府，友人劝其仕，宪亦不拒之，至京师而还，竟无所就。年四十八终，天下号曰“征君”。《后汉书》评论道：“黄宪言论风旨，无所传闻，然士君子见之者，靡不服深远，去玼吝。将以道周性全，无德而称乎？”

【东汉太尉——李咸】 李咸（100 ~ 175）字元贞（误作元卓），东汉汝南西平（今西平县）人。孤特自立，家贫母老，常躬耕以奉养。学鲁诗、春秋公羊传、三礼。三府并辟，司徒胡广举茂才，除高密令，政多奇异，青州表其状。后迁任大鸿胪、大司农、大仆射。灵帝建宁四年（171），由太仆拜太尉。自在相位，约身率下，常食粟饭、酱菜而已，不与州郡交通。熹平元年（172），窦太后崩。其先太后父窦武与陈蕃谋诛宦官，反为中常侍曹节矫诏杀害，宦者积怨窦氏，遂以衣车载太后尸，置城南市舍数日。中常侍曹节、王甫欲用贵人礼殡。灵帝诏公卿大会朝堂，令中常侍赵忠监议太后葬礼。李咸时有病，乃扶舆而起，捣椒自随，谓妻子曰：“若皇太后不得配食桓帝，吾不生还矣。”既议，坐者数百人，各瞻望中官，良久莫肯先言。李咸与廷尉陈球等坚持“太后以陛下为子，陛下岂得不以太后为母？子无黜母，臣无贬君，宜合葬宣陵，一如旧制”。终使之与桓帝合葬。熹平二年（173），以老乞归，尽还所赐物品，乘破敝牛车，使子驾御，晨出京师洛阳，百僚追送不及。家旧贫狭，庇荫草庐。熹平四年（175）卒，终年76岁。名士蔡邕亲撰《太尉汝南李公碑》。

【蜀国司徒——许靖】 许靖（约150 ~ 222）字文休，三国时期平舆（今平舆县）人。少与从弟许劭俱知名，并有人伦臧否之称，而私情不协。许劭为郡功曹，排摈许靖不得齿叙，以马磨自给。颍川刘翊为汝南太守，乃举许靖计吏，察孝廉，除尚书郎，典选举。灵帝（刘宏）崩，董卓秉政，以汉阳周毖为吏部尚书，与许靖共谋议。进用颍川荀爽、韩融、陈纪等为公、卿、郡守，拜尚书韩馥为冀州牧，侍中刘岱为兖州刺史，颍川张咨为南阳太守，陈留孔伷为豫州刺史，东郡张邈为陈留太守。而迁许靖巴郡太守，不就，补御史中丞。韩馥等到官，各举兵还向京都，欲以诛董卓。董卓怒杀周毖。许靖从兄陈相瑒，又与孔伷合规，许靖惧诛，奔附孔伷。孔伷卒，依扬州刺史陈祎。陈祎死，吴郡都尉许贡、会稽太守王朗素与许靖有旧，故往依许、王。孙策定江东，又经交州至交趾（今越南中北部），与群士相随，每有患急，常先人后己。刘璋使使招许靖，入蜀为巴郡、广汉太守。许靖号为臧否，至蜀，见王商而称之，刘璋以王商为蜀郡太守。建安十六年（211），许靖转为蜀郡太守。建安十九年，刘备克蜀，以许靖为左将军长史。刘备为汉中王，以许靖为太傅。及刘备称帝，迁为司徒。虽年逾七十，爱乐人物，诱纳后进，清谈不倦。丞相诸葛亮皆为之拜。章武二年（222）卒。子许钦，先许靖夭没。许钦子许游，蜀景耀（258 ~ 262）中为尚书。

【东汉隐士、以“月旦评”名世——许劭】 许劭字子将，汝南平舆（今平舆县）人。少峻名节，好人伦，多所赏识。若樊子昭、和阳士（洽），并显名于世。故天下言拔士者，咸称许（劭）、郭（林宗）。尝到颍川（今河南禹州市），多与长者游。陈蕃丧妻还葬，乡人毕至，独许劭不往。或问其故，劭曰：“太丘道广，广则难周。仲举（陈蕃字）性峻，峻则少通。故不造也。”许劭与从兄许靖俱有高名，好共核论乡党人物，每月辄更其品题，故汝南俗有“月旦评”焉。曹操微时，常卑辞厚礼，求为己论。劭鄙其人而不肯论，曹操乃予胁迫，劭不得已，曰：“君清平之奸贼，乱世之英雄。”曹操大悦而去。劭从祖许敬，敬子许训，训子许相，并为三公。许相以能谄事宦官，故自致台司封侯，数遣请许劭。劭恶其薄行，终不侯之。太守徐璆甚敬重之，请为郡功曹。郡中闻劭为吏，莫不改操饬行。司空杨彪辟，举方正、敦朴，数征皆不就。或劝劭出仕，对曰：“方今小人道长，王室将乱，吾欲避地淮海，以全老幼。”乃南至广陵。徐州刺史陶谦礼之甚厚。劭不自安，复投扬州刺史刘繇于曲阿。及孙策平吴，许劭与刘繇南奔豫章。寻卒，时年四十六。

【魏国太常、西陵乡侯——和洽】 和洽字阳士，三国魏西平人。举孝廉，大将军辟，皆不就。袁绍在冀州，遣使迎汝南士大夫，和洽以为“冀州土平民强，英桀所利，四战之地。本初（袁绍字）乘资，虽能强大，然雄豪方起，全未可必也。荆州刘表无他远志，爱人乐士，土地险阻，山夷民弱，易依倚也”，遂与亲旧俱南从刘表，刘表以上客待之，不久南渡武陵。曹操定荆州，辟为丞相掾属。时毛玠、崔琰并以忠清干事，其选用先尚俭节。和洽认为“天下大器，在位与人，不可一以节俭也。勉而为之，必有疲瘁，则易隐伪”，深得曹操赞许。魏国既建，为侍中。出为郎中令。文帝（曹丕）践阼，为光禄勋，封安城（今汝南东南）亭侯。玥帝（曹叡）即位，进封西陵乡侯，邑200户。后转为太常。为官清贫守约，至卖田宅以自给。明帝闻之，加赐谷帛。薨，谥简侯。子和离嗣。次子和逌，才爽开济，官至廷尉、吏部尚书。孙和峤，官至西晋中书令。

【西晋安东将军——周浚】 周浚（？ ~约285）字开林。汝南安成（今汝南东南）人。汝坟侯周仁之后裔。父周斐，任少府卿，著《汝南先贤传》。浚性果烈，以才理见知，有人论鉴识。初不应州郡之辟，仕魏为尚书郎。累迁御史中丞，拜折冲将军，扬州刺史，封射阳侯。晋武帝咸宁五年（279），随安东将军王浑伐吴，攻破江西屯戍，斩吴丞相张悌等首级数千，俘馘万计，进军屯于横江。破武昌，吴国震恐。太康元年（280），孙皓降，周浚渡江安抚吴地，进封成武侯，食邑6000户，赐绢6000匹，移镇秣陵（今江苏南京）。时吴初平，屡有逃亡反抗者，浚频讨平之，并能宾礼吴地故老，搜访人才，有威德，吴人悦服。迁侍中，转少府，以本官领将作大匠。改营宗庙竣工，即增邑500户。后代王浑为使持节，都督扬州诸军事、安东将军。卒于任上。有三子：周顗、周嵩、周谟，顗嗣爵。周顗（269～323）字伯仁，历官东晋吏部尚书、太子少傅，尚书左仆射，有三子周闵、周恬、周颐，周闵历任吏部尚书、尚书左仆射，加中军将军等；周恬、周颐并历卿守；周颐子周琳官至东阳太守，周琳子周文历骠骑咨议参军。周嵩（？～324）字仲智，历官新安太守、庐陵太守、御史中丞、从事中郎。周谟字阿奴，历官少府、丹阳尹、侍中、中护军。

【西晋道士、"许真君"——许逊】许逊（239～374）字敬之，西晋汝南人。父许肃，于东汉末年率家避战乱迁居南昌。吴赤乌二年（239），许逊生于南昌县益塘坡（今麻丘乡）。据道书记载，许逊少以射猎为业。一日入山射鹿，鹿胎堕地，母鹿舔其崽而死，许逊怆然感悟，折弩而归，始栖托西山金氏之宅修道。20岁举为孝廉，屡荐不就。29岁闻豫章人吴猛得术士丁义神方，乃拜大洞君吴猛为师，传三清法要。36岁时与郭璞结伴遍访名山胜地，后选择南昌逍遥山（今新建西山乡）隐居，只求修炼，不愿为仕，平日以孝、悌、忠、信教化乡里，深为乡人尊敬。西晋太康元年（280）时，因朝廷屡加礼命，难于推辞，出任旌阳县令。在职10年，居官清廉，政绩卓著，被乡里尊称"许旌阳"。太熙元年（290），料知晋室必将大乱，遂挂冠东归。大批民众追随而居，并改姓为许，人称"许家营"。时逢彭蠡湖（今鄱阳湖）蛟龙为害，水灾连年，许逊率领众弟子治水，足迹踏遍湖区各地，赢得民众尊崇。元帝大兴四年（321），许逊隐居南昌梅仙祠，创办道院，名太极观，额曰"净明真境"，立净明道派，宗旨为"净明忠孝"。传说许逊活到136岁，于宁康二年（374）八月初一日合家42人一齐飞天成仙。世人尊奉其为"许仙"，列为道教"四大天师"之一。东晋朝廷为表彰其功德，将旌阳县改名德阳县。后人在其居住地南昌西山建起许仙祠，在南昌铁柱宫建旌阳祠。北宋徽宗政和二年（1112），追封许逊为"神功妙济真君"，升观为宫（观在今江西南昌西山），赐额"玉隆万寿宫"。王安石撰写《许旌阳祠记》。

【西晋安南将军、梁州刺史——周访】周访（260～320）字士达。晋汝南安成（今汝南东南）人，汝坟侯周仁之后裔。其先祖汉末避居江南已三世，吴亡后定居庐江寻阳。祖父周纂，曾任吴威远将军。父周敏，曾为左中郎将。周访少时性情沉毅，谦而能让，果于断割，周穷振乏，家无余财。初为县功曹。后察孝廉，除郎中、上甲令，皆不授。及琅琊王司马睿渡江，参镇东府军事，寻迁扬烈将军，领兵一千二百，屯寻阳鄂陵，斩华轶，平江州。为振武将军、寻阳太守，加鼓吹、曲盖，与诸军共征杜弢，斩其将张彦。为流矢所中，折前两齿，形色不变。进为龙骧将军，王敦表为豫章太守，加征讨都督，赐爵寻阳县侯。时梁州杜曾、挚瞻、胡混等威震江沔，元帝司马睿命周访击之。周访有众八千，进至沌阳。以谋大败杜曾，遂定汉沔。以功迁南中郎将、督梁州诸军、梁州刺史，屯襄阳。再战，擒杜曾、第五猗、胡混、挚瞻等，送于大将军王敦。进位安南将军、持节，都督、刺史如故。王敦以其勋业隆重，深忌之，违诺不使领荆州。于是在襄阳务农训卒，守宰有缺，先补后报，王敦不能制。知王敦有反心，常切齿。王敦亦惮之，不敢妄动。元帝大兴三年（320）卒，时年六十一。元帝哭之甚恸，诏赠征西将军，谥曰壮，立碑于本郡。二子：周抚、周光。周抚（？～365）字道和，历官振威将军、豫章太守、征虏将军、平西将军、镇西将军。周光历官宁远将军、寻阳太守。

【东晋散骑常侍、《搜神记》著者——干宝】干宝（？～336）字令升，东晋新蔡人。祖父干统，官吴奋武将军、都亭侯。父干莹，官丹杨丞。干宝少勤学，博览群书，以才器闻。元帝承制，召为著作郎。因平定杜弢有功，赐爵关内侯。晋室东迁后，未置史官，中书监王导上疏元帝，以干宝领国史。以家贫，求补山阴令，迁始安太守。王导请为司徒右长史，迁散骑常侍。干宝是古代著名史学家、文学家，被称为中国志怪小说的鼻祖。著有26种，近200卷。《周易注》《周官注》等数十篇，《晋纪》20卷，《搜神记》30卷，《干子》8卷，文集5卷。今仅存后人辑录之《搜神记》20卷，及《文选》中所载《晋纪总论》、文9篇、诗16首。

【东晋领军司马、汝南梅氏始祖——梅赜】梅赜，一作梅颐，亦作枚赜，字仲真。东晋汝南西平人。曾官豫章（郡治今南昌）内史、豫章太守，领军司马。因父为城阳太守，少时曾在城阳从臧曹学《尚书》，后以向朝廷贡献《尚书》孤本而闻名于世。《世说新语·方正篇》云："梅颐尝有惠于陶公（侃），后为豫章太守。"刘孝标注引《晋诸公赞》云："颐字仲真，汝南西平人。少好学隐退，而求实进止。"《尚書·舜典》唐孔颖达疏云："东晋之初，豫章内史梅赜上《孔氏传》，犹缺《舜典》。"《初学记》卷二十一载："安国书成后……荥阳郑冲私于人间得而传之，独未施行，东晋汝南梅赜奏上，始列于学官，此则古文《尚书》矣。"弟梅陶，字叔真。元帝初为王敦諮议参军，后除豫章太守。成帝初为尚书，拜光禄大夫。著《新论》1卷，《集》20卷，有《赠温峤诗》《怨诗行》等诗作传世。

【南朝齐国子博士——周颙】周颙字彦伦，汝南安城（今平舆）人。晋左光禄大夫周顗七世孙。祖周虎头，曾官员外常侍。父周恂，官归乡相。周颙少时为族祖周朗所知，初任海陵国侍郎。又为益州刺史萧惠开赏识，相携入蜀，为厉锋将军，带肥乡、成都二县令，并任萧惠开辅国府参军、府主簿。随萧惠开还都，宋明帝（465～472在位）颇好言理，以周颙有辞义，引入殿内，亲近宿直。转安成王抚军行参军。元徽（473～476）初，出为剡令，有恩惠，百姓思之。迁邵陵王南中郎三府参军。宋太祖辅政，周颙善尺牍，律令要件皆出其手。转齐台殿中郎。南齐建元（476 ~ 479）初，为长沙王参军、后军参军、山阴令。为文惠太子中军录事参军，迁正员郎，始兴王前军諮议。周颙少时从外氏车骑将军臧质家得卫恒散隶书法，学之甚工。又音辞辩丽，出言不穷，发口成句，泛涉百家，长于佛理，兼善《老子》《易经》，著《三宗论》。转太子仆，兼著作，撰《起居注》。迁中书郎，兼著作，常游侍东宫。每宾友会同，即虚席晤语，辞韵如流，听者忘倦。清贫寡欲，终日长蔬食，虽有妻子，独处山舍。转国子博士，太学生慕其名，争事华辩，以此为荣。明习音韵，首创性将汉语声调定为平、上、去、入四声，著《四声切韵》。

【南朝梁国子博士、《神灭论》著者——范缜】 范缜（约450 ~ 约510）字子真，南朝齐梁间南乡舞阴（今泌阳西北）人。少孤贫，从学名儒刘瓛，博通经史。仕齐，累迁尚书殿中郎、领军长史。性情耿直，不畏权贵，屡遭当权者排斥。总结并发展了前人反佛斗争的理论成果。永明七年（489），与竟陵王萧子良作不信因果之辩，以“人生如要花同发，随风而坠”，有“坠于茵席之上”，有“落于粪溷之中”，富贵贫贱，纯属偶然，而无因果，使萧子良无言以对。又著《神灭论》，子良集众僧难之而不能屈，使王融劝诱而不为动，宣称决不“卖论取官”。建武元年（494）至四年，任宜都太守，曾下令禁祭夷陵神庙。入梁，任尚书左丞，因替友人申冤，谪徙广州。后召还，任中书郎、国子博士。天监六年（507），公开发表《神灭论》，认为“形存则神存，形谢则神灭也；形者神之质，神者形之用”，以质和用的关系，说明形体是精神的物质基础，精神不过是形体的作用。进而提出人之质有知，木之质无知，二者因质殊异，而有知与不知之别。认定精神是人体所特有的属性。区分人的生理器官之不同功能，以及“知”（知觉）和“虑”（思维）的不同功能，论述知觉与思维的差别性和统一性。从而对佛教“神不灭”思想的主要论据‘形神相异”，以及其他诡辩，作了全面的批驳。并列举佛教‘使兵挫于行间，吏空于官府，粟罄于惰游，货殚于土木”的危害。梁武帝曾动员王公朝贵60余人进行反驳，仍不为所屈。著作多佚，现存《神灭论》《管曹舍人》等篇。

【南朝梁尚书右仆射——范云】 范云（451 ~ 503）字彦龙，范缜从弟。南朝齐、梁间南乡舞阴(今泌阳西北)人。有文才，8岁即能赋诗，又能作文。起为宋郢州西曹书佐。入齐，高帝建元初，为竟陵王萧子良府佐。萧子良为司徒，建第西邸会友，范云因其能识秦刻石文，为子良所重，成为“竟陵八友”之一。永明十年（492）使魏，还迁任零陵内史，至郡减杂调一半，百姓甚悦。后为始兴内史，再迁建武将军、广州刺史等职。因得罪豪强，被逮下狱。后被赦免。齐末任国子博士，与沈约等人助萧衍称帝。后入梁，历任侍中、吏部尚书、尚书右仆射。性机警，有才识，精明干练，文书盈案，宾客满门，接应处置，无所壅滞。封霄城县侯。卒谥宣。追赠侍中、卫将军。著有文集30卷，已佚。今存其诗40余首。《诗品》评其诗谓：“清便宛转，如流风回雪。”

【南朝陈尚书右仆射——周弘正】 周弘正（495 ~ 547）字思行，南朝梁汝南安成（今汝南东南）人。幼孤，为叔父梁侍中周舍所养。貌丑而慧，少好《老子》《周易》之学，人皆奇之。年十五召补国子生。起家丹阳尹晋安王主簿。梁普通中，迁国子博士，居城西士林馆讲授。精于玄理及佛典，其学为世人所宗，虽硕子名僧，亦往往请以释疑。逢侯景之乱，弘正无以避，附之。梁元帝出师平乱，弘正率先反戈，元帝遣使迎之，待之优厚，授官左户尚书，加散骑常侍，雠校秘府图籍。所治玄学益精。性放达不羁，不事谄媚，敢持直言。尝力劝元帝从江陵（今湖北荆州）迁都健康（今江苏南京），未被采纳。陈朝立，弘正领国子祭酒，迁都尚书，再授尚书右仆射。德望甚重，皇太子事以师礼。卒，追赠侍中中书监，谥简子。著有《周易讲疏》16卷《庄子疏》8卷《老子疏》5卷《论语疏》11卷《孝经疏》2卷，另有文集20卷。弟周弘让（约498 ~ 577），南朝陈天嘉初，以白衣领太常卿、金紫光禄大夫，博学多通，善录书，著有文集21卷。弟周弘直（500 ~ 575）字思方，南朝梁太学博士，封湘滨县侯，官至昌州刺史，后为陈金紫光禄大夫，著有文集20集。

【佛教天台宗“三祖”——慧思】 慧思（515 ~ 577） 慧思俗姓李，南朝陈武津（今上蔡东）人，15岁出家，曾受法高僧慧文。因北方战乱，加之僧徒谋害，转移江南。梁承圣三年（554），至光州（今河南潢川）大苏山，后又入衡山修持。曾先后4次遭谋杀，未死。慧思悟得法华三昧，在“一心三观”基础上，发展出诸法实相“十如是”之说。主张禅法践行与推究义理并重，“昼谈理义，夜便思择”，举“定慧双开”之先河。曾口述《大乘止观法门》等，由弟子辑录成书。自著《南岳思大禅师立誓愿文》1卷。其弟子智颤于浙江天台山创立佛教宗派“天台宗”，慧思被推为天台宗“三祖”。

【隋右光禄大夫——周法尚】 周法尚（555 ~ 614）字德迈。周炅次子。隋汝南安成（今平舆）人。年少时好读兵书。初仕陈，任散骑常侍，至定州刺史。因遭疑忌归周，拜顺州刺史。入隋，拜巴州刺史，破三鸦蛮于铁山。从王谊击走陈军，迁衡州总管。寻转黄州总管，经略江南。以行军总管率舟师3万出樊口，擒陈城州刺史熊门超。旋迁永州总管，安抚岭南，收降桂州刺史钱季卿等。陈定州刺史吕子廓据山洞反，法尚引兵逾岭，迅即讨平。开皇十年（590），转桂州总管，兼岭南安抚大使。十七年（597）攻杀桂林俚师李光仕。后征入京，以本官宿卫。仁寿中，复以行军总管，袭破遂州獠和嶲州乌蛮。军还，检校路州事。炀帝即位，累迁云州刺史、定襄太守，拜左武卫将军。破黔安夷向思多，又从讨吐谷浑至青海。出为敦煌、会宁太守。征伐辽东，以舟师直抵朝鲜道。大业九年（613），从宇文述等破杨玄感军。以功进右光禄大夫。同年十月，出兵镇压邹平（今属山东）人王薄、孟让等义军。次年率舟师渡海征高丽（今朝鲜），卒于军，时年五十九。赠武卫大将军。谥僖。子周孝范（？ ~ 633），又名绍范，历官隋交趾郡司仓书佐、秦王府右库直车骑将军、太子右内率、千牛将军，封宜春县公。入唐后，历官右屯卫将军、左卫将军，袭爵谯郡公，加授左屯卫大将军。周孝范子周道务（620 ~ 682），为唐太宗驸马，尚第十一女临川公主李孟姜，承袭父封谯郡公，历官商州刺史、桂州都督，营州都督、检校右骁卫将军。周道务长子周伯瑜，官陇州司功参军；次子周励言，官唐高宗少府少监，汝南太守；第四子周季童，官吉州司马；另有二女，一女嫁于濮王李泰长子嗣濮王李欣为妃；一女嫁于纪王李慎次子沂州刺史、义阳王李琮为妃。

【隋殿中将军、画家——董伯仁】董伯仁，汝南（今汝南）人。幼聪慧，有才艺，伯仁多才艺，乡里号为“知海”。官至光禄大夫，殿中将军。初伯仁与展子虔同召入隋，一自河北,一自江南,初则见轻,后乃颇采其意。董与展皆天生纵任，无所祖述,动笔形似,画外有情。较其优劣,则董有展之车马，展无董之台阁。炀帝时兴建洛阳显仁宫，又从长安至扬州设离宫40余处，更建汾阳宫，穷极豪奢。后与展子虔等召入长安，参与土木之工，在绘画装饰上各施展其才华。伯仁楼台、人物，旷绝今古。杂画巧赡，变化万殊。有周明帝畋游图、杂画台阁样、弘农田家图、隋文帝上廊名马图。所作道释最妙，为道经变相、弥勒变相。汝州白雀寺、江陵终圣寺、洛阳光严寺、上都崇圣寺、海觉寺皆有其画迹。

【唐册南诏使——袁滋】袁滋字德深，唐蔡州朗山（今确山）人。少强学博记，投靠表兄道州（今湖南道县）刺史元结，读书自解其义，深为元结器重。建中初，以处士授试校书郎。入何士干幕府，任詹事府司直。御史中丞韦贞伯荐为侍御史，转工部员外郎。贞元十年（794），韦皋招南诏内属，其王异牟寻贡物请使。德宗选郎吏可行者，皆惮行，至滋不辞。遂擢祠部郎中兼御史中丞，为册南诏使，成都少尹庞颀副之，判官崔佐时等随行。滋等出戎州（今四川宜宾），入滇，经拓东城（今昆明市东）、抵阳苴咩城（今大理市大理镇，时为南诏都城）。十月，册异牟寻为南诏王。次年夏，滋等还抵长安。迁谏议大夫，擢尚书中丞，知吏部选。求外迁，为华州（今陕西华县）刺史，有政绩。召为左金吾卫大将军。宪宗监国，拜中书侍郎、同中书门下平章事。刘辟叛乱，诏滋为剑南西川、山南西道安抚大使。半道，以检校吏部尚书、平章事兼剑南、西川节度使。久不进，贬吉州刺史，又徙义成节度使。居7年，百姓立祠祝祭。以户部尚书召，改检校兵部，拜山南东道节度使，徙荆南。时吴元济反叛，滋因无功被贬为抚州（今属江西）刺史，迁湖南观察使。累封淮阳郡公。卒年70岁，赠太子少保。工篆、隶，有古法。著有《云南记》5卷，今佚。子袁郊，字子乾，一作子仪。懿宗咸通中为祠部（一作刑部）郎中。昭宗时，任翰林学士，累官虢州（今灵宝市）刺史。与温庭筠友善。咸通九年（868），作传奇小说《甘泽谣》，多琐事轶闻。今存《陶岘》《圆观》《嫩残》《红线》《许云封》等篇，以《红线》1篇最为著名。《全唐诗》收其诗4首。

【唐金紫光禄大夫、新罗国英毅公——金忠（南敏）】金忠（712 ~ 786）字廷诚，亦作廷臣，新罗国赐改姓名为“南敏”。唐蔡州（汝南）人。出生于贫苦农民家庭。6岁始攻读五经，10岁能写文章，并受到蔡州刺史赞赏，称之“神童”。开元二十一年（733），年方弱冠即考中癸酉科进士。裴耀卿为京兆（今陕西西安）尹兼转运使时，擢其为司仓参军。他明典知律，被门下平章事吴竞等共同引荐，升监察御史。后升任礼部郎，协助封禅礼仪使方谏办理封禅事，举止得体，玄宗赞其知礼，拜吏部考功员外郎。天宝十三年（754），加授金紫光禄大夫、门下右侍中衔，特授按廉使，率使团持节渡海出使日本。次年返回，所乘船只行至对马海峡时，遇到强台风袭击，航船失向，漂泊到新罗国（今韩国）庆尚北道礁滩丛，被当地渔民救助上岸。新罗国景德王下令将金忠一行护送至其京都汉城，亲自接见招待，给予很高礼遇。时置朝鲜半岛统一不久，景德王朝正处于百业待兴之创建时期。以金忠饱学经史，博通今古，又在唐朝廷任职多年，熟悉礼仪典章制度，兼有文学、交际才能，深受景德王赏识，遂派使臣将金忠一行海上遇险被救情景书报大唐。恰逢大唐经历“安史之乱”，玄宗李隆基已禅位给其子肃宗李亨。唐皇诏允金忠留居新罗，金忠便留在新罗任职。因金忠为汝南人，景德王即赐金忠改姓为“南”，更名为“敏”，为新罗国南姓始祖。金忠在新罗协助景德王参照中国典章制度，革新新罗朝廷内外机构。在文化教育方面，除继续派遣王族、勋臣子弟到中国留学外，在国内兴办国学，要求学生研读中国的五经三史、诸子百家著作，并设立科举考试制度。为使唐文化更好地在新罗传播，金忠还创立用中国字音记录新罗语言的方法。其他诸如天文、历法、医药、农业、水利等自然科学技术知识在新罗传播，金忠都起到重要作用。景德王封其为“英毅公”，领庆尚道英阳郡。

【唐末蔡州刺史——秦宗权】秦宗权（？ ~ 889）唐末蔡州上蔡人。初为许州牙将。僖宗（李儇）广明元年（880），黄巢起义军逼近淮西，淮西节度使薛能被部下刺杀，秦宗权顺势驱逐刺史，自据蔡州（今汝南）。周岌继任节度使，授秦宗权为蔡州刺史，领兵万人，率诸军破黄巢义军于汝州。僖宗中和元年（881），与监军杨复光同败黄巢起义军于许州。杨复光奏升蔡州为奉国军，以秦宗权为奉国军节度使，进检校司空。中和三年（883），黄巢自长安退回中原，秦宗权与其呼应，扰掠于梁、宋间。光启元年（885），黄巢战死，秦宗权势力日渐壮大。即自称帝，置百官，遣将四出攻掠。遣其弟秦宗言进荆南；秦诰出山南，攻破襄州，进东都，围陕州；使秦彦攻淮、肥二水间；秦宗衡攻岳、鄂二州；秦贤出江南……西至关内，东极青（今山东青州）、齐（今山东济南），南出江淮，北至卫（今河南卫辉）、滑（今河南滑县东），仅赵犨力保陈州、朱全忠力保汴州未破。僖宗光启三年（887），秦宗权督军15万攻汴州，为守将朱全忠（即朱温）所败。僖宗文德元年（888），朱全忠先后攻克郑、许、河阳、东都，分兵五路合围蔡州。同年十一月，秦宗权被其爱将申丛拘送汴州，朱全忠将其解送长安。昭宗（李晔）龙纪元年（889），秦宗权与妻赵氏一同被处死。

【南汉国建立者——刘龑】刘龑（889 ~ 924），初名陟，改名岩、龚、龑（“龑”读音 yǎn，与“俨”同，为其自造字）。唐末蔡州上蔡人。其祖父刘安仁，初徙居泉州（今属福建），后经商南海。唐末，其父刘知谦自清海牙将升至封州（治今广东封开县）刺史。其兄刘隐袭父职，于后梁初为清海军节度使，割据岭南。刘隐卒，刘龑代立，后梁任其为青海军节度使，加检校太傅，同平章事。时邕州叶广略、容州庞巨源，均自擅兵赋，多次进掠广西之地，刘龑率兵征讨，叶、庞皆败，归附于刘龑。刘龑又遣将李知顺，讨伐交州土豪曲承美，自此尽占岭南之地。后梁末帝即位，袭封刘龑南海王。刘龑不甘屈事后梁，于后梁贞明三年（917）八月自称帝，国号“大越”，建都广州。次年，改国号“汉”（史称“南汉”），建年号为“乾亨”，并将原名“陟”改为“岩”。称帝后，任用中原流亡士人，置选部取明经进士，礼法、制度皆沿用唐制。南汉乾亨九年（925）冬，据传有所谓“白龙现于南海”，即改乾亨九年为白龙元年，将其名岩又改为“龚”，以与龙之祥瑞相符。白龙四年春，又改年为大有元年。不久，有位梵僧善占算之术，说不宜名为“龚”，遂又改名为“龑”。刘龑性聪悟而苛酷，用刑残暴，又筑玉堂珠殿，奢侈无度。曾遣将攻交趾（今越南北部），掠尽宝货而归。逢有人来南汉国，即夸其宫殿壮丽，珠宝奇异；自言家在北方文明之地，耻为“蛮夷”之主；又称后唐主等为“洛州刺史”，自夸南汉国大。后晋高祖（石敬瑭）天福七年（942）四月，刘龑病卒于南海，终年54岁，称帝在位26年。庙号为高祖，谥号天皇大帝，葬康陵。其长子刘玢继位，后历刘晟、刘鋹。北宋开宝四年（971），南汉国为宋太祖赵匡胤所灭，历三世四主，55年。

【北宋汝阳（汝南）孙氏三兄弟三进士二状元——孙何、孙仅、孙侑】 孙何（961 ~ 1004），字汉公，荆门知军孙庸长子。北宋蔡州汝阳（今汝南）人。10岁识音韵，15岁能为文，为文必本经义，在贡籍中颇有名声。曾著《两晋名臣赞》《宋诗》20篇，及《春秋意》《尊儒教议》等，传诵一时。与当时有名的大才子丁谓齐名，时人称“孙丁”。太宗淳化三年（992）举壬辰科进士第一名，为宋朝第一个连中三元（解元、会元、状元）的状元。初为将作监丞，通判陕州，召入直史馆，迁秘书丞，京西转运副使。历官右正言，改右司谏。真宗即位初，上疏献五议，涉及选将、科举、道德、举才等，为真宗嘉奖并采纳。咸平二年（999），再次上疏，就官制建议恢复六部职掌。不久，随真宗出巡大名，第三次上疏，直陈边防不固之症结所在，再获真宗赞赏。还京后，权户部判官，出为京东转运副使，两浙转运使，上疏请择优选任官吏，裁减冗员，增加俸禄。景德元年（1004），回京与晁迥、陈尧咨并为知制诰，判太常礼院。不久即染重病，真宗派太医为其诊治，不愈而逝，享年44岁。孙何恪守礼教，与人友善，但性情急躁，不能容物。著有《孙汉公集》40卷，《驳史通》10余篇，《乐府补题》1卷。弟孙仅，咸平元年（998）状元。

孙仅（969 ~ 1017），字邻几。孙庸次子，孙何弟。少勤学，与孙何俱有名于时。真宗咸平元年（998）戊戌科进士第一名，与其兄孙何为中国科举史上罕有的兄弟状元。中状元后，任舒州团练推官。适逢真宗下诏各地举荐贤良方正之士，孙仅被推荐，擢为光禄寺丞，入直集贤院。不久，知浚仪县。景德元年（1004），拜太子中允、开封府推官。时宋辽议和，孙仅作为国母生辰使出使辽国。回国后即迁右正言，同知审官院，同年冬知永兴军府。为政仁厚，深得民心，真宗曾诏令地方官吏以其为榜样。大中祥符元年（1008），知审刑院，拜右谏议大夫，集贤院学士，权知开封府，改左谏议大夫，出为河中知府。归朝复领审刑院，进给事中。天禧元年（1017），因病辞世，享年49岁。真宗称其笃于儒学，性情端庄诚挚，与世无争，过早去世，实为可惜。并下令将其子孙和由大理评事升为卫尉寺丞。著有文集50卷，现仅存《甘棠集》1卷、《孙仅诗》1卷。

孙侑（972 ~ 1017），字有可，孙庸幼子。早年倜傥任侠，好击剑，喜兵法，后因孙何、孙仅二兄长相继应科举中状元为天下第一，遂留意于学。真宗咸平三年（1000），中进士第。真宗景德二年（1005），调虢州军事推官。后授大理寺丞，知同州白水县。后改知开封府封丘县。真宗大中祥符七年（1014）知襄邑县。后转殿中丞，迁太常博士。真宗天禧元年（1017）为太常博士、应天府通判。同年八月，以疾卒，赠光禄少卿。《湖北通志·荆门辑》谓：“侑亦著文名，与兄何、仅有‘三凤’之目。”有《孙侑墓志》（韩琦撰）传世。

【北宋蔡州文学参军——穆修】 穆修（979 ~ 1032）字伯长。祖居郓州汶阳（今山东汶上）。少时好学，北宋真宗大中祥符中，赐进士出身。初任泰州司理参军，以负才寡合，被诬贬池州。后为颍州、蔡州文学参军，徙居蔡州。性刚介，好议论时弊，诋斥权贵。不满五代以来及西昆体的靡丽文风，继柳开之后，力主恢复韩愈、柳宗元散文传统，至镂刻刊印韩柳集，亲自鬻书于开封相国寺。对尹洙、苏舜钦、欧阳修均有较大影响。仁宗明道元年（1032）卒。著《穆参军集》，有《四部丛刊》影宋钞本。

【北宋集贤院学士——祖无择】 祖无择（1011 ~ 1084） 北宋蔡州上蔡人，字择之。祖父祖岳，官吏部侍郎。父祖士安，官银青光禄大夫。叔父祖士衡，字平叔，举进士历官起居舍人，注释御集检阅官、加知制诰，史馆修撰。无择宋真宗大中祥符四年（1011）生，少从穆修学古文，又从孙复受《春秋》。仁宗景祐进士。历知南康军、海州，提点淮南、荆湖北路刑狱，充广东转运使，入为太常博士、直集贤院。时封孔子之后为文宣公，无择认为唐开元时曾封孔子为文宣公，以祖谥加于后人，非礼。上纳之，改为衍圣公。出知袁州（今江西宜春），首建学官，置生徒，学校始盛。英宗治平中为同修起居注、知制诰，加龙图阁学士，权知开封府。神宗立，入知通进银台司。熙宁三年（1070），坐知杭州时借贷官钱等事受人告嘱，责授忠正军节度副使。熙宁八年，复光禄卿、秘书监、集贤院学士，主管西京御史台，移知信阳军。神宗元丰七年（1084）正月十日卒。著有《龙学文集》。

【北宋理学家——谢良佐】 谢良佐（1050 ~ 1103），字显道，北宋寿春上蔡（今上蔡）人。师从程颢、程颐，与游酢、吕大临、杨时并称程门四大弟子，世称上蔡先生、谢上蔡。神宗（赵顼）元丰进士。初任应城县知事。徽宗（赵佶）建中靖国初，官京师，于书局召对忤旨，令监税西京竹木场。又坐口语系狱，废为民。谢良佐记忆颇强，每引用前史，不差一字。著有《上蔡先生语录》。作《论语说》，以禅学解《论语》，谓只有扫除人欲，使“本真”之心恢复原貌，方可体圣人之言。强调“天理与人欲相对”，认为“有一分人欲，即灭一分天理，即胜一分人欲”。继承二程“格物致知”论，认为“格物”即是穷理，穷理而后知至。故主张“穷其大者”，“然后能为天下之所为”。开朱熹“穷理”说之先河。谢良佐创立上蔡学派，为心学奠基人、湖湘学派鼻祖，在程朱理学发展史上起到桥梁作用。门人有朱震等。徽宗（赵佶）崇宁二年（1103）卒，终年54岁。

【南宋尚书右仆射——朱胜非】 朱胜非（1082～1144）字藏一。宋蔡州（治今汝南）人。徽宗崇宁初年以上舍登第，钦宗靖康元年（1126）任应天府知府。次年至济州迎康王赵构即位南京（今商丘），历任尚书右丞、中书侍郎。高宗建炎初年为中书舍人，权直学士院。胜非于破鼓上起草诏制，辞气严重，上疏论仁义大柄，深得高宗嘉奖。高宗建炎三年（1129），拜尚书左仆射兼御营使。苗傅、刘正彦发动“明受之变”，胜非善事斡旋，护高宗复辟。乱平，授观文殿大学士，出任洪州知府。不久又升任江西安抚大使兼江州知府。高宗绍兴二年（1132），拜尚书右仆射，同中书门下平章事。胜非主和议，及定都临安。因先后诋毁李纲、排斥赵鼎，为时论所轻。与秦桧有隙，秦桧当权，胜非废官家居8年，后卒。著有《秀水闲居录》。

【元右副都元帅——高兴】 高兴（1245～1313） 字起功，南宋末蔡州（今汝南）人。善射，能力挽二石弓。初为宋沿江制置使兼知黄州陈奕部下。元丞相伯颜攻宋，于蒙古世祖至元十二年（1275）至黄州（今湖北黄冈），高兴降，授千户。从伯颜军灭宋，屡立战功，升管军万户，留驻东南，平息浙东东阳、玉山、福州、漳州等地抗元武装。至元十七年擢为右副都元帅，参与镇压漳州陈吊眼、建宁黄华、婺州施再十、头陀军、处州詹老鹞、温州林雄、徽州汪千十等起义军。官至江西行省左丞、福建行省右丞。世祖至元二十九年（1292）与元将史弼、亦黑迷失等率师浮海抵爪哇，次年兵败而归。成宗时，历任江浙行省平章政事、同知枢密院事、河南行省平章政事等职。武宗时，任河南行省左丞相。卒赠太师，谥武宣。

【吏部尚书——赵好德】 赵好德（1333～1395），字秉彝，元末明初河南汝阳（今汝南）人。自幼聪慧，元至正十一年（1351），年18岁中乡试。后自和阳（今安徽和县）渡江，于金陵（今江苏南京市）拜见吴王朱元璋，得朱赏识，留军中供职。多次告诫朱元璋莫嗜杀人，辅佐其讨平天下。洪武元年（1368），朱元璋立国称帝，授赵好德为陕州（今河南陕县）同知，寻迁安庆（今属安徽）知府。洪武七年（1374）升为户部侍郎，翌年晋吏部尚书，妻张氏被诰封为淑人。常与何显周等春、夏、秋、冬四辅官被太祖诏至内殿，坐论治国安邦之道。受太祖各赐锦衣一袭，命画工把其像画悬挂禁中，诰封三代爵号。洪武二十三年（1390）迁官陕西行中书省参知政事。洪武二十八年（1395）病故于任上，年62岁。有司护丧归汝阳，检点其遗物，箧中仅诰敕11通及书籍数十卷，别无他物。世人无不崇敬。

【明都督佥事、“靖难”名将——徐理】 徐理（？～1408），明西平人。明初从诸将征伐有功，累官至永清左卫指挥佥事，调营州中护卫。朱棣举兵“靖难”，克大宁，徐理领兵间道诣军门请见，遂从朱棣，参与白沟河之战。克雄县、沧州，定两淮，入南京，大小10余战，皆鼓勇争先，所向克捷。遂升。惠帝建文四年（1402），封武康伯，还守北京。理治军宽厚驭下，士卒乐为其用。

【明都督同知——梁铭】 梁铭（？～1427）字自新。明汝阳（今汝南）人。父梁来，仕百户。洪武末，铭承袭父荫，改补燕山前卫百户。靖难之役中，北平被李景隆围，梁铭从燕王世子朱高炽守北平，战拒甚力。以功升后军都督佥事。侍仁宗监国。永乐八年（1410）坐事下狱。十九年复原职。仁宗即位，进都督同知，以参将佩征西将军印，镇守宁夏，封保定伯。宣德元年（1426），命为左副总兵，从安远侯柳升出兵交趾（今越南北部）。二年于倒马坡遇伏战败，当夜病卒。子梁珤，官平蛮将军、保定侯。

【明平蛮将军——梁珤】 梁珤（？～1467）字惟善，明汝阳（今汝南）人。父梁铭，官至都督同知，封保定伯。珤袭父爵，命领五军营，纪律严明。正统十三年（1448），任副总兵，镇压福建邓茂七起义。班师后，起义军余部再起，被谪为事官。景泰元年（1450），拜平蛮将军，率四省之师，镇压湖南、贵州苗民起义，俘苗民起义首领韦同烈，又镇压湖广清浪苗民起义。进封保定侯，掌都督右军。天顺元年（1457），出镇陕西，破敌于凉州、靖虏堡。宪宗即位，召还，掌都督左军府事。病卒。追封蠡国公，谥襄靖。

【明礼部尚书——李逊学】 李逊学（1456～1519）字希贤，明上蔡人。宪宗成化二十三年（1487）进士，改庶吉士，授检讨。历官浙江、陕西、山东，俱管学政，重视发展各地学校教育。武宗时，升太常寺少卿，提督四夷馆。武宗正德十一年（1516）升礼部尚书，寻兼学士，入阁专管诰敕，教授庶吉士。性格开朗，工于诗文，著有《悔轩集》。

【明南京户部郎中、《天中记》著者——陈耀文】 陈耀文字晦伯，明确山人。幼聪敏好学，有神童之称。世宗嘉靖二十九年（1550）进士。授中书舍人，选工科给事中。因建言与权臣相抵牾，被谪为魏县丞。后历淮安推官、宁波苏州二府同知、南京户部郎中，官至陕西太仆寺卿。辞官归里，肆力著述。耀文学识宏博，工于考证，又喜词曲。著有《经典稽疑》《学林就正》《正杨》《天中记》《花草粹编》等。《天中记》凡60卷，共分796类，体例完善，取材广泛，采辑丰富，征引完备，为古代类书中最完善者。

【明都督同知、抗倭明将——卢镗】 卢镗，明汝宁卫（今汝南）人。出身将门，世宗嘉靖时承祖荫任福建都指挥佥事，以副总兵职协守江浙，防御倭寇（活动在我国东南沿海一带的日本海盗集团）的侵扰。嘉靖二十七年（1548），破倭寇据点双屿。嘉靖三十四年（1555），与俞大猷败倭寇于王江泾（今浙江嘉兴北），乘胜追敌海上，在大陈山（今浙江黄岩东）活捉通倭头目林碧川等。次年，又与胡宗宪共谋灭通倭首领徐海、陈东、王直等。因平倭之功，累迁总兵官、都督同知。后又在宁波、温州等地，累败倭寇，基本平息浙江沿海倭祸。甚有将略，与汤克宽齐名，仅次于戚继光、俞大猷。后因主帅胡宗宪被劾，事及卢镗，被免官。

【明宁夏巡抚——张九一】 张九一（1533 ~ 1598），字周助，号周田。明新蔡人。世宗嘉靖三十二年（1553）进士。授黄梅知县，擢吏部郎中。因与刑部郎中王世贞关系密切，受严嵩党羽排挤，被谪广平府同知。后累进右佥都御史，巡抚宁夏。在宁夏，悉心谋划，开渠修坝，广招农民开垦，辟田14万亩。卒于家。平生以文章著称于世，时人称为"后五子"（即南昌余日德、蒲圻魏赏、歙县汪道昆、铜梁张德、新蔡张九一）之一。喜藏书，筑万波楼，积书万卷。广览博物，尤善草书。著有《朔方奏议》《绿波楼文集》等。

【明吏部尚书——赵贤】 赵贤（1534 ~ 1606），字良弼，号汝泉。明汝阳（今汝南）人。世宗嘉靖三十五（1556）进士，授户部郎，出查临清、辽东钱谷，严于律己，杜绝舞弊。四十四年，起补荆州知府，值当地水灾，贤亲赴村落，计口赈饥，并组织民力，筑堤开渠，既免除了荆州水患，又扩大了农田灌溉面积。因政绩卓著，加三品服俸。穆宗隆庆二年（1568），升湖广参政。后晋佥都御史，巡抚湖广，条上十事，复陈救荒四事，并一一措诸实施。历三载，楚地面貌大变。神宗万历三年（1575），召回协理院事。后历副都御史、山东巡抚、吏部侍郎、吏部尚书。与张居正相善。致仕归里，卒于家。

【明南京大理寺卿、《汝南志》撰修——李本固】 李本固字叔茂，明汝宁（今汝南县）人。神宗万历八年（1580）进士。初任知县，甚有政声，擢升御史，历任湖广、云南、陕西巡按御史。因疏请册立东宫，被削籍归里。光宗立，起任南京大理寺卿，再言事罢归。归里后，披阅载籍，欲有所论著。万历三十六年（1608），时任汝宁府知府黄似华请其主纂《汝南志》，历时9月脱稿，共24卷，为现存最早的汝宁府志。志余史料著为《汝南遗事》。另著有《碧云馆集》等书。郡人尊称其为"李少司空"。卒后谥赠工部右侍郎。

【明户部尚书、吏部尚书——李宗延】 李宗延（1555 ~ 1627），字景喆，号高毓，明汝阳（今汝南）人。神宗万历十四年（1586）进士，由知县升为御史，在神宗拟立朱常洵为太子时，他上疏指责"废长立庶，非太祖法"，几乎遭杀身之祸，为廷臣力救，始得削职归里。居家18年，钻研经史，藏书数万卷。光宗泰昌元年（1620），被荐用，召为大理寺卿。熹宗天启三年（1623）晋户部尚书，五年迁吏部尚书。不久遭魏党排挤，罢官归里。熹宗曾亲笔为其题写"秉铨清正"。著有《十三经字诂》20卷、《翊栩轩文集》10卷。

【明兵部参政——傅振商】 傅振商，字君雨，明汝阳(今汝南）人。神宗万历三十五年（1607）进士。选庶吉士，改江西道御史，出按畿南，注意整饬学政，建恒阳、国士、天雄三所书院。后任大理寺丞、大理寺右少卿，迁太常卿。巡抚赣南，捕获当地农民起义首领丘囊。升任南都兵部右侍郎，劾魏忠贤党羽怀宁侯孙承荫摧残军民之暴行。崇祯三年（1630），赴南京，力饬军政。升兵部参政、机务尚书。后称病乞请致仕。自号养拙瘦。卒年68岁，赠太子太保，谥庄毅。生平学识渊博，著有《爱鼎堂文集》等。

【清《河南通志》撰修——张沐】 张沐，字仲诚，号起庵，清初上蔡伏羲庙人。世祖顺治十五年（1658）进士，授内黄知县。其治以躬行为本，敦教化，重农桑，与民休息。康熙二年坐事免官。康熙十八年（1679），以魏象枢之荐，授四川资县知县，屡举廉吏。乞病归，从孙奇逢游，与汤斌、耿介往来讲学，深受汤斌推重，时称当代真儒。后主游梁书院，晚年辟白龟圃教授学者，人称上蔡夫子。生平教人略宗程朱之法，其示为学次第，曰立志、存义、穷理、力行、尽性、至命。著述达23种之多，文笔流畅，剀切详明，独标精蕴。纂有《上蔡县志》《开封府志》《河南通志》。著有《周易疏略》4卷、《书经疏略》6卷、《诗经疏略》8卷、《礼记疏略》47卷、《春秋疏略》50卷、《溯流史学钞》20卷、《图书秘典一隅解》1卷（以上见《四库全书总目》）、《孝经疏略》1卷、《四书疏略》29卷、《道一录》5卷、《学道六书》6卷、《为学次第》6卷、《六渝敷言通俗》6卷、《前川楼文集》2卷、《前川楼诗集》1卷。

【清安徽巡抚、浙江总督——程元章】 程元章（1684 ~ 1767），字冠文，清上蔡人。为北宋大理学家程颐后裔，其六世祖程尚智避明末战乱迁居上蔡。程元章于圣祖康熙六十年（1721）以一甲第三名（探花）及第，授翰林院编修。世宗雍正元年（1723）主持四川省乡试，二年充任顺天乡试同考官，三年署日讲起居注官，兼纂治河方略。六年晋升翰林院侍讲学士，授詹事府少詹事。七年，署浙江布政使。皇帝以其"得大臣体"，赐书褒奖，次年擢安徽巡抚。清吏治，查田赋，除陋习，开庐州城内金斗河。十年，署浙江总督，兼管巡抚盐政。先后动众筑塘、建闸，备蓄泄，垦田数万亩。高宗乾隆元年（1936），授漕运总督，二年署礼部侍郎，又转吏部左侍郎，充殿试读卷官。五年，以年高罢归。十五年，乾隆巡视中岳，授予侍郎衔。著有《溯洛堂诗文集》。

【豫南捻军首领——陈大喜】 陈大喜（1832 ~ ？），字泰和，清末汝阳县陈家寨（今平舆县东皇庙乡老围子）人。咸丰元年（1851）冬，与皖捻首领张乐行结拜为兄弟，任皖捻各棚拳场总教练。咸丰三年（1853）秋，张乐行据皖北起义，大喜夫妇回乡"拉棚子"。咸丰十年（1860），以平舆为据点，联络正阳张凤林等举起"豫南捻军"大旗。咸丰十一年（1861）春，大喜率部攻打汝宁府城，占据府城周围数十圩寨。是年夏，分兵进攻新蔡、正阳、项城、确山、息县等地，使整个豫南地方政府陷入瘫痪，赋税无征，军饷无措。同治元年（1862）秋，清军在平舆纠集清兵100多营，对捻军各个圩寨分割包围，大部分圩寨被清军占领。同治二年四月初八（1863年5月25日），与清将余际昌激战于正阳南之方寨，全歼清兵，击毙余际昌。同治三年初（1864年2月），捻军攻克湖北霸山，二月攻襄阳、樊城，夏秋打回河南光山。此间天京失陷，西北太平军回救天京，至霍山黑石渡遭清军伏击全军覆没。大喜与赖文光、张宗禹等收集太平军余部，整编新军，先后在郑州、南阳、鲁山三次大败僧格林沁，困河南巡抚张之万于叶县，围清团练大臣毛昶熙于汝南。同治四年（1865），捻军与清军周旋于河南、安徽的数十府县。四月二十四日（公历5月18日），捻军伏击清军，杀死号称“常胜将军”的清亲王僧格林沁，全歼所率1.1万余名蒙古马队。清政府急命曾国藩督军围剿捻军，大喜率部转战河南、湖北，坚持至当年底，之后下落不明。

（赵心田）

现当代名人

【民国内务总长——袁乃宽】 袁乃宽（1867 ~ 1946），原名克宽，字绍明，正阳县真阳镇人。父袁有智为清同治年间陈州营千总，参加镇压太平军和捻军，战死于陈州。袁乃宽幼读私塾，后考取庠生。因其父与项城袁世凯结有联宗，袁世凯出任清政府驻朝鲜总理交涉通商事宜之全权代表后，袁乃宽于光绪十九年（1893）投袁世凯，以叔侄相称，赴朝鲜效力。光绪二十一年（1895），随袁世凯归国。1912年，袁世凯就任中华民国临时大总统后，提任袁乃宽为拱卫军军需总长，补授镶红旗蒙古副都统。1913年授陆军中将，任拱卫军粮饷局督办。1915年9月，袁世凯登基“大典筹备处”成立，袁乃宽任庶务主任，具体负责帝制筹备工作。袁乃宽因从事复辟帝制有功，特授二等大绶宝光嘉禾章和二等文虎章各1枚。帝制活动遭到全国人民的强烈反对，蔡锷等革命党人发出讨袁檄文，将袁乃宽列为祸首之一，要求袁世凯取消帝制，将杨度等6人（时称六君子）、袁乃宽等7人（时称七凶，与六君子合称十三太保）“明正典刑，以谢天下”。1916年春，革命党人再次通电弹劾袁世凯退位，要求“诛帝制祸首杨度、袁乃宽等人，以谢天下”。袁世凯死后，段祺瑞代行职权，指令袁乃宽主办袁世凯丧事。1917年6月22日，袁乃宽任内务总长。1920年被授秉威将军。1923年，曹锟贿选总统，袁乃宽极力为贿选奔走，受到曹的重用，任农商总长。1924年10月，冯玉祥进兵北京发动政变，曹锟下台，袁乃宽退出政界，此后一直闲居北京。1946年病死。

【河南省政协副主席、著名民主人士——任芝铭】 任芝铭（1869 ~ 1969），原名近三，字子勉，曾化名志民、和珉，别号余园主人。清末新蔡县古吕镇南街人。清末中举人。光绪三十三年（1907）加入中国同盟会，任新蔡支部长。1912年8月，同盟会改组为国民党，他继续主持新蔡党务。后被通缉，逃亡到潼关、西安、遂宁、汉中、洛阳等地。1925年，与中国共产党人合作，参与组建中国国民党河南省党部，出任妇女部长。1927年省党部改组，他离豫赴鄂，任国民革命军第十八师秘书。1928年8月，十八师奉命入赣“剿共”，任芝铭愤然辞职返里，创办“今是学校”。1930年，应刘积学之邀去河南通志馆任《河南通志・人物志》主编兼协修。抗日战争爆发后，任芝铭赴新乡，任豫北师管区司令部参议。1938年春调任国民十三军后方留守处主任。同年冬，他亲送其小女儿任钧到延安入鲁迅艺术学院学习。在延安逗留期间，应邀出席毛泽东主席为他举行的宴会。1939年秋，任芝铭回到新蔡，在今是学校支持掩护中共地下活动。1944年，新蔡县成立临时参议会，他被推举为临时参议会议长，1946年当选为参议会议长。1949年4月任芝铭赴北京向二女儿任锐遗体告别时，受到周恩来副主席和朱德总司令的亲切接见，同年9月回到河南。之后，历任河南省政协副主席、省政府委员、全国政协委员、民革河南省主任委员等职。1969年1月在郑州去世。

【民国河南督军兼省长——赵倜】 赵倜（1871 ~ 1933），原名金生，字周人，清末汝南（今平舆县玉皇庙乡曾庄）人。出身贫寒，天资聪颖，乖巧好学，12岁时即协助药铺管账。1890年流落天津，被清毅军主帅马玉昆任为文案。1894年中日“甲午战争”爆发，赵倜随毅军赴朝参战，升为骑兵管带。1898年毅军改称武卫左军，驻防山海关内外。1900年“八国联军”入侵中国，武卫左军奉命赴京津铁路沿线抵御。6月，赵倜随部先后与英国皇家步兵、俄国哥萨克骑兵激战，后退入北京保护皇宫。8月14日，赵倜随马玉昆护送慈禧、光绪逃离北京。赵倜因功被提升为武卫左军左翼统领。1908年被提升为武卫左军全军翼长，调驻通州卫戍北京。1911年10月，武昌辛亥首义成功，赵倜奉袁世凯之命率部进驻陕、晋、豫，潼关、灵宝、陕州一带，镇压陕西革命军阎锡山、张凤翙等的反清起义，将陕西革命军赶出潼关。1913年9月，袁世凯任命赵倜为护军使，率部镇压河南白朗起义军。1914年8月，白朗战死，所部溃散。赵以剿灭白朗有功，被袁世凯任命为陆军上将、宏威上将军，9月改称德武将军，驻节开封，督理河南军务。1915年袁世凯发起筹安会讨论国体问题，赵秉承袁氏旨意，首先发电拥护帝制，上表劝进，并会同河南省长田文烈提省库银100万元，送袁氏作大典筹备之用。12月中旬，袁称帝时封赵为一等侯爵。1916年7月，赵任河南督军，12月兼河南省长，集全省军政大权于一身。1919年冬，省长职由王印川接任，赵仍任督军。1920年7月，直皖战争爆发，赵与直系结为反段同盟。后因与吴佩孚争斗，联奉反直。1922年4月，第一次直奉战争中，奉军失败，赵军全面崩溃，赵倜仅带亲信数人化装外逃。1933年，赵倜患癌症死于北平。

【著名抗日英烈——燕鼎九】 燕鼎九（1894 ~ 1941），名寿鼎，又名济，字定九，号鼎九。1894 年生，新蔡县古吕镇新华街人。1925 年，考入黄埔军校第四期步科。1926 年毕业后随军参加北伐。1927 年 8 月，在中央军校第五期任区队副。1929 年先后入中央军校研究班第七、第八期为学员。1939 年在河南省保安司令部教导队军官队任第一期学员上校区队长。1940 年，转任河南省汝南第八军分区上校保安副司令，并兼任第一战区游击挺进军总指挥部第二十二纵队副司令。1941 年 1 月，率游击第二十二纵队参加豫南战役，在汝南城郊抗击日本侵略者。1941 年 1 月，日本侵略军调集 15 万余众由鄂豫边境沿平汉线三路北犯，企图消灭国民党军队有生力量，打通平汉线交通。中国守军以游击部队同日本侵略军保持正面接触，诱敌深入。燕鼎九奉命率部抗击，在汝南城郊与日本侵略军展开激烈战斗，击毙日本侵略军多名。1 月 28 日，后终因敌众我寡，力竭被俘。日本侵略军用刺刀连刺其喉管，燕鼎九英勇牺牲，时年 47 岁。燕鼎九殉国后，国民政府追赠其为陆军少将。2014 年 9 月 1 日，被列入民政部公布的第一批 300 名著名抗日英烈和英雄群体名录。

【台儿庄抗战守城指挥——王冠五】 王冠五（1899 ~ 1950），原名步洲，字鸿声，汝南县三桥乡殷店人。初入汝南简易师范附小接受启蒙教育，后又入私塾读书。成年之后，入吴佩孚军中当兵，不久转入西北军吉鸿昌部。1926 年 9 月，任国民联军第十九师第三团副团长。同年 10 月，入黄埔陆军军官学校高级班学习。毕业后回西北军吉鸿昌部任职。1930 年 9 月，吉鸿昌部被蒋介石改编为第二十二路军，王冠五升任旅长。1931 年春，以其为吉鸿昌旧部，又降为副团长。1933 年秋，到第二集团军作战处任职。“卢沟桥事变”后，奉命参加华北抗日，随部转战于河北涿州、良乡及山西娘子关等地。在与敌交战中，王冠五指挥有方，屡屡获胜，被提升为三十一师九十二旅副旅长兼一八六团团长。1938 年初，日本侵略者占领南京后，兵分两路沿津浦铁路北上，南北夹击徐州。北路日军板垣征四郎率第五师团和矶谷廉介的第十师团分别攻占鲁南重镇临沂和滕县，徐州受到严重威胁。蒋介石调孙连仲第二集团军和汤恩伯第二十军团驰援鲁南，第二集团军的 3 个师被勒令坚守台儿庄。刚刚被提升为九十二旅旅长的王冠五主动请缨，率部进驻台儿庄镇北，坚守一线前沿阵地。3 月 23 日，日军约 4 万人向台儿庄发起疯狂进攻。王冠五率官兵浴血奋战，经 15 个昼夜殊死拼杀，歼敌 6000 余人。随后所部与友军协同作战，聚歼日军 1.4 万余人。王冠五及其所部受到嘉奖，王被提升为少将副师长。不久，王冠五率部参加武汉会战中的大别山北麓阻击战。10 月上旬，在河南商城至湖北麻城公路两侧的打船店、沙窝、白雀园一带山区，与日军第十三、十六师团反复拼战，形成胶着对峙状态。武汉失陷后，王冠五所在部队被调往豫南，划归汤恩伯统管。1939 年冬，遭受排挤的王冠五率部在豫东驻防待命，结识豫东抗日游击队主要领导人鲁雨亭（永城人）。与鲁所率 3 个团的兵力协同作战，不断袭击日军。抗日战争胜利后，王冠五同情革命，不愿打内战，在进攻解放区行动中消极迟缓，被剥夺军权，排挤出军界，于 1947 年被派往兰封（今兰考）任河南第十二行政督察区专员。鲁雨亭牺牲后，王冠五把鲁的父母、妻子、儿女一家 7 口接到自己家中赡养抚育。1950 年 12 月，在开封死于镇反运动。

【台儿庄抗战守城指挥——康法如】 康法如（1899 ~ 1951），字利民。西平县杨庄乡大康庄人。1921 年到河南信阳冯玉祥第十六混成旅投军，历任班长、排长、连长、营长、团长，先后参加第一、第二次直奉战争，“首都革命”，五原誓师，二次北伐。1930 年蒋冯阎中原大战后，接受南京中央政府改编，康法如任第三十三师第九十七旅第一九三团团长。1932 年春任九十三旅旅长。1936 年任第三十一师副师长，同年 10 月 28 日被授予陆军少将军衔。不久，入陆军大学将官讲习班深造。1937 年抗日战争爆发后，康法如于 7 月 12 日奉命率部北上，先后在河北良乡、琉璃河、涿州以及山西娘子关等地与进犯日军展开激战，为友军重新布防争取时间。1938 年春，由山西开到河南许昌一带整补训练。3 月 19 日接到命令，率领部队急赴徐州东北台儿庄地区，阻击南进之敌。3 月 23 日，敌人在坦克、大炮优势火力掩护下，向台儿庄发起猛烈攻击，守军依托既设工事顽强抵抗，战斗空前激烈。24 日 6 时，康法如奉命进寨指挥，在巡视阵地时被炮弹炸伤。26 日敌人重新发起进攻，北门再被突破，康发如裹伤督率守城官兵与敌苦战，逐屋反复争夺，死战不退，但伤亡惨重。当夜，王冠五进寨接替指挥。29 日，敌人继续向台儿庄增兵，双方再次开展激战。深夜，寨内街区大半失守，关键时刻康法如带领一个团进城增援，组织猛烈反击，并亲自带领敢死队冲进日军占据的院落，用大刀、手榴弹与敌短兵相接，展开混战。30 日，敌机 12 架空袭台儿庄，城内房屋大部被毁，日军乘机发动猛攻。康法如在与敌混战中身受重伤，肠子流出体外，被救下阵地，后被送往武汉治疗。伤愈后，康法如重新返回部队，在河南南阳、唐河一带参加对日作战。1939 年秋，任邓县军警联合督察处处长。1941 年初，赴洛阳任第一战区长官部少将高参。抗战胜利后，离职返归原籍。1947 年 1 月被国防部宣布退出现役。1951 年夏，死于当地镇反运动。

【东北抗日联军第一路军总司令——杨靖宇】 杨靖宇（1905 ~ 1940），原名马尚德，字骥生，化名张贯一。确山县（现属驻马店市驿城区）古城乡李湾村人。5 岁丧父，7 岁就读于本村私塾，13 岁考入本县高等小学。1923 年考入开封纺织工业学校。1925 年投入“五卅”反帝爱国运动，参加示威游行。1926 年加入共产主义青年团。此时国民革命军已出师北伐，各地农民运动正在兴起。受中共组织派遣，杨靖宇从开封回确山开展农民运动。1927 年初，确山农民协会会员发展到 1 万多人，他被选为县农民协会委员长。4 月，参加并领导确山数万农民举行暴动，驱逐军阀武装，攻占确山县城。5 月，加入中国共产党。中共中央“八七”会议后，他参与发动刘店秋收起义，打垮地方民团，建立确山农民革命军，任总指挥，在留庄、独山、明港、张板桥一带开展游击战。不久革命军与信阳农民革命军会合，编为豫南工农革命军。1928 年，他担任中共豫南特委委员兼信阳县委书记。

是年秋，调河南省委工作。1929年春，被派往东北担任中共抚顺特别支部书记，化名张贯一，从事工人运动。8月，被日本特务机关逮捕，后引渡给抚顺中国法院，判刑一年半。刑满出狱不久，又受牵连被捕，经党组织营救出狱。“九一八”事变后，受中共满洲省委遣派，先后担任东北反日总会会长、中共哈尔滨市委书记、满洲省委军委代理书记等职。1932年11月，改名杨靖宇，代表省委赴南满伊通、磐石、桦甸、海龙等地，整顿党的组织和游击队、反日会，组建起中国工农红军第三十二军南满游击队和第三十七军海龙游击队。1933年秋，根据中共中央关于在东北建立党领导下的民族抗日统一战线的指示，以南满游击队和海龙游击队为基础，成立东北人民革命军第一军独立师，他任师长兼政委。次年11月，成立东北人民革命军第一军，任军长兼政委。全军1000余人，在南满一带不断打击日本侵略者，扩大抗日力量。经过争取、教育工作，先后将16支分散的自发性抗日武装联合起来，成立南满抗日联合军总指挥部，他被推选为总指挥，下属4000多人，编为8个支队。从1933年冬起，亲率第一军独立师，涉水南跨辉发江，转战濛江、桦甸、辉南、金川、通化、柳河、清源一带，游击区扩展到20多个县。在三源浦，出奇兵捣毁伪铁路工程局、警察署，缴获大批军用物资；在本溪赛马集山区，一举歼灭伪东边道少将“剿匪”总司令邵本良部1000多人，打死日本顾问英俊，给南满日伪以沉重打击。1935年8月，中共满洲省委决定，以党领导的东北人民革命军、抗日联合军和游击队为基础，联合其他抗日武装，成立东北抗日联军。他任抗日联军第一军军长兼政委。1936年6月，抗日联军第一、二军合编为抗日联军第一路军，他任总司令兼政委。该部基本队伍六七千人，加上其他抗日武装约万人，战斗在东满、南满一带。此间，曾指挥一军的两个师，突破敌人防线，西征到达本溪、沈阳附近，多次袭击日伪“讨伐军”。在摩天岭与日军金田部队千余人激战中，击毙400人，金田被生俘。“七七”事变后，为牵制东北敌军，配合关内抗战，一路军在南满和东满一带开展游击战争，给敌人以重大杀伤。1938年3月，率领500人，在集安县老岭山一战，毙伤、俘虏日伪军100多人。5月，又一举消灭伪满军队索旅三四百人。一路军威名大振，成为日伪“讨伐”的重点。同年秋，日军司令三木集中2万人，把一路军包围在临江岔沟。他率领1400多人突围，进入长白山密林。在极端困难的1939年，一路军对敌作战不下600次。1939年冬，形势进一步恶化。第一路军决定分散游击，以粉碎敌人“聚而歼之”的阴谋。11月，率司令部直属部队700多人去濛江作战，受到敌军包围，突围中部队伤亡很大。1940年1月，他带五六十人的小分队，冒雪东进，因一参谋叛变投敌，小分队再度陷入包围。他命警卫员带领几个伤员突围出去。2月18日，他身边留下的最后2名战士不幸牺牲。敌人从他们身上发现杨将军印鉴，更加严密地封锁搜查。2月23日，将军只身来到濛江保安村附近的三道崴子。与敌交战20分钟后，敌人认为不可能生擒，遂猛烈开火，将军英勇牺牲，年仅35岁。残暴的敌人剖开将军的遗体，发现胃里全是野草树皮。1946年，东北民主联军司令部为纪念杨将军，将濛江县改为靖宇县。1957年7月15日，朱德委员长为杨靖宇烈士题词：“人民英雄杨靖宇同志永垂不朽！”1958年2月23日，杨靖宇殉国十八周年时，在通化隆重举行公祭安葬仪式。中共中央、国务院及党和国家领导人毛泽东、刘少奇、周恩来、朱德等分别送了花圈。中共中央在悼词中，高度评价杨靖宇是伟大的民族英雄、优秀的共产主义战士。1994年，中共驻马店地委、地区行署重修李湾村杨将军故居和纪念馆，中共中央总书记江泽民亲为“杨靖宇将军纪念馆”题写馆名。1995年1月，中共河南省委、河南省政府在李湾村隆重举行“杨靖宇将军纪念馆落成暨杨靖宇将军诞辰九十周年纪念大会”。杨靖宇是鄂豫皖苏区及红军的创始人之一，东北抗日联军的主要创建者，东北抗日联军的主要领导人之一，2009年被评为“100位为新中国成立做出突出贡献的英雄模范人物”之一，2014年9月被民政部列入“第一批在抗日战争中顽强奋战、为国捐躯的300名著名抗日英烈和英雄群体名录”。

【省政协副主席——刘积学】 刘积学（1880～1960），号群士，新蔡县古吕镇新华街人。16岁中秀才，20岁补廪膳生。光绪二十九年（1903），乡试中癸卯科举人。光绪三十年（1904）至三十一年就读于河南武备学堂。光绪三十二年二月以官费赴日本留学，加入中国同盟会，并任河南留日学生支部书记。光绪三十四年，考入日本法政大学政治科学习，同年夏任同盟会河南留日学生支部长。宣统三年（1911）9月，毕业回国至开封，准备策应武昌起义。1912年元月中华民国成立，2月刘积学当选为民国临时参议院议员，翌年3月当选参议院正式参议员。1914年7月加入中华革命党。1917年7月，赴广州参加孙中山召开的非常国会，参与护法活动。1921年返沪休养。1922年12月，出任河南自治筹备处处长，负责制定河南县市自治条例。1924年组成国民党河南省临时执行委员会，刘积学等7人为执行委员。1925年2月，任河南省政务厅厅长。1926年，广东国民革命军北伐，被广东国民政府任命为河南宣抚使，驻信阳柳林车站。1927年9月，宁、沪、汉三派合流后，被选为国民党特别中央委员会候补委员。1928年10月，国民党政府采取五院制后，刘积学任立法院立法委员，并连任10年。1939年5月，河南省参议会成立，刘被推为议长，遂辞去立法委员职务。1943年，河南省各界联合救灾会成立，刘作副主任委员。1945年12月1日，由共产党资助的《中国时报》在开封创刊，刘应聘兼任董事长，开始向共产党靠拢。1948年5月，参与策动华中“剿匪”副总司令兼第五绥靖区司令官张轸起义。1949年4月，刘率参议会在信阳起义。1949年9月，刘以中国国民党革命委员会（简称“民革”）代表身份，出席全国政协第一届全体会议，并参加中华人民共和国开国大典。1950年，刘担任中南军政委员会委员、河南省政府委员、省政协副主席，并担任国民党革命委员会河南省筹备委员会召集人。省“民革”成立后，任常务委员、副主任。1952年，任河南省人民代表大会代表、省人民委员会委员。1955年，当选第二届省政协副主席。1957年，被错划为“右派”，1978年平反。1958年，任省文史研究馆副馆长。1960年11月12日，于开封去世。著有《广韵诠钮》《荀子教学方法》《老子要义诠释》《程伊川实践哲学论》等。

【河南省副省长——王国华】 王国华（1890 ~ 1970），豫南人称“王老汉”。确山县香山乡王庄（今属驻马店市驿城区）人。家境贫穷，租耕为业。性情豁达、豪爽。15岁当雇工。1926年，在中国共产党的领导下，确山农民运动蓬勃兴起，王国华加入农民协会、“鞭杆会”，参加确山农民暴动。加入中国共产党后，历任确山中区苏维埃主席，中共党支部书记，中共确山县委委员、农运部长。1933年7月，确山党组织遭破坏，王国华被调往中共河南工委，负责信阳、汝南、确山、正阳等地工作，兼任中共确山县委书记。1933年11月，王国华代表确山地区党组织，前往江西中央苏区列席中共六届五中全会，并参加第二次全国工农代表大会。1934年1月，到达瑞金黄土岭，受到朱德接见。后入中央党校学习，并任中央苏区中共长胜县委副书记。1935年2月回到豫南，与仍坚持斗争的汝南肖章、刘茂林，豫西南张星江、张旺午等取得联系后，创建中共鄂豫边省委，任省委委员、宣传部长。1936年1月，同周骏鸣一起建立鄂豫边红军游击队。9月，王国华接任鄂豫边省委书记。1937年，抗日战争爆发，红军游击队改编为豫南人民抗日独立团，王国华任政治委员，周骏鸣任团长。1938年1月，豫南人民抗日独立团改编为新四军四支队第八团队。3月底，八团队开赴皖中敌后，王国华任八团队留守处主任，驻确山竹沟镇。1939年11月11日凌晨，国民党三十一集团军少将参议耿明轩率确山、信阳、泌阳3县常备队袭击竹沟。王国华等带领军民英勇反击，于12日午夜组织突围，前往信阳四望山根据地。1940年2月，王国华到革命圣地延安，参加中国共产党第七次代表大会，受到毛泽东中共中央领导人的接见。后入中央党校一部（高级干部班）学习。1946年10月，受党中央派遣任晋冀鲁豫军区民运部长。1947年10月，随晋冀鲁豫野战军十纵队南征大别山。同年12月，任中共桐柏区党委委员、农协主席、中共桐柏区第二地委委员兼桐柏二专署专员。1948年9月，任中共桐柏区第二地委书记、桐柏军区第二分区第一政委。1949年3月，任中共确山地委常委、军分区司令员兼信阳军管会主任。1950年1月任河南省农协筹委会主任，3月任省农协副主席兼省土地改革委员会主任。后任中共河南省委监察委员会主任。1955年2月，当选河南省第一届政协副主席。1956年11月，当选河南省副省长。1959年2月，当选河南省第二届政协副主席。1963年后身患重病。“文化大革命”中受到残酷迫害。1970年去世。

【水利部、林业部副部长——周骏鸣】 周骏鸣（1901.2 ~ 2003.11），又名周卯中，确山县石滚河乡焦老庄人。1917年7月参加国民党军队，历任任排长、连长、副营长、少校团附。1929年，在冯玉祥部国民党二十六路军七十五师任少校营长。1931年12月14日，国民党二十六路军在江西省宁都起义，周骏鸣率部赴瑞金接受改编，任中国工农红军第一方面军第五军团团长。1932年1月，经朱德总司令批准回确山隐蔽开展革命活动。1933年加入中国共产党。1933年后，先后任中共确山县委书记、中共河南省委军委书记。1935年春，因叛徒出卖被捕。被营救出狱后，任鄂豫边区红军游击队队长。1937年，任中共鄂豫边区特委委员、军事部长兼豫南人民抗日独立团团长。1938年任新四军第四支队第八团队团长，率八团队从信阳邢集开赴安徽无为、来安地区，开辟抗日根据地。1939年7月，任新四军第五支队副司令员。1941年任新四军第二师参谋长、党委委员。1943年2月，赴延安中央党校学习。1945年4月，参加中共第七次全国代表大会。8月日本投降后，周骏鸣率干部大队300多人返回华中地区，任新四军第二师师长兼淮南军区司令员。1946年7月，调任华中军区参谋长。1947年1月，任华东军区副参谋长兼后勤司令员。1950年1月，任中国人民解放军华东军区副参谋长兼第三野战军副参谋长。1954年10月，调任水利部副部长。1958年7月，调任林业部副部长。1959年遭错误批判，被撤销职务。1960年4月，下派到黑龙江省任农牧厅副厅长、党组成员。1967年6月被拘留审查，受到政治迫害，被强行劳动改造2年。1978年9月得到平反昭雪，恢复工作。1979年9月，当选政协河南省第四届委员会副主席。1991年离休，2000年由中共中央批准享受省长待遇。2003年11月9日19时，因患多脏器功能衰竭于郑州去世。

【河南大学教授、著名诗人——于赓虞】 于赓虞（1902 ~ 1963），西平县出山乡玉皇庙人。16岁考入省立第一师范学校，与徐玉诺、曹靖华等同学。1921年春考入天津汇文高中。1922年春开始发表诗作，与万曼、焦菊隐、朱光旭等组织绿波社，出版第一部诗歌合集《春云》。1923年集资创办《绿波周报》《绿波季刊》《中州文艺》。1924年8月考入燕京大学国文系。1926年，因经济拮据而辍学，靠卖文为生，结识沈从文、胡也频、丁玲、石评梅、黄庐隐等文学青年。1927年出版第二部诗集《骷髅上的蔷薇》。1928年出版散文集《魔鬼的舞蹈》。1929年出版散文诗集《孤灵》。1931年应邀回河南担任开封师范学院国文教员，创作上进入第二高峰期，发表大批诗歌、散文和评论作品，诗歌结集《世纪的脸》。1934年自费留学欧洲，著有《诗论》《雪莱的婚姻》《雪莱的罗曼史》等。1937年回国，任河南大学文史系副教授。曾任河南省印书馆总编辑。抗日战争胜利后重返河南大学执教。翻译但丁《神曲》、英语诗70余首，结集为《春之歌》；著《世界文学史》，编译《世界诗歌选译》。新中国成立后，继续在河南大学任教。1963年8月于开封去世。

【安徽大学教授、著名数学家——单粹民】 单粹民（1904 ~ 1984），字毓华，新蔡县东泽庄人，1904年5月1日生。1920年，汝南高中毕业后，考入保定留法预备班。1921年初夏，去法国勤工俭学，入里昂大学攻读数学和物理学，与周恩来、蔡和森等学友建立起深厚友谊。1922年，参加旅欧中国少年共产党。1924年，单粹民在数学领域已有所建树，主要研究课题为椭圆函数在力学上的应用，以及外尔斯特拉斯函数的变态问题。周恩来等留法学友回国后，单粹民继续在法国里昂大学研究数学和物理学。1926年，在里昂大学获得理科硕士学位。1928年 ~ 1929年，入巴黎大学理学院和镭学院攻读博士学位，在居里夫人实验室工作。1930

年回国，在北京中法大学任讲师。1931 年受聘为河南大学数学教授。1932 年 ~ 1937 年，任安徽大学数学教授，兼任数学系主任。1935 年赴上海，与华罗庚、熊庆来一起组织建立中国数学学会，被选为评议员。1937 年抗日战争爆发后，携家眷入四川，边授课边组织学生抗日救亡。1945 年抗日战争胜利后，安徽大学复校，重返该校任教。1949 年 10 月后，担任安徽大学数学系主任，兼校工会主席。1960 年 3 月，任皖南大学（今安徽师范大学）教务长，并担任中国数学学会理事、安徽省数学分会理事长。著有《微积分方程》《方程式论》《微分几何》《微积分学》《理论力学》《拓扑学》《数学史》等专著。1984 年，于安徽芜湖去世。

【北京大学教授、著名法语专家——郭麟阁】 郭麟阁（1904 ~ 1984），西平县吕店乡吴庄人。祖父和父亲均为晚清秀才。1917 年进舞阳县乙种蚕桑学校读书，毕业后考入河南留学欧美预备学校法语班。1924 年 ~ 1928 年，就读于北平中法大学法国文学系。毕业后，被学校资送法国里昂大学深造。1932 年将《红楼梦》前五十回译成法文出版。后到巴黎大学学习古希腊哲学和文化史。1935 年获法国文学博士学位，所著博士论文《红楼梦研究》出版。1935 年 9 月回国，在中法大学执教。1937 年转辅仁大学西语系讲授法语。1945 年任北平临时大学副教授，1946 年为北平师范学院（后改为北京师范大学）教授。1952 年后，任北京大学西语系教授、法语研究室主任。在研究法国语言和文化方面，与南京大学何如教授并称，被誉为"南何北郭"。"文化大革命"中遭迫害。1978 年后，被推举为第五届全国政协委员和第五、六届民革中央委员。1984 年 7 月 17 日，在北京去世。一生著述丰硕，主要论著有《论法国民歌》《论中世纪法国戏剧》《论红楼梦》《文学变迁理论的研究》《魏晋风流及其文潮》《法国文艺论集》《伏尔泰美学思想》《大学法语课本》《汉法成语小词典》《法语历史语法》《法语文体学》《法国文学简史及文选》《法国启蒙时期文学中的美学思想》等；翻译著作有《曼果》《一误再误》《窦巴兹》《冉欧与葛兰》《凡尔纳科幻小说选》《法国中篇小说选》等。

【现代豫剧之父——樊粹庭】 樊粹庭（1905.2.2 ~ 1966.1.1），原名樊郁，遂平县关王庙乡潘庄（现属驻马店市驿城区）人。1919 年，入河南留学欧美预备学校读书。自幼酷爱戏曲，在大学求学期间经常出入票房、戏园，拜京剧名角贺桂福、云路卿为师学戏，为学校国剧队队长。1929 年河南中州大学毕业，获文科硕士学位。次年春到河南民众师范讲授戏剧课。1931 年出任河南省教育厅社会教育推广部主任。1934 年底，邀集豫剧演员陈素真、赵义庭、黄儒秀、张子林等人合作，将开封永乐戏院改建为豫声剧院，并借鉴京剧、话剧之长，对豫剧的表演、音乐、服饰、化妆及剧场管理等方面进行系列改革，首创编导制。1935 年开始创作剧本，1936 年辞去教育厅社会教育推广部主任之职专心戏剧创作。抗日战争爆发后，将豫声剧院改为"狮吼剧团"，积极开展抗日募捐、慰问、赈灾义演等活动。其间，创作改编剧本《凌云志》《义烈风》《柳绿云》《三拂袖》《涤耻血》《霄壤恨》《麻风女》《叶含嫣》《克敌荣归》《巾帼侠》《伉俪箭》《为国纾难》等。后又编写《无敌楼》《汉江女》《王佐断臂》等，共计 58 部。其创作思想内容健康，现实意义强烈，时人称为"樊戏"。新中国成立后，任西安市文学艺术工作者联合会副主席、中国戏剧家协会陕西省分会副主席等职，兼任狮吼剧团团长。1966 年于西安去世。著有《樊粹庭文集》（6 卷），河南大学出版社出版。樊粹庭被戏剧界称为"现代豫剧的奠基者和开路先锋"，是"现代豫剧之父"。著名戏剧人士崔兰田评价道："樊粹庭先生是个进步剧作家、锐意改革的革新家，为我们的戏剧事业做出了不可磨灭的贡献。"杨兰春称："樊粹庭是豫剧导演的开拓者，是豫剧第一改革家。"

【著名国画家——李丁陇】 李丁陇（1905.5.5 ~ 1999.1.22），原名玉声，新蔡县顿岗乡下丕岗村人。1937 年毕业于上海美术专科学校，1938 年秋去敦煌莫高窟临摹壁画历时 9 个月，临摹壁画百余幅。1939 年 6 月离开莫高窟到西安，先后任《艺阵》月刊社社长兼主编、伉俪艺术专科学校校长、中华艺术专科学校校长、陕西省立商业专科学校教授等职。创作长 35 米、宽 3 米《成吉思汗远征图》。1940 年从黄河花园口沿黄泛区东行考察。1941 年，创作长 15 米画卷《极乐世界图》和长 30 米画卷《千乘万骑图》，连同临摹单幅壁画一起，在西安展出，画家张大千称李丁陇为"临摹敦煌壁画第一人"。李丁陇多次上书重庆国民政府行政院、教育部、文化委员会，呼吁尽快采取措施保护壁画。1944 年李丁陇再赴敦煌，对首次临摹壁画仔细复核编号，并临摹出新画。1945 年第二次去黄泛区，画出 2 幅各长 40 米《黄泛写真图》，在西安、重庆展出后，观者反映强烈，斥责国民党军扒开黄河花园口罪行。之后，创作出长卷《赣江行迹图》，连环画《二万五千里长征》。1950 年起，先后在国立上海商学院、上海师范专科学校、上海师范学院任教。1950 年创作 40 米长画《开国大典》（又名御马图）。1955 年创作 40 米长卷《双百图》。1984 年，创作长卷花鸟画《双百图》，著名学者苏步青题诗"鸟辟新宇尽欢腾，花缀神州换旧颜。彩笔挥来浑未觉，清音丽色满人间"。1985 年李丁陇第三次去黄泛区写生，绘出 220 米长卷《黄泛区新貌》。1986 年 3 月，日本 TBS 电视台授予李丁陇长卷画"世界之最金手奖"。1989 年，为联合国特意创作长 2000 米、总面积 1500 平方米长卷画《和平世界图》。另一巨作《极乐世界图》逐渐增加到 2880 米。晚年创作长卷《张骞出使西域图》和《五德回文织锦图》。著有《八法草堂大纲》《气功与长寿》《伟大的敦煌绘画今安在》等书。1999 年 1 月 22 日于上海去世。

【著名历史学家——黎东方】 黎东方（1907.9.15 ~ 1998.12.30），原名智廉。祖籍正阳县皮店乡，1907 年出生于江苏省东台县河垛场。父黎淦，为清朝举人，仕于江南。黎东方先后就学于上海南洋大学附中、北京清华大学，在清华攻史学，为梁启超弟子。后到法国巴黎大学留学。1931 年获巴黎大学文科博士学位。1931 年 8 月回国，在北京大学、清华大学主讲历史、哲学。"九一八"事变后，转任广州中山大学教授。1939 年后，多次应社会各界之邀讲授历史。1944 年 9

月，在重庆黄家垭口实验剧场卖票讲授“品三国”，盛况空前，传为佳话，被称为“现代东方讲史第一人”。抗日战争胜利后，应邀到美国，先后在波灵顿城福尔蒙州大学、纽约布鲁克林学院、密苏里州坎萨斯市大学、劳伦斯城堪萨斯州大学、伊斯诺州波奥哩阿城布雷德来大学任教。1954年与林语堂博士在新加坡共创南洋大学。1955年3月赴台湾，任“国际文教合作委员会”主任委员。1963年后，历任迈地森城威士康辛州大学客座教授、台湾中国文化大学教授、美国佛雷斯诺城加州州立学院教授、圣地亚哥城私立国际大学史学教授，又应英国牛津大学之邀，赴英讲述中国彩陶与里海东境彩陶之比较，被誉为“中国之汤因比”。其重要著作有《中国史之研究》《中国上古史八论》《西洋通史序论》《中华民国简史》，长篇自传《平凡的我》，独创“细说体”系列史书《细说三国》《细说元朝》《细说明朝》《细说清朝》《细说民国创立》等，还有大量英文著作和译著。1998年12月30日，于美国去世，享年92岁。

【公安部常务副部长——徐子荣】 徐子荣（1907.12.1~1969.6.20），幼名进山，曾用名徐中耀。确山县古城乡洪村铺傅楼村（现属驻马店市驿城区）人。1924年考入开封甲种农业学校，1925年加入共青团。1926年10月，与确山籍党团员张家铎、张耀昶、李鸣岐、马尚德和徐中和等返乡，组织农民暴动。1927年4月，成功举行确山农民暴动，成立河南第一个农工政权——确山县临时治安委员会，徐子荣任青年部长，加入中国共产党。1927年11月，参加确山刘店秋收起义。后，历任中共区委书记、中共确山县委宣传部长、县委书记。1928年10月，因身份暴露，被调往中共中央北方局工作。1932年夏被捕入狱，1936年9月经中共中央北方局营救出狱。1937年，被派往太原，任中共山西省工委秘书长。1938年，任中共晋冀豫省委（后改称中共太行区党委）宣传部长、组织部长。1942年任中共太行区五地委书记兼五军分区政委。1944年，受命与皮定均组建八路军豫西抗日先遣支队，徐子荣任支队政委、中共豫西地委书记，强渡黄河，挺进敌后，建立起以嵩山为中心，包括洛阳、登封、密县、荥阳、临汝、禹县等10个县的抗日民主根据地，建立了10个县级抗日民主政府、9个独立团的地方武装。1945年，任河南军区第一支队兼第一军分区政委，中共河南区党委一地委书记。1945年8月日本投降后，奉命率部撤离豫西，南下桐柏山、大别山，与新四军五师和八路军三五九旅会合。1946年挺进淮安，任华野十三旅政委。1947年任华野独立师政委，在莱芜战役、孟良崮战役等中屡建奇功。1948年2月，任十三纵队政委，参加临汾战役、晋中战役、太原战役，战功卓著。1949年2月，任中国人民解放军六十一军政委。1949年后，调任公安部办公厅主任兼人事局局长，常务副部长、党组副书记，在镇压反革命、“三反”、“五反”等运动中做出卓越贡献。毛泽东主席曾说：“公安部选进中央委员会，罗瑞卿是没有问题的，如果要增加一名候选人，那就是徐子荣了。”1956年，徐子荣被选为中国共产党第八届中央委员会候补委员。1966年，徐子荣被扣上“资敌通敌”“包庇一大批叛徒、特务、反革命”等莫须有罪名，受尽凌辱和摧残。1969年6月20日，徐子荣在狱中被迫害致死。1978年底，中共十一届三中全会作出为“六十一人大错案”平反的决定，徐子荣十年沉冤得以昭雪。1979年1月25日，中共中央为徐子荣举行追悼大会，彻底平反昭雪，恢复名誉。胡耀邦在悼词中高度赞扬徐子荣是“中国共产党的优秀党员，是久经考验的无产阶级坚强战士，是中国人民解放军优秀的政治工作人员，是我国公安保卫工作的卓越领导人”。

【河南省园艺学会理事长——田叔民】 田叔民（1907～1983），又名淑民，上蔡县洙湖乡王楼村人。1925年中学毕业后，赴法国勤工俭学。入凡尔赛园艺学院就读，1931年获法国农业部授予园艺工程师职称，并在布列安诺布劳园艺场工作。1932年回国，先后在上海劳动大学农学院、湖北教育学院农事系任教授。后到开封创办河南省园艺实验场。1940年到河南大学执教，任园艺系教授兼主任。1949年4月，任中原临时人民政府农业部技术副主任、技正。不久奉命南下，到湖北农学院执教。1955年，培育出适宜南方栽种的“华农一号”苹果新品种。1956年出席北京“群英会”。此后陆续培育出葡萄新品系“红光一号”“狮子山一号”“狮子山二号”和晚熟苹果新品系“豫脆香”，还撰写出《葡萄学》《果树各论》《果树栽培理论与实践》《晚熟苹果育种初步体会》等论著。“文化大革命”期间，田叔民在河南省黄泛区劳动大学任教，受到严重冲击和迫害。1978年后，致力于苹果乔化、矮化、密植以及晚熟苹果育种等方面研究和实验。曾任第五、六届全国政协委员，河南省第四届政协委员，河南民盟常委，中国园艺学会理事，中国农科院郑州果树研究所顾问，河南省园艺学会理事长，河南省农学院学术委员会委员，苹果研究室主任等职。1983年5月，在郑州去世。

【教育部长——何伟】 何伟（1910～1973），原名霍恒德，汝南县三桥乡霍埠口人。1930年到武汉就读华中大学，1934年毕业到汉口圣罗以女中任教，同时参加抗日救亡运动。1936年春，何伟被武汉各界推选为代表，去上海参加全国抗日救国联合会（简称“全救会”）筹备会，被推举为“全救会”执行委员。同年加入中国共产党。后回武汉，秘密成立武汉各界救国会、中共武汉临时工委。1936年11月23日，“全救会”领袖沈钧儒等7人（时称七君子）被国民党政府逮捕入狱，何伟即以常务理事身份到上海主持“全救会”工作。1938年后，历任中共湖北省委常委兼宣传部长、中共鄂豫皖边区党委常委兼组织部长、江北游击纵队军政委员会书记、新四军四支队政治部主任、新四军七师政治部主任、中共中央中原局皖中区委书记。1944年2月到延安，在中共中央党校一部参加整风学习。抗日战争结束后，何伟带领华中团从延安赴东北。1946年后，历任中共哈尔滨市委书记、中共牡丹江地委书记兼军分区政委、中共牡丹江省委书记兼省军区政委。在此期间，领导牡丹江地区的土地改革和剿匪工作，长篇小说《林海雪原》中何政委的原型就是何伟。1948年7月，任东北人民解放军铁道纵队政治部主任兼铁路修复局第二局长。1949年南下，先后任武汉军管会委员兼秘书长、广西省委副书记。1952年10月，何伟任中共中央华南分局常委、广州市委第一书记、市长。1954年10月，任外交部部长助理兼苏联东欧司司长、部机关党委书记。1958年1月，任中国驻越南大使。1961年4月，兼任中国驻老挝经济文化代表团团长。1962年4月奉调回国，任中共河南省委第二书记。1964年夏，何伟调任教育部部长。“文化大革命”中，何伟被打成所谓“推行修正主义教育路线的总代表”，惨遭迫害达6年之久。1973年3月9日，在北京含冤去世。中共十一届三中全会后，中央为其平反昭雪。

【旅台著名书画家——吕佛庭】 吕佛庭（1911.11.29 ~ 2005.7.24），名天赐，字福亭，后易字佛庭，号半僧，以字行世。泌阳县双庙街乡夭庄人。1931年考入北平美术专科学校，1934年7月毕业，先后到中学、师范学校教书。1936年在开封举办画展，组织书画研究社。1948年6月，到台湾基隆。1949年后，先后入台湾省立师范学校、“中国文化学院艺术研究所”、台湾师范大学美术系、台湾艺术专科学校美术科任教，兼任台湾“教育部美育委员会”驻会委员、台湾艺术教育馆美术组主任。生活简朴恬淡，取号半僧，全心从事学术研究与书画创作，先后作诗3000余首，出版有《江山万里楼诗集》。1971年起，利用甲骨文、金文等古象形文字创作近百幅文字画，并以泼墨画法试作禅意画。其山水画笔墨闲静雅洁，构图细密多变，国画代表作有长卷画《长城万里图》《长江万里图》《黄河万里图》《横贯公路图》等。著有《中国书画源流》《中国画史评传》《石涛大师评传》《中国绘画思想》《文字画研究》《新一元论》《忆梦录》《蜀道万里记》《美欧游踪》《中国十大名都》《台湾漫游记》等。先后获台湾“首届中山文艺奖”、“国家文艺特别贡献奖”、“教育部”一等教育文化奖。2005年7月15日，在南投县净律寺由住持释广元法师剃度为僧，法名完僧。同月24日，于台中市家中辞世。

【台湾大学校长、教育家——阎振兴】 阎振兴（1912.7.10 ~ 2005.1.7），字光夏，乳名保安，平舆县玉皇庙乡孟庄人。国民党籍。1930年考入清华大学土木系，1935年毕业赴美留学。1938年获美国艾奥瓦大学工学硕士，1941年获艾奥瓦大学工学博士。1941年回国后，历任滇缅公路工务局工程师、西南联合大学教授、黄河堵口复堤工程局工务处长、清华大学教授、河南大学工程学院院长兼土木工程系主任。1949年去台湾，任国民党海军总司令部工程处处长、高雄港务局副局长兼总工程师。1953年任台湾大学工学院院长，1957年任成功大学校长。1962年任“台湾省政府”教育厅厅长，其间宣布推动九年国教。1965年任“教育部长”，兼台湾中山科学研究院院长、“行政院青年辅导委员会”主任委员。1966年 ~ 1971年，任“行政院原子能委员会”主任委员、“国家安全会议”科学发展指导委员会副主任委员。1969年 ~ 1970年，任台湾“清华大学”校长，兼任“国防部”台湾中山科学研究院院长。1970年 ~ 1981年，任台湾大学校长。1981年 ~ 1990年，任“行政院原子能委员会”主任委员。1982年当选“中央研究院”院士。1988年8月任“21世纪基金会”董事。1994年 ~ 2000年5月连续获聘为“总统府国策顾问”“总统府资政”。是国民党第九、十、十一届中央委员，第十三至十五届中央评议委员。1994年，阎振兴联合在台湾的几十名河南大学校友，联名致信国家主席江泽民以及国家教委，要求国家给予河南大学以“国家重点大学”待遇。2005年1月7日7时25分，在台湾大学医院去世。

【中国驻外大使——王雨田】 王雨田（1914.3.18 ~ 1977.12.11），乳名近庭，学名王雷，曾化名黄农、王布君，新中国成立后改名王雨田。遂平县嵖岈山乡常韩村人。4岁丧母，10岁随伯父王跃远（时任国民党河南省参议会参议员）到开封求学。1929年考入河南大学医学系预科班，毕业后被推荐到北平协和医院细菌系研究生班学习。1937年，化名黄农，徒步千里到延安参加革命，分配到中共卫生部医政科工作。1938年调新四军军部后方医院工作，历任新四军三支队军医处主任、五支队卫生部长、第七师卫生部长。1944年后，历任山东军区卫生部长、辽东军区卫生部长、大连卫生局长。1950年初，奉命调入外交部，改名王雨田，历任外交部礼宾司、社会主义国家司、亚非司司长、中国驻德意志民主共和国（东德）大使馆政务参赞。1959年4月 ~1962年3月，任中国驻苏丹共和国首任特命全权大使。1962年4月任亚非司司长后，曾随周恩来总理和陈毅副总理先后访问阿联酋、阿尔及利亚、摩洛哥、突尼斯、加纳、马里、几内亚、苏丹、埃塞俄比亚、索马里等10国。1963年12月9日，陪同陈毅副总理赴内罗毕出席肯尼亚独立庆典。1964年4月 ~1969年6月，任中国驻肯尼亚共和国首任特命全权大使。1969年6月 ~1973年1月，任中国驻刚果共和国（布）特命全权大使（第二任）。1970年担任驻刚果大使期间，奉命赴赤道几内亚进行中国和赤道几内亚建交谈判。1972年底，在布拉柴维尔曾多次会见蒙博托总统特使莫科洛，商谈中国同扎伊尔恢复外交关系的有关事项。1973年6月 ~1974年5月，抱病出任中国驻德意志联邦共和国（西德）首任特命全权大使。1977年初，被确诊患上肺癌。同年12月11日在北京去世。著有《王雨田大使文集》。其妻张惠新，1918年生，上海人，新中国成立后曾任外交部领事司副司长。

【著名画家、新金陵画派代表人物——魏紫熙】 魏紫熙（1915.1.9 ~ 2002.4.11），原名显文，遂平县诸市乡（现属驻马店市驿城区）人。自幼喜绘画，1931年初中毕业后考入开封河南艺术师范学校，1934年毕业后在遂平中学从事美术教学和绘画创作。1946年主办《河南民报》之《美育》副刊。1947年8月被河南大学聘为讲师，当选河南省美术家协会秘书长。1949年考入南京文工团，1951年任南京美术工场副主任，负责政治文艺宣传工作，根据时代需要，其画作由山水画改为人物画，创作大批歌颂新社会新国家的年画、招贴画、连环画，如《渡口》《报矿》《煦风》《风雪无阻》等。1957年参与筹建江苏省国画院，任江苏省国画院办公室主任，副画师。1960年秋，与傅抱石、亚明等赴西南、西北7省市写生，行程1.1万多千米，用传统中国画描绘新时代、新生活，创立新金陵画派。1979年到南京书画院工作，重新转为山水画创作。其作品苍劲浑厚，独具特色，在国内外享有盛誉。《温课》《黄山晴岚》《黄山云海》等作品由中国政府作为礼品赠予外国政府和领导人。为中南海瀛台绘制《云起千峰动泉飞万壑鸣》巨幛被视为现代山水画珍品。1983 年加入中国共产党，1985 年、1987 年分别参加全国美代会、全国第五届文代会。1986 年 7 月，受邀在中国美术馆举办个人中国山水画展，中央电视台称誉他为"我国卓越的中国山水画家"。1991 年享受国务院政府特殊津贴。担任中国美术家协会理事、江苏省美协常务理事，为新金陵画派主要创始人之一，与傅抱石、钱松喦、亚明、宋文治并称为"新金陵画派五老"。出版有《魏紫熙画集》《魏紫熙画辑》《魏紫熙山水画集》《魏紫熙山水画谱》《魏紫熙人物画集》等。2002 年 4 月 11 日 10 时 15 分，于南京去世。2004 年，南京市政府在清凉山公园建立魏紫熙艺术馆。子魏镇，1946 年生，中国美术家协会会员，国家一级美术师。任职江苏省国画院，长期随父学画。著有《魏紫熙山水画技法解析》《魏镇山水画集》等。

【中央军委副总参谋长——胡炜】 胡炜，原名胡守德，新蔡县余店乡胡营村人。1920 年 10 月 5 日生。入新蔡县中、开封高中就读，参加学生运动。1937 年 12 月，到泌阳县焦竹园参加豫南人民抗日独立团，后随部队开赴皖中敌后，历任新四军八团六连指导员、一营教导员，团政治处副主任、主任，五旅十四团政治委员，曾率部毙伤日伪军 140 余人，击毙日本指挥官西本义夫。1943 年，任中共甘泉县委书记兼甘泉支队司令、政治委员，使甘泉支队壮大至 1500 多人，建立起 11 个区、40 多个乡的抗日民主政权，甘泉地区由日伪所谓模范区转化为抗日民主根据地。1944 年 9 月入华中局党校学习。1945 年 2 月任四旅十四团政治委员。解放战争开始后，率部转战华中、山东等地。1947 年任华东野战军第二纵队第四师政治部主任，先后参加朝阳集战役、泗县战役、两淮保卫战役、宿北战役、白塔埠战役、孟良崮战役、南麻临朐战役、胶河战役、苏北盖林战役、淮海战役。1949 年 2 月，升任第三野战军第二十一军第六十一师师长，后率部作为突击师突破长江国民党防线，参加解放杭州、舟山群岛战役。1952 年 10 月，调任第二十一军参谋长，奉命率部入朝，在朝鲜参加金城南反击战役。1960 年晋升少将军衔。1962 年后，历任第二十一军政治委员、军长。1969 年 10 月任兰州军区副司令员兼二十一军军长。1973 年 10 月调中央军委总参谋部工作。1974 年 12 月，任中央军委副总参谋长兼军委办公厅主任。1984 年离职休养。夫人吴旸（1930.9 ~ 2012.2.12），湖北黄梅人，1953 年与胡炜结婚长期在中国外文局中国文学杂志社工作，历任编辑组长、编辑部主任、副总编辑，为享受国务院津贴专家。

【著名外国文学专家——臧传真】 1923 年生，确山县朱古洞乡老臧庄村新庄人。1943 年入西北联合大学外文系学习俄语、英语。1947 年毕业，到兰州大学外文系任教，从事俄罗斯文学研究。新中国成立后，任北京市军管会翻译、政法学院俄语讲师。1950 年调入武汉大学任教，兼任中南军政委员会文化部首席翻译。1954 年任山东大学外文系教研室主任。1962 年 10 月调入天津南开大学外文系。1980 年 8 月调入南开大学中文系，教授西方文学，担任世界文学专业硕士研究生导师。1988 年离休。通晓俄语、英语，熟悉古代汉语及文学，长期从事外国语言、外国文学、翻译学及语言学的教学及研究工作。主要著作及译著有《苏联文学史略》（1986）、《语言学中的哲学问题》（1956）、《盲音乐家》（1956）、《高尔基文集》（合译，1983）、《三幅画像》（1985）、《莫里哀传》（合译，1985）、《古希腊戏剧史》（合译，1989）、《幸福》（1995）、《上尉的女儿》（1996）、《春潮》（1998）、《父与子》（1998）、《猎人笔记》（1999）、《拜伦传》、《歌德传》、《果戈里传》、《爱的故事》、《幸福》、《语言学中的哲学问题》等。2002 年被中国翻译协会授予"资深翻译家"荣誉称号。

【海军指挥学院院长、海军中将——田震环】 田震环（1924.2 ~ 2004.8），遂平县人。1924 年 2 月生。1939 年 8 月，赴东南抗日军政大学一分校学习，后转入抗大总校五期。1940 年 8 月结业后，历任一二九师新七旅、冀南六分区干事、站长、参谋。1945 年后，历任豫东地区分区作战股长，河西支队副支队长，独立第九、第十团副团长，军区侦察科长。1949 年 2 月，调任十八军一五九团副团长。1949 年 12 月，奉命带队接管川南珙县政权，后奉命进军西藏。1950 年 12 月 ~1952 年 10 月，任汽车一团副团长、汽车十六团团长，组织运输数万吨物资和数万人员，保障昌都战役、和平进藏及修筑公路、机场工程等顺利进行。1953 年 1 月 ~1957 年，调任海军练习舰大队长、支队参谋长、支队长。1957 年 7 月，赴原苏联海军学院学习。1960 年 10 月毕业回国后，历任海军第一研究所、七院第三、第十一所所长、上海市革委会科技组副组长、中科院上海分院及上海科学院常务副院长。1979 年 2 月 ~1985 年 12 月，任国防科工委二十三基地司令员，奉军委令同海军共同组成任务编队指挥部，任副总指挥兼远洋航天测量船指挥。1980 年 5 月，率队首航南太平洋海域，圆满完成远程火箭全程试验、海洋段测控任务。后又率队相继圆满完成潜射火箭及地球同步通信卫星的海上测控任务。1985 年 12 月 ~1990 年 4 月，调任海军指挥学院院长。1988 年被授予海军中将军衔。2004 年 8 月 21 日于南京去世。

【河南社会科学院院长、河南省历史学会会长——胡思庸】 胡思庸（1926 ~ 1993），笔名吴鸣世、田用。1926 年 9 月生于驻马店市驿城区。1946 年考入国立河南大学农学院园艺系，因酷爱文史转到文学院历史系就读。1951 年 2 月毕业后留校任教，担任嵇文甫学术助手，协助创办新中国第一个史学刊物《新史学通讯》（今《史学月刊》前身），后又曾担任著名马克思主义哲学家赵纪彬学术助手。长期在河南大学历史系任教。1983 年 8 月起，担任河南社会科学院院长，兼任河南大学历史系教授、郑州大学名誉教授、河南省哲学社会科学规划领导小组副组长、中共河南省委咨询小组特约研究员、河南省社联副主席、中国史学会理事、河南省历史学会会长、辛亥革命史研究会常务理事、太平天国史研究会常务理事、河南省炎黄文化研究会副会长、《中州学刊》主编和中华书局《中国近代文化史研究丛书》编委等职。1993年，于在郑州去世。著有《胡思庸学术文集》《中国近代史新编》等。

【台湾“行政院”副院长、国民党中央常务委员——徐立德】 徐立德，祖籍河南省正阳县大林店（今大林乡），1931年8月6日生于湖北汉口。国民党籍。1945年随双亲赴台湾。台湾中兴大学行政系毕业，政治大学政治研究所硕士，“国防研究院”11期、“革命实践研究院国建班”1期结业。1968年特种考试公务人员甲等考试及格，投身国民党财经界，历任“经济部”人事处专门委员帮办、处长，“行政院经合会”副执行秘书，“行政院”秘书处第五组组长，“财政部”常务次长兼国民党财务委员会副主委，“台湾省政府”财政厅厅长，同时兼任政治大学公共行政研究所、辅仁大学副教授、教授。1980年当选为国民党中央委员，先后任“财政部”部长、“经济部”部长。1985年3月因“十信案”引咎辞职，后赴美哈佛大学进修2年。返台后，历任国民党中央财务委员会主任、国民党中央副秘书长。1993年2月任“行政院”副院长，1994年12月兼任“经济建设委员会”主任委员。1996年6月续任“行政院”副院长兼任“消费者保护委员会”主委。1988年成立环宇投资公司，担任董事长。1981年起，连续当选国民党第十二至第十五届中央委员。1993年和1997年8月当选国民党第十四、第十五届中央常务委员。连战参选2000年总统时，为其核心幕僚。2000年离开公职，2001年5月19日在上海举行“两岸中医药学术研讨会”，重新踏上大陆土地。2002年带家人返回河南家乡扫墓。2004年“总统”大选连战败选后，后他居中穿梭，与大陆多次商讨，终于促成2005年连战的大陆“和平之旅”，实现连战与中共中央总书记胡锦涛进行“连胡会”，达成五点共识，为两岸交流奠定基础。其弟徐立功为台湾著名导演、编剧和电影监制人，曾任“国家电影资料馆”馆长、“中央电影公司”总经理和副董事长、纵横国际影视公司董事长。

【海军航空兵部政治委员、海军中将——单大德】 单大德，新蔡县李桥回族镇石庄村东单庄人，1932年12月18日生。父亲为著名数学家、物理学家单粹民。单大德1949年4月参加中国人民解放军，随军参加西南战役。1952年调入海军航空学校，先后任政治部宣传干事、司令部秘书。1953年在校被选调学习飞行，1956年毕业留校任飞行教员。后历任海军航空学校司令部飞行技术检查员、检查主任、副参谋长、副校长。1980年出访英国，考察其空军训练和航空工业情况。1984年调任海军南海舰队航空兵副政治委员。1985年任海军航空兵部副政治委员。1988年被授予海军少将军衔。1990年任海军航空兵部政治委员。1993年晋升为海军中将军衔。1996年离职休养。

【中国农业科学院研究员、著名玉米专家——佟屏亚】 1933年12月生，汝南县人。1950年10月考入北京矿务局工人报社，任编辑、记者。1956年入北京外国语学院俄语系学习，1957年9月转读北京农业大学农学系。1962年毕业，分配到中国农业科学院工作。为中国农业科学院作物研究所研究员，长期从事玉米科学研究和农业发展战略研究。“六五”期间，主持农业部重点课题“玉米高产综合栽培技术”，承担国家宏观发展战略课题“中国玉米种植区划”。“七五”期间，主持“北方旱地综合治理开发研究”“北方地区小麦玉米两作吨粮推广”“中国玉米发展战略和预报研究”。“八五”期间，主持“北方地区小麦玉米两作超吨粮研究”“耕作栽培学科发展战略研究”。摸索总结出不同玉米品种生长发育规律、需肥规律、雌雄穗分化、干物质积累、籽粒灌浆进程、源库发展动态、产量调控理论技术，探索出“试验—示范—总结—推广”栽培研究四步法。先后获全国科学大会奖、国家科委科学技术三等奖、农业部科技进步二等奖和丰收计划一等奖，获中国科协授予的“有贡献的科普作家”荣誉称号。被国家科委、农业部、财政部聘为科技顾问，担任中国耕作研究会、作物栽培研究会、全国科普作家协会理事等。主要学术著作有《玉米生产与产量模型》《中国玉米种植区划》《现代玉米生产》《中国玉米栽培学》《为杂交玉米做出贡献的人》《吨粮田开发的理论与技术》等12部，科普著作《中国玉米科技史》《中国种植谁主沉浮》《中国种业正步入历史拐点》《中国种业六十年大事记》等数部，发表论文100多篇。1996年退休，从事农业科技咨询和调研工作。

【中国科学院研究员、著名旅游规划专家——郭来喜】 郭来喜，1934年生，上蔡县邵店乡人。1956年6月从南京大学地理系毕业后，到中国科学院地理研究所任研究实习员。1959年入莫斯科大学研究生院进修，1961年4月回中国科学院地理研究所工作。历任中国科学院地理研究所硕士研究生导师、博士研究生导师、博士后合作导师，研究员，是云南省“有突出贡献专家”、享受国务院政府特殊津贴专家。曾担任中国科学院地理研究所学术委员会副主任、旅游规划研究中心主任，中国区域经济协会副会长暨可持续发展专业委员会主任，中国地理学会人文地理专业委员会主任，中国软科学学会常务理事，中国旅游协会生态旅游专业委员会副主任，北京达沃斯巅峰旅游规划设计院名誉院长，《人文地理》主编等职，兼任云南省地理研究所所长，被国务院聘为长江三峡工程专家组专家，被联合国工业组织绿色委员会聘为中国专家委员会委员。还先后担任国内40多个市级、省级旅游规划项目主持人，主持过国际合作项目、国家重点项目、国际基金资助项目、国务院下达项目等课题。先后获中国科学院重大成果奖、科技进步二等奖，国家发明奖，国家科技进步二等奖，国家科委科技成果二等奖，新疆维吾尔自治区成立40周年对外宣传一等奖，青海省旅游发展突出贡献奖等奖项。他所规划的云南泸沽湖、四川攀枝花市被联合国定为模范社区，他本人获联合国模范社区奖。2003年所提出的《中国中部崛起纳入国家行动计划的建议》被国务院采纳。著有《贫困，人类面临的问题》《中国黄金海岸开发研究》等12部，发表学术论文200余篇，培养硕士、博士、博士后研究生40余人。

【中国科学院院士、著名计算机科学家、数学家——张景中】 张景中，曾用名井中。1936年12月生，汝南县汝宁镇人。中共党员。1957年北京大学数学力学系肄业。1958年起，在中国科学院成都分院工作。1979年调任中国科学技术大学数学系讲师、副教授。1986年任中国科学院研究员、中国科学院成都分院数理科学研究室主任、中国科学院成都计算机应用研究所副所长。1991年，被批准享受国务院政府特殊津贴。1993年12月，由国务院学位委员会批准为博士生导师。1995年10月，当选为中国科学院院士，兼任中国计算机学会理事、中国科协委员。1999年当选为中国科普作家协会理事长。2002年后，曾任广州景中教育软件有限公司董事长、广州大学计算机教育软件研究所所长、中国科学院成都计算机应用研究所名誉所长、重庆邮电大学计算机科学与技术学院院长。主要从事机器证明、教育数学、距离几何及动力系统等领域的研究。其主要贡献，一是提出了面积解题方法，并用之于机器证明的研究，使几何定理可读证明的自动生成这个多年来进展甚小的难题得到突破；二是创立计算机生成几何定理可读证明的原理和算法，这项成果被权威学者认为是使计算机能像处理算术一样处理几何工作的"里程碑"；三是创立定理机器证明的数值并行方法的原理和算法；四是对几何定理机器证明的吴方法进行了改进和发展，创立了含参结式法，升列组的WR分解算法，彻底解决了可约升列相对分解问题；五是创立了教育数学的思想和方法。所研制的"安全节能低噪声木工电磁振动切削工艺"获国家发明二等奖。发表学术论著150多篇（册）。专著《几何定理机器证明理论与算法新进展》获中科院自然科学奖一等奖、国家自然科学奖二等奖。所主持开发的软件《Z+Z智能教育平台》获香港国际发明展览会金奖。所主持开发的"智能教育平台——小学生版"2002年获第六届全国多媒体教育软件大奖赛一等奖。长期从事科普读物创作，1990年被中国科普协会审定为新中国成立以来贡献突出的科普作家之一，1997年获得"中国十大科普金奖作者"称号，1999年当选为中国科普作家协会主席。主要著作有《帮你学数学》《新概念几何》《数学家的眼光》《21世纪少年百科丛书精选本——数学四方阵》《帮你学集合平面几何解题新思路》《迭代方程与嵌入流》《数学传奇》《数学游戏的故事》《帮你学几何》《计算机怎样解几何题——谈谈自动推理》《漫话数学》《从√2谈起》《数学杂谈》《数学与哲学》《从数学教育到教育数学》等。

【国务院参事室参事、著名生物技术专家——任玉岭】 任玉岭，遂平县阳丰乡人，1938年10月生。1960年6月任南开大学生物系助教。1962年10月任天津食品发酵研究所技术员。1968年12月参加天津印染厂生物酶会战，任技术总指挥。1971年4月任天津卫东食品厂投产总指挥。1973年8月任中国科学院微生物研究所副研究员。1974年2月～12月，曾在中国科学院确山干校学习。1975年2月任《中国微生物学报》编辑。1980年2月到中国科技大学研究生院学习。1983年3月，任国家科委新技术局副处长。1984年6月，任中国味精技术公司董事长。1985年5月，任国家科委生物工程中心处长。1988年6月，任中国星火总公司总工程师。1989年9月，调任广西北海市人民政府副市长。2002年2月后，任国务院参事室参事。曾任全国政协第八届委员、第九届常委、第十届常委、美中贸易科技促进会副会长、中国食品文化协会副会长、中国酿酒协会名誉会长、中国发酵工程研究会名誉会长、中国民营科技促进会常务理事、中国公共关系协会常务理事、中国城郊经济研究会常务理事。曾主持完成中国科技规划项目"发酵法生产味精技术研究"，参与组织国家"六五"科技（生物工程）发展规划制定，参与组织国家"星火计划"实施，参与"863"高科技发展纲要（发酵工程、酶工程）编制，参与组建"中国生物工程中心"、"中国—欧洲共同体生物工程中心"、中国星火总公司、中国味精技术公司、中国沿海科技与经济杂志社等。主要科研成果有发酵法生产谷氨酸技术、薯干原料发酵柠檬酸技术、固体发酵柠檬酸技术、发酵法生产甘露醇技术、双酶法制葡萄糖技术、糖化酶制造技术、单细胞蛋白生产技术、石油发酵谷氨酸技术、葡萄酒酿造及老化技术等。译作有《石油发酵》《发酵与微生物》《利用生物净化环境》等。

【著名书法家、"中国陶瓷书法第一人"——张万庆】 张万庆，1938年生于汝南县汝宁镇。1950年～1953年，先后在银器店、石膏坊和誊印社学艺。1955年考入河南大学学习。1958年～1960年，在开封市展览馆任专业美工。1960年，调入开封市博物馆，研究古代货币和鉴赏古代字画，开始进行金石篆刻创作。1975年～1978年，参与古文注释和《词源》修订工作，参与注释的古籍有《孙子兵法》《商君书》《李斯子》《李贺诗集》《柳宗元文选》等18部。1978年任开封市顺河区委宣传部长。1983年任开封市文化局副局长。1985年调入河南省委办公厅，任二秘处处长。1989年调任河南省文化厅办公室主任，书画创作从绘画为主转向书法和篆刻为主。1993年，为中央电视台《夕阳红》栏目题写片头，被选用至今。1994年，任河南省群众艺术馆馆长，兼河南省中国画院院长，任职期间筹办"全国牡丹国画展"、全国性书画展览数十项，在全国书画界产生广泛影响。1998年退休。1998年～2009年间，先后到景德镇、汝州、禹州、淄博、邯郸、佛山、耀州、宜兴、德州、洛阳、钦州等十几个陶瓷产地的上百个窑口从事陶瓷书法的探索活动，累计创作陶瓷书法作品5000余件，首创提出"陶瓷书法"的学术命题，为书法艺术开辟了一个新的领域，被书法界和陶瓷界公认为"中国陶瓷书法第一人"。2002年后，先后举办以叶剑英元帅诗文为主题的书法展、张万庆书法与陶瓷书法展、张万庆天中文化书法展、张万庆淮安文化书法展、张万庆龙文化书法展、张万庆客家文化书法展等文化专题书法、陶瓷书法展。出版有《张万庆两字书法集锦》《运河之都淮安赞歌——张万庆淮安文化书法展作品集》《龙文化书法集》《佛文化书法集》《客家文化书法集》《天中风骨——张万庆天中文化书法 陶瓷书法作品集》《书法小品集锦》等书法艺术书籍。被评为全国首届"百杰书法家""德艺双馨艺术家"。1997年，文化部破例在北京美术馆为其主办"张万庆书法篆刻作品展"。

【中国驻外大使——傅学章】 傅学章，1939年12月生，西平县芦庙乡八里庄村王希孟庄人。1960年10月北京外国语学院英语系毕业，入柬埔寨金边国立师范学院学习柬文。1963年7月毕业，留中国驻柬埔寨王国大使馆工作。1970年，调入外交部政工组、组织组。1973年3月，调外交部接待柬埔寨贵宾办公室（简称柬办），任联络组负责人，随员衔。1975年起，先后赴中国驻柬埔寨、泰国使馆工作，三等秘书衔。1982年，调任外交部亚洲司任副处长，晋升为二等秘书、一等秘书衔。1987年12月，任中国驻泰国大使馆参赞。1990年6月，任外交部亚洲司参赞。1991年11月，被任命为中国驻柬埔寨全国最高委员会大使级常驻代表。1995年7月，被任命为中国驻新加坡特命全权大使。1997年8月~2001年2月，任为中国驻泰王国特命全权大使。

【中共海南省委书记——卫留成】 卫留成，泌阳羊册镇古城村人，1946年8月生。1970年7月北京石油学院勘探系测井专业毕业，被分配到长庆油田工作，历任一分部测井站技术员、副站长、井下作业大队政治处副主任、研究所党委副书记。1979年2月任长庆油田测井总站副站长、党委常委。1982年2月，调任中国海洋石油南海石油勘探指挥部莺歌海办公室负责人。1983年6月，任南海西部石油公司BP合作区中方首席代表。1985年4月后，任南海西部石油公司副总经理、常务副总经理、总经理、党委常委。1993年4月后，历任中国海洋石油总公司副总经理，总经理，党组书记，兼中国海洋石油有限公司董事长、总裁。担任总经理后，致力于公司上市工作。2001年2月27日、28日，中国海洋石油有限公司分别在美国纽约和中国香港两地挂牌上市，共筹集资金27.1亿美元，成为拥有160多亿元净资产的中国第三大石化企业，名次仅列中石油、中石化之后，独家拥有中国海洋石油与天然气的勘探和开发权。他为中海油确定国际化方针，于2002年以5.91亿美元成功收购REPSOL-YPF在印尼五个区块的资产，成为印尼海上最大的石油生产商。2001年被中央电视台评选为“CCTV·2001年度经济人物”。2002年当选为十六届中央候补委员。2003年10月，调任中共海南省委副书记、副省长、代省长、省人民政府党组书记。2004年2月，当选海南省省长。2006年11月，任中共海南省委书记、省长。2007年2月，任海南省委书记、省人大常委会主任。2011年8月，任第十一届全国人大财政经济委员会副主任委员。2013年3月，任第十二届全国人大环境与资源保护委员会副主任委员。是中共第十六届中央候补委员、十七届中央委员，第十届、十一届全国人大代表，中共十六大、十七大代表。

【西藏军区司令员、陆军中将——董贵山】 董贵山，1946年7月生，西平县宋集乡董庄人。1964年12月入伍，历任中国人民解放军五十军一四九师四四六团二营六连战士、排长。1969年8月后，历任西藏军区五十二师一五五团司令部作训股测绘员、作训股参谋。1971年1月后，历任西藏军区五十二师司令部作训科参谋、西藏军区司令部作训处参谋、西藏军区五十二师司令部作训科副科长、西藏军区干部训练大队训练处副处长、西藏军区干部训练大队副大队长、西藏军区司令部训练处副处长、西藏日喀则军分区参谋长、西藏日喀则军分区副司令员、西藏军区副参谋长。1991年11月任西藏军区副司令员。1998年10月任成都军区装备部部长。2004年8月任西藏军区司令员，2004年12月为大军区副职待遇。2006年7月晋升为中将军衔。2008年7月，任成都军区副司令员。为第十七届中央委员。

【解放军总后勤部副部长、陆军中将——秦银河】 秦银河，1951年8月生，西平县老王坡农场顾庙村人。1968年入伍，先后任卫生员、助理员。1977年解放军第三军医大学毕业，历任第三军医大学第二附属医院新桥医院泌尿外科医生、主治医生，第三军医大学大坪医院院长，第三军医大学教务长、培训部部长。2000年7月，任中国人民解放军总医院副院长。2001年7月晋升少将军衔。2004年7月，任中国人民解放军总医院院长。2007年12月后，任中国人民解放军总后勤部副部长，兼中国人民解放军总医院院长、总后勤部党委委员。2009年7月，晋升中将军衔。为中共第十七届中央候补委员，中国医院协会副会长。2012年11月14日，当选为中共第十八届中央委员会候补委员。

【河南省文学艺术界联合会原主席——马国强】 马国强，1952年1月生，驻马店市人。1975年毕业于河南大学美术系中国画专业。历任河南画报社总编辑、河南日报报业集团副总编、大河报总编辑、河南广播电影电视局副局长。2008年~2013年，任河南省文学艺术界联合会主席。2011年6月被中国国家画院聘为首批研究员。为当代中国画坛具有重要影响的实力派水墨人物画画家。为中国美术家协会理事、中国画学会副主席、河南省美术家协会主席、河南省国画家协会主席、河南省中国人物画研究会副会长、河南大学艺术学院硕士研究生导师、苏州大学美术学院特聘教授、河南省美协人物画艺委会主任。1997年、1999年，连续两次获得中国文联授予的“中国画坛百杰”称号。2004年，作品获文化部中国艺术研究院颁发的“黄宾虹奖”。2005年，获国家科学技术奖励办公室、中国美术家协会授予的“优秀人民艺术家”荣誉称号。2007年，被评为中国当代30位最具学术价值和市场潜力的（人物）画家，作品《河山》获建军八十周年全国美展铜奖。2008年，被评选为中国当代30位最具学术价值和市场潜力的（人物）画家。2011年8月，在中国美术馆举办“生活·生活——马国强水墨人物画展”。出版有《马国强人物画集》等作品集。

【中国人民武装警察部队副司令员、武警中将——戴洪生】 戴洪生，原名鸿生。1953年4月26日生，正阳县陡沟镇代湾人。1970年12月参加中国人民解放军，后任武警总部司令部作战勤务部参谋。1995年2月任武警北京市第一总队副参谋长，1997年4月任第一总队参谋长，1998年4月任第一总队副总队长。1999年1月，任中国人民武装警察部队司令部作战勤务部部长。2002年7月任武警吉林省总队总队长。2003年7月晋升为武警少将警衔。2005年5

月任武警四川省总队总队长。2006 年 11 月任中国人民武装警察部队副参谋长。2009 年 12 月任中国人民武装警察部队副司令员。2011 年 7 月晋升武警中将警衔。

【中国书法家协会副主席、河南省文联副主席——宋华平】 宋华平，1954 年 1 月生于确山县，祖籍山东泰安。郑州大学汉语语言文学专业毕业。1984 年调入河南省书法家协会，历任副秘书长、秘书长、副主席兼秘书长。2007 年后，历任河南省书法家协会主席，河南省文联副主席、河南省书法家协会主席。为河南省政协常委，中国书法家协会第四、五、六届理事，中国书法家协会书法名城（之乡）联谊会会长，中国书法家协会行业专业委员会副主任，中国书法家协会书法培训中心教授。其书法作品曾参加全国第三、五、六、七届书法篆刻展，全国第二、第六届中青年书法篆刻展，中日书法交流展，中新书法交流展，当代著名书法家代表作展，国际书法展等。1993 年获河南书法“龙门奖”金奖，2007 年被推选为中宣部召开的“第二届全国中青年德艺双馨文艺工作者表彰大会”代表，2008 年被《中国书画报》评为“中国书画年度人物”，2009 年被书法报、书法杂志评为 2009 年“中国书坛十大人物”，2010 年被当代书法网、中国书法研究院评为 2010 年“中国书法十大人物”，2011 年被中国书协授予中国书协成立三十周年“贡献奖”及“荣誉奖”，2012 年被香港“文汇报”、海外华文传媒合作组织评选为“光耀香江”香港回归十五周年“杰出人物奖”。2015 年 12 月，当选第七届中国书法家协会副主席。

【北京军区原副政治委员、陆军中将——王健】 王健，1954 年 6 月生，汝南县人。1969 年汝南二中毕业入伍，历任中国人民解放军某集团军战士、班长、排长、连长、营指导员，第三十一集团军第九十一师二七一团政委，第三十一集团军第九十二师二六一团政委，第三十一集团军第九十二师政治部主任，第三十一集团军第九十一师政委，第三十一集团军副政委，南京军区政治部副主任。1998 年 7 月晋升为少将军衔。2000 年 12 月任第 12 集团军政委。2005 年 7 月任第 31 集团军政委。2007 年 12 月任济南军区政治部主任。2009 年 7 月晋升为中将军衔。2010 年 7 月任济南军区副政治委员兼纪委书记。2012 年 12 月，调任北京军区副政治委员。为十八届中央候补委员。2015 年 8 月，担任抗日战争胜利 70 周年阅兵联合指挥部副总指挥。2016 年 4 月，任全国老区建设促进会会长。

【中共新疆维吾尔自治区党委书记——陈全国】 陈全国，平舆县人，1955 年生。1973 年 12 月入伍，在陆军一军三师炮团服役。1977 年 4 月复员，到驻马店汽车配件厂当工人。1978 年 3 月考入郑州大学经济系政治经济学专业学习，1981 年 12 月毕业被分配至平舆县辛店公社工作。1983 年 9 月，调任驻马店地委工作，历任办公室秘书、副秘书长兼地委政策研究室主任。1988 年 9 月，任中共遂平县委书记。1992 年 9 月，任中共驻马店地委委员、中共遂平县委书记。1994 年 2 月，任中共平顶山市委常委、组织部部长。1996 年 3 月，任中共漯河市委副书记、市长。1998 年 1 月，任河南省人民政府副省长。2000 年 11 月，任中共河南省委常委、组织部部长、省政府副省长。2001 年 1 月，任中共河南省委常委、组织部部长。2003 年 4 月，任中共河南省委副书记、组织部部长。2004 年 1 月，任中共河南省委副书记。2005 年 11 月，任中共河南省委副书记、省委党校校长、河南行政学院院长。2009 年 11 月，任中共河北省委副书记。2009 年 12 月，任中共河北省委副书记、省政府代省长、党组书记。2010 年 1 月，任中共河北省委副书记、省政府省长、党组书记。2011 年 8 月，任中共西藏自治区党委委员、常委、书记。2016 年 8 月，任新疆维吾尔自治区党委委员、常委、书记。是中共第十七届中央候补委员、第十八届中央委员会委员，第九届、第十一届全国人大代表，中共十六大、十七大代表。

【女子排球世界冠军——张蓉芳】 张蓉芳，女，祖籍新蔡县城南街，1957 年 4 月 15 日生于四川成都。其祖父张锐生（1889 ~ 1968），曾任民国通许县知事、国民党河南省党部秘书、民国河南省政府秘书等职，1947 年秋定居成都。张蓉芳在兄妹 7 人中排行第四，身高 1.74 米。1970 年 12 月入四川青年排球训练班学打排球，1972 年 8 月调入四川省女子排球一队，1976 年调入国家女子排球队，善打主攻和接应二传，以“三快一刁”（眼快、手快、脚快、球路刁）著称，被国际排坛誉为“怪球手”。1977 年中国女排在第二届世界杯女排赛上获第四名。1978 年在第八届世界女排锦标赛上获第六名，同年在第八届亚洲运动会女排比赛中获银牌。1979 年在第二届亚洲女排锦标赛上获冠军。1981 年在第二届不来梅国际女排邀请赛中获冠军（个人获“最佳防守球员奖”），同年在第三届世界杯女排赛上首次获得冠军。1982 年，在第九届世界女排锦标赛上获冠军，同年在第九届亚洲运动女排比赛中获金牌。1983 年，出任中国女排队长，在世界超级女排赛中获冠军。1984 年，在第二十三届奥运会女排比赛中获金牌，实现中国女排的世界冠军“三连冠”。1984 年 12 月退役，任四川省体委副主任、党组成员。1986 年任中国女子排球队教练，率领中国女排夺得第十届世界女排锦标赛冠军（她本人被评为最佳教练员）、第十届亚运会女子排球比赛冠军。1987 年 3 月辞去主教练职务。1988 年任国家体委训练局副局长，先后分管排球、跳水等项目和其他工作。1998 年，任排球运动管理中心党委书记、第一副主任。曾在 1984 年被评为全国十佳运动员，获全国“三八”红旗手称号，并被评为中华人民共和国成立 35 年来杰出运动员之一。1989 年被评为新中国成立 40 年来杰出运动员之一。是中国排球史上第一个同时获得世界冠军称号的运动员和主教练。丈夫胡进，原国家队男排运动员、女排主教练，二人为世界上唯一一对都当过国家队女排主教练的“非常夫妻”。

【空军参谋长、空军中将——麻振军】 麻振军，1962 年生，平舆县十字路乡大麻庄人。曾在广州军区空军航空兵第二师任飞行员、中队长、大队长，后任二师苏－二十七团团长。2000 年 5 月任广州军区空军航空兵第二师师长。任师长后，全师连续3年被总部评为军事训练一级单位和科技练兵先进单位，师党委连续3年被空军评为先进党委，4项科研成果获得军队科技进步奖，5项重大科研成果代表空军参加全军科技练兵成果展览，部队实现了由技术训练为主向战术训练为主直至战术对抗为主的转变，填补空军训练史上的10余项空白，数十次圆满完成上级赋予的重大任务，战斗力实现了跨越式发展。《中国空军》杂志曾发表长篇通讯，盛赞他是打造“空中王牌”的人，被认为是解放军空军新生代将领的代表人士。后任广州军区空军副参谋长。2008年任济南军区空军副司令员。2010年5月任北京军区空军参谋长。2011年3月任空军副参谋长。2012年8月升任北京军区空军司令员，成为空军历史上第一位“60后”的副大军区将领。2013年8月升任空军参谋长，晋升中将军衔。

【“夏南牛之父”——祁兴磊】 祁兴磊，泌阳县花园乡人，生于1961年7月。1982年7月信阳农业专科学校畜牧兽医系毕业，被分配到泌阳县农牧局畜牧兽医工作站，从事畜牧科研和畜牧兽医技术推广工作，历任泌阳县畜牧局党组副书记、副局长（正科级），高级畜牧师。1988年起，担任夏南牛培育项目工作负责人，成功培育出具有自主知识产权的中国第一个肉牛新品种——夏南牛。1999年、2005年两次被评为“全国农业技术推广先进个人”。2007年被授予“河南省优秀专家”，同年5月15日夏南牛培育通过国家畜禽遗传资源委员会的审定，11月夏南牛育种技术小组被驻马店市人民政府记集体二等功，祁兴磊个人记二等功。2008年3月，泌阳县委、县人民政府举行夏南牛培育庆功表彰大会，给祁兴磊记个人三等功，奖励现金10万元、工作经费50万元。2009年被批准为享受国务院政府特殊津贴专家，授予“河南省劳动模范”和“感动天中十大人物”荣誉称号。先后编写畜牧兽医培训教材和科普材料24种，印发10万多册；在省级以上核心刊物和各种学术研讨会上发表、交流学术论文36篇；著有《肉牛繁育新技术》《夏南牛》等畜牧科技书籍4种。先后主持推广、应用黄牛冷配、肉牛短期肥育、秸秆加工调制、畜禽科学养殖先进实用技术21项；主持实施省部级畜牧科研攻关项目14项，其中获市以上科技进步奖8项，累计创社会效益10亿元以上。为中国肉牛经济专业委员会副理事长，中国良种黄牛育种委员会理事，中国“西门塔尔”牛育种委员会理事，被业界专家誉为“夏南牛之父”。

【文华奖文华表演奖获得者、著名豫剧艺术家——汪荃珍】 汪荃珍，女，1963年生，正阳县真阳镇人。毕业于河南省戏曲学校，历任省豫剧一团团支部书记，省豫剧三团团长、河南豫剧院党委书记。研究生学历，国家一级演员，中国戏剧家协会理事、河南省剧协副主席。师从豫剧大师常香玉10余年，扮相俊俏大方，唱腔甜美圆润，表演投入动情，刻画人物自然，成为豫剧这门艺术国粹的优秀传承者。1982年参加河南省首届戏曲青年演员会演，获一等奖。1986年，参加在香港举办的“首届中国地方戏曲展演”，主演豫剧传统戏《香囊记》获得成功，获得“亚洲最佳女旦角”荣誉称号。1988年参加首届全国豫剧电视大奖赛，获最佳演员奖。1991年在全国现代戏观摩演出中获优秀演员奖，参加“梨园杯”全国豫剧演唱会获金奖。1993年在北京举办的纪念毛泽东诞辰100周年演唱会上领唱，获全国一等奖。2000年主演的《香魂女》获得巨大成功，一举夺得第六届中国艺术节大奖，填补了河南戏曲无全国性大奖的空白，受到河南省政府通令嘉奖，被评为国家一级演员。2002年，连获第十九届中国戏剧梅花奖、上海戏剧白玉兰主角奖。2005年，从中国戏曲学院研究生班毕业，成为河南戏曲界第一位具有研究生学历的演员。主要演出剧目有《抬花轿》《香囊记》《山里媳妇》《儿大不由爹》《香魂女》《风雨故园》《红剪花》《穆桂英下山》《成龙梦》《生儿子大奖赛》等，其中《香囊记》《香魂女》为其代表作。主演的《山里媳妇》《红剪花》《生儿子大奖赛》等被拍成戏曲电视片，深受观众喜爱。2012年5月，河南省文化厅在开封为她举办河南省艺术名家推介工程——汪荃珍表演艺术研讨会。2013年7月汪荃珍担任新成立的河南豫剧院党委书记，10月荣获2013年中国文化艺术政府奖——文华奖文华表演奖。

【美国劳工部副部长——卢沛宁】 卢沛宁，英文名Chris Lu。1966年6月12日生于美国新泽西州，祖籍正阳县吕河乡。其父卢正阳1948年随国民党军队到台湾，1960年到美国留学，与台湾“司法行政部”部长王任远之女王大成在美国结婚。卢沛宁出生于美国新泽西州，在马里兰州波托马克地区长大。1988年从普林斯顿大学伍德罗威尔逊学院毕业。1988年~1991年就读于哈佛大学法学院，成为奥巴马（美国第44任总统）的同学。毕业后，卢沛宁担任联邦上诉法院第三巡回法庭法官的法律助理，随后在奥巴马曾经实习过的西德利·奥斯汀律师事务所工作4年半。1997年，卢沛宁放弃律师工作，进入政界，担任众议院政府改革委员会的民主党副总律师。随后，担任民主党参议员约翰·克里的助手，并曾在2004年美国大选期间，担任民主党总统候选人克里的高级顾问。2005年，奥巴马首次当选联邦参议员后，卢沛宁受邀担任奥巴马参议员办公室立法总监，为奥巴马在国会立法事务提供协助，后擢为办公室幕僚长。奥巴马竞选美国总统期间，卢沛宁担任军师角色。2008年奥巴马胜选后，卢沛宁被委任为白宫交接小组执行总管。2008年11月19日，被奥巴马任命为内阁秘书，负责白宫与新内阁部门之间的联络工作，成为继美国劳工部长赵小兰之后，第二位获部长级高位的华裔杰出人士。2013年卸任。2014年1月，卢沛宁出任劳工部副部长。2014年12月11日，卢沛宁回到“父亲出生的地方”正阳县寻根问祖。

【中国科学院院士、著名结构生物学家——施一公】 施一公，1967年5月5日生于郑州，祖籍云南大姚。父亲毕业于哈尔滨工业大学，母亲毕业于北京矿业学院，为其取名“一公”，希望他“一心为公”。1969年10月，施一公随父母下放到驻马店地区汝南县光明公社（今汝南县老君庙镇）闫寨大队小郭庄。1972年，随父母搬至驻马店镇，先后在驻马店实验小学、地区高中初中班学习。1980年，再随父母回到郑州，转学至河南省实验中学，先读完初中，再读高中。

1984 年获中国数学会全国高中数学联赛一等奖，1985 年被保送到清华大学。1985 年 ~ 1989 年，在清华大学生物科学与技术系学习，获学士学位。1990 年 ~ 1995 年，留学美国约翰霍普金斯大学医学院，获分子生物物理学博士。1995 年，在美国约翰霍普金斯大学医学院作博士后。1996 年 ~ 1997 年，在美国史隆凯特林癌症研究中心结构生物学实验室作博士后。1998 年 ~ 2001 年，在美国普林斯顿大学分子生物学系任助理教授。2001 年 ~ 2003 年，在美国普林斯顿大学分子生物学系任（终身）副教授。2003 年 ~ 2008 年，任美国普林斯顿大学分子生物学系（终身）教授。为美国普林斯顿大学分子生物学系建系以来最年轻的终身教授和讲席教授。2005 年，当选华人生物学家协会会长。2007 年 ~ 2008 年，在美国普林斯顿大学分子生物学系，任 Warner-Lambert/Parke-Davis 教授。2007 年，被聘为教育部长江学者讲座教授。2008 年 2 月回国，入清华大学任教。2009 年，入选第一批“千人计划”国家特聘专家，为国家杰出青年基金获得者。2009 年 9 月 28 日起，任清华大学生命科学学院院长，教授，博士生导师。2013 年 4 月，当选美国艺术与科学院外籍院士，美国科学院外籍院士。2013 年 12 月 19 日，施一公当选中国科学院院士。施一公以癌症作为学术研究主攻方向，研究课题为细胞凋亡和癌症发生的分子机理。致癌原因一直是全球科学家致力研究的目标之一。施一公因在细胞凋亡和 TGF- 信号传导等领域的杰出工作，2003 年被国际蛋白质学会授予鄂文西格青年科学家奖，是该奖项设立以来第一位获此殊荣的华裔学者。2010 年，获赛克勒国际生物物理学奖［赛克勒国际生物物理学奖（THE RAYMOND & BEVERLY SACKLER INTERNATIONAL PRIZE IN BIOPHYSICS）］。2014 年 3 月 31 日，施一公荣获 2014 年爱明诺夫奖，成为爱明诺夫奖自 1979 年设立 35 年以来的第 46 位得主，同时也是首位获得该奖的中国科学家。2015 年 9 月，施一公任清华大学副校长。

（赵心田）

责任编辑：赵心田

年度进展

2015年9月6日上午，由河南省人民政府主办，农业部支持，河南省农业厅、驻马店市人民政府承办的第十八届中国农产品加工业投资贸易洽谈会在驻马店市天中广场会展中心隆重开幕。图为农产品展销区。

年度进展

大事记

1 月

4 日，市委副书记、市长武国定率领招商考察团赴广东省开展产业招商活动。5 日，武国定分别与碧桂园董事局主席杨国强、总裁莫斌，广东恒大集团董事局主席许家印及长鹿旅游休博园负责人进行会谈。6 日上午，武国定一行拜会了汕尾市委常委、副市长，深圳对口帮扶汕尾指挥部总指挥、深汕特别合作区管委会主任何学文，实地考察了汕尾市城市建设、新区规划及深汕特别合作区开发建设情况，并就有关问题进行座谈交流。6 日下午，武国定一行到深圳市，实地考察富联盛国际控股集团。6 日晚，武国定一行到深圳中国旅游设计院参观该院的规划设计成果，听取遂平梦幻西游主题公园规划设计情况汇报，并就进一步深化完善规划设计工作进行座谈交流。

5 日，驻马店市企业河南恒都夏南牛开发有限公司“夏南牛高档牛肉研究开发与产业化”项目获省科技厅河南省重大科技专项立项，并获得省经费支持 600 万元。这是驻市农业领域首次获得省重大科技专项立项。

6 日，中国地方志指导小组办公室党组书记赵芮、副主任邱新立，河南省地方史志办公室主任霍宪章到驻马店市调研，并召开河南省地方志工作座谈会。座谈会上，赵芮充分肯定了河南地方史志工作，希望河南总结好的经验，当好排头兵，把好经验借鉴给全国，为下一轮修志做好准备。

7 日～8 日，《驻马店市志（1978 ～ 2012）》评审会召开。中国地方志指导小组办公室、河南省地方史志办公室、市委市政府主要领导及周边地市史志办公室专家学者共 70 余人参加会议，会议对志稿进行了评审。

7 日，市委中心组（扩大）学习暨领导干部大讲堂专题报告会举行，著名经济学家、国务院参事室特约研究员、原国家统计局总经济师兼新闻发言人姚景源教授作了《新常态、新机遇、新发展，2015 年中国经济展望》主题报告。

9 日～10 日，环保部减排现场核查组一行 4 人到驻马店市，对驻市电力企业、污水处理厂、畜牧养殖公司等 14 家单位进行实地察看，现场核查电力企业脱硫减排运行、污水处理设备运行等情况。

13 日，市委书记余学友会见中原银行行长王炯一行，双方围绕加强金融信贷合作、创新融资平台方式、建立新型战略合作关系、促进经济社会健康持续发展等有关话题，进行交谈并达成共识。市委副书记、市长武国定陪同调研。

18 日，2014（首届）河南旅游财富年会暨河南旅游财富联盟成立大会在遂平县嵖岈山温泉小镇举行。会议评出了“2014 河南旅游财富风云榜”，驻市获得“2014 河南智慧旅游创新城市”荣誉称号，嵖岈山风景区和嵖岈山温泉分别荣获“2014 河南旅游创新景区”“2014 河南人气温泉”称号。

20 日，市委书记余学友主持召开市委常委会议，听取省委第八巡视组巡视回访反馈意见有关情况汇报，研究讨论整改落实方案，并就相关重点工作进行安排部署。

21 日～22 日，以“变革、发展、新常态”为主题的 2015 年中国汽车工业协会市场年会暨中国汽车后市场发展峰会在驻市召开。国务院原参事，全国政协第九、第十届常委任玉岭，中国汽车工业协会副秘书长师建华，中国汽车工业配件销售有限公司总经理王笃洋等出席会议。212 家汽车生产和汽车后市场服务企业参会。会议期间，与会客商考察了驻马店经济技术产业集聚区以及大力天骏、中集华骏、银泰电动汽车等汽车产业重点项目；举办了驻马店市汽车电子产业项目及中部汽车贸易物流园项目推介会和 2015 年中国乘用车和商用车发展形势分析会；举行了中国汽车后市场委员会 3 个专业分会的成立仪式。

21 日，河南中云创光电科技股份有限公司“新三板”挂牌上市。公司成立于 2011 年，是专业生产 LED 照明产品的国家高新技术企业，2014 年被评定为“国家高新技术企业”。中云创光电成为河南省第一家 LED 行业上市企业，也是驻马店市第一家在“新三板”上市的中小企业。

21 日，全市县区委书记抓基层党建工作述职评议会议召开，市委书记余学友主持会议并作讲话，省委组织部副部长周斌出席会议并作点评讲话。

21 日，驻马店军分区党委第六届第八次全体（扩大）会议召开。市委书记、军分区党委第一书记余学友出席会议并作重要讲话，市委副书记贾英豪，市委常委、市委秘书长李宝清，市委常委、副市长张昕，市委常委、军分区政委张卫东，军分区司令员万丽华出席会议。会议回顾总结了 2014 年的工作，研究部署了新年度的工作任务。

21 日，市委书记余学友会见到驻马店市参加 2015 年中国汽车工业协会市场年会暨中国汽车后市场发展峰会的中国汽车工业协会副秘书长师建华一行。双方就加强沟通合作进行交谈。

21 日，阿里巴巴·驻马店产业带上线仪式在市电子商务产业园举行，有 150 多家企业上线运营。驻马店产业带是“阿里巴巴·中国产业带”一个全新的子站点，是打造电子商务驻马店品牌的一个专属网络平台，主要布局驻马店市农

2015年1月13日，市委书记余学友（右三）在黄淮学院调研。

产品加工业、电子信息、生物医药、机械制造业、化工产业、汽车后市场、建材产业、轻工制造业、装备制造、皮革皮具加工等中小企业。3月20日，阿里巴巴·驻马店产业带近日线上交易额突破千万元，4月20日交易额突破2500万元，全国排名已由刚上线的第222位升至第66位，入驻商家达到300家。

24日，由国务院农民工工作领导小组、央视七套农业频道联合主办，昊华骏化集团独家冠名的“相聚骏化·2015全国农民工春晚——回家过年”在驻马店市会展中心成功录制。晚会于2月23日（农历正月初五）至3月5日（元宵节）每晚6时5分在CCTV-7农业频道连续播出。

26日，“2014年度河南十大三农新闻人物”揭晓。市植物保护植物检疫站站长陈诚、确山县竹沟镇西王楼村第一书记吴树兰当选。

28日，2014“感动天中”十大年度人物颁奖典礼举行。获得2014“感动天中”十大年度人物称号的是：几十年如一日悉心照顾6位老人的孝老敬老模范，驻马店供电公司110千伏上蔡变电站已退休的原站长刘黑；坚守三尺讲台，兑现人生承诺的西平县文成中学四川籍教师尹维雨；2014年河南省最美村官，汝南县古塔街道宋庄社区党支部书记付长运；面对穷凶极恶歹徒毫不畏惧挺身而出，被授予乌鲁木齐市“见义勇为先进个人”的确山县三里河街道赵庄村农民吴雪五；反恐特战领头雁，驻马店籍武警北京市总队十三支队支队长席栓柱；一生情系三农，科研成果丰硕，享受国务院特殊津贴的驻马店市农业局植保站站长陈诚；坚守农村司法一线，被评为全国“人民调解能手”的正阳县雷寨乡司法所所长曹俊峰；回归报效国家的中国科学院院士、清华大学生命科学学院院长施一公；用辛劳还债，用诚信践行承诺的汝南县老君庙镇农家妇女苗明霞；为全市残疾人事业实现跨越发展作出突出贡献的市残联理事长张银良。黄淮学院小红帽志愿者服务队获得2014“感动天中”先进群体称号。

30日，2014“感动中原”十大年度人物评选揭晓，市残联党组书记、理事长张银良当选2014年“感动中原”十大年度人物。

1月，人民银行驻马店市中心支行披露，截至2014年12月底，全市各项存款余额达到1984亿元，比上年增加273亿元，增长15.95%，位居全省第一；各项贷款余额940亿元，比上年增加182亿元，增长23.94%，位居全省第一。

1月，确山县瓦岗镇邢店村党总支书记鲁新占入选“中国好人榜”敬业奉献类好人，上蔡县无量寺乡政府农业中心副主任李耀文入选“中国好人榜”见义勇为类好人。

1月，由中国图书出版社出版的驻马店市抗击非典大型纪实摄影画册——《生命之重》出版。该画册由驻马店市公共关系协会挑选出的163幅记录驻市当年抗击非典的照片编辑成书。画册共分《使命职责高度重视》《科学防治阻击非典》《全民动员严防死守》《众志成城同舟共济》《战胜非典榜样力量》5部分。

1月，河南省龙凤山生态农业集团有限公司被省政府命

2015年2月13日，河南省副省长王艳玲（中）、省政协副主席钱国玉（前排右二）等领导率省慰问团在市委书记余学友（右一）陪同下走访慰问。

名为“农业产业化省级重点龙头企业”。河南省龙凤山生态农业集团有限公司是确山县目前最大的一家以发展现代生态循环农业为主，集饲料加工、种猪繁育养殖、苗木花卉种植等为一体的现代化农业企业。

1月，经过一个多月的侦破，市公安机关破获一起特大跨国贩卖运输毒品案，抓获犯罪嫌疑人10名，缴获海洛因21206.21克。

1月，驻马店市嵖岈山门业有限公司的“嵖岈山及图”等16件新申请的商标被认定为河南省著名商标，驻马店市中集华骏车辆有限公司的“华骏及图”等16件3年期满的商标被重新认定为河南省著名商标。全市已拥有河南省著名商标65件。

1月，由中国教育技术协会与中国教育报刊社联合举办，“首届全国教育信息化区域应用典范推选活动”评出结果，驻马店市实验中学被评为“全国教育信息化创新应用先锋学校”。

1月，文化部公布2014~2016年度“中国民间文化艺术之乡”名单，汝南县罗店镇被命名为“中国民间文化艺术之乡（农民画）”。罗店镇曾被命名为1996~1999年度“中国民间文化艺术之乡”。

1月，遂平大铜器（锣鼓艺术）被列入文化部第四批国家级非物质文化遗产代表性项目扩展项目名录。至此，驻市西平大铜器、遂平大铜器相继成功申报国家级非物资文化遗产。截至2014年年底，驻市共有国家级非物质文化遗产项目8个。

2　月

4日，中国共产党驻马店市第三届纪律检查委员会第五次全体会议举行。市委书记余学友出席会议并作重要讲话，市委常委武国定、贾英豪、张宪中、李宝清、李明、刘金志、陈星、张昕、赵文峰、戚存杰出席会议。

5日，驻马店市工会第三次代表大会开幕。市委书记余学友出席开幕大会并讲话。省总工会副主席吕明义到会祝贺。张丽彩代表市工会二届委员会作工作报告。市人大常委会副主任张丽彩当选为市总工会三届委员会主席。蔡新国、李新生、冀春华当选为副主席，张永剑当选为市总工会经费审查委员会主任。

6日，市委书记余学友主持召开市委常委会议，传达省十二届人大四次会议精神和省政协十一届三次会议精神，听取市三届人大六次会议和市政协三届四次会议筹备情况汇报，进一步研究贯彻落实意见。

9日，由市委统战部牵头，市住建局、市工商联、驻马店日报社和驻马店电视台联合承办的2014年度“最美环卫工人”公益评选活动结束，唐小华、王留群、郑敏瑞、吴纪峰、王素、孙长云、沈中富、黄丽、王小平、刘月娥等10人被评为“最美环卫工人”。

9日，由市委宣传部、驻马店广播电视台主办的“爱民药业”杯2015年驻马店市首届网络春节文艺晚会开演。

14日，2014年度“河南好人榜”发布仪式举行。张全收（助人为乐类）、彭万军（诚实守信类）、李耀文（见义勇为类）、崔保峰（见义勇为类）、魏贺梅（见义勇为类）、鲁新占（敬业奉献类）、潘德芳（敬业奉献类）、鲁兰芳（敬业奉献类）8人入选，入选数量居全省第一。

14日15时28分，深圳阳基新天地家园小区发生火情，物业保安西平县吕店乡烟墩村人李到信冲到火场救人，屋里突然发生爆炸，李到信负伤休克，被后来赶到的消防战士救出。因伤势过重，李到信4月14日不幸去世。深圳市见义勇为基金会为其颁发15万元奖金和表彰证书，深圳市龙岗区追授其为第四届“感动龙岗人物”。驻马店市追授其“道德模范”“五一劳动奖章”“见义勇为好青年”等荣誉称号。

25日，市委书记、市委全面深化改革领导小组组长余学友主持召开市委全面深化改革领导小组第四次会议。会议传达学习了中央全面深化改革领导小组第七次、八次、九次会议精神和省委全面深化改革领导小组第五次会议精神，听取了《关于2014年全市全面深化改革工作进展情况的汇报》，审议通过了《市委全面深化改革领导小组近期工作重点》和《重点改革事项审议规程（试行）》，研究讨论了《市政府关于深化户籍制度改革的实施意见》和《市政府关于深化财税体制改革的指导意见》等重要文件。

28日，全国精神文明建设工作表彰暨学雷锋志愿服务大会在人民大会堂隆重举行。驻马店市被中央文明委授予“全国文明城市提名城市”荣誉称号，获得参加2017年第五届“全国文明城市”评选。平舆县获得“全国文明城市（县级城市）提名城市”称号，驻马店经济开发区关王庙乡、平舆县射桥镇单老村、正阳县真阳镇庞桥村被评为全国文明村镇。驻马店市地方税务局、驻马店市交通运输局、中共驻马店市纪委被评为全国文明单位。驻马店市财政局、驻马店市人民检察院、驻马店市公路局、中国移动通讯集团河南有限公司驻马店分公司再次被确认为全国文明单位。

28日，入选2014年12月份“中国好人榜”的驻马店市“助人为乐”中国好人张全收荣登全国《好人365》专栏第177期封面人物。

2月，张宪中任中共驻马店市委副书记。

3 月

3日，由中国文联、中国民间文艺家协会主办的第三届中国社火艺术节暨第十二届中国民间文艺“山花奖”评比活动在鹤壁市举行，来自天津、内蒙古、广东、江西等12个省市的13支社火队参赛。代表河南省参赛的遂平县大铜器表演队表演的《大铜器》荣获金奖。

9日，驻马店市对台交流基地揭牌仪式在正阳古佛文化园举行。工程占地30亩。古佛殿主体工程、安放点围墙和道路已完成施工，大雄宝殿等工程正在做开工前的准备工作，其余工程也将全面开工建设。

11日，副省长王铁带领省发改委等部门负责人到确山县竹沟镇、西平县二郎乡调研扶贫开发工作。

13日，副省长张维宁带领省直有关部门负责人到驻马店市就工业经济运行情况进行实地调研。

13日，上蔡县蔡氏文化园项目启动仪式举行。泰籍华人、世界蔡氏宗亲总会理事长蔡卓明带领来自全球各地的蔡氏宗亲代表500余人参加仪式。蔡氏文化园项目规划占地118亩，一期工程（蔡叔度陵园）已于2008年竣工。二期、三期工程规划已完成。

18日，根据中共河南省委决定，中共驻马店市委副书记、市人民政府市长武国定，调任中共许昌市委委员、常委、副书记。3月23日，许昌市第六届人民代表大会常务委员会第二十二次会议决定，任命武国定为许昌市人民政府副市长、代理市长。

18日，根据中共河南省委决定，王景峰任中共驻马店市委委员、常委。

19日，中国航天科工集团助力现代农业发展专题研讨会在正阳县召开。科技部副部长张来武出席会议并作重要讲话，参会代表围绕加强河南航天豫南基地规划建设，推进三次产业深度融合，积极发展“第六产业”“智慧农业”，打造现代农业科技示范区等话题，进行了深入交流和探讨。

19日～20日，省科技厅厅长贾跃一行到驻马店市就企业科技创新工作实地调研。贾跃一行先后到黄淮学院和遂平县一加一面粉、全宇生物科技、河南惠强新能源材料、海川电子玻璃、后羿生物制药及银泰新能源汽车等地，察看企业生产经营和科研项目建设情况，并提出指导意见。

28日，台湾微客国际服务团队在创始人沈漾漾女士的带领下，到驻市开展首次交流活动。72岁的沈漾漾女士秉承父亲原国民党将军沈醉两岸一家亲的遗愿，创建了“在人世间做一个微小的过客，带给大家爱和温暖”的台湾微客国际服务团队，从2004年起组织台湾大学生以志愿者身份到祖国西部进行扶贫和开办夏令营，此次活动是该团队首次中原之旅。

30日，根据中共河南省委决定，陈锋任中共驻马店市委委员、常委，市纪律检查委员会书记。

31日，中央文明办在天津市滨海新区举办中国好人榜3月份入选名单发布仪式暨全国道德模范与“身边好人”现场交流活动。正阳县大春太极文化有限公司董事长、正阳县大春文武学校校长王大春，平舆县老王岗乡甘港村农民郭小多，泌阳县马谷田镇政府退休干部彭万军荣登中国好人榜。

3月，市政府颁发2014年度驻马店市“151”科技创新人才奖，授予驻马店市农业科学院的王成业2014年度“驻马店市天中科技创新英才”荣誉称号。驻马店市农业技术推广站的彭春喜、驻马店中集华骏车辆有限公司的徐国红、黄淮学院的衡耀会、驻马店市农业科学院的王晓林，天方药业有限公司的吕和平5人被评为“天中科技创新人才”。黄淮学院的喻森、赵中、刘军和、钱国强，驻马店职业技术学院的谢维奇，河南省农业广播电视学校驻马店市分校的吴剑南，天方药业有限公司的樊振，驻马店市农业科学院的崔向华、苗任重，驻马店市农业技术推广站的张建立10人被评

2015年4月1日，河南省委常委、常务副省长李克（前排左三），副省长王艳玲（前排左四），及各省辖市主管产业集聚区或工业的副市长、省直有关部门负责人在汝南绿佳电动车有限公司现场观摩。 弓华静 摄

为“天中科技创新青年”。

3月，台湾TVBS电视台、天津电视台、驻马店电视台开展了为期3天的两岸古佛文化回访交流活动。两岸的媒体联合对正阳县古佛文化的发展、形成及交流等进行专题采访。

3月，驻市第一家新型创新创业平台——“黄淮创客空间”，在黄淮学院大学生创新创业园落成。“黄淮创客空间”由云计算服务中心、3D打印空间、潘泳工作室、机器人研发工作室、电子产品设计室和动作捕捉技术中心等共同组成。

4　月

1日，2015年全省重点项目暨产业集聚区建设第四观摩点评组来到驻马店，对驻市产业集聚区、服务业“两区”（商务中心区、特色商业区）、城乡一体化示范区和汝南县的项目建设情况进行集中观摩点评。省委常委、常务副省长李克，副省长王艳玲，以及各省辖市主管产业集聚区或工业的副市长、省直有关部门负责人等参加活动。

1日，国内最大的渔具商城——中原渔具城开业仪式在西平县举行。同时，2015春季渔具交易会也拉开帷幕。

3日，中共河南省委办公厅公布2014年度省级文明单位名单，驻马店市市委政法委员会等54个单位获得2014年度省级文明单位称号。

6日，驻市第一家粮食银行在正阳县挂牌成立。正阳县粮安粮食银行是由正阳县粮安农业发展有限公司出资成立，完全采取市场化运作，在这家“粮食银行”，农户不仅可以存储粮食，存粮后还可以直接提取现金，也可以根据市场价格随时进行结算。正阳县粮安农业发展有限公司是一家服务“三农”的服务型企业，农民通过加入正阳粮安粮食银行的会员解决了以前存粮难、种植成本高等问题，同时还增加了收入。

8日，驻市召开创建全国“双拥”模范城动员大会，安排部署创建全国“双拥”模范城工作任务。市委副书记张宪中主持会议并讲话，市委常委、副市长张昕，市委常委、军分区政委张卫东出席会议。

10日，“拜谒根脉圣地·溯源中华姓氏”暨《中华百家姓·起源故事》中原寻根活动采访团走进上蔡，观瞻名胜古迹，追溯姓氏渊源。

11日，市委召开市级领导干部会议，省委组织部副部长朱是西宣布省委关于驻马店市政府主要领导调整的决定：陈星任中共驻马店市委副书记并提名市长人选；武国定不再担任中共驻马店市委副书记、常委、委员职务。4月20日，市三届人大六次会议选举陈星为驻马店市人民政府市长。

14日，第四届河南省非公有制经济人士优秀中国特色社会主义事业建设者评选表彰活动名单揭晓，驻马店市鹏宇房地产开发有限公司董事长朱新红、河南浙商置业投资有限公司董事长郑定辉、河南省大程粮油集团股份有限公司董事长刘跃进、驻马店市驿城区婷美花雨伞专卖店经理张自娟当选。

15日～16日，第二届产教融合发展战略国际论坛在驻马店召开。本届论坛以“拥抱变革、创造价值——应用技术大学的使命与挑战”为主题，来自德国、瑞士、芬兰、韩国等国家的应用技术大学，台湾地区大学、国内有关企业、教育部直属高校和地方本科院校，以及应用技术大学联盟单位的600多名代表参加论坛活动。本届产教融合发展战略国际论坛由教育部倡导支持，中国应用技术大学联盟、中国教育国际交流协会、教育部学校规划建设发展中心主办，驻马店市政府和黄淮学院共同承办。论坛为期2天，设1个主论坛和11个分论坛。论坛旨在建立教育界、产业界、学术界和政府机构共同推动中国高等教育改革创新和全球教育合作交流平台，构建适应中国经济转型升级所需要的人力资源结构。论坛每年举行一届，总论坛常设于河南驻马店，由驻马店市政府和黄淮学院共同承办，根据需要另行开设分论坛，由其他院校承办。

16日上午，市政协三届四次会议开幕，刘军甫代表政协第三届驻马店市委员会常务委员会向大会作工作报告。谢凤鸣代表市政协三届常委会，在会上作了市政协三届三次会议以来提案工作情况的报告，并提出了2015年市政协提案工作的思路。随后3天时间，会议进行了分组讨论并听取了市政府工作报告。4月19日上午，在完成各项议程后，市政协三届四次会议闭幕。会议补选郑玉林为市政协副主席，补选介晓磊、孙海、祝六星、徐文化、高孟元、陶秉礼、崔强为市政协常委。

16日，副省长张广智在省旅游局局长寇武江的陪同下，来驻市调研旅游业发展工作。张广智一行先后到遂平县嵖岈山景区、嵖岈山温泉小镇、嵖岈山卫星人民公社和泌阳县盘古山景区、铜山湖景区调研。

17日上午，市三届人大六次会议开幕。市委副书记、市政府常务副市长陈星作政府工作报告以及人大常委会工作报告。4月20日上午，在完成各项议程后，市三届人大六次会议闭幕。会议依法选举陈星为驻马店市人民政府市长，选举吴文立为驻马店市人民检察院检察长，选举马书清、刘点金、陈文启、武超伟、熊保鸿5人为驻马店市三届人大常委会委员。会议依次表决通过了关于《政府工作报告》的决议、关于《驻马店市2014年国民经济和社会发展计划执行情况与2015年计划的报告》的决议、关于《驻马店市2014年财政预算执行情况和2015年财政预算的报告》的决议、关于《驻马店市人大常委会工作报告》的决议、关于《驻马店市中级人民法院工作报告》的决议、关于《驻马店市人民检察院工作报告》的决议。

17日，全国人大常委会原常委、北京军区原司令员、上将李来柱一行深入驻马店市调研，先后察看了史丹利化肥遂平有限公司、克明面业有限公司、友利实业公司。市委常委、副市长张昕陪同。

21日，国土资源部党组成员、总规划师严之尧，河南省国土资源厅党组书记、厅长盛国民一行到驻马店市调研指导工作。市委书记余学友，市委副书记、市长陈星会见调研组。双方就进一步加强耕地保护和土地集约利用、提高土地综合利用效益等话题进行交谈。

21日，农历三月初三，泌阳县盘古文化节开幕，主题为“同根同脉共筑和谐”。

23日，全市消防安全工作紧急会议召开，通报泌阳县王店镇“4·21”火灾事故，研究部署下一步消防安全的实施方案及决策。省公安消防总队总队长马恩强、副市长杜中强出席会议。

23日，全省检察机关司法警察工作会议在驻市召开。河南省人民检察院党组成员、副检察长王广军，河南省人民检察院副厅级检察员刘翠萍，市委副书记张宪中，市人民检察院检察长吴文立出席会议。驻马店市人民检察院等5个单位做了大会交流发言。

23日，鹏辉能源科技股份有限公司创业板上市仪式在深圳市举行。驻马店鹏辉锂电池产业园项目2012年落户驿城区，总投资5.5亿元，占地约240亩，计划年底前正式投产。

23日～24日，省委书记、省人大常委会主任郭庚茂深入驻马店市泌阳县、确山县、汝南县、驿城区、开发区和市产业集聚区调研。郭庚茂先后察看了驻马店电子商务产业园、汝南县新能源电动车产业园、泌阳县夏南牛生产企业，确山县竹沟镇西王楼村和汝南县古塔街道宋庄社区等。郭庚茂指出，河南发展思路清晰，关键是要真抓实做，把好的发展思路转化为具体的发展成效。要把稳增长作为当前全局工作的首要任务，坚持“急抓投资、缓则调转、长靠需求、远要造势”，抓住关键，积极作为，推动促进发展的各项政策措施的落实。

24日，西平县举行乙未年中华母亲节嫘祖故里拜祖大典，恭贺中华民族之母嫘祖诞辰，共庆中华母亲节。活动的主题是：恭拜人文女祖，构建根亲工程，打造西平形象，弘扬中华文化。

27日，全国人大代表、香港工商总会会长、香港南旋集团主席兼行政总裁、广东省福建商会常务副会长王庭聪等一行，出席遂平县中原新e家野营地旅游项目奠基仪式。市委书记余学友，市委副书记、市长陈星，会见王庭聪一行，宾主双方围绕进一步深化务实合作、推动双方合作项目建设发展等话题，进行交谈。

28日，全市质量工作会议召开。会议对获得2014年度驻马店市市长质量奖的河南乐山电缆有限公司、河南金凤牧业设备股份有限公司、河南懿丰油脂有限公司、驻马店供电公司、河南省置地建设工程集团有限公司、平舆县东方明珠酒店、驻马店市久久农产品有限公司、河南惠洁管业有限公司等8家企业进行了表彰。西平县豫坡酒业等21家企业的22个产品荣获“河南省名牌产品”称号，这些获得省名牌产品的企业也受到会议表彰。至此，驻马店市市长质量奖已连续评选了五届，共评选出获奖企业 30 个，奖励资金达到 565 万元；县区长质量奖评选了 125 个，奖励资金达到 975 万元。

28 日，驻市 5 人当选全国劳模，在北京接受表彰。他们分别是：泌阳县畜牧局副局长祁兴磊，驻马店中集华骏车辆有限公司工艺保证中心主任李保全，河南惠洁管业有限公司机修班班长耿运生，正阳县真阳镇乐堂村农民叶启营，驻马店市优秀外出务工人员代表、漯河无道理生物技术股份有限公司首席农业技术顾问王三喜。

4 月，根据中共河南省委决定，赵文峰任中共驻马店市委委员、常委，市委政法委员会书记。

4 月，根据中共河南省委决定，姚新文（女）任中共驻马店市委委员、常委，市委统一战线工作部部长。

4 月，市政府对 2014 年度工业经济上台阶活动优胜单位和先进个人进行表彰。驿城区人民政府、遂平县人民政府、泌阳县人民政府被市政府授予“2014 年度工业经济上台阶活动优胜县区”荣誉称号。同时评出 10 强工业企业、10 高工业企业、10 新工业企业。

4 月，平舆县被全国普法办评为第三批“全国法治县（市、区）创建活动先进单位”。

4 月，驻马店市粮食局华生粮油物流有限公司职工郭保刚当选 2015 年 4 月份中国好人榜好人。

4 月，正阳县人民法院法官潘德芳被最高人民法院授予“全国优秀法官”荣誉称号。这是继潘德芳被省高级人民法院评为“全省优秀法官”，授予“全国法院少年法庭工作先进个人”等荣誉称号之后的又一殊荣。

4 月，由驻马店市纪委监察局组织编纂的《驻马店市纪检监察志》，经过 4 年多的资料收集和整理，由中州古籍出版社出版。《驻马店市纪检监察志》是首部反映驻马店纪检监察历史的重要文献资料，全书共 3 章 31 节，图片 40 幅，约 87 万字，反映了从 1949 年 7 月至 2011 年 12 月 60 多年间，驻马店纪检监察工作的发展历程和丰硕成果。

4 月，《驻马店市 2015 年度蓝天工程实施方案》发布。该方案以调整优化产业结构能源结构、综合治理工业大气污染、整治拆改燃煤锅炉、淘汰黄标车辆、防治城市扬尘、加强秸秆禁烧为重点，改善大气环境质量。

4 月，河南省社区“侨胞之家”揭牌仪式暨侨联工作现场会在西平县柏城街道宝严寺社区居委会召开。此次落户西平的“侨胞之家”系驻市首个获省侨联命名的“侨胞之家”社区。社区“侨胞之家”包括文体活动室、图书室、娱乐广场、文艺宣传队等，将为归侨、侨眷提供免费文化娱乐和侨法咨询等方面的服务。

4 月，省公安省厅发来贺电，对驻马店市公安局在全国公安机关百城禁毒会战行动中取得全国第 22 名、全省第一名的优异成绩予以通报表扬。

5　月

1 日，省道 S335 线新蔡县城至正阳段公路正式通车。S335 线新蔡县城至正阳交界处原级改造工程全长 23.574 千米，总投资 6700 万元，2014 年 6 月 23 日开工建设，2015 年 4 月 30 日沥青路面全部铺设完成。

1 日，驻马店市首届风筝节在平舆县上河城拉开帷幕。

5 日～15 日，河南省第二届中青年油画家学术提名展暨驻马店市首届油画展在市群众艺术馆展出。

6 日晚 11 时 30 分，受强对流天气影响，泌阳县象河、春水、付庄 3 个乡镇的 13 个行政村，突降暴雨并伴有冰雹、大风、雷电，时间长达半小时，冰雹似鸡蛋大小。据不完全统计，强对流天气造成 6000 余亩小麦、500 亩优质桃全部绝收，15000 亩小麦成灾，约 30000 亩小麦不同程度受损。

7 日，市人民政府办公室下发《关于在全市开展乡村志编纂工作的通知》。根据省人民政府办公厅要求，全市乡村志编纂工作 2015 年全面启动，力争 2025 年全市所有乡镇和有条件的村完成编纂任务。

8 日，全国人大常委会委员、全国人大常委会农业与农村委员会主任委员陈建国，全国人大常委会委员、全国人大常委会农业与农村委员会副主任委员王国生等一行对确山县建设现代农业和保障粮食安全情况进行调研，并参观了确山竹沟革命纪念馆、嵖岈山卫星人民公社旧址和常庄镇高标准粮田“百千万”工程项目。陈建国一行就进一步做好转变方式、推动现代农业发展，对驻马店市提出了殷切期望。

12 日～15 日，由《人民日报》、新华社、《光明日报》、中央人民广播电台、中央电视台、《农民日报》等中央主要新闻媒体和《河南日报》、河南人民广播电台、河南电视台、《河南日报》（农村版）、《大河报》等省主要新闻媒体，共计 10 多家新闻媒体组成李到信英雄事迹集中宣传报道采访团，深入英雄的家乡西平县和英雄生前工作过的深圳市龙岗区进行集中采访。

13 日，中国国际畜牧产业联盟高层论坛在西平县开幕。来自韩国、美国、意大利、西班牙、荷兰、德国、法国等国家和国内的专家学者、企业家云集西平县，围绕畜牧机械设备制造等问题进行对话交流和合作洽谈。中国国际畜牧机械产业联盟代表在开幕式上进行了签约。

14 日～18 日，第十一届中国（深圳）国际文化产业博览交易会在深圳举行。驻市的传奇天中梦幻金顶大型实景演出项目、棠溪宝剑升级技术改造项目被文化部文化产业司作为 2015 年中国文化产业重点项目向海内外客商宣传推介。

15 日，中共驻马店市委原副书记，市一届政协主席，市二届人大常委会主任段腊梅，因病逝世，享年 66 岁。

15 日～17 日，驻市大型新编廉政豫剧《陈蕃》应邀在北京长安大戏院举行晋京汇报演出。2014 年 9 月，《陈蕃》参加第十三届河南省戏剧大赛，获河南文华大奖，同时还收获了文华剧作奖、文华导演奖和文华舞台美术奖等 10 多个奖项。至 2015 年 5 月，《陈蕃》已演出数百场次，观众数十万人次。

16 日，河南省 2015 年科技活动周启动仪式在黄淮学院举行。省政协副主席李英杰，省科技厅厅长贾跃等参加启动仪式。科技活动周的主题是“创新创业，科技惠民”，旨在营造“大众创业，万众创新”的良好社会氛围，引导广大科技人员积极投身创新创业，实现中华民族伟大复兴的中国梦。

2015年5月21日，市委书记余学友（前左二）陪同省水利厅厅长李柳身（前右二）一行在板桥水库驻马店防洪博物馆观看“75·8”洪水警示展。　弓华静 摄

18 日，“龙卧南阳——南阳汉画精品拓片展”在市博物馆举办。这是市博物馆首次举办两地博物馆联展。南阳汉画博物馆是国家一级博物馆，建馆 80 年，藏有汉代雕刻画石 2700 余件。此次南阳汉画馆带来了 13 大类 60 余件汉画拓片。

20 日 ~ 22 日，由全国网联主办的第三届全国网络媒体创新（融合）发展论坛在北京举行。驻马店网荣获“全国媒体融合创新先锋品牌奖”和“全国地方网站最具影响力品牌奖”2 项大奖。

21 日，市政府举行法律咨询专家聘任仪式。市委副书记、市长陈星为沈开举等 9 位受聘的法律咨询专家颁发聘任证书。

22 日，全市“三严三实”专题教育党课暨动员部署会在市会展中心举行。市委书记余学友以“践行‘三严三实’、锤炼过硬作风”为题，为全市县处级以上领导干部讲专题党课，并对全市“三严三实”专题教育进行动员部署。

22 日，国道 107 线驻马店境改扩建项目开工仪式举行。国道 107 线驻马店境改扩建项目是省、市确定的重点工程、民生工程，也是驻马店市迄今为止最大规模的干线公路建设项目。项目全长 113.599 千米，总投资 22.32 亿元，由原来的二级公路全面升级改造为一级公路，项目建设工期为开工之日起 24 个月内完成。

25 日，第十八届中国农产品加工业投资贸易洽谈会驻马店市筹备工作动员会召开，市委书记余学友出席会议并讲话。第十八届中国农产品加工业投资贸易洽谈会定于 9 月 6 日至 8 日召开。

26 日，由省政协副主席邓永俭带领的省政协调研组一行到驻马店，就《中华人民共和国归侨侨眷权益保护法》和《中华人民共和国台湾同胞投资保护法》“两法”贯彻实施情况进行调研。

28 日，2015 年河南服装大会暨互联网＋中国服装智造论坛在西平县举行。

28 日，驻马店市人民政府与中原银行股份有限公司共同签署战略合作协议。根据协议，未来 3 年内，中原银行将

2015年5月26日上午，河南省政协副主席邓永俭（前排左二）在市委书记余学友（前排右二）陪同下深入遂平徐福记调研企业建设发展情况。　刘华山 摄

根据驻市重点领域和重点建设项目融资需求，累计提供不低于280亿元的综合融资支持。

28日，第四届全市中小学生中华经典诵读大赛总决赛，平舆县古槐镇二小获得农村小学组第一名；泌阳县羊册镇中心学校获得农村中学组第一名；汝南县第三小学获得城市小学组第一名；市第二初级中学获得城市中学组第一名。

5月，驻马店市“独自7年驻守山顶瞭望台成10万亩森林‘守护神’”的市林业局薄山林场工人孙向东入选“中国好人榜”敬业奉献类好人。

5月，驻马店市被国家卫生计生委、中国红十字会总会和中国人民解放军总后勤部卫生部授予“全国无偿献血先进市”光荣称号。

6　月

1日，全国第七次少代会在北京召开，驻马店市第二初级中学的魏子豪作为驻马店市唯一代表参加了大会，并受到习近平总书记的亲切接见。

3日，全省农村公路“三年行动计划”现场推进会在驻马店市平舆县召开。副省长赵建才出席会议并讲话，省政府副秘书长马刚主持会议。

8日，泌阳县“诚实守信”彭万军荣登《好人365》第277期封面人物。这是此栏目开播以来继张全收之后第二位上榜的驻马店籍“中国好人”。

9日，省人大常委会副主任段喜中一行莅临驻市，就法院行政审判工作、检察院刑罚执行监督工作开展视察活动。

9日，中国网库联合创始人、中国网库集团总裁李军保一行到驻市访问，市委副书记、市长陈星会见客人，双方就中国网库拟在驻市经济开发区建设“驻马店实体企业电子商务产业基地”——驻马店电商谷项目进行了深入交流。

10日，河南银监局正式批准兴业银行股份有限公司驻马店支行的筹建申请，填补了驻马店市在引进股份制银行方面的空白。

11日～12日，中国校长领导力发展第二届峰会暨中华名师中原西部行活动在驻马店市举办。来自陕西、河南、宁夏等地的近700名校长、教师参加了此次会议与活动。此次会议与活动的主题是“新常态背景下校长领导力发展与特色学校建设”。

15日，市委书记余学友，市委副书记、市长陈星会见中国科学院院士、清华大学校长助理、清华大学生命科学学院院长施一公，聘请他为“驻马店市科学发展顾问”并颁发聘书，双方就加强科学技术合作，积极推进驻马店科学发展等话题，进行了深入交谈。

16日，市中心城区“百日综合整治”工作动员会召开，从即日起在市中心城区开展为期100天的市政设施、市容市貌、环境卫生、交通秩序综合整治行动。

16日，中原银行驻马店分行与驻马店市公共交通有限公司举行金融IC卡公交项目上线启动仪式，实现了中原银行金融IC卡刷卡乘车功能，为广大市民提供刷卡出行服务。

16日～19日，由省文化厅、市政府主办的第十二届河南省“群星杯”小戏小品曲艺大赛在驻马店市举行。

18日～19日，全国政协常委、中国天主教主教团主席、

2015年6月10日~13日，市委书记余学友（前排左三）、副市长李国胜（前排左二）率团赴珠三角地区招商引资。图为余学友一行在东莞走访对接合作项目。　刘华山 摄

中国天主教爱国会副主席马英林主教，中央统战部二局三处处长王志刚，省委统战部副部长张利芳一行到驻马店市调研天主教工作。市委常委、统战部部长姚新文陪同。

24 日，驻马店市伟峰传媒广告有限公司在上海股权托管交易中心成功挂牌，成为驻市第一家在上海股权交易中心成功挂牌的文化传媒企业。

25 日，国家禁毒委员会在人民大会堂隆重举行全国禁毒工作先进集体和先进个人表彰大会。驻马店市公安局犯罪侦查支队作为河南省唯一代表获全国禁毒工作先进集体荣誉称号。

26 日，由第十一届全国人大常委、中华职业教育社原副理事长李重庵，中华职业教育社副总干事杨农，中华职业教育学会副会长余祖光率领的中华职业教育社调研组到黄淮学院，围绕“引导一批本科院校向应用技术类型高校转型”等问题考察调研。省政协副主席、民建省委主委、河南省中华职业教育社主任龚立群，市委常委、统战部部长姚新文，市政府副市长冯玉梅等陪同调研。

27 日，全省夏粮收购和防汛工作汇报会在驻马店召开。副省长王铁出席会议并讲话，省政府副秘书长胡向阳主持会议。

27 日，全市巡察工作动员会召开，市委书记余学友出席会议并作重要讲话，会议传达了《中共驻马店市委巡察工作方案》，宣读了《关于市委第一批巡察组组长副组长任职和巡察组分工的通知》。

30 日，由中国化工企业管理协会、河南省石油和化学工业协会主办，昊华骏化集团有限公司承办的第八届全国化工企业管理创新大会在驻马店市举行。会上，昊华骏化集团有限公司董事长汤广斌介绍了“两化融合”（信息化和工业化）推进企业管理的经验。

6 月，国务院批复同意《大别山革命老区振兴发展规划》。驻马店市包括其中。

6 月，市振远保安服务有限公司正式运营。这是国务院《保安服务管理条例》颁布实施以来，驻市第一家批准成立的民营保安企业。

6 月，驻马店市第一座 500 千伏嫘祖智能变电站在西平县正式投入运行。

6 月，省财政厅确定第二批 PPP 项目意向项目库。驻马店市 8 个项目、投资规模 118.4 亿元作为备选项目，列入省财政厅第二批 PPP 项目意向项目库。

6 月，驻马店市推荐的“80 后保安勇闯火海救业主重伤离世感动两座城”——西平县吕店乡烟墩村退伍军人李到信入选“中国好人榜”见义勇为类好人。

6 月，刘明放任驻马店市城乡一体化示范区管委会主任。

7 月

1 日，济南军区装备部援建确山县石滚河镇何大庙村“八一爱民学校”建成启用。济南军区装备部部长胡修斌，河南省军区副司令员任友祥，济南军区装备部直工部部长张秋成、副部长毛怀宽，市委书记余学友等出席挂牌仪式。

1 日，为纪念中国人民抗日战争暨世界反法西斯战争胜利 70 周年，由确山竹沟革命纪念馆、河南红旗文化发展有限公司和确山县邮政局联合举办的千人万里走红路活动从竹沟革命纪念馆出发。此次活动由老红军、老党员和青少年组成的 1000 多名志愿者参加，途经光山二十五军出发地、井冈山等红色胜地，整个活动历时 3 个月，行程上万千米，最后将于 10 月 1 日到达延安。

3 日，开国元勋朱德之孙、朱德公益基金会管理委员会执行主任朱全华及夫人周彦到确山竹沟革命纪念馆，寻访先辈足迹、缅怀革命先烈，并留下墨宝“抗战纪念地，新四军精神”。

3 日，省委常委、省委政法委书记刘满仓到驻马店市调研指导定点扶贫工作，省扶贫办主任张成智，省社科院党组书记魏一明，省南水北调办常务副主任刘正才，人保财险河南省分公司总经理刘新等随同调研。刘满仓一行先后到确山县新安店镇郭庄村、朗陵街道贯山社区和竹沟镇肖庄村，走访基层干部，寻访困难群众。

4 日，省委常委、省委秘书长李文慧先后深入驻马店市和新蔡县调研指导防汛工作。李文慧一行先后到汝南县宿鸭湖水库七孔闸、大桂庄防洪演练平台、北汝河堤防和新蔡县班台分洪闸等地，实地检查指导各地防汛准备情况，并认真座谈研究，就进一步做好防汛工作进行部署。

7 日，工业和信息化部党组成员、国家烟草专卖局局长、中国烟草总公司总经理凌成兴，副省长张维宁一行莅临驻马店，就全市烟草行业改革发展等工作进行调研。

7 日～8 日，省政协副主席靳克文带领调研组来到联系点确山县，就“三严三实”专题教育等工作展开专题调研。

8 日，省人大常委会立法权赋权评估组驻马店市汇报会召开。省人大常委会法制工作委员会副主任曹新博带领评估组一行出席会议，市人大常委会主任杨喜廷主持汇报会。曹新博在听取汇报和发言后，对驻马店市人大常委会申请立法权赋权工作给予高度评价，驻马店市立法筹备工作行动快、措施实、成效大，市人大常委会筹备成立的立法机构编制及人员基本落实到位，市政府及职能部门机构健全，人员素质及立法能力建设有一定基础，具备了地方立法权赋权的条件。

9 日～10 日，在中国人民抗日战争和世界反法西斯战争胜利 70 周年之际，“探寻抗战足迹”海峡两岸暨香港、澳门记者联合采访团到具有光荣抗战历史的驻马店。海峡两岸暨香港、澳门 20 名记者前往竹沟革命纪念馆、杨靖宇纪念馆等地拍摄、记录，用镜头、用笔重温世界反法西斯战争胜利的历史时刻。

13 日，按照国家旅游局统一安排部署，驻马店市政府分别组织召开了《大别山片区旅游发展规划》编制市直相关部门及县区座谈会。市政府副市长李国胜，河南省旅游局规划发展处副调研员曹斌，北京中科景元城乡规划设计研究院副院长、副总规划师姚岑山、规划师郭坤正，河南省发改委经济研究所所长郑泰森，河南省地理研究所研究员龚新，安徽皖西学院资源与旅游管理学院院长、教授黄润等领导和专家参加了会议。座谈会上，有关专家介绍了旅游规划编制的

2015年7月3日，中共河南省委常委、省委政法委书记刘满仓（右一），市委书记余学友（中）一行在确山县朗陵街道贯山社区调研指导定点扶贫工作。 刘华山 摄

2015年7月4日，中共河南省委常委、省委秘书长李文慧（前排右二），市委书记余学友（前排左三）一行在新蔡县班台分洪闸调研指导防汛工作。 刘华山 摄

2015年7月7日上午，工业和信息化部党组成员、国家烟草专卖局局长、中国烟草总公司总经理凌成兴（前排左四），河南省副省长张维宁（前排左三）一行莅临驻马店，就全市烟草行业改革发展等工作进行调研。

刘华山 摄

2015年7月20日下午，河南省军区司令员卢长健（左二）一行到驿城区板桥水库调研指导防汛工作。省水利厅厅长李柳身（右一），市委书记余学友（右二）等参加调研活动。

刘华山 摄

背景和任务，提出了具体工作要求。

13 日，省高级人民法院党组书记、院长张立勇到驻马店市就基层法院建设等工作进行调研。

17 日，全省提升县级城市规划建设管理水平暨促进住房建设工作现场会在泌阳县召开，观摩泌阳县城市规划建设管理和住房建设工作，总结交流经验，部署下一步工作。副省长李亚出席会议并讲话。

20 日 ~ 21 日，河南省军区司令员卢长健、参谋长胡少平一行深入驿城区和新蔡县调研指导淮河流域防汛工作，省水利厅厅长李柳身，市委书记余学友等参加调研活动。

23 日，第十八届中国农产品加工业投资贸易洽谈会河南省筹备工作会议在郑州召开。省政府副秘书长胡向阳出席会议并讲话。市委副书记、市长陈星通报大会筹备工作进展情况。省农业产业化办公室主任马国明主持会议。

24 日，中国共产党驻马店市第三届委员会第八次全体（扩大）会议举行。全会由市委常委会主持。市委书记余学友代表市委常委会作重要讲话。全会审议并原则通过了《中共驻马店市委关于全面推进依法治市的实施意见》，审议并通过了《中国共产党驻马店市第三届委员会第八次全体会议决议》。

24 日，驻马店市召开电影《杨靖宇》拍摄筹备工作座谈会。

28 日，全国首例“探索确有悔改表现证明制度”减刑案在市中级人民法院开庭，并通过互联网进行庭审全程直播，部分省、市人大代表、政协委员旁听了庭审。本次庭审通过充分的庭审质证，用清晰的减刑证据来证明服刑人员王某确有悔改表现，开创了对刑事犯罪悔改进行证明的一个先例。

29 日，第十八届中国农产品加工业投资贸易洽谈会（简称“中国农加工洽谈会”）新闻发布会在北京河南大厦举行。农业部副部长陈晓华，河南省政府副省长王铁，农业部农产品加工局局长宗锦耀，河南省政府副秘书长、驻北京办事处主任高保群，河南省农业厅厅长朱孟洲等参加新闻发布会。宗锦耀通报了 2015 年“中国农加工洽谈会”有关情况。市长陈星介绍了驻马店市情、17 年办会成效和大会筹备工作情况。第十八届“中国农加工洽谈会”将于 9 月 5 日至 8 日在驻马店市举行。

30 日，省十二届人大常委会第十五次会议表决通过了《河南省人民代表大会常务委员会关于确定南阳、焦作、平顶山、开封、安阳、鹤壁、驻马店、漯河市人民代表大会及其常务委员会开始制定地方性法规的时间的决定》。驻马店市在全省第一批获得地方立法权。城乡建设与管理、环境保护与历史文化保护有望获得最早立法。

30 日，由中国中共文献研究会刘少奇思想生平研究分会、中共长沙市委宣传部、湖南刘少奇纪念馆主办，中共确山县委宣传部、确山县文化广电新闻出版局、确山竹沟革命纪念馆承办的“刘少奇与抗日战争图片展”开展仪式在确山竹沟革命纪念馆举行，共有展板 49 块，展出图片 200 余幅。

7 月，驻马店市的张银良、尹维雨、杨建锋、潘德芳被河南省委宣传部、省文明办评为 2014 年度河南省文明市民。

7 月，河南枫华种业股份有限公司被省人社厅正式批准为河南省博士后研发基地，这是继市第二人民医院、市农业科学院、一加一面粉有限公司之后在驻马店市设立的第四个博士后研发基地。

7 月，驻马店市 10 个乡镇和 10 个村庄入选河南省最美乡镇村庄建设试点。10 个最美乡镇是：驿城区蚁蜂镇、西平县出山镇、西平县权寨镇、上蔡县黄埠镇、平舆县西洋店镇、正阳县汝南埠镇、确山县竹沟镇、泌阳县官庄镇、汝南县梁祝镇、遂平县嵖岈山镇，10 个最美村庄是：驿城区胡庙乡龙泉村、西平县盆尧镇于营村、上蔡县黄埔镇常庄村、平舆县西洋店镇西洋店村、正阳县真阳镇庞桥村、确山县竹沟镇鲍棚村、泌阳县郭集镇刘庵村、泌阳县铜山乡焦竹园村、汝南县梁祝镇马北村、遂平县嵖岈山镇魏楼村。

7 月，驻马店市五个项目获第二届“河南省民间文艺金鼎奖”。其中：国家级“非遗”项目——“确山铁花”的代表性传承人杨建军荣获“民间文艺个人成就金鼎奖”；上蔡县重阳文化专业委员会荣获“民间文艺集体成就金鼎奖”；市民协主席、国家级“非遗”项目——“棠溪宝剑”代表性传承人高庆民的作品《团圆剑》荣获“民间工艺美术作品金鼎奖”；西平大铜器舞表演队的《勇往直前》和西平县陈保明唢呐艺术团的《农家乐》分别荣获“民间表演金鼎奖”。

8 月

3 日 ~ 4 日，省政协主席叶冬松带领省政协调研组到驻马店市就经济社会发展情况进行调研。叶冬松一行先后到市产业集聚区海川电子玻璃有限公司、王守义十三香集团、市残疾人康复中心、体育中心、驻马店高中、天中实验小学、康乐托老院、泌阳县铜山乡焦竹园等地进行综合调研。

3 日，澳大利亚华侨、著名慈善家魏基成“天籁列车”走进驻马店捐赠仪式在市群艺馆举行，此行共捐赠 9000 台助听器、16 台数字教学机等价值近亿元助残物资。澳大利亚华侨、著名慈善家魏基成及夫人李玉女，台湾元勋国际股份有限公司董事长、“天籁列车”团队总指挥吴志贤，澳大利亚 ABC“天籁列车”慈善机构中国区负责人黄兆邦等一行 12 人，省委统战部副部长、省侨联党组书记赵太安，省残联副理事长李颖桂，市委书记余学友，市委副书记张宪中，市委常委、统战部部长姚新文，副市长李国胜出席捐赠仪式。

4 日 ~ 5 日，全国“双拥”办调研督导组到驻马店市调研督导“双拥”创建工作。全国“双拥”办副主任、总政群工办副主任巴谋国出席调研督导活动。

6 日，省委副书记邓凯到驻马店市有关城乡社区、重点企业和民生事业单位等地，就经济社会发展情况进行综合调研。省委副秘书长苏长青，市委书记余学友等参加调研活动。

20 日，全市选派机关优秀干部到村任第一书记工作会议召开。市委副书记张宪中出席会议并讲话。市直 138 个单位 164 名党员干部将驻村任职第一书记。

28 日，兴业银行股份有限公司驻马店支行正式开业运营。市委书记余学友，兴业银行郑州分行行长康鹏出席仪式并揭牌。

2015年8月3日，河南省政协主席叶冬松（前排右一）带领省政协调研组到开发区调研，市委书记余学友（前排右二）以及市、区主要领导陪同。

2015年8月6日，中共河南省委副书记邓凯（左三）到上蔡县黄埠镇等重点企业和民生事业单位，就经济社会发展情况进行综合调研。

弓华静 摄

28 日，驻马店市第一部反映本土英雄的电影故事片《少年杨靖宇》首映式暨新闻发布会在北京科学教育电影制片厂举行。9 月 2 日，中国电影家协会举行《少年杨靖宇》观摩研讨会。影片 9 月 3 日（中国人民抗日战争胜利纪念日）起，在全国 5200 多家影院公开发行上映。

31 日，“铭记历史・圆梦中华”全国红色旅游主题活动（河南省）分会场启动仪式在确山县竹沟革命纪念馆举行。

31 日，由市委宣传部、市文广新局、市委党史研究室主办，市博物馆承办的“勿忘历史，珍爱和平——驻马店市纪念中国人民抗日战争暨世界反法西斯战争胜利 70 周年特展”在市博物馆举行。展览分为日军入侵、救亡兴起；统一战线、同仇敌忾；日军暴行、惨绝人寰；抗战砥柱、竹沟风采；豫南奋战、胜利之光 5 个单元，共展出图片 300 多幅、展板 260 块、文物 150 多件。

8 月，驻马店市申报的河南骏化发展股份有限公司的“驿马及图”、河南大程面粉实业有限公司的“豫花及图”、河南惠洁管业有限公司的“惠洁及图”3 件商标被国家工商总局认定为中国驰名商标。至此，全市共有 6 件中国驰名商标。

8 月，正阳县被农业部、国家安监总局确定为 2014 年全国“平安农机”示范县。

8 月，驻马店市林业局薄山林场森林防火瞭望员孙向东，荣登《好人 365》第 338 期封面人物。泌阳县劳动就业局退休干部韩成章荣登 8 月“中国好人榜”诚实守信类好人。

8 月，遂平县地方史志办公室三江著作《泥团・炊烟——记忆中的童年》荣获第八届河南省社会科学普及优秀作品特等奖。该书于 2014 年由中州古籍出版社出版发行。

9 月

2 日，河南龙凤山农牧股份有限公司“新三板”挂牌。

5 日，2015 年“天中遗风”驻马店市非物质文化遗产展开展。共展出包括王桥农民画、朱俊剪纸、桃核制作工艺等国家、省、市各级别非物质文化遗产作品 95 项。除展台和展板外，还有一批展演项目，如遂平大铜器、“尹喜派”河南坠子、丝弦道等一批传统节目。

5 日，省政府副省长王铁在驻马店会见参加第十八届中国农加工洽谈会的境外重要嘉宾，省政府副秘书长胡向阳，省农业厅厅长朱孟洲，市委书记余学友等人参加会见。

5 日，省政协副主席、农工党河南省委主委高体健一行莅临驻市，就农工党驻马店市委学习贯彻中央统战工作会议精神、开展坚持和发展中国特色社会主义学习实践活动、“三严三实”专题教育和加强基层服务型参政党组织建设情况进行专题督导调研。

6 日 ~ 8 日，第十八届中国农产品加工业投资贸易洽谈会（以下简称第十八届中国农加工洽谈会）在驻市举行，4800 多家企业近 20000 人参会。中国农加工洽谈会由农业部支持，河南省人民政府主办，河南省农业厅、驻马店市人民政府承办，是国内目前唯一以农产品加工为主题的 4A 级展会，每年 9 月份在驻马店市举办。自 1998 年以来，已连续成功举办了 17 届，今年大会在市场化、专业化、品牌化、国际化、信息化上取得新进展。

9 日，河南名品彩叶苗木股份有限公司在“新三板”正式挂牌上市。

11 日 ~ 12 日，副省长、省公安厅厅长许甘露到驻马店，就“三严三实”专题教育和公安工作进行专题调研。

16 日，驻马店市人民政府与郑州大学校市合作协议签约仪式在郑州举行。郑州大学党委书记郑永扣，校长刘炯天，驻马店市委书记余学友，市委副书记、市长陈星等出席签约仪式。

21 日，教育部网站公布了 8627 所 2015 年全国青少年

2015年9月16日，驻马店市人民政府与郑州大学校市合作协议签约仪式在郑州举行。　弓华静 摄

2015年9月30日上午，驻马店市隆重举行烈士纪念日公祭活动，市委书记余学友等领导向竹沟革命纪念碑敬献花篮。 刘华山 摄

校园足球特色学校以及38个全国青少年校园足球试点县区名单。驻市24所学校上榜全国青少年校园足球特色学校，包括10所小学、9所初中、4所高中、1所完全初中。

23日，省政协副主席张亚忠带领省政协调研组到驻马店市，就健全和完善医患纠纷调处机制工作进行专题调研。

26日，中原首家醋文化旅游景区——三秋醋博园在驿城区水屯镇三秋工业园开园。

28日～29日，中央电视台社会主义核心价值观报道组来到驻马店市，深入部分城乡社区，集中采访驻市深入开展“道德模范在身边”主题学习宣传活动，为驻马店“好人之城”增辉添彩。

9月30日，国内首个烈士纪念日，正值中华人民共和国成立66周年之际，市党政军领导及各界群众500多人到确山县竹沟革命烈士陵园，参加烈士纪念日公祭活动，缅怀革命先烈。

9月，市委、市政府宣布将“四城联创”升级为“六城联创”。即创建全国文明城市、国家卫生城市、国家森林城市、国家园林城市、中国优秀旅游城市、全国“双拥”模范城，并把创建全国残疾人工作先进单位作为一项专门创建内容。市委、市政府决定成立市“六城联创”指挥部，撤销市“四城联创”指挥部。

9月，全省第一所属于高等职业教育序列的技师学院——驻马店技师学院得到省人民政府正式批准设立。省政府批复同意在驻马店高级技工学校基础上设立驻马店技师学院。

9月，住房和城乡建设部等部门公布2015年列入中央财政支持范围的中国传统村落名单，确山县竹沟镇竹沟村入选。

截至9月，驻马店市已有8个产品经国家质检总局批准获得地理标志产品保护，分别是平舆白芝麻、确山板栗、泌阳花菇、正阳花生、正阳三黄鸡以及驻马店小磨香油（“正道”牌）、棠溪宝剑（“棠溪”牌）和驻马店十三香清真调味品（“王守义”牌）。

9月，驻马店市平舆县射桥镇第一小学校长越玉环荣登敬业奉献类“中国好人榜”。

10　月

10日～11日，第十七届亚洲象棋个人锦标赛暨首届亚洲象棋嘉年华会系列推广活动中国·确山站举办。

11日，第五届全国新世纪杯初中数学优质课大赛在沈阳举行。河南地区参赛选手、驻马店市第二初级中学数学教师高梦飞凭借精彩的说课内容《图形的平移》，获得评委专家们的一致肯定，被评选为本次国家级优质课大赛的一等奖。

12日，省委第八巡视组第二、第三、第四、第五分组分别进驻遂平县、汝南县、确山县、正阳县，召开专项巡视工作动员会。本次专项巡视时间为10月12日至11月15日。

13日，第五届全国道德模范座谈会在京召开，驻马店市的“弟妹嫂娘”赵小参获全国道德模范中“全国孝老爱亲模范”类荣誉称号。张全收获得提名奖。

17日，“一带一路”城市旅游联盟在开封成立。开封市被推荐为第一任轮值主席城市。驻马店市成为该联盟首批发起城市。该联盟以“新丝路、新旅游、新合作”为主题，以“开放合作、互利共赢”为原则。

20日，以“爱佑中华·善孝同行”为主题的中国·上蔡第十三届重阳文化节群众文化活动上蔡县蔡明园广场开幕。

20日，河南金凤牧业设备股份有限公司“新三板”挂牌上市，是国内畜牧设备行业首家上市企业。

22日，省新闻出版广电局与市政府战略合作签约仪式暨河南广电“喜买网”驻马店说明会举行。省委宣传部副部长、省新闻出版广电局局长朱夏炎，市委书记余学友，市委副书记、市长陈星等出席仪式。

21日，“互联网+”驻马店行河南广电全媒体集中采访团对驻马店市互联网+农产品加工业、互联网+聚合和互联网+大咖来袭等互联网+涌现的模范和典范，经验和模式进行全面采访和报道。

21日，农历九月初九，由泌阳县盘古山景区旅游开发有限公司主办的中国盘古文化纪念馆揭牌仪式在中国盘古圣地——泌阳盘古山景区举行。

21日，驻马店市大学生就业技能指导职业培训学校正式挂牌成立，标志着驻市首家大学生就业创业技能指导专业培训机构诞生。这是河南省首家以“大学生就业技能”命名、专门负责大学生就业创业技能指导培训的高端专业培训机构。

22日，全国质检系统技术规范制定程序规定立法论证会在驻马店召开。会议对河南省质量技术监督局起草的《关于制定技术规范管理的研究报告》进行了深入探讨。

23日，由中国汽车工业协会和河南省工业和信息化委员会共同举办的2015中国中部新能源汽车博览会暨高峰论坛在驻马店市举行。

26日，驻马店市首家智能银行——工商银行全新打造的智能网点正式投入使用。

28日，驻马店市第二届运动会暨首届全民健身大会在市体育中心开幕。省体育局局长张文深出席开幕式并致贺词。

28日，驻马店联通公司举行建成全光网络市暨传统程控交换机设备下电仪式，标志着驻马店联通全光网络市正式建成，也标志着驻马店市将告别传统的铜网通信旧时代，进入领先的全光通信新时代。

28日，河南蓝天燃气股份有限公司“新三板”挂牌上市。

29日，由市演艺中心演出的大型古装豫剧《陈蕃》在市会展中心展演，拉开驻马店市“中原文化大舞台”序幕。

10月，《〈汝南先贤传〉辑本注译》由中州古籍出版社出版发行。全书19.2万字，分《汝南先贤传》辑本及附录2大部分，主编吕友仁，常务副主编赵心田。《汝南先贤传》三国时魏国周斐撰，宋末散佚。《汝南先贤传》是古代早期郡书的代表作。

10月，由市文明办、市教体局、市妇联、驻马店日报社联合在全市开展“天中最美女教师”评选活动，共评选出11名“天中最美女教师”。分别是：遂平县花庄镇高魏楼小学特岗教师马静、正阳县汝南埠镇梁湖村小学闻留稳、市残联博爱幼儿园徐春晓、确山县新安店镇代楼小学张慧勤、汝南县第五小学张素敏、市第二初级中学胡向红、平舆县幼儿园孙小叶、泌阳县杨家集中心学校张美荣、西平县芦庙合庄小学朱东丽、驿城区板桥镇中心小学吕珍琳、开发区市第二十三小学羊晶。

10月，由市文明办、市住房和城乡建设局、市妇联、驻马店日报社、驻马店电视台联合开展的“最美女环卫工人”评选活动揭晓，共评出12名“最美女环卫工人”，分别是：市直吴小平、驿城区胡纪清、驿城区吕梅妮、开发区史爱征、西平县臧萃花、确山县胥妮娃、遂平县郭二莲、正阳县曹云、平舆县贺国英、泌阳县王明巧、上蔡县李桂芝、汝南县黄丽。

10月，驻马店市启动事业单位法人治理结构改革试点工作，市中心医院、市博物馆、汝南幼儿师范学校3家单位被确定为首批试点单位。

10月，2015年全市科学技术进步奖评选揭晓，共有99项科技成果获奖。其中，“150℃高强度无卤阻燃环保辐照交联聚烯烃绝缘料”等25项成果获得一等奖，“保暖服饰用发热单元”等61项成果获得二等奖，“阿托伐他汀钙缩合物生产工艺关键技术研究”等13项成果获得三等奖。获奖项目涵盖工程技术研发、农业技术研究、医学研究等领域。

10月，驻马店市平舆县人民检察院干部贾峰入选“中国好人榜”助人为乐类好人。

10月，西平县吕店乡退伍军人深圳“救火英雄”李到信荣登中国文明网《好人365》第410期封面人物。这是继张全收、彭万军、孙向东后驻市又一人入选《好人365》栏目封面人物。

截至10月，驻市电子商务产业园已有近百家企业入驻。其中，有阿里巴巴、巨人网络、慧聪网、中国网库、楚楚街、京东网等国内电商巨头。苏宁易购、美的电器、德邦物流等知名企业正在进行对接。

10月，万里新能源有限公司在中原股权交易中心正式挂牌，这是驻马店市首家在中原股权交易中心挂牌的企业。

10月，驻马店市第三届人民代表大会常务委员会第二十七次会议，决定任命高万象为驻马店市人民政府副市长。

10月，嵖岈山风景区被国家旅游局公布为AAAAA级旅游景区，成为驻马店首个AAAAA级景区，河南省第十一家AAAAA级景区。

11　月

3日～4日，省长谢伏瞻到驻马店市调研，先后深入泌阳县、确山县、正阳县、驿城区和市产业集聚区、经济开发区、城乡一体化示范区，察看重点项目、企业生产、城镇建设和农业产业化发展，了解当地经济运行态势走向，和当地干部、企业负责人探讨稳增长、谋发展的思路举措，指导当地经济社会发展。谢伏瞻强调经济发展步入新常态、进入了结构调整、动力转换的新阶段，要依靠创新驱动谋求更大发展，加快培育新的产业增长点，抓好科技创新。

8日，2015河南省民营企业100强发布会举行，驻马店市多家企业荣登2015河南省民营企业100强和民企制造业100强。蓝天集团、正华置地控股集团、大程粮油集团、中集华骏、鹏宇房地产、王守义十三香调味品集团、懿丰油脂等7家民营企业进入全省民营企业100强行列，分别列第32位、44位、62位、64位、75位、81位、92位。荣登2015河南省民营企业制造业100强行列的是：大程粮油集团、中集华骏、王守义十三香调味品集团、懿丰油脂、九九农产品、荣光鞋业等6家民营企业，分列第47位、49位、59位、67位、80位、85位。

10日，俄罗斯莫斯科国立大学副校长尤里·亚历山大耶维奇·马泽毅在俄中文化教育发展基金会秘书长祖凡等4人的陪同下访问上蔡一高。双方就合作交流、加强学术业务

2015年11月3日～4日，河南省省长谢伏瞻（中）到驻马店市调研。

交流、开展留学工作等达成共识并签署了战略合作框架协议。

16 日，平舆县农业科学技术试验站培育的舆芝 20 通过优质白芝麻新品种国家鉴定。这是继舆芝 15、舆芝 16、舆芝 18、舆芝 19 之后，该县农业科学技术试验站成功培育的又一个白芝麻新品种。

17 日，象棋大师、确山人党斐蒙目棋 1 对 25 世界挑战赛在新加坡福州大厦结束。党斐以 25 战 17 胜 5 和 3 负，胜率 78% 创下象棋盲棋最新纪录。

18 日，上蔡籍武警总队运动员朱记辉在印度尼西亚雅加达举行的世界武术锦标赛上获得散打冠军。

19 日，全市统一战线举办“守法诚信·民营企业在行动”道德讲堂。省政协副主席、省工商联主席梁静，省工商联副主席李振，省工商联秘书长孔火团，市委常委、统战部部长姚新文等出席。河南省置地房地产集团有限公司在活动现场向市光彩会捐赠 50 万元，用于资助 100 名贫困学生。

19 日，中国流动科技馆上蔡站巡展活动在上蔡县黄淮商贸城启动。此次活动由中国科协主办，中国科技馆、河南省科协承办，省科技馆具体实施。此次巡展以体验科学为主题，以科学探索、科学生活、科学实践 3 个分主题为主要内容，共有集科学性、趣味性、互动性为一体的经典展项 50 余件，并有充气式穹幕影院一座。

27 日，民营企业精准扶贫“百企帮百村”结对帮扶启动仪式暨驻马店市温州商会成立十周年庆典举行。省政协副主席、省工商联主席梁静出席仪式并讲话。仪式上，驻马店市浙江商会、温州商会会员企业代表分别与 10 个贫困村签订了精准扶贫“企村”结对帮扶协议，与 10 家贫困户代表结对帮扶，分别提供就业岗位和帮扶资金。企业家代表分别致辞，响应精准扶贫倡议。18 家“优秀浙商企业”在仪式上受到表彰。

11 月，由市地方史志办公室策划监制、河南夏商周文化传媒有限公司开发制作的电子文化产品《点击天中——驻马店方志馆掌上信息库》成功发行。《点击天中》信息库内容共分 8 大类，即《修志文献》《驻马店地区志》《清汝宁府志》《各县旧志》《驻马店年鉴》（1993 ～ 2014 年）《民间文化》《古代文集》《当代著作》，收录各类文献 51 种。

11 月，以中国现代大气科学、空间科学和人造卫星事业奠基人之一赵九章命名的“赵九章优秀中青年科学奖”在中国科学院国家空间科学中心揭晓，驻马店市汝南籍优秀青年专家王宇博士荣膺此奖项。

11 月，道德教育图书《天中榜样》由河南人民出版社出版发行。该书由市委书记余学友、市长陈星作序，紧扣打造“好人之城”主题，集中宣传展示各县区涌现的 72 个模范人物事迹。分“助人为乐、爱岗敬业、见义勇为、孝老敬亲、诚实守信”5 个篇章。

11 月，由省政府主办、省发展和改革委员会承办的 2015 年河南省“互联网 +”开放合作大会开幕式暨项目签约仪式在郑州国际会展中心举行，驻马店“互联网 +”智慧城市等 6 个项目在大会上签约。

11 月，河南省科技厅公布河南省重大科技专项公示名单，驻市 4 个项目榜上有名，立项数量居全省前列，是驻市历史上最多的一年。4 个项目分别是：市河南金凤牧业有限公司申报的《智能化层叠式畜禽养殖装备研制及产业化》项目、上海全宇生物科技遂平有限公司申报的《差别化高性能维纶的柔性生产关键技术研究及产业化》项目、河南天方药业有限公司申报的《瑞舒伐他汀钙及片剂开发与产业化》项目、河南中云创光电科技股份有限公司申报的《融入可见光通信的半导体照明系统技术研发与应用》项目。

11 月，市政府办公室转发《市人力资源和社会保障局关于实行驻马店市政府特殊津贴制度的意见》的通知，标志着市政府特殊津贴制度正式在驻马店市实行。

12 月

1 日，省打击和处置非法集资工作领导小组第二督导组来驻市督导检查非法集资案件领导包案责任制落实工作。

2 日，国家卫计委血液质量安全技术核查专家组在省卫计委有关人员陪同下来驻市，对贯彻落实血液安全管理、核酸检测、实验室建设等相关工作进行督导检查。

2 日，著名儿童文学作家、“童话大王”郑渊洁在遂平县文化艺术中心作演讲。

3 日～4 日，由市委统战部、市工商联与湖北武汉有关商会协会共同举办的“百名会长天中行”活动在驻马店市举行，百名会长先后到市城乡一体化示范区、汝南县、上蔡县等地，就相关优势产业项目进行考察，并参加驻马店市情推介会暨项目签约仪式。中国一冶集团董事长宋占江、武汉市驻马店商会会长孙前进、湖北青年企业家协会执行会长孙红颖、武汉大学教务处主任张群等 150 余人参加活动。市委书记余学友等出席活动。

4 日，由省委宣传部、省委政法委、省司法厅、省普法办、省法学会主办，《河南日报》和大河网联合承办的“宪法的精神法治的榜样”——第二届河南十大法治人物颁奖典礼举行。驻马店经济开发区消费者协会秘书长、维权勇士薛宝君当选。

7 日～9 日，中国书法家协会第七次全国代表大会在北京召开，河南省文联副主席、省书协主席宋华平，江西省文联副主席、江西省书协主席兼秘书长毛国典两位驻马店籍书法家当选中国书协副主席。

8 日～9 日，驻豫全国人大代表第三视察组来到驻马店市，就经济社会和现代农业发展及“一府两院”依法行政、公正司法情况进行集中视察。

2015年12月16日，河南省副省长王铁（中）在市委书记余学友（右一）的陪同下到正阳县熊寨镇王大塘村调研，并与村民亲切交谈。　弓华静 摄

10日，中国共产党驻马店市第三届委员会第九次全体（扩大）会议举行。全会对全市全面从严治党工作进行总体部署，动员全市各级党组织和广大党员干部切实把从严治党责任落到实处，为建设“四个驻马店”、实现富民强市加快崛起、全面建成小康社会提供坚强保证。

12日，重大革命军事题材电影《民族魂·杨靖宇》到杨靖宇家乡确山县拍摄。电影由解放军八一电影制片厂、北京万龙飞腾影视文化传媒、河南颂勋文化传媒联合拍摄制作。中央军委原副主席、国防部原部长迟浩田为电影题写片名。

16日，副省长王铁深入正阳县、新蔡县调研指导扶贫开发工作。省政府副秘书长胡向阳，省农业厅厅长朱孟洲，省扶贫办主任张继敬，省直管办主任周相东等随同调研。

18日，省人民检察院检察长蔡宁来到驻马店市调研，与部分省人大代表、省政协委员座谈交流，征求他们对检察工作的意见和建议。

18日，市委常委班子召开“三严三实”专题民主生活会，深入学习贯彻中共十八大，十八届三中、四中、五中全会精神和习近平总书记系列重要讲话精神，紧密联系各自的思想实际、岗位职责和工作情况，聚焦遵守党的政治纪律、政治规矩、组织纪律和修身做人、用权律己、干事创业方面的问题，深入查找不严不实问题，严肃开展批评和自我批评，并提出努力方向和整改措施。省政协副主席靳克文，省委综合考核组组长、中原工学院原党委书记谢振山分别讲话。

18日，中非经济发展中原论坛暨签约仪式在驻马店市举行，来自市青年商会的代表、多家企业代表等300多人参会。来自赞比亚、加蓬、尼日尔3个非洲国家的代表应邀出席。

23日，薄山水库向市区引水工程正式开工建设。工程全长47.48千米，总规模日引水20万立方米，其中一期工程投资4.2亿元，日引水10万立方米。工程计划工期18个月，预计2017年6月正式投入使用。薄山水库于2012年6月列为全省第一批重要城市饮用水水源地。

29日，中国地方志指导小组办公室在北京举行首批全国年鉴工作试点单位授牌仪式，驻马店市地方史志办公室成为10个试点单位之一。

30日，河南省文明办发布“河南好人榜”名单，驻马店市上报的杨建锋、陈诚、王士杰、付常运、王国顺、姚再昌、张秀荣、崔保峰光荣上榜。

12月，《驻马店历史文献丛刊》由中州古籍出版社出版。全书10.4万字，主编赵心田。丛刊共包括4种历史文献：宋代穆修《河南穆公集》、宋代谢良佐《上蔡语录》、元代王鹗《汝南遗事》、明代李本固《汝南遗事》。

12月，驻市12个产品被授予2015年首届天中特色旅游优秀食品称号，17家企业被评为2015年首届天中特色旅游食品优秀企业。

12月，豫南地区规模最大的机动车检测中心——市安正机动车检测中心在驻马店启用。

12月，在驿城区境内发现的河南首个东汉官方摩崖刻石，经过南京大学考古专家和大象融媒体专家研究，内容全部破解。刻石发现于驿城区胡庙乡的石龙山，这件刊刻于东汉永初七年的隶书摩崖《张汜雨雪辞》，记载了当时吴房县主官张汜为民祈雨情景，是河南境内迄今所见的汉代官方摩崖孤品，对研究汉代政治、气象、书法艺术等诸多方面都有着重要的价值。

12月，由市科技局推荐、河南懿丰油脂有限公司建设的“河南省驻马店市泌阳县食用油深加工创新型农业产业化集群”经过省科技厅组织的专家评审，被认定为“河南省创新型农业产业化集群”，并颁发标牌。这是全市首个“河南省创新型农业产业化集群”。

12月，市文明办披露，2015年驻马店市共有12人先后荣登“中国好人榜”，有4人成为中央文明办《好人365》栏目封面人物，2项上榜数量均居全省首位。驻马店“好人之城”品牌越来越响，被中央宣传部确定为全国践行社会主义核心价值观的重点宣传典型城市之一。

12月，河南省2015年度第二批认定的国家高新技术企业名单出炉。驻市驻研种业、康博汇鑫、中多铝业、圣美阳光、中塑实业、红星网业、豫园锅炉、大融高科、大力天骏9家企业榜上有名。2015年，驻马店市2批共有16家企业获得国家高新技术企业认定。

12月，省科技厅正式下文，批准河南荣盛农牧科技集团股份有限公司河南省荣盛农牧院士工作站和泌阳县真菌研究开发有限公司河南省真菌研究院士工作站成立。至此，驻市共有院士工作站3个。

12月，中国国际贸促会农业行业分会和中国农展协会在北京共同召开“2015年中国农业会展分类认定工作会议”。驻马店市再次获得国家级奖牌，承办的第17届（2014）中国农产品加工业投资贸易洽谈会被评为4A级展会。

12月，上蔡县老促会荣获全国老区宣传工作特等奖。该县老促会已连续4年获此殊荣。

12月，国家中长跑青少队在全国范围内选拔12名运动员，确山县有8名运动健儿入选，进入“国少队”。

12月，在第五届中国旅游产业发展年会暨首届中国（国际）冰雪旅游峰会上，驻马店市荣登“2015中国旅游风云榜”旅游营销创新TOP10。

12月，驻马店市公安消防支队驿城区大队风光路中队政治指导员董英俊入选“中国好人榜”敬业奉献类好人。

特别关注

郭庚茂到驻马店调研

发挥自身优势 保持经济稳定增长
加强基层党建 夯实党的执政基础

《河南日报》记者 平 萍 张建新

芳菲四月，春意正浓。4 月 23 日至 24 日，省委书记、省人大常委会主任郭庚茂深入到驻马店市泌阳县、确山县、汝南县和驿城区调研。他入企业、下乡村、进社区，了解当前经济运行和基层党的建设等情况，悉心指导当地经济社会发展。

汝南县新能源电动车产业园云集了立马、迅达、奔的、绿佳等 40 多家电动车整车及配套企业，集生产、研发、专业物流为一体，配套设施齐全，形成了功能完善的全产业链。企业车间内，电动两轮、三轮、四轮车等产品款式多样、时尚新颖，郭庚茂向企业负责人了解产品的生产、销售等情况，询问他们在河南发展与在外地发展有什么不同、有哪些优势，还有什么需要帮助解决的困难和问题。企业负责人由衷地说，这里市场容量大、人力资源充足、配套能力强、政府服务好，我们对在河南发展充满信心。郭庚茂说，你们有信心，我们也有信心，双方的信心加在一起就会无往而不胜。看到该产业园产品产销两旺、发展态势良好，郭庚茂高兴地说，这又是一个产业集聚发展的典型。实践证明，产业集聚发展才有竞争力，要高度重视承接产业转移问题，适应专业化、集群化、产业配套的要求，继续完善产业链，加速产业集聚，打造竞争优势。

夏南牛是近年来泌阳县着力培育和打造的一个主导产业。在河南恒都食品公司，郭庚茂走进公司双庙养殖科技示范场和屠宰加工车间察看产业发展情况。看到养殖场内肉牛规模达 2.5 万头，牛肉分割加工精细并直供到麦当劳、麦德龙等快餐企业和大型连锁超市时，郭庚茂称赞该产业大有希望、前景看好。他说，随着人们消费结构的变化，牛肉的消费量越来越大，市场前景广阔；河南有秸秆等农作物资源优势，适宜肉牛养殖；牛的饲养和牛肉的分割都很难完全机械

2015年4月24日，省委书记、省人大常委会主任郭庚茂（前排左二）在市委书记余学友（前排左一），市委副书记、市长陈星（右一）等陪同下，到开发区阿里巴巴·驻马店产业带调研。 唐翀 摄

化，在这方面我们有丰富的劳动力优势。他鼓励企业负责人要瞄准市场、资源和劳动力等优势，从优势对接上找准主攻点，以己之长吸收他人之长，实现合作共赢。

郭庚茂对新技术、新产品、新业态、新模式的发展十分重视。驻马店电子商务产业园，以“阿里巴巴 · 驻马店产业带”为切入点，依托阿里巴巴优秀的电子商务平台资源，推动该市各县区优质农产品实行线上—线下交易，打造全天候的农产品展示基地。郭庚茂听取了产业园情况介绍，察看了当地特色产品展示。有关负责同志介绍说，“阿里巴巴·驻马店产业带”上线3个月就入驻商家300家，线上交易额突破2500万元，带动线下交易近1.5亿元，郭庚茂对企业良好的发展态势给予肯定。他说，在电子商务、“互联网+”等新业态新模式方面，我们与发达国家和地区、与东南沿海发达省份基本处在同一起跑线，抓住了电子商务，就抢占了新一轮发展先机。要抓住机遇，努力打造一流的电子商务平台，抢占产业发展制高点。

郭庚茂十分关心基层四项基础制度的运行情况。在确山县竹沟镇西王楼村和汝南县古塔办事处宋庄社区，郭庚茂走进村便民服务站和社区党员群众服务站，同基层干部群众亲切交流，了解基层四项基础制度的运行情况。“便民服务站是村干部轮流值班吗？”“星级文明户评选管用吗？”“村监事会如何开展监督、发现问题如何纠正？”……得知四项基础制度运行效果良好、各项事业得到全面推进时，郭庚茂说，基层四项基础制度是省委重点推进的一项工作，目的是让社会安定有序、老百姓安居乐业，以使我们更加集中精力奔小康，使群众不仅能致富，还能有一个好的社会环境和全面发展的氛围。要进一步总结经验，再接再厉，务实推进，不断夯实党的执政基础。

西王楼村第一书记吴树兰，已是第三次驻村。郭庚茂代表省委向吴树兰表示慰问。他说，吴树兰同志几次主动申请下乡到基层工作，帮助群众脱贫致富，这种精神值得学习。像西王楼这样的村，地处革命老区，村民居住得又比较分散，加快新农村建设，让老百姓过上更好的生活、享受更好的公共服务，很有典型性；同时这里又有可开发的资源、可致富的文章，具有可行性，有关部门要在扶贫开发和新农村建设规划上予以重点关注。

发展农机合作社是宋庄村民增收致富的重要来源。社区内，几十名农机手正在这里接受培训。郭庚茂称赞说，你们这就叫新型农民。组建农机合作社，进行跨区作业，既提高了农民自身收入，又降低了农业生产成本，既有利于农民增收，又有利于农业发展，是利国利民的好事。希望你们把它做好，实现服务农业发展、自身发家致富。郭庚茂还叮嘱他们要遵守有关操作规程，确保安全平安。

调研中，郭庚茂指出，目前河南的发展思路清晰，关键是要真抓实做，把好的发展思路转化为具体的发展成效。要把稳增长作为当前我省全局工作的首要任务，坚持“急抓投资、缓则调转、长靠需求、远要造势”，抓住关键，积极作为，推动促进发展的各项政策措施的落实。

省委常委、秘书长李文慧参加调研。

（原载2015-04-27《河南日报》）

产教融合发展战略国际论坛

黄淮学院经验对地方本科高校转型发展具有重要示范意义

教育部副部长　鲁　昕

今天是马年的第九天，我们在驻马店召开地方本科高校转型发展座谈会。刚才听了几位同志尤其是重庆教委牟主任的发言，我觉得选择在驻马店这个地方开座谈会非常好。马年，在驻马店掀起了高等教育千军万马进行的一场深刻革命。从刚才的1个学校、3个省的经验发言分别谈了他们在探索普通高等学校，尤其是1999年扩招之后升本不满14岁的学校，如何发展定位的一些经验和体会。我认为，这些对于我国高等教育结构的调整，为马年的高等教育领域综合改革提出了非常好的路子。

昨天下午，我们现场参观了黄淮学院，特别是观摩学习了学校在技术技能人才培养、校企合作、教育教学改革等方面的一些创新举措和成效，我们大家都很受教育，我很受鼓舞。昨天下午我看了三个小时，之前我看过很多高校，包括部属高校，但是没有看过三个小时的高校，黄淮学院是我第一所考察三个小时的高校。通过这三个小时的考察，让我更坚定了地方高校转型发展的信心，相信大家也会有不少启发。河南是人口大省，农业大省，河南教育改革发展是中国教育改革发展的缩影，具有很强的代表性，黄淮学院在河南省属高校特别是新建本科学校中也具有一定的典型意义。其实，这所学校年龄并不大，2004年升本，现在还不到10周岁，可是比我们升本14岁的高校路子走得还好，甚至比30岁的高校走的还好，我认为对于这样一所在河南驻马店这个中部经济欠发达地区的学校，转型发展能取得这样显著的成效，我们有两点集中感受：

一是黄淮学院的改革实践充分证明了地方本科高校转型发展的必要性。黄淮学院在驻马店，不是在郑州，它能做出这样的典型示范，来之不易，这是河南省委省政府的正确领导，是驻马店市委市政府的强力支持，也是学校服务于区域经济发展的准确定位的结果。马年，驻马店，一场深刻的高等教育革命，黄淮学院做出了贡献。所以，从今天开始，由于黄淮学院的转型走到了全国的前面，驻马店也将闻名全国，黄淮学院也将成为驻马店的一张名片，通过黄淮学院转型发展的宣传可能引来一批好的企业入驻驻马店。黄淮学院升本以来，紧紧抓住河南区域产业转型升级的机遇，突出应用型人才培养特色，按照把学校建设成为“地方性、国际化、开放式、应用型”的国内知名应用技术大学的目标定位，坚定不移地走转型发展之路。黄淮学院这个定位很好，首先定位准确先于转型，因为定位准确所以它不需要太转型，而是

2015年4月15日上午，第二届产教融合发展战略国际论坛在驻马店嵖岈山国际会议中心开幕，河南省副省长徐济超（中）等领导嘉宾出席开幕式。　刘华山 摄

需要升级，进一步打造专业的国际品牌、专业的行业品牌、专业的企业品牌。对黄淮学院，我认为，用“转型”这个词可能有点儿不适用，黄淮学院1岁的时候就准确定位，8岁的时候就成为全国示范，9岁的时候就应该出现一大批专业的行业品牌，专业的企业品牌，专业的产品品牌，并在此基础上继续升级，在专业设置、人才培养、创新创业教育、师资队伍建设等方面大胆改革，着力培养“就业能称职、创业有能力、深造有基础、发展有后劲”的应用型人才。教室变成了实训室，教研室变成了工作室，学校办学和师生都呈现出崭新的精神风貌。这个是我亲眼看到的。我看到黄淮学院的学生两眼放光，不是痴呆，没有茫然，我看过很多大学的学生，你别看他坐在图书馆里学习，但是他心思很沉重，很茫然。当我问到他的时候，“毕业了打算怎么办？”他告诉我“不知道”。“工作找没找到？”“没找到。”“上哪找？”“不知道。”“干什么合适？”“不知道。”“学习怎么样？”“不爱学，学了没有用，教材落后，学了不知道干啥，教材跟社会需要差别很大”。我说“不学行不？”“不行，还要考试，考不了60分挂科，挂科之后不给证书”，很多学生都是这样恶性循环。所以刚才重庆的牟主任讲，“你不要讲你教了什么，你要问学生想学什么”。我们现在的孩子都非常聪明，但是由于我们的教材落后，教师水平落后，学生通过应试一路上来，结果到最后大学毕业的时候变成痴呆儿，面对社会充满无力选择工作的失败感。我们的教育这样搞下去能行吗？现在大家也看到了，我们现在应试教育在改革，基础教育在改革，高中教育更在改革，改革后的高中教育非常有创造力，结果学生到了你那个学校，却把创造力给泯灭了，你说你对得起这些孩子吗？你对得起政府给你的4万8千块钱吗？所以徐省长说了一句很精彩的话，今后河南省的教育资源两件事：第一，资源就这么多，大家来竞争，谁做应用型做得好，谁服务经济能力强，就给谁。第二，那个老师啊、校长啊也别这么过好日子，政府一个学生给你1万2，你日子过得很舒服，今后，你还这样过下去，今天省长不答应，之后你再这样下去组织部还不答应呢！我非常赞同这样一句话：“你不换脑子就换人。”别的没办法啊，钱不能都浪费了啊！黄淮学院有今天，关键在人，关键在两个人：一个是书记一个校长，他们为学校的转型发展花了很大的力气，下了很大的功夫，当然也有政府的支持。学校传统的中文专业改造成为文化传媒专业，与电视台合作的节目编导开展得有声有色；物理教育专业变成了电子信息工程专业，服务战略性新兴产业发展，而且把物理又变成了新能源。艺术设计学院提出了“产学一体、工学交替、项目推动、服务地方”的办学理念；音乐表演系以培养“台上说唱跳、台下编导写、台后声光电”复合型艺术人才，“说、唱、跳、编、导、写、声、光、电”这9个字如果真培养出9种能力，那么黄淮学院的音乐表演系，就超过了很多音乐学院。我们很多音乐学院，分工分得很细，有声乐系、钢琴系、管弦系，而黄淮学院不是这样，把多种技能融为一体，培养的孩子九种能力，样样都会。能不能做到呢？完全能做到！所以对黄淮学院音乐表演系凝

练的成这 9 个字，我非常欣赏，回去之后我们要向高教司推荐。谁说艺术类人才过剩啊？如果你培养的是这样的艺术类人才，会过剩？不可能过剩啊！所以现在教育部正在整顿艺术类招生，但是如果我们的艺术院校用这 9 个字来定位专业课程体系，定义学生能力，它就不过剩了，这样的孩子完全能够创业。还有艺术设计专业，借助“梦工场”、“圆梦坊”等，通过真实的项目开展教育教学，尤其是我很欣赏的毕业设计中坚持的“企业命题、双师指导、协同完成、市场检验”原则，这都是这门应用型技术大学一些经典之谈。因此，我认为，黄淮学院定位准确，走在了全国转型发展的前列，也让学校尝到了甜头。招生就业“进口旺，出口畅”，第一志愿率 100%，作为地方高校，而且是不到 10 岁的地方本科高校，8 周岁的本科院校，第一志愿能达到 100%，这很不容易，没有高质量的人才培养，不可能有这样好的形势！什么叫高水平大学？我认为优质特色就是高水平。现在国家提出建世界一流大学，黄淮学院完全可以成为世界一流，成为应用型的世界一流。我到荷兰、瑞士也看了一些学校，黄淮学院跟荷兰的应用型学校基本上没什么区别，黄淮学院现在所差的就是没有让企业建设校内的实训基地，建议驻马店市动员企业为黄淮学院建一批实习基地，有了这个，我认为，黄淮学院现在就是瑞士、荷兰的应用型学校。黄淮学院转型发展的探索之路，为全国树立了品牌，为全国同类型的其他高校提供了经验，应该说有很强的示范意义。

从全国来看，我国正处在全面建成小康社会的决定性阶段，转变经济发展方式、打造中国经济升级版，必须加快发展现代职业教育，优化高等教育结构，实现人才培养结构战略性调整。促进工业化、信息化、城镇化、农业现代化同步发展，振兴实体经济，推动新兴战略性产业发展，促进工业转型升级，发展现代服务业，都必然要求加快培养生产服务一线高层次应用技术和技能人才。地方本科高校承担着为区域经济社会发展提供人才支撑的重要使命，但相当一部分地方本科高校存在着定位模糊，学科专业趋同、人才培养同质化，师资队伍实践能力不能满足人才培养需求等问题，不能适应区域经济社会发展的新要求，初次就业率在各种类型高校中排在最后，仅为 70%。

我们现在必须要做的，就是推动地方本科高校转型发展，目的是调整教育结构，发展现代职业教育。发展现代职业教育、建设现代职业教育体系，从内涵上理解，不仅仅是把职业教育作一个教育类型，而是调整我们的教育结构，创新我们的教育制度，我们的目的是在这儿。促进四化同步发展，振兴与推动一批新型产业，促进现代工业，促进服务业，都必须推进人才培养结构的战略性调整，加快培养数以亿计的服务生产一线的高素质劳动者和高层次技术技能型人才，这是我们教育界的重要使命，尤其是职业教育的重要使命。但是有相当一部分地方高校，他们的定位模糊，专业没区分，还在谈学科。我就不相信，1999 年以后升本的专业，你能培养出医学大师，培养出中文大师，培养出物理学家，培养出科学院院士。当然你能培养出来，那更好，像华罗庚成为数学大师，但那是极个别的。华罗庚时期实行的是精英教育，包括我们上大学，也是精英教育，我本人是 77 届的，当时高考，报考人数接近 1000 万，录取 24 万，现在多少啊，一年七八百万。高等教育大众化是生产力发展的必然趋势，在高等教育大众化的背景下，地方高校到底干什么？咱们到美国、德国去看看，到其他国家去看一看，高等教育大众化的国家，高等教育都是有结构的，有层次的，各有各的定位。现在，教育部直属的 75 所院校，现在至少有 6 所大学跟我提出来，愿意承担职业教育的培养任务，比如说，北京交通大学、北京化工大学、中南大学、华北电力大学、武汉理工大学，还有武汉大学，都跟我提出来了。教育部直属院校，他们愿意加入我们的队伍。我们从明年开始，动员一些学校，在自主招生计划当中，面向高职、面向地方中职招生。从全球竞争力排名位居前列的国家特别是实体经济发达的欧洲国家来看，高等教育结构基本上是“二八结构”，即 20% 学术型创新型人才在实验室、科学院从事基础性研究，80% 的技术技能人才在企业的创新岗位。如瑞士 18% 是学术型人才，82% 是应用型和技术技能型人才；德国 20% 是学术型，80% 是技术技能型和应用型，这样的人力资源结构才是适应经济社会发展需求的合理结构。我国正相反，不少地方高校定位于学科型、研究型，人才培养供给与经济社会发展需求相脱节，造成地方高校毕业生就业率低，就业质量不高，既低于 985 高校，也低于高职院校，就业结构性矛盾十分突出。如果每年近 700 万高校毕业生有 30% 即 200 万毕业生不能就业，就会直接影响 200 万个家庭，也等于浪费了国家和社会 3000 亿元的教育投入。去年《中国青年报》有一篇报道题目就叫《地方新建本科贡献大量“失业者”》，反映地方高校人才培养与社会需求脱节造成大量毕业生失业现象，这不能不令人深思，也不能不令人发指。因此，引导和推动地方本科高校向主要面向区域和行业的应用技术类型高校转型发展，不仅是现代职业教育体系的完善和高等教育的重大结构调整，而且直接关系到中国经济能否实现可持续的发展，直接关系到数以百万计学生的切身利益，数以百万计家庭的切身利益。

二是黄淮学院的改革实践充分证明了地方本科高校转型发展的可行性。黄淮学院是 2004 年经教育部批准成立，发展的历程很短，但是，却在很短的时间当中，创造了中国的典范，起码是发展中中国的典范，也是在中国经济转型发展、产业升级过程中的典范。学校有很多困难，这些困难，他们也介绍了，我们也知道这个困难。学校地处河南中南部，以农业为主，经济欠发达，财政收入很少，但是驻马店市委、市政府对黄淮学院的投入是成功的。他们有一个很好的思路，就是把基本公共服务设施的投入与学校共建。二是学校基础比较薄弱，生源质量也不太好，省内排名也不靠前。但是总结黄淮学院的经验，可以概括为四点：一是办学定位明确；二是领导班子思想认识统一，意志坚决。班子牵着鼻子推动学校转型；三是有清晰的改革时间表和路线图，哪个院系怎么做，传统专业和现代产业怎么结合，传统学科和现代企业怎么结合，非常清楚。昨天我看了学校的大学生创新创业园，2 万多平方米，引进了那么多企业，有大企业，有小企业，而且不怕企业小，每一个工作室都对应一个专业，这个是非常好的。学校的整体布局、教室的格局也符合教育部

2015年4月15日晚，第二届产教融合发展战略国际论坛举行“创新创业·大家谈”分论坛活动，市委副书记、常务副市长陈星（右四）代表市政府出席。　刘华山 摄

即将颁布的标准，应用型大学和职业院校的整体布局就不应该一样。第四是地方政府的支持。驻马店市政府财力非常有限，840万人口，地方财政收入100多亿，税收收入才7个多亿，在这种条件下，加大投入支持黄淮学院，确实是令人敬佩的市委、市政府。由于政府的支持，才有黄淮学院这样的发展。与黄淮学院相比，我们很多的本科高校，办学基础很好，大楼是崭新的，校园是崭新的，花草是鲜艳的，树木是常青的，比黄淮学院的条件好，但内涵是很差的，就业率是很低的，贡献了30%的失业者，这样的学校，还能给他招生计划吗？我希望各个省教育厅，要下决心整理整理这样的学校。地方本科高校转型发展困难多，周期长，阻力大，但我认为地方高校转型关键不在钱，关键在脑袋，在理念，如果学校没设施，你可以把学校大门打开，走出去，请进来，很多问题就解决了。黄淮学院就是这么做的。有的学校不愿意戴职业教育的帽子，也不愿意戴应用型的帽子，想走研究型、学术型的老路，还在观望。按照地方高校的条件和师资能力水平，能走研究型的道路吗？长江学者能到你那去吗？我看了一些三本院校的实习基地之后，心里很感难受，就像幼儿园一样，摆了一堆玩具，实训基地都是塑料玩具，这不是坑我们的学生吗！这样的学校根本就不合格，迟早要摘你的帽子。他的旁边就是一所高职，水平办的非常高，孩子可以做出3D打印机。再看看本科学校的孩子，身体站不直，走路勾着腰，吃饭两眼发呆。但是，我在黄淮学院食堂吃饭时，学生个个精精神神；在工作室看到的孩子都非常自信，因为他们在学校就知道什么叫知识，什么叫社会，什么叫岗位，什么叫未来；昨天我慰问的四个困难学生，他们个个眼睛发亮，感觉就是不一样，虽然个都不高，但站的都很直，非常挺拔。说明什么？这就是教育质量！地方高校转型有“六大难”：第一是教育行政部门教育理念转变难，教育观念不行，有些教育行政部门的同志观念转变不过来；第二是学校的教育理念转变难，有些学校还在想我怎么变成教学科研型，连教学型都不愿意，教学科研型，其实现在也没有这个概念了，你看教育部哪个文件还提这事啊，而且评估的体系也变了，但是我们学校的理念还没变；第三是教师队伍难，有些老师一本书讲二十年，没有新知识，但是完全可以通过结构性调整来解决这个问题，就像黄淮学院一样，把行业企业人员、校外教师请进来走上讲台，以此调整教师队伍。第四是教材建设难，我们的教材建设太落后，大家可以有意识地看一看，包括很多高职院校的教材，这两年发生了革命性的变化，教材更新了80%，全面地更新，可看看本科的有些教材，有的还用1996年出版的《计算机基础》，现在都4G时代了，你让学生学1996年前的东西，这不是坑学生嘛。第五是学科变专业难，学科对我们地方高校没太大的意义，学科是属于高端的，北大、清华必须要有学科，地方本科高校需要的是专业，就是专业对口，跟学科没关系，大家不必把学科看那么重，教育部明年将设一些以奖代补的资金，这些资金决不对准学科。企业的岗位跟学科没有关系，那个企业说我要理科毕业的学生，我要经济学科学毕业的学生，没

有，企业没有这个岗位，社会也没这岗位。第六是学校布局比较难。所以我认为，有黄淮学院的经验，地方本科高校的转型发展不仅是必要的、必然的，也是可能的，没什么难的，只是观念问题。黄淮学院转型发展走出了自己的特色，已经在教育界有了一席之地，我们要把黄淮学院的经验放在教育部的层面上向全国推广，通过教育部的一些手段和措施推出一批转型比较成功，定位比较清晰的学校。

（摘自2014年1月10日教育部副部长鲁昕《在部分省市地方本科高校转型发展座谈会上的讲话》）

驻马店共识

2014年4月，178所高等学校聚集驻马店，落实国务院常务会议做出“引导部分普通本科高校向应用技术型高校转型”的战略部署，以产教融合发展为主题，共同探讨“部分地方本科高校转型发展”和“中国特色应用技术大学建设之路”。我们愿意成为这一改革的积极探索者和实践者。

我们深知所承担的使命与责任。

教育是民族振兴、社会进步的基石。随着全球化进程的加速，各国经济、教育文化间相互关联也日益加强；中国正处在全面建成小康社会、加快转变经济发展方式、全面深化改革的关键时刻。信息化和工业化深度融合，农业现代化全面推进，文化创意和设计服务产业迅猛发展，科技型小微企业成为经济活力的重要源泉，新型城镇化战略全面启动，这一切的深刻变化，都要求高等教育向现代生产服务一线提供既掌握现代科学技术知识又接受系统技能训练的应用型、复合型、创新型人才，特别是产业链高端的技术技能人才。

教育寄托着亿万家庭对美好生活的期盼。习近平总书记在阐述中国梦时指出：人民“期盼有更好的教育”，“期盼着孩子们能成长得更好、工作得更好、生活得更好”。让青年人有更好的未来，使高校毕业生更好地走向社会，是高等教育最朴素和最基本的职责。高等教育体制和结构改革，必须聚焦到更好地服务青年就业上，推动高等学校人才培养与经济社会需求的紧密结合。

加快高等教育结构调整是国家的需要、人民的期盼，也是高等教育发展的规律。中国已进入大众化高等教育阶段，2020年高等教育毛入学率将达到40%，《国家中长期教育改革和发展规划纲要（2010–2020年）》提出：要建立高等教育分类管理体系，要加快建设现代职业教育体系，重点扩大应用型、复合型、技能型人才培养规模。中国的现代化建设不仅需要一大批拔尖创新人才，还需要数以亿计的技术技能人才，将科技进步的重大成果应用到生产、生活领域，推动产业转型升级和经济社会向前发展。大众化的高等教育，更需要加快先进技术的转移、应用和积累，把培养面向现代生产服务一线的高素质技术技能人才作为自己的主要任务之一。

应用技术型高校因时代而生，部分地方本科院校转型发展势在必行。发达国家高等教育的发展证明，不断深化的工业化进程和国家注重实体经济的发展战略，催生了应用技术大学。应用技术大学的快速发展，使大众化、普及化高等教育的发展路径更加清晰，为实体经济发展奠定了牢固的基础，青年就业得到了更好保障，社会更加稳定和公平，国家竞争力不断提升。

我们深知所面临的机遇与挑战。

李克强总理指出：发展现代职业教育是“促进转方式、调结构和民生改善的战略举措”。国家已经把建设应用技术型高校摆上了议事日程。基于实体经济发展需求，借鉴国外应用技术大学办学经验，服务国家技术技能创新积累，融入区域产业发展，建设中国特色的应用技术大学（学院），是构建从中职、专科、本科到专业学位研究生教育的技术技能人才培养体系的破冰之旅，是构建人才成长立交桥，打开一线劳动者成长空间的必由之路。

这更是一种挑战，是对我们办学思想和办学理念的挑战，是对学校治理结构和管理体制的挑战，是对人才培养模式和方法的挑战。我们必须清醒认识到，构建现代职业教育体系，推进地方高校转型发展，建设中国特色应用技术大学（学院），注定是一个长期而艰巨的过程，必然会遇到许多问题、困难和挑战，需要政府、高校、行业企业和社会各界形成共识，凝聚合力，以更大的勇气、信心与决心，发新时期地方高校改革之先声，唱响产教融合主旋律，打好转型发展攻坚战。

我们期盼全社会的关注和支持。

我们期待国家加快部分地方本科高校转型发展的顶层设计，加快高校设置、评估、拨款和管理制度的改革，为转型发展创造良好的政策环境；期待各级政府加大政策创新力度，统筹规划区域产业转型升级和高校转型发展，推进校企合作，建立地方经济社会与高等教育发展共同体；呼吁扩大高等学校办学自主权，使高校自主地探索现代大学制度，面对经济社会发展需求和变化迅速做出决策；呼吁行业企业积极主动参与地方高校转型发展，共同建设技术技能人才培养体系和技术技能积累创新体系，在激烈的市场竞争中合作互赢、共同发展；希望得到更多兄弟院校的支持和帮助，共同面向产业转型升级，建立基础研究、科技创新、技术应用和产业化服务协同创新体系。

转型刚刚开始。我们要直面历史和现实，在困境中突围，在改革创新中发展。定位已经清楚，方向已经明确，但每一所学校都要走自己的路，拓展发展空间，加强国际合作与交流，实现多路径的突破和多样化的发展。我们坚信正在进行的探索和实践，是一场具有深远意义的改革。我们终将实现这样的愿景：因为我们的存在，社会更加美好；因为我们的进步，国家更加繁荣。我们的学生将站在先进技术转移、应用的前沿，充满创新创业的激情，在社会每一个领域的进步和繁荣中创造价值、做出贡献。

超越自我，赢得挑战，必将迎来中国教育事业更加灿烂的明天！

驻马店：产教融合助推转型发展

《河南日报》记者　曾昭阳

4月16日，为期两天的第二届产教融合发展战略国际论坛在驻马店市圆满闭幕，来自德国、瑞士、芬兰、新加坡、韩国等国家和我国台湾地区高校，国内有关企业、教育部直属高校和地方本科院校，以及应用技术大学联盟成员单位的600多名代表，再次聚首有“天下之最中”美誉的驻马店市，深入探讨新常态下地方高校转型发展大计。

河南省副省长徐济超在论坛开幕式致辞时说，国家高水平的教育国际论坛在驻马店举办，是对河南教育的激励和鼓舞，对促进河南高等教育、职业教育发展意义重大。实现新常态下经济转型发展，特别需要高等教育的转型。下一步我省将促进高校分类发展，启动实施示范性应用技术高校建设，推动产教深度融合，实现校企深度合作，把高等教育、职业教育改革推向深入。

教育部副部长鲁昕在论坛闭幕式上指出，产教融合发展“驻马店论坛”，已经成为社会各界交流思想的重要平台，在国内外产生广泛影响。希望与会的地方高校把新理念、新思考、新经验带回去，切实把思想、行动统一到党中央对新常态的认识和判断上来，统一到国务院的决策部署上来，全面认识地方高校面临的新挑战，积极参与改革，努力建设中国特色应用技术大学，为实现两个百年梦和中华民族伟大复兴梦贡献力量。

很多人会问：中国教育“达沃斯论坛”为何常设在驻马店？驻马店市走出了一条怎样的产教融合转型发展之路？

面对新形势　应对新挑战

驻马店是人口大市，全市农村劳动力437万，其中富余劳动力275万，农村劳动力转移就业达252万。长期以来，由于劳动力技能不高，导致大多数劳动力劳务收入普遍较低，没有一技之长和掌握一技之长的月收入相差3000元以上，有的甚至更高。驻马店市委、市政府认为，要提高全市劳动者的专业技能和收入水平，必须充分发挥本市高校黄淮学院的龙头引领作用，加强职业技能培训，着力培养应用型技能人才，努力把驻马店的劳动力优势转化为人力资本优势。

驻马店是新兴工业城市，目前已初步形成食品加工、能源和煤化工、生物医药、装备制造、轻纺、建材六大支柱产业。特别是近年来，市委、市政府高度重视产业集聚区建设，目前，全市11个产业集聚区建成区面积达105平方千米，入驻规模以上企业776家，产业集聚区已成为全市经济转型发展的突破口、招商引资的主平台、农民转移就业的主渠道和经济发展的重要增长极。在产业集聚区发展和产业升级过程中，市委、市政府感到，日益增长的企业用工需求和各类技能型人才短缺，已成为制约全市企业发展和产业升级的瓶颈。要加快驻马店产业升级和经济发展，必须依托黄淮学院等院校转型发展，培养和造就一大批高素质技术技能型人才，才能更好地满足产业升级和经济发展需求。

2004年5月，黄淮学院由驻马店师专、中原职业技术学院、驻马店林科所合并组建而成，至今不到11周岁，基础差、底子薄、资源少、矛盾多。要加快黄淮学院的建设与发展，走一般高校追求学科建设的模式显然没有出路，唯一的出路就是面向市场，突出应用型人才培养特色，坚定不移走产教融合、校企合作、产学研相结合的差异化特色办学之路，在市场经济中寻找发展突破口，在经济建设最前沿突显自身办学优势，只有这样，才能在未来高校发展格局中占据主动，形成竞争优势。正是基于以上考虑，驻马店市委、市政府审时度势，全力支持黄淮学院走转型发展之路。

认识新常态　推出新举措

驻马店市委、市政府全力支持黄淮学院转型发展，主要体现在以下几个方面：

人才支持。根据学校专业需求，支持学院引进高层次人才，在全市机关事业单位人员编制只减不增的情况下，为黄淮学院人才引进开辟绿色通道，尤其是对急需的特殊人才、“双师型”教师实行特事特办，增加人员编制，同时鼓励学校与企业合作开展“双师型”教师培养培训，着力打造高质量的“双师型”教师队伍。三年来，共帮助黄淮学院引进高职称、高学历人才169人，外聘行业企业专家116人，合作培养双师型教师98人，搭建学校转型发展人才高地。

资金支持。逐年加大对黄淮学院的资金投入，保障学校转型发展需要。2006年，市政府投入2200万元支持黄淮学院建设3.5万平方米的现代化图书馆；2013年，采取市校共建办法，启动总投资近6亿元的市体育中心建设，项目建成后交由黄淮学院管理使用；对黄淮学院老校区开发项目，土地收益1.9亿元全部用于学院自身建设；积极争取上级各项优惠政策，支持黄淮学院大学生创新创业园、科技产业园等项目建设；加大黄淮学院科研经费投入，支持建设11个市级工程技术中心和重点实验室。2011年以来，市财政共拨付各项经费15.6亿元，支持学校快速发展。

政策支持。市委、市政府出台鼓励和支持产教融合、校企合作配套政策，为产教融合、校企合作创造更优环境，提供更大支持。对开展校企合作的学校，在人才引进、双师教学团队、项目评审、平台建设、实习实训基地建设等方面，给予政策倾斜和支持，并加大经费投入，建立稳定的经费保障机制；对实施校企合作的项目，出台建设用地、项目审批、行政收费、贴息贷款等优惠政策，充分调动学校和企业积极性，推动地方高校与企业行业深度合作。

就业支持。市政府定期组织人力资源和社会保障、工信、产业集聚区管委会等部门，深入开展“企业招聘进校园”、“求职进企业”等活动，在应届大学毕业生中实施日常招聘、现场招聘、专场招聘、网络招聘，健全就业服务网络。同时，由市政府牵头，推动学校与政府部门、行业、科研院所深度合作，共同组建“黄淮学院合作发展战略联盟”，推动学校与市内企业深度合作，目前联盟单位已经发展到186家，每年有3000多名学生进入联盟单位实习实训和就业。

打造新平台　结出新成果

驻马店市委、市政府全力推动黄淮学院等院校走转型发展之路，可谓双方受益，实现共赢。一方面，院校基础设施建设稳步推进，教学科研力量不断加强，学生就业率大幅提升；另一方面，地方政府在扶持、服务中收获回报，效果明显——

学院成为驻马店招商引资一张金字招牌。市委、市政府把黄淮学院转型发展作为对外推介的亮点，带领外地客商到黄淮学院实地考察，全面了解学校专业设置、人才培养、校企合作取得的成效，正是由于黄淮学院注重培养技能型实用人才，使得驻马店在承接产业转移和招商引资中获得更大吸引力。比如引进的银泰电动汽车项目，就是投资方看中了黄淮学院在培养高技能人才方面的雄厚实力，才下决心在驻马店投资30亿元建设电动汽车生产项目。

学院成为驻马店产业转型升级的重要力量。为推动驻马店传统化工产业转型升级，学院与昊化骏化集团联合成立“昊化骏化化工学院”，与企业深度开展校企合作，为企业转型发展及时提供人才和智力支持；为推动驻马店战略性新兴产业发展，学院与银泰集团、驻马店保税中心分别成立“银泰电动汽车学院”、“跨境电子商务学院”，双方按照“共建、共管、共享”原则，广泛开展人才培训、新产品研发等合作，为该市战略性新兴产业发展提供新动力。

学院成为驻马店技能型人才输出重要来源。学院实行转型发展，使得每年有近千名高层次技术技能型人才走向全市各行各业，成为用人单位的技术骨干，为全市产业转型升级和经济发展提供了有力的人才支持。同时，学院每年还与驻马店市相关局委合作，选派20至30名博士、教授以及科技特派员，深入行业、企业和基层单位挂职锻炼，指导企业生产、管理和研发工作，有效解决了驻马店市企业人才紧缺和创新驱动发展能力不足的问题。

学院成为驻马店创新创业科技支撑重要平台。注重发挥学科及专业群优势，黄淮学院广泛开展科研开发和技术攻关，强力推进技术创新和科技成果转化。2014年，市政府在黄淮学院大学生创新创业园设立驻马店市科技创新孵化中心，同年11月，该园被省科技厅认定为科技企业孵化器。该园区拥有培训平台、项目平台、创新平台、孵化平台等平台优势，为入驻企业提供专业化的孵化服务。目前，园区依托学院学科集群优势，与企业合作建设曙光云计算中心、黄淮创客空间等平台，实现专业链与产业链对接、专业与岗位对接。

为进一步推进产教融合、转型发展，驻马店市委、市政府在新区规划建设了占地8.8平方千米的职教园区，基础设施建设投资达25亿元，可入驻学校10所，目前在建学校3所，已入驻学校2所，今年秋季还有2所学校入驻，力争经过3至5年努力，着力打造拥有人口超过20万的教育新城。

下一步，驻马店市将以黄淮学院为龙头，加快组建驻马店职业教育集团，以形成中职、高职协调发展的现代职业教育体系，力争将驻马店打造成河南职业教育强市，为富民强市加快崛起提供强大人力资源保障与智力支持。

（原载2015-04-22《河南日报》）

中国农产品加工业投资贸易洽谈会

开放合作　绿色科技　创新发展

第十八届中国农产品加工业投资贸易洽谈会隆重开幕

李克宣布开幕　陈晓华讲话　王铁致辞　王保存　高体健　宗锦耀　戴　维　张以祥　郭洪昌　朱孟洲　余学友　陈　星等出席

《驻马店日报》记者　刘华山

十八载开放合作结硕果，再相聚创新发展谋共赢。9月6日上午，由河南省人民政府主办，农业部支持，河南省农业厅、驻马店市人民政府承办的第十八届中国农产品加工业投资贸易洽谈会在驻马店市天中广场会展中心隆重开幕。来自全国30个省、区、市和国内外170多个代表团的20000多名嘉宾客商，金秋时节再次欢聚大美天中驻马店，共襄现代农业和农产品加工业发展盛事。

河南省委常委、常务副省长李克宣布大会开幕。农业部副部长陈晓华，省人大常委会副主任王保存，副省长王铁，省政协副主席高体健，农业部农产品加工局局长宗锦耀，美国驻华大使馆农业高级专员戴维，原副省长、省食品工业协会会长张以祥，省政府秘书长郭洪昌，省农业厅厅长朱孟洲，驻马店市委书记余学友，市委副书记、市长陈星，市委副书记张宪中，市人大常委会主任杨喜廷，市政协主席刘军甫等出席开幕式。

上午9时30分，大会正式开幕。会议以“开放合作、绿色科技、创新发展”为主题，以促进现代农业发展为目标，以投资、贸易和资金、技术合作为重点，进一步突出会议的市场化、专业化、品牌化、国际化、信息化，深入推进农产品加工业区域经济合作，积极促进我国农产品加工业持续健康发展。本届大会将分别举行大会开幕式、重点投资项目签约仪式、农产品采购贸易与产销对接、农产品加工业科研成果展示推介、农产品加工业产业园区推介、国际农产品加工业合作交流推介、“‘互联网+’农产品加工业高峰论坛”、新闻发布会等重要活动。

陈晓华在开幕式上讲话。他说，自1998年以来，中国农产品加工业投资贸易洽谈会成功举办了17届，已累计签约重点投资建设项目3800多项，签约金额3000多亿元，取得了显著成效。农加工洽谈会已成为国内外业界知名的展会，成为促进区域经济合作的重要平台，推动农产品加工业发展的战略举措，引领农村一、二、三产业融合发展的有效抓手。为办好农加工洽谈会，河南省及驻马店各级政府、各有关部门高度重视，精心组织，周密安排，做了大量卓有成效的工作，确保了各项展会活动顺利推进。河南充分发挥农业大省的优势，通过展会搭建平台，平台凝聚资源，资源服务产业，进一步延伸了农业的产业链、价值链，将河南由“国人粮仓”变成“国人厨房”，为保障国家粮食安全作出了新的贡献。农产品加工业是农业现代化的重要标志。近年来，我国农产品加工业持续稳定发展，成为行业覆盖面宽、产业关联度高、中小微企业多、带动农民就业增收作用强的重要支柱产业和民生产业。今年，农业部继续支持举办第十八届中国农产品加工业投资贸易洽谈会，目的就是要深入贯彻中央一号文件精神，大力促进农产品加工业的发展，推动农村一、二、三产业的融合，为农业强起来、农村美起来、农民富起来提供有力的支撑。我们相信，在大家的共同努力下，本届农加工洽谈会一定会实现“层次一年比一年高、内容一年比一年实、成果一年比一年多”这一目标，进一步促进农产品加工业持续稳定和区域经济的深度融合，为稳增长、调结构、促改革、惠民生作出新的贡献。

王铁在开幕式上致辞。他说，今年是驻马店举办第十八届中国农加工洽谈会。中国有句古话叫：“女大十八变，越变越好看。”18年来，农加工洽谈会给驻马店乃至河南带来很多可喜的变化。第一个变化是平台更大了。18年办会，洽谈会逐渐成为促进我国中东西区域合作，引领农村一、二、三产业融合发展的重要平台，地区间实现了优势互补，加快了“腾笼换鸟”的步伐，呈现辐射全国、走向世界的突出态势。第二个变化是含金量更高了。18年办会，农加工洽谈会规模一年比一年大，人数一年比一年多，效益一年比一年更好，成为我国目前唯一以农产品加工业为主题的4A级展会，成为驻马店和河南省对外开放的一张金字招牌。第三个变化是产业更强了。18年办会，驻马店依托丰富的农产品资源，引进了一批全国知名农产品加工企业，提升了农业产业化水平，做大做强了产业链条，实现了一、二、三产业融合发展，农产品加工业已成为驻马店的第一支柱产业。第四个变化是百姓更富了。18年办会，带来了巨大的红利，老百姓不仅富了口袋也富了脑袋，驻马店的人均生产总值、农民人均纯收入、居民人均储蓄存款等指标均实现高速增长，引入了一大批新知识、新产品、新模式，唱响“互联网+”的理念，办成了“永不落幕的展会”。第五个变化是城市更亮了。18年办会，驻马店城市面貌发生了翻天覆地的变化，中心城区人口、面积和城镇化率大幅提高，打造成了国家园林城市、优秀旅游城市，培育出了诚信、开放、创新、自强的城市精神，“会”与“城”互动互促、共建共荣，大会已经成为一张亮丽的名片。18年办会是一种执著的坚守，也是一次成功的选择，18年的成长，洽谈会已经脱胎换骨，破茧成蝶，发挥着越来越重要的作用。我们相信，洽谈会一定会越办越好，越办越精彩。

戴维代表参会嘉宾发言表示，非常荣幸来到河南驻马店，参加第十八届中国农产品加工业投资贸易洽谈会。中、美两国在农业贸易领域有着很大的合作空间，希望以这次会议为平台，与会各方切实加强务实合作，积极拓宽合作渠道，促进现代农业和农产品加工业更好发展。祝贺大会取得圆满成功。

俄罗斯、美国、法国、智利、泰国、澳大利亚等国驻华使馆、商会组织和知名企业代表，全国各省、自治区、直辖市代表团的嘉宾，各高等院校、科研院所、商会协会以及世界各地的客商代表，河南省省直有关部门、各省辖市、省直管试点县市代表团成员，驻马店市四大班子领导及部分老领导、知名企业家代表等参加了开幕式。

（原载2015-09-07《驻马店日报》）

共享国际盛会　展示天中风采

——第十八届中国农产品加工业投资贸易洽谈会综述

记者　闫海峰

9月的天中，高朋满座，嘉宾云集。9月6日至8日，第十八届中国农产品加工业投资贸易洽谈会在我市举行，4800多家企业近20000人参会。展馆展厅内人流如织，气氛热烈。今年是我市第18次承办中国农加工洽谈会，会内容丰富、热烈隆重、形式多样，成果丰硕。在市场化、专业化、品牌化、国际化、信息化上取得了新进展，使中国加工洽谈会的影响越来越大，品牌越来越响。

规模层次更高，突破往届

由农业部支持，河南省人民政府主办，河南省农业厅、驻马店市人民政府承办的中国农加工洽谈会，是我国目前唯一以农产品加工为主题的4A级展会，每年9月份在我市举办。自1998年以来，已连续成功举办了17届，今年是第十八届，旨在为国内外农产品加工企业开展投资贸易搭建合作交流的平台。

本届中国农加工洽谈会以“开发合作、绿色科技、创新发展”为主题，坚持廉洁、高效、安全办会宗旨，坚持“行政组织、企业主体、多方参与、社会服务”的办会原则，坚持市场化、专业化、品牌化、国际化、信息化办会方向，坚持投资商、产品商、原料商、采购商、装备商、服务商“六商同台、各得其所”，将“投资贸易洽谈、科技成果发布、技术装备展示、产品展示贸易、产业园区推介、国际交流合作、专题聚焦研讨”七大功能融为一体。会议围绕项目发布和签约，产品展示和贸易，主食加工业特装展，科研成果展示推介和签约，农产品产销对接、农产品加工业产业园区推介，国际农产品加工业合作交流，“互联网+”农产品加工业论坛，参展产品评定等，成功举行了一系列活动，达到了每年突出一个主题，洽谈一批项目、对接一批技术、发布一批成果、提高一个层次的办会目标。

农业部副部长陈晓华，省委常委、常务副省长李克，省人大常委会副主任王保存，副省长王铁，省政协副主席高体健，省食品工业协会会长张以祥，中国商业联合会副会长张长杰等领导出席会议。全国30个省、自治区、直辖市组团参会，参会代表团170多个，参会企业4800多家，参会客商近20000人，其中境外企业140多家、客商260多人。省

2015年9月6日上午，由河南省人民政府主办，农业部支持，河南省农业厅、驻马店市人民政府承办的第十八届中国农产品加工业投资贸易洽谈会在驻马店市天中广场会展中心隆重开幕。 张　朝　摄

巢集团、徐福记、维维集团、家乐福等19家国内外500强企业，今麦郎、山东华协食品、山西平遥牛肉、宁夏红枸杞、河南好想你枣业等160多家国家级农业产业化重点龙头企业参会参展。中国农科院、中国农大等35所国内高校、科研院所参会。2个国际组织、10个国家和地区的驻华使馆官员、11个农业部官员或专家50多人出席会议，俄罗斯、德国等21个国家和地区的140多家知名农产品加工企业参展。同时，全国10多家投融资机构、20多家商会协会组团参会。本届农加工洽谈会规模、层次突破往届。

副省长王铁对中国农加工洽谈会“情有独钟”。他说，中国农加工洽谈会是我省每年一度的重大经贸活动，已连续成功举办了18届，一年比一年办得好，市场化、专业化、国际化、品牌化、信息化水平进一步提升，取得了巨大的成绩，给驻马店市、河南省都带来了很多可喜的变化，已成为我省招商引资的重要平台和对外开放的一张亮丽名片，对促进河南农产品加工业快速发展发挥了很大作用。

亮点频闪，特色鲜明

本届大会通过广泛宣传、大力招商、招展，扩大合作交流，取得了丰硕的成果，呈现不少亮点，为农产品加工业结构调整、产业升级、技术交流与合作等搭建了平台，为确保农产品加工业持续健康发展方式发挥了重要作用。

内容丰富，针对性强。今年农加工洽谈会除保留原有活动板块外，新增加了农产品加工业产业园区推介活动，邀请了农产品加工业的专家学者以及山东、吉林、广东等省农

产品加工产业园区负责人，围绕当前农产品加工产业园区政策走向等议题开展研讨交流，为促进农产品加工业发展发挥了积极的推动作用。主食加工业展示亮点突出，今年北京、山西、内蒙古、黑龙江、江苏、福建、江西、山东、湖南、重庆、四川11个省参加特装展示。组织邀请2个国际组织、12个国家驻华农业官员和国内外知名农产品加工业专家学者及企业家，重点围绕国际农产品加工项目、技术合作开展交流活动。举办了农产品产销对接活动，促进农企对接、农超对接。这些活动更加突出了中国农加工洽谈会主题和宗旨，符合市场和企业的需求，对促进国际、国内交流合作作出了有益探索，并发挥了重要作用。

签约项目数量多，投资规模大。会前，各地以中国农加工洽谈会为平台，有针对性地开展项目对接和招商引资活动，谈成了一大批合作项目，会议期间成功签约了一批高质量的合作项目，共签约重点投资项目173个，投资总额538亿元，其中1亿元至5亿元项目98个，5亿元以上项目20个。有21个项目现场签约，签约总额182.5亿元。签约5000万元以上农产品采购和贸易项目72个，贸易额74.37亿元。发布科研成果680项。签约科研成果转化项目79个。项目数量、质量和投资规模与往年相比均有了新的提高。

展示贸易层次高，参展企业多。本届展会对展区进行了科学规划布局，设立了主食加工业、农业产业化省级以上重点龙头企业、科研成果展示推介、农产品展示和贸易、农产品食品加工机械、境外企业、全国放心农产品、中国农加

2015年9月5日下午，河南省副省长王铁（前排左一）与参加第十八届中国农加工洽谈会的外国来宾乌克兰驻华大使参赞安德烈·瑟希恩科（右二）亲切握手。 弓华静 摄

2015年9月6日上午，农业部副部长陈晓华（前排左二），河南省副省长王铁（右二）等领导走进驻马店市会展中心在市委书记余学友（左一），市委副书记、市长陈星（左四）等陪同下与参会嘉宾、客商一道参观展馆，了解布展情况。

弓华静 摄

工洽谈会金奖产品展示等展区，总展出面积30000平方米，内设国际标准或特装展位2500多个，来自境内外4800多家企业参会参展。无论是综合展示还是贸易展销，都做到了科学规划、周密组织、精心布展，反映了当前农产品加工业发展的状况。

会议组织严密，安全有效。驻马店作为主办城市，经过连续18年的办会，积累了丰富经验，整个大会组织严密、活动有序、周到细致、安全有效，全市上下都积极行动起来，以强烈的使命感和责任感，投入到迎会的各项活动中去，出色地完成了会议的组织、服务、接待以及宣传、安保工作，受到了与会领导和参会代表的一致好评，确保了大会隆重、热烈、精彩、有序。

市委书记余学友说，下一步，我市将按照标准更高、形式更新、内容更实的要求，认真总结18年办会的工作经验，不断丰富办会内容，改进办会方式，创新办会机制，提升办会水平，努力把中国农加工洽谈会办成展示我国农产品加工业发展成就、扩大农业合作交流、推动现代农业发展的重要平台，办成中国乃至亚洲的知名农业展会。

国际合作交流日益广泛

本届大会组委会设立了国际合作部，不仅邀请有关国家驻华使节参会，而且邀请境外农产品加工企业展示展销。

本届大会邀请了美国、智利、澳大利亚、西班牙等30多个国家和地区的260多名境外嘉宾参会。这些境外嘉宾有驻华大使馆外交官，联合国可持续农业机械化中心CSAM、阿拉伯国家联盟驻华代表处两个国际组织驻华代表等，还有12个国家和地区的农业部官员参会。

泰国农业与合作社部合作社促进局首次组团参会，局长奥帕特·克兰伯特带队。亚洲国际贸易投资商会主席吴志毅率40多家东盟农产品加工企业参会参展。智利驻华大使馆公使衔参赞卡洛斯·帕拉、泰国驻华大使馆公使衔参赞徐木兰、美国驻华大使馆农业高级专员戴维等外国驻华使馆高级官员出席会议。美国河南商会、澳大利亚中华商会等境内外21家商会协会组团参会。

今年，境外企业展示区共有美国、俄罗斯、法国等21个国家和地区的140多家知名农产品加工企业参展，展示产品分为六大类、上百种产品，广受好评。

为推进我国“一带一路”和我省食品生产、粮食生产核心区、郑州航空港综合实验区和中原经济区“三大战略”的深入实施，第十八届中国农加工洽谈会期间还开展了国际农产品加工业合作交流活动和欧盟、东盟特色农产品展示，取得显著成效。

第十八届中国农加工洽谈会期间，市委副书记、市长陈星多次向国内外嘉宾宣传驻马店，推介驻马店。他表示，我们将以开放的胸怀、积极的姿态，牢固树立“重商、亲商、

2015年9月7日上午，第十八届中国农加工洽谈会驻马店市重点项目签约仪式举行。全市共有80个项目签约，签约项目总投资801.8亿元。
弓华静 摄

安商、富商”的理念，以最大的诚意、尽最大的努力，为投资者提供“无障碍、低成本、高效率”的服务，全力打造最适宜人居和创业的环境。热忱欢迎各位嘉宾走进驻马店，投资兴业，共谋发展，共创美好未来。

（原载 2015-09-09《驻马店日报》）

纪念抗日战争胜利70周年

中国共产党领导下的驻马店抗日战争

一、桐柏山抗日根据地的形成

1937 年 5 月，为全面了解新形势，直接得到中共中央的指示，中共鄂豫边区省委组织部长周骏鸣奉命到达延安。党中央对豫南红军游击队和豫南桐柏山红色游击根据地十分重视。朱德总司令亲自接见了周骏鸣，指示周骏鸣：“你们猛烈地扩大，扩大到消灭不了你们，他们就会同你们谈判。争取早日与国民党政府结成抗日民族统一战线，争取合法存在。”之后，周骏鸣又详细向中央书记处和受中央委托正在筹备组建中共河南省委的朱理治作了汇报。中共中央派原红四军方面六军团政治部组织部长胡龙奎为中央代表随周骏鸣赴鄂豫边区，加强党组织和军队的领导，帮助打通与鄂豫皖红二十八军的联系，改变豫南红军孤军作战的局面。

1937 年 7 月中旬，周骏鸣、胡龙奎回到豫南，中共鄂豫边省委在泌阳县碾盘沟召开省委会议，听取周骏鸣、胡龙奎传达中央领导和中央关于鄂豫边区工作的指示，并进行了认真讨论。大家一致认为，中央的指示符合鄂豫边区实际，只有发展壮大自己的力量才能促进鄂豫边区抗日统一战线的形成。要实现这一任务，就必须在斗争方式上根据中央新的政策加以改变。一是要从争取、瓦解当地土匪的斗争中，宣传抗日主张、扩大抗日队伍；二是要与当地政府和开明绅士建立统战关系，争取合法、独立自主的存在；三是在斗争中保持高度的警惕性和原则性，既要灵活又要独立自主。碾盘沟会议是鄂豫边区在新形势下一个历史转折性的会议，使中央鄂豫边省委和红军游击队统一了思想、明确了斗争方向。会议以后，鄂豫边区省委和红军游击队迅速展开工作。红军游击队采取积极主动的措施，深入山区各乡镇，宣传抗日政策，广泛发动农民群众，同时做好开明绅士的工作。鄂豫边区抗战工作进入了新的发展阶段，特别是确山、泌阳、桐柏、信阳四县边界游击队基本活动区，各级党组织得到了恢复和发展。确山县的石滚河以及泌阳东部山区的农民自卫队等群众组织普遍建立。游击队由 59 人扩大到 100 多人，根据地不仅得以恢复，而且进一步扩大。

二、抗日武装力量不断壮大

1937 年 8 月下旬，红二十八军派第一营 300 多人由营长杨克志、政委曹玉福率领，越过平汉线直抵桐柏山区。8 月 23 日，于桐柏县东北老虎爬村和红军游击队会师。两军会师后，为帮助红军游击队摆脱困境，红二十八军第一营决定首先帮助鄂豫边红军游击队拔掉豫南最大的反动围寨——蔡冲。这次战斗的胜利，不仅使鄂豫边红军游击队得到物资和弹药上的补充，摆脱了供应方面的困难，而且对当地顽固势力是一次极大震动。在鄂豫皖边区国共双方达成停火协议、统一战线基本形成后，红二十八军为了进一步帮助鄂豫边红军游击队发展壮大，于 1937 年 9 月上旬派军直特务营和手枪团二分队约 500 人，由军部秘书胡继亭和副团长林维先率领，第二次来支援鄂豫边区。9 月中旬，胡继亭等率部在邢集的尖山和鄂豫边游击队会合。胡继亭向周骏鸣传达了上级有关国共合作和部队集中整编的指示。红二十八军两次派部队支援鄂豫边区，对于鄂豫边红军游击队的发展和边区抗战新局面的开创起了关键性的作用。几个顽固据点的拔除，使豫南的信阳、确山、桐柏、泌阳百余里的中心区基本连成一片，扭转了过去被分割的局面，为豫南抗日武装力量的扩大和群众抗日救亡运动深入发展创造了有利条件。

三、建立豫南人民抗日军独立团

1937 年 10 月中旬，中共鄂豫边省委和红军游击队负责人在泌阳县的王店召开会议，将红军游击队改编为“豫南人民抗日军独立团”，公开打出旗帜，开展武装抗日的发动工作。边区省委将机关设在邓庄铺、焦竹园，以便加强对各地党和群众的联系与工作的指导。豫南人民抗日军独立团成立后，针对抗战爆发以来扩充的队伍多来自农民、青年学生和部分争取过来的“杆众”政治觉悟较低、军事素质较差等情况，决定对部队进行整训。通过整训，指战员的政治水平和政策观念得到进一步提高，增强了部队的组织纪律性。1937 年 10 月下旬，曾与红军游击队有联系的土匪队伍朱六、安克祥、段永祥部，驻扎在高邑一带，经王国华、侯太俊联系，原在该部做匪运工作的刘世跃从该部选出 80 多人参加抗日独立团，被编为第六连。到 10 月底。部队已扩大到 600 余人，全团辖 6 个连和 1 个通讯排、1 个手枪队、1 个少先队、1 个宣传队。随着一批地方优秀青年党员充实部队，独守团在一、二、四、五连分别建立了党支部，加强了对连队政治思想工作的指导。同时，通过工作，一些地方实力派、民团也同中共鄂豫边省委建立了统战关系，整个鄂豫边区的抗日斗争进入了一个新的历史阶段。

四、豫南人民抗日军独立团改编为新四军八团队

1937 年 9 月 22 日，中共中央通过与国民党政府谈判，决定将坚持在豫、鄂、皖、湘、赣、浙、闽、粤八省边界活动的红军游击队改编为国民党革命军陆军新编第四军。1937 年 12 月，中共代表团由南京转抵武汉，在汉口江岸区长春街 67 号设立八路军驻武汉办事处。经周恩来和叶剑英同国民党政府交涉，将原鄂豫皖边区的红二十八军和豫南人民抗日军独立团合编为新四军第四支队，豫南人民抗日军独立团编为第四支队第八团队。但是，对于新的形势发展，中共鄂豫边省委和豫南抗日军独立团由于消息闭塞，开始不了解这一情况。1937 年 12 月初，边区省委派张明河到武汉找八路军办事处汇报工作，顺便先找到鄂豫边区省委组织部长胡龙奎（胡原是红四军方面六军团政治部组织部长，红二十八

军一营攻打蔡冲后，他带一个中队随红二十八军部队赴鄂豫皖），催其回鄂豫边区。张明河及同行人员谭建林于1937年12月中旬到达七里坪，见到红二十八军军长高敬亭和鄂豫边省委组织部长胡龙奎，汇报了边区省委的意见：让胡龙奎带领部队回鄂豫边区，并讲到要去武汉向中共中央副主席周恩来汇报请示工作。此时，高敬亭军长已经接到通知，要前往武汉中共中央长江局研究部队改编问题。张明河随同高敬亭一起到武汉。在武汉，张明河代表鄂豫边区参加了南方八个地区的游击根据地负责人汇报会，向周恩来及王明、博古、叶剑英等领导人汇报了鄂豫边区武装发展和同国民党谈判的情况。周恩来对独立团在同国民党谈判中，坚持独立自主、不上当受骗的原则性和高度的革命警惕性给予赞扬，当众宣布：中央已决定，大江南北的游击队统一整编为国民革命军陆军新编第四军；江北的两部分红军改编为新四军第四支队，由高敬亭任支队司令员；豫南抗日军独立团改编为第四支队第八团队，周骏鸣任团队长。1938年1月11日，张明河与长江局派往八团队的朱茂绪、贺德斌、祝学忠等10多名红军团营干部携带配发的电台、款项和其他军用器材回到豫南，向鄂豫边省委和独立团传达了周恩来副主席和叶挺军长的命令，将豫南人民抗日军独立团改编为国民革命军新编第四军第四支队第八团队。与此同时，根据上级指示，中共鄂豫边省委改为中共鄂豫边区特委，隶属中共河南省委领导。1938年1月13日，鄂豫边区特委和部队进驻竹沟镇之后，在竹沟举行了隆重集会，正式宣布将豫南人民抗日军独立团改编为新四军第四支队第八团队。周骏鸣任团长、胡龙奎任政委、朱茂绪任参谋长、王斌吾任政治部主任。部队编为两个营和团直手枪连、通讯排。改编后的八团队一切行动直接归中共中央长江局参谋处指挥。不久，根据上级党委指示，鄂豫边特委更名为中共豫南特委。

五、竹沟抗日根据地的形成与发展

1938年1月初，新四军第四支队第八团队与中共豫南特委一起进驻竹沟镇，领导豫南地区的确、泌、桐、信、汝、正、镇、唐等13县的党和武装工作，竹沟抗日根据地正式形成。1938年1月下旬，党中央毛主席派八路军驻山西临汾办事处少将处长彭雪枫任河南省委军事部长，带领张震、岳夏、滕海青、赵启民、王子光、成钧、朱绍卿等一批营团以上红军干部和一排红军战士，从临汾来到竹沟。同时，周恩来、叶剑英从武汉也先后派一批骨干到竹沟，加强竹沟地区的领导力量。3月6日，毛主席根据整个华北几乎全部沦陷、西北形势紧迫、中原岌岌可危的情况，电示彭雪枫："中央目前仍应坚持陕甘边，但准备转移时最好是在鄂豫皖边，望大力发展该区工作。"彭雪枫来到竹沟后，首先帮助周骏鸣和王国华整顿、加强八团队，收编了豫南山区两股最大的土匪队伍安可祥、段永祥部，使八团扩大到1500多人。3月29日，八团队在周骏鸣、林凯、赵启民等同志率领下，奉命开赴皖东敌后。这支在豫南坚持三年游击战争的部队，后来发展成为新四军第二师。5月，徐州失守后，中共河南省委由开封迁往竹沟。从此，竹沟成为河南党的领导中心，成为领导和组织河南游击战争的司令部。

河南省委迁至竹沟后，把准备发动敌后游击战争作为党的中心任务，提出"准备十万武装"、"全党军事化"的号召。为大力发展革命武装力量，中共河南省委指示在确山竹沟领导工作的彭雪枫，于1938年2月，在竹沟开办军政教导大队，为抗日部队培养了一大批军事骨干。与此同时，为加强各地抗日救亡运动的领导，壮大革命力量，在竹沟还开办了党训班（对外称新兵队），负责培训全省各地支部以上区、县级干部，共培训干部1000多名；青训队，训练青年干部300余人；另外还办了电台、机要、卫生、司号、供给、妇女各种专业训练班。竹沟抗日根据地在不到两年，通过各种形式，共训练4000多人、党员2800人，其中除党训班的部分学员回到地方工作外，大部分到部队工作。不少同志在以后的革命斗争中成长为我党、我军的领导骨干。至8月初，竹沟抗日根据地工作进展很快，原定扩大留守处武装500人，实际达到620人，竹沟周围各区将近十万人口基本被我方掌握，成为一个相当巩固的根据地。

六、中共中央中原局在竹沟

1938年9月29日至11月6日，中共中央在延安召开扩大的六届六中全会，制定了"大力巩固华北、发展华中"的战略方针。会议决定撤销中共长江局，成立中共中央中原局。11月9日，中共中央政治局发出通知：以胡服（刘少奇化名）、朱瑞、朱理治、彭雪枫、郑位三为中央中原局委员，以胡服兼中原局书记，所有长江以北湖北、河南、安徽、江苏地区党的工作概归中原局指导。中原局成立后，为落实中共中央关于"发展华中"的方针，尽快打开华中的抗战局面，根据华中实际情况和特点，决定撤销湖北、河南两个省委，成立豫鄂边、鄂豫皖、鄂中、鄂西北区党委和豫西、豫皖苏省委。1939年1月28日，刘少奇到达竹沟。根据各地情况，刘少奇全面规划了长江以北、陇海路以南广大地区的工作，对各地党的中心任务分别给予明确指示，并迅速调整、充实和完善了各级领导机构，加强了中原各地共产党的领导。至1939年3月中旬，中原地区已先后建立豫鄂边、鄂中、鄂西北三个区党委和鄂豫皖、豫皖苏、豫西省委。

为尽快打开华中抗战的新局面，中原局坚决贯彻党中央和毛泽东提出的"第一是武装，第二是武装，第三还是武装"的重要指示。1939年元旦前后，中原局组织部长朱理治在竹沟主持召开了豫鄂边区党委扩大会议，决定成立豫鄂边区党委军事委员会，同时成立"新四军独立游击大队"，李先念任司令员。1月17日，李先念率领新四军游击大队160多人从竹沟南下，向武汉外围挺进。1939年4月，中原局又派豫鄂边区党委组织部长陈少敏率领400多人的武装和一批干部南下与李先念、陶铸、杨学成等率领的部队会合。遵照中原局指示，李先念、陈少敏和鄂中区党委陶铸、杨学成在京山养马畈举行会议，会议决定将鄂中、豫南党的武装统一整编为新四军豫鄂独立游击支队。从此，豫鄂边区有了人民抗日武装的主力部队。整编后的新四军豫鄂独立游击支队，挥师打击敌伪，纵横驰骋江、淮、河、汉广大地区，打开了豫鄂边的局面。中原局把握有利形势，在9月18日作出建立鄂东、豫南、鄂中抗日根据地的决定。

中原局在竹沟期间，为适应中原敌后抗战形势的发展，竹沟新四军留守处和中原局、豫鄂边区党委机关不断扩大，并继续组建抗日基干队伍，输送到中原敌后开展游击战争。同时，在竹沟创建了中原局印刷厂、医院、被服厂、修械所等后勤保障机构。从延安来的大量的文件、书刊和军政干部都经竹沟送到敌后，竹沟被人们誉为“小延安”。1939 年 9 月，蒋介石国民党为投降日寇做准备，加紧反共分裂活动，中原地区形势日趋紧张。10 月中旬，刘少奇带领中原局机关和部分干部、部队 340 多人东征苏皖敌后。朱理治从竹沟率领 600 多名干部和部队南下豫鄂边区。正如党中央和刘少奇所预料的那样，在中原局和有关领导机关离开竹沟不久，国民党顽固派就制造了震惊全国的“竹沟惨案”。11 月 11 日拂晓，国民党顽固派向竹沟发动突然袭击。中共河南省委、竹沟地委负责同志迅速组织军民进行英勇反击。两天一夜的激战，竹沟部队弹药消耗很大，电台失灵，联系中断，加上原先撤离竹沟的计划，省委果断决定午夜突围，全体 500 多人在部分军民掩护和沿途群众及泌阳地下党员率领的团队帮助下突出重围，粉碎了国民党顽固派妄图彻底消灭竹沟留守处的阴谋。刘子久、王国华等召开了省委临时扩大会议，决定河南省委机关由刘子久、危拱之带领转移到洛阳坚持斗争。中共竹沟地委、中原局印刷厂和留守处部分干部及工作人员南下四望山。从此，河南省委离开竹沟。

（摘自 2015-08《驻马店日报》）

抗日英雄谱

【杨靖宇】 杨靖宇（1905 ~ 1940），原名马尚德，字骥生，男，汉族，河南省确山县人，中国共产党优秀党员，无产阶级革命家、军事家、著名抗日民族英雄，鄂豫皖苏区及其红军的创始人之一，东北抗日联军的主要创建者和领导人之一。100 位为新中国成立作出突出贡献的英雄模范之一。2014 年 9 月 1 日，被列入民政部公布的第一批 300 名著名抗日英烈和英雄群体名录。

1905 年 2 月 13 日，杨靖宇出生于确山县李湾村（今属驻马店市驿城区）一个农民家庭。幼年丧父，家境贫寒，由母亲含辛茹苦照料长大。1923 年，18 岁考入河南省立开封纺染工业学校。在校期间，他秘密参加革命活动，之后受党组织派遣，回到确山从事农民运动。1925 年，杨靖宇积极投入“五卅”反帝爱国运动。1926 年，加入中国共产主义青年团。此时，全国各地农民运动正在蓬勃发展，受中共组织派遣，杨靖宇从开封回确山开展农民运动。1927 年初，确山县农民协会会员发展到 1 万多人，杨靖宇被选为确山县农民协会委员长。当年 4 月，杨靖宇参加并领导确山数万农民举行暴动，驱逐军阀武装，攻占确山县城。同年 5 月，杨靖宇加入中国共产党。中共中央“八七”会议后，杨靖宇参与发动刘店秋收起义，先后创建由共产党领导的中国最早的县级农工革命政权——确山县临时治安委员会和河南省第一个县级苏维埃政权——确山县革命委员会，并组建河南省第一支革命武装——确山县农民革命军（后编为豫南工农革命军）。从此，拉开了河南土地革命战争的序幕。他历任确山县农民革命军总指挥、确山县农民协会委员长和临时治安委员会代理主席、豫南特委委员兼信阳县委书记。1928 年秋到开封、洛阳等地从事革命活动，其间 3 次被捕入狱。

1929 年春，杨靖宇调赴东北，中共满洲省委派他担任中共抚顺特别支部书记。化名张贯一，深入抚顺煤矿，联系工人群众，恢复重建被破坏的党组织，领导工人同侵占中国煤矿的日本矿主进行斗争。“九一八”事变后，党派他担任东北反日总会的领导工作，后又派他担任中共哈尔滨市委第一任书记、满洲省委委员，不久又兼满洲省委军委代理书记。1932 年 11 月，以省委代表身份被派往南满，整顿各县党组织、抗日游击队和义勇队，组建中国工农红军第三十二军南满游击队和第三十七军海龙游击队，任政治委员，创建了以磐石红石砬子为中心的游击根据地。1933 年秋，根据中共中央关于在东北建立党领导下的民族抗日统一战线的指示，以南满游击队和海龙游击队为基础，成立东北人民革命军第一军独立师，杨靖宇任师长兼政委。1934 年 2 月，东北人民革命军第一军独立师联合南满 16 个抗日武装部队召开大会，成立东北抗日联合军总指挥部，杨靖宇当选总指挥。同年 11 月，召开中共南满第一次代表大会，成立南满临时特委，并正式建立东北人民革命军第一军，杨靖宇任军长兼政委。1 军成立后，杨靖宇运用机动灵活的战术原则，领导部队挫败敌人的秋季“讨伐”，迅速扩大游击区。1935 年 8 月，中共满洲省委决定，以党领导的东北人民革命军、抗日联合军和游击队为基础，联合其他抗日武装成立东北抗日联军，杨靖宇任抗日联军第一军军长兼政委。1936 年 6 月，抗日联军第一、二军合编为抗日联军第一路军，杨靖宇任总司令兼政委。1939 年秋冬季，组织东南满反日伪军“讨伐”作战，指挥部队化整为零、分散游击，率警卫旅转战于濛江一带。1940 年 2 月 23 日，在吉林濛江三道崴子壮烈牺牲，时年 35 岁。牺牲前，只身与敌周旋 5 昼夜，直至弹尽粮绝。

（摘自 2015-06-23《河南日报》中原抗日英雄谱专栏）

【彭雪枫】 彭雪枫（1907 ~ 1944），男，汉族，河南省南阳市镇平县人，中国工农红军和新四军杰出指挥员、军事家，参加过第三、四、五次反围剿，二万五千里长征，组织过土成岭战役，两次率军攻占娄山关，直取遵义城，横渡金沙江，飞越大渡河，进军天全城，通过大草原，是抗日战争中新四军牺牲的最高将领之一。他投身革命 20 年，被毛泽东、朱德誉为“共产党人的好榜样”。

1907 年 9 月 9 日（农历八月初二日），彭雪枫出生于河南省南阳市镇平县七里庄一个贫苦农民的家庭，乳名隆兴，学名修道。1912 年初随教私塾的祖父彭如澜读书识字。后在伯父彭延庆办的私塾为富家子弟作伴读。1921 年秋，投奔在天津教书的伯父彭延庆，并考入南开中学。1924 年春夏之交，学校迁址于北京南郊团河，学校易名为“育德中学”。后得校长余心清照顾，让其在该校小学部教国文，每周 7 小时，月酬 10 元，才得以继续上学。“五卅惨案”发生后，组织同学同校方进行斗争，取得胜利，建立了育德中学学生自治会，被选为会长。6 月下旬，经唐纵介绍，在育德中学参加共产主义青年团。1929 年 6 月，被派到烟台刘珍年部二十一师做兵运工作。12月，奉派往福山做农运工作。1932年春夏之交，指挥二师参加宜（黄）乐（安）战役，歼敌五十二师高树勋残部。8月，粉碎了二师师长郭炳生的叛变阴谋。荣获“红星奖章”。1933年5月，调任红三军团四师政委，率部东征，连战皆捷，进逼福州。11月，在浒湾八角亭战斗中身负重伤。1935年2月，部队在扎西地区缩编，五师编为十三团，任团长。

1938年9月，周恩来、叶剑英指示河南省委将工作重心转向豫东，创造豫皖苏边新局面。廿七日，竹沟抗日武装隆重举行进军誓师大会。同月29日，《拂晓报》创刊。雪枫写《拂晓报——我们的良友》发刊词并为刊头题字。1939年11月11日，河南竹沟“确山惨案”发生后，撰写《关于竹沟事变》一文；同月，奉新四军军部命令，游击支队改番号为新四军六支队。任司令员兼政委。豫皖苏边区党政军委员会成立，任主任。1940年8月，八路军三三四旅新二旅与六支队合编为八路军第四纵队，彭雪枫任司令员。

1943年3月17日夜，率部参加山子头自卫反击战，大获全胜，活捉苏鲁战区副司令长官、江苏省主席韩德勤，击毙顽军头目王光夏及独立第六旅旅长李仲寰。1944年8月15日，率四师主力五个团在泗洪县半城镇大王庄举行西征誓师大会，冒暑西征；同月23日，指挥部队首战肖县西南的小朱庄，击毙顽军纵队司令王传授及其官兵300余人，俘敌1300人，并争取了吴信荣部起义，首战告捷。1944年9月上旬，率部继续西进，涤荡各地顽军，基本上收复了豫苏区8个县的地区；同月10日，围歼夏邑县八里庄顽军李光明支队，战斗进行得十分顺利，至11日，全歼顽军一个支队，俘虏支队司令李光明等千余人。是役，彭雪枫亲临前线指挥，不幸中流弹牺牲，时年37岁。

（摘自2015-06-30《河南日报》中原抗日英雄谱专栏）

【徐子荣】 徐子荣（1907～1969），男，曾用名徐中耀，河南省确山县人。1924年加入中国共产主义青年团。1927年4月任确山县“临时治安委员会”青年部长，5月加入中国共产党。1928年4月任中共确山县委书记，后考入北平民国大学并继续从事党的秘密工作。1932年被捕入狱。1936年9月，经中共中央北方局营救出狱，后代理确山城关特支书记。1937年3月任山西省工委秘书长。1938年初，中共晋冀豫省委（后改称中共太行区党委）成立，徐子荣先后任省委宣传部长、组织部长。1942年秋，任太行区五地委书记兼五军分区政委，集中力量领导根据地的整风运动。1944年至1945年，先后任八路军豫西抗日独立支队政委、豫西地委书记、河南区党委委员、河南第一地委书记、河南军区第一支队政委兼第一军分区政委。解放战争时期，任中原军区第一纵队第一旅政委、华东野战军独立师政委、华北野战军第十三纵队政委、第一野战军六十一军政委。中华人民共和国成立后，历任公安部党组副书记、常务副部长，国务院内务办公室副主任等职。1956年，被选为中共第八届中央候补委员。“文化大革命”期间，因反对林彪，徐子荣被罗织罪名入狱。1969年6月20日，在狱中被迫害致死。1978年底，中共十一届三中全会作出为“六十一人大错案”平反的决定，徐子荣十年沉冤得以昭雪。

（原载2015-07-05《河南日报》中原抗日英雄谱专栏）

【王恩九】 王恩九（1901～1939），男，汉族，河南鲁山璜洞沟村人，1936年加入中国共产党。曾在中共察哈尔省联络局、中共豫鲁联络局、中共河南省委工作，曾任中共河南省委候补委员，省委统战部长。1931年，他积极主张和宣传抗日，并成功说服国民党部队第七十六师二二八旅旅长范龙章在《中州日报》上发表抗日通电。1936年，他在中共察哈尔省联络局从事统战、情报和在国民党部队发展共产党组织等工作。利用广交博游的社会关系，他活动于伪蒙、伪满、伪冀东上层人士以及在华北的宋哲元部队中间，收集的一些战略性情报曾引起中央的极大重视。1937年，他与刘贯一共同办理华北局联络局交给的情报“广闻通讯”的编写工作。1938年初，他成为豫鲁联络局的重要成员。同年，他力排艰险，做通国民党第三集团军总司令孙桐萱的工作，成功营救出山东高等法院关押的500多名共产党人和进步人士。1938年秋，他受命前往确山竹沟河南省委统战委员会工作，对外担任新四军四支队八团队竹沟留守处交际科科长职务。1939年8月，他任河南省委统战部长，并当选为河南省委候补委员。1939年11月，“竹沟惨案”发生后，他遵新四军参谋长兼江北总指挥张云逸电嘱，赴確山县政府交涉解决事变，在通往确山途中的孤山冲遇害，年仅38岁。

（原载2015-06-24《河南日报》中原抗日英雄谱专栏）

【任锐】 任锐（1891～1949），女，汉族，河南省新蔡人。任锐1911年加入中国同盟会京津支部，并参加了孙炳文等人组织的革命党人暗杀团。1913年她在北京与孙炳文结婚，之后与丈夫一起从事革命活动。中国共产党成立后，孙炳文响应党的号召，旅欧回国从事党的工作。1925年她加入中国共产党，跟随丈夫从事革命活动。1927年4月孙炳文被国民党逮捕，后被杀害。丈夫罹难后，她掩埋好丈夫遗体，又继续战斗，辗转四川、北京、上海、河南教书为业，抚育烈士遗孤，积极参加党领导的革命活动。抗日战争爆发后，她在党组织的关怀下，奔赴延安。在延安抗大学习时，与女儿孙维世同窗共读，分砚裁诗，一时传为佳话。1938年5月，她在延安抗大学习期间重新加入中国共产党。在抗大学习时，任锐是一位资深的老同志，受到大家的尊敬。维世喊妈妈，其他学员也都亲切地叫她“妈妈同志”，连毛泽东在给她的信中也以“妈妈同志”相称。抗大毕业后，她分配到四川璧山第五儿童保育院工作，后调到重庆八路军办事处图书馆工作。1941年秋，她调回延安担任陕甘宁边区政府鉴印。在延安工作期间，她时时处处严格要求自己，从不以老同志自居，从不享受任何的特殊照顾，并先后把自己的两个孩子送往抗日前线。1949年春，她因积劳成疾病逝，享年58岁。

（原载2015-07-29《河南日报》中原抗日英雄谱专栏）

重要文献

市委常委会2015年工作报告

（2016年1月12日市委三届十次全会）

驻马店市委书记 余学友

2015年是驻马店改革发展进程中很不平凡的一年。省委、省政府对驻马店工作高度重视，省委书记郭庚茂、省长谢伏瞻、省委副书记邓凯、省政协主席叶冬松等省四大班子领导同志先后来驻马店调研指导，对我市的工作给予肯定鼓励，从各个方面给予有力指导和支持，全市干部群众深受鼓舞激励，干事创业的积极性空前高涨。一年来，面对复杂多变的外部环境和艰巨繁重的改革发展稳定任务，在省委、省政府坚强领导下，市委常委会认真贯彻落实党的十八大和十八届三中、四中、五中全会精神，以邓小平理论、“三个代表”重要思想、科学发展观为指导，深入贯彻落实习近平总书记系列重要讲话精神，以“四个全面”战略布局为指导，围绕“推发展、促改革、保稳定、抓党建、惠民生”五项重点工作，充分发挥总揽全局、协调各方的领导核心作用，把方向、谋全局、抓大事，团结带领全市干部群众，主动适应经济发展新常态，深入推进改革开放，认真破解“三集”难题，着力做强载体、做大产业、做实项目、做好招商、做优环境，推动“四个驻马店”建设取得阶段性成果，经济社会发展保持良好态势。胜利完成“十二五”规划主要目标任务，我市综合实力稳步提升，转型升级步伐加快，改革开放成效明显，基础支撑能力显著增强，社会保障和公共服务持续改善，社会大局和谐稳定；全面从严治党不断加强，党建制度体系建设成效日益显现，从严从实、干事创业的氛围更加浓厚，各级领导班子和干部精神状态积极向上，风清气正的政治生态和廉洁高效的政务环境正在形成。经过“十二五”时期特别是党的十八大以来全市上下的共同奋斗，我市全面建成小康社会建设站在新的历史起点上，进入了蓄势待发、跨越发展的新阶段，展现出美好的发展前景。

一、突出稳增长保态势，强力推动经济持续健康较快发展

市委常委会认为，经济发展进入新常态，面临许多新变化新情况新问题，机遇和挑战并存，但机遇大于挑战，优势大于劣势，必须把握大势、积极适应、主动融入，必须抢占先机、增创优势、加快发展，必须因势利导、妥善应对各种深层次矛盾和风险挑战，始终把稳增长、保态势作为事关全局的突出任务，坚持经济建设与党的建设两手抓、两手都要硬，严格落实“两个主体责任”，动员全市各方力量，齐心协力、攻坚克难、开拓进取，坚决打赢稳增长、保态势攻坚战，实现了全市经济持续健康较快发展。预计2015年全市完成生产总值（含新蔡）1834亿元，增长9%，高于年初目标1个百分点；规模以上工业增加值（不含新蔡，下同）556亿元，增长9.2%；固定资产投资1324亿元，增长19%，高于年初目标2个百分点，增速全省第二；社会消费品零售总额698亿元，增长13.3%，高于年初目标1.3个百分点，增速全省第一；公共财政预算收入89.8亿元，增长12.1%，高于年初目标1.1个百分点；城镇居民人均可支配收入23000元、农村居民人均可支配收入9200元，分别增长8%和10.3%；城镇化率达到39%，提高1.5个百分点，主要经济指标增速在全省位次前移。

市委常委会认为，经济新常态下，发展仍然是第一要务，仍然是解决驻马店所有问题的关键，必须着力做实项目，坚持实施投资拉动，深入开展“项目建设推进年”活动，继续实行四个班子领导分包重点项目制度，采取观摩点评、现场办公等形式协调解决问题，深入开展重点项目征地拆迁集中行动，为项目落地创造条件。全年分四批集中开工153个亿元以上重点项目，总投资740亿元，年度计划投资214亿元；预计全市22个省重点项目完成投资112亿元，占年度计划的123%；264个市重点项目完成投资770亿元，占年度计划的119%。必须着力做好招商，大力实施开放带动，坚持把开放招商作为“一举求多效”的关键举措，以“中国农加工洽谈会”为平台，深入开展大招商活动，全市先后派出300余支招商小分队，开展定点定向招商，举办各类招商活动15次，累计签约亿元以上项目248个，合同投资1628亿元；预计全年实际到位省外资金221.3亿元，增长9.6%；完成进出口4.33亿美元，增长8.1%。第十八届“中国农加工洽谈会”圆满成功，我市现场签约合同项目76个，总投资696.5亿元，项目数量、质量和投资规模与往年相比均有新的提高。必须着力做强载体，培育科学发展支撑，按照“四集一转”“五规合一”要求，加强产业集聚区基础设施和配套服务设施建设，大力培育主导产业和产业集群，深入开展晋档升级活动，推动产业集聚区上规模、上水平、上层次。预计全市产业集聚区完成固定资产投资900亿元，占全市固定资产投资的68%；实现主营业务收入2026亿元，占全市的80%。服务业“两区”加快发展，全市“两区”完成投资近60亿元，建成区面积4.66平方千米。必须着力统筹城乡，科学推进新型城镇化，按照“以人为核心推进新型城镇化”的要求，把握好城镇化的方向、原则和重点，增强市中心城区和县城的综合承载能力、吸纳就业能力，全市城镇化水平进一步提升。积极推进城乡一体化示范区建设，理顺管理体制，谋划实施一批重点项目，努力打造现代化示范样板区。必须着力抓好三农，夯实农业基础地位，切实加强高标准粮田和基础设施建设，积极推进规模化经营，加快推进农业产业化进程，深入实施现代农业产业化集群培育工程，全年粮食产量（含新蔡）758.8万吨，增长5.1%，实现“十二连增”；全市农业产业化集群达到51个，其中省级15个。

为应对经济下行压力，我们理清思路举措，坚持在实践中形成的“三集”“五做”“六着力”等工作思路和举措（其中：三集即产业集聚、人口集中、土地集约，五做即做强载体、做大产业、做实项目、做好招商、做优环境，六着力即着力

推动科学发展、着力调优经济结构、着力实施项目带动、着力全面深化改革、着力增创发展优势、着力保障改善民生），强调在质量、效益不断提升的前提下，确保全年经济增速高于全省平均水平。我们完善政策措施，出台了稳增长保态势重大工作专项，确定了20项重点工作任务，并对20项重点任务明确了市领导分包、牵头单位和配合单位；出台推进创新发展的意见；强化了科技体制改革；健全促进就业创业体制机制；支持企业健康发展，专门设立用于企业还贷周转的专项资金等一系列政策措施。我们狠抓工作落实，把2015年确定为“抓落实年”，先后组织2次产业集聚区和1次服务业“两区”观摩评比活动，传导了压力，激发了动力。召开全市经济运行分析会、稳增长保态势工作会、重点工作推进座谈会等，交流经验、研究方法，推动各部门抓实抓深抓到位。我们高度重视防控风险，按照“抓大、扶优、帮困、淘劣”的总体要求，加强企业服务，强化产销、银企、用工、产学研“四个对接”；开展集中整治非法集资行动，完善企业担保链风险化解机制，守住了不发生系统性区域性风险的底线。我们着力优化发展环境，交通、水利、城建等一批重大项目建成投用，基础支撑保障能力增强。积极推进行政审批制度改革，强化为企业为群众服务，努力优化发展环境。同时，我们加快美丽驻马店建设，大力实施“蓝天工程”“碧水工程”“乡村清洁工程”，将“四城联创”提升为“六城联创”，处理好发展经济和保护环境的关系，环境质量进一步改善。

二、坚定不移深化改革，全面激发发展动力活力

市委常委会认识到，改革是决定驻马店前途命运的关键一招，是实现富民强市加快崛起的必由之路。我们必须对党的事业负责、对驻马店发展负责、对人民的长远利益负责，坚决把改革抓紧抓实抓成，创造体制机制优势，赢得战略主动，增强发展新动能。

我们坚持务实改革的总体要求，围绕“一跟进、两聚焦”、“一导向、两方面、三重点”，强化“两个责任主体”，扎实有效推进各项改革。坚持统筹谋划、精心部署，市委全面深化改革领导小组充分发挥把方向、谋全局的作用，认真学习领会上级改革精神，定期研究部署重大改革事项，目前已召开八次市委全面深化改革领导小组会议，仅2015年就召开五次市委全面深化改革领导小组会议，完善工作机制，建立工作台账，规范审议程序，明确责任主体和推进时限。突出改革重点，坚持问题导向，聚焦制约发展的突出问题、聚焦群众反映强烈的热点难点问题、聚焦影响社会稳定激化社会矛盾的突出隐患，一方面坚决有效地推进中央、省委各项改革措施，另一方面抓好根据市情确定的“自选动作”，年初确定了领导小组38项近期工作重点，下半年对一些需要重点推进落实的改革任务进行了细致安排和部署。强化督办督察，健全了提示督办、分级约谈、改革效果评估和考核成果运用等机制，创新推行了“两单”督察办法。加强宣传引导，调动各方面推动改革、参与改革的积极性，鼓励广大干部既当改革促进派又当改革实干家，汇聚全社会支持改革的正能量。目前，各项改革积极稳妥推进，一些改革取得实质性进展，一些改革已经完成。2015年省委全面深化改革领导小组部署的25项重点改革任务全部落实到位；我市改革台账中明确的203项具体改革事项，已完成或基本完成190项，改革任务完成率达到93.6%。其中经济体制改革中确定的132项重点改革任务已基本完成；全面完成了市、县两级政府机构改革；完成了全市6277个事业单位分类工作；继续深化国有企业改革，具备改制条件的企业有9家进入改制程序，其中3家完成改制任务；县级公立医院改革全面推开，药品加成全面取消；国家确定的134项前置改后置审批项目全部落实；全面推行“三证合一”商事登记制度；承接省级下放的30项行政审批事项全部落实到位，全面取消非行政许可审批，再次减少行政审批事项78项，精简29%；全面开展重点项目联审联批，积极探索模拟审批，项目审批速度明显加快；农村集体土地所有权和集体林地确权颁证工作全部结束，完成了18个试点村农村土地承包经营权确权颁证工作；党政机关公务用车制度改革顺利推进，财税、科技、文化等领域改革取得积极进展。认真抓好全面深化改革各项试点工作，国家综合执法改革试点、省级土地托管试点、新型城镇化改革试点等正在积极探索推进。同时，政治体制、文化体制、司法体制改革协同推进。

三、注重法德双治，努力促进社会文明有序、和谐稳定

市委常委会认为，当前经济社会发展正处于转型期，各类矛盾和难题增多，必须把思想引领和制度建设结合起来，以推进法治、德治“双治”为基本途径，以加强基层组织建设、基础制度建设“双基”为基本保障，以确保公平正义、公正司法“双公”为基本追求，努力实现人民安居乐业、社会安定有序的“双安”基本目标。

我们坚持用先进的思想理论武装干部群众，用社会主义核心价值观引领群众，以做文明人、办文明事为基本要求，扎实推进文明驻马店建设。加强理想信念宣传教育，坚持把学习宣传贯彻习近平总书记系列重要讲话精神作为重中之重，深化中国特色社会主义、中国道路、中国梦宣传教育，强化党委（党组）中心组学习，创新理论宣传方式，加大理论研究阐释，引导广大干部群众坚定“三个自信”，巩固团结奋斗的共同思想基础。广泛开展纪念中国人民抗日战争暨世界反法西斯战争胜利70周年活动，作为全国举办纪念活动的46个重点城市之一，围绕讴歌抗日民族英雄杨靖宇将军的典型事迹等举办系列活动，弘扬伟大爱国主义精神、伟大抗战精神，进一步激发全市人民团结拼搏、攻坚克难、干事创业的热情。大力培育和践行社会主义核心价值观，深化“践行价值观、文明我先行”主题活动、道德讲堂活动和学雷锋志愿服务活动，倡导文明社会风尚。推进“好人之城”建设，开展感动天中人物、文明市民标兵、最美人物等评选表彰活动，举办道德模范故事汇基层巡演、巡展活动。2015年共有1人入选第五届全国道德模范，1人获第五届全国道德模范提名奖，12人荣登中国好人榜，5人入选中国文明网《好人365》封面人物，中宣部把我市作为全国道德模范宣传教育典型进行推广。成功创建全国文明城市提名城市，围绕创建全国文明城市，开展丰富多彩的文明创建活动。牢牢把握意识形态工作领导权和主导权，落实意识形态工作责任，把意识形态工作责任制纳入年度考核；加强对形势政策

报告会、哲学社会科学报告会等宣传思想文化阵地的管理；建立网络舆情发现、分析、研判和处置机制，集中整治网络新闻传播“四乱”、网络敲诈和有偿删帖等现象，规范网络秩序，净化网络空间；强化内宣与外宣联动、传统媒体与新兴媒体联动、市内媒体与市外媒体联动，加大正面宣传力度，中央、省、市主流媒体集中采访报道了“救火英雄”李到信等一批先进典型，传播了驻马店好声音、展示了驻马店好形象。2015年共在省级以上主流媒体发稿2000余篇（条）。坚持以先进文化感染人塑造人，实施精神文明建设“五个一工程”，加大文艺精品创作、展演展映，豫剧《陈蕃》进京汇报演出和参加第十四届中国戏剧节圆满成功，并获国家艺术基金资助。在文化战线开展“深入生活、扎根人民”主题实践活动，推进中原文化大舞台建设，举办文明驻马店·欢乐天之中、舞台艺术送农民等文化活动4万多场，丰富了群众的精神文化生活。深入实施重点文化惠民工程，推进现代公共文化服务体系建设。积极探索媒体融合发展之路，成功承办第六届河南省市级党报高层论坛，制定出台我市推动传统媒体和新兴媒体融合发展的实施意见。加快文化产业发展，实施重点文化企业培育工程。

我们坚持民生优先、量力而行、尽力而为，着力保基本、兜底线、促公平，切实保障和改善民生。扎实推进“十项重点民生工程”，中心城区六件惠民实事稳步实施，全年全市民生支出311亿元，占公共财政预算支出的81%。把就业作为最大民生，全市完成各类劳动力技能培训16.5万人，新增农村劳动力转移就业6.5万人，新增城镇就业7.4万人。提高低保、企业退休人员基本养老金和农村五保供养标准，启动实施城镇居民大病保险、机关事业单位养老保险，新农合参合率达到98%。全市新开工保障性住房3.39万套，基本建成1.95万套。扎实推进精准扶贫，完成了131个村的整村推进任务，解决了10.8万人的脱贫问题。安全饮水、危房改造、农村公路等项目进展顺利。残疾人事业持续发展，成功创建“全国残疾人文化体育示范市”。

我们坚持急则治标、缓则治本、长则建制，深化平安驻马店建设，着力维护社会和谐稳定。严格落实安全生产责任制，加大安全监管执法力度，加大食品药品安全专项治理力度，着力提高安全生产保障水平。按照“四清楚四到位”的要求，健全信访工作制度，引导群众依法依程序逐级反映情况，各级领导干部带头处理信访案件，及时解决群众生产生活困难，加强信访突出问题治理，坚持以法治理念化解涉法涉诉信访积案，全市实现信访总量、赴省进京越级访、赴省进京非访、到市信访量“四下降”，重大敏感节点实现了零非访。深入推进社会治安综合治理，完善社会矛盾预防化解体系，落实重大决策社会稳定风险评估制度，加强行业性专业性调解组织建设，调动社会力量参与基层矛盾化解，使大批矛盾纠纷化解在萌芽状态。深化社会治安防控体系建设，技防体系建设与管理水平不断提升。全面推进五星级平安乡镇（街道）创建活动，着力创新基层治理工作，实现基层综合服务管理平台规范化。全力维护国家政治安全，严密防范、严厉打击暴力恐怖活动，深入开展反邪教斗争，始终保持对刑事犯罪的高压态势，人民群众的安全感和满意度明显上升。

我们在全面推进依法治市大局中，坚持运用法治思维和法治方式深化改革、推动发展、化解矛盾、维护稳定。召开市委三届八次全会，深入贯彻落实党的十八届四中全会和省委九届九次全会精神，出台我市全面推进依法治市的实施意见、落实省委全面推进依法治省的实施意见和重点事项，对推进全面依法治市作出部署。我们始终坚持以法治理念谋划平安工作，把平安驻马店建设和法治驻马店建设同步研究部署、一体推进落实，在全社会进一步弘扬法治精神、树立法治信仰、用好法治方式，把各项工作纳入法治化轨道，更好地统筹社会力量、平衡社会利益、调节社会关系、规范社会行为，实现经济发展、政治清明、文化昌盛、社会公平、生态良好。至目前，一些重要改革方案已经出台落实，司法公开从结果公开向过程公开延伸，立案登记制全面推行，人民陪审员制度改革工作进展顺利，规范细化查封扣押冻结处理涉案财物的司法程序、领导干部干预司法活动插手具体案件处理的记录通报和责任追究规定、司法机关内部人员过问案件的记录和责任追究规定严格落实，全社会尊法学法守法用法氛围更加浓厚。

四、加强社会主义民主政治建设，切实凝聚团结奋斗的强大合力

市委常委会认为，坚定不移走中国特色社会主义政治发展道路，是驻马店各项事业不断前进的重要保障，必须坚持党的领导、人民当家做主、依法治国有机统一，稳步推进社会主义法治建设，扩大社会主义民主，全面推进依法治市，巩固发展民主团结、生动活泼、安定和谐的政治局面，最大限度凝聚各方面智慧和力量。

我们按照中央、省委部署，研究制定加强社会主义协商民主建设的实施意见，对开展党党协商、人大协商、政府协商、政协协商、人民团体协商、基层协商、社会组织协商等作出部署，支持鼓励协商民主建设探索创新，推动协商民主广泛多层制度化发展。

我们支持市人大及其常委会依法履行职能，对县乡人大工作进行安排部署，起草《中共驻马店市委关于加强县乡人大工作建设的实施意见》，筹备召开市委人大工作会议。推动人大工作制度和人大工作与时俱进、完善发展。积极争取设区的市第一批地方立法授权，设立机构，充实人员，围绕城市建设管理、生态环境和历史文化保护开展立法调研，制定“十三五”期间立法规划，推动地方立法工作顺利开展。依法开展法律监督和工作监督，听取审议市“一府两院”专项工作报告，开展专题询问、专题调研，组织执法检查。加强重点事项决定和选举任免工作，对《驻马店市人大常委会讨论、决定重大事项的规定》进行修订，依法任免地方国家机关工作人员。充分发挥人大代表参与管理国家事务的作用，加强议案建议办理，推进代表议案建议办理等网络平台建设。

我们坚持和完善中国共产党领导的多党合作和政治协商制度。召开市委政协工作会议，出台进一步加强人民政协工作的实施意见。市政协发挥协商民主重要渠道和专门协商机构作用，健全双月协商座谈会制度，创新协商计划制定、主体参与、意见表达、成果转化等机制。市政协围绕提升产业集聚区发展水平、公共文化服务体系建设等重大课题进行调研和专题议政；围绕宿鸭湖湿地保护与开发、中心城区背街小巷升级改造等问题组织委员视察，就社会关注、事关民生的社会养老服务体系建设等问题实施民主监督；围绕制定“十三五”规划、提升农村教育发展水平、加快现代物流业发展等问题开展协商活动，提出意见建议。深入联系群众，积极反映社情民意，促进社会和谐稳定。强化提案办理协商，提高提案办理质量。建立健全委员联络机制，有效开展委员履职建档评优活动。

我们巩固发展最广泛的爱国统一战线。召开市委统战工作会议，对统战工作作出全面部署。加强党对统一战线工作的领导，出台加强新形势下统一战线工作的实施意见。定期就重大决策向各民主党派、工商联和无党派人士通报情况、听取意见，建立了各民主党派驻马店市委直接向中共驻马店市委提出意见建议制度和各民主党派、工商联、无党派人士意见建议落实反馈制度，健全了驻马店市人民政府关于落实政府部门同民主党派工商联无党派知识分子联谊会对口联系制度，加强了政治协商。积极做好党外知识分子、新的社会阶层人士、非公有制经济领域和港澳台海外统战工作，加强党外代表人士培养使用。召开了市委民族工作会议暨市政府第六次民族团结进步表彰大会，切实维护民族团结、宗教和谐。

我们召开市委党的群团工作会议，出台加强和改进党的群团工作的实施意见，强调群团组织要保持和增强政治性、先进性、群众性，坚定不移走中国特色社会主义群团发展道路，坚持发挥桥梁和纽带作用，坚持围绕中心、服务大局，依法依章程独立自主开展工作，最广泛地吸引和团结群众，开创党的群团工作新局面。扎实做好对口援疆工作。认真落实党管武装，支持部队和国防后备力量建设。深入开展双拥共建，推动军民融合深度发展。

五、坚持全面从严治党，着力优化政治生态

市委常委会认为，从严治党是提高党的执政能力和水平、保持党的先进性和纯洁性的关键所在，只有坚持从严治党，形成风清气正的政治生态和干事创业环境，才能进一步凝聚党心民心，促进经济社会持续健康较快发展。我们严格落实主体责任，把抓好党建作为最大的政绩，召开市委三届九次全会，出台推进全面从严治党的实施意见，把从严要求贯穿于党的建设各个领域和全过程，认真落实、扎实推进全面从严治党各项任务，汇聚全面建成小康社会、加快现代化建设的强大正能量。

我们坚持把“三严三实”专题教育作为一项重大政治任务，从严要求、从实推进，进展有序、态势良好，推动作风建设常态长效。注重领导示范，市委常委会先后10次研究专题教育，传达学习中央和省委精神，谋划部署推进措施，研究解决存在问题；市委常委带头参加专题教育、带头讲党课、带头调查研究、带头学习研讨、带头查摆整改，为全市各级领导干部做好表率。注重求实求效，以习近平总书记系列重要讲话精神为遵循，以先进典型为标杆、以反面典型为镜鉴，按照两月一专题的进度抓好学习研讨，紧密联系思想实际、岗位职责、作风现状，运用就实求实、反求诸已的思想方法，谈收获、查问题、剖原因、定方向，在剖析反思、交流碰撞中提高认识、受到教育，真正使“三严三实”植根入脑，做到学深悟透笃行。注重解决问题，高质量开好专题民主生活会，建立并落实问题、责任、整改“三个清单”，推动个性问题立行立改、共性问题专项整治，深入开展严守政治纪律严明政治规矩等5个专项治理，着力解决不严不实问题。注重统筹融合，引导各级党员干部以严的精神和实的作风做好每项工作，以“三查三保”活动实效检验“三严三实”专题教育成果，把专题教育成果转化为推动经济社会持续健康较快发展的强大力量，实现了两手抓、两促进，党员干部群众普遍感受到了新变化新气象。

我们坚持思想建党和制度治党紧密结合，形成推动全面从严治党的整体合力。毫不放松地抓牢抓实思想政治建设，引导党员干部坚定道路自信、理论自信、制度自信。注重立根固本，强化理论武装、党性教育、法治教育、道德教育，把学习贯彻习近平总书记系列重要讲话精神作为重中之重，教育引导党员干部解决好理想信念、群众观点、思想方法、精神状态、执政能力等问题，自觉严守党的纪律规矩特别是政治纪律政治规矩，始终在思想上政治上行动上同以习近平同志为总书记的党中央保持高度一致。注重知行合一，坚持理论联系实际，把处理重大政治问题、解决经济社会发展难题等作为检验理论学习成效的重要标准，引导广大党员干部自觉运用马克思主义立场观点方法指导实践、推动工作。办好领导干部大讲堂，深入开展党员干部形势政策教育，加强党史国史、世情国情教育。积极探索全面从严治党长效机制。一年来，市委常委多次通过专题调研、座谈会、现场工作推进会等形式，着重推进“4+4+2”党建制度体系建设，在基层完善落实民主科学决策、矛盾调解化解、便民服务、党风政风监督检查四项基础制度，在县级以上机关完善落实民主集中制、严肃党内政治生活、干部选拔任用、反腐倡廉四项基础制度，在各级党政机关完善落实规范权力运行和全面从严治党监督检查问责两项制度机制，目前已取得阶段性成效。围绕党的思想、组织、作风和反腐倡廉建设，结合实际，突出重点，研究制定了一批具有普遍约束力的党内规范性文件，进一步提升了管党治党规范化水平。把党建制度执行情况纳入考核体系，作为领导班子和领导干部考核评价的重要内容，较好地推动了各项党建制度的落实。

我们坚持正确的用人导向，着力建设高素质的领导班子和干部队伍。严格按照党的干部政策要求办事，认真落实党管干部原则，充分发挥党组织的领导和把关作用，从严掌握选拔标准，把合适的人选拔到合适的岗位上，调动了广大干部干事创业的积极性。强化领导干部综合评价分析，在坚持领导班子和领导干部考核、重点工作考核、作风建设暨反腐倡廉建设考核“三考合一”的基础上，进一步突出党的建设和法治建设考核，规范考评内容、创新考评方法，加强综合研判，全面了解领导班子运行情况和领导干部履职情况，为干部奖惩、选拔任用、改进工作、培养教育、管理监督提供重要依据。加强干部日常监督管理，抓好四项监督制度的贯彻落实，持续开展超职数配备干部专项整治和“带病提拔”

倒查工作，实行干部调整预审监督制度，落实个人有关事项报告和抽查核实制度，开展违规办理和持有因私出国（境）证件专项治理，积极推进领导干部经济责任审计，从严管理干部的力度不断加大。大力实施人才强市战略，督促落实中长期人才发展规划和9个重点领域专项人才规划，继续深化院地双促、院企人才合作和项目带动“三大人才工程”，全面加强高层次人才队伍建设，人才支撑发展的能力不断增强。

我们坚持重视基层、大抓基层，不断提升基层党组织建设水平。落实基层党建工作责任制，推进县乡党委书记抓基层党建工作述职评议考核制度化常态化。深化“四议两公开”工作法、“一征三议两公开”工作法和服务型党组织创建，提升基层民主科学决策和便民服务水平。健全完善基层党组织设置模式，积极探索不同领域党组织设置和发挥作用的有效途径，推进党的组织、党的工作实现“有形”覆盖和“有效”覆盖，着力强化基层党组织政治功能和服务功能。开展“三有”问题专项治理，完成村级活动场所“清零”任务，提高基层组织运转经费和基层干部工作补贴。顺利完成全市社区“两委”换届工作。以“五大工程”为载体，着力加强农村基层党组织书记的教育和管理。选派988名机关优秀干部到党组织软弱涣散村、建档立卡贫困村、艾滋病防治帮扶重点村中担任村党支部第一书记。认真开展软弱涣散基层党组织集中整顿活动，全市259个软弱涣散基层党组织已完成近期整顿目标。从优秀村党组织书记和村委会主任中考试录用30名乡镇机关公务员，畅通从基层选拔干部渠道。从严加强党员队伍建设。推动远程教育“上互联网、上手机、上电视”，积极探索“互联网+党员教育”的有效途径。

市委以高度的政治责任感，坚定不移地推进党风廉政建设和反腐败斗争。全面落实“两个责任”，认真落实省委主体责任落实年工作部署，以遂平县为试点，探索建立“一方案三清单”制度，推动主体责任具体化；坚持“一案双查”，对履行“两个责任”不到位的党组织和党员领导干部进行追责问责并公开通报。推动落实纪委双重领导体制，全面推行“一为主、两报告”查办腐败案件体制机制改革，明确县区纪委书记、副书记和市纪委派驻纪检组长、副组长提名考察办法，制定出台《关于加强市纪委派驻机构建设的意见》。把党的纪律和规矩挺在前面，加强日常纪律检查，对党员干部出现的倾向性、苗头性问题及时提醒、纠正、处理。强化执纪监督和惩戒问责，严肃查处违反中央八项规定精神和省、市若干意见的问题，坚决防止“四风”反弹回潮。建立巡察制度，组建巡察机构，分两批对7个县区和3个市直单位进行了集中巡察，配合省委巡视组完成对4个县的巡视，目前已实现对全市所有县区巡视巡察全覆盖。坚定不移惩治腐败，2015年，全市纪检监察机关初核问题线索2621件，立案1472件，结案1455件，党政纪处分1691人，其中县处级干部38人，乡科级干部306人；4名外逃人员全部成功劝返。

同志们！一年来，市委常委会持续加强自身建设，充分发挥领导核心作用，要求常委会各同志进一步坚定理想信念，不断增强党性观念，强化政治纪律政治规矩，坚定“三个自信”，坚定正确政治方向，自觉维护中央权威；进一步改进工作作风，坚持从严从实推进工作，带头尊法学法守法用法，带头遵守各项规章制度，始终做到依法依规办事；进一步提高贯彻执行民主集中制的主动性和能力水平，严肃党内政治生活，做到既充分发扬民主又有效实现集中，不断增强领导班子的凝聚力、战斗力；进一步强化责任担当，注重观大势、谋大事、抓重点，尊重规律、主动作为、真抓实做，做到思路清、措施实、力度大、效果好；进一步加强廉政建设，认真落实党风廉政建设党委主体责任，自觉践行“三严三实”，严格遵守廉洁自律各项规定，严格教育约束亲属和身边工作人员，自觉接受各级党组织和广大党员干部的监督，克己奉公、廉政勤政，清白做人、干净做事。

我们在推动各项事业发展的同时，认真贯彻党的十八届五中全会和省委九届十一次全会精神，着眼全面建成小康社会、加快形成现代化建设大格局，科学谋划我市“十三五”发展，强调必须应时合势，准确把握经济发展新常态带来的趋势性变化；必须更新理念，坚持创新发展、协调发展、绿色发展、开放发展、共享发展；必须抓住关键，在破解发展难题，厚植发展优势，提升发展水平上下功夫。市委多次讨论研究，广泛听取各方面意见建议，形成了提交这次全会审议的《中共驻马店市委关于制定驻马店市国民经济和社会发展第十三个五年规划的建议（讨论稿）》。

以上报告的是2015年市委常委会的主要工作。这些工作的推进和成绩的取得，是省委、省政府正确领导的结果，是全市人民团结奋斗的结果，是广大党员干部真抓实做的结果。市委全委会的同志们对我们的工作给予了真诚帮助和大力支持。

在总结工作的时候，市委常委会也分析了面临的挑战和存在的不足，特别是作为一个经济欠发达的农业大市，仍存在一些问题和薄弱环节，比如经济总量少，人均水平低；发展方式粗放，产业层次低；群众诉求比较多，民生欠账比较重；各种不稳定因素较多，维稳形势依然严峻；党的建设、作风建设仍需进一步加强，人民群众还有不满意的地方，等等。对这些问题我们高度重视，正在着力加以解决。

我们认为，加强和改进各项工作，必须贯彻落实党的十八大和十八届三中、四中、五中全会精神，深入贯彻习近平总书记系列重要讲话精神，按照“五位一体”总体布局和“四个全面”战略布局，坚持发展是第一要务，牢固树立创新、协调、绿色、开放、共享的发展理念，增强定力、主动作为，加快推进产业集聚、人口集中、土地集约“三集”步伐，着力打造富强、文明、平安、美丽“四个驻马店”，为全面建成小康社会、实现富民强市加快崛起打下坚实基础。

政府工作报告（摘要）

（2016年2月25日驻马店市第三届人民代表大会第七次会议通过）

驻马店市人民政府市长　陈　星

一、“十二五”重大成就及“十三五”主要目标

回顾过去的五年，我们走过的历程很不平凡。面对复杂严峻形势和一系列重大风险挑战，在省委、省政府和市委正确领导下，全市上下全面落实党的十八大和十八届三中、四中、五中全会精神，深入贯彻习近平总书记系列重要讲话精神，紧紧围绕富民强市加快崛起目标，开拓创新、真抓实干，胜利完成了“十二五”规划主要目标任务，经济社会发展取得了令人鼓舞的重大成就！

综合实力稳步提升。去年全市生产总值达到★ 1807.1亿元（加★包括新蔡县，其他不包括，下同），年均增长 9.7%，人均生产总值由 14112 元提高到 26024 元；规模以上工业增加值 575 亿元，年均增长 15.3%；一般公共预算收入★ 96亿元，年均增长 21.4%；社会消费品零售总额 699 亿元，年均增长 14.8%；粮食生产在高基点上实现新跨越，总产达★ 151.8 亿斤，实现“十二连增”。

转型升级步伐加快。三次产业结构从★27.5：41.8：30.7调整为22.3：40.1：37.6，二、三产业比重提高5.2个百分点，其中三产比重提高6.9个百分点。科学载体功能不断完善，带动能力持续提升，产业集聚区规模以上工业增加值、主营业务收入分别占全市的79%和82%；服务业“两区”建设步伐加快，一批千万元以上商业项目建成投用，集聚效应更加凸显。全市城镇化率达39.2%，比“十一五”末提高9.4个百分点，中心城区建成区面积由53平方千米扩大到85平方千米，人口由48万增加到近70万。创新能力持续增强，建立院士工作站3个、博士后科技工作站2个，省级以上工程技术研发中心、企业技术中心、工程实验室64个，高新技术企业26家。生态环境明显改善，万元生产总值能耗比“十一五”末下降15%，主要污染物排放总量全面完成省定目标。

基础支撑能力不断增强。固定资产投资累计完成近5000 亿元，是“十一五”时期的 2.5 倍。交通、水利、能源、信息等一批重大项目建成投用，全市综合交通线网里程超过1.84 万千米，其中高速公路通车里程 437 千米，实现所有县20 分钟上高速。实施了宿鸭湖、薄山、铜山湖 3 座大型水库和 160 多座中小型水库除险加固，完成了小洪河等 19 条中小河道治理。吴桂桥煤矿、华润风电等重大项目建成投运，电力总装机达到 230 万千瓦，实现 220 千伏变电站九县全覆盖。信息网络不断完善，全市乡镇以上区域实现 4G 网络全覆盖。

改革开放成效显著。行政体制改革稳步推进，简政放权持续加快，行政审批事项大幅缩减。商事制度改革全面实施，新登记企业数量快速增长。政府机构改革和事业单位改革稳步推进，交通运输行政执法和食品药品监管机构改革全面完成。医药卫生体制改革深入推进，实现了城镇居民大病保险市级统筹和新农合县级统筹。农村综合改革和财税、水利、科技、教育、文化等领域改革取得积极进展。开放招商成效显著，累计到位各类资金 1855.7 亿元，为“十一五”时期的 4 倍，其中实际利用外资 15.1 亿美元、利用省外资金 898.5 亿元。

人民生活明显改善。城镇居民人均可支配收入 22608元，农民人均可支配收入 9174 元，年均分别增长 11.1% 和13.4%。五年新增城镇就业 39 万人，新增农村劳动力转移就业 44 万人。企业退休人员养老金和城乡低保标准连年提高，城镇居民医疗保险参保率、新农合参合率分别达 97%和 98%，覆盖城乡的社会保障体系初步形成。义务教育均衡发展取得新成就，九年义务教育巩固率达 95%。卫生事业加快发展，新增医疗卫生机构床位 8600 多张。公共文化服务体系不断完善，推出了一批群众喜闻乐见的精品力作。新建改建农村公路 3296 千米，解决 48.9 万农户“低电压”问题，改造农村危房 9.3 万户，69.7 万贫困人口稳定脱贫，人民群众福祉显著提高。

各位代表！回顾五年的奋斗历程，我们迎难而上、负重前行，实现了经济社会健康快速发展，为全面建成小康社会奠定了坚实基础，我市的发展已站在了新的历史起点上。取得这样的成就来之不易，这是全面落实党中央、国务院和省委、省政府决策部署的结果，是市委坚强领导的结果，是市人大、市政协大力支持的结果，是全市人民团结奋斗的结果。在此，我代表市人民政府，向广大工人、农民、知识分子、干部，向驻驻部队指战员、武警官兵、公安民警及社会各界人士，表示崇高的敬意和衷心的感谢！

这五年，我们在现代化建设实践中积累了宝贵经验，主要是：坚持贯彻中央和省委决策部署与立足驻马店实际相结合，坚定正确政治方向；坚持发展第一要务，凝心聚力加快发展步伐；坚持“四化”同步推进，统筹经济社会协调发展；坚持深化改革开放，激发发展动力和活力；坚持以人为本，着力保障和改善民生；坚持推进伟大工程，切实加强和改善党的领导。这些经验是全市人民智慧的结晶，也是我们开创未来的制胜法宝，必须倍加珍惜、发扬光大！

五年的成就和经验，凝聚着全市干部群众的聪明才智和辛勤汗水，极大增强了全市人民的自信心和自豪感，必将激励我们在新的征程中奋勇前进！

各位代表！“十三五”是全面建成小康社会的决胜阶段，也是驻马店实现富民强市加快崛起的关键时期，必须保持定力、攻坚克难，以滚石上山的精神和勇气，奋力开拓加快发展新局面。

根据市委建议，市政府编制了《驻马店市国民经济和社会发展第十三个五年规划纲要（草案）》，已印发会议，提请审议。

“十三五”时期经济社会发展的指导思想是：高举中国特色社会主义伟大旗帜，全面贯彻党的十八大和十八届三中、四中、五中全会精神，以马克思列宁主义、毛泽东思想、

邓小平理论、“三个代表”重要思想、科学发展观为指导，深入贯彻习近平总书记系列重要讲话精神，按照“五位一体”总体布局和“四个全面”战略布局，坚持发展第一要务，牢固树立创新、协调、绿色、开放、共享发展理念，以提高经济发展质量和效益为中心，着力创新体制机制、增强发展动力，着力推进四化同步、统筹协调发展，着力优化经济结构、转变发展方式，着力深化改革开放、厚植发展优势，着力保障改善民生、共享改革发展成果，全力打造“四个驻马店”，确保如期全面建成小康社会，为实现富民强市加快崛起奠定更加坚实基础。

主要预期目标是：在提高发展平衡性、包容性、可持续性基础上，生产总值和城乡居民人均收入比2010年翻一番以上，主要经济指标年均增速高于全省平均水平，力争主要人均指标达到或接近全省平均水平；转型升级和创新驱动取得新进展，改革开放开创新局面，人民生活得到新提高，全民素质和社会文明达到新水平，生态环境质量实现新改善，治理体系和治理能力现代化迈出新步伐，到2020年全面建成小康社会，基本形成现代化框架格局，综合竞争优势大幅提升，成为综合实力较强、人民生活富足、生态文明良好的区域性豫南中心城市，富强文明平安美丽驻马店展现出更加美好前景！

实现上述目标，必须坚持创新发展，培育发展新动力；坚持协调发展，构筑发展新格局；坚持绿色发展，建设美丽新家园；坚持开放发展，拓展发展新空间；坚持共享发展，创造幸福新生活。

各位代表！宏伟的目标召唤着我们，人民的期待激励着我们。我们坚信，经过五年的不懈努力，我们一定能够圆满完成全面建成小康社会这一伟大历史任务！

二、2015年工作回顾

2015年是“十二五”的收官之年。一年来，我们按照市委的决策部署，紧紧围绕“推发展、促改革、保稳定、抓党建、惠民生”五项重点工作，着力做强载体、做大产业、做实项目、做好招商、做优环境，经济社会发展保持良好态势，较好完成了市三届人大六次会议确定的目标任务。全市生产总值增长8.9%；规模以上工业增加值增长9.2%；固定资产投资增长19.4%，居全省第二；社会消费品零售总额增长13.3%，居全省第一；一般公共预算收入增长12.1%；城镇居民人均可支配收入、农村居民人均可支配收入分别增长8.7%和10%，主要经济指标增速均高于全省平均水平。重点抓了以下工作：

（一）努力保持工业稳定增长。坚持把工业发展作为稳增长的重中之重，认真落实上级各项政策措施，深入开展工业“稳增长、调结构、防风险、保发展”活动，实施了稳增长保态势重大工作专项、出台了推进企业创新发展实施意见、设立企业应急周转专项资金，健全企业服务协调机制，并通过召开经济运行分析会、现场办公会等形式，加强企业服务，强化产销、银企、用工对接，协调解决企业发展中的问题，促进了工业经济的稳定增长。全市规模以上工业企业主营业务收入增长12.8%，实现利润增长10.5%，其中主营业务收入超120亿元企业1家，超10亿元企业21家。电动汽车、电子信息、新材料等战略新兴产业加快发展，新增国家高新技术企业13家，战略新兴产业企业发展到64家。深入开展产业集聚区晋档升级活动，大力发展主导产业和产业集群，全市产业集聚区完成固定资产投资970.3亿元、实现主营业务收入2102亿元，分别占全市的73%和82%。

（二）着力加大项目建设力度。深入开展项目建设推进年活动，继续实行四大班子领导分包重点项目制度，认真落实模拟审批、联审联批、全程代理等工作机制，采取观摩点评、现场办公、早餐会等形式协调解决问题，深入开展中心城区重点项目征地拆迁集中行动，累计拆迁218万平方米，为项目落地创造了条件。全年分四批集中开工153个亿元以上重点项目，总投资740亿元，年度投资214亿元。鹏辉锂电池、鼎复康药业等一批重点项目竣工投产，德威电缆、顺达化工醋酸制乙醇等一批重大项目开工建设，金龙沃诚二期、后弈制药等一批续建项目加快推进；京港澳高速驻马店段改扩建工程顺利竣工，107国道升级改造及干线公路、农村公路项目加快推进；病险水库除险加固、小农水重点县、中小河流治理等水利项目进展顺利。全市22个省重点项目完成投资112亿元，占年度计划的123%；264个市重点项目完成投资770亿元，占年度计划的119%，其中194个亿元以上工业项目完成投资501亿元，占年度计划的126%，均超额完成目标任务。

（三）强力推进开放招商。坚持把开放招商作为“一举求多效”的重要举措，继续实行重大招商项目领导分包和月通报制度，强化合同履约率、资金到位率、项目开工率督察，进一步提高招商引资实效。深入开展大招商活动，强化产业招商、定点招商、落地招商、以商招商，先后派出300余支招商小分队，举办各类招商活动15次，累计签约亿元以上项目248个，合同投资1628.5亿元，其中10亿元以上项目53个，合同投资981.4亿元。成功举办第十八届中国农加工洽谈会，现场签约合同项目76个，总投资696.5亿元，项目质量和投资规模较往年均有新提高。市公共保税物流中心“两仓”封关运营，全年到位省外资金222.4亿元，增长9%；完成进出口4.5亿美元，增长11.3%，增幅分别居全省第二位和第三位。

（四）加快推进服务业发展。坚持把服务业发展作为优化产业结构的重点，进一步完善措施，强化政策支持，努力弥补发展短板。加快推进“两区”建设，完成投资近60亿元，建成区面积4.66平方千米。认真落实国家、省促进房地产业发展政策措施，出台住房公积金使用和购房、契税补贴优惠政策，全市房地产投资额、销售收入分别增长15%和8.9%。加快旅游业发展，嵖岈山景区成功创建国家5A级景区，全市旅游综合收入134.7亿元，增长26.5%。加快金融业发展，金融机构各项存款余额2237.6亿元，增长12.9%；各项贷款余额1115.5亿元，增长18.7%，余额存贷比50%，新增存贷比68%；招行引资、企业上市取得突破，兴业银行驻马店支行开业运营，蓝天燃气等5家企业实现“新三板”挂牌。电子商务产业加快发展，各类电商企业2000多家，交易额156.8亿元，增长124%；阿里巴巴、中国网库、京东商城等50余家电商企业成功入驻，阿里巴巴·驻马店产业带上线企业突破600家，线上线下交易额突破10亿元。现代物流、健康养老、"互联网+"等产业加快发展，服务业发展活力明显增强。

（五）统筹推进新型城镇化。强化"一基本、两牵动、三保障"，不断创新投融资机制，加强基础设施和公共服务设施建设，城镇承载能力进一步提高，城镇化率达39.2%，提高1.7个百分点。年初确定的中心城区100多个重点城建项目顺利实施，累计完成投资46.3亿元；抓住政策机遇，启动市区驿城大道贯通、薄山水库引水及市科技馆、青少年宫、会展中心、第四污水处理厂等重点项目前期工作。切实加强城市规划和土地管理，加大"双违"整治力度，进一步规范土地供应、规划审批和项目建设秩序。全面启动"六城联创"工作，开展环境卫生"百日综合整治"和"百日重点治理"活动，实施38条"断头路"打通、210条背街小巷改造、环卫设施完善提升工程，城市面貌发生较大变化。加快城乡一体化示范区发展，理顺管理体制，谋划实施一批重点项目。各县围绕县城和重点镇建设，实施一批旧城改造、片区开发、城镇基础设施和公共服务项目，城镇功能逐步完善，城镇面貌发生很大变化。

（六）持续推进现代农业发展。切实加强高标准粮田和农业基础设施建设，新建高标准粮田105.2万亩，全年粮食总产151.8亿斤，增长5.1%，实现"十二连增"。稳步推进适度规模化经营，土地流转面积占家庭承包面积的31%。加快农业产业化发展，农业产业化集群达到55个，其中省级15个；市级以上重点龙头企业351家，其中国家级2家、省级46家。积极培育新型农业经营主体，农民合作社达到13550家、家庭农场5021家，数量居全省前列。改善农村人居环境工作扎实推进，创建省级达标村563个、示范村261个。现代畜牧业持续发展，新建标准化规模养殖场99个，生猪饲养量居全省第一，肉牛、家禽饲养量居全省第二。夏南牛产业发展取得突破，存栏在50万头以上，以河南恒都食品为龙头的肉牛产业化集群加快发展，恒都公司成为首批澳洲进口活牛主要承接企业，年屠宰加工15万头专用生产线正在加紧建设。

（七）稳步推进重点领域改革。坚持问题导向，以解决影响经济健康发展突出障碍、影响民生保障和社会公平突出问题、影响社会稳定突出隐患为重点，积极跟进落实中央、省改革举措，稳步推进各项改革。着力转变政府职能，全面取消非行政许可审批，再次减少行政审批事项78项，精简29%，市政府工作部门全部建立权责清单。全面推行"三证合一、一照一码"商事登记制度。深化行政体制改革，完成市、县两级政府机构和事业单位分类改革，交通运输行政执法体制和食品药品监管体制改革全面完成，产业集聚区管理套合改革顺利推进。大力推进投融资体制改革，建立企业应急贷款周转金、土地出让金周转金，推行融资担保、政府购买服务、股权债券融资、争取国家专项建设基金等投融资方式，融资渠道全面拓宽。深入推进财税体制改革，新预算法得到全面贯彻。加快金融改革发展，完成驻马店银行参与中原银行组建工作，西平农商行挂牌营业，市农商行、遂平农商行组建工作有序推进，遂平县"两权抵押"贷款试点获得批准。继续深化国有企业改革，9家企业进入改制程序，其中3家完成改制任务。县级公立医院改革全面推开，药品加成全面取消。农村集体建设用地使用权、农村宅基地确权颁证超额完成年度任务。18个试点村土地承包经营权确权颁证全面完成。户籍制度改革全面推进，不动产统一登记制度改革、机关事业单位养老保险制度改革全面启动，党政机关公务用车制度改革顺利实施，教育、文化等领域的改革取得新进展。

（八）切实保障和改善民生。进一步加大民生投入力度，"十项重点民生工程"和中心城区六件惠民实事顺利推进，全市民生支出269亿元，占一般公共预算支出的80%。全力推进精准扶贫，对121个贫困村实施整村推进扶贫开发，10.8万农村贫困人口实现稳定脱贫。加强就业和社会保障工作，完成各类劳动力技能培训16.5万人，新增农村劳动力转移就业6.7万人，新增城镇就业7.8万人；完善失业、医疗、工伤、生育保险市级统筹，提高低保、城乡居民基础养老、企业退休人员养老和五保供养标准，启动实施城镇居民大病保险和机关事业单位养老保险，新农合参合率、新农保参保率均达98%。新开工保障性住房3.4万套，基本建成2万套，分配入住1.8万套，完成省定任务。全面发展社会事业，新建、改扩建幼儿园513所，学前三年毛入园率达82%；认真实施农村义务教育全面改薄和城镇扩容规划，改造学校148所；持续推进全民技能振兴工程和职教二期工程，中职学校全日制在校生学费全免，市职教园区完成投资6.4亿元，驻马店技师学院挂牌成立；卫生事业发展改革三年九大攻坚行动计划圆满收官，人均基本公共卫生服务经费补助标准达到40元。市体育中心、气象科普馆等项目顺利推进，成功举办市二运会暨首届全民健身大会。深入实施蓝天、碧水、乡村清洁工程，加快推进安全饮水等项目建设，完成农村危房改造2.7万户。残疾人事业持续发展，成功创建全国残疾预防示范市。妇女儿童、慈善、红十字等事业健康发展。广泛开展舞台艺术送农民、文化艺术进社区活动，文化惠民演出实现城乡全覆盖。重拳打击和分类处置非法集资，扎实开展安全生产排查整治活动，全力保障食品药品安全，集中化解信访突出问题，严厉打击违法犯罪活动，保持了社会大局和谐稳定，人民群众的安全感、满意度持续上升。

一年来，我们自觉接受人大监督、政协民主监督和社会监督，认真办理人大代表建议和政协提案，支持民主党派、工商联和无党派人士参政议政。切实加强民主法制工作，深入推进依法行政和服务型行政执法，认真落实行政执法责任制，法治政府建设取得新进展。深入开展"三严三实"专题教育和"三查三保"活动，持续推进反腐倡廉建设，严格落实中央八项规定和省市若干意见，健全权力运行制约和监督体系，强化行政监察和审计监督，专项治理懒政怠政为官不为，着力解决不严不实和不作为乱作为等损害群众利益问题，风清气正、干事创业氛围更加浓厚。加强国防教育、国防后备力量和人民防空建设，驻驻解放军、武警部队和民兵预备役人员为地方发展作出新贡献，双拥工作深入推进，军民融合深度发展，军政军民团结更加巩固。民族宗教、外事侨务、统计、气象、史志、对口援疆等工作取得新成绩。

各位代表！在肯定成绩的同时，我们也清醒认识到，当前我市经济社会发展中还存在一些突出问题：一是经济总量小，产业结构不合理。生产总值总量在全省排名靠后，经济结构与全国、全省有较大差距，一产比重大，工业仍是经济发展的关键性短板。二是城镇化水平低，以城带乡能力较弱。城镇化率远低于全国、全省平均水平，中心城区和县城服务功能不完善，产业支撑能力不强，对农民转市民的吸纳保障能力较弱，对农村的辐射带动力不强。三是农业现代化水平较低，农村发展仍很滞后。粮经饲比例不够合理，农业产业化、规模化水平较低，农村基础设施和公共服务落后，人居环境脏乱差问题突出，农村贫困人口脱贫任务艰巨。四是现代金融体系落后，金融服务能力不足。现代金融体系不健全，引进股份制银行数量少，村镇银行、金融租赁、基金、信托等发展滞后，利用资本市场直接融资能力较弱，融资难、融资贵问题仍很突出。五是公共服务投入不足，保障水平较低。农村优秀教师流失严重，教育薄弱；城市教育发展滞后于城市扩张，大班额现象严重；基层医疗服务能力弱，分级诊疗水平不高；健康养老产业发展滞后，与群众期待有较大差距。六是发展环境不优，稳定任务繁重。政府部门作风转变还不到位，一些干部不负责、不作为、不担当、懒政怠政，甚至以权谋私、贪污腐败现象依然严重，项目落地难、群众办事难问题仍很突出。诚信法治的社会环境还不健全，违法建设、干扰施工现象时有发生。同时，我市安全生产、生态环境、社会稳定等压力大、风险大。对此，我们一定高度重视，勇于担当，认真解决，努力让全市人民满意！

三、2016年重点工作

今年是实施“十三五”规划的开局之年。综合判断我市面临的外部环境，可以说是机遇与挑战同在、希望与困难并存，总体来看机遇大于挑战。一方面，世界经济仍处于深度调整疲弱复苏状态，不确定性不稳定性较大；我国经济发展进入新常态，增速放缓、动力转换、供给侧结构不合理、经济下行压力大，形势严峻复杂。受宏观形势的影响，我市部分行业困难加剧，一些企业经营困难，房地产库存较大、销售疲软，财政收入增长放缓，民间投资能力和意愿下降，资源环境约束加大，各类潜在风险累积叠加。另一方面，党的十八届五中全会、中央经济工作会议、中央城市工作会议和中央农村工作会议，确立了引领新常态的“五大发展理念”，明确了“五大政策”和今年的“五大经济任务”。围绕“十三五规划”、国家脱贫攻坚规划以及覆盖我市全境的大别山振兴发展规划的实施和供给侧结构性改革，国家将出台一系列稳增长、促发展的政策措施，必将为我们争取更多的资金项目支持带来重大机遇；长三角、珠三角腾笼换鸟加快，京津冀协同发展深化，进一步增强了产业转移的动力；我省实施的“三大国家战略”和主动融入“一带一路战略”，加之我市的交通区位和资源要素优势，进一步增强了承接产业转移的竞争力；新一轮科技革命和产业变革蓬勃兴起，大众创业、万众创新与“互联网+”、智能机器人、“中国制造2025”融合互动发展，为我们加快发展电子商务、现代物流、智能制造等产业带来了新机遇；“四化”同步发展蕴藏的巨大需求潜力不断释放，尤其是传统农区去产能包袱小、发展潜力大，为我们加快发展、实现“弯道超车”提供了机遇。面对经济新常态下复杂严峻的新形势，我们一定要清醒认识，保持定力，既要有打持久战的耐心和韧劲，又要有善抓机遇、顺势而为的紧迫感和责任感，坚定信心、下定决心，振奋精神、脚踏实地，努力推动全市经济社会发展再上新台阶，确保“十三五”开好局、起好步。

今年经济社会发展的主要预期目标是：生产总值增长在8.5%左右，一般公共预算收入增长8.5%，全社会固定资产投资增长16%，社会消费品零售总额增长12%，进出口总值增长8%，实际利用市外资金增长20%，城镇新增就业5万人以上，城镇化率提高1.5个百分点，城镇居民人均可支配收入增长8%，农村居民人均可支配收入增长9%，居民消费价格涨幅控制在2%左右，节能减排、生态环保等约束性指标完成省定目标，发展的质量和效益明显提高。

生产总值预期增长在8.5%左右，充分考虑了我市完成全面建成小康社会目标的要求，也客观估计了新常态下发展的可能性。特别是经过近年来的发展，我们已经有了一定的基础，具备加快发展的条件，只要我们同心同德，真抓实干，实现这一目标是完全可能的。

一般公共预算收入预期增长8.5%，与市委经济工作会议确定的9%下调0.5个百分点，主要基于以下考虑：现在已是2月下旬，中央和省今年的工作部署已陆续到位，形势政策更加明朗，财政收入形势比年初预期更加严峻；营改增改革全面推开，对房建两税收入影响较大；国家推进供给侧结构性改革要实行大幅度减税降费政策，降成本减轻企业负担还要进一步清理取消减少收费，这些政策措施的实施将大幅减少财政收入。今年，全省财政收入预期增长7%，低于经济增长1个百分点，周边市也下调了财政收入增幅。综合权衡，将一般公共预算收入预期增速确定为8.5%是事实求是的，也是可行的。

做好今年的政府工作，要全面落实市委各项决策部署，牢固树立创新、协调、绿色、开放、共享发展理念，主动适应经济发展新常态，更加注重稳增长、促改革、调结构、强基础、惠民生、防风险，着力优化结构做大做强产业，着力开放招商承接产业转移，着力统筹城乡推进新型城镇化，着力扩大投资加强基础设施建设，着力深化改革创新驱动发展，着力改善民生维护社会稳定，加快推进“四个驻马店”建设和“四化”同步发展，确保实现“十三五”良好开局，为全面建成小康社会打下坚实基础。

（一）着力优化结构，做大做强产业。抓住国家推进供给侧结构性改革的机遇，坚持需求导向，加快结构调整，促进产业升级，持续提升产业竞争力。

实施“工业强市”战略，加快推进工业经济发展。坚持以产业集聚区建设为载体，大力推进工业强市战略，促进工业经济加快发展。大力改造提升传统产业。加强传统产业和骨干企业技术改造和链条延伸，强化上下游企业合作，全面落实“中国制造2025河南行动”和“互联网+工业”行动计划，大力推进信息技术在产品研发、节能减排、创新发展、产业服务等方面的应用，不断提升传统行业竞争力，力争食品、轻纺、装备制造、能源煤化工、建材、生物医药等六大支柱产业主营业务收入分别达到750亿元、650亿元、610

亿元、430亿元、270亿元、80亿元。加快发展高成长性和战略性新兴产业。围绕汽车及零部件制造、电子信息、装备制造业、食品等高成长性产业，继续强化政策扶持，重点支持重大技术攻关、骨干企业智能化改造和产业基地建设，促进产品由产业链低端向高端提升，形成全产业链竞争优势。巩固海川电子玻璃、银泰新能源汽车、中云创光电等行业领先优势，抓好德威电缆、华顺阳光光伏发电、金龙沃诚电动汽车等项目建设，引领和推进新能源汽车、新型建材、光伏光热、环保设备等战略新兴产业发展。打造培育优势产业集群。深入实施“百千亿级”产业集群培育工程，依托我市优势产业和骨干企业，科学制定产业发展规划，着力引进产业链上下游和关联配套企业，着力打造食品千亿级产业集群和轻纺、能源化工、装备制造、生物医药等百亿级产业集群。

转变发展方式，加快推进现代农业发展。坚持集约、高效、绿色、可持续发展，进一步优化农业结构，转变发展方式，加快推进现代农业发展。提高粮食产能和质量。全面落实藏粮于地、藏粮于技战略，实行最严格耕地保护制度，持续推进高标准粮田“百千万”建设工程，实施耕地质量保护与提升行动，新建高标准粮田111.5万亩。抓好农田水利建设，新增和恢复有效灌溉面积98万亩，新增节水灌溉面积50万亩，新增旱保田面积64万亩。

加强优良品种的培育引进推广，开展粮食绿色高产高效创建，巩固提高粮食产能，不断提升粮食品质，确保粮食产量稳定在140亿斤以上。调整优化农业结构。推进农业供给侧结构性改革，加快种植结构调整，因地制宜发展特色农业、高效农业、绿色农业、循环农业和品牌农业，增加市场紧缺农产品生产，提高农产品供给质量和效益。大力发展规模养殖，巩固畜牧业发展优势，推动粮经饲统筹、农林牧渔协调。积极发展都市生态农业，支持有条件的地方发展乡村特色经济园区，拓展农业功能，提高农业综合效益。加强农资和农产品市场建设与管理，严厉打击和处置假冒伪劣产品，维护农民群众利益。促进农业产业化规模化发展。坚持种养加一体、一二三产业融合发展，推动农业产业化经营、标准化生产、品牌化营销。加快培育农业产业化集群，持续推进夏南牛、黑猪、食用菌、花生、芝麻等特色产业集群发展，新增省级农业产业集群3个、市级20个。加快推进正阳国家级农业科技示范园区建设，发挥好示范引领作用。有序推进土地适度规模经营，积极培育农民合作社、家庭农场、农业产业化企业等新型农业经营主体和新型职业农民，探索农民合作社产品订单、大型农用生产设施及土地承包经营权、林权等财产抵（质）押贷款办法，提高农业发展融资能力，力争新增省级农业产业化龙头企业5家、市级30家，新型农业经营主体数量增长10%。提高农业科技装备水平。加强农业科技创新和推广应用，强化现代农业产业和技术体系建设。不断提升农业机械装备水平，积极推进智慧气象和农业遥感技术的应用。积极探索物联网、“互联网+”在农业领域的应用，大力发展“互联网+现代农业”。

依托人口区位优势，加快推进现代服务业发展。把发展现代服务业作为产业转型升级的重点，依托我市区位、人口、市场和资源优势，推动现代服务业加快发展。加快生产性服务业发展。大力发展互联网经济和电子商务产业，依托市、县电子商务产业园，支持阿里巴巴·驻马店产业带、中国网库驻马店电商谷、楚楚街电商总部等企业在我市加快发展，积极引进和承接百度、腾讯等知名电商来我市搭建平台、拓展业务；鼓励我市商贸、工业企业线上交易，扶持发展一批“电商村”“淘宝村”，打造我市电子商务产业发展新高地。加快现代物流业发展，着力推进粮食、医药、化工、冷链、快递等优势物流业发展，重点抓好恒兴物流电子商务产业园、驻马店国际公路物流港等项目建设，编制完成豫南物流园区规划，加快推进铁路物流产业园前期工作。深入推进供销社综合体制改革，大力发展连锁经营企业、配送中心、标准农家店、村级综合服务社，全面提升流通网络现代化水平。积极推动文化创意、规划设计、勘测评估、会计律师等生产性服务业发展。提升生活性服务业水平。大力发展旅游产业，加快旅游精品线路和旅游景区规划建设，加强嵖岈山5A旅游景区规划建设和管理，加大宣传推介力度，巩固创建成果；保护利用好嵖岈山、金顶山、老乐山、铜山和薄山湖、宿鸭湖、铜山湖、板桥水库“四山四湖”生态旅游资源；加快推进杨靖宇纪念馆改扩建和竹沟红色小镇建设，开发利用好红色旅游资源；加快推进皇家驿站建设，加大天中文化、驿站文化、盘古文化、嫘祖文化、女娲文化、重阳文化、冶铁铸剑文化、车舆文化、南海禅寺佛教文化以及西游、梁祝等传说文化宣传力度，挖掘利用好文化旅游资源，全市旅游业综合收入突破160亿元。加快现代金融业发展，继续推进金融体系建设，新引进2家股份制银行或城市商业银行设立分支机构；加快确山县、汝南县村镇银行组建步伐；完成驻马店农商行组建工作，推动遂平县、汝南县农商行获批，泌阳县、上蔡县、平舆县农联社达到筹建标准；加强上市企业培育，实现6家企业在“新三板”挂牌；创新金融产品，争取信贷规模，确保全市各项贷款余额存贷比在50%以上，新增存贷比在60%以上；积极引进保险、信托、金融租赁、基金等非银行金融机构；积极探索信用保险、贷款保证保险服务小微企业融资新途径。创新发展文化产业，完成文化产业发展规划编制工作，制定文化产业发展意见，扎实推进重点文化企业培育工程，积极推动文化与科技、金融、旅游、互联网融合发展。大力发展健康养老产业，抓好市城乡一体化示范区健康养老产业园、老乐山银发壹族养生养老园、泌阳康复养老服务中心等项目规划建设。主动适应电商时代需要，不断提升专业市场、超市、餐饮、住宿等传统服务业发展水平。促进房地产业健康发展。把鼓励住房消费、加快消化库存作为一项重要任务，支持缴存职工用公积金贷款改善住房条件，落实好商品房购房补贴和契税补贴政策，加大公积金归集扩面力度，将有稳定劳动关系的常住人口纳入覆盖范围，促进新市民在城镇购房，鼓励农民进城购房。建立购租并举住房制度，加快推进保障性住房货币化安置，畅通商品房供给和保障性住房通道；培育发展住房租赁市场，公租房新增需求主要通过发放货币化补贴、政府购买或长期租赁商品房解决。坚持分类调控、精准调控，优化土地供应结构，防控商业地产风险。

强化企业服务，增强发展活力。重点围绕企业经营运行和创新发展搞好服务，提升服务企业的能力和水平。认真落实扶持政策。积极开展降低实体经济企业成本行动，全面落实国家和省降低企业税费负担、社会保险费、电力价格等政策。鼓励企业加强内部管理挖潜，实现降成本、增效益。因企施策搞好服务。坚持因企施策、分类指导，对有竞争力、有销路企业，帮助解决好融资、用工等生产要素保障，促进开足马力生产；对生产经营困难企业，综合运用延伸链条、技术改造、淘汰落后产能等手段，帮助企业摆脱困境；对重点企业实行动态管理，继续落实领导分包制度，加强经济运行监测，做好煤电油气运协调和要素保障，发挥好骨干支撑作用。创新政府支持方式。继续开展银企、产销、用工、产学研对接，着力解决企业发展中的困难和问题；积极引导市内企业强化市场联合，互为市场解决销路问题，不断提升企业抗风险能力；积极运用基金参与、购买服务、股权投资等方式，支持龙头企业发展和项目建设。加大对创新型企业和战略性新兴产业发展在资金、政策等方面的支持力度。

（二）统筹城乡发展，积极推进新型城镇化。认真落实中央城市工作会议精神，综合施策、加大力度，着力推动城镇化提速提质发展。

有序推进农业转移人口市民化。推进新型城镇化要坚持以人为核心，解决好进城农民落户、居住、就业和各项权益保障问题。加快推进户籍制度改革。建立城乡统一的户口登记制度，全面放开县城和建制镇落户限制，进一步放开中心城区落户条件，努力提高户籍人口城镇化率。落实好居住证制度。对非户籍常住人口实行居住证制度，建立以居住证为载体、与居住年限等条件相挂钩的基本公共服务提供机制。维护好进城落户农民权益。完善进城落户农业人口原有权益处置机制，维护好进城农民土地承包权、宅基地使用权、集体收益分配权，积极探索建立农村宅基地有偿退出机制；完善进城落户农业转移人口就业保障、住房保障、随迁子女接受教育、社会保障等政策制度，实现公共服务均等化。加快推进产业集聚区、服务业“两区”建设，大力发展城区经济和县域经济，增强产业支撑能力。

提升城镇规划建设管理水平。遵循城市发展规律，统筹推进中心城区、县城和重点镇建设，全面提升城镇规划建设管理水平。坚持高起点规划。依据城市总规要求，按照“一中心五组团”和中心城区、县城、乡镇所在地三级体系布局，坚持以人为本、“多规合一”原则，不断创新规划理念，统筹做好生产、生活、生态等功能布局，加强城市设计和控规、修规编制与执行，完善市政设施、公共服务、防灾避险、生态休闲等专项规划。重视城乡一体化示范区、开发区、产业集聚区、服务业“两区”、专业园区、旅游景区等功能片区规划的编制，提高规划的完整性和可执行性。坚持高标准建设。加快中心城区建设，实施好城市道路、生态水系、公园绿地、环卫设施、公共管线及照明五大类263个基础设施项目。全面完成38条“断头路”续建和新打通25条“断头路”任务，完成市区置地大道、重阳大道下穿京广铁路项目，加快推进老火车站片区综合改造工程。加快推进薄山水库引水工程和第三水厂建设、板桥水库引水管道更新和取水口改造、第一二水厂供水管网改造工程，确保中心城区供水安全。加强中心城区道路、供排水、强弱电、热力燃气、垃圾污水处理、环卫、停车场等市政基础设施建设。加快练江河、小清河、开源公园、十三香公园建设进度，实施好中心城区生态引水和水系连通工程，完善城市生态休闲功能，建设“海绵”城市。进一步加强旧城区和棚户区改造，加快推进市城乡一体化示范区、中心城区七大片区开发建设，积极推进学校、医院、养老等公共服务设施建设。大力推进县城扩容提质工程，加强基础设施建设，强化产业支撑，不断提升县城的承载吸纳能力。以改善农村人居环境和实施重点镇建设示范工程为重点，加强乡镇所在地基础设施和公共服务设施建设，更好地为农业和农村发展服务。坚持高水平管理。以创建国家文明城市、卫生城市和森林城市为重点，深入开展“六城联创”活动，加强基础设施和公共服务设施建设，进一步加大交通秩序、环境卫生、市容市貌和背街小巷、集贸市场、早夜市摊点、旱厕改造等专项整治力度。不断完善中心城区“两级政府、三级管理、四级网络”管理长效机制，积极推进城市综合执法体制改革，加快推进智慧城市建设，促进城市管理规范化、精细化、网格化、智慧化。积极实施提升县级城市管理水平三年行动计划，深入开展各项创建活动，打造优美人居环境，不断增强城镇的宜业宜居性。

科学推进新农村建设。按照“五规合一”要求，统筹和优化村庄、产业、用地、基础设施和公共服务设施、生态保护等布局，科学编制新农村建设规划。加大农村水、电、路、气、房等基础设施投入力度，持续开展农村人居环境综合整治，实施农村生活垃圾治理五年专项行动，加强农村生活垃圾收集转运和生活污水收集处理等环卫设施建设，探索建立村庄保洁长效机制，积极推进美丽宜居乡村示范创建，确保今年20%的行政村达到人居环境达标村标准、10%的行政村达到示范村标准。

（三）实施投资拉动战略，强力推进项目建设。坚持把项目建设作为扩大投资、加快发展的重要抓手，进一步加大项目建设力度，确保全市固定资产投资突破1500亿元。

积极争取项目。认真学习研究上级政策，围绕交通体系、粮食水利、新型城镇化、脱贫攻坚、生态环保以及自主创新、结构调整、社会事业等重点领域和产业，积极谋划包装一批重大项目。做好项目的论证和可研，加大向上级部门的沟通对接力度，争取得到更多项目和资金支持，为我市长远发展打牢坚实基础。

科学安排项目建设计划。加强项目库建设。对筛选确定的项目，建立项目库，实行动态管理，合理安排项目实施计划，做到实施一批、筹备一批、筛选论证一批，保持项目建设的持续性。今年，全市初步确定重点项目234个，总投资2119亿元，年度投资581.7亿元。其中，工业项目156个，总投资942.9亿元，年度计划投资339.6亿元。高度重视工业重点项目建设，对华顺阳光年产1200万支全玻璃真空太阳集热管、天中食品产业园改造、今麦郎食品工业园、君乐宝等计划新开工项目，加大协调力度，落实开工条件，确保尽早开工建设；对德威电缆、银泰汽车二期、金龙沃诚二期、后羿制药二期、恒都食品产业园二期等在建项目，加快建设进度，确保项目快推进、早建成；对天方生物年产4万吨木糖醇、顺达化工年产20万吨醋酸制乙醇等计划竣工项目，倒排工期、加快进度，确保项目按期竣工投产；加快天方药业、华中正大搬迁改造进度，力争尽早实现整体搬迁。同时，围绕企业技术改造、转型升级、扩能增效，再新上一批亿元以上工业项目。

高效组织好项目实施。加快项目规划、环评、土地等审批事项办理，积极推进重点项目征地拆迁，为项目落地打好基础。认真落实重点项目领导分包和早餐会、议事会等制度，加强指导协调，解决好项目实施中的困难和问题。认真落实重点项目月通报、季督导、半年检查和年终考评制度，落实奖惩措施，加快项目进度。加大环境整治力度，严厉打击破坏发展环境行为，特别是对那些执法犯法、吃拿卡要的典型案件以及封门堵路、干扰施工、恶意阻挠项目建设的组织者、操纵者和黑恶势力，坚决依法打击。

（四）实施开放带动战略，积极承接产业转移。坚持把开放招商作为拉动投资、扩大内需的关键性举措，大力实施开放带动战略，力争全年实际到位市外资金550亿元。

突出招商引资重点。围绕长三角、珠三角和京津冀等产业转移比较集中的重点区域开展招商，积极承接产业转移；围绕优势产业、主导产业和产业集群开展招商，通过引龙头和延链补链，做大做强食品、煤化工、装备制造、生物医药、电动汽车、电子信息、电缆电器、节能环保、新材料、新能源、纺织服装等主导产业和产业集群。拓宽招商引资领域，围绕电子商务、现代物流、现代金融等新业态、新产业开展招商。

改进招商引资方式。认真分析产业转移形势，研判产业转移动向，科学编制《产业招商图谱》，更加突出领导招商、精准招商、以商招商、落地招商，充分发挥各地行业协会、商会的作用，促进招商活动常态化，特别对一些重大项目，主要领导亲自挂帅，组织专业团队进行落地招商，力争在招大引强上取得更多突破。

利用好活动载体。积极参加国家和省组织的招商活动，主动融入“一带一路”、郑州航空港综合经济实验区等国家战略，努力拓展我市对外开放的广度和深度。利用好中国农加工洽谈会、保税物流中心、产业集聚区、服务业“两区”等平台，定期举办招商推介会，开展有针对性的产业招商活动，积极承接产业转移，集中引进一批全产业链、集群式重大项目，不断提升招商水平。同时，积极做好产品销售、劳务输出、进出口以及招才引智等工作，努力发展更高层次的开放型经济。

（五）厚植发展优势，蓄积发展后劲。利用好我市交通区位优势、劳动力和土地要素优势、农业资源优势，通过加强基础设施建设、打造发展平台、强化职业教育和劳动力培训等措施，厚植发展优势，提升经济发展的支撑力和竞争力。

加强基础设施建设。积极争取南驻阜铁路纳入国家规划，开工建设周驻南、息邢高速，完成京港澳高速驻马店站、驻马店南站改造和驻马店北站建设任务。全面完成G107驻马店段、G240驻平交界至驻南交界段、G230正阳中心庙至驻信交界段、S218正阳县城至驻信交界段等道路升级改造任务，开工建设G328平舆至驿城区段。以实施城市组团连通工程为重点，加快推进驿城大道南北贯通、铜山大道南延工程；启动开源大道和重阳大道东至宿鸭湖西至七蚁路项目、雪松大道西至七蚁路改造升级项目；开工建设老乐山东山门至G107、金顶山北山门至G328工程。积极实施农村公路“乡村畅通”工程三年行动计划，建设农村公路1125千米，力争全年完成交通项目投资42亿元以上。启动中心城区、平舆、遂平嵖岈山、泌阳通用机场规划建设前期工作。积极推进宿鸭湖水库清淤扩容、洪汝河水系连通等项目前期工作，力争年内开工建设。大力推进泌阳、确山、遂平等新能源发电项目建设，加快华润2×100万千瓦机组、1000千伏驻马店特高压输变电工程前期工作。抓好环境生态、信息通讯设施等项目建设。

提升载体平台优势。按照五规合一、四集一转、产城互动要求，全面完成产业集聚区管理套合改革，持续推进基础设施和配套公共服务建设，培育壮大主导产业，全市产业集聚区完成固定资产投资1100亿元，完成主营业务收入2200亿元，1～2个产业集聚区达到二星级。加快推进城乡一体化示范区建设，完成综合交通体系等10个专项规划、高铁西片区控制性详规编制及核心区城市设计，做好休闲度假旅游、都市生态农业等功能片区规划建设；启动会展中心、高铁广场地下停车场、商务中心区核心区地下连通工程、高铁西广场区道路等基础设施项目，确保全年完成投资40亿元以上。加快市商务中心区、驿城区皇家驿站及各县服务业“两区”建设，确保全市完成“两区”投资80亿元以上，在建千万元以上项目60个以上。做好驻马店海关、商检口岸筹建工作，积极争取市公共保税中心获批。积极推进“中国名优农产品交易网”跨境交易平台建设，着力打造对外开放新平台。发挥好“中国农加工洽谈会”的平台作用，继续做好今年会议筹办工作，力求取得更大成效。

强化要素保障能力。持续推进全民技能振兴工程和职教攻坚工程，加快人力资源大市向人力资源强市转变。依托黄淮学院、驻马店职业技术学院、驻马店技师学院和一批中等职业学校，加强校企合作和产学研结合，以企业需求和产业发展需要为导向，增强培养培训的针对性、实用性。实施好阳光雨露计划，整合各部门培训资源，加强农业转移劳动力的技能培训。实施回归工程，吸引外出务工创业人员和驻马店籍大学生返乡就业兴业。落实好引进人才的优惠政策，支持企业加强院士工作站、博士后流动站等平台建设，加大招才引智力度，引进一批金融、现代物流、电子商务等紧缺人才，吸引集聚一批科技领军人才和高水平创新管理人才，完成引进培养高技能人才4500人，各类职业技能培训16万人次。珍惜土地资源优势，强化土地管理，利用好增减挂钩、人地挂钩、占补平衡等政策，盘活存量、优化增量、集约节约，增强发展用地保障能力。依托农业优势，进一步优化结构、提高质量，扩大农产品资源优势，大力推进一二三产业融合发展，努力将资源优势转化为产业优势。同时，加快金融、信息产业发展，弥补要素短板。

（六）深化改革创新，增强发展动力。围绕“一跟进、两聚焦、三重点”，不断深化重点领域和关键环节改革创新，着力构建有利于加快发展的体制机制。

深化重点领域改革。继续深化行政审批制度改革，全面建立权责清单制度，加快行政审批标准化建设，积极推广“互联网＋政务服务”。完成政府机构改革，加快事业单位改革，深化商事制度改革，进一步放宽市场准入，加强事中事后监管。深化国有企业改革，实施国有企业功能分类，已进入改制程序企业抓紧向前推进，其他企业逐一研究制定改革方案、尽快组织实施；全面清理限制非公有制经济发展的不合理规定，保护好民营企业各项权益，促进非公有制经济健康发展。深化财税体制改革，推进“营改增”全面实施和消费税、资源税费改革；继续做好预算管理、政府性债务管理、财政存量资金盘活、政府购买公共服务等工作。积极推进投融资体制改革，组建市投融资集团，提高市县区联动融资能力；大力推行政府与社会资本合作PPP模式和政府购买服务，创新政府建设公共设施、提供公共服务的方式。积极推进城市综合执法体制改革。进一步理顺产业集聚区、城乡一体化示范区等经济功能区的体制机制。完成农村土地承包经营权确权登记颁证工作，基本完成农村集体建设用地使用权和宅基地确权登记发证工作。统筹抓好不动产登记、国有林场、供销社、社会保障、教育、文化、医疗等改革。

促进万众创新。加大资金扶持力度，发挥黄淮学院大学生创新创业园、国家级众创空间、驻马店科技孵化器、中科院河南育成中心驻马店分中心的作用，积极推进各类众创平台建设，力争全年新建10家市级以上研发平台，其中省级研发平台2家以上，组织实施省级科技重大专项2个，确保规模以上高新技术产业增加值增长15%，科技进步对经济社会发展的贡献率较上年提高0.5个百分点。

支持大众创业。按照“非禁即入、便民高效、规范统一、宽进严管”原则，凡是国家法律法规未禁止进入的行业和领域，都允许和鼓励各类资本参与投资；凡法律法规未明确禁止的服务行业和经营项目，全部向社会资本开放，鼓励各方创业投资。深入实施大学生创业引领计划，完善和落实支持农民工返乡创业的政策措施，抓好市级创业孵化园建设，全面落实小微企业税收优惠政策，拓宽创业融资渠道，积极推进创业带动就业。

（七）大力实施精准扶贫，打好脱贫攻坚战。认真贯彻中央和省委、市委扶贫开发会议精神，落实精准扶贫、精准脱贫基本方略，围绕我市脱贫攻坚目标，全力以赴、精准发力，确保完成今年全市173个贫困村、10.12万农村贫困人口稳定脱贫。

落实“六个精准”。以农村贫困人口全部脱贫为目标，坚持产业为基、就业为本，大力实施精准脱贫攻坚工程，抓好精准识别、建档立卡工作，建立精准脱贫数字管理系统，推进脱贫工作信息化、动态化管理。集中力量攻坚，切实做到扶持对象精准、项目安排精准、资金使用精准、措施到户精准、因村派人精准、脱贫成效精准，确保完成年度脱贫目标任务。

坚持“五条途径”。坚持向城镇转移就业脱贫，力争完成培训转移贫困人口2.1万人，产业集聚区转移就业1万人，实现自主创业脱贫1万人；坚持发展特色优势产业脱贫，把扶贫开发与推进农业现代化结合起来，实施“一乡一业”、“一村一品”扶贫计划，统筹使用涉农资金，积极推进土地流转，大力发展特色产业，鼓励发展规模适度的家庭农场、农民专业合作社，实现产业脱贫6万人；坚持易地搬迁脱贫，对确山、泌阳、西平、遂平、驿城区24个乡镇、194个贫困村，坚持群众自愿、积极稳妥原则，因地制宜选择搬迁安置方式，合理确定住房建设标准，完善搬迁后继扶持政策，确保搬迁对象有业可就、稳定脱贫，做到搬得出、稳得住、能发展、可致富；坚持社会保障兜底脱贫，把丧失劳动能力的贫困人口纳入低保体系，实行政策性兜底扶贫；坚持扶危济困脱贫，对因突发灾祸可能返贫致贫群众，及时给予临时救急和社会救济，帮助他们渡过难关。积极对接《大别山革命老区振兴发展规划》，科学制定我市具体实施意见，抢抓政策机遇，超前谋划项目，加强沟通衔接，努力向上争取更多资金和项目支持。

采取“五项举措”。实施知识技能扶贫，继续深入实施全民技能振兴工程和职教攻坚工程，提高劳动者素质，提高贫困群众的就业致富能力；实施合作带动扶贫，发挥产业化龙头企业、农业合作社、新型农民等新型经营主体的引领作用，解决小生产与社会化大市场的对接问题；实施财政金融扶贫，建立完善有效投融资机制，提高贫困地区和贫困人口的金融服务水平；实施基础设施建设扶贫，坚持科学规划，因地制宜解决通路、通水、通电、通网络等问题，使贫困地区基础设施得到明显提升；实施安居扶贫，把解决贫困人口脱贫与科学推进新农村建设结合起来，结合产业扶贫，坚持“五规合一”，优化村庄布局，合理规划建设公共服务设施，提升基本公共服务水平。

强化“五个保障”。强化各级党委、政府的责任，层层压实责任，级级传导压力，真正把脱贫责任扛在肩上，把扶贫任务抓在手上；发挥基层党组织的战斗堡垒作用，选好村级组织带头人，增强引领群众脱贫致富能力；强化部门支持服务职能，帮助贫困地区想路子、抓产业、强保障，发挥好行业扶贫的作用；广泛动员社会力量扶贫，鼓励支持企事业单位、社会组织、个人参与脱贫攻坚，加快形成全社会参与的大扶贫格局；建立完善考评考核机制，通过考核考评，引导贫困地区党政领导班子和领导干部把工作重点和精力放在脱贫攻坚上，把工作做实、做准。

（八）切实保障和改善民生，促进社会和谐稳定。以实施重点民生工程为抓手，切实加大民生投入，强化薄弱环节建设支持力度，加快完善基本公共服务，维护社会和谐稳定。

促进就业和居民增收。继续实施好高校毕业生就业促进计划，强化困难人员就业援助，确保新增城镇就业5万人，新增农村劳动力转移就业6万人，失业人员实现再就业1.99万人。多渠道增加农民经营性、工资性和财产性收入。持续增加城镇中低劳动者收入。落实好县以下机关建立公务员职务与职级并行制度和乡镇工作补贴。

做好社会保障工作。深入实施社会保障体系完善工程，推动社会保障由制度全覆盖向法定人员全覆盖，确保五项社会保险参保率在90%以上。继续深化机关事业单位养老保险制度改革，切实做好城镇职工基础养老金全国统筹前期准备工作。统筹推进城乡社会救助体系建设，完善最低生活保障、特困人员供养、残疾人等兜底制度，全面落实城乡低保发放、临时困难救助、农村“五保”供养等政策，健全关爱“三留守”人员工作机制。加快推进棚户区改造，开工建设棚户区改造项目21个1.29万套。

提高教育发展水平。继续实施第二期学前教育三年行动计划，加快义务教育学校标准化建设，继续做好农村义务教育学校布局调整工作，深入推进农村义务教育学校“全面改薄”和扩充城镇义务教育资源五年规划，完成中心城区4所小学改扩建任务，开工建设1所中学和4所小学；积极推进普及高中阶段教育，落实好中专教育相关政策；加快推进职业技术学院新校区建设和现校区改高中项目，加快市职教园区农校、卫校、财校建设，确保如期搬迁入住；加大力度支持黄淮学院产教融合、转型发展和创新创业，承办好第三届产教融合发展战略国际论坛。

推进健康驻马店建设。深化医药卫生体制改革，加快县级公立医院综合改革步伐，巩固和完善基层医疗机构运行新机制，着力构建定位明确、分工协作的县域医疗服务体系。完善城乡居民基本医保、城镇居民大病保险、新农合大病保险制度，全面实施疾病应急救助制度。加快市妇女儿童医院建设进度，市中医院儿科病房综合楼完成主体工程，开工建设北区医院。坚持计划生育基本国策，落实全面两孩政策，开展优生优育全程服务，综合治理出生人口性别比失衡问题。加快养老服务体系建设，促进医养结合，积极推进健康产业园区建设。

加快发展各项社会事业。深入实施“农村电影放映工程”“舞台艺术送农民”“农家书屋”“三馆一站免费开放”“千场电影进社区进广场”等文化惠民工程。健全公共文化服务体系，统筹用好工会服务职工等群众活动阵地和设施，坚持公益属性，真正发挥作用。加强基层文化服务中心建设，加快推进市气象科普馆、科技馆、青少年宫等项目建设，加快西平、正阳、泌阳文化艺术中心和上蔡县博物馆筹建进度。加强公共体育设施建设，广泛开展全民健身活动，承办好河南省“三山同登”全民健身大会，实施好农民体育健身工程、乡镇体育健身工程。加快养老服务体系建设，加强对社会办养老服务机构的管理和支持，积极推进社区和居家养老服务设施建设，扎实做好农村敬老院社会化改革试点工作。加强残疾人就业培训，做好0~6岁残疾儿童抢救性康复工作，积极争创全国残疾人工作先进单位。完善扶持政策，推动慈善事业健康发展。

维护社会安全稳定。着眼“双安”、推进“双治”、强化“双基”，进一步完善社会治理。加强社会治安立体防控体系建设，完善反恐怖工作和打击犯罪机制，强化流动人口和特殊人群服务管理。认真落实属地管理和监管责任，着力解决重点区域、重点行业非法集资问题。继续做好信访工作，更加注重依法化解社会矛盾，着力解决土地征用、房屋拆迁等民生领域的突出问题。严格落实安全生产责任制，深入开展重点行业、重点领域安全生产专项整治，切实加强食品药品监管，坚决遏制安全生产和食品药品安全重特大事故发生。

（九）加强生态环境保护，打造美丽驻马店。坚持发展和保护两手抓，继续实施蓝天、碧水、乡村清洁工程和城市河流清洁行动计划，努力打造美丽驻马店。

加强环境保护和治理。实施蓝天工程，突出抓好燃煤和工业大气污染防治、机动车污染控制、扬尘综合治理、农作物秸秆禁烧及综合利用，淘汰和改造不符合要求的燃煤锅炉，做好黄标车和老旧车淘汰工作。实施碧水工程，抓好重点流域水污染防治，全面实施城市河流清洁行动计划，开展城市河道综合整治，完成中心城区练江河、开源河、朱氏河、黄西河截污工程和各县城黑臭水河治理，加快推进市第二污水厂二期工程、再生水工程和第四污水处理厂项目，开工建设市生活垃圾无害化综合处理再生利用、市建筑垃圾综合处理项目；加强饮用水源地保护，强化地表和地下水污染防治，保障饮用水安全；加强种植、畜禽养殖等农业面源和重金属污染防治，推进土壤污染治理。

促进资源节约和循环利用。实施重点领域节能减排降碳行动计划，支持企业实施节能环保技改及新上项目采用先进工艺技术，落实总量减排计划，强化重点减排工程建设，加强减排项目运行监管。加快园区循环化改造和静脉产业园建设，推进建筑能效提升和绿色建筑全产业链发展计划，实施工业余热暖民和节能节水行动计划。

抓好生态建设和保护。做好生态环境保护规划编制工作，统筹推进中心城区、西部山地生态区、东部平原涵养区、汝河涵养带、洪河涵养带和沿淮生态走廊规划编制，努力构建集多层次、网络化、功能复合的生态系统。加强生态系统修复和建设，做好板桥水库、宿鸭湖水库等流域生态修复工作。严格落实水资源管理制度，切实加强水功能区水质监测和入河湖排污口的监督管理。以国家森林城市创建为抓手，抓好天然林保护、退耕还林、城郊防护林等项目建设，完成造林100万亩。持续加强生态保护，认真落实属地管理责任，健全党政领导干部生态环境损害责任追究制，落实排污单位主体责任和行业管理部门监管责任，实行一票否决并严肃追究怠政失职。完善生态补偿机制，在环境高风险领域建立污染强制责任保险制度，引入第三方治理。完善生态环境突发性灾害事件应急机制。

加强国防教育和国防后备力量建设，支持国防和军队改革，支持驻驻解放军、武警部队、预备役部队、民兵和人民防空建设，深入开展双拥共建，推进军民融合发展。支持工会、共青团、妇联等人民团体发挥桥梁纽带作用，注重发挥工商联等社团作用。认真做好民族宗教、外事侨务、统计、档案、史志、气象、地震、对口援疆等工作。

根据《驻马店市国民经济和社会发展第十三个五年规划纲要》，全面完成各专项规划编制工作。

四、切实加强政府自身建设

认真贯彻法治政府建设实施纲要，把转变政府职能、强化依法行政、加强廉政建设、转变工作作风作为政府自身建设的关键，努力建设法治政府、创新政府、廉洁政府、服务政府、高效政府，全面提升政府治理能力和水平。

（一）加快转变政府职能。正确处理政府和市场的关系，围绕市场在资源配置中起决定性作用和更好发挥政府作用，推动政府职能向创造良好发展环境、提供优质公共服务、维护社会公平正义转变。进一步简政放权，严格执行行政审批目录清单，继续精简行政审批事项，清理规范行政审批中介服务，全面建立权责清单并实行动态管理。加强和改善事中事后监管，推开“两随机、一公开”检查，切实把该管的管好。深化政务公开，依法及时准确地向社会公开政府信息，确保权力公开透明、规范运行。

（二）大力推进依法行政。严格按照法定权限和程序行使权力、履行职责，切实做到法定职责必须为，法无授权不可为。坚持和完善公众参与、专家论证、风险评估、合法性审查和集体决策相结合的决策程序。积极推进行政综合执法体制改革，推行服务型行政执法。启动“七五”普法。自觉接受人大及其常委会法律和工作监督，主动接受政协民主监督，严格执行人大及其常委会决定，认真办理人大代表建议和政协提案，拓宽参政议政渠道，广泛听取民主党派、工商联、无党派人士、人民团体意见，自觉接受社会监督和舆论监督，让人民群众更有效地监督政府，让行政权力始终在法治轨道和阳光下运行。

（三）切实加强廉政建设。坚持纪严于法、纪在法前，严明政治纪律和政治规矩，履行主体责任和“一岗双责”，落实党风廉政建设责任制，把廉洁从政贯彻到政府工作各个环节。强化权力运行制约监督，加强行政监察和审计监督，强化巡视巡察监督，进一步完善财政资金支出、工程项目招投标、土地出让、行政审批、公共资源交易等领域的监督制度，坚决打掉寻租空间，努力铲除腐败土壤。强化廉政教育，严格执行廉政准则和各项规定，始终保持清廉本色，以反腐倡廉实效保障发展、取信于民！

（四）持续转变工作作风。践行“三严三实”要求，认真落实中央八项规定和省市实施意见，开展懒政怠政为官不为问责年活动，从市政府领导班子做起，以上率下，全面加强政府作风建设，坚持不懈纠正“四风”。坚持密切联系群众，问政于民、问需于民、问计于民，办好顺民意、解民忧、惠民生的实事。坚持一切从实际出发，脚踏实地，务实重干，不急功近利，不盲目跟风，努力做出经得起实践、人民、历史检验的业绩。坚持简约从政，杜绝铺张浪费，压缩一切不必要开支，集中财力办大事，确保三公经费只减不增，确保把有限的财力用到最急需的地方。

（五）着力抓好工作落实。不断加强公务员特别是各级领导干部的教育培训和实践锻炼，克服本领恐慌，进一步提高研判经济形势、应对复杂局面、化解疑难问题的能力。健全岗位履职责任制和激励机制，督促引导各级公务人员履职尽责、勤政有为、真抓实干。大力实施模拟审批、联审联批、全程代理和网上审批办理，切实提高办事效率和服务水平。牢固树立法治思维法治方式、市场思维市场方式，对影响工作推进的关键问题、制约长远发展的重大难题、群众反映强烈的热点问题，坚持用改革创新的办法进行破解。特别是对于今年确定的各项重点项目、重点工作，建立工作台账，加大督促检查，强化行政问责，切实提高抓落实的实效性。下决心打通政策落实中的“中梗阻”和“最先最后一公里”，真正形成倒逼机制，确保各项工作落到实处。

人　物

组织机构负责人

中共驻马店市委

书　　记　余学友
副 书 记　武国定（3 月离）　陈　星（4 月任）
　　　　　贾英豪（3 月离）　张宪中（3 月任）
常　　委　李宝清　陈　锋（3 月任）
　　　　　李　明（7 月离）　刘金志（4 月离）
　　　　　张　昕　姚新文（4 月任）　赵文峰
　　　　　张卫东　戚存杰　王景峰（4 月任）
秘 书 长　李宝清
常务副秘书长　王太广
副秘书长　李国民（1 月任）　孙　彪　钟建国
　　　　　李红本　张中林（7 月任）

中共驻马店市纪律检查委员会（驻马店市监察局）

书　　记　张宪中（2 月离）　陈　锋（3 月任）
常务副书记、监察局局长　王志华
副 书 记　孙新立
纪委常委、预防腐败局局长　李卫星
副 书 记　姜彦玲
纪委常委、正处级纪检监察员　刘向辉
纪委常委、秘书长、正处级纪检监察员　胡新功
纪委常委、正处级巡察专员　郑学成
纪委常委　王明太（6 月离）
监察局副局长　邱保林　刘玉华　张洪如
预防腐败局副局长　孟庆义　王洪言　何清初
正处级纪检监察员　崔庆军（6 月去世）　孙庆华
　　　　　王立斌　任书平
党风政风监督室主任　刘志民（5 月任）
办公室主任　李安国
信访室主任　邹馥兰
组织部部长　丁　梅（5 月任）
案件审理室主任　张桂霞
纪检监察干部监督室主任　沈晓华（5 月任）
第九纪检监察室主任　郭洪波（5 月任）
第五纪检监察室主任　罗中伟（5 月任）
第二纪检监察室主任　万　峰
案件监督管理室主任　李　扬
第七纪检监察室主任　吴　宇（5 月任）
预防腐败室主任　魏华伟（5 月任）
纪检监察宣教中心主任　焦　杰
申诉复查复议室主任　欧阳贞宇
第四纪检监察室主任　胡器成
宣传部部长　李海燕（5 月任）
第八纪检监察室主任　蒋德福（5 月任）
第一纪检监察室主任　李　超
调研法规室主任　孟　瑾
第六纪检监察室主任　于向阳（5 月任）
第三纪检监察室主任　李晶华
副处级纪检监察员　赵国合　朱世超
市委巡察办公室
主　　任　王明太（6 月任）
副 主 任　赵东亮（6 月任）

市委部门

市委办公室
副 主 任　岳华伟　李新运　王风云
副处级纪检监察员　张斌斌
督查室主任　亓海军
常委办主任　王建华
副处级督查专员　闫国英　陈玉柱　毕明庆　曹　晖
政 研 室
主　　任　李红本（6 月任）
副 主 任　万超麟
市保密委员会办公室（保密局）
主　　任（局长）　钟建国（兼）
市委党史研究室
主　　任　魏春阳
副 主 任　李运来　简义保
市委组织部
部　　长　李　明（7 月离）

常务副部长 张炳新
副 部 长 武兰芳 杨 超 张红岩（兼）
市人才办主任 王岱朝
副处级纪律检查员 张卫中
市人才办副主任 赵玉欣
市大学生村干部管理办主任 郭贵春
市人才办副主任 叶 珣
市领导干部考核办主任 任新华
市党员电教中心主任 董红卫
干部监督室主任 陈 东
市委老干部局
局 长 张红岩
副 局 长 吴升南 闫长见

市委宣传部
市委常委、宣传部长 戚存杰
常务副部长 刘卫明
副 部 长 刘 雪 刘根社 孙书杰 杜 萍 赵庆华
外宣办主任 赖小青
市电视新闻中心主任 曹亚红
市精神文明指导委员会办公室
主 任 刘 雪（兼）
副 主 任 张志云 任 鸿

市委统战部
部 长 姚新文（4月任）
副 部 长 史爱民 张新友 蒋毓勤 常 科 侯 方
市台办主任 薛豫霞
副 主 任 刘 丽
市台联会会长 唐国力

市委政法委
书 记 赵文峰（5月任）
常务副书记 王和平
副书记、纪工委书记 周以德
综治办主任 宋志成
副书记、市委防范办主任 郭东明
副书记、维稳办主任 李 烨
综治办副主任 张善华 张 鹏
政治部主任 刘永士
市法学会秘书长 蒋 铮

市委直属机关工作委员会
书 记 李国营
副 书 记 苏金虎 吴 丽
纪工委书记 徐青峰

市委农村工作办公室
党组书记、主任 王忠民
党组副书记、副主任 甘长青
党组成员、副主任 杨 光 余玉柱 王玉红
党组成员、纪检组长 张军峰

市机构编制委员会办公室
主 任 于惠权
副 主 任（正处级） 党新选
副 主 任 杨 军 李 峰

市委群众工作部（市政府信访局）
党组书记、部长、局长 王德广（7月离） 张中林（7月任）
党组副书记、副部长、副局长 张明宽
正处级信访督查专员 曾国华
党组成员、副部长 李承军 刘分气
党组成员、纪检组长 赖 恒

市委党校（市行政学院、市社会主义学院）
党校校长 张宪中（兼）
行政学院院长 张 昕（兼，3月任）
社会主义学院院长 姚新文（兼，5月任）
党委书记、常务副校（院）长 杨学范
副书记、副校（院）长 李光亚
党委委员、副校（院）长 周 鹏 孟桂湘
党委委员、纪工委书记 栗 伟
党委委员、教育长 汪建国

驻马店日报社
党委书记、社长 刘根社
党委副书记、总编辑 韩祖和
党委副书记、常务副社长 傅维刚
党委委员、副总编辑，天中晚报党总支书记、社长 刘荣亚
党委委员、纪委书记 刘 浩
党委委员、副总编辑 吴振海 胡殿文
党委委员、副社长 鲁 萍
党委委员、天中晚报社总编辑 郑 刚
党委委员、正处级干部 刘军民
党委委员、副处级干部 管静文 张付军

市档案局
党组书记、局长 孔 涛
党组成员、副局长 汪道祥 滕 飞
党组成员、纪检组长 王艳军

驻马店市第三届人大常委会

党组书记、主任 杨喜廷
党组副书记 张 杰
党组成员 乔登华 王素平 崔允成 张丽彩 李斌周
副 主 任 张 杰 张德轩 乔登华 王素平 崔允成 张丽彩
秘 书 长 李斌周
副秘书长 孙铁祝 刘 萍 付文举 韩 琼
副处级纪检员 苏 森

办公室
主 任 孙铁祝

调研室

主　　任　王俊林

副 主 任　雷彦伟

法工委

主　　任　王　涛

副 主 任　谢桂良

选工委

主　　任　张宪彬

副 主 任　闫喜梅　杨发全（1月离）赵秀荣　雷志强

财工委

主　　任　张　伟

副 主 任　任香芬　栗建军

教科文卫委

主　　任　吕广宇（1月逝）

副 主 任　徐　畅

农工委

主　　任　马晓光

副 主 任　岳卷中　李俊岭

民侨外工委

主　　任　潘均茹

副 主 任　杨洁玲　皇甫永强

城建工委

主　　任　周保根

副 主 任　曹永亮　蒋金玉　路庆艳

预算工委

主　　任　王玉梅

副 主 任　高香兰（1月离）万海亭

信访办公室

主　　任　刘　晶

驻马店市人民政府

市长、党组书记　武国定（3月离）陈　星（4月任）

副市长、党组副书记　陈　星（5月离）张　昕（7月任）

副 市 长　戚存杰（10月离）冯玉梅　李国胜
杜中强　王明威　高万象（10月任）

秘书长、市政府办公室主任　黄卫华（3月任）

党组成员，市纪委副书记、监察局局长　王志华

副秘书长　邱新慧　李国忠　李向伟（2月离）谢李利
景川生（2月离）张新运（8月离）马国安
宋志成　何新阁　曹　亮（8月离）
李华荣（2月离）冯国保（8月任）

市政府部门

市纪委派驻市政府办公室纪检组长　赵　站

市政府办公室副主任　李保刚　刘贺伟

市政府应急办主任　黄汉华

市政府督查室主任　赵凯歌

市外事侨务办公室

党组书记、主任　祁合民

党组成员、调研员　苏　飒　宋鲁平

党组成员、副主任　马　军　范红军　王　楠

市地方史志办公室

主　　任　赵心田

副 主 任　李文杰

市接待办公室

主　　任　李国忠（兼）

副 主 任　刘建中　郑　权

市政府法制办公室

党组书记、主任　吴新平

党组成员、副主任　张卫东

党组成员、纪检组长　王宛超

市发展和改革委员会

党组书记、主任　刘明放（7月离）孔　华（7月任）

党组副书记　刘文超

党组副书记、调研员　郭海燕

党组成员、副主任　杨　正　田云华　周雪莹
黄长江　宋万幸

党组成员、纪检组长　康　伟

党组成员、总经济师　商守健

党组成员、大项目办主任　任国胜

党组成员、大项目办副主任　宋国喜

大项目办副主任　杨洪峰

市公安局

局　　长　杨俊杰

常务副局长　高　鹤

副 局 长　刘　斌　王长春　孙友民　黄　鹏
孙建华

副局长兼纪工委书记　徐秋生

政治部主任　贺伯华

治安和出入境管理支队支队长　房国卫

犯罪侦查支队支队长　赵全中

警务保障部主任　付继春

政治部副主任　刘运来　郑效伟

政治部教育训练队政委　贾民安

政治部教育训练队副队长　薛青华

警令部主任　李红巧

警令部副主任　郭国顶

警务保障部副主任　梁建中

犯罪侦查支队政委　巴　军

犯罪侦查支队刑事技术研究所所长　李如响

网络安全和技术侦察支队政委　王春旺

交通管理支队支队长　黎光华

交通管理支队政委　潘晓黎

监所管理支队支队长　喻　欣

监所管理支队政委　段亚伟

治安和出入境管理支队出入境管理大队大队长　陆军平

国内安全保卫和反恐怖支队支队长　张建华

国内安全保卫和反恐怖支队政委　陈兴建

老街派出所（老街分局）所长（分局局长）　吴应威
胡庙派出所（胡庙分局）所长（分局局长）　张　辉
东风派出所（东风分局）所长（分局局长）　姜　舰
东风派出所（东风分局）政委　陈喜中
南海派出所（南海分局）所长（分局局长）　韦书政
南海派出所（南海分局）政委　陈卫华
雪松派出所（雪松分局）所长（分局局长）　孔　杰
雪松派出所（雪松分局）政委　李　新
金桥派出所（金桥分局）所长（分局局长）　丁卫军
金桥派出所（金桥分局）政委　张　巍
板桥派出所（板桥分局）政委　褚　勇

市民政局

党组书记、局长　李国民（1月离）　杨铁良（1月任）
党组成员、副局长　王彦林　胡顺山　李正超　陈春和
党组成员、纪检组长　包建民

市人力资源和社会保障局

党组书记、局长　王　勇
党组副书记、调研员　陈　宏
党组副书记（兼）、高级技工学校校长　常玉柱
党组成员、高级技工学校党委书记　田江萍
党组成员、副局长　杨文才
党组成员、调研员　刘　刚　蒋　英　王迎霜
党组成员、副局长、市企业养老保险中心主任　刘　伟
党组成员、副局长　宋爱如　靳中庆
党组成员、副局长、市公务员管理办主任　张德立
党组成员、市劳动就业处处长　李万收
党组成员、市军队转业干部工作办公室主任　姚如意
党组成员、纪检组长　高建中
就业促进工作办公室主任　邓　奇
市劳动就业处副处级干部　张泽源
市企业养老保险中心
党支部书记　梅经楹
市人才交流中心
党支部书记　单明国
市城镇职工医疗保险处
处　　长　王保辉
党支部书记　张　乐
高级技工学校
党委副书记　王坤辉
党委委员、副校长　石　剑　杨海虹
副 校 长　侯进才
党委委员、纪检书记　姚恩广
党委委员、工会主席　吕承军
党委委员、副校级干部　商　平　周晓东　陈新记　王建宇

市司法局

党委书记、局长、市监狱第一政委　田国胜
副 局 长　赵　瑛　张志伟　秦一松
纪委书记　唐春玲
政治部主任　李艳晖
监 狱 长　桑柏松

河南省豫南监狱

党委书记、监狱长　常润洲
党委副书记、政治委员　梁　爽
党委委员、副监狱长　魏晓广　邵家荣　吕伟灿　熊永忠
党委委员、纪委书记　刘全来
党委委员、副调研员、政治处主任　赵广欣

市财政局

党组书记、局长　何　晞
党组副书记、调研员　冯文福
党组成员、副局长　崔　毅　姚双喜　康庆学　王克诚
党组成员、总会计师　王义成
党组成员、纪检组长　王　峰
市非税收入管理局局长　贺建登
市财政国库支付局局长　戴　颖
市行政事业单位国有资产管理中心主任　翟富坤
农业综合开发资金管理中心主任　白香燕
中小企业投资担保服务中心主任　李　均
农村综合改革工作办公室主任　赵新安
财政投资评审中心主任　陈迎新

市民族宗教事务委员会

党组书记、主任　常　科
副 主 任　李玉喜　吕　光　王海峰

市住房和城乡建设局

党组书记、局长　孔　华（7月离）　张新运（7月任）
党组副书记、调研员　张春明
党组成员、纪检组长　郑建立
党组成员、副局长　黎　军　李　刚　宋华松　李长友　刘　浩　薛　寒
市公用事业管理局局长　李　刚
副 局 长　祁连升
党组成员、市园林管理局局长　史永生
党组成员、市城建监察支队支队长　张德山

市住房管理中心

党组书记、主任　刘明亮
党组成员、调研员　赵贺平
党组成员、副主任　周文彬
党组成员、纪检组长　彭　群
党组成员、副主任　梁俊峰

市住房公积金管理中心

主　　任　张新领
党委书记　谢李利（2月离）　卢　伟（2月任）
党委委员、副主任　张　静　王艳丽
党委委员、纪委书记　谢　峰

市城乡规划局

局　　长　李新纲
副 局 长　周铁城　王鑫建

纪检组长　张艳霞
总规划师　周荣辉

市国土资源局

党组书记、局长　王保海
党组成员、调研员　王永宇　陈新国
党组成员、副局长　邢建洲　崔春常
副 局 长　闫建新
党组成员、纪检组长　刘彦军
土地储备中心主任　霍亚非
土地储备中心支部书记　张玉林

市交通运输局

党组书记、局长　樊卫华
党组副书记、调研员　孙陆军
党组成员、副局长　邹志强
党组成员、副局长、市交通运输局执法处长　张国强
党组成员、副局长　管　瑞
副 局 长　鲁武汉
党组成员、市道路运输管理局局长　靖玉彬（7月任）
党组成员、副局长、市公路管理局局长　孙留平
党组成员、市交通战备办公室主任　李春生
党组成员、总工程师　任　伟
党组成员、副局长、市农村公路管理处处长　丁永峰
党组成员、纪检组长　刘红伟
党组成员、副局长、市邮政管理局局长　何　明
市交通战备办公室副主任　张　宏　王　涛

市农业局

党组书记、局长　毕俊德
党组成员、副局长　李宝山
党组成员、副局长、调研员　李拴紧
党组成员、副局长　冯绍武　李新房　王爱月　孙志强　史迎春
党组成员、纪检组长　魏俊国
党组成员、总农艺师　刘　斌
副 局 长　马　健

市林业局

党组书记、局长　李现周
党组成员、副局长　杨瑞超　郑玉江　王国强　姚　堆　刘恩波
党组成员、纪检组长　邵雪峰
党组成员、总工程师　刘国安
市森林公安局局长　郑玉江
政　　委　朱东风

市水利局

党组书记、局长　王德广（7月任）
党组副书记、调研员　靳中山
党组成员、调研员　王　伟
党组成员、副局长　李东法　胡向尚　张建全　冯朝领　孙道成　杨新红
副 局 长　陈建东
党组成员、总工程师　付占武
党组成员、纪检组长　刘华伟
市板桥水库管理局党委书记、局长　胡向尚
市政府移民安置办公室党支部书记、主任　庄振超
市水利勘测设计研究院党委书记、院长　秦宏鑫
市水利工程局党委书记、局长　冯朝领
市宿鸭湖水库管理局党委书记、局长　张东升
市薄山水库管理局党委书记、局长　吕宝成
副局长、市河道管理局局长　赵风宝

市畜牧局

党组书记、局长　王建国
党组成员、调研员　李谊人
党组成员、副局长　蒋俊杰　杨德群　魏景华　王永红
党组成员、纪检组长　商东明
党组成员、总畜牧师　张宏伟

市商务局

党组书记、局长　于明标
党组副书记、副局长　齐卫国
党组成员、副局长　龙振军　杨　波　周海成　段湘江
党组成员、纪检组长　李振南
党组成员、总经济师　陈多庆

市环境保护局

党组书记、局长　饶　涛
党组副书记、调研员　杜建成
党组成员、副局长　张保刚　王　锋　万全喜
党组成员、纪检组长　朱慧梅
党组成员、总工程师　刘　群
副 局 长　王品磊
市环境监测站站长　陈志勇

市工业和信息化委员会

党组书记、主任　李新奇
党组副书记、调研员　杨海英
党组成员、副主任　张克定　陈卫波　金卫明
纪检组长　刘　胜

市粮食局

党组书记、局长　刘光辉
党组副书记、调研员　杨红岩
党组成员、副局长　周晓军　张医恩　汪喜云　朱明哲
党组成员、纪检组长　杨平世
中原芝麻批发市场主任　王振东

市安全生产监督管理局

党组书记、局长　陶安峰
党组成员、副局长　何树恒　冀全力　张卫芳
副 局 长　裴　峰
党组成员、纪检组长　徐国桉
党组成员、总工程师　殷建军

市教育体育局

党组书记、局长　李　华

党组副书记　鄢忠伟
副 局 长　苗炳启
党组成员、纪检组长　王春生
党组成员、副局长　丁田云　彭　蒸　魏继河
贾振峰　李　慧　王　睿
党组成员、副局长、市招办主任　齐宏玉
副 局 长　韩　伟
党组成员、体校校长　姜福君
驻马店高级中学校长、党委副书记　熊俊占
驻马店高级中学党委书记　王红卫
驻马店高级中学党委委员、副校长　卓黎明　杨　锋
张长群　姜金星
驻马店高级中学党委委员、纪委书记　薛　冰
驻马店高级中学党委委员、工会主席　赵　勇
市第二高级中学校长、党委副书记　智济敏
市第二高级中学党委副书记、纪委书记　陈景云
市第二高级中学党委委员、副校长　毛天路　赵秋芸
张家雷
市第二高级中学党委委员、工会主席　陈有轩
市第三高级中学校长、党委副书记　张学武
市第三高级中学党委书记　王建中
汝南幼儿师范学校党委书记　邵根成（主持工作）
汝南幼儿师范学校校长、党委副书记　杨四清
汝南幼儿师范学校党委委员、副校长
刘世勋　贾忠伟　赵汝亮
汝南幼儿师范学校党委委员、纪委书记　卓国防
汝南幼儿师范学校党委委员、副校级干部
李国建　葛心同
驻马店农业学校（汝南园林学校）校长、党委副书记
王新华
驻马店农业学校（汝南园林学校）党委副书记
毛　军
驻马店农业学校（汝南园林学校）党委委员、副校长
苗耀奎　陈占红　王太平
驻马店农业学校（汝南园林学校）党委委员、纪委书记
庞仿洲
驻马店农业学校（汝南园林学校）党委委员
潘玉林　郭　冬
驻马店市第一初级中学校长、党委副书记　岳　炜
驻马店市第一初级中学党委书记　孙　明
驻马店市第一初级中学副校长、党委委员、副处级干部
高丽娜

市科学技术局

党组书记、局长　耿　瑞
党组成员、调研员　常　锋
党组成员、副局长　吴小伟　于国平
党组成员、纪检组长　魏宝俊
党组成员、市知识产权局局长　余　涌
副 局 长　殷国华
市地震局局长　麻　涛

市文化广电新闻出版局

党组书记、局长　李林清
党组副书记、副局长　冯国军
副 局 长　邓长胜　余新宏　王　磊　吴东升
曾　罡
纪检组长　马德宏

市卫生和计划生育委员会

党组书记、主任　谢富田
党组副书记、调研员　朱庆才
党组成员、副主任　杨长虹　韩红英　魏　伟
贾国刚　段民夫　卢志刚
蒋贵印　张伯恩
党组成员、纪工委书记　尚彦河
副 主 任　魏桂梅
党组成员、市中心医院院长　陈建华
党组成员、市卫生学校党委书记　谢素平
党组成员、爱卫办主任　严玉柱

市审计局

局　　长　黄庆伟（1月离）　李向伟（1月任）
副 局 长　罗宇威　刘晓东　宋超燕　汪永华
林丽娜
纪检组长　李焕军
总审计师　王文通
经济责任审计局局长　黎文春

市国有资产监督管理委员会

党委书记、主　任　李道清
党委副书记、副主任　邹　光
副 主 任　范家舜　魏　华　孙亚力　李季平
纪委书记　赖学位
监事会主席　万大东
总会计师　刘亚林

市统计局

党组书记、局长　高　明（1月离）　刘新红（1月任）
党组成员、副局长　李永芬　范国荣　刘　杰
王立新
地方经济社会调查队队长　张牧风（9月任）
农村社会经济调查队队长　姬志全
企业调查队队长　王玉琴

市旅游局

党组书记、局长　高　峰
党组副书记、副局长　刘白汀
党组成员、副局长　白云鹤
党组成员、纪检组长　苏东方

市食品药品监督管理局（市政府食品安全委员会办公室）

党组书记、局长（主任）　李华荣（1月任）
党组成员、副局长（副主任）　宋良花　段保华
汪　磊　梁文生
贾守峰
党组成员、纪检组长　张玉娥
党组成员、稽查支队支队长（副主任）　马　俊

市质量技术监督局
党组书记、局长　陈长海
党组副书记、副局长　田德良
党组成员、副局长　杨鹤林　李　隽　杨　帆
党组成员、纪检组长　张大琳
稽查支队队长　张志勇
检测中心主任　马宝安

市工商行政管理局
党组书记、局长　刘剑平
党组成员、副局长　杜亚民　陶　锋　王志新
党组成员、纪检组长、经济检查支队支队长　施卫平

市人民防空办公室
党组书记、主任　朱民喜
党组成员、副主任　姚　峰　罗国政　张振伟
党组成员、纪检组长　王君奇
总工程师　闫　敏

市政府金融服务办公室
党组书记、主任　李向伟（1月离）　黄庆伟（1月任）
党组成员、副主任　李俊岭
党组成员、纪检组长　刘培建

驻马店经济开发区管理委员会
党委书记、管委会主任　李新中
党委副书记、常务副主任　李永春
党委副书记、调研员　代林江　晁纯禄
党委委员、纪委书记　刘　娟
党委委员、副主任　刘向阳　周　炎　张　凯
宋之华　孟秀娟　张宏宗
武再来
党委委员、政法委书记　李国顺
党委委员、群工部部长　周留喜
党委委员、工会主席兼金河办事处党委书记　臧新安
党委委员、组织部部长　宋　伟
党委委员、宣传统战部部长兼关王庙乡党委书记
刘　磊

驻马店市产业集聚区管理委员会
党委书记、主任　乔登华（兼）
党委副书记、常务副主任　陆新生（1月任）
党委副书记、调研员　殷　剑
党委副书记、副主任　魏　领
党委委员、副主任　栗玉欣　王应中
党委委员、纪委书记　李　巍
党委委员、主任助理　王勇卫　李清海

市政府直属事业单位

市机关事务管理局
党组书记、局长　刘平队
党组成员、副局长　教松林　朱焕宇　王　伟
张群斌
副 局 长　夏　鑫

市农业机械管理局
党委书记、局长　鲍秋仁
副 局 长　赵建国　李书奇
纪工委书记　刘　杰

市盐业管理局（市盐业总公司）
党委副书记、总经理（局长）　赵怀中（1月任）
李新纲（1月离）
党委书记　徐　斌
党委委员、副总经理（副局长）　杨彦亭　孙俊峰
副总经理（副局长）　陈　波
党委委员、纪工委书记　王　慧
党委委员、工会主席　周　琦

市农业科学院
党委书记、院长　杨清岭
党委委员、副院长　余　飞　孟祥峰　张少泽
党委委员、纪委书记　经学义

市供销合作社
党委书记、理事会主任　李　斌
党委委员、监事会主任　姚占勋
党委委员、理事会副主任　张富云　逯建成　马保红
党委委员、纪工委书记　岳卫军

市行政服务中心（公共资源交易中心）
党委书记、主任　宋志成
党委委员、调研员　李国喜
党委委员、副主任　姚　超　王　恂
副 主 任　蔡　磊
纪委书记　马云霞

市投资公司
党委书记、总经理　欧阳贞勇（1月离）
党委副书记　朱丹辉
副总经理　安双银
纪工委书记　王　静

政协驻马店市第三届委员会

党组书记、主席　刘军甫
党组副书记、副主席　刘汝生
党组副书记　姚新文
党组成员　谢凤鸣　王秋霞　郑玉林（4月任）
李卫群
副 主 席　刘汝生　苗炳启　赵　瑛　张勇刚
王秋霞　张翠云　李万顺　郑玉林（4月任）
秘 书 长　李卫群
副秘书长　李家平　张志林　张　芳

办公室
主　　任　李家平
副 主 任　李金光

调研室
主　　任　刘继红
副 主 任　魏文生

提案委员会

主　　任　徐华强

副 主 任　王振伟

农业委员会

主　　任　王长稳（2月离）

副 主 任　项祥一　赵　伟

教育科学文化卫生体育委员会

主　　任　雷大中（2月离）

副 主 任　李林静

社会与法制委员会

主　　任　刘　杰

副 主 任　吴　萍

经济委员会

主　　任　李建华（7月离）

副 主 任　陶秉礼　董俊红

学习文史资料委员会

主　　任　赵荣霞（4月离）

副 主 任　赵　岩

台港澳侨民族宗教委员会

主　　任　马　俊（10月离）

副 主 任　李卫东

县区政协工作指导委员会

主　　任　陈春迎

副 主 任　王庆杰

驻马店市民主党派

民进驻马店市委

主任委员　张翠云

副主任委员　和志峰

委　　员　陈海珍　罗新芳　侯灵敏　耿书霞

民盟驻马店市委

主任委员　苗炳启

副主任委员　王品磊

委　　员　苗炳启　王品磊　张　靖　麻玉娥　刘在力　王慧玲　柴祥德　李　震　沈艳芳　陈军超　吴东升

农工党驻马店市委

主任委员　张勇刚

副主任委员　段荣华

委　　员　李　颖　姚新芝　吕　光　丁水印　郑宝红

驻马店市中级人民法院

党组书记、院长　苗建勇

党组副书记、副院长　张心中

党组成员、副院长　曹宝川　王富显　刘鸿章　王翠平　李其宏

党组成员、政治部主任　王长安

党组成员、执行局长　李蔚涛

机关党委书记　巫国瑞（10月离）

驻马店市人民检察院

党组书记、检察长　李庆照（3月离）　吴文立（3月任）

党组副书记、副检察长　张桂平

党组成员、副检察长　高学奇　林　虹　丁　磊　刘　宇

党组成员、纪检组长　梁卫东

党组成员、政治部主任　苏管学

党组成员、反贪局长　李奎卿

党组成员、反渎局局长　郭东升

反渎局政委　张海成

司法警察支队支队长　李　年

司法警察支队政委　袁　健

反贪局政委　魏　民

中国人民解放军驻马店军分区

司 令 员　万丽华

政　　委　张卫东

副司令员　杜厚印　顾苏河

参 谋 长　潘小平

政治部主任　王红兵

后勤部部长　宋长拴

中国人民武装警察部队驻马店支队

支 队 长　郭荣军

政治委员　杨明涛

副支队长　翟海建

副政治委员　李仲阳

参 谋 长　周　勇

副参谋长　高怀春

政治处主任　程树梁

副 主 任　卫金正

后勤处副处长　董湘滨

驻马店市公安消防支队

党委书记、政委　郭华杰（9月离）　龚中贵（9月任）

党委副书记、支队长　胡广超

副支队长　刘　辉　邓战磊

司令部参谋长　张训苏

政治处主任　周国民

后勤处长　许洪霆

防火处长　王江舵

群众团体

市总工会

主　　席　张丽彩（兼，1月任）

党组书记、副主席　蔡新国

党组副书记、副主席 李新生
副 主 席 冀春华
纪检组长 胡海龙
经费审查委员会主任 张永剑

共青团驻马店市委
书 记 尹永彪
副 书 记 刘 楠 马 莉 魏华伟

市妇女联合会
主 席 李桂霞
副 主 席 张世霞 张 宏
纪检组长 商玉琴

市社会科学界联合会
党组书记、主席 杜 萍
副 主 席 张霖霖

市科学技术协会
党组书记 王爱莲
党组副书记、主席 赵连中
党组成员、副主席 邓清红
党组成员、纪检组长 张冠楠

市文学艺术界联合会
党组书记、主席 谢元涛
党组成员、副调研员 禹 静

市归侨侨眷联合会
党组书记、主席 蒋毓勤
副 主 席 夏卫刚
秘 书 长 王海峰

市工商业联合会
党组书记 史爱民（兼）
主 席 李万顺
党组副书记、副主席 赵 珍
副 主 席 何胜男

市残疾人联合会
党组书记、理事长 张银良
党组成员、调研员 赛玉此
党组成员、副理事长 郭维娜 徐 达

市红十字会
会 长 冯玉梅（兼）
党组书记、常务副会长 曾 莉
副 会 长 许时淮
纪检组长 杨长岭

驻驻单位

黄淮学院
党委书记 杨德东
党委副书记、院长 谭 贞（10月任）
党委副书记 王 冰（4月任） 杨耀华（4月任）
副 院 长 李联群（10月离） 张新艳
王瑞丽（10月离） 牛耀堂
工会主席 安春明

驻马店职业技术学院
党委书记 孙 海（3月任）
党委副书记、院长 宋大成（3月任）
党委副书记、纪委书记 刘贵文
党委委员、副院长 李凤霞 朱传霖 刘道广
党委委员、工会主席 曹 剑

驻马店无线电管理局
党组书记、局长 肖 柯（2月任） 贺新民（2月离）
党组成员、副局长 冯战生（2月任）

驻马店供电公司（市电业局）
总经理、党委副书记 薛洛良
党委书记、副总经理 张慧强
副总经理 潘 建 田洪亮 崔军朝
王 柳（兼任总工程师）
纪委书记 邱大庆
工会主席 张锦辉
总会计师 王继华

市烟草专卖局（公司）
局长、经理、党组书记 宋守晔
副 局 长 朱献忠
副 经 理 黄海棠 张东风（4月离）
纪检组长 崔新华
工会主席 马 良

市气象局
党组书记、局长 魏纪滨
党组副书记、副局长 孙长林
党组成员、副局长 崔新建
党组成员、纪检组长 王豫郑
总工程师 黄 元

市国家税务局
党组书记、局长 李长林
党组成员、副局长 张 涛 胡保华
刘家骥（12月离） 袁春旺
党组成员、纪检组长 路国风
党组成员、总会计师 卢 林
党组成员、总经济师 王松林
省国家税务局驻马店培训中心主任 李 贺
稽查局局长 李 剑

市地方税务局
党组书记、局长 张继民（4月任）
党组成员、副局长 关福振（4月离） 郑传民
李 勇 周勤峰（2月任）
党组成员、纪检组长 周勤峰（2月离） 张均东（2月任）
党组成员、总会计师 张步涛（2月离）
刘红霞（12月任）
党组成员、总经济师 吴运喜（12月任）
党组成员、稽查局长 吴运喜（12月离）
张书印（12月任）

中国邮政集团公司驻马店分公司
党委书记、总经理 赵胜利

党委成员、副总经理　梁　满　王东方　贾开红
业务经理　李建川

中国移动通信集团河南有限公司驻马店分公司

总 经 理　刘点金
党委书记　张宜祯
副总经理、纪委书记、工会主席　王建新
副总经理　杨俊伟　曲登攀　曾效君

中国联合网络通信有限公司驻马店市分公司

党委书记、总经理　熊保鸿
副总经理　朱智勇　谢　静

中国电信驻马店分公司

党委书记、总经理　耿国英
党委委员、副总经理　崔聚奎
纪委书记、副总经理　侯思波
党委委员、副总经理、工会主席　伹亚飞

中国人民银行驻马店市中心支行

党委书记、行长　张宏伟（1月离）
张　翔（1月任，8月离）
袁道强（9月任）
党委副书记、副行长　李香稳
党委委员、副行长　梁　虹　刘建伟
党委委员、纪委书记　胡　红
党委委员、工会主任　张　纪

中国银行业监督管理委员会驻马店监管分局

党委书记、局长　王献军
党委委员、副局长　夏　军
党委委员、纪委书记　张永华（2月离）

中国工商银行驻马店分行

党委书记、行长　关文杰
党委副书记、副行长　刘鹏生（6月任）
党委委员、副行长　信亚彬　王彦武　孙国强
常卫平（7月任）
纪委书记、工会主任　陈卫东

中国农业银行驻马店分行

党委书记、行长　梁本录
党委委员、纪委书记、副行长　李嘉公（11月离）
党委委员、副行长　张文涛　王长青　杜银兴
陈国松　夏喜重（8月任）
王黎伟（8月任）

中国农业发展银行驻马店分行

党委书记、行长　尤　明（10月离）
张洪祥（10月任）
党委委员、副行长　梁留记（12月离）　王　勇
杨书浩

中国建设银行驻马店分行

党委书记、行长　翟东风
党委委员、副行长、纪委书记　林　岗
党委委员、副行长　张新忠　李　鹏　王立维
贾晓光（5月任）

中国银行驻马店分行

党委书记、行长　王四宏（6月离）
张会军（6月任）
党委副书记、副行长　宗雪华
党委委员、副行长　刘　纲　杨　勇　党润培
党委委员、纪委书记　汪　涛

河南省农村信用联合社驻马店市办公室

党组书记、主任　侯新文
党组副书记、副主任　董金润
党组成员、副主任　张爱萍

邮政储蓄银行

行　　长　刘绍义（11月离）
霍志峰（11月任）
副 行 长　朱凤霞　李　刚
姬飞燕（11月离）

中原银行

行　　长　马　立
副 行 长　陈惠军　曾　帆
行长助理　魏云侯　树　芳
纪委书记　赵五星
党办主任　闵新建
工会主席　刘作成

中国人民财产保险股份有限公司驻马店市分公司

党委副书记、副总经理　潘建华（主持工作）
党委委员、副总经理　杨　凯　李全阳　吴春钰

中国人寿保险股份有限公司驻马店分公司

党委书记、总经理　徐春成
党委委员、副总经理　谷中立
党委委员、纪委书记、副总经理　吴永华
党委委员、副总经理　乔春明

中国石化河南省驻马店石油分公司

总经理、党委副书记　王宏斌（11月离）
殷先锋（11月任）
党委书记、纪委书记、工会主席　谭新生
副总经理、党委委员　王　平　刘姝勤

中国石油河南省驻马店销售分公司

党委副书记、总经理　何学习（6月离）
党委委员、总经理　石超军（7月任）
党委书记、纪检书记　任延坤（7月任）
党委委员、副总经理　李前锋
党委委员、副总会计师　王永兵
党委委员、副总经理　王明虎（9月任）

河南中烟工业公司驻马店卷烟厂

厂长、党委副书记　武超伟
党委书记、副厂长　董建兴
党委副书记、工会主席　杨五奎
党委委员、纪委书记　王　丽
党委委员、副厂长　张　军　宋兴旺
党委委员　孟宪国

河南省新华书店驻马店市店

党委书记、经理　张永业
副　经　理　王国民　梅　岭　李　涛
罗新征（9月任）
纪委书记、工会主席　闫　强

武汉铁路局驻马店车务段

段　　长　余承梁
党委书记　李顺峰
纪委书记　张四喜
工会主席　韩昆峰
安全副段长　徐春华
运输副段长　李　东
客运副段长　王勇强
后勤副段长　焦晓昕

国家统计局驻马店调查队

党组书记、队长　张　杰（9月离）
吴石林（9月任）
党组成员、副队长　苏永峰（12月离）
党组成员、纪检组长　王　勇

市级党政领导

【市委书记余学友】 1958年6月生，光山县人。河南省委党校在职研究生学历。1983年11月加入中国共产党。1975年10月至1978年9月，在光山县供销社工作。1978年9月至1981年7月，在河南省百泉农业专科学校园艺系果树专业学习。1981年7月至1982年5月，任新县八里畈乡农技站技术员。1982年5月至1985年3月，任新县团县委常委、办公室主任，团县委副书记，团县委书记。1985年3月至1988年9月，任新县郭家河乡党委书记。1988年9月至1996年3月，任新县县长助理、副县长。1996年3月至1996年11月，任信阳地区行署驻郑办事处书记、主任。1996年11月，通过河南省委公开选拔，任河南省林业厅副厅长、党组成员。1999年9月至2002年7月，在河南省委党校行政管理专业研究生班学习（在职）。2003年2月至2006年12月，任鹤壁市委副书记。2006年12月至2008年3月，任周口市委副书记。2008年3月至2009年2月，任河南省民政厅党组书记（正厅级）、副厅长。2009年2月至2011年5月，任河南省委农村工作办公室常务副主任（正厅级）。2011年5月至2014年4月，任商丘市委副书记、市长。2014年4月25日，任驻马店市委书记。为河南省第九届委员会委员，第十二届全国人大代表。

【原市委副书记、市长武国定】 1963年6月生，舞钢市人。在职研究生学历，经济学硕士。1984年12月加入中国共产党。1980年9月至1983年7月，在河南省百泉农业专科学校园林系学习。1983年7月至1991年4月，任平顶山市舞钢区委办公室干事，舞钢区团委书记，舞钢区林业局局长、党组书记，乡党委书记。1991年4月至1992年6月，任舞钢市市长助理、党组成员。1992年6月至1994年9月，任共青团平顶山市委员会副书记。1993年07月至1995年12月，在中央党校函授学院经济管理专业本科班在职学习。1994年9月至1997年12月，任共青团平顶山市委员会书记。1996年8月至1998年7月，在中国社会科学院在职研究生班学习。1997年12月至1999年3月，任平顶山市农业局局长、党组书记。1999年3月至2001年6月，任叶县县委副书记、县长。2001年6月至2003年10月，任叶县县委书记。2003年10月，通过河南省委公开选拔，任河南省农业厅副厅长、党组成员。2006年3月至2008年9月，任驻马店市副市长。2006年3月至2008年1月，参加中央党校研究生院经济管理专业在职学习。2008年9月至2008年10月，任驻马店市委常委、副市长。2008年9月至2010年6月，在中国地质大学应用经济学专业硕士研究生班在职学习，获研究生学历、经济学硕士学位。2008年10月至2011年9月，任驻马店市委常委、市委秘书长。2011年9月至2013年4月，任驻马店市委常委、市政府常务副市长。2013年4月至2013年5月，任驻马店市委副书记、市长候选人。2013年5月，任驻马店市委副书记、市长。2015年3月，任许昌市委副书记、市长。2016年5月，任许昌市委书记。

【市委副书记、市长陈星】 1965年2月生，虞城县人。1984年12月加入中国共产党。经济学博士。1983年9月至1987年7月，在郑州工学院水利系农田水利工程建筑专业学习。1987年7月至1989年7月，在中国社会科学院研究生院经济管理专业学习。1989年8月至1990年10月，任商丘地区第二建筑公司总经理助理。1990年10月至1998年3月，任商丘地区人事劳动局干部科副科长、主任科员。其间于1995年8月至1998年3月，在夏邑县韩镇乡挂职任党委书记。1998年3月至1999年11月，任夏邑县副县长。1999年11月至2000年3月，任商丘市团委副书记（主持工作）。2000年3月至2001年12月，任河南省商丘市团委书记。2001年12月至2003年6月，任民权县委副书记、县长。2003年6月至2008年10月，任柘城县委书记。2008年10月至2012年4月，任驻马店市副市长。2010年3月至2013年1月，在清华大学公管学院学习（在职），获公共管理硕士学位。2012年4月至2012年5月，任济源市委常委（副市厅级）。2012年月6月，获华中科技大学经济学博士学位。2012年5月至2014年3月，任济源市委常委、常务副市长。2014年3月，任驻马店市委常委、常务副市长。2015年4月，任驻马店市委副书记、市长。

【原市委副书记贾英豪】 1955年7月生，沁阳市人，1984年10月加入中国共产党。省委党校在职研究生学历。1977年8月至1978年3月，在河南省焦作师范教改组工作。1978年3月至1982年1月，在河南师范大学（开封）中文系中文专业学习。1982年1月至1986年5月，在河南省人民政府办公厅，先后任秘书处干部、副科长、省长办综合办秘书。1986年5月至1992年5月，在河南省人民政府办公厅，先后任省长办综合办副主任、综合处副处长。1992年5月至1996年9月，任河南省人民政府办公厅综合处处长。1996年9月至1999年3月，任河南省人民政府办公厅秘书处处长。其间于1995年7月至1997年7月下派锻炼，任长垣县委副书记。1998年9月至2001年7月，在河南省委党校经济管理专业在职研究生班学习。1999年3月至2003年6月，任河南省人民政府办公厅助理巡视员。2003年6月至2006年9月，任驻马店市委常委、秘书长。2006年9月至2006年12月，任驻马店市委常委、秘书长，市纪委书记。2006年12月至2011年8月，任驻马店市委常委、市纪委书记。2011年8月任驻马店市委副书记。在省八次党代会上当选为省纪委委员。2015年3月，任河南省纪委巡视员。

【市委副书记李宝清】 1964年8月生，汝南县人，1986年9月加入中国共产党。在职研究生，法学硕士。1982年10月至1984年7月，在河南省许昌商校财会专业学习。1984年7月至1985年8月，任驻马店地区行署办公室会计。1985年8月至1992年12月，任驻马店地区行署办公室办事员、科员、副科长。1992年8月至1994年12月，参加中央党校函授学院本科班经济专业在职学习。1992年12月至1997年12月，任遂平县副县长。1997年12月至1999年5月，任平舆县委常委、宣传部部长。1999年5月至2001年3月，任新蔡县委常委、副县长。2000年9月至2003年6月，在华中师范大学政治学理论专业在职攻读硕士研究生，获法学硕士学位。2001年3月至2004年11月，任新蔡县委副书记、县长。2004年11月至2006年12月，任新蔡县委书记。2006年12月至2007年2月，任驻马店市委常委、统战部部长，新蔡县委书记。2007年2月至2011年8月，任驻马店市委常委、统战部部长。2011年8月，任驻马店市委常委、市委秘书长。2016年2月，任驻马店市委副书记、市委秘书长。2016年9月，任驻马店市委副书记。

【原市人大常委会主任杨喜廷】 1952年11月生，鄢陵县人。1983年12月加入中国共产党。1973年9月至1976年8月，在新乡师范学院物理系物理专业学习。1976年8月至1984年5月，漯河师范学校教师。1984年5月至1986年4月，任许昌地区教育局师范教育科科长。1986年4月至1989年12月，任漯河市教委副主任、党组成员。1989年12月至1991年2月，任漯河市计生委主任、党组书记。1991年2月至1992年7月，任漯河市源汇区委副书记、区长。1995年7月至1996年4月，任漯河市源汇区委书记。1996年4月至1997年7月，任漯河市委秘书长。1997年7月至2001年3月，任漯河市委常委、秘书长。2001年3月至2008年9月，任许昌市委常委、秘书长。2008年9月至2011年9月，任驻马店市委副书记。2011年8月至2011年9月，任驻马店市正市厅级领导干部。2011年9月至2012年5月，任驻马店市人大常委会党组书记、正市厅级领导干部。2012年5月，任驻马店市人大常委会主任。

【市人大常委会主任张宪中】 1956年11月生，睢县人，1984年12月加入中国共产党。毕业于郑州大学哲学系。1976年3月至1978年9月，在睢县水利局石料厂、县人民医院工作。1978年9月至1982年7月，在郑州大学哲学系哲学专业学习。1982年7月至1990年2月，任睢县人民政府办公室办事员、秘书、副主任、主任。1990年2月至1992年9月，任夏邑县副县长。1992年10月至1998年2月，任夏邑县委副书记、副县长。1998年2月至2000年1月，任夏邑县委副书记、代县长、县长。2000年1月至2003年8月，任夏邑县委书记。2003年8月至2003年12月，商丘市委组织部副部长。2003年12月至2008年9月，任南阳市副市长。2008年9月至2008年10月，任驻马店市委常委。2008年10月至2011年8月，任驻马店市委常委、政法委书记。2011年8月任驻马店市委常委、市纪委书记。在省九次党代会上当选为省纪委委员。2015年3月，任驻马店市委副书记。2016年2月，当选驻马店市人大常委会主任。

【市政协主席刘军甫】 1953年4月生，汝南县人。1983年6月加入中国共产党。1975年3月至1978年3月，汝南县和孝公社郭庄联中民办教师。1978年3月至1982年1月，在河南师范大学中文系中文专业学习。1982年1月至1983年7月，在汝南县和孝乡工作。1983年7月至1987年2月，在驻马店地委办公室工作，历任办事员、秘书、科长。1987年2月至1992年4月，任河南省西平县委副书记。1992年4月至1995年10月，任泌阳县委副书记、县长。1995年10月至1998年3月，任确山县委书记。1998年3月至2000年7月，任驻马店地区行政公署副专员。2000年7月至2001年1月，任驻马店市政府筹备组副组长。2001年1月至2003年6月，任驻马店市委常委、秘书长。2003年6月至2003年7月，任信阳市委常委。2003年7月至2006年12月，任信阳市委常委、副市长。2006年12月至2007年3月，任河南省人民防空办公室党组书记（正厅级），信阳市副市长。2007 年 3 月至 2008 年 3 月，任河南省人民防空办公室党组书记（正厅级）。2008 年 3 月至 2012 年 4 月，任河南省人民防空办公室主任、党组书记。2012 年 4 月至 2012 年 5 月，任政协驻马店市委员会主席候选人、党组副书记。2012 年 5 月，任政协驻马店市委员会主席。

【市委常委、纪委书记陈锋】 1963 年 4 月生，信阳人。1984 年 6 月加入中国共产党，1981 年 7 月参加工作。中央党校在职研究生。1979 年 10 月至 1981 年 7 月，在信阳师范学校生化微生物学专业学习。1981 年 7 月至 1984 年 5 月，任河南省信阳县龙井中学教师。1984 年 6 月至 1986 年 12 月，任河南省信阳县龙井乡政府秘书。1986 年 12 月至 1990 年 4 月，任河南省信阳县龙井乡副乡长。1990 年 4 月至 1992 年 3 月，任河南省信阳县胡店乡乡长。1992 年 3 月至 1994 年 10 月，任河南省信阳县胡店乡党委书记。1994 年 10 月至 1995 年 12 月，任河南省信阳县游河乡党委书记。1995 年 12 月至 1998 年 10 月，任河南省信阳地区团委书记（1994 年 9 月至 1996 年 12 月，在河南省委党校经济专业函授本科班学习）。1998 年 10 月至 2001 年 12 月，任河南省信阳市团委书记（其间：2000 年 2 月至 2000 年 5 月，在河南省委党校第二期市地直单位主要领导干部进修班学习）。2001 年 12 月至 2002 年 5 月，任河南省罗山县委副书记，信阳市团委书记。2002 年 5 月至 2003 年 7 月，任河南省罗山县委副书记、代县长。2003 年 7 月至 2003 年 9 月，任河南省罗山县委书记、代县长。2003 年 9 月至 2007 年 7 月，任河南省罗山县委书记（其间：2004 年 9 月至 2005 年 1 月，在中央党校进修部学习）。2007 年 7 月至 2007 年 12 月，任河南省信阳市浉河区委书记。2007 年 12 月至 2012 年 4 月，任河南省周口市副市长（2005 年 3 月至 2008 年 1 月，在中央党校在职研究生法学理论专业学习）。2012 年 4 月至 2012 年 6 月，任河南省周口市委常委。2012 年 6 月至 2015 年 3 月，任河南省周口市委常委、宣传部长。2015 年 3 月至 2016 年 9 月，任河南省驻马店市委常委，市纪委书记。

【原市委常委、组织部部长李明】 1960 年 3 月生，济源市人。1982 年 1 月加入中国共产党。1977 年 9 月至 1978 年 2 月，在信阳市五七青年农场当知识青年。1978 年 3 月至 1981 年 12 月，在洛阳农业机械学院金属材料及热处理专业就读。1982 年 1 月至 1984 年 10 月，在洛阳农业机械学院二系当辅导员、系团委书记、金相教研室教师。1984 年 10 月至 1987 年 8 月，任河南省委组织部宣教干部处干事。1987 年 8 月至 1988 年 12 月，任河南省委组织部干部教育处副主任干事。1988 年 12 月至 1996 年 5 月，任河南省委组织部干部教育处主任干事。1993 年 10 月至 1995 年 7 月，在中组部培训中心 TOT 班学习。1996 年 5 月至 2000 年 1 月，任河南省委组织部干部教育处副处长。2000 年 1 月至 2003 年 4 月，任河南省委组织部地方干部处调研员。2003 年 4 月至 2007 年 4 月，任河南省委组织部党员电化教育工作处（河南省党员电化教育中心）处长（主任）。2007 年 4 月至 2008 年 9 月，任河南省委组织部地方干部处处长。2008 年 9 月至 2008 年 10 月，任驻马店市委常委。2008 年 10 月，任驻马店市委常委、组织部部长。2015 年 7 月，任河南省委组织部部务委员。

【原市委常委、政法委书记刘金志】 1964 年 3 月生，项城市人。1984 年 11 月加入中国共产党。工商管理硕士。1980 年 9 月至 1983 年 7 月，在百泉农专农作物专业学习。1983 年 7 月至 1984 年 12 月，任项城县三店乡农业技术推广站技术员、站长。1984 年 12 月至 1987 年 5 月，任项城县农业局办公室主任。1987 年 5 月至 1989 年 8 月，任项城县委办公室干事。1989 年 8 月至 1990 年 8 月，任项城县丁集乡党委副书记、纪委书记。1990 年 8 月至 1993 年 1 月，任项城县委办公室秘书、副主任。1993 年 1 月至 1994 年 2 月，任项城市郑郭乡党委书记。1994 年 2 月至 1995 年 5 月，任项城市郑郭乡党委书记、乡长。1993 年 8 月至 1995 年 12 月，参加中央党校经济管理专业本科函授学习。1995 年 5 月至 1996 年 5 月，任项城市郑郭乡党委书记。1996 年 5 月至 2001 年 3 月，任河南莲花集团党委副书记、副总经理、副董事长。2001 年 3 月至 2003 年 5 月，任淮阳县委副书记。2003 年 5 月至 2004 年 2 月，任太康县委副书记、县长。2004 年 2 月至 2006 年 12 月，任鹿邑县委书记。2005 年 6 月获香港公开大学工商管理硕士学位。2006 年 12 月至 2011 年 8 月，任驻马店市副市长。2011 年 8 月至 2011 年 9 月，任驻马店市委常委、政法委书记、副市长。2011 年 9 月，任驻马店市委常委、政法委书记。2015 年 4 月，调任信阳市委常委、纪委书记。

【市委常委、常务副市长张昕】 1966 年 11 月生，虞城县人。1986 年 10 月加入中国共产党。1985 年 9 月至 1989 年 7 月，在北京理工大学力学工程系安全工程专业学习。1989 年 7 月至 1992 年 10 月，任河南省劳动保护监测检验宣传教育中心干部。1992 年 10 月至 1993 年 8 月，任河南省劳动厅职业安全卫生监察处干部。1993 年 8 月至 1995 年 5 月，任河南省劳动厅职业安全卫生监察处副主任科员。1995 年 5 月至 1998 年 1 月，任河南省劳动厅职业安全卫生监察处主任科员。1998 年 1 月至 2000 年 9 月，任河南省劳动厅职业安全卫生监察处副处长。2000 年 9 月至 2002 年 8 月，任河南省经贸委安全生产局副局长。2002 年 8 月至 2004 年 6 月，任河南省安全生产监督管理局综合与政策法规处处长。2003 年 12 月至 2005 年 12 月，挂职任长垣县副县长、县委副书记。2004 年 6 月至 2008 年 10 月，任河南省安全生产监督管理局安全生产协调处处长。2008

年10月至2008年11月，任河南省审计厅副厅长人选、党组成员。2008年11月至2010年6月，任河南省审计厅副厅长、党组成员。2010年6月至2014年3月，任河南省审计厅副厅长、党组成员。2014年3月，任驻马店市委常委、副市长。

【市委常委、统战部部长姚新文】1963年1月生，泌阳县人。1999年1月加入中国共产党，1983年9月参加工作。中央党校研究生。1980年7月至1983年8月，在开封卫生学校学习。1983年9月至1997年1月，任河南省驻马店市人民医院医师、主治医生（其间：1994年9月至1996年6月在河南医科大学临床医学专业脱产学习）。1997年1月至1998年2月，任河南省驻马店地区商业贸易局人事科副科长。1998年2月至2001年11月，任河南省驻马店地区商业贸易局、市商业贸易局人事科科长（其间：2001年3月至2001年5月在市委党校第16期中青班学习）。2001年11月至2005年2月，任河南省驻马店市归国华侨侨眷联合会副主席、党组成员。2004年9月至2007年7月，在中央党校经济学专业学习。2005年2月至2007年6月，任河南省驻马店市归国华侨侨眷联合会主席、党组成员。2007年6月至2010年7月，任河南省驻马店市委统战部副部长，驻马店市归国华侨侨眷联合会主席、党组成员。2010年7月至2015年4月，任河南省归国华侨联合会副主席、党组成员。2015年4月，任河南省驻马店市委常委、统战部部长。

【市委常委、政法委书记赵文峰】1968年10月生，商水县人。1988年1月加入中国共产党。中央党校在职研究生。1986年9月至1988年7月，在驻马店师范专科学校中文专业学习。1988年7月至1989年11月，在驻马店地区电业局工作。1989年11月至1992年9月，任驻马店地区电业局团委副书记。1991年7月至1994年7月，河南大学中文专业本科函授学习。1992年9月至1994年12月，任驻马店团地委组织部副部长。1994年12月至1996年12月，任驻马店团地委学校部部长。1996年12月至1999年5月，任驻马店团地委组织部部长。1999年5月至2000年7月，任驻马店团地委副书记、党组成员。1999年9月至2002年7月，在中央党校政治专业研究生班学习（在职）。2000年7月至2003年2月，任驻马店团市委副书记、党组成员。2003年2月至2003年3月，任驻马店团市委副书记、党组书记。2003年3月至2004年11月，任驻马店团市委书记、党组书记。2004年11月至2008年5月，任遂平县委副书记、代县长，县长。2008年5月至2011年8月，任遂平县委书记。2011年8月至2011年12月，任驻马店市委常委、统战部长，遂平县委书记。2011年12月，任驻马店市委常委、统战部长。2015年4月，任驻马店市委常委、政法委书记。2016年9月，调任许昌市纪委书记。

【市委常委、军分区政委张卫东】1964年10月生，山东省德州市临邑县人。1984年10月加入中国共产党。大学学历，经济学博士。1980年9月至1983年8月，在长沙工程兵学校工程兵指挥专业学习。1983年8月至1986年1月，任舟桥八十七团一营一连排长。1986年1月至1989年4月，任舟桥八十七团政治处宣传股俱乐部主任（副连职）。1989年4月至1992年9月，任舟桥八十七团政治处宣传股正连职干事。1992年9月至1993年2月，任舟桥八十七团政治处宣传股副营职干事。1993年2月至1995年3月，任舟桥八十七团政治处宣传股股长。1995年3月至1995年12月，任济南军区司令部技术部综合计划处副营职参谋。1995年12月至1999年3月，任济南军区司令部技术部综合计划处正营职参谋。1998年9月至2000年6月，在军械工程学院军械装备管理专业本科班学习。1999年3月至2000年6月，任济南军区装备部军械装甲部武器处副团职助理员。2000年6月至2002年6月，任济南军区装备部研究室副团职研究员。2002年6月至2009年2月，任济南军区装备部研究室正团职研究员。2009年2月至2009年7月，任济南军区装备部综合计划部副师职装研员。2009年7月至2013年4月，任济南军区装备部综合计划部副部长兼装研员。2013年4月至2013年6月，任五十四集团军一六〇旅代副旅长。2013年6月至2013年9月，任驻马店军分区政治委员。2013年9月，任驻马店市委常委、军分区政治委员。

【市委常委、宣传部部长戚存杰】1963年1月生，新蔡县人。1985年2月加入中国共产党。在职研究生。1979年10月至1982年7月，在驻马店师范学校大专班数学专业学习。1982年8月至1983年7月，任新蔡县二中教师。1983年7月至1984年1月，任新蔡县综合治理办公室干部。1984年1月至1985年2月，任新蔡县委宣传部干部。1985年2月至1986年4月，任新蔡县“五四三”办公室副主任。1986年4月至1992年12月，任新蔡县委办公室副主任、保密办主任。1992年8月至1994年12月，在中央党校函授学院经济专业本科学习。1992年12月至1995年8月，任新蔡县栎城乡党委书记、县计经委主任。1995年8月至1997年12月，任新蔡县委常委、宣传部部长。1997年12月至1999年5月，任新蔡县委常委、副县长。1998年9月至2001年7月，在河南省委党校行政管理专业在职研究生班学习。1999年5月至2001年9月，任汝南县委副书记。2001年9月至2001年11月，任驻马店市委、市政府信访局局长、党组书记。2001年11月至2003年7月，任驻马店市委副秘书长，市委市政府信访局长、党组书记。2003年7月至2004年11月，任驻马店市审计局局长、党组书记。2004年11月至2006年5月，任驻马店市委副秘书长（正处级）。2006年5月至2007年2月任驻马店市驿城区委副书记、代区长。2007 年 2 月至 2011 年 9 月，任驻马店市驿城区委书记。2011 年 9 月至 2011 年 12 月，任驻马店市副市长、驿城区委书记。2011 年 12 月至 2014 年 3 月，任驻马店市副市长。2014 年 3 月，任驻马店市委常委、宣传部部长、副市长。2015 年 10 月，任驻马店市委常委、宣传部部长。

【市委常委、市委秘书长李国胜】 1968 年 1 月生，温县人。1988 年 1 月加入中国共产党。文学硕士。1986 年 9 月至 1990 年 7 月在郑州大学外文系俄语专业学习；1990 年 7 月至 1991 年 10 月，任郑州粮食学院团委干事。1991 年 11 月至 1992 年 8 月，任郑州粮食学院党委办公室秘书。1992 年 9 月至 1993 年 2 月，任河南省机械进出口公司业务员。1993 年 3 月至 2000 年 7 月，任河南省外事办（旅游局）科员、副主任科员、主任科员。2000 年 7 月至 2004 年 5 月，任河南省外侨办（省政府港澳事务办）欧美处副处长。2004 年 5 月至 2010 年 4 月，任河南省外侨办（省政府港澳事务办）欧美处处长。2004 年 7 月至 2005 年 1 月在，在河南省领导干部赴美国中长期培训班学习。2006 年 12 月至 2008 年 12 月，挂职任舞钢市委常委、副市长。2003 年 9 月至 2008 年 1 月，在职参加郑州大学英语语言文学专业学习，获文学硕士学位。2010 年 4 月至 2010 年 7 月，任河南省外侨办（省政府港澳事务办）综合处处长。2010 年 7 月至 2011 年 8 月，任河南省政府外事侨务办公室党组成员、省人民对外友好协会专职副会长（副厅级）。2011 年 8 月至 2014 年 2 月，任河南省政府外事侨务办公室党组成员、省人民对外友好协会专职副会长（副厅级）。2014 年 2 月，任驻马店市人民政府副市长。2016 年 9 月，任驻马店市委常委、市委秘书长。

【市委常委、组织部部长金冬江】 1972 年 8 月生，社旗县人。1994 年 6 月加入中国共产党。1991 年 9 月至 1995 年 7 月，在郑州大学中文系汉语言文学专业学习。1995 年 7 月至 1998 年 11 月，任河南省郑州市公安局政治部干部、科员。1998 年 11 月至 2001 年 9 月，任河南省郑州市公安局宣传处科员、副科级侦察员。2001 年 9 月至 2003 年 8 月，任河南省委防范和处理邪教问题领导小组办公室（省政府防范和处理邪教问题办公室）综合处副主任科员。2003 年 8 月至 2006 年 12 月，任河南省委防范和处理邪教问题领导小组办公室（省政府防范和处理邪教问题办公室）综合处主任科员。2006 年 12 月至 2007 年 12 月，任河南省委政法委办公室副主任（试用期一年）。2007 年 12 月至 2010 年 12 月，任河南省委政法委办公室副主任。2010 年 12 至 2011 年 7 月，任河南省委政法委正处级秘书、办公室副主任。2011 年 7 月至 2012 年 9 月，任河南省委政法委研究室主任。2012 年 9 月至 2013 年 12 月，任河南省委老干部局副局长（试用期一年）。2013 年 12 月至 2016 年 1 月，任河南省委老干部局副局长。2016 年 1 月，任河南省驻马店市委常委、组织部部长。

【市委常委、政法委书记孙巍峰】 1973 年 4 月生，太康县人。1995 年 4 月加入中国共产党，1995 年 7 月参加工作。河南农业大学农学院作物栽培与耕作学专业农学硕士。1991 年 9 月至 1995 年 7 月，在河南农业大学土壤与化学专业学习。1995 年 7 月至 2000 年 2 月，任河南农业大学政治辅导员。2000 年 2 月至 2001 年 6 月，任河南农业大学农学院团总支副书记。2001 年 6 月至 2001 年 12 月，任河南农业大学农学院团委书记。2001 年 12 月至 2006 年 3 月，任河南农业大学团委副书记（2000 年 9 月至 2003 年 7 月，在河南农业大学农学院作物栽培与耕作学专业学习，获农学硕士学位）（其间：2004 年 8 月至 2006 年 1 月，挂职团省委宣传部副部长）。2006 年 3 月至 2007 年 7 月，任共青团河南省委青农部副部长。2007 年 7 月至 2011 年 4 月，任共青团河南省委农村青年工作部部长（其间：2009 年 9 月至 2009 年 11 月，在河南大学干部培训分部第十一期县处级干部进修班学习）。2011 年 4 月至 2016 年 8 月，任共青团河南省委副书记、党组成员（2010 年 1 月至 2011 年 12 月，挂职任商丘市睢阳区委常委、副区长）。2016 年 8 月，任河南省驻马店市委常委。2016 年 10 月，任驻马店市委政法委书记。

【市委常委、市纪委书记李成宽】 1967 年 8 月生，禹州人。1996 年 5 月加入中国共产党。1991 年 8 月参加工作，省委党校研究生学历。1987 年 9 月至 1991 年 7 月，在中国政法大学法律系法学专业学习。1991 年 7 月至 1991 年 8 月，毕业待分配。1991 年 8 月至 1996 年 4 月，任河南省人大常委会法工委办公室干部、科员（其间：1991 年 9 月至 1992 年 9 月，在原阳县人大常委会办公室锻炼）。1996 年 4 月至 1999 年 4 月，任河南省人大常委会法制室法规二处副主任科员。1999 年 4 月至 2001 年 6 月，任河南省人大常委会法制室法规二处主任科员。2001 年 6 月至 2004 年 12 月，任河南省人大常委会法制室法规二处副处长（其间：2002 年 4 月至 2003 年 5 月，在巩义市涉村镇郭峪村驻村）。2004 年 12 月至 2008 年 10 月，任河南省人大常委会法制室综合处处长（其间：2006 年 2 月至 2006 年 5 月，在河南行政学院第 21 期公务员任职培训班学习；2004 年 9 月至 2007 年 6 月，在河南省委党校在职研究生班法律专业学习）。2008 年 10 月至 2012 年 9 月，任河南省人大常委会办公厅秘书处处长（其间：2009 年 9 月至 2009 年 12 月，在河南省委党校第 45 期中青班学习）。2012 年 9 月至 2014 年 2 月，任河南省人大常委会办公厅研究室主任（副厅级）。2014 年 2 月至 2016 年 9 月，任河南省鹤壁市委常委、秘书长。2016 年 9 月，任河南省驻马店市委常委，市纪委书记。

【市委常委、新蔡县委书记王景峰】 1968年7月出生，正阳县人，在职研究生，1991年1月加入中国共产党，1986年8月参加工作。2003年1月任泌阳县人民政府副县长。2006年5月任共青团驻马店市委副书记、党组副书记（主持工作）。2006年12月共青团驻马店市委书记、党组书记。2008年12月任中共新蔡县委副书记、县政府代县长。2009年1月任中共新蔡县委副书记、县政府县长。2014年3月中共新蔡县委书记。2015年4月任中共驻马店市委常委、新蔡县委书记。2016年9月，任河南省人民政府食品安全委员会办公室副主任、河南省食品药品监督管理局副局长。

【市人大常委会副主任、市总工会主席张杰】 1954年5月生，平舆县人。1974年10月加入中国共产党。1972年12月至1976年2月，任解放军基建450部队战士。1976年2月至1979年12月，任中国矿业学院机械系机械制造专业学习。1979年3月至1979年12月，在鸡西矿院力学系师训班学习。1980年1月至1983年1月，任基建工程兵第三技术学校任教员。1983年1月至1987年2月，在平舆县电业局、县委组织部工作。1987年2月至1992年12月，任驻马店地区人事局办公室副主任、干部管理科科长。1992年12月至1995年10月，任驻马店地区人事局副局长、党组成员。1995年10月至1998年5月，任确山县委副书记、县长。1998年5月至1999年1月，任确山县委书记、县长。1999年1月至2001年9月，任确山县委书记。2001年9月至2004年10月，任政协驻马店市委员会副主席。2004年10月至2007年3月，任政协驻马店市委员会副主席、驻马店市总工会主席。2007年3月，任驻马店市人大常委会副主任、市总工会主席。2016年2月，辞任驻马店市人大常委会副主任。

【市人大常委会副主任张德轩】 1954年10月生，泌阳县人。1973年10月至1975年9月，任泌阳县红河中学民办教师。1975年10月至1977年7月，在驻马店师范学校学习。1977年7月至1985年5月，任泌阳县红河中学教导主任、副校长。1985年5月至1995年1月，任周口地区水利职工学校教务科科长、副校长。1985年9月至1988年7月，在河南电大汉语专业大专班、河南大学高等教育自学考试汉语专业本科学习（在职）。1995年1月至1997年12月，任周口地区水利职工学校校长。1997年12月至2001年1月，任郸城县副县长。2001年1月至2012年5月，任驻马店市人民政府副市长。2012年5月，任驻马店市人大常委会副主任。2014年7月，被河南省政府聘为参事室参事。

【市人大常委会副主任乔登华】 1954年12月生，汝南县人。1974年3月加入中国共产党。1972年12月至1982年12月，在解放军基建工程兵42队支任战士、材料员、助理员、组织干事。1982年12月转业，分配到驻马店地区计建委人事科工作。1983年7月至1985年8月，参加河南省驻马店地委党校理论班学习。1986年3月至1992年12月，任驻马店地区计建委办公室副主任、主任。1989年9月至1991年7月，参加河南省委党校函授部政治管理专业学习。1992年12月至1995年12月，任驻马店地区计建委副主任、党组成员。1995年12月至1999年1月，任驻马店地区环境保护局局长、党组书记。1999年1月至2000年7月，任驻马店市委（县级）副书记、市长。2000年7月至2001年3月，任驻马店市驿城区委副书记、区长。2001年3月至2003年3月，任平舆县委书记。2003年3月至2004年4月，任平舆县委书记兼县人大常委会主任。2004年4月至2006年3月，任确山县委书记。2006年3月至2006年5月，驻马店市人大常委副主任、确山县委书记。2006年5月，任河南省驻马店市人大常委会副主任。2016年2月，辞任驻马店市人大常委会副主任。

【市人大常委会副主任王素平】 女，1956年12月生，平舆县人。1983年12月加入中国共产党。1974年2月至1976年10月，平舆县万冢公社当下乡知识青年。1976年10月至1979年7月，在开封师范学院物理系物理专业学习。1979年7月至1980年8月，在平舆师范学校任教。1980年8月至1981年1月，在平舆县教育局工作。1981年1月至1984年5月，在平舆县政府办公室工作。1984年5月至1992年6月，任平舆县计生委主任。1992年6月至1993年1月，任平舆县副县长。1992年1月至1993年12月，在河南大学经济学专业研究生进修班学习（在职）。1993年1月至1995年8月，任驻马店地区妇联会副主任。1995年8月至1999年1月，任驻马店地区妇联会主任、党组书记。1999年1月至2001年9月，任正阳县委副书记、县长。2001年9月至2006年3月，任正阳县委书记。2006年3月至2006年5月，任驻马店人大常委会主任、正阳县委书记。2004年9月至2006年7月，在中央党校研究生院政治学理论专业学习（在职）。2006年5月，任驻马店市人大常委会副主任。

【市人大常委会副主任崔允成】 1954年10月生，泌阳县人。1984年3月加入中国共产党。1976年10月至1978年7月，在汝南园林学校学习。1978年7月至1979年11月，毕业待分配。1979年11月至1984年7月，任驻马店市农林局技术员、团市委秘书。1984年7月至1986年7月，任驻马店市东风路办事处副主任。1984年9月至1986年7

月，在河南省委党校理论专业大专班学习。1986年7月至1992年12月，任驻马店市委（县级）办公室副主任兼政研室主任。1991年12月至1993年12月，在河南大学经济学研究生进修班学习（在职）。1992年12月至1995年10月，任上蔡县委常委、办公室主任。1995年10月至1999年1月，任上蔡县委副书记。1999年1月至2001年3月，任上蔡县委副书记、县长。2001年3月至2002年2月，任驻马店市驿城区委副书记、区长。2002年2月至2002年4月，任驻马店市驿城区委书记、区长。2002年4月至2007年2月，任驻马店市驿城区委书记。2007年2月至2007年3月，任驻马店市人大常委会党组成员。2007年3月，任驻马店市人大常委会副主任。2016年2月，辞任驻马店市人大常委会副主任。

【市人大常委会副主任、市总工会主席张丽彩】 女，1962年4月生，新郑市人。1989年10月加入中国共产党。1978年10月至1979年6月，在河南省委办公厅机要干部培训班学习。1979年6月至1984年9月，在驻马店地委办公室机要科工作。1984年9月至1986年8月，在河南省广播电视大学党政干部基础专修科学习。1986年8月至1993年9月，任河南省驻马店地委办公室第一秘书科干事、副科级协理员。1991年10月至1993年8月，下派驻马店市刘阁乡任副乡长、副书记。1993年9月至1996年4月，任驻马店地委办公室信息调研科正科级秘书。1996年4月至1999年5月，任驻马店地委督查办主任。1999年5月至2001年11月，任驻马店地委、市委办公室副主任。2001年3月至2004年5月，参加中央广播电视大学法学专业本科班学习（在职）。2001年11月至2005年2月，任驻马店市委副秘书长。2004年9月至2007年6月，在河南省委党校法律专业在职研究生班学习。2005年2月至2007年2月，任驻马店市委副秘书长、市委办公室调研员。2007年2月至2007年5月，任驻马店市监察局局长、市政府党组成员。2007年5月至2012年5月，任驻马店市纪委副书记、市监察局局长、市政府党组成员。2012年5月至2012年10月任河南省驻马店市人大常委会副主任，市纪委副书记、监察局局长、市政府党组成员。2012年10月，任驻马店市人大常委会副主任。2015年1月，兼任驻马店市总工会主席。

【市人大常委会副主任、经济开发区党委书记栗明伦】 1961年3月生，西平县人。1985年2月加入中国共产党。1983年7月参加工作。新乡师范学院物理系物理专业理学学士。1979年9月至1983年7月，在新乡师范学院物理系学习。1983年7月至1986年7月，在河南省确山县城郊乡政府、县纪委工作。1986年7月至1989年3月，任河南省驻马店地委宣传部干事。1989年3月至1993年3月，任河南省驻马店地委宣传部副科长。1993年3月至1994年10月，任河南省驻马店地委宣传部正科级协理员、地委外宣办副主任。1994年10月至1996年4月，任河南省驻马店地委宣传部新闻通讯科科长。1996年4月至2000年7月，任河南省驻马店地委对外宣传工作办公室主任。2000年7月至2001年11月，任河南省驻马店市委对外宣传工作办公室主任。2001年11月至2004年11月，任河南省驻马店市委宣传部副部长。2004年11月至2006年5月，任河南省驻马店市委宣传部副部长兼市社会科学界联合会主席。2006年5月至2012年7月，任河南省确山县委副书记、县长。2012年7月至2016年1月，任河南省确山县委书记。2016年1月至2016年2月，任河南省驻马店市人大常委会副主任候选人，确山县委书记。2016年2月至2016年5月，任河南省驻马店市人大常委会副主任。2016年5月，任河南省驻马店市人大常委会副主任，经济开发区党委书记。

【市人大常委会副主任王志华】 1961年7月生，遂平县人。1984年11月加入中国共产党，1983年7月参加工作。河南师范大学政教系政治教育专业哲学学士。1979年9月至1983年7月，在河南师范大学政教系政治教育专业学习。1983年7月至1987年9月，任河南省确山县朱古洞乡政府团委书记、经联社副主任、副乡长。1987年9月至1998年2月，任河南省驻马店地委组织部干事、干部科副科长、正科级组织员、干部调配科科长。1998年2月至1999年5月，任河南省驻马店地委副处级组织员兼干部调配科科长。1999年5月至2000年7月，任河南省驻马店市（县级市）委常委、组织部长。2000年7月至2001年9月，任河南省驻马店市驿城区委常委、组织部部长。2001年9月至2001年11月，任河南省驻马店市驿城区委副书记、组织部部长。2001年11月至2006年5月，任河南省驻马店市驿城区委副书记（其间：2003年9月至2003年12月，参加省委党校第21期县委书记县长进修班学习）。2006年5月至2006年12月，任河南省驻马店市委向省委推荐的市纪委副书记人选。2006年12月至2012年10月，任河南省驻马店市纪律检查委员会副书记。2012年10月至2016年2月，任河南省驻马店市纪律检查委员会副书记、市监察局局长、市政府党组成员。2016年2月，任河南省驻马店市市人大常委会副主任，市纪律检查委员会副书记。

【市人大常委会副主任苗建勇】 1959年8月生，焦作市人。1985年9月加入中国共产党。二级高级法官。1977年8月至1980年4月，在焦作市供电局汽车队当工人。1980年4月任焦作市中级人民法院法警，1982年7月转干。1980年9月至1983年7月，参加焦作市职工大学中文专业在职学习。1982年12月至1986年12月，任焦作市中级人民法院书记员。1986年12月至1988年5月，任焦作市中级人民法院助理审判员。1988年5月至1989年1月，任焦作市中级人民法院正科级审判员。1989 年 1 月至 1991 年 6 月，任焦作市中级人民法院正科级审判员、团支部书记。1991 年 6 月至 1992 年 6 月，任焦作市中级人民法院正科级审判员、办公室主任。1992 年 6 月至 1992 年 12 月，任焦作市中级人民法院正科级审判员、办公室主任、审判委员会委员。1992 年 12 月至 2001 年 5 月，任泌阳市人民法院党组书记、代院长、院长。1996 年 9 月至 1999 年 6 月，在吉林大学法学院法学专业学习（在职），2000 年 7 月获法学学士学位。2001 年 5 月至 2004 年 8 月，任焦作市中级人民法院副院长、党委委员、审判委员会委员。2004 年 8 月至 2009 年 3 月，任焦作市中级人民法院副院长、党组副书记。2009 年 3 月，任驻马店市中级人民法院党组书记、代院长、院长。2016 年 2 月，任驻马店市人大常委会副主任。

【市政府副市长冯玉梅】 女，1960 年 11 月生，上蔡县人。1982 年 7 月参加工作。1978 年 10 月至 1982 年 7 月，在河南农学院农机系修造专业学习。1982 年 7 月至 1984 年 10 月，任信阳市汽车配件厂技术科科长。1984 年 10 月至 1988 年 8 月，任驻马店地区第一工业局科员。1988 年 8 月至 1997 年 6 月，任驻马店地区经贸委科员技术科副科长。1997 年 6 月至 2001 年 11 月，任驻马店地区经贸委、市经贸委技术科科长。2001 年 11 月至 2004 年 11 月，任驻马店市经济贸易委员会副主任。2005 年 12 月至 2007 年 3 月，任驻马店市发展和改革委员会副主任。2007 年 3 月至 2012 年 5 月，任驻马店市人大常委会副主任、市发展和改革委员会副主任。2012 年 5 月，任驻马店市人民政府副市长。

【市政府副市长杜中强】 1962 年 7 月生，西平县人。1987 年 6 月加入中国共产党。1980 年 9 月至 1982 年 7 月，在河南省会计学校会计专业学习。1982 年 8 月至 1987 年 9 月，任河南省会计学校、河南省财税高等专科学校教师。1987 年 9 月至 1995 年 8 月，任河南省财政专科学校总务处副科长、干训处副处长、成人教育部副主任，省财政干校校长助理。1995 年 8 月至 2000 年 8 月，任河南省财政专科学校成人教育部主任，省财政干校、省中华会计函授学校副校长、常务副校长。2000 年 8 月至 2002 年 12 月，任河南省中华会计函授学校校长。2003 年 12 月至 2005 年 3 月，任河南省财政厅干部教育中心主任兼省中华会计函授学校校长。2005 年 3 月至 2012 年 5 月，任驻马店市财政局局长、党组书记。2012 年 5 月至 2012 年 8 月，任驻马店市人民政府副市长，市财政局局长、党组书记。2012 年 8 月，任驻马店市人民政府副市长。

【市政府副市长王明威】 1963 年 11 月生，杞县人。1983 年 12 月加入中国共产党。1979 年 9 月至 1981 年 7 月，在郑州

中等农业机械学校学习。1981 年 9 月至 1982 年 11 月，任杞县团委干事。1982 年 11 月至 1984 年 4 月，任杞县团委宣传部副部长。1984 年 4 月至 1988 年 7 月，任杞县团委副书记。1988 年 7 月至 1990 年 7 月，任杞县团委书记。1990 年 7 月至 1994 年 3 月，任杞县平城乡党委书记。1994 年 3 月至 1997 年 11 月，任杞县西寨林场副厂长、党委副书记、西寨乡党委书记。1997 年 11 月至 2001 年 7 月，任通许县委常委、纪委书记。2001 年 7 月至 2002 年 12 月，任通许县委副书记、纪委书记。2002 年 12 月至 2003 年 2 月，任通许县委副书记、代县长。2003 年 2 月至 2006 年 5 月，任通许县委副书记、县长。2006 年 5 月至 2012 年 5 月，任确山县委书记。2012 年 5 月至 2012 年 7 月，任驻马店市副市长、确山县委书记。2012 年 7 月，任驻马店市人民政府副市长。

【市政府副市长高万象】 1963 年 9 月生，泌阳县人。1985 年 5 月加入中国共产党，1984 年 7 月参加工作。省委党校研究生。1979 年 9 月至 1981 年 8 月，在河南省警察学校学习。1981 年 9 月至 1985 年 8 月，任河南省驻马店市公安局、政法委干部。1985 年 8 月至 1990 年 9 月，任河南省驻马店市委办机要科干部。1990 年 9 月至 1992 年 12 月，任河南省驻马店市委办副主任、机要科科长（1989 年 9 月至 1991 年 7 月，参加省委党校政管专业本科函授学习；1990 年 12 月，河南大学汉语言文学专业自考本科毕业）。1992 年 12 月至 1996 年 4 月，任河南省驻马店市橡林乡乡长（1995 年 5 月，享受副县处级待遇）（1992 年 2 月至 1993 年 12 月，在河大经济专业研究生进修班学习）。1996 年 4 月至 1999 年 5 月，任河南省驻马店市副市长。1999 年 5 月至 2000 年 7 月，任河南省驻马店市委常委、宣传部部长。2000 年 7 月至 2001 年 11 月，任河南省驻马店市驿城区委常委、宣传部部长。2001 年 11 月至 2006 年 5 月，任河南省西平县委副书记。2006 年 5 月至 2007 年 2 月，任河南省驻马店市委副秘书长、市委办调研员。2007 年 2 月至 2008 年 11 月，任河南省泌阳县委副书记（正县级）。2008 年 11 月至 2012 年 7 月，任河南省泌阳县委副书记、县长（其间：2010 年 9 月至 2010 年 10 月，参加河南省委党校县域经济科学发展研讨班）。2012 年 7 月至 2015 年 10 月，任河南省泌阳县委书记。2015 年 10 月至 2015 年 12 月，任河南省驻马店市副市长，泌阳县委书记。2015 年 12 月至 2016 年 7 月，任河南省驻马店市副市长。2016 年 7 月，任河南省公安厅党委委员、政治部主任。

【市政府副市长付自成】 1963 年 9 月生，泌阳县人。1985 年 5 月加入中国共产党，1984 年 7 月参加工作。省委党校研究生。1980 年 9 月至 1984 年 7 月，在河南农学院植保系植物保护专业学习。1984 年 7 月至 1987 年 3 月，在河南省

新蔡县陈店乡、县纪委工作。1987 年 3 月至 1989 年 1 月，任河南省新蔡县涧头乡党委副书记。1989 年 1 月至 1992 年 12 月，任河南省新蔡县砖店乡党委副书记，乡长。1992 年 12 月至 1996 年 1 月，任河南省新蔡县砖店乡党委书记。1996 年 1 月至 1996 年 2 月，任河南省新蔡县计划委员会主任。1996 年 2 月至 1999 年 5 月，任河南省新蔡县副县长。1999 年 5 月至 2001 年 9 月，任河南省新蔡县委常委、宣传部长（其间 :1997 年 9 月至 2000 年 1 月，在省委党校行管专业研究生班学习）。2001 年 9 月至 2003 年 6 月，任河南省汝南县委常委、副县长。2003 年 6 月至 2006 年 5 月，任河南省汝南县委副书记。2006 年 5 月至 2007 年 2 月，任河南省驻马店市委副秘书长（兼），市委、市政府信访局局长、党组书记。2007 年 2 月至 2008 年 5 月，任河南省遂平县委副书记(正县级)。2008 年 5 月至 2011 年 12 月，任河南省遂平县委副书记、县长。2011 年 12 月至 2016 年 1 月，任河南省遂平县委书记。2016 年 1 月至 2 月，任河南省驻马店市副市长人选，遂平县委书记。2016 年 2 月任河南省驻马店市副市长。

【市政府副市长，市公安局党委书记、局长杨俊杰】 1962 年 7 月生，许昌市人。1983 年 12 月加入中国共产党。1980 年 11 月至 1985 年 1 月，在炮兵第六十三师服役。1985 年 1 月转业，被招为许昌市公安局民警（全民工）。1986 年 9 月至 1988 年 7 月，在郑州市公安干部学校公安专业脱产学习。1988 年 12 月被录用为正式干部，历任许昌市公安局魏都分局科员、监察室主任。1984 年 9 月至 1987 年 6 月，在河南大学政治专业专科班函授学习。1993 年 9 月至 1995 年 7 月，在河南大学法律专业本科函授学习（在职），获法学学士学位。1995 年 1 月至 1998 年 5 月，任许昌市魏都区南关办事处党工委副书记。1998 年 5 月至 2000 年 9 月，任许昌市公安局纪委副书记。2000 年 9 月至 2002 年 5 月，任许昌市公安局魏都分局局长。2002 年 5 月至 2007 年 2 月，任许昌市公安局副局长兼魏都分局局长。2007 年 2 月至 2007 年 9 月，任许昌市公安局副局长。2007 年 9 月至 2010 年 6 月，任河南省公安厅警务督察处处长、警备督察总队总队长。2010 年 6 月至 2012 年 10 月，任驻马店市公安局局长、党委书记。2012 年 10 月，任驻马店市公安局局长、党委书记（副市厅级）、市公安局督察长（兼）。2016 年 9 月，任驻马店市人民政府副市长，市公安局党委书记、局长。

【市政协副主席刘汝生】 1957 年 4 月生，山东省平阴县人。1983 年 5 月加入中国共产党。1975 年 7 月至 1978 年 3 月，在汝南县三桥公社当下乡知青。1978 年 3 月至 1982 年 1 月，在河南农学院植保系植物保护专业学习。1982 年 2 月至 1985 年 12 月，任汝南县老君庙公社干部、管委会副主

任、副乡长。1985 年 12 月至 1986 年 4 月，任汝南县金铺乡长党委副书记（主持工作）。1986 年 4 月至 1987 年 3 月，任汝南县金铺乡党委副书记、乡长。1987 年 3 月至 1990 年 4 月，任汝南县舍屯乡党委书记。1990 年 4 月至 1992 年 12 月，任汝南县副县长。1992 年 12 月至 1995 年 12 月，任遂平县委党委、副县长。1995 年 12 月至 1999 年 1 月，任确山县委副书记。1999 年 1 月至 2001 年 3 月，任驻马店地区乡镇企业管理局局长、党组书记。2001 年 3 月至 2004 年 4 月，任西平县委副书记、县长。2004 年 4 月至 2007 年 3 月，任平舆县委书记兼县人大常委会主任。2007 年 3 月至 2009 年 6 月，任平舆县委书记。2009 年 6 月至 2012 年 5 月，任副市厅级干部、平舆县委书记。2012 年 5 月至 2012 年 7 月，任政协驻马店市委员会副主席、平舆县委书记。2012 年 7 月，任政协驻马店市委员会副主席。

【市政协副主席、民盟市委主委苗炳启】 1956 年 9 月生，西平县人。1976 年 3 月至 1978 年 10 月，任西平县五沟营联中民办教师。1978 年 10 月至 1982 年 8 月，在新乡师范学院物理系物理专业学习。1982 年 9 月至 1983 年 8 月，任西平县金岗高中教师。1983 年 9 月至 1985 年 11 月，任西平县完中教师。1985 年 12 月至 2001 年 1 月，任驻马店地区教委基础教研室物理教研员。2001 年 1 月，任政协驻马店市委员会副主席、民盟驻马店市委主委。

【市政协副主席赵瑛】 1954 年 1 月生，山东省枣庄市人。1971 年 7 月至 1973 年 9 月，在郾城县裴城公社当下乡知青。1973 年 9 月至 1976 年 7 月，在开封师范学院中文系中文专业学习。1976 年 7 月至 1985 年 7 月，任驻马店师范学校教师。1985 年 7 月至 1995 年 2 月，任驻马店教育学院中文系教师。1995 年 2 月至 1997 年 12 月，任驻马店教育学院中文系副主任。1997 年 12 月至 2001 年 5 月，任确山县副县长。2001 年 5 月至 2007 年 3 月，任驻马店市司法局副局长。2007 年 3 月，任政协驻马店市委员会副主席、市司法局副局长。

【市政协副主席、农工党市委主委张勇刚】 1959 年 3 月生，确山县人。1977 年 5 月至 1978 年 2 月，在驻马店地区砖瓦厂当工人。1978 年 2 月至 1982 年 12 月，在河南医学院医学系医疗专业学习。1983 年 1 月至 1998 年 3 月，在驻马店地区人民医院当医生。1998 年 3 月至 2000 年 11 月，任驻马店地区人民医院急诊科主任（副科）。2000 年 2 月，聘为内科主任医师。2000 年 11 月至 2001 年 12 月，

任驻马店市中心人民医院急诊科主任（正科级）。2001 年 12 月至 2006 年 12 月，任驻马店市中心人民医院急诊科主任、农工驻马店市委副主委。2006 年 12 月至 2007 年 3 月，任驻马店市中心人民医院急诊科主任、农工驻马店市委主委。2007 年 3 月，任政协驻马店市委员会副主席、农工驻马店市委主委。

【市政协副主席谢凤鸣】 1960 年 2 月生，汝南县人。1983 年 10 月加入中国共产党。1978 年 4 月至 1980 年 4 月，在汝南师范政语专业学习。1980 年 9 月至 1982 年 4 月，任平舆县老王岗乡教师。1982 年 4 月至 1985 年 9 月，任平舆县老王岗乡团委书记 1983 年 9 月至 1985 年 7 月，在郑州大学哲学专业脱产学习。1985 年 9 月至 1992 年 9 月，任驻马店团地委组织部干事、副部长、部长。1992 年 8 月至 1994 年 12 月，参加中央党校函授学院经济专业本科班学习。1992 年 9 月至 1996 年 2 月，任驻马店团地委副书记。1996 年 2 月至 1997 年 12 月，任泌阳县委常委、宣传部部长。1997 年 12 月至 1999 年 5 月，任正阳县委常委、纪委书记。1999 年 5 月至 2004 年 11 月，任新蔡县委副书记。2004 年 11 月至 2008 年 11 月，任泌阳县委副书记、县长。2006 年 8 月至 2009 年 6 月，在河南农业大学农业推广专业学习（在职），获农业推广硕士学位。2008 年 11 月至 2012 年 5 月，任泌阳县委书记。2012 年 5 月至 2012 年 7 月，任政协驻马店市委员会副主席、泌阳县委书记。2012 年 7 月，任政协驻马店市委员会副主席。

【市政协副主席王秋霞】 女，1962 年 9 月生，遂平县人。1983 年 11 月加入中国共产党。1979 年 2 月至 1981 年 11 月，在驻马店农业学校学习。1981 年 12 月至 1983 年 12 月，在遂平县车站乡妇联会、乡党办工作。1983 年 12 月至 1984 年 6 月，在遂平县委组织部工作。1984 年 6 月至 1985 年 6 月，在驻马店地委组织部工作。1985 年 6 月至 1993 年 9 月，任驻马店地委组织部干事（副科）。1985 年 8 月至 1988 年 6 月，参加中国人民大学大专班档案专业函授学习。1992 年 8 月至 1994 年 12 月，在中央党校函授学院本科班政治专业学习。1993 年 9 月至 1999 年 5 月，任驻马店地委组织部正科级组织员、干部管理科副科长、科长。1999 年 5 月至 2001 年 11 月，任驻马店地委、市委副处级组织员、组织部干部管理科科长。2001 年 11 月至 2005 年 2 月，任驻马店市委组织部副部长。2005 年 2 月至 2007 年 2 月，任驻马店市委组织部副部长、市人才办（市委知工办）主任。2007 年 2 月至 2007 年 3 月，任新蔡县委副书记、代理县长。2007 年 3 月至 2008 年 12 月任新蔡县县长、县委副书记。2008 年 12 月至 2010 年 10 月，任驻马店经济开发区书记、管委会主任。2010 年 10 月至 2012 年 5 月，任驻马店经济开发区书记、管委会主任。2012 年 5 月至 2012 年 8 月，任政协驻马店市委员会副主席，驻马店经济开发区书记、管委会主任。2012 年 8 月，任政协驻马店市委员会副主席。

【市政协副主席、民进市委主委张翠云】 女，1955 年 12 月生，汝南县人。1978 年 4 月至 1980 年 4 月，在汝南师范学校理化班学习。1980 年 4 月至 1993 年 9 月，在驻马店市第七小学、第八小学任教。1992 年 7 月至 1995 年 7 月在河南师范大学数学专业本科班函授学习。1993 年 9 月至 2001 年 9 月，任驻马店市回小副校长、第三小学副校长。2001 年 9 月至 2006 年 11 月，任驻马店市聋哑学校校长。2006 年 11 月至 2007 年 3 月，任河南省驻马店市聋哑学校校长（副科级）。2007 年 3 月至 2013 年 5 月，任民进驻马店市委主委、驻马店市驿城区政协副主席。2012 年 5 月，任政协驻马店市委员会副主席、民进驻马店市委主委、驻马店市特殊教育学校校长。

【市政协副主席、市工商联主席李万顺】 1963 年 7 月生，泌阳县人。1985 年 10 月参加工作。1985 年 10 月至 1994 年 10 月，任驻马店地区安装公司技术员、施工员。1994 年 9 月至 1997 年 7 月在郑州大学工民建专业学习。1994 年 10 月至 1999 年 2 月，任驻马店地区置地建设工程有限公司董事长兼总经理。1999 年 2 月至 2003 年 3 月，任驻马店市置地房地产有限公司董事长兼总经理。2003 年 3 月至 2004 年 9 月，任驻马店市置地房地产有限公司董事长兼总经理、驻马店市工商联副主席。2004 年 9 月至 2007 年 2 月，任河南省置地房地产集团有限公司董事长兼总经理、驻马店市工商联副主席。2004 年 9 月至 2006 年 7 月，在清华大学—澳大利亚国立大学创新与科技管理专业学习（在职），获工商管理硕士学位。2007 年 2 月至 2008 年 8 月，任河南省置地房地产集团有限公司董事长、市工商联副主席。2008 年 8 月至 2012 年 3 月，任河南省置地房地产集团有限公司董事长、华顺阳光新能源有限公司副董事长、市工商联副主席。2012 年 3 月至 2012 年 5 月，任河南省置地房地产集团有限公司董事长、华顺阳光新能源有限公司副董事长、市工商联主席。2012 年 5 月任政协驻马店市委员会副主席、河南省置地房地产集团有限公司董事长、华顺阳光新能源有限公司副董事长、市工商联主席。

【市政协副主席郑玉林】 1961 年 12 月生，正阳县人，1985 年 5 月加入中国共产党，1982 年 8 月参加工作。省委党校研究生。1979 年 11 月至 1982 年 7 月，在河南省信阳农校大专班农学专业学习。1982 年 8 月至 1986 年 1 月，任正阳县汝南埠乡干部、油坊店乡团委书记。1986 年 1 月至 1990 年 6 月，任驻马店团地委干事、组织部副部长。

1990年6月至1996年2月，任驻马店团地委宣传部、组织部部长（其间：1992年9月至1994年12月，在中央党校函授学院经济管理专业本科班学习）。1996年2月至1999年5月，任驻马店团地委副书记。1999年5月至2001年9月，任遂平县委常委、办公室主任（1998年9月至2001年7月，在河南省委党校经济管理专业研究生班学习）。2001年9月至2005年3月，任遂平县委副书记、纪委书记。2005年3月至2007年2月，任遂平县委副书记。2007年2月至2007年3月，任驻马店市驿城区委副书记、代区长。2007年3月至2011年12月，任驻马店市驿城区委副书记、区长。2011年12月至2015年2月，任驻马店市驿城区委书记。2015年2月至2015年3月，任政协驻马店市委员会副主席候选人，驻马店市驿城区委书记。2015年4月至2015年6月，任政协驻马店市委员会副主席，驻马店市驿城区委书记。2015年6月，任政协驻马店市委员会副主席。

【市中级人民法院院长张社军】 1964年3月生，洛阳人。1984年6月加入中国共产党，1986年7月参加工作。西南政法学院法律系法律专业法学学士。1982年9月至1986年7月，在西南政法学院法律系法律专业学习。1986年7月至1991年6月，在河南省三门峡市人民检察院工作，1990年2月，任副科级检察员。1991年6月至1994年8月，任河南省三门峡市反贪污贿赂局侦查二科科长（副科级，其间：1992年1月至1993年12月，在卢氏县检察院挂职任副检察长）。1994年8月至1995年3月，任河南省三门峡市人民检察院正科级检察员。1995年3月至1997年10月，任河南省三门峡市反贪污贿赂局副局长。1997年10月至1999年10月，任河南省三门峡市人民检察院办公室主任。1999年10月至2002年11月，任河南省三门峡市湖滨区检察院检察长。2002年11月至2004年9月，任河南省三门峡市中级人民法院副院长、党组成员。2004年9月至2008年11月，任河南省三门峡市中级人民法院副院长、党组副书记。2008年11月至2012年7月，任河南省三门峡市中级人民法院常务副院长、党组副书记。2012年7月至2016年1月，任河南省信阳市中级人民法院院长。2016年1月至2016年2月，任河南省驻马店市中级人民法院院长候选人。2016年2月，任河南省驻马店市中级人民法院代院长、院长。

【原市人民检察院检察长李庆照】 1955年9月生，焦作市人。1976年7月加入中国共产党。二级高级检察官。1974年12月至1976年7月，在新疆军区陆五师当战士、副班长。1976年7月至1977年12月，入北京军区机要训练班学习。1977年12月至1979年2月，任新疆军区守备一团司令部译电员。1979年2月至1985年1月，任新疆军区守备二师司令部译电员。1985年1月至1985年4月，任河南省人民检察院干部。1985年4月至1988年9月，任河南省人民检察院书记员。1985年9月至1988年9月，参加河南广播电视大学法律专业在职学习。1988年9月至1994年2月，任河南省人民检察院助检员。1994年2月至1995年6月，任河南省人民检察院副处级检察员。1995年6月至1997年5月，任河南省人民检察院刑检处副处长、检察员。1997年5月至2000年2月，任河南省人民检察院审查起诉处副处长、检察员（1998年12月正处级）。1999年9月至2001年7月，在河南大学研究生课程进修班诉讼法专业学习（在职）。2000年2月至2009年3月，任河南人民检察院监所检察处处长、检察员。2009年3月，任驻马店人民检察院党组书记、代检察长、检察长。2015年3月，辞去驻马店市人民检察院检察长职务。

【市人民检察院检察长吴文立】 1963年12月生，西峡县人。1985年11月加入中国共产党。1986年7月参加工作。西南政法学院法律专业法学学士。1982年9月至1986年7月，在西南政法学院法律专业学习。1986年7月至1987年10月，任河南省检察院干部。1987年10月至1991年9月，任河南省检察院科员级书记员。1991年9月至1996年3月，任河南省检察院副科级助检员。1996年3月至2001年3月，任河南省检察院正科级助检员。2001年3月至2001年7月，任河南省检察院办公室检办主任（副处级）。2001年7月至2002年7月，任河南省检察院办公室检办主任、副处级检察员。2002年7月至2007年7月，任河南省检察院办公室副主任、副处级检察员。2007年7月至2009年7月，任河南省检察院办公室副主任、正处级检察员。2009年7月至2015年2月，任河南省检察院办公室主任、正处级检察员。2015年2月至2015年3月，任河南省驻马店市检察院检察长候选人。2015年3月至2015年4月，任河南省驻马店市检察院代检察长。2015年4月，任河南省驻马店市检察院检察长。

【市城乡一体化示范区党工委书记（副市厅级）李新中】 1964年10生，固始县人。1988年12月加入中国共产党，1986年8月参加工作，省委党校研究生。1984年9月至1986年7月，在河南省驻马店师专中文专业学习。1986年8月至1990年7月，任河南省驻马店市（县级市）政府史志办编辑。1990年7月至1993年3月，任河南省驻马店市（县级市）委办公室干事。1993年3月至1993年11月，任河南省驻马店市（县级市）委组织部副科级组织员。1993年11月至1996年2月，任河南省驻马店地区机电设备公司总经理。（1995年6月，河南大学汉语言文学专业本科自考毕业）。1996年2月至1997年12月，任驻马店地区商贸局副局长。1997年12月至1999年5月，任汝南县副县长。1999年5月至2001年11月，任汝南县委常委、办公室主任。

2001年11月至2005年2月，任河南省驻马店市人民政府副秘书长（2000年9月至2003年6月，在河南省委党校经济管理专业在职研究生班学习）。2005年2月至2006年5月，任河南省驻马店市人民政府副秘书长、市接待办主任。2006年5月至2012年8月，任正阳县委副书记、县长。2012年8月至2016年2月，任河南驻马店经济开发区（市驻北新区）党委书记、管理委员会主任。2016年2月，任河南省驻马店市城乡一体化示范区党工委书记（副市厅级）。

【市城乡一体化示范区管委会主任（副市厅级）刘明放】 1958年1月生，汝南县人。1983年12月加入中国共产党，1976年12月参加工作。大专学历。1976年12月至1986年10月，任河南省驻马店市印刷厂职工（其间：1983年9月至1986年7月，在河南广播电视大学工业企业管理专业学习；1986年10月，驻马店地区人事局录用为干部）。1986年10月至1991年4月，任河南省驻马店地区联运公司办公室主任、副经理。1991年4月至1993年8月，任河南省驻马店地区联运公司党支部书记。1993年8月至1996年2月，任河南省驻马店地区联运总公司经理。1996年2月至2004年11月，任河南省驻马店地区、市经济贸易委员会副主任、党组成员。2004年11月至2007年6月，任河南省驻马店市发展和改革委员会党组副书记、副主任。2007年6月至2010年1月，任河南省驻马店市发展和改革委员会党组副书记、副主任，市人民政府大项目办公室主任（兼）。2010年1月至2013年10月，任河南省驻马店市发展和改革委员会主任、党组书记，市人民政府大项目办公室主任（兼）。2013年10月至2015年6月，任河南省驻马店市发展和改革委员会主任、党组书记。2015年6月，任河南省驻马店市城乡一体化示范区管委会主任（副市厅级）。

天中英模

科技专家

【任秀荣】 女，1958年12月生，上蔡县人。驻马店市农业科学院研究员。任秀荣2002年以来主持完成多项“十五”“十一五”河南省重大科技攻关项目。完成大豆新品种选育目标，审定大豆品种4个，其中驻豆9715通过国家审定，驻豆5号、驻豆6号、驻豆7号3个大豆品种通过河南省审定。主持完成“驻豆9715河南省农业科技成果转化项目”和“驻豆6号国家农业科技成果转化项目”，“国审驻豆9715品种选育与应用”获得河南省科技进步二等奖。任秀荣是河南省“五一劳动奖章”获得者，2002年被评为省级学术技术带头人，2012年被评为享受国务院特殊津贴专家。2013年1月当选为第十二届全国人大代表。

【李富春】 1961年7月生，上蔡县人。上蔡县人民医院主任中医师。李富春完成的“复方扶正化积丸治疗早期肝硬化的研究”一课题具有清除HBV，抑制HBV的复制，修复受损的肝细胞和调节肝脏机能的功效。先后荣获“驻马店市十佳职工”，“驻马店市专业技术拔尖人才”（连任），驻马店市“五一劳动奖章”，“河南省优秀青年科技专家”，“科技先锋 兴豫功臣”等称号。2004年被评为河南省“卫生系统先进工作者”，2006年被河南省人民政府授予“河南省学术技术带头人”称号。2012年被评为享受国务院特殊津贴专家。

【陈诚】 1959年12月生，遂平县人。驻马店市植物保护植物检疫站农业技术推广研究员。陈诚主持完成《芝麻不同生态区种植模式和规范化栽培技术体系研究与应用》《豫南芝麻主要病害综合控制技术研究与应用》《驻马店小麦全蚀病防控技术研究与综合治理应用》等项目。项目《泌阳县梨树病虫害绿色防控技术研究与示范应用》顺利进展。2014年被评为享受国务院特殊津贴专家。

【吴长城】 1965年11月生，西平县人。驻马店市种子管理站农业技术推广研究员。率先研究提出驻马店市优质强筋、弱筋小麦生态区域布局，小麦亩产600千克、玉米750千克良种良法配套、小麦播期与产量相关性等重要价值的推广课题11项；承担国家、省部市厅级粮棉油高产创建种子工程项目15余项；制定品种区域布局规划、名优特稀品种利用规划、种子生产技术规程等7项，主持品种区域试验、种子质量检测、质量鉴定等项目可行性研究16项；解决了花生制种产量低、不同类型种子生产技术等重大技术难题11项。获国家科技进步奖2项，其中一等奖1项（二级证书编号：2013-J-201-01-2Z02）、二等奖1项；获河南省级科技进步奖4项，其中省科技进步一等奖2项、二等奖1项、三等奖1项；河南省农业技术推广贡献奖1项，驻马店市科技进步一等奖1项。先后被河南省政府命名为全省粮食生产先进工作者、“河南省学术技术带头人”、河南省政府特殊津贴获得者；被驻马店市委、市政府命名为驻马店市拔尖人才，驻马店市“151科技创新英才”。2016年被评为享受国务院特殊津贴专家。

【王成业】 1966年9月生，确山县人。驻马店市农业科学院研究员。王成业先后主持驻马店市重点科技攻关项目21

项、河南省重点科技攻关和成果转化项目各 1 项。2007 年主持选育出玉米新品种“驻玉 309”，填补了豫南玉米品种选育空白，2011 年获省科技进步二等奖。随后主持育成的“金富 36”“创玉 198”玉米新品种通过河南省审定。“驻玉 309”和“金富 36”还在陕西省审定。王成业 2009 年被河南省政府评为“河南省学术技术带头人”；2012 年被河南省科技厅评为“河南省优秀科技特派员”；2014 年被河南省人民政府授予“河南省先进工作者”；2015 年被驻马店市人民政府评为“2014 年度驻马店天中科技创新英才”，享受河南省政府特殊津贴。作为项目主持人获市级科技进步一等奖 4 项、省科技进步二等奖一项；主要完成人获市级科技进步一等奖 2 项、省科技进步二等奖 1 项。2016 年被评为享受国务院特殊津贴专家。

全国劳模

【祁兴磊】 1961 年 7 月 21 日生，泌阳县人。泌阳县畜牧局副局长，高级畜牧师。祁兴磊从 1986 年起，历时 21 年持续攻关，主持育成了中国第一个具有自主知识产权的肉牛新品种——夏南牛，被誉为“夏南牛之父”。先后主持实施《夏南牛育种》等科研攻关项目 18 项，获科技进步奖 14 项，其中国家科技进步二等奖 1 项，省部级一等奖 4 项。2007 年 6 月 25 日农业部发布 878 号公告，宣布夏南牛在河南省泌阳县诞生，品种证书为（农 02）新品种证字第 3 号。2007 年 5 月 15 日通过国家畜禽遗传资源委员会的审定。先后数十次受到市级以上政府和业务部门的表彰奖励。其中 1999 年和 2005 年两次被评为全国农业技术推广先进工作者，2007 年 5 月被评为河南省第七批优秀专家。2009 年 1 月被评为“感动中原十大人物”；2009 年 2 月被国务院批准为享受政府特殊津贴专家；2009 年 4 月被授予河南省劳动模范。2015 年 4 月，祁兴磊获得“全国劳动模范”光荣称号。

【李保全】 1962 年 5 月 5 日生，驻马店市驿城区人。中集华骏车辆有限公司高级技师。李保全多次获得中集华骏公司科技进步一等奖。2006 年 5 月，被全国总工会授予全国“五一劳动奖章”。2015 年 4 月，李保全获得“全国劳动模范”光荣称号。

【耿运生】 1971 年 6 月 12 日生，确山县盘龙镇人。河南惠洁管业有限公司助理工程师、高级技师。耿运生为该公司生产骨干、技术能手、质量标兵、新产品研制的先锋。先后十余次受到省、市、县的表彰，2014 年荣获河南省劳动模范称号。2015 年 4 月，耿运生获得“全国劳动模范”光荣称号。

【叶启营】 1965 年 5 月 15 日生，正阳县真阳镇乐堂村人，农民。叶启营曾经获得驻马店地区劳动模范、“河南省杰出乡土人才”、河南省“优秀青年农民”、河南省优秀农村实用人才、河南省劳动模范荣誉称号。成功研究繁育出“梅营”系列红薯新品种 9 个，示范推广“七彩红薯”和农作物新品种 300 多个，是新时期执著于梦想的“新农人”。2015 年 4 月，叶启营获得“全国劳动模范”光荣称号。

【王三喜】 1956 年 1 月 18 日生，驻马店市驿城区人。漯河无道理生物技术股份有限公司首席农业技术顾问。王三喜先后获得驻马店市首届“十大杰出青年”、河南省青年星火带头人、河南省“百万农村青年科技传播”活动先进个人、河南省科普工作先进工作者等荣誉称号。2015 年 4 月，王三喜获得“全国劳动模范”光荣称号。

【李卫军】 1978 年生，遂平县和兴镇人。驻马店供电公司送电线路工专业高级技师。李卫军工作精益求精，善于观察，耕于钻研，乐于奉献，还带出一批好徒弟。李卫军先后被评为公司首席员工、荣获驻马店市“五一劳动奖章”、河南省“五一劳动奖章”、河南省技术能手、国家电网公司技能专家、国网河南电力公司劳动模范等。2016 年 5 月，李卫军获得“全国五一劳动奖章”。

道德模范

【李到信】 1984 年 12 月生，西平县吕店乡烟墩村人，深圳阳基新天地家园物业公司保安。2002 年至 2004 年曾在济南军区某部服役，被授予“上等兵”和“一级士官”军衔，因成绩突出被评为优秀士兵。退伍后外出务工。2015 年 2 月 14 日 15 时 28 分，南湾街道吉厦社区阳基新天地家园一栋楼的 15 楼，一居民外出时没有关闭电器，导致发生火情，当时正在巡逻的小区物业保安李到信听到呼救声后，拿着灭火器第一个冲了上去。冲到火场的李到信首先想到的就是救人。扑灭门口的大火后，救出两名困在卫生间里的业主，并把呼吸器让给了伤者。就在这时，屋里突然发生爆炸，李到信被突如其来的气浪推了出去，负伤休克，被后来赶到的消防战士救出。因伤势过重，李到信 4 月 14 日不幸去世。深圳市见义勇为基金会为其颁发 15 万元奖金和表彰证书，深圳市龙岗区追授其为第四届“感动龙岗人物”。驻马店市追授其“道德模范”“五一劳动奖章”“见义勇为好青年”等荣誉称号。

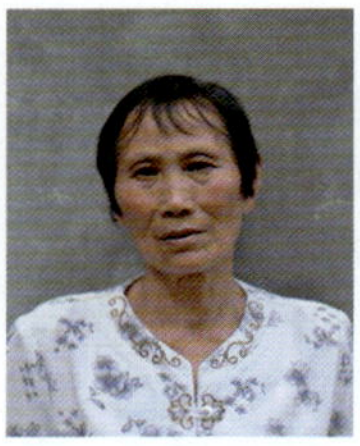

【赵小参】 女，1953年3月生，驻马店市平舆县万金店镇王寨村村民。赵小参公婆早年离世，含辛茹苦30多年，把婆家未成年的三个弟弟、两个妹妹抚养成人；自己身患癌症，却又毅然抚养两个侄子，被弟弟妹妹尊称为“嫂娘”。2015年10月13日，赵小参获得第五届全国道德模范“全国孝老爱亲模范”类荣誉称号，全国获此殊荣的共16人。

【张全收】 1969年8月生，河南省驻马店市上蔡县朱里镇拐子杨村党支部书记、村委会主任，深圳市全顺人力资源开发有限公司董事长。张全收曾获得全国劳动模范、全国“五一劳动奖章”荣誉称号，入选“中国好人榜”，是第十一届、十二届全国人大代表，被誉为“农民工总司令”。2015年10月13日，张全收成为第五届全国道德模范提名奖获得者。

政　治

中国共产党驻马店市委员会

市委工作综述

【中共驻马店市委工作概况】 2015年，全市以“四个全面”战略布局为指导，把稳增长作为事关全局的首要任务，围绕“推发展、促改革、保稳定、抓党建、惠民生”5项重点工作，解决产业集聚、人口集中、土地集约“三集”问题，推进富强、文明、平安、美丽“四个驻马店”建设，保持了经济社会持续健康较快发展。1月～9月份，全市生产总值完成1205.1亿元，增长8.9%；城镇居民人均可支配收入17350元，增长8.5%；农民人均纯收入6885元，增长11%。1月～10月份，全市规模以上工业增加值完成425亿元，增长9.1%；全社会固定资产投资完成1015.6亿元，增长18.8%；财政一般公共预算收入77.9亿元，增长10%；社会消费品零售总额563.6亿元，增长13.2%。

经济社会发展。一是做实项目，坚持实施投资拉动。二是做好招商，大力实施开放带动。三是做强载体，培育科学发展支撑。四是统筹城乡，科学推进新型城镇化。五是抓好“三农”，夯实农业基础地位。六是改善民生，加快发展社会事业。

全面深化改革。经济体制改革中确定的132项重点改革任务，已完成42项，正在推进67项，23项正在进行前期准备；基本完成市、县两级政府机构改革；完成全市6277个事业单位分类工作；简政放权力度加大；行政职权清理和权责清单编制工作加快推进；食品药品监管体制不断完善；事业单位分类改革和国企改革步伐不断加快；国家确定的134项前置改后置审批项目全部落实；“三证合一”改革积极推进；承接省级下放的30项行政审批事项全部落实到位，调整取消非行政许可事项71项；全面开展重点项目联审联批，积极探索模拟审批，项目审批速度明显加快；农村集体土地所有权和集体林地确权颁证工作全部结束，完成18个试点村农村土地承包经营权确权颁证工作。抓好全面深化改革各项试点工作，国家综合执法改革试点、省级土地托管试点、新型城镇化改革试点等正在积极探索推进。政治体制、文化体制、司法体制改革协同推进，已经取得初步成效。

依法治市。一是加强民主政治建设。二是加强依法治市工作。三是加强和创新社会治理。

专题教育。一是突出示范引领。二是坚持真抓实做。三是做实关键动作。四是注重统筹推进。

宣传思想文化工作。一是提升舆论引导能力。二是推进文明驻马店建设。三是规范网络宣传管理。四是推进文化建设。

党的建设。一是加强党的思想建设。二是加强领导班子和干部队伍建设。三是全面提升基层党建水平。四是坚持从严监督管理干部。五是加强制度建设。

正风反腐。一是认真落实“两个责任”。二是持续深入纠正“四风”。三是扎实开展巡察工作。四是重拳出击惩治腐败。

但是作为一个经济欠发达的农业大市，仍存在一些问题和薄弱环节，比如经济总量少，人均水平低；发展方式粗放，产业层次低；群众诉求比较多，民生欠账比较多；各种不稳定因素较多，维稳形势依然严峻；作风建设仍需进一步加强，人民群众还有不满意的地方，等等。（吴少方）

【市委常委会议】 2015年5月29日，召开驻马店市委常委会议，传达学习全省县级以上机关“四项基础制度”建设工作电视电话会议精神，研究驻马店市贯彻落实意见，强调要做好县级以上机关“四项基础制度”推进落实工作，着力规范机关权力运行，切实加强干部队伍建设，不断提高党组织的凝聚力和战斗力。

2015年7月2日，召开市委常委会议，传达学习省委九届十次全会精神，研究全市贯彻落实意见，强调要认真学习领会、把握精神实质，加强学习宣传、营造浓厚氛围，联系工作实际、抓好贯彻落实，真正把思想和行动统一到省委重大部署上来，扎实推动全市经济社会持续健康较快发展。

2015年8月17日，召开市委常委会议，传达贯彻全省扶贫攻坚座谈会精神，研究部署驻马店市扶贫攻坚工作推进措施。会议强调，扶贫开发事关改革发展稳定大局，要切实加强扶贫工作领导，全面进行贫困人口普查，认真编制脱贫工作方案，研究出台扶贫脱贫政策，强化落实扶贫脱贫责任，建立完善扶贫奖惩机制，确保全市扶贫攻坚工作扎实有效推进，如期完成扶贫脱贫目标任务。（吴少方）

【市委常委（扩大）会议】 2015年4月27日，召开驻马店市委常委（扩大）会议，传达学习省委书记、省人大常委会

2015年6月25日，市委书记余学友（中），市委常委、市委秘书长李宝清（左五）一行在西平县柏城街道建设路社区，调研基层四项基础制度建设。 刘华山 摄

2015年7月24日，中共驻马店市第三届委员会第八次全体（扩大）会议召开。 弓华静 摄

主任郭庚茂在驻马店调研时的重要讲话精神，研究贯彻落实意见，部署具体工作任务。

7 月 24 日，中国共产党驻马店市第三届委员会第八次全体（扩大）会议举行。全会由市委常委会主持。市委书记余学友代表市委常委会作重要讲话。全会审议并原则通过了《中共驻马店市委关于全面推进依法治市的实施意见》，审议并通过了《中国共产党驻马店市第三届委员会第八次全体会议决议》。

9 月 30 日，召开市委常委（扩大）会议，传达全省稳增长、保态势经验交流会议精神，研究驻马店市贯彻落实意见。

12 月 30 日，召开市委常委（扩大）会议，集中传达学习省委九届十一次全会、省委经济工作会议和省委扶贫开发工作会议精神，并研究全市贯彻落实意见和谋划推进措施。

（吴少方）

【市委驻发 2015 文件目录】 驻发〔2015〕1 号：中共驻马店市委、驻马店市人民政府关于加快土地适度规模经营推进农业发展方式转变的实施意见。

驻发〔2015〕2 号：中共驻马店市委、驻马店市人民政府关于建设美丽驻马店的实施意见。

驻发〔2015〕3 号：市委关于深入学习贯彻《战略纲要》的通知。

驻发〔2015〕4 号：中共驻马店市委关于市委中心组 2015 年度分专题集体学习安排意见。

驻发〔2015〕5 号：中共驻马店市委关于建立市县党委巡察制度的实施意见。

驻发〔2015〕6 号：市委关于贯彻落实省委县级以上机关四项基础制度的通知。

驻发〔2015〕7 号：中共驻马店市委、驻马店市人民政府关于进一步加强禁毒工作的意见。

驻发〔2015〕8 号：中共驻马店市委、驻马店市人民政府、驻马店军分区关于进一步深入推进军民融合式发展的意见。

驻发〔2015〕9 号：市委关于全面推进依法治市的实施意见。

驻发〔2015〕10 号：市委、市政府关于举行中国人民抗日战争暨世界反法西斯战争胜利 70 周年纪念活动的通知。

驻发〔2015〕11 号：市委、市政府、军分区关于建立和完善驻马店市军民融合联席会议制度的意见。

驻发〔2015〕12 号：市委关于认真学习贯彻党的十八届五中全会精神的通知。

驻发〔2015〕13 号：中共驻马店市委关于进一步加强人民政协工作的意见。

驻发〔2015〕14 号：市委关于加强新形势下统一战线工作的实施意见。

驻发〔2015〕15 号：市委关于加强和改进党的群团工作的实施意见。

驻发〔2015〕16 号：市委关于推进全民从严治党的实施意见。

（吴少方）

组织工作

【全市“三严三实”专题教育】 2015 年，在全市范围开展“三严三实”专题教育。市委组织部牵头成立专题教育协调小组，制定了工作方案，组建了 7 个工作组，制定了协调小组及各工作组主要职责、工作制度。指导全市各级党员领导干部高质量讲好专题党课、开好专题民主生活会，把中央和省委精神领会透，解决好思想原点、行动起点、问题焦点、执行难点。组织各级党委（党组）围绕 3 个专题交流研讨，谈体会、查不足、定措施，就实求实、反求诸己，真正使“三严三实”植根入脑。全市县处级以上领导班子举行专题学习研讨 312 次，县处级以上党员领导干部共讲专题党课 230 多场次。始终把问题意识、问题导向贯穿全过程，督导各县区各单位领导班子和领导干部深入排查梳理“不严不实”问题，明确整改重点与路径，确保专题教育取得实效。全市县处级以上领导班子共查找出“不严不实”问题 1857 条，制定整改措施 1524 项；县处级以上领导干部共查找出“不严不实”问题 16395 条，制定整改措施 18626 项，已完成整改 14016 项。

（蔡占领）

【干部教育培训】 2015 年，市委组织部继续抓好干部教育培训工作。一是党员干部常规培训。把十八届三中、四中、五中全会精神和习近平总书记系列重要讲话精神纳入培训计划，采取集中轮训、远程教育、“三会一课”、主题党日活动等方式，对广大党员干部进行培训。举办十八届四中全会专题报告会，培训领导干部 300 余人；在市委党校开设县处级干部进修班、县区科级干部进修班、市直科长进修班等 13 个主体培训班，培训学员近 650 名；审批市纪委、市委统战部、市政法委、市法院等单位举办各类专题培训班 50 个班次，培训党员干部 6000 多人次。调训干部 126 人次参加中组部、国家有关部委、省委组织部和省直有关厅局举办的培训班。二是创新党员干部教育培训方式。全年举办“领导干部大讲堂”4 期，培训党员干部 1400 多人次。采用分段式教学方式，在抓好封闭教学的同时，组织培训班学员赴竹沟革命纪念馆、杨靖宇纪念馆、焦裕禄干部学院、大别山干部学院等地开展党性教育和宗旨意识教育。将拓展训练引入党校培训，组织培训班学员到拓展基地开展训练，增强团结意识、协作意识、奉献意识和大局意识。（蔡占领）

【干部队伍建设】 2015 年，市委组织部立足发展大局，持续提高干部队伍建设水平。一是干部宏观管理。对部分县区、市直单位和市管学校、医院、企业的领导班子、中层干部进行调整补充，全年共办理市管干部任免职手续 246 人次，部管干部任免手续 18 人次，备案干部审批手续 205 人次。加强干部档案的管理工作，收集、补充、归档各类档案材料 2.6 万多份，开展干部档案专项审核，已完成初审、复审工作。做好公务员考录工作，从大学生村干部中考录 131 名乡镇机关公务员和 23 名省选调生，从优秀村支部书记和村委会主任中招录 30 名乡镇公务员。完成全市党群系统公务员登记和备案工作。开展了法、检司法警员职务套改工作。办理因公出国（境）人员政审65人次、因私出国（境）人员政审112人次。做好干部年度考核、军转干部安置、援疆干部管理、干部工资审核审批、干部信息化建设、市管干部退休办理等工作。二是干部监督管理。抓好超职数配备干部的整改消化，细化分解任务，列出消化计划，强化督查，严肃问责，实行干部调整预审监督，确保整改任务落实，2014年9月以来，全市已消化超配干部579名，占2014年9月超配干部新基数的71.3%，其中，消化处级干部113名，占消化任务数的68.1%。开展“带病提拔”倒查工作，对3名倒查对象的“带病提拔”过程进行自查，并按时上报省委组织部。加强“裸官”管理，在全市县处级领导干部开展“裸官”自查工作，坚持有举必核。开展违规办理和持有因私出国（境）证件专项治理，将全市必须登记备案人员信息重新登记造册，做到应备尽备。做好领导干部经济责任审计工作，委托市审计局对21名县处级领导干部进行经济责任审计。升级“12380”举报平台，实行查核专办制度，全年受理的17件举报件全部办结。与市纪委配合做好巡察机构的职能设置、人员选配、事项确定等工作，从部机关选派3名处级干部、5名科级干部参与两轮巡察。三是年轻干部培养选拔。对部分县区和市直单位的青年干部工作进行专题调研，对全市后备干部队伍、选调生队伍、“女少非”干部队伍等现状进行自查统计，总结经验，查找问题，提出改进的意见、措施。举办青年干部培训班和选调生专题培训班，对154名年轻干部进行系统培训。组织57名年轻干部到上级机关挂职锻炼、跟班学习。加强选调生培养选拔，2015年，共推荐20名优秀选调生为河南省优秀选调生人才库更新人选，提拔29名选调生为副科级干部、4名选调生为正科级干部。（蔡占领）

【“4+4+2”党建制度体系建设】 2015年，组织部门结合职能定位，在基层完善落实民主科学决策、便民服务2项基础制度，在县级以上完善落实民主集中制、干部选拔任用2项基础制度。一是完善落实基层民主科学决策机制。代拟下发了《市委办公室、市政府办公室关于贯彻落实〈基层民主科学决策暂行办法〉的通知》，以在农村推广运用“四议两公开”工作法、在社区推广运用“一征三议两公开”工作方法为抓手，拓展领域，规范程序，提高基层组织决策的民主化科学化水平。组织采集编写《驻马店市运用“四议两公开”工作法实例选编》，介绍20多个行政村推广应用“四议两公开”工作法的成功案例，方便基层实际操作。二是完善落实便民服务机制。代拟下发了《市委办公室、市政府办公室关于贯彻落实〈关于加强基层便民服务工作的意见〉的通知》，把服务型党组织建设作为重要抓手，创新基层党组织组建模式，推进区域化党建，高起点、高标准建设县、乡、村三级党员群众服务中心（站），全市已经建立高标准的县级党群服务中心10个、乡镇党群服务中心181个、农村（社区）党群服务站2327个，服务阵地总面积达到16万平方米。实行服务人员注册登记和台账管理，组织开展志愿服务活动，全市共建立各类党员服务队3145个，党员志愿服务人数达6万余名，开展有记录服务14万余次，累计受惠群众59万人次。三是推进民主集中制建设。落实《中共河南省委关于贯彻执行民主集中制的若干规定（试行）》，指导10个县区、121个市直单位制定贯彻执行民主集中制的具体细则，健全完善书记月工作碰头会制度、党委（党组）会议议事规则、书记办公会议规则、中心组学习制度等贯彻执行民主集中制的配套制度，完善班子内部分工、议事、决策规则和程序。四是推进干部选拔任用制度建设。全面推行“一报告两评议”制度，与年度考核同步进行并量化打分，强化对领导班子选人用人权的监督。规范干部选拔任用工作有关事项报告程序，落实干部调整事前报告制度，加强事前防范。着手研究干部选拔任用工作规程，推进干部选拔任用工作规范化。严格落实个人有关事项报告制度，对1591名市管县处级领导干部的报告材料进行电子信息录入、综合汇总，随机抽取160名核查对象，同步核查配偶、子女情况，对23名拟提拔为副处级及以上干部进行重点查核。五是加强督导检查和示范点建设。开展基层四项基础制度建设“回头看”，配合市委组成2个督查组深入各县区、乡镇（街道）调研督导，先后多次召开座谈会、推进会，强化压力传导，推动基层四项基础制度贯彻落实到位。加大对省级“基层四项机制”建设示范县西平县的指导力度，并结合全市实际，建立基层四项基础制度示范点356个，县级以上机关四项基础制度和两项机制建设示范点20个。（蔡占领）

【基层党建工作】 2015年，组织部门基层党建工作不放松。一是“带头人”队伍建设。完成全市社区“两委”换届，基层党组织“带头人”队伍整体素质和结构进一步优化。深化实施“人才选储、素质提升、创业带富、暖心给力、旗帜引领”五项工程，全市2213名农村党组织书记中有“一优双强”人才2018名，储备村党组织书记后备人才2822名。新选派988名机关优秀干部担任村党支部第一书记，实现对软弱涣散村、贫困村、艾滋病防治帮扶重点村全覆盖。全年有554名大学生村干部实现转岗发展。二是软弱涣散基层党组织集中整顿。对全市农村基层党组织进行重新摸排，确定软弱涣散基层党组织259个。实行治软、治乱、治穷“一揽子”整顿计划，选派工作队259个、整建工作队员960余人，新选党组织书记31人、调整充实班子59个，选派第一书记196人，加大整顿力度，实行动态管理。全市软弱涣散基层党组织均已完成整顿的近中期目标。三是党员发展教育管理。按照“控制总量、优化结构、提高质量、发挥作用”总要求，持续优化结构、严格发展程序，新发展党员3900名。落实党员教育培训规划，共举办基层党组织书记培训班25次，培训各类基层党组织书记5202人次。建立基层党员干部教育培训师资库，初步确定11家单位作为市级党员培训现场教学点，初步组建起47人的市级党员培训师资库。开展党费管理专项检查，推进党费的收缴、使用和管理的制度化、规范化。四是党员干部现代远程教育工作。推进远程教育终端站点光改工程，85%的站点完成改造。推进远程教育进企业，建成示范点23个，扩大了教育覆盖面。发挥远程教育和党群服务站“1+1”示范站点和示范基地的作用，促进学用成果转化。在全市348个行政村（社区）组织开展智慧党建试点工作，建成了市级智慧党建服务平台。在全市建成 56 家“红色网络教育家园”，为流动群体提供免费上网学习、接受培训、查询资料等服务。推动远程教育上电视工作，在市电视台开通《党建直通车》党员教育电视专栏，指导确山、西平、上蔡、汝南等县开办党建电视栏目。对驻马店远程教育网进行升级改版，加入了全国党建网站联盟。完善教学资源开发模式，打造具有本市特色的本土化课件，全年市级远程教育平台上传课件 110 部，时长达 60 多个小时。（蔡占领）

【人才工作】2015 年，市委组织部注重牵头抓总，发挥人才引领支撑作用。一是人才工作宏观指导。对全市中长期人才发展规划和重点领域专项人才规划，以及各县区中长期人才规划贯彻落实情况进行督测评估、跟踪检查，确保人才规划落到实处。继续保持 500 万元市级人才发展专项资金，用于支持和保障市重点人才工程和重大人才政策实施。依托“驻马店人才工作网”发挥农业人才科技服务信息库作用，为农民群众提供各类农业综合服务信息 2000 多条。二是实施“三大工程”。继续实施“院地双促”人才工程，积极推动第二批挂职人员发挥优势特长，搞好决策服务、发挥桥梁作用、破解技术难题、推动工作落实，2015 年，挂职人员共提出有重要参考价值的对策建议 80 多条，组织 220 名黄淮学院学生到企业开展实践教学，邀请学院教师到企业授课 15 场次，培训企业员工 800 多人，帮助破解企业在生产和经营过程中遇到的实际难题 130 多个。继续实施“院企人才合作”工程，举办第三届“院企人才合作”论坛，邀请著名经济学家樊纲作专题讲座，黄淮学院与河南华鼎高分子树脂有限公司签约了共建黄淮华鼎高分子工程技术研究中心协议。继续实施项目带动人才工程，鼓励支持各类企业、科研院所和高层次人才开展科技创新活动，以“人才 + 项目”的形式，对市级重大科技创新项目、省级以上科技研发平台、企业引进博士和高层次人才选拔培训等 4 类 21 个项目给予资金支持。三是高层次人才队伍建设。经过组织推荐、审核把关、科学评审，市委、市政府命名表彰 292 人为第九届驻马店市拔尖人才。代市委、市政府起草了《关于引进高层次人才的实施意见》。做好 5 名省派科技副职、博士服务团成员挂职期满考核工作，其中有 4 人已经返回原单位工作，1 人办理了延期挂职手续，做好 2015 年省派科技副职、博士服务团成员的对接工作，共接收 4 名省博士服务团成员。举办高层次人才进修班、企业经营管理人才培训班。（蔡占领）

宣传工作

【宣传思想文化工作概况】2015 年，全市宣传思想文化战线以文明驻马店建设为总统领和总抓手，围绕基层工作加强年，坚持务实宣传，各项工作稳步推进。

思想理论建设。把学习宣传贯彻中共十八届四中、五中全会和习近平总书记系列重要讲话精神作为重大政治任务，与中国特色社会主义和中国梦宣传教育紧密结合起来，开通百姓宣讲直通车、开展微型党课比赛、组织大学生宣讲团，运用小品小戏、歌舞曲艺等形式宣传党的理论政策。全市共举办党的十八届五中全会精神宣讲报告会 400 场，各级党员领导干部带头讲党课 1700 余场次，受教育干部群众近 10 万人次。

新闻舆论引导。组织“三严三实”专题教育、“三查三保”、“全国、省、市‘两会’”、纪念抗日战争胜利 70 周年、招商引资、项目建设、产业集聚区发展、培育践行社会主义核心价值观、中心城区市容环境卫生集中整治、打击和处置非法集资、“三夏”生产、第十八届中国农加工洽谈会等报道；“救火英雄”李到信、上蔡县崇礼乡派出所所长夏明臣等一批先进典型的集中宣传报道。全年共在“精彩河南”官方微博刊发稿件 100 多篇（条），在涉外媒体发稿 280 余篇，在省级以上主流媒体发稿 2000 余篇（条）。

文明驻马店建设。筹建创建全国文明城市指挥部，制订市领导分包方案，出台创建全国文明城市三年规划，2015 年创建方案和任务分解，召开创建全国文明城市工作推进会、专项工作会。组织开展“践行价值观、文明我先行”主题活动、道德讲堂和学雷锋志愿服务等活动，全年共举办道德讲堂 2000 余场，受众达 15 万人次。组织开展感动天中人物、文明市民标兵等评选表彰活动，举办道德模范故事汇基层巡演、巡展，做细做实“我推荐我评议身边好人”工作。2015 年，1 人入选第五届全国道德模范，1 人获第五届全国道德模范提名奖，12 人荣登“中国好人榜”，5 人入选中国文明网《好人 365》封面人物，中宣部把驻马店市作为全国道德模范宣传教育典型进行推广。

网络宣传管理。利用互联网、手机、微博、微信等新媒体，开展“第十八届中国农加工洽谈会”“李到信火海救人”等网络主题宣传，全年共在上级主要网站发稿 2800 余条（篇）。加强新媒体运用管理，组织各地各单位的新浪、腾讯官方微博及市直新闻媒体微信公众账号互动宣传，形成微博、微信、网站、手机报和传统媒体联动的全媒体宣传格局。常年坚持 7×24 小时值班制度，加强舆情监控，对一些涉驻舆情快速反应、有效应对。开展网络专项整治行动，规范网络信息传播秩序。

文化建设。坚持以人民为中心的创作导向，文艺创作在广度和深度上都取得新突破。拍摄电影《少年杨靖宇》《家有贤妻》，豫剧《陈蕃》进京汇报演出和参加第十四届中国戏剧节圆满成功，并获国家艺术基金资助。组织开展“中原文化大舞台”、文明驻马店·欢乐天之中、文化艺术进社区等群众文化活动 4 万多场。贯彻落实《驻马店市深化文化体制改革实施方案》，实施重点文化企业培育工程，报业大厦、市新华图书影视艺术中心、平舆上河城等重点文化项目建设进展顺利。（赵　哲　贾帅领）

【理论武装工作】2015 年，全市加强理论武装工作。一是强化党委中心组学习。出台《关于进一步加强和改进党委（党组）中心组学习的实施意见》，把十八届四中、五中全会精神和习近平总书记系列重要讲话精神作为党委（党组）中心组重要学习内容，为中心组成员购买了《历史的教训》《“三严三实”专题教育学习读本》等学习资料，邀请知名专家、学者作辅导报告，组织开展市委中心组“三严三实”专题教育学习研讨活动，先后开展15次市委中心组学习。加强对各级党委中心组学习的管理，及时通报学习情况，强化督促指导。做好2014年度市管领导班子和领导干部述学考核工作。二是创新理论宣讲形式。开通百姓宣讲直通车、开展微型党课比赛、组织大学生宣讲团，运用小品小戏、歌舞曲艺等形式宣传党的理论政策。其中百姓宣讲直通车进基层宣讲巡演180余场，观众达12万人次，受到省委宣传部表彰，并向中宣部进行了推荐。“增强法制观念、做学法用法模范”主题党课活动共收集全市县处级、乡科级领导干部党课教案820多篇，讲党课1700余场次，直接受众10多万人次。“万所基层党校、万场理论宣讲”活动受到省委宣传部表彰，上报的4篇主题党课教案被评为优秀教案。围绕十八届五中全会，市委宣讲团在县区、市直单位宣讲40余场，直接听众2万余人，县区共举行360余场宣讲活动。三是深化理论研究阐释。组建市委理论宣传专家库，开展“四个全面”理论征文等活动，围绕打造“四个驻马店”等加强理论阐释，推出一批理论成果。组织党员干部在媒体上刊发理论文章、调研报告等，理论文章330余篇。组织开展社科优秀成果评奖活动，评出优秀社科成果123项，批准立项哲学社会科学规划项目329项。在第八届河南省社科普及优秀作品评选中，驻市有6项作品获奖，同时被评为组织工作先进单位。做好省社科普及规划项目申报工作，推荐上报25项，准予立项17项，上报数量居全省第一位。四是加强意识形态工作。落实意识形态工作责任制，把意识形态工作责任制纳入年度考核，与述职述廉述学一并进行。落实《关于规范形势报告会和哲学社会科学报告会管理的通知》，严格把关组织形势报告会和哲学社会科学报告会，把握好政策界限，坚持正确政治方向，确保所有意识形态阵地可管可控。

（赵 哲 贾帅领）

【新闻宣传】 2015年，全市新闻宣传工作强化内宣与外宣联动、传统媒体与新兴媒体联动、市内媒体与市外媒体联动，加强正面引领。一是重大主题宣传。精心组织“三严三实”专题教育、“三查三保”、“全国、省、市‘两会’”、纪念抗日战争胜利70周年、招商引资、项目建设、产业集聚区发展、培育践行社会主义核心价值观、中心城区市容环境卫生集中整治、打击和处置非法集资、“三夏”生产、第十八届中国农加工洽谈会等报道。其中，围绕“抗日战争胜利70周年”，开设《纪念中国人民抗日战争胜利70周年——走访抗战老兵》等4个栏目，刊发抗日战争题材公益广告7期12次，发稿百余篇。第十八届中国农加工洽谈会期间，市直新闻媒体开设《中国农加工洽谈会筹备进行时》《新变化、新亮点、新要求》等12个专题专栏，中央、省、市50多家主流媒体的100多名记者对大会进行全方位深入报道，会议前后共刊播相关新闻稿件2000余篇（条），受到省委宣传部高度评价。二是新闻管理。坚持每周二新闻例会制度，先后召开新闻例会40多次，策划报道选题，传达报道口径，确保正确舆论导向。开展打击新闻敲诈和假新闻专项行动，规范会议和领导活动新闻报道，严密封堵和查缴政治性非法出版物和有害信息，净化舆论环境。评选表彰2015年度驻马店新闻奖和市优秀新闻工作者。做好2016年度全市党报党刊发行工作。

（赵 哲 贾帅领）

【对外宣传】 2015年，全市对外宣传工作充分利用主流涉外新闻媒体和各种外宣平台，借助重大经贸、文化等活动，大力宣传全市经济社会发展的新成就、新亮点。全年共在“精彩河南”官方微博刊发稿件100多篇（条），在涉外媒体发稿280余篇，在省级以上主流媒体发稿2000余篇（条）。配合省委外宣办做好“中原文化走出去”调研工作，筛选、整理、总结驻马店市的文化资源。修改城市形象宣传片《驻马店欢迎你》并在中央电视台播出，对外树立驻马店良好形象。

（赵 哲 贾帅领）

【第十八届中国农加工洽谈会宣传】 2015年，第十八届中国农加工洽谈会宣传工作超前谋划，为大会的成功召开营造良好的舆论氛围。一是突出重点。5月29日起，市直新闻媒体陆续开设《中国农加工洽谈会筹备进行时》《迎农加工洽谈会、大招商》《新变化、新亮点、新要求》《十七年办会成果巡礼》《我看中国农加工洽谈会》《外埠看中国农加工洽谈会》《聚焦农产品加工企业》等12个专题专栏，重点围绕会议筹备、招商引资、十七年办会成果、全市农产品加工龙头企业等方面进行全面立体宣传，每月一个新闻宣传重点，使市内新闻宣传持续升温。会议期间，来自中央、省、市50余家主流媒体的150多名记者对大会进行了深入报道。9月6日后，《人民日报》刊发《第十八届农加工洽谈会举行》，《农民日报》刊发《第十八届中国农产品加工业投资贸易洽谈会成果丰硕》，香港《文汇报》刊发《中国“农洽会”签约投资538亿》，《河南日报》刊发《第十八届中国农加工洽谈会开幕》，河南卫视《新闻联播》播放《第十八届中国农产品加工业投资贸易洽谈会开幕》，《聚焦中原》栏目播出时长26分钟的专题片《驻马店借力农洽会、乘风破浪再起航》，《驻马店日报》刊发《第十八届中国农产品加工业投资贸易洽谈会隆重开幕》，驻马店广播电视台播放《第十八届中国农产品加工业投资贸易洽谈会隆重开幕》，《天中晚报》刊发《2万多名中外宾朋共谋发展》等，对大会开幕式等重要活动进行浓墨重彩的报道。二是内容丰富。8月份以后，《人民日报》《农民日报》《河南日报》分别刊发会议消息专版，在《农民日报》《河南日报》《河南日报》（农村版）上分别刊发头版头条。新闻报道抓住会议的主题、特色、亮点和成果，针对农加工洽谈会的主要活动和6大展区的情况等进行全面报道。在《河南日报》中开设《关注第十八届中国农加工洽谈会》专栏，9月5日～9日连续5天在重要版面对大会开幕式、新闻发布会、重点项目签约、互联网+农业上山下乡进万家高峰论坛等活动进行重点报道。《驻马店日报》在项目签约、产销洽谈对接、科研成果签约的报道上，弱化对仪式的报道，重点对签约项目进行归纳，对活动的重要意义、取得的成果及影响等进行深度报道。《天中晚报》对会议的报道采取“版块式”的报道形式，设置《权威发布》《高端访谈》《盛会影像》《小记者访会》等12个板块，各个板块均采用专版的形式推出，统一制作报头。驻马店广播电视台大量运用新媒体，实行全媒体联动看盛会，广泛运用官方网站“驻马店广视网”、官微“掌上驻马店”、手机客户端“驻马店通”即时对大会的各项议程、各个活动、各个展区的相关信息进行发布，网友、微友随时随地就可以了解相关信息。

（赵　哲　贾帅领）

【“庆祝抗日战争胜利70周年”宣传活动】 2015年，作为全国举行中国人民抗日战争暨世界反法西斯战争胜利70周年纪念活动的46个重点城市之一，驻马店市以民族英雄杨靖宇将军诞辰110周年为契机，举办系列文化活动。一是文艺宣传。出版发行电视文学剧本《杨靖宇在河南》；投资拍摄少儿励志电影《少年杨靖宇》，于2015年8月在全国上映；联合八一电影制片厂筹拍重大革命军事题材电影《民族魂·杨靖宇》，把杨靖宇将军的感人事迹、光辉形象全面展示在荧屏上，影片将于2016年上映。在广播电视台、广场大屏幕、人群密集场所展播《太行山上》等优秀抗日战争影片及歌曲；结合农村电影放映工程精心挑选部分优秀抗日战争影片在广大农村巡回放映，社会效果良好。开展“诗颂杨靖宇”、楹联诗词、书画作品等征集展示活动，征集来自全国各地的作品1500余首（幅）。举办抗日战争胜利70周年合唱比赛、纪念抗日战争胜利70周年诗词朗诵活动，“情系天中·扎根沃土”——崔静海回报家乡书画作品展活动、“纪念中国人民抗日战争暨世界反法西斯战争胜利70周年图书展”等系列活动。二是社会宣传。围绕抗日战争胜利70周年，召开座谈会，举办知识竞赛、演讲比赛，举行抗日战争故事征文、理论文章征集、故事汇等活动，吸引广大城乡居民广泛参与。开展抗日战争主题系列陈展活动，竹沟革命纪念馆、杨靖宇将军纪念馆、市博物馆先后举办“红色竹沟中原抗战的摇篮”抗战主题展，刘少奇与抗日战争图片展，“铭记历史、重温抗战历程”“勿忘历史、珍爱和平”抗日战争专题展等，吸引社会各界参观人士近20万人次。配合做好纪念中国人民抗日战争胜利暨世界反法西斯胜利70周年纪念章的统计、发放工作。利用户外大屏幕、建筑围挡、灯箱、展板、灯杆、道旗等刊载抗日战争题材的公益广告，发放、张贴抗日战争题材海报7000张，全市5个户外电子屏幕每天播发纪念抗日战争胜利70周年宣传标语10余条，制作灯杆600余幅。举办抗日战争题材图书阅读活动，全市所有新华书店、图书馆、乡镇综合文化站、农家书屋专门设立抗日战争题材图书专柜，普及抗日战争知识。三是新闻宣传。围绕抗日战争胜利70周年，市新闻媒体相继开设专题专栏，推出系列报道、刊登评论文章，营造浓厚氛围。驻马店日报社拿出重要版面开设《走访抗战老兵》《天中抗日英雄》《天中抗战烽火》等专题专栏，刊发有关稿件100余篇。由天中晚报社策划、推出的“天中英烈”系列报道，社会反响好、认可度高，省委常委、宣传部部长赵素萍专门作出批示。市各新闻网站，政务微博、微信，手机客户端等新媒体平台也分别推出《革命先辈》《抗战记忆》等栏目，开展网上缅怀先烈活动。组织专家学者、抗日战争老兵等人员利用好微博、微信账号，通过社交网络加强正面解读，发动全市网评员积极跟帖评论，有效引导网上舆论，传递正能量。微博驻马店共推送有关纪念活动微博文章65篇，微信驻马店声音推出有关纪念抗日战争胜利70周年活动的栏目，共推送有关纪念活动连接17条，市级网络评论员在重要门户网站对有关纪念活动进行跟帖评论2000余条。

（赵　哲　贾帅领）

【新媒体融合发展】 2015年，市委宣传部制定出台《关于推动我市传统媒体和新兴媒体融合发展的实施意见》。驻马店日报社成功承办第六届河南省市级党报高层论坛，积极打造“四报两网”全媒体规模化宣传格局。驻马店网注重新媒体业务推广，形成包含PC版、手机版、客户端、微博、微信在内的新媒体，在全国网联地方新闻网站每月排名中名列前茅，先后荣获“全国媒体融合创新先锋品牌奖”“全国地方网站最具影响力品牌奖”和“全国地方网站最具人气奖”。推进驻马店广视网、手机广视网、微信平台——掌上驻马店、手机客户端——驻马店通、微博——@驻马店广视网等新媒体建设，打造驻马店广播电视台两网三微一端新媒体融合平台。西平县推进农村智能广播网建设，丰富群众精神文化生活。

（赵　哲　贾帅领）

【文明驻马店建设】 2015年，全市文明驻马店建设工作扎实有力。一是弘扬社会主义核心价值观。印发《关于培育和践行社会主义核心价值观的实施意见》。深化“践行价值观、文明我先行”主题活动、道德讲堂活动和学雷锋志愿服务活动，加大讲文明树新风、图说价值观、中国梦等公益广告宣传，开展纪念抗日战争胜利70周年、“文明相约·唱响核心价值观”歌咏比赛、“践行核心价值观、文明河南做表率”微型党课比赛、师德师风先进标兵评选等活动。全市共举办道德讲堂2000余场，受众达15万人次。二是打造好人之城。组织开展全国、全省道德模范、“中国好人榜”候选人、全国学雷锋活动示范点和标兵推荐评选以及感动天中人物、文明市民标兵、师德师风建设标兵、最美人物等评选表彰活动，举办道德模范故事汇基层巡演、巡展，做细做实“我推荐我评议身边好人”工作。赵小参入选第五届全国道德模范，张全收获第五届全国道德模范提名奖，深圳救火英雄、西平小伙李到信入选2015感动中原年度人物，上蔡县崇礼乡派出所所长夏明臣被公安部命名为“一级英模”，12人荣登中国好人榜，5人入选中国文明网《好人365》封面人物。中宣部把驻马店市作为全国道德模范宣传教育典型进行推广，新华社、《人民日报》、中央电视台等数十家媒体和网站，对驻马店市公民道德建设工作进行了深度宣传报道。三是深化精神文明创建活动。成功创建全国文明城市提名城市，平舆县被确定为全国县级文明城市提名城市。围绕创建全国文明城市，筹建创建全国文明城市指挥部，制订市领导分包方案，出台创建全国文明城市三年规划，2015创建方案和任务分解，召开创建全国文明城市工作推进会、专项工作会，做好测评迎检工作。加强未成年人道德教育，开展经典诵读、“童心向党”歌咏比赛、向国旗敬礼等活动，张慕吉、侯承金2名学生获“河南省美德少年”称号。争取到中央和省专项彩票公益金300万元支持15个乡村学校少年宫项目建设。

（赵　哲　贾帅领）

【互联网宣传】 2015年，宣传部门积极利用互联网、手机、微博、微信等新媒体，大力推介驻马店。通过开展网络主题宣传、加大对上网络宣传、加强网络评论员队伍建设等，营造良好舆论氛围。全年共在上级主要网站发稿2800余条（篇）。“第十八届中国农加工洽谈会”“李到信火海救人”“阿里巴巴驻马店产业带”等系列战役性网络宣传报道受到市主要领导的肯定。市委宣传部政务微博在“河南城市政务新媒体综合影响力排行榜”中名列第五，荣获为河南城市政务新媒体综合影响力奖。组织开展全市网络作品“七个一”工程评选活动，被评为省先进。开展社会主义核心价值观的网上宣传，驻马店网和手机报刊发相关文稿、图片、视频、评论600多条，组织网民为道德模范点赞，点赞人数突破10万人次，位居河南省第一位。（赵　哲　贾帅领）

【文艺创作】 2015年，宣传部门以精神文明建设“五个一”工程为抓手，先后组织了“我们的中国梦·文艺进万家”“庆祝建党94周年书画作品展”、“纪念抗日战争胜利70周年诗歌征文及获奖作品朗诵会”、《诗画天中》采风创作等系列主题文艺活动。抓好精神文明建设“五个一”工程重点项目扶持工作，对戏剧《好人李国喜》、电影《家有贤妻》等17部作品进行了扶持。豫剧《陈蕃》进京汇报演出和参加第十四届中国戏剧节圆满成功，并获国家艺术基金资助。拍摄电影《少年杨靖宇》《民族魂·杨靖宇》《家有贤妻》，举办“诗颂杨靖宇”诗歌作品征集活动，收集整理《驻马店古今诗词集成》。第十二届河南省“群星奖”音乐舞蹈大赛评奖中，驻马店市歌曲《幸福雨》获一等奖。西平县作协主席奚家坤、驿城区作协主席康湘民荣获第四届“河南十佳诗人”荣誉称号，作品《卖鱼》《我很看好你》分别获第四届河南省曲艺牡丹奖节目奖和创作奖。全年全市在市级以上展览、演出、出版、刊发、播出各类文艺作品3242件，其中，国家级94件，省级640件，市级2508件；在市以上获奖作品1871件，其中国家级28件，省级224件，市级1619件。（赵　哲　贾帅领）

【文化活动】 2015年，宣传部门开展“深入生活、扎根人民”主题实践活动，举办纪念抗日战争胜利70周年合唱比赛、崔静海回报家乡书画作品展、非物质文化遗产展示展演等活动，开展文明驻马店·欢乐天之中、舞台艺术送农民、文化艺术进社区、教你一招、“三下乡”等群众文化活动4万多场，丰富群众的精神文化生活。继续加大政府购买文艺演出力度，省、市、县三级政府共在驻马店市购买演出2017场。放映公益电影27400场，“万场电影送民工”1000多场，电

2015年6月1日，市委、市政府召开全市文明驻马店建设暨创建全国文明城市工作动员大会。图为市委书记余学友（左一），市委副书记、市长陈星（左二）等领导，为创建工作先进单位和先进个人进行颁奖。　刘华山　摄

2015年11月12日，市委宣传部把党的十八届五中全会精神融进百姓宣讲直通车进基层宣讲巡演活动中，组织市委党校、市广播电视台、市演艺中心等单位的理论专家、演员、编导等人员在黄淮学院音乐报告厅，集体排练题为《党的十八届五中全会精神进万家》的巡演节目。　李钧超　吴启元　摄

影放映覆盖全市所有行政村。印发《关于在全市开展"中原文化大舞台"活动的意见》《2015年驻马店市"中原文化大舞台"实施方案》，全市共有7个剧场被列入河南省"中原文化大舞台"演出剧场，数量居全省首位，已完成演出24场。（赵　哲　贾帅领）

【文化遗产保护】2015年，宣传部门坚持保护与传承并重，文化遗产保护传承稳步推进。围绕抗日战争胜利70周年，征集整理抗日战争文物，举行纪念抗日战争胜利70周年特展。持续开展全国第一次可移动文物普查，成立督导组对全市172处市级文物保护单位、11处博物馆纪念馆、6处传统村落及古建筑安全和消防安全工作进行重点抽查。表彰全市100名优秀文物保护员。开展2016年度省级文物保护专项补助资金申报，共申报项目17个。汝南麦草画、西平县的"武驴"、驿城区的缠丝鸡蛋、泌阳县的王店大装4个项目入选第四批河南省非物质文化遗产代表性项目和扩展项目，举办市第二届非遗展示，扩大传统民间文化的知晓率和影响力。举办中华母亲节·嫘祖故里拜祖大典、中国·上蔡第十三届重阳文化节群众文化活动。确山铁花赴湖南浏阳、河北坝上等地表演，引起轰动。（赵　哲　贾帅领）

【文化市场管理】2015年，宣传部门加大文化市场管理力度。共查缴涉嫌非法出版物33459册（张）（嫌疑教辅13653册，涉嫌盗版图书8962册，期刊9851册，音像制品359张，软件135张，其他非法出版物499册），取缔地摊、游商、无证经营单位61家。检查网站86个，处置网络有害信息38条，查处较大案件16起。（赵　哲　贾帅领）

【文化体制改革】2015年，宣传部门推进文化体制改革。召开全市文化体制改革工作会议，对全市新一轮深化文化体制改革工作进行安排部署；以市委、市政府两办名义印发《驻马店市深化文化体制改革实施方案》和《关于推动我市传统媒体和新兴媒体融合发展的实施意见》；建立2015年文化体制改革重点工作台账，对8项重点改革工作的时间节点、牵头单位及责任人，确保改革任务落到实处。推动驻马店广播电视台采编和经营分开；市文广新局行政审批项目取消6项，下放4项，保留5项，主要审批事项按照"一站式办公"的要求全部进驻市行政服务中心；市博物馆作为市建立健全事业单位法人治理结构改革的试点单位，成立了改革领导小组，起草完成了《建设试点工作方案》等相关文件；市群艺馆作为全省公益性文化单位内部改革试点单位，开展"三项制度"改革，提升员工工作积极性和公共文化服务能力。（赵　哲　贾帅领）

【公共文化服务体系建设】2015年，全市建立由文化部门牵头的公共文化服务体系建设协调机制，起草完成了《关于加快构建现代公共文化服务体系的实施意见》和《公共文化服务体系建设协调领导小组议事规则》。全市"三馆一站"继续实施免费开放，市群众艺术馆在组织了各类群众文化活动60多场的基础上，承办全省第十二届小戏小品（曲艺）

大赛和《天中遗风——驻马店非物质文化遗产展》等大型文化活动；市博物馆推出临时展览——《南阳汉画精品拓片展》和《驻马店纪念抗日战争暨世界反法西斯战争胜利70周年特展》；市图书馆（黄淮学院图书馆）组织图书服务宣传周等系列活动，接纳读者200多万人次，特别是暑假期间保持正常开馆，服务市民读者。各县区不断加强图书馆、文化馆软硬件建设，在全国第四次文化馆评估定级中，全市文化馆全部达到国家三级以上标准。全年全市共放映电影近27400场。新增电影院线6家，完成县级以上城市数字影院全覆盖的目标。

（赵 哲 贾帅领）

统战工作

【市委统战工作会议】 2015年11月17日，市委统战工作会议召开。会议深入学习贯彻落实中央、省委统战工作会议精神，研究部署当前和今后一个时期全市统战工作。市委书记余学友出席会议并讲话。市委副书记、市长陈星主持会议。市四大班子领导张宪中、杨喜廷、刘军甫等出席会议。各县区委书记、统战部部长，市直各单位、各人民团体、高等院校、市管企业的主要负责人参加会议。余学友在讲话中指出，要广泛团结全市各界人士，高举旗帜、把握主题，凝心聚力、团结奋进，不断开创全市统战工作新局面，为推动“四个驻马店”建设、实现富民强市加快崛起做出更加积极的贡献。市委常委、统战部部长姚新文就《中共驻马店市委关于加强新形势下统一战线工作的实施意见》作了情况说明。

（刘金玉 代芸铭）

【巩固统一战线思想政治基础】 2015年，统战部门在全市统一战线成员中开展坚持和发展中国特色社会主义学习实践、非公经济人士理想信念教育实践等活动。狠抓中央和省、市委有关文件精神的贯彻落实，出台《驻马店市人民政府关于落实政府部门同民主党派工商联无党派知识分子联谊会对口联系制度的意见》，召开对口联系工作座谈会。起草并以市委办公室文件转发《各民主党派驻马店市委直接向中共驻马店市委提出意见建议制度（试行）》和《驻马店市各民主党派工商联无党派人士意见建议落实反馈制度（试行）》。主持召开民主党派、工商联、无党派人士联合中心组学习、党外人士座谈会、征求意见会等10多次，做到充分协商。支持统一战线成员开展社会服务活动，建立民主党派、工商联与驻村点、扶贫点结对帮扶机制，开展“百企帮百村”“百侨帮百困”服务精准扶贫活动，引导其在帮扶点开展卫生、文化、法律“三下乡”服务和捐赠活动。（刘金玉 代芸铭）

【服务科学发展】 2015年，统战部门充分发挥优势服务科学发展。一是建言献策谋发展。健全“党委出题、党派调研、政府采纳、部门落实”的调研工作机制，全年各民主党派市委和市工商联围绕全市重点工作开展调研10多次，形成调研报告8份。引导党外代表人士围绕事关全市经济社会发展的重大问题以及群众关心的热点难点问题，提出提案、建议200多件。二是招商引资助发展。发挥商会作用，突出“以商招商”，加强与武汉市驻马店商会、新疆河南商会、山西河南商会、东莞驻马店商会等异地商会的联系，向商会寄送招商引资项目手册，邀请200多名驻马店籍在外企业家回乡考察、参加第18届中国农洽会，新成立7家异地商会和驻马店市企业家协会，为全市招商引资拓宽了新平台。动员全市民营企业家，尤其是工商联主席、会长企业牵线搭桥，组织合作企业北京新发地集团、中国一冶集团等知名企业到驻马店考察，开展“百名会长天中行”活动，市委、市政府主要领导亲自会见并出席活动，促成北京新发惠农国际农业投资股份有限公司与驻马店签订了投资65亿元的会展中心及现代农业综合服务园区项目协议，中国一冶集团与市城乡一体化示范区在基础设施建设等领域签署合作意向，武汉驻马店商会等4家商会与4个县区签订了农业合作协议。三是服务民企促发展。6月2日，联合市纪委开展全市工商界“反对贿赂·公平竞争”及行业协会商会廉洁诚信建设暨理想信念教育实践活动。11月19日，全市统一战线举办“守法诚信·民营企业在行动”道德讲堂，省政协副主席、省工商联主席梁静出席。开展“驻马店市首届优秀中国特色社会主义事业建设者评选表彰活动”。市、县工商联搭建法律维权、融资担保、教育培训、政策咨询、就业用工五大服务平台，为全市非公有制企业融资1亿多元，提供法律服务200多次。四是精准扶贫带发展。引导全市民营企业参与新农村建设、新型城镇化建设、村企共建扶贫工程、定点扶贫等，服务精准扶贫。11月20日，全省民营企业“千企帮千村”示范点经验交流暨精准扶贫现场会在驻市召开，省政协副主席、省工商联主席梁静出席会议并讲话。之后，驻马店市在全省率先启动民营企业“百企帮百村”精准扶贫到户结对帮扶工作，向全市民营企业发出精准扶贫倡议书，驻马店市总商会、浙江商会、温州商会、企业家协会等积极行动，4家民营企业捐资1200万元成立扶贫创业光彩基金和扶贫帮困光彩基金，513家民营企业参与精准扶贫，与189个村结对帮扶，提供就业岗位和帮扶资金。

（刘金玉 代芸铭）

【民族宗教工作】 2015年，全市统战部门重视民族宗教工作。一是推进民族团结。贯彻落实中央和省、市各项民族政策，市委召开了民族工作会议暨市政府第六次民族团结进步表彰大会。加大民族团结宣传教育，依法维护少数民族群众合法权益，积极排查影响民族团结的安全隐患，妥善解决涉及少数民族群众的矛盾纠纷，纠正和制止违反民族政策的事件和行为。开展市直单位对口帮扶少数民族聚居村活动，争取扶持资金、协调贴息贷款，促进少数民族聚居地的经济发展。二是依法管理宗教事务。落实党的宗教工作基本方针和《宗教事务条例》，依法打击非法宗教活动，开展“反邪教宣传进宗教活动场所”活动，做好抵御校园传教渗透工作，确保正常宗教活动开展。三是培养联系代表人士。注重对民族宗教界代表人士的教育培养，定期走访座谈，增强了解互信，支持其外出学习培训，引导其团结带领信教群众与党同心同德，在重大问题上与党委政府保持一致，在城市建设、征地拆迁、化解纠纷、抵御渗透等方面发挥作用。

（刘金玉 代芸铭）

2015年6月10日，中共驻马店市委民族工作会议暨市政府第六次民族团结进步表彰大会召开。

2015年11月17日，市委统战工作会议召开。

【光彩活动】 2015年，全市民营企业热心光彩事业，在捐资助学、助残济困、社会公益等方面的捐款达1亿多元。开展光彩助学活动，全市民营企业捐资5000多万元，资助10所中小学校改善办学条件，资助贫困学生2000多名。5月17日，在全国第25个“助残日”，市工商联在正阳县举行“光彩助残”轮椅发放仪式，上海全宇集团2012年捐资100万元在驻市成立光彩助残基金，已连续3年在遂平、确山、平舆等县开展光彩助残活动，今年是第四次活动，累计发放轮椅1000辆。支持市“双拥”建设，成立拥军优属企业协会，开展“寻找最美军嫂”活动。9月30日，蓝天集团出资500万元义买驻马店籍画家崔静海先生书画并全部捐给市残联。市工商联荣获全国工商联2015“创新中国”工商联工作特别奖。5月25日，在确山县李新店小学举办“同心·关爱留守儿童志愿服务”活动，发放爱心书包230套，联系河南省木偶剧团为留守儿童演出精彩的木偶剧，部机关干部职工与留守儿童结成一对一帮扶对子，中央电视台新闻频道等媒体进行了宣传报道。 （刘金玉 代芸铭）

【港澳台海外统战工作】 2015年，统战部门扎实开展港澳台海外统战工作。一是交流联谊。以姓氏文化、根文化为媒介，先后接待世界房氏、蔡氏、福建江氏、中华袁氏等代表团组寻根问祖。接待了美国河南商会会长刘一林、澳中商业峰会主席杨东东、澳中企业经贸总商会主席邱道仁、澳大利亚河南青年商会会长傅智涛、香港铜锣湾集团董事局主席陈智等到驻市参观考察，洽谈项目。二是对台交流交往。做好“正阳古佛回归原乡”活动后续工作，建成古佛安置点，设立6家市级对台交流基地，提升了对台交流的层次。组织《中华百家姓·起源故事》中原寻根行活动组、台湾TVBS电视台和“两岸记者采访团”到驻市拍摄蔡姓起源、“古佛还乡”、“探寻抗战足迹”专题片，加大对驻马店的宣传。邀请台湾微客国际服务团队到驻市开展支教活动，受益学生2万多人。11月，开展“涉台教育进校园宣传月”活动，共发放、赠送《中小学涉台教育参考读本》5.5万册，受教育师生43万余人次。全年共受理赴台团组15个、47人，新增台资企业2家，合同利用台资1.1亿元人民币。三是凝聚侨心侨力。开展“零距离聚侨心”活动，挂牌成立了全市涉侨法律维权服务中心，市侨联荣获“2011~2015年度全国侨联系统维权工作先进单位”。开展澳大利亚“天籁列车”走进驻马店扶助工程项目，为全市聋哑人免费提供价值近亿元的人工耳蜗9000套，实现20岁以下聋哑人全覆盖。 （刘金玉 代芸铭）

【驻马店市浙江商会成立】 2015年1月23日，驻马店市浙江商会第一次代表大会召开。会议通过驻马店市浙江商会章程，选举产生驻马店市浙江商会第一届理事会。市工商联副主席、河南泰油谷投资集团董事长郑定辉当选为会长。河南省工商联副主席、河南省浙江商会会长李国庆，市委常委、统战部部长赵文峰，市政协副主席、市工商联主席李万顺，市统战部常务副部长、市工商联党组书记史爱民，市民政局局长李国民等出席仪式并共同为驻马店市浙江商会揭牌。 （刘金玉 代芸铭）

【市委民族工作会议暨市政府第六次民族团结进步表彰大会】 2015年6月10日，市委民族工作会议暨市政府第六次民族团结进步表彰大会召开。会议学习传达中央、省委民族工作会议精神和习近平总书记、省委书记郭庚茂重要讲话精神，总结近年来全市民族工作取得的成绩，表彰民族团结进步模范集体和模范个人代表，研究部署新形势下全市民族工作。市委书记余学友出席会议并讲话。（刘金玉 代芸铭）

【2015驻马店“最美军嫂”颁奖典礼举行】 2015年7月31日，由驻马店军分区、市委统战部、市“双拥”办主办，市工商联、市企业拥军优属协会、鹏宇投资集团承办的2015驻马店“最美军嫂”颁奖典礼在市群艺馆举行。经层层推荐和审核把关，最终来自全市的20名“最美军嫂”接受表彰。市委副书记张宪中，市委常委、统战部部长姚新文，市委常委、军分区政委张卫东，副市长李国胜，市政协副主席、市工商联主席李万顺出席颁奖典礼。鹏宇投资集团为当选的20名“最美军嫂”提供了价值20万元的奖品，被授予“爱心企业”荣誉称号。 （刘金玉 代芸铭）

【统战工作对象普查】 2015年7月，市委统战部启动12类统战工作对象普查工作，全面统计民主党派成员，无党派代表人士，党外知识分子，少数民族人士，宗教界人士，非公有制经济人士，新的社会阶层人士，出国和归国留学人员，香港同胞、澳门同胞，台湾同胞及其在大陆的亲属，华侨、归侨、侨眷及其他需要联系和团结的人员，重点统计留学人员、新媒体中的代表性人士、非公有制经济人士特别是年轻一代“三类人”。普查工作分调查登记、建档立卡、综合分析3个阶段，用时一个半月，澄清底子、发现规律，找准问题、推动工作。 （刘金玉 代芸铭）

【梁静到遂平县参加活动】 2015年9月5日，省政协副主席、省工商联主席、省总商会会长梁静到遂平县参加嵩山会会员企业互访活动。梁静一行先后来到遂平县一加一面粉有限公司、河南徐福记食品有限公司、建业森林半岛小区、遂平新区等地参观考察，随后出席了遂平县情推介会。市委常委、统战部部长姚新文，市政协副主席、市工商联主席李万顺等陪同。 （刘金玉 代芸铭）

【驻马店市上蔡商会第一次会员大会暨成立大会】 2015年9月26日，驻马店市上蔡商会第一次会员大会暨成立大会召开。会议通过了《驻马店市上蔡商会章程》，选举产生了驻马店市上蔡商会第一届理事会成员、会长、常务副会长、副会长等商会领导班子成员。河南鹏宇投资集团总裁朱新红当选为会长。市委常委、统战部部长姚新文出席会议并讲话。 （刘金玉 代芸铭）

【河南省高校统战工作理论研讨会在驻召开】 2015年10月16日～17日，河南省高校统战工作理论研讨会在黄淮学院召开，学习贯彻落实中央统战工作会议、省委统战工作会议精神，总结交流全省高校统战工作理论研究成果，推动全省高校统战工作再上新台阶。省委统战部常务副部长孟令峰出席并做辅导报告，河南省高校统战工作研究会第一届理事会理事长、郑州大学党委副书记李兴成，黄淮学院党委书记杨德东等出席研讨会。全省各高校党委分管统战工作的领导和统战部部长参加会议。（刘全玉　代芸铭）

【《中共驻马店市委关于加强新形势下统一战线工作的实施意见》出台】 2015年11月17日，按照《中共河南省委关于加强新形势下统一战线工作的意见》精神，结合全市统战工作实际，市委出台了《关于加强新形势下统一战线工作的实施意见》（以下简称《实施意见》）。《实施意见》集中体现十八大以来中央、省委、市委关于统一战线的重要理论方针政策，突出解决统一战线工作中长期存在的重点难点问题，总体规划当前乃至今后一个时期驻马店统一战线工作的发展方向，是统一战线工作制度化、规范化、科学化的重要标志。（刘全玉　代芸铭）

市直党建

【党员干部理论教育】 2015年，机关党委以组织开展“三严三实”专题教育为契机，强化市直党员干部理论武装。一是组织开展“三严三实”专题教育。先后3次召开专题教育推进会，抽调市直20名党务干部组成4个督查组，对市直88个单位“三严三实”专题教育开展情况，进行2次全面督促检查，发督导情况通报2期、简报20期。配合市委综合考核组完成对市直88家单位专题民主生活会材料的审定工作，市直单位领导班子和领导干部共查找不严不实问题11729条，制定整改措施13077条，完成整改11325条，占到96.6%。二是组织市直机关党员示范培训。举办市直机关和市管院校、市管企业党员示范培训，246名基层党组织书记、党务干部参加了脱产学习培训。指导市直机关党组织完成对市直2.8万多名党员的集中学习培训。三是组织开展“纪念中国人民抗日战争暨世界反法西斯战争胜利70周年”系列活动。与市委宣传部联合举办以“铭记历史、缅怀先烈、开创未来”为主题的纪念中国人民抗日战争暨世界反法西斯战争胜利70周年歌咏比赛，号召市直各单位走访慰问抗战老战士、到革命圣地缅怀先烈、重温入党誓词等。四是组织开展学习贯彻《战略纲要》和《全面推进依法治省实施意见》网上知识竞赛活动。（刘文俊）

【基层组织建设】 2015年，市直工委批准成立市教体局、市文广新局直属单位委员会，对市工信委、市民宗委党组织进行更名，理顺组织关系。成立市公交公司党委和邮政管理局党总支，实现公共交通行业和快递企业党组织覆盖。指导监督市直11个一级机构党组织召开党员大会进行换届改选，指导市直200多个基层党支部、总支进行换届选举。对市直非公有制企业党组织建设情况进行专题调研，有针对性地指导市直非公企业开展工作。以党员组织关系集中排查为契机，分类摸清底数，建立党员登记制度，做好党员信息库建设。注重党员发展工作，严格实行党员发展计划审批、培养、培训考试、共青团员“推优”制度，完善发展党员公开、公示制度和发展材料审查制度。全年共培训入党积极分子500余名，发展新党员365名。对市直34家单位的党费收缴、管理和使用情况全面检查，配合市委组织部对市直10家大单位的党费收缴、使用和管理进行检查。（刘文俊）

【从严治党】 2015年，市直工委注重加强机关党建顶层设计和制度创新，把从严治党抓细抓实。一是组织开展市直单位机关党组织书记述职评议。组织市直95个单位机关党委书记、工委直管党总支、支部书记集中开展党建工作述职评议，市交通局、市林业局、市粮食局、市规划局、市公安局、市商务局、中储粮驻马店直属库、职业技术学院等10家单位以召开党员大会的形式进行了集中述职评议，工委领导现场进行点评，指出工作不足，明确努力方向。其他单位进行了书面述职，工委组织部将述职报告编印成册，进行学习交流。指导市直各级党组织扎实推进基层党组织书记向本单位机关党委进行述职评议工作，全市1000多个支部书记接受了市直2万多名党员的“检阅”。二是组织完成党建责任目标考核。党建责任目标考核纳入市直单位领导班子、领导干部年度考核，与市委组织部联合对市直单位机关、事业单位2015党建责任目标完成情况进行全面考核，并单独组织对34家中央、省驻驻单位及企业单位党组织的党建责任目标进行考核，并将考核结果及时向各单位党建第一责任人进行集中反馈。三是完善党建联络组会议制度。广泛听取市直各单位、各部门，中央和省驻驻单位对机关党建工作的意见建议。市直5个联络组召开座谈会10余次。（刘文俊）

【反腐倡廉建设】 2015年，市直工委把党风廉政建设放在突出位置。一是强化思想教育。组织市直机关党员干部学习条例、准则，筑牢党员干部反腐败、反“四风”的思想防线。依托市机关党建研究会，围绕“全面从严治党”主题，在市直党员干部中组织开展理论文章征集。坚持典型示廉，组织党员干部观看《焦裕禄》《“四风”之害》等警示教育片，用正反典型教育引导党员干部加强党性修养，牢记宗旨，坚定信念。组织召开市直科级以上党员干部防范和打击非法集资警示教育大会，对市直机关党员干部参与非法集资典型案例进行了通报，对防范和打击非法集资工作的形势进行了分析。二是强化预防措施。在市直入党积极分子培训班上，专门列入党纪党规等相关学习内容，为近500名入党积极分子进行了“洗礼”。结合日常重点环节和部位监督工作，指导修订完善财务管理、车辆管理、办公用品管理、机关干部廉洁自律规定等制度。三是强化监督检查。严格自查。围绕“一岗双责”、党性教育、作风建设等方面研究制定工委党风廉政建设责任目标，将反腐倡廉建设主要任务逐项分解、细化到人。加强督查。将反腐倡廉建设纳入机关党建工作目标考核体系，定期召开市直党建联络组会议，及时部署和检查党风廉政建设落实情况。严厉惩处。按照规定和程序对市直科级及以下违纪违法党员干部进行严厉惩处。2015年，审查、批复市直党组织上报的党纪处分案件4起，处理违纪党员4名。（刘文俊）

2015年5月27日，市直单位“践行价值观 文明我先行”演讲比赛在市政府会议室举行。　张　朝 摄

保密工作

【保密宣传教育】 2015年，市委保密办抓住学习宣传贯彻《中华人民共和国保守国家秘密法》及其实施条例这条主线，突出领导干部和涉密人员2个重点，发挥党校、手机短信平台和网络3个保密法制宣传教育阵地的作用，开展好学刊用刊、保密教育培训、组织观看保密教育片和评先评优4项活动，全面提高广大涉密人员的保密常识和保密知识。在组织开展涉密网络检查技能培训、定密培训、保密统计业务培训和涉密人员保密管理专项培训的基础上，量身定制教育内容，组织开展“个性化”教育培训。2015年，保密办为市委办、市委统战部、市人防办、国电驻马店热电有限公司等几家单位开展“个性化”教育6场，共培训人员910多人次。

（王　涛）

【保密检查】 2015年，市委保密办发挥“以查促教、以查促改、以查促防、以查促管”的作用，强化监督，加强检查，先后组织开展了网络保密检查、《“十二五”时期保密事业发展规划》和《“六五”保密法制宣传教育规划》验收检查等5次全市范围的保密检查活动，对存在问题较多的8家单位下发了书面整改通知书。市委保密办（局）还与教育、招生、司法、畜牧等部门配合，做好高招、中招、成人高招、研究生招生、全国司法考试、全国医师资格认证考试等国家统一考试期间的保密工作。

（王　涛）

【涉密网络管理】 2015年，市委保密办加强涉密网络管理。一是按时完成对全市1008个各类网络的核查、分类、汇总和上报工作。二是组织开展涉密网络保密检查。3月23日组织开展由市、县区国家保密局保密专业技术人员参加的专项培训班。检查采取自查与抽查相结合，保密检查与测评审批督导相结合的方式，对全市所有的涉密网络进行检查，对存在问题较多的单位进行整改。三是推进涉密网络测评审批工作。成立市涉密网络测评审批督导工作组，指导各涉密网络建设使用单位，做好涉密网络状态核准、涉密网络密级及类型确定、涉密网络测评准备等各项工作，2015年，全市检察系统和组织系统涉密网络或接入终端通过检查测评。

（王　涛）

【定密管理】 2015年，市委保密办贯彻落实《国家秘密定密管理暂行规定》，规范定密授权、定密责任人确定等重点工作，逐步解决定密随意、乱定滥定、只定不解等问题。6月4日，组织开展由各县区国家保密局局长及市直各机关单位业务骨干参加的定密培训，提高大家的保密业务技能，确保每个单位都有人懂保密、会定密。按时完成全市800多家机关单位定密责任人的确认、备案和上报工作，全市共确认法定定密责任人829人，指定定密责任人479人。（王　涛）

【涉密人员管理】 2015年，市委保密办按照国家保密局等8部委联合下发的《关于进一步加强涉密人员保密管理工作的意见》（以下简称《意见》）要求，与市委组织部、市公安局、市国家安全局、市财政局、市人力资源和社会保障局等相关部门进行协调，对《意见》进行转发，对全市涉密人员保密管理工作进行部署安排。12月1日，邀请省国家保密

局业务骨干，对全市各级各单位负责涉密人员保密管理工作的146人进行保密管理专项培训。（王　涛）

政策研究

【政策研究工作概况】 2015年，市委政研室共起草撰写市委重要文件、专题调研报告和署名文章40余篇，筹备召开5次市委全面深化改革领导小组会议，做好省委改革督察和“三查三促”等4次迎检工作，编发《调查研究》6期，《参阅材料》12期，《改革工作简报》10期，《深化改革动态》17期。（张　瑜　代　予）

【起草市委重要文件】 2015年，市委政研室牵头承担《中共驻马店市委关于制定国民经济和社会发展第十三个五年规划的建议》起草工作，完成“十三五”规划建议的起草和规划建议说明的撰写，提交市委三届十次全会审议。为推进全市全面深化改革，先后起草《市委全面深化改革领导小组近期工作重点》《市委全面深化改革领导小组督办的重点改革任务》《市委全面深化改革领导小组备案督察的重点改革任务》等重要文件。（张　瑜　代　予）

【专题调研】 2015年，市委政研室先后开展10多项专题调研活动。上半年与省委政研室一起对汝南县新能源电动车产业发展进行专题调研，形成了《汝南县新能源电动车产业发展情况的报告》，市委书记余学友批示“请印发各县（区）委书记阅研”。组成专题调研组对全市低速电动车产业进行全面深入调研，形成《关于我市低速电动车产业发展的调研报告》，市委书记余学友作出批示“市委政研室的调研报告很值得一阅，请有关领导同志阅研，积极推动电动车产业的健康、较快发展”。还撰写了《关于遂平县落实主体责任情况的调研报告》《关于加快夏南牛产业发展的调研报告》等专题调研报告。（张　瑜　代　予）

【服务全市全面深化改革】 2015年，市委改革办发挥统筹协调、督办督察作用，确保全市全面深化改革工作稳步有序推进。一是做好会务服务工作。做好市委全面深化改革领导小组4至8次会议的筹备召开，共为会议起草各类文件、领导讲话和汇报材料等30多篇，印发会议材料2000多份。在5次改革会议上分别审议通过了《关于深化户籍制度改革的实施意见》《关于深化财税体制改革的指导意见》《关于推行市县政府工作部门权力清单和责任清单制度的实施意见》《关于深化科技体制改革加快创新驱动发展的若干意见》《驻马店市公务用车制度改革总体方案》《驻马店市加快构建现代公共文化服务体系实施意见》等一批重要改革方案、意见。并于会后及时编发了市委全面深化改革领导小组《会议纪要》5期和《内部通报》5期。二是做好省委改革督察迎检工作。为做好省委改革办于6月8日～9日、12月26日～27日对驻马店市全面深化改革的2次督办督察工作和省委开展的2次“三查三保”工作，先后起草了全市全面深化改革工作情况汇报和市“三查三保”活动开展情况汇报，组织召开工作汇报会、座谈会和个人访谈会，撰写10多份全面深化改革工作特色亮点材料，并收集整理改革文件、方案、意见等230多个，分别编印了《市委全面深化改革领导小组办公室文件汇编》和《市委全面深化改革领导小组专项及专题小组文件汇编》。全面深化改革工作受到省委督察组的充分肯定。三是统筹做好改革日常工作。根据《市委全面深化改革领导小组近期工作重点》，市委改革办对督办的重点改革任务进行了认真梳理，建立了《市委全面深化改革领导小组近期重点工作台账（2015年）》，明确38项重点改革事项、203项具体改革任务。明确了各项目标任务和完成时间节点，责任落实到事到人，确保重点改革任务落到实处。为进一步细化工作流程，制定下发了《重点改革事项审议规程（试行）》，对重点改革事项的确立范围、审议分类和审议程序进行了明确界定，同时根据要实施推进的重点改革事项，进一步细化为《重点改革事项分类审议清单（2015年度）》，明确了各专项小组今年要推进和完成的77项重点改革事项分类审议清单。为确保精准有力地推进改革，使一些重点改革在年内取得实质性成果，在下半年进一步明确了市委全面深化改革领导小组督办的15项重点改革任务和备案督察的27项重点改革任务，对一些需要重点推进落实的改革任务进行细致安排和部署。四是加强督办督查工作。市委改革办出台《重点改革事项督办督查工作办法（试行）》，健全了提示督办、分级约谈、改革台账管理、改革效果评估和考核成果运用等5项机制，并创新推行提示督办单和约谈督办单“两单”督察办法，同时根据《市委全面深化改革领导小组近期重点工作台账》，通过月度催办、季度通报、书面督办、年终对账盘点的督办方式，对每件改革任务进行跟踪问效，确保全面深化改革各项工作取得实效。五是做好档案管理工作。根据文件的任务性质，把需要归档的改革文件分为6大类，分别是：中央省委改革任务类、市委改革文件及重点任务类、专项小组及专题小组任务及推进情况类、县区改革小组类、重点改革工作台账类和改革任务督办督查类。全年共整理各类文件档案80余件（盒），汇编了改革成果目录，整理编印各类改革意见、方案3套4册，共计103个文件、2800余页。（张　瑜　代　予）

党史编研

【党史二卷正本编写】 2015年，全市党史部门围绕党史二卷的编写，广泛查阅收集、深入挖掘整理历史文档、报刊图片等资料。参与编写人员在对原始材料反复研究、考证的基础上，克服部分年代原始材料不足等客观因素制约，借鉴周边地市的编研成果和经验，对二卷初稿进行修改补充。市级党史二卷40万字的初稿编写基本完成，泌阳、遂平、正阳3县党史二卷已印刷出版，确山、上蔡、平舆3县正在对初稿进行修订，西平、汝南、驿城区已完成部分初稿。（李志强）

【党史专题研究】 2015年，全市党史部门开展一系列的党史专题研究。一是推进改革开放实录课题的资料征集和研究编写工作。为全面系统地收集全市改革开放以来各方面的资料，科学总结规律性认识和可资借鉴的经验，存留全市改革开放的辉煌历史，围绕突出驻马店特色和重大成就，认真选题，广泛调研征集，完成了《驻马店工业集聚区的发展》《改革开放促发展，天中畜牧创辉煌》2个专题3万余字的编写工作。县区完成6个专题近8万字的编写任务。二是完成20世纪60年代国民经济调整专题研究。通过查阅档案文献资料，广泛征集相关日记、回忆资料、口述资料、图片及采访记录等历史资料，在深入研究的基础上，撰写出专题《二十世纪六十年代驻马店国民经济的调整》。三是开展针对性专题研究，服务老区建设。按照驻马店市红色旅游发展规划纲要，确山县决定修缮孤山冲革命旧址，并进行配套基础设施建设。为推进该项目立项，市县党史部门对豫南孤山冲革命根据地史实进行专题研究，撰写完成了《豫南孤山冲革命根据地》史料，在省委党史研究室的指导帮助下，对该史料进行了认定，推进了竹沟革命纪念馆红色旅游二期（孤山冲革命旧址）基础设施建设项目在国家发改委的立项工作。

（李志强）

【党史资料征编】 2015年，全市党史部门继续进行党史资料征编工作。一是健全党史资料征编网络，做好《中共驻马店历史年编》的征编出版工作。年初及时启动《年编（2014卷）》的资料征编工作，全年共征集到各县区及市直单位2014年度党史资料近320万字，图片50余幅，完成近90万字初稿编辑任务。二是开展党史大事当日记当月报工作。全年共收集驻马店党史大事资料约40万字，编辑整理出党史大事条目近800条，约15万字；各县区、市直各单位报送党史大事近300条；每月按时筛选上报驻马店党史大事，全年编辑整理上报300余条7万余字。正阳、上蔡、西平等县确定专人负责，每月编印一期党史大事记或党史信息。三是围绕纪念抗日战争胜利70周年开展“三亲”资料征集。为多角度、多形式地反映驻马店在抗日战争时期的重大事件和重要人物，组织动员全市党史部门广泛征集这一时期“亲历、亲见、亲闻”史料，共征集相关回忆录75篇约18万字，图片30余幅，正在进行编辑校对，计划集结成册。四是开展红军长征史料征集工作。为纪念红军长征胜利80周年，配合省委党史研究室做好《图说长征·红二十五军卷》的编纂工作，反映红军长征途经驻马店区域时的真实历史，组织沿途各地党史部门参与史料征集，协调相关档案馆、纪念场馆配合，已完成红二十五军长征沿途20多个行政村的实地调查、拍摄及当事人寻访工作。开展《长征·永远讲不完的故事》电视片拍摄素材选题工作。 （李志强）

【党史宣传教育】 2015年，全市党史部门开展形式多样的党史宣传教育活动。一是开展杨靖宇将军诞辰110周年纪念活动。与驿城区联合召开纪念杨靖宇将军诞辰110周年座谈会，围绕“弘扬杨靖宇精神，建设幸福驿城”主题，深切缅怀杨靖宇将军一生的丰功伟绩，阐述了杨靖宇精神的丰富内涵，围绕新时期如何继承和弘扬杨靖宇精神进行深入探讨。配合有关部门做好少儿励志电影《少年杨靖宇》和重大革命军事题材电影《民族魂·杨靖宇》的拍摄工作,《少年杨靖宇》已于9月在全国上映,《民族魂·杨靖宇》正在紧张拍摄中。配合天中晚报社走访杨靖宇将军的后人和有关纪念场所，在《天中晚报》、驻马店网、市委党务内网开办纪念专栏，追忆杨靖宇将军的英勇事迹。二是围绕纪念中国人民抗日战争暨世界反法西斯战争胜利70周年开展宣传教育活动。与市委宣传部、市文广新局联合主办“勿忘国耻，珍爱和平”纪念中国人民抗日战争暨世界反法西斯战争胜利70周年特展。在《驻马店日报》《天中晚报》上开办《天中英烈》《天中抗战烽火》《天中抗战英雄》《走访抗战老兵》等栏目，宣传抗日战争英模人物和驻马店人民为抗日战争胜利作出的重大贡献。配合市委统战部做好“探寻抗战足迹”两岸三地记者联合采访团在驻马店市的采风活动。开展纪念抗日战争胜利70周年理论文章和河南省党史界2015年学术年会论文征集活动，共征集优秀文章28篇,《竹沟在抗日战争中的历史地位和作用》《抗日战争胜利是中华民族走向复兴的重大转折》《永不忘却的纪念》《中国共产党领导下的中原抗战》等文章先后在《驻马店日报》、《天中晚报》、驻马店新闻网上刊发。

（李志强）

【党史网站建设】 2015年，市委党史办引导县区党史部门发挥互联网、手机等新兴媒体的作用，加大党史网站建设力度，完善党史信息网络，主动占领党史舆论阵地。利用市党务内网平台，申请开通了党史频道，及时把党史工作动态、党史大事记、党史知识、党史研究最新成果上传到网络。加快党史网站建设，驻马店党史网正在试运行。网页共设置工作动态、党史人物、文献资料、红色纪念等9大版块，已上传党史资料20万字，图片50余幅。 （李志强）

档案工作

【档案信息化建设】 2015年，全市各级档案馆累计完成477.2万页馆藏档案数字化扫描，其中市档案馆完成198万页，各县区馆完成279.2万页。各级综合档案馆在完成纸质档案数字化处理的同时，抓好新增原生电子档案归档接收工作，至年底累计接收原生电子档案16953卷63138件。

（袁丽婷）

【档案馆工作】 2015年，全市10个国家综合档案馆采取措施对各项业务工作进行完善提高。一是指导民生档案和新领域档案建档。市馆按照国家档案局9号令要求，制定了《档案资料收集范围实施细则》，加强民生档案进馆工作。各级档案部门积极探索档案工作服务民生的新途径、新方法，加强与民政、人社、教育、卫生等涉及民生工作部门的联系，指导其建立健全民生档案管理制度，建好管好婚姻登记、复转军人安置、劳动保障、就业培训、医疗保险等与民生密切相关的各类档案。确山县积极探索档案利用服务工作的新思路、新方法，实现了档案工作的有效转变；西平县以服务民生为重点，推动社保、医保、林权改革等档案的建立完善工作。全市各级档案馆完善档案利用借阅、档案保密、服务承诺等相关制度，简化档案利用手续，全面落实利用档案零收费，指定专人做好现行文件接收、整理、保管、提供利用等服务工作。全年全市各级档案馆提供利用档案1.3万余人次、2万余卷、3千余册资料，出具各类档案证明6000余件次。二是档案馆基础业务建设。全面贯彻国家档案局9号令，加大档案接收征集力度，市档案馆和各区县相继制定了《档案馆收集档案范围实施细则》，强化档案接收主渠道建设。全市馆藏档案总量达69.94万卷、81.73万件。其中市档案馆馆藏专门档案34种，驿城区、汝南县档案馆馆藏专门档案达到40种以上，全市其他各级档案馆馆藏专门档案达到30种左右。（袁丽婷）

【机关、企事业档案工作】2015年，全市各级档案部门贯彻国家档案局8号、10号令，完成各级机关、企事业单位文件归档范围和保管期限表的修订工作。市局不定期对各县、区档案馆开展检查，确保归档文件准确、完整，档案整理规范，保管科学，利用便捷。同时继续推进机关、企事业单位档案规范化建设活动。（袁丽婷）

老干部工作

【老干部工作概况】2015年，全市老干部工作部门加强离退休干部“两项建设”，发挥老干部的重要作用，以目标定任务，以服务为中心，以提升出亮点，完成全年工作任务。至2015年12月底，全市离休干部总数为1479人，机关有577人，事业单位有536人，企业有366人；享受正地（厅、司、局）级待遇者1人，享受副地（厅、司、局）级待遇者23人。年度内共有116名离休干部去世。（杨寒之）

【离退休干部党的建设】2015年，全市加强离退休干部党的建设工作。一是抓好思想引导。5月中旬，市直离退休干部党支部书记培训班举办，邀请市委党校教授就十八届四中全会精神、党风廉政建设和反腐败斗争、中美关系等进行专题辅导。9月上旬，利用老年大学秋季班开学的机会，为市直单位70多位离退休干部党支部书记围绕严明政治纪律、严守政治规矩做专题辅导。二是夯实组织基础。坚持把离退休干部党支部建设纳入党建工作总体部署，纳入党员教育培训整体规划，加强组织生活制度化、规范化建设，推进支部活动经常化。为加强对离退休干部“两项建设”的指导，市委老干部局上半年组织了专题调研活动，深入十几个市直单位、各县区，采取听汇报、召开座谈会、走访老干部及实地察看等形式，了解掌握基层离退休干部党组织建设及开展活动、发挥作用情况，倾听离退休干部的思想反映和精神诉求，听取基层老干部部门及老干部的意见和建议，发现和选树先进典型和先进事迹，推动了各地各部门离退休干部党建工作的开展。（杨寒之）

【落实老干部政治、生活待遇】2015年2月12日、8月17日，市委书记余学友主持召开老干部迎新春座谈会和老干部情况通报会，向老干部通报全市经济社会发展情况，征求意见建议，并深入离退休干部家中走访慰问。在纪念中国人民抗日战争暨世界反法西斯战争胜利70周年之际，市委和各县区委老干部局组织开展一系列走访慰问抗日战争老战士活动，颁发荣誉奖章和慰问金。2015年，市委老干部局为市直46位抗日战争结束前参加革命工作的离休干部发放一次性慰问金，每人5000元；为16位离休干部提高到副省（部）长级标准报销医疗费待遇；帮扶市直困难离休干部50人，离休干部遗属26人，共发放帮扶资金14万元。平舆县筹集财政资金178万元，将全县2011年以来去世的22名企事业单位离休干部一次性抚恤金全部补发到位。汝南县实现离休干部门诊住院记账、医保中心统一结算模式。正阳县对离休干部大病需要救助的，采取预支的办法，协调县医保部门按上季度医药费发生额的50%预支给离休干部，缓解其家庭经济负担。全年全市各级共投入近500万元资金为老干部解决困难。（杨寒之）

【服务老干部】2015年，全市老干部部门针对离休干部“双高期”的实际，各级都加强与老干部的联系，不断深化个性化、亲情化、多样化服务。驿城区开展“亲情优质服务年”活动，以单位主要领导、老干部专干为参与对象，通过接访走访、到医院和家中看望、安排就医、电话慰问等多种途径，为离休干部提供服务。泌阳县从7月中旬开始，组织开展“夏日送清凉六慰问”活动。西平县对60余名离退休干部进行走访，帮助其解决在“两个待遇”落实中存在的具体问题，对13位长期生病住院的老干部送去慰问金3.1万元。平舆县落实“四访一善后”制度，做到重要节日全面访、家有困难及时访、生病住院入院访、上访对象重点访、老干部逝世帮善后，全年走访慰问行动不便老干部20人次，到医院探望生病住院老干部210人次。上蔡县对全县离休干部进行走访，确定20位离休干部为特困帮扶对象，除给予每人2000元的帮扶资金外，还组织老干部局工作人员、助老志愿者与特困老干部结成一对一帮扶对子，开展爱心帮扶、亲情陪伴等活动。（杨寒之）

【“为河南现代化建设增添正能量”活动】2015年，全市在离退休干部中开展“为河南现代化建设增添正能量”活动，在全市老干部局长会议上对这项活动进行了安排部署，并会同组织部门转发省局有关活动的通知。市局撰写的《开展为党的事业增添正能量活动是新形势下老干部工作转型发展的必然选择》一文获省局调研信息一等奖，并在全省离退休干部“为河南现代化建设增添正能量”活动推进会暨理论研讨会上作大会交流发言。一是搭建学习平台。与驻马店日报社联合开辟《最美夕阳红》专栏，特别介绍全市抗日战争时期离休干部的感人事迹，在广大老干部中掀起学习热潮。二是搭建展示平台。依托老干部活动中心、老年大学、老年社团，组织开展文艺演出、书画摄影展、体育比赛等娱乐活动。2月，组织市直老干部开展“爱心手牵手、义务写春联”活动，义务为广大市民写春联。3月，举办老干部迎春游艺活动、老干部书画展、“美丽驻马店”摄影展。4月，组织老年爱心模特队参加第二届淮阳杯全国中老年才艺大赛，荣获金奖。5月～6月，组织开展全市离退休干部文艺观摩调演活动，广大老干部积极参与，创作了一大批思想性、艺术性俱佳的艺术作品。7月，举办全市老干部庆“七一·党在我心中”专场文艺演出。8月，会同市老年书画研究会、市老年摄影协会举办“纪念中国人民抗日战争暨世界反法西斯战争胜利70周年全市老年书画摄影展”。9月，举办“2015年驻马店市离退休老干部喜迎国庆、欢度重阳”合唱比赛，来自全市各条战线的8支参赛队伍、近400名离退休老干部参加。自办、配合有关单位举办门球赛事32次，100多支门球队、1600余人参赛。三是搭建实践平台。正阳县老干部参与县域文化建设，创办《晚霞》学报及《晚霞》副刊，全年发行10期近1.2万份。全市各级关工委组织通过开展社会主义核心价值观教育活动、评选“天中好少年”、开展“祖国在我心中”书画征文评选活动、组织网吧监督管理、关爱帮扶青少年弱势群体等活动，为青少年健康成长创造良好环境。上蔡县根据留守儿童特点，针对性地开展“关爱女童、送法下乡”天使防线行动。确山县关工委文艺队常年坚持深入中小学校义务演出。汝南县从德孝教育先行入手，在全县组织开展“感恩父母、身体力行”感恩教育活动。（杨寒之）

信访工作

【信访工作概况】2015年，全市信访工作以打造“为民信访”“阳光信访”“法治信访”“责任信访”和“文明信访”为目标，积极推进信访工作制度改革措施的落实，赴京到省来市上访均呈下降趋势，没有发生造成不良影响的京、省上访事件。全国“两会”期间，信访稳定工作被市政府记集体二等功，“9·3”阅兵纪念活动、十八届五中全会和郑州重要外事活动期间，均实现“零非访”的目标，再次被市政府记集体二等功。全年全市共发生赴京个人上访354批428人，同比批数下降23.7%、人数下降17.2%；赴京集体上访19批115人，同比批数下降62.7%、人数下降64.5%。赴省个人上访569批781人，同比批数下降25.1%、人数下降30.8%；赴省集体上访95批1044人，同比批数下降45.7%、人数下降31.4%。市信访局共接待来市个人上访931批1195人次，同比批数下降42.1%、人数下降53.7%；接待来市集体上访894批17173人次，同比批数下降33.4%、人数下降32.5%。办理群众来信2481件（1432案），同比件数上升10.6%（案件上升19%）。办理电话信访240件、网上信访726件，同比下降22.3%。（万　兵）

【信访基础设施建设】2015年6月，投资500多万元1700平方米的市群众来访接待大厅建成使用。投资1500多万元的全市市、县、乡三级视频接访（会议）系统已初步建成，正在联调联试。市领导视频接谈室和可容纳180人的视频会议室也已安装到位，市县乡三级会议、接访和业务培训等将通过视频系统进行。年底，经市政府常务会议研究同意投资130万元在市委群工部建立驻马店市民声手机短信平台，专门受理群众通过手机短信反映的信访问题。（万　兵）

【阳光信访】2015年，信访部门按照建设“信、访、网、电、视频”五位一体的总体要求，积极打造全方位的“阳光信访”新模式。开展网上信访、电话信访，实行绿色邮政，开通民意快线、市长热线和书记邮箱，启动人民建议征集工作，完善相关工作机制，引导信访群众变走访为信访、网访、短信访、电话访。在此基础上，网上信访信息系统上线运行，市、县、乡和各级直属部门全部实现互联互通，信访业务全部纳入信访信息系统办理，实现了群众信访网上反映、网上查询、网上评价。（万　兵）

2015年11月11日，市委书记余学友接待群众来访。

【依法治访】 2015年，全市共依法处置违法上访人员181人次，其中行政拘留128人次、刑事拘留15人次、批捕16人次、判刑22人次。缠访闹访现象明显减少，信访秩序明显好转。加大责任追究力度，当年，全市县区12次、乡镇（办事处）13次被市委、市政府或市信访联席会议通报批评，8个乡镇（办事处）被挂牌整治，5个乡镇（办事处）被重点管理。约谈、通报基本常态化。（万　兵）

【规范领导接访】 2015年，随着依法逐级走访工作的全面推行，市县两级领导接访遇到进退两难的问题，对于越级上访，不接则上访人不满意，接了则违背依法逐级走访的要求。信访部门及时转变领导接访方式，变领导定期接访时以约访为主。具体由信访部门从来信来访中定期筛选重大疑难、久拖不决、跨县区跨部门、符合依法逐级走访要求的重要信访事项，提交市级领导按照分工进行预约接访。（万　兵）

【诉访分离】 2015年，市信访局为推进诉访分离落实工作，出台《推进诉访分离工作的十条措施》，进一步完善诉访分离制度。在畅通政法本部门本系统信访渠道的基础上，市县两级在来访接待中心设立由政法部门牵头、公检法司以及律师参与的涉法涉诉法律服务中心，全面接待处理涉法涉诉信访问题，把涉法涉诉信访问题导入法制轨道。进一步完善涉法涉诉信访依法终结、律师参与处理涉法涉诉信访问题等机制。（万　兵）

党校工作

【干部教育培训】 2015年，市委党校把学习贯彻十八届四中、五中全会精神和习近平总书记系列重要讲话精神作为主体班教学的重要内容，使最新理论成果进课堂、进教材、进头脑，增强干部教育培训的针对性和实效性。全年共举办主体班次13个，培训学员近700人。配合“三严三实”专题教育的开展，安排教学骨干承担部分县区和市直单位的专题辅导任务。有10多名专家学者分别深入县区和市直单位讲党课，围绕“三严三实”有关内容为广大党员干部深刻解读。中共十八届五中全会召开后，校党委把学习宣传贯彻全会精神当做首要政治任务，列入主体班教学课程安排，多次组织全校教师分专题集中学习报告原文，围绕全会提出的新思想、新观点、新论断，在各教研室召开研讨会，在主体班学员中召开座谈会，引导大家深入讨论、深层次思考。选派入选市理论宣传专家库的3名副教授，参加省委宣传部组织的“学习贯彻党的十八届五中全会精神宣讲骨干培训班”。5名理论宣传专家配合市委宣传部组成宣讲团，深入市直和县区巡回宣讲16场（次），受众党员干部近3000人。（张璐璐）

【教学工作】 2015年，市委党校在教学布局上，坚持以中国特色社会主义理论体系为重点，突出党风、党纪、党性教育，充实理论教育和知识教育，加强执政能力培训特别是执行力的培训。在专题设置上，坚持密切关注，跟踪研究，着力把中央新政策新精神第一时间进课堂。任课教师根据专业实际确定研究方向，进行跟踪研究，在研究成果基础上形成教学专题。推出新专题12个，并对原有专题进行更新完善。在教学方式上，坚持学员自学与课堂讲授相结合，专题辅导与网络教学相结合，增加互动式案例教学，完善模拟法庭情景式教学。全年开设的模拟教学占总课程的7%，现场教学占3%，外请教学占10%，异地教学占22%。在教学手段上，“请

2015年12月11日，市委党校召开第五届“驻马店市经济社会发展”理论研讨会。

进来”与“走出去”相结合，聘请市委、市政府领导和省委党校的专家为兼职教授，扩大与职能局委的教学联系，加强专家库和专题库建设。注重发挥竹沟革命纪念馆和杨靖宇将军纪念馆教育基地作用，组织各主体班次开展党性教育，赴井冈山干部学院、复旦大学接受分段式教学。（张璐璐）

【科研工作】 2015年，市委党校以市情研究为重点，围绕市“十二五”规划纲要、市委市政府年度工作目标及经济社会发展的重点难点热点问题，组织12个课题调研组，深入县乡开展社会调查，形成一批调研成果。在此基础上，召开第五届市委党校“驻马店经济社会发展”理论研讨会，请专家对调研成果现场点评。举办全市党校系统“形势政策教育”理论研讨会，引导教研人员进一步认清国际国内新形势，把思想统一到中央和省委、市委的决策上来。全年，党校在省级报刊上发表理论文章37篇；结项2014年省哲学社会科学规划课题1项、省软科学研究计划项目1项、省社科联课题8项、省委党校课题8项、市社科规划课题16项；申报并立项省委党校课题10项、省社科联课题8项、市社科规划课题16项；结项市社科规划课题获一等奖2项，二等奖5项；获市社科规划优秀成果一等奖1项，二等奖4项；获全省党校系统第十届优秀科研成果一等奖2项，二等奖2项；获省、市各类征文活动一等奖2项，二等奖1项，优秀奖4项。（张璐璐）

【市委党校第五届“驻马店市经济社会发展”理论研讨会】 2015年12月11日，市委党校系统第五届“驻马店市经济社会发展”理论研讨会召开。市委、市人大、市政协、驻马店日报社等单位的专家应邀出席，并对调研成果进行了点评。3月以来，市委党校开展了广泛的社会调研活动。12个调研组由各学科带头人牵头，以研究市情为重点，深入县乡基层一线，围绕驻马店“三农”、民生、城市发展、社会管理、党的建设、社会保障等经济社会发展的重大理论和现实问题，进行多种形式的社会调查，形成了一批调研成果。研讨会上，调研组负责人对驻马店市农业产业化发展现状及对策研究、当前驻马店市党员干部思想状况、家庭农场发展问题、城乡基本公共服务均等化、人口老龄化等调研课题作了代表发言，阐明了课题的选题及形成过程，查找了原因，提出了解决问题的思路。（张璐璐）

精神文明建设

【“六文明”活动】 2015年，全市贯彻落实省委、省政府《开展“践行价值观、文明我先行”主题系列活动方案》文件精神，结合驻马店实际，以“六文明”和节俭养德为着力点，在全市营造“做文明人、办文明事”的良好氛围。一是深化文明服务活动，与“三严三实”主题教育实践活动紧密结合，倡导各级各单位开展争创“文明服务示范窗口、文明优质服务标兵”“青年文明号”等活动。二是深化文明执法活动，强化制度约束和监督，倡导文明执法。在全市政法系统开展“十大精品案件”“文明警察”“文明法官”等创评活动。三是深化文明经营活动，开展“文明诚信商户”“文明诚信市场”等创评工作，发布红黑榜，制作核心价值观和文明节俭等内容文明小台牌4万个、张贴画4万张，发放市区餐馆、副食门店、超市等。四是深化文明交通行动，开展“礼让斑马线”“排队等车”“寻找文明交通之星”活动，同时开展媒体曝光闯红灯、翻护栏不文明交通行为活动，强力推进文明交通行动进程。五是深化文明旅游活动，开展行前教育，倡导市民文明出行，评选“文明导游”“文明游客”。六是深化文明餐桌活动，在全市各级党政机关、学校、餐饮企业等场所深化“厉行节约、文明用餐”宣传教育，推动“光盘行动”，提高餐桌文明水平。深化节俭养德主题活动，开展“节约一滴水、一度电、一粒米、一张纸”教育活动，全市广大干部群众内心认同、积极践行，营造“节俭养德、节俭惜福”的氛围。（任　军　李　涛）

【文明城市创建】 2015年2月，驻马店市被中央文明委授予全国文明城市提名城市荣誉称号。市委、市政府提出争创全国文明城市的奋斗目标，动员全市上下全力以赴、全员创建。一是加大投入，完善城市功能。投资46.3亿元，完成市中心城区38条断头路打通、背街小巷改造等100余项重点城建项目。中心城区面积达到85平方千米，人口增至近70万。二是加强管理，全面优化城市环境。健全完善“两级政府、三级管理、四级网络”的城市管理格局。搞好中心城区净化绿化美化亮化，加强供水、供气、供暖等公用行业建设。开展第二个“市区环境综合整治百日会战”，推进城市管理精细化。三是夯实基础，注重城市细胞创建工作。开展文明县城、文明单位、文明行业、文明景区等创建活动，开展文明社区、文明小区、文明窗口、文明楼院、文明家庭、文明校园创评工作，城市细胞不断优化。四是全市动员，积极营造浓厚的创文氛围。建立创建全国文明城市工作机构和工作机制，召开动员会、推进会、专项工作会等会议，先后出台创文三年规划、2015年任务分解、环境设施窗口建设标准、公益广告和社会宣传方案、志愿服务集中行动等一系列文件。印制创文宣传手册5万本、彩页13万张，制作宣传围裙和手提袋13万只、张贴画7万张。开展“争创全国文明城市·做文明有礼的驻马店人”“践行价值观·文明我先行”等主题活动。五是扎实工作，积极推进创城任务落实。对照《全国文明城市测评体系》和《全国未成年人思想道德建设测评体系》，收集整理创建资料，按要求向中央文明办网报。分类型、分层面组织开展督导工作，建立领导约谈制度，使各项创文工作落到实处，以扎实的创建成效迎接了全国文明城市暗访测评。（任　军　李　涛）

【核心价值观宣传】 2015年，市委文明办积极倡导全市各级各单位学习、培育和践行核心价值观。加大以核心价值观为主要内容的公益广告宣传力度，在街道社区、广场公园、车站、学校等重点部位，进行大密度、广覆盖的宣传。发布大中型广告200余处，各类宣传橱窗、宣传栏和宣传牌2000余处，公益广告宣传墙和建筑围挡6.5万平方米。《驻马店日报》《天中晚报》全年刊发公益广告521版，驻马店

2015年10月15日，市委书记余学友（左二）、市委副书记、市长陈星（右一），市委副书记张宪中（左一），亲切会见赴京领奖载誉归来的第五届全国道德模范赵小参（中）和提名奖获得者张全收（右二），并合影留念。　弓华静 摄

广播电视台各频道播出公益广告5750分钟，发送公益手机短信460多万人次，各类户外电子显屏播放滚动字幕32000余条次。驻马店市推荐的《文明的感染力》《文明的日历》《讲文明树新风》3幅平面类公益广告作品，分获2015年全省“讲文明树新风”公益广告大赛一、二、三等奖。在全市开展社会主义核心价值观歌曲传唱和歌咏比赛活动。深化“我们的节日”主题活动，将核心价值观宣传教育融入春节、元宵、端午、中秋、重阳等传统节日。新建核心价值观主题街道（置地大道）、主题公园（置地公园）、主题广场（天中广场）、主题社区（民生社区）。

（任　军　李　涛）

【打造“好人之城”品牌】 2015年，全市深化“我推荐我评议身边好人”活动，开展孝老爱亲模范、美德少年和最美母亲、最美教师、最美护士、最美环卫工人等评选表彰活动。开展“道德讲堂”活动，全年举办2500余场，受众约22万人次。在全市开展大规模、多层面的送温暖献爱心、义务植树、无偿献血、扶弱助残、扶贫帮困、保护环境等道德实践活动，引导社会各界关心、支持和参与道德建设。在5月11日的全省精神文明建设工作表彰大会上，驻马店市作了《凝聚向善能量、打造好人之城》的书面经验交流。国庆期间，中央宣传部还将驻马店市作为全国践行社会主义核心价值观十个重点宣传典型之一，组织新华社、《人民日报》、中央电视台等数十家中央和省重点媒体和网站，在驻市进行采访。截至年底，驻马店市有全国道德模范1人（赵小参），提名奖2人（张全收、李国喜）。全省道德模范2人（刘桂花、付小粉），提名奖2人（张喜凤、吴叶）。荣登“中国好人榜”41人（2015年中国好人12人，好人365封面人物入选5人，均居全省第一位），荣登“河南好人榜”23人（2015年入选8人），郭小多等131人被授予“驻马店文明市民标兵”荣誉称号。

（任　军　李　涛）

【志愿服务】 2015年，市志愿者联合会推进志愿者注册登记和志愿服务记录工作，市区文明单位干部职工注册志愿者在95%以上。发挥党员在志愿服务中的模范带头作用，倡导机关、企业、社区、工厂的党员干部带头参与志愿服务。截至年底，全市有各类志愿者27万余人，有文明单位志愿者、青年志愿者、巾帼志愿者、党员志愿者、红十字志愿者，有助残、环保、科普、普法志愿者，还有天中义工联合会、驿心教育帮扶公益协会等各级各类志愿者团队，围绕“三关爱”，开展志愿服务活动。组织在社区、广场、公园、车站等重点部位新建一批文明使者志愿服务站，为群众提供便民服务。开展文明交通志愿引导、文明行为劝导、创文明城市宣传、清理“牛皮癣”小广告、关爱弱势群体等系列志愿服务集中行动，志愿服务正在成为驻马店推进文明进程中的一张“金色名片”。黄淮学院的“爱在阳光下·大手拉小手”关爱艾滋孤儿项目被评为全省优秀志愿服务项目。驿城区西园街道前王社区被评为全省优秀志愿服务社区。

（任　军　李　涛）

【农村精神文明建设】 2015年，市文明办、市委农办联合印发《关于推进“美丽乡村·文明家园”建设指导意见》，各县区结合实际，打造一批农村精神文明建设的亮点和典型。开展文明村镇、道德模范、身边好人、最美家庭、星级文明户、好婆媳、美德少年等评选表彰活动，全年选树各类先进典型6万余名，推荐赵小参、郭小多、魏芳作为河南省乡村好媳妇候选人。争取省里资金25万元建设的农村社会主义核心价值观文化墙宣传效果良好。长期坚持开展文化科技卫生“三下乡”、送欢乐下基层、“教你一招”等品牌活动。市开发区关王庙乡、正阳县真阳镇庞桥村、平舆县射桥镇单老村荣获第四届全国文明村镇称号。 （任 军 李 涛）

【未成年人思想道德建设】 2015年，全市开展“扫黄打非”和“六项集中整治”行动，整治违规经营网吧和黑网吧，打击涉及黄色、暴力、反动、邪教等内容的口袋书、卡通画和音像制品，开展净网行动，为未成年人健康成长营造良好的社会文化环境。大力培育和树立社会主义核心价值观，在全市未成年人中开展争做美德少年、中华经典诵读、清明祭英烈、“童心向党”歌咏比赛、向国旗敬礼等品牌道德教育活动，开展全市核心价值观童谣版、青少年版歌曲传唱和歌咏比赛活动。驻马店市学生张慕茜、侯承金荣获“河南省美德少年”称号。加强未成年人思想道德教育阵地建设，2015年共争取中央和省专项彩票公益金支持乡村学校少年宫15个项目300万元建设资金。西平县盆尧于营小学的《剪纸》获全省乡村学校少年宫案例优秀奖。 （任 军 李 涛）

中共驻马店市纪律检查委员会（驻马店市监察局）

纪检工作综述

【第三届驻马店市纪律检查委员会第五次全体会议】 2015年2月4日，中国共产党驻马店市第三届纪律检查委员会第五次全体会议召开。会议贯彻落实十八届中央纪委五次全会和九届省纪委五次全会、市委三届七次全会精神，回顾总结2014年党风廉政建设和反腐败工作，研究部署2015年任务。市委书记余学友出席会议并讲话。市委常委、市纪委书记张宪中代表市纪委常委会作了题为《坚持依法依规、持续加压发力、坚定不移推进党风廉政建设和反腐败斗争》的工作报告。会议经分组审议并通过了这个报告。会上，各县区委书记向市委递交了2015年度落实党风廉政建设党委主体责任目标保证书。 （高 超）

【落实“两个责任”】 2015年，全市各级党委、政府和纪检监察机关认真落实“两个责任”。一是加压增责。以“主体责任落实年”为主线，研究制定落实党风廉政建设“两个责任”一案双查、签字背书实施办法，组织部分县区和市直单位党组织负责人向市纪委全会述责述廉，不断传导压力，促进责任落实。二是机制促责。以遂平县为试点，探索建立落实主体责任“一方案三清单”制度，建立完善规章机制，推动主体责任履行具体化。以上蔡县为试点，创新推行县乡纪检监察工作协作区制度，破解乡镇纪委和县区直单位纪检组履行监督责任难到位问题。三是倒查追责。严格“一案双查”，对履行主体责任或监督责任不到位的领导干部，倒查责任，从严追责。市纪委严肃追究并通报了市中心血站、市质量技术监督检测中心等单位主要负责人落实主体责任不力的问题。 （高 超）

【作风建设】 2015年，全市加强作风建设。一是严明党的纪律。加强对党的纪律特别是政治纪律执行情况的监督检查，把检查政治纪律和政治规矩、组织纪律执行情况作为巡察的重要内容，突出发现问题，督促整改落实。二是纠正“四风”。全市共查处违反中央八项规定精神问题208起，党政纪处分195人。市纪委分17次对106起典型问题通报曝光。三是实施专项治理。部署开展严守政治纪律严明政治规矩、懒政怠政为官不为、督促涉医领域落实主体责任纠正损害群众利益突出问题、发生在群众身边的“四风”和腐败突出问题等专项治理工作，查处违规违纪行为271起，党政纪处分277人，移送司法机关16人。 （高 超）

【执纪审查工作】 2015年，纪检监察部门转变执纪审查方式，把纪律和规矩挺在前面，探索实践监督执纪“四种形态”。全市纪检监察机关共受理信访举报6351件（次），处置问题线索2906件，立案1472件，同比上升31.9%，其中县处级干部44件、乡科级干部280件，同比分别上升18.9%、5.7%；结案1455件，给予党政纪处分1691人，移送司法机关处理41人。市纪委立案查办了一批严重违纪违法案件。研究制定谈话和函询实施细则，加大谈话函询力度，让有反映的党员干部或说明情况、讲清问题，或认识错误、及时改正。全市纪检监察机关共谈话函询110件次。坚持“一案双报告”，推行“一案双书”，以案明纪、寓教于惩。加强执纪审理，快审快结案件，严格落实处分决定执行，做好申诉复查工作。全力推进追逃追赃工作，4名外逃人员全部追回，受到省纪委通报表扬。 （高 超）

【预防腐败工作】 2015年，纪检监察部门加强党风廉政建设宣传教育，突出宣传理想信念宗旨和党章党规党纪，组织宣讲廉洁自律准则和党纪处分条例，开展“清风天中·廉洁双节”主题廉政集中教育系列活动，引导党员干部坚持高线、守住底线。打造具有驻马店特色的廉政豫剧《陈蕃》，在全市进行巡演，并受邀进京汇报演出。开通官方微信“清风驻马店”，及时通报大要案和典型案件，回应社会关切，警示教育党员干部。在社会领域开展“反对贿赂·公平竞争”联盟活动、行业协会商会廉洁诚信建设暨理想信念教育实践活动，倡树清风正气，营造全社会反腐倡廉氛围。系统编制职权目录、绘制权力运行流程图、排查岗位权力风险、评定风险等级、制定防控措施，公开公示，接受监督。全市各县区和80个市直党政机关、18个人民团体事业单位全面推行廉政风险防控，共梳理排查廉政风险点30856个，制定风险防控措施42685条，重新修订并完善各项规章制度4369项。

（高　超）

【制度机制改革】 2015年，纪检监察部门一是围绕全面从严治党抓制度。推进“4+4+2”党建制度体系建设中市纪委承担的4项任务，严格落实基层党风政风监督检查和责任追究办法、严肃县级以上机关党员领导干部党内政治生活的若干规定、完善县级以上机关反腐倡廉制度的若干规定、全面从严治党监督检查问责机制暂行办法，扎紧制度“笼子”，推动落实全面从严治党。二是围绕纪检体制改革抓深化。完成市纪委机构调整，在保持内设机构、行政编制、领导职数总量不变情况下，把力量聚焦到监督执纪问责上。出台县区纪委书记、副书记和市纪委派驻纪检组长、副组长提名考察办法，强化上级纪委对下级纪委的领导。三是围绕强化派驻监督抓探索。制定出台《关于加强市纪委派驻机构建设的意见》，实行纪检监察室联系派驻机构和市直单位制度，并建立派驻机构请示报告、协调联动、监督检查、责任追究等制度，推进派驻机构积极作为、履职尽责。（高　超）

巡察巡视工作

【组建巡察机构和队伍】 2015年，是驻马店市巡察工作的开局之年。市委成立巡察机构，组建巡察队伍，高标准做好开局起步工作。一是选优配强。制定下发了《关于建立市县党委巡察制度的实施意见》，成立市委巡察工作领导小组，设立巡察工作领导小组办公室和5个巡察组，核定行政编制38名。择优配备巡察办主任1名、副主任1名，选配兼职巡察组组长5名、副组长5名，从全市纪检、组织等部门公开遴选23名工作人员充实到巡察办和各巡察组。10个县区共组建巡察办10个、巡察组37个、选配人员265人。县区巡察办主任、副主任除驿城区未下文外，其余全部到位；巡察组组长、副组长专兼结合，均已到位；部分县区已经完成工作人员遴选工作，其余县区正在组织公开遴选。县区巡察机构办公设施均已配置到位，保障了巡察工作开展。二是提升能力。市委巡察办组织举办2期巡察干部培训班，各县区巡察办主任、副主任，巡察组组长、副组长及市委巡察机构150余人参加培训。组织学习中央和省委关于巡视巡察工作的新部署、新要求，重点培训开展巡察工作的目的意义、组织构架、职责权限、方式方法、工作流程、相关业务知识和纪律要求等内容。三是严明纪律。制定《市委巡察机构工作人员“十条禁令”》等相关制度，要求巡察干部用严明的纪律管住自己，特别要严守3条底线：决不允许接受任何形式的宴请，决不允许收受任何形式的馈赠，决不允许泄露任何工作秘密，树立巡察干部忠诚、干净、担当的良好形象。四是储备人才。根据市委《关于建立市县党委巡察制度的实施意见》精神，从市财政局、审计局、国土资源局、城乡规划局、检察院和公安局等有关系统和单位推选101名优秀工作人员，组成巡察工作人才库，实行动态管理，确保巡察人员的专业化和权威性。（高　超）

【巡察工作】 根据市委安排，2015年全市共开展2轮巡察。5个巡察组坚持问题导向，紧扣“六大纪律”，围绕“四个着力”，分别对驿城区等7个县区和市卫计委等3个市直单位进行集中巡察。2轮巡察共受理举报4750件，其中纪检监察类2330件。巡察组共批转被巡察县区、单位举报件3606件，其中纪检监察类1464件。市委巡察办移交市纪委问题线索212件，移交市委组织部问题线索7件。一是注重舆论宣传。市委巡察办统一在市级媒体发布巡察公告，将各巡察组进驻信息和举报方式在《驻马店日报》、《天中晚报》、“清风驻马店”微信公众号上连续20天刊载，在驻马店电视台、驻马店广播电台连续20天滚动播放、播报，发送巡察工作短信，方便群众举报和监督。二是拓展举报渠道。各巡察组通过设立巡察信访接待窗口、举报箱和短信受理手机号，公布巡察举报电话、电子邮箱和邮政信箱等形式，拓展群众信访平台、畅通举报渠道。三是强化信息公开。巡察组进驻巡察单位动员会、巡察反馈意见、巡察问题整改落实情况等都及时在官方媒体上公布，积极回应群众关切，接受公众监督。四是着力发现问题。在分层次谈话、听取汇报、查阅资料、发现问题线索的基础上，通过调阅纪检监察、司法等部门已办理的党员干部违纪违法案卷，查找未移交的线索；通过调阅近3年来的审计报告、审计底稿，查找“三公”经费超支、违规公款接待、公款旅游、基层财务管理混乱等违反中央八项规定精神的问题；通过调阅行政执法部门项目审批卷宗，发现不作为、慢作为、乱作为问题；通过提审在押和“两规”人员，进一步挖掘有效线索。五是坚持边巡边改。巡察组坚持举报件快转、快批、快办，对于能够立行立改的，向被巡察单位批转，限期办理。同时，巡察组坚持下沉一级，开展延伸巡察，查找突出问题，督促整改落实，扩大巡察工作效果。（高　超）

【巡察问题整改】 2015年8月21日，市委“五人小组”听取首轮巡察工作汇报，市委书记余学友就做好巡察问题整改、用好巡察成果明确提出要立案查处一批、诫勉谈话一批、专项治理一批、组织处理和调整一批、建章立制一批“五个一批”的要求。一是抓好线索审查。对于市委巡察组移交的问题线索，市纪委实行“三个一”工作方法，即明确1名案件分管领导具体抓、确定1个纪检监察室主办、选择1个相应的协作区配合，集中人员，集中时间，认真开展审查，确保3个月内查结。各县区纪委和市直单位纪检组对于巡察交办的问题线索，集中人员、精力，优先办理。截至2016年1月18日，2轮巡察共立案243起，党政纪处分124人，移交司法机关12人。其中处级干部立案11起11人，党政纪处分5人，移交司法机关4人；科级干部立案46起51人，党政纪处分25人，移交司法机关2人。依据巡察中发现的问题线索，诫勉谈话126人，组织调整111人。二是抓好专项治理。针对巡察中发现的突出问题，向市委、市政府、市纪委、市委组织部提出专项治理、专项检查等12项建议，向被巡察单位提出 179 项意见建议。各有关部门积极行动，采取有效措施，开展专项整治，解决了一大批突出问题。市委组织对市管干部档案进行专项审核，已完成 1526 卷市管干部档案初审复审工作。市财政局开展基层财经纪律调查研究，从落实公务卡制度等方面入手，严肃基层财经纪律。全市开展各项专项治理 157 个，专项整治问题 1101 个。三是抓好建章立制。结合巡察发现问题情况，建议 10 个被巡察单位开展 60 多项建章立制工作，已建章立制 138 个，切实把巡察成果运用到解决问题、建立长效机制上。四是开展回访。12 月 18 日 ~ 23 日，市委 5 个巡察组分别对首轮 5 个被巡察单位进行了回访，紧盯要求整改的主要问题和要求办理的问题线索，听取巡察整改情况工作汇报和相关专题汇报，调阅文档资料，走访基层单位，开展个别谈话，认真对账、逐项核实、据实销号，有效推动了整改落实。（高 超）

【配合省委巡视组巡视】 2015 年 10 月 12 日至 11 月 15 日，省委巡视组集中开展对 50 个县的专项巡视，驻市第三巡察组整建制抽调郑州市参与省委巡视工作。省委第八巡视组 4 个分组对驻市遂平、汝南、正阳、确山 4 个县进行了为期 1 个月的专项巡视。市委巡察办全力做好省委第八巡视组在驻马店期间各项联络工作。一是加强协调联络。市纪委选派业务素质强、经验丰富的 5 名人员作为省 5 个巡视分组的联络员（含新蔡县），负责做好协调、服务、联络工作。二是做好信息传达。一方面，把省委第八巡视组的规定、要求，及时向 4 个县委汇报、沟通，使其及时掌握、快速落实；另一方面，将 4 个县委对巡视工作的建议和疑问及时报告给省委第八巡视组，请巡视组给予答疑解惑，保持信息渠道畅通，促进巡视工作有序开展。三是督导整改落实。省委巡视组反馈意见后，市委 4 个巡察组建立了周报制度，定期汇总上报巡视反馈问题整改落实情况，配合省委巡视组做好反馈问题整改落实督导工作。（高 超）

驻马店市人民代表大会

市人大常委会工作综述

【市人大常委会工作概况】 2015 年，驻马店市人大常委会忠实履行宪法法律赋予的职责，各项工作取得新进展。

推动市委重大决策部署落实。一是促进稳增长保态势。常委会听取审议上半年国民经济和社会发展计划执行情况报告，并围绕项目建设、产业集聚区、城市建设与管理等开展调研，深入分析新常态下经济运行的状况和问题，提出要不断适应新常态，积极对接国家发展战略和用好有关政策，落实省委提出的“四个一”工作要求，加大投资力度，加快培育新的经济增长动力等意见建议。市政府认真研究常委会审议意见，从保持工业稳定增长、着力抓好项目建设、强力推进开放招商、加快推进服务业发展、统筹推进新型城镇化等 8 个方面强化工作措施，共同促进全市在逆境中实现经济稳定增长，在变局中赢得发展优势。二是推进人大工作改革。修订人大常委会讨论决定重大事项规定，规范重大事项决定权的行使，促进决策的民主化、科学化、法制化；落实国家工作人员宪法宣誓制度，对市各级人大及其常委会选举或者任命的国家工作人员就职时向宪法宣誓作出规定；启动代表履职网络平台建设工作，推动代表履职信息化建设；贯彻中央和省委关于加强县乡人大工作和建设精神，开展调查研究，提出意见建议，为市委出台相关文件做好前期准备工作。三是推进全面依法治市。常委会相继完成立法机构设置、人员编制报批、省人大调研评估等前期工作，驻马店市被省人大常委会确定为全省第一批拥有地方立法权的市。常委会开展立法调研，广泛征求意见，从征集到的立法建议项目中，筛选出城乡建设与管理、环境保护、历史文化保护等方面的项目 32 项，建立驻马店市立法项目库。2015 年，对市政府和县区人大常委会报送的 93 份备案文件进行审查，向省人大常委会报送备案文件 7 件。做好人事任免工作，全年共任免国家机关工作人员 56 人次。配合全国人大、省人大立法调研工作，结合驻马店市实际，对《中华人民共和国大气污染防治法》《中华人民共和国境外非政府组织境内活动管理法》《中华人民共和国国家安全法》《中华人民共和国种子法》《中华人民共和国水土保持法》和《河南省辐射污染防治条例》《河南省立法条例》《河南省气象灾害评估条例》《河南省高标准良田保护条例》《河南省黄河防汛条例》10 部法律法规修订草案提出修改意见建议。

监督工作。一是监督促进财政资金效益提升。2015 年是新《中华人民共和国预算法》实施的第一年，常委会开展预决算全过程审查监督，听取审议决算、预算执行及审计工作报告，审查批准 2014 年市级财政决算和 2015 年市级预算调整方案、政府债务限额调整方案，督促市政府及其职能部门细化预算编制，加强预算管理，严格预算执行，做到先预算、后支出，先批准、后执行，严肃整改审计查出的问题，促进财政资金安全高效使用。加强国有资产监督管理，听取审议市政府关于国有资产监督管理专项工作报告，要求高度重视国有资产有效监管，将尚未纳入监管的市属企事业单位国有资产全部纳入监管范围，确保国有资产不流失。二是监督促进热点民生问题解决。常委会及时回应人民群众对饮水安全问题的关切，组织代表对板桥水库饮用水源地和市区供水企业进行视察调研，提出加大防治污染力度、加快第二水源地建设、加强对供水企业的监管等建议。常委会对产品质量法贯彻实施情况开展执法检查，针对检查中发现的产品质量问题，督促政府高度重视产品质量工作，加大监管力度，打击违法行为，保护群众权益，实施品牌战略，在全市培育“质量兴市、质量兴企”精神。深入推进“天中环保世纪行”活动，以“贯彻环保法律，聚焦水气土壤，建设生态天中”为主题，运用法律监督、行政监督、舆论监督和社会监督，推动解决一批影响生态环境的问题。根据省人大常委会的部署，对食品安全工作开展省市县三级联动监督，推动政府健全食品安全保障体系，确保人民群众“舌尖上的安全”。对全市高中教育、法律援助、物业管理、清真食品管理、贯彻

2015年4月17日上午，驻马店市第三届人民代表大会第六次会议在市会展中心隆重开幕。　郭绪明 摄

实施森林法等民生社会问题进行专题调研，形成调研报告，提出具体建议，转交政府研究处理。配合省人大常委会对《中华人民共和国非物质文化遗产法》《中华人民共和国残疾人保障法》《中华人民共和国民办教育促进法》《中华人民共和国水污染防治法》等贯彻实施情况开展执法检查，对建设现代农业和粮食安全问题、粮油产业发展和"美丽乡村"建设情况进行专题调研。三是监督促进司法公平公正。常委会听取审议市中级人民法院关于行政审判工作专项报告，督促审判机关进一步畅通行政案件立案渠道，完善行政审判工作机制，坚持保护行政相对人合法权益与支持监督行政机关依法行政并重，着力化解各类行政矛盾纠纷。听取审议市人民检察院反渎职侵权工作报告，要求进一步加大对渎职侵权犯罪的查处力度，严厉打击滥用职权、徇私舞弊、不作为、乱作为等侵害群众切身利益的违法行为。全年共接待处理群众来信来访 1005 件次，督办重要信访事项 36 件。四是拓展监督形式增强监督实效。首次开展专题询问，常委会听取审议了市政府关于中心城区城市管理专项工作报告，并就此项工作开展询问。市人大常委会制定了《专题询问实施办法》，成立专题询问工作小组，开展调查研究，全面掌握相关情况。市人大常委会各相关委室分工合作，密切配合。市政府及相关部门深入查摆存在问题，仔细研究解决对策，如实回答现场询问，并根据会议意见和询问要求，认真进行整改。继续开展工作评议，常委会组织开展对市交通运输局、水利局、农业局、林业局、审计局、国资委、统计局、旅游局、粮食局、安监局等 10 个单位的工作评议，推动解决一批人大代表和基层群众反映比较集中的问题。

代表依法履行职责。一是密切同人大代表的联系。落实常委会领导接待代表制度，改进方式方法，变代表"上访"为领导"下访"，常委会主任、副主任深入基层，走访联系代表，倾听意见建议。全年常委会领导共联系代表 8 批 82 人次，对代表提出的 25 件意见建议，转交有关部门办理落实。畅通代表反映社情民意的渠道，拓展代表对常委会工作参与的广度和深度，全年共安排 83 名人大代表列席常委会会议，推荐代表参加市"一府两院"及有关部门的活动。二是丰富闭会期间代表活动。邀请代表参加视察、执法检查、专题调研等活动，组织全国、省、市人大代表专题调研和集中视察，持续推进市人大代表异地视察，让代表调研了解经济社会发展情况，扩大代表知情权，密切代表同人民群众的联系。组织基层人大代表参加省人大常委会组织的集中培训，邀请全国人大、省人大有关领导和专家，举办《中华人民共和国立法法》、人大业务知识等专题讲座。开展"代表之家"建设活动，由点到面，注重发挥载体平台作用。开展代表小组活动，丰富代表履职形式、提升履职实效。三是加强代表建议督办工作。三届人大六次会议上代表共提建议、批评和意见 241 件，在法定时限内全部办理完毕并答复代表。选取关注关爱"失独"家庭、加强城市交通秩序管理、加大产粮大县财政补贴、改造提升驻马店市区城市出入口形象等 14 件建议重点督办，加大督促检查和跟踪问效力度，促进解决一些实际问题。

（郭　爽）

2015年5月8日，市人大常委会主任杨喜廷（右二）陪同全国人大常委会委员、全国人大常委会农业与农村委员会主任委员陈建国（中）到遂平、确山等地就高标准良田建设情况进行实地调研。

【政府系统办结市人大代表建议情况】 2015年，市人大交给政府系统承办人大代表建议209件，重点建议14件，均按要求办毕并逐件答复代表，按时办结率、面商率均100%。从收到的征询意见表反馈情况看，市人大代表对政府系统办理工作的满意和基本满意率为99.5%。市三届人大六次会议期间，市人大代表围绕推进"四个驻马店"建设进程、加快经济发展方式转变、全面建成小康社会以及改善民生等方面，提出241件有情况、有分析、有价值的建议，其中市人大交给政府系统承办代表建议209件，重点建议14件。这些建议从涉及内容分类情况看，三农类31件，占14.8%；工交类35件，占16.7%；教科文卫、旅游类44件，占21.1%；城建、国土、环保、人防类42件，占20.1%；财经、商务类21件，占10%；人劳、宗教类10件，占4.8%；公安、司法类22件，占10.5%；政务综合类4件，占1.9%。从办理结果分类统计情况看，建议所涉及问题已解决或基本解决的（A类）122件，占总数的58.4%；部分解决或列入计划解决的（B类）73件，占总数的34.9%；涉及问题因现行政策、当前条件限制或其他原因暂时不能解决，留作参考的（C类）14件，占总数的6.7%。 （郭 爽）

重要会议

【市三届人大第六次会议】 2015年4月17日～20日，驻马店市第三届人民代表大会第六次会议举行。依法选举陈星为市人民政府市长，选举吴文立为市人民检察院检察长，选举马书清、刘点金、陈文启、武超伟、熊保鸿5人为市三届人大常委会委员。会议表决通过了关于《政府工作报告》的决议、关于《驻马店市2014年国民经济和社会发展计划执行情况与2015年计划的报告》的决议、关于《驻马店市2014年财政预算执行情况和2015年财政预算的报告》的决议、关于《驻马店市人大常委会工作报告》的决议、关于《驻马店市中级人民法院工作报告》的决议、关于《驻马店市人民检察院工作报告》的决议。 （郭 爽）

【市三届人大常委会第二十一次会议】 2015年3月18日，驻马店市第三届人民代表大会常务委员会第二十一次会议举行。会议听取市人大常委会主任会议关于人事任免议案的说明；听取拟任命人员代表表态发言；表决通过市三届人大六次会议常委会工作报告稿；表决通过市人大常委会关于接

受李庆照辞去驻马店市人民检察院检察长职务的决定草案；表决通过人事任免议案。（郭　爽）

【市三届人大常委会第二十二次会议】 2015年4月2日，驻马店市第三届人大常委员会第二十二次会议举行。会议听取市人大常委会代表资格审查委员会关于市三届人大代表变动情况的说明及资格审查的报告（书面）；审议并表决通过市人大常委会关于召开驻马店市第三届人民代表大会第六次会议的决定；审议并表决通过市三届人大六次会议有关名单；审议并表决通过市人大常委会关于接受武国定辞去驻马店市人民政府市长职务的决定。（郭　爽）

【市三届人大常委会第二十三次会议】 2015年4月29日，驻马店市第三届人民代表大会常务委员会第二十三次会议举行。会议审议并表决通过了市政府关于国有资产监督管理专项工作报告。（郭　爽）

【市三届人大常委会第二十四次会议】 2015年6月25日，驻马店市第三届人民代表大会常务委员会第二十四次会议举行。会议审议通过市人大常委会关于《驻马店市人民代表大会常务委员会讨论、决定重大事项的规定》的决定，审议通过市中级人民法院行政审判专项工作报告，分别审议通过了市交通局、市水利局、市农业局、市林业局、市审计局、市国资委、市统计局、市旅游局、市粮食局、市安监局2014年工作报告，审议通过了有关人事任免议案。（郭　爽）

【市三届人大常委会第二十五次会议】 2015年7月22日，驻马店市第三届人民代表大会常务委员会第二十五次会议举行。会议审议并表决通过了关于接受景照辉辞去河南省第十二届人民代表大会代表职务的决议。（郭　爽）

【市三届人大常委会第二十六次会议】 2015年8月25日～26日，驻马店市第三届人民代表大会常务委员会第二十六次会议举行。会议审议通过市政府关于驻马店市2015年上半年国民经济和社会发展计划执行情况的报告、关于2014年市级财政决算和2015年上半年财政预算执行情况的报告、关于2014年市级财政预算执行和其他财政收支审计工作情况的报告；审查批准2014年市级财政决算和2015年市本级预算调整方案；审议通过市人大常委会关于检查《中华人民共和国产品质量法》和《河南省产品质量监督管理条例》贯彻实施情况的报告；审议通过市人大常委会关于许可对市三届人大代表艾奇采取拘留强制措施的决定；审议通过关于接受年大明辞去河南省第十二届人民代表大会代表职务的决议；审议通过人事任免议案。（郭　爽）

【市三届人大常委会第二十七次会议】 2015年10月29日～30日，驻马店市第三届人民代表大会常务委员会第二十七次会议举行。会议表决通过市政府关于市三届人大六次会议代表所提建议、批评和意见办理情况的报告、关于中心城区城市管理专项工作报告；表决通过市检察院反渎职侵权专项工作报告；表决通过市政府办公室《关于关注关爱“失独”家庭的建议》办理情况的报告、《关于加强城市交通秩

2015年6月9日～10日，河南省人大常委会环资委副主任委员彭德胜、邵良等率领省人大常委会执法检查组到驻，检查水污染防治法贯彻实施情况和饮用水水源地保护工作开展情况。

2015年12月8日~9日，驻豫全国人大代表第三视察组到驻，就经济社会和现代农业发展及“一府两院”依法行政、公正司法情况进行集中视察。

序管理的建议》办理情况的报告；表决通过市公安局《关于电动车、燃油助力车交通安全问题的建议》办理情况的报告；表决通过市发改委《关于强化推广销售国四标准柴油和乙醇汽油销售实行封闭管理的建议》办理情况的报告；表决通过市教体局《关于减轻中学生课余作业，促进身心健康发展的建议》办理情况的报告；表决通过市财政局《关于地方政府建立普通高中正常运转的建议》办理情况的报告、《关于加强对农村粮食直补资金监管的建议》办理情况的报告、《关于加大产粮大县财政补贴的建议》办理情况的报告；表决通过市农业局《关于扶持新型农业生产经营组织发展的建议》办理情况的报告；表决通过市国土局《关于切实做好中心城区永久基本农田划定工作的建议》办理情况的报告；表决通过市民族宗教委《关于农村“宗教”信仰问题的建议》办理情况的报告；表决通过市住建局《关于尽快打通我市工业长廊的建议》办理情况的报告、《关于改造提升驻马店市区城市出入口形象的建议》办理情况的报告；表决通过市住房管理中心《关于规范物业管理营造和谐宜居天中社区的建议》办理情况的报告；表决通过人事任免议案。 （郭 爽）

代表视察督察

【驻鹤壁市省人大代表到驻进行异地视察】 2015年11月27日～28日，驻鹤壁市省人大代表视察组莅临驻马店市，就产业集聚区发展及项目建设进行异地视察。省人大代表、鹤壁市委书记范修芳、鹤壁市委副书记费银普、鹤壁市人大常委会主任桂玉强，鹤壁市人大常委会副主任聂玺、邢涛、李玉家参加视察活动。驻马店市领导余学友、陈星、张宪中、杨喜廷、乔登华、王素平、张丽彩陪同视察。 （郭 爽）

【驻豫全国人大代表第三视察组到驻视察】 2015年12月8日～9日，驻豫全国人大代表第三视察组到驻马店市，就经济社会和现代农业发展及“一府两院”依法行政、公正司法情况进行集中视察。全国人大代表谢旭人、王鹏杰、郑永扣、毛杰、朱正栩、乔彬、任秀荣、刘文新、许为钢、李琦、李勤、张全收、徐德全、游吟歌等参加视察活动。视察组一行先后深入大程食品科技、王守义十三香调味品公司，泌阳县打磨山农业合作社、双庙养牛场、夏南牛科技公司、恒都食品公司，市电子商务产业园进行实地视察指导并召开座谈会。 （郭 爽）

【市人大常委会主任接待日活动】 2015年5月12日，市人大常委会主任杨喜廷带领市人大常委会机关有关负责人，赴上蔡县参加接待代表日活动。杨喜廷一行了解上蔡县招商引资项目建设、企业生产经营、新型城镇化建设等方面的情况，听取干部群众呼声和建议。他希望各位代表继续努力，真正把“人民选我当代表，我当代表为人民”落到实处。

6月9日，市人大常委会副主任张杰带领市人大选工委负责人到遂平县，和来自基层的市人大代表进行面对面交流。座谈会上，市三届人大代表遂平团第三小组的14位人大代表结合自身企业的发展实际发言，并围绕如何开展代表小组活动和履行代表职责提出合理化建议。

7月7日，市人大常委会副主任张德轩一行到汝南县，和来自基层的市人大代表进行面对面交流。张德轩一行先后到河南立马新能源产业园和河南绿佳车业有限公司进行参观考察，随后召开座谈会。

8月13日，市人大常委会副主任乔登华带领市人大常委会选工委、民侨外工委、预算委的负责人到泌阳县，举行市人大常委会主任接待日活动。座谈会上，泌阳县财贸系统的18位市人大代表，围绕如何开展代表小组活动和履行代表职责提出合理化意见、建议。

9月9日，市人大常委会副主任王素平到平舆县开展市人大常委会主任接待日活动。王素平一行首先到平舆县人民医院，了解医院的发展情况和救助特困群体工作情况。教师节即将来临，王素平一行到平舆三高看望一线教师、参观学生餐厅、了解学校心理咨询室建设情况和学生心理卫生健康教育情况。

10月9日，市人大常委会副主任崔允成带领市人大农工委和财经工委负责人到驿城区，和来自基层的市人大代表进行面对面交流。代表们反映了土地流转、风力发电、农田灌溉、生态旅游、老城区改造等方面存在的问题，并提出建设性的意见和建议。

11月9日，市人大常委会副主任张丽彩与来自西平县、确山县、汝南县的9名基层人大代表进行交流。代表们反映了环境保护、土地流转、道路交通、关注空巢老人、补贴种粮大户以及加快竹沟镇发展等方面存在的问题，并提出建设性的意见和建议。（郭　爽）

【市人大常委会对市交通局等10个单位开展工作评议】2015年5月初到6月末，市人大常委会集中2个月的时间对市交通运输局、水利局、农业局、林业局、审计局、国资委、统计局、旅游局、粮食局、安监局10个政府组成部门开展工作评议。评议分为评议准备、评议调查和开展评议3个阶段。市人大常委会成立评议工作领导小组，下设办公室，成立10个评议调查组。通过收集意见、交换意见、自查自评、落实整改等方式开展工作。5月7日，召开工作评议动员会，市人大常委会主任杨喜廷在会上就如何做好评议工作提出要求。会后，评议方案、被评议单位表态发言和服务承诺等在报纸上公开，接受社会监督。市人大常委会先后召开3次主任会议，研究制订方案、听取调查组汇报和被评议单位工作报告。整个评议活动共召开动员会、座谈会54次，发放征求意见表2100份，征求意见建议121条。6月26日，市三届人大常委会第24次会议审议通过了10个单位的工作报告。（郭　爽）

【市人大常委会调研全市法院行政审判工作】2015年5月25日，市人大常委会副主任张德轩带领调研组到市中级人民法院调研行政审判工作。调研组旁听了一个行政案件的开庭审理，召开了汇报座谈会。市中级人民法院院长苗建勇参加汇报座谈会。之前，调研组深入泌阳、正阳等县对全市法院的行政审判工作进行了调研。（郭　爽）

【市人大常委会视察市区交通】2015年8月18日，市人大常委会副主任张德轩带领市政府督察室、市运管局、市公安局、市住建局、市城乡规划局等部门负责人，对市区的交通拥堵情况进行视察。视察组一行实地视察后，召开了座谈会，向参与视察的人员征集治理市区交通拥堵的意见和建议。（郭　爽）

【市人大常委会调研反渎职侵权工作】2015年9月15日～17日，市人大常委会副主任张德轩带领调研组，在市人民检察院有关负责人的陪同下，先后到确山县、上蔡县、市人民检察院进行全市检察院反渎职侵权工作调研。市人民检察院检察长吴文立出席调研座谈会。（郭　爽）

【市人大常委会调研市中心城区城市管理工作】2015年9月21日，市人大常委会副主任张丽彩带领市“六城联创”指挥部办公室、驿城区、开发区、市产业集聚区以及市住建局、市规划局等单位相关负责人一行，对市中心城区夜市烧烤摊点整治情况和市中心城区管理工作情况进行视察并召开座谈会。张丽彩就市中心城区夜市烧烤摊点整治情况和市中心城区管理工作情况提出了意见和建议。（郭　爽）

【市人大常委会关注饮用水安全问题】2015年9月23日，市人大常委会副主任张丽彩与市住建局、市环保局、市水利局主要负责人一起，视察一水厂、二水厂及市区自来水管网建设管理情况、板桥水库入库河流的水质情况。（郭　爽）

【市人大常委会首次开展城市管理专题询问】2015年10月30日，市三届人大常委会第二十七次会议举行联组会议，就市中心城区城市管理工作进行专题询问。市人大常委会委员与有关单位的负责人围绕城市建设管理中存在的问题，进行面对面交流。这是人大监督工作的一次创新之举，是驻马店建市以来，市人大常委会首次采用专题询问的方式对政府工作进行监督。会上，11名市人大常委会委员提出与市民生活息息相关的问题，市城乡规划局、市公安局、市交通运输局、市住建局、市环保局、市食品药品监督管理局、市住房管理中心、市工商局的主要负责人一一作答，分管城建工作的副市长王明威全程听取询问。（郭　爽）

【市人大代表“把脉”高中教育】2015年11月19日～20日，部分市人大代表对市区高中教育基本情况进行调研，为“十三五”期间普及高中教育打基础。市人大常委会副主任王素平，市政协副主席苗炳启参加调研。调研组一行先后到市一高、市二中北校区、驻马店高中实地察看，采取发放调查问卷、召开座谈会的形式，对市高中教育的现状、高中教育存在的问题、解决问题的对策和建议以及下一步普及高中

教育的措施等内容进行广泛调研。随后，调研组邀请部分市人大代表、高中校长、中学校长以及市直部门负责人进行座谈。（郭　爽）

【市人大常委会再次督办市殡仪馆项目建设】 2015 年 12 月 29 日，市人大常委会副主任张德轩主持召开市殡仪馆项目建设推进会，对该项目进展再次督导。市区缺少殡葬服务基础设施，无法满足市区居民基本殡葬服务的需求，引起省、市人大代表的高度关注，加快市殡仪馆项目建设提案被列为市三届人大一号提案。会上，市发改委、市财政局、市环保局、市国土局、市住建局、市林业局等单位负责人汇报了建设情况。（郭　爽）

驻马店市人民政府

市政府工作综述

【政府工作完成情况】 2015 年，全市上下按照市委的决策部署，围绕“推发展、促改革、保稳定、抓党建、惠民生”5 项重点工作，做强载体、做大产业、做实项目、做好招商、做优环境，经济社会发展保持良好态势，完成市三届人大六次会议确定的目标任务。全市生产总值增长 8.9%；规模以上工业增加值增长 9.2%；固定资产投资增长 19.4%，居全省第二；社会消费品零售总额增长 13.3%，居全省第一；一般公共预算收入增长 12.1%；城镇居民人均可支配收入、农村居民人均可支配收入分别增长 8.7% 和 10%，主要经济指标增速均高于全省平均水平。（周　威　刘　学）

【市政府全体会议】 2015 年 4 月 19 日，市政府召开全体会议。会议主题是：动员全市政府系统认真落实市委“抓落实年”活动要求，狠抓工作落实，确保《政府工作报告》确定的全年各项工作目标任务的圆满完成。会议就做好今年的政府工作，提出明确要求，一要抓好项目建设，二要抓好经济运行，三要抓好招商引资，四要抓好载体建设，五要抓好改革创新，六要抓好安全生产和社会稳定。会议强调，要提高抓落实的成效，切实加强政府自身建设，一要建设法治政府，二要建设廉洁政府，三要建设创新型政府，四要建设担当型政府，五要建设勤奋型政府，六要建设高效型政府。（周　威　刘　学）

【市政府常务会议】 2015 年 1 月 4 日，市长武国定主持召开市政府第七十一次常务会议。副市长陈星、张昕、戚存杰、冯玉梅、李国胜、杜中强、王明威及市监察局局长王志华出席会议，驻马店军分区司令员万丽华、市人大常委会副主任张杰、市政协副主席刘汝生应邀出席会议，市政府各位副秘书长和市直有关单位负责人员参加会议。会议听取了《新型城镇化规划（2014—2020 年）》《都市生态农业发展三年行动计划》和《进一步深化市属国有企业改革若干问题的意见》制定情况汇报。

1 月 19 日，市长武国定主持召开市政府第七十二次常务会议。副市长陈星、张昕、戚存杰、冯玉梅、李国胜、杜中强、王明威出席会议，市人大常委会副主任张杰、市政协副主席刘汝生应邀出席会议，市政府各位副秘书长和市直有关单位及驿城区、开发区、市产业集聚区主要负责人员列席会议。会议听取了中心城区重点城建项目、2014 年度市长质量奖、财税体制改革等情况汇报。

2 月 9 日，市长武国定主持召开市政府第七十三次常务会议。副市长陈星、张昕、戚存杰、冯玉梅、李国胜、王明威和市政府党组成员黄卫华、市监察局局长王志华出席会议，市政协副主席刘汝生应邀出席会议，市政府各位副秘书长和市直有关单位及驿城区、经济开发区、市产业集聚区主要负责人员列席会议。会议听取了中心城区惠民实事筛选情况汇报。

2 月 28 日，市长武国定主持召开市政府第七十四次常务会议。副市长陈星、张昕、冯玉梅、李国胜、杜中强、王明威及市监察局局长王志华、市政府党组成员黄卫华出席会议，市人大常委会副主任张丽彩、市政协副主席刘汝生应邀出席会议，市政府各位副秘书长和市直有关单位的负责人员列席会议。会议传达了全省科技工作会议精神，听取了市第二届运动会暨首届全民健身大会筹备情况汇报。

3 月 14 日，市长武国定主持召开市政府第七十五次常务会议。副市长陈星、张昕、戚存杰、冯玉梅、李国胜、杜中强、王明威及市监察局局长王志华、市政府党组成员黄卫华出席会议，驻马店军分区司令员万丽华、市政协副主席谢凤鸣应邀出席会议，市政府各位副秘书长和市直有关单位的负责人员列席会议。会议听取了关于《2015 年政府工作报告》《驻马店市 2014 年国民经济和社会发展计划执行情况与 2015 年国民经济和社会发展计划（草案）》《驻马店市 2014 年财政预算执行情况和 2015 年财政预算（草案）》起草情况汇报。

3 月 31 日，市委常委、常务副市长陈星主持召开市政府第七十六次常务会议。副市长张昕、戚存杰、杜中强、王明威及市政府秘书长黄卫华、市监察局局长王志华出席会议，市人大常委会副主任、市总工会主席张丽彩、市政协副主席刘汝生应邀出席会议，市政府各位副秘书长和市直有关单位的负责人员列席会议。会议听取了关于推荐全国劳模候选人的情况汇报，并进行研究。

4 月 20 日，市长陈星主持召开市政府第七十七次常务会议。副市长张昕、戚存杰、冯玉梅、李国胜、杜中强、王明威及市政府秘书长黄卫华、市监察局局长王志华出席会议，市人大常委会副主任张杰、市政协副主席谢凤鸣应邀出席会议，市政府各位副秘书长和市直有关单位负责人员列席会议。会议听取了《2015 年政府工作报告》分解、市政府近期重点工作、全市扶贫开发工作会议筹备情况汇报，传达了全省农村土地承包经营权确权登记颁证工作电视电话会议精神，并就贯彻落实问题进行研究。

5 月 8 日，市长陈星主持召开市政府第七十八次常务会

2015年8月24日，驻马店市人民政府与郑州航空港经济综合试验区多领域战略合作框架协议签字仪式在郑州举行。

刘华山 摄

议。副市长张昕、冯玉梅、李国胜、杜中强及市政府秘书长黄卫华出席会议，驻马店军分区司令员万丽华应邀出席会议。会议对安全生产、户籍制度改革、交通运输执法体制改革、中心城区创卫等工作进行研究。

5月25日，市长陈星主持召开市政府第七十九次常务会议。副市长张昕、戚存杰、冯玉梅、王明威及市政府秘书长黄卫华、市监察局局长王志华出席会议，驻马店军分区司令员万丽华、市政协副主席谢凤鸣应邀出席会议，市政府各位副秘书长、市直有关单位和驿城区、开发区的负责人员列席会议。会议就贯彻落实全省打击处置非法集资汇报会议精神进行安排部署。

6月4日，市长陈星主持召开市政府第八十次常务会议。副市长张昕、冯玉梅、李国胜、杜中强及市政府秘书长黄卫华、市监察局局长王志华出席会议，市人大常委会副主任张杰应邀出席会议，市政府各位副秘书长和市直有关单位负责人员列席会议。会议听取了计生、消防、殡葬改革等有关情况汇报。

6月15日，市长陈星主持召开市政府第八十一次常务会议。副市长张昕、冯玉梅、李国胜、王明威及市政府秘书长黄卫华、市监察局局长王志华出席会议，驻马店军分区司令员万丽华、市政协副主席谢凤鸣应邀出席会议，市政府各位副秘书长、市直有关单位和各县区主要负责人员列席会议。会议听取了有关情况汇报，并对相关问题进行研究。

7月6日，市长陈星主持召开市政府第八十二次常务会议。市政府领导张昕、戚存杰、冯玉梅、杜中强、王明威及市政府秘书长黄卫华、市监察局局长王志华出席会议，市人大副主任张杰、市政协副主席谢凤鸣应邀出席会议。会议听取了车用天然气销售价格调整、中国网库驻马店电商谷项目建设等有关情况汇报，并对相关问题进行研究。

7月13日，市长陈星主持召开市政府第八十三次常务会议。副市长张昕、戚存杰、冯玉梅、李国胜、杜中强、王明威，副市厅级干部、市公安局局长杨俊杰，市政府秘书长黄卫华，市监察局局长王志华出席会议；驻马店军分区司令员万丽华，市政协副主席刘汝生应邀出席会议；市政府各位副秘书长，市直有关单位和驿城区、开发区的负责人员列席会议。会议听取了全市征兵工作情况汇报，并对相关问题进行研究。

8月5日，市长陈星主持召开市政府第八十四次常务会议。副市长张昕、冯玉梅、李国胜、王明威及市政府秘书长黄卫华出席会议，市人大常委会副主任张丽彩应邀出席会议，市政府各位副秘书长和市直有关单位负责人员列席会议。会议听取了城市基础设施配套费征管、服务型行政执法建设、安全生产、夏粮收购等有关情况汇报，传达了全省高等教育工作会议和全省文化产业园区建设观摩暨工作座谈会议精神，就贯彻落实问题进行研究。

8月20日，市长陈星主持召开市政府第八十五次常务会议。副市长张昕、戚存杰、冯玉梅、杜中强及市政府秘书长黄卫华出席会议，驻马店军分区司令员万丽华、市政协副主席谢凤鸣应邀出席会议，市政府各位副秘书长、市直有关单位和驿城区、开发区、市产业集聚区的负责人员列席会议。会议就贯彻落实全省2015年秋季秸秆禁烧和综合利用工作电视电话会议精神进行安排部署。

2015年5月21日，市委副书记、市长陈星（右二）调研嵖岈山创建国家AAAAA级旅游景区工作推进情况。

8月31日，市长陈星主持召开市政府第八十六次常务会议。副市长张昕、戚存杰、冯玉梅、杜中强及市政府秘书长黄卫华、市监察局局长王志华出席会议，市政协副主席谢凤鸣应邀出席会议，市政府各位副秘书长、市直有关单位和驿城区、泌阳县的负责人员列席会议。会议听取了有关情况汇报，并对相关问题进行研究。

9月4日，市长陈星主持召开市政府第八十七次常务会议。副市长张昕、戚存杰、冯玉梅、李国胜、王明威及市政府秘书长黄卫华、市监察局局长王志华出席会议，市政府各位副秘书长、市直有关单位和市产业集聚区的负责人员列席会议。会议听取有关情况汇报，并对相关问题进行研究。

9月14日，市长陈星主持召开市政府第八十八次常务会议。副市长张昕、戚存杰、杜中强、王明威及市政府秘书长黄卫华、市监察局局长王志华出席会议，驻马店军分区司令员万丽华、市人大常委会副主任张丽彩、市政协副主席刘汝生应邀出席会议，市政府各位副秘书长和市直有关单位负责人员列席会议。会议听取快递服务业发展、安全生产等有关情况汇报，对相关问题进行研究。

9月21日，市长陈星主持召开市政府第八十九次常务会议。副市长张昕、戚存杰、李国胜、杜中强、王明威及市政府秘书长黄卫华、市监察局局长王志华出席会议，驻马店军分区司令员万丽华、市人大常委会副主任张丽彩、市政协副主席谢凤鸣应邀出席会议，市政府各位副秘书长和市直有关单位负责人员参加会议。会议听取有关情况汇报，并对相关问题进行研究。

9月28日，市长陈星主持召开市政府第九十次常务会议。副市长戚存杰、李国胜、杜中强及市政府秘书长黄卫华、市监察局局长王志华出席会议，市人大常委会副主任张丽彩、市政协副主席刘汝生应邀出席会议，市政府各位副秘书长和市直有关单位负责人员参加会议。会议传达了住建部房地产形势分析会议和全省保障性安居工程工作电视电话会议精神，并就全市贯彻落实问题进行研究。

10月12日，市长陈星主持召开市政府第九十一次常务会议。副市长戚存杰、李国胜、杜中强、王明威及市政府秘书长黄卫华、市监察局局长王志华出席会议，市人大常委会副主任张丽彩、市政协副主席谢凤鸣应邀出席会议，市政府各位副秘书长和市直有关单位负责人员列席会议。会议听取2016年立法调研项目、市邮件处理中心搬迁等情况汇报，并对相关问题进行研究。

10月20日，市长陈星主持召开市政府第九十二次常务会议。副市长李国胜、杜中强、王明威及市政府秘书长黄卫华出席会议，驻马店军分区司令员万丽华、市人大常委会副主任张德轩应邀出席会议，市政府各位副秘书长、市直有关单位和驿城区、经济开发区、市产业集聚区的负责人员列席会议。会议听取市建筑垃圾综合处理项目、中心城区背街小巷维修及环卫设施配备建设情况汇报，并对相关问题进行研究。

10月26日，市长陈星主持召开市政府第九十三次常务会议。副市长冯玉梅、李国胜及市政府秘书长黄卫华、市监察局局长王志华出席会议，市人大常委会副主任张丽彩、市政协副主席王秋霞应邀出席会议，市政府各位副秘书长和市直有关部门负责人员列席会议。会议听取有关情况汇报，并对相关问题进行研究。

11月2日，市长陈星主持召开市政府第九十四次常务会议。副市长张昕、李国胜、杜中强、王明威、高万象及市政府秘书长黄卫华、市监察局局长王志华出席会议，市人大常委会副主任张德轩、市政协副主席谢凤鸣应邀出席会议，市政府各位副秘书长和市直有关部门负责人员列席会议。会议听取经济发达镇行政管理体制改革试点有关情况汇报，并对相关问题进行研究。

11月10日，市长陈星主持召开市政府第九十五次常务会议。副市长李国胜、杜中强、王明威、高万象及市政府秘书长黄卫华出席会议，驻马店军分区司令员万丽华、市人大常委会副主任张丽彩、市政协副主席刘汝生应邀出席会议，市政府各位副秘书长和市直有关部门负责人员列席会议。会议就嵖岈山创建国家AAAAA级旅游景区进行研究。

11月16日，市长陈星主持召开市政府第九十六次常务会议。副市长张昕、冯玉梅、李国胜、杜中强、王明威、高万象及市政府秘书长黄卫华、市监察局局长王志华出席会议，驻马店军分区司令员万丽华、市人大副主任张德轩、市政协副主席郑玉林应邀出席会议。会议听取今冬明春造林绿化、国家森林城市创建、行政审批事项清理等有关情况汇报，并对相关问题进行研究。

11月23日，市长陈星主持召开市政府第九十七次常务会议。副市长张昕、冯玉梅、李国胜、杜中强、王明威、高万象及市政府秘书长黄卫华、市监察局局长王志华出席会议，市政协副主席郑玉林应邀出席会议，市政府各位副秘书长和市直有关部门负责人员列席会议。会议就贯彻落实全省改善农村人居环境工作会议精神进行安排部署。

11月24日，市长陈星主持召开市政府第九十八次常务会议。副市长张昕、冯玉梅、李国胜、杜忠强、高万象及市政府秘书长黄卫华、市监察局局长王志华出席会议，市政府各位副秘书长、市直有关部门和驿城区负责人员列席会议。会议听取有关情况汇报，并对相关问题进行研究。

11月30日，市长陈星主持召开市政府第九十九次常务会议。副市长冯玉梅、李国胜、杜中强、王明威、高万象及市政府秘书长黄卫华、市监察局局长王志华出席会议，驻马店军分区司令员万丽华、市人大常委会副主任张丽彩、市政协副主席谢凤鸣应邀出席会议，市政府各位副秘书长和市直有关部门负责人员列席会议。会议听取有关情况汇报，并对相关问题进行研究。

12月7日，市长陈星主持召开市政府第一百次常务会议。副市长张昕、冯玉梅、杜中强、王明威、高万象及市政府秘书长黄卫华、市监察局局长王志华出席会议，驻马店军分区司令员万丽华、市人大常委会副主任张德轩、市政协副主席郑玉林应邀出席会议，市政府各位副秘书长和市直有关部门负责人员列席会议。会议听取中心城区今冬明春河流治污工程、生态用水工程、园林绿化项目建设情况汇报，并对相关问题进行研究。

12月14日，市长陈星主持召开市政府第一百零一次常务会议。副市长张昕、冯玉梅、李国胜、杜中强、王明威、高万象及市政府秘书长黄卫华、市监察局局长王志华出席会议，驻马店军分区司令员万丽华、市人大常委会副主任张丽彩、市政协副主席谢凤鸣应邀出席会议，市政府各位副秘书长和市直有关部门负责人员列席会议。会议就周驻南高速公路项目进行研究。

12月21日，市长陈星主持召开市政府第一百零二次常务会议。副市长冯玉梅、杜中强、王明威、高万象及市政府秘书长黄卫华、市监察局局长王志华出席会议，驻马店军分区司令员万丽华、市人大常委会副主任张丽彩、市政协副主席郑玉林应邀出席会议，市政府各位副秘书长、市直有关部门和县区负责人员列席会议。会议就做好计划生育特殊困难家庭扶助关怀、供销合作社改革等工作进行研究。

12月25日，市长陈星主持召开市政府第一百零三次常务会议。副市长张昕、冯玉梅、李国胜、杜中强、王明威、高万象及市政府秘书长黄卫华、市监察局局长王志华出席会议，驻马店军分区司令员万丽华、市人大常委会副主任张丽彩、市政协副主席郑玉林应邀出席会议，市政府各位副秘书长、市直有关部门和县区负责人员列席会议。会议听取有关情况汇报，并对相关问题进行研究。　（周　威　刘　学）

【市长办公会议】 2015年1月12日，市长武国定主持召开市长办公会议。市委常委、统战部部长赵文峰，副市长王明威出席会议。会议听取市城乡一体化示范区2015年工作计划和关于引进恒大、碧桂园集团到驻市投资的情况汇报，并就示范区规划建设中的重大问题进行研究。

1月13日，市长武国定主持召开市长办公会议，专题研究嵖岈山国际旅游度假区二期开发建设问题。副市长李国胜，市旅游局、市国土局、市规划局、市住建局、遂平县政府等有关单位负责人员参加会议。会议听取有关情况汇报，并对相关问题进行研究。

1月15日，市长武国定主持召开专题会议，专题研究市职业教育园区路灯建设及道路绿化问题。常务副市长陈星，副市长冯玉梅、王明威，市政府办公室、市政府督查室、市财政局、市住建局、市规划局、市园林局、市职教办、市路灯管理处、市供电公司、经济开发区管委会等单位负责人员参加会议。会议对园区路灯建设和道路绿化问题进行讨论并达成一致意见。

1月16日，市长武国定主持召开国道107线驻马店境改建项目建设推进会。会议听取市公路局关于国道107线驻马店境改建项目有关情况汇报，对相关问题进行研究，达成一致意见。

2月2日，市长武国定主持召开九洲天中投资发展有限公司非法集资问题汇报会。市领导刘金志、陈星、赵文峰、杜中强、杨俊杰出席会议，市公安局、市发改委、市政府金融办和经济开发区管委会主要负责人员参加会议，会议听取有关情况汇报，对抓好处置工作进行安排部署。

2 月 10 日，常务副市长陈星在市产业集聚区主持召开现场办公会议，研究解决市产业集聚区发展建设中的有关问题。市人大常委会副主任、市产业集聚区管委会主任乔登华，市发改委、市财政局、市国土局、市环保局、市人社局、市住建局、市规划局、市水利局、市园林局、市产业集聚区、海川电子玻璃、第三污水处理厂、驻马店公共保税中心等单位和企业负责人员参加会议。会议对市产业集聚区发展和有关重点项目建设进行研究，达成一致意见。

2 月 12 日，副市长李国胜主持召开中部汽贸物流园项目推进工作会议。市商务局、经济开发区管委会和项目建设方的负责人员出席会议。会议对相关问题进行研究，达成一致意见。

2 月 12 日，副市长王明威主持召开现场办公会，专题研究开源大道东段（富强路至高速收费站）绿化及配套工程竣工验收问题。市财政局、市园林局、河南省置地房地产集团等负责人员参加会议。会议听取有关情况汇报并进行研究。

3 月 2 日，常务副市长陈星主持召开会议，专题研究德威电缆新材料科技产业园项目。市财政局、市住建局、市规划局、市国土局、市环保局、市行政服务中心、市供电公司、驿城区政府、经济开发区管委会、市产业集聚区管委会、国电驻马店热电公司、中原高速驻马店分公司、蓝天集团等单位和企业负责人员参加会议。会议听取有关情况汇报，对相关问题进行研究。

3 月 11 日，副市长王明威主持召开会议，专题研究小清河项目建设中的有关问题。市财政局、市规划局、市住建局、市国土局、市投资公司、经济开发区管委会等单位负责人员参加会议。会议对小清河片区项目建设进行研究，形成一致意见。

3 月 17 日，市长武国定主持召开市长办公会议，专题听取全市工业大会筹备情况汇报。市委常委、副市长张昕，市政府办、市科技局、市发改委、市财政局、市工信委、市统计局、市国资委等部门负责人员参加会议。会议分析了全市工业经济发展现状和存在的问题，明确了 2015 年工业经济发展的总体思路、主要目标和重点工作。

3 月 25 日，副市长王明威主持召开会议，专题研究天河铜山公馆（天玺）项目相关问题。市住建局、市财政局、市国土局、驿城区政府等单位负责人员参加会议。会议听取天河铜山公馆项目进展及前期补偿资金拨付情况汇报，并进行研究。

4 月 3 日，副市长杜中强主持召开国道 107 线汝河大道至驿确交界段改扩建工程推进会。会议听取前期工作情况汇报，就亟待解决的问题进行讨论研究，达成一致意见。

4 月 7 日，常务副市长陈星主持召开会议，专题研究练江河片区开发、驿城区特色商业区暨天中古镇项目有关问题。市政协副主席谢凤鸣出席会议，市发改委、市财政局、市住建局、市规划局、市国土局、市地税局、市工商局、市水利局和驿城区政府、蓝天集团等有关单位的负责人员参加会议。会议对相关问题进行研究，达成一致意见。

4 月 28 日，市长陈星主持召开市长办公会议，专题研究土地例行督察整改工作。副市长王明威，市政府秘书长黄卫华，市监察局局长王志华，市国土资源局、市住建局、市规划局、市发改委、市财政局、市中级人民法院、市公安局、市环保局等单位主要负责人员参加会议。会议听取有关情况汇报，并对相关问题进行研究。

4 月 29 日，副市长王明威主持召开会议，专题研究小清河项目建设有关问题。市发改委、市财政局、市住建局、市国土局、市水利局、市投资公司、经济开发区管委会等单位负责人员参加会议。会议对相关问题进行研究，达成一致意见。

5 月 6 日，市长陈星主持召开市长办公会议。副市长冯玉梅，市政府秘书长黄卫华，市发改委、市教体局、市科技局、市财政局、市卫计委、市规划局、市国土局、市政府法制办、市职教办、驻马店日报社、市投资公司和开发区管委会等单位主要负责人员参加会议。会议就教育、卫生和职教园区建设等有关问题进行研究，并达成一致意见。

5 月 8 日，市长陈星主持召开市长办公会议。市委常委、副市长张昕，市政府秘书长黄卫华出席会议；市直有关单位及驿城区政府，经济开发区管委会，市产业集聚区管委会负责人员参加会议。会议听取中心城区重点项目建设情况汇报，就相关问题进行研究。

5 月 11 日，市长陈星主持召开现场办公会议。副市长李国胜、王明威，市政府办公室、市财政局、市住建局、市规划局、市国土局、市环保局、市委编办、市统计局等部门负责人员参加会议。会议听取市产业集聚区有关情况汇报，就相关问题进行研究。

5 月 29 日，市长陈星主持召开市长办公会议，专题研究练江河东段综合治理、福汉兴国际公路物流港项目推进问题。市政府秘书长黄卫华和市水利局、市住建局、市国土局、市规划局、市产业集聚区等单位负责人员参加会议。会议听取项目推进情况汇报，对相关问题进行研究。

6 月 2 日，市长陈星主持召开会议，研究职教园区建设和驻马店职业技术学院发展问题。副市长冯玉梅，市政府秘书长黄卫华及市教体局、市发改委、市财政局、市卫计委、市职教办、经济开发区等有关部门负责人员参加会议，会议听取关于职教园区建设情况和驻马店职业技术学院工作情况汇报，对相关问题进行研究。

6 月 11 日，市长陈星主持召开会议，专题研究中心城区经营性公用事业基础设施建设与管理问题。市委常委、副市长张昕，市政府秘书长黄卫华，市发改委、市财政局、市工信委、市住建局、市规划局、市公共资源交易中心、市政府法制办等部门主要负责人员参加会议。会议听取有关情况汇报，对相关问题进行研究。

6 月 12 日，市长陈星主持召开现场办公会议，专题研究解决经济开发区工作推进中的问题。市政府秘书长黄卫华，市发改委、市财政局、市国土局、市规划局、市房管中心、市住建局、市商务局、市环保局、市统计局、市职教办等部门负责人员参加会议。会议听取有关情况汇报，对相关问题进行研究。

6 月 23 日，市长陈星主持召开市长办公会议，研究国道 107 线改扩建、交通重点项目建设、火车站片区综合改造等问题。会议听取有关情况汇报，对相关问题进行研究，形成一致意见。

7 月 7 日，市长陈星主持召开会议，专题研究北部新区建设工作有关事宜。市人大常委会副主任张丽彩，副市长王明威，市政协副主席李万顺，市政府秘书长黄卫华，市国土局、市规划局、市住建局、市财政局、经济开发区管委会及河南置地公司主要负责人员参加会议。会议对相关问题进行研究，形成一致意见。

7 月 7 日，常务副市长张昕主持召开会议，研究解决市中心城区重点项目建设有关问题。市政府办公室、市发改委、市工信委、市财政局、市国土局、市规划局、市住建局、市环保局、市公路局、市林业局、市投资公司、市供电公司、中原高速驻马店分公司、驿城区政府、经济开发区管委会、市产业集聚区管委会、蓝天燃气公司等单位负责人员参加会议。会议听取有关情况汇报，并对相关工作进行研究部署。

7 月 9 日，市长陈星主持召开练江河东段综合治理项目推进会。副市长戚存杰、王明威，市人大常委会副主任、市产业集聚区管委会主任乔登华出席会议，市发改委、市财政局、市住建局、市国土局、市水利局、市规划局、市行政服务中心、驿城区、市产业集聚区等单位负责人员参加会议。会议听取项目进展情况汇报，对相关问题进行研究。

7 月 16 日，常务副市长张昕主持召开省重点项目推进工作会议，专题研究省重点项目建设问题。相关县区政府常务副县区长（管委会副主任）、市直有关部门和重点项目单位负责人员参加会议。会议听取上半年省重点项目建设进展情况汇报，对下步工作进行安排部署。

7 月 21 日，市长陈星主持召开市长办公会议，专题研究中心城区重点城建项目及征地拆迁问题。副市长王明威，市政府秘书长黄卫华，市监察局局长王志华，市住建局、市国土局、市规划局、市发改委、市财政局、驿城区政府、经济开发区管委会、市产业集聚区管委会等单位负责人员参加会议。会议听取有关情况汇报，对相关问题进行研究。

7 月 22 日，常务副市长张昕主持召开会议，专题研究组建驻马店农商行问题。驿城区政府、市财政局、市国土局、市规划局、市金融办、市政府法制办、市银监局、市农信办、人行驻马店市中心支行等单位主要负责人员参加会议。会议对相关问题进行研究，形成一致意见。

8 月 4 日，市长陈星主持召开会议，专题研究驻马店市监狱迁建问题。常务副市长张昕，副市长王明威，市政府秘书长黄卫华，市发改委、市财政局、市住建局、市规划局、市国土局、驿城区政府、市城乡一体化示范区管委会等单位负责人员参加会议。会议听取工作进展情况汇报，对相关问题进行研究。

8 月 6 日，常务副市长张昕主持召开协调会，专题研究市殡仪馆项目建设有关问题。副市长李国胜，市民政局、市国土局、驿城区政府、城乡一体化示范区管委会等单位负责人员参加会议。会议对相关问题进行研究，形成一致意见。

8 月 7 日，市长陈星主持召开会议，专题研究河南省天中电子科技有限公司中铝超薄电子玻璃生产项目建设问题。常务副市长张昕，市人大常委会副主任、市产业集聚区管委会主任乔登华，市政府办公室、市财政局、规划局、国土局、环保局、投资公司以及驿城区、市产业集聚区等单位负责人员参加会议。会议听取有关情况汇报，对相关问题进行研究。

8 月 14 日，副市长王明威主持召开练江河水系南北支流景观设计工程和皇家驿站暨特色商业区项目建设协调会。市政协副主席谢凤鸣，市住建局、市规划局、市水利勘测设计院和驿城区政府等单位主要负责人员参加会议。会议听取练江河水系南北支流和皇家驿站项目规划设计方案的汇报，对相关问题进行研究，形成一致意见。

8 月 26 日，市长陈星主持召开办公会议，专题研究市中心城区供水安全问题。常务副市长张昕，副市长王明威，市政府秘书长黄卫华，市委宣传部、市住建局、市环保局、市水利局、市公安局、驿城区政府、经济开发区管委会、市产业集聚区管委会及邦业水务、中业自来水公司等单位负责人员参加会议。会议听取有关情况汇报，并对相关问题进行研究。

9 月 12 日，市长陈星、常务副市长张昕召开会议，专题研究市直卫生项目建设问题。市政府秘书长黄卫华，市发改委、市财政局、市卫计委、市政府法制办、市金融办、市纠风办、市中心医院和市中医院的负责人员参加会议。会议听取有关情况汇报，就北区新院建设模式和市卫生项目建设有关情况达成一致意见。

9 月 14 日，市长陈星主持召开市长办公会议，专题研究第三季度重点项目集中开工问题。常务副市长张昕，副市长王明威，市政府秘书长黄卫华，市发改委、市财政局、市规划局、市国土局、市住建局、市交通局、市公路局和驿城区政府、遂平县政府、经济开发区管委会、市产业集聚区管委会及驻马店供电公司、河南蓝天集团有限公司、中原高速驻马店分公司等单位主要负责人员参加会议。会议听取有关情况汇报，对相关问题进行研究。

9 月 15 日，市长陈星主持召开练江河一、二、三片区项目推进会。常务副市长张昕，副市长王明威，市政府秘书长黄卫华，市发改委、市财政局、市规划局、市国土局、市住建局、市水利局、市行政服务中心、市产业集聚区管委会、驿城区政府等单位负责人员参加会议。会议听取项目进展情况汇报，对存在的问题进行研究，形成一致意见。

9 月 16 日，市长陈星、副市长杜中强带领市政府有关部门负责人员实地察看市中心城区交通重点项目建设情况并召开会议。会议听取有关情况汇报，就交通重点项目规划建设问题进行研究，形成一致意见。

9 月 22 日，副市长王明威主持召开会议，专题研究富强路电力线路迁移和道路建设有关问题。市财政局、市住建局、市规划局、市供电公司、经济开发区管委会等单位负责人员参加会议。会议对有关问题进行研究，形成一致意见。

10 月 8 日，市长陈星带领驿城区政府和市直有关单位负责人员，实地调研国道 107 线中心城区段改扩建工程建设情况并召开会议。会议听取项目进展情况汇报，对有关问题进行研究，达成一致意见。

10月9日，常务副市长张昕主持召开会议，专题研究驿城区西园街道文明社区等4个社区用房问题。市财政局、市人社局、市工商局、市畜牧局、市住房管理中心、市机关事务管理局等单位负责人员参加会议。会议对相关问题进行研究，并形成一致意见。

10月15日，市长陈星主持召开会议，专题研究交通重点项目规划建设问题。会议听取市交通局、市公路局的工作汇报，对交通重点项目的规划和建设问题进行研究，形成一致意见。

10月16日，副市长杜中强主持召开会议，专题研究全市消防安全基层基础建设问题。会议对落实省政府督办事项、推进消防安全基层基础建设工作进行研究，形成一致意见。

10月21日，市长陈星主持召开市长办公会议，专题研究市体育中心建设和举办市第二届运动会暨首届全民健身大会问题。常务副市长张昕，副市长杜中强，黄淮学院党委副书记杨耀华，市政府秘书长黄卫华，市教体局、市公安局、市财政局、市住建局、市交通局、市消防支队、经济开发区管委会等单位负责人员参加会议。会议听取市体育中心项目建设和市二运会筹备情况汇报，对相关问题进行研究。

11月11日，市长陈星主持召开会议，研究中心城区6件惠民实事和有关重点项目推进问题。市政府领导张昕、李国胜、王明威，市直有关单位和驿城区政府、经济开发区管委会、市产业集聚区管委会的负责人员参加会议。会议听取有关情况汇报，对相关问题进行研究。

11月12日，市长陈星主持召开市长办公会议，研究火车站片区综合改造项目问题。副市长杜中强，市发改委、市财政局、市交通运输局、市规划局、市政府督查室、驿城区政府等单位负责人员参加会议。会议对相关问题进行研究，达成一致意见。

11月16日，常务副市长张昕主持召开会议，专题研究驻马店市天方生物工程有限公司老厂区拆迁补偿问题。市财政局、市国土局和驿城区相关单位负责人员参加会议。会议对相关问题进行研究，形成一致意见。

11月23日，常务副市长张昕、副市长冯玉梅召开会议，专题研究市职教园区建设有关问题。市政府办公室、市教体局、市卫计委、市财政局、市规划局、市国土局、市住建局、市商务局、市通信传输局、中石化、中原银行、通讯连、移动公司、联通公司、电信公司、市职教办、市城投公司、市园林局、市中心医院、市供电公司、遂平供电局、经济开发区管委会、经济开发区管委会关王庙乡、信合集团以及6所院校的负责人员参加会议。会议就加快园区建设进行讨论，形成一致意见。

11月26日，市长陈星主持召开市长办公会议，专题研究市产业集聚区建设和发展问题。市人大常委会副主任、市产业集聚区管委会主任乔登华，市政府副市长杜中强、王明威，市政府秘书长黄卫华，市发改委、市财政局、市住建局、市国土局、市规划局、市安监局、市环保局、市国税局、市地税局、市委编办、市法制办等单位负责人员参加会议。会议听取有关情况汇报，对相关问题进行研究。

12月1日，市长陈星主持召开市长办公会议，专题研究驿城区重点项目建设问题。副市长杜中强、王明威，市政协副主席谢凤鸣，市政府秘书长黄卫华，市发改委、市财政局、市住建局、市国土局、市规划局、市交通局、市统计局、市水利局、市公路局、市公共资源交易中心、市房管中心等单位负责人员参加会议。会议听取驿城区重点项目建设情况汇报，并对相关问题进行研究。

12月8日，市长陈星主持召开市长办公会议，专题研究讨论火车站片区综合改造工作。市委副书记张宪中，市人大常委会副主任张丽彩，市政府副市长杜中强、王明威，市政协副主席郑玉林，市政府秘书长黄卫华，市发改委、市财政局、市交通运输局、市规划局、市住建局、市国土局、市房管中心、市人防办和驿城区政府、驻马店车务段、市邮政公司等有关单位负责人员参加会议。会议听取有关情况汇报，对下步工作进行安排部署。

12月10日，市长陈星主持召开市长办公会议，专题研究市城乡一体化示范区规划建设问题。副市长王明威，示范区管委会主任刘明放，市政府秘书长黄卫华，市发改委、市财政局、市住建局、市国土局、市规划局、市交通局、市农业局、市环保局、市水利局、市民政局、市房管中心、市投资公司、市供电公司、经济开发区管委会等单位负责人员参加会议。会议听取有关情况汇报，对相关问题进行研究。

12月10日，市长陈星主持召开市长办公会议，专题研究经济开发区建设和发展问题。副市长王明威，市政府秘书长黄卫华，驿城区政府、经济开发区管委会、市直有关单位及相关企业负责人员参加会议。会议听取有关情况汇报，并对相关问题进行研究。

12月11日，常务副市长张昕主持召开会议，专题研究驿城区食品药品监督管理局职能及人员移交问题。市委编办、市人社局、市财政局、市监察局、市药监局、驿城区政府等单位负责人员参加会议。会议就相关问题进行研究，形成一致意见。

12月16日，市长陈星主持召开会议，专题研究市产业集聚区蔡州路北段（中华路—汝河大道段）修建问题。市人大常委会副主任乔登华，副市长杜中强、王明威，市财政局、市国土局、市规划局、市住建局、驿城区政府、市产业集聚区管委会、昊华骏化有限公司等单位主要负责人员参加会议。会议对相关问题进行研究，形成一致意见。（周　威　刘　学）

【市长调研活动】 2015年1月1日，副市长杜中强赴丹尼斯、爱家超市检查消防安全设施及火警值班制度落实情况。

1月4日，市委常委、副市长张昕赴大程粮油集团、乐山商场等地检查安全生产情况，并召开座谈会。

1月6日，市委常委、常务副市长陈星深入练江河有关干支渠节点调研，并进行现场办公。

1月9日～10日，市委常委、副市长张昕对市电力企业、污水处理厂、畜牧养殖公司等14家单位进行实地察看，现场核查电力企业脱硫减排运行、污水处理设备运行等情况。

1月13日，市委常委、宣传部部长、副市长戚存杰赴西平县调研宣传思想工作。

1月13日，副市长李国胜赴西平县调研开放招商工作。

1月16日，副市长王明威深入市中心城区调研了解市容环境卫生整治情况。

1月23日，市委副书记、市长武国定，市人大常委会副主任、市产业集聚区管委会主任乔登华赴驻马店市产业集聚区海川电子玻璃公司调研。

1月26日，市委常委、宣传部部长、副市长戚存杰赴汝南县调研宣传思想工作。

1月29日，副市长王明威深入市区主要街道，检查督导积雪清扫和道路畅通情况。

2月5日，副市长李国胜深入正阳县、泌阳县，调研开放招商和电子商务进农村工作。

2月10日，市委副书记、市长武国定深入西平县农村，进行调研和走访慰问。

2月11日，副市长王明威深入市中心城区部分道路现场，调研查看市容环境卫生综合整治和市政工程建设情况。

2月12日，副市长王明威带领市直相关部门负责人，现场调研开源大道东段绿化工程进展情况。

2月16日，副市长杜中强深入市春运一线，检查督导春运安全和服务工作。

3月3日，市委常委、宣传部部长、副市长戚存杰赴驿城区胡庙乡和确山县瓦岗镇，就麦田管理及植树造林工作进行调研。

3月3日，副市长冯玉梅赴确山县调研视察竹沟完全中学建设。

3月4日，市委常委、宣传部部长、副市长戚存杰赴经济开发区阿里巴巴·驻马店产业带进行调研并召开座谈会。

3月6日，副市长王明威深入市中心城区实地察看市容环境卫生整治情况。

3月7日，市委副书记、市长武国定，市委常委、常务副市长陈星赴汝南县调研省产业集聚区和特色商业区观摩迎接准备情况。

3月12日，市委常委、宣传部部长、副市长戚存杰赴上蔡县调研宣传思想工作。

3月13日，市委副书记、市长武国定，市委常委、副市长张昕陪赴泌阳县就全市工业经济运行情况进行调研。

3月19日，市委常委、宣传部部长、副市长戚存杰赴确山县调研宣传思想工作。

3月25日，副市长李国胜赴有关县区调研指导AAAA、AAAAA景区创建工作。

3月27日，副市长冯玉梅赴泌阳县调研高新技术企业科技工作和县职业技术学校、民办学校发展。

3月28日，市委常委、副市长张昕就全市环境保护工作进行暗访。

3月30日，副市长杜中强调研查看火车站片区棚户区改造情况。

4月3日，副市长冯玉梅赴遂平县察看产教融合发展论坛筹备情况。

4月15日，副市长王明威深入市中心城区部分道路，实地察看市容环境卫生整治工作情况。

4月27日，副市长杜中强调研107国道改造拆迁工作并召开座谈会。

4月28日，副市长冯玉梅赴159医院调研指导工作。

4月28日，副市长李国胜赴市电子商务产业园调研。

4月29日，副市长王明威深入市中心城区检查夜市烧烤摊点整治情况和城市亮化情况。

5月4日，副市长李国胜深入嵖岈山风景区实地察看创建AAAAA景区工作进展情况。

5月6日，市委副书记、市长陈星深入107国道中心城区段升级改造项目现场实地调研，副市长杜中强、市政府秘书长黄卫华一同调研。

5月11日，市委副书记、市长陈星赴市产业集聚区调研，专题研究解决项目建设中的困难和问题，市领导乔登华、李国胜、王明威及市政府秘书长黄卫华陪同。

5月15日，副市长王明威深入市区背街小巷、城乡接合部、集贸市场、城中村检查环境卫生情况。

5月18日，副市长杜中强赴平舆县调研全省农村公路现场会筹备情况。

5月20日，市委副书记、市长陈星调研驻马店华中正大搬迁项目，副市长李国胜一同调研。

5月20日，市委常委、副市长张昕调研市中心城区重点项目建设进展情况并召开协调会。

5月21日，市委副书记、市长陈星赴嵖岈山景区，就嵖岈山AAAAA级景区创建工作进行调研，副市长李国胜一同调研。

5月26日，市委副书记、市长陈星赴黄淮学院进行实地调研，副市长冯玉梅一同调研。

5月26日，副市长冯玉梅赴市中心城区部分路段检查迎接省级卫生城市复审巩固工作。

5月30日，市委副书记、市长陈星深入驿城区和遂平县调研指导“三夏”生产工作，市委常委、宣传部部长、副市长戚存杰一同调研。

6月2日，市委副书记、市长陈星深入驻马店职业技术学院和市职教园区建设工地进行调研，副市长冯玉梅、市政府秘书长黄卫华一同调研。

6月4日，市委副书记、市长陈星深入驻马店火车站货场南迁现场马庄火车站实地调研，市人大常委会副主任乔登华、副市长杜中强一同调研。

6月4日，市委副书记、市长陈星深入市中心城区实地调研市政工程项目建设情况，市政府秘书长黄卫华一同调研。

6月6日～7日，副市长冯玉梅赴上蔡县、市国家教育考试考务工作指挥中心、驻马店高中新校区、市四中等地察看高考考场秩序和考试组织情况。

6月9日，副市长冯玉梅赴驻马店职业技术学院调研招生工作。

6月10日，副市长冯玉梅赴职教园区调研项目建设。

6月11日，市委副书记、市长陈星赴确山县调研“双拥”创建和经济运行工作。市委常委、副市长张昕及市政府秘书长黄卫华一同调研。

6月12日，市委副书记、市长陈星深入经济开发区，专题调研指导经济开发区项目建设和经济发展工作。

6月16日，市委副书记、市长陈星深入市中心城区重点工业企业，专题调研工业经济运行情况。市委常委、副市长张昕，市人大常委会副主任乔登华及市政府秘书长黄卫华一同调研。

6月24日，市委副书记、市长陈星赴泌阳县检查指导防汛工作，并对食用菌基地、夏南牛产业园进行实地调研。市委常委、宣传部部长、副市长戚存杰及市政府秘书长黄卫华一同调研。

6月29日，副市长杜中强调研京港澳高速北出口和纬十路建设进展情况。

6月30日，市委常委、宣传部部长、副市长戚存杰赴驿城区板桥水库调研防汛工作。

6月30日，副市长王明威赴商丘考察调研城市建设与烧烤夜市管理工作。

7月7日，市委副书记、市长陈星赴北部新区调研片区开发及重点项目建设工作。市人大常委会副主任张丽彩、副市长王明威、市政协副主席李万顺、市政府秘书长黄卫华一同调研。

7月7日，市委常委、常务副市长张昕赴市中心城区调研部分重点项目进展情况并召开推进会。

7月13日，市委副书记、市长陈星，副市长王明威调研市中心城区断头路打通工程、驿城大道连通工程和科技馆规划选址等工作。

7月14日，副市长王明威调研市中心城区市容环境卫生综合整治情况。

7月20日，副市长王明威实地查看市科技局用地情况。

7月21日，市委常委、宣传部部长、副市长戚存杰赴市文广新局，就“三严三实”专题教育、“三查三保”活动、文化改革发展等工作进行调研。

7月21日，副市长王明威赴正阳县、确山县调研土地督察整改工作和保障性安居工程建设。

7月22日，市委常委、宣传部部长、副市长戚存杰赴驿城区调研“三严三实”教育活动、“三查三保”活动和企业发展、民生改善等工作。

7月23日，市委常委、常务副市长张昕赴汝南县板店乡柴庄村就“三严三实”专题教育活动进行调研。

7月23日，副市长王明威赴汝南县调研美丽乡村建设工作。

7月27日，副市长王明威赴开发区关王庙乡八里铺村，就开展“三严三实”专题教育、“三查三保”活动和基层四项基础制度建设以及八里铺村帮扶情况进行调研。

7月29日，副市长李国胜赴泌阳县铜山乡焦竹园村，对“三严三实”专题教育、经济发展等工作进行调研。

7月29日，副市长王明威实地察看城建项目建设情况。

7月30日，副市长李国胜赴市电子商务产业园调研，察看重点电商项目推进情况。

7月30日，副市长李国胜赴市盐业局调研。

7月31日，副市长杜中强实地察看国道107线市中心城区段改造工程。

8月3日，市委常委、宣传部部长、副市长戚存杰调研练江河治理工程进展情况。

8月6日，副市长李国胜赴老乐山风景区调研旅游工作。

8月19日，市委副书记、市长陈星调研市中心城区重点市政道路建设情况，市人大常委会副主任乔登华、副市长王明威及市政府秘书长黄卫华陪同调研。

8月23日，市委常委、宣传部部长、副市长戚存杰赴西平二郎乡小王庄调研扶贫开发工作。

8月25日，市委副书记、市长陈星赴107国道中心城区段升级改造及火车站片区综合改造项目现场实地调研，副市长杜中强一同调研。

8月25日，副市长王明威赴市区部分路段督导检查市政道路基础设施建设。

8月28日，市委副书记、市长陈星赴市一水厂、二水厂实地调研。

8月31日，副市长杜中强对中国“农加工洽谈会”接待宾馆酒店及会展中心消防、安保问题进行全面排查。

9月8日，市委副书记、市长陈星到中国“农加工洽谈会”非物质文化遗产展区，实地察看非物质文化遗产展示情况。市人大常委会副主任王素平、市政协副主席王秋霞以及市政府秘书长黄卫华一同察看。

9月16日，市委副书记、市长陈星深入淮河大道下穿铁路、京港澳高速驻马店境改扩建等项目现场进行调研，副市长杜中强、市政府秘书长黄卫华陪同调研。

9月16日，市委常委、宣传部部长、副市长戚存杰赴确山县调研中长期项目落实情况。

9月21日，市委副书记、市长陈星深入西平县就“三严三实”专题教育进行专题调研，市政府秘书长黄卫华一同调研。

9月21日，副市长李国胜赴市民政局调研。

9月24日，市委常委、宣传部部长、副市长戚存杰赴确山县察看“三秋”生产及重点水利工程项目建设情况。

10月4日，市委常委、宣传部部长、副市长戚存杰赴平舆县、汝南县和驿城区就秸秆禁烧与综合利用工作进行调研。

10月8日，市委副书记、市长陈星赴107国道升级改造项目现场实地调研并召开现场办公会，市人大常委会副主任乔登华、副市长杜中强一同调研。

10月8日，市委副书记、市长陈星，副市长李国胜、杜中强赴金顶山风景区，就景区开发建设和市中心城区西部公路规划发展进行调研。

10月9日，副市长杜中强赴正阳县调研S335棠西线、S219永定线建设情况。

10月10日，市委副书记、市长陈星深入市中心城区市政工程、6项惠民实事及断头路项目现场进行调研，并主持召开项目建设推进会。

10月14日，副市长王明威实地察看驻马店装备产业集聚区棚改项目、职教园区棚改项目、小清河棚改项目、铜山大道沿线棚改项目、练江河一、二、三片区棚改项目，并现场办公解决问题。

10月21日，市委副书记、市长陈星深入市体育中心实地调研，协调解决项目推进和市第二届运动会暨首届全民健身大会筹备中的具体问题。市委常委、常务副市长张昕，副市长杜中强及黄淮学院党委书记杨德东一同调研。

10月21日，市委副书记、市长陈星深入驿城区、开发区、市产业集聚区和遂平县，专题调研市属重点工业企业运行情况。市政府秘书长黄卫华一同调研。

10月22日，副市长王明威赴汝南县、确山县、遂平县实地查看美丽乡镇示范点建设情况。

10月23日，市委副书记、市长陈星赴确山县调研农业发展及扶贫开发工作。市委常委、宣传部部长、副市长戚存杰，市政府秘书长黄卫华一同调研。

10月23日，副市长王明威深入市中心城区实地查看市容环境卫生。

10月30日，市委副书记、市长陈星深入市中心城区实地督导检查全市2015年10项重点民生工程建设情况，并主持召开座谈会。

10月30日，副市长杜中强赴石家庄市考察君乐宝乳业商议投资问题有关事宜。

11月3日上午，副市长王明威实地查看市中心城区"断头路"建设情况。

11月12日，副市长杜中强到国道107线改建工程项目西平段实地察看施工进展情况。

11月17日，副市长杜中强调研火车站西广场项目建设情况。

11月18日，副市长高万象调研练江河东段治理工程。

12月1日，副市长冯玉梅赴上蔡县丁楼村和文楼村调研并看望艾滋病防治一线医务人员和驻村帮扶队员，并走访慰问艾滋病家庭。

12月3日，副市长杜中强赴确山县调研107国道改扩建项目确山段工程进展情况并召开工作推进会。

12月15日，副市长杜中强赴中石化驻马店分公司油库、河南骏化发展股份有限公司、吴桂桥煤矿有限公司进行安全生产工作调研。

12月17日，副市长李国胜赴遂平县调研重点招商项目落地实施工作。

12月24日，副市长王明威到改制企业现场调研用地规划问题。

12月28日，副市长杜中强赴市安监局、市环保局调研并听取工作汇报。

12月30日，副市长杜中强赴市工信委调研并听取工作汇报。　（周　威　刘　学）

【重要意见和通知】 2015年，驻马店市人民政府出台的重要意见和发出的通知如下：

1月9日，市政府出台《关于进一步深化市属国有企业改革若干问题的意见》。意见指出，要通过整体出让、股份制改造、关闭破产及其他形式，争取2015年前全面完成脱钩划转工作，对具备移交条件的企业完成划转移交工作，2017年前，对具备改制条件的企业完成改制任务，对实施破产、关闭的企业进入清算程序，对"壳公司"（有人员、有负债、无资产、无场地、无经营），积极探索改革方式，妥善安置职工，原企业依法解散注销。意见明确了市属国有企业改革的改制程序、资产处理、债务处理、职工安置和工作措施。

2月10日，市政府出台《关于建立城乡居民基本养老保险制度的实施办法》。办法指出，要高举中国特色社会主义伟大旗帜，以邓小平理论、"三个代表"重要思想、科学发展观为指导，按照全覆盖、保基本、有弹性、可持续的方针，以增强公平性、适应流动性、保证可持续性为重点，全面建立和不断完善覆盖全体城乡居民的基本养老保险制度，充分发挥社会保险对保障人民基本生活、调节社会收入分配、促进城乡经济社会协调发展的重要作用。办法明确了参保范围、基金筹集、个人账户建立、养老保险待遇及调整、基金管理和运营、经办管理服务与信息化建设等。

3月6日，市政府出台《关于促进健康服务业发展的实施意见》。意见指出：一是总体思路和发展目标。二是发展重点和主要任务。①加快形成多元办医格局；②建设中医药医疗保健服务大市；③提高健康养老专业化、品牌化、规模化发展水平；④建设中原知名健康旅游目的地；⑤加快发展多样化健康服务；⑥推动商业健康保险快速发展；⑦优化发展健康服务业相关支撑产业；⑧夯实健康服务业发展基础。三是支持政策和保障措施。①放宽市场准入，转变政府职能；②加强规划布局，落实用地保障；③加强金融创新，拓宽投融资渠道；④完善财税价格政策，强化培育扶持；⑤强化制度保障，促进健康消费；⑥完善标准规范，强化行业监管；⑦加强宣传引导，营造良好氛围。

3月18日，市政府出台《关于进一步加强建筑市场监督管理的意见》。《意见》指出，一要严格基本建设程序，推进工程规范建设。①加强规划审批管理；②加强图纸审查管理；③加强建设工程招投标管理；④加强建设工程质量、安全监督管理；⑤加强建设工程施工许可管理；⑥加强商品房预售许可管理；⑦加强建设工程竣工验收管理；⑧加强商品房销售管理。二要明确监管各方主体责任，强化过程责任落实。①明确各主管部门监管责任；②各区政府（管委会）属地管理责任。三要加大行政监管力度，全面提高监管水平。①加强项目源头管理，坚决打击违法建设行为；②加强工程招投标市场管理，打击围标串标行为；③加强标后履约监督管理，确保建设各方主体履职尽责；④加强建设各方责任主体行为的监管，严厉打击施工转包违法分包行为。四要加大责任追究力度，严肃查处违法违规行为。①依法严肃查处招投标中违法违规行为；②严肃查处违反基本建设程序等违法建设项目；③加大对责任主体单位违法行为的处罚力度；④加大对政府职能部门和工作人员的监管力度；⑤加大对各区政府（管委会）的监管力度。五要完善各项管理制度，建立长效工作机制。①完善动态监管机制；②建立投诉举报制度；③健全激励约束机制；④加强诚信体系建设。

5月15日，市政府出台《关于全市交通运输执法体制改革的意见》。意见指出，按照"政事分开、事企分开、管办分离"的原则，理顺管理体制，规范机构设置，完善保障机制，优化执法队伍结构，着力解决当前交通运输执法中存在的体制不顺、机构重叠、职能交叉、多头执法、超员严重、治超不力等问题，建立权责明确、体系统一、监管有效、保障有力的交通运输执法体制，为实现全市交通运输现代化、交通运输执法规范化提供体制机制保障。

7月3日，市政府出台《关于加快发展养老服务业的意见》。意见指出，要充分发挥政府主导作用和社会力量主体作用，逐步建立完善以居家为基础、以社区为依托、以机构为支撑、医养相结合的养老服务体系，积极推动投资主体多元化、服务方式多样化、服务队伍专业化、监督管理规范化，使养老服务业在扩大内需、增加就业、促进服务业发展、推动经济转型升级中发挥重要作用。意见还明确了加快发展养老服务业的基本原则、发展目标、主要任务和政策措施。

8月6日，市政府出台《关于进一步加强消防安全工作的意见》。意见指出，一要健全消防安全责任制体系。①落实政府消防工作责任；②落实行业部门监管责任；③落实社会单位主体责任；④落实基层组织管理责任。二要夯实公共消防安全基础。①加快城乡消防规划修编；②加强公共消防设施建设；③加强应急救援体系建设。三要加强和改进消防监督管理。①严格消防安全源头管理；②强化火灾隐患排查整治；③加强施工现场消防安全管理；④畅通举报投诉渠道。四要加强消防宣传教育培训。①广泛开展消防安全宣传教育；②加强领导干部和从业人员的消防培训；③推广建立“移动互联网消防信息服务平台”；④加大公益消防宣传力度。五要建立健全消防安全管理长效机制。①健全部门联合执法机制；②建立诚信监管机制；③建立市场调节机制；④健全责任追究机制。

9月23日，市政府出台《关于促进快递服务业发展的意见》。意见明确了促进快递服务业发展的重要意义、指导思想、基本原则、发展目标、主要任务和保障措施。保障措施包括：①加强领导；②加强规划编制；③保障土地供给；④加快园区建设；⑤加大金融支持；⑥积极予以政策支持；⑦实现投递资源共享；⑧保障快递便捷通行；⑨强化人才支撑；⑩推进快递服务中心建设；⑪ 强化市场监管。

9月28日，市政府出台《关于进一步加强秸秆禁烧和综合利用工作的意见》。意见指出，要以《中华人民共和国大气污染防治法》和国务院六部委《秸秆禁烧和综合利用管理办法》为依据，坚持“疏堵结合、以疏为主、严密防控、以用促禁”的原则，以有效禁烧和最大限度利用秸秆为目的，在秸秆还田、氨化青贮、工业利用、能源利用等方面有组织、有计划地利用秸秆资源，提高秸秆综合利用率，改善大气环境质量，推动全市农业可持续发展。意见还明确了加强秸秆禁烧和综合利用工作的指导思想、工作目标、工作重点和保障措施。

11月9日，市政府出台《关于深化户籍制度改革的实施意见》。意见指出，要适应以人为核心的新型城镇化发展需要，进一步调整户口迁移政策，积极稳妥、扎实有效地推进户籍管理制度改革，有序引导人口向城镇转移、人才向城镇集聚，切实保障进城落户农业转移人口合法权益，努力实现城镇建设规模与人口规模相适应，为实现驻马店富民强市、加快崛起和全面建成小康社会提供坚强支撑。

11月27日，市政府印发《2015~2016年度冬春农田水利基本建设实施方案的通知》。通知指出，进一步加强领导，创新机制，增加投入，整合资源，强化管理，广泛动员全社会力量大兴农田水利，加快构建大中小微并举、蓄引提排并重的水利工程体系和完善的管理体系，确保组织发动举措更实，政策支持体系更全，资金投入力度更大，建设质量效益更高，建管体制机制更新，群众得到实惠更多，为保障粮食安全、防洪安全、供水安全和生态安全以及促进全市经济社会持续健康发展提供有力支撑。通知明确了2015~2016年度冬春农田水利基本建设的目标任务、建设重点和具体措施。

（周　威　刘　学）

机构编制工作

【机构编制工作概况】 2015年，驻马店市编办深化行政体制改革和事业单位分类改革，推行市县乡政府权责清单制度建设，创新机构编制管理，加强机构编制信息化建设，完成年度各项任务。网上名称管理工作获政务和公益机构域名注册管理中心“工作成效奖”、全省管理工作先进单位，实名制管理统计工作被省编办表彰为先进单位。（米中祥）

【行政审批制度改革】 2015年，驻马店市编办在承接好省政府调整下放行政审批事项的基础上，对原保留138项和承接省下放26项及部门申报新增30项行政审批事项，进行第八次清理，减少行政审批事项78项（取消2项、下放县区3项、合并减少33项、调整为其他职权40项），保留116项，全部为行政许可事项，清理结果以市政府文件公布，并通过《驻马店日报》、市政府门户网站等媒体公示。取消非行政许可审批这一类别。对保留的行政审批事项推进行政审批标准化建设，建立标准化行政审批服务指南，完善“一个窗口受理、限时办理、规范办理、透明办理、网上办理”，最大限度减少前置审批环节，创新审批方式。加强后续监管，实行行政审批事项清单管理，凡未列入清单事项，任何部门不得在清单之外增设和变相增设行政审批事项，不得在公开的清单外实施其他行政审批。（米中祥）

【权责清单制度建设】 2015年7月，驻马店市全面推行市县乡政府权力清单和责任清单制度工作。7月22日，召开推行市县政府工作部门权力清单和责任清单制度工作动员会，市委副书记、市长陈星出席会议并讲话，出台《关于推行市县政府工作部门权力清单和责任清单制度的实施意见》，下发《关于开展行政职权清理和编制权责清单工作的通知》，成立市“两单”制度工作领导小组及办公室，召开培训会、座谈会、交流会，制定了“三统一”（统一审核标准、统一审核表格、统一审核节奏）、“四促进”（周例会制度促进、制作进度表促进、周通报制度促进、小组业务会促进）等工作制度。按照行政许可、行政处罚、行政强制、行政征收、行政给付、行政检查、行政确认和其他类别的分类方式，市政府纳入权责清单制度范围的40个部门（承担行政职能的事业单位），共上报职权事项4430项，经审核确认保留37个部门（单位）行政职权3804项。其中：市供销社、市委农办、市金融办无外部行政职权事项。截至12月底，完成市政府37个部门（单位）的权责清单编制公布工作。驻马店市实行责任清单和权力清单"两单合一"、权责清单制度延伸到乡镇政府的做法被省编办转发。（米中祥）

【市县政府机构改革】2015年，驻马店市县政府机构改革全面完成。根据中央和省委、省政府有关政府职能转变和机构改革精神，按照《中共驻马店市委、驻马店市人民政府关于市政府职能转变和机构改革的实施意见》，以转变职能为核心，优化机构设置，严格控制机构编制。一是严格机构设置。市政府设置工作部门32个；对新组建的市教育体育局、卫计委、文化广电新闻出版局试行大科室制；市政府工作部门"三定"修订工作全部完成，职能调整和人员编制划转到位。二是推动职能转变。印发《驻马店市人民政府办公室明确〈中共驻马店市委驻马店市人民政府关于市政府职能转变和机构改革的实施意见〉任务分工的通知》，明确职能转变任务、责任单位和时间节点，稳步推进职能转变，并对职能运行情况进行跟踪问效和评估。三是完善食品药品监管体制。调整食品监管职责，将市工商、质量技术监督等部门承担的流通环节和生产环节的食品安全监管职责及承担相应职责的人员编制划入市食品药品监督管理部门，并完成执法机构和派出机构人员编制划转工作；推进乡镇食品药品监管机构建设，全面完成乡镇、办事处食品药品监管机构设置。四是完善金融监管机构设置。在市政府办公室挂市金融工作办公室牌子，调整职能，理顺工作机制。（米中祥）

【重点领域体制机制改革】2015年，全市继续深化重点领域体制机制改革。一是推进产业集聚区与乡镇行政区域管理套合。根据《中共河南省委办公厅河南省人民政府办公厅印发〈关于推进产业集聚区与乡镇行政区域管理套合的指导意见〉的通知》和《关于加快推进全省产业集聚区与乡镇行政区域管理套合工作的通知》精神，市编办出台《驻马店市推进产业集聚区与乡镇行政区域管理套合实施意见》，上报各县区产业集聚区与乡镇套合"三定"方案草案，按省编办批复意见进行修订完善。二是做好省级经济发达镇行政管理体制改革试点工作，下发试点工作意见，成立试点工作领导小组，召开动员会，试点方案报省审核备案。三是做好纪检监察机构改革，调整并规范市纪委（监察局）内设机构，规范市、县（区）党委巡察机构设置，实现全覆盖。四是理顺驻马店市城乡一体化示范区管理体制，设立中共驻马店市城乡一体化示范区工作委员会、管理委员会，强化功能定位，明确内设机构和编制，并把内设机构社会事业管理局与刘阁办事处套合设置。五是完善人大立法机构建设，按照法定程序成立法制委员会，着眼精简高效，不单独设立办事机构，所需人员编制从市直机关遴选和划转。六是做好不动产登记制度改革相关职能调整等工作，整合分散在市国土资源管理、住房和城乡建设、农业、林业等部门的国有土地、房产、农村土地、林地登记职责，成立不动产登记局。七是整合煤炭监管职能，将原市安全生产管理局承担的具体监管职责整合到市工信委，并设立煤炭安全办公室，明确部门分工，合理划分职责边界。（米中祥）

【综合行政执法体制改革试点工作】2015年，驻马店市编办根据《河南省机构编制委员会关于印发开展综合行政执法体制改革试点工作实施意见的通知》精神，结合全市实际，制订了试点工作方案，在食品药品监管、卫生计生、农业、城市规划建设管理等领域，整合执法职能，开展综合行政执法。确定西平县与市同步开展试点，经省编办备案同意，推进实施。（米中祥）

【事业单位分类改革】2015年，驻马店市编办深化事业单位分类改革。一是完成事业单位分类批复工作。对市直（含开发区）450个事业单位分类进行了批复，其中：行政类3个、公益一类337个、公益二类67个、经营类31个、不纳入分类范围的12个。对县区承担行政职能类事业单位进行了备案。二是完成道路运输管理和交通运输综合执法体制改革。根据省政府、省编委关于全省道路运输管理体制改革和交通运输执法体制改革有关文件精神，6月，重新修订市道路运输管理局"三定"方案，印发市交通运输局执法处（支队）机构编制方案。各县区于年底前全部完成相应改革任务。三是积极配合做好相关改革。完成驻马店广播电视台机构改革，剥离了经营服务职能。会同相关部门推动县级公立医院改革，参与社会办医支持政策、支持文学艺术繁荣发展、支持黄淮学院建设应用技术大学、促进加快服务业发展、加强城市社区建设、学前教育三年行动计划等重要文件修订，提出合理化建议。（米中祥）

【事业单位登记管理】2015年，驻马店市编办落实年检制度和开办资金验资制度改革，组织了培训，完善了工作流程，并在媒体上广泛宣传。稳妥推进事业单位法人治理结构试点工作，印发《驻马店市建立健全事业单位法人治理结构改革试点工作实施意见》和工作指南，采取市县联动的方法，在卫生、文化和教育系统开展试点工作。市直3个试点单位制订了实施方案，召开了动员会。开展事业单位登记管理实地核查工作，对市直23个事业单位进行实地核查。做好事业单位登记管理的日常工作，开通"驻马店事业单位在线"，全面完成事业单位年度报告公示工作。完成了质监、食品药品监管系统所属事业单位登记管辖权限的调整及移交工作。（米中祥）

【机构编制管理】2015年，驻马店市编办加强了机构编制管理。

控制编制总量。认真贯彻落实机构编制法规政策，把机构编制法规进课堂工作常态化，强化依法管编意识和行动自觉。一是规范审批程序。在坚持好机构编制集中统一管理各项制度的基础上，进一步健全机构编制调查论证制度，凡涉及机构编制事项，由主管部门提出申请，编制部门调查论证后提出意见建议，提交编委会审定。结合推行权力清单和责任清单制度工作，完善机构编制审批制度，规范审批程序。二是严把进人关。坚持把“逢进必考”作为一道红线，把军转干部、随军家属和退役士兵安置，人员调动、公务员招录、事业单位招聘等纳入市编委会议定事项，县区公开招聘人员实行备案制度。三是强化配合约束机制。会同组织、人社部门出台《关于进一步规范市直事业单位人员招聘调配工作的意见》《关于进一步规范市直机关公务员录用调配工作的意见》，规范部门间协作约束机制。

*盘活编制存量。*一是在改革中“调”。抓住政府机构改革的有利时机，整合部门实行综合科室统一设置，核减内设机构和领导职数，收回行政编制。二是在增中“减”。对部门提出增设机构、增加编制的要求，在充分调研论证的基础上，坚持“增一减一”，在现有机构限额和编制总量内调剂解决。三是优化布局，在调整中“挖”。坚持能由一个机构承担的，不再单独设立机构；议事协调机构不设实体性办事机构，由职能相近的机构承担日常工作；对职能取消、弱化的，相应核减编制或撤销机构。按照“编随生走、师随编走”，每两年对区域内学校教师编制动态调整。

*坚持增减平衡。*一是优先保障重点工作和民生领域，把有限的编制资源向全市重点工作和民生领域倾斜。二是从严管理事业单位编制。出台《全市关于创新事业单位机构编制管理的实施办法（试行）》，进一步优化事业单位管理。三是实行重点管理。对承担行政职能、行政职能将要回归机关的事业单位，以及职能弱化或将要进行改革、人员暂时无法消化的事业单位实行重点管理，人员只出不进，编制“空一减一”。四是强化监督检查。在加强经常性监督检查的基础上，对市政法、教育体育、卫生和计划生育系统进行专项核查。为实现2017年年底人员编制只减不增要求，制订《驻马店市控编减编工作方案》和3年核减计划，成立控编减编专项督查工作领导小组，开展专项督查工作。按照每年核减1/3的要求，基本完成年度核减任务。（米中祥）

民族宗教工作

【民族工作概况】 2015年，全市继续加强民族工作。

*贯彻落实中央和省委民族工作会议精神。*通过召开专题会议、举办培训班、在新闻媒体开设专栏等，传达学习习近平总书记、省委书记郭庚茂重要讲话精神，宣传中央、省委加强新形势下民族工作的新思路、新要求和新举措。召开全市民族工作部门会议，专题学习贯彻落实中央、省委民族工作会议精神，将会议精神纳入全市民族工作干部培训计划。各县区相继召开县区委常委会议、县区政府常务会议，对贯彻落实作出全面部署。市民宗委在深入调查研究和广泛征求意见的基础上为市委、市政府代拟了《中共驻马店市委、驻马店市人民政府关于加强和改进新形势下民族工作的实施意见》（征求意见稿）。

*召开市委民族工作会议暨市政府第六次民族团结进步表彰大会。*6月10日，市委民族工作会议暨市政府第六次民族团结进步表彰大会召开，会议贯彻中央和省委民族工作会议精神，总结全市民族工作，对今后一个时期工作任务进行部署，表彰了全市民族团结进步30个模范集体和70个模范个人。

*民族团结进步创建。*一是强化民族团结宣传教育。将其纳入公民道德建设和社会主义精神文明建设全过程，引导各族干部群众树立“三个离不开”思想，不断增强“五个认同”，树立正确的国家观、民族观、宗教观、历史观、文化观。二是丰富民族团结进步创建形式和内容。创新和提升全市民族团结进步宣传月载体，利用重要纪念日、民族传统节日等，组织开展富有特色的群众性活动。大力推进民族工作进机关、进企业、进社区、进乡镇、进学校、进宗教场所“六进活动”，进行民族团结进步宣传教育，用“身边的人、身边的事”教育影响群众。加强民族团结进步教育基地建设，培养树立各级各类示范典型。三是强化日常督导，维护社会和谐稳定。坚持底线思维，坚持依法行政，经常性地对全市民族团结创建活动进行督导，培养典型、推广经验。

*民族聚居地区经济社会发展。*一是开展市直单位对口帮扶少数民族聚居村活动。采取争取国家和省少数民族发展资金、地方认真落实配套资金、少数民族聚居村自力更生相结合的方式，助推少数民族聚居村经济发展和基础设施改善。督导市直单位对口帮扶33个少数民族聚居村，采取政策驱动、项目带动、服务推动等方式实施帮扶。协调市直有关单位为少数民族聚居村帮扶资金270万元。2015年向上争取少数民族发展资金480万元，按照有关因素进行测算后及时下达各有关县区。二是扶持少数民族企业发展。协调财政、金融等相关部门，帮助少数民族特需商品定点生产企业用好、用活、用足国家各类优惠政策，指导企业规范生产。2015年对3个少数民族特需商品定点企业贴息700多万元。

*成立市少数民族法律援助工作站。*聘请10名律师、法律工作者为市少数民族法律援助志愿者，主要针对符合法律援助条件的少数民族群众在社会保险待遇、用工、劳动保护、劳动报酬，工伤、医疗事故、交通事故赔偿等方面，做好法律援助工作。援助站待正式文件下发后即可正式启动。

（刘 洋）

【宗教工作概况】 2015年，全市继续加强宗教工作。

*依法治理宗教事务。*一是抓好宗教法制宣传。继续贯彻落实全市民族宗教系统“六五”普法规划。在宗教界开展以“国法与教规的关系”为主题的宗教政策法规学习，上报有关文章50多篇。二是简政放权。按照国家建设法治政府的要求，切实转变职能；精简宗教方面行政审批事项，编制市民宗委权力清单，细化、优化审批程序，在机关门户网站上公开，方便群众办事、接受群众监督；坚持放管并重，加强事中事后监管，做到既放权到位，又服务监管到位。加强法律服务平台建设，使依法维权成为民族宗教界最便捷、成本最低的维权方式。三是依法推进宗教活动场所规范化管理。加强宗教活动场所组织建设，完成宗教活动场所主要教职任职备案专项工作，选好配强主要教职，健全各项管理制度，加强考评。抓好宗教活动场所财务管理，实现工作常态化。完成宗教活动场所开立单位银行结算账户和办理组织机

构代码工作。加强宗教活动场所平安建设，开展宗教场所消防安全、建筑安全、食品安全等安全隐患的动态日常检查，对3处存在重大安全隐患的场所进行专项整改。

宗教“三项活动”。一是“和谐寺观教堂创建”活动。各宗教团体和宗教活动场所通过自查，查找出宗教教职人员总体综合素质能力偏弱、场所民主管理的氛围不够浓厚等9个方面的问题。宗教教职人员对照教义教规，撰写剖析材料，查找自身在教风方面存在的不足，分析根源，制定整改措施。各宗教活动场所结合实际，创新载体，深化活动开展。驿城区清真寺在帮助党委政府化解涉及少数民族群众的矛盾纠纷方面发挥了重要作用，维护了社会大局和谐稳定，成功创建“全国和谐寺观教堂”先进集体；驿城区基督教“两会”加强制度建设，在民主管理、财务管理、教务管理方面走在全省前列；汝南县南海禅寺加强寺院文化建设，成功复建书画研究院并举办名人名家书画展等文化交流活动，弘扬了优秀宗教文化。二是“宗教政策法规学习月”活动。活动期间，全市共悬挂各类条幅35条，展出宣传展板50块，设置咨询台12处，为群众提供咨询服务900多人次，发放宣传资料近3万份。三是“宗教慈善周”活动。发挥宗教团体的主体作用、宗教场所的载体作用、教职人员的主导作用，积极引导信教群众投身于扶贫、济困、助残、救灾、养老、助学、义诊等公益慈善活动。全市宗教界共捐款120多万元，资助困难户、助残、助学受益达600多人次。（刘　洋）

外事侨务工作

【外事工作概况】 2015年，全市外事工作再上新台阶。

因公出国（境）管理。大力压缩公务出访团组和人数，对于出访身份与出访目的不符、团组人员构成不符合规定、没有实质性出访内容的、变相出国（境）的出访团组不予受理；对一般性考察、照顾性出访等团组进行合并、精减。先后制止、退回出国（境）团组3批5人次。全年共办理因公出访团组29批47人次，其中本地组团5批20人次，随省直厅局出访团组24批27人次。在出访人员中，市厅级干部出访3人次，县处级干部31人次，科级及以下人员13人次。较2014年同期出访的团组批次及人数都有所下降。

出访团组行前服务和事后管理。在做好出国管理服务工作的同时，重视各个团组的行前教育和归国后的报告。给前来办理审批手续的人员以及出国（境）人员进行外事宣传，有针对性地讲解国外安全、外事纪律、保密纪律，以及在境外预防和防范敌对势力、邪教拉拢腐蚀、骚扰的方法知识等，进行爱国主义教育和文明出行教育，并按规定要求出国人员回国后写出出访报告。通过这些措施组织上能够全程掌握出访人员的出访情况，保证出访效果。

礼宾接待。针对不同的外宾团组，制订出相应的接待方案，做到细致周密，不出纰漏。不失时机地向外宾宣传介绍驻马店在经济和区位方面的优势。全年市外侨办直接和参与接待的外宾团组共6批42人次。其中比较重要的外宾及代表团有：法国欧中联合商会主席王海曦先生，联邦德国城市议会亚洲事务专员吕津生先生，河南韩国商会会长、河南焦作科林数码有限公司总经理朴元愚先生，中巴文化交流公司总经理王国栋先生，澳门河南联谊总会团长陈俊棋先生，日本驻华使馆经济部项目助理平泽由香里女士，日本千叶县议会前议长铃木良纪先生等。

涉外管理。妥善处理涉外事件，化解矛盾纠纷，在抓应急处理的同时，还注重预防性工作，在全市组织开展形式多样的海外领事保护宣传活动，从源头上预防海外安全事件的发生。妥善处理2起涉外案件，妥善处理在国外务工人员的求助，做好领事保护工作，切实保障公民权益。5月28日～29日，河南省涉外管理与领事认证工作培训会在南阳召开，外侨办派人参会，学习贯彻落实中央外事工作会议和全省2015年外事侨务工作会议精神，了解并掌握涉外工作和领事认证业务的新政策、新规定，交流了工作经验。

海外领事保护宣传活动。7月～10月，为配合全省做好海外领事保护年度百场宣讲活动，市外侨办在全市组织开展形式多样的海外领事保护宣传活动，向广大市民普及海外领事保护的相关知识，不仅使人们提高了海外安全防范意识，而且了解了风险预警知识及应急处理常识，知道如何规避风险，从而降低安全事件发生的可能性。（米　丰）

【侨务工作概况】 2015年，外侨办切实做好为侨服务工作。

贯彻落实《中华人民共和国归侨侨眷权益保护法》。新春佳节之际，市外侨办对老归侨进行走访慰问，带给他们慰问金和慰问品。对全市14位归侨进行走访，发现以下情况：一是老归侨回国时间较早，主要以东南亚国家为主。二是流动性较小。老归侨回国后就在本地落地生根，无一外迁。三是城镇归侨、侨眷较多，大部分侨眷都生活在城镇。13位老归侨，3人生活在农村，一半以上的侨眷生活在城镇。四是老归侨大部分经济状况较差，年龄较大，身体较差。特别是生活在农村的3户老归侨生活比较困难。针对老归侨的情况，在享受归侨政策后，对生活仍有困难的，协调遂平等县对3人享受当地最低生活保障线3倍生活补助。

考察访问团及侨领接待工作。4月份，市外侨办接待澳门河南商会一行26人到驻市考察访问，外侨办不失时机地推介宣传驻马店，帮助经济开发区、企业、学校洽谈合作。8月、9月，外侨办分别接待了塔吉克斯坦华人华侨联合会副主席王欲峰，意大利龙甲中文学校校长、意大利米兰手拉手意中文化交流协会主席李群来先生。

外派教师。2015年上半年，市外侨办多次向省外侨办汇报、沟通，积极争取向泰国、印尼及菲律宾等国家派出中文教师名额，传播中华民族优秀文化，全市已有4名优秀教师到上述国家相关学校任教。

创建全国“社区侨务工作示范点”。从8月份开始，驻马店市创建2015年度“社区侨务工作示范点”全面铺开。经过层层筛选，选定西平县柏亭街道宝严寺社区作为创建全国2015年度“全国社区侨务工作明星社区”。其间，外侨办负责侨务工作领导多次到西平县进行指导，邀请省外侨办副处长庞振东等到现场指导、检查，实地查看侨务活动室、资料室等场所，召开座谈会。西平县柏亭街道宝严寺社区已被国务院侨办批准为“全国社区侨务工作明星社区”。

归侨侨眷就业创业。市外侨办组织归侨侨眷参加省外侨办举办的“河南省2015年归侨侨眷技能培训班”，驻市25名学员已全部取得合格证书。（米 丰）

机关事务管理

【机关事务机构改革】2015年，驻马店市市直机关事务管理局名称变更为驻马店市机关事务管理局，此次机构改革，明确了市事管局对全市公共机构节能管理、公务用车管理、办公用房管理、后勤体制改革等工作的指导职能，为推进全市机关事务统一集中管理体制奠定了基础。（王校星）

【公共机构节能管理】2015年，全市公共机构节能管理深入开展。一是做好宣传工作。6月，市事管局在机关办公区、广场、商场、大型超市等场所开展以“节能有道，节俭有德”为主题的节能宣传月活动暨全国低碳日活动，以图片展览、发放宣传册、赠送节能产品等方式宣传节能减排的重要意义，营造浓厚的节能减排氛围。二是加强能源资源消耗统计数据填报工作。建立网上能耗统计平台，按时完成对全市6738家公共机构，建筑面积1671.51万平方米，5863辆公务用车的基础能耗数据的汇总和分析工作，实现在2014年单位综合能耗基数上再降低3.2%的年度工作目标。三是加快节能改造进程。全市各级公共机构通过多种形式筹措资金，加快推进办公建筑、空调系统、锅炉燃具、供热计量和节约用水等方面的改造，并在节能改造过程和新建建筑中广泛推广应用“新能源、新产品、新技术”。市局投入298万元对机关办公区4栋办公楼空调主机进行更换，投入86万元对市委家属区集中供暖进行汽改水改造，投入42万元将家属区燃煤锅炉更换成燃气锅炉。为倡导绿色出行，建设低碳城市，投资2000余万元，购置电动清扫车80辆，电动巡逻车30辆，市区内安装太阳能灯箱果皮箱4000个。四是抓好合同能源管理试点工程。颁布实施《驻马店市合同能源管理办法》，市机关办公区、市中心医院、市中医院和泌阳县已利用合同能源管理进行节能改造。五是大力推进能耗监控平台建设工作。争取省财政专项节能资金补助，采用合同能源管理的方式在机关办公区建设能耗监测平台。项目投资160多万元，完成采集系统、数据传输系统、中心平台系统的建设，安装800余个水表、电表和数据采集器。六是完成创建“第二批节约型公共机构示范单位”的迎检工作。向省局争取7个“第二批节约型公共机构示范单位”创建指标，协调符合条件的相关单位进行申报。最终确定市财政局、检察院创建第二批国家级示范单位，市法院、市畜牧局、市教育局、第二初级中学、平舆县机关事务管理局（合署办公区）创建省级示范单位。6家节约型公共机构示范单位都已通过上级的审核验收。七是做好公共机构节能责任目标考核工作。根据市政府责任目标要求，市局会同有关部门分组对66个市直单位及11个县区年度公共机构节能减排工作情况进行考核评价，发现问题、总结经验、健全监督检查机制，确保节能工作落到实处。八是配合水政主管部门和商务部门，做好公共机构节水型单位建设和公共机构废旧商品回收处理工作。（王校星）

【公务用车制度改革】根据省车改办工作部署，驻马店市于2015年11月全面启动公务用车制度改革工作。根据职责分工，市事管局主要完成以下几项任务：一是摸清市直党政机关、参公事业单位一般公务用车的底数和现状，市级参改单位一般公务用车596辆（含产业集聚区），拟取消公务用车316辆。二是明确了一般公务用车保留的范围、标准，审定拟保留一般公务用车编制285辆（含产业集聚区、城乡一体化示范区）。三是拟定车改取消车辆处置办法。四是12月25日前对取消公务用车就地封存停驶。（王校星）

【房产基建管理】2015年，市直房产基建管理进一步加强。一是规范基建管理。完成行政新区、综合写字楼及通达小区工程基建档案的接收、整理、归档及验收报送工作。二是完善基建管理制度。依据“管办分离”的原则拟定出台了《局基建维修办法》《局房屋资产管理办法》。三是规范办公用房管理。10月中旬，与市财政局配合开展市级行政事业单位房屋出租出借情况专项清查活动。四是制订《局系统房屋租赁租借管理办法》，对局系统房屋的租赁租借进行统一管理。（王校星）

【后勤保障服务】2015年，市机关事务管理局坚持“服务立局”的工作理念，不断改进服务方式，提高服务质量。一是水、电、暖、消防、空调、电梯等系统设备及时维护维修，确保设备、设施正常运行。二是办公用房日常管理到位，维修及时。三是保洁工作做到地面卫生整洁，垃圾清运及时，服务满意率高。四是会务服务做到管理规范、服务到位。五是保卫工作进一步加强，物防、技防设施得到改善，保卫工作实现“三位一体”。（王校星）

【后勤产业经营】2015年，市机关事务管理局以局属广安置业有限公司、市直机关后勤服务中心和通达静怡物业为依托，利用事管局后勤品牌优势，施行市场化、现代化、规范化管理，积极参与市场竞争，推进后勤保障、服务社会化。一是进一步理顺广安置业有限公司管理体制，完善内部制度，促进公司良性运转。二是物业管理能力有了提高。广安大厦启用后，后勤服务中心的物业管理能力不断强化，服务质量受到入驻业主好评。广安写字楼水、电、暖、物业费用征收及时；物业、保安、保洁工作扎实有序；通过建设电话局域网、完善消防设施、维护检测各类设备设施，保证了安全生产。通达静怡物业公司承担通达、广安、中和园3个小区的物业管理工作，安全保卫、环境卫生、绿化管理、水电暖服务、设施维护等各项工作取得明显成效。（王校星）

接待工作

【接待工作概况】2015年，市接待办以“规范接待管理、服务经济发展”为主题，以“内强素质，外树形象”为主线，以提高接待服务水平为目标，坚持有利公务、务实节俭、杜绝浪费的原则，完成各项公务接待任务。

制度建设。加强与上级业务单位，与宣传、公安、交通和卫生等同级职能部门的配合与协作，形成上下贯通、左右衔接的工作机制。按照市委、市政府的要求，根据中央八项规定、《中共中央、国务院印发〈党政机关厉行节约反对浪费条例〉》、《中共中央办公厅、国务院办公厅印发〈党政机关国内公务接待管理规定〉》、《河南省实施〈党政机关厉行节约反对浪费条例〉办法》、《河南省党政机关国内公务接待管理规定》，结合驻马店市实际，起草了《驻马店市党政机关国内公务接待管理办法》，年初，由市委、市政府两办正式行文印发全市各级各部门，并责成各县区结合各自实际落实执行。根据省、市纪委有关规定，还制订了《机关公务灶管理办法》，从台账管理，费用管理，卫生安全，食品采购等方面，加强对定点公务灶的监督管理。确定百花苑宾馆为市委、市政府的“公务灶”。

政务接待。一是在转变作风上树立新形象。上级领导到驻市视察调研或检查工作时，在迎送、陪同、会务、考察点选择、现场布置、线路编排、车辆安排等各个环节都严格按照规定要求做好接待安排。通过合理设计考察场景，在确保不封路、不封园、不扰民的情况下，拉近领导与人民群众的距离。二是在转变方法上树立新理念。每次接待任务都对考察点现场的布置提出具体要求，强调注意事项，严格按照中央和省、市的有关规定做好接待工作，本着严格控制的原则，尽量减少陪同及工作人员。住宿用房以标准间为主，同城不安排工作用餐。就餐突出地方特色，不提供高档菜肴；不提供香烟和高档酒水；不组织与公务活动无关的活动，不赠送纪念品和土特产品等。三是在服务发展上展现新作为。市接待办先后参与了中国农产品加工业投资贸易洽谈会、全国人大到驻马店调研、全国政协港澳台侨委员会副主任马有礼一行、中国科学院院士、清华大学副校长施一公来驻考察等大型接待活动。

（刘　羽）

地方史志编纂

【地方史志编纂工作概况】 2015年，全市地方史志工作以实施地方文化项目建设为引领，创新开展各项工作。

贯彻落实史志法规。学习贯彻落实习近平总书记“要高度重视修史修志”的重要指示，李克强总理对地方志工作作出的“修志问道，以启未来”的重要批示，第五次全国地方志工作会议精神和《地方志工作条例》《河南省地方志工作规定》《全国地方志事业发展规划纲要（2015 ~ 2020年）》（简称《规划纲要》）。通过驻马店市情网站及时转载相关法规、专题理论文章，扩大宣传面，提升宣传效果；在报纸、电台、电视台、互联网等新闻媒体上及时刊发地方志工作动态。年内，根据全市地方志工作开展情况，先后向市政府递交《关于申请解决〈驻马店史话〉编辑出版等六项业务经费的请示》《关于申请解决办公用房和方志馆用房的请示》，市长陈星、副市长张昕高度重视，专门指示相关部门做好安排，市财政在十分紧张的情况下拨出专项经费保障了出书需要。同时办公用房问题也列入市政府工作计划。

续志编修发行。2015年1月7日，《驻马店市志》省级评审会召开。会议结束后，整理出近5万字的修改意见和建议，进入全面修改阶段。《驿城区志》年内完成送审稿。其他8个已完成续志编修的县，继续做好志书发行和开发利用

2015年1月6日，河南省地方志工作座谈会在驻召开，中国地方志指导小组办公室党组书记、秘书长赵芮，中国地方志指导小组办公室副主任邱新立等领导出席。　王　敏　摄

工作。

市县区综合年鉴工作。对《驻马店年鉴（2015）》框架结构整体大调整，这是《驻马店年鉴》自1993年创刊以来，首次突破原有篇目设置的创造性调整，调整后的内容分为市情概览、年度进展、天中文摘、统计数据4大板块，以全新面貌与广大读者见面。各县区综合年鉴工作有较大进展。至年底，全市有西平、遂平、确山、正阳、汝南、泌阳6个县开展综合年鉴编纂工作，其中西平、遂平、正阳、确山4县综合年鉴已形成逐年编纂、连续出版的工作机制。

地方史志信息化、电子化工作。一是“《点击天中》——驻马店方志馆掌上信息库”研制成功。二是驻马店市情网进一步丰富内容。网站设有14个栏目，其中有11个栏目属于实时更新栏目，更新文章总数达3000多条，累计上传志书、年鉴和其他地方文献数据资料近3000万字，浏览网站次数累计10万多次，独立访客3万余人。同时，对已出版志书和年鉴加快进行电子化处理，已完成1993年～2014年《驻马店年鉴》电子化2200万字，《驻马店地区志》（上、下两册）240万字，《回望乡村》《乡村传奇》《张万庆书法艺术》《马健中行书〈相约天中〉》等当代著作200多万字。

《驻马店市情月报》编辑工作。《驻马店市情月报》设置有特别关注、上级调研、领导活动、重要会议、经济动态、社会动态、荣誉榜、天中人物、报网文摘等栏目，逐月、系统地记录好全市各类大事要事，以供领导参阅和机关使用。全年编印《驻马店市情月报》12期，近50万字。

历史文献和地方文化的整理研究工作。先后完成《驻马店历史文献丛刊（第一辑）》《〈汝南先贤传〉辑本注译》编辑出版工作。《驻马店史籍人物传》《新蔡楚简》《驻马店历代人物志》编辑整理工作基本完成。基本完成《新蔡谢氏宗谱》《新蔡迎晖堂宋氏族谱》2部家谱整理制版工作；基本完成《张万庆口述史》整理编辑工作。2015年年初，开始聘请专家进行清嘉庆《重修汝宁府志》点校工作，全志60万字，现已完成初稿，点校出版工程已经过半。（李方伟）

【河南省地方志工作座谈会】2015年1月6日下午，中国地方志指导小组办公室在驻马店市召开河南省地方志工作座谈会。中国地方志指导小组办公室党组书记赵芮、副主任邱新立、方志期刊指导处处长于伟平、年鉴工作指导处处长杨军仕出席会议。河南省地方史志办公室主任霍宪章主持会议，河南省地方史志办公室副主任王中华、市县工作处处长袁伦中、调研员王卫明，驻马店市地方史志办公室主任赵心田等河南省8个省辖市史志办主任及驻马店市所辖10个县区史志办主任参加会议。中指组办公室一行听取了河南省和驻马店市、郑州市、商丘市、平顶山市地方志工作汇报，同与会代表就地方志工作开展情况及存在问题、工作建议进行互动交流。会议期间，驻马店市委副书记贾英豪，市委常委、常务副市长陈星，受驻马店市委书记余学友、市长武国定委托看望与会代表，并简要介绍驻马店市情和经济社会发展情况。（李方伟）

2015年1月7日～8日，《驻马店市志》省级评审会在驻马店召开。　王方明 摄

【《驻马店市志》省级评审会】 2015年1月7日～8日,《驻马店市志》省级评审会召开。中国地方志指导小组办公室党组书记赵芮，中国地方志指导小组办公室副主任、中国地方志学会秘书长邱新立，河南省地方史志办公室主任霍宪章，驻马店市委常委、常务副市长、市地方史志编纂委员会副主任陈星等领导出席会议。中国地方志指导小组办公室、河南省地方史志办公室，河南省8个省辖市及驻马店市所辖10个县区史志办公室70多位专家参加会议。（李方伟）

【7单位获全省修志工作先进单位荣誉】 2015年1月15日，河南省地方史志办公室发文表彰2014年全省修志工作先进单位，驻马店市地方史志办公室、遂平县地方史志办公室、确山县地方史志办公室获得“2014年度全省修志先进单位”荣誉称号;新蔡县地方史志办公室、平舆县地方史志办公室、正阳县地方史志办公室、汝南县地方史志办公室获得“2014年度全省综合先进单位”荣誉称号;西平县地方史志办公室、泌阳县地方史志办公室获得“2014年度全省用志先进单位”荣誉称号。（李方伟）

【全市乡村志编纂工作全面启动】 2015年5月7日，驻马店市人民政府办公室下发《关于在全市开展乡村志编纂工作的通知》(以下简称《通知》)。《通知》指出，根据省人民政府办公厅要求，全市乡村志编纂工作2015年全面启动，力争2025年全市所有乡镇和有条件的村完成编纂任务。各县、乡（镇、街道）村要成立乡村志编纂委员会，由乡镇长（街道办事处主任）担任编纂委员会主任，主持志书编纂工作；同时要选派政治素质好、专业能力强的干部，充实专业编纂队伍，以确保乡村志编修工作按质按量有序推进。《通知》强调市、县两级史志部门要在加强业务指导的同时，加大督促检查力度，重点检查“党委领导、政府主持、志办实施、众手成志”体制和“一纳入、八到位”(即把志书编纂纳入经济社会发展计划和政府的目标任务之中，做到认识到位、领导到位、机构到位、人员到位、经费到位、设施到位、规划到位、工作到位)的落实情况。督促进度，保障质量，推动乡村志编纂工作科学规范、健康有序开展。（李方伟）

【《泥团·炊烟——记忆中的童年》荣获第八届河南省社会科学普及优秀作品特等奖】 2015年8月，河南省社科联组织了第八届河南省社会科学普及优秀作品评选活动，驻市推荐上报的27项作品有6项获奖。其中，遂平县地方史志办公室三江的著作《泥团·炊烟——记忆中的童年》荣获特等奖。（李方伟）

【《点击天中——驻马店方志馆掌上信息库》成功开发】 2015年10月，由市地方史志办公室策划监制、河南夏商周文化传媒有限公司开发制作的电子文化产品《点击天中——驻马店方志馆掌上信息库》成功定型，首批产品与广大读者见面。《点击天中》信息库内容共分8大类，即《修志文献》《驻马店地区志》《清汝宁府志》《各县旧志》《驻马店年鉴》(1993～2014年)《民间文化》《古代文集》《当代著作》，收录各类文献51种，包括《习近平论历史文化》《修志文献选辑》，清代《汝阳县志》《上蔡县志》《新蔡县志》《泌阳县志》，中华民国时期《确山县志》《汝南县志》《西平县志》《正阳县志》，晋干宝《搜神记》、宋谢良佐《上蔡语录》、宋祖无择《龙学文集》、元王鹗《汝南遗事》、明李本固《汝南遗事》、清窦克勤《泌阳学规》，以及《天中谚语》《天中歇后语》等。该产品还将每年进行一次拓展升级，不断丰富信息库收录内容。（李方伟）

【《〈汝南先贤传〉辑本注译》出版发行】 2014年开始，市史志办与河南师范大学教授吕友仁合作，编著《〈汝南先贤传〉辑本注译》。2015年10月，《〈汝南先贤传〉辑本注译》由中州古籍出版社出版发行。主编吕友仁，常务副主编赵心田。全书20万字，分《汝南先贤传》辑本及附录2大部分。《汝南先贤传》三国时魏国周斐撰，宋末散佚，是国内早期郡书的代表作，是范晔《后汉书》的取材来源之一，具有十分重要的文化价值和史学价值。《汝南先贤传》中先贤的模范事迹，高尚品德，或荐贤任能，或报效国家，或孝顺父母，或尊师敬道，或严于律己，或诚信待人，等等，都是中华民族优秀传统文化的体现。《〈汝南先贤传〉辑本注释》在吸收诸家辑本之长的基础上，对《汝南先贤传》进行辑佚、校注、译文，共辑出佚文80条，涉及传主39人；对古籍引称出自《汝南先贤传》，但经考证不属于汝南郡的14个人物的15条佚文，以《存目》形式进行收录。同时对收入《汝南先贤传》辑本正文的80条佚文，予以注释，便于读者释读、理解。书中还收入了《西汉汝南郡属县（侯国）表》《东汉汝南郡属县（侯国）表》和《汉代印玺封泥选》，这些内容不但对读者阅读正文有极大帮助，更进一步伸展和丰富了全书的文化分量。《〈汝南先贤传〉辑本注译》是一部能够代表当今最高学术水准的优秀辑本，是第一个真正具有学术意义的辑本。（李方伟）

【《驻马店历史文献丛刊》出版发行】 2015年12月，《驻马店历史文献丛刊》由中州古籍出版社出版发行，全书10.4万字，主编赵心田。丛刊包括：宋穆修《河南穆公集》、宋谢良佐《上蔡语录》、元王鹗《汝南遗事》、明李本固《汝南遗事》等4部文献。穆修是北宋文学家，居蔡州（治今汝南县）。穆修崇尚韩愈、柳宗元古文传统，其文学主张对尹洙、苏舜钦、欧阳修均有较大影响。《河南穆公集》是穆修诗文集，共三卷，附有穆参军遗事。《上蔡语录》为北宋理学家谢良佐授课讲语集成。谢良佐是北宋上蔡人，“程门四先生”之首，在程朱理学史上起承上启下的作用。《上蔡语录》共三卷，由朱熹删定。王鹗《汝南遗事》记录金朝迁都蔡州至城破国亡间大事，具有重要历史价值，书中资料后为《金史》之《哀宗本纪》《完颜仲德传》《乌古论镐传》《张天纲传》所采用。李本固《汝南遗事》是其纂修《汝南志》所余史料，他编修的二十四卷《汝南志》为现存最早之汝宁府志。编辑出版《驻马店历史文献丛刊》，对于传承中华文明、弘扬传统文化，对学术研究和古籍保存保护都将起到积极作用。（李方伟）

新中国成立前驻马店地区出版志书一览表

府县名	时间	志书名	卷数	编纂者	存佚
汝南郡	约三国魏文帝、明帝时	汝南先贤传	—	周 斐	佚。有辑本
汝宁府	明成化十一年（1475）	汝宁府志	8	陈 銮	佚
	明正德十六年（1521）	汝南志	38	冯 志修 强 晟纂	佚
	明万历三十六年（1608）	汝南志	24	黄似华修 李本固纂	福建图书馆
	明万历年间	汝南遗事	2	李本固纂	存
	清康熙元年（1662）	汝宁府志	16	金 镇修 孔 暹纂	北京图书馆天津图书馆
	清康熙三十四年（1695）	汝宁府志	16	何显祖修 董 正纂	存
	清嘉庆元年（1796）	汝宁府志	30	德 昌修 王 增纂	存
确山县	明嘉靖三十六年（1557）	确山县志	2	王 渐修 陈耀文纂	天一阁残本
	清顺治十七年（1660）	确山县志	10	吴国杰纂	佚
	清康熙二十一年（1682）	确山县志	4	张登第纂	佚
	清乾隆十一年（1746）	确山县志	4	周之瑚修 严克嶂纂	存
	民国20年（1931）	确山县志	24	张缙璜	存
遂平县	明正德年间	遂平县志	—	—	佚
	明万历十四年（1586）	遂平县志	2	王致和	佚
	清顺治十六年（1659）	遂平县志	15	张鼎新修 赵之珩纂	北京图书馆
	清乾隆二十四年（1759）	遂平县志	16	金忠济修 祝 旸纂	存
西平县	明成化	西平县志	—	—	佚
	明嘉靖	西平县志	—	王 诰	佚
	清顺治十六年（1659）	西平县志	—	王鸣灿	佚
	清康熙九年（1670）	西平县志	—	沈 棻	存
	清康熙三十一年（1692）	西平县志	10	李弘植	存
	民国25年（1936）	西平县志	40	陈铭鉴	存
正阳县	明正德十年（1515）	正阳县志	—	张 恕	佚
	明嘉靖二十一年（1542）	正阳县志	—	渝焦济	佚
	明嘉靖三十四年（1555）	真阳县志	10	何 麟	存
	清顺治十七年（1660）	正阳县志	—	刘心寿修 田育性纂	佚
	清康熙三十五年（1696）	真阳县志	8	安 圻修 宴允恭 刘梦兰纂	存
	清嘉庆元年（1796）	正阳县志	10	彭良弼修 吕元灏纂	存县志办
	民国25年（1936）	重修正阳县志	8	刘月泉 刘炎光修 魏松声 陈全三纂	存县档案馆
上蔡县	清顺治十六年（1659）	—	—	—	佚
	清康熙二十九年（1690）	上蔡县志	15	杨廷望修 张 沐纂	存
	民国32年（1943）	上蔡县志	12	蔡祖图修 翟翰生纂	存
泌阳县	明嘉靖四十二年（1563）	泌阳县志	2	曾尚忠 焦稀程	佚
	—	泌阳县志	2	李 鹏	佚
	清康熙三十四年（1695）	泌阳县志	—	莫国芳	佚
	清康熙五十三年（1714）	泌阳县志	4	程仪千修 马之起纂	北图、北大、中科院等
	清道光八年（1828）	泌阳县志	12	倪明进修 栗 郢纂	县档案馆
	民国9年（1920）	泌阳县志	—	薛执桓	佚
	民国26年（1937）	泌阳县志	40	韩运章 张松斋 夏裕如	县志办

续表

汝南县	明万历三十六年（1608）	汝阳县志	4	魏廷相　赵　谦修　李宋延纂	佚
	清顺治十七年（1660）	汝阳县志	10	纪国珍修　羊　璘纂	存
	清康熙二十九年（1690）	汝阳县志	10	邱天英修　李根茂纂	县档案馆
	民国27年（1938）	重修汝南县志	22	陈伯嘉修　李成均纂	县档案馆
新蔡县	明万历七年（1579）	新蔡县志	8	刘大恩父子	存
	清顺治十六年（1659）	新蔡县志	—	谭宏宪　刘　华	佚
	清康熙三十年（1691）	新蔡县志	8	吕民服	存
	清乾隆五十八年（1793）	新蔡县志	10	莫玺章修　王　增纂	存

新方志编纂第一轮市（地）县（区）级志书出版情况统计表

书名	编纂单位	主编副主编	上限	下限	始修时间	终审定稿时间	出版单位	出版时间	书号或准印号	册数	字数（万字）	印数（册）	定价（元）
驻马店地区志	驻马店市地方史志编纂委员会	邱成文 邱国彬 温全记 赵荣霞		1985.12	1981年	2000.8	中州古籍出版社	2001.9	ISBN7-5348-2036-7/K.816	2	240	3500	480
驻马店市志	驻马店市地方史志编纂委员会	赵　莉		1985.12	1982.5	1988.12	河南人民出版社	1989.9	ISBN 7-215-00638-7/K・154	1	95.2	2200	28
西平县志	西平县地方史志编纂委员会	姚长健		1985.12	1981.11	1989.11	中国财政经济出版社	1990.9	ISBN 7-5005-1123-X/F・1053	1	91.3	5020	32
确山县志	确山县地方史志编纂委员会	张培仁 张同忠		1985.12	1981.11	1992.1	生活・读书・新知三联书店	1993.5	ISBN7-108-00622-7/K・106	1	96.2	4000	69
遂平县志	遂平县地方史志编纂委员会	刘振乾		1985.12	1982.12	1994.3	中州古籍出版社	1994.8	ISBN7-5348-1310-7/K・397	1	92.3	3000	75
泌阳县志	泌阳县地方史志编纂委员会	吴山林		1985.12	1982.2	1993.12	中州古籍出版社	1994.1	ISBN7-5348-0997-5/I・448	1	121.3	3000	90
上蔡县志	上蔡县地方史志编纂委员会	张根堂		1985.12	1982.1	1994.3	生活・读书・新知三联书店	1995.6	ISBN7-108-00698-7/K・127	1	110	3000	110

续表

平舆县志	平舆县地方史志编纂委员会	刘成立 戴巧云		1985.12	1982.5	1994.12	中州古籍出版社	1995.11	ISBN7-5348-1416-2/K·495	1	73.1	3000	98
正阳县志	正阳县地方史志编纂委员会	张振亚		1985.12	1982.2	1995.9	方志出版社	1996.12	ISBN 7-80122-120-6/K·34	1	80	3600	116
汝南县志	汝南县地方史志编纂委员会	张文远		1985.12	1982.5	1997.7	中州古籍出版社	1997.12	ISBN7-5348-15800/K·579	1	113.2	3000	196
新蔡县志	新蔡县地方史志编纂委员会	张宗汉		1985.12	1982.5	1994.6	中州古籍出版社	1994.12	ISBN7-5348-1361-1/K·453	1	120	3500	98

新方志编纂第二轮市（地）县（区）级志书出版情况统计表

书名	编纂单位	主编 副主编	上限	下限	始修时间	终审定稿时间	出版单位	出版时间	书号或准印号	册数	字数（万字）	印数（册）	定价（元）
确山县志	确山县地方史志编纂委员会	张同忠 阎守民	1986.1	2000.12	2000.11	2005.5	中州古籍出版社	2005.9	ISBN7-5348-2571-7/K·986	1	130.1	3000	268
西平县志	西平县地方史志编纂委员会	王廷军 王新强 朱盈周	1986.1	2000.12	1994	2005.5	中州古籍出版社	2005.12	ISBN7-5348-2584-9/K·1001	1	111	3000	296
遂平县志	遂平县地方史志编纂委员会	王志民	1986.1	2000.12	2001.6	2007.10	中州古籍出版社	2007.10	ISBN978-7-5348-2798-3	1	110	3000	396
正阳县志	正阳县地方史志编纂委员会	刘玉军	1986.1	2000.12	2000.11	2010.1	中州古籍出版社	2010.11	ISBN978-7-5348-3480-6	1	120	3000	498
汝南县志	汝南县地方史志编纂委员会	王海建	1986.1	2000.12	2002.4	2011.4	中州古籍出版社	2011.4	ISBN978-7-5348-3565-0	1	150	3000	598
泌阳县志	泌阳县地方史志编纂委员会	王　萍	1986.1	2005.12	2002.5	2011.11	中州古籍出版社	2011.12	ISBN978-7-5348-3705-0	1	130	3000	488

续表

上蔡县志	上蔡县地方史志编纂委员会	王建华	1986.1	2000.12	20C2	2012	中州古籍出版社	2012.12	ISBN978-7-5348-4110-1	1	145	3000	698
平舆县志	平舆县地方史志编纂委员会	吴岸杰	1988.1	2000.12	2002.12	2013.1	中州古籍出版社	2014.6	ISBN978-7-5348-4790-5	1	115	3500	780

行政服务工作

【行政服务工作概况】 2015年，市行政服务中心（公共资源交易中心）共办理各类审批、服务事项12.91万件，累计收费6.63亿元，其中行政事业性收费5.75亿元；共完成各类交易事项397项，交易总金额71.25亿元，节约资金2.75亿元，增收2.53亿元。（胡培培）

【行政审批工作】 2015年，全市进一步加强行政审批工作。

审批事项动态化管理。中心配合市编办、市监察局、市政府法制办，根据国家、省、市取消下放调整和保留行政审批、收费的有关规定，在市政府公布保留138项审批事项的基础上，做好上级部门取消、下放和调整行政审批事项的承接落实工作，实现应减尽减、应合尽合，确保事项清理常态化。

商事制度登记便利化。根据《国务院关于取消和调整一批行政审批项目等事项的决定》要求，中心进一步规范工商登记程序，对国务院决定的21项前置审批改为后置登记的事项，要求工商窗口在办理时一律不再作为前置登记条件，不再要求申请人提交相关审批部门的许可证件，并主动提醒申请人在取得工商部门登记后依法到相关审批部门办理许可手续。对于后置审批事项，则严格规范经营范围的核准登记。

"三证合一"登记制度改革。中心加大对"三证合一"登记制度政策的宣传力度，与质监、税务等部门加强沟通交流，对其登记业务系统进行改造、升级、对接，实现信息共享。9月28日，工商局窗口为平舆玉川村镇银行股份有限公司、河南龙甲天元信息科技有限公司、河南荣盛农牧科技集团股份有限公司3户企业颁发加载统一社会信用代码的新版营业执照，标志着全市"三证合一"登记制度改革全面实施。

优化审批流程。在依法行政的基础上，中心按照审批事项标准化、审批方式便捷化的要求，进一步简化审批环节、优化审批流程，对审批项目涉及的前置要件进行重新规范。如环保局窗口减少审批前置要件，对于选址符合土地利用规划和区域性控制规划的项目，国土、规划、文物等部门审批意见不再作为环评文件受理的前置条件，由市级环保部门审批的环境影响报告表项目，县（区）不再出具初审意见，极大方便了办事企业。

模拟审批机制。中心注重加强模拟审批项目的跟踪推进工作，每周编制模拟审批项目进度表，按时向市政府上报。对市政府批示的驻马店国际公路物流港、装备产业集聚区开源和滨河安置社区等重点项目，及时与模拟审批成员单位做好对接，了解掌握项目审批动态、审批过程中存在的问题，组织国土、规划等窗口进行联合会审协商，修改完善模拟审批流程，帮助企业解决难题，加快推进项目审批工作。2015年，西北郊区土地综合整治4条道路、开发区年产70万套节能厨具、装备产业集聚区开源社区和滨河社区、北部新区安置区、德威电缆等7个项目已完成模拟审批程序，获得项目单位的肯定，也得到市委、市政府的高度认可。省、市全面深化改革领导小组办公室以《积极推行模拟审批模式，高效服务项目建设》为题，刊发专题简报，对中心这一做法给予充分肯定，驻马店日报社以《模拟审批成项目落地"加速器"》为题进行专题报道。

重点项目协调服务机制。中心采取定期和不定期走访项目现场的办法，主动发现问题、解决问题，真正做到企业困难在哪里，中心服务就送到哪里。2015年，中心领导班子带领相关科室人员先后到开发区、驿城区、产业集聚区进行专题调研，听取企业代表的意见和建议，就项目落地过程中存在的问题进行深入探讨和分析，破解项目落地难题，指导和帮助项目单位加快办理项目手续，确保在规定时间内办理完毕。

行政审批工作信息化建设。依托中心现有门户网站，开通网上申报和网上预审批功能，实现了外网申报、内网预审批，缩短了部门领导对窗口提交办件的审批时间。服务对象登录"网上审批系统"向中心递交申请和相关材料，符合受理要求的，窗口工作人员告知服务对象带齐相应的原件至窗口领取相关批准手续；窗口部门通过网上审批系统进行内部审批，提高了办事效率和服务质量，增加了透明度。

河南省服务业标准化示范单位创建工作。作为省质监局确定的全市第一家省级服务业标准化试点单位，2015年，中心继续深化服务业标准化创建工作，更新完善了便民服务设施，推进审批运行、办事制度、服务质量、"中心"管理等方面的标准化建设，促进了窗口建设的规范化、制度化、标准化。（胡培培）

【公共资源交易】 2015年，全市公共资源交易工作进一步加强。一是召开驻马店市公共资源交易平台建设座谈会。根据国务院办公厅《关于印发整合建立统一的公共资源交易平台工作方案的通知》和省政府《关于印发河南省公共资源交易平台建设实施方案的通知》精神，中心筹备召开了驻马店市公共资源交易平台建设座谈会，市、县公共资源交易中心围绕公共资源体制机制改革，结合工作实际进行了沟通交流，归纳总结了多项意见和建议，为统一完善全市公共资源交易平台建设起到积极的推进作用。二是取消代理机构名录库。根据市政府放开招标代理机构市场准入的要求，中心在对周边地市代理机构管理工作进行调研的基础上，向市政府提出废止《驻马店市政府投资工程招标代理机构名录库管理办法》的建议，市政府于2015年9月份废止。三是启动电子招投标系统和国有建设用地使用权招拍挂网上交易系统。中心加快推进公共资源网上交易平台建设工作，经过前期的精心筹备，已做好软硬件安装调试、操作人员业务培训、用户注册、CA数字证书和电子印章办理、项目模拟、试运行等前期准备工作。试运行成功后，所有公共资源项目将逐步实现在网上交易。四是优化交易流程。本着交易最优最简原则，中心认真梳理各项业务工作流程，及时进行调整和优化。取消建设工程投标报名环节，并实行建设工程投标保证金由业主收退，为投标人提供便捷的服务。（胡培培）

【市长热线】2015年，市长热线工作有新进展。一是完善工作机制。起草《关于进一步加强市长热线和市长信箱办理工作的实施意见》，从工作职责、受理范围、办理方式、办理时限、办理质量、保障措施等方面做了明确规定，已提请市政府研究。二是实现信息化建设。积极筹建市长热线呼叫中心系统，利用技术手段实现语音留言、三方通话、政策查询、同步录入、全程录音等功能，系统于2015年8月正式开通使用，同时，市长热线通过市政府电子政务内网实现了与承办部门之间的电子公文传递。三是加大督办力度。中心坚持每周编报《市长热线快报》，及时上报市政府，市政府督查室将《市长热线快报》群众诉求纳入督查范围，并跟踪督办。《市长热线快报》已编发61期。全年市长热线共受理各种诉求9298件，其中群众来电7804件、市政府门户网站网民留言1494件。接待信访群众40余人次。编发《专报》《市长热线工作情况通报》《热线快报》40余期，刊发《驻马店日报》民情民生栏目信息20余期。（胡培培）

政协驻马店市委员会

政协第三届驻马店市委员会工作综述

【政协第三届驻马店市委员会工作综述】2015年，市政协认真履行职能，推进协商民主，为推动“四个驻马店”建设做出了积极贡献。

助推改革发展。一是开展专题调研。针对加快推进全市产业集聚区提质转型创新发展问题，选择做大做强主导产业、破解生产要素瓶颈、完善提升配套服务功能、推进产城互动加快发展4个课题开展专题调研。累计召开各类座谈会、研讨会26次，实地调研市内外产业集聚区14个、企业40多家，形成4份高质量的调研报告，提出对策建议19项、116条。市委书记余学友、市长陈星等领导分别作出批示。按照省政协统一安排，围绕制定河南省“十三五”规划、推进大别山片区公共服务均等化发展、推动公共文化服务体系建设、健全基层矛盾纠纷化解机制等6个课题开展专项调研。二是组织委员视察。组织驻驻省政协委员围绕宿鸭湖湿地保护和开发利用进行视察；组织驻市区政协委员围绕提高城市管理水平、建设天中古镇、发展特色农业、破解民营企业发展难题、搞好扶贫开发等进行视察；指导驻县区市政协委员围绕高标准粮田建设、城镇垃圾处理、发展农民专业合作社等进行就地或异地视察。全年组织各种形式的视察活动30多批次。三是抓好提案办理。广泛征集提案线索，指导委员精准选题，提高提案质量。做好提案审查、重点提案遴选、提案交办工作，落实领导重点督办、提案委与政府督查室联合督办、民主评议承办单位、提案办理协商等制度，增强提案办理实效。

促进民生问题解决。一是了解民情，反映民意。2015年，共收到政协各参加单位和政协委员反映的社情民意信息50多条，向省政协报送18条，向市委、市政府报送10条，内容涉及医疗救助、中小微企业融资发展、主城区供水保障、农村养殖污染治理、农村小型水利工程建设等社会各界关心的问题。二是促进民生改善。选择促进房地产业健康发展、建立完善医患纠纷调处机制等课题开展调研。围绕保障性住房建设和棚户区改造、医疗卫生服务网络建设、小区物业管理、中小学和幼儿园传染病防控、农村饮水安全等问题进行视察。就社会养老服务体系建设、中心城区卫生健康惠民工程、中心城区背街小巷升级改造3项工作实施专项监督。三是解决实际问题。市政协领导和机关认真做好帮扶工作，持续推动驿城区朱古洞乡钱庄村道路建设项目和安全饮水工程实施，深入驿城区蚁蜂镇鲁湾村帮助研究帮扶方案、协调有关部门解决实际问题。组织教育、医疗、科技、文艺等方面界别委员和专家学者，开展“三下乡”“四进社区”活动，为群众提供相关服务。全年市政协委员和机关干部职工向困难群众捐款捐物90多万元。

推进政协协商民主。一是完善协商议政格局，创新协商工作机制。着眼发挥政协作为协商民主重要渠道和专门协商机构作用，构建以政协全体会议为龙头、以议政性常委会议和双月协商座谈会为重点，以专题协商、对口协商、界别协商、提案办理协商为常态的多元化协商议政格局。建立完善协商计划制订、主体参与、意见表达、成果转化等机制，推动政协协商民主制度化建设。二是科学确定协商议题，精心组织协商活动。密切与党政部门沟通联系，经市政协主席会议充分协商提出协商议题建议，提交市委常委会议审定，增强年度协商工作计划的可行性；坚持双向遴选政协委员和各界人士参与协商活动，主动邀请市政府有关领导和相关部门负责人到会通报情况、听取意见，增强协商主体参与的广泛性；坚持提前组织调研，广泛征求意见，增强协商议政的实效性；坚持平等务实协商，鼓励大家充分表达意见，开展互动交流，增强协商工作的民主性。2015年，市政协先后围绕产业集聚区发展和公共文化服务体系建设进行常委会议专题议政，围绕制定“十三五”规划开展专题协商，围绕推动农村教育发展、推动现代物流业发展等5个议题召开双月协商座谈会，围绕做大做强夏南牛产业、加快中心城区医疗卫生项目建设等议题开展对口协商、界别协商，向党委政府提出各种意见建议160多条。三是重视协商成果转化，促进相关工作落实。在充分协商的基础上，及时收集梳理意见建议，通过专题报告、调研报告、协商专报等形式向市委、市政府和有关部门反映，并把重点意见建议转化为政协提案、社情民意信息等加以跟踪督办，促进相关工作的落实。

凝聚各方智慧力量。一是团结各党派团体和各族各界人士。全年，协商办理各民主党派、工商联和无党派人士提案67件，邀请参加协商议政、调研视察、服务群众等活动107人次，安排全体会议大会发言、协商会议专题发言41人次。围绕民族村镇建设、加强宗教场所建设与管理等组织调研视察，看望慰问民族宗教界人士，维护少数民族和信教群众利益。发挥台港澳侨界别政协委员的作用，密切与台港澳企业和人士的联系，做好人员来驻考察项目、探亲访友等服务保障。二是做好政协文史资料工作。动员社会各界，征集已挖掘和出土的可移动类馆藏文物、古文献等珍贵文物稿件300多件，经精心筛选，编辑出版驻马店文史资料第十二辑《天中记忆·文物卷》。参与省政协抗日战争史料征集活动，挖掘和上报驻市抗日战争史料150多篇。做好省政协《百年记忆——河南文史资料大系》发放工作，向黄淮学院捐赠驻马店文史资料，宣传中原传统历史文化。三是加强与各级政协的联系和工作互动。参与省政协开展的调研视察，参加省政协办商议政会议和政协工作交流活动，组织政协委员参加省政协开展的“我为中原更加出彩作贡献”征文、“委员风采”征稿和庆祝省政协成立60周年书画摄影展等活动。加大对县区政协工作的指导力度，举办县区政协主席培训班，与县区政协联合开展专题调研和委员视察，围绕推进政协协商民主向基层延伸召开县区政协主席座谈会进行学习交流。（王　静）

重要会议

【市政协三届四次会议】 2015年4月16日～19日，市政协三届四次会议举行。市政协主席刘军甫，副主席刘汝生、苗炳启、赵瑛、张勇刚、谢凤鸣、王秋霞、张翠云、李万顺、郑玉林及秘书长李卫群出席会议。市委、市人大、市政府领导和公检法、军分区、高等院校等领导到会祝贺。市部分老领导应邀出席会议。会议听取和审议了三届市政协常务委员会工作报告和三届三次会议以来提案工作情况的报告；列席了市人大三届六次会议，听取并讨论了市政府工作报告和财政等报告；审议通过了市政协三届四次会议各项决议；审议通过了市政协三届四次会议提案审查委员会关于提案审查情况的报告；表彰了优秀市政协委员、提案办理工作先进单位、先进个人和优秀提案等；补选郑玉林为市政协副主席，增补了市政协常务委员。会议期间，市政协委员、政协各参

2015年4月16日上午，驻马店市政协三届四次会议开幕。　弓华静 摄

2015年9月23日，河南省政协副主席张亚忠（右二）带领省政协调研组到驻就健全和完善医患纠纷调处机制工作进行调研。

加单位共提交提案409件，经审查予以立案366件。在立案的提案中，委员个人提案348件，集体提案18件。（王 静）

【市政协三届十五次常委会议】 2015年3月18日，市政协召开三届十五次常委会议。市委副书记、市长武国定应邀出席会议并代表市政府通报2014年全市经济社会发展情况，以及2015年经济社会发展的主要任务。市政协主席刘军甫，副主席刘汝生、赵瑛、张勇刚、谢凤鸣、王秋霞、张翠云、郑玉林及秘书长李卫群出席会议。（王 静）

【市政协三届十七次常委会议】 2015年5月27日，市政协召开三届十七次常委会议。市政协主席刘军甫，副主席刘汝生、赵瑛、张勇刚、谢凤鸣、王秋霞、张翠云、郑玉林及秘书长李卫群出席会议。会议传达学习了省委政协工作会议精神和省政协学习贯彻省委政协工作会议座谈会精神，协商研究了市政协2015年有关工作，审议通过了有关人事事项，围绕全市产业集聚区发展情况举办了专题讲座。（王 静）

【市政协三届十八次常委会议】 2015年8月5日，市政协召开三届十八次常委会议。会议传达学习中共中央办公厅《关于加强人民政协协商民主建设的实施意见》、省政协十一届十二次常委会议和市委三届八次全会精神，听取并讨论市政府2015年上半年经济社会发展情况通报和关于全市2015年上半年财政预算执行情况的报告。与会人员还参加了“三严三实”专题教育讲座。市政协主席刘军甫出席会议并讲话。（王 静）

【市政协双月协商座谈会】 2015年6月18日，市政协召开“实施重点突破，加快现代物流业发展”双月协商座谈会。市政协主席刘军甫主持会议并讲话。副市长杜中强应邀出席会议。（王 静）

【县区政协主席培训班】 2015年10月27日～29日，市政协在信阳新县大别山干部学院举办县区政协主席培训班。市政协主席刘军甫出席会议并作动员讲话。市政协副主席刘汝生、赵瑛、张勇刚、王秋霞、张翠云及秘书长李卫群出席开班仪式。中共新县县委书记、大别山干部学院常务副院长杨明忠到会致辞。来自全市各县区的政协主席、副主席、办公室主任及市政协各委室负责人共计70余人参加培训。（王 静）

民主党派与工商联

民进驻马店市委

【基层组织建设】 2015年，民进驻马店市委按照《中国民主促进会章程》《河南民进组织发展规程》规定和民进中央关于做好组织发展工作的有关文件精神，坚持“三个为主”原则，把握界别特色，注重高层次人才发展。全年发展新会员12名，其中正高级职称1人，副高级职称3人，中级职

2015年10月23日，民进驻马店市委、市工商联联合组织多名医疗专家组成医疗队，在遂平县嵖岈山镇韩楼村开展科技文化卫生“三下乡”活动，送医送药，为村民进行义诊。　李凤岭 摄

称7人；研究生学历3人，本科学历9人。截至年底，会员人数达103人。2015年，黄淮学院会员人数已达10人，具备成立支部的条件，民进市委筹备成立黄淮学院支部委员会。民进驻马店市委第二支部被民进中央授予“民进全国先进集体”荣誉称号。（陈海珍）

【参政议政】 2015年，民进驻马店市委围绕中心工作建言献策。一是协商监督。民进市委主要领导多次参加市政治协商会、座谈会、征求意见会，围绕党风廉政建设、依法治市、产业集聚区建设、教育改革与发展等重大问题提交各类建议10多条，参加政府部门通报会5次，与市民政局、水利局建立工作信息通报机制。身为政协委员的会员在市政协双月协商座谈会上做专题发言3次。二是提案、社情民意信息。在市政协三届四次会议上，民进驻马店市委会集体提案有：《提高乡村教师待遇福利，为农村教育留住优秀教师》《关于加强我市农村建筑安全的几点建议》《关于扩大驻马店市第九小学办学规模和驻店市第十三中出路的建议》《驻马店市养殖业存在的问题与对策》《我市中小学安全教育存在的问题及对策建议》《驻马店文化品牌建设存在的问题及对策建议》，个人提案达10多份。2015年，民进市委参加民进省委开展的年度参政议政课题申报，申报了《关于高校转型的建议》《关于中职生法律问题及不良行为转化的建议》。申报课题经过近半年的实地考察及多种形式的调研，形成的调研报告纳入《民进省委参政议政优秀成果汇编》。三是专题调研。民进会员结合驻马店市农业大市秸秆焚烧污染环境严重的现象，献计献策。12月初，民进组织以张翠云主委为组长的调研组，赴郑州、中牟县等地进行走访调研，考察循环农业利用情况，深入河南最先进的河南邦友循环农业有限公司进行调研，形成切合实际的调研报告。在全市编制“十三五”规划之际，民进市委深入市国土资源局、特殊教育学校、市幼儿园等单位实地调研，针对闲置土地现象、矿产资源的开发与保护、弱势群体保护问题及期待幼儿教育纳入义务教育等热点、难点问题进行剖析与考察，提出意见、建议。（陈海珍）

【社会服务】 2015年是中国民主促进会成立70周年，河南民进组织成立30周年，民进市委以主题年为契机，拓展社会服务。一是争取上级农业综合开发项目资金300多万元，为民主党派同心帮扶基地泌阳县高邑乡孙桥村改造高标准农田2000亩；协调市委扶贫办为孙桥村培训香菇种植学员300人，发放资料1000多份。二是10月23日，民进组织会内的骨科专家来到韩楼村开展送医送药下乡活动，为当地群众义诊500多人次，送药价值近万元，免费发放医疗保健常识宣传手册3000多份。民进市委在市工商联的支持与帮助下，向韩楼村小学捐赠图书3000多册，向家庭贫困儿童及部分留守儿童捐赠价值2000多元的学习用品及棉衣。三是利用平台建设，开展社会服务。河南民进经济界会员联谊会、开明书画院是开展社会服务的有效平台，社会捐助10多次，捐款、捐物达10多万元。会员张巧云被授予社会服务先进个人称号，并被推选为优秀代表作了大会发言。会员闫夏发挥自身专业特长与优势，每年自发在贫困乡村开展数次义诊送药、捐赠等活动。（陈海珍）

民盟驻马店市委

【组织队伍建设】 2015年，民盟驻马店市委落实“人才兴盟，人才强盟”战略，切实加强队伍建设。一是做好组织发展。发展盟员10人，其中副高职称3人，硕士3人。截至年底，全市盟员总数237人，副高以上职称97人，占盟员总数的33.3%，本科以上学历176人，占74.2%。二是加强骨干盟员队伍建设。推荐骨干盟员参加省、市社会主义学院学习和盟省委参政议政骨干培训。加强后备干部队伍建设，为后备干部的培养、推荐和使用搭台阶、建平台。三是加强基层组织建设。在2014年“全盟基层组织建设年”工作的基础上，

加强对基层组织工作的制度建设，邀请基层组织负责人参加市政协、盟市委等组织的调研活动，指导基层组织开展活动，支持支部之间开展横向联系，加强交流。（张　靖）

【专题调研】 2015年，民盟驻马店市委承担盟省委关于《城镇化背景下河南教育资源的优化配置问题研究》研究课题，成立了由市政协副主席、民盟驻马店市委主委苗炳启为组长的课题组，制订《城镇化背景下义务教育热点问题研究方案》，以河南省的中部地区驻马店市为背景，分别到泌阳县、确山县等地进行考察，以义务教育阶段的中、小学为研究主体，围绕城镇化进程中义务教育资源需求增长问题、城区中小学建设和优化教育资源配置、中心城区破解“上学难”“择校热”和“大班额”问题等开展调研，并将研究范围延伸至信阳、周口、商丘黄淮地区，开展比较研究，对教育资源配置不均、义务教育发展不平衡等问题提出对策。（张　靖）

【参政议政】 2015年，民盟驻马店市委关注全市经济社会发展的重大问题，建言献策。一是做好提案工作。“两会”期间，出席省、市会议的盟员向大会提出提案、意见、建议40多件。在市政协三届四次会议上，盟市委提交的提案内容涉及教育、文化、农业、文明城市创建等方面。二是积极建言献策。在省人大会议期间，出席会议的盟员围绕教育改革、师资队伍建设等提出意见和建议。在市政协双月协商会上，盟市委分别就城市公共卫生管理、非物质文化遗产的保护作了发言。参加市人大执法检查和市政协专题调研、视察和专题协商会的盟员，分别就文明城市建设、中心城区义务教育发展、非物质文化遗产保护、职业教育发展等问题提出意见和建议。（张　靖）

【开展社会服务】 2015年，民盟驻马店市委积极开展“烛光行动”，被盟省委授予“烛光行动先进市委会”称号。1月23日，民盟河南省委、民盟驻马店市委在市第一高级中学联合举办“烛光行动、筑就梦想”河南教育行驻马店公益讲座，邀请北京四中名师大讲堂的讲师为家长和学生作了《伴随孩子成长，做优秀学生家长》《把握假期，赢在假期》2场专题报告。在民盟“烛光行动”基地——泌阳县高邑乡中心小学开展帮扶助学活动，为学校送去了一批体育器材。组织盟员创作书画作品参加盟中央的“继往开来——中国民主同盟盟员美术作品展”，薛水生、王河宁等盟员的3幅美术作品入选并在中国美术馆展出。盟市委以“勿忘国耻、圆梦中华”为主题，编印了《庆祝中国人民抗日战争胜利70周年书画作品集》。盟市委和市乒乓球发展研究中心联合举办驻马店市“大河养老杯乒乓球精英赛”“恒大名都杯乒乓球精英赛”。支持盟员中文化艺术界的专家积极开展文化艺术创作和艺术培训。（张　靖）

农工党驻马店市委

【组织发展】 2015年，市农工党发展新党员10人，党员总数达到140人，其中，拥有副高级以上职称的党员111人，占总数的84%；具有硕士学位的11人。下辖1个总支，7个支部。有市政协委员18人，驿城区政协委员6人。（姚新芝）

【政治协商】 2015年，农工党市委主要领导积极参加中共驻马店市委同民主党派无党派人士协商座谈会，中共驻马店市委扩大会议，各界人士座谈会等，就党风廉政建设、驻马店城市规划及城市组团发展规划、交通规划、旅游规划、“十三五”规划等进行协商，市委主委代表农工党市委就城市管理、生态保护、绿色旅游等议政建言，尤其是制定全市“十三五”规划时，建议把建设健康驻马店放在突出位置，作为一种战略，将健康+融入到所有政策和领域中。农工党中的人大代表和政协委员，通过参加人大常委会、人大全会和政协主席会、常委会、全会及各类专委会，协商议政政府工作报告、法检两院报告，围绕实施“推发展、促改革、保稳定、抓党建、惠民生”5项重点工作和编制“十三五”规划等提出许多有价值的意见和建议。针对产业集聚区提质转型创新发展、加快现代物流业发展、保护西部山区生态环境、民主监督工作、提升驻马店市文化软实力、养老事业发展、市区建设等人民群众关心的热点、焦点问题，通过提案、视察、走访、专题讨论等形式，与政府有关部门进行协商，提出意见和建议。（姚新芝）

【参政议政】 在2015年驻马店市政协三届四次全会上，农工党驻马店市委有大会发言材料2项，集体提案7件，个人提案68件。孔令珍、李颖被评为“三个一”活动先进个人。在本次全会上农工党驻马店市委撰写的优秀提案得到大会表彰，占优秀提案总数的1/6。由农工市委和苗保朝、李金枝、张勇刚等党员委员撰写的《培育新型农业经营主体推进我市现代农业发展》《关于推进我市“医养结合”养老模式工作的建议》《必须把畜禽养殖业对环境污染的治理放在突出地位，确保驻马店市的生态文明建设》被列入2015年度主席重点督办提案，占重点督办提案总数的17%。由苗保朝执笔以农工党市委名义撰写的《关于实施农业标准化，推动农业现代化》的提案，经经办单位与农工党市委的共同努力，驻马店市政府常务会议已把“创建标准化农业示范市”纳入市政府议事日程，并列入市行业“十三五”规划。在2015年驿城区政协会议上农工党委员共提出提案12件。在省人大十二届四次全会上，苗保朝提出议案2件，即关于《河南省高标准农田基础设施保护条例》《河南省耕地质量保护条例》的议案，其中《河南省高标准农田基础设施保护条例》的建议被河南省人大常委会采用，议案列入2015年立法议程。提建议3条：关于制定、破解融资难题，扶持小微企业发展、农业生产中化学除草易出现问题应当引起重视、关于制定全省现代蔬菜产业发展规划的建议。在省政协十一届三次全会上，提出了《高层住宅电梯难容急救担架问题应引起重视》《关于支持农业大市加快发展的建议》2项提案。（姚新芝）

【调查研究】 2015年，农工党市委对8个课题进行调研，

2015年8月28日，共青团驻马店市委举行“希望工程圆梦行动”助学金发放仪式。

继续做好青年就业见习基地建设工作，全年筹措涵盖食品加工、机械加工、商业、服务业等多个领域的见习岗位252个，组织对接上岗见习370多人。二是切实维护青少年合法权益。充分发挥12355青少年综合服务台作用，全年共接听电话274个、接待来访76人次，为青少年提供维权、救助服务，有效疏导青少年在学习、生活、成长过程中出现的各种心理问题。举办驻马店市第二届青少年心理健康教育系列大讲堂，举办心理知识专题讲座9场，覆盖全市青少年和青少年工作者5000余人。举办“相约春天、缘来是你”单身男女联谊活动。开展罪错青少年集中帮教、青少年远离毒品等活动，发放宣传资料、自护知识手册5000余份、防艾健康包1000多个。三是持续开展“共青团关爱行动”。建立微笑吧、七彩小屋等关爱阵地81个，举办“同一片蓝天向幸福出发”关爱弱势少年儿童亲情一日行、关爱贫困儿童爱心捐赠等活动，全市共有1000多名青年志愿者为农民工子女开展学业辅导、心理咨询、亲情陪护、自护教育等志愿服务。深入开展“希望工程圆梦行动”，全年共募集资金62.5万元，资助贫困大学生130人。开展“希望工程温暖冬天活动”，筹措资金28.9万元，为6000多名贫困学生发放保暖护具、学习用品。（胡　涛）

市妇女联合会

【服务妇女创业就业】2015年，全市各级妇联服务妇女创业就业有新发展。一是继续开展“春风行动”，为女性提供更多就业机会。“三八”节期间，全市各级妇联组织和人社部门继续联合开展“春风行动”，召开免费专场招聘洽谈会14场，提供免费就业服务14151人次，跨地区组织劳务输出女性2482人，本地企业吸纳农村劳动妇女4160人，提供用工岗位招聘人数1.3万个。二是扎实做好妇女小额担保贷款工作，解决妇女创业资金瓶颈。全年发放妇女小额贴息贷款2.65亿元，扶持创业女性3621名。联合市人社局召开驻马店市妇女创业担保贷款新政策推介会，现场为10名创业妇女发放贷款480万元，为100多名有创业意向的妇女提供政策讲解服务。三是以实施“巧媳妇”工程为重点，增强女性创业就业的能力。全年全市各级妇联组织共举办各类巾帼科技培训班46期，培训妇女2.1万人次，600名农产品女经纪人接受了电子商务创业培训，扶持创办家政服务公司2个，建立“巾帼家政就业培训基地”5个。平舆县开展巾帼家政服务培训，举办5期月嫂就业技能培训班。全市建立“巧媳妇”工程示范点42个，带动留守妇女5000多人就业。上蔡县在西洪乡洼王村荣光鞋业缝帮车间举行“巧媳妇”工程示范点挂牌仪式暨技能比武大赛。四是加强对女企业家协会的指导，服务经济和社会发展。女企业家协会会员由最初的94名增加到115名。2015年是全市女企业家互学互访观摩年，先后组织女企业家到嵖岈山门业、布一帆服装有限公司、乐华汽贸等企业参观、座谈。五是深化“巾帼建功”活动，引领广大妇女岗位建功。全市建立“巾帼创业示范基地”18个，其中国家级2个、省级8个，示范基地举办巾帼创业培训班5期，培训1500人次，创建省级“巾帼文明岗”60个，市级175个。（陈雨阳）

2015年8月25日，市妇联举行妇女儿童救助基金成立暨2015年度扶贫助困资金发放仪式。

【妇女维权】 2015 年，全市加强妇女普法维权有新举措。一是加大法制宣传力度。“三八”节期间，市妇联以“法律温暖、家庭幸福”为主题，组织开展男女平等基本国策集中宣传一条街活动，市直 70 多个单位和巾帼维权志愿者 500 多人参加活动，发放各种法律宣传材料 1 万余张，展出展板 150 多块，受教育群众 5000 多人。全市各级妇联组织开展《妇女权益保障法》、《中华人民共和国婚姻法》、防邪教知识等“六进”行动，为 5 万多名群众提供法律咨询和服务。二是加强妇女维权法律援助。联合司法部门成立妇女维权法律援助队 16 支，招募义务维权律师和维权志愿者 389 名，为 479 人进行法律援助。西平县邀请心理学专家对乡镇社区的妇联主席进行心理学知识的系统培训，依托妇女之家建立 8 个心理咨询室。经济开发区充分利用“婚姻家庭纠纷诉前调解中心”调解婚姻家庭矛盾，设立“微信维权岗”。三是开展“和睦家庭”创建活动。创新活动载体，与市综治办联合下发《驻马店市十星级平安和睦家庭创建命名管理实施意见》，在全市评选表彰 1 个示范县、9 个示范村（居）、20 个标兵户和 500 个示范户。正阳县举行十星级“平安和睦家庭”报告团，到全县各乡镇软弱瘫痪村巡回宣讲。 （陈雨阳）

【文明家庭创建】 2015 年，全市推进家庭文明引领有新成效。一是全面推进寻找“最美家庭”系列活动。举办最美家庭故事会、家风家训展示、评议会 379 场，设立“最美家庭”光荣榜 412 个，展示“最美家庭”670 户，晒出家庭照片 2860 幅。二是持续开展家庭文明建设活动。在全市开展“五好文明家庭”及家庭“十好”标兵评选活动，连续 3 年举行“十好”标兵先进事迹宣讲活动，在全市各县区作报告 30 场，直接受众 3.5 万多人。联合市创建全国文明城市办公室、驻马店日报社、驻马店广播电视台开展全市“争创文明家庭・共建文明城市”创建活动，67 家单位精心准备，积极参展，将各行业评选出的文明家庭，征集到的好家训、好家规等用图片、书法的形式展现出来。确山县、汝南县、平舆县连续开展“好媳妇”“好婆婆”评选表彰活动。三是做好家庭教育工作。举办驻马店市第二期家庭教育系列大讲堂活动，邀请国内著名家庭教育专家岳晓亮教授在各县区巡回报告 10 场，受众达 1.2 万多人。“六一”节期间，表彰优秀家长学校、家庭教育工作先进个人和优秀家长 90 名。

（陈雨阳）

【服务妇女儿童】 2015 年，全市服务妇女儿童有新作为。一是开展社会公益活动。组织爱心女企业家捐助 4 万余元的慰问金和物品，慰问贫困母亲、市儿童福利院和古城乡敬老院。协调阳光人寿保险公司向驿城区老河乡大林子村小学捐赠 20 万元，在会展中心举办老河乡“阳光之星博爱小学”捐赠结对帮扶晚会。二是服务特殊妇女儿童群体。成立驻马店市妇女儿童救助基金，接受企业及各界人士捐款 48.57 万元。对 41 名贫困女大学生和 20 名贫困母亲进行“春华行动”和“两癌”救助，发放救助金 26.4 万元。对全市农村妇女“两癌”免费筛查 44309 人。泌阳县开展“党旗下的温暖・关爱孤儿”活动，各界爱心人士 45 人关爱特困孤儿 87 名，发放救助金及慰问品 6 万余元。三是开展其他各类关爱活动。在全市妇女中广泛开展“女性健康工程”活动，举办“相约春天・缘来是你”大型单身男女联谊活动。“六一”节期间，市四大班子领导到市残疾儿童康复中心幼儿园、市政府幼儿园和建业小哈佛双语幼儿园等地，看望慰问儿童和幼教工作者。驿城区开展“女性健康工程”系列活动，为近 3000 名已婚育龄妇女进行“两癌”和传染病免费筛查。 （陈雨阳）

【女性自身发展】 2015年，全市促进女性自身发展有新突破。一是搭建学习交流平台，抓好技能素质提升。在黄淮学院举行"优秀女性进高校"报告会。成立驻马店市"天中紫薇"女子合唱团、"天中紫薇"宣讲团、"天中紫薇"模特队。在全市举办婚姻与家庭、健康知识讲座256场，直接受教育妇女2.8万余人次。二是举办女性大讲堂，积极参与文明驻马店建设。举办国学智慧与幸福人生大讲堂，特邀北京大学《生命智慧》国学研修班导师张洪泉教授讲解孝文化。市妇联以《弟子规》、"仁义礼智信"为主题全年共举办4期道德讲堂，提升机关干部人员素质。三是开展文化活动，提高妇女文明素质。在全市广大妇女中开展以"建设文明驻马店、天中紫薇在行动"为主题的第二届女子书画作品展，参展108件书画作品。在全市开展"书香驻我家"活动，举办读书征文和演讲比赛。 （陈雨阳）

市归侨侨眷联合会

【工作概况】 驻马店市现有归侨15人、侨眷(属)1.8万多人、港澳同胞1000多人，旅居海外的华侨华人6000多人。2015年，全市各级侨联坚持全面推进服务经济发展、依法维护侨益、拓展海外联谊等工作，受到上级侨联和市委、市政府的充分肯定。省政协副主席邓永俭，省委统战部副部长、省侨联党组书记赵太安，省侨联主席董锦燕、副主席王鹏杰先后到驻马店市调研侨联工作，省侨联豫南片区座谈会和侨联工作深化改革座谈会在驻市召开。市侨联荣获"2011~2015年度全国侨联系统维权工作先进单位"和"全省侨联工作先进单位"。 （谢 威）

【服务经济发展】 2015年，应市侨联的邀请，香港铜锣湾集团董事长陈智先生、马来西亚世界穆斯林认证中心中国区总负责人许明钟先生、马来西亚罗氏公会副会长兼财务主任罗启贵先生，北京粮食集团西北郊粮食收储库总经理陈富成先生，旅法华侨、法中商贸会副会长栗建华女士，旅美华侨李海昌先生，塔吉克斯坦华人华侨联合会副主席王欲峰先生，美国苹果公司高级研发员、旅美华侨李明坤博士等先后率团到驻马店市进行文化经贸考察。市侨联利用参加第十届豫商大会和中国农洽会的时机，与多个河南商会代表、海外华侨华人进行联谊交流，邀请有投资意向的海外侨商社团、华侨华人到驻市参观考察。经市县侨联牵线搭桥，华侨赵丽女士计划回国投资1.5亿元建设丽坤医院，正在进行项目洽谈对接。 （谢 威）

【维护侨益】 2015年6月，中国侨联权益保障部副部长黄晖和省侨联权益保障部部长杨广有到驻马店市调研侨界群众维权工作，并召开基层维权工作座谈会，市侨联借此机会主动与正阳县主要领导沟通，为该县侨属企业永坤大酒店解决了征地纠纷问题；与平舆县有关领导沟通，妥善解决了侨

2015年9月16日，驻马店市涉侨法律维权服务中心成立。

属企业好又多超市经营纠纷问题。市侨联、驿城区侨联为侨资企业枫华饲料公司与驿城区食盐调味品公司的租赁、并购合同纠纷问题，与市中级人民法院、驿城区区委、区政府等多方进行沟通协调；市侨联为西平县侨属企业河南玉凤振兴食品调味品有限公司劳务责任纠纷一案，向市中院发函表示关注，还派人参加了市中院对案件进行的庭审。 （谢 威）

【联络联谊】 2015年，各级侨联借助于发源本市的姓氏文化资源，广泛开展与海外华侨华人的联谊交流活动。西平县举行了乙未年中华母亲节嫘祖故里拜祖大典，上蔡县举行了蔡氏立姓3060年庆典暨蔡氏文化园启动仪式，中华仲子历史文化研究会在汝南成立分会，广西梧州江氏宗亲会到正阳县寻根祭祖，东汉袁安袁氏后人齐聚平舆共同拜祭祖先袁安，年内，全市共有3000多名海外侨领、知名人士到驻马店市寻根谒祖，考察交流。市侨联配合《中华百家姓·起源故事》剧组赴上蔡采风，对蔡地、蔡姓及蔡国的历史故事进行深入挖掘，写出了海内外蔡氏后裔喜闻乐道的蔡姓起源故事，拍摄了一集蔡姓起源和历史名人短片。 （谢 威）

【为侨服务】 2015年，市侨联重点对全市15户归侨、30户困难侨眷属、41户侨界空巢老人进行走访慰问，为他们送去慰问品和慰问金。积极响应国家“精准扶贫”号召，协调市外侨办和遂平县政府突破落实侨务政策，将3户家住农村的越南归侨纳入救助范围，享受当地农村最低生活保障线3倍标准的补助，每人每年领取补助费5400元；协调市光彩事业办公室为困难归侨子女谢东芝申请了每年2000元的“惠蕾奖学金”；深入开展“百侨帮百困”活动，鹏宇集团为30户困难侨眷属捐资6万元；组织26名困难归侨侨眷到郑州免费参加省外侨办举办的职业技能培训。9月16日，市侨联筹措成立驻马店市涉侨法律维权服务中心，为侨资侨属企业和侨界群众提供法律咨询、法律援助等服务。（谢 威）

【参政议政】 2015年，在省“两会”上，驻马店市侨界代表提交了“关于省政府设立困难归侨侨眷帮扶专项经费的建议”和“关于调整困难归侨生活补助范围的建议”。在省侨联参政议政会议上，市侨联围绕“发挥优势、创新载体、汇聚侨智侨力，提升侨界参政议政工作水平”做了典型发言。在省侨联召开的参政议政座谈会上，市侨联围绕涉及侨界群众切身利益的问题做了主题发言。在市县召开的“两会”上，侨界代表委员提交了“关于多策并举，加大侨界维权工作”“关于拓宽侨资侨属企业融资渠道”等的议案、提案、建议182件，市侨联专门对涉侨议案、提案、建议进行了搜集。 （谢 威）

【驻马店市第三次归侨侨眷代表大会】 2015年12月30日，驻马店市第三次归侨侨眷代表大会召开，省侨联主席董锦燕到会祝贺。市委副书记张宪中出席开幕式并讲话。市委常委、统战部部长姚新文主持开幕式。市人大常委会副主任乔登华、副市长冯玉梅、市政协副主席张翠云出席大会。会议审议通过了驻马店市侨联第二届委员会所作《凝聚侨心侨力、发挥独特优势，为实现富民强市加快崛起做出新贡献》的工作报告，选举产生了市侨联第三届委员会，表彰了全市侨界先进集体和先进个人。市侨联三届一次全委会选举蒋毓勤为市侨联第三届委员会主席，夏卫刚、郑定辉、朱新红、刘仕英、陈运强、王拥军6人为副主席，王海峰为秘书长，20人当选常委。 （谢 威）

【实施“零距离聚侨心”工程】 2015年，市侨联打造以“零距离贴近侨情、零距离温暖侨心、零距离维护侨益、零距离服务创业”为主要内容的“零距离聚侨心”工程，通过入户家访、进企调研、发放联系卡、提供服务等举措，主动服务侨界群众，帮助其解决实际困难和问题，增进与侨界群众的感情。5月，市侨联在第一个“零距离服务月”期间，成立4个侨联干部工作组，深入全市85个重点乡镇，走进852家侨户和侨资侨属企业，发放为侨服务联系卡近千张，帮助解决生产生活难题32件。中国侨网、省政府网、省侨联网、《驻马店日报》等媒体对活动的开展情况给予宣传报道。市委、市政府对“零距离聚侨心”工程的实施给予肯定，《驻马店信息》第87期头条刊登了市侨联“零距离聚侨心”工程实施情况，此项活动作为市群团组织服务群众的一项工作品牌，纳入市委《关于加强和改进党的群团工作的实施意见》，活动被编入《中国侨联年鉴（2015）》。 （谢 威）

法　治

政法委及综治

【维护社会稳定】 2015年，驻马店市委政法委维护社会安全稳定。全面推进依法逐级走访制度，坚持用法治思维和法治方式化解信访积案，赴京非访量同比下降76%，涉法涉诉非访同比下降82%。在全国“两会”、“9·3”阅兵、十八届五中全会和上合组织政府总理峰会期间，实现了“零非访”目标。制定下发《关于完善基层矛盾纠纷预防化解机制的实施意见》，建立矛盾纠纷调处化解平台，形成了上下贯通、多元化解、整体联动的矛盾纠纷排查化解机制，化解率达96%。重点在医患纠纷、交通事故、土地征用等领域加强行业调解组织建设，探索建立矛盾纠纷预防化解社会组织，使大批矛盾和纠纷化解在基层和萌芽状态。截至年底，全市共成立行业调解组织72个，对93名金牌调解员、32个优秀调解工作中心、19个调解工作室进行了表彰奖励。加大防范惩治暴恐犯罪力度，加强反恐怖工作机制和应急处置体系建设。开展反邪教斗争，推进“百千万无邪教示范工程”创建工作。加强对维稳形势分析研判，建立维稳形势研判会商制度，加强对重要敏感信息及时预警处理，有效预防和处置突发性群体性事件。落实社会稳定风险评估制度。共对49起重点建设项目进行了评估，有效预防和减少了不稳定问题发生。对进京访、省市联合接访窗口交办、省市领导批示件的23起信访案件进行集中评查，发现存在执法过错和执法瑕疵案件5起、行政警告1人。 （王艺刚）

【案件防控】 2015年，驻马店市委政法委完善立体化防控体系。一是严厉打击各类违法犯罪活动。开展命案攻坚，打击“两抢一盗”、电信诈骗、打黑除恶等专项行动。年内现行命案破案率为98.04%，抢劫、抢夺案件同比下降23.9%、40.1%。二是加强技防体系建设。以开展“视频监控体系规范提升年”活动为契机，健全对县、乡技防设施建设、使用、维护的长效机制。截至年底，共安装探头58770个，村（社区）达到了6个以上，实现了技防全覆盖。通过技防支撑刑事案件1876起、治安案件2973起、交通案件4151起。三是探索建立专职巡防队伍保安化管理机制。制定下发《关于建立保安专职治安队伍提高社会治安防控能力的实施意见》，组建保安专职治安巡防队伍。已在各县区和部分乡镇（街道）开展试点工作。四是开展重点地区排查整治。坚持滚动排查、滚动挂牌、滚动整治，全面排查社会治安重点地区，着力解决人民群众反映强烈的突出问题。全年先后对工作落后的17个乡镇（街道）和单位实行挂牌整治。五是创新政法宣传工作方式。加强新媒体应用，建立开通“平安驻马店”公众微信号，组织拍摄平安豫剧、微电影等，弘扬政法工作正能量。上蔡县公安局夏明臣被公安部评为二级英模。平舆县检察院贾峰荣登中央文明办“助人为乐类好人榜”。

（王艺刚）

【基层基础管理】 2015年，市政法部门加强基层基础管理。一是开展五星级平安乡镇（街道）创建活动。按照“强乡带村促县”工作思路，制定下发《关于开展五星级平安乡镇（街道）创建活动的实施意见》，统一星级评定标准，全面铺开“星级联创”工作。11月，在确山县召开了现场推进会。坚持以平安村、平安社区“双创”为基础，以平安单位创建为补充，以平安家庭创建为细胞，继续深化创建活动，全市“双创”达标村（社区）达91%。二是实现基层综合服务管理平台规范化建设。在全市8县3区、173个乡镇（街道）、2527个村（社区）建立三级规范化基层综合服务管理平台，60%以上的自然村设立了平安室和服务代办站，有效解决了基层的工作阵地问题。三是推进基层网格化管理。全市实现了网格化管理全覆盖，建立健全日巡查制度、民情日志制度、分级办理制度、民情回应制度，及时掌握网格动态。截至年底，共划分基础网格3100个，配备网格管理员38901名，做到了管理零缝隙、服务零距离。四是强化特殊人群服务管理。建立市社区矫正监控管理指挥中心，在各县区建立社区矫正信息管理平台，对矫正对象全面推行GPS系统进行定位管控。全年全市共接收矫正对象1039人，已解除并正平稳融入社会1100人，无一例重新违法犯罪。加强刑释解教人员的衔接管理，现已接收刑释解教人员2037人。五是“一外三留”人员服务管理。继续实施党组织、群团组织、经合组织向外出务工人员集中地延伸，全市共建立流动党支部391个，吸纳外出务工党员7219名；发挥公办寄宿制学校教育管理的主体作用、民办学校的协同作用，开展“手牵手”结对帮扶活动，使留守儿童学有所教、幼有所护；建立互帮互助小组12585个，使留守妇女生产有人帮、生活有人问、创业有人领；建立公办养老院173所，使留守老人老有所养、老有所乐。六是推进基层社会治理创新。把创新基层治理作为深化“双基”工作的抓手，以村组平安室为平台，以网格化管理为手

2015年9月12日，河南省副省长、省公安厅厅长许甘露（中)在市委书记余学友（右二），市委副书记、市长陈星（右一）的陪同下在东高派出所了解居民办理身份证情况。 弓华静 摄

段，以信息化建设为支撑，以社会化服务为重点，着力解决服务联系群众“最后一公里”的问题。（王艺刚）

【司法体制改革】 2015年，按照市委全面深化改革领导小组的安排部署，积极跟进顶层设计，一些重要改革方案已经出台落实，司法公开从结果公开向过程公开延伸，立案登记制全面推行，人民陪审员制度改革工作进展顺利，严格落实查封扣押冻结处理涉案财物的司法程序、领导干部干预司法活动插手具体案件处理的记录通报和责任追究规定、司法机关内部人员过问案件的记录和责任追究规定，司法公信力进一步提升。（王艺刚）

法治政府建设

【法治政府建设概况】 2015年，驻马店市政府法制办以建设法治政府和服务政府为目标，突出推进服务型行政执法建设工作和全面落实行政执法责任制。完善推进依法行政领导机制和工作机制，提请市政府调整了由市长陈星任组长、常务副市长张昕任副组长、相关部门为成员单位的全面推进依法行政工作领导小组。5月21日，举行市政府法律咨询专家聘任仪式，市长陈星出席聘任仪式，为沈开举等9位受聘法律咨询专家颁发聘任证书，完善了依法科学民主决策程序。印发《2014年度驻马店市依法行政工作责任目标考核实施方案》，组织全市依法行政责任目标考核工作，采取现场考核、案卷集中评阅和社会评议等方式，严格依据考核项目评分细则评定分值，汇总成绩。抽调28名专业人员，对县区和市直部门的行政处罚、行政许可等行政执法卷宗进行评查。根据考核结果，提请市政府下发《驻马店市人民政府办公室关于2014年度依法行政工作目标责任考评情况的通报》，对20个综合评定优秀单位和35个合格单位，予以通报表彰。针对考评中发现的问题，建立问题台账，及时下发问题核实整改通知，督促相关单位限期进行整改。对省政府法制办反馈的驻马店市依法行政工作中存在的问题，高度重视，在限定时间内予以整改。市法制办制定并呈交市政府《2015年度驻马店市人民政府常务会议学法计划》，适时组织市政府常务会议学法。年初，驻马店市改版后的政府法制网站正式投入使用，展示政府法制工作成效，全面推行政务公开。此外，市政府法制办积极向省政府法制办、市委、市政府报送工作信息，其中被国务院法制办采用1条，省政府网站采用10条，省政府法制网采用248条。（张 伟）

【行政执法】 2015年，市政府法制办根据省政府服务型行政执法建设“整体推进年”工作部署，提请市政府下发《2015

年全市推进服务型行政执法建设工作实施方案》，明确工作目标和要求，并确定6个市级服务型行政执法示范点，积极开展督促检查工作。7月，开展服务型行政执法建设专项调研，形成《驻马店行政执法调研报告》。出台《关于进一步推行行政指导工作的实施意见》，调整、丰富和完善行政指导工作内容和方式。9月，精选全市行政管理和行政执法案例，编制《行政指导案例选编》。推进行政调解工作，在公安、医疗、消费者权益保护、劳动争议、征地拆迁等领域，建立健全行政调解工作机制。加强城市管理行政执法工作，举办城市管理系统服务型行政执法培训班，开展"城管论坛""城管执法案卷大家评""星级执法队伍创建"等活动。驻马店市已率先全面完成全省服务型行政执法建设各项工作任务，在全省服务型行政执法建设考评中位居前列。及时转发省政府办公厅《关于全面落实行政执法责任制的意见》，制定出台《开展行政执法责任制学习培训宣传活动方案》，做好行政执法责任制宣传推行工作。10月17日，《驻马店日报》刊登了《市政府法制办负责人就贯彻落实行政执法责任制答记者问》，向执法人员和社会公众宣传介绍全市行政执法责任制落实情况。以行政执法证件换发为契机，依法对行政执法单位主体资格进行确认，对无执法依据但从事执法工作的单位进行清理，对行政执法人员资格进行审查。全年全市行政执法部门共举办各类培训班160余次，培训行政执法人员1.5万人次。9月12日～13日，统一举行行政执法人员换发执法证件综合法律知识考试，全市1.42万余名行政执法人员参加考试，促进了行政执法队伍建设。根据省政府关于开展规范行政处罚自由裁量权专项检查的要求，及时制定下发《关于对规范行政处罚自由裁量权情况进行专项检查的通知》，并组成专项检查组，对部分县区和执法部门进行检查抽查，针对发现的问题，认真进行整改落实。按照省全面推进依法行政工作领导小组《开展关系群众切身利益重点领域行政执法检查方案》要求，制订工作方案，严格落实责任，开展对关系群众切身利益重点领域的行政执法检查。7月1日《河南省重大行政处罚备案审查办法》实施以来，市政府法制办共审查市直部门、各县区报备的重大处罚64件，纠正2件。（张　伟）

【规范性文件管理】 2015年7月1日《河南省行政规范性文件管理办法》实施后，市政府法制办严格按照规定程序、期限和方式，依法对规范性文件进行报送、审查、备案。全年共向省政府、市人大备案规范性文件78份。全面加强规范性文件合法性审查，对县区和市政府工作部门报送审查的规范性文件，依法严格审查，做到有件必备，有备必审，有错必纠。全年共审查市直部门报备规范性文件256件，纠正4件。开展规范性文件数据库建设工作，与省政府规范性文件数据库完成对接。做好规范性文件汇编工作。提请市政府成立由市长陈星任主任、常务副市长张昕任副主任的《驻马店市行政规范性文件汇编》编审委员会，将2007年～2013年全市制定出台的各类行政规范性文件汇编成册，既为机关、社会团体、企事业单位和公民准确提供规范性文件标准文本，也为社会各界查阅和掌握市规范性文件提供方便，推进政务环境进一步优化。（张　伟）

【行政复议应诉工作】 2015年，市政府法制办为推动行政复议工作规范化建设，提请市政府出台《关于进一步加强行政复议工作的意见》。为加强政府行政应诉能力建设，保证政府依法行使职权，提请市政府出台《驻马店市人民政府行政应诉工作规定》和《驻马店市行政首长出庭应诉参加行政复议活动的规定》。2014年10月1日～2015年9月30日，全市共收到行政复议申请568件，决定受理528件；办理行政应诉案件534件，现已审结476件。市政府本级收到行政复议申请223件，决定受理191件；办理行政应诉案件34件，现已审结15件。积极解决群众信访举报反映的问题。2014年10月1日～2015年9月30日，从信访转到复议途径的案件有185件，全部得到依法办理。（张　伟）

公　安

【反恐维稳概况】 2015年，驻马店市公安机关成功侦办一批专案，侦办邪教案件56起，妥善快速处置了一批影响社会稳定的群体性事件。根据省厅统一部署，结合全市实际，组织开展为期70天的反恐怖暨公安基础工作大排查大整治专项行动，排查并整改各类火灾隐患8256处、治安隐患4233处。强化反恐维稳基础建设，成功举行"2015—捍卫天中"反恐处突紧急拉动演练。完成全国"两会"、抗日战争胜利70周年纪念活动、中国农加工洽谈会、十八届五中全会、上合政府首脑会议等重大安保维稳任务。特别是全国"两会"期间，驻马店市实现了进京赴省"零非访"的历史性突破，得到省综治办、省维稳办、省联席办和省公安厅肯定，市政府于2015年4月13日给市公安局记集体二等功一次。全年289名民警分别荣立个人二等功、三等功。（郝哪达　郑　方）

【打防刑事犯罪】 2015年，驻马店市在2010年～2014年连续5年保持现行命案动态破案率100%的基础上，2015年现行命案发51起，破50起，成功侦破一大批大案要案。2015年7月初，驻马店市侦破豫皖接合部涉及2省、7地市、21个县区的特大系列抢劫、抢夺案件200余起，公安部副部长李伟，省委常委、政法委书记刘满仓，副省长、公安厅厅长许甘露等领导相继做出批示，予以充分肯定。协助郑州市局成功侦破"1999.12.5"石某某特大抢劫银行案件，带破驻马店市驿城区"1998.11.21"抢劫邮政储蓄银行案件。侦破郑州市"1998.9.12"持枪抢劫银行运钞车案件。在"2015.8.6"特大系列电信诈骗案件的侦破中，查获涉案犯罪团伙38个，侦破电信诈骗案件4000余起，涉案金额达3000余万元。汝南县公安局侦破省厅督办"2015—117"毒品目标案件，收缴毒品14.3千克。平舆县公安局侦破省厅督办"2015—102"毒品目标案件，缴获海洛因10余千克、冰毒20余千克。百名民警起诉数连续5年位居全省前列。在2015年公安部部署开展的全国公安机关百城禁毒会战中，驻马店市公安局抓获毒品犯罪嫌疑人同比增长759.55%，位居全国第一名；破获毒品犯罪案件增幅位居全国第一名。会战整体成绩位居全国第22名、全省第一名。市公安局被省禁毒委授予全省禁毒工作先进集体，市局犯罪侦查支队被公安部授予全国公安机关百城禁毒会战成绩突出集体等荣誉称号。10月份以来，全市公安机关以组织开展严打严防“天中风暴”专项行动为平台，扎实推进全省公安机关吸毒人员“大收戒”专项行动，2015年全市缉毒执法工作位居全省第一名。全市公安机关打击刑事犯罪力度持续加大，有效打压了各类犯罪空间。2015年全市8类严重刑事犯罪案件的发案数在2010年以来逐年下降的基础上同比下降13.15%。其中，抢劫案件发案数同比下降23.9%，抢夺案件发案数同比下降40.1%。人民群众的安全感和对公安工作的满意度稳步提升。

（郝哪达　郑　方）

【规范执法】 2015年，驻马店市公安机关在自2010年持续开展执法规范化建设年和民警综合素质提升年活动的基础上，持续坚持和不断完善具有驻马店公安特色的执法监督暨队伍建设十项机制。一是坚持群众投诉案件逐案倒查问责机制。全年共倒查群众投诉案件614起，对存在问题的10起21人予以党政纪责任追究。全市公安环节群众初信初访案事件同比下降27.4%。二是坚持执法过错和执法不规范案件逐月认定、逐月问责、逐月通报机制。市局执法监督委员会全年共认定执法过错案件21起、执法不规范案件47起，对涉及的有关责任单位予以通报批评，对2名责任民警予以党政纪追究，对22名责任民警进行离岗培训。三是坚持信访案件领导首接责任机制。年内，市局领导直接牵头并化解首接信访案件208起。四是坚持取保候审、监视居住案件“上提一级”由市局审核把关机制。全年共纠正降格处理刑事案件30起。五是坚持违规、违纪、违法民警参加综合执法素质强化培训机制。年内成功举办3期强化素质培训班，培训民警157人。六是坚持民警工作岗位调整双向选择机制。七是坚持涉案财物评估鉴定统一由法制部门负责具体实施机制。该机制实施以来，已对涉案财物评估126件次。八是坚持疑难案件会商研判机制。全年通过疑难案件会商机制侦破重大疑难案件12起。九是坚持在综合打击效能落后单位召开推进会机制。先后在遂平县局和老街所召开推进会，促进了打击效能和阶段性重点工作提升。十是坚持对法检机关作出不诉和判决无罪的案件逐案倒查问责机制。对3起法检机关作出不诉的案件进行核查。同时，针对当前公安执法工作中存在的问题和薄弱环节，每月举办一期“以案释法”大讲堂，用发生在民警身边的“事”教育身边的人，发挥警示教育作用，有效遏制了民警执法办案过程中存在的顽症痼疾。通过以上十大机制的强力推进，年内民警违法违纪数同比下降51%。

（郝哪达　郑　方）

【治安管理】 2015年，驻马店市公安机关大力加强社会治安管控。一是深化社会治安防控体系建设。推进人防、物防、技防相结合的社会治安防控工程建设，强化运用督察手段推进旅馆业和网吧业规范化管理，坚持旅馆、网吧发生案件和城区发生入室盗窃案件责任倒查问责制度。加快推进城区第三期视频监控工程建设，市、县、乡三级视频监控中心建设率达到100%。在全省率先开展免费为辖区群众安装电动自行车“行车卫士”专项行动，并已取得初步成效。提前2个月完成省厅下达的54处智能卡口建设与对接任务。提前1年完成驻马店境内5条高速公路45处高清智能卡口建设和对接任务。推进交警缉查布控系统建设，三位一体的作战格局初步形成。二是城乡社区警务得到切实加强。以推行“一村一警”模式为契机，开展农村和社区警务建设。全市累计建设规范化社区警务室414个。30个二级以上重点医院建立了以医院名称冠名的警务室。三是加强和改进交通管理工作。先后组织开展道路交通安全综合整治、五类严重交通违法行为专项整治、市区交通秩序集中整治等一系列专项行动，确保全市道路交通安全顺畅。四是加强消防安全管理工作。先后开展“奋战60天，全力保安全攻坚战”、“平安”系列行动、电动车火灾专项治理等集中行动。共对14408家企事业及重点单位进行安全检查，督促整改火灾隐患20054处，三停单位129家，行政拘留违法人员306人，确保了全市火灾形势持续稳定，火灾事故“四项指数”稳中有降。五是启动和推进公安“互联网+”便民服务平台业务办理工作。共办结“办理类事项”464件，确认“预约类事项”2715件。

（郝哪达　郑　方）

检　察

【检察工作概况】 2015年，驻马店市检察机关履行法律监督职能，立足本职工作，服务发展大局。围绕开放招商、项目带动，开展服务产业集聚区建设专项活动，依法打击影响产业集聚区健康发展的各类犯罪。开展查办房地产领域职务犯罪专项活动，查办职务犯罪24人。积极参与整顿和规范市场经济秩序，依法批准逮捕集资诈骗、非法吸收公众存款等涉众型经济犯罪107人，提起公诉61人。非法吸收公众存款78亿多元、涉及1.3万多人的河南九洲天中投资发展集团有限公司非法集资案，15名主要责任人员被依法批准逮捕。专门出台加强涉农检察工作意见，引导两级检察机关立足检察职能，助力农业强、农村美、农民富。严厉打击制售假种子、假农药、假化肥，非法占用农用地等破坏农业生产犯罪，批准逮捕12人，提起公诉17人。开展集中惩治和预防惠农扶贫领域职务犯罪专项活动，查办职务犯罪136人。开展涉农检察工作的做法由省检察院制作成专题片，在全省“检察开放日”活动中播放。正确区分罪与非罪界限，保护改革者，支持探索者，惩治犯罪者。正确处理涉及关键岗位人员的案件，查处前及时通报，查处中灵活运用强制措施，查清后认罪悔罪的依法从轻处理。正确处理适用强制措施、侦查手段与维护企业发展的关系，慎重查封、扣押、冻结涉

2015年12月18日，河南省检察院检察长蔡宁到驻马店市检察院调研指导工作。

案财物，确需查封、扣押、冻结的，必须预留必要的流动资金和往来账户；慎重发布涉企案件信息，最大限度维护企业声誉。市检察院通过全国文明单位复检，再次被确认为全国文明单位。3起案件分别入选全省检察机关反贪、反渎、侦查监督十大优质案件，3起案件入选全市政法系统十大精品案件；4名干警分别入选最高人民检察院侦查人才库、全省检察机关业务专家等。上蔡县检察院被省检察院推荐为全国先进基层检察院候选单位；新蔡县检察院等3个单位和6名干警受到省检察院、省人力资源和社会保障厅表彰；平舆、正阳、新蔡县检察院被省检察院表彰为全省查办职务犯罪工作先进基层检察院；平舆县检察院监察科科长贾峰荣登中央文明办"助人为乐类好人榜"，并入选2015年度"感动天中十大人物"。（钟云锋）

【维护社会稳定】 2015年，市检察机关正确处理打击与保护、维稳与维权、活力与秩序等关系，推进平安驻马店建设，依法批准逮捕各类刑事犯罪嫌疑人4051人，提起公诉5736人。与市公安、法院密切配合，深化严打暴恐活动、打黑除恶等专项行动，批准逮捕黑恶势力犯罪、严重暴力犯罪和多发性侵财犯罪1413人，提起公诉1456人。配合全国公安机关"百城禁毒会战"，批准逮捕涉毒犯罪918人，提起公诉808人。落实疑罪从无、证据裁判等制度，坚持以最严格的证明标准、最规范的办案程序、最审慎的工作态度，办理重死刑等重大疑难案件，严防发生冤假错案。积极推行非羁押诉讼，降低诉讼成本，减少二次污染。对涉嫌犯罪但社会危险性较小的，决定不批捕401人；未经逮捕直接提起公诉2185人；对犯罪情节轻微、依法不需要判处刑罚的，决定不起诉50人。加强未成年人刑事检察工作，重视涉罪未成年人教育挽救，依法附条件不起诉未成年人犯罪15人、帮扶教育96人。始终把释法说理、化解矛盾贯穿办案全过程，努力做到"定纷止争，案结事了"。坚持检察长接待日制度，落实诉访分离，受理信访案件1256件，导入法律程序486件，协调对27名生活确有困难的刑事被害人提供救助35.4万元。市检察院控申处、上蔡县检察院控申科和平舆县检察院被省委组织部、省人力资源和社会保障厅表彰为全省人民满意公务员示范岗、示范单位。落实"谁执法谁普法"责任制，两级检察院组织送法进校园、进农村、进企业、进社区、进机关、进军营活动，15万余人次受到教育。（钟云锋）

【惩治和预防职务犯罪】 2015年，市检察机关立案侦查职务犯罪案件218件315人，其中贪污贿赂案件157件220人，渎职侵权案件61件95人；抓获和规劝到案在逃职务犯罪嫌疑人11人。通过办案为国家挽回直接经济损失2400多万元。查办职务犯罪大要案186件，占立案总数的85.3%，其中县处级干部6人，厅级干部2人，百万元以上案件23件26人。加大对发生在群众身边、损害群众利益的"小官大贪"查处力度，查办科级干部46人。落实最高人民检察院《职务犯罪侦查工作八项禁令》，规范适用强制措施和侦查手段，加强检察机关内部侦、捕、诉、技、警相互配合制约，促进提高办案质量和效率。在立案侦查的职务犯罪案件中，已提起公诉283人，法院判决179人。正确处理涉及人员较多的案件，强调惩罚的多层次性。坚持办案预防结合，以案释法开展教育；坚持宽严相济，敦促涉案人员向市纪委廉政账户退款300多万元。坚持办案预防一起抓。落实惩治和预防职务犯罪年度报告、专题报告制度，向党委、人大、政府及有关部门提交报告25件，促进源头治理。开展环境影响评价、棚户区改造项目执行情况等专项预防调查，提出检察建议41件，促进机制完善，堵塞漏洞。提供行贿犯罪档案查询服务13110次，促进社会诚信体系建设。市检察院统一组织在市直和县区158个单位开展"送法进机关"活动。（钟云锋）

【诉讼监督】2015年，市检察院坚持理性监督、质效优先原则，依法纠正司法不作为、乱作为问题。加强刑事诉讼监督，重点纠正有罪不究、违法办案、量刑明显不当问题。加强侦查监督，监督公安机关立案39人、撤案19件；追加逮捕68人，追加起诉112人。加强刑事审判监督，对认为确有错误的刑事裁判提出抗诉52件，法院改判23件。加强刑罚执行监督，依法对刑罚执行和监管活动违法提出书面纠正意见501件次，对社区矫正对象开展执行监督128人次。加强对诉讼当事人的权利保护，对不需要继续羁押的73人提出变更强制措施建议，69人被变更强制措施。加强民事行政诉讼监督，重点纠正裁判不公、程序违法和执行违法问题。对认为确有错误的生效民事行政裁判提请抗诉67件，市检察院直接提出抗诉20件，发出监督民事行政审判活动违法检察建议13件，发出监督执行违法检察建议45件。对认为裁判正确的，做出不支持监督申请决定81件，耐心做好服判息诉工作，维护司法权威。加强对人民群众反映强烈问题的专项监督。开展破坏环境资源犯罪和危害食品药品安全犯罪立案监督专项活动，监督行政执法机关移送涉嫌犯罪并被公安机关立案15件15人。开展减刑、假释、暂予监外执行“回头看”专项检察活动，继续整治“以权赎身”“花钱买刑”等问题，监督纠正违法呈报减刑、假释、暂予监外执行113人次，监督收监违法暂予监外执行罪犯16人。（钟云锋）

【司法公信建设】2015年，市检察院以规范促公信。开展为期1年的规范司法行为专项整治工作。聚焦检察业务、聚焦司法办案，开门听取意见，对近2年办理的案件逐案排查，对不规范行为“见人见事见案件”。市检察院2次组织案件集中评查，对查摆出的5个方面38个司法不规范问题，在全市检察长会议上公开通报，按单位、业务归类定性，逐一整改落实。开展涉案财物专项清理整治、统一业务应用系统和案件信息公开系统运行情况专项检查，解决了一批扣押款物管理不规范等问题。以监督促公信。坚持重要工作、重要事项、重要案件及时向市委和市人大常委会请示报告，坚持每季度初向市委政法委报告上季度工作开展情况和本季度工作安排。邀请人大代表、政协委员、人民监督员参加案件质量评查、征求意见座谈会等470余人次，办理人大常委会和代表委员转交案事件28件。以公开促公信。坚持把案件信息公开作为检务公开的核心，通过互联网公开终结性法律文书2575份、程序性信息10692条、重要案件信息1062件。统一组织“检察开放日”活动，近200名群众代表走进检察机关，了解检察工作，提出意见建议。开通网上预约、电话预约，配备高速扫描仪、复印机，为律师阅卷、复印卷宗提供便利。探索检务公开新途径，利用“两微一端”平台，实时动态发布检察信息，增强检察工作透明度。（钟云锋）

【惩治和预防惠农扶贫领域职务犯罪专项活动】2015年9月1日，市检察院召开会议部署全市检察机关集中开展惩治和预防惠农扶贫领域职务犯罪专项活动。该活动从2015年9月开始至2017年7月结束，主要目标任务是：充分发挥检察职能作用，集中查办一批影响惠农和扶贫政策落实、损害农民群众利益的贪污贿赂、渎职侵权等职务犯罪案件，形成惩治惠农扶贫领域职务犯罪的高压态势和震慑效应，深化涉农职务犯罪预防，促进农村法治建设和乡村治理机制的创新完善，化解社会矛盾，维护农村社会和谐稳定，保障新时期“三农”和扶贫工作政策措施有效落实。（钟云锋）

【段喜中到驻视察】2015年6月9日，省人大常委会副主任段喜中带领部分省人大常委会委员、省人大代表，省人大内司委及省高级法院、省检察院有关人员，就驻马店市检察机关刑罚执行监督工作开展视察活动。驻马店市委书记余学友出席座谈会并致辞。视察组一行到市检察院驻河南省豫南监狱检察室、监控信息中心等场所进行实地视察，察看监狱网络监控系统、检察内网与监狱内网互联互通系统，查阅在押犯人监管档案，了解减刑假释暂予监外执行等刑罚变更执行情况，听取市检察院关于刑罚执行监督工作的汇报，就刑罚执行监督工作中存在的问题征求意见和建议，并对近年来驻马店市检察院刑罚执行监督工作取得的成效给予肯定。（钟云锋）

【蔡宁到驻调研】2015年12月18日，省检察院党组书记、检察长蔡宁到驻马店市检察院和上蔡县检察院调研指导工作，看望慰问基层检察干警。蔡宁一行先后参观了上蔡县产业集聚区、市电子商务产业园和部分重点企业，召开了座谈会，听取了当地经济社会发展情况介绍、检察工作汇报和代表委员的意见建议。调研期间，蔡宁还就加强检察宣传、持续深入开展送法“五进”活动和加强代表联络工作等问题回应了代表委员的关切。（钟云锋）

法　院

【法院工作概况】2015年，驻马店市法院受理各类案件68142件，审执结55376件，同比分别上升24.16%和16.85%。其中，市中级法院受理各类案件7675件，审执结6699件，同比分别上升19.55%和19.33%。完善人民陪审员制度。全市共有人民陪审员2046名，全年参审案件14064件，参审率为25.4%。全市法院在各级各类媒体发稿3812条，被最高人民法院政治部通报表扬。（王东风）

【刑事审判】2015年，全年审结各类刑事案件6144件，判处罪犯6208人，其中判处5年以上有期徒刑、无期徒刑和死刑402人。严厉打击暴力犯罪，提升群众安全感，审结故意杀人、故意伤害、抢劫、抢夺等案件762件。依法严惩毒品犯罪，遏制毒品犯罪发展蔓延，审结走私、贩卖、运输毒品犯罪案件310件。加大职务犯罪惩处力度，推动反腐败斗争深入开展，审结贪污、贿赂、渎职等犯罪案件185件。以受贿罪，一审分别判处河南省国土资源厅原副厅长李某某有期徒刑12年、河南省投资集团有限公司原董事长胡某某无期徒刑、正阳县原县委书记赵某某无期徒刑。依法参与非法集资的预防和处置工作，审结集资诈骗、非法吸收公众存款等涉众型经济犯罪案件 28 件，以集资诈骗罪，判处涉案金额 11 亿余元的泰德商贸公司负责人张某某、张某某无期徒刑；以非法吸收公众存款罪、金融凭证诈骗罪等，判处吸收社会公众存款 5 亿余元的海德置业公司负责人张某某无期徒刑。在审理泰德集资诈骗案中，始终坚持程序公正和实体公正并重，最终促使各方当事人服判息诉，该案被评为全市政法系统十大精品案件之首。贯彻宽严相济的刑事政策，对 3245 名初犯、偶犯和未成年犯依法从轻判处拘役、管制、免刑或适用缓刑。从严把握实体条件，严格规范审理程序，审结减刑假释案件 1459 件，激励罪犯改过自新。公开开庭审理服刑人员王某某减刑案，该案系全国首例探索“确有悔改表现”证明制度的减刑案件，受到社会各界的广泛好评，为此，中央政法委书记孟建柱、最高人民法院院长周强分别给予充分肯定，并要求进行总结推广。（王东风）

【民事审判】 2015 年，审结各类民商事案件 33903 件，同比增长 47.5%，诉讼标的金额 61 亿元。审结买卖、担保等合同纠纷案件 2622 件，保护诚实守信、制裁违约欺诈。审结民间借贷、金融借款等案件 6569 件，防范化解金融风险。依法审结合同诈骗、非法经营等犯罪案件 216 件，维护市场经济秩序。审结侵犯知识产权犯罪案件 5 件 7 人，审结五粮液股份有限公司诉某公司侵犯商标权案、海底捞餐饮股份有限公司诉张某侵犯著作权案等知识产权案件 71 件，保护创新发展。（王东风）

【行政审判】 2015 年，市法院审结行政诉讼案件 1412 件，同比上升 39.1%。坚持合法性审查标准，依法保护行政相对人合法权益，促进行政机关依法行政。加强协调和调解工作，协调解决行政争议 330 件，促使行政争议得到实质性解决。推进行政机关负责人出庭应诉工作，2015 年行政机关负责人出庭应诉 87 件，同比上升 26%。公开发布司法审查白皮书，对 2012 年以来全市法院行政诉讼案件的司法审查情况进行分析和总结，并就进一步推进依法行政、促进法治政府建设提出建议。审查行政非诉执行案件 3050 件，准予强制执行 2328 件，支持行政机关依法行政。市中级法院行政庭连续 5 年被省法院评为全省行政审判先进单位。（王东风）

【执行工作】 2015 年，执结各类案件 9048 件，执结标的金额 21.7 亿元。推进信息化建设，相继与省法院、最高人民法院网络查控系统完成对接，通过该查控系统查询被执行人存款 9 万余次，银行反馈存款 15.3 亿元，执结或部分执结案件 1256 件。开展打击拒不执行判决、裁定犯罪专项活动，司法拘留抗拒执行、阻碍执行的人员 487 人次，移送公安机关协助查找控制 697 件 714 人，追究刑事责任 171 件 187 人，已经判刑 21 件 22 人。持续加大失信被执行人惩戒力度，将 5452 名失信被执行人名单录入全国法院失信被执行人名单库，同时利用报刊、网络、电台、电视台、广场电子屏幕等对 3360 名失信被执行人进行公开集中曝光。开展涉民生案件专项执行活动，执结该类案件 2238 件，全力维护民生权益。组织开展“规范执行行为、提高执行效率”专项整顿活动，加大对执行行为的监管力度，案件执结率提升了 4.6 个百分点。依法妥善处置被执行人周农场系列案件，挽回经济损失 2.1 亿元，为此，市政府为市中级法院 4 人记个人二等功各 1 次，市委政法委对市中级法院执行局进行通报表彰。（王东风）

【社会治理】 2015 年，市中级法院及时梳理分析执法办案中发现的社会治理方面的问题，发送司法建议 68 份，帮助有关机关堵塞管理漏洞。落实未成年人案件庭前调查、判后回访、心理干预、前科封存等制度，尽力挽救失足少年。开展“开学第一堂法律课”活动，两级法院院长及 200 余名法官走进中小学校，举办法制讲座、模拟法庭 630 次，赠送普法书籍 6000 余册，提升未成年人法治意识和安全观念。参与社区矫正工作，与有关部门共同推进对特殊人群的帮教管理。强化诉前调解和诉调对接，指导支持人民调解工作，诉前化解矛盾纠纷 5000 余件。市中级法院连续 5 年被评为全市平安建设先进单位。（王东风）

【司法为民】 2015 年，市中级法院强化诉讼服务中心建设，坚持诉讼引导、首问负责、限时办结和一次性告知制度，为当事人提供立案登记、法官预约、案件查询等“一站式”“全方位”诉讼服务。市中级法院立案一庭被河南省委组织部、省委宣传部等单位联合表彰为“河南省人民满意公务员示范岗”，市中级法院立案二庭被省法院评为文明执法示范岗。坚持领导干部定期接访、带案下访、预约接访等制度，有效畅通信访渠道，引导来访群众通过诉讼程序表达诉求。全年市中级法院院领导接待来访群众 1182 人次，当场处理 1030 件，转办交办 152 件。加大信访案件督办力度，上级交办案件 178 件，已全部办结。对涉及抚养、赡养、追索劳动报酬等困难群体案件，加大诉讼费缓减免力度，为 1089 名经济困难当事人缓减免交诉讼费约 597 万元。对 141 名经济困难的刑事被害人、申请执行人等发放救助资金 158 万元。妥善审理婚姻家庭、遗产继承、赡养抚养、相邻关系等案件 9567 件，维护社会公德和公序良俗。依法妥善处理人身损害、劳动争议、医疗纠纷、社会保障等案件 3546 件，维护民生权益。依法严惩危害食品安全犯罪，审结生产、销售有毒有害食品等犯罪 127 件，保护人民群众舌尖上的安全。开展妇女儿童合法权益保护工作，审结该类案件 296 件。连续 7 年集中开展为农民工讨薪维权活动，连续 4 年开展保护“三留守”人员合法权益专项活动，2015 年办结农民工讨薪案件 629 件，依法为 963 名农民工追回欠薪 2139.5 万元。妥善处理涉军案件，开展法官送法进军营活动，到部队举办法制讲座 12 场次，赠送法律书籍 1000 余册，接待军人军属法律咨询 800 余人次。（王东风）

【司法改革】 2015 年，市法院落实立案登记制，制订《关于依法保护诉讼当事人诉权的意见》，对符合法律规定的起诉、自诉和申请，当场登记立案；对提交的材料不符合形式要件的，及时释明，一次性告知；对不符合法律规定的，依法裁决不予受理或者不予立案，并说明理由。自 2015 年 5 月 1 日实施立案登记制后，立案数量同比上升 27.8%，当场立案率为 99.4%。制定实施《关于行政案件异地管辖的补充规定》，对基层法院管辖的行政诉讼案件，全部实行异地管辖。对被告为县区政府的案件，全部由市中级法院管辖。通过实施行政诉讼案件异地管辖制度，2015 年全市法院受理行政案件数量同比上升 57.1%，当事人服判息诉率上升 18.3%。全面加强审判流程、裁判文书、执行信息公开“三大平台”建设，构建开放、动态、透明、便民的阳光司法机制。全年上网裁判文书 32846 份，上网率达 79.14%，市中级法院裁判文书上网总量跻身全国前 100 强。推行司法公开、阳光审判，巡回审判 1420 件，庭审网络直播 847 件，举办法院开放日、新闻发布会 30 余次。全面深化网络司法拍卖，上传拍品 727 件，成交 150 件，成交金额 2.58 亿元，为当事人节约佣金 200 余万元。（王东风）

【案件管理】 2015 年，市中级法院推进信息化建设，升级法院专网系统、内网安全管理系统，调试安装审判流程管理、审判质效评估、电子档案管理、涉诉信访管理、法官办案助手、司法文书公布等应用系统。推进民事案件小额诉讼、行政案件简易审判和刑事案件简易程序，简单案件简易审，确保当事人权益快速实现。落实院领导带头办案制度，全市法院领导带头亲自办理案件 1201 件。健全案件质量评查长效机制、核心数据分析通报机制，组织评查案件 1173 件，评查裁判文书 865 份，对存在的问题责令有关部门立即予以整改。制定实施《错案追究办理程序》《进一步做好纪检监察案件查办工作的通知》，实行错案责任倒查问责机制，建立完善办案责任终身负责制。加强学习型法院建设，全年举办、参加各类培训 34 期 328 人，购买业务书籍 3000 余册。主动接受人大监督，加强与代表委员的日常联络工作，邀请代表、委员参加视察、座谈、旁听庭审、见证执行 180 余人次，当面听取意见；办理代表委员建议、意见和关注案件 46 件。（王东风）

司法行政

【法制宣传】 2015 年，驻马店市司法系统开展法治宣传教育和依法治理工作，营造良好法治环境。一是利用重要时机和重要节点，以与人民群众生产生活密切相关的法律法规为重点，集中开展专项法治宣传教育活动，全市普法机构共设解答法律咨询 6000 多人次。二是开展法律“六进”活动。开展宪法宣传进机关 100 多场次，举办“法治大讲堂”300 多场次。市消费者协会秘书长薛宝君被评为河南省“第二届十大法治人物”。在城乡放映法治电影 50 多场次，解答法律咨询 1000 多人次，提供法律援助案件 20 多起，全市受教育群众达 20 多万人。三是法治文化建设实现新突破。全市首个法治主题公园建成并顺利通过验收。在全省“六五”法治宣传教育和依法治理工作检查验收中，驻马店市法治文化公园、法治文化广场、法治宣传一条街建设情况获得高度评价。四是完成“六五”普法任务。全市“五类”重点对象普法合格率达到 96.3%，“法律六进”活动覆盖率达到 92% 以上，累计举办法治课堂数千场次，听众达数百万人次；3 个县被评为全国法治县（市、区）创建先进单位，4 个行政村（社区）被司法部、民政部命名为“全国民主法治示范村”，58 个村（社区）被评为全省“民主法治示范村（社区）”，7 个社区（村）被评为河南省“十佳民主法治社区（村）”，29 所学校被授予省“依法治校示范校”，2 个县被全国普法办确定为全国“六五”普法依法治理工作联系点。五是加强新闻宣传。市司法局综合利用各种新媒体，宣传推介司法行政工作，举办“法治宣传在线”活动，发布政务微博 800 多条，自行拍摄的反映监管改造成效的微电影《网》受到市委政法委高度肯定。2015 年，市司法局被河南省委、省政府命名为省级文明单位，连续 3 年被市委市政府表彰为平安建设工作先进单位。确山县司法局普会寺司法所被授予“全国先进司法所”荣誉称号，成为全市唯一获此殊荣的基层司法所。（李 瑞）

【河南省豫南监狱】 2015 年，河南省豫南监狱履行维护安全的首要政治任务，落实安全稳定责任制，确保了“9·3”阅兵、十八届五中全会和郑州上合组织峰会等特殊敏感时期的监狱安全。积极应对刑事政策新变化，进一步完善罪犯正常死亡处理机制。贯彻执行《关于严格规范减刑、假释案件办理标准的实施办法（试行）》等文件精神，成立收押释放中心，建立狱内罪犯减刑假释审判法庭。探索全国首例“确有悔改表现”减刑案件质证新模式，《法制日报》等媒体广泛报道。做好罪犯改造工作，加强教育改造和劳动改造，开展“三课”教育，强化罪犯职业技能培训。2015 年罪犯职业技能鉴定获证率达 85% 以上，位于全省先进行列。开展个别教育大比武、顽危犯攻坚转化等活动，转化率达 77.3%。强化心理矫治和监区文化建设，提升教育改造质量。警察郭敬然在全省第二届省级教育改造专家竞评活动中荣获第一名。落实监狱保密制度，加强信访和舆情工作，确保信访稳定和舆情安全。监狱党委连续 2 年被省局党委评为“五好党委”，3 人被司法部表彰为全国司法行政系统先进工作者。（张继文）

【驻马店市监狱】 2015 年，市监狱做好监狱管理工作。一是监狱安全监管。集中开展“违禁品、违规品”专项治理活动和在全体警察职工中开展“严明纪律、严格履职”专项教育活动，强化依法治监理念，监狱执法更加公正规范。完善人防、物防、技防、联防管理体系和应急处置机制，加大经常性检查力度，督促落实各项管理制度，提高监狱安全防控水平。在办理减刑、假释、临时离监、续保等重点执法环节中，监狱执法零差错。市监狱实现了监管安全 23 年无事故。二是罪犯职业技能培训。驻马店市监狱自 2009 年起，着眼于监狱生产和服刑人员就业需要，采取与市职业技术学校、

2015年6月9日，河南省人大常委会副主任段喜中（左二）在驻马店市市委书记余学友（右三）和驻马店市人民检察院检察长吴文立（右四）陪同下，到豫南监狱调研刑罚执行工作。

市财经学院等多家单位联合办学的形式，对服刑人员进行实用性强、周期短和见效快的专业技术培训。截至2015年11月18日，共有420名罪犯获得国家承认的职业技能资格证书，并通过在狱内举办罪犯刑满释放前就业推介招聘会，使230名罪犯未出监狱就落实了就业单位，增强了罪犯回归社会、融入社会的能力。（李　瑞）

【律师事务】2015年，全市共有160多家政府和职能部门、事业单位聘请律师担任法律顾问，有50多名律师分别在各级政府、人大或政协组织内担任人大代表、政协委员或被选聘为执法监督员。全市大型企业都有律师担任法律顾问，律师为国有企业提供法律服务率达90%以上，为重点招商企业提供法律服务率达85%以上。同时，以“富强驻马店”建设为核心，多次开展“法律服务进百企、跟踪项目促发展”为主要内容的专项活动。全年代理民商类案件6177件，刑事辩护案件2064件，接受各类法律咨询18742人次。（李　瑞）

【公证事务】2015年，市司法局发挥公证在经济民事活动中的预防作用，大力加强公证管理。在“五一”、重阳节期间，全市公证机构开展为市级以上劳模免费办理公证事项、“为70岁以上老年人免费办理遗嘱公证公益服务周”活动，在活动期间，凡年满70周岁的老年人均可在全市10个公证处免费办理遗嘱公证。截至2015年7月中旬，全市公证机构全部建立了公证办证绿色通道。对老年人、残疾人开辟办证“绿色通道”，实行公证预约服务或上门服务，对符合法律援助条件的当事人减收公证费用。全市公证机构累计办理承诺内容公证3610件，受理预约服务咨询3643人次，预约服务办证2069件；受理上门服务咨询1021人次，上门服务办证605件。办理上门服务公证事项240多件，预约公证服务事项880多件，减免公证费1.2万多元。全年共办理各类公证事项13463件，其中涉外事项2698件，涉港澳台事项1138件。（李　瑞）

【法律援助】2015年，市司法局法律援助民生工程超额完成任务，实现法律援助网络城乡全覆盖。纵向法律援助网络形成了“三室一平台”为主阵地、以村（居）法律援助联络员为补充，覆盖城乡的“市、县、乡、村”四级法律援助服务网络；横向法律援助网络采取积极巩固、加强与各级工会、共青团、妇联、残联、老龄委、信访、驻军等单位部门沟通协作，广泛设立法律援助工作站，为特殊人群申请法律援助提供宣传、咨询、引导等服务。初步构筑起横向到边，纵向到底，“城区半小时、乡村 1 小时”的法律援助服务圈，为特殊困难群体随时提供方便、快捷、高效的法律援助，达到了法律援助应援尽援。全市法律援助机构共接受法律援助咨询 3 万余人次，办理法律援助案件 4593 件，与年度目标 4000 件相比，超额完成 593 件。（李　瑞）

【司法鉴定管理】 2015 年，市司法局规范鉴定行为，扩大司法鉴定惠民范围。对涉及残疾人、农民工、下岗职工的司法鉴定事项，减收费用，减收幅度不低于法定标准的 20%。全年共完成鉴定事项 2984 件，办理司法鉴定援助鉴定 890 起，占全市司法鉴定案件数 30%。（李　瑞）

【法制仲裁】 2015 年，市司法局拓宽仲裁工作服务领域，不断提高仲裁服务质量。加大与企业单位沟通，成立“驻马店仲裁委员会非公有制企业仲裁中心”，在建筑纠纷、房地产开发、装饰装修等经济活动频繁的领域内加大仲裁法律服务的力度，在为非公有制企业提供仲裁法律服务方面进行了新的有益探索。实行“首席仲裁员”案件负责制，对案件审理、裁决、履约全程负责；加强派出机构的管理，实现工作的常态化、规范化、系统化，使仲裁工作向纵深发展。全市仲裁机构共办理各类仲裁案件 3400 余起，挽回各类经济损失 1 亿余元，被国务院法制办指定为全国 40 家仲裁机构规范化建设试点之一。（李　瑞）

【国家司法考试】 2015 年，市司法局严把法律职业人才选拔关，认真组织司法考试，利用指纹验证、无线电屏蔽等科技手段严防作弊，与市公安等 4 部门联合打击作弊，实现考务组织工作科学严密规范，受到省国家司法考试巡视组充分肯定。当年共有 916 人报考，出动各类考务人员 150 余人，设置 33 个考场，成绩合格人数为 167 人，合格率为 18%，比 2014 年提高一个百分点。（李　瑞）

【人民调解工作】 2015 年，市司法局针对人民调解扎根基层、贴近群众的特点和优势，深入辖区村组、社区、厂矿和企业，采取普遍排查和重点排查相结合、定期排查和专项排查相结合的方式，对各类矛盾纠纷和苗头性隐患进行拉网式大排查，做到情况明、底数清。对排查出的常见型、多发性矛盾纠纷，坚持抓早、抓小、抓苗头，及时就地化解。对情况较为复杂矛盾纠纷，组织专门力量，制订调解预案，最大限度进行化解。对通过人民调解难以有效控制和化解的疑难矛盾纠纷，引导当事人通过合理合法渠道加以解决，避免出现严重后果。2015 年全市各级调解组织共受理民间纠纷 68834 起，调解成功 67157 起，调解成功率达 97.56%，防止民间纠纷转化为刑事案件 372 起 655 人次，防止群体性械斗 26 起，防止群体性上访 262 起 2253 人次，开展矛盾排查活动 4082 余次。（李　瑞）

【安置帮教】 2015 年，刑释人员安置帮教工作进一步规范，重新犯罪率有效降低。定期召开法、检、公、司联络员会议，定期核对帮教台账，预防刑释解教人员的脱管漏管；民政部门积极落实优惠政策和帮扶措施，将刑满释放人员中无家可归、无业可就、无亲可投的“三无人员”及暂时无就业收入的困难对象，纳入低保、慈善救济等政策范围；人力资源和社会保障、工会部门对有劳动能力和求职愿望刑释解教人员实行免费登记、开展职业指导和技术培训，为他们择业创造有利条件等。加大过渡性安置帮教基地建设力度。全市依托民营企业、服务性行业建立安置帮教基地 9 个，安置两类人员 125 人。做好服刑人员和预释放人员的信息核实工作。开展服刑和预释放人员的信息核实核查工作和重点帮教对象的衔接工作，核实率和衔接率明显提升。2015 年，坚持“红、黄、蓝”三色警示通报制度，开展帮教人员信息再复查活动，提高了核实成功率。全市共接收刑满释放人员 2037 人，帮教率达 98%，安置率 80%，重新犯罪率控制在 2% 以下。（李　瑞）

【社区矫正工作】 2015 年，市司法局着力加强场所、装备建设，提高矫正经费保障力度，严格规范管理，确保矫正质量。在场所建设方面，遂平、平舆等县区的社区矫正中心建设已粗具规模。在装备建设方面，全市社区矫正信息管理平台已全部建立并联网使用，对矫正对象实施全天候动态监控。在经费保障方面，截至 2015 年 6 月底，全市所有县区均落实了社区矫正对象每人每年不少于 1600 元的社区矫正经费保障标准，结束了全市社区矫正经费不足和无经费保障的历史。市司法局成立督导组在全市开展社区服刑人员技防定位检查活动，全国“两会”期间社区服刑人员稳定情况检查活动，社区服刑人员脱管、漏管情况自查活动，社区服刑人员捕前身份专项调查等一系列的督导检查活动。在督导检查中纠正脱管漏管服刑人员 24 人，建议收监执行 20 人（撤销缓刑 5 人，撤销暂予监外执行 15 人）。贯彻落实服刑人员特赦要求，截至 2015 年年底，全市符合特赦条件的 102 名社区服刑人员获得特赦。在对 69 名社区服刑人员特赦审查和对 20 名社区服刑人员执行收监等重大执法中实现零差错。全年全市累计接收社区矫正人员 5556 人，解除 3531 人，在册 2025 人，重新犯罪率为 0.03%。（李　瑞）

军 事

地方军事

【驻马店军分区工作概况】 2015年，驻马店军分区落实党委中心组理论学习，学习党的十八届五中全会和习近平系列重要讲话精神。开展“学习践行强军目标，做新一代革命军人”主题教育和“新一代革命军人样子”大讨论活动，组织开展“军人样子·军人风采”演讲比赛，引导官兵把新“四有”军人标准内化于心、外化于行。开展群众性新闻报道活动，军分区获省军区“新闻报道工作先进单位”第二名，驿城区人武部、汝南县人武部和泌阳县人武部被省军区表彰为“基层新闻报道工作先进单位”。作风整改扎实有效，部队风气持续清朗。

提升国防动员能力。紧贴实战标准要求，抓战备方案修订和战备秩序规范，投入30余万元对值班系统进行综合整治。结合指挥所紧急出动演练，配套完善了指挥通信、野战作业、生活保障物资器材，加强军分区“三室两库”建设，有效提高了野战指挥保障和“动中通”能力。按照“人人有成绩、单位有排序、各职级有排名”的要求，分批组织“五类人员”集训培训，先后组织2次“大考核大比武大排名”活动，全年共组织实打实投46次，消耗各类枪弹73880发、手榴弹180发，干部夜训参训率达98%，轻武器射击合格率提升到92%。参加省军区基础训练考核，15个项目取得5个优秀、2个良好、8个及格的较好成绩。深入探讨践行打仗型支前模式，依托确山基地开展联演联训，出动民兵2000多人、装备器材200多台（套），全程参与总部、军区在确山组织的7场演训活动，受到各级领导和参演官兵一致好评。6月，市国动委牵头，组织各专业办公室完成8个国防动员预案的修订完善工作，进一步规范国防动员预案内容，使各专业预案达到衔接一致。着眼破解民兵整组难题，组织驿城区、上蔡县、汝南县和新蔡县人武部先行试点，军分区开展民兵整组工作“四个一”的经验做法被省军区转发推广。汝南县民兵渡河抢险分队参加省军区应急大队拉动演练，有效提升了跨区机动和遂行任务能力。按照“一季征兵，全年准备”要求，广泛开展征兵宣传，严格落实体检政审、联合走访调查、党委书记廉洁征兵负责制等举措要求，顺利完成年度兵员征集任务。驿城区人武部、上蔡县人武部被省军区表彰为“军事训练先进单位”。

基层建设。坚持重心下移，以省军区基层规范化建设达标活动为抓手，军分区党委常委分片包干，采取联系点帮抓和整顿帮抓相结合的方式，对各团级单位进行常态化帮抓帮建。确山县人武部结合演训保障任务重的特点，突出加强军事指挥部功能建设；上蔡县人武部针对农业大县、曾是艾滋病重灾区的社情，当好党群关系工作部；正阳县、泌阳县人武部解决历史遗留问题力度较大；遂平县、平舆县、新蔡县、西平县人武部涉军维权做了大量工作，其他人武部也根据自身特点和优长，逐步形成工作特色。驿城区人武部党委、上蔡县人武部党委被省军区表彰为“先进团级党委”。

安全管理。开展“学法规、明职责、查隐患、促安全”教育活动，引导官兵强化安全意识。突出重大安全问题防范，加强人车枪弹密网管控，每半年组织一次重要部位人员政治考核，严格落实驾驶私家车管理规定，落实机关干部到弹药武器库带班和查铺查哨制度，定期组织营门防暴恐袭击演练，不定期开展拉网式隐患排查和专项治理，结合上级事故案件通报开展经常性安全警示教育，部队正规化管理水平不断提升。于2月中旬至11月底，在全区开展了车辆安全管理专项治理活动。组织“五项清理整治”“夏季百日安全竞赛”活动，严格落实“三委”形势分析会制度，做好军事训练、战备拉动、兵员征集等大项活动中的安全管理工作，搞好分析预测和风险评估，确保部队安全稳定。军分区省军区表彰为“安全管理先进单位”。

后勤保障。以建设“打仗型”后勤为牵引，加强后勤战备设施和专业保障分队建设，修订完善后勤战备方案计划，规范战备库室建设，提高后勤指挥体系及后勤分队的保障能力。加强党委集体管财理财，开展财务大检查，严管预算编制、票据使用和经费审核，严控公务接待等行政消耗，严格落实主官双签、联审会签、党委研究大项开支等财经制度，强制实行公务卡结算，规范物资采购统供中心运营，进一步提高了经费使用效益。强化服务保障理念，在考核比武和遂行重大演训任务中实行伴随保障、全程保障、精细保障，完成官兵增资、职工绩效工资发放、被装请领发放、医疗保健、卫生防疫、军分区加油站收归等工作。

军民融合发展。以创建“全国双拥模范城”为带动，把双拥共建、军民融合发展纳入地方党委、政府议事日程，协调召开市委常委议军会，研究出台《关于深入推进军民融合式发展的意见》，规范军地联席会议机制，联合开展驻马店市第二届“十佳关心支持国防建设先进个人”“十佳优秀复转军人”和第一届“最美军嫂”评选表彰活动，复转军人

2015年7月30日，市委书记余学友（中）到驻驻部队调研“双拥”工作，慰问部队官兵。 刘华山 摄

周洁获第五届“河南省优秀复转军人”提名奖。全民国防教育“三进入”活动成效明显，驻马店市教体局被省国教办表彰为“国防教育先进单位”，市实验小学校长马凤枝、驿城区退休职工田世红被表彰为“国防教育先进个人”。积极投身河南省支援“三山一滩”扶贫开发工作，推进6个重点扶贫项目落地见效，组织全区干部捐款6.5万元资助50名贫困学生，军分区常委持续与上蔡县“阳光家园”贫困学生结成帮扶对子，坚持春节前走访慰问军烈属和驻马店籍官兵家庭，看望慰问驻地特困群众，受到广泛称赞。投资900余万元高标准援建确山何大庙“八一爱民小学”，军地合力打造豫南城际小学教育的新标杆。宣扬驻马店立起党管武装战斗力标准、清除政治工作和平积弊、发挥民兵政治工作战斗力等做法，先后被《人民日报》《新华每日电讯》《解放军报》等中央媒体宣传报道。 （王　伟）

【“五类人员”比武竞赛活动】 2015年5月～10月，驻马店军分区先后2次集中组织“五类人员”比武考核。集训采取军分区统一计划，集中普考，重难点课目集中组训与各县（区）人武部自训相结合的方法实施。内容主要包括轻武器射击、基础体能、一体化指挥平台操作（标图和拟制战斗命令）和应知应会基本理论。共落实考核训练时间10天70小时。 （王　伟）

【现役干部集训比武】 2015年2月～11月，驻马店军分区先后4次集中组织现役干部集训比武考核。专门集中组织现役干部夜间轻武器实弹射击训练，其间，还开展了消灭不及格活动。集训采取军分区统一计划，集中训练，集中普考，确保人人有成绩，单位有排名。内容主要包括轻武器射击、基础体能、一体化指挥平台操作（标图和拟制战斗命令）和应知应会基本理论。共落实考核训练时间20天140小时。 （黄立营）

【卢长健检查驻市防汛工作】 2015年7月，省军区司令员卢长健带领工作组检查驻马店市防汛工作准备情况，听取了市军分区司令员万丽华的汇报，分别视察了驿城区板桥水库和新蔡县班头闸防汛准备工作。 （王　伟）

【新常态下民兵整组试点工作】 2015年，驻马店军分区根据省军区通知要求和年度整组工作计划安排，为加强民兵组织建设、依法开展整组工作的新常态，不断增强遂行多样化军事任务能力的新常态，实行属地编组、动态编兵的新常态，拓展编组范围、创新编组模式的新常态，经军分区党委研究决定组织上蔡县、汝南县、新蔡县和驿城区进行新常态下民兵整组先行试点，重点研究新兴经济领域编组、属地编兵、兵员管理、民兵应急大队所属分队建设和省直管县武装工作开展等5个方面的课题，着力破解“组织落实空、人员名单虚、队伍召回难、应急能力弱”的问题，突出重点难点，深入研究探索，拿出创新性办法措施，牵引和促进年度整组工作落

2015年9月10日下午，驻马店市举行2015年夏季入伍新兵欢送仪式，市委书记、军分区党委第一书记余学友（左二）出席仪式，并与新兵握手致意。 刘华山 摄

实，实现规模适度、布局合理，装备齐全、训练有素，管理规范、可靠管用的目标。通过试点活动梳理出一套新常态下民兵整组工作研究成果，制定了一套切实可行的符合新常态下民兵组织建设的方法措施，提升了全市民兵组织建设质量，为有效遂行多样化军事任务提供保障。2015年4月23日～24日，省军区司令员卢长健、参谋长胡少平带工作组对驻马店市民兵整组试点工作开展情况进行检查调研。 （徐亚飞）

【国防后备力量建设】 2015年是后备力量建设发展“十二五”规划收官之年。针对新的形势任务、新的标准要求，2月份以来，驻马店军分区围绕新常态下民兵整组工作试点探索研究，按照“科学筹划、突出重点、坚持标准、提高质量”的原则，坚持抓重点、注重抓基础、认真抓落实、全面抓质量，民兵整组工作有序推进。全市共调整编建基干民兵426个分队24769人。其中，应急队伍190个分队8915人，支援队伍128个分队7387人，储备队伍108个分队8467人。出入转队2250余人，调整任命干部560人，补充完善装备器材980余件，重点抓建25个基层武装部，分级组训考核39个分队2275人，个人合格率达到85%，单位总评全部合格。同步组织完成了国民经济动员、人民防空、信息动员专业保障队伍组建任务（32支分队1059人）。驻马店军分区《坚持问题牵引，积极探索实践，推动新常态下民兵整组工作创新发展》经验做法被省军区转发。2015年，驻马店市完成征兵任务，所征新兵中，党团员占70%。 （徐亚飞）

【预编预备役人员核查、训练工作】 2015年，驻马店军分区根据两级军区赋予的核查任务，科学筹划，严密组织，指导各县（区）抓好登记、核对工作，按时完成了核查任务，达到了内容完整、要素齐全、真实准确的要求。根据两级军区统一部署，指导上蔡县、汝南县、泌阳县和驿城区完成了现役部队预编预备役士兵返岗训练。6月22日～7月8日，驻马店市预编预备役士兵11人分别参加二炮第52基地和济空现役部队返岗训练。 （王 伟）

【兵役登记和直招士官工作】 2015年，按照省征办的部署要求，驻马店军分区依托“全国征兵网”组织开展兵役登记和直接招收士官工作。2月～6月，按照任务部署、宣传教育、登记实施、总结完善的步骤组织开展兵役登记工作。全市参加兵役登记人数70256人，择优确定预征对象16732人，为完成年度兵员征集任务奠定基础。6月，在前期筹划准备、安排部署、宣传报名的基础上，组织进行直接招收士官体检、学历专业审定和政审工作。7月中旬，集中研究确定了人员，完善了有关档案材料。7月19日～23日，完成直招士官档案交接。8月初，完成直招士官起运工作。 （徐亚飞）

【应急防暴分队训练】 2015年，驻马店军分区高度重视预防暴恐袭击事件，开展常态化防暴演训，坚持通过“请进来”的方式补短板、治弱项，创新训练手段，培养防暴精兵，邀请驻地武警支队教练员组织官兵进行擒敌拳、盾牌操等技能训练。训练时，组织官兵采取先分解后连贯的方法，对每一个动作、每一个环节、每一个内容反复进行训练，同时，通过设置不同背景组织实战化演练，使官兵在边训练、边演练、边实践中提高应急处突能力，打牢部队安全防范基础。 （黄立营）

【"八一爱民学校"建成启用】 2015年7月1日，济南军区装备部援建确山县石滚河镇何大庙村"八一爱民学校"顺利建成启用。济南军区装备部部长胡修斌，省军区副司令员任友祥，军区装备部直工部部长张秋成，军区装备部直工部副部长毛怀宽，驻马店市委书记余学友，市委常委、秘书长李宝清，市委常委、军分区政委张卫东，军分区司令员万丽华，副市长冯玉梅，确山县委书记栗明伦等出席挂牌仪式。确山县石滚河镇何大庙"八一爱民学校"作为大别山革命老区重点援建小学之一，由济南军区装备部牵头援建，驻马店军分区、确山县人武部全程主抓，于2014年9月开工，2015年6月竣工，包含教学楼、幼儿园、教师宿舍、餐厅4大主体工程及相关配套附属设施，能容纳300多名小学生和80多名学龄前儿童就近入学。 （张 驰）

【团级单位离任主官经济责任审计】 2015年1月～3月，驻马店军分区成立审计领导小组，对上蔡县、泌阳县、驿城区、干休所等4个团级单位的6名团职主官进行经济责任审计。查阅各种财务资料2000余份，登记审计底稿6份，拟制审计报告6份，收集民主测评表120余份、个人述职报告6份，与干部职工谈话20余人次。参照《领导干部经济责任审计评价标准》，6人综合评价为"称职"。 （周建省）

武装警察

【武警支队工作概况】 2015年，驻马店市武警支队加强思想政治建设。从15个方面对理论学习加以规范，制定《支队理论学习规范》，并在局域网上开辟学习网页，倡导大家使用求是网、党建网微平台等微信公众号，手机上安装"人民日报""解放军报"等客户端。抓"四有"军人培育，每月统筹教育计划，每周利用网络施教，开展"新一代革命军人大讨论"活跃氛围。开展"文化服务下基层"和读书育人活动，召开迎"七一"先进典型事迹报告会，举办抗日战争题材警营书画展、庆"八一"文艺会演等活动，丰富官兵业余文化生活。针对党和国家高压反腐、军队改革启动等热点问题，特别是在"三场维稳战役"敏感时期，开展专题教育，引导官兵头脑清醒、思想坚定，确保官兵思想和谐稳定。

部队战斗力建设。一是围绕主业抓执勤。贯彻落实总队监所安全工作会议精神，一次性投入150万元加强执勤信息化设施，3次协调目标单位排查执勤隐患。在规范经常性执勤工作上，把勤务人员按照勤务值班员、网络查勤员、监墙哨兵、监门哨兵、自卫哨兵和战备应急六大类，采取岗位练兵和专勤专训的方法，有效提高了基层执勤人员素质能力。积极协调市政法委召开推进会，联合下发《贯彻落实全省监狱、看守所安全工作会议精神实施方案》，协调监管支队"过单位"检查督导，确保会议精神有效落实。二是着眼实战抓训练。贯彻落实军事训练"八落实"要求，严格落实每天1小时体能训练、每周1次业务学习、每月1次集中考核制度。4月～7月组织4批勤训轮换，2月～4月份组织2期执勤训练教练员和1期狙击手集训，7月～8月份集中开展了战训法集训和"战术训练月"活动，提高了部队各级指挥员组织指挥能力。建立支队查勤领导每天实地查讯、作战勤务值班每天网上督训、作训股每周审查训练计划、支队每季度网上会操的"四位一体"落实机制，从制度上保证训练工作的"八落实"。三是紧贴维稳抓战备。按照体系化、实案化、精确化要求，重新修订完善5类10种战备方案，制作了600多张战备卡片，加强AB队战备备勤，严格落实装备以车代库；设想驻马店市可能发生的突发事件，练"一句话命令加补充指示"出动，练上下"交互式"指挥，练抽组兵力实战对抗，提高首长机关指挥技能。全年累计出动兵力3694人次，完成了全国农民工春节联欢、第二届国际产教融合论坛、中国农加工洽谈会、上蔡重阳文化节等重大活动临时安保勤务10余起，以及"两站"常态化武装巡逻勤务。

部队正规化建设。落实军委《关于新形势下从严治军的决定》，严格依据法规制度加强部队正规化管理。一是学用结合抓秩序。在遂平县中队召开正规化建设现场会，对基层经常性教育管理6个方面、40多项内容精细化规范，制定《基层管理21个具体规范》《节假日特别管理规定》，并把这些规范融入经常性工作，正规化水平得到较大提高。二是依托载体抓治理。落实总部"八个方面"安全工作规范，制定贯彻落实方案，以"五个一遍"活动为落实载体，每月基层自查一遍，机关利用蹲点验收一遍，在这个上下"过"的基础上，坚持每周摸排"三关"人员，每月组织心理、医疗、保卫联合下基层巡防，分机关干部、基层干部、指挥士官、技术士官4个层面，举一反三抓教育、搞讨论。全年摸排"三关人员"600多人次，组织10次"月巡月防"活动，开展20次"五个一遍"活动，进行6次专项整治活动，对问题隐患挂账销号、跟踪到位、除患彻底。三是突出重点抓防范。开展"百日安全竞赛"活动，注重把竞赛与经常性工作结合起来，扭住人员管理这个关键，建立在外人员联系制度、士兵休假跟踪管理制度、部队与家庭沟通制度，确保在外人员管控到位；抓住营区安全防范这个重点，狠抓哨兵和营区防袭击，定期组织防袭击演练，筑牢营区安全屏障。

基层建设。一是抓好帮建。采取以会代训、专题研讨等形式，强化基层按纲抓建的意识和能力，先后对4个中队进行考察帮建，划拨10万元保障经费，投入20余万元加强设施建设，通过强力帮建把短板固牢加长。二是管好干部。推行交叉任职制度，起用7名年轻优秀干部、调整交流3名干部，到基层大中队主官的岗位上，较好地实现了新老搭配、军政兼备。广泛开展以"学理论、学法规、学技能、学经验、研究本职工作"为内容的"四学习一研究"活动。严管干部"八小时以外"活动，发挥机关服务作用。三是完善机制。党委机关年初设计年度工作统筹图，每季度制订工作指导意见，每月下发工作计划，每周审核基层周表，从源头上统住工作、控制节奏。

综合保障能力建设。着眼于建设"打仗型、服务型、创新型、法治型"后勤，加强后勤规范化建设。一是围绕中心抓战备。及时修订各类应急保障预案，依托地方资源完善代

2015年6月30日，驻马店市武警支队举行先进典型事迹报告会。

储、代供、代运机制，建立相互衔接、系统配套的后勤应急保障体系；以技能培训、集中复训、岗位练兵为抓手，进一步提高后勤人员专业技能；最大化抽组47人后勤应急保障分队，配齐配强保障力量，完善6种应急保障预案，强化遂行任务保障能力。探索军警民融合保障模式，先后与解放军159医院、消防支队等单位签订应急保障协议，提高了应急保障效能。二是围绕法规抓管理。以总队"学法规、守法规、用法规"活动为契机，在专项整治上，严密组织财务大清查和营房"三项"清查整治活动，核查2013年以来的800多本凭证，发现纠治84个问题，制定28个整改措施，修订《财务管理规定》《物资采购实施细则》；在财务管理上，坚持党委集体理财管财，大项经费开支、大宗物资采购党委会集体把关，确保经费审批严格、投向正确。三是围绕保障抓服务。在生产生活上，持续开展"伙食管理规范年"活动，落实伙食管理五项制度，严格执行伙食标准要求，伙食满意率达98%以上。在枪弹管理上，严格"五同"和"五控"要求，盯住"三个环节"，发挥三级网联管联控作用，盯住薄弱环节抓管理，督导"五同""五控"的末端落实。在车辆管理上，严密组织驾驶员教育整顿，落实车辆"五位一体"管理制度，为常用车辆购买保险，制作安全行车提示卡，实现了车辆行车零事故、零违章的目标。（莫景廉）

【安保勤务】 2015年，驻马店市武警支队完成了一系列安保勤务。2015年1月7日上午，遂平县法院审理"4·30"电信诈骗案，市武警支队完成庭审现场安全警戒任务。1月24日，2015年全国农民工春节大联欢——《回家·过年》节目在驻马店市会展中心录制，市武警支队完成录制现场安全警戒任务。4月15日～16日，驻马店第二届产教融合发展战略国际论坛在遂平县嵖岈山国际会议中心举行，市武警支队完成现场警戒和机动备勤任务。9月6日上午，第十八届中国农产品加工业投资贸易洽谈会在驻马店市天中广场会展中心开幕，市武警支队完成开幕式现场警戒和机动备勤任务。10月20日上午，"中国上蔡第十三届重阳文化节"在上蔡县蔡明园广场举行，市武警支队完成现场机动备勤任务。10月28日，市第二届运动会暨首届全民健身大会在市体育中心开幕，市武警支队完成开幕式安保任务。（莫景廉）

【环豫通道设卡警戒勤务】 根据省公安厅统一部署，经报请总队批准，市武警支队于2015年12月7日起，每日出动××名兵力，担负新阳高速S38豫皖界路口收费站检查设卡警戒任务。市武警支队参谋长周勇深入执勤一线，勘查勤务现场，确定执勤部署，规范执勤动作，组织情况处置演练。并与公安部门进行有效沟通，对勤务的武器装备配备、使用做统一部署，对两警联合处置的方法及程序、保障等进行明确，确保勤务有效运行。市武警支队完成了环豫通道设卡警戒勤务。（莫景廉）

【联合演练】 2015年7月10日下午，市武警支队出动××名官兵参与市公安局实兵拉动。担负应急值班首长的市武警支队参谋长周勇带领应急指挥组及特勤排参与演练。2015年9月25日下午，市武警支队与豫南监狱及周边地方联动力量严密组织"三圈"防逃制逃联合演练。此次联合演练由一中队、三中队、驿城区中队、豫南监狱、属地公安局派出所和周边地方武装联动力量参加，共出动人员140余名，

车辆30余台。（莫景廉）

公安消防

【社会化消防工作】2015年，驻马店市公安消防支队推进消防安全基层基础建设，强力整治火灾隐患，深化消防宣传教育，提升社会火灾防控能力。全市各级将消防工作纳入平安建设和政府综合目标管理等内容，逐级签订消防安全责任书。市政府先后13次组织召开政府常务会、协调会研究消防队站、消防装备等工作。市政府出台《关于进一步加强消防工作的意见》等指导性文件6份，为消防工作开展提供政策支持。市政府组织11个督导组，对各县区工作跟踪督办，每月对消防基层基础建设、专项整治、重大活动安保等工作进行督导检查，推动各级政府和行业部门消防责任落实，确保大项工作落实到位。一是全面排查整治火灾隐患。针对不同时期火灾特点，结合抗日战争胜利70周年、中国农加工洽谈会、上合组织峰会等重要时期消防安保任务，先后开展夏季消防安全检查、电动车火灾专项治理等6次专项行动，加大对人员密集场所、易燃易爆单位、住宅小区等整治力度。共检查单位16519家，临时查封354处，“三停”单位171家，行政拘留337人。国家安委会挂牌的河南荣光鞋业以及全市督办的10家重大火灾隐患单位，全部整改销案。特别是在“奋战一百天，全力保平安”行动中，支队实行“兵团化”作战，共排查“五类场所”1989家，依法拆除、查封易燃夹芯材料彩钢板建筑27.9万平方米。二是消防基础建设。市政府出台《关于开展消防基层基础建设推进年的实施意见》，全市9个县城和36个国家级、省级重点镇全部完成消防专项规划编制和修订，全市新增市政消火栓786个。指导乡镇（街道）将消防工作纳入安全监管、综合治理重要内容，先后3次对199个乡镇、街道的“一长三员”进行消防培训和现场指导，组织巡防、保安队员逐社区、逐门店进行检查和宣传。三是推动社会单位落实主体责任。市、县（区）两级政府分别对53个行业系统和414家社会单位主要负责人进行消防安全集中约谈，督促社会单位健全消防安全管理制度，落实消防安全责任。全市1051家一、二级重点单位全部实行“户籍化”管理、各级重点单位全面落实“六加一”措施，205家设有消防控制室的单位全部建成微型消防站。分期举办“五员一室”等消防安全培训班126场次，对全市3万余名重点单位消防安全责任人、管理人、专兼职消防人员进行培训。四是全面规范消防执法服务。按照执法规范化建设意见，开展“三查三清”集中整治活动。坚持每周通报督办、每月网上执法考试、季度执法例会等制度，对全市执法监督人员进行集训、轮训，全力加强消防监督队伍建设。对市公共服务保税区等事关经济社会发展的民生工程、安居项目跟踪服务，特事特办。抓好“互联网+”消防便民服务平台规范运行，群众所有业务咨询、业务办理等均在4小时内得到回复，群众普遍满意。五是消防宣传教育。联合有关部门组织开展防灾减灾周宣传、“3·15”消防产品打假宣传、中小学生安全教育日和“119”消防宣传月等活动。组建13支消防宣传小分队，聘任119名社区宣传大使，开展消防宣传活动1200余场次，发放资料5万余份，16万名群众受到教育。积极拓宽宣传渠道，利用移动互联网平台发送提示短信1120万条，增加目标人群30余万人。（邢海舰）

【执勤战备】2015年，市公安消防支队开展基础性训练。细化各岗位人员的练兵内容和标准，出台实战化训练操作规程和评判细则，突出单兵、班（组）基础科目训练及大、中队合成应用和作战编成训练，成功承办总队豫南片区水域救援实战拉动演练，开展跨区域应急拉动演练16次。每月对基层中队官兵应知应会掌握情况进行远程提问，量化通报。开展集中培训，先后组织中队长助理、中队指挥员、安全员、摄像员等集训班，参训人员达到160人次。突出实战化练兵。坚持常态熟悉与实战演练、错时拉练与专项拉动相结合，利用3G视频不定期核查基层落实情况，开展熟悉2675次、演练1951次，修订各类预案1623家。完善支队全勤指挥部、各级专家人才库和专业队伍，调整灭火应急救援专家组，吸纳环保、地震、卫生、石化、交通等专业人才38人，先后2次召开专家组联席会议。组建专业供水中队，配备4辆大吨位水罐车（一次载水量110吨）、326件（套）供水器材，开展各种供水能力和区域联片供水测试18次。先后成功处置了开发区“3·2”甲醇罐车泄漏起火、驿城区“6·14”超洋液化气站泄漏爆炸、“9·17”铜山大道28吨燃料油罐车泄漏等一批灭火救援事故。加强政府专职队伍建设。新增上蔡县经济开发区二中队和驿城区前进路消防中队2个县级政府专职消防队，已投入执勤。先后分2批对新招录专职队员进行岗前培训，支队共有政府专职队员195人，各基层中队全部达标。推进乡镇政府专职消防队建设，协调各级政府投入1500余万元，购置11台消防车辆，驿城区蚁蜂镇、西平县权寨镇等6镇按照“四有”标准，建成了乡镇政府专职消防队。加强信息化应用，完成350兆无线通信网络建设，在老乐山新建一座350兆中继站，一级指挥网覆盖全市辖区60%以上。投入30万元对支队视频会议室进行改造，高标准建成支队和各县区大队视频会议室。各县区大队全部完成2部3G单兵图传设备和高清摄像机配备任务。建强支队应急通信保障分队和大（中）队通信队伍，开展应急通信保障实战化训练和随机演练，提升部队应急通信遂行保障水平。（邢海舰）

【基础建设】2015年，市公安消防支队推动经费、营房、装备建设，做好打基础、管长远的工作。一是消防经费保障。贯彻文件要求，加强财务管理，充分发挥核算中心作用，规范各基层单位财务运行管理，提高资金使用效益，把有限的经费用到刀刃上。二是消防队站建设。驿城区雪松路消防站已建成，具备投勤条件；高铁站前区消防站、泌阳县产业集聚区消防站主体已完工；确山县产业集聚区消防站已施工到顶层，主体即将完工；开发区乐山路消防站、西平县产业集聚区消防站已完成相关手续，即将开工建设；平舆县、正阳县、新蔡县、汝南县产业集聚区消防站和遂平新区消防站已完征地任务。三是消防装备建设。全市共购置10台车辆，新增个人防护装备和特种防护装备6663件（套），抢险救援器材1258件（套），灭火器材752件（套），各类灭火药剂75.5吨。开展装备达标创建活动，完成遂平、正阳、确山、泌阳4县装备评估工作。支队成立装备技术服务队，每季度对各基层单位的装备器材巡检一次，及时发现消除装备隐患。支队被市政府荣记集体二等功，被评为省级文明单位，连续9年被评为全省工作先进支队。全市部队54人被记功嘉奖表彰，朱东峰被评为全省消防部队“十大爱兵模范”；董英俊荣记个人二等功，被中宣部、中央文明委评为2015年度“中国好人”，被团省委授予“青年岗位能手”称号，被市委评为“感动天中”十大人物。（邢海舰）

人民防空

【人防工作概况】 2015年，市人防办注重平战结合。抓住加快城市化进程的机遇，坚持“以建为主”的原则，人防工程数量和使用面积快速增长。强化应急保障。作为市反恐工作协调小组联系单位和防火安全委员会成员单位，依据资源共享的原则，为政府应急管理提供服务。根据情况变化实时调整防汛应急预案，检查相关设施设备运转情况，及时补充防汛物资。简政放权，依据《驻马店市人民防空办公室关于明确人防工程审批管辖权限的通知》，对行政许可、非行政许可和监管事项进行清理，将部分行政许可权下放到县级人防部门，减少了审批环节，规范了审批标准和时限，提高了服务效能。“十二五”期间，全市（包含各县）利用人防工程建设惠及民生涉及地下商场、停车场、工厂，仓储，养殖等行业领域，为社会提供就业岗位745个，创产值营业额760.1万元，上缴税收约61万元。在夏季酷暑期间，利用原人防大厦、天基城中心花园、新百汇购物广场、万博城市花园人防工程为市民避暑纳凉场所。（刘　迪）

【人防组织指挥体系建设】 2015年，市人防办按照“YZXSBM”的要求，对驻马店市RFZHB的编成与任务进行调整，完善RFZHBBC。加强人防专业队建设，完成每年例行的人防专业队整组训练任务，重点组织人防应急专业队伍，开展应急救援训练和演练，提高遂行应急救援任务的能力。组织编制二、三类重要经济目标评估报告。修编完善防空防灾人口疏散方案计划，在方案的制订中，采取统一部署、分项拟制，集中会审、合作完成方法分步实施。完成驻马店城市防空袭预案修订工作。加强人防信息化建设。制订2015年度信息保障专业技术训练计划，完成了全年各项专业训练任务。制定人防信息保障各专业年度训练计划，坚持每周一、周三理论及业务学习日制度，启动2015年度信息保障专业岗位大练兵活动，开展技能培训，提高了队伍的通信业务能力和应急拉动能力。同时制定规划了战备值班制度，对建立和落实战备通联制度进行准备。（刘　迪）

【人防训练演练】 2015年，根据河南省人民防空办公室年度工作安排，驻马店市于9月18日组织了代号为“驻盾—2015”的防护演练。演习采取上导下演、上下联动、异地同步、指挥演练与实兵行动相结合的方式。开展跨区域远程拉练活动。11月5日，市人防办携所辖8县人防办组织40余名业务骨干开展跨区域远程拉练，途径南阳、济源、开封等地市，行程数百千米。（刘　迪）

【防护工程体系建设】 2015年，驻马店市人防城市总体规划已通过评审，与深圳市城市规划设计院完成对接。同时，督促各县完成人防工程规划编制工作。已有2个县（区）完成人防工程总体规划，并通过专家评审验收，其余各县正在编制中。创新人防工程建用维管机制。根据省长159号令，逐步把“打捆”收费政策从建设领域剥离出来，人防工程建设逐年提升。开展资产资源普查工作，结合全市实际情况制订普查实施方案，设置了普查领导小组办公室，保证了普查工作运行通畅，并对所辖8个县（区）进行了普查督导。开展人防工程质量治理活动。11月，进行了全市人防工程质量大检查活动，严把质量关。规范人防工程建设市场秩序，落实工程建设五方责任主体和项目负责人质量终身责任，遏制和打击人防工程建设发包、转包、分包、挂靠等违法行为，全市人防工程质量总体水平明显提升。（刘　迪）

【人防宣传教育】 2015年，市人防办在广播、电台、电视台、网络及刊物等媒体发表信息40余次；更新门户网站宣传专栏40余期；在多家企业开展人防宣传教育，受教育人数3500余人；在多个社区开展宣传活动，受教育者达数万人；在初级中学开展宣传教育60班次，受教育人数7600多人。全年撰写信息简报40余期。（刘　迪）

经 济

经济管理

经济综述

【全市经济发展概况】 2015年，驻马店市全年完成生产总值（含新蔡县）1807.1亿元，增长8.9%，高于年初目标0.9个百分点，高于全省平均水平0.6个百分点，增速前移6位。其中，一产增加值402.5亿元，增长4.4%；二产增加值724.3亿元，增长8.5%；三产增加值680.3亿元，增长12.4%。实现财政一般预算收入（含新蔡县）96亿元，增长12.1%，高于年初目标1.1个百分点。市场消费平稳增长，社会消费品零售总额699.2亿元，增长13.3%，居全省第一位，高于年初目标1.3个百分点；居民消费价格涨幅控制在1%。投资规模不断扩大，完成固定资产投资1328.18亿元，增长19.4%，高于年初目标2.4个百分点。招商引资成效显著，全年实际到位省外资金222.4亿元，增长9%，高于年初目标1个百分点。工业稳定增长，全市规模以上工业增加值575亿元，增长9.2%。全市城镇化率39.2%，较上年提高1.7个百分点；全年城镇新增就业7.8万人，超额完成任务。现代农业健康发展，全年粮食总产量（含新蔡县）75.9亿千克，增长5.1%，实现“十二连增”。生态建设扎实推进，节能减排完成省定目标。人民生活持续改善，实现脱贫人口10.8万人，全市城镇和农村居民人均可支配收入分别为22608元和9174元，分别增长8.7%和10%，连续12年增长。

稳定经济增长。出台稳增长保态势重大工作专项，开展“三查三保”活动，建立工作台账，完善相关措施，排查化解经济持续下行中出现的行业、企业、社会风险。推动国家下达的各类投资项目尽快开工，全市中央投资项目开工率达到99%。清理2014年以前下达的中央预算内资金项目148个，清理存量资金8096.72万元，调整用于123个新建项目，使国家资金真正发挥效益。严格把关、积极协调、搞好服务，共为全市42个市重点项目争取国家专项债券资金20.63亿元，带动企业投资100多亿元。强化企业服务，公布全市涉企收费目录清单，组织开展全市涉企收费专项检查，减轻企业负担。设立企业应急周转专项资金、土地出让金周转基金，加强产销、银企、用工对接，协调解决企业发展中的问题，保障煤电油气运供给，为企业营造良好发展环境。

优化经济结构。一是加快产业集聚区建设。出台《推进产业集聚区与乡镇行政区域管理套合实施意见》。在一星级产业集聚区中开展“五规合一”试点，优化调整产业集聚区空间规模，为产业集聚区长远发展打下基础。实施“百千”亿级优势产业集群培育工程，组织2015年全市产业集聚区暨重点项目建设观摩点评活动，全市百亿级特色产业集群达到5个，产业集聚区完成固定资产投资970.3亿元、实现主营业务收入2102亿元，分别占全市的73%和82%。二是加快服务业“两区”建设。组织“两区”观摩活动，对发展空间受限的“两区”进行调整，推进“两区”建设。“两区”建成区面积已达4.66平方千米，在建项目52个，已运营项目32个，入驻服务业企业207家，主营业务收入达到58亿元，当年完成投资60亿元，成为拉动服务业的主要力量。三是加快电子商务发展。全市各类电商企业达2000多家，交易额156.8亿元，同比增长124%；阿里巴巴·驻马店产业带上线企业突破600家，线上线下交易额突破10亿元。

推进协调发展。一是全面深化改革。着力转变政府职能，市政府工作部门全部建立权责清单，全面取消非行政审批，再次减少行政审批事项78项；交通运输综合执法体制和食品药品监管改革全面完成，县级公立医院改革全面推开，户籍改革全面推进，党政机关公务用车改革顺利完成，不动产统一登记制度改革、机关事业单位养老保险制度改革全面启动。年初市委制定的改革重点工作任务已基本得到落实，增强了经济发展内生活力。二是编制“十三五”规划。编制《驻马店国民经济发展第十三个五年规划纲要》，推进全市26个专项规划和10多个重点课题研究，积极向上汇报对接，确保全市一批重大项目进入国家和省规划，为全市“十三五”期间发展打下良好基础。三是加快推进新型城镇化。出台《驻马店市新型城镇化规划》和《科学推进新型城镇化三年行动计划》。平舆县纳入全省新型城镇化试点，15个镇纳入全国重点镇，2个重点镇进入省级示范镇。全面启动“六城联创”工作，中心城区100多个重点城建项目顺利实施，累计完成投资46.3亿元，城市面貌发生较大变化。加快推进交通、供排水、污水垃圾等基础设施建设，全年供水、污水日处理能力分别新增2万吨和14万吨。四是发展房地产业。落实国家、省促进房地产业发展的政策措施，出台住房公积金使用和购房、契税补贴优惠政策，着力消化库存，发放购房、契税补贴4000多万元，房地产开发投资、销售额分别增长15%和8.9%。五是解决企业融资。加大招行引资、企业上市工作，兴业银行驻马店支行开业运营，5家企业实现

"新三板"挂牌上市。推进金融机构加大贷款力度，全年各项贷款余额（含新蔡县）1115.5 亿元，比年初增加 175.3 亿元，增长 18.7%，新增存贷比达到 68%。

推进项目建设。落实四大班子领导分包重点项目、模拟审批、联审联批、全程代理等工作机制，采取观摩点评、现场办公、早餐会等形式协调解决问题，先后 30 多次深入项目现场进行实地督查，确保项目建设按节点快速推进。开展重点项目懒政怠政、为官不为专项治理活动和中心城区重点项目征地拆迁集中行动，发现并解决一批重点项目落地难题。先后举行 4 次重点项目集中开工活动。全市 22 个省 A 类重点项目完成投资 112 亿元，264 个市重点建设项目完成投资 770 亿元，均超额完成任务。成功举办第十八届中国农加工洽谈会，现场签约合同项目 76 个，总投资 696.5 亿元，已有 50 个项目开工建设，开工率 67%。加大产业招商力度，先后派出 300 余支招商小分队，举办各类招商活动 15 次，累计签约亿元以上项目 248 个，全年实际到位省外资金 222.4 亿元，增幅居全省第二位。

办好惠民实事。全年共安排实施干线公路 183 千米，农村公路 1032.9 千米、桥梁 5931 延米，京港澳高速改扩建工程顺利竣工，107 国道"二升一"改建项目等一批交通项目全面实施。加大电力投资力度，全年新建改造 35 千伏以上变电站 68 座，新建改造线路 682.1 千米，新增变电容量 431.4 万千伏安；泌阳、确山一批风电项目陆续开工建设。加快推进扶贫开发，对 121 个贫困村实施整村推进扶贫开发，10.8 万农村贫困人口实现稳定脱贫。加快发展社会事业，全年完成各类劳动力技能培训 16.5 万人，新增城镇就业 7.8 万人，新建、改扩建幼儿园 513 所，增设附属幼儿园 120 所，改造学校 148 所，职教园区建设加快推进，实施了一批卫生项目，启动了城镇居民大病保险和机关事业单位养老保险。推进保障性住房建设，全年新开工保障房 3.4 万套，基本建成 2 万套，分配入住 1.8 万套。实施"中心城区六件惠民实事"，集中力量推动一批关系中心城区群众切身利益的民生实事。落实国家稳定物价的政策措施，加强重要商品和敏感商品价格监测调控，建立健全重要商品市场价格调控机制，相继落实了药品价格改革、非居民用天然气价格调整、稻谷和小麦最低收购保护价格、城乡用电同价、水资源费征收标准调整等政策，调整了全市车用天然气价格，下调了非居民天然气价格。全年取消行政事业收费 43 项，免（停）征收费项目 53 项，降低收费标准 11 项，取消收费许可制度，治理规范经营服务性收费和中介机构、社团收费。推进电力直接交易工作。指导县区上报省级新型城镇化试点。其中，平舆县成为全省新型城镇化综合改革试点县，泌阳官庄镇、汝南老君庙镇成为全省新型城镇化试点镇。牵头推进新农村建设规划编制工作，高质量上报全市新农村引导点，会同市委农办、市财政局、市规划局等部门，深入各县区农村现场查看每个引导点，指导各县区编制新农村规划和近期实施方案。平舆县大王寨村被定为全省新农村引导点。（王金锋　冯　冰）

【重点项目进展情况】 2015 年，驻马店市 22 个省 A 类重点项目完成投资 112 亿元，占年度计划的 123%；264 个市重点建设项目完成投资 770 亿元，占年度计划的 119%，重点项目完成投资较 2014 年同期增加 167.7 亿元。其中，194 个亿元以上重点工业项目累计完成投资 501 亿元，占年度投资计划的 126%，完成投资较上年同期增加 98.4 亿元。全市重点项目建设保持了快速推进、赶超发展的良好态势。

从建设阶段看：1 月 ~ 12 月，116 个计划竣工项目完成投资 281.4 亿元，占年度投资计划的 134%；82 个续建项目完成投资 318.4 亿元，占年度投资计划的 117%；66 个计划新开工项目完成投资 170.3 亿元，占年度投资计划的 102%。

从项目归属地看：县（区）属 234 个重点项目完成投

2015年10月16日，市委市政府召开全市稳增长保态势工作会议。　弓华静 摄

资690亿元，占年度计划的125%。除汝南县外，各县区年度投资任务均已圆满完成。市直30个重点项目累计完成投资80.1亿元，占年度计划的84%。

从所属行业看：

1. 工业项目。全年194个亿元以上重点工业项目累计完成投资501亿元，占年度投资计划的126%。其中：98个计划竣工项目完成投资227.3亿元，占年度计划的136%。驿城区鹏辉锂电池产业园、开发区嘉邦环保材料，遂平县翔云光电照明，上蔡县百润环保、铭盛纺织、都锐滤清器，平舆县力特光电、德庆祥生物，确山县龙源药业科技产业园、聚源生物，泌阳县金桂特纸科技，市产业集聚区暖亿家科技等一批计划竣工项目快速推进，部分项目已进入设备安装或试生产阶段；52个续建项目完成投资169.4亿元，占年度计划123%，上蔡县状元红酒文化产业园、稳步鞋业，泌阳县朗格光电科技，平舆县百消丹药业、圣力源科技，市产业集聚区公司保税中心、后羿制药，开发区富兴电子、洁康医疗器械等一批续建项目工程进展顺利；44个计划新开工项目，完成投资104.4亿元，占年度计划的111%。驿城区天方原创三期、华宇电力二期，遂平县大拇指食品、天中百年新能源，上蔡县益加康粮油，平舆县亿光电子、恒远面业，泌阳县溢佳香食品、臻蓝环保科技等已全面开工建设。

2. 交通项目。全年6个交通重点项目完成投资24.9亿元，占年度投资计划的113%，较2014年增加5.4亿元。京港澳高速公路驻信段、漯驻段改扩建项目已竣工通车。纬十路建设项目，小清河桥和地下管网工程已基本完成，其余工程正在稳步推进。

3. 农林水项目。全年10个农林水重点项目完成投资27.3亿元，占年度投资计划的99%。驻马店市扶贫开发建设项目已完成134个贫困村的整村推进。驻马店市茶园建设项目，全市已新建茶园800公顷（1.2万亩）。农村安全饮水2015年度工程已全部完成。

4. 城市基础设施项目。全年16个城市基础设施重点项目完成投资35.9亿元，占年度投资计划的77%。经济技术产业集聚区基础设施建设项目前进大道和纬八东路部分路段基本完工，中原大道、创业大道已通车。

5. 科教文卫项目。全年5个科教文卫项目完成投资2.5亿元，占年度投资计划的61%。驻马店市卫校新校区建设项目基本完工。驻马店农业学校新校区建设项目，教学楼、实验楼、学生公寓已完工，办公楼、餐厅正进行内外部装修。

6. 服务业项目。全年33个服务业重点项目完成投资178.5亿元，占年度计划的119%。红星美凯龙城市综合体等一批重点项目顺利推进，服务业和现代物流业发展提速。驿城区大华市场升级改造项目、义乌小商品批发项目已建成。上蔡县黄淮商贸城项目一期38幢商铺竣工并正式运营，配套设施及亮化工程施工完成，二期项目正在全面建设。

集中开工活动情况：2015年，为加大全市项目推进力度，各县区、市直有关部门按照市委、市政府统一部署，先后于春节后、6月初、10月初和12月底组织举行4批亿元以上项目集中开工活动，启动和实施一批新的重大项目开工建设。4批共集中开工亿元以上项目153个，总投资740亿元，年度计划投资214亿元。 （王金锋 冯 冰）

【固定资产投资】 2015年，驻马店市固定资产投资完成1328.18亿元，比上年增长19.4%，高于全省平均水平2.9个百分点，总量居全省第十二位，增速居全省第二位。其中：第一产业完成投资38.37亿元，比上年增长54.6%，占投资的比重为2.9%；第二产业完成投资684.36亿元，比上年增长13%，占投资的比重为51.5%，其中工业投资完成684.36亿元，比上年增长13%；第三产业完成投资605.45亿元，比上年增长25.7%，占投资的比重为45.6%。2015年，全市在建项目975个，在建项目计划总投资2646.96亿元，比上年增长17%。全年在建项目完成投资1328.18亿元，比上年增长19.4%，其中亿元及以上在建项目完成投资932.11亿元，比上年增长19.4%。2015年，全年房地产开发投资216.14亿元，比上年增长15%。其中：住宅投资172.59亿元，增长5.9%；商品房销售面积740.27万平方米，比上年增长0.6%，商品房销售额242.84亿元，比上年增长6.1%。

（王金锋 冯 冰）

【项目资金争取】 2015年，驻马店市共争取国家、省各类政策性建设资金25.34亿元（不含新蔡县），其中中央预算内资金14.74亿元，省财政资金1.19亿元，国家和省有关部门专项资金9.41亿元。2015年，全市共争取国家专项建设基金项目42个，项目总投资389.17亿元，安排专项建设基金20.63亿元。其中：通过国开行安排项目8个，安排资金3.7亿元；通过农发行安排项目34个，安排资金16.93亿元。工业结构调整资金争取。2015年，汝南县产业集聚区及仓储物流园区基础配套设施项目争取到省工业结构调整项目资金300万元。 （王金锋 冯 冰）

【产业集聚区建设】 2015年，产业聚集区共入驻规模以上企业1068家，规模以上工业增加值、主营业务收入分别达到459亿元和2102亿元，占全市比重分别达到81%和82%，完成固定资产投资970.27亿元，增长13.6%。

基础设施建设。2015年，全市产业集聚区建成区面积已达113.02平方千米，修建道路1244.35千米，建成标准化厂房1083.7万平方米，其中多层标准化厂房676.03万平方米，分别是2010年1.85倍、2.3倍、4.7和11倍。2015年观摩考核之后，遂平县产业集聚区、汝南县产业集聚区、确山县产业集聚区、上蔡县产业集聚区晋升为一星级产业集聚区，加之驻马店市产业集聚区、泌阳县产业集聚区、平舆县产业集聚区，全市一星级产业集聚区达到7个。

科技创新。2015年，产业集聚区新兴战略产业和高新技术产业增加值占规模以上工业比重达30%；全市已形成5个百亿级特色产业集群，食品加工、轻纺产业分别实现主营业务收入663亿元和595亿元。新技术、新产业、新业态不断涌现，共建立院士工作站3个，博士后工作站2个，省级以上科技平台64个。海川电子超薄玻璃、中云创光电等企业部分领域技术居全国领先地位；新能源电动车等新兴产业不断发展壮大，已形成5万辆新能源电动车整车生产能力；

电子商务产业园年交易额达到160亿元，产业升级步伐不断加快。

"五规合一"试点。全市抓抓永久性基本农田划定和土地利用总体规划调整完善的机遇，积极在市产业集聚区开展"五规合一"试点。正阳县产业集聚区、驻马店装备产业集聚区和遂平县产业集聚区已通过省产业集聚区联席办同意，其中正阳县产业集聚区、驻马店装备产业集聚区已得到批复，为今后5年产业集聚区项目入驻、产业集聚、产城融合提供保障。

管理体制改革。根据《关于推进产业集聚区与乡镇行政区域管理套合的指导意见》要求，制定《驻马店市推进产业集聚区与乡镇行政区域管理套合实施意见》和《驻马店市推进产业集聚区与乡镇行政区域管理套合实施方案》文件。

（王金锋　冯　冰）

【中央专项债券基金项目】 河南省驻马店市中多铝业有限公司产5万吨高性能铝、镁轻质合金材料项目，河南盛世伟业医疗器械制造有限公司医疗器械制造（二期）项目，河南鼎原实业有限公司年产20万立方米秸秆板建设项目，吴桂桥煤矿采煤沉陷区综合治理（大余庄搬迁治理）争取中央专项债券基金1.14亿元。（王金锋　冯　冰）

【高技术产业】 2015年,全市规模以上高技术产业(制造业)实现增加值40亿元，同比增长11%；实现主营业务收入145亿元，同比增长17.8%；实现利润13.5亿元，同比增长16%。电子、生物、新能源、新能源汽车、新材料、节能环保等领域的72个市级重点项目总投资545亿元，年度计划投资163亿元，全年完成投资超过200亿元。

（王金锋　冯　冰）

【技术创新】 2015年，驻马店市组织申报国家级企业技术中心1家、省级企业技术中心3家、省级工程实验室2家，获认定省级企业技术中心2家、省级工程实验室2家；组织财政、地税部门认定市级企业技术中心2家。昊华骏化集团国家级企业技术中心已通过审核答辩，已被发改委列入拟认定公式名单。截至年底,全市拥有国家级企业技术中心1家、省级企业技术中心24家、省级工程实验室7家、市级企业技术中心33家。（王金锋　冯　冰）

【服务业项目建设】 2015年，驻马店市为提升服务业发展水平和支撑能力，集中力量推进服务业项目建设。全市筛选确定了30个投资亿元以上的服务业重点项目。截至年底，累计完成投资56亿元，已经完成计划投资的76%，项目开工率达96%。一批投资规模大、市场前景好、带动作用强的服务业项目，如总投资80亿元的中部汽贸物流园、总投资60亿元的黄淮商贸中心、总投资40亿元的蓝天世贸中心等项目建设进展顺利。同时抓好招商签约项目落地，2014年河南省现代服务业开放合作洽谈会上签约的12个招商项目，已履约10个，开工10个，累计完成投资14亿元。

（王金锋　冯　冰）

【服务业载体建设】 2015年，驻马店市推进全市服务业载体平台建设。一是加快服务业"两区"发展。截至2015年12月底，全市"两区"累计建成面积4.66平方千米，入住规模以上企业80家，累计完成固定资产投资总额81亿元。其中，在建总投资亿元以上产业项目12个，成为拉动服务业投资增长主要力量。积极向省服务业办汇报市"两区"进展情况，对"两区"建设中涉及的问题在与各"两区"对接基础上请示上级部门，通过省服务业办开展的"两区"规划调整工作，重点对全市涉及发展空间受限、拆迁建设缓慢等因素的"两区"进行调整，加快产业集聚、特色培育、服务功能提升、产业和城市融合发展的步伐，尽快形成体量规模大、辐射范围广、服务能功能强、业态模式新的服务业集聚区。二是开展省级示范物流园区创建工作。驻马店市恒兴物流成功创建为省级示范物流园区。三是精心筛选河南省服务业百户领军企业并进行推介。在现代物流、信息服务、文化、旅游、商务商贸、养老服务、房地产等领域，积极培育全市服务业重点企业，使之成为引领全市服务业发展的主力军。2015年，驻马店恒兴运输、河南嵖岈山旅游实业被列入省服务业百户领军企业。四是推进电子商务平台项目建设。一批电子商务平台项目如阿里巴巴驻马店产业带、一橙生活、中国名优农产品交易网、明汇天中驻马店名优产品网等已相继投入运营。全市已有中小型电子商务企业1200多家，1000多家有网上交易额；全市共有78家企业获得省电子商务企业认定备案，3家企业获得河南省电子商务示范企业称号。（王金锋　冯　冰）

【服务业资金支持】 2015年，全市争取各类服务业资金3.0931亿元，其中国家级引导资金2.9亿元，中央预算内资金731万元，省级高成长服务业专项引导资金1200万元。随着国家对服务业重点领域加大投入，全市一批服务业重大项目如恒兴物流、老乐山生态园、爱家物流、泌阳铜山湖生态园等项目得到了国家级专项引导资金的大力扶持；红色旅游基础设施建设项目竹沟纪念馆项目获得中央预算内资金扶持；成功将遂平县嵖岈山国家森林公园和泌阳县铜山湖国家森林公园申请列入"十三五"国家森林公园保护利用设施建设项目；泌阳县象河谷旅游项目通过评审，列入国家"十三五"旅游基础设施项目。（王金锋　冯　冰）

【规划编制】 2015年2月6日，《驻马店市新型城镇化规划（2015～2020年）》经市政府常务会议和市委常委会审议后通过。经市委书记余学友批示，市政府于2015年4月9日印发《驻马店市新型城镇化规划（2015～2020年）》。在编制《驻马店市新型城镇化规划》的同时，市发改委起草了专门落实《规划》的配套文件《驻马店市科学推进新型城镇化三年行动计划（2015～2017年）》。经市政府常务会议和市委常委会审议后通过，市政府2015年4月8日印发。为落实《驻马店市科学推进新型城镇化三年行动计划》，市发改委编制了2015年～2017年驻马店市城镇基础设施项目库，初步筛选城镇基础设施项目261个，总投资2171.1亿元。其中，城镇基础设施项目130个，总投资1394亿元；公共

服务项目 131 个，总投资 677 亿元。 （王金锋 冯 冰）

【城市清洁河流行动计划】 2015 年，驻马店市发改委起草《驻马店市中心城区河流清洁行动计划》，提出 5 年主要工作目标以及垃圾河清理整治、河流截污、城区工业污染源整治、污水处理设施建设、河道生态修复、河流沿岸景观建设等六大工程的具体任务，并向省政府检查组作专题工作汇报。初步统计，全市县级以上城市规划区内现有河流 44 条、长度近 356 千米，已启动治理 30 条、长度达到 74 千米以上。其中，中心城区练江河、骏马河、开源河、冷水河等河道治理取得成果，城市水环境质量有所改善。 （王金锋 冯 冰）

【中央预算内资金争取】 2015 年，市发改委审批上报了全市 2012 年 ~ 2015 年 93 个城市棚户区和公共租赁住房项目基础配套设施项目资金申请报告，争取中央预算内资金 6.2794 亿元，已经全部下达各县区项目单位。在这些项目中，争取中央补助资金 4000 万元，重点解决了全市水利系统 1000 多名职工多年来的住房困难。帮助林业系统住房困难职工争取 2000 多万元中央预算内资金。支持中心城市供水管网建设，争取中央资金 3500 多万元。争取中央预算内投资的城镇污水处理项目 4 个，2400 万元。

（王金锋 冯 冰）

【农业概要】 2015 年，驻马店市主要农产品产量稳定增长，新建高标准粮田 70133.33 公顷（105.2 万亩），全年粮食总产 75.9 亿千克，增长 5.1%，实现“十二连增”。稳步推进适度规模化经营，土地流转面积占家庭承包面积的 31%。加快农业产业化发展，农业产业化集群达到 55 个，其中省级 15 个；市级以上重点龙头企业 351 家，其中国家级 2 家、省级 46 家。积极培育新型农业经营主体，农民合作社达到 13550 家、家庭农场 5021 家，数量居全省前列。推进改善农村人居环境工作，创建省级达标村 563 个、示范村 261 个。现代畜牧业持续发展，新建标准化规模养殖场 99 个，生猪饲养量居全省第一，肉牛、家禽饲养量居全省第二。夏南牛产业发展取得突破，存栏在 50 万头以上。以河南恒都食品为龙头的肉牛产业化集群加快发展，恒都公司成为首批澳洲进口活牛主要承接企业，年屠宰加工 15 万头专用生产线正在加紧建设。 （王金锋 冯 冰）

【千亿斤粮食田间工程】 2015 年，省发展改革委下达千亿斤粮食田间工程项目。项目总投资 30062 万元，其中中央投资 24047 万元，省财政专项资金 2891 万元，省基建资金 312 万元，市投资 1308 万元，县投资 1504 万元，建设高产稳产田 1.34 万公顷（20.1 万亩）。建设内容主要包括新打机井 3136 眼、变压器台区 269 个，疏浚沟渠 228.8 千米，新建桥涵 1185 座，新修田间道路 228.14 千米等。

（王金锋 冯 冰）

【大中型病险水库（闸）除险加固项目】 2015 年，省发展改革委下达中央预算内大中型病险水库（闸）除险加固工程。总投资 3723 万元，其中中央预算内投资 2979 万元，市县投资 744 万元。主要建设内容：大坝防渗加固，溢洪道、输水洞加固等。

（王金锋 冯 冰）

【农村饮水安全项目】 2015 年，省发展改革委分 2 次下达农村安全饮水工程建设项目。第一批总投资 32601 万元，其中中央预算内投资 25315 万元，省财政专项资金 3707 万元，市级财政投资 1606 万元，群众自筹 1973 万元。涉及 8 个县，84 个乡（镇、办），253 个行政村，3 个农场，3 个林场，309 所学校。解决 58.5366 万人（比照西部政策 51.3349 万人），其中氟超标 0.2338 万人，苦咸水 46.5173 万人，污染水 3.5611 万人，缺水 5.0427 万人，其他水质问题 3.1817 万人；解决 11.1080 万人（比照西部政策 10.3562 万人）农村学校师生饮水问题。第二批分解下达农村饮水安全工程中央预算内投资 648 万元，用于全市 9 个县（区）的区域水质检测中心建设。主要建设内容：用于 8 县 1 区（除新蔡县）区域水质检测中心建设。 （王金锋 冯 冰）

【水土流失重点治理项目】 2015 年，省发展改革委下达驻马店市水土流失重点治理。安排驻马店市遂平县嵖岈山项目区实施水土流失重点治理工程。总投资 214 万元，其中中央预算内投资 150 万元，市投资 21 万元，县投资 43 万元。主要建设内容：新增水土保持综合治理面积 5.3 平方千米。

（王金锋 冯 冰）

【农村沼气项目】 2015 年，省发展改革委下达 2015 年驻马店市大型沼气建设项目 3 个。总投资 1606.81 万元，其中中央预算内投资 600 万元，县区投资 64 万元，企业自有投资 942.81 万元。主要建设内容：建设沼气发酵装置、预处理设施、沼气利用设施和沼肥利用设施。 （王金锋 冯 冰）

【农产品质量安全检验检测体系建设项目】 2015 年，省发展改革委下达农产品质量安全检验检测体系建设项目 2 个。总投资 655 万元，其中中央预算内投资 437 万元，市县投资 218 万元。主要建设内容：实验室改建，仪器设备购置。

（王金锋 冯 冰）

【国有垦区危房改造及配套基础设施建设项目】 2015 年，省发展改革委下达国有垦区危房改造及配套基础设施建设项目。总投资 261 万元，其中中央预算内投资 153 万元，省财政专项资金 108 万元。建设内容为改造危房 150 户。

（王金锋 冯 冰）

【防护林工程】 2015 年，省发展改革委下达防护林工程项目。工程投资 680 万元，其中中央预算内投资 544 万元，市县投资 136 万元。主要建设内容：人工造乔木林 866.67 公顷（1.3 万亩），封山育林 1466.67 公顷（2.2 万亩）。

（王金锋 冯 冰）

【退耕还林】 2015 年，省发展改革委下达退耕还林工程。

总投资1828万元，全部为中央投资。主要建设内容：建设基本口粮田924.67公顷（13870亩），新修沼气池680口，节柴灶200台，太阳能66座，种植速丰林402.27公顷（6034亩）、经济林116.07公顷（1741亩），低效改造林266.67公顷（4000亩），中幼林抚育1680公顷（2.52万亩），林下种植经济作物73.33公顷（1100亩），林下种植中药材653.33公顷（9800亩），培训退耕农民3444人次，补植补造533.33公顷（8000亩）。（王金锋　冯　冰）

【高速公路建设】2015年，市发改委积极协调在建京港澳高速改扩建工程，确保工程顺利进行。京港澳高速公路驻马店至信阳改扩建工程累计完成投资8.5亿元，占年度计划投资的100%。京港澳高速公路漯河至驻马店改扩建工程累计完成投资6.87亿元，占年度计划投资的103%。纬十路累计完成投资8000万元，占年度计划投资96%。配合市政府与周边地市对接周驻南高速公路项目。（王金锋　冯　冰）

【干线公路建设】2015年，全市申报一批干线公路列入省建设计划。其中，6条干线公路已经进入批复可研阶段，S219永定线正阳县城至驻信交界改造项目、S335棠西线正阳中心庙至正阳县城段改造项目、S335棠西线正阳汝南埠至正阳中心庙段改造项目3条干线公路改造工程总里程近70千米，投资逾2亿元。3个项目已经全面开工建设。国道107驻马店市境113千米"二升一"改建项目已经全面开始实施。（王金锋　冯　冰）

【农村公路建设】2015年，全市农村公路乡村畅通工程1032.9千米，桥梁5931延米，计划总投资8.3亿元。其中：县乡道项目360.4千米，已开工326.8千米，完工144.3千米，完工率40%；通村公路项目672.5千米，已开工587.6千米，完工460.3千米，完工率68.5%。危桥改造项目5931延米，完工1248延米，完工率21%，计划完成投资6.1亿元，占年度计划的74%。（王金锋　冯　冰）

【社会事业计划和规划】2015年，市发改委编制了《驻马店市2015年教育专项中央预算内投资计划建议方案》《2015年基层就业和社会保障服务设施建设项目建议方案》《驻马店市2015年文化、公共体育事业领域中央预算内投资计划建议方案》《驻马店市2015年卫生储备项目中央投资计划建议方案》等。（王金锋　冯　冰）

【社会事业项目】2015年，全市共争取各类项目共378个，总投资5.8504亿元，其中中央预算内资金2.9004亿元，地方配套2.95亿元。分行具体投资情况为：一是卫生项目345个，总投资4.2197亿元，其中中央预算内投资1.9765万元，地方配套2.2432万元。二是教育项目共20个，总投资8018万元，其中中央预算内投资4694万元，地方配套3324万元。三是广播电视村村通建设项目2个，总投资580万元，其中中央预算内资金367万元，地方配套213万元。四是文物保护项目2个，总投资1147万元，其中中央预算内投资786万元，地方配套361万元。五是社会养老服务体系建设项目2个，总投资2000万元，其中中央预算内投资1000万元，地方配套1000万元。六是基层就业和社会保障服务设施建设项目2个，总投资2032万元，其中中央预算内投资1092万元，地方配套940万元。七是残疾人康复和托养设施建设项目3个，总投资1300万元，其中中央预算内投资720万元，地方配套580万元。八是儿童福利设施建设项目1个，总投资430万元，其中中央预算内投资280万元，地方配套150万元。九是公共体育设施建设项目1个，总投资800万元，其中中央预算内投资300万元，地方配套500万元。

（王金锋　冯　冰）

【春运工作】2015年春运从2月4日开始至3月15日结束。春运期间，全市共发送旅客2350.36万人次，较2014年增长2.2%。其中：铁路发送旅客69.96万人次，增长6%；道路发送旅客2280.4万人次，增长2%。全市未发生重特大事故和大规模旅客滞留现象，电煤、成品油、鲜活商品运输保障良好，2个燃煤电厂电煤储备始终保持正常水平，没有出现缺煤停机事件，节日商品市场供应充足。

（王金锋　冯　冰）

【节能监察监测】2015年，市政府制定《驻马店市人民政府办公室关于印发2015年驻马店市节能减排低碳发展工作安排的通知》，印发到各县区及各有关部门。对列入国家万家企业及省千家企业开展2014年度节能目标责任考核工作；配合省节能目标责任现场考核评价组对全市2015年度节能目标完成情况及措施落实情况开展现场考核评价，超额完成省政府下达驻马店市2015年度万元GDP能耗下降1.9%的节能目标任务。落实固定资产投资项目节能评估和审查制度，2015年共审查节能登记表和节能评估报告书（表）共计110余项。组织骏化股份和鲁洲生物等企业实施节能技改工程，争取国家预算内资金1072万元，年可实现节能2万吨标煤。（王金锋　冯　冰）

【以工代赈】2014年度预算内项目计划总投资3323万元，其中国家以工代赈投资2142万元，省财政配套资金918万元，市县配套263万元。全年完成投资3323万元，占计划的100%。2014年度示范项目计划总投资1030万元，其中国家以工代赈投资810万元，市县配套资金220万元。全年完成投资1030万元，占计划的100%。2014年度易地扶贫搬迁项目计划总投资1519万元，其中国家以工代赈投资1160万元，市县配套资金359万元。全年完成投资759.92万元，占计划的64%（项目建设期限2年）。（王金锋　冯　冰）

国土资源管理

【市国土资源局概况】驻马店市国土资源局是主管全市国土资源、矿产资源和测绘管理的市政府工作部门。局机关设办公室、调控监测科、人事教育科、财务科、用地审批科、地籍和耕地保护科、测绘管理科（驻马店市测绘管理局）、土地利用科、矿产资源开发管理科、地质勘察环境科、执法监察科（信访科）、规划科技科、行政审批科13个科室（不含纪检监察室、机关党委），设土地储备开发中心、土地整理中心、国土资源执法监察支队、征地事务所、地产评估所、职工培训中心、土地市场服务中心、地质环境监测站、城区分局、开发区分局、产业集聚区办公室、平川造地公司等12个直属事业和企业单位。2015年，驻马店市国土资源局被国土资源部评为“全国信访工作先进集体”，是全省2个受到表彰的地市之一；被省国土资源厅表彰为信访稳定先进单位、依法行政先进单位；被市委、市政府表彰为项目建设、服务企业、信访稳定等10个单项工作先进单位。（李文友）

【土地资源】 根据土地变更调查数据显示，至2015年年底，全市土地总面积1364444.35公顷。其中，耕地849068.83公顷，园地2598.03公顷，林地157147.36公顷，草地29454.13公顷，城镇村及工矿用地123256.06公顷，交通运输用地46472.39公顷，水域及水利设施用地97870.73公顷，其他用地18576.82公顷。（李文友）

【矿产资源】 截至2015年年底，全市已发现各类矿产52种，矿产地370多处。在查明资源储量和开发应用的矿产中，非金属矿产是全市优势矿产，其中化工灰岩、熔剂用灰岩、白云岩分别占全省同类资源储量的91%、25%、56%；新探明的金属矿产中金红石矿储量达5000万吨以上、铁矿石储量6亿多吨；能源矿产中石油储量2146万吨、天然气4.33亿立方米、煤1.37亿吨。（李文友）

【耕地保护】 2015年，驻马店市国土资源局严格落实耕地保护制度，实行政府主要领导负责制和耕地保护目标责任制，建立了多部门共同监管责任机制，县、乡、村逐级签订责任书127.1844万份，进行年度耕地保护目标责任履行情况检查，细化耕地保护措施。全市实际耕地保有量84.8万公顷（1272万亩），超省定目标66666.67公顷（100万亩）；基本农田保护面积67.4万公顷（1011万亩），超省定目标7333.33公顷（11万亩），实现了基本农田总量有增加、质量有提高、结构更优化。为落实“占一补一、先补后占”制度，驻马店市政府2015年5月8日下发《驻马店市人民政府办公室关于规范耕地占补平衡项目管理工作的通知》，并制定《驻马店市补充耕地指标管理办法》。2015年全市共使用占补平衡指标1280公顷，其中市内使用753.33公顷（市本级使用166.67公顷，各县使用586.66公顷）、易地补充耕地526.67公顷，易地补充耕地资金6亿多元，从数量上、质量上落实了耕地占补平衡制度。（李文友）

【土地整治项目】 2011年～2015年，省政府共批复驻马店市土地规模整治项目14个，总规模101308.86公顷，总投资177578.06万元，新增耕地349.56公顷。其中：2011年批复4个，涉及遂平县玉山等4个乡镇土地整治项目、汝南县金铺等2个乡（镇）土地整治项目、平舆县阳城等4个乡镇土地整治项目、西平县吕店等4个乡镇土地整治项目，总规模48712.17公顷，总投资87040.91万元，新增耕地310.77公顷。至2015年年底，上述4个项目均已竣工并验收。2013年批复4个，涉及上蔡县百尺乡等3个土地整治项目、正阳县大林镇大林等11个村基本农田整治项目、平舆县李于屯镇老王岗乡高标准基本农田整治项目、西平县权寨镇等3个乡镇高标准基本农田整治项目，总规模19564.53公顷，总投资32359.06万元，新增耕地37.32公顷。至2015年年底，正阳县完成总工程量的75%，其他3个县全部竣工，上蔡县已完成竣工并验收。2014年批复2个，涉及汝南县王岗镇等2个镇高标准基本农田整治项目、上蔡县齐海乡等4个乡土地整治项目，总规模10595.12公顷，总投资17474.26万元，新增耕地1.47公顷。至2015年年底，上述2个项目均完成工程量的50%。2015年批复4个，涉及遂平县常庄等2个镇土地（高标准基本农田）整治项目、泌阳县杨家集等2个乡镇土地整治项目、正阳县铜钟镇等3个镇高标准基本农田整治项目、平舆县射桥镇等3个乡镇土地整治项目，总规模10596.84公顷，总投资20636.8万元，新增耕地49.34公顷。除泌阳县已完成招标，其他3个县正在筹备招标工作。（李文友）

【永久基本农田划定】 2014年10月，国土资源部、农业部联合下发《关于进一步做好永久基本农田划定工作的通知》，要求在已有划定永久基本农田工作的基础上，将城镇周边、交通沿线现有易被占用的优质耕地优先划为永久基本农田，最大限度地保障粮食综合生产能力，确保实有耕地面积基本稳定和国家粮食安全。驻马店市委、市政府高度重视永久基本农田划定工作，及时成立以市长陈星为组长，市委常委、宣传部部长、副市长戚存杰，副市长王明威为副组长，市监察局、市发改委、市财政局、市国土资源局、市农业局、驿城区政府等16个相关单位的一把手为成员的永久基本农田划定暨土地规划调整完善工作领导小组，并于2015年3月30日下发《驻马店市人民政府办公室进一步做好永久基本农田划定工作方案和驻马店市土地利用总体规划调整完善工作方案的通知》《驻马店市人民政府关于成立永久基本农田划定暨土地规划调整完善工作领导小组的通知》，多次召开由各县区主要负责人、市直相关单位负责人参加的会议，对开展永久基本农田划定工作进行安排部署，专门安排54万元经费，用于中心城区永久基本农田划定工作。至2015年年底，驻马店市中心城区周边范围线已经划定，市中心外扩3千米（省要求周边2千米），主要是扩大城市周边必须划定基本农田的比例；划定线内耕地24760公顷（37.14万亩），其中包括原有基本农田面积9620公顷（14.43万亩），一般耕地面积15140公顷（22.71万亩）；举证不能划入永久基本农田的图斑面积为16406.67公顷（24.61万亩），占初步任务的66.26%；各县区划定举证工作正在有序开展，西平县、上蔡县、汝南县已基本完成上图工作。（李文友）

【建设用地管理】 2015年，全市国土资源系统在成立大项目办公室、实行联审联批机制、简化办事程序、优化审查流程、缩短办事时限、开辟“绿色通道”的基础上，通过优化用地布局、争取用地指标、挖潜盘活存量、开展城乡建设用地增减挂钩、加快用地报批等措施，确保了全市各类项目及时落地。全市共上报各类建设用地近2666.67公顷（4万亩），超省厅分配年度计划指标约448.67公顷（6730亩），从省政府批回2473.33公顷（3.71万亩），供应土地1400公顷（2.1万亩），其中出让土地840公顷（1.26万亩），出让合同价款45.2亿元，确保一大批重点项目、民生工程和城市基础设施用地需求，为推进城镇化发展积聚建设资金。（李文友）

【土地利用管理】 2015年，驻马店市国土资源局从理念引导、制度建设和模式创新着手，将节约优先战略贯穿土地开发利用全过程，严格执行建设用地定额标准，鼓励综合立体开发，加大存量建设用地盘活力度，全年盘活利用存量土地1000公顷（1.5万亩），使闲置、低效土地得到充分使用。推广应用多层标准厂房建设，提高建设用地利用效率，全市累计供应标准厂房用地477.93公顷（7169亩），建设标准厂房275.5万平方米。开展国土资源节约集约模范县（市）创建活动，西平县被评为国家级模范县，遂平、泌阳、驿城区被评为省级模范县。（李文友）

【农村集体建设用地使用权确权登记发证】 为贯彻落实国土资源部、财政部和农业部《关于加快推进农村集体土地确权登记发证工作的通知》要求，驻马店市从2011年年底启动全市农村宅基地和集体建设用地使用权确权登记发证工作，在成立组织、制订方案、落实专项经费基础上，以“权属合法、界址清楚、面积准确”为地籍调查原则，依据《土地利用现状分类》（GB/T21010–2007）、《地籍调查规程》（TD/T1001–2012）、《土地登记办法》、《城镇地籍数据库标准》（TD/T1015–2007）等相关技术规定和标准，利用现有的土地调查和登记成果和航天航空遥感、地理信息系统、卫星定位和数据库等技术，采用地籍总调查、地籍总登记模式，通过外业调查、复核审查、内业建库相结合的方法，有序推进地籍调查、土地确权、争议调处、登记发证工作。同时，在权属调查、地籍测量以及土地登记发证的基础上，将宅基地使用权和集体建设用地使用权确权登记发证工作形成的图、表、卡、册和有关法律文书纳入数字管理，并以县、区为单位建立集图形、影像、属性、文档为一体的数据库及管理系统。至2015年年底，全市8县1区宅基地使用权确权颁证完成地籍调查宗地数176.5415万宗，完成地籍测量和权属调查130461.87公顷（195.6928万亩），已向权利人发放证书107.0626万宗，完成发证率为60.65%；集体建设用地使用权完成地籍调查宗地数8931宗，完成地籍测量和权属调查面积5287.93公顷（79319亩），已向权利人发放证书7154宗，完成发证率80.1%。（李文友）

【权益保护】 2015年，驻马店市供应各类保障性住房用地14宗62.2公顷（933亩），做到了应保尽保。加强地质灾害防治工作，完善地质灾害应急处理机制，建成了500多人的地质灾害群测群防网络，排查地质灾害隐患点56处，有效预防突发地质灾害发生，确山、泌阳、遂平、驿城区继续保持“全国地灾防治十有县”称号。加快推进地质环境恢复治理项目，新阳高速沿线废矿山生态环境治理工程已经验收；确山大王庄废矿山治理主体工程已经完成，正等待验收；沪陕高速沿线废矿山治理和铜山泥石流治理项目基本完工；石武高铁沿线环境治理项目勘查设计已完成招标。会同相关部门修订印发《驻马店市国有土地上房屋征收与补偿工作实施办法》，发布实施新的城镇土地级别与基准地价，调整征地青苗及地上附着物补偿标准，对国土资源重大事项社会稳定进行风险评估，完善国土资源矛盾纠纷排查和化解机制，妥善处理群众反映的热点、难点问题，被征地群众生活保障实现“即征即保”实现了大建设、大发展过程中无重大群体性事件发生。（李文友）

【法制国土建设】 2015年，驻马店市国土资源局加强日常执法巡查，配合相关部门在全市范围内开展“双违”专项整治、违法违规占地建驾校专项清理行动，切实解决群众反映强烈的突出问题。组织土地矿产卫片执法检查，集中整改和完善相关用地手续，顺利通过国家土地督察济南局检查验收，连续6年实现“零约谈、零问责”。高度重视土地例行督察整改工作，在2015年济南督察局对驻马店市土地例行督察中，涉及耕地保护、农用地转用、土地供应等7个方面的问题按期整改到位，共整理各类土地卷宗资料1.3243万卷，拆除违法用地754宗，完善手续172宗，复耕面积193.542公顷（2902.13亩），收缴罚款2863万元，拨付征地补偿费2835万元，追缴土地出让金4468万元，追缴滞纳金2432万元，依法追究268名相关人员责任，土地例行督察整改工作得到国家土地督察济南局认可。（李文友）

【矿产资源管理】 2015年，驻马店市国土资源局深化西部山区“三乱两超”综合治理行动，按照市委、市政府划定的开采、限采和禁采区范围，严格依法审批采矿权，推进西部山区矿产资源整合。2015年，全市关闭矿山企业112家，矿山企业多、小、散、乱状况得到改变；完成全市矿业权设置方案的编制和评审，开展矿产资源开发利用动态检测工作，整顿了矿产资源开发秩序。（李文友）

【测绘地理信息】 “数字驻马店”建设项目由国家测绘地理信息局、河南省测绘地理信息局、驻马店市人民政府3方合作构建。项目拟采用先进测绘地理信息技术，实施1：1000至1：50000系列比例尺基础测绘和城市三维建模，建立驻马店全市域多尺度、多类型地理信息数据库，构建全市权威、唯一和通用的地理信息公共平台，为政府部门、企事业单位和公众提供地理信息服务，为驻马店经济发展和社会管理提供保障。项目紧密结合驻马店市经济社会发展对基础地理信息的需求，拟构建的国土资源“一张图”、电子政务与应急决策、公众服务等应用系统，具有典型示范作用。项目建成后将在规划、国土、环保、农业、卫生、旅游、应急、人防等几十个部门得到深入应用，为城市政府及部门的信息化建设提供有力支撑。该项目于2012年7月由驻马店市国土资源局向省测绘地理信息局提出申请，9月获国家测绘地理信息局批复，同意数字驻马店地理空间框架建设项目立项，市政府安排2000万元专项经费，用于数字驻马店项目建设。2013年3月27日，河南省测绘地理信息局副局长禄丰年与驻马店市人民政府副市长乔建宏共同签署《数字驻马店地理空间框架建设项目协议书》，当日，数字驻马店国家级推广城市建设项目在驻马店市启动。至2015年年底，数字驻马店城市建设外业测量、数据采集、编辑建库工作全部完成并通过验收，政府应急、水利信息空间、旅游、“农洽会”信息服务、土地规划、地籍登记等多个管理系统已投入试运行。该项目获国家级优秀测绘成果奖，在全省数字城市地理空间框架建设中起到良好示范带动作用。数字县城建设已经启动，平舆县的外业测量、数据建库和3个应用系统已经完成。

（李文友）

【不动产登记】 2014年11月24日，国务院总理李克强签署国务院令，公布《不动产登记暂行条例》，自2015年3月1日起施行。为贯彻国务院建立和实施不动产统一登记制度有关精神，根据国土资源部关于地方不动产登记职责整合的意见，驻马店成立以市长为组长，市编办、国土、林业、农业等相关部门组成的不动产登记联席会议小组，印发《驻马店市不动产统一登记制度建设联席会议制度工作规则》，出台《不动产统一登记实施意见》，提出了“坚持政府主导、部门协同，权责明确、程序完整”工作原则，明确时间节点，落实机构编制，加强业务对接，为不动产登记顺利展开提供可操作性的技术规范。2015年11月21日上午11时30分，驻马店市不动产登记局和不动产登记管理中心正式挂牌。国家土地督察济南局副局长王延杰、省国土资源厅巡视员石昆山、副市长王明威等领导出席揭牌仪式。至此，驻马店市以及8县1区全部完成不动产登记职能整合、机构设置和人员配置，提前1个月完成了国务院规定的到12底全部完成不动产登记职能整合的目标任务。

（李文友）

国有资产管理

【国有资产管理概况】 2015年，驻马店市国资委把推动企业改革，解决遗留问题，盘活资产存量，确保信访稳定等作为重点工作，成立了国有企业改制、发展与合作、信访稳定、职工权益保障、财务管理、“三查三保”等专项工作领导小组，明确班子成员分工及责任。同时，结合全市国资监管实际，把工作重心由国有企业改制向管好国有资产转变，并进一步向管好国有资本位移。

清欠工作。成功回购长城资产管理有限公司郑州办事处拥有的驻马店市182家单位的债权，债权总额17.2亿元，其中债权本金3.14亿元。市政府成立清欠工作领导小组，办公室设在市国资委。投入资金3万余元，完善办公设施，并抽出骨干力量，按照先易后难、重点突破的原则，依法依规做好清欠工作。经过2个月的资料查询、实地摸排，掌握了市直和驿城区60户债务企业的现状，行政事业单位19户，债权总额3446.49万元，企业163户，债权总额16.86亿元。截至2015年12月，共清收欠款1347.79万元，实收781.58万元（其中行政事业单位386.2万元，企业395.38万元），由市财政局代扣行政事业单位欠款566.21万元。市财政局回购资金1084.9万元全部按时归还。

信访工作。全年共处理信访案件42起，涉及原内衣厂、纱厂、龙山水泥厂、西园宾馆、柴油机厂等多家改制企业，参与人员多，问题时间长。通过实行一把手亲自包案，领导班子成员责任到人，认真分析案情，研究解决办法，推进积案化解。成功化解历时3年的原龙山水泥厂退伍军人陶路军信访积案，原柴油机厂15户住房安置问题和管雪梅拆迁补偿一案已按照市政府陈星市长批示精神落实，原纱厂任献伤残问题、新中国成立前参加工作老工人待遇攀比问题、军转干部问题正在逐步解决。

平安建设工作。积极支持配合西园街办事处和前王社区的平安建设工作。市国资委出资数万元为社区安装摄像头4个，宣传展板10余块，综治工作扎实有效，连续2年被驿城区评为“平安建设先进单位”。根据市安委会“三查三保”活动要求，成立领导小组，召开安全生产督导会3次，采取多种形式进行排查，共查出安全隐患8处，已整改落实7处。对在排查中发现的市医药零售中心、医疗器械站两家企业的仓库中存储的过期药品和危险化学品（约70吨），按市政府领导的指示要求，选聘专业机构进行勘察评估，制定处置方案，并投入5万余元搭制简易棚，进行初步分离，截至年底，正在按照相关规定进入处置招标程序。

（张 猛）

【国有企业改革】 2015年，全市共有国有企业62户，其中有资产的30户，“壳公司”32户。经过分类、归纳和梳理，按照“成熟一个、改制一个”的工作思路稳妥推进。制定出台《驻马店市人民政府关于进一步深化市属国有企业改革若干问题的意见》。市政府主要领导多次听取市属国有企业改制情况汇报。为把领导指示落到实处，2次对企业负责人、各县区改制办及相关人员共120人采取以会代训的形式，进行政策及业务培训，明确改制方向，稳定改制人员，细化改制程序，分解改制任务。会同有关部门通过认真核查和测算，上报9户改制条件较为成熟的企业，经市政府批准正式启动改制程序。市农机公司、市糖酒副食品公司、市天华粮油有限公司、市畜禽食品进出口公司等4户企业共筹集资金2511万元，归还了贷款本金（不含利息），解除查封土地5宗，计11.39公顷（170.79亩），按目前基准地价估算，土地价值1.88亿元，为企业改制提供了保障，创造了条件。截至年底，1户企业（市建苑大厦有限公司）整体移交已经完成，2户拍卖企业（市外贸贸易实业公司、市畜产品进出口公司）完成改制基本程序，6户企业改制基础工作已经完成，等待用地规划条件。市国资委会同市粮食局对7户“壳公司”企业职工的档案进行逐一审核，按照市政府要求，财政补助资金175.5万元已拨付到位，改制基本完成。服务改制企业职工有新进步。筹措资金10余万元，把原有2间车库改造为档案库房，改善了企业档案管理中心的办公条件。2015年，企业档案管理中心接收整理原内衣厂等企业档案上千卷，几十万份，接待群众查询上千次，多名身份难以确认的职工，通过查找原始档案，为办理医疗、养老等手续提供了证明。

认真清算国有企业职教幼教退休教师待遇专项补助资金，已形成文件上报省职教幼教办。（张　猛）

【与央企合作】2015年9月10日，在河南省政府举办的“2015中央企业河南行活动”中，市委常委、常务副市长张昕代表市政府与中国化工集团有限公司河南公司签署固废处理中心联产甲醇制烃项目，该项目投资37亿元，是全市重大投资后备项目，也是驻马店市与中央企业开展合作的重大成果。（张　猛）

【国资监管】2015年，结合全市国有企业实际，起草《驻马店市企业国有资产监督管理办法》《国有资产经营预算收益管理办法》等15个文件，部分文件已上报市政府。成立清产核资领导小组，对移交企业和改制后企业进行清产核资，组织专人深入企业逐项清查资产，摸清底数，为加强国资监管和指导企业开展经营提供重要依据。做好国有资产产权登记工作，2015年新办理驻马店日报社3家全资子公司产权登记3项，注册资本共1800万元。做好国有企业统计评价工作，通过对纳入年报统计工作的133户国有及国有控股企业报表的收集、审核、录入、汇总，资产总额为425051万元，负债总额为324836万元，所有者权益总额为100215万元，全年实现营业总收入400318万元，利润总额-2141万元，国有资产总量为99479万元。（张　猛）

安全生产管理

【安全生产管理概况】2015年，驻马店市集中开展安全生产大检查和“查尽责、除隐患、保安全”活动，推进重点行业（领域）专项治理，组织专家排查企业隐患，切实加强重点时段、重点行业的安全监管，确保全市安全生产形势持续平稳。全年全市共发生各类伤亡事故31起，事故起数同比减少8起、下降20.5%；死亡19人，死亡人数同比持平。其中，事故死亡人员总数占省政府下达驻马店市全年控制考核指标49人的38.8%。没有发生较大以上等级的生产安全事故。亿元国内生产总值死亡率0.011（省控指标0.056）、工矿商贸从业人员十万人死亡率0.19（省控指标0.32）、特种设备万台死亡率为0（省控指标0.47）等量化指标大大低于省控指标。强化安全生产舆论宣传。持续开展各类安全教育培训。全市共培训“三项岗位人员”7390人，其中企业主要负责人和安全管理人员3704人，特种作业人员3686人。在省政府组织的年度目标考评中，被评为全省安全生产优秀市。（胡万军　李　静）

【专项整治】2015年，市安监局在全市范围开展一系列专项整治活动。危险化学品和易燃易爆物品专项整治方面：在企业自查的基础上，对所有危险化学品和易燃易爆物品生产、经营、仓储、运输企业进行一次全面彻底排查，共排查各类事故隐患1025处，整改1025处，整改率100%。烟花爆竹经营安全专项整治方面：重点围绕爆竹零售点存在“下店上宅”“前店后宅”等突出问题开展专项整治活动，活动期间共关闭烟花爆竹零售点291家。其中，关闭与居民居住场所设置在同一建筑物内的204家；关闭与人员密集场所和重点建筑物安全距离不足、集中连片经营、在超市内销售、未按规定专店销售的87家。油气输送管道隐患整治方面：排查出油气输送管道安全隐患46处，已全部整改销案。矿山整顿关闭方面：按照严格依法、淘汰落后、标本兼治、稳步推进的原则，统筹采取“关闭、整合、整改、提升”等措施，依法取缔和关闭无证开采、不具备安全生产条件和破坏生

2015年7月7日，全市“查尽责，除隐患，保安全”动员会召开。

态、污染环境等各类矿山 15 家。粉尘作业使用场所专项检查方面：为吸取“6·27 台湾粉尘爆燃”事故教训，按照国家和省部署，在全市范围开展粉尘作业和使用场所防范粉尘爆炸专项行动，共检查粉尘作业和使用场所 59 家，整改隐患 181 处。（胡万军　李　静）

【“查尽责、除隐患、保安全”活动】 2015 年，在全面开展安全生产大检查的基础上，重点开展了“查尽责、除隐患、保安全”活动。制定下发《全市“查尽责、除隐患、保安全”活动工作方案》，周密部署、统筹安排，突出煤矿、非煤矿山、油气管线、危险化学品、消防等 10 个重点领域，按照“管行业必须管安全”原则，分解到 29 个部门牵头负责本行业领域的活动开展。各级各有关部门认真排查在履职尽责、依法行政、执法监督、管理服务、安全隐患等方面存在的问题。为确保活动取得实效，市政府派出 6 个督查组，分别对 11 个县区、29 个局委和相关企事业单位进行督查检查，加大隐患整改力度。全市共排查各类隐患 28397 处，已整改 28215 处，整改率 99.4%。（胡万军　李　静）

【事故隐患排查】 2015 年，市安监局委托有资质的安全生产服务机构组织 20 多名省级以上专家，对市直管的 21 家企业，从工艺系统、技术装备、工作环境、防控手段以及安全生产规章规程执行情况等方面进行一次全面、系统的隐患排查。排查出各类事故隐患 652 处，并及时反馈给企业进行整改，由市直相关职能部门跟踪督办，确保隐患按要求及时整改到位。（胡万军　李　静）

【职业卫生监管】 2015 年，市安监局以“落实企业职业病防治主体责任”为主线，加强职业卫生监管能力建设。全市共检查用人单位 383 家，下达执法文书 650 份，发现问题或隐患 550 项，责令当场整改 262 项，责令限期整改 283 项，警告企业 35 家，罚款 13 万元，责令停产整顿企业 12 家。（胡万军　李　静）

【应急救援】 2015 年，市安监局按照“科学、实用、及时、有效”的原则，围绕政府、部门和企业间应急预案的完整性、可靠性、规范性和衔接性等方面开展工作，在解决应急预案“有没有”问题的同时，着重解决应急预案“管不管用”的问题，切实提升应急预案的质量。及时修订完善市级危险化学品、烟花爆竹、非煤矿山专项应急救援预案。全市各级安全监管部门审查备案各类生产安全事故应急救援预案 884 个。先后组织开展各项应急演练 368 次，参演人员 3.24 万余人（次），投入资金近 230 万元。（胡万军　李　静）

价格管理

【物价管理】 2015 年，全年共查处各类价格违法案件 62 件，查处各类价格违法金额 2035.2 万元，实行经济制裁 57.93 万元。着力解决社会群众反映强烈的价格热点难点问题，相继组织实施市农业、林业、水、畜牧、农机、国土、安监、食品药品等涉企收费行业的专项检查及旅游价格检查。加强“12358”价格举报工作。继续实行“12358”电话值班制度，明确值班职责，做好节假日值班安排，保证举报电话时时畅通。全年共接办解决和现场调查价格举报案件 41 起。组织开展“十一”、春节等假日市场价格行为监管和主要旅游景点收费情况监管工作。开展价格诚诚信活动，召开市区内十几家大型商场超市负责人会议，宣讲商品明码标价规定等物价政策、法律法规，进一步规范明码标价工作。（王金锋　冯　冰）

【价格成本监测】 2015 年，驻马店市完成了河南省发改委安排的生猪、玉米价格预警报告工作，完成了对全市农民种植意向、农户存粮、农资购买情况和驻马店市土地流转情况的调查等专题调查任务。完成正阳、汝南、上蔡 3 个县 27 个调查户小麦成本收益情况分析和汇总工作，2015 年全市小麦平均亩产 499.35 千克、产值 1089.99 元、成本 584.09 元 / 亩、纯利润 132.21 元 / 亩。完成正阳、汝南、上蔡 3 个县 27 个调查户玉米成本收益情况分析和汇总工作，2015 年全市玉米平均亩产 518.39 千克、产值 896.05 元、成本 532.05 元 / 亩、纯利润 –18.65 元 / 亩。完成正阳、汝南、上蔡 3 个县 18 个调查户大豆成本收益分析和汇总工作，2015 年度平均大豆产量 116.28 千克 / 亩，产值 457.38 元 / 亩，成本 296.77 元 / 亩，净利润 –216.39 元 / 亩。完成正阳县 9 个调查户花生成本收益情况分析和汇总工作，2015 年度平均花生产量 268.92 千克 / 亩，产值 1424.647 元 / 亩，总成本 769.26 元 / 亩，净利润 305.38 元 / 亩。市成本所对泌阳县郭集镇 9 个烟叶调查户 2015 年度烤烟生产成本及收益情况进行调查、汇总、分析，烤烟总成本 3006.26 元 / 亩，产量 175.25 元 / 亩、产值 4770.49 元 / 亩，烤烟净利润 1764.23 元 / 亩。2015 年 1 月 30 日 ~ 12 月，先后对驻马店汇津水务有限公司自来水成本、黄淮学院教育成本开展定期监审，审核金额 28109.2 万元，核减不合理成本 5156.229 万元，并出具调查报告，为价格主管部门制定和调整价格提供参考依据。（王金锋　冯　冰）

【价格认证】 2015 年，驻马店市价格认证中心共办理各类价格认证业务 1638 件，标的总金额 23337 万元。其中：涉案物品价格鉴定 1534 件，标的金额 4863 万元；价格认证 69 件（包括资产评估和企业产品、服务价格认证），标的金额 7664 万元；涉税财物价格认定 35 件，标的金额 10810 万元。（王金锋　冯　冰）

【价格预警监测】 2015 年，驻马店市居民消费价格总水平（CPI）温和上涨，总水平上涨 0.9%，涨幅比 2014 年回落 0.9 个百分点，创近年来新低。其中，消费品价格上涨 0.7%，服务项目价格上涨 1.7%；食品价格上涨 1.9%，非食品价格上涨 0.5%。居民生活必需品市场供应充足，没有断档脱销、哄抬物价等不良情况发生，市场物价整体比较平稳。从品种看，2015 年全市食品类价格整体呈上涨态势，除油脂、鸡蛋等少数类别价格有所下降，其他类价格均出现上涨。其中，

2015年驻马店市部分农产品及农资市场价格行情表

序号	品名	单位	价格（元/500克）											
			1月	2月	3月	4月	5月	6月	7月	8月	9月	10月	11月	12月
1	小麦	500克	1.25	1.25	1.25	1.25	1.2	1.1	1.1	1.05	1.05	1.05	1.05	1.05
2	玉米	500克	1.3	1.25	1.25	1.15	1.1	1.1	1.1	1	0.95	0.85	0.8	0.85
3	粳米	500克	2.8	2.8	2.8	2.8	2.8	2.8	2.8	2.8	2.8	2.8	2.8	2.8
4	面粉（特一粉）	500克	2.4	2.4	2.4	2.4	2.4	2.4	2.4	2.1	2.1	2.1	2.1	2.1
5	绿豆	500克	6.5	6.5	6.8	6.5	5.9	5.9	5.5	5.5	5.5	5.5	5.5	5.5
6	青茄子	500克	3.98	3.98	2.98	3.98	2.48	2	1	1	1.5	1	1.5	2.5
7	土豆	500克	1.58	1.58	1.68	1.38	2.4	1.2	1.5	1.58	1.68	1.58	1.58	1.58
8	黄瓜	500克	4.5	4.58	2.88	2	1.68	1	2	2	1	1.3	2.5	4
9	西红柿	500克	3.98	3.58	3.48	2	2.58	1.5	1.3	1.5	2	2	3	4.5
10	大白菜	500克	0.78	1.28	0.98	1.68	0.98	1.28	1.2	1.2	0.98	0.58	0.45	0.45
11	生猪收购价	500克	6.3	6.2	5.7	6.2	6.6	7.1	8.3	8.5	8.6	8.5	8	8
12	猪肉（精瘦肉）	500克	15.6	15	14	14	14.8	14.8	15.8	15.8	16.5	16.5	16.5	16.5
13	羊肉	500克	34.5	34.5	34	34	34	34	34	34	34	34	34	34
14	牛肉	500克	32	32	32	32	32	32	32	32	32	32	32	32
15	白条鸡	500克	7.3	7.3	7.3	7.3	7.3	7.3	7	7.1	7.3	7.3	7.1	7.3
16	鸡蛋	500克	4.7	4.55	4	3.7	3.75	3.5	3.65	4.2	4.85	4.35	3.8	3.8
17	尿素	吨	1850	1850	1800	1800	1600	2000	1850	1850	1950	1950	1900	1900
18	三元复合肥	吨	2900	2900	2850	2850	2850	2900	2700	2700	2950	2950	2950	2950
19	0号柴油	升	5.26	5.5	5.62	5.72	5.97	6.09	5.78	5.6	5.4	5.44	5.26	5.14
20	93号汽油	升	5.59	5.82	5.94	6.04	6.27	6.39	6.1	5.93	5.73	5.77	5.61	5.49

猪肉价格从7月份开始恢复性上涨，生猪收购价格从之前6元/斤～7元/斤上涨到8元/斤～8.5元/斤，上涨态势明显。与上年同期相比，鲜菜价格出现不同程度上涨，部分菜品价格涨幅较大。从3月份开始，随着天气转暖，蛋鸡产量增加，加上养殖户扩大养殖规模，导致鸡蛋市场供应过剩，鸡蛋价格出现持续下降，整体低于2014年同期。2015年，国内粮食生产实现“十二连丰”，加上国际粮价大幅走低后进口增加也大幅压低了国内粮价，小麦、玉米等主要粮食价格出现大幅下降。从9月份开始，小麦、玉米市场价格持续走低，尤其是玉米价格一度徘徊在0.8元/斤，与上年同期相比降幅高达30%以上。（王金锋　冯　冰）

工商行政管理

【工商行政管理概况】 2015年，驻马店市工商局先后获得“全市服务项目建设先进单位”“政风行风建设先进单位”“依法行政工作责任目标完成优秀单位”“服务企业工作先进单位”等近20项荣誉。开发区分局薛宝君当选“第二届河南十大法治人物”，经济检查支队王海峰入围“全国工商和市场监管系统‘十大法治人物十大法治故事’”初选。

商事制度改革。一是全面落实“三证合一、一照一码”及“先照后证”改革。全市工商系统积极探索推进工商登记制度改革。7月22日，市局注册窗口发出了全市首张“一照三号”的营业执照。9月28日，“三证合一、一照一码”登记在全市正式铺开，比国务院确定的10月1日提前3天启动。全系统严格落实“先照后证”改革，国务院分3批公布的147项前置改后置事项，均得到及时贯彻执行。二是贴近企业，提升市场准入服务效能。广泛宣传商事制度改革的各项措施，在各级注册窗口设置政策权威解读宣传展板，在市政府官方网站和市局外网及时更新“办事指南”，防止公众对改革的非理性预期，营造良好改革氛围。做好动员部署、业务培训、服务承诺落实等工作，企业办理3个证件的平均耗时由30天减至1个～5个工作日。全市多个注册窗口被评为“文明服务示范窗口”。三是促进市场主体总量实现较快增长。截至2015年11月，全市实有各类市场主体19.34万户，同比增长16.86%；全市各类市场主体实有注册资本总额达2230.09亿元，同比增长48.11%。1月～11月份新登记各类市场主体4.18万户，同比增长17.42%，其中新登记企业 7462 户，同比增长 12.82%；注册资本 337.83 亿元，同比增长 44.12%。全市注册登记制度改革起步早、进展快、成效明显，得到市委、市政府领导充分肯定。

新型市场监管体系建设。一是做好学习宣传工作，明确监管职能定位。认真学习《国务院关于“先照后证”改革后加强事中事后监管的意见》，厘清了明确规定由工商单独监管的 14 个项目，30 个与其他有关部门协同监管的项目，进一步树立“谁审批、谁监管，谁主管、谁监管”意识，解决了基层工商和市场监管人员管什么和如何管的问题。二是做好“双告知”工作，实现部门协同监管。认真履行“双告知”义务，主动向申请人做好前端引导和服务，逐步实现与审批部门工作的有序衔接，确保收集、推送、共享、公示的信息都能做到准确、及时、全面，防止监管真空，防范了监管风险。三是做好“双随机”抽查工作，逐步实现监管方式转变。驿城分局被确定为“双随机”抽查工作试点。根据省局统一部署，市局先后组织开展即时信息、出资信息和年报信息 3 次抽查工作。市局组成 2 个督导组，对抽查工作进行跟踪检查指导。通过抽查，全市共有 5051 户企业被确认并列入经营异常名录，1332 户个体工商户被确认并标注为经营异常状态，信用约束已成为严格后续监管的强有力手段。四是做好信息公示工作，为社会化监管提供数据基础。全力推进企业年报信息公示，市局先后组织召开各种会议、培训等 20 多次，下发相关通知文件 30 多件。截至 6 月 30 日年报结束时，全市共有 1.71 万户企业、8.95 万户个体工商户公示了 2013 年年报，公示率分别为 84.8%、98.19%；2.16 万户企业、11.63 万户个体工商户公示了 2014 年年报，公示率分别为 82%、98.41%，均超过或达到往年的年检率，全面完成了省局确定的工作目标。行政处罚信息公示成效显著，通过采取定期通报、县区排名等形式，全市处罚信息公示率提升。截至 11 月 30 日，全市行政处罚案件应公示 1949 件，已公示 1837 件，公示率 94%，位列全省前茅。从 12 月起，全国工商失信被执行人信息共享交换应用系统全面上线运行。12 月 1 日，驻马店市被列入失信被执行人名单的朱某某，拟在新设立公司担任监事职务，在录入身份信息时被工商登记注册系统拦截，驻马店市工商局根据相关规定向企业出具了申请人告知书。这是市工商局发放的首张失信被执行人告知书，标志着全市工商机关正式实行对失信被执行人的信用惩戒。

（徐其林）

【市场监管】 2015 年，驻马店市工商局抓好法治工商建设，着力当好市场监管主力军。

重点领域市场监管。开展“红盾护农”行动，推进“农资市场规范化建设”。全市工商系统共抽检农资商品 1830 组，办理农资案件 1495 件，罚没资金 393.07 万元，没收违法物品 27.1 吨。始终保持打击传销高压态势，市政府把打击传销工作纳入政府年度目标考核，市文明办把打击传销纳入文明单位创建。坚持群防群治、打防结合，开展无传销城市创建。全市先后捣毁传销窝点 8 个，破获传销案件 5 件，罚没款 430.2 万元，教育遣散参与传销人员 37 人次，3 名传销头目被依法追究刑事责任。广告市场监管。针对全国广告监测系统运行后，驻马店市第一季度违法广告率排名靠后的情况，市工商局及时采取有效措施，对广告经营许可证登记管辖权限进行下放调整，联合市政府纠风办先后召开 3 次整治虚假违法广告行政约谈会，并通过新闻媒体对 20 例典型违法广告进行公开曝光。全市累计监测各类广告 52185 条次，发布广告监测通报 20 期，责令停止发布 160 多条，查处各类违法广告 310 件，与上年同期相比增长 127.94%，罚没款 94.24 万元，全市虚假违法广告得到有效遏制，虚假违法医疗、药品、保健品广告基本消失，广告违法率大幅度下降。推进竞争执法，通过转变办案思路，成功查处不正当竞争案 54 件，案值 75.77 万元，罚没款 103.16 万元，其中商业贿赂案件 6 件，罚款 7.4 万元。案件数量与罚没数额较上年均有大幅增

2015年驻马店市市场主体基本情况统计表

项目				单位	期末实有	本期登记
甲				乙	1	2
企业	企业总数			户	33490	8407
	内资企业	户数		户	33172	8388
		注册资本（金）		万元	15783087.23	3738418.32
		其中：私营企业	户数	户	26665	7475
			注册资本（金）	万元	12153591.35	3095542.02
			从业人员	人	322849	72207
	外商投资企业	户数		户	318	19
		注册资本		万美元	110522.09	20712.90
个体工商户	户数			户	149230	33589
	资金数额			万元	1204293.40	363687.52
	从业人员			人	294878	69666
农民专业合作社	户数			户	13550	2979
	出资总额			万元	4973981.43	1042003.20
	成员总数			个	85446	15914

2015年驻马店市私营企业登记管理情况统计表

行业分类	期末实有					独资企业					合伙企业				
	合计										小计				
	户数（户）	其中：分支机构	投资者人数（人）	雇工人数（人）	注册资本（出资金额）（万元）	户数（户）	其中：分支机构	投资者人数（人）	雇工人数（人）	出资额（万元）	户数（户）	合伙人数（人）	雇工人数（人）	认缴出资金额（万元）	实缴出资金额（万元）
乙	1	2	3	4	5	14	15	16	17	18	19	21	22	23	24
	26665	2193	50822	272027	12153591.35	6027	64	5963	31586	1004442.93	63	362	687	17161.41	9519.00
农、林、牧、渔业	4181	29	6089	23435	2050891.82	2729	0	2729	9049	773109.00	3	9	47	2800.00	2000.00
农、林、牧、渔服务业	121	3	259	1058	131194.00	11	0	11	95	4218.00	0	0	0	0.00	0.00
采矿业	159	7	346	2190	54913.40	66	0	66	897	6805.00	3	8	23	250.00	250.00
开采辅助活动	0	0	0	0	0.00	0	0	0	0	0.00	0	0	0	0.00	0.00
制造业	2977	59	6364	88836	1987667.80	633	11	622	8449	65526.05	9	28	152	1243.00	1243.00
金属制品、机械和设备修理业	9	0	21	52	1670.00	0	0	0	0	0.00	0	0	0	0.00	0.00
电力、热力、燃气及水生产和供应业	61	12	167	518	49681.00	4	0	4	25	750.00	0	0	0	0.00	0.00
建筑业	1472	72	3532	14457	1126949.74	14	0	14	91	862.50	0	0	0	0.00	0.00
批发和零售业	10255	995	18778	63960	3360090.29	1760	33	1727	6740	82934.28	4	66	14	1062.30	40.00
交通运输、仓储和邮政业	766	204	1522	19146	218366.50	14	0	14	115	1500.00	0	0	0	0.00	0.00
住宿和餐饮业	603	48	1045	8246	198898.00	134	2	132	1820	24022.00	7	17	151	1413.00	1410.00
信息传输、软件和信息技术服务业	854	144	1187	11656	113711.30	369	0	369	1069	7853.30	0	0	0	0.00	0.00
金融业	145	121	338	1836	109010.00	0	0	0	0	0.00	1	2	0	10.00	10.00
房地产业	1703	55	4003	14723	1803252.20	1	0	1	3	20.00	0	0	0	0.00	0.00
租赁和商务服务业	1800	240	3996	10237	485631.31	28	0	28	372	5173.00	24	190	163	5687.11	890.00
科学研究和技术服务业	340	50	932	2075	226084.49	5	1	4	13	65.00	1	2	5	50.00	50.00
水利、环境和公共设施管理业	63	2	158	505	60158.00	1	0	1	0	100.00	0	0	0	0.00	0.00
居民服务、修理和其他服务业	948	119	1814	6025	217982.70	116	15	101	814	6518.00	4	17	26	1063.00	43.00
教育	42	1	113	571	16058.00	10	1	9	192	1820.00	1	2	0	3.00	3.00
卫生和社会工作	57	2	91	1807	45280.80	37	1	36	969	21290.80	5	19	106	3570.00	3570.00
文化、体育和娱乐业	232	28	339	1785	28444.00	105	0	105	962	6074.00	1	2	0	10.00	10.00
其他	7	5	8	19	520.00	1	0	1	6	20.00	0	0	0	0.00	0.00

2015年驻马店市农民专业合作社登记管理情况统计表

项目	合计	按业务范围分（户）									出资总额	成员总数
		农业生产资料的购买	农产品销售	农产品加工	农产品运输	农产品贮藏	与农业生产经营有关的技术、信息等服务	种植业	养殖业	其他		
甲	1	2	3	4	5	6	7	8	9	10	11	18
期末实有	13550	3707	4130	299	234	714	7416	10960	1413	3270	4973981.43	85446
其中：分支机构	140	70	33	0	0	25	88	39	1	33	——	——
本期登记	2979	1288	1361	140	150	405	1888	2611	231	687	1042003.20	15914
其中：分支机构	6	1	2	0	0	0	1	4	0	2	——	——
补充资料:	1. 本期注销登记245户，其中分支机构21户											
	2. 本期设立登记涉及登记前置许可的16户，其中分支机构0户											
	3.《条例》实施前已在工商部门登记的，本期按条例规范登记的620户											
	4. 查处违反登记管理法规0件，罚款0.00万元，没收非法所得0.00万元，吊销营业执照0户											
	5. 移送司法机关0件，移送人数0人											

2015年驻马店市个体工商户情况统计表

行业分类	期末实有						其中：本期登记		
	合计			其中：城镇					
	户数（户）	从业人员（人）	资金数额（万元）	户数（户）	从业人员（人）	资金数额（万元）	户数（户）	从业人员（人）	资金数额（万元）
乙	1	2	3	4	5	6	7	8	9
	149230	294878	1204293.40	106450	213177	875959.70	33589	69666	363687.52
农、林、牧、渔业	7686	21219	287458.55	4356	11870	164823.32	1730	4738	75136.69
农、林、牧、渔服务业	1416	2698	25625.30	1007	1961	20935.40	270	562	9469.60
采矿业	82	446	3609.00	37	205	1846.50	12	37	493.00
开采辅助活动	1	2	3.00	1	2	3.00	1	2	3.00
制造业	5591	15674	53631.07	3739	10294	38229.95	1150	2927	12116.95
金属制品、机械和设备修理业	57	138	497.80	42	107	451.80	12	29	74.50
电力、热力、燃气及水生产和供应业	13	24	101.20	6	12	69.00	2	4	30.20
建筑业	612	1358	6342.50	439	993	4953.20	115	250	1748.00
批发和零售业	103594	184747	635890.82	73376	132336	484148.89	21836	41035	189912.49

续表

交通运输、仓储和邮政业	1886	3246	15868.31	1295	2334	9568.51	249	565	4349.62
住宿和餐饮业	13485	33865	95205.65	10703	27771	81908.19	4620	11241	39108.87
信息传输、软件和信息技术服务业	276	481	1268.60	186	339	969.50	47	85	487.00
金融业	1	2	2.00	1	2	2.00	0	0	0.00
房地产业	114	263	478.60	114	263	478.60	25	58	123.00
租赁和商务服务业	435	948	5122.60	373	826	4008.60	122	281	1940.00
科学研究和技术服务业	457	884	1793.00	228	475	1162.50	30	57	221.60
水利、环境和公共设施管理业	7	48	310.00	4	19	290.00	0	0	0.00
居民服务、修理和其他服务业	14512	29407	81581.20	11174	23390	69712.14	3528	7658	33746.60
教育	26	225	2680.80	21	196	2199.80	6	41	231.00
卫生和社会工作	116	448	2290.70	95	372	1443.50	23	109	1128.00
文化、体育和娱乐业	333	1579	10618.80	300	1472	10125.50	90	566	2874.50
其他	4	14	40.00	3	8	20.00	4	14	40.00
	1. 本期吊销 0 户，其中城镇 0 户								
	2. 吊销后本期注销 27 户，其中城镇 14 户								
	3. 本期安置下岗失业人员 113 人，其中持就业失业登记证申办个体工商户 6 人								
	4. 本期高校毕业生从事个体经济 161 人，其中申办个体工商户 61 人；免收工商管理行政性收费 3 人								
	5. 查处违反登记管理法规 41 件，罚款 504 万元，没收非法所得 0 元								
	6. 移送司法机关 0 件，移送人数 0 人								

长。积极开展合同监管。重点开展了旅游、银行、电信等行业合同格式条款专项整治，先后检查各类经营单位 668 家，检查 9 大类行业合同 3480 份，查处合同案件 317 件，罚款 24.37 万元。严厉查处商标侵权。开展打击侵犯知识产权和制售假冒伪劣商品专项执法行动，开展保护高知名度商标涉外商标地理标志专用权专项行动，立案查处商标侵权和假冒案件 159 件，案值 28.78 万元，罚没款 55.24 万元。发挥全市查处无照经营联席会议优势，以社会治安综合治理目标考评为抓手，先后查处无照经营案件 2932 起，案值 524.59 万元，罚没金额 505.16 万元，取缔无照经营户 122 户，引导办照 263 户。重视防范和打击非法集资。成立打击非法集资办公室，组织召开打击非法集资工作动员大会。从 7 月 1 日起在全市集中开展为期半年的查处无照经营打击非法集资金专项行动和打击非法集资广告专项行动，先后发放宣传资料 2 万多份，要求新注册企业签署远离非法集资活动承诺书 5002 份，分 6 批培训企业 400 多家，排查涉嫌非法集资广告线索 6 起。加强流通领域食品安全监管。按照市食安办要求，在 10 月份食品监管职能交前，继续做好各类食品安全专项整治工作，累计检查各类食品经营户 39179 户次，抽检食品 362 个批次，下达责令改正通知书 88 份，立案 1528 起，案值 75.6 万元，罚没金额 220.04 万元，查处不合格食品约 18148 千克，有效保障了职能划转期间的食品消费安全。

执法监督。以规范行政处罚裁量权为重点，严格案件核审把关。定期召开案卷评查和执法研讨，先后分2次抽取案卷420份举行案卷评查活动。加强对重大疑难案件的跟踪督办，坚持执法效应与社会效应相结合，服务型行政执法工作始终居于全省工商系统前列。做好行政复议和行政诉讼，为行政相对人提供咨询服务，化解和减少行政争议和纠纷。2015年共接受行政相对人来电、来访法律咨询400余次，受理行政复议21件，终止审理8件，确认违法2件；受理依申请公开政府信息10件，全部及时给予回复。为方便行政当事人申请法律救济，市工商局率先在市行政服务中心设立了工商行政复议窗口。

宣传培训。针对新颁布的工商法律法规、服务型行政执法的推进、商事制度改革中遇到的新问题等，先后邀请法律专家开办专题法律知识讲座3场，组织系统业务骨干开展专题执法研讨交流4期。2015年全市工商系统共立案7994件，与上年同期相比增长28.87%；结案7549件，与上年同期相比增长31.54%。其中，查办万元以上案件243件，与上年同期相比增长50%；罚没入库1644. 33211万元，与上年同期相比增长19.24%。市工商局在全省工商系统法制工作暨培训会议上做典型发言，并再次被国家工商总局确定为“法治工作联系点”，是全省工商系统仅有的2家市级工商局之一。 （徐其林）

【服务工商建设】 2015年，驻马店市工商局加强服务工商建设，促进经济转型升级。全面落实扶持小微企业的各项优惠措施，推动“大众创业、万众创新”，为大学生创业开辟注册登记“绿色通道”，组织全市7家小微企业负责人参加2015年全省小微企业创业人才成长培训班，推荐评选杰出创业人才1人、创业明星5人、创业新星8人。制订《驻马店市工商系统2015年服务企业工作实施方案》，加大对全市电子商务产业园等重点项目、重点企业帮扶，积极为阿里巴巴、当当网、慧聪网、楚楚街等国内知名电商入驻提供全程跟踪服务。开发区分局设立了“招商引资服务窗口”，成立注册专家组，设立服务联络员，招商引资企业23户。全市中级工商部门帮助企业拓展融资渠道，开展动产抵押登记150件，为企业融资10.65亿元。发挥工商部门数据资源独特优势，定期向社会公众发布季度、半年、年度信息分析报告。围绕服务全市中心工作，先后为政府和相关部门提供了新设立企业生产经营情况信息、文化及相关产业信息、全市保障性住房人员信息、银行从业人员信息等多项数据支持，为科学决策提供关键依据，受到市委副书记张宪中点名表扬。 （徐其林）

【商标战略】 2015年，全市新增注册商标837件，同比增长14.7%，全市有效注册商标数量达6425件；新增河南省著名商标32件，新增数量接近历年总和，著名商标总数达65件；新认定中国驰名商标3件，占2014年全省新争创中国驰名商标数量的12%，是驻马店市历史上认定驰名商标数量的总和，全市中国驰名商标已达到6件。全市8县2区全部出台实施商标战略的文件和奖励措施。11月20日，驻马店市政府召开全市商标战略工作会，安排专项资金470万元对2014年度新争创成功的3家中国驰名商标企业和32家河南省著名商标企业进行重奖。2015年，驻马店市再次新推荐上报河南省著名商标30件，中国驰名商标1件。 （徐其林）

【消费者权益保护】 2015年，驻马店市工商局抓住“3·15”国际消费者权益日、食品安全宣传周等时机，组织开展假冒商品识别展、工商开放日、消费维权进校园、新《中华人民共和国消费者保护法》有奖知识竞赛等活动，提升消费者维权意识。先后培训基层消费维权工作人员1199人次，培训经营户5032人次，发放宣传材料4.9万份，布置各类宣传展板350块。加强重点领域消费维权。开展家用电子电器等四大类重点商品专项整治，查办各类消费维权案件1090件，案值253.752万元，罚没金额334.6262万元，开展流通领域重点商品质量检测，共开展监测22次，抽查商品372批次，不合格157批次，投入经费69.73万元。通过抽查查处违法案件88件，罚没金额55.69万元。制定印发《进一步理消费者投诉执法工作的意见》，落实远程购物7天无理由退货、惩罚性赔偿、公益诉讼等各项新规。市局“12315”投诉中心和各级消协共受理消费者咨询、投诉、举报28915件。其中，来访、来电咨询17084件，投诉1491件，举报215件，为消费者挽回经济损失746.55万元，加倍赔偿损失金额58万元，行政罚没金额294万元。加强消费维权机制创新。围绕构建“企业自治、行业自律、社会监督、政府监管”的社会共治格局，推动维权工作由工商部门唱“独角戏”向全社会共同参与的“大合唱”转变。开展消费维权志愿者活动，发展各行业志愿者300余人，从5个律师事务所选拔9名律师组成了消费维权志愿者律师团。市消协在6月10日举行的“全国消协组织消费维权义务监督员建设工作经验交流会”上作典型发言。联合市委宣传部，市文明办等部门开展诚信单位评选，71家单位被授予年度“诚信单位”荣誉称号。联合各行业协会，组织开展粮油产品品牌评选、汽车润滑油比较试验等活动。联合市电视台、《天中晚报》等媒体，开办《消费与维权》专栏，定期发布投诉热点、典型案例。 （徐其林）

质量技术监督

【质量管理】 2015年，驻马店市政府召开全市质量工作大会，强调继续实施质量强市和品牌带动战略。印发《驻马店市质量工作考核方案》，对2014年～2015年度县区质量工作进行考核。建立驻马店市产品质量监督抽查制度，弥补了分级管理后产品质量监管手段的缺失。政府质量奖励制度更加完善，市政府设立了市长质量奖、品牌带动先进单位奖，各县（区）均设立县（区）长质量奖。全市共有21家企业申报市长质量奖，经过严格评审，河南鼎力杆塔股份有限公司、河南省王勿桥醋业有限公司、史丹利化肥遂平有限公司、河南华顺阳光新能源有限公司、平舆康博汇鑫油脂有限公司5家企业获得2015年度市长质量奖。2015年，上蔡县河南省知名品牌示范产业集聚区通过省局考核验收；遂平县、泌阳县、驿城区3个产业集聚区分别被省局批准为面制主食品产业、LED电光源产业、专用汽车及零部件产业河南省知名品牌示范区。河南省知名品牌示范区达到5个，位居全省第一。驻马店小磨油、泌阳花菇、确山夏枯草、十三香、王勿桥醋等传统区域品牌知名度进一步提升，河南省名牌产品达到43家。加快品牌企业的培育，2015年，昊华骏化集团、金凤牧业、鼎力杆塔3家企业申报省长质量奖，昊华骏化集团获得省长质量奖，填补了驻市空白。2家企业的QC小组被评为全国优秀质量管理小组，2家企业被评为全省质量管理小组优秀企业；11家企业获得河南省质量诚信体系建设A等工业企业称号，全市累计达到42家。联合市委宣传部出台全市质量工作宣传方案，在市级主流媒体设立《深入贯彻中国质量大会系列报道》《质量立市天中行》《品牌企业巡礼》《质监服务企业》等宣传专栏。全年组织宣传专版10个，刊发信息宣传稿件262条。出版《质监风采录》，收编有关质量工作的理论文章、宣传报道、企业宣传资料，供各级领导参阅和企业交流学习。全年全市系统共发表各类论文15篇，王卫军被国家质检总局评为全国质检系统执法打假办案能手，郑海鹏等研发的食品中合成着色剂提取纯化装置获得全省质监系统科研成果一等奖。市质监局被省局评为综合业务工作优秀单位、执法打假工作优秀单位。　　（骆　涛）

【计量工作】 2015年，全市申请建立计量标准37项，批准建标31项，是规划目标的129%，建标数量创历史新高。引导企业落实计量主体责任，提高计量检测能力，促进节能增效。全年通过计量合格确认的企业5家，"C"标志评定的企业3家，能源计量审查的企业19家。实施市政府计量惠民工程，对中心城区16个集贸市场4085台计量器具进行免费检定，正阳县、泌阳县也实现了集贸市场计量器具免费检定。在普查建档的基础上，加强与人民群众生活密切的衡器、出租车计价器、加油机、加气机、"四表"、医疗卫生设备和安全防护等计量器具的强制检定工作，建标项目计量器具检定率达到99%，保证了量值传递准确可靠。在中石油系统开展"无误差加油"活动，带动全市加油站开展"诚信计量自我承诺"示范活动，引导市场主体遵守诚信计量规则。2015年，新增"商业、服务业诚信计量示范单位"5家，总数达到17家，向社会公开承诺诚信计量的单位89家，总数达到215家。　　（骆　涛）

【标准化工作】 2015年，市质监局在办理市政协"关于实施农业标准化，推动农业现代化"提案过程中，向市政府建议创建国家农业综合标准化示范市，市政府主要领导作出批示，召开常务会议进行专题研究，印发《驻马店市人民政府创建国家农业综合标准化示范市实施方案》，得到省局支持，争取2016年列入国家农业标准化示范区项目，2018年全面建成。确山红薯第八批国家级农业标准化示范区和西平丰源生猪、泌阳恒都肉牛、西平高标准农田等省级农业标准化示范区项目建设稳步推进。全市累计建设国家级农业标准化示范区14个，省级农业标准化示范区36个。推进确山夏枯草申报地理标志产品保护，并获得国家质检总局受理。全市累计获得地理标志产品保护8个。围绕全市主导优势产业，建立完善产品标准体系。主导制定《棠溪宝剑技术条件》《地理标志产品 确山板栗》《塑料无塔供水设备（器）》3项河南省地方标准，累计制定省级地方标准8项。组织制定发布《冬小麦苗情监测技术规程》等8项市级地方标准规范，累计发布市级地方标准95项。　　（骆　涛）

【认证认可工作】 2015年，驻马店市率先在全省完成数据录入和审核上报工作，上报资质认定实验室74家，澄清了检验检测机构底数。对检验机构资质认定进行专项监督检查，抽查9个县（区）13家实验室，整改漏洞环节7个。配合省局对15家申请认证的实验室进行现场审核，跟踪验证不合格项目，关闭73项。服务体系认证更加具体。开展

2015年4月28日，市政府召开全市质量工作会。

对产品、管理体系认证中小企业监督检查，加大认证机构监管力度，治理认证机构不按认证规则规范，无序开展认证的行为。对40家质量管理体系认证企业进行监督检查，发现无效认证证书4家，整改问题64个，为国家认监委质量管理体系专项检查做好准备。转变工作理念和方式，由以监管为主向监管与服务并举转变，重点落实以联系、帮助、促进、服务为主要内容的服务企业工程，搭建网络平台、突出现场指导，组织实验室开放日活动，认证认可公信力明显提高。（骆 涛）

【检验检测体系建设】 2015年，市质监局依托市、县两级技术检测机构，加强检验检测能力建设。上蔡县省级鞋类质检中心全面建成，通过资质认定并投入试运行。确山县省级门类质检中心项目获得省局批复筹建。全市省级质检中心达到8家，建成4家。市综合检测基地建设加速推进，完成土地、规划许可、人防消防、用电安装、施工许可、场地清理等各项建设手续的办理，举行了开工奠基仪式。投资360万元，增加质检项目36个产品52个参数，新建计量标准16项，组织参加省计量院计量培训90多人次，重点培训技术人员37人次，加大对技术研发的支持力度，提高全市食品安全检验、产品质量检验和计量检测综合能力。全年共出具质检报告2747份、检定证书4.23万份，差错率均低于0.5‰。在省局对市级产品检验机构的分类监管考核中，获得90分的好成绩，跨入市级检测机构先进行列。食品监管职能划转后，继续承担着省、市食品抽检任务，抽检食品1777批次。承担了新疆等地监管棉出入库公证检验任务，公检棉花8.6万吨。（骆 涛）

【产品质量监督】 2015年，国家和省级共监督抽查驻马店市231家企业276批次产品，合格266批次，合格率达96.4%，抽查企业数和产品合格率均创新高。首次承担省级监督抽查任务，抽检产品205批次，填补了全市空白。完成市定检产品59批次，合格率100%。严把产品市场准入关。围绕“30强、30高、30新”等重点企业发展，加强生产许可证监管和服务工作，确保企业顺利通过核查取证。全市有8家企业取得国家级生产许可证；受理省级生产许可申请17家，取证10家，4家通过现场审查。对获证企业开展分类监管检查，巡查回访企业66家，整改问题90个，保证企业产品质量持续稳定。针对全市机动车安检机构数量少、检验任务重的状况，加强机动车安全技术检验机构的监管，帮助5家安检机构取得检验资格，建立了获证单位的质量档案，全市共有12家机构取得安检资格，实现了机动车就地就近检验。（骆 涛）

【特种设备安全监察】 2015年，市质监局强化特种设备本质安全，及时排查消除安全隐患，严防各类事故发生。一是电梯安全监管、油气输送管道隐患整治、燃煤锅炉节能减排全面实施。组织开展电梯专项执法行动，查出未注册电梯289台，不合格电梯383台。联合消防等50多个单位组织开展大规模的电梯应急救援演练和技术交流活动，提高应对突发事件的能力。油气管道隐患依法整治，对全市6家油气输送管道使用单位进行专项检查，建立设备台账，对中石化、中石油使用未经定期检验油气管道的违法行为进行立案查处，防患于未然。燃煤锅炉节能减排重点推进，严格燃煤锅炉登记审批，对全市10吨以上燃煤工业锅炉进行摸底排查、建立台账，对14台10吨以上锅炉进行效能测试，对淘汰锅炉不再办理安装告知、注册登记等手续。二是气瓶充装站整治。在县区检查的基础上，对全市11个县区30家气瓶充装单位进行监督抽查，对掺混二甲醚、充装非自有产权气瓶、使用未经检验或者检验不合格设备等违法违规行为进行立案查处。三是实现多元共治。主动向地方政府汇报安全监管工作，争取政府支持。协调交通、安监、住建等部门形成合力，明确生产、使用单位主体责任，促其担负起安全管理、隐患排查的责任。加强宣传、搭建平台、畅通渠道，广泛发动社会公众参与，充分实现多元共治。（骆 涛）

【执法打假】 2015年，市质监局围绕群众关心、社会关注、问题突出的产品，组织开展“质监利剑”行动、特种设备安全专项执法检查、纤维制品专项执法检查和农资专项执法打假行动。按照市人大安排部署，组织开展《中华人民共和国产品质量法》和《河南省产品质量监督管理条例》贯彻实施情况专项执法检查，查处了一批质量、计量和特种设备安全违法行为，立案60起，保障了全市生产生活安全，净化了市场环境。受理投诉举报79起，回复满意率达到100%。（骆 涛）

【依法行政工作】 2015年，市质监局调整了依法行政工作领导小组，加强对依法行政工作的组织领导。加强法制宣传教育，组织开展领导干部学法用法培训、公务员法制培训和执法人员持证上岗培训，强化法治思维。建立完善规范性文件管理、行政案件审理、行政处罚备案等工作制度，为依法行政提供制度遵循。加强执法监督，做好行政处罚案件的审理和行政复议案件的办理工作，推行文明执法、服务型执法，规范行政执法行为，提高依法行政水平，打造法治质监。做好行政职权清理工作，编制权力清单和责任清单，将特种设备使用登记审批权下放到县级质监部门。2015年共办理行政复议案件17起，无行政诉讼案件发生。（骆 涛）

【质监系统机构改革】 2015年，市质监系统完成机构“三定”工作。市质监局“三定”方案11月份通过市编委批准，市局及直属行政机构“三定”方案对社会公布。食品职能划转工作。根据市政府对食品职能划转的要求，配合编制部门核定划转基数，征求拟划转人员的意见建议，保证食品监管、执法编制和人员划转平稳进行。共划转市局机关及直属机构编制11名，划转到食品药监部门的9名人员全部到位。（骆 涛）

食品药品监督管理

【食品安全工作】 2015年，驻马店市食品药品监督管理局高度重视食品安全工作，食品安全综合协调力度加强。一是协作配合。市政府食品安全办继续发挥牵头抓总作用，加强与各部门之间的协调配合，会同相关部门起草《2015年驻马店市食品安全工作要点》，对提高风险防控水平、加快健全体制机制、加强基础能力建设、大力推进依法治理、转变产业发展方式、推动社会协同共治6个方面工作和25项具体措施逐项进行分解，落实各部门和各县区政府责任。二是针对重点品种、重点环节、重点区域、重点时段组织县区和监管部门先后开展春季食品安全监管、食品市场大清查、畜产品安全、农村集体聚餐、学校食堂、中高考期间食品安全等专项整治行动。三是牵头组织开展食品安全宣传周活动。多次召开责任部门（单位）协调会，对活动的组织实施进行安排部署。活动期间，组织市宣传部、监察局、新闻媒体等，对各部门主题日开展情况进行跟踪问效，落实部门责任，推进宣传周活动开展。四是开展应急管理工作。在本系统开展食品药品应急管理工作情况调研，起草了《驻马店市食品药品监督管理局药品和医疗器械安全突发事件应急预案》《驻马店市食品药品监督管理局食品安全事故应急预案》《驻马店市食品安全事故应急预案（征求意见稿）》。（王　丽）

【食品生产监管】 2015年，市食品药品监督管理局严格生产许可。严格申请受理，严格审查程序，严格审查标准，明确审查时间，不降低准入门槛，不追求获证率，坚决将不符合条件的企业挡在食品生产行业之外。为77家首次申请和56家延续换证申请企业办理了食品生产许可证。其中，市局承接粮食加工品等8类食品生产许可权限后，为15家首次申请和10家延续换证申请企业审批发放了食品生产许可证；对6家不符合条件的企业不予许可，下达了不予许可决定书。下发《关于印发2015年度食品生产环节监督检查实施方案的通知》，对2015年的监督检查工作进行周密部署。查处食品生产违法案件18起，货值16.3万元，罚没款64.3万元。对重点产品实施重点监管。全年开展了白酒、配制酒、植物油、乳制品、调味面制品、粉条、粉皮等淀粉及淀粉制品等产品专项整治活动和元旦、春节、端午节、中秋等重要时间节点专项监督检查。对14家白酒企业和11家配制酒企业逐家进行监督检查，查处2家白酒塑化剂超标案件；对8家不合格小磨油企业涉嫌掺杂使假、塑化剂超标进行严肃处理和逐家约谈；召开调味面制品不合格企业约谈暨警示教育会，对企业整改情况进行暗查回访。四是开展生产环节食品监督抽检。全年共计抽检1116批次，超额完成任务，对监督抽检中发现的不合格食品，及时将不合格报告扎转县区严格开展不合格后处理工作。（王　丽）

【食品流通监管】 2015年，市食品药品监督管理局先后3次对各县区流通环节食品安全监管情况进行明察暗访，检查了全市500余家农贸市场、商场、超市、小卖部、冷库，对发现的问题及时下发督查通报，点名批评3个县、17个乡镇工商所，并督促其整改落实。整治和规范冷冻肉品市场秩序。以各类冷库为监督检查重点，全面排查冷冻肉品储存和经营场所，建立冷冻肉品专项打击和综合整治月报制度，切实完善监管制度，落实监管责任，共查获来源不明肉品94千克，查获未经检验检疫肉品312.5千克，经济处罚1.844万元。加强对农贸市场、大型商场超市的管理。多次召开市区农贸市场、大型商场超市食品安全专题约谈会议，分期分批约谈市区内农贸市场、大型商场超市法人、经理、各连锁店店长，要求他们切实履行食品安全主体责任；要求农贸市场、大型商场超市组织对市场内经营户、超市从业人员进行新《中华人民共和国食品安全法》专题培训。加大监督抽检力度。全市共抽检1436批次，完成全年抽检任务。开出全省第一张拒检罚单。（王　丽）

【餐饮食品监管】 2015年，市食品药品监督管理局强化餐饮食品监管工作。一是推行“明厨亮灶”活动。按照省局要求，结合全市情况，制订活动实施方案，以“厨房开放日”为主，鼓励“明厨亮灶”，在全市范围内推行“透明厨房”活动。全市800余家餐饮单位新建或改造了透明玻璃幕墙，300家已安装视频监控，1600余家餐饮单位落实了开放日计划，200余家火锅店对火锅底料配方进行阳光公示，学校食堂开展“透明厨房”活动的工作已全面铺开。市政府把食品药品电子监管信息平台建设列入2015年六项惠民工程，电子监管和举报投诉中心动工建设，将推进视频技术在市区“明厨亮灶”运用。中心城区大型餐饮单位和学校食堂等300余家餐饮单位安装了视频监控，13家餐饮单位已上舌尖安全网公示，供消费者查询食品安全状况。二是推进量化分级管理工作。市、县、区已对6511家持证餐饮单位进行动态评定，对5942家持证餐饮单位进行年度评定，已评餐饮单位均公示了评定信息，并在公众媒体进行宣传，引导消费者寻找笑脸就餐。三是加强重大活动食品安全保障工作。市人大政协“两会”、2015年嵖岈山旅游专列、省老年协会门球比赛、嵖岈山产教融合发展战略国际论坛、2015年中国农加工洽谈会期间，启动重大活动应急响应，成立领导小组，制订应急预案，并派保障工作经验丰富的执法人员现场巡查，出动监督人员800余人次，抽检食品380余批次，活动期间未发生一起食品中毒事件。四是推进农村集体聚餐管理工作。全市对农村聚餐的形式、农村厨师数量、管理难点、安全隐患等情况进行摸底调研，并建立管理档案。对乡、镇、办分管食品安全的领导及从事农村集体聚餐的厨师进行培训、考试。培训农村集体聚餐各类人员4300余人，680多名农村厨师拿到了乡村厨师证。五是组织开展各项食品安全专项整治。2015年，组织开展了餐饮环节“元旦、春节食品安全”“农村和城乡接合部市场假冒伪劣食品药品专项整治”“食品市场大清查行动”“学校食堂专项治理行动”“火锅原料底料专项检查”等活动，重点检查餐饮企业主体资格、餐饮企业管理制度、食品安全保障设施、食品原料控制等。严厉打击无证无照经营，销售使用无合法来源食品和原料，超范围、超限量使用食品添加剂和非法添加非食用物质违法等行为。专项整治期间，全市查处问题食品3200余千克，立案429起，罚没款95余万元，移送司法机关处理38起。（王　丽）

【保健食品、化妆品监管】 2015年，全市保健食品、化妆品监管工作稳步推进。一是加强日常监管。重点对标签、说明书、索证索票制度、台账管理规定等进行严查，累计检查保健食品经营企业 145 家，化妆品经营企业 85 家。二是开展虫草类保健食品专项检查。不定期的核查企业索证索票情况及购销记录，对涉嫌假冒伪劣的产品，都依法进行了处理，共向外地市发保健食品协查函 16 件，化妆品协查函 8 件。三是开展不合格化妆品面膜的专项检查。先后开展 2 次共 19 个品种不合格面膜的专项检查，对发现的不合格面膜要求立即下架。四是开展国产非特殊化妆品备案后的现场核查工作。对全市备案的 193 个品种所涉及的 4 个化妆品生产企业进行认真核查，全部符合备案要求。五是加大监督抽检力度。完成国家总局下达抽样任务 41 批次，完成省局下达抽样任务 120 批次。

（王 丽）

【药品生产监管】 2015 年，药品生产监管工作持续加强。一是开展药品生产企业的日常监管工作。共检查药品生产企业 9 家，对辖区内的重点企业进行重点检查，对高风险无菌制剂进行重点检查。重点评估了企业风险排查、生产研究、各项工作制度的建立和落实情况等。二是开展药品注册核查和药品注册变更生产地址现场核查和抽样工作。截至年底，共核查天方药业有限公司、河南鼎复康药业股份有限公司和以勒医用氧气厂 3 家企业，抽样 15 个品种，45 批样品，批准上市销售的有 7 个品种。三是做好药品生产企业的 GMP 认证工作及药品生产许可证和医疗机构制剂许可证换证工作。对天方药业 4 家企业药品约 19 个药品生产车间的 GMP 认证进行初验工作，其中已经配合省局对天方药业 2 家进行 GMP 认证；根据全市 10 家药品生产企业和 4 家医疗机构制剂生产单位申报情况，对企业和医疗机构制剂室报送的申请材料进行审查，并对每个企业和制剂室进行现场检查，统筹安排换证工作。四是开展明胶及胶囊剂专项检查、中成药生产企业监督检查。共检查明胶空心胶囊生产企业，明胶空心胶囊使用企业和胶囊剂药品经营、使用企业 41 家，抽样 40 批次，抽样检验结果全部合格。检查中药制剂生产企业 1 家，医疗机构制剂室 3 家，未发现违法违规生产和购进销售假劣中药饮片行为。五是开展基本药物监督抽样。共检查基本药物生产企业 4 家，监督药品生产企业按照批准的工艺处方和药品 GMP 要求组织生产和检验，同时对 43 个品规（省局下达抽样指导计划 45 批）的基本药物品种进行抽样，抽样覆盖企业正常生产的全部品规。六是严格落实“查尽责、除隐患、保安全”活动工作。组织业务部门集中时间、集中人员对食品、保健食品、化妆品、药品和医疗器械等行业的生产经营企业全面开展安全生产大检查，着力解决饮食用药生产经营过程中存在的各种隐患问题，确保饮食用药领域隐患排查到位。

（王 丽）

【药品流通监管】 2015 年，药品流通监管工作更加规范。一是开展重点品种、重点环节专项检查工作。先后开展了中药材中药饮片、疫苗、含麻黄碱类复方制剂、含可待因的复方口服溶液等品种的专项检查，开展了执业药师在岗情况的专项整治。二是认真办理行政许可事项，共办理药品经营许可事项 1200 多项（包括零售药店的筹建、验收、变更、许可证换发）。在办理过程中，发现并纠正执业药师有兼职行为的 61 人次。三是强化药品广告监管工作，向同级工商部门移送监测到的违法药品广告 83 条（次）。四是做好药品全品种电子监管基础工作。分 3 期对全市所有零售药店的相关人员进行培训，12 月底前，争取所有零售药店全部入网，为 2016 年 1 月 1 日起零售药店实现全品种药品电子监管打好基础。

（王 丽）

【医疗器械监管】 2015 年，医疗器械监管工作全面加强。一是强化医疗器械生产企业监督检查。召开全市生产企业负责人座谈会，与 9 家生产企业签订质量承诺责任书，坚持每季度召开一次生产经营企业质量安全分析会，增强监管工作的主动性，变事后监管为前置监管。全年对生产企业共实施监督检查 17 次，对存在问题的 3 家生产企业下达责令整改通知书，移交稽查立案查处 2 家。对 196 家三类医疗器械经营企业进行了 229 次现场监督检查，监督检查覆盖率达到 100%，提出整改意见 50 余条，下达责令整改通知书 34 份。对备案的 397 家二类医疗器械经营企业，均按规定进行备案后现场核查。对 4 家市级医疗机构进行全面监督检查，及时纠正存在的问题。二是强化对医疗器械经营企业的监管。开展医疗器械经营企业专项检查，共出动执法人员 692 人次，检查企业 316 家，查处违法违规企业 6 家，其中下达责令整改通知书 6 家次，罚款 1 万元。三是组织开展专项检查。重点检查未经备案或许可销售第二、三类医疗器械，无证经营装饰性彩色平光隐形眼镜、助听器，未按要求贮存和运输体外诊断试剂，医疗机构使用无证体外诊断试剂等违法违规行为。共检查生产企业 5 家次，使用单位 324 家，经营企业 150 家次，查处违法违规生产经营使用环节 14 家，其中 13 家下达责令整改通知书，1 家予以立案查处。四是开展三类经营许可、二类经营备案和一类生产产品备案工作。全年共办理三类经营许可 72 件，二类医疗器械经营备案 397 件，一类医疗器械产品备案 33 件，一类医疗器械生产备案 2 件。五是开展医疗器械抽验工作。完成省级抽样 6 批，市级抽样 84 批，均已全部送样。

（王 丽）

【药品稽查】 2015 年，全市药品稽查力度加大。一是加强日常监管和案件查办力度。根据省、市局工作安排，继续把打击制售假劣药品、医疗器械违法行为作为药品稽查工作的重点。全年全市药品稽查部门累计检查药品经营、使用单位 5060 家次，共受理各类投诉举报 249 起，调查核实 249 起，其中立案查处 56 起。办理一般程序案件 1348 起，结案 1346 起，罚没款 154.84 万元，办理简易程序案件 677 起，罚没款 50.05 万元，合计罚没款 204.89 万元。其中，案值 5 万元以上的大案要案达 9 起。移交司法机关 19 起，公安机关立案 23 起，刑拘 5 人，批捕 7 人。二是开展专项整治。按照省局要求相继开展了银杏叶片药品专项治理，中药材、中药饮片经营企业专项整治，复方甘草片专项检查等工作。在全市范围内对重点企业的问题品种开展专项抽验。对于其他特殊药品和含特殊药品复方制剂，本着主动作为的原则，对本辖区药品经营企业含特殊药品复方制剂的购销渠道、购销对象、仓储保管、票据管理、资金流向、电子监管等情况开展重点检查，坚决防止特殊管理药品流弊事件发生。三是开展药品抽验。全市日常监督抽验已完成976批次，已检验918批次，不合格药品共计151批次，不合格率16.5%。所有不合格药品已全部立案查处。此外，市药品稽查支队还完成针对性抽样36批次，其中不合格药品7批次；完成医疗机构制剂抽样25批次，全部合格；完成中药材及中药饮片50批次；完成中成药非法添加专项抽样，对风湿关节炎片和跌打丸专项抽样6批次，全部合格；配合上级完成药用包装材料及辅料抽样6批次，积极配合上级做好国家、省基本药物评价性抽验工作，共完成基本药物抽样120批次。（王　丽）

【食品药品监管体制改革】 2015年，市、县两级食品药品监管体制改革基本完成。将原市政府食安办、工商部门、质监部门的食品安全监管职能和食品药品监管部门的职能进行整合，成立新的市食品药品监督管理局。市政府食安办划转12人，市工商局划转7人，市质监局划转9人，新的食品药品监管职能已全面履行。10个县区食品药品监督管理局"三定方案"均已印发，工商、质监食品监管职能全部划转到位，共划转工商人员108人，质监人员49人，已全部到位上岗。驿城区局由原市局派出机构调整为驿城区政府工作部门，开发区分局仍为市局派出机构。全市成立了178个副科级规格的乡镇（街道）食品药品监管所，定编914人，到岗773人，均已正常开展工作。（王　丽）

审　计

【审计概况】 2015年，驻马店市审计局人员编制73个，在编68人，班子成员9人。全年共完成审计项目计划43项，查出违规违纪资金2.92亿元，管理不规范资金37.5亿元，审计促进整改落实资金1.16亿元。提交《工作信息》和《审计专报》41篇，领导批示3件，向有关部门移送经济案件线索6件。（罗城伟）

【财政预算审计】 2015年，市审计局完成审计项目7个，发现了预算安排不科学、预算编制未细化、少列公共财政预算收支、违规出借专户资金等问题，查出了提前征税1688.97万元、契税未及时入库433.58万元、应征未征税款140.79万元等突出问题。市审计局代表市政府向市人大常委会所做的市本级预算执行情况的审计报告，受到市人大常委会的肯定。（罗城伟）

【政策落实跟踪审计】 2015年，市审计局组织100多人，成立11个审计组，共开展7次"稳增长、促改革、调结构、惠民生"政策落实情况的跟踪审计。发现了养老健康服务业、城市基础设施、生态环境保护和节能环保产业、精准扶贫等13个方面的222个问题，整改问题172个。实施的稳增长审计项目，在2014年度、2015年度全省稳增长政策落实跟踪审计质量考核中连续两年被评为第一名。（罗城伟）

【民生资金审计】 2015年，市审计局对市直就业专项资金审计中，发现了公益性岗位财政补贴把关不严、多支付公益岗位补贴等问题。对西平县2012年～2014年高标准粮田建设绩效情况审计中，查出了未严格执行项目建设规划、电力配套设施滞后、虚假工程监理和未按规定招标等问题，涉及专项资金5.68亿元，审计挽回财政专项资金损失345万元。及时向市政府上报3份《审计专报》，副市长张昕分别作出批示。（罗城伟）

【安居工程跟踪审计】 2015年1月～3月，对市直2014年城镇保障性安居工程进行跟踪审计。查出在资金管理、工程用地、项目招标和住房分配等方面的7大类23项问题。发现了缺少多部门信息共享机制、住房保障政策不完善、保障房未实行动态管理等制度机制方面的漏洞，向市政府提交了《审计专报》。（罗城伟）

【经济责任审计】 2015年，全市审计机关受组织部门委托，共对93名党政领导干部进行经济责任审计，审计发现各种问题资金4.7亿元。其中，市局对21个单位的领导干部进行经济责任审计，查出问题金额2.21亿元，提出审计建议46条。（罗城伟）

【优秀审计项目工程】 2015年，市审计局组织开展"全市优秀审计项目评审"活动，评选出全市精品审计项目3个。其中，市审计局和正阳县审计局组织的"同级审"项目参评全省优秀审计项目评选活动，被省厅评为2015年度全省表彰审计项目。项目名称分别是"驻马店市本级2013年度财政预算执行和其他财政收支审计项目"和"正阳县2013年度财政预算执行和其他财政收支审计项目"。（罗城伟）

统　计

【统计工作概况】 2015年，驻马店市统计工作取得新发展。

调查普查工作。一是常规调查。严格执行国家和省统计报表制度，完成2015年GDP核算任务，开展农业、工业、建筑业、服务业等国民经济各行业以及固定资产投资、就业、城乡居民生活、市场物价、社会科技、能源消费、文化产业等常规统计调查，开展健康服务业调查、企业创新调查、人才资源统计等专项调查、重点调查和社情民意调查工作，获取了大量真实准确的统计调查信息。二是农业普查准备工作。推动组建农业普查机构，市政府下发《关于做好第三次全国农业普查工作的通知》，成立由市委常委、常务副市长张昕为组长的驻马店市第三次全国农业普查领导小组，各县区均按要求成立了机构；按时完成了特色种养业农产品目录的收集、整理及上报，为高质量开展农业普查做好前期准备。三是经济普查资料开发。在《驻马店日报》及时发布《第三次经济普查公报》，编印《驻马店市第三次经济普查简明资料》，发送四大班子领导、市直各相关部门和各县区，公开出版《驻马店市第三次经济普查年鉴》。四是1%人口抽样调查完成。按照省局统一部署，市县分别组建机构，制订实施方案和工作计划，先后完成调查区划分、地图绘制、“两员”选聘和培训等工作，首次采用手持电子终端（PDA设备）和联网直报，完成了入户调查和数据收集整理工作。在现场登记阶段，多次组织实地督查，确保人口抽样调查区不漏户、户不漏人、人不漏项、项不漏填，提高源头数据质量。

统计改革。一是“五大”统计改革顺利实施。2015年，市统计局把推进五项重点领域统计改革作为统计工作的重中之重，高质量完成了全市及各县区GDP核算数据核实调整任务，开展投资统计“双轨”运行制度下的数据比对测算，完善就业统计调查方式，建立统计台账，利用经普数据核定了全市及分县区能源消费总量，强化服务业统计人员的培训，促进规模以上服务业企业月度统计制度的顺利实施。二是“三公”统计制度（公开、公平、公正审核认定统计数据）全面落实。“三公”统计是省局提高统计数据质量和统计公信力的重大制度创新。2015年，市统计局按照省局要求，制定切实可行的数据审核认定方案，并反复征求县区及相关部门意见，不断修改完善。各专业制定了“三公”统计实施方案，实现“三公”统计全覆盖。

提升数据质量。一是完善责任机制。完善以GDP核算为中心的数据质量评估制度，加强对各专业数据的审核和评估，建立GDP核算评估与专业评估联动机制，加强对重点领域、主要指标数据质量管控。针对工业统计，市政府专门下发《关于加强全市工业统计基层基础工作的通知》，将工业企业统计数据质量检（抽）查结果、规范化建设与数据评审挂钩，对基层基础工作不达标、数据质量出现严重趋势性偏差的县区，实行统计数据一票否决。市政府连续两次召开各县区常务会议，安排部署企业统计规范化建设工作。二是强化“四个到位”。源头控制到位。要求各级统计机构必须严格按照规范化建设的要求，做到统计数据、统计台账、原始数据相互印证。审核把关到位。坚持人工审核和程序审核相结合，对基层上报数据的逻辑性、匹配性和协调性严格控制，确保数据真实可信。督导检查到位。下基层、进企业、摸实情，通过定期或不定期的督导检查，掌握企业生产经营情况。跟踪回访到位。对重点领域、主要数据进行跟踪、回访、查询，发现问题及时解决。三是做好动态维护。按照国家、省统计局工作要求，深入实地和企业，对基本单位名录库进行全面核实，共核实法人单位和产业活动单位26371个，核实率达到76.11%。联合市畜牧局对全市20多万户的畜禽养殖单位进行清查核实，更新名录库信息1.5万余条。

统计服务。开展专题分析。围绕全市发展大局和市委、市政府中心工作，开展形势分析和专题研究，为市委、市政府宏观决策提供一系列有分析、有观点、有对策的专项分析材料。其中，《经济技术产业集聚区进入产业集聚区门槛困难很大》被市委常委、常务副市长张昕批示；《新常态下农民增收问题研究》被国家统计信息网采用；《驻马店市秋粮购销情况调查报告》《全市夏粮总产量达418.99万吨》等多篇分析被市委、市政府采用；《驻马店市妇女、儿童发展规划（2011~2020年）中期监测报告》受到市政府妇儿工委好评；《财税体制“营改增”对驻马店税收收入影响研究》荣获全市社会科学研究一等奖，《驻马店市文化产业发展现状、问题及对策研究》《新常态下农民增收问题研究》荣获社会科学研究二等奖；《驻马店市农业现代化问题研究》被评为全省统计调查系统课题研究二等奖。全年撰写分析报告280余篇，统计信息400余篇，《领导专报》20多期。全年共受理各种统计咨询服务4000多人次。组织编发《驻马店统计年鉴》《驻马店月度主要统计指标》《驻马店产业集聚区主要指标》和《驻马店统计》等统计资料。开展监测评价。围绕新形势及时开展全面小康监测工作，组织协调市直20多家部门收集、整理近百项指标数据，测算2000年~2015年全面小康指数，撰写监测分析研究报告，为“十三五”规划提供重要依据。与市人社局联合开展“农村劳动力转移就业情况监测调查工作”，深入分析农民工就业现状、流动特点、面临困难，并对就业趋势进行监测预警，为推进农民工市民化提供参考。

其他各项建设。统计基层基础规范化建设向“五区”和“四上”企业延伸，全市所有产业集聚区均设立了统计机构，各乡（镇、办事处）统计工作站及规模以上工业企业办公设备齐全，配有1~3名专、兼职统计人员，指导工业企业建立健全原始记录，统计台账以及数据采集、审核、查询、汇总、上报和资料管理等各项制度。全年验收通过4批共488家企业，全市规上工业企业规范化验收合格率达37%。确山、平舆、汝南、西平等县工业企业统计业务规范化建设成效显著。信息化建设取得新成效。全市视频会议系统建设已全部完成；市、县已全部达到《河南省统计系统标准化机房建设指导意见》中对机房专业化的要求；市、县两级防火墙全部更新，网络安全进一步提升，乡镇互联网带宽完成升级改造。统计法制建设有序开展。落实完成省局批转的执法案件查处工作，推行统计法律事务告知制度，全年发放《统计法律事务告知书》5000多份。组织开展“全国统计法制宣传日”活动，扩大统计影响。部门统计协作渠道畅通。市国土局、农业局、农机局、水利局等部门及时提供了农业生产条件年报资料；市财政局、人行驻马店市支行、国税局、地税局、交通局等部门及时提供了第三产业核算指标数据；市发改委及时提供了全市重点项目投资进度情况；市编办、民政局、工商局、技术监督局等部门及时提供了单位名录库更新基础资料；市供电公司及时提供了电力供应和消耗情况；市建委、房管局高质量完成了建筑企业统计调查工作。其他部门也认真执行统计方法制度，及时提供行业管理数据，开展统计分析，充分发挥部门统计的重要作用。 （苑拥军）

【农产品生产基本情况】 2015年，驻马店市农业生产整体向好。农作物播种面积1502553.33公顷（2253.83万亩），比上年增加19866.67公顷（29.8万亩），增长1.34%。其中，粮食作物播种面积1082153.33公顷（1623.23万亩），同比增长0.85%；非粮作物播种面积42.04万公顷（630.6万亩），同比增长2.61%。

粮食生产。全市粮食播种面积1082153.33公顷(1623.23万亩)，亩产415.41千克，增长4.33%，总产量674.31万吨，增长 5.22%。其中，夏粮播种面积 60.67 万公顷（910.05 万亩），同比增长 0.68%，亩产 460.4 千克，同比增长 4.71%，总产量 418.99 万吨，同比增长 5.42%。秋粮播种面积 475453.33 公顷（713.18 万亩），增长 1.08%，亩产 358 千克，同比增长 3.77%，总产量 255.32 万吨，同比增长 4.89%。

油料生产。2015 年，全市油料种植面积 286560 公顷（429.84 万亩），同比增长 4.66%；油料产量 110.45 万吨，同比增长 9.22%。从油料分品种看，全市花生面积 212653.33 公顷（318.98 万亩），同比增长 6.95%，产量 96.43 万吨，同比增长 10.45%；芝麻面积 39586.67 公顷（59.38 万亩），同比下降 0.22%，产量 5.49 万吨，同比增长 2.77%。由于油菜产品价格低、种植利润小，农户种植积极性不高，加之油菜种植费工、耗时、机收率低，全市油菜种植面积下降，产量略增。油菜面积 34320 公顷（51.48 万亩），同比下降 2.72%，产量 8.53 万吨，同比增长 0.69%。

经济作物种植。由于纺织品出口难度增加、国家取消收储政策以及进口棉花冲击等多种因素影响，全国棉花价格持续多年低迷，加之棉花种植费工费时且效益不佳，2015 年全市棉花种植面积继续下降，产量下降。2015 年，全市棉花种植面积 3000 公顷（4.5 万亩），同比下降 23.59%；棉花产量 0.28 万吨，同比下降 21.5%。另外，随着农业种植结构调整，烟叶、麻类、甘蔗等经济作物种植面积呈逐年下降态势。2015 年，全市烟叶种植面积 6726.67 公顷（10.09 万亩），同比下降 11.94%，产量 1.56 万吨，同比下降 8.6%；麻类种植面积 6.67 公顷（100 亩），同比下降 95.38%，产量 11 吨，同比下降 98.9%；甘蔗种植面积 353.33 公顷（0.53 万亩），同比下降 52.6%，产量 1.65 万吨，同比下降 51.66%。

蔬菜瓜果生产。2015 年，全市蔬菜种植面积 104193.33 公顷（156.29 万亩），同比增长 1.95%，产量 403.61 万吨，同比增长 3.38%；瓜果类面积 14073.33 公顷（21.11 万亩），同比下降 7.82%，产量 85.87 万吨，同比增长 4.39%。从全年蔬菜市场销售情况来看，2015 年全市蔬菜价格比上年价格普遍偏高；尤其是进入四季度，反季节蔬菜、鲜细蔬菜行情偏好，需求旺盛，价格稳中有升。

农业产业化集群、新型农业经营主体发展。至 2015 年末，全市农业产业化集群达到 51 个，其中省级 15 个，居全省第三位。市级以上重点龙头企业达到 351 家，其中国家级 2 家，省级 46 家，市级 303 家。全市农民专业合作社达到 12933 家、家庭农场 5144 家，数量分别居全省第二和第一。推进适度规模化经营，全市土地流转面积占家庭承包面积的 31%。

农业生产中需要关注的问题。一是制约农业发展的基本矛盾突出。尽管全市农村基础建设投入不断加大，但由于气候条件复杂多变、极端气象事件频发，农业抗灾弱势产业的地位没有得到根本改变。加之，受现行管理体制条块分割、农业资金分散等因素影响，国家政策的综合集成效应难以得到充分发挥；农业基础设施薄弱、农村劳动力素质不高与发展现代农业的要求不相适应。二是促进粮食持续增产的难度加大。由于在现有农业资源条件下，受农业基础设施薄弱、粮食播种面积增长空间有限、粮食单产水平提高难度增强等因素的限制，在高基数上粮食生产保持持续增产难度较大，粮食生产能力面临较大挑战，如何实现进一步增产面临严峻考验。三是提高农民种粮积极性的后劲不足。受国际粮价大跌的波及效应、国内供需关系、畜禽对饲料粮的需求减少等因素影响，2015 年粮食市场价格全面下跌。2015 年，以玉米为主的秋粮市场价格和上年同期相比，玉米价格跌幅在 30% 左右。据测算，2015 年全市秋粮总产量达 25.5 亿千克，其中玉米产量约 23.5 亿千克，按照农民出售玉米的平均价格 0.8 元测算，与上年同期相比，仅玉米一项全市种粮农户将减少收入 12 亿元左右。粮食价格的大幅下降导致种粮户丰收之年难增收，对农民种粮积极性造成较大影响；加之近年来各种农用物资、人工费用和土地租金持续上涨，农业生产成本不断增长，农民种粮收益缩水。（杜向阳）

【畜牧业统计概况】 2015 年，驻马店畜牧业生产在结构调整中发展。据初步核算，全年全市畜牧业实现产值 238.2 亿元，占农业总产值比重达 36.7%。

畜禽生产。2015 年，全市肉类总产量、生猪肉产量和出栏量居全省第一位；大牲畜存栏居全省第二位，其中生猪存栏居全省第一位，牛存栏居全省第二位，家禽存栏位居全省第三位。2015 年，全市肉类产量 75.81 万吨，同比下降 2.91%。其中，猪肉产量 56.06 万吨，下降 4.14%；牛肉产量 8.9 万吨，增长 1.22%；羊肉产量 2.06 万吨，增长 0.52%；禽肉产量 5.46 万吨，增长 4.1%。奶类产量 4.72 万吨，同比下降 25.25%；禽蛋产量 31.96 万吨，同比增长 10.19%。

生猪养殖。由于生猪产能过剩，生猪价格从 2013 年末开始 1 年 6 个月的持续下跌，2014 年生猪养殖普遍由全面盈利变为全面亏损，养殖效益严重缩水，多种因素导致 2015 年全市生猪产能优化收缩。2015 年，全市年末生猪存栏 533.5 万头，同比下降 7.22%。其中，能繁母猪存栏 58.8 万头，同比下降 2.65%；生猪出栏 733.02 万头，同比下降 5.22%；猪肉产量 56.06 万吨，同比下降 4.14%。据调查，受长期亏损影响，2014 年 ~ 2015 年，全市部分散养户纷纷退出，部分中型规模养殖户选择转产，一部分大型养殖场（户）因资金周转困难而减缓扩产、降低补栏。2015 年畜禽名录库资料显示，全市生猪养殖期末存栏量 100 头以下的散养户下降 31.1%，存栏量 100 头 ~ 500 头之间的养殖户下降 7.6%。2015 年年初以来，全市生猪价格延续 2014 年走势，持续震荡下跌，3 月下旬跌至最低点。从 4 月起，受能繁母猪、存栏量下降和节日消费拉动影响，生猪价格开始持续上涨，特别是进入 7 月后加速上涨，8 月份超出近 3 年内历史高点，生猪养殖由全面亏损实现全面盈利。9 月下旬后开始回调，进入 12 月份后又稍有回升，总体呈现“先抑后扬，后在高价位震荡运行”态势。规模以上生猪趋势调查监测资料显示，全市生猪出栏千克均价 1 月 ~ 3 月份分别为 13.41 元、12.57 元和 11.86 元，同比分别增长 1.36%、1.62% 和 9.41%；4 月 ~ 6 月份分别为 12.73 元、13.6 元、14.52 元，同比分别增长 22.4%、5.43% 和 14.06%；7 月 ~ 9 月份分别为 16.96 元、17.74 元和 17.43 元，同比分别增长 30.06%、20.88% 和 12.16%；10 月 ~ 12 月份分别为 16.66 元、16.05 元和 16.21 元，同比分别增长 18.58%、17.5% 和 21.79%。从年内环比增减速度看，4 月、5 月、6 月、7 月和 8 月生猪均价分别上涨 7.3%、6.8%、6.8%、16.8% 和 4.6%，而 2 月、3 月、10 月和 11 月份生猪均价分别下降 6.3%、5.6%、4.4% 和 3.7%。2015 年，全市玉米、豆粕和育肥猪饲料价格出现较大幅度下跌，生猪养殖成本下降，从 6 月起，猪粮比超过 6 ：1 的盈亏平衡点，6 月 ~ 12 月份猪粮比分别为 6.1 ：1、7.1 ：1、7.6 ：1、8.3 ：1、9.4 ：1、8.8 ：1、8.4 ：1，全年猪粮比平均为 6.8 ：1，比上年的 5.4 ：1 高了 1.4。

肉牛、肉羊养殖。由于肉牛养殖效益可观，国家和省对肉牛养殖扶持政策的积极推动，加之又有“夏南牛”的发展优势，全市肉牛生产发展势头较好，养殖效益较好。2015 年末牛存栏 86.97 万头，同比下降 3.46%；出栏 59.3 万头，牛肉产量 8.9 万吨，分别同比增长 1.39% 和 1.22%。近年羊肉市场价格较好，规模肉羊养殖数量增长较快。2015 年年末，全市羊存栏 154.9 万只。全年羊出栏 167.48 万只，羊肉产量 2.06 万吨，同比分别增长 0.52% 和 0.52%。受国内活羊流通受阻以及羊肉进口量不断增加影响，从 2014 年下半年开始活羊价格持续低迷，2015 年羊价延续上年较低价格，每斤毛羊收购价在 8 元 ~ 10 元之间，养殖利润与上年相比下降较大。

家禽生产。2015 年末，全市家禽存栏 5289.91 万只，同比增长 0.72%，其中蛋鸡存栏 2744.04 万只，同比增长 1.26%；家禽出栏 4617.1 万只，同比增长 4.1%；禽肉产量 5.46 万吨，同比增长 4.1%；禽蛋产量 31.96 万吨，同比增长 10.19%。受 2014 年蛋鸡养殖效益较好推动，年初养殖户不断扩大养殖规模，蛋鸡存栏量不断增加，造成产量增加，市场供应充足，从而导致全年鸡蛋价格跌涨起伏。据全市居民消费价格调查资料显示，2015 年 1 月 ~ 3 月全市鸡蛋零售千克均价分别为 9.4 元、9.38 元和 8.28 元，4 月 ~ 6 月份分别为 7.53 元、7.42 元和 7.03 元，7 月 ~ 9 月份分别为 7.32 元、9.18 元和 9.4 元，10 月 ~ 12 月份分别为 7.78 元、7.83 元和 8.05 元。

奶业生产。奶牛养殖成本较高，全市乳制品加工企业较少，加之对生鲜牛奶需求有限，从而造成全市奶业生产难有快速发展。2015 年末，全市奶牛存栏 1.25 万头，同比下降 19.86%；全市奶类总产量 4.72 万吨，同比下降 25.25%，其中牛奶产量 4.67 万吨，同比下降 25.39%。在全市分县区中，确山、泌阳牛奶产量同比下降幅度均在 60% 以上。

标准化改造。2015 年，全市共新建标准化规模养殖场 99 个，标准化改造规模养殖场 236 个，比 2014 年增加 113 个。全年用于畜牧产业化集群建设的各类资金达 23 亿元，全力打造全链条、全循环、高质量和高效益的畜牧产业化集群，其中荣盛农牧科技集团、龙凤山农牧股份有限公司、金凤牧业设备股份有限公司等 3 家畜牧产业化集群龙头企业在“新三板”挂牌，枫华种业股份有限公司正在积极准备，有望 2016 年下半年上主板。泌阳恒都肉牛产业化集群建设的恒都食品有限公司新建年屠宰 20 万头的肉牛屠宰加工厂和 4 个分别存栏 1.5 万头的“夏南牛”育肥场，其中 2 个育肥场已竣工投产，荣盛农牧新增年出栏 30 万头生猪项目已完成场区建设，龙凤山集团新增年出栏 30 万头的标准化规模养殖场在建设之中。

畜牧业生产中需要关注的问题。一是畜禽价格波动较大影响养殖户生产信心。据 2015 年 12 月份生猪趋势调查资料显示，面对今后打算，91.1% 的养殖户选择“维持现状”，8.2% 的养殖户选择“扩大规模”。二是贷款、环保等问题制约畜禽养殖发展规模。畜禽规模养殖是一个资金密集型行业，所需要经营资金较大，资金短缺成为长期以来影响畜牧业规模发展的瓶颈问题。另外，由于畜禽养殖的污染问题日趋突出，治理畜禽养殖污染的力度不断加大，加上政府出台的畜禽生产限养区、禁养区政策，养殖业面临的环保压力越来越大。据调查，贷款、土地和环保问题仍是畜禽规模化发展的主要制约因素，其中贷款难仍占据首位，环保问题 2015 年取代土地问题成为第二大制约因素。三是市场信息不畅令养殖户难以应对复杂市场。畜禽养殖行情波动频繁，对有一定规模的养殖大户，由于资金充足，养殖经验丰富，市场经营水平高，能从不同渠道获得相关信息，从而合理降低成本，减小收益风险；而部分中小型养殖规模户和大量散养户由于信息不畅，市场经营水平有限，受市场变化的冲击影响较大。同样，由于信息不畅，部分养殖户常常是盲目跟风，一哄而上，往往受市场风险打压后又一哄而散。 （杜向阳）

国家统计调查

【调查队工作概况】 2015 年，国家统计局驻马店调查队完成各项调查工作。

调查监测工作。2015 年，国家统计局驻马店调查队严格执行国家调查方法制度，开展国家常规统计调查，组织了畜禽监测、规模以下工业、规模以下服务业、居民生活、各类价格、采购经理、贫困监测等各类常规调查定报和 2014 年报工作。做好住户城乡一体化样本轮换、新增小微企业调查、劳动力调查、农民工市民化调查等新增工作。践行一线工作法，实施专业“回访 +”。实行“回访 + 培训”“回访 + 台账”“回访 + 工作日志”“回访 + 数据检查”，把回访、培训、建立基础台账、数据检查等工作有机结合起来，通过全年各科室近百次走访调研，大幅度提高工作效率，保障数据质量。以业务工作管理平台应用为重点，推动统计调查方法和技术手段改革创新，确保信息安全。推进业务工作管理平台应用工作，加大设备购置力度，推广 PDA 现场采集数据的使用。按照信息安全年度培训计划，从各个层面进行不同层次的计算机、PDA 应用讲解和信息安全培训，重点介绍 PDA 设备在调查实践中的应用。调整充实全市国调系统网络安全工作领导小组，明确专人负责网络安全日常工作，形成市县队安全管理网络。10 月份，由班子成员带队，对各县区主要调查数据质量开展抽查。抽查内容包括基层基础工作情况、规章制度建立和执行情况、抽样设计及样本管理情况、数据采集方法、工作现场数据采集操作流程规范化情况、基础台账建设情况、数据处理和数据上报情况等。

基层基础规范化建设。一是加强法制建设。拓展宣传渠道，构建普法大平台；突出重点对象，提高普法针对性；加强普治结合，树立全程普法意识。以保障数据质量为重点，开展依法治理工作。以服务调查对象为导向，推行柔性执法模式。推行首查整改告知、说理式执法等好的经验和做法，完善指导与执法相结合的柔性执法方式，做到边执法边普法。二是推进业务规范化建设。召开专题会议，研究工作开展思路，下发《关于认真贯彻〈关于严格规范调查业务流程确保调查数据质量的通知〉的通知》。按照基层基础考核办法，组织开展自查活动，对业务制度建立和业务流程执行情况进行全面自查，总结和梳理工作中存在的问题，及时查漏补缺。定期督导检查。由市队班子成员带队定期到所辖县级国家调查队及县区统计局进行业务流程规范化督导检查，了解基层实情，对发现问题进行现场指导规范。

现代化服务型调查建设。服务宏观决策，坚持独立调查，独立上报，开展好各项调查监测工作。2015 年，驻马店调查队开展了 2015 年中国“农洽会”客商满意度调查、驻马店市安全感电话调查等专项调查，并形成分析报告。探索服务调查对象的形式和办法，通过上门、短信、电话等形式为调查对象提供贴心服务，主要是为公众提供非保密的调查资料及数据、结合调查业务实际开展国情省情市情宣传。服务基层一线，通过专题培训会、座谈交流、实地帮扶等形式，对有实际困难的县队、县局进行人员、技术、经费援助，针对性地开展业务工作培训和指导，并通过调研走访、争取地方政府支持，改善基层工作条件。根据调查队以抽样调查为主且样本主要代表国家、省级层面的工作特点，在进行分析研究时，重点进行典型分析、解剖麻雀以点带面的分析研究，提高信息分析的时效性和前瞻性，同时注重可操作性，凸显调查队工作的特色和发挥“轻骑兵”的作用，对经济社会运行中的新情况、新问题，要快速反应，及时把握，将掌握到的调查资料第一时间转化形成文字信息，为上级决策提供第一手资料。截至 2015 年 11 月 30 日，驻马店调查队共撰写信息 150 余篇，被国家统计局内网采用 15 篇，被河南调查总队内网采用 110 余篇。（娄 明）

【劳动力调查】 劳动力调查频率为月度，试点时期为 2015 年 7 月 ~ 12 月，调查标准时间为每月 10 日零时，入户登记时间为每月 10 日 ~ 14 日。2015 年 10 月份标准时间为 15 日零时，入户登记时间为 15 日 ~ 19 日。劳动力调查对象为调查时点居住在本户的人以及本户人口中，外出不满半年的人。劳动力调查范围在市区及 4 个国家调查县（西平县、汝南县、新蔡县、泌阳县）共 48 个调查网点，每月抽取 240 个调查户开展调查。劳动力调查使用手持电子终端（PDA）进行样本管理、任务分配和数据采集，并由调查员利用 PDA 通过联网直报平台将调查数据直接报送到国家统计局。（洪曼绮）

【中国“农洽会”会展调查】 2015 年 9 月 15 日，驻马店调查队组织开展中国“农洽会”会展调查，本次调查采取现场问卷调查和电话调查相结合。会展期间采取调查员面谈的方式，即调查问卷由调查员在现场根据调查对象的意见填报；会展结束后，对部分参会代表进行电话回访调查。300 余份有效调查问卷显示，本届中国“农洽会”务实高效，满意度较上年有所提高。（任清华）

【驻马店市群众安全感调查】 2015 年，受驻马店市委政法委委托，驻马店调查队于 6 月、12 月，组织开展 2 次群众安全感电话调查工作。调查范围是驻马店市各县区所辖 173 个乡镇（街道）；调查对象为各乡镇（街道）辖区内 16 周岁 ~ 70 周岁的城乡常住居民。采取随机等距原则进行抽样，根据各县、区提供的样本框，每个乡、镇（街道）随机等距原则抽取不低于 50 个样本数量进行调查，每次调查样本总量为 8650 个。准确、客观地把握广大人民群众对当前社会治安状况的反映以及对公共安全的真实感受，找出影响当前群众安全感的主要因素。（任清华）

财 税

财 政

【财政收支】 2015 年，全市地方财政总收入完成 142.6 亿元（快报数，下同），同比增加 11.1 亿元，增长 8.4%。一般公共预算收入完成 96 亿元，为年初预算的 100.2%，同比增加 10.3 亿元，增长 12.1%，比全省增幅高 2.2 个百分点，收入规模和增幅分别位居全省第十二位和第六位，在黄淮 4 市中分别位居第三位和第二位。其中：全市税收收入完成 67.2 亿元，为年初预算的 95.2%，同比增加 4.7 亿元，增长 7.5%。规模和增幅分别居全省第十一位和第九位，在黄淮 4 市中分别均居第二位和第三位。税收收入占全市一般公共预算收入的比重为 70%，居全省第八位，在黄淮 4 市中居第二位。非税收入完成 28.8 亿元，为年度预算的 114.2%，同比增加 5.7 亿元，增长 24%，高于全省平均增幅 9.1 个百分点。全市一般公共预算支出完成 384.2 亿元，为调整预算的 96%，同比增加 36.6 亿元，增长 10.5%，低于全省平均增幅 2.4 个百分点。支出规模和增幅分别居全省第五位和第十四位，在黄淮 4 市中分别居第二位和第三位。其中，民生支出达 311.1 亿元，同比增长 10.3%，占一般公共预算支出的比重为 81%。（董华亭）

【财政扶持】 2015 年，市财政局围绕驻马店农业大市、粮食主产区、大别山革命老区等特点，主动配合有关部门做好项目筛选、上报、汇报工作。全年共争取上级财政转移支付资金 228 亿元，同比增长 16.3%；积极争取上级置换债券工作，全年共争取上级三批置换债券共计 19 亿元，市本级新增债券资金 3.4 亿元。按照市委、市政府要求，支持企业发展壮大和品牌创新。2015 年兑现政府奖励 437.5 万元，其中昊华集团创新发展奖励 100 万元、2014 年度项目建设先进单位奖励 90 万元、开放招商奖励 180 万元、品牌带动战略先进单位奖励 67.5 万元。重点扶持产业技改项目贷款贴息和落实支持中小微企业发展的财政政策，鼓励优势传统产业向高端、智能、信息化发展。拨付 2014 年度先进制造业专项引导资金项目 1440 万元，重点用于高成长性制造业发展、战略性新兴产业培育和传统支柱产业转型。大力发展高成长服务业，支持文化旅游、健康养老和生产性服务业等产业融合发展，全年共申报高成长服务业类项目 86 个，争取资金 8108 万元。落实促进产业集聚区持续快速发展的 16 条财政扶持政策，拨付小额基金和招商引资经费 1740 万元，争取产业集聚区“三税”（增值税、营业税、企业所得税）奖励资金 3253 万元。（董华亭）

【财政融资】 2015 年，市财政局为解决市中心城区基础设施建设资金严重不足的问题，加强与项目单位沟通，积极与金融机构对接，拓宽筹融资渠道。与兴业银行协调，做好 5.2 亿元土地储备贷款展期工作；加强与省国开行、省豫资公司、开发企业沟通，做好国开行 49.32 亿元贷款管理及后续放款工作，全年新放款 3.91 亿元，累计放款 17.91 亿元。加强政府债务置换工作，将兴业银行贷款余额 19 亿元通过建行进行政府债务置换，置换资金 19 亿元，并先期偿还兴业银行贷款 7.2 亿元。加快重点项目筹融资，全年共计筹集资金 38.2 亿元，其中国开行 107 改扩建项目融资 9.7 亿元；建行中心城区断头路项目融资 6.4 亿元；中原银行火车站片区建设融资 1.78 亿元；中信银行市政景观绿化融资 1 亿元；争取火车站广场建设专项基金 0.3 亿元，为全市重点项目顺利实施提供资金保障。与省豫资公司及有关金融机构对接，推进全市股权发展基金设立，2015 年计划设立 2 只城市股权发展基金，筹资 60 亿元。截至年底，与浦发银行合作设立的股权投资基金已设立完成，与中信银行合作设立的基金正在合作协议商定中。与金融机构对接，做好与浦发银行合作的 15 亿元平滑基金项目、与中原证券合作市公共资产公司发行公司债券、与中原银行合作 5 亿元银政储备贷款、与建行合作的 4.2 亿元区级断头路项目、与中信银行合作 5 亿元信托贷款、与国开行合作火车站棚改资金贷款、广发证券示范区建设项目贷款等工作。（董华亭）

【保障改善民生】 2015 年，市财政局以改善民生为根本，加大保障力度，做好保障和改善民生工作。

落实各项支农惠农富农政策。完成农林水事务支出 50.6 亿元，同比增长 1.6%。争取上级支农专项资金 23.5 亿元，支持农业生产、惠农补贴、农田水利、防灾救灾、动物防疫、重点岁修、农村基础设施、林业发展、现代农业、扶贫开发等；市级安排支农专项资金 2940 万元，支持蔬菜生产、扶贫示范村奖补、畜牧业发展、中国农加工洽谈会召开等；落实资金 1.96 亿元，支持高标准粮田建设；根据国家农业补贴政策调整，及时将农业支持保护补贴资金 11.23 亿元发放到农户手中；落实农机补贴 17466 万元。争取资金 3912 万元，推进农业生产结构调整，支持构建现代农业集群培育工程；争取农村土地承包权确权登记颁证资金 2500 万元，确保确权印记颁证工作稳步推进。实施精准扶贫，争取中央和省财政专项扶贫资金 22669 万元，安排扶贫示范村和重点革命老区村帮扶资金 350 万元，投入农业综合开发资金 40859 万元，大力支持扶贫开发；开展美丽乡村和“一事一议”财政奖补工作，共争取上级资金 1.88 亿元，成功申报 11 个省级美丽乡村建设项目，上报 2016 年美丽乡村项目 35 个，推进美丽驻马店建设。

推动教育均衡发展。2015 年，全市教育支出 76.1 亿元，同比增长 2.8%。落实资金 8.15 亿元，全面落实义务教育阶段学生免费提供教科书、免除学杂费和公用经费补助以及农村家庭经济困难寄宿生生活费补助等政策；落实资金 22864 万元，支持农村义务教育学校“全面改薄”；安排资金 8275 万元，落实农村义务教育阶段学校教师特设岗位计划政策和原民办教师包干补助资金；支持现在职业教育，安排职业教育专项资金 3832 万元，重点用于职教园区学校区建设；落实资金 6098 万元，支持职业教育加快发展；落实资金 1.47 亿元，支持提升高等教育质量；争取上级奖补资金 8076 万元，支持实施第二期学前教育三年行动计划；落实家庭经济困难学生资助资金 1.13 亿元，促进教育公平和社会稳定。

落实就业社会保障政策。全年完成社会保障和就业支出 59.5 亿元，同比增长 22.4%。全市养老、医疗、失业、生育、工伤等五项社会保险基金收入 878832 万元，支出 798948 万元，1152 万人参保，1081 万人（次）享受待遇。落实更加积极的就业政策，筹集就业补助资金 11604 万元，支持实施大众创业、全民创业和全民技能振兴工程，重点支持高校毕业生、农村转移劳动力、城镇就业困难人员、退役军人、残疾人就业创业。全市城镇登记失业率 3.14%，低于省控目标，基本消除零就业家庭。保障困难群体基本生活，累计发放城乡低保资金 73802 万元，受益对象 45 万人；发放农村五保供养对象待遇资金 12521 万元，受益对象 4.29 万人；落实提高困难企业军转干部生活补助及医疗、养老、个案帮扶等资金 1778 万元；筹集资金 2098.2 万元，解决全市 3129 名孤儿的基本生活；加大城乡医疗救助力度，发放城乡医疗救助资金 4720 万元，救助资助对象 9.2 万人次；投入资金 3065 万元，支持残疾人康复训练、特殊教育和培训辅导等。

实施卫生惠民工程。全年医疗卫生与计划生育支出完成 54 亿元，同比增长 19.3%。筹措资金 3.3 亿元，提高城镇居民医疗保险和新农合财政补助标准，提高医疗保障水平；筹措新农合财政补助资金 23.5 亿元，参合农民 630 万人，参合率达 98%，累计补偿参合农民医药费 17.4 亿元，受益 924 万人次；筹措城镇居民医疗保险财政补助资金 2.5 亿元，参保居民达 69 万人，参保率 90% 以上，累计补偿医药费 1.26 亿元，受益 4.3 万人次。落实资金 2.5 亿元，支持开展 12 类国家基本公共卫生服务项目；落实资金 2930 万元，推进基层医疗卫生服务体系建设；筹集资金 1 亿元，巩固基层医疗卫生机构实施基本药物制度的成果，落实基本药物全部配备使用和医保支付政策。落实各项计划生育补助政策 7536 万元，27643 名农村计划生育家庭奖励扶助和独生子女伤残死亡家庭补助对象受益；安排资金 335.9 万元，推进城镇独生子女父母奖励扶助制度落实。积极筹措资金支持全市食品药品安全项目建设，落实资金 3354 万元支持食药监管部门开展监督抽检工作。

促进文体科技事业繁荣发展。2015 年，全市文化体育与传媒支出完成 6.4 亿元，同比减少 4.7%。落实农村文化建设专项资金 1988 万元，支持农村文化事业发展；继续开展“舞台艺术送农民”活动，全市121个乡镇，已演出132场，落实资金96万元，同时通过政府购买服务方式，安排200万元支持地方剧团开展送戏下乡活动；落实资金1529万元，支持“三馆一站”向社会免费开放；加强地方公共文化服务体系建设，申报县城数字影院建设专项补助项目4个、省级文物保护专项补助项目17个、中央文化产业发展专项资金项目1个，共申请上级资金1814万元。科技投入加大，全市科学技术支出完成3.3亿元，积极支持科技重大专项、科技创新和科普工作。

支持保障性住房建设。全年住房保障支出完成25.6亿元。2015年，全市筹措资金5.7亿元，完成保障房建设35806套；拨付国开行棚改贷款资金23631万元，保障棚户区改造项目的顺利实施；下达保障性安居工程配套基础设施建设中央基建资金55816万元；投入农村危房改造资金2.1亿元，改造农村危房2.52万户。（董华亭）

【财政改革】2015年，市财政局推进财政改革创新。

财税体制改革。贯彻落实中央、省关于深化财税体制改革的总体部署，以市政府名义印发《驻马店市人民政府关于深化财税体制改革的指导意见》，确定财政部门2015年重点改革事项，建立财政重点改革工作台账，做到事情有人管、时间有节点、任务能落实、质量能保证。财政部门承担的25项改革任务，已完成21项，4项正在积极推进中。

预算管理制度改革。按照省厅统一部署，驻马店市启动中期财政规划管理，选取市水利局、人社局、环保局、教育局4个部门作为试点探索编制2016年~2018年财政规划。报请市政府印发《驻马店市市级财政专项资金管理办法》，为市级专项资金“定下规矩”“建了笼子”。清理盘活财政存量资金，2015年年底，市本级存量资金80209万元，同比下降71%；收回财政存量资金66366万元已全部形成实际支出。

预决算公开。按照新预算法和市政府重点领域信息公开要求，依托政府公众信息网和市财政局门户网站，及时将人代会通过的财政预决报告和“三公”经费预算执行情况予以公开，接受社会监督。除涉密部门外，市级有64个部门公开了部门预算，公开率达到85%，“三公”经费预算单独予以公开。

国库集中支付改革。全面推进国库集中支付电子化改革，不断扩大财政集中支付改革范围和国库集中支付资金范围，推进预算单位与财政国库集中支付系统横向联网。督促县区推进乡镇国库集中支付制度改革，县区所有乡镇全部纳入国库集中支付制度改革。市本级完成财政集中支付业务11.6万笔，支出资金74亿元。在市县乡实现公务卡制度全覆盖的基础上，严格执行公务卡强制结算目录，完善公务卡支付系统，提高公务卡使用效率。2015年，全市共有3966个预算单位实现公务卡制度改革，累计办理公务卡7.07万张，实现刷卡44.7万笔，刷卡金额6.74亿元，市县本级公务卡支出占非转账支出比重达到72.12%，乡镇级公务卡支出占非转账支出比重达到68.44%，均超过省定60%的工作目标。

税制改革。按照市委改革办要求，积极实行财税改革工作，执行和落实各项税收优惠政策，继续推进“营改增”试点工作，改革效应初步显现。用足用好各项税收优惠政策，加大对小型、微型企业和高新技术企业的扶持力度，全市享受税收优惠政策的企业约29.2万户次，减免税款9639.2万元。

预算绩效管理。制定印发《市县预算支出进度考核办法》，建立健全预算绩效考核机制。围绕社会关注度高的民生项目、企业使用财政性资金等项目开展重点绩效评价，定期采集绩效运行信息并汇总分析，对绩效目标运行情况进行跟踪管理和督促检查，促进绩效目标的顺利实现。

政府采购和投资评审制度改革。依法加强政府采购监管，加快推进电子化政府采购步伐，规范政府采购代理机构执业行为，推进公务机票购买改革，全市政府采购金额为79亿元，节约资金15.4亿元，资金节支率为16.2%。发挥财政评审职能作用，规范项目结算报批制度和审核流程，提高评审的精准性和有效性，全年完成评审项目3452个，送审投资额174.26亿元，审减31.81亿元，审减率18.25%。加快推进市政府和社会资本合作（PPP）项目推广应用，2015年筛选17个项目上报省财政厅，8个项目（总投资为118.4亿元）被列入省财政厅第二批PPP项目意向项目库。

（董华亭）

【财政监督检查】2015年，市财政局开展涉农资金专项检查，全面检查近两年来涉农资金的使用管理情况，发现各类违法违纪违规问题1111个，涉及资金39.9亿元。强化检查结果应用，督促相关部门加大对责任人追究力度，共处理处罚涉案人员91人（行政处罚7人，党纪政纪处理60人，移交司法机关处理24人）。根据《驻马店市财政局关于开展盘活财政存量资金有关情况检查实施方案》要求，市财政局抽调业务骨干11人，组成2个检查组，重点对泌阳县、平舆县2个县并延伸6家单位盘活财政存量资金情况进行检查，查出违规违纪问题4528.72万元。根据《驻马店市财政局关于开展2015年会计信息质量检查的通知》要求，全市共抽调业务骨干68人组成12个检查组重点对教育、环保、农业粮食等131户单位进行会计信息质量检查，查出违规违纪问题资金4878万元。按照全市2015年财政监督检查计划，抽调人员组成3个检查组对全市2014年重点流域水污染治理、信息化发展专项资金、生猪调出大县中央奖励资金、美丽乡村项目等24项专项资金开展监督检查。加强与省厅监督检查局及监督检查三处的联系，配合上级做好各项检查工作，分别配合完成全市产业集聚区三税核查、全市政法机关基础设施建设债务化解工作核查验收、盘活财政存量资金检查、产业集聚区绩效评价监督和稳增长、惠民生财政政策落实情况及预决算公开情况专项检查等。（董华亭）

国家税收

【国税税收】2015年，驻马店市累计完成国税收入647547万元，同比增长3.59%，增收22435万元。其中，完成市本级收入25854万元，扣除中原银行级次调整因素后同比增长9.8%；完成县区级收入82569万元，同比增长2.95%，增收

2366 万元。市国税局被市政府记集体二等功。

（朱小如 康会霞）

【落实税收政策】2015 年，全市坚持落实各项税收优惠政策，全年共办理各类退税 4.37 亿元；全年享受小微企业所得税优惠 2482 户，政策受惠面 100%，减免企业所得税税款 1362 万元；全年对 1.6 升排量以下小汽车减免车购税 4980 万元；开展税银合作，帮助 58 户企业获得信用贷款 14.56 亿元。省委常委、统战部长陶明伦，副省长王铁先后对市国税局落实税收政策、服务发展大局的做法给予批示肯定。

（朱小如 康会霞）

【税收征管】2015 年，全市国税部门加强税收征管。推动金税三期核心征管系统和增值税发票系统升级版运行，落实《税收征管工作规范》，深化税源专业化管理，建立和完善重点税源、行业税源管理指引，按照“五统一”的要求，对 5 个重点行业、7 类重点企业、11 类重点项目开展专项评估，全年评估入库税款 13925 万元，同比增长 38.2%，位居全省前列。加强税种管理。全年入库增值税 27.06 亿元，同比增长 1.27%。做好卷烟行业消费税政策调整工作，入库消费税 20 亿元，同比增长 4.95%。规范车购税委托代征行为，入库车购税 6.64 亿元，同比增长 16.06%。办理出口退税 3.36 亿元，同比增长 22.7%。加强烟草、信用社等重点税源监控管理，开展汇算清缴，入库企业所得税 11.05 亿元。加强大企业风险应对和识别，辅导企业自行补正入库税款、滞纳金 6236 万元，调减亏损 5246 万元。落实《河南省税务系统行政处罚裁量标准》和《重大税务案件审理办法》，严格税收执法，落实黑名单制度，建立联合惩戒机制，整顿和规范税收秩序，打击虚开虚抵等涉税违法犯罪行为。

（朱小如 康会霞）

【纳税服务】2015 年，市国税局推进同城通办和车购税业务整合，持续深化办税服务厅标准化、智能化建设，打造办税服务厅升级版。扩大“免填单”项目范围，缩短业务办理时间。加强纳税服务样板县建设，以点带面，示范引领，推动全系统纳税服务水平提高。同时，利用视频巡查、第三方暗访等形式，促进各项服务制度落实到位。深化国地税合作，在互设窗口、大厅共建、联合稽查等方面加强合作，有效解决纳税人多头跑等问题。推行“三证合一、一照一码”商事制度改革，全面为纳税人减负。拓展网上办税功能，网上办税率达到 90%。开展“便民办税春风行动”、税收宣传月、纳税服务月等活动，及时推送政策信息，多渠道开展宣传和服务。8 人在河南省国税局大比武活动中荣获能手称号，市国税局连续 5 年被市政府评为“服务项目建设先进单位”。

（朱小如 康会霞）

【国地税合作】2015 年，省国税局将国地税合作作为优化服务年的十件实事之一。驻马店市国税系统加强与地税部门联系沟通，探索合作模式。3 月，联合地税部门召开 2015 年国家税务总局定点联系集团企业全流程税收风险管理工作税企座谈会，帮助企业提升风险防控意识。4 月，联合举办“税收与创业”论坛暨第 24 个税收宣传月启动仪式，邀请创业大学生、在校大学生及部分记者参加，通过创业者谈体会等形式提升税收宣传效果。6 月，联合市地税局、部分中介机构召开三方沟通机制座谈会，共同了解纳税人和涉税中介机构诉求，提出便民服务和规范中介的举措；6 月底，市国税局、市地税局联合金融机构共同举办驻马店市税银服务战略合作签约仪式，为 A 级纳税人提供信贷优惠，减轻企业负担。9 月，召开国地税合作推进会，总结工作开展情况，制定下一步落实合作规范、建立信息交换平台、推进营改增管理等工作的具体措施。

（朱小如 康会霞）

2015年驻马店市分税种分级次累计入库情况表

计算单位：万元

序号	税别	税收合计			中央级收入			地方级收入		
		本期	同期	增长%	本期	同期	增长%	本期	同期	增长%
1	一、税收合计	647547	625112	3.59	514253	496766	3.52	133294	128346	3.86
2	增值税	270607	267218	1.27	181472	182749	−0.70	89135	84469	5.52
3	消费税	200077	190638	4.95	200077	190638	4.95			
4	企业所得税（含外资企业）	110506	110081	0.39	66348	66206	0.21	44158	43875	0.65
5	个人所得税	6	6	0.00	5	4	25.00	1	2	−50.00
6	车辆购置税	66351	57169	16.06	66351	57169	16.06			
7	二、出口退税合计	−33593	−27378	22.70	−33593	−27378	22.70			
8	出口货物退增值税	−18904	−10990	72.01	−18904	−10990	72.01			
9	免、抵调减增值税	−14689	−16388	−10.37	−14689	−16388	−10.37			
10	三、其他收入合计	476	467	1.93	476	467	1.93			

2015年驻马店市国税部门组织收入情况表

计算单位：万元

序号	税别	年度计划	本月收入			累计收入			
			本月完成	同期完成	同比增长%	本期完成	占计划%	同期完成	同比增长%
1	一、税收收入合计	645000	59997	53748	11.63	647547	100.39	625112	3.59
2	（一）国内增值税		27257	23282	17.07	270607		267218	1.27
3	其中：免抵调		3132	1238	152.99	14689		16388	−10.37
4	扣除免抵调直接收入		24125	22044	9.44	255918		250830	2.03
5	其中：国有企业		4969	5493	−9.54	84814		86686	−2.16
6	集体企业		−180	−32	462.50	201		229	−12.23
7	股份合作企业			1	−100.00	7		2	250.00
8	股份公司		18849	14884	26.64	141105		134846	4.64
9	私营企业		366	298	22.82	4025		3792	6.14
10	涉外企业		1637	1513	8.20	27213		26572	2.41
11	其他企业		1615	1125	43.64	13242		15091	−12.25
12	（二）国内消费税		18273	14496	26.06	200077		190638	4.95
13	（三）企业所得税（含外资企业）		8123	9626	−15.56	110506		110081	0.39
14	其中：内资企业		7837	9044	−13.35	101058		98577	2.52
15	外资企业		291	582	−50.00	9448		11504	−17.87
16	（四）个人所得税		1		−100.00	6		6	0.00
17	（五）车辆购置税		6338	6344	−0.09	66351		57169	16.06
18	二、出口退税合计		−5576	−2731	104.17	−33593		−27378	22.70
19	三、其他收入合计		52	54	−3.70	476		467	1.93
20	附列资料：1、税款查补入库收入		1004	3244	−69.05	8162		17809	−54.17
21	2、个体税收		1551	1124	37.99	13191		15124	−12.78

2015年驻马店市税收合计分县区完成情况表

2015年12月　　计算单位：万元

序号	单位名称	本月				年度计划	累计				按计划排名	按增幅排名	按总量排名
		完成	为年计划	同期	同比增长%		完成	为年计划	同期	同比增长%			
1	合计	59997	9.30	53748	11.63	645000	647547	100.39	625112	3.59			
2	确山	6235	24.50	2793	123.24	25450	29551	116.11	24826	19.03	1	6	4
3	泌阳	2275	10.32	2520	−9.72	22050	22547	102.25	32643	−30.93	7	11	6
4	遂平	2302	10.96	2382	−3.36	21000	22286	106.12	20039	11.21	3	7	7
5	西平	1992	6.32	1816	9.69	31500	31765	100.84	24867	27.74	8	3	3
6	上蔡	1101	6.31	854	28.92	17460	18650	106.82	14213	31.22	2	1	8
7	汝南	1085	7.14	880	23.30	15200	16041	105.53	12909	24.26	5	4	10
8	平舆	2295	8.48	2118	8.36	27070	27071	100.00	26188	3.37	9	9	5
9	新蔡	1670	10.48	1205	38.59	15930	16881	105.97	13090	28.96	4	2	9
10	正阳	971	8.09	1233	−21.25	12000	12385	103.21	10230	21.07	6	5	11
11	驿城局	17160	9.02	15943	7.63	190240	189814	99.78	174927	8.51	10	8	2
12	开发区局	19172	8.46	17782	7.82	226700	221782	97.83	232334	−4.54	11	10	1
13	市车购办	3739	9.25	4222	−11.44	40400	38774	95.98	38846	−0.19			

地方税收

【地税收入】2015年，驻马店市地税系统累计组织各项收入64.33亿元，同比增长10.8%，增收6.28亿元。其中，税收收入累计完成60.51亿元，同比增长10.5%，增收5.74亿元；地方级税收收入完成53.4亿元，同比增长10.1%，增收4.88亿元，占全年任务53.39亿元的100%，其中市级收入完成14.85亿元，同比增长15.7%，增长2.02亿元，占年度任务14.78亿元的100.5%。（刘　倩）

【征收管理】2015年，市地税部门加强征收管理。

分税种管理。加强企业所得税预缴方式管理，预缴率达95.7%。推进企业所得税汇算清缴，汇算清缴3136户，比上年增长148.7%。完成个人所得税自行申报工作，共受理年所得12万元以上自行纳税申报2518人，占省局分配计划1800人的139.9%，已缴（扣）税额1.18亿元，申报人数和税额同比均实现较大幅度增长，被评为“全省2014年度年所得12万元以上个人自行纳税申报工作优秀单位”。科学调整市区土地使用税征收范围，城区3家征收单位共组织土地使用税收入1.12亿元，同比增长35%。加强资源税管理，做好铁矿石资源税从价计征改革前的调研工作，做好煤炭资源税从价计征改革后的跟踪管理工作，截至年底，全市缴纳资源税1.62亿元，同比增长近50%。做好契税和耕地占用税的政策检查落实，提高“两税”管理水平。加强费金征收工作。全市共代征工会经费2999万元，代征残疾人就业保障金1237万元，被省政府残工委评为“河南省助残扶残工作先进单位”。

纳税评估。以房地产、建筑、工业行业为评估工作重点，抓好重点行业、重点税源纳税评估，实现“以评促管”“以评促收”的工作目标。截至11月30日，共对全市310户纳税人进行评估，评估税款1248.86万元，较上年同期增长97.4%。按照全省工作要求，加强与市工商局、国税局沟通，在2015年10月1日起正式推行“三证合一、一照一码”登记制度。

税收风险管理。构建税收风险管理工作机制，对风险防范管理工作整个实施过程进行系统管理，实现税收风险分析工作常态化，并将风险管理工作纳入绩效考核。通过建立行业风险模型，对全市住宿业、餐饮业、房地产业等进行全面风险扫描，2015年累计推送风险纳税人205户，完成风险管理流程198户，实际有问题97户，入库税款827.35万元，风险应对率达到100%。

涉税案件查处。截至11月30日，共组织查补各项税收收入1.34亿元，同比增长90%。开展打击发票违法犯罪行为专项行动，检查涉票企99户，出动执法人员121人次，查处违法案件51起，没收涉案违法发票115份，涉案金额23万元，罚款5.25万元。开展税务行政处罚案件预审和重大税务案件审理工作。2015年，市局共审理稽查案件3起，其中重大案件1起，审定处罚金额376万元。

信息化建设。税收征管系统金三系统运行平稳，全部涉税事项系统内运行，实现涉税数据统计查询一键完成。开展多元化纳税申报，便捷纳税人。2015年6202户纳税人运用网上办税终端，实现远程自主办理。全市范围内每个办税服务厅设置2台自助纳税服务机，方便纳税人自助办理涉税业务。对市局机房电路进行双回路升级改造。加大电子档案管理系统推广，支撑税收管理改革。

税收执法督察。对全系统11个基层单位开展税收执法督察，抽取确山县局、上蔡县局、直属局、正阳县局4个单位进行重点督察，从股权转让企业所得税、个人所得税征收管理和金融业、房地产企业等重点税源入手，合计查补入库税款1000余万元，并针对发现问题提出整改要求和建议，有效规避基层税收执法风险。（刘　倩）

【纳税服务】2015年，市地税局开展“便民办税春风行动”，利用《驻马店日报》和《天中晚报》等媒体，向社会公开宣布“春风行动”的有关内容。落实便民服务制度，根据需要主动延长服务时间，实行延时服务，根据纳税人的规模、特点、不同需求和特殊情况，实行全程服务、预约服务等便民办税措施。开展国地税合作。联合开展纳税信用评价工作，评定并上报A级纳税人368户，B级纳税人2901户，C级纳税人1926户，D级纳税人262户，搭建纳税信用等级评价体系。围绕省局出台的《关于进一步加强国地税合作的意见》和《关于加强办税服务厅合作的指导意见》文件精神，在9个基层单位实现互设窗口模式的大厅合作。联合开展税银合作服务企业。牵头举办税银服务合作框架签约仪式，并确定驻马店中行、驻马店建行为签约银行，给予A级纳税人信贷优惠。已为符合条件的28家企业发放贷款。加强稽查合作，共联合检查3户企业，查补税款966万元。开展解决“办税难”问题专项治理活动。落实小微企业优惠政策717户，减免营业税、所得税合计545.3万元。落实企业所得税优惠297户，减免税额1582万元；落实福利企业、残疾人优惠政策175户（人），减免金额29.4万元。（刘　倩）

金　融

金融管理

【执行稳健货币政策】2015年，中国人民银行驻马店市中心支行提请市政府专门出台支持金融业持续健康发展意见，将金融业作为一个产业单独整体规划。印发信贷指导意见，明确金融支持的重点行业和领域。按季召开金融形势分析会，研判货币信贷政策实施效果，传导信贷政策要求。增加合意规划8.53亿元，为法人机构提供充沛的流动性支持。2015年全市新增贷款175.31亿元，位居全省第五位；新增贷款增速18.65%，位居全省第二位。加强对“三农”信贷支持。全年全市累计发放支农再贷款12.1亿元，办理再贴现2.51亿元，新增涉农贷款90.6亿元。加强对实体经济信贷支持。

建立重点企业融资情况监测制度，按季监测辖内30家规模效益强企业、30家高成长型企业、30家战略性新型企业融资情况，一对一地帮助化解融资困难；开展“小巨人”企业信贷培育活动，定期考评金融机构和县区政府信贷培育工作开展情况，推动落实帮扶措施，2015年累计发放“小巨人”企业贷款9.39亿元，签发银行承兑汇票14.83亿元；提请市政府出资1亿元设立企业还贷应急周转金，帮助多家中小企业消解了资金链断裂风险；牵头举办第十一届银企合作洽谈会，签约金额20.23亿元，支持项目26个。2015年全市新增小微企业贷款57.96亿元，增长18.6%。加强对经济社会发展薄弱环节信贷支持。主动向辖内4个国家级贫困县的法人机构倾斜合意信贷规划和支农再贷款，推广小额贴息贷款产品，加大扶贫信贷投放力度，2015年全市贫困县贷款新增16.67亿元，占县域贷款总量的24.78%。督促金融机构简化审批手续，扩大支持范围，提高贷款额度，加大小额担保贷款信贷投放，2015年全市累计发放小额担保贷款4.5亿元，同比增加0.67亿元。督促金融机构严格执行优惠利率，及时足额发放民贸民品贴息贷款。指导金融机构运用支农再贷款专项资金，创立“支农惠贷通”信贷产品，实行特殊定价机制，引导涉农贷款融资成本下行。2015年全市累计投放“支农惠贷通”贷款13.5亿元，加权平均利率较金融机构自有资金贷款利率低5个百分点。指导建立健全风险补偿办法、收益评估办法等配套政策，支持金融机构开展土地经营权抵押贷款创新，遂平被确定为全国农村承包土地经营权抵押贷款试点县和省级农村金融改革试验区。指导金融机构创立“惠农贷”“蔬贷宝”“石材贷”“羊贷宝”“新家园贷款”等专项信贷产品，“担保协会+信贷”“订单+信贷”“保险+信贷”等特色担保模式，定向支持新型农业经营主体发展。

（王太帅）

【金融服务创新】2015年，中国人民银行驻马店市支行中心支行加强金融服务创新。一是支付服务建设。制订《中央银行会计核算业务服务指南》，规范业务办理流程，提升业务办理效率。开通人民币银行结算账户管理员微信群，实时快速解答服务对象问题。协调发放农村支付环境建设奖补资金，升级助农取款服务点通信网络，督促涉农金融机构加快综合性惠农支付建设，2015年全市助农取款服务点实现乡镇和行政村全覆盖，乡镇惠农支付服务点建设已完成80%。作为全国110个试点城市之一，指导中原银行金融IC卡加载公交卡功能，金融IC卡在公共服务领域应用取得新进展。二是信用体系建设。推动中征应收账款融资服务平台应用，2015年全市成交额位居全省第三位。完善央行牵头、政府主导、银行参与的信用体系建设机制，指导金融机构统一信用评级标准，共享信用评价结果，推动政府设立专项基金，深化辖区农村信用体系和小微企业信用体系建设。总行级农村信用体系建设试验区上蔡县先后2次在全省专业工作会上介绍经验，省级农村信用体系建设试验区申报县遂平县以“支农惠贷通”助推农村信用体系建设的做法被总行《小微

2015年8月26日，驻马店市银行业金融机构支持小微企业发展（上蔡）推进会现场。

企业和农村信用体系建设简报》转发。三是货币发行管理。完成“二羊”贺岁币、抗日战争纪念币、航天钞、航天币以及新版人民币发行工作，辖内各界反应平稳，没有发生不良舆情事件。合理预测，科学请调发行基金，辖区现金供应总量满足、券别结构合理，经验在全省专业会议上交流。协调公安部门重点整治假币犯罪，2015 年共破获制假、贩假案件 1 起，收缴假币 52 万元。推进人民币冠字号码查询工作，辖内银行网点金融机具功能升级全部完成。组织辖内银行业金融机构开展“金桥银路”零钞兑换便民服务活动，完善小面额人民币横向调节机制，拓展原封新券投放及残损币回笼渠道，2015 年全市共建立预约商户 1215 个、小面额人民币主办网点 67 个，累计兑换现金 0.62 亿元。四是国库综合服务职能。做好预算收支工作，没有发生资金损失和责任事故。落实预算管理制度改革要求，完成了财政专户摸底调研。指导平舆支库继续开展国库直接支付，拓展国库服务职能，2015 年累计办理直接支付业务 302 笔，金额 69.4 万元。做好财税库银横向联网工作，全辖国库电子化缴税率保持在 99% 以上。成功研发无记名国债兑付管理系统，有效提高了兑付效率。中心支库被省分库评为国库系统先进集体，1 人被评为全省国库系统先进个人。五是外汇管理服务。出台服务涉外经济发展的指导意见，支持涉外企业使用境外低成本资金。2015 年银行共为企业办理同业代付和进口押汇近 600 万美元；全市出口 3.12 亿美元，同比增长 20.1%，增幅位居全省第五位。继续推进跨境人民币业务发展，2015 年累计达 3.79 亿元，同比增加 1.59 亿元。贯彻总局简政放权改革精神，取消外汇管理行政许可项目 6 项，精简幅度超过 30%；落实负面清单管理要求，对保留的 14 项外汇管理行政许可项目进行公示。联合职能部门建立服务涉外企业协同机制，指导银行建立“一对一”服务重点涉外企业制度，及时帮助解决涉外经济发展中的新情况、新问题。六是金融业务宣传。组织金融机构开展“存款突破 2000 亿、贷款突破 1000 亿”“金融知识普及月”等大型综合宣传活动。根据郑州中支安排，在汝南三桥镇举办全省“送金融知识进乡村活动”启动仪式，探索建立农村金融知识普及教育基地。加强经济金融舆情监测，舆情信息报送数量位居全省第三位，工作动态信息报送数量位居全省第二位。受邀参加郑州中支举办的新闻通气会，是全省仅有的 2 家地市中支之一。七是调研信息工作。政务信息方面，独立跟踪翻译的美联储网络安全评估及启示被总行领导批示，美联储金融统计报表扩容计划及启示被总行采用，国际经济金融编译方面被郑州中支指定为全省牵头行。2015 年政务信息得分位居河南省第一位。业务调研方面，国库调研信息采稿量位居河南省前列，其中 4 篇信息被总行《国库情况反映》采用，创历史新高；《发行基金装卸现场警戒审计案例》被分行评为优秀审计案例；重点研究课题《中央银行基准利率构建问题研究》获得河南省二等奖；2 篇金融工作专报被政府主要领导批示，其中改进夏粮收购贷款的意见得到政府主要领导重视，召开专题会议进行分解落实。

（王太帅）

【金融业务管理】 2015 年，中国人民银行驻马店市中心支行强化业务管理，维护辖区金融稳定。一是加强金融风险监测。密切关注金融报表数据变化，完善证券、保险业务监测制度，及时掌握金融机构风险状况。修订完善金融突发事件应急预案，严格落实重大事项报告制度，提高金融风险应急处置能力。开展金融稳定现场评估，及时对确山农商行和遂平恒生村镇银行进行风险提示。高度重视非法集资防范和处置工作，建立涉嫌非法集资账户监测“零报告”制度，制定第三方支付行业和黄金市场防范非法集资实施细则，开展涉银行贷款非法集资案件清查，配合政府做好泰德商贸、利信纺织、浩宸投资等非法集资案件的处置工作，有效防范非法集资向金融体系传导。建立跨境资金流动监测制度，配合安徽分局、湖北分局开展专项调查，严控流出监管。二是加强金融业务监管。开展法人机构合格审慎评估，正阳农商行获得市场自律机制委员会观察成员资格。开展金融机构反洗钱考核评级，约见评价为 C 级的金融机构高管人员。加强支付系统运行管理，以正式文件形式对 3 家未及时变更代码信息的机构进行通报。开展联合整治银行卡网上非法买卖专项行动和金融机构金融 IC 卡关闭降级交易检查。完成存量个人人民币银行存款账户相关身份信息真实性核实验收。探索建立市县人行联合执法检查机制，统一调配人员，集中开展培训，分组对部分金融机构开展反洗钱、金融统计、账户管理、外汇、人民币收付、国库集中支付等 6 项执法检查。推行国库会计标准化管理，修订国库业务重要事项内部审批制度和国库事后监督工作管理办法，编制《国库标准化建设基本制度手册》，中心支库被省分库指定为会计标准化管理试点库，是全省仅有的 4 个试点库之一。三是助推地方金融改革。制订突发事件应对预案，督促法人机构按时缴纳保费，存款保险制度在辖区顺利实施。配合政府支持昊华骏化在银行间市场发行短期融资券 15 亿元，中云创、龙凤山农牧等 5 家企业在新三板上市融资 3.3 亿元，直接融资占社会融资总规模比重上升 8.56 个百分点。依法合规做好新设机构加入人民银行金融服务与管理体系审批工作。支持兴业银行入驻驻马店市，驻马店市股份制银行分支机构实现零突破。推动在县域新设立 5 家村镇银行，实现了县域全覆盖。推进西平县、驿城区农信社改制农商行工作。四是金融消保工作。金融消保信息管理系统顺利上线运行，金融消费咨询投诉专家库人员组成进一步拓展，全年接受消费者投诉 8 起，处置成功率 100%。对农行、邮储、中原银行金融消费权益保护工作开展情况进行专项检查，推动其加强人员配备，完善处置程序，提高处置效率。

（王太帅）

【银企合作洽谈会】 2015 年 6 月 9 日，由驻马店市政府主办，驻马店市金融主办、人民银行驻马店市中支、银监局、发改委、工信局等联合承办的 2015 年银企合作洽谈会在天龙大酒店五洲会议厅举办。市委副书记、市长陈星出席会议并致辞。国开行郑州分行及工行河南省分行等省级以上银行业金融机构主要负责人，各县区、市直机关、各银行业金融机构负责人和企业代表 260 余人参加会议。会上，市发改委、市工信委作重点项目和企业资金需求推介，金融机构代表进行特色融资产品推介。本次银企对接活动共推介融资需求信息 326 个，资金共计 246.03 亿元，域内外银行业金融机构现场签约合作项目 26 个，签约金额 20.23 亿元。（王大帅）

【金鹏辉到驻市调研】 2015 年 3 月 27 日，中国人民银行郑州中心支行党委书记、行长金鹏辉在办公室主任尹清伟、会计财务处处长齐鸿儒陪同下，莅临驻马店调研指导工作。金鹏辉行长主持召开座谈会，对座谈中提到的问题逐项进行解答。现场查看驻马店中支发行库暨营业办公用房项目建设进展情况，要求加强基建管理，完善建设程序，提高投资效益，确保工程质量。最后，金鹏辉行长一行到遂平县实地调研了解土地抵押贷款试点情况、农村土地流转情况以及金融支持特色农业发展情况。（王大帅）

【“新常态下农村金融创新问题座谈会”在驻召开】 2015 年 8 月 20 日 ~ 21 日，由河南省金融学会及《金融理论与实践》编辑部举办，驻马店市金融学会承办的“新常态下农村金融创新问题座谈会”在驻马店召开。参加会议的有河南省金融学会各会员单位、驻马店市金融学会各会员单位，会议由人行郑州中心支行研究处处长李天忠主持，并邀请相关专家、教授作报告。座谈会围绕新常态下“农村金融制度、体系、机构创新，农村金融产品和服务创新，农村抵押担保问题，金融扶贫”4 个专题进行讨论，驻马店、信阳、周口、南阳、许昌等市金融学会代表进行专题交流。（王大帅）

银行业监督管理

【银行业运行状况】 2015 年，驻马店市银行业整体运行平稳，主要指标持续向好。

存款增长状况。全年增量创近年新高，同比大幅增长。2015 年 12 月末，本外币各项存款余额按人民银行口径统计为 2237.61 亿元，居全省第五位，黄淮 4 市第二位；比年初增加 256.37 亿元，居全省第五位，黄淮 4 市第二位；比年初增长 12.94%，居全省第七位，黄淮 4 市第二位。

贷款增长状况。截至 2015 年 12 月末，各项贷款余额 1114.08 亿元，居全省第九位，黄淮 4 市第三位；较年初增加 173.93 亿元，居全省第五位，黄淮 4 市第二位；比年初增长 18.5%，居全省第六位，黄淮 4 市第一位。

小微企业和涉农贷款。截至 2015 年 12 月末，驻马店市银行业金融机构小微企业贷款余额 479.28 亿元，较年初增加 119.73 亿元，增长 33.3%，高于全辖贷款增速 14.8 个百分点。涉农贷款 12 月末余额 741.33 亿元，较年初增加 113.74 亿元，增长 18.12%。

银行业盈利状况。2015 年，辖内银行业在利率市场化新形势下，积极调整经营策略及方式，拓宽经营渠道，继续保持高增长的盈利水平，全年盈利 29.71 亿元，较上年增加 3.14 亿元。全辖内连续 7 年实现全部盈利。

不良贷款状况。截至 2015 年 12 月末，全辖银行业机构不良贷款余额 58.58 亿元，较年初增加 30.06 亿元，不良贷款占比 5.26%，较年初上升 2.22 个百分点。（冯大明　康文晋）

【金融服务】 2015 年，驻马店银监分局督促辖内银行业机构配合市委市政府提出的“千百亿级”产业集群培育行动，支持全市食品、能源化工、装备制造、生物制药、建材、轻纺六大产业集群做大做强，全力满足在建续建项目、重点产业项目、重大工程建设的合理资金需求。要求各涉农银行机构增强支农意识，优先向“三农”领域配置资源，加大对新型农业经营主体金融支持力度。探索开展“三权”抵押贷款业务，强化和改进涉农金融服务，加快涉农信贷业务发展。制订《驻马店银监分局关于做好 2015 年小微企业金融服务工作的指导意见》。针对全市 1.93 万家小微企业数量多、规模小、融资难的现状，驻马店分局主动协调市金融办，先后在平舆县、上蔡县召开银行业机构信贷产品推介会，为银企双方搭建合作交流平台，共计签约 73 家企业，发放贷款 13.88 亿元。配合市政府、市财政局建立“驻马店市企业还贷应急周转资金”，并出台相关管理办法，额度暂定为 1 亿元，有效缓解了企业资金周转问题。在全市开展“第四届小微企业金融服务宣传月”活动，广泛宣传小微企业金融服务政策措施，普及金融知识。督导辖内银行机构延伸机构网点，在市场准入上向社区银行、小微支行、专营机构倾斜。督促农业银行加快“三农”金融事业部改革，使其覆盖全部县域支行；引导西平财富、遂平恒生 2 家村镇银行主动下沉机构网点，在原有 6 家乡镇网点的基础上，新增设立乡镇支行 4 家；支持各涉农银行机构创新服务产品，在原有村级便民服务点 5571 个的基础上新增 625 个，达到 6196 个；在原有 ATM 机和 POS 机 7714 个的基础上新增布放 1245 个，达到 8959 个。（冯大明　康文晋）

【案件防控】 2015 年，驻马店银监分局做好案件防控工作。在年初监管工作会议上，分局主要领导与全市各家银行机构负责人签订案件防控目标责任书，明确提出 7 项 20 条案防要求，把案防责任逐级落实到基层机构、重要部门和关键岗位。开展案防风险约见谈话。梳理辖区银行业发生的风险事件，对辖区 9 家银行业机构一把手进行约见谈话。面对案防新形势，在全市银行业实施案件防控 3 项新制度，即季度案防专题会议制度、季度案防报告制度、季度案防通报制度。2015 年 9 月 25 日，工行确山支行成功防堵一起歹徒试图抢劫银行事件。

防控不良贷款反弹。利用呆账核销条件放宽的政策便利，在确保账销、案存、权在的前提下，加大呆账自主核销力度，避免高拨备高不良并存。探索借助资产证券化、资产流转、地方资产管理公司等合理渠道向有条件、有意愿的投资者出售不良贷款，分散风险，盘活资金。分类施策，对已出现不良的企业，如果其项目符合产业政策、产品具有核心竞争力、长期能够实现盈利，可以在隔离和控制风险的前提下，通过收回再贷、展期续贷、并购重组等方式，帮助企业渡过难关，保全银行债权。

防控重点领域风险。关注信用风险，加强贷款资金用途监测和风险管理，落实贷款“三查”制度，确保资金流入实体经济。关注房地产贷款风险，加强房企资金链断裂风险防范，认真审查项目资本金的真实性，监测分析房企各类融资来源，加强住房贷款首付款真实性核查，严格控制偿债收入比，强化对房地产押品价值评估管理，定期评估抵押品价值，合理追加抵押担保措施。

盯防流动性风险。一是要求省农联社驻马店市办结合辖内农合机构实际，制定和落实辖内农信社系统内流动性互助预案。二是要求各村镇银行制订应急预案。研究制定流动性风险应急处置预案，要与主发起行建立落实流动性互助预案并签订流动性支持协议。三是要求辖内农村中小金融机构定期组织开展流动性风险压力测试和短期流动性风险排查活动，防范经营风险及流动性风险。截至 2015 年 12 月底，全市农信社流动性比率为 96.29%，辖内村镇银行流动性比 34.72%，流动性较为充裕。

科技风险防范。驻马店银监分局对辖内法人银行业机构进行科技风险监管评级，就风险问题下发通报 3 份，涉及问题 8 个，现已完成整改；对辖内商业银行分支机构开展信息科技风险快速巡查，累计巡查机构 15 家。做好重要时期信息科技安全保障工作，根据辖区银行业实际情况提出具体保障要求，建立信息科技安全保障微信群，要求辖内法人银行业金融机构实时监控，每天上报对信息系统的巡视情况，已开展督查工作 5 次，下发通报 3 份；加强辖内银行重要信息系统和重大突发事件应急管理，要求辖内金融机构从修订完善应急演练计划、应急场景模拟出发，加强业务条线部门应急演练参与度，提高业务连续性，已开展督导应急演练 3 次。

（冯大明　康文晋）

【金融监管】 2015 年，驻马店银监分局细化、修订分局各项制度，形成涵盖工作管理、综合制度、思想政治、人事管理、监管工作、科技管理、财务后勤、群众工作等八大类 105 项的制度汇编。改进工作机制，持续完善“一期刊、两台账”督办新机制，定期进行综合评价，强化督办责任追究，明确部门和岗位责任，加大重点工作督办力度。2015 年共编发督办工作通知 11 期，督办事项 77 项；编发领导批示督办台账 10 期，督办文件事项 529 项。制定印发《驻马店银监分局关于进一步加强财务后勤管理工作的意见》，从制度完善、费用审批等方面入手，全面加强财务管理，严格遵守“约法三章”，从根本上转变老习惯、旧思维，坚决做到不触底线、不碰红线。

（冯大明　康文晋）

【银行业改革】 2015 年，驻马店银监分局推进银行业改革发展。

银行体系建设。一是引进股份制银行。兴业银行驻马店支行于 8 月 28 日开业，驻马店市引进股份制银行工作取得突破性进展，填补了驻马店市没有全国性股份制银行分支机构的空白。二是村镇银行筹建工作。运用监管准入政策，协调域外银行机构来驻马店发起设立村镇银行，主动辅助村镇银行做好筹建和开业工作。在已有 2 家村镇银行的基础上，泌阳玉川村镇银行、平舆玉川村镇银行、正阳玉川村镇银行、上蔡惠民村镇银行等 4 家村镇银行均已经获得开业批复。驻马店市除新蔡、汝南、确山外，均已设立村镇银行。

农商行组建。一是政府牵头，制订方案。市政府召开了全市深化农信社体制改革工作会议，成立了以常务副市长为组长的领导小组，制订了《驻马店市农信社改制组建农商行工作专项方案(2015~2017)》。二是专项研究，成立督导组。及时召开党委会、局务会，专题研究农信社组建农商行规划方案，明确分局局长、市办主任为主抓领导，并按照省局要求调整改革工作方案，同时分局下发《关于成立农村信用社改革工作督导组的通知》，抽调人员组成督导组，进驻农信社驻马店市办，集中力量，督促、落实、推动全市农商行组建工作。三是针对置入资产亏损问题，全市 8 家待改制农联社，共有置入土地 72.4 公顷（1086 亩），大部分存在处置困难及亏损问题，分局向市政府汇报，争取到政府同意全额现金弥补驿城区农联社亏损和按企业改制对待固定资产确权工作的政策。四是针对不良贷款占比过高问题，在分局督导落实下，全市 8 家农联社先后按照一定比例溢价发行股金，增资扩股计划 13.7 亿元，共募集资金 31.21 亿元。

（冯大明　康文晋）

金融服务

【金融工作概况】 截至 2015 年年底，全市各项存款余额 2237.61 亿元，较年初增加 256.37 亿元，增幅 12.9%；各项贷款余额 1115.46 亿元，较年初增加 175.31 亿元，增幅 18.7%，增量、增幅分别位居全省第五位、第二位，分别位居黄淮 4 市第二位、第一位，完成 133 亿元省定目标（含新蔡县）的 131.8%；资本市场融资达到 61.6 亿元（不含新蔡县），完成 55 亿元省定目标任务的 112%。全年全市金融业增加值 51.41 亿元，同比增长 16.3%，占全年 GDP 比重达到 3.1%。金融保险业上缴各种税费 10.88 亿元，其中全市纳税前 50 强企业中金融类企业 12 户，为地方贡献税收 3.53 亿元，同比增长 32.2%。农信社系统 9 家县级农联社（农商行）全部进入纳税 50 强之列。

（王东亮）

【信贷投放】 2015 年，市政府金融办扩大信贷投放规模。一是完善考核评价体系。年初，对全年金融工作目标任务进行分解，将存贷款作为重要指标纳入县区考核体系，各县区政府主要负责人在 2015 年全市金融工作会上现场向市政府递交目标责任书。修订《驻马店市银行业金融机构支持地方经济发展考核奖励办法》，完善评价指标和奖惩措施。二是促进政、银、企对接。发挥服务协调作用，搭建银企合作平台，加强对实体经济支持力度。年初及早谋划信贷投放促进措施，收集全市 169 家企业项目和流动资金需求 67.59 亿元，及时向域内外银行推介，确保全年银企合作、信贷投放开局良好。举办 2015 年驻马店市银企合作洽谈会，组织收集推介全市资金需求信息 326 个、合计 246 亿元，域内外近 30 家银行与市企业现场签约项目 26 个、金额 20.23 亿元。组织召开金融机构支持小微企业发展推进会，已向部分县域 73 家企业支持金额 13.88 亿元。及时受理承办吴桂桥煤矿、中天纺织等企业资金问题，与域内银行进行沟通协调，解决企业资金难题。为国开行、中信银行、浦发银行、郑州银行等域外金融机构来驻市开展业务提供便利，扩大异地银行直贷规模。三是加大金融支持力度。开展“三查三保”活动，在积极维护银行债权的基础上，排查化解困难行业和企业经营风险，会同金融管理部门及时对银行非正常抽贷、压贷、断贷行为进行查处。对排查中发现的涉嫌从事非法集资活动且情节轻微的企业，及时约谈，责令限期退还集资款，确保企业规范经营发展，以免风险累积放大使资金链断裂导致企业停产、破产、倒闭。（王东亮）

【金融体系建设】2015 年，全市稳步推进金融体系建设。一是主动对接股份制银行和省内地方法人银行。主动与兴业银行、交通银行、中信银行、浦发银行、郑州银行、平顶山银行就设立分支机构进行沟通对接。截至年底，兴业银行驻马店支行已开业，驻马店市成功摘掉股份制银行空白市帽子；浦发银行已将驻马店市列入下一步设点计划；郑州银行、平顶山银行就机构选址问题已到驻马店市进行调研考察。二是做好村镇银行组建工作。西平、遂平村镇银行积极向乡镇延伸机构，泌阳玉川、正阳玉川、平舆玉川、上蔡惠民村镇银行正式开业，已基本确定中原银行在确山、确山农商行在汝南组建村镇银行。三是推动农信社改革发展。成立市深化农信社体制改革工作领导小组，出台改制组建农商行专项方案（2015 年 ~2017 年），积极协助开展不良贷款清收、优质资产置换和置换资产变现等工作。西平农商行正式挂牌开业，驿城区农信社改组驻马店农商行、遂平县农信社改组遂平县农商行正待省银监局批复，汝南县农信社基本达到筹建标准。四是丰富保险市场。国元农险、建信人寿、平安养老保险陆续开业，中原农险、天安寿险正在筹建。（王东亮）

【资本市场融资】2015 年，驻马店市出台加快推进企业上市工作的指导意见，对上市后备企业政策扶持、操作程序等方面进行明确，健全完善促进企业上市的工作机制。对后备企业库进行动态管理，年中推荐顺达化工、恒兴物流、天方生物、中天纺织、诸美种猪、龙凤山农牧、中云创光电等企业列入省定重点上市后备企业。全市共有 15 家企业列为省定、55 家企业列为市定上市后备企业，丰富了企业资源库。加大后备企业培育力度，多次邀请专家到驻市进行专题培训，组织后备企业赴北京、郑州参加各类培训活动，协调中介机构深入企业进行现场指导。枫华种业、大程粮油、骏化发展上市工作进展顺利，中云创光电、蓝天燃气、龙凤山牧业、名品花木、金凤牧业等 5 家企业成功在新三板挂牌，惠强新能源、枫华种业挂牌材料已获全国股转系统受理，惠洁管业、隆强混凝土等十多家企业启动了挂牌股改程序，已挂牌企业和正在股改企业累计实现股权融资近 10 亿元。市投资公司非公开发行公司债券 40 亿元，合计融资规模达 60 亿元的浦银基金、信银基金正在推动，市公共资产管理公司获得国开行 2.5 亿元专项发展基金支持；昊华骏化集团、顺达化工发行非公开债务定向工具融资 25 亿元、在上交所发行公司债券 10 亿元。（王东亮）

【保险行业发展】2015 年，驻马店市保险市场主体达到 36 家。全市保险市场保费规模达到 58.2 亿元，同比增长 15.6%，其中寿险公司保费收入 45.3 亿元、同比增长 14.3%；财险市场保费规模 12.9 亿元、同比增长 20.7%。特别是政策性农业保险保费收入 2.77 亿元，占全省同类险种比重为 15.9%，继续保持全省农业保险第一大市。保险行业给付和赔款支出 21.3 亿元，同比增长 52.5%。（王东亮）

【两类机构监管】2015 年，市金融办做好两类机构监管工作。年中，根据市政府机构改革安排，市金融办新承接融资性担保和小额贷款公司监督管理职责。接管后，坚持高标准、严要求，严格履行两类机构行业主监管部门职责。一是开展年审工作。把年审工作作为行业监管重要手段，从上报材料规范性、各种风险拨备提取、合规合法运作等方面审核把关，不符合要求的一律退回补充或者整改，从严从实做好两类机构行业年审工作。二是做好变更审批。严格按照省政府金融办工作要求，对需要变更注册资本、股权结构、法定代表人、董事、监事等事项的两类机构及时审核后进行上报变更审批。三是做好日常监管工作。开展两类机构风险隐患排查，对排查中发展的问题及时进行处置，通过约谈详细掌握违规机构动态，做到早发现、早处置。科学开展日常监管工作，定期不定期采取实地检查与暗访相结合的方式进行摸底排查，切实加强对两类机构的日常监督。（王东亮）

【打击和处置非法集资】2015 年，市金融办全年不间断在全市范围内集中开展专题宣传教育活动，强化对重点领域和人群的宣传，提高社会公众对非法集资危害性的认识，增强自我防范和风险自担意识。会同市工商部门开展涉嫌非法集资广告排查清理专项行动，共检测监测广告 4380 条次，发现查处涉嫌非法集资类广告 6 起，及时对涉嫌非法集资类广告进行查处。开展非法集资风险排查，建立市、县（区）、乡镇（街道）三级排查网络，累计排查投资、咨询、担保、小贷、涉农组织、房地产开发及中介等各类公司 8600 多家，排查出未立案非法集资风险点 32 个，逐一建立台账，结合企业状况进行风险等级划分，综合运用行政、刑事、民事等手段进行稳妥处置。落实领导包案责任制，省交办案件由市级领导干部亲自分包，其余每起案件均由县区指定 1 名处级干部分包，提高办案工作效率。针对跨区域案件，加大跨区域、域内协调力度，积极推动案件处置，最大限度挽回集资者损失。建立案件信息通报机制，定期、定点、定人通报案件进展情况，加大政策解释和思想引导工作力度，避免信息棚架，消除群众疑虑，确保社会大局稳定。在春节、全国“两会”、重要外事活动等关键节点，成立应急处置专班，严格落实值班制度，有效掌控维稳工作情况。（王东亮）

工商银行

【工行驻马店分行概况】中国工商银行股份有限公司驻马店分行位于驻马店市解放路东段，截至 2015 年年末，中国工商银行股份有限公司驻马店分行各类分支机构 31 个，包括 1 个二级分行，1 个分行营业部，10 个一级支行（城区 4 个，县域 6 个），17 个二级支行（城区 9 个，县域 8 个），2 个分

2015年7月23日，工行驻马店分行支持企业发展（汝南）推进会现场。

理处（县城2个），共有对外营业网点30个，现有员工827人。2015年，工行驻马店分行实现实现中间业务收入14971万元，较上年多增1146万元，增长8.3%；实现拨备后利润4.2亿元，较上年增加7993万元，增长23.3%，高于全省平均增幅23个百分点，增量及增幅均为全省第四，且均比上年提升2个位次；实现净利润3.2亿元，较上年增加6059万元，增长23.7%，高于全省平均水平22.2个百分点，增量及增幅均为全省第四。工行驻马店市分行是全省为数不多的中收和净利润、工资性费用"正增长"的二级分行之一。全省二级分行经营绩效考核第三名，被省行授予"经营绩效贡献奖"称号，2个支行（平舆支行、解放路支行）分获全省县、区绩效十强支行；在全国292个二级分行经营绩效考评中首次进入50强，排第49名，创历史最好名次，在全省二级分行中居第二位。解放路支行获得河南省财贸金融系统"工人先锋号"、平舆支行获得"全国金融系统职工职业道德建设标兵单位"、市行获得河南金融学习型组织标兵单位和总行"五一劳动奖状"等荣誉。（李向锋）

【资产业务】2015年，工行驻马店分行围绕11个产业集聚区和重点建设项目及"30高、30强、30新"企业，充分运用各种信贷产品，做好政策、产品与市场有机对接。挣揽项目区位环境好、品质优的按揭贷款项目，巩固并突出个人住房按揭贷款的支柱地位；响应政策和监管要求，推动小微企业和个人经营贷款业务发展。2015年，各项贷款增加12.3亿元，增长14%，余额100.4亿元，创历史新高。其中，法人客户贷款增加2.7亿元，增长5%；个人客户贷款增加9.6亿元，增长28.7%，同业第一。全年累计投放各类贷款48.6亿元，其中法人客户贷款33.6亿元，个人客户贷款15亿元。小企业贷款较上年增加2.9亿元，增长16.2%，增量全省第六，申贷通过率92%，高于上年18个百分点。（李向锋）

【客户发展】2015年，工行驻马店分行客户增长综合考核及任务完成比考核均为全省第一，人均增长考核全省第二。个人星级以上有效客户增加8.3万户，增幅和任务完成率均排全省第一，其中四星级以上客户增加2.3万户，增长20.4%，增幅和任务完成率分别排全省第二和第一。有效对公结算账户新增1576户，净增1088户，净增任务完成比全省第一；存量账户达到9122户，存量、新增持续保持同业第一，其中5万元以上客户新增288户，净增73户，净增户数全省第三；新开账户存款时点贡献9.6亿元，日均5.6亿元。其中，小微企业户数增加370户（含个人经营贷款350户）。全行客户总量大幅增长，客户结构持续优化，促进了存款稳定增长。本外币各项存款（不含同业）增加7.5亿元，增长4.2%。其中，人民币储蓄存款日均增加13.7亿元，同业第二，全省第四，增长14%，高出全省平均增幅8.4个百分点；时点增加13亿元，增长13.4%，高出全省平均增幅4.4个百分点。（李向锋）

【工行改革】2015年，工行驻马店分行按照上级行要求从机构、机制、营销、运行等方面进行一系列改革。推进市行本部机构改革，撤销 12 个，新增 2 个，市行本部机构由改革前 29 个精减到 19 个。推进网点运营标准化管理改革，全辖 30 个网点全面完成网点运营标准化改革，柜口布局和网点人员结构配置更趋科学合理。全行对外营业柜口 138 个，较改革前减少 43 个，高低柜配比由改革前 3.6 ∶ 1 下降为 1.2 ∶ 1；共转岗 131 人，其中转为客户经理 32 人，大堂经理 30 人。在总行 7 项指标综合评价中，有 6 项指标优于全省和全国平均值，达标率为 96.6%。客户平均排队时间为 9.6 分钟，较改革前下降 2.5 分钟。互联网金融长足发展，全年新发展手机银行客户 5.8 万户，工银 e 支付客户净增 8.5 万户，成功上线投产 6 家融 e 购 B2C 商户，上线 1 家 B2B 商户，线上 POS 上线 7 户。逐步完善支行考评机制、管理人员和员工考核机制，调动干部员工积极性。深化营销机制创新，以强力推进专业团队建设和客户经理营销积分考核应用为契机，组建信用卡分期付款业务、投行等 9 个营销团队，增强转型发展动力。（李向锋）

【网点优化】2015 年，工行驻马店分行推进网点优化提升工作，打造渠道优、网点布局合理，适合未来可持续发展需要的网点格局，全面完成列入省行渠道建设行动方案的建设项目。网点优化项目 3 个，实际完成 4 个；列入省行提质增效方案的 2 个支行，均已提档升级，低效网点由 4 个降至 1 个；完成网点竞争力达标项目 3 个；按计划完成理财便利店建设 2 个，营业部和金山支行 2 个智能网点全部投产；计划新建离行式自助银行 2 个，实际完成 5 个，并全部开业。推进网点标准化试点改造、网点无线上网及排队叫号机改造、新增点钞机冠字号联网等工作，30 个网点全部完成点钞机冠字号联网和无线 Wi-Fi 投产工作，客户服务体验不断提升，超时等候客户占比 5.2%，较上年下降 4.7 个百分点。在做好物理渠道优化建设的同时，持续推动全国星级网点和全省百佳优质服务网点品牌创建工作，促进全行营业网点服务能力和服务质量提升。在全省“网点竞争力技能比赛”中，工行驻马店分行获得对公客户经理营销技能展示一等奖、综合柜员综合技能比赛三等奖、网点主任业务技能比赛第八名，受到省行表彰。（李向锋）

【风险防控】2015 年，工行驻马店分行开展案件和风险事件防控、不稳定因素排查等专项活动，防控经营风险，成功守住了不发生案件和重大风险事件的底线，实现安全运营，连续 4 年保持内控评价一级，全省考核第三，且曰一级三档晋级二档。加强运营风险治理，全年内部可控风险事件 524 起，较上年减少 214 起，二类风险事件下降 30 笔，较上年大幅下降 25.4%，屡查屡犯风险事件和柜员数量较同期下降 7%，全行没有发生一类风险事件及“十大违规”风险事件。全年防堵各类外部诈骗 56 件、金额 113 万元；操作风险损失率 0.03%，低于总行 0.15% 的控制线。全辖 30 个分支机构，内控评价等级为一级的达到 25 个，占比 83%；二级 5 个，占比 17%，消灭了三级以下机构。实施省行“3346”工程，实施信贷资产质量攻坚，强力清收不良贷款和违约贷款，化解贷款风险。全年累计清收处置不良贷款 6982 万元，其中现金清收不良贷款 2000 万元，通过贷款重组方式缓释不良贷款风险 1497 万元，运用资产包成功处置不良贷款 3485 万元。全行贷款不良率控制在 0.37%；剪刀差贷款占比控制在较低水平。（李向锋）

农业银行

【农行驻马店分行概况】中国农业银行股份有限公司驻马店分行辖属 14 个经营支行，80 个营业网点，其中市区网点 17 个、县域城区网点 31 个、乡镇网点 32 个，机关内设机构 16 个，直属机构 2 个（委托资产处置经营部、现金中心），另设个贷中心、保卫监控中心和运营后台管理 3 大中心，全行现有在职员工 1652 人。截至 2015 年年末，全行本外币各项存款余额 287.7 亿元，本外币各项贷款余额 49.3 亿元，实现中间业务收入 10265 万元，实现委托资产处置进度 13.3 亿元、委托资产现金清收 1846 万元，实现拨备前利润 35465 万元，实现拨备后利润 27967 万元。

（李海峰　张　亮）

【业务经营】2015 年，农行驻马店分行突出零售业务的战略地位，做大做强零售。改变对公业务发展模式，有效提振对公业务。引导树立“政府是最大优质客户”的理念，紧盯政府投资方向，主动对接，跟踪营销。2015 年，成功营销昊华骏化集团 10 亿元私募债项目、黄淮学院 1 亿元项目贷款、蓝天燃气 1.1 亿元项目贷款、国电驻马店热电 1.2 亿元和同力水泥 6000 万元流资贷款，打开对公业务新局面。围绕对公存款维护好财政账户，开展“住房公积金、土地出让金账户、社保基金、房屋维修基金”4 金账户营销，营销 3 大电信公司、2 大石油等央企垂直系统和具有市场影响力的商业类专卖店，开展代收水费、电费、燃气费等代收代付业务。2015 年，泌阳县支行成功开办代收电费业务，并在全行推广，实现了农行驻马店分行代收代付业务零的突破。按照“分类指导，突出发展重点”的方针，确定对公业务重点行，并给予相应的政策、资源倾斜，优先发展，以点带面，实现突破。加强客户建设、产品建设、渠道建设，把物理渠道和电子渠道作为渠道建设的重点，强化功能提升和完善。开展全辖对公账户核查工作，从严把控运营风险；开展信贷业务防假、反假、打假工作，并就信贷风险防范出台细化措施，从严把控信用风险；落实舆情专人监测制度，全面防范舆情风险，在风险和案件高发的情况下没有出现舆情风险。

（李海峰　张　亮）

【网点转型】2015 年，农行驻马店分行把网点二次转型作为突破发展瓶颈，提升发展质效的路径。利用 3 个月时间，周密计划，分步实施，重点解决“三个问题”。一是解决人力资源配置不优的问题。重新核定支行机关编制，从支行机关精简 155 人充实到网点和经营岗位。优化网点岗位设置。运营部制订方案，对全辖 80 个网点的柜面劳动组合进行优化设计。加强对专职“三农”客户经理管理，按业务归属地，就近落地到网点，接受分理处管理，参与日常工作。二是解决机制激励问题。为解决基层一线工资分配“大锅饭”、员工工作积极性不高的问题，由人力资源部牵头成立基层网点机制建设课题小组，选取不同层面的网点作为试点。以“多劳多得、奖优罚劣”为配置导向，以“效益优先，兼顾公平”为原则，建立了以“两种办法、三次分配”为核心的工资分配机制和绩效考核机制，实现费用资源“变争为挣”，激发团队及个人经营活力。三是解决能力缺失的问题。把提升“管户能力、营销能力、团队作战能力、创新能力”贯穿于“二次转型”中，以管理户能力提升为切入点，采取分包管户、建立台账、定期维护等措施，高质量地实现人户结合，带动营销能力、团队作战能力、创新能力综合提升。（李海峰 张 亮）

农业发展银行

【农发行驻马店分行经营概况】 2015年年末，农业发展银行驻马店市分行各项存款余额27.84亿元，较年初净增15.71亿元；企事业单位日均存款余额19.56亿元，较年初增加9.2亿元，完成省分行任务的144%。存款组织为农发行驻马店市分行降低资金成本近8000万元，有效提升了经营绩效，做法在年初全省农发行系统存款组织工作视频会上进行交流。年末，实现中间业务收入303.19万元，完成省分行任务的101%。年末实现账面利润15194万元，超额完成省分行下达的目标任务。经营绩效综合排名位居全省农发行系统第四位。农发行驻马店市分行加强风险防控，做到风险企业早发现、早处置、早化解，先后退出22家小企业和风险企业，重组3家，全行企业整体运行平稳。

（于卫东 李 申）

【信贷支农】 2015年，农发行驻马店市分行累计发放各项贷款和投放重点建设基金120亿元；年末，贷款余额达到167亿元，较年初增加30亿元，助推全市城乡统筹发展，受到市政府表彰。一是支持粮食收购。累计投放粮食收购贷款41.1亿元，支持企业收购粮食15.6亿千克，粮食收购贷款投放量和收购量均位居全省前列。二是开展项目营销。累计营销政策性中长期项目39个，金额170.4亿元；累计投放中长期贷款18.19亿元，较年初净增18亿元，有效支持了全市基础设施建设和民生项目实施。三是打造产业集群。在支持企业规模做大、品牌做强的同时，立足全市优势产业，着力打造粮油初加工、生猪养殖、良种繁育、规模种植4大产业集群，有效带动产业融合发展。四是开拓业务“蓝海”。以国家重点建设基金投资为契机，突出抓好重点建设基金项目营销。前4批共获批重点建设基金项目35个，投资额17.5亿元。通过采取投贷结合的方式，拉动投资增长，支持区域经济发展。（于卫东 李 申）

农村信用社

【农村信用社经营概况】 截至2015年年末，驻马店市农信社各项存款余额667.69亿元，占全市金融机构存款总额的29.84%，存款市场份额位居第一位，存款净增89.4亿元，占全市金融机构新增存款的35.09%，存款增量市场份额居第一位。各项贷款余额411亿元，占全市金融机构贷款总额的36.84%，贷款市场份额位居第一位，贷款净增57.9亿元（其中抵押或质押贷款占比达以58.85%），占全市金融机构新增贷款的32.88%，贷款增量市场份额居第一位，新增贷款不良率控制在银监会要求的3%以内。若考虑股权溢价发行消化和核销不良贷款的17.7亿元，实际净投放为75.6亿元，完成省联社下达信贷目标计划57亿元的132.6%；涉农贷款新增44.5亿元，余额达到376.8亿元；小微企业贷款新增46.96亿元，余额达到196.8亿元。2015年实现经营利润16.81亿元，完成全年计划的138.92%，缴纳税费3.53亿元，各县区行社均为所在县区的纳税大户。（潘文洲）

【金融服务】 2015年，全市农信社开展普惠金融服务工作，重点加快服务网点布局，完善农村金融服务功能。对农村金融需求旺盛的行政村、自然村和新型社区优先增设机构网点。截至2015年年底，全市农信社设立农民金融自助服务点162个，银行卡助农取款服务点达到1341个，覆盖全市192个乡镇，覆盖率达100%；新增POS机3405台，新增ATM机80台，网银用户3.6万户，手机银行用户10.4万户，实现了农民足不出村就能办理基本金融业务，避免了生产所需资金，因资金结算缓慢而贻误农时。同时，全市农信社营业网点还认真做好各类政策性补贴资金的代理发放工作，全力构建支农、惠农、便农的“支付绿色通道”。全市农信社着力保障“三农”资金供应，根据农村资金需求，开发、借鉴、推广涉农信贷产品，形成以农户小额信用贷款、“金燕快贷通”贷款、“农民专业合作社”贷款、“农民担保协会”贷款、林权和船舶抵押贷款、农民工返乡创业贷款、“企业共同体”贷款等十几类贷款创新品种。2015年，累计投放涉农贷款283.3亿元，涉农贷款余额376.78亿元。全市农信社信贷支持的新型农业经营主体已达1.43万家，重点培育了汝南县的农机专业合作社、正阳县的农副产品加工合作社和西平县的园区经济、遂平县的观光农业、泌阳县的林果种植、上蔡县的文化产业等支柱产业，促进全市农业生产转型升级。

（潘文洲）

【支持中小企业发展】 2015年，市农信办指导各县区行社以加快推进“千家小企业培育活动”为契机，主动加强与相关部门联系沟通，建立小企业贷款项目储备库，创新小企业贷款产品和服务方式，积极增加小企业贷款投放规模，在推动小微企业低成本、快速度、高质量融资方面，进行有益尝试。针对小微企业资金需求“短、频、急”的特点，积极推广应收账款质押、仓单质押、企业原材料等存贷质押以及动产第三方监管等信贷业务，加强与专业担保机构合作，推行“担保公司+信贷”“企业担保协会+信贷”产品。截至2015年年底，全市农信社共贷款支持中小企业2540家，贷款余额已达188.46亿元，比年初增加38.53亿元。通过信贷支持，解决了20余万人的就业问题，为全市培育了一大批税源。2015年获得小微企业信贷风险补偿资金900万元。

（潘文洲）

【机构改革】2015年，按照省联社确立的组建农商行三年规划，把组建农商行工作作为全年工作的重中之重进行安排部署，分批推进农商行组建工作。市农信办主动加强与市委、市政府沟通汇报，在推进农商行组建工作上取得支持与配合。市政府制定印发组建农商行工作专项方案，召开深化农信社体制改革工作会议，强化对组建农商行工作的监督指导。在工作推进上，市政府适时召开协调推进会和市长办公会，研究解决驻马店农商行筹建工作中存在的置换土地变现和固定资产确权等方面的困难和问题，对驿城区农联社置换土地变现资金缺口由市财政足额弥补，简化固定资产确权相关手续，并印发市长办公会议纪要进行落实，加快了驻马店农商行筹建步伐。西平县农商行已于年底顺利挂牌开业；以驿城区农联社为依托筹建驻马店农商行和遂平县农联社筹建农商行相关材料已上报省银监局；汝南县农联社年底前已经达到农商行组建标准；正阳农商行正在筹备新三版挂牌。

（潘文洲）

建设银行

【建行驻马店分行经营概况】2015年，建行驻马店分行一般性存款余额210.34亿元，时点新增22.87亿元，企业存款时点新增同业第一，个人存款时点新增同业第二。一般性存款日均新增22.57亿元。一般性存款、对公存款、个人存款日均新增均居同业第一。一般性存款、个人存款日均新增从年初以来一直保持同业第一，特别是个人存款日均新增首次超越农行，实现同业第一。资产业务稳步提升，新增份额同业第一。贷款余额近100亿元，新增同业第一。截至2015年12月底，全行各类贷款余额97.84亿元，较年初新增15.7亿元，新增同业第一。其中，个人贷款余额达到39亿元，本年投放14.24亿元，净新增9.16亿元，新增同业第一。全行对公结算账户总量9305户，较年初新增1497户，其中基本户新增1306户，继续保持对公结算账户总量新增及基本结算账户新增的同业双第一。个人有效客户达到80.04万户，新增15.54万户，计划完成率160.54%，系统内排名第七，序列行排名第二。年度内办理理财资金置换政府债务19亿元，是建行驻马店分行历史上单笔最大的融资业务。新农村建设贷款、市政断头路项目6.4亿元等取得突破。同时，还实现了新业务跨融通的首次办理，为白云纸业跨融通750万美元成功投放。加深与住房公积金中心的合作关系，消灭了正阳县、泌阳县2个公积金代理业务空白点，成功实现辖内公积金业务全覆盖。2015年，建行驻马店分行委托性存贷款余额24.81亿元，新增金额4.53亿元，完成省行年度计划的181%；公积金贷款余额突破19.54亿元，本年新增6.75亿元，完成省行年度计划的519%。

（王　俊）

【经营管理】2015年，建行驻马店分行抢抓资金流充沛、双节双薪、返乡资金、个体工商户资金回笼、施工企业工资清算的旺季营销黄金机遇，做到早部署、快落实、全动员，个人业务旺季营销有新突破。在省分行2015年旺季营销评比中驻马店分行获得一等奖，实现历史最好成绩。截至11月底，建行驻马店分行个人存款日均新增16亿元，完成计划的143%，历史上首次日均新增超越农行。通过组织综合营销团队，加强联动，实施优质高效的服务方案和服务产品的覆盖，拓展资金流当中的客户，网住客户资金流，实现较好营销效果。2015年4月底出台了公积金新政策，公积金使用条件放宽，致使建行驻马店分行公积金存款明显下降。为扭转局面，驻马店分行组织综合营销团队，主动出击，在了解到公积金中心正在为5000多名市直企业农民工集中支取公积金而犯愁时，当即表示可以为支取公积金的农民工提供集中开卡支取服务，并迅速从分行个人部、分行营业部抽调专人组成服务团队与客户进行对接，得到公积金管理中心的高度评价和认可。组织开展“合规管理年”活动，成立内控合规部，转变内控合规管理方式，提升内控管理水平。抓好突出风险重点整治活动及内外部审计监管部门各项检查，严格执行各项制度，防范合规管理风险。2015年，全辖检查问题差错率下降50%，检查督导问题下降60%，网点检查业务整改率提升达到100%。

（王　俊）

【业务创新】2015年，建行驻马店分行集中整合资源，推动综合融资业务实现新跨越。围绕省、市重点建设项目，城镇化产业基金储备项目，PPP新建项目以及政府和社会资本合作推介等一系列项目做好项目走访、储备工作。对拟合作项目进行分类和排序，明确项目的推进次序。重点做好政府债务置换、棚户区改造、政府PPP项目金融服务等项目的营销落地。完成政府债务置换19亿元、断头路6.4亿元等项目的投放。其中，19亿元置换项目是目前政府债务置换中最大的项目，同时，也实现了建行驻马店分行历史上综合融资的新跨越，综合融资占同业60%以上。以“提升内控合规管理能力”为主题开展内控合规管理工作，优化内控管理流程和管理方式。在上年机构改革中，组建资金结算部，把分散到个人业务部、财务会计部、电子银行部的业务检查职能统一整合到资金结算部，在全省独家搭建了对公、对私和电子银行柜面风险防控统一管理平台。以营业网点操作规范化等级和柜员业务技能等级创建工作为抓手，将防范风险的“防火墙”延伸至各岗位、各业务环节，完善柜面业务检查管理机制，提升柜面业务检查的质量和效率。重点抓好现场非现场检查、重点环节和重点业务的监督管理以及员工队伍建设三项基础性工作，逐步建立支行自查、二级分行督导人员督辅结合为主，顶岗专项突击检查为辅的立体式柜面风险防控管理体系。同时，面对当前内部控制年度评价工作涉及机构层级多、业务范围广、评价工作量大的状况，建行驻马店分行初步设计开发了内控评价底稿审核电子表格模板，并在省分行指导下对模板进行优化，成为内部控制评价底稿工具。

（王　俊）

中国银行

【中国银行驻马店分行业务概况】2015年，中国银行驻马店分行机构网点共18个，其中二级行机构1个，城区支行11个，县支行6个。全行从业人员共计406人，其中在岗合同制员工 405 人，劳务派遣员工 1 人。截至 2015 年年末，中国银行驻马店分行资产总计 1330143 万元，较上年新增 106206 万元，增幅 8.68%；本外币存款余额 1276255 万元，较上年新增 114718 万元，增幅 9.88%；本外币贷款余额 783811 万元，较上年新增 169608 万元，增幅 27.61%。

存款业务运行情况。截至 2015 年年末，中国银行驻马店分行人民币一般性存款余额 1260907 万元，较上年新增 110868 万元，增幅 9.64%。其中：公司存款余额 598056 万元，较上年新增 30995 万元，增幅 5.47%；储蓄存款余额 662846 万元，较上年新增 79880 万元，增幅 13.7%。

信贷业务运行情况。截至 2015 年年末，中国银行驻马店分行本外币贷款余额 783811 万元。其中：正常类贷款余额 775925 万元，占比 98.99%；关注类贷款余额 6795 万元，占比 0.87%；次级类贷款余额 811 万元，可疑类贷款余额 64 万元，损失类贷款余额 216 万元，不良贷款余额共计 1091 万元，不良贷款占比 0.14%。

利润、中间业务运行情况。截至 2015 年年末，中国银行驻马店分行本外币各项收入总计 117142 万元。其中，利息收入 40361 万元，金融企业往来收入 68148 万元，手续费收入 7673 万元。本外币各项支出 96477 万元。其中，利息支出 18963 万元，金融机构往来支出 51486 万元，手续费支出 33 万元，业务管理费用支出 5138 万元，提取准备金 2888 万元，营业税及附加 2679 万元，所得税 7669 万元。实现本外币账面净利润共计 20665 万元。其中，实现人民币账面净利润 20520 万元，实现外币账面净利润 24 万美元。

自助设备设立情况。截至 2015 年年末，中国银行驻马店分行配备安装各类自助设备 114 台，包括取款机 34 台、存取款一体机 48 台、自助终端设备 32 台。完成离行式自助渠道项目 16 个，其中离行式自助银行 12 个，离行式 ATM 有 5 个，已全部开通运营。（刘显峰）

【风险防控】 截至 2015 年年末，中国银行驻马店分行关注类贷款余额 6795 万元，占比 0.87%，不良类贷款余额 1091 万元，不良率 0.14%，资产质量处于较好状态，信用风险相对可控。针对流动性风险，主动加强流动性管理并提高内部资金营运水平，提高流动性管理的敏感性和前瞻性。针对声誉风险，落实每日舆情监测报告制度，加强与新闻媒体沟通协调，落实重大声誉事件问责制度。全年中国银行驻马店分行未发生任何负面信息和媒体危机事件。在案件防控方面，构建标准化检查机制和标准化安防屏障，加强办公场所安全管理，使案防工作常态化。在非法集资排查方面，成立由分行行长任组长，班子其他成员任副组长，业务部门负责人为成员的非法集资风险排查领导小组，确保一级抓一级、层层抓落实的工作机制落到实处。开展防范员工参与民间借贷、非法集资、违规担保、私售理财产品、e 租宝专项查处工作，规范合规操作行为，保证经营安全。（刘显峰）

【支持地方经济发展】 2015 年，中国银行驻马店分行把支持地方经济发展作为工作的重要内容。

支持重点行业、重点客户信贷投放。加大对政府支持项目、招商引资项目、重点优势项目以及医疗卫生、公路、燃气供应业等民生类项目的支持力度，积极拓展优质新行业、新客户。截至 2015 年年末，信贷资产余额 783811 万元。累计发放公司贷款 290533 万元，其中向重点行业、大型企业新投放贷款 197830 万元，主要支持的企业有驻马店建业置业有限公司 1.5 亿元、河南骏化发展股份有限公司 45500 万元、荥阳鑫苑置业有限公司 1.5 亿元、河南顺达化工科技有限公司 3 亿元、河南蓝天燃气股份有限公司 54463 万元、河南省豫南燃气有限公司 8000 万元、驻马店市中心医院 7000 万元、国电驻马店热电有限公司 4700 万元等。

支持中小企业发展。加大对中小企业融资支持力度，缩短信贷审批流程，在风险整体可控的范围内探索为当地中小企业提供融资服务的新模式。截至 2015 年年末，中国银行驻马店分行中小企业授信客户数 101 户，较年初新增 5 户，贷款余额合计 66170 万元，较年初增加 10110 万元，增幅为 18.03%。其中，2015 年累计投放贷款 65570 万元。从贷款总额、贷款户数看，对中小企业贷款力度逐渐加大。

支持小微企业发展。加强对小微企业金融服务的宣传力度，优化小微企业贷款审批流程，简化程序，提高审批效率。截至 2015 年年末，小微企业贷款余额 250318 万元，增速 65.65%，增幅较上年同期提升 38.04 个百分点；小微企业贷款户数为 906 户，较上年新增 27 户，小微企业贷款申贷获得率为 100%，较上年同期提升 9.67 个百分点。

普惠金融推进情况。向广大个人客户群体推出不同类型和用途的借记卡、电子银行以及出国金融 APP 等网络金融和微银行等一系列普惠金融产品，为客户提供“足不出户，指尖一点”的金融服务。优化网点物理布局，亮化厅堂内外环境，健全专业队伍序列，提升员工综合素质，提升金融服务水平。多次举办贵金属展销会，为广大客户提供物美价廉的贵金属产品。免费举办出国留学讲座、金融理财讲座等，为广大民众提供独特的金融服务。（刘显峰）

中原银行

【中原银行驻马店分行经营概况】 2015 年，中原银行驻马店分行各项工作呈现良好发展势头。

存款业务。截至 2015 年 12 月 31 日，驻马店分行一般存款时点余额 201.98 亿元，较年初增加 22.64 亿元，增长 12.63%，位居全行第一。其中：对公存款时点余额 125.48 亿元，较年初增加 10.66 亿元，增长 9.28%，余额在全行 15 家分行中（不含总行事业部及总行清算中心）位居第一；储蓄存款时点余额 76.49 亿元，较年初增加 11.98 亿元，增长 18.58%，余额在全行 15 家分行中（不含总行事业部及总行清算中心）位居第五。一般存款日均余额 187.33 亿元，较年初增加 29.95 亿元，增长 19.03%，位居全行第一。其中：对公存款日均余额 118.84 亿元，较年初增加 21.23 亿元，增长 21.75%，余额在全行 15 家分行中（不含总行事业部及总行清算中心）位居第一；储蓄存款日均余额 68.49 亿元，较年初增加 8.72 亿元，增长 14.59%，余额在全行 15 家分行中（不含总行事业部及总行清算中心）位居第五。

贷款业务。截至 2015 年 12 月 31 日，驻马店分行各项贷款余额 139.07 亿元，较年初增加 27.76 亿元，增长 24.94%，余额在全行 15 家分行中（不含总行事业部及总行清算中心）位居第一。

电子银行业务。电子银行业务持续发展，客户规模和交易量再创新高。截至 2015 年 12 月底，分行网上银行较年初增加 7463 户，736.32 亿元，完成年度任务的 184.08%。手机银行总开户量为 24325 户，累计交易量 16.05 亿元；微信银行总开户量为 12846 户。（毛国华　陈　薇）

【信贷资金管理】 2015 年，中原银行驻马店分行明确责任部门、责任人，对符合本行授信政策的项目主动介入、积极跟进。同时，按照“商行 + 投行”的业务发展思路，综合运用信托、债券、PPP 等满足重点企业、重点项目的多元化融资需求。截至年底，已为市职教园区中驻马店农业学校等 3 个学校提供 1.5 亿元项目融资贷款，解决了学校融资难问题。为昊华骏化集团提供 4 亿元综合授信业务，承销私募债 10 亿元；为驻马店市火车站改造项目提供 1.78 亿元信托融资业务已经放款。围绕服务民生，做好政府基础设施建设项目——“开发区科技园 PPP 项目”“驿城区政府、开发区政府公租房、廉租房发债业务”“驻马店市驻北新区棚户区改造项目”等资金支持工作。（毛国华　陈　薇）

【资产风险管理】 2015 年，中原银行驻马店分行按照“预设防线、分类施策、锁定存量、管住增量”的基本原则，突出重点，分类施策，加强信用风险管理。组织风险管理专项培训，落实风险主管委派制，风险总监和二级分支机构委派风险主管通过考试选拔已全部到位，具有授信审批权限的县域支行和业务量较大的零售信贷业务由委派风险主管按授信权限审批，实现了对县域支行、信贷经营部门风险主管全覆盖；围绕总行信贷管理政策，制定分行年度信贷政策，确定重点支持领域和慎入行业，提升新增贷款质量。做好不良贷款“降旧控新”工作。对新增不良坚决落实“零容忍”，严格执行责任追究。同时充分利用好重组、核销、清收、转让等多种有效形式，遏制不良贷款上升势头，确保清收工作取得实效。累计收回存量不良贷款本息 19493.76 万元，收回已核销贷款本息 426.29 万元。（毛国华　陈　薇）

邮储银行

【邮储银行驻马店分行概况】 中国邮政储蓄银行股份有限公司驻马店市分行成立于 2007 年 12 月 19 日，是驻马店市主要商业银行之一。市分行现辖 9 个县支行（汝南、确山、上蔡、新蔡、西平、遂平、平舆、正阳、泌阳）、9 个城市支行（驿城区支行、解放大道支行、中心支行、解放大道西支行、雪松大道支行、光明路支行、天中山大道支行、高新区支行、置地大道支行），内设 12 个部门。全市共有 167 个储蓄网点，其中银行一类网点 32 个，代理网点 135 个。银行一类网点中，城市网点 9 个，县城网点 13 个，农村网点 10 个。2015 年年末，全行共有员工 733 人，其中研究生 19 人，本科学历 404 人，大专学历 277 人，高中以下 33 人。2015 年，全行实现收入 5.78 亿元，排名全省第五位，增幅 21.98%，完成省行预算目标 110.41%，超出预算绝对值 5454 万元。新蔡、上蔡、泌阳、平舆、正阳收入规模超过 5000 万元，其中新蔡、上蔡、泌阳、平舆收入规模排名位居全省前 30 位；泌阳收入同比增幅 31.76%，增幅居全省第九位；遂平收入同比增幅 30.47%，增幅居全省第十位；确山收入同比增幅 27.37%，增幅居全省第十七位。全行收入利润率达到 47.39%，较年初上升 5.09 个百分点。成本收入比 45.31%，较年初下降 1.85 个百分点。全行实现利润总额 2.74 亿元，排名全省第五位，增幅 36.55%，高于全省平均水平 9.36 个百分点，完成省行预算目标 102.82%，超出预算绝对值 750 万元。新蔡、上蔡、平舆、泌阳利润规模超 3000 万元，遂平、泌阳、平舆完成预算目标均超过 110%。全行不良贷款 830 万元，不良率 0.15%，低于全省平均水平 0.13 个百分点，完成省行资产质量限额管理目标，驻马店不良率限额管理控制最好，居全省第一位。拨备覆盖率 962.83%。县行不良率控制好有平舆、泌阳、西平、遂平，不良贷款率均在 0.1% 以下。上蔡县支行、平舆县支行营运用房购置和市分行光明路支行营业用房购置项目获得上级行批复，总投资达 5080 万元。全市电子渠道缴费种类达到 8 项。全年建成“两站两点”144 个，新增自助设备 10 台，设立离行式自助银行 2 处，建成电子银行体验中心 15 处。（戚煜珩）

【个人金融业务】 2015 年，全市邮政储蓄余额净增 48.96 亿元，排名全省第三位、市内金融机构第二位，新增市场占有率达到 22.55%，高于全省平均水平 5 个百分点。余额规模达到 389.4 亿元，排名全省和市内金融机构第二位。其中，自营储蓄余额净增 11.77 亿元，排名全省第三位；自营余额规模达到 97.95 亿元，排名全省第三位；上蔡、正阳、确山、平舆、西平年累计净增超 1 亿元。自营理财日均保有量新增（含人民币理财、基金、国债）4.58 亿元，排名全省第四位。信用卡新增发卡 1.54 万张，排名全省第六位，结存 5.58 万张，排名全省第五位。全市自营新增电子银行客户 8.31 万户，排名全省第三位，交易替代率达到 77.47%，较年初上升 3.04 个百分点。（戚煜珩）

【个人信贷业务】 2015 年，全市邮储银行个人贷款全年净增 10.64 亿元，居全省第四位，结余 49.85 亿元，居全省第七位。遂平、西平、平舆个人贷款年净增突破 8000 万元。继续做大优势贷种，通过数据库、推介会、客户回访等抓手做大做强商务贷款，全年商务贷款实现净增 3.8 亿元，居全省第一位。推动消费贷款发展，全年全市新准入一手房项目 6 个，实现净增近 2 亿元，拉动了个贷业务快速增长。持续推进产品创新，深化与财政、人社、畜牧、扶贫、农办等平台的合作，实现银政平台放款 5.2 亿元。（戚煜珩）

【业务拓展】 2015 年，邮储银行驻马店分行业务拓展能力加强。一是项目开发。全行实现一次性代发 2.31 亿元，工会会员卡实现发卡 20 余万张。全市公司时点余额 59.86 亿元，排名全省第四位。2015年，新开发了乡镇国库集中支付项目、107国道改扩建项目、住房公积金项目和农民工工资保证金项目。其中，乡镇国库集中支付项目9个县行已有8个县行成功开户，1个县行已成功运行，账户结余近900万元；107国道改扩建项目4个标段全部在邮储银行驻马店分行开户，资金落地1.1亿元；住房公积金项目通过“个贷＋公存”的模式，将驿城区公积金中心的资金引入本行。作为第一批公积金系统上线的地市，11月，邮储银行驻马店分行完成了公积金系统直连的软件开发，成功上线，为全市公积金账户开立奠定基础；农民工工资保证金项目是住建局委托河南嘉泰工程担保有限公司代为监管资金，邮储银行驻马店分行与住建局达成合作协议，二季度该账户成功开立，结存资金737.83万元。同业存放收入169万元，位居全省第一位。小企业贷款结余5.63亿元，位于全省第五位；新产品取得突破，其中电力贷实现放款900万元，医院贷审批通过5000万元，再就业小企业担保贷和政策性担保公司贷实现了突破；资产质量优良，位于全省前列。二是客户维护方式升级。陆续推出“心悦享”系列活动以及代驾、医疗服务等省内特色增值服务项目。全年新增VIP客户1.01万户，增长率28.37%；VIP客户资产年新增12.88亿元，增长率39.15%。三是会计营运能力。核算清算及时准确率达100%，清查各类业会不符75.99万元，完成资产类业务放款2.51万笔、41.91亿元。单位账户对账率达到100%，工作流交易退回率降幅达到60%。现金备付率同比下降0.02个百分点，继续保持全省备付金率最低水平，清理停用重要空白凭证2.81万份，推动了营业机构“一章一席”。全区上线网点达到37个，其中自营网点32个，代理网点5个，完成了省分行上线目标计划。四是科技支撑能力。全年完成网点集中授权等多个信息化项目建设，住房公积金等13项中间业务项目及非税、校园卡、集中支付等业务推广上线。开展信息系统运行维护工作，网络可用率、网点营业率均达到99.99%，ATM完好率达到99.86%，较好地完成了省行系统安全运行质量指标。成本费用系统及税务系统成功上线，实现了报账审核及税务管理的信息化。

（戚煜珩）

【授信管理】 2015年，邮储银行驻马店分行共批复个贷27.66亿元，同比增长67%。其中：商务贷款8.4亿元，占比30%；小额贷款8.8亿元，占比32%；消费贷款10.46亿元，占比38%；批复小企业法人授信业务128笔，金额5.7亿元。实现了小额贷款、消费贷款当天出具结果，商务贷款、小企业贷款2天出具结果。建立常态化能力提升机制，累计组织内部培训60余次，同时多次到其他先进地市学习经验并参加专题培训班学习外源知识，每月撰写下发审查审批通报、行业分析、案例分析等，全面提升审查审批人员的综合能力。实现所有贷款集中审查审批，统一审查审批标准，提高了贷款质量；通过持续开展实地审查审批和市场调研活动，形成了船舶抵押贷款、乡镇抵押物、汽车贷款和贷款支用环节等多个风险提示函及防控措施，主动防控了风险；通过组织开展重点行业和重点客户风险监测、押品管理排查等活动，实现对风险的预警预判。开展资产分类偏离度和资产剖析检查，不良贷款移交率排名全省前列；收回移交类不良贷款1169万元，完成省行年计划的167%。组织6次贷款呆账核销申报审核工作，核销金额528.25万元，完成省分行计划的270%，核销批复率居全省前3位；平舆、泌阳县支行年度核销计划完成率均在200%以上。抓好反洗钱、消费者权益保护等工作，完善反洗钱、消保工作的组织机制。开展案防评估和尽职检查考核工作，实现全年“零案件”的案防目标。

（戚煜珩）

保险行业协会

【驻马店市保险行业协会概况】 驻马店市保险行业协会成立于2010年10月19日，是驻马店市民政局批准的保险业自律性社团组织。中国保监会河南监管局依法对驻马店市保险行业协会进行管理、指导和监督。协会的宗旨是：督促会员自律，维护行业利益，促进行业发展，为会员提供服务，促进市场公开、公平、公正。协会基本职责为：自律与服务。重点发挥自律职能，促进市场公平，维护消费公正。同时做好维权、协调、交流、宣传等工作，为会员和消费者提供优质服务。创造和维护公平合理的竞争环境，成为同业间交流、合作的平台和保险经营者与政府沟通的桥梁，加强宣传的窗口，促进同业及全市保险事业健康、快速发展。协会的最高权力机构是全体会员组成的会员代表大会，在会员代表大会闭会期间，理事会领导协会开展日常工作，对会员代表大会负责。协会的日常办事机构是秘书处，负责处理协会日常事务工作；协会秘书处下设综合部、产险办公室、寿险办公室；根据工作需要协会设立产险专业委员会、寿险专业委员会，各专业委员会接受协会的统一领导。截至2015年12月底，全市保险市场保费规模达到58.16亿元，其中产险市场保费规模12.9亿元，寿险市场保费规模45.26亿元。协会会员单位现共有36家，其中，产险公司会员15家，寿险公司会员21家，另有中原农险、天安寿险正在筹建中。

规范保险市场秩序。一是针对寿险市场年初“开门红”、银邮渠道业务不规范、不正当增员等问题，3次召开寿险专委会、2次召开理事会，要求会员单位统一思想，规范银邮渠道业务，共同维护市场竞争秩序，得到会员单位响应和支持。二是针对产险市场恶性竞争，市运输公司等企业要求合作保险公司进一步提高手续费标准问题，2次召开部分产险公司总经理会议和产险专委会，遏制不正当竞争行为，维护并规范市场秩序。三是发挥保险营销员网上查询系统的作用，先后2次对系统进行升级改造，确保系统科学运行，准确掌握全市保险代理从业人员离司情况。四是配合省局做好辖区市场的现场检查工作。协会在做好日常市场秩序自律规范的基础上，配合省局调研检查工作组深入县乡机构网点进行调研，座谈研究，发挥了省保监局和保险企业间的桥梁纽带作用。全年5次配合保监局及相关科室对辖区产寿险市场进行现场检查，为省局整体工作部署和落实提供参考资料。

优化行业发展环境。协会推进诉调对接工作，推动行业发展外部环境持续改善。一方面，以驿城区法院涉保案件诉前调解中心为平台，做好诉前调解工作，探索建立保险社会法庭。在做好消费者日常投诉接待和处理的同时，推动诉调对接工作创新发展。分别召开2次诉调对接工作座谈会、1次涉保案件诉讼法律知识讲座，邀请驿城区法院有关负责人莅临协会为会员单位讲解诉讼过程中的法律知识细节和应诉技巧等。截至12月底，涉保案件纠纷调解中心预立案153件、涉案标的1009.36万元，案件调解成功123件、结案标的827.46万元，涉保案件调解成功率达80%，为公司挽损金额181.9万元。另一方面，协调司法部门召开涉保案件司法鉴定工作座谈会，搭建保险业和司法界开展工作交流的平台，进一步解决涉保案件在司法鉴定工作当中出现的矛盾和问题。协会3次邀请市司法局、驿城区法院相关负责人和部分会员单位负责人召开涉保案件司法鉴定工作座谈会，探索保险业与司法界工作交流新机制，并出台《关于做好涉及保险理赔司法鉴定工作的意见》，探索建立全市涉保司法鉴定采信率制度，规范涉保司法鉴定工作秩序。上蔡县法院涉保案件诉调中心已经投入运行，各项工作正在有序推进。

协会服务。一是加大与地方政府交流汇报力度，建立完善的向政府部门信息报送机制，及时将行业重要工作完成情况向市政府相关领导和部门进行总结汇报。同时，加大对公司的走访力度，以此增进会员公司对协会工作的理解与支持。二是建立行业微信公众平台，升级改造行业门户网站，建立手机网站，实现了3个平台新闻数据库的统一，微信公众平台关注量已突破3万人。三是完善行业信息刊物《驻马店保险》。将原来的《天中保险信息》升级改版为彩版《驻马店保险》，改版后的信息刊物栏目更多元、内容更丰富、视野更宽阔，并扩大刊物赠阅范围，成为行业内部工作交流的重要平台。四是做好信息数据收集整理工作。做好一套报表体系，定期向会员单位发送，确保行业数据信息内部共享。同时，结合行业发展实际，秘书处及时升级改造保险营销人员业内流动管理平台，准确掌握全市保险代理从业人员业内流动情况，严密防范非正常流动保险营销人员带来的风险。五是做好会员单位保险从业人员入职报备审核工作。国家保监会取消保险从业资格证考试后，电考中心及时调整工作重心，按照省局有关文件要求积极为会员单位新入职人员提供报备审核服务，全年为会员单位报备审核人力14294人。

行业当前存在的困难和问题。驻马店市是农业大市、人口大市，经济发展水平在全省排位相对落后，这对保险业发展尤其是涉农保险发展来讲，既是天然的绝佳舞台也是严峻的挑战。当前驻马店保险业正处在一个新兴的、快速成长时期，尽管国务院和省、市政府出台了一系列利好政策，协会也做了大量工作，但是协会自身以及行业发展依旧面临着一些不容忽视的问题。一是协会工作人员整体素质还有待提升，在当前新形势新常态下服务行业发展的能力和水平仍有较大进步空间。二是一些制约行业健康发展的不规范行为依旧存在。新入职人力队伍自律有失规范，展业人员非正常流动现象时有发生；产险市场业务亟待规范，部分产险公司非正常竞争、抬高手续费、恶意竞标、买保险赠送礼品等高成本投入开展业务等现象时有发生。三是部分代理公司不规范业务、无证出单等问题成为协会沟通协调的难题。

（许　伟）

【行业宣传】 2015年3月12日，驻马店市人民政府关于2015年推动保险业健康快速发展的意见正式出台实施，关于表彰考评保险业支持地方经济发展的文件正式印发。借助"3·15"和"7·18"重大节点进行保险宣传，提升保险业整体形象。借助地方主流媒体《驻马店日报》、《天中晚报》、驻马店电视台的舆论力量，对保险诚信服务标兵和保险推动地方经济民生发展的成绩进行集中报道。4月12日～15日，《中国保险报》《河南日报》《大河报》《河南法制报》等11家新闻媒体的记者们走进驻马店保险业，深入市、县、乡镇机构网点现场采访，全面报道驻马店市保险业服务当地经济发展和民生改善的工作亮点。推进保险"五进入"有关工作，普及关于保险的方针政策和保险知识。

（许　伟）

【参与社会治理】 2015年，市保险行业协会同政府部门进行沟通协调，推进环境污染责任保险、食品安全责任保险、火灾公众责任保险、校园安全责任保险等参与社会治理创新，先后2次协调市政府组织召开推进环境污染、食品安全等责任保险座谈会。协调政府部门从政策层面加大对保险业支持力度。市政府常务会议专门研究了保险业参与社会治理创新的有关问题以及保险资金参与市重点项目建设的意见，并对保险支持小微企业融资等方面进行沟通。同市公安部门沟通，完善车险快赔机制。协会与公安交警支队正式建立了联席会议制度，定期召开车险快赔联席会议，以解决实际工作当中的突出问题。积极探索保险反欺诈工作的新路子，已与公安部门结合，正在探索筹建反保险欺诈中心。（许　伟）

中国人民财产保险

【中国人民财产保险驻马店市分公司概况】 中国人民财产保险驻马店市分公司是驻马店成立最早，目前保费规模最大的国有控股财产保险企业，占驻马店市财险市场份额近30%，在14家财险市场主体中稳居市场第一位。公司下设14个机关部门：办公室、监察部、人力资源部/教育培训部、财务会计部、信息技术部、理赔稽查大队、车商业务部、责任意外健康险部、销售管理部/出单中心、农险部、财产货运保险部、客户服务管理部、车险部、理赔中心/法律部。公司在全市范围内设有县（区）级分支机构16个，营业网店覆盖全市所有县区，从业人员超过600人。公司可以提供的风险保障范围涵盖了几乎所有有价值的财产以及短期的人身意外、健康保险等，具体说就是小到家用电器，大到工厂、企业、行政事业单位的财产，公司都能为其提供全面的保险保障。公司服务的客户包括驻马店市中心医院、华能河南中原燃气发电有限公司、中国平煤神马集团蓝天化工股份有限公司遂平化工厂、驻马店市天一纺织品有限公司、河南省丰盛粮油食品有限责任公司、驻马店市乐山商场实业有限公司、燕京啤酒（驻马店）有限公司等市内外重点企业。

（刘夏普）

【业务经营】 2015年，中国人民财产保险驻马店市分公司保费收入3.67亿元，全年累计承担保险风险责任883多亿元，各项赔款支出1.86亿元，缴纳各项税金3655.69万元，其中代收代缴车船税1762.77万元。公司连续多年入围全市纳税50强企业，连续多年被评为“市级财政做出突出贡献企业”。公司积极参与社会风险管理和社会保障体系建设，重点推进机动车辆保险、农业保险、安全生产、校方责任、医疗责任、意外健康等与公众利益相关的各类保险，大力发展与人民群众生活息息相关的新农合和健康保险等，参与多层次医疗保障体系建设。2015年，公司被市委、市政府授予市级“文明单位”称号，被市政府评为保险工作“先进单位”，被市消协评为“诚信单位”。 （刘夏普）

中国人寿保险

【中国人寿保险驻马店分公司概况】 中国人寿保险公司驻马店分公司是驻马店市最大的一家国有商业性寿险公司。公司秉承“成己为人,成人达己”为核心理念的企业文化战略，广泛参与各种社会公益活动，提高了公司的品牌形象。截至2015年年底，在全市共有县区销售机构16家，农网乡镇机构139个，员工和销售队伍突破7500人。中国人寿驻马店分公司内设10个科室：综合管理部、人力资源部、财务会计部、个人销售部、团体业务部、银行保险部、健康保险部、客户服务部、监察部、教育培训部。9个二级机构：中国人寿保险股份有限公司确山支公司、泌阳支公司、遂平支公司、西平支公司、上蔡支公司、正阳支公司、汝南支公司、平舆支公司、新蔡支公司。 （匡苏予）

【业务经营】 2015年，中国人寿保险驻马店分公司全年共实现保费总收入13.67亿元，同比增长39.05%。其中，新单保费6.1亿元，同比增长85.77%；首年期交保费2.32亿元，同比增长60.04%，其中首年十年期保费1.13亿元，同比增长57.83%；首年标保1.16亿元，同比增长62.3%；短期险保费6584.3万元，同比增长31.23%。全年赔款、满期给付及各项支出11.98亿元，上缴税金1091万元，连续第十九年在寿险市场保持领先地位。在河南国寿系统2015年度职能考核中，驻马店公司首次进入国寿系统一类A级公司，取得了1996年分业经营以来最佳考核成绩。公司面向下岗人员扩充销售队伍，各渠道销售人员数量由2015年年初的4368人增加到7516人，全年共招募3838名下岗人员及应届毕业大学生,支持了政府“下岗再就业”工程。同时，公司响应政府“大学生自主创业”号召，组建“收展大学生服务团队”。公司全年投入281万元对全市1598名农村政保服务专员进行多轮服务培训，并投入160万元为农村政保服务专员租用服务场地，投入50万元为基层政保服务专员配备了“一桌、一椅、一柜”。 （匡苏予）

新华保险

【新华保险驻马店中支公司业务概况】 2015年，新华保险驻马店中支通过文化塑造、基础管理、固化执行、标杆引领等系列举措，营造发展氛围，保持发展活力，夯实团队基础，促使业务攀升。其中，个险业务挺进全国前十；总体实现保费收入8.28亿元。

个险渠道。2015年，新华保险驻马店中心支公司全年共计培训新人3500余人，成功上岗1913人，实现了在册人力由1500余人至2600余人的跨越，同比增长73%；业务主任以上职级由140余人增加至210余人，同比增长50%。价值保费突破5500万元，同比增长32%；共计创造毛价值4350万元，毛价值达成率115%；全国价值排名位居第九位，各项核心指标均呈现良好发展态势。

续收渠道。2015年，新华保险驻马店中支个续保费任务3.2亿元，实收3.3亿元，达成102%；银续保费任务2495万元，实收2644万元，达成105%；整体保费任务达成率102%。续期新单价值任务1266万元，实际达成1792万元，达成率141.5%。

银代渠道。2015年，新华保险驻马店中支渠道财富双轮驱动，财富加渠道达到百人团队，做好渠道维护，取得规模保费全省第一的成绩，并超额完成全年期交保费计划，实现财富人力较快提升，年底财富人力已突破50人。2015年规模保费达成29365万元，期交保费达成650.9万元，达成率108%。

法人渠道。2015年，驻马店法人部围绕分公司“务实、提升、合规”的经营思想,以业务发展为主线,以价值为导向,以客户服务、队伍建设为核心，业务品质、效益达成均有明显提升。短险计划目标825万元，实际达成487万元，毛价值超计划达成，达成率198%，同期增长2116%。

（吕东红）

其他保险公司

【中国平安财产保险股份有限公司驻马店中心支公司】 中国平安财产保险股份有限公司驻马店中心支公司经中国保险监督管理委员会河南监管局批准，成立于2006年6月19日，是隶属平安产险河南分公司下设的三级机构。经营业务范围涵盖车险、财产损失险、责任保险及信用与保证保险、人身意外伤害险等一切法定产险业务及国际再保险业务。公司地址位于驻马店市驿城区天中山大道与雪松路交口向北50米。公司下辖6家四级机构，分别为泌阳支公司、上蔡支公司、正阳支公司、平舆支公司、新蔡支公司和柏城营销服务部，包括内勤人员、业务人员及客服理赔人员在内共有82名员工。2015年，中国平安财产保险股份有限公司驻马店中心支公司围绕公司“专业经营，服务领先”的理念，不断拓展市场，注重客户体验，提升服务质量和水平，保费同比增长33%。2015年1月23日零点中国平安“新高铁”车险理赔系统全面上线，意味着平安突破了以“车”为中心的“等理赔”模式，进入了以“人”为中心的“等客户”的车险理赔新时代，该系统中的“小额人伤线上直赔服务”将为客户带来更为简单、便捷、准确的“高铁”式服务。

（杜 贞）

【中国平安人寿保险股份有限公司驻马店中心支公司】 2015

年，平安人寿驻马店中心支公司保费达成 3657 万元，人力规模为 838 人。2015 年 11 月 5 日，获保监局批准中国平安人寿保险股份有限公司驻马店中心支公司地址由"驻马店市文明大道与雪松路交叉口金色置地广场二期 19 号楼 3~4 层"变更为"驻马店市天中山大道北段东侧非住宅楼 1~3 楼"。11 月 5 日，获保监局批准设立了中国平安人寿保险股份有限公司汝南支公司。加上 2011 年开设的上蔡、西平支公司，2012 年开设的泌阳支公司，2013 开设的确山、平舆支公司，驻马店中心支公司二元网点数达到 6 家。截至 2015 年年底，二元保费达成 129 万元，人力规模 420 人。（彭　欣）

【太平洋产险驻马店中心支公司】 中国太平洋产险驻马店中心支公司成立于 2002 年 6 月。太平洋产险承保人民币和外币的各种财产保险、农业保险、短期健康保险和意外伤害保险业务。公司承保业务涉及航空航天、电力能源、石油化工、基础建设以及金融贸易、船舶汽车、机械设备、电子通信、仓储物流、纺织烟草、科技创新等。2015 年，太平洋产险驻马店中支在组织架构、管控体系及营销战略上实施改革，2015 年底达成 6227.45 万元总保额，市场占比第六名。2015 年，公司开展了"五一"出行太保护航活动、"暖心太保 母慈子孝"活动、"十一"出行太保护航等活动。为推进农业政策性保险工作开展，公司分别在平舆、泌阳、新蔡、汝南投入建设了 13 家"三农"服务站，受到好评。2015 年年底，太平车产险驻马店中支参加了市政府金融办、《驻马店日报》、市银行业协会、市保险业协会、驻马店网联合举办的 2015 年度天中金融先进典型评选活动，被评选为"2015 年度天中最受欢迎的保险品牌"。（李　茹）

【阳光人寿保险股份有限公司驻马店中心支公司】 阳光人寿保险股份有限公司驻马店中心支公司成立于 2009 年 12 月 17 日，是国内 7 大保险集团之一——阳光保险集团旗下阳光人寿保险股份有限公司的市级分支机构。公司先后开设遂平、西平、正阳、上蔡、确山、平舆、汝南 7 家县级分支机构。2015 年，驻马店中支个险营销渠道承保标准保费 3836 万元，成功晋升总公司超 A 类三级机构，业务团队人力突破 1000 人，综合开拓财险业务实现保费 950 万元，共上缴地税 437 万元。公司运营不断强化专业技能，提高工作效率，积极推动营销员分级管理、保单品质管理和 e 服务推广，用服务树立阳光品牌。（张　芳）

【华夏人寿驻马店中心支公司概况】 华夏人寿保险股份有限公司驻马店中心支公司于 2008 年 6 月经中国保险监督管理委员会批准设立，现地址位于驻马店市通达路与乐山路东南角爱克大厦 57 号楼 13 层。驻马店中支下辖本部、正阳、遂平 3 家营销服务部。开展 3 大业务渠道个险、银保、团险。驻马店中支围绕"扩人力、建队伍、夯管理"9 字方针展开工作，经营思路以简单、和谐、高效、绩效为导向，强化风险管控，合规经营、算账经营。2015 年实现新单保费突破 10亿元。2015年，公司开展了春之声客服节、金秋客服节、"为抗战老兵送关爱"等活动，倡导公益慈善活动，打造让客户关心、放心的客服节品牌。（娄志刚）

【人保健康驻马店中心支公司】 中国人民健康保险股份有限公司驻马店中心支公司成立于 2008 年 6 月，主要经营与国家医疗保险政策配套的专业健康保险业务。2015 年，公司承保了新蔡县、泌阳县、确山县、汝南县城镇职工大病补充保险业务，收取保费 905.02 万元，赔付 1076.09 万元。（张书玉）

【富德生命人寿驻马店中心支公司概况】 富德生命人寿保险股份有限公司驻马店中心支公司成立于 2008 年 5 月 21 日。现设有上蔡支公司、确山营销服务部、正阳营销服务部 3 家 4级机构；内勤人员 41 人，银代外勤人员 59 人，续期人员 9 人，团险外勤 1 人，代理营销员 454 人。主要经营意外伤害保险、健康保险、传统人寿保险、人寿保险新型产品、传统年金保险、年金新型产品以及经中国保险监督管理委员会和公司批准的其他人身保险业务。富德生命人寿驻马店中心支公司实现了跨越发展，2013 年新单保费 0.9 亿元；2014 年新单保费 2.2 亿元，同比增长 144%；2015 年，新单保费约 3.1 亿元。（沈　杨）

【国华人寿驻马店中心支公司概况】 国华人寿驻马店中心支公司成立于 2011 年 12 月，有市区和西平支公司 2 个机构。其中，西平支公司是 2015 年国华人寿驻马店中心支公司开设的第一家支公司。2014 年公司总保费不足 1 亿元，2015 年业务突飞猛进，达成保费 4 亿多元。这也是国华人寿驻马店中心支公司自成立以来首次全面达成分公司下达的价值保费任务。国华人寿驻马店中心支公司加大保险消费者权益保护力度。公司推行保单通俗化、条款标准化制度，强化员工在产品销售环节的诚信合规意识，严格执行保单售后回访制度，同时还建立完善保护消费者公平交易权、知情权、隐私权和求偿权制度，树立保险行业良好社会形象。着力培养从业人员工作能力，提高从业人员综合素质。加强以服务客户为核心的保险企业品牌建设，积极承担社会责任，推进保险行业文化建设。（王增利）

【国元农业保险驻马店中心支公司概况】 国元农业保险股份有限公司驻马店中支公司于 2014 年 9 月 24 日经中国保险监督管理委员会河南监管局批准正式开业。截至 2015 年年底，设立了西平、平舆、上蔡 3 家支公司，工作人员 16 人。确山、正阳、泌阳支公司已在筹建计划中。已基本在全市大部分县域建立起有效的县、乡、村三级农业保险服务网络。公司以服务"三农"为己任，实行农业保险业务和财产保险业务并存发展的模式。公司产品较为齐全，主要包括农业保险、财产损失保险、责任保险、法定责任保险、信用保险和保证保险、短期健康险和意外伤害保险以及上述业务的再保险业务。坚持服务第一的原则，把优质服务作为车险的主线，从而为全市车主从承保到理赔"一站式"服务通道，增强服务工作的针对性、灵活性、主动性，实现业务发展新跨越。2015 年保费收入 19776354.76 元。（周　平）

城建环保

城乡规划

【市域规划】 2015年，驻马店市城乡规划局坚持科学规划，坚持城乡统筹，做好各项市域规划。

城市设计及专项规划。与深圳规划院合作，编制中心城区高水平城市设计，对中心城区提升建设水平起到重要引导作用。完善公共服务设施、绿地系统、绿道网、综合交通体系、商业网点等5个专项规划技术审查、评审等工作，为城市科学发展提供基础支撑。对西部山区组团规划进行提升完善，提高了设计深度，确定建设用地范围，增强规划的可操作性。初步形成了以总体规划为统领，专项规划为支撑，详细规划为依据的全方位，多层次的规划体系。

重点项目规划。与清华大学、同济大学所属设计院合作，开展小清河片区、练江河片区、老火车站片区的控修规编制并全部通过市规委会审议。

市政基础设施和公共服务设施规划。完成两河片区27条道路，市政府畅通工程39条断头路、东源路（驿城大道—前进大道）天然气管线等89条道路管线规划编制。完成市殡仪馆及7处公交场站控规的报批。完成7座垃圾中转站、10所公厕、1处110千伏开关站、2处110千伏变电站的选址工作。完成第四污水处理厂和第三水厂的控规和选址规划。完成了小清河片区北安置用地学校等4所中小学校的控规、选址及驿城区第十七小学、前张小学的选址、用地工作。

控规编制和研究。2015年，市城乡规划局加大控制性详细规划编制力度，共完成37宗用地的控规编制工作，编制控规面积521.08公顷（合7816.254亩）。在提升控规编制质量上下工夫，尤其是对容积率的合理确定、建筑限高、退界要求等问题深入研究，确保控规编制更加合理。同时，向市国土局及相关单位提供81宗土地规划条件，规划条件总面积596.21公顷（合8943.094亩）；另外对逾期的28个规划条件进行确认，保证了国有土地使用权出让、转让工作顺利进行。

推进“多规合一”。“多规合一”工作，市城乡规划局为牵头单位，为推进各县区“多规合一”工作开展，市城乡规划局下发《关于在全市推进“多规合一”工作的通知》，要求各县、区（管委会）规划行政主管部门在充分调查摸底的基础上，做好“多规合一”工作。通过牵头引导，市发改部门在产业集聚区的范围、面积、主导产业确定；国土部门在完善土地利用规划，保证土地供给；规划部门在编制控规，落实各产业用地布局；环境保护部门在环境影响评价等方面做到了协调联动。驻马店市9个产业集聚区全部实现“多规合一”。

（曹 圳）

【县域规划】 2015年，市城乡规划局按照城乡统筹的要求和“大规划”思想，加强对县区规划工作指导，打造全市城乡规划工作“一盘棋”。制订《2015年城乡规划工作指导意见》《驻马店市规划系统年度工作考评暂行办法（试行）》等规范性文件，对各县区规划工作开展情况同安排、同部署。市城乡规划局领导班子成员联系指导县区，局长带头分包，进一步明确责任分工，做到对县区城乡工作指导监督工作分工明确、权责清晰、稳步推进。2015年，先后2次召开工作会议，对全市城乡规划工作进行部署安排。形成了年初有计划，年中有督导，年末有考核的一整套强化县乡规划指导的工作机制。

城市总体规划修编工作。2015年，遂平县、泌阳县城市总体规划经市政府批准实施；西平县、汝南县城市总体规划完成了总规修编的审议稿，待市规委会审议；上蔡县和泌阳县启动了新一轮城市总体规划修编筹备工作。

各县专项规划编制。泌阳县完成了城市绿地系统、医疗卫生设施、市场体系、综合交通体系、环卫设施、中小学布局等10项专项规划的审批工作。确山县完成了城区集中供热专项规划的评审工作。平舆县组织编制了平舆县城市色彩规划并通过专家评审。遂平县编制了综合交通、环境卫生设施、消防等专项规划。

县域村镇体系规划、乡镇总体规划编制。2015年，确山县、上蔡县、遂平县、平舆县、正阳县乡镇总体规划编制工作全面铺开，积极推进。全年全市完成48个乡镇总体规划编制。

乡村规划编制。2015年，确山县竹沟镇竹沟村作为第一批全国传统村落，完成了传统村落保护规划的编制，并通过省住建厅组织的技术审查和住建部的审核，已经列入全国传统村落保护项目实施名录。

（曹 圳）

【规划审批】 2015年，市城乡规划局做好规划审批工作。一是实行现场办公。先后到驿城区、城乡一体化示范区、经济开发区和汽贸城、联顺食品等部分重点企业进行现场调研，了解服务对象在发展过程中遇到的规划工作难题，现场办公，积极推进项目建设进程，搞好对接服务。二是实行联审联批、模拟审批、并联审批，压缩审批时限。重新修订和完善规划审批工作人员行为准则、报件提供材料通知单、一次性告知通知单、补正通知书，制订了退件情况说明通知单等16项制度和规定，明确各类报建项目的适用范围、审批依据、应提供的材料，从根本上方便办事群众，提高了办事效率。全年共办结各类规划行政许可事项225个，其中选址意见书34个、建设用地规划许可证84个、建设工程规划许可证107个，全部在承诺期限内办结。三是对所有审批类项目必须进行现场勘察，严格按照科室拿出初步意见、局务会研究、专家评审委员会论证把关、规划委员会根据专家评审委员会评审意见议定的程序进行。对拟审批项目做到摸清底数，了解情况，符合规范，结合实际。对重要市政基础设施、重点工业项目及修建性审批类项目在严格按照程序和规范进行审批的同时，必须结合城市总体设计、片区规划提供3套以上的效果图，从建筑体量、外观、色彩等各方面进行严格把关，特别是对重要地标性建筑、重点街区、主要道路交叉口等坚持高标准规划、高规格审批、高水平建设，减少城乡规划建设中的失误。全年共召开市规委会24次，审议研究事项392项。通过“群众参与、专家领衔、集体决策”的审议模式，最大程度上减少城乡规划工作的失误。在规委会运行期间，积极提出合理建议，对工程选址与用地环节并项研究、工程项目修建性详细规划和核发建设工程规划许可证并项研究、对招拍挂出让开发用地规划许可不再提交规委会研究等事项拿出了提效意见。同时要求规委会会议纪要3天内起草完毕，提交规委会主要领导签批；规委会已研究通过事项不再等会议纪要正式印发，研究通过即办理。（曹 圳）

【规划执法监管】 2015年，市城乡规划局加强规划执法监管。机关所有人员对执法区域划分网格、分片包干，每月定期与规划监察支队执法人员协同执法，及时掌握城市建设和规划执法现状。开展无证违建项目督查。全年共发现74处无证违建项目，都及时向所在辖区进行通报，督促各区加强管理。加强批后跟踪监管工作。针对由市城乡规划局审批建设项目，制定完善《建设工程跟踪监察管理制度》，每个项目建立一套跟踪监察档案，档案内包含跟踪监察日记、规划蓝图、审批单、跟踪监察责任书、放验线单、效果光盘等资料，并每天对工程施工情况进行检查，发现问题及时汇报。全年批后跟踪监管项目共94处，均没有出现大的违规建设行为。落实规划核实制度，根据建设单位和个人的申请在规定的时间段内进行规划竣工验收。在核实中，严把建设项目的平面布局、空间布局、建筑造型和工程标准，严格检查用地范围、位置、建筑间距、建筑密度、容积率、建筑高度等有关经济技术指标是否符合城市规划设计要求。对验收合格的核发建设工程竣工规划验收合格通知书；对在验收中发现存在违反规划审批指标建设的，由规划监察支队依法进行处理。2015年共对50个项目进行规划竣工核实。做好规划信访维稳和行政诉讼工作。全年共接到各类群众信访案件33件，其中上级批转件8件，均按时限要求回复信访人和上报市信访局；群众举报件25件，均及时回复上访人。答复市法制办行政复议3起，省住建厅行政复议2起。审查县区行政复议2起。行政应诉5起，依法举行听证5起。（曹 圳）

城乡建设

【城乡建设概况】 2015年，驻马店市住建局以加快新型城镇化进程为主线，搞建设、促发展，完成了年度目标任务。市中心城区完成城建基础设施投资约51亿元，建成区达到85平方千米；城镇化率达到39.2%，提高1.7个百分点；实现建筑业产值206亿元，同比增长19.3%。（王明华）

【基础设施项目建设】 2015年，全市基础设施项目建设加快。一是重点项目建设。以“年度市政项目建设计划”为依据，实施城市重点基础设施项目建设，重点围绕九大功能片区的开发，十项重点工程，城投债、BT项目的续建以及民生工程和服务工业项目的配套，实施了3大类100个重点城市建设项目，总投资约188.9亿元，2015年完成投资约46.3亿元。二是市政道路建设。加快推进文明大道南段、盘龙山路、盘古山路、靖宇路、纬一路、纬二路、体育路、练江路西段、滨河南路、天顺路、蔡州路等市政道路项目建设。实施解放大道东段、通达路人行道、中华大道地下道、乐山大道维修改造等7项工程，8月底前已全部完工。投资17.8亿元，实施“断头路”项目38个，累计完成投资3.67亿元。三是公共基础设施建设。依托驻马店市城市总体规划（2011~2030），加快推进各类配套专项规划的编制工作，市中心城区先后完成供水与节水、排水防涝、燃气、热力、园林绿化、照明、市容环卫、城市综合交通体系、城市公共交通规划等18项专项规划。供水节水、燃气、环卫、照明专项规划已通过省厅专家评审。推进市体育中心、第二水源地及第三水厂项目建设，启动第四污水处理厂、生活垃圾综合处理项目建设。同步完善城市供水、供热、供气管网等基础设施，铺设、更新供水管网80多千米、燃气管网20多千米，实施供热工程6项，累计完成投资4亿多元；新建垃圾中转站7座，新建水冲式公厕41座。投资4760多万元，购置扫地车、洒水车等各类环卫机械460多台。四是背街小巷改造。投入资金9000多万元，改造天方路、南海路北段、富强路、骏马路、十三香路、金雀路、文祥路等背街小巷30多条；推进健康路、春晓街、白桥路一巷、人民街、丰泽路、驿丰路、文明支路、纬二支路等道路升级改造，年底前完成。从10月份开始，投入资金6000万元，对中心城区破损的210条背街小巷进行升级改造。五是绿化建设。加快公共绿地建设，置地公园荷花池建设项目如期完工，纬一路、纬二路、经一路道路绿化项目在推进中，截至年底，完成了绿化任务。实施练江河中段景观改造、工业一路、盘龙山路道路工程、洪河大道东段等园林绿化项目4个，对开源大道、文明大道、解放大道、乐山大道等多条道路进行升级改造，园林景观效果得到提升。对儿童公园、靖宇广场、天方游园、重阳文化园等20多处公共绿地实施绿化升级改造，补栽苗木19万株，移植各类灌木31.2万株，新增绿化面积60万平方米。加快推进金叶公园、开源公园建设，打造绿化建设新亮点。六是征地拆迁。按照市委、市政府统一部署，组织开展新一轮征地拆迁安置集中行动，完成征地面积1333.33余公顷，完成拆迁量218万平方米，完成拆迁户数3000多户。（王明华）

【城市管理】 2015年，结合城市创建工作，驻马店市委、市政府成立“六城联创”指挥部，各街道也都成立相应的组织，负责具体抓好城市管理工作。按照城市管理工作实际，实行领导干部分包路段责任制，把城区200多条主要道路及片区的环境卫生管理分包给76位处级领导干部，做到条块结合，横到边、竖到底，不留空当。6月开展“百日综合整治”以来，共拆除违章建筑492处，清理占道经营、店外经营摊点、马路市场1522个，规范灯箱广告1918个，清理乱写乱画5.78万处，清理占道建筑材料及杂物17.3万立方米，清理垃圾178万吨，刷新背街小巷建筑物立面64万平方米，城市面貌有很大改观。对城区7个集贸市场、3个夜市定时进行集中检查，整治了市民意见较大的团结路“天中美食一条街”夜市，保障了市场内划行归市清楚，商品摆放有序。督促全市环卫部门加大作业机械设备投入，提高道路洒水降

2015年2月13日，市区铜山大道与淮河大道交叉口东北角违法建筑被爆破拆除。

尘作业频次，做好渣土运输车辆管理工作，确保扬尘治理工作落到实处。启动第四污水处理厂建设，加快产业集聚区污水管网建设力度，使污水应收尽收，减少对河流水质的影响。成立巡查小组对练江河全段进行拉网式排查，建立日巡查通报、周整改落实、月汇总反馈制度。全年共排查排污口 87 次，查处私排污水 6 处，3 处排污口水质超标，下达限期整改通知书 16 份，督促重点排污企业改造排污口 12 处，改善了水质。推进城市管理职能下沉，落实“网格化”管理，调动区、街道和社区组织参与城市管理的积极性。制定下发《城市建设管理考核办法》，加强对“三区”城市管理工作的督查指导，坚持日检查、周通报，完善监督机制。全年累计下发督查通报 43 期，限期整改解决了 2800 多起市民群众关心、关注的热点难点问题。完成智慧（数字化）城管项目建设，推进智慧城市监督管理指挥中心机构组建工作。按照市委、市政府《关于推进美丽乡镇建设的意见》，抓好首批 30 个乡镇的督导检查，并积极开展乡镇长培训；贯彻省政府《关于进一步规范农村村民住宅建设的指导意见》，组织宣传日活动，发放宣传资料 2000 多份。全市有 10 个乡镇和 10 个村庄被省命名为美丽宜居小镇、村庄。按时完成农村危房改造 2.72 万户，竣工率 102.33%。（王明华）

【建筑市场管理】 2015 年，全市加强建筑市场管理。一是落实《中华人民共和国建筑法》等法律、法规和强制性条文，建立健全工程质量和安全生产监管体系，加大监督执法力度。加大施工图审查力度，共审查各类建筑工程 619 项，建筑面积 306 万平方米，查出违反强制性条文 870 条，重大质量安全隐患 367 条，并对存在安全隐患的施工图进行整改。组织开展执法大检查，监督在建工程 939 项，下发整改通知 365 份，监督责任单位认真整改到位，受监工程获省土木建筑科学技术奖、工程质量奖 3 项，省住宅工程质量专项治理示范工程奖 4 项，荣获“省结构中州杯奖”6 项，省级“文明工地”16 项，“天中杯”17 项、“市优质结构奖”78 项、市“文明工地”52 项。二是实施“蓝天工程”，制订《建筑工地扬尘治理方案》《遏制道路交通扬尘实施细则》，对建筑工地施工环境、道路保洁、渣土运输进行规范和管理。开展施工工地扬尘治理整改工作。下发限期整改通知 144 份，局部停工通知书 64 份，不良行为告知书 24 份，行政执法督导书 5 份，建筑工地车辆冲洗和扬尘污染行为得到有效控制。制订《驻马店市绿色建筑行动实施方案》，指导全市绿色建筑发展，获 2015 年度全国绿色建筑创新奖二等奖；获河南省建设科技进步奖一等奖、三等奖、绿色建筑创新奖一等奖。置地·天中第一城（二期）获住建部二星级绿色建筑运行标识。市定额站被省厅表彰为“安康杯”竞赛优胜单位。三是加强建筑市场执法监察。结合“三严三实”教育活动，建立健全建筑设计、施工管理、建筑节能、墙体改革、招投标、装饰装修、城建监察为一体的综合性建筑市场监督管理体制，实行城市户外广告和行政处罚联审联批制度，对规划控制区内在建工程实施全方位监管。按照市场决定资源配置的要求，改进完善评标办法，加强合同履约情况和招投标活动中企业行为的监督管理，规范建筑市场秩序。配合有关部门开展“双违”整治活动。（王明华）

【城建服务】2015年，全年共办理审批事项531个；受理“12319”城建服务热线来电420件；办理民意快线33期，市长热线52期，受理人民网群众投诉22件，网络问政45件，办结率和满意率达到100%。办理人大建议和政协提案88件，其中人大建议29件，政协提案59件（其中市人大重点建议1件，市政协督办重点提案2件），被评为2015年度人大建议办理先进单位。推进服务型执法建设，市住建局被省厅表彰为2015年度依法行政工作先进单位，市城管监察支队被省厅表彰为服务型行政执法工作先进单位和“五星级执法监察队伍”。开展建筑职工培训，全年参培人员6754人次。深入各施工企业一线开展培训，先后培训学员3000多名。按照建筑企业职工工资总额提取一定比例职工教育经费，统筹用于农民工培训，在全省起到示范作用。利用电视、广播、手机报、网络、报刊等多种形式宣传城市建设与管理各项工作，编报的各类信息被国家级新闻媒体采用18篇，省级新闻媒体采用156篇，市委、市政府采用48篇，市级新闻媒体发稿1236篇。（王明华）

房地产管理

【房产管理概况】2015年，驻马店市政府先后出台《驻马店市人民政府办公室关于促进房地产市场平稳健康发展的意见》《驻马店市人民政府办公室转发关于进一步促进房地产市场平稳健康发展补充意见的通知》，从放开中小户型比例，放宽商品房预售条件，降低首套房贷款首付比例及利率，放宽公积金贷款额度、期限，降低房产契税税率等方面进行政策调整。2015年下半年，全市新建商品房销售面积连续6个月出现正增长，房地产开发投资高位运行，增幅趋缓。2015年年底，市政府下发《关于促进中心城区住房消费的实施意见》，在特定时间实施购房补贴和契税补贴，支持住房消费，消化商品房库存。政策实施1个月，全市已发放购房补贴1039笔、契税补贴10012笔，财政补贴资金支出4190万元，契税收入1.05亿元。中心城区新建商品住宅销售均价3718元/平方米，同比增幅为5.8%，市场运行基本平稳，下行压力较大。（赵树理　李　倩）

【房地产开发】2015年，全年房地产完成投资216.14亿元（全省居第六位，黄淮4市居第三位），同比增长15%（高于全省平均增幅4.9个百分点，全省居第七位，黄淮4市居第三位），增幅较上年同期增长3.8个百分点；房屋施工面积2013.75万平方米（全省居第六位，黄淮4市居第二位），同比下降2.2%（低于全省平均增幅7.7个百分点，全省居第十四位，黄淮4市居第四位），增幅较上年同期下降21.2个百分点；新开工面积716.58万平方米（全省居第三位，黄淮4市居第二位），同比下降8.4%（低于全省平均增幅12.1个百分点，全省居第十一位，黄淮4市居第三位），增幅较上年同期下降2.4个百分点；房屋竣工面积603.62万平方米（全省居第二位，黄淮4市居第一位），同比下降6.6%（高于全省平均增幅19.8个百分点，全省居第六位，黄淮4市居第二位），增幅较上年同期下降41.4个百分点；新建商品房销售面积740.27万平方米（全省居第二位，黄淮4市居第一位），同比增长0.6%（低于全省平均增幅8个百分点，全省居第十二位，黄淮4市居第三位），增幅较上年同期下降28.7个百分点；商品房待售面积315.77万平方米（全省居第一位，黄淮4市居第一位），同比增长10.7%（高于全省平均增幅14.4个百分点，全省居第三位，黄淮4市居第一位），比1月～11月商品住宅库存量下降7.65万平方米，下降幅度2.36%。全市已登记备案房地产开发企业696家，其中一级企业1家、二级企业31家、三级企业68家、四级企业192家、暂定级404家。2015年，全年办理商品房预售许可证266份，审批暂定级房地产开发企业162个、暂定三级物业管理企业67个，初审上报省住建厅房地产评估暂定三级资质3个。办理预售商品房买卖合同备案223.58万平方米，备案金额101.74亿元；批准预售面积354.43万平方米。（赵树理　李　倩）

【住房保障】2015年，省政府下达驻马店市新开工保障性安居工程任务33945套，全部开工，完成目标任务的100%；基本建成任务1.8万套，已基本建成19523套，完成目标任务的108.46%；分配入住任务17528套，已分配18101套，完成目标任务的103.2%。全年争取中央、省保障性安居工程专项补助资金和配套基础设施投资补助资金11亿元。落实保障性安居工程审计整改8个问题，占审计报告提出问题总数的100%。中心城区保障性住房万家花园、安居新村一期和安居新村二期小区已入住2201户，全年共收取廉租住房房租165万元，完成率达99%。（赵树理　李　倩）

【棚户区改造】2015年，驻马店市住房管理中心调研起草了《驻马店市棚户区改造货币化安置管理办法》，在不建或少建安置房的前提下，通过消化存量商品房实现对棚改居民的安置，打通保障性住房与商品住房之间的通道。中心城区已竣工改造项目53个，占地面积90.232公顷（1353.48亩），完成拆迁建筑物面积52.5亿平方米，涉及2606户8973人，完成投资60.58亿元，建成建筑面积280.42万平方米。在建改造项目25个，项目占地面积180.26公顷（2703.88亩），规划总建筑面积538.46万平方米，计划总投资110.6亿元，已拆除建筑物面积86.86万平方米，涉及2408户8322人，完成投资67.42亿元，开工建筑面积287.808万平方米。（赵树理　李　倩）

【房地产市场管理】2015年，驻马店市住房管理中心实行房地产信息日报制度，按照住房和城乡建设部安排，抽调专人进行业务培训，从人员、技术、硬件系统方面，确保市本级和 8 个县的房地产交易日报工作实现“全覆盖、数据准、日日报”。对房地产交易的商品房销售、存量房交易实行周报、月报数据统计汇总，为定期分析研究房地产市场运行情况及发展趋势，及时准确了解全市房地产市场动态，提高政府决策科学性与针对性提供数据支撑。为做好房地产市场分类调控，掌握全市商品房库存数量，对市中心城区 2015 年 7 月 31 日前所有未出售房屋，包括已取得预售许可证未售出房屋、未取得预售许可证（列入市政府双违项目）已竣工未售出房屋进行全面统计，为实施房地产精准、分类调控提供基础数据。为严厉打击房地产市场违法违规行为，在中心城区开展全方位排查工作，摸清了房地产开发公司、中介结构、物业公司经营现状及基本情况，统一造册，分类排队，构建了“横向到边、纵向到底”纵横交错的网络执法监察体系，配套实行企业黑名单、诚信体系、失信惩戒和守信激励等查处制度。起草出台《驻马店市存量房屋网上签约备案与资金监管实施方案》，与中国人民银行驻马店市中心支行联合印发《驻马店市存量房交易资金监管办法》，规范存量房屋交易监督管理，保护交易双方合法权益和交易安全。全年共查处房地产开发企业 15 家，立案 11 家，结案 11 家，收缴罚没款 54 万元，注销物业服务企业 19 家。承接办理“民意快线”（市长热线）80 余件，解决了 100 余起群众反映的热点难点问题，参与行风热线 4 次，回复网络问政 103 起。（赵树理 李 倩）

【物业管理】 2015 年，驻马店市住房管理中心开展物业服务企业沙龙座谈会，调查了解物业服务企业在经营活动中存在的问题，探索解决问题的办法，帮助物业服务企业认清物业管理发展新形势，树立依法经营观念。研究制订《关于进一步加强物业管理工作的意见》等规范性文件上报市政府，推进全市物业服务市场规范化建设。开展物业管理优秀住宅小区验评，全市申报省示范（优秀）小区验评 2 个、市优秀小区验评 19 个，评出市级物业管理优秀住宅小区 8 个。对中心城区房地产经纪机构进行集中备案，摸清底数，76 家经纪机构，已备案 11 家，经纪人 6 人，经纪人协理 63 人，从业人员 300 多人。具有物业服务资质的企业 281 家，其中二级资质企业 6 家、三级资质企业 120 家、暂定级资质企业 155 家。全市已累计收缴维修资金 2.95 亿元，新建小区归集比例为 100%。全年支出维修资金涉及 8 个小区 1179 户，支出资金 108.07 万元。（赵树理 李 倩）

【房地产交易与权籍登记管理】 2015 年，全年中心城区共颁发权属证书（证明）56612 本（包含所有权证、抵押权证、预告证明等）。办理房屋初始登记面积 198.73 万平方米，初始登记件数 1506 件，房屋交易登记（新建商品房、存量房转移）14381 件，交易面积 146.51 万平方米，交易金额 39.23 亿元。办理抵押件数 23128 件，金额 136.82 亿元，面积 467.12 万平方米，预告登记件数 30684 件，面积 355.97 万平方米。完成评估面积 20 万平方米、评估项目 1450 宗。其中，交易类 130 宗、抵押类 1300 宗、咨询及其他 20 宗，评估标的物价值 6.1 亿元。（赵树理 李 倩）

【综合信息系统建设】 2015 年，驻马店市住房管理中心制定《市房屋坐落编制办法》《房产区号、分区号、丘号、幢号编制办法》，市本级房地产交易与权属登记、物业管理、商品房预售许可、网上签约备案、房屋安全鉴定等子系统正在运行或试运行，历史档案已扫描完毕，存量房（二手房）签约备案管理系统已安装启用，基本实现各项业务系统数据、图形信息相互关联，动态传递和信息共享。8 个县中上蔡县已正式运行，基本完成了历史档案扫描录入；平舆县、遂平县、西平县、正阳县软硬件已投入使用，正在整理录入历史档案。平舆县、遂平县、泌阳县、正阳县运行了新建商品房网上签约备案系统，确山县完成软硬件安装调试，汝南县硬件已安装完毕，根据国家及省要求，市县基本达到同步落实。建立与省住房和城乡建设厅关联的领导干部房产信息查核报送专线，已具备开通查询条件，推进与市委组织部、各县住建局的查核专线建设。全年共查询报送 196 批次 3000 余人的房产查核信息。（赵树理 李 倩）

【直管公房管理】 2015 年，驻马店市因旧城改造，很多公房纳入旧城改造拆迁范围，配合拆迁安置住户 272 户，向阳街 118 户、沙北路 16 户、南海办事处辖区 9 户、新亚商场及周边区域 26 户、火车站北侧区域拆迁 25 户、百忍里拆迁 15 户。全年直管公房收缴房租 320 万元。整理房产档案 600 余份，土地档案 200 余份。维修项目 1600 余次，大修项目砖木结构 3954.8 平方米，砖混结构 4967.52 平方米。（赵树理 李 倩）

【房屋安全鉴定】 2015 年，驻马店市住房管理中心开展全市老楼危楼安全排查整治，对中心城区建设时间较长、设计标准低、结构安全性能下降等楼房进行现场勘查，排查商品住宅 971 幢，建筑面积 160.47 万平方米，直管公房 539 幢，建筑面积 53.457 万平方米，人口密集场所 206 幢，建筑面积 3.158 万平方米，鉴定出危房面积 1.8 万平方米。（赵树理 李 倩）

住房公积金管理

【住房公积金管理概况】 驻马店市住房公积金管理中心为直属于市人民政府不以营利为目的的全供事业单位，主要负责全市住房公积金的归集、管理、使用和会计核算。中心内设 8 个科室，下设 10 个管理部。2015 年，驻马店市住房公积金管理中心主要业务指标保持较好增长态势。归集住房公积金 15.94 亿元，完成年度计划 14 亿元的 113.86%，较上年同期增长 17.02%；发放住房公积金贷款 19.35 亿元，完成年度计划 8 亿元的 241.88%，较上年同期增长 185.06%；实现增值收益 7088.12 万元。截至 12 月末，全市住房公积金个贷率达到 77.49%，较上年初上升 35.11%，超省政府下达的 56% 的目标 21.49 个百分点，结余资金 9.69 亿元，超省政府下达的 17.92 亿元的年底目标 8.23 亿元。截至年底，资金运用率 77.49%，比上年同期增加 35.11 个百分点。未购买国债。2015 年，中心再次被河南省住建厅评为“住房公积金管理先进单位”。

公积金缴存。驻马店市受委托办理住房公积金缴存业务的银行共计 8 家。全年实缴单位 3709 家，实缴职工 247081 人，缴存 15.94 亿元，同比增长 17.02%。2015 年新开户单位 216 家，新开户职工 9345 人，净增单位 256 家，净增职工 8184 人。截至年底，缴存总额 74.77 亿元，缴存余额 43.03 亿元，分别同比增长 27.01%、减少 3.57%。

公积金提取。全年提取 17.39 亿元，提取占当年缴存额的比率 109.1%，比上年同期增加 75.69 个百分点。截至 2015 年底，提取总额 31.74 亿元，同比增长 121.18%。

公积金贷款。驻马店市个人住房贷款最高额度为 50 万元，其中双职工家庭最高额度 50 万元，单职工家庭最高额度 40 万元。受委托办理住房公积金个人住房贷款业务的银行共计 6 家，比上年新增 2 家。全年发放个人住房贷款 8244 笔 19.35 亿元，同比分别增长 125.43%、185.06%。回收个人住房贷款 4.93 亿元。截至 2015 年年底，全市累计发放个人住房贷款 32009 笔 51.53 亿元（其中含新蔡县管理部以前在中心发放的 679 笔 6113 万元贷款），贷款余额 33.35 亿元，同比分别增长 34.69%、60.13%、76.23%。个人住房贷款率为 77.49%，比上年同期增加 35.11 个百分点。

增值收益情况。2015 年，住房公积金业务收入共计 12645.59 万元，同比降低 29.84%。全年住房公积金业务支出共计 5557.47 万元，同比降低 38.86%。全年住房公积金增值收益 7088.12 万元，同比降低 20.66%。增值收益率 1.58%，比上年同期减少 0.65 个百分点。增值收益分配：全年提取贷款风险准备金 3334.5 万元，提取管理费用 1756.15 万元，上缴财政管理费用 1181.47 万元，提取城市廉租房（公共租赁住房）建设补充资金 1997.47 万元，上缴财政的城市廉租房（公共租赁住房）建设补充资金 5860.72 万元。截至 2015 年年底，贷款风险准备金余额 11898.4 万元，累计上缴城市廉租房（公共租赁住房）建设补充资金 13632.84 万元。

（饶 勇）

【公积金贷款】 2015 年，驻马店市住房公积金管理中心做好住房公积金个人贷款发放，帮助职工合理改善居住条件。由重归集转向归集和使用并重，最大限度地支持职工合理住房消费。放宽贷款条件，延长贷款年限，从 4 个方面进行 21 项政策调整，开展商转公业务、装修贷款业务、进城务工人员缴存和贷款业务等新业务。配合新政策出台，先后多次开展住房公积金贷款新政策解读，提高贷款新政的社会知晓率。加强逾期贷款管理，通过多种方式对逾期贷款进行催收，化解信贷风险。全年发放住房公积金个人住房贷款 8244 笔 19.35 亿元，分别是上年全年贷款笔数和贷款发放量的 225.43% 和 285.06%。

（饶 勇）

【公积金提取】 2015 年，驻马店市住房公积金管理中心改进住房公积金提取机制，提高制度有效性和公平性。一是放宽提取条件。将购房提取的凭证时限由原来的 1 年延长至 5 年。二是增加提取品种。结合全市实际和职工需求，先后开展装修提取业务、物业费提取业务、租房提取业务等一系列新业务，拓宽职工使用住房公积金渠道。三是简化提取办理。对提取业务流程进行分析研究，压缩业务环节，取消职工回单位加章的程序，减少职工来回跑趟。开展与合作银行直联业务，职工提取住房公积金实现即时到账。2015 年，办理住房公积金提取 17.39 亿元，是当年缴存金额的 109.1%，超过以前年度提取总额 3.04 亿元。

（饶 勇）

【公积金归集扩面工作】 2015 年，驻马店市住房公积金管理中心围绕扩大住房公积金受益人群，从 3 个方面下功夫。一是以政策宣传月活动为引领，开展政策宣传。全年共发放各种宣传资料 1 万多本，宣传彩页 4 万余份。二是将非公有制单位及建立稳定劳动关系的进城务工人员逐步纳入住房公积金缴存。截至 12 月底，当年个体工商户等人员缴存住房公积金 3507 人，占当年新缴存人员的 37.53%，其中近半数以上的个体工商户申请了住房公积金个人贷款。三是加大行政执法力度。对 25 个违反《住房公积金管理条例》的单位下达催缴通知书，对 6 个单位采取强制措施，共补缴 282 名职工住房公积金 61.3 万元，对 1 个公司依法申请法院强制执行，罚款 3 万元，并要求该单位为职工补缴住房公积金 24 万元。2015 年，全市新增缴存职工 9345 人，提高了住房公积金制度的受益面。

（饶 勇）

【公积金资金管理】 2015 年，驻马店市住房公积金管理中心制定下发《住房公积金会计差错责任追究管理办法》，规范会计行为，提高会计人员责任意识。先后 2 次调整县区支取备付金额度，由以前的 100 万元提高至 500 万元。保证资金使用，提前兑付定期存款近 50 笔 11.5 亿元。开展内部审计。在日常审计的基础上，先后开展住房公积金归集业务专项审计和支取专项审计，筑牢资金安全防线。2015 年，全市安排调度信贷和支取资金近 40 亿元，资金运作基本实现零差错。

（饶 勇）

【公积金服务】 2015 年，驻马店市住房管理中心加大 12329 客户服务建设，为群众解答住房公积金政策咨询，群众满意率达 99% 以上。加大“12329”短信服务平台建设，8 月底，完成短信平台的建设和测试工作；11 月底，开通短信发送业务，短信批量发送业务正在推进。按照住建部关于贯彻落实《住房公积金基础数据标准》要求，周密组织，积极协调，推进信息化建设，开展与合作银行的直联。其中，“双贯标”工作在全省 18 个省辖市中第一家完成，受到省住建厅表扬。发布《驻马店市住房公积金 2014 年度报告》，提高住房公积金工作透明度。向省、市监管部门报送住房公积金工作情况，对 2006 年 ~ 2014 年间全市住房公积金重要资料进行整理汇编。对全市住房公积金行政职权进行全面清理，制定中心权责清单和职权运行流程图。按照住房公积金综合柜员服务标准，提高工作人员的文明服务意识。2015 年，开展上门集体办理贷款服务 70 多次，办理贷款 2800 多户近 6.5 亿元。

（饶 勇）

建设投资

【融资投资概况】 2015年，驻马店市投资公司拓展融资渠道，充分发挥融资平台的作用，筹集项目建设资金，参与城镇化建设。

直接融资。通过省豫资公司担保，为小清河棚户区改造项目在国家开发银行贷款11.64亿元，用于小清河片区的安置社区建设，项目贷款已到账资金2.91亿元，其余资金将根据工程进度拨付。为保障小清河项目资金需求，拟采用政府购买服务的融资模式进行建设。市投资公司作为承接政府购买服务的承接主体，通过与国开行和中原银行对接，为小清河治理项目申请专项贷款2.7亿元，已到账7500万元。向厦门国际银行申请授信贷款2.8亿元，已到账2.25亿元。

间接融资。市投资公司利用公司职能，引进资金，支持市重点项目发展，共为全市8家单位提供融资担保。分别是：为昊华骏化集团农发行农业技术资金2亿元贷款提供担保；为置地房地产公司1.5亿元新西北道路建设贷款提供担保；为蓝天集团中油销售有限公司在工行1亿元的承兑担保；为驻马店市公共资产管理有限公司在中信银行和建行合计8.18亿元的火车站片区项目及中心城区断头路项目提供贷款担保；为驻马店农业学校、汝南幼儿师范学校、驻马店卫生学校和驻马店财经学校共计1.9亿元贷款提供担保。

项目投资。利用国家开发银行贷款资金，支持全市城市基础设施建设。全年共投放资金136709.61万元。其中，向市产业集聚区安置社区项目投放贷款资金5561.39万元；市产业集聚区标准化厂房项目169.51万元；支付小清河项目资金75849.58万元，累计支付95168.3万元；拨付小清河棚改项目资金3279.93万元；支付练江河项目资金21695.88万元；2015年拨付城投债资金30153.32万元，累计拨付128385.76万元。

公司债发行。为推动全市基础设施建设和经济社会快速发展，经市政府批准，拟非公开发行公司债券（私募债）40亿元。所筹资金将用于城市基础设施建设；调整政府债务，降低融资成本；小清河片区路桥建设及征地补偿等项目建设。私募债申报材料已通过上海证券交易所批准，于12月31日发行到账10亿元，2016年根据项目资金需求和市场利率变化再择机发行30亿元。（吴隆浩）

【贷款回收】 2015年，市投资公司回收贷款利息10960.38万元，其中长期贷款利息10241.03万元、短期贷款利息719.35万元。回收各项贷款本金10962.72万元，其中回收长期贷款本金10727.98万元、回收短期贷款本金234.74万元。（吴隆浩）

【企业管理】 2015年，市投资公司履行出资人职能，参加参股企业的股东会、董事会、监事会，参与企业的中长期发展计划、企业生产计划、项目投资、资本金增加、财务预算、利润分配方案等重大决策活动。投资企业取得较好业绩，收取红利3449.09万元，其中豫龙同力水泥有限公司3394万元，中原银行55.09万元。（吴隆浩）

【小清河项目建设】 小清河项目是驻马店市委、市政府确定的九大功能片区之一，为完成市委市政府交办的任务，公司做了大量工作，累计完成投资95168.3万元。

小清河引水灌溉调节工程。小清河引水灌溉调节工程可行性研究报告已获省发改委批复，总投资6亿元，项目分三期实施。小清河一期、二期勘界、清点及补偿工作已经完成，小清河三期地上附着物清点工作全部结束，补偿预算正在评审。小清河景观工程设计、使用林地审核同意书、建设用地规划许可证、建设工程规划许可证等手续全部获得有关部门批复。小清河引水灌溉调节工程（调节工程部分）第一标段施工及监理招标工作已经结束，项目于12月25日举行开工奠基典礼，标志着已经正式开工建设。

小清河区域内12条道路前期准备工作。靖宇北路、洪河大道等6条道路建设用地规划许可证办理完毕。洪河大道、盘龙山北路、纬五西路、经一路、经一北路5条道路勘界、清点补偿工作已经完成；在施工阶段的洪河大道，小清河河西段路基处理完毕；经一路、纬二路、创业大道施工单位已进场开展准备工作。2015年，道路工程累计完成投资共计4342万元。

小清河安置区项目。小清河片区棚户区改造项目分南、北2个安置区。2015年完成北安置区土地摘牌，取得了土地使用权，并签订国有建设用地使用权出让合同，办理缴纳了土地出让金、耕地占用税、契税、开垦费、公证费等相关手续。小清河棚户区改造项目完成文物勘探、发掘工作，施工前所需的岩土工程勘察、施工图设计文件及图纸审查、人防批准手续及易地建设批准书都已完成，用地规划许可证和土地证已经取得。安置房部分委托经济开发区进行建设分配，已经完成招标工作，并且办理了该区的建设工程规划许可证，施工单位已经进场施工；市投资公司与村镇合作开发的商住房正在履行招标手续，建设工程规划许可证正在办理。南安置区地质勘查报告已完成，施工图设计文件正按照控规条件实施，地块03、地块04的施工图纸已设计完成，人防施工图设计文件正在设计阶段，地块03、04图纸已委托驻马店鸿图公司进行审查。（吴隆浩）

环境保护

【环境保护概况】 2015年，驻马店市环保工作围绕推进生态文明、建设美丽驻马店，以改善环境质量为目标，以深化污染治理为核心，重点实施蓝天、碧水、乡村清洁3大工程。全市落实总量减排计划，确定年度减排项目32个，逐级分解减排任务。定期深入企业开展总量减排日常督促检查，强化对污染源自动监控数据传输有效率、企业自行监测信息公布率、监督性监测信息公布率的监管工作。2015年，全市化学需氧量、氨氮排放总量分别控制在13.08万吨、1.292万吨以内，比2010年减少9.55%（其中工业和生活排放量减少8.19%）、12.17%（其中工业和生活排放量减少10.99%）。二氧化硫和氮氧化物排放量控制在4.01万吨和4.88

万吨以内，分别比 2010 年减少 4.4% 和 10.9%。驻马店市纳入国家减排目标责任书中需要 2015 年完成的重点项目共有 4 项（驻马店市豫龙同力水泥有限公司 2 条生产线脱硝项目、河南省诸美种猪育种有限公司、上蔡县宏伟种猪有限公司），截至年底，均已建成投运。（甄宇嫡）

【蓝天工程】 2015 年，驻马店市政府印发《2015 年度驻马店市蓝天行动计划实施方案》，从深化工业大气污染综合治理、集中治理燃煤锅炉、淘汰落后产能、治理城区露天烧烤及饮食服务业大气污染、加大扬尘污染治理力度、开展汽油油气回收治理、综合防控机动车排气污染、进一步加大秸秆禁烧工作力度等方面，对全市大气污染防治工作进行全面安排和部署。一是空气质量得到改善。2015 年市区空气质量优良天数 183 天。截至 11 月底，PM10 平均浓度 120 微克 / 立方米、PM2.5 平均浓度 71 微克 / 立方米，分别比上年降低 15 微克 / 立方米和 18 微克 / 立方米。二是工业企业综合治理成效显著。白云纸业自备电厂燃煤机组脱硫脱硝及除尘设施改造工程顺利完成并通过省环保厅验收。古城电厂、国电驻马店热电有限公司、豫龙同力水泥有限公司、南方钢厂、河南骏化发展股份有限公司等均已完成脱硫脱硝治理的大气污染重点企业，主要污染物排放浓度均能稳定达到国家相关排放标准要求。三是在燃煤小锅炉整治中，列入蓝天工程方案的 15 台建成区集中供热供气覆盖范围内燃煤锅炉的拆除或清洁能源改造工作已全部完成。（甄宇嫡）

【碧水工程】 2015 年，市环保局制定印发《驻马店市 2015 年度全市碧水工程实施方案》，将开展城市河流清洁行动、全面完成“十二五”各项水污染防治任务、加强饮用水源地环境保护、强化工业水污染防治等作为全市碧水工程的主要内容，进行全面部署，提出具体要求。2015 年地表水环境质量较 2014 年有很大改善。截至 11 月底，全市 3 个地表水责任目标考核断面洪河新蔡李桥断面、汝河正阳梁庄断面达标率均为 100%，黑河上蔡前相湾断面达标率 81.8%，城市集中饮用水源地水质达标率 100%。（甄宇嫡）

【乡村清洁工程】 2015 年，驻马店市省定生态创建目标顺利完成，高邑乡、泰山庙镇 2 个乡镇开展了省级生态乡镇创建，泌阳县王店镇高楼村等 9 个村开展了生态村创建，均已通过省环保厅考核检查验收。上蔡县、确山县、正阳县等 3 个生态县正在积极规划建设中，确山县郎陵街道等 9 个乡镇环境保护规划通过评审论证，并在积极开展生态乡镇创建。组织开展对 2012 年、2013 年命名的市级生态村进行全面复查，巩固生态创建成果。通过现场督导、业务指导、定期通报等措施，推进农村环境整治项目建设。全市 22 个项目中 19 个项目已建成或基本建成，3 个在建。共购买 132 辆垃圾车，建造 230 座垃圾池；建成 22 座污水处理设施，污水处理规模达到 5750 吨 / 天，污水处理设施正常稳定运行后每年可消减化学需氧量 398.8 吨、氨氮 31.5 吨。（甄宇嫡）

【环境监管】 2015 年，驻马店市环保部门相继开展环保大检查、环保部暗访问题大排查大整治、产业园区企业排查、水污染防治、大气污染防治、环境安全隐患排查等专项活动，配合市政府开展环境监管集中执法“春雷行动”、板桥水库排查、宿鸭湖库区环境综合整治、重点污染源排查等执法检查活动，全年共组织出动全市环境监察执法人员 3.7797 万余人次，检查企业 4324 家次，致函政府 56 起，下达监察通知书企业 202 家，实施查封扣押、停产限产和关闭取缔落后生产企业 90 家，共查处纠正环境违法违规行为 629 起，立案处罚 249 起，处罚金额 805.5 余万元。初步建立环境行政执法与刑事司法衔接，环保与公安联动的执法机制，2015 年全市各级共移送公安机关涉嫌环境污染犯罪案件 4 起，治安管理处罚案件 2 起，行政拘留 2 人。（甄宇嫡）

【环境监测】 2015 年，驻马店市环保局全面完成降水、酸雨、河流底泥、城市功能区及区域环境噪声和交通干线噪声、市区地下水、地表水、饮用水源地、生态补偿、责任目标考核、土壤等环境质量监测任务，全年共报出有效监测数据 2.4 万余个。加强重点污染源监督性监测，对全市 25 家国控污染源进行监督性监测，对全市 10 家城市污水处理厂开展频次较大的监测和比对监测，全年污染源在线设备比对合格率 100%、传输有效率 99.8%。开展突发性污染事件的应急监测、加密监测，参加市环境应急联合演练和铜山大道燃料油泄漏事故应急监测，配合市局参与板桥水库饮用水源地水质调查行动。全年发布《污染源预警专报》86 期，并以短信、电话形式汇报空气、水质量变化趋势及预测分析结果，为上级部门制定科学合理的应急预案提供技术支持。（甄宇嫡）

交通通信

铁　路

【驻马店车务段概况】 驻马店车务段前身为信阳车务段，1958 年成立，隶属郑州分局，管界为京广铁路人和至广水间各站。1960 年并入信阳办事处，1961 年恢复信阳车务段，仍隶属郑州分局；1963 年再次撤销，所辖车站由郑州分局直接管理；1971 年 10 月，信阳车务段第三次成立，隶属郑州分局，管辖东篁店至明港间各站。1973 年 4 月，漯河车务段迁址至驻马店后更名为驻马店车务段，管辖京广铁路人和至李新店车站，隶属郑州分局。1978 年 5 月 1 日，撤销驻马店车务段，所属车站划属信阳车务段，信阳车务段管界延伸至人和车站。1987 年 3 月，改由武汉分局管辖，同时将孟宝线孟庙至余官营间各站划属其管辖。1988 年，信阳车务段所属平顶山、姚孟、余官营车站划属平顶山东车站，孝子店、东篁店车站划属孝感车务段管理。2003 年 11 月 19 日，接管宁西铁路小林至郑凹 16 个车站。2005 年 4 月 6 日，撤销信阳车务段，其机关搬迁至驻马店，成立驻马店车务段，信阳车务段所辖宁西铁路各站移交信阳车站，所辖京广铁路各站移交新成立的驻马店车务段。管辖鸡杨线鸡公山 K0 至武胜关 K7+500，京广线北起西平 K822+000，南至鸡公山 K1026+000。2012 年 5 月 24 日，接管京广高铁 K907+896 至 K1017+000 共计 109.104 千米线路，是年 9 月 28 日驻马店西、明港东站正式开站。管辖运营里程 311.5 千米，有 19 个中间站。其中，一等站 1 个（驻马店），二等站 1 个（驻马店西站），三等站 6 个（西平、遂平、马庄、确山、明港、明港东），四等站 8 个（新安店、大刘庄、李新店、长台关、东双河、柳林、李家寨、鸡公山），五等站 3 个站（焦庄、彭家湾、武胜关）。固定资产原值 17306.8 万元，净值 10626.9 万元。至 2015 年年末，内设 12 个科室：行政办公室、党群办公室、劳动人事科、计划财务科、安全科、客运科、货装科、营销科、物流科、信息技术科、职工教育科、安全指挥中心；下设 8 个车间，50 个生产班组。有职工 1450 人。其中：男职工 1199 人，女职工 251 人；干部 141 人，工人 1309 人；大专及以上学历 142 人，高中 1109 人，初中 199 人；高级技术职称 1 人，中级 35 人，初级 91 人；工人技师 77 人。（黄玉霞）

【运输生产】 2015 年，驻马店车务段抓好旅客运输，做好春运、暑运、黄金周和小长假宣传营销工作，细化旅客运输组织，突出优质服务，塑造“驿路情深”客运品牌形象，稳住现有客流，新增周边客流，在确保客流稳定增长的同时，旅客出行体验和感受显著改善。深化货运改革，把握实货制内涵，围绕敞开直接受理、“一口价”办理和方便快捷运输 3 大重点，落实“九州货物快运”、108 类批量货物快运、一口价新管内和新直通、物流承揽外包等运输改革新举措，完善营销体系，规范运输收费，彰显竞争优势，实现运输生产由计划向市场重大转变，货改成效逐渐显现。把日均装车任务分配到各货运营业站，实行层层包保责任制，要求站长亲自盯装车进度，确保计划兑现。做好客货营销，按照跑机关、走企业、下社区，入乡镇、联社团、扩窗口、上媒体的思路，走出去、请进来，挖掘潜在市场，稳定现有客流货源，开辟新的客货增长点。争取地方政府政策支持，吸引更多客流和货物份额，确保客货运输上总量。全年客运发送旅客 513.3 万人次，完成年计划 101.4%，同比增加 21.3 万人次，提前 6 天完成全年旅客发送人任务；客运进款 7.06 亿元，完成年计划 106.2%，同比增加 0.7 亿元，增幅 11.2%，提前 1 个月完成全年客运进款任务，实现高起点上的高增长。货运全力止滑补欠，完成装车 48372 车，货物发送吨完成 2986607 吨，同比下降 25.1%，货运收入完成 3.71 亿元，同比下降 6%。客货运输总进款完成 10.77 亿元，同比增加 4746.97 万元，增幅 4.6%。铁路营运里程达到 223 千米，其中高速铁路 108 千米。（黄玉霞）

驻马店火车站2015年运输生产任务完成一览表

项目		单位	年累计完成	较上年超欠	是上年同期
旅客发送人		万人	264.7	-4.5	98.3%
货物装车数		车	12443	2258	122.2%
货物发送吨		万吨	74.4	11	117.4%
运输进款		万元	48684	1907.8	104.1%
其中	客运进款	万元	33852.6	-296.7	99.1%
	货运进款	万元	14831.4	2322.2	118.6%

【安全管理】 2015 年，驻马店车务段推进安全管理规范化。坚持用制度保安全，按照“逐级负责、领导负责、专业负责、岗位负责”的要求，“定职责、定标准、定流程”，确定段领导班子、科室、车站 3 个层面 76 个岗位的安全管理职责和工作标准，重新修订《干部安全生产责任制考核办法》，完善安全管理体系。推进现场作业标准化。开展“立标、学标、对标、达标”活动，完善岗位作业标准和作业流程，形成保证安全、符合实际、易于执行的标准体系。加强对安全关键环节、重点部位检查，督促岗位作业人员严格落实作业标准，完善非正常情况下的行车安全措施和处置流程，提高应急处置能力。推进检查整治常态化。以解决安全管理问题和强化现场控制为重点，进行汇总梳理、分析研判，建立动态的“三库一表”，完善安全工作日常监督检查机制。开展“安全大反思、大检查、大整治”“安全风险管理大家谈”活动和阶段性安全专项整治。推进安全生产指挥中心建设，坚持用科技保安全，注重发挥现代科技的管理作用，充分应用安全生产指挥中心的调度、指挥、协调、服务功能，应急意识和应急处置能力得到提高。加强协调联动和舆情控制，确保在恶劣天气、设备故障等影响列车运行的突发情况时做出及时有效应对。加强反恐安保工作。落实路局关于加强铁路治安保卫工作的要求，完善与公安部门的联勤联动机制，确保治安环境持续向好。安全工作经受连续调图、施工以及春运、“两会”等关键时期的各种考验，保持安全稳定，实现安全生产 3919 天和第十一个安全年。抓好业务培训，规范职工作业行为。全年举办各种培训班 67 期，其中行车主要工种全员轮训 26 期，其他适应性培训班 56 期，培训职工 19652 人次。组织“三新”人员培训 49 人次，典型事故案例教育 968 人次。推进班组建设，细化班组长管理责任考核，落实同岗连责管理机制，确保安全运输生产稳定。推进标准化中间站建设，先后建成西平、确山、明港、大刘庄和鸡公山 5 个标准化中间站。“5S”管理在全段推广运用，并把“5S”管理延伸到现场作业管理。（黄玉霞）

【实事工程】 2015 年，驻马店车务段先后投资 3000 万元，改善职工生产生活环境。改造西平东货场，硬化确山站货场道路；加强明港等 8 站快运作业站补强改造项目建设；建设段安全指挥中心，有效规范安全管理行为和现场作业行为；对段 17 站行车岗位适应性改造和西平车站客运站房升级改造全部完成，改善了生产条件。加大文明和谐站区创建力度，文明和谐站区建设工程项目 245.9 万元，重点改善车站生产、生活环境。为马庄、新安店、大刘庄等站车站水源进行改造，解决车站生产、生活用水难的问题。为明港东、驻马店等车站职工单身宿舍配备设施备品，整修段机关办公楼。为全段职工食堂实施补贴 35.8 万元，改善职工食堂饭菜质量。投资 21.2 万元，对李家寨、鸡公山、柳林等 12 车站站台、宿舍、车站场所等环境进行整治，改善车站生产、生活环境。组织 1465 名职工参加职业健康体检，为有毒有害工种 352 人进行专项健康体检。按照《段工资总额与经济效益挂钩考核办法》兑现职工安全效益奖，职工人均收入同比增长，全段职工平均工资比上年同期增长 10.3%。（黄玉霞）

驻马店车务段（既有线）简明时刻表（向南）

序号	车次	种类	运行区段	驻马店		西平		遂平		确山	
				到时	开时	到时	开时	到时	开时	到时	开时
1	T191	特快	乌鲁木齐—汉口	8:04	8:07						
2	K457	快速	郑州—海口	13:03	13:14						
3	K1197	快速	青岛北—襄阳	13:40	13:43						
4	K1007	快速	周口—广州	14:15	14:17	13:46	13:48			14:31	14:33
5	K1475	快速	烟台—汉口	14:52	14:55						
6	T369	快速	大连—广州	15:30	15:32						
7	K237	快速	太原—深圳西	16:10	16:13					16:27	16:29
8	K599	快速	包头—广州	16:37	17:01						
9	K225	快速	兰州—广州	18:09	18:11	17:28	17:42				
10	Z189	直达	郑州—广州	18:39	18:41						
11	T123	特快	长春—广州	18:49	18:51						
12	K1627	快速	郑州—南宁	19:28	19:31	18:43	19:01				
13	K463	快速	平顶山—上海	19:38	19:41	19:09	19:11				
14	K81	快速	西安—广州	20:00	20:02						
15	K21	快速	北京西—桂林北	20:12	20:47						
16	K967	快速	北京—张家界	21:19	21:22						
17	K631	快速	日照—信阳	21:36	21:39	21:07	21:09				
18	Z13	特快	沈阳北—广州东	22:39	22:41						
19	K337	快速	郑州—昆明	22:54	22:56						
20	K973	快速	哈尔滨—襄阳	23:05	23:19						
21	K4987	临客	银川—汉口	23:30	23:49						
22	K1315	快速	呼和浩特东—福州	1:49	1:58						
23	K1159	快速	烟台—广州	2:26	2:29						
24	Z159	特快	青岛—广州东	3:37	3:39						
25	K1365	快速	大同—汉口	4:41	4:44						
26	K919	快速	天津—汉口	8:17	8:19						
27	K315	快速	西安—南宁	5:03	5:18						
28	K243	快速	西安—厦门	5:37	5:39						
29	Z137	直达	乌鲁木齐—广州	6:25	6:27						
30	K863	快速	兰州—汉口	6:44	6:46						
31	T289	特快	北京西—南宁	6:59	7:01						
32	K471	快速	北京西—昆明	7:17	7:20						
33	K1275	快速	包头—南昌西	7:42	7:44						

说明：此时刻表自 2015 年 7 月 1 日实行

驻马店车务段（既有线）简明时刻表（向北）

序号	车次	种类	运行区段	驻马店		西平		遂平		确山	
				到时	开时	到时	开时	到时	开时	到时	开时
1	K600	快速	广州—包头	8:03	8:05	9:27	9:30	8:18	8:48		
2	K968	快速	张家界—北京	8:13	8:15						

续表

3	K632	快速	信阳—日照	8:24	8:28	8:56	9:00				
4	K4908	临客	广州—乌鲁木齐南	9:08	9:16						
5	K82	快速	广州—西安	9:41	9:43						
6	K754	快速	上海南—平顶山	9:51	9:53	10:28	10:30			9:34	9:36
7	K1008	快速	广州—周口	10:01	10:05	10:52	10:54				
8	K1628	快速	南宁—郑州	10:49	10:51	12:07	12:10				
9	K316	快速	南宁—西安	11:01	11:03	11:35	11:46				
10	K22	快速	桂林北—北京西	11:15	11:24	11:56	11:59	11:37	11:39		
11	K4988	临客	汉口—银川	12:04	12:13						
12	K238	快速	深圳西—太原	12:40	12:43						
13	K1366	快速	汉口—大同	13:01	13:04						
14	K226	快速	广州—兰州	13:36	13:38					13:01	13:10
15	Z168	特快	广州东—青岛	14:11	14:14						
16	K864	快速	汉口—兰州	18:55	18:57	19:24	19:27				
17	K158	快速	湛江—北京西	19:33	19:35					19:10	19:19
18	K1276	快速	南昌西—包头	19:43	19:45					18:58	19:00
19	K458	快速	海口—郑州	19:53	19:56						
20	T192	特快	汉口—乌鲁木齐	20:18	20:20	20:47	20:49				
21	K244	快速	厦门—西安	21:01	21:03						
22	K920	快速	汉口—天津	22:36	22:38						
23	K1198	快速	襄阳—青岛北	21:42	21:45						
24	K974	快速	襄阳—哈尔滨	22:04	22:07	22:35	22:51				
25	K1476	快速	汉口—烟台	22:17	22:20						
26	Z138	特快	广州—乌鲁木齐	22:53	23:19						
27	K1160	快速	广州—烟台	2:50	2:54						
28	K338	快速	昆明—郑州	3:05	3:15						
29	T370	快速	广州—大连	3:33	3:35						
30	K1316	快速	福州—呼和浩特东	4:11	4:13						
31	K472	快速	昆明—北京西	5:13	5:16						
32	Z190	特快	广州—郑州	5:48	5:51						
33	Z14	特快	广州东—沈阳北	6:48	6:51						

驻马店西站2015年旅客列车时刻及沿途停车站表（向南）

序号	车次	种类	运行区段	驻马店西		始发	终到	备注
				到时	开时			
1	G551	高速	漯河西—广州南	8:23	8:25	8:05	14:19	
2	G93	高速	郑州东—广州南	8:50	8:52	7:56	13:49	
3	G425	高速	郑州东—桂林	8:55	8:57	7:48	15:12	
4	G541	高速	郑州东—广州南	9:20	9:22	8:25	14:56	
5	D2201	动车	郑州—成都东	9:29	9:31	8:04	19:36	
6	D295	动车	郑州—福州	9:43	9:45	8:24	18:47	
7	G423	高速	石家庄—南宁东	10:53	10:55	8:00	19:54	
8	G401	高速	北京西—贵阳北	11:11	11:15	7:05	17:24	

续表

9	G817	高速	西安北—深圳北	11:34	11:36	8:03	17:36	
10	G529	高速	北京西—南宁东	11:47	11:49	7:33	21:06	
11	G71	高速	北京西—深圳北	11:52	11:54	7:40	17:53	
12	G531	高速	石家庄—深圳北	12:05	12:19	9:15	18:30	
13	G421	高速	北京西—南宁东	13:24	13:26	9:07	22:26	
14	G571	高速	北京西—信阳东	13:30	13:32	9:22	13:58	
15	G309	高速	北京西—重庆北	13:56	13:58	9:40	21:58	
16	G545	高速	郑州东—广州南	15:03	15:05	14:07	20:31	
17	G75	高速	郑州东—深圳北	15:35	15:37	14:26	21:40	
18	G557	高速	北京西—武汉	15:43	15:52	11:07	17:50	周末线
19	G403	高速	北京西—贵阳北	15:58	16:00	11:43	22:14	
20	G825	高速	西安北—深圳北	16:10	16:12	12:35	22:20	
21	G517	高速	北京西—武汉	16:28	16:30	12:19	17:35	
22	G839	高速	西安北—广州南	16:35	16:37	13:05	22:07	
23	G69	高速	北京西—广州南	17:06	17:08	13:05	22:21	
24	G491	高速	北京西—南昌西	17:11	17:13	12:34	22:15	
25	G843	高速	西安北—广州南	17:24	17:26	13:46	22:58	
26	G547	高速	郑州东—广州南	17:45	17:47	16:43	23:08	
27	G519	高速	北京西—武汉	18:15	18:17	14:05	19:28	
28	G639	高速	西安北—南昌西	18:59	19:01	15:27	23:24	
29	G505	高速	北京西—长沙南	19:43	19:45	15:40	22:32	
30	G521	高速	北京西—汉口	19:48	19:50	15:24	21:05	
31	G573	高速	北京西—武汉	20:15	20:17	16:18	21:28	
32	D2031	动车	北京西—武汉	20:34	20:41	14:59	22:12	
33	G691	高速	太原南—武汉	21:09	21:11	16:34	22:29	
34	G525	高速	北京西—汉口	21:36	21:38	17:14	22:54	

说明：此时刻表自 2015 年 7 月 1 日实行

驻马店西站2015年旅客列车时刻及沿途停车站表（向北）

序号	车次	种类	运行区段	驻马店西		始发	终到	备注
				到时	开时			
1	G508	高速	汉口—北京西	8:24	8:26	7:08	12:29	
2	D2032	动车	武汉—北京西	8:52	8:54	7:28	14:23	
3	G510	高速	武汉—北京西	9:21	9:23	8:10	13:40	
4	G4540	临客	信阳东—郑州东	10:05	10:16	9:32	11:22	
5	G856	高速	武汉—西安北	10:46	10:48	9:22	14:20	
6	G640	高速	南昌西—西安北	11:02	11:05	6:18	14:46	
7	G692	高速	武汉—太原南	11:14	11:23	9:56	16:11	
8	G572	高速	武汉—北京西	11:28	11:30	10:13	15:53	
9	G514	高速	武汉—北京西	11:45	11:47	10:35	16:09	
10	G556	高速	宜昌东—北京西	12:17	12:19	8:35	16:43	
11	G832	高速	广州南—西安北	12:37	12:40	7:11	16:10	
12	G72	高速	深圳北—北京西	13:49	13:51	7:53	18:21	

续表

13	G402	高速	贵阳北—北京西	14:16	14:18	7:44	18:59	
14	G74	高速	深圳北—郑州东	14:57	14:59	8:47	16:02	
15	G574	高速	信阳东—北京西	15:08	15:11	14:43	19:56	
16	G822	高速	深圳北—西安北	16:05	16:07	10:00	19:33	
17	G68	高速	广州南—北京西	16:45	16:47	11:15	21:04	
18	G422	高速	南宁东—北京西	17:12	17:14	8:00	21:09	
19	G840	高速	广州南—西安北	18:04	18:06	12:30	21:39	
20	G492	高速	南昌西—北京西	18:10	18:12	13:12	22:45	
21	G530	高速	南宁东—北京西	18:35	18:37	9:20	22:50	
22	D2202	动车	成都东—郑州	18:44	19:46	7:10	19:56	
23	G1532	高速	贵阳北—郑州东	18:50	19:00	12:33	20:10	
24	G528	高速	武汉—北京西	19:08	19:11	17:57	23:23	
25	G844	高速	广州南—西安北	19:18	19:21	13:45	22:46	
26	G558	高速	武汉—北京西	19:31	19:33	18:14	23:40	周末线
27	G544	高速	广州南—郑州东	19:37	19:41	13:56	20:43	
28	G546	高速	广州南—郑州东	19:49	19:52	14:09	20:56	
29	D296	动车	福州—郑州	19:57	19:59	10:54	21:18	
30	G554	高速	广州南—漯河西	20:31	20:33	14:59	20:51	
31	G76	高速	深圳北—郑州东	21:43	21:45	15:50	22:41	
32	G426	高速	桂林—郑州东	21:57	21:59	15:35	23:02	
33	G548	高速	广州南—郑州东	22:07	22:09	16:23	23:14	

公　　路

【公路运输工作概况】 2015年，驻马店市没有发生交通安全生产责任事故，安全生产形势整体平稳。截至年底，全市综合交通线网里程达到1.84万千米，路网密度达到135.3千米/百平方千米，比“十一五”末提高9.7千米/百平方千米。

项目建设。全年完成建设投资42.26亿元，占年度投资计划37.73亿元的112%。其中，京港澳高速公路漯驻段和驻信段改扩建工程完成投资18.03亿元，并正式通车；107国道改扩建等干线公路建设及养护工程完成投资10.5亿元；农村公路建设及养护工程完成投资10亿元；京港澳高速公路2个出入口、交通战备、城市公交和重阳大道等项目投资3.73亿元。

执法改革。为从根本上破除交通行政执法体制的顽疾，按照省委、省政府交通运输行政执法体制改革意见，市委、市政府出台了交通运输执法体制改革意见。市级执法改革任务完成，遂平县、上蔡县、正阳县也顺利完成改革试点县的工作任务，取得改革阶段性成果。2015年10月底前全面完成市县级交通运输行政执法体制改革任务，比省政府规定的时间提前2个月，分流转岗人员2000余人，新成立执法机构全部实现财政全供，切断了交通执法的“利益链”。新执法机构人员全部到岗到位，执法经费全部纳入财政预算，执法工作有序开展。

民生服务。完善城市公共交通专项规划，优化调整部分公交运营线路，惠民实事安排的8个公交场站和76座港湾式站亭建设基本完成。农村公路建设完成投资8.36亿元，占年度计划的100.7%；累计完工1048千米，桥梁5626延米。2015年6月3日，全省农村公路建设“三年行动计划”乡村畅通工程现场会在平舆县召开，驻马店市做法受到省政府肯定并在全省推广。推进城乡客运一体化发展，城乡客运规模化、集约化、网络化、一体化水平不断提高。省交通运输厅于2015年11月20日在驻马店市上蔡县召开城乡客运一体化推进现场会。

运输保障。组织开展市中心城区道路运输市场非法营运专项整治、道路运输市场“百日综合整治”等活动，严厉打击非法营运车辆，严格出租汽车秩序管理，提升运输服务保障水平。以强化危运车辆的动态监管为抓手，全市所有危险品运输车辆全面安装了GPS车载终端，所有危运企业全面安装了GPS监控平台，与管理部门实现联网联动。在全市范围内推广应用危货电子运单，有40辆危运车辆安装电子运单系统。完善治超工作相关政策、制度、措施，通过完善治超站点基础设施、加强对治超站点执法人员培训等措施，推动治超站点的规范化建设。

安全稳定。结合“三查三保”活动，启动“道路运输平安年”活动，加大排查监管力度，全年共检查客运站68个次，客运企业39家，排查出隐患546处，整改523处，对未整改彻底的跟踪监督整改，整改率达95%以上，确保道路通畅、出行安全。（乐　林）

【基础设施建设】“十二五”期间，全市综合交通基础设施建设累计完成投资222亿元，较“十一五”增加63%。高速公路通车里程达到437千米，其中双向八车道里程119.5千米，市域内“三纵两横”高速公路网络已经形成。干线公路5年新改建国省道669千米，其中一级公路160千米，二级公路509千米。完成全市国省道网规划调整工作，调整后全市普通干线公路达到2376千米，较“十一五”末增加1022千米，达到“县县通国道、乡乡有干线”。5年新改建农村公路3296千米、危桥改造19188延米，基本消除县乡道上的大中危桥，乡村通畅问题逐步解决，农民出行条件显著改善。内河水运累计完成投资3100万元，比“十一五”期增长32%；汝河支流臻头河官庄到刘大桥段27千米航道基本恢复通航，完成铜山湖、宿鸭湖等库区安全监督基础设施建设和106个农村渡口渡船升级改造，库区通航里程达到182千米。（乐　林）

【公路管理养护】全市公路管理养护能力持续强化。境内107国道113.6千米从1997年成为经营性收费公路以来，由于长期得不到改扩建和及时养护，致使公路损坏严重，为从根本上改善和提高107国道的通行条件和服务水平，2013年3月31日12时起，107国道驻马店白桥、西平潘庄2个收费站同时停止收费，107国道顺利回归公益。同时市交通、公路部门又多次向省交通运输厅、省公路局汇报争取，将该路纳入全省“二升一”改造规划，2015年已全部开工建设。树立“建管养并重”的发展理念，克服重建设轻管理养护的思想，全面推进干线公路管养工作，确保干线公路安全、畅通。推进“三基”道班建设，率先在全省开展农村公路文明示范公路创建活动，以及“十百千”示范工程创建活动等，农村公路管养水平进一步提升。全市有农村公路管养任务的167个乡镇（街道）全部建立了乡级农村公路管养站，全市各县区全部按当年财政公共预算的1.5%列支养护资金并按季度拨付。（乐　林）

【运输服务保障】“十二五”期间，全市客货场站建设累计完成投资2.56亿元，较“十一五”增长3%。全市县级以上公路客运站达到28个，县级以上公路货运站达到12个，实现“市有一级站、县有二级站、乡有等级站”目标。城乡客运规模化、集约化、网络化、一体化水平不断提高，城乡客运对接、短途客运公交化运营、普及“新农巴士”成效显著。全市农村客车1709辆、农村客运班线251条，建制村班车通达率98%。实施公交优先发展战略，完善公交优先发展的政策支持体系，编制完成城市公共交通专项规划，优化站点布局和运营线路，中心城区公交车公营率达到100%，城市公共交通基础设施、运营保障能力和服务水平有效提升，驻

2015年8月25日，驿城区境内的107国道改扩建项目施工现场。改扩建项目纵贯驻马店市南北，全长113公里，由原来的二级公路全面升级改造为一级公路，工程总投资22.32亿元，设计速度100公里/时，路基宽24.5米，路面宽23米。

弓华静　摄

马店市被省厅确定为省“公交优先”示范城市创建市。邮政快递快速发展，全市村邮站达到2471个，新建空白乡镇邮政局所10个，实现了全市所有乡镇通邮，快递服务乡镇覆盖率达到100%。（乐　林）

【行业改革】 2015年，市交通局稳步推进行业改革。全面完成交通运输执行政执法体制改革任务，上蔡县被省交通运输厅确定为普通干线公路建养管一体化试点县，上蔡、泌阳、确山县先后被省交通运输厅确定为城乡客运一体化试点县。顺利完成市运公司的改制工作，推进了运输企业公车公营。法治交通建设不断深化，行政执法考评、权责清单制度建设和服务型执法机构建设全面推进。（乐　林）

【发展绿色、智慧交通】 全市绿色、智慧交通发展不断加快。驻马店市实现了与全省二级及以上公路客运站联网售票。中心城区公交车辆全部实现智能调度，所有公交车辆实现IC卡刷卡乘车，与全国“一卡通”城市实现互联互通，实现了市民持手机刷卡乘公交车。坚持“绿色公交”理念，中心城区5年投入运营399台新能源公交车辆，市区新能源公交车辆占比超过50%，上蔡、正阳县购置96辆新能源公交车并投入使用。加快建设集公交信息服务网站、手机公交服务系统、来车预报电子站牌、中原金融公交IC卡等于一体的公众出行信息服务系统，实现全市“两客一危”营运车辆动态监控全覆盖。市区、上蔡县、平舆县建成投用公共自行车租赁系统，打造“公交＋自行车”绿色出行模式。在项目建设上，不断提高公路建设资源利用率，高速公路、干线公路废旧沥青路面材料循环再利用技术进一步推广。（乐　林）

【交通安全】 市交通局落实安全生产责任制，健全安全生产责任体系，开展“安全生产月”“打非治违”“三查三保”“道路交通安全三年综合整治”等活动，组织安全生产培训，全面提高安全监管水平。加强安全应急演练，开展应急技能培训，提升应急反应能力。强化交通战备服务保障能力，修建国防战备公路和部队进出口道路160千米，保障了部队跨军区机动、多兵种联合对抗等42次军事演习，受到济南军区、南京军区等演习部队好评。加强交通工程质量管理的动态监管，严把建设过程中的每道程序，确保在建工程始终处于受控状态，实现了工程质量无重大事故、施工安全“零事故”的目标。理顺城市公交管理体制，彻底解决了长期制约公交服务质量提升的私人承租经营体制机制问题，开展打击非法运营专项活动，规范出租车市场管理，维护合法经营者权益。加强运输管理信息化建设，建设城市公共交通GPS智能化管理调度平台，完善“两客一危”智能化监控平台，以提供安全、优质、高效运输服务为目标，突出客货运输重点，交通运输安全保障和服务水平逐年提升。（乐　林）

邮政管理

【全市邮政业务发展概况】 2015年全年邮政行业业务总量完成7.94亿元，同比增长21.61%。全年邮政行业业务收入（不包括邮政储蓄银行直接营业收入）完成7.88亿元，同比增长8.83%。快递业务量突破1153.86万件，快递业务收入突破1.2亿元。市邮政管理局被市委、市政府授予“市级文明单位”荣誉称号，局机关内的行业管理科以及申通、韵达2家快递企业被团市委授予“青年文明号”光荣称号。

邮政普遍服务业务。函件业务保持增长。全年函件业务量完成453.52万件，同比增长78.9%。包裹业务有所下降。全年包裹业务量完成8.26万件，同比下降27.16%。报刊业务小幅下降。全年订销报纸业务完成7167.88份，同比下降5.59%。全年订销杂志业务完成280.54万份，同比下降10.26%。汇兑业务下降明显。全年汇兑业务完成21.35万笔，同比下降30.46%。

快递业务。全年快递业务量完成1153.86万件，同比增长54.24%；快递业务收入完成1.2亿元，同比增长36.93%。

异地快递业务收入占行业总收入的比重为87.34%，比上年下降10.8个百分点。全年同城快递业务量完成154.55万件，同比增长32.33%；实现业务收入1543.41万元，同比增长20.57%。异地快递业务仍占主导地位。全年异地快递业务量完成997.08万件，同比增长58.2%；实现业务收入8331.78万元，同比增长27.01%。国际及港澳台快递业务增速加快。全年国际及港澳台快递业务量完成2.21万件，同比增长89.7%；实现业务收入117.09万元，同比增长55.56%。同城、异地、国际及港澳台快递业务量占全部比例分别为12.4%、87.34%和0.26%，业务收入占全部比例分别为11.93%、66.73%和1.13%。

民营快递企业持续快速发展，市场份额提高。全年国有快递企业业务量完成250.98万件，实现业务收入3977.26

驻马店市2012年~2015年邮政全行业业务发展情况

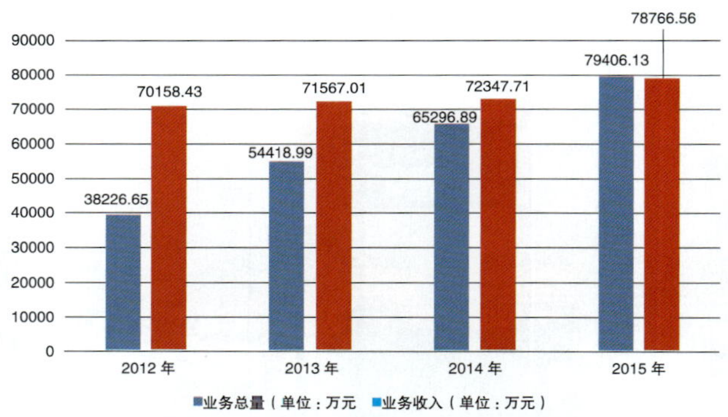

驻马店市2012年~2015年快递业务发展情况

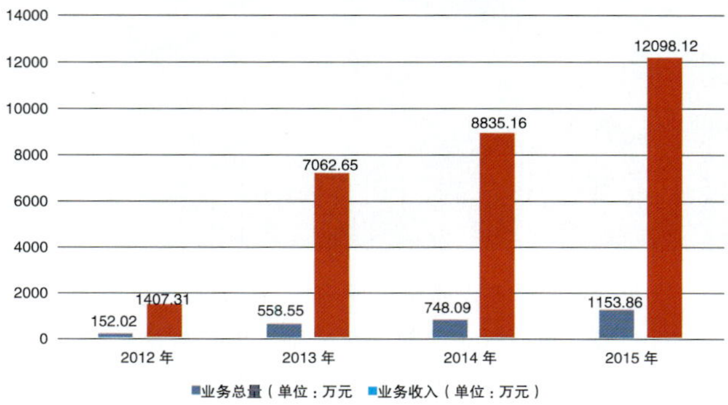

2015年3月3日，全省邮政普遍服务监督管理与邮政市场监管工作会议在驻马店召开。

万元；民营快递企业业务量完成 902.88 万件，实现业务收入 8120.86 万元。国有、民营快递企业业务量市场份额分别为 21.75%、78.25%，业务收入市场份额分别为 32.87%、67.13%。

快递业务量排名依次是驿城区、西平县、上蔡县、汝南县、泌阳县、平舆县、遂平县、正阳县、新蔡县、确山县。快递业务收入排名依次是驿城区、西平县、上蔡县、泌阳县、平舆县、汝南县、遂平县、新蔡县、正阳县、确山县。

通信能力和服务水平。一是机构设备。全行业拥有各类营业网点 459 处，其中设在农村的 243 处。快递服务营业网点 218 处，合作快递营业网点 241 处。全行业拥有各类汽车 332 辆，比上年年末增长 14.48%，其中快递服务汽车 166 辆，比上年年末增长 33.87%。快递服务企业拥有计算机 450 台，比上年年末增长 42.41%；手持终端 822 台，比上年年末增长 50.27%。二是寄递网路。全市邮政邮路总条数 52 条，比上年年末增加 22 条。邮路总长度（单程）9062 千米，比上年年末增加 5785 千米。（赵　晨　旦祥胜）

【邮政行业服务】 2015 年，全市 10 个空白乡镇补建邮政营业场所均已投入运营，全面完成空白乡镇邮政局所补建任务。开展邮政普遍服务现状调研工作。对全市邮政普遍服务业务发展的总体情况、服务设施、服务能力及服务水平等进行调查研究，并形成系统的调研报告。按月分析各品牌快递企业的申诉情况，全面掌控行业服务质量水平，全年共收到各类投申诉 36 起，均及时妥善解决。做好业务旺季服务保障工作。坚持提前准备、周密计划、围绕中心、全力保障，着眼全网、统一调度，加强监管、统筹协调的原则，落实“两不”（全网不瘫痪、重要节点不爆仓）、“三保”（保畅通、保安全、保平稳）的总目标，确保旺季生产平稳过渡。推进“快递下乡”工程。全市 156 个行政乡镇快递服务覆盖率完成 100%，已实现重点品牌乡镇全覆盖。制定《驻马店市“快递下乡”代办点操作规范》，鼓励各快递企业联合共建或借助第三方资源开办乡镇快递综合门店，形成发展合力，持续推动“快递下乡”与“电子商务进农村”协同发展，搭建快递企业和电商企业合作桥梁，推动驻马店市特色农副产品网上销售，确保“快递下乡”工程惠及民生。2015 年 7 月，开展农村地区邮政普遍服务基础设施建设核查工作，对辖区 9 县 1 区的 47 个农村邮政普遍服务网点、20 辆更新及新增车辆情况进行实地核查。（赵　晨　旦祥胜）

【邮政行业监管】 2015 年，市邮政管理局加强邮政普遍服务监督。坚决杜绝邮政企业未经审批擅自撤销营业场所和停办业务的现象。开展邮政专用标志车辆使用、无着邮件处理、重大题材邮票发行、邮政机要通信和“扫黄打非”安全等专项检查，配合国家邮政局做好 2015 年度邮件时限监测、投递服务调查、国家规定报刊投递情况调查等工作。一是完善联合执法机制。联合市综治、公安、交通运输、国安等部门成立“驻马店市邮件、快件寄递安全管理领导小组”，进一

2015年3月4日，河南省邮政管理局局长丁平一行参观驻马店市电子商务产业园区。

步加强联合执法力度，共同促进全市邮政业健康持续发展。二是重大活动期间安全保障工作成效明显。“上合组织峰会”期间，市邮政管理局联合市公安、交通、工商等7个部门分2组对市区各寄递企业进行联合执法检查，检查覆盖全市8个办事处13个品牌的35个快递网点及4个分拨中心，重点检查邮政企业和快递企业“100%收寄验视+100%实名收寄+100%X光机安检”的执行情况，对未按要求配置X光机的分拨中心和存在重大安全隐患营业网点一律责令停业整顿，确保会议期间全市寄递渠道安全工作万无一失。做好“两会”期间、抗日战争胜利70周年纪念等活动期间寄递渠道安全保障工作。三是组织开展寄递详情单销毁活动。联合市快递协会，组织全市17个快递企业，对近2.45吨的过期寄递详情单进行集中销毁活动，确保快递面单不流失，用户信息不泄露，确保用户信息安全。四是推进信息安全监控系统建设。按照国家有关技术规范要求基本完成项目硬件建设，实现与河南省邮政管理局视频监控中心，顺丰、申通、韵达、汇通等7家企业分拨中心的视频互联，充分发挥信息化、大数据等先进技术对行业安全监管的支撑作用。五是做好“扫黄打非”相关工作。与寄递企业签订邮政行业“扫黄打非”工作责任书，及时向企业传达各个批次的非法出版物的查堵目录，要求一线收寄人员做好监督工作，严防非法出版物通过寄递渠道流通，全力营造优良的社会文化环境，获得全市“扫黄打非”工作先进单位荣誉称号。六是开展寄递渠道清理整顿专项行动。2015年11月，市邮政管理局积极督促快递企业开展清理整顿非法网点行动。此次行动以快递品牌和法人企业为单位，对辖区的邮政、快递网点逐一摸底，进行全面分类梳理，对于违法违规企业，坚决依法给予严厉处理。

（赵 晨 旦祥胜）

【优化发展环境】 2015年，全市邮政行业发展环境持续优化。一是做好邮政业“十三五”规划编制工作。在充分调研的基础上，完成规划编制工作，并积极与综合交通运输发展等重点专项规划编制进行衔接。二是推动出台驻马店市《关于促进快递服务业发展的意见》。2015年10月14日，驻马店市人民政府正式印发《关于促进快递服务业发展的意见》，完整、系统提出了促进全市快递业发展的总体要求、主要任务和保障措施。三是积极协调政府财政补贴。全力推动快递企业配备X光安检机的资金补贴工作，全市快递行业共配备X光机28台，省财政厅补贴的105万元已经全部拨至快递企业对公账户，为“100%收寄验视+100%实名收寄+100%X光机安检”3个100%在全市全面落实打下基础。

（赵 晨 旦祥胜）

【打造服务型机关】 2015年，市邮政管理局积极打造服务型机关。一是做好快递经营许可变更及分支备案工作。全年共受理快递业务经营许可准入1例、快递许可变更申请36例，完成111家已经取得营业执照的快递分支机构网上备案审核、编号及纸质备案工作，进一步提高审批效率，减轻企业负担。二是举办快递企业“E 时代经营管理知识”培训班。与黄淮学院经济管理学院进行沟通，本着“学有所获，学有所得”的原则为快递企业制定专门培训方案，进一步强化快递企业内部管理，全市共有来自各品牌快递的企业负责人、中层管理人员 80 余人参加培训。三是组织开展快递业务员职业技能鉴定考试。全年共有 253 名快递员报名参考，市邮政管理局以“送考上门，服务企业”为原则，邀请河南省职业鉴定中心专家和企业优秀讲师为考生进行考前培训，全年共有 214 名考生通过考试，通过率达到 85%，完成河南省邮政管理局指导计划的 372%，完成比例位列全省第一名，获得“全省快递行业职业鉴定考试”工作一等奖。四是加强全市非公快递企业基层党组织建设。2015 年 7 月，经市直工委批准，市邮政管理局在局机关党支部的基础上成立局机关党总支，随后市邮政管理局对全市 20 家品牌公司，从业人员 1800 多人进行摸底调查，在全市符合条件的重点品牌快递企业成立党支部，推进民营企业党建工作。

（赵 晨 旦祥胜）

【全省邮政普遍服务监督管理与邮政市场监管工作会议在驻召开】 2015 年 3 月 3 日 ~ 4 日，河南省邮政普遍服务监督管理与邮政市场监管工作会议在驻马店市召开。省邮政管理局局长丁平、副局长王志强，驻马店市副市长杜中强出席会议。会议传达了 2015 年全国邮政普遍服务和市场监督管理工作会议精神，安排部署了全省邮政普遍服务、邮政市场监督管理重点工作。 （赵 晨 旦祥胜）

邮政运营

【邮政公司业务概况】 2015 年，中国邮政集团公司驻马店市邮政分公司累计业务收入实现 6.09 亿元，居全省第五位，同比增幅 9.17%。市邮政分公司被评为“全市政风行风建设先进单位”；确山分公司孔继满被评为“河南省文明职工”；平舆解放街支行被授予河南省“三八红旗集体”，市区白桥路支行被授予“省级青年文明号”。在 2015 年 5 月举行的全省邮政押运员技能竞赛中，由市邮政保安押运分公司刘阳、何镇，西平县邮政押运大队武杨，正阳县邮政押运大队胥鹏，泌阳县邮政押运大队翟永星、胡广科组成的驻马店代表队被省邮政分公司和中国邮政集团工会河南省委员会授予团体二等奖，何镇荣获个人全能二等奖和“体能考试’项目一等奖。

邮政基础能力建设。上蔡县分公司综合生产楼、新蔡县分公司综合生产楼营业用房已投入使用；市邮政分公司、遂平县分公司综合生产楼设计方案已上报省分公司审批；正阳县分公司综合生产楼正在办理征地手续。确山县分公司物流配送中心已签订施工合同；上蔡县分公司物流配送中心完成立项批复，正在办理规划招标手续。完成市区分公司乐山路支行、泌阳行政街支行原址拆建主体工程建设。农村支局所完成改造、扩建、装修 8 个，正在开工建设 18 个。推广运用网运信息系统，在市、县邮运车辆上安装 GPS 监控设备，实现对全市网运作业计划执行情况有效监控，提高邮车运行的准点率和安全性。制定下发《驻马店邮政市内网优化调整方案》，配备实达生产终端、打印机、扫描枪等硬件设备，调整市县、县乡邮路方案，邮件传递时限较调整前加快一个频次，实现了县城以上网点当日收寄邮件的全部出口。以打造支撑包裹快递业务发展的新型投递网为目标，制定并实施投递网建设优化调整方案，新建市区投递部 3 个，改造城市投递部 12 个；配备投递汽车 212 辆、三轮车 208 辆，投递手持（PDA）终端 446 部，投递图形终端 170 台；建成城市自提网点 86 处，农村自提（代投）点 256 处。全市快递包裹城市当日妥投率和农村及时妥投率等重点监控指标均稳定在 90% 以上，超过省分公司的标准要求。

企业服务。加强业务管理制度建设，开展“雷霆行动”金融资金专项检查活动，增强全市邮政资金风险防控意识。出台国内快递包裹寄递质量考核处罚办法，建立通信质量、服务质量 KPI 指标体系，实现对生产质量全流程的系统指标监控，全市邮件时限准时率得到明显提升。自主研发了金融网点绩效考核系统，完成金融网点互联网带宽升级和邮区中心局系统 PDA 上线工作，提高信息技术对重点业务的服务支撑能力。加快信息化渠道建设，以方便人民群众结算为重点，新增 ATM 等自助存取设备 39 台，累计结存 208 台，点均达到 1.54 台。同时，配备叫号机、免填单系统、二代证复印机等自助设备，进一步提高业务办理效率，提升客户满意度。

人力资源管理。完善企业经营绩效考核体系，建立人工成本配置约束激励机制，依据劳动生产率、人事费用率两项指标，实施人工成本对标，规范人工成本列支和使用，完善人工成本管控机制。探索内部分配制度改革，鼓励基层单位积极创新，推进内部处理岗位试点按件计酬的分配方式，发挥绩效工资激励作用。加强用工管理，建立基于岗位用工的分类管理制度，健全员工退出机制，完善市场化的薪酬分配机制，建立以作业积分为标准、自助设备替代率为标杆的网点定员标准，调整充实综合理财经理队伍，支撑网点转型。

（殷明珠）

【中国邮政集团公司驻马店市邮政分公司挂牌】 2015 年 5 月 1 日，按照中国邮政“子改分”的要求和省分公司统一部署，中国邮政集团公司驻马店市邮政分公司正式更名并挂牌成立。原“河南省邮政公司驻马店市邮政分公司”变更为“中国邮政集团公司驻马店市邮政分公司”，原“中国共产党河南省邮政公司驻马店市邮政分公司委员会”变更为“中国共产党中国邮政集团公司驻马店市邮政分公司委员会”。驻马店市邮政分公司领导职务名为总经理、副总经理，内设机构负责人职务名称维持不变。各县（区）邮政局名称变更为“中国邮政集团公司河南省 ×× 县分公司”。 （殷明珠）

联合网络通信

【联通公司概况】 截至 2015 年 12 月 31 日，驻马店市联通公司共有员工 1781 人，其中合同制工 1093 人，其他从业人员 688 人。公司下辖 9 县分公司（遂平县分公司、西平县分

2015年10月28日，驻马店联通公司建成全光网络市暨传统程控交换机设备下电仪式现场。

公司、上蔡县分公司、汝南县分公司、平舆县分公司、新蔡县分公司、正阳县分公司、确山县分公司、泌阳县分公司），30个部门（中心），182个乡镇支局。2015年，驻马店联通全年主营业务收入完成6.93亿元，完成全年预算指标的88.81%（静态），同比下降0.68%；利润总额完成4260万元，4G业务净增41.1万户，宽带净增4.2万户。

4G业务发展。一是渠道拉动。2015年，驻马店联通公司在县城以上市场引入胜天、沃达丰、联杰等一批省级以上战略渠道，同时培育出飞虹、经纬等本地省级战略渠道，全年新建城市核心渠道34家，到达165家，基本实现在通信商圈的全覆盖。新建乡镇专营店以上渠道92家，达到462家。通过社会渠道建设及产能提升活动，渠道共发展4G用户27.4万户，较上年环比增长45.7%。新建自营厅5个，改造55个，迁偏17个。加强体验营销及终端上柜，自营厅全年累计发展4G用户12.88万户，专业评价提升至全省第二名。二是终端拉动。通过开展4G终端突破行动并召开誓师大会，终端发展10.46万户，全省排名第三。三是融合拉动。开展智慧沃家体验发展活动，全年共发展智慧沃家7.3万户，拉动4G发展达到10万户，占比达到25.24%，4G融合用户达到15万户，占4G出账用户的29%。四是应用拉动。以智慧党建、智慧工地、幸福工厂、校园平安卡等等信息化产品为抓手，锁定客户容量大的重点行业，拉动4G规模发展，通过行业应用带动4G发展11万户。

宽带及IPTV业务。通过“全光网市”建设，开展光改营销及宣传。建成254个IPTV演示点，采用电话回访及上门方式，促使存量“智慧沃家”用户办理IPTV，提升宽带用户的保有。全面推行宽带无条件受理，打开全渠道受理面。全年宽带互联网收入完成1.67亿元，较上年同比增加19.8%，全省第一；宽带用户净增4.2万户，全省排名第六；FTTH用户占比较上年底提升68%，全省排名第一；12月宽带续签率76.26%，全省排名第三。IPTV发展3.5万户，全省排名第六。

创新业务发展。以智慧城市建设为引领，拓展创新型业务，成功拓展了市政府电子会议系统、市数字城管、市信访局视频会议系统等一批影响力大、效益突出的ICT项目，有效拉动收入提升。ICT完成收入1487万元，完成年预算103.19%，全省排名第八。IDC及云计算完成收入969万元，完成全年目标的323%，全省排名第四。（李向阳）

【光网改造】2015年，全年宽带接入网投资1.3亿元，新建FTTH宽带端口33.8万个，完成了城区484个驻地网、农村955个行政村的光网改造及22个PSTN端局和1733台DSLAM设备的下电，迁转用户14.6万户。10月28日，驻马店联通成功建成“全光网市”，光改工作受到市政府和省公司肯定。光网改造完成后，FTTH占比达到92.3%，全省排名第二位。整合支局机房151个，腾退接入网机房1408个，合计腾退机房面积1.03万平方米。（李向阳）

【网络建设】2015年，驻马店联通公司在移动网方面共投资1.61亿元，新建基站2886个。其中，4G基站1359个、3G基站1527个，4G实现市区、县城、校园、3A以上景区连续覆盖，乡镇基本连续覆盖，行政村覆盖率达到18%。

3G 网络人口覆盖率 94%，土地面积覆盖率 81%，3G 承载网络基本建成。围绕 FTTH 和 IPTV 用户快速增长，完成了平台升级及扩容，225 台 OLT 上联带宽升级到万兆，城域网至骨干网带宽达到 240G。建成容量 7.7 万户的 IPTV 系统。部署完成两级 CDN 系统。（李向阳）

【与河南中云创光电科技股份有限公司签订协议】 2015 年 3 月 24 日，驻马店联通公司与河南中云创光电科技股份有限公司举行战略合作签约仪式。驻马店联通公司总经理熊保鸿与中云创光电董事长石灿共同签约见证，驻马店联通公司副总经理朱智勇出席签约仪式。按照战略合作协议及后续将签订的通信业务合作协议，驻马店联通将为中云创公司员工办理 500 多部 4G 终端合约，并将在该公司路灯智能化照明提供流量卡业务，全力支撑保障中云创照明智能化应用。（李向阳）

【与驻马店中医院签约】 2015 年 4 月 14 日，驻马店联通与驻马店中医院战略合作签约仪式举行。驻马店市中医院院长聂勇、书记张伟，驻马店联通总经理熊保鸿、副总经理朱志勇等出席签约仪式。双方将围绕智慧医疗、工作助理等信息化应用方面开展深入合作，驻马店联通将以先进、稳定、安全的通信网络服务，助力驻马店市中医院信息化建设进程。通过战略合作协议的签订，将带动 4G 终端发展 1250 部。（李向阳）

移动通信

【移动通信业务概况】 2015 年，驻马店移动公司全年主营业务收入完成 21.59 亿元，4G 客户规模达到 99.28 万户，新建 4G 基站 1141 个，基站总数达到 7061 个。2015 年，公司依托健全的网络与各大行业开展信息化应用合作，依托“移动云”搭建市工业经济监控系统平台，对工业企业经济运行数据进行实时统计与分析；与驻马店市经济开发区合作建设门户网站，彻底解决了开发区门户网站以往存在的安全性及稳定性问题；和驻马店市总工会达成移动办公合作；与公交公司合作建设公交站点视频监控项目及公交公司数据卡项目；先后与运输公司、超限站合作数据专线项目；与市教体局签订战略合作协议，打破竞争对手在教育行业设置的合作壁垒；与驻马店技师学院、卫生学校、农业学校签署合作协议，与财经学校合作建设智慧校园。全省首家与地市级旅游局签订移动云合作，率先将市旅游局门户网站托管到移动云平台上；与市法院开展集团专线项目合作，满足全市法院系统办公网络、庭审直播等综合业务需求。（李金胜）

【网络建设】 2015 年，驻马店移动公司加快网络建设进度，打造覆盖广、覆盖深、质量高、速率高的精品网络。新增 4G 基站 1141 个，实现了所有城区、县城、乡镇和行政村以及高速、高铁和 5 个 3A 级以上景区的 4G 全覆盖。从“强覆盖、优质量、提感知、助分流”4 个方面入手，精益求精做好 4G 网络维护优化，4G 综合覆盖率由年初的 97.67% 提升至 98.73%。以“家客工程建设”劳动竞赛为契机，快速推进宽带项目建设，实现工程建设与业务营销协同发展。提升 LTE 网络质量，开展高速、高铁和风景区 3 大重点场景专项网络保障工作，对影响网络性能的关键因素进行梳理、整治。围绕春节、麦收、汛期、中国农加工洽谈会的通信保障工作，通过制定预案、加强演练、提高应急指挥能力和完善支撑手段等举措，强化应急通信保障能力，确保网络安全畅通。据统计，9 月 6 日上午，中国农加工洽谈会会场及周边共计产生语音业务量 1796.37ERL，较平时增幅 421.44%；数据业务量 46.37G，较平时增幅 296.66%。会场通信畅通，实现了拥塞率、掉话率、投诉率均为 0 的预定目标。（李金胜）

【确山分公司获得“全国‘五一’巾帼标兵岗”称号】 2015 年 9 月 15 日上午，确山分公司在新综合楼大厅举行“全国‘五一’巾帼标兵岗”揭牌仪式。市直工会部长王俊峰，公司工会副主席及相关主管，以及分公司领导班子和部分员工代表参加揭牌仪式。这是县分公司第一次获得由中华全国总工会颁发的国家级荣誉称号。确山分公司集团客户室，现有员工 21 人，平均年龄 27 岁，其中本科以上学历 7 人，大专及以上学历占总人数的 70% 以上。（李金胜）

电信通信

【电信通信概况】 2015 年，中国电信驻马店分公司完成收入 3.1 亿元，完成率 100.4%，全省排名第一；全业务净增收入 4419 万元，全省排名第二；全业务收入份额达到 10%，全省排名第三；移动网增量用户占比 134%，全省排名第二；4G 用户行业份额占比 11%，全省排名第五；宽带增量用户占比 54.8%，全省排名第六；年度综合绩效考核排名全省第一名。公司新建 4G 基站 894 个，新建传输线路 4230 皮长千米。完成了市、县城区、乡镇、高速、高铁的 LTE 网络覆盖，城区 4G 覆盖率达到 96% 以上。2015 年，公司做实做细划小承包工作，优化调整支局结构，成立划小单元 113 个，其中乡镇支局 49 个，城区 40 个，直营厅店长 12 个，开渠首席 12 个，前端形成承包经营格局；政企行业采取用户承包、渠道经理承包、店长承包和网格承包等方式实现重点覆盖。优化运营，宣传、产品上集约管理，资源下沉，赋予小 CEO 更多自主权。2015 年，公司有 6 个县级分公司荣登河南电信天翼强县“龙虎榜”30 强，3 个市区营业部荣登河南电信天翼强区“龙虎榜”15 强。（谭　峰）

【“互联网 +”行动计划】 2015 年，公司有效落实“互联网 +”行动计划，推进本地信息化。一是与市教体局签署战略合作协议，加大“智慧校园”建设力度。二是多次召开推介会，加快加密通信业务推广，满足全市通信及信息安全管理需求。三是启动“智慧公交”业务，为市区所有线路的公交车上提供免费 Wi-Fi 服务，实现乘公交刷手机卡支付费用。四是推广“翼支付”手机刷卡付费业务，已实现电费缴纳、话费充值、交通违章罚款代缴、个人理财、股票交易等方便、

快捷业务，水费、燃气费代缴业务正在洽谈中。（谭 峰）

【光网城市建设】 2015年5月，公司对创建的100个示范小区的电信用户创新推出“两优三免”金牌服务：优先提供12小时装机服务、优先提供6小时修障服务；免费提供初装和移机时机顶盒和路由器的调试、免费提供室内移机服务、免费提供初装或移机时电脑杀毒服务，全面打造中国电信光宽带品牌形象，加快全市光网城市建设步伐。2015年7月，驻马店分公司率先在河南电信全省18个地市中建成“全光本地网”，受到省公司通令嘉奖。截至11月份，全市城区成熟小区光纤宽带覆盖率达98%，乡镇光纤到达率100%，基本实现“宽带中国·光网城市”战略计划提出的“光纤到户，实现百兆接入到家庭，千兆接入到政企”的计划目标。

（谭 峰）

无线电管理

【无线电管理概况】 2015年，驻马店无线电管理局全力保障无线电安全，开展行政执法，加大对辖区内非法设置电视台、广播电台行为查处力度，做好监测工作。制定印发《驻马店市无线电频率使用情况核查专项活动实施方案》。成立驻马店市专项活动领导小组，领导小组成员由局相关科室及各相关设台单位负责人组成，负责专项活动的组织、指导工作。结合2015年度台站年审，开展无线电频率数据整理和填报工作。对历年来单位印发的频率指配文件进行梳理，按照要求开展文件扫描上传和频率数据填报等工作。按照省局要求，完成了频率核查专项监测工作和频率比对工作。组织开展无线电频率使用情况核查专项活动。（俞 超）

【保障工作】 2015年，驻马店无线电管理局全力保障重要考试无线电安全。全年完成普通高考、中招考试等16次重要考试的无线电安全保障工作，累计派出人员152人次、车辆44台次、监测监控设备57部次，查获4套作弊器材，屏蔽11个作弊信号，移交公安机关涉案人员1名。完成2015郑州上合组织峰会期间无线电安全保障任务。按照省工信委的安排和部署，切实完成国家重要外事活动期间无线电安全保障各项工作任务。成立安保工作领导小组，制订工作方案，启动应急预案。成立驻驻和驻郑2个工作组，根据各自任务分工，分别开展工作。驻驻工作组重点对辖区内无线电电磁环境进行保护性监测，共查处黑广播1起，排查航空专用频率干扰信号1个、不明广播信号3个、卫星干扰信号2个。驻郑工作组在郑州共查处不明广播信号4个、电视信号2个、微波信号2个、对讲机信号15个。与省监测站组织联合保障工作组，对机场周边区域开展24小时持续监测，完成无线电管制任务，确保了飞机正常起降和警备车队的无线电安全。（俞 超）

【行政执法】 2015年，驻马店无线电管理局打击“黑广播”“地下电视台”成效显著。与广电部门、公安部门开展联合执法，加大对辖区内非法设置电视台、广播电台行为查处力度。全年共查处非法电视台11个，非法广播电台8个。加强查处设置卫星电视信号干扰器。通过日常监测和人民群众举报，双管齐下，联合执法，齐抓共管，非法设置卫星电视信号干扰器行为得到遏制。全年共查处并拆除卫星电视信号干扰器9个。（俞 超）

【监测检测工作】 2015年，驻马店无线电管理局做好重点频段的监测监听工作，累计监测监听重点频段4800小时。做好无线电干扰查处工作，全年查处干扰案件35起。开展移动通信基站检测工作，对移动、联通、电信等运营商的58个基站154部载频进行检测。（俞 超）

农 业

农业综述

【农业概况】 2015年，驻马店市粮食作物面积1082133.33公顷（1623.2万亩），总产67.43亿千克，增长5.5%，实现“十二连增”。蔬菜面积10.42万公顷（156.3万亩），总产403.7万吨。食用菌鲜品19.9万吨，产值28亿元。水产品11.5万吨。农民收入持续增长，人均可支配收入9174元，增长13.4%。新建高标准粮田70133.33公顷（105.2万亩），总量达到30万公顷（450万亩）。农业产业化集群发展取得新进展。培育成型集群55个，其中省级15个、市级30个。市级以上农业产业化重点龙头企业351家，其中国家级2家、省级46家。农产品加工企业1310家，总产值1316亿元，同比增长16.5%。制订《驻马店市都市生态农业发展三年行动计划》，休闲观光农业经营主体达到713家，农业部10月底批复遂平县为全国休闲农业示范县，国家级示范县、示范点分别达到2个、3个。遂平友利实业向日葵观光园入选中国美丽田园。土地流转和规模经营健康发展。全市土地流转面积217733.33公顷（326.6万亩），占家庭承包面积的31%。适度规模经营面积186533.33公顷（279.8万亩），占耕地面积的26.5%。农村土地承包经营权确权登记颁证完成9万公顷（135万亩）。全市依法注册农民合作社13550家，其中国家级示范社39家、省级示范社37家、市级示范社236家。家庭农场5021家，其中省级示范家庭农场9家。全年抽检样品3816个，合格率为99.97%。新认证“三品一标”产品24个，总量达到218个。新认定国家级渔业健康养殖示范场12个，总数达到26个。加强农资市场监管，建立和落实农资市场网格化监管和“黑名单”制度，省政府秋季农资市场督导专项行动交办的60起疑似问题全部办结。检查农资企业和农资经营单位5231个次，全市办结案件454起，挽回经济损失400余万元。完成新型职业农民培训4300人。持续开展“万名科技人员包万村”活动，建立专家微信群，定期指导农业生产。基层农技推广区域站作用发挥，良种应用、合理密植、配方施肥、病虫害防治等农业生产关键技术覆盖率85%以上。丰富农业信息网站内容，充分利用12316热线服务“三农”，提升手机短信服务水平；农广校招生608人，培训农民9万多人次。新建农村户用沼气3400户，累计达到32.3万户。第十八届中国农加工洽谈会成功举办，签约重点投资项目173个，投资总额538亿元，签约科技成果转化项目79个，评出金质产品26个、优质产品128个。

（丁洪生　曾　勇）

【粮食生产】 2015年，全市粮食生产虽受到夏粮播期遇雨播种推迟，病虫害偏重发生特别是条锈病流行危害，后期大风、冰雹等强对流天气及秋粮病虫危害等不利因素的影响，但仍实现“十二连丰”，单产、总产再创历史新高。粮食总产674.3万吨，比上年增加33.4万吨，增长5.2%；粮食种植面积1082133.33公顷（1623.2万亩），比上年增加9133.33公顷（13.7万亩），增长0.85%；平均亩产415.4千克，比上年增加17.2千克，增长4.3%。其中，夏粮播种面积60.67万公顷(910.05万亩),比上年增加4106.67公顷(6.16万亩)，增长0.68%;单产460.4千克，比上年增产20.7千克，增长4.71%；总产量达到418.99万吨，比上年增加21.55万吨,增长5.42%。秋粮种植面积475466.67公顷(713.2万亩)，比上年增加5066.67公顷（7.6万亩）；总产255.3万吨，平均亩产457.9千克。

（丁洪生　曾　勇）

【高标准粮田建设】 2015年，新建成高标准粮田70133.33公顷（105.2万亩），全市高标准粮田达到30万公顷（450万亩）。一是强化对县区高标准粮田建设的督导，指导县区加快高标准粮田建设进度。二是提升科技服务水平。在关键时节，组织农业专家和技术人员，深入高标准粮田地头开展技术培训和技术服务，培训农民31.3万人次，发放高标准粮田配套集成技术手册5000册，技术资料35.7万份。三是发挥牵头协调作用，与市发改、财政、水利、国土等部门沟通协作，整合涉农项目资金12.5亿元，加强基础设施建设，推广应用农业新技术，提升高标准粮田建设水平。

（丁洪生　曾　勇）

【新品种试验示范】 2015年，全市完成小麦新品种试验示范展示58个，玉米新品种示范展示22个；组织市内外近40家企业和有关专家、市县种子管理部门100余人参加全市小麦品种观摩活动；组织有关专家和技术人员，对小麦品种表现进行考察。

（丁洪生　曾　勇）

【农村能源环保】 2015年，全市农村沼气建设争取中央项目资金150万元，新增沼气用户3400户，全市农村沼气用户累计达32.3万户；乡村服务网点建设任务完成42个，大中型沼气工程5个。2015年共产沼气1.2亿立方米，粮食、蔬菜、果树使用沼肥的面积7.33万公顷，每个沼气户年均增收节支1000多元。组织开展重大危害外来入侵物种情况调查摸底工作，据调查，全市共有各种重大危害外来入侵物种20种。

（丁洪生　曾　勇）

【农业广播电视教育】 2015年，市农业局开展农民科技教育培训，培训进村1300多个，进村次数8000多次，培训各类人员9万多人次。继续实施农村实用人才“百万中专生计划”，2015年省农广校下达全市中专招生任务520人，完成608名，超额完成招生任务；完成新型职业技能鉴定培训136人，基层农技推广人员市级培训484名。

（丁洪生　曾　勇）

2015年5月28日，确山县任店镇农民正在抢收小麦。　吴　波　摄

【农业信息服务】 2015年，市农业局改版升级“驻马店农业信息网”，设置相对独立的栏目，进行专栏专管，及时做好网站更新、阶段性网络服务，保证网站正常运转。拓展手机短信服务范围，快速、便捷、准确地提供农业信息服务。根据服务群体的不同需求，科学分类，精准服务，增强信息服务的时效性和针对性。搞好12316热线服务，及时解决农民群众在农业生产中遇到的技术难题，做到热线畅通无阻。与电视台、报社等新闻部门合作，及时对有关重大活动、重要会议等进行信息采集，做好农业系统各个部门的信息服务工作。推进全市农业信息化建设，与驻马店移动公司联合开发“农洽会”客户端共计8个模块，为大会提供服务；在河南省宿鸭湖生态养殖股份有限公司养殖基地约13333.33公顷（20万亩）水面进行信息化试点示范工作，采取网桥传输技术，实现24小时不间断全程监控。（丁洪生 曾 勇）

【农产品质量安全】 2015年，全市新认证“三品一标”产品24个，总量达到218个（其中无公害140个，绿色食品69，有机食品6个，地理标志产品3个）。新认定国家级渔业健康养殖示范场12个，总数达到26个。省农业厅组织的例行监测结果显示，驻马店市农产品质量安全总体合格率达99.97%，继续位居全省前列。全年没有发生重大农产品质量安全事件。（丁洪生 曾 勇）

【中国农加工洽谈会】 2015年9月6日～8日，第十八届中国农加工洽谈会在驻马店举行。全国30个省、自治区、直辖市组团参会，参会代表团170多个，参会企业4800多家，客商近2万人，其中境外企业140多家，客商260多人。43所国内高校、科研院所参会。2个国际组织、10个国家驻华使馆官员、11个农业部官员或专家50多人出席会议。泰国农业部合作社促进局、亚洲国际贸易投资商会组织东盟代表团40多人参会。签约重点投资项目173个，投资总额538亿元，其中1亿元～5亿元项目98个，5亿元以上项目20个。促成37家国家、省级农产品加工研究所和大专院校的680项最新农产品加工技术成果参与转让和合作交流，签约科技成果转化项目79个。评出金质产品26个，优质产品128个。（丁洪生 曾 勇）

【农业产业化】 2015年，全市加快以面及面制品、油脂、畜禽肉制品、食用菌、花木、调味品为主的农业产业化集群发展。全市培育成型集群55个，其中省级集群15个、市级集群30个。市级以上农业产业化重点龙头企业351家，其中国家级2家、省级46家、市级303家。农产品加工企业1310家，总产值1316亿元，同比增长16.5%。（丁洪生 曾 勇）

【都市生态农业】 2015年，市农业局制订《驻马店市都市生态农业发展三年行动计划》，明确在中心城区和确山、汝南、遂平县城周边，发展集农业生产、农业观光、休闲度假、农事体验于一体的都市生态农业。重点实施15个都市生态农业项目，打造一批集特色高效农产品生产基地、休闲观光旅游和“菜篮子”工程为一体的都市生态农业工程。发展休闲观光农业。全市休闲观光农业经营主体达到713家，成功指导帮助遂平县申报全国休闲农业示范县，农业部10月底已批复，全市国家级示范县、示范点分别达到2个、3个。遂平友利实业向日葵观光园入选中国美丽田园。（丁洪生 曾 勇）

【农业对外合作交流】 2015年，全市推进农业对外开放合作交流。组织市农业主管部门、部分农产品加工企业负责人和产品赴北京、上海、广州、廊坊、福州、成都、海口等地和省内洛阳市、漯河市参加全国知名会展和农业部举办的活动。11月25日～29日，市委常委、常务副市长张昕率领市农业、外事部门和部分企业负责人，出席在泰国曼谷举行的2015东盟（曼谷）中国进出口商品博览会，期间拜访泰国中小企业局，初步达成合作意向。泰国中小企业服务局副主席接受邀请，带团参加2016年第十九届中国农产品加工业投资贸易洽谈会。市农业局被中国农业产业化龙头企业协会名优产品博览会筹委会评为“优秀组织奖”、被中国国际贸易促进委员会广州市委员会专函致谢、被中国广州国际食品食材展览会组委会评为“年度最佳组织奖”，被河南省农业厅评为“第十三届农交会最佳组织奖”、被第三届四川农博会组委会评为“最佳组织奖”。（丁洪生 曾 勇）

种植业

【夏粮生产】 2015年，驻马店市小麦总产略高于上年，单产基本持平。夏粮种植面积681733.33公顷（1022.6万亩），比上年略增，其中小麦677066.67公顷（1015.6万亩）、夏杂粮4666.67公顷（7万亩）。经调查实测，在全市范围内，旱地小麦增产明显，高产田块与上年持平，中产田略低于上年。在小麦成产三要素方面，呈现“一增二减”，即小麦亩穗数44.42万穗，增加0.65万穗；穗粒数31.32粒，减少0.27粒；千粒重42.65克，比上年降低0.98克。单产达到504.4千克。在小麦生长期间（2014年10月1日～2015年5月31日），气候条件整体有利，主要表现在：降水适时，麦播期、返青期、拔节期、孕穗抽穗期等各个需水关键时期，都出现了降雨过程，降雨适时，恰到好处，对小麦正常生长发育十分有利；气温、光照条件总体适宜，早春气温回升缓慢，光照充足，利于巩固冬前分蘖、增加春生分蘖和小穗分化，多成穗、成大穗。尤其在小麦生长中后期，温光条件适宜，利于小麦灌浆。虽然在5月6日～10日，全市出现2次大风、冰雹等强对流天气，造成西平县、上蔡县、泌阳县等部分小麦倒伏，但面积较小，对全市整体影响不大。整体来看，2015年天气条件利大于弊，为夏粮生产创造了良好条件。

2015年，夏粮生产主要特点：一是主导品种增产优势明显，不同品种间存在差异。矮抗58、西农979、衡观35、西农9718、众麦1号、众麦2号、郑麦7698等主导品种在综合抗性、高产、稳产方面优势明显，为粮食增产奠定基础。二是不同区域间产量差别明显。全市除正阳县、泌阳县和驿城区等3县区单产不足500千克外，其他县区小麦单产平均水平均在500千克以上，占全市小麦总面积的65%。从地理区域分布来看，旱地小麦增产明显，高产田块与上年持平，中产田略低于上年。如：以西平县、上蔡县、平舆县等为代表的高产田块，单产水平虽然突破了千斤，但与往年相比增产幅度偏小或与往年持平；以泌阳县等为代表的旱地小麦，虽然单产在千斤以下，但与往年相比增产明显。三是麦田管理措施落实到位。因苗管理，合理运筹肥水，落实中耕、追肥、化除等技术措施，促进苗情转化升级，为多成穗、成大穗打好基础。在全市春季麦田管理中，累计中耕111066.67公顷次（166.6万亩次），追肥277733.33公顷次（416.6万亩次），化学除草48.32万公顷次（724.8万亩次），防治各类病虫害1649133.33公顷次（2473.7万亩次），平均防治2遍以上；落实小麦“一喷三防”508333.33公顷（762.5万亩）。四是高产示范带动作用显著。全市共建小麦万亩高产创建示范片39个，总面积27133.33公顷（40.7万亩），开展了5个整乡整建制高产创建试点活动。在高产创建示范区内，积极整合落实各类项目资金，集中专家和技术人员，强化技术指导服务，率先落实各项增产集成技术措施，为全市夏粮生产树立样板。在西平县小麦高产创建示范田内，“周麦27”示范方平均亩产769.4千克；另一个“百农207”样点，平均亩产679.6千克。（胡国安　张金虎）

【玉米生产】 2015年，驻马店市玉米收获面积45万公顷（675万亩），比前3年种植面积445426.67公顷（668.14万亩）扩大4573.33公顷（6.86万亩），比上年种植面积44.86万公顷（672.9万亩）扩大1400公顷（2.1万亩）。平均亩产546.2千克，比上年增产83.9千克，增产18.15%；比前3年加权平均亩产484.75千克，增产61.45千克，增产12.68%。总产368.69万吨，比前3年总产增加44.81万吨，增加13.84%；比上年总产增加57.61万吨，增加18.52%。2015年是全市玉米生产种植面积最大、单产和总产最高的一年。2015年，全市玉米生长发育过程中的气候特点：5月底和6月初虽然出现2次降雨过程，由于气温高，土壤失墒快，6月7日之前播种的，出苗整齐一致，6月7日以后播种的，由于墒情不足，有水浇条件的地块，进行人工造墒播种或播后浇蒙头水，出苗较好，无水浇条件的地块，无法播种，直到6月15日～17日降雨后才播种完毕。玉米生长发育整个过程中，光、热、水资源均能满足玉米生长发育需要，可以说是风调雨顺年份，虽然每次没有降透墒雨，但均能解除旱情，特别是灌浆期主要以晴转多云天气为主，温度相对较低，延长了灌浆时间，增加了粒重和产量。

玉米生产中重点落实的关键增产技术：一是选用优质高产杂交种。主导品种以郑单958、伟科702、隆平206、登海605等为主，良种覆盖率达到100%。二是铁茬免耕覆盖施肥一体化机械播种面积大，覆盖率高，达到95.3%。三是精播半精播面积比上年有所扩大。其中，单粒播种机播种面

2015年9月26日，正阳县兰青乡大余村的种粮大户李保新家的50亩玉米喜获丰收。所种植的玉米，黄粒、白轴、半马齿型，亩产达到1200余斤。　王　珺　摄

积395133.33公顷（592.7万亩）。四是化学除草面积覆盖率达100%，且效果好。五是宽窄行种植面积逐年扩大，种植面积达368533.33公顷（552.8万亩）。六是经济配方施肥落实面积大。合理配比深施肥面积覆盖率高，达到90.2%。七是化控面积逐年增大，覆盖率比上年提高6.1个百分点。八是科学防治病虫害。对达到防治标准的田块均进行了科学防治。九是适时收获面积大，乳线消失收获面积412066.67公顷（618.1万亩），占玉米面积的91.6%。玉米生产中取得最新突破：一是承担实施了由本站安排的不同种植密度杂交玉米新品种比较试验、高产创建等单项试验研究，搞好技术储备。试验结果显示：所参试的9个杂交玉米新品种，在适宜的种植密度条件下，德单5号平均亩产793.9千克，居首位，比郑单958（CK）增产193.3千克，增产32.2%；W502、科育186、伟科702等苗头品种，分别居第二、第三、第四位，均比对照增产。二是继续承担实施省部下达的夏玉米高产创建活动及高产攻关。2015年，驻马店市重点落实并承担了39个玉米万亩高产示范片。其中：西平的4个乡镇的万亩高产示范，9月26日由省市专家组进行现场测产，平均亩产达到808.8千克；确山县的百亩高产方平均亩产752千克；上蔡县的高产创建示范区平均亩产675.2千克。玉米高产创建活动，均起到典型示范带动作用。 （张风影）

【水稻生产】 2015年，驻马店市水稻收获面积2.08万公顷（31.2万亩），比前3年种植面积缩小400公顷（0.6万亩），比上年面积缩小466.67公顷（0.7万亩），其中种植面积最大的县是正阳县，面积达13333.33公顷（20万亩），是全市水稻主产区；平均亩产507.5千克，比前3年加权平均亩产486.44千克增产21.06千克，增产4.33%，比上年增产35.4千克，增产7.5%；总产达15.83万吨，比前3年总产增加0.34万吨，增加2.19%，比上年总产增加0.77万吨，增加5.11%。水稻生长发育过程中，没有出现大的自然灾害，光、热、水资源丰富，特别是在灌浆期气温相对较低，对灌浆十分有利，延长了灌浆时间，提高了粒重和产量。其中，正阳县的永丰家庭农场连片种植的1000多亩水稻，实收实打平均每亩550千克，比全市平均亩产507.5千克增产42.5千克，增产8.38%。汝南县常兴和老君镇种植的水稻平均亩产623.2千克。

水稻生产中主要落实的关键配套增产技术措施：一是选用9优418、隆优1875、郑稻18等优质高产品种。积极发展无公害优质稻米生产，搞好技术产业化链生产。积极引进示范香稻、糯稻等名特优新品种。良种覆盖率达到100%。二是推广旱育稀植育秧技术，采用旱育秧和两段育秧方式。三是合理密植，改等行种植为宽行距窄株距种植方式。全市水稻亩有效穗数有所增加，提高了单产。合理密植面积占水稻总面积的92.5%，基本解决了全市水稻插栽密度过稀、亩有效穗数低的问题。四是平衡配方经济施肥或施用水稻专用肥。面积达20333.33公顷（30.5万亩），占水稻总面积的97.8%。五是化促化控和化学除草。水稻秧田和本田全部实行化学除草技术，既省工又省时，除草效果又好，覆盖率达100%。六是采用节水灌溉技术。重点浇好返青水、孕穗水、扬花水等关键水，覆盖率达到89.8%。七是科学防治病虫害。重点防治二化螟、三化螟、稻瘟病等病害，占达到防治标准

2015年9月29日，正阳县真阳镇李通村黄磊家庭农场3200亩大豆开始收割。 高万宝 摄

的 96.8%。（张风影）

【红薯生产】2015 年,驻马店市红薯种植面积 1.2 万公顷(18 万亩)，比前 3 年面积 1.358 万公顷（20.37 万亩）缩小 1580 公顷（2.37 万亩），比上年面积扩大 200 公顷（0.3 万亩）；平均亩产 473.8 千克,比上年平均增产 32.8 千克,增产 7.44%，比前 3 年亩产 437.4 千克增产 36.4 千克，增产 8.32%；总产 8.529 万吨，比上年总产增加 0.723 万吨，增加 9.26%，比前 3 年总产 8.91 万吨减少 0.381 万吨，减少 4.28%。其中，脱毒甘薯面积达 5646.67 公顷（8.47 万亩），比上年面积减少 3366.67 公顷（5.05 万亩），平均亩产 487.8 千克。2015 年在红薯插栽时,土壤墒情不足,插栽后浇蒙头水。6 月 23 日 ~ 30 日，全市又出现一次降雨过程，整体苗期长势较好。针对苗情长势和天气情况，提出配套的管理技术指导意见，全市红薯生产取得较好收成。

红薯生产中主要落实了以下关键增产技术：一是选用优良品种。红薯主要种植商薯 19、苏薯 8 号、漯薯 4 号、广 87、徐薯 18、豫薯 12、北京 553 等品种。加工型品种主要以高淀粉型徐薯 18、豫薯 8 号为主，食用型品种以苏薯 8 号、北京 553 和紫薯为主。二是适时移栽。小麦收获后，抢时早栽，栽后及时浇水。三是采取深耕起垄栽培。春薯垄距 0.7 米 ~ 0.8 米，夏薯垄距 0.6 米 ~ 0.7 米，垄高 17 厘米 ~ 30 厘米，南北垄向。深耕起垄覆盖率达 89.8%。四是合理密植。根据品种特性、土壤肥力条件、栽插期的早晚，春薯每亩栽插 3000 株 ~ 3300 株，夏薯每亩栽插 3300 株 ~ 3500 株。根据肥地宜稀，旱薄地宜密，春薯稀夏薯密，长蔓品种稀，短蔓品种密的原则而定，脱毒薯生长势强，茎叶繁茂，不宜过密。合理密植覆盖率达 85.2%。五是采取测土配方科学施肥。红薯配方施肥面积 10333.33 公顷（15.5 万亩），占 86.1%。六是化学除草。薯苗插栽成活后，每 667 平方米用拉索 100 克加水 50 千克均匀喷洒进行土壤封闭。苗后茎叶处理杂草 2 叶 ~ 4 叶期，每 667 平方米用精禾草克或威霸 50 毫升对水 50 千克喷雾进行化除。七是科学防治病虫害。对达到防治标准的地块均及时进行防治，主要防治蝼蛄、地老虎等害虫，防治方法即用 90% 敌百虫 0.5 千克拌麦麸或油菜子饼做成毒饵，防效较好。防治效果达到 93.1%。八是适时收获。春薯在 10 月 10 日 ~ 20 日收获，留种薯和鲜食贮藏薯 10 月下旬在霜降前收获，晒干制粉薯在 10 月上中旬收获，加工任务大,边加工边收获,11 月上旬收获结束。（佟建伟）

【大豆生产】2015 年，驻马店市大豆种植面积 1.58 万公顷（23.7 万亩），比上年种植面积扩大 1466.67 公顷（2.2 万亩），扩大了 10.23%,比前 3 年种植面积 1.788 万公顷(26.82 万亩）缩小 2080 公顷（3.12 万亩）；平均亩产 175.8 千克，比上年增产 21 千克，增产 13.6%，比前 3 年平均亩产 157.7 千克增产 18.1 千克，增产 11.5%；总产 4.166 万吨，比上年总产增加 0.837 万吨,增加 25.14%,比前 3 年总产 4.23 万吨减少 0.064 万吨，减少 1.51%。其中，高蛋白大豆种植面积 9866.67 公顷(14.8 万亩),比上年减少 1600 公顷(2.4 万亩),减少 1.16%。全市大豆种植面积主要集中在上蔡、泌阳、正阳、平舆等县。其中，上蔡县种植面积最大。2015 年，全市大豆生产特点：5 月 28 日 ~ 29 日、6 月 1 日 ~ 3 日出现 2 次降雨过程，全市平均降雨量只有 14 毫米，但由于气温高，土壤失墒快，播种早的出苗较好，播种晚的，由于墒情不足，有水浇条件的地域，进行人工造墒播种或播后浇蒙头水，出苗较好；个别无水浇条件的地块,无法进行播种。一直至 6 月 15 日 ~ 17 日出现 1 次降雨过程，才播种完毕。2015 年在大豆整个生育时期风调雨顺,特别是 7 月中旬到 8 月上旬在大豆开花期，以晴好天气为主，有利于大豆生长发育，在大豆鼓粒至成熟期，也就是在 8 月中下旬至 9 月上旬以晴转多云、低温等天气为主，有利于大豆鼓粒，增加粒重，提高产量和品质。

大豆生产中主要落实的关键增产技术：一是选用优质高产品种，覆盖率高达 100%，以豫豆 29、豫豆 22 为主，搭配品种郑 92116、郑 9805、驻豆 5 号、驻豆 7 号、中黄 13 等。二是合理密植，采用宽窄行种植方式，密度趋于合理。三是推广免耕机播技术。采用机械免耕播种,精量匀播，开沟、施肥、覆盖一体化机械播种，提高播种质量，出苗整齐均匀一致。四是配方施肥面积大，效果好。配方施肥面积 14733.33 公顷（22.1 万亩），占 93.2%。氮、磷、钾配比更趋于合理。五是化学除草面积大，效果好。化学除草省工省时，增产效益明显。六是病虫害防治及时。主要防治大豆锈病、紫斑病等病害和豆秆蝇、造桥虫、豆天蛾、虫荚螟等虫害，对达到防治标准的地块及时进行防治。七是适时收获。在大豆茎秆变为枯黄色，叶和叶柄全部脱落时进行适时收获，提高产量和品质。（佟建伟）

【芝麻生产】2015 年,驻马店市芝麻种植面积 3.113 万公顷，比上年增加 4260 公顷,面积增加 15.9%;平均单产 79.6 千克，同比上年单产增加 12.9 千克，增产 19.3%;总产 3.7167 万吨，比上年增加 1.0297 万吨,增加 38.3%。主要分布在平舆、新蔡、上蔡、泌阳 4 个县。

2015 年，芝麻生产特点：一是良种覆盖率高。驻芝 15、驻芝 18、舆芝 18、豫芝 4 号、豫芝 11 号、郑芝 98N09、航芝一号等优良品种覆盖率达 97% 以上。二是播种基础好，播期相对一致。2015 年 5 月 28 日 ~ 29 日、6 月 1 日 ~ 3 日出现 2 次降雨过程，田间底墒充足，十分利于芝麻播种出苗，苗情明显好于常年。“三夏”期间天气晴朗，麦收进度较快，芝麻播种早，至 6 月 10 日，全市已播种 96%，比常年提早 3 天左右，实现了早播。三是平衡施肥面积大。全市平衡施肥 23667 公顷，占播种面积的 89%。四是推广宽窄行，种植密度更加科学。针对驻马店市部分县乡芝麻推广宽窄行种植，出苗后及时间苗、定苗，确保全苗、壮苗。据农技部门调查，芝麻种植密度加权平均值 10175 株 / 亩，合理密植面积占 90.2%。（褚艳丽　韩　琴）

【花生生产】2015 年，驻马店市花生种植面积 19.597 万公顷（春花生 4.467 万公顷），同比上年减少 2990 公顷，面积减少 1.5%；单产 273.9 千克，同比上年增加 5.3 千克，增产 1.9%;总产 80.52 万吨,同比上年增加 0.28 万吨,增产 0.35%。

2015 年，花生生产特点：一是播种基础好，播期相对一致。5月28日～29日、6月1日～3日出现2次降雨过程，田间底墒充足，十分利于花生播种出苗，苗情明显好于常年，基本达到苗齐、苗全、苗匀、苗壮的“四苗”标准。二是优质高产品种推广面积大，主导品种突出。以远杂9102、远杂9307为主，搭配种植宛花2号、驻花2号等其他优质高产品种。前4位品种种植面积占总面积的98%，实现了优良品种区域化、集中连片种植，花生良种覆盖率达到93%。花生生产中落实的主要措施：一是推广关键栽培技术。全市继续推广花生起垄种植技术，春花生普遍采用地膜覆盖起垄种植，夏播花生采用机械起垄种植。2015年全市花生起垄种植面积5.467万公顷，较上年增加1.967万公顷。花生起垄种植增产明显。二是推广配方施肥，科学施肥面积增加。据花生的需肥特点，亩产300千克左右的花生，需亩施商品有机肥100千克～150千克、三元复合肥18千克～20千克、缓释尿素7千克～8千克、硫酸钾6千克～7千克。每2年施一次钙肥（石灰或石膏）和微量元素肥料。有机肥、氮磷钾化肥做基肥，结合耕地均匀施在0厘米～30厘米的耕作层，钙肥播前旋地均匀施在0厘米～10厘米的结果层。全市花生配方施肥186666.67公顷（280万亩），占播种面积的93%。三是搞好试验研究，推广先进技术。与确山县农民合作社共同实施花生百亩方试验示范，种植优良夏播花生6.67公顷（100亩），全部采用起垄种植，亩施80千克复合肥作为种肥，前期实行封闭除草，中期喷施叶面肥，生育期及时防治病虫害。田间测产319.2千克/亩，达到预期产量，相比全市平均单产273.9千克，亩增产35.3千克，增产12.9%，再一次证明了推广试验示范的必要性。四是开展高产创建活动。根据河南省2015年花生高产创建项目实施方案要求，组织3个县实施完成农业部花生万亩高产创建示范片9个，共计6073.33公顷（9.11万亩），各点加权平均亩产329.3千克，较非示范区的平均亩产298千克增产10.5%。五是综合防治病虫，减少有害物质残留。应用高效低毒化学药物，禁用高残留的化学药剂及植物生长调节剂，轮作、深耕，熟化土壤，减少病虫害。花生药剂拌种播种占100%；病虫草害综合防治占99.5%。（韩　琴　褚艳丽）

【油菜生产】2014年～2015年度全市油菜播种面积2.163万公顷，主要集中在泌阳、西平、遂平、正阳、确山5个县，其中泌阳县7333公顷、西平县2667公顷、遂平县4333公顷、正阳县2667公顷、确山县2447公顷，占全市播种面积的88.6%。总产4.72万吨，比上年减少0.37万吨；平均单产145.5千克，比上年增加7.5千克。

2015年，油菜生产特点：一是播种基础好，精细整地。9月份以来，全市出现4次较大降雨过程，充足了底墒，在上茬作物收获后，进行深中耕，耕后立即进行耙耱碎土，使土壤上虚下实，耕层内无坷垃、无根茬，达到土碎地平，整地质量较高。二是适时播种。2015年由于秋收延迟，土壤湿度大，油菜播种日期比上年晚3天～5天，大部分于10月5日～15日播种，整体上油菜播种基础比较好，墒情足，

2015年4月30日，汝南县三门闸街道桃园铺村350亩“精油玫瑰”进入采摘期，当地农户正在玫瑰园内采摘。孙　凯　摄

发芽出苗率明显提高，出苗均匀、齐全。一类苗占 70%，二类苗占 20%，三类苗占 10%。西平县中东部乡镇和确山部分低洼地，由于土壤湿度大，影响整地，油菜播期大多在 10 月 12 日 ~ 18 日，有迫苗和缺苗断垄现象。2014 年 10 月 20 日全部播种结束，种植方式基本为直播。三是中耕松土，培土壅根。立春后，抓住封行前的有利时机，进行中耕松土；清除杂草，减轻病虫害的发生；提高地温，防止倒春寒袭击；及时培土壅根，增强抗倒伏能力，加速田间排水。2015 年整个冬季土壤墒情较好，气温比往年较高，油菜长势较好，根系发达，具有较强抵抗寒冷的能力。油菜生产中落实的主要措施：一是选用良种。种植品种主要有华杂 4 号、华杂 5 号、华杂 6 号、穗源 988、豫油 5 号、杂双 4 号、丰油 10 号等。二是推广轻简高效技术。推广"一增三推"技术措施，即合理增加密度，推广机械化播种与收获、平衡配方施肥、无公害栽培技术等。三是防治病虫害。中后期油菜蚜中度发生，个别病虫局部偏重发生，发生盛期 4 月上旬，用 40% 乐果、50% 避蚜雾等药剂进行防治，控制蚜虫危害。四是开展高产创建活动。按照农业部《2014 年全国粮棉油高产创建工作方案》要求，全市建立油菜万亩高产创建示范片 4 个，其中泌阳 2 个、遂平县 2 个，计 2669 公顷（40035 亩），涉及 4 个乡镇 17 个村委 9633 个农户，示范片实收测产平均亩产 216.27 千克，较全市平均单产亩增 70.77 千克，增产 48.64%。项目区实行区域化、集中连片种植，优质高产良种覆盖率达到 100%。高产创建示范区不仅提高了单产，增加了农民收入，同时还带动周边油菜种植规范化、田间管理指标化，起到典型的辐射带动作用。油菜生产中存在的问题：一是油菜种植品种较多。主导品种不够突出，每个县种植的品种都不相同。二是规范化种植程度较低。个别区域种植多为满足农户自身食用油需求，种植零星、分散，种植面积逐年下滑。三是种植管理粗放。由于有重粮轻油的思想，种管比较粗放，撒播面积较大，有 45% 的油菜采用撒播，不间苗、定苗，种植密度过大，基本为"望天收"。

（韩　琴　褚艳丽）

【蔬菜食用菌生产】 2015 年，驻马店市蔬菜播种面积 10.42 万公顷（156.3 万亩），蔬菜总产量 403.7 万吨；食用菌总产 28 万吨，总产值 28 亿元，出口创汇 3000 万美元；蔬菜和食用菌生产占用耕地面积 53333.33 公顷（80 万亩），占全市耕地面积的 7.7%，其产值占粮食总产值的 50% 以上。

（丁洪生　曾　勇）

【种子质量监督】 2015 年，全市抽检种子样品 319 份（其中玉米 146 个、小麦 161 个、花生 12 个），代表种子数量 578 万千克，涉及的经销商多，覆盖面广。组织持证种子检验员对全市 19 家企业 1.03 万公顷（15.45 万亩）小麦制种田进行了田间检验工作。审核发放经营许可证 6 家种子企业，其中审核申请注册 500 万元从事主要农作物种子经营许可企业 2 个，审核申请注册 200 万元从事非主要农作物种子经营许可企业 4 个。对 20 家注册种子企业进行检查，督促企业建立档案。

（丁洪生　曾　勇）

【土肥工作】 2015 年，市农业部门及时发布农作物施肥意见及区域配方，高标准完成土壤化验和取土，全年共采集土样 2720 个。完成五区丰缺、氮肥减量试验、三区示范及高产示范片等试验。全市共推广配方肥 14.49 万吨，施用配方肥面积 301906.67 公顷（452.86 万亩）。宣传贯彻《河南省耕地质量管理办法》及《河南省耕地质量建设规划（2015 年 ~ 2020 年）》，扩大耕地质量监测规模，搞好重点区域耕地土壤和农产品质量调查，指导各县土肥检测体系建设。开展春季和秋季肥料监督、抽查，强化对配方肥生产企业的监管，建立配方肥质量追溯管理制度。

（丁洪生　曾　勇）

【病虫草害检测防控】 2015 年，全年农作物病虫草害发生面积 5505513.33 公顷（8258.27 万亩），防治面积 5474226.67 公顷次（8211.34 万亩次）。其中，小麦种植面积 695666.67 公顷（1043.5 万亩），小麦病虫草害发生 3332133.33 公顷次（4998.2 万亩次），防治小麦病虫草害 3604133.33 公顷次（5406.2 万亩次），占发生面积的 108.16%。秋作物种植面积 783280 公顷（1174.92 万亩），秋作物病虫草害发生 2173380 公顷次（3260.07 万亩次），防治面积 1870093.33 公顷次（2805.14 万亩次），占发生面积的 86.04%。共挽回夏粮损失 6.23 亿千克，秋粮损失 3.21 亿千克。

（丁洪生　曾　勇）

【植物检疫】 2015 年，全市共完成小麦产地检疫 19986.67 公顷（29.98 万亩）、花生 1666.67 公顷（2.5 万亩）、大豆 3066.67 公顷（4.6 万亩）、芝麻 2333.33 公顷（3.5 万亩）、蔬菜 200 公顷（0.3 万亩），产地检疫合格小麦种子 10720 万千克。开展检疫性有害生物疫情监测与防控，对小麦全蚀病、甘薯腐烂茎线虫病、梨枯梢病菌、黄瓜绿斑驳花叶病毒等进行重点防控。控制小麦全蚀病 10.84 万公顷（162.6 万亩），挽回损失 10079.5 万千克；控制甘薯腐烂茎线虫病 25333.33 公顷（38 万亩），挽回鲜红薯 14180 万千克。集成红薯腐烂茎线虫病综合防治技术，制定《甘薯腐烂茎线虫病疫情控制技术规程》。

（丁洪生　曾　勇）

【专业化统防统治】 2015 年，全市组建应急防治专业队 42 个，应急防治面积达到 13.1 万公顷次（196.5 万亩次）。植保专业化统防统治组织 454 个，已注册 321 个；从业人员 8232 人，其中持证上岗 3405 人；拥有植保机械 20043 台，其中大中型植保机械 3201 台；统防统治面积 227333.33 公顷次（341 万亩次），农作物病虫害专业化统防统治面积 258666.67 公顷（388 万亩）。其中，全程承包防治面积 66666.67 公顷次（100 万亩次）。

（丁洪生　曾　勇）

农业科学研究

【农业科学研究概况】 2015 年，驻马店市农科院共承担国家、省、市下达和自选课题 42 项，其中应用研究课题 8 项，中间试验课题 8 项，单项试验课题 18 项，农作物新品种（系、组合）生产示范课题 8 项。审（鉴）定农作物新品种 3 个（驻豆 19、驻芝 22 号、天驿青翠），参加国家、黄淮和河南省预备试验、区域试验和生产试验的农作物新品系 37 个，国家多点鉴定、品比试验新品系 3 个。其中，驻玉 408、驻玉 403、驻玉 412、驻花 C1403、驻花 B1408、驻花 C1406、驻豆 16、驻豆 17、驻芝 14J50 参加省预备试验，驻玉 216、驻麦 305、驻芝 11J19、驻大麦 2011 南 4–22、驻大麦 8–78、驻大麦 6–47、驻大麦 7–115、驻大麦 6–135、驻大麦 6–106、驻大麦 6–36、驻大麦 3–118、驻大麦 5–155、驻大麦 8–52、驻大麦 7–10、驻椒 22、驻椒 23、驻茄 11 和驻茄 12 参加省区域试验，驻椒 22、驻椒 23、驻茄 11 和驻茄 12 参加省生产试验。驻麦 328、驻豆 02–19、驻芝 13B5、驻大麦 7–71、驻椒 19 参加国家区域试验，驻椒 19 参加国家生产试验。驻麦 706 参加国家品比试验，驻豆 20、驻豆 03–9 参加国家多点鉴定试验。荣获省、市厅级科技成果奖 8 项，其中河南省科技进步三等奖 2 项，驻马店市科技进步一等奖 4 项，河南省农科系统二等奖 2 项。获植物新品种权保护 1 项，制定河南省地方标准 2 个，制定驻马店市地方标准 2 个，在省级以上刊物发表学术论文 23 篇，在《驻马店日报》上发表科技文章 22 篇，参与编写著作 1 部。（贺建峰　朱统泉）

【小麦新品种选育】 2015 年，种植资源材料 986 份，配制杂交组合和改良组合共计 600 多个；种植组合 719 个共计 20640 行，其中 F1 代 227 个组合，F2 代 206 个组合，F3 代 41 个组合，F4 代 115 个组合，F5 代 49 个组合，F6 代 24 个组合，F7 代 15 个组合，F8 代 20 个组合，F9 代 15 个组合，F10 代 3 个组合，F11 代 1 个组合，F12 代 3 个组合。从这些保留的组合中选择优良单株 5000 多棵，选择优良株系 100 多个参加 2015 年 ~ 2016 年市农科院的小麦品系鉴定和观察试验。新品系鉴定试验：分冬性组和春性组，分别以周麦 18 和偃展 4110 作对照，驻麦 328、驻麦 305、驻麦 706、驻麦 395、驻麦 256、4–423、10–92、7–1、7–443、5–540、4–645 等品系表现优良。新品系观察试验：有 169 个品系，以周麦 18、偃展 4110 作对照，表现好的 22 个品系均超对照比较明显，增产幅度较大，综合表现较好。有苗头的新品系是驻麦 328、驻麦 305、驻麦 706、驻麦 395、驻麦 256、4–423、10–92、7–1、7–443、5–540、4–645 等。参加国家、省区试、预试新品系：驻麦 328、驻麦 305 本年度表现出好的稳定性和丰产性，继续参加国家黄淮南片区域试验和河南省春性组区域试验，其中驻麦 305 同时参加湖北省区域试验和安徽省与江苏省的比较试验。驻麦 706、驻麦 395、驻麦 256 等优良品系推荐参加国家黄淮南片或河南省品种比较试验。（贺建峰　朱统泉）

【玉米杂交种选育种植】 2015 年，种植基础自交系材料 618 份，外引材料 176 份，三系材料 6 份，种植二环系 739 份，其中高代材料 298 份、中代材料 315 份、低代材料 126 份，共选出符合育种目标的高、中、低果穗 536 个。配制测交组合 317 份。杂交组合观察鉴定试验：种植杂交组合 3994 个，选出 316 个组合进行测产。新组合产比试验：选出 36 个组合每重复收中间 2 行进行测产和室内考种。优良组合多点鉴定试验：有 4 个组合综合表现好 10 H 9× 黑黄 –3201、10 H 13×23 H 92011–4222、29 H 11× 昌 108 M –2122、先 128 M × 昌 108 M –2221，现已在海南扩繁，2016 年推荐参加河南省夏玉米不同组别的预备试验。海南冬繁加代：2014 年 ~ 2015 年度，种植自交系材料 236 个；杂交组合观察种 2 个；二环系选系材料 153 个，外引材料 20 个，对 2015 年海南新引进的 23 个外源材料进行了血缘系统的观察划分与测交组配。配制杂交组合 3300 多份，外系测交组合 300 多份，成功收获 3400 多份。组配主要用于 2015 年产比及交换试验的杂交组合 1763 个，制备参加 2015 年省预试及生产示范的组合种 8 个、多点鉴定种 20 个，选择二还系中、低材料 264 个。2015 年 ~ 2016 年度，种植自交系材料 251 个；杂交组合观察种 2 个；二环系选系材料 118 个，外引材料 14 个，准备加代繁殖驻玉 216、408、405、416 亲本和试验用种 8 个，制备参加多点鉴定试验用种 20 个，拟配制杂交组合 1520 个。参加省区试、预试的新品系：2015 年推荐驻玉 216 参加省 5000 株 / 亩第二年区域试验，推荐新组合驻玉 408 参加省 4500 株 / 亩预备试验、新组合驻玉 403 参加省 5000 株 / 亩预备试验、驻玉 412 参加省 4500 株 / 亩机收组预备试验。（段　莹　潘正茂）

【大麦新品种选育】 2015 年，种植亲本材料 538 份，选配杂交组合 450 多份种植后代材料 1240 份，选取优良单株 1300 多份，选育出株型紧凑、矮秆、综合性状较好的优良株系 52 个。南繁加代：种植 F1 和 F2 代 69 份，配制杂交组合 7 个，加代繁殖 2 个新品系 4–2 和 4–238。参加国家区试和省区试的新品系 12 个：驻 7–71 参加国家南片大麦区域试验；驻 2011 南 4–22、驻 8–78、驻 6–47、驻 7–115、驻 6–135、驻 6–106、驻 6–36、驻 3–118、驻 5–155、驻 8–52、驻 7–10 等 11 个参加河南省大麦联合区域试验。新品系展示试验：本试验参试品种 18 个，平均亩产 406.29 千克，其中 10 个品种比对照驻大麦 3 号增产，增产幅度为 0.27% ~ 23.13%。二棱大麦新品种鉴定：参试 13 个品种，平均亩产 484.06 千克，其中 8 个品种比当地对照驻大麦 3 号增产，增产幅度为 3.74% ~ 10.53%。多棱大麦新品种鉴定：参试 5 个品种，平均亩产 517.14 千克，产量幅度 499.19 千克 / 亩 ~ 545.98 千克 / 亩。观察试验：参试 63 个品种，实收 45 个品种，参试二棱品种中共有 3 个品种产量较对照驻 3 表现增产，参试多棱品种共有 3 个品种产量较对照驻 4 表现增产。播量试验：3 个品种驻大麦 3 号、驻大麦 4 号、驻大麦 5 号，3 个播量，重复 3 次。驻大麦 4 号氮肥与密度交互试验：采用二因素裂区设计，氮肥为主区。驻大麦 5 号生长调节剂试验：试验设 2 种药剂，每种药剂 4 个浓度，3 次重复。驻大麦 5 号肥料与密度正交试验：试验设计不同肥料配比与种植密度组合处理 18 个，重复 3 次。（段　莹　潘正茂）

【大豆新品种选育】 2015 年，种植资源材料 547 份，其中高代材料 419 份，低代材料 128 份；筛选综合性状好的优良株系 62 份；种植亲本材料 108 份，配制杂交组合 90 个，收获杂交组合 72 个。提纯复壮：对驻豆 5 号、驻豆 16、驻豆 17、驻豆 20 进行提纯复壮。南繁加代：整理 F1—F3 代 91

2015年8月17日，在平舆县东和店镇李孟庄村委大李庄“舆芝十九”繁育田里，农民汤金铭（中）正在给芝麻打顶。

李亚超 摄

份材料，繁殖8个新品系，准备2016年参加省和国家试验。综合观察试验：种植53份，综合性状表现好的有6个材料。鉴定试验：种植鉴定材料92份，14个材料表现较好。品比试验：种植新品系40个，综合性状表现好，比对照豫豆22增产的品系19个，产量幅度208.34千克/亩～299.18千克/亩。驻豆12密度试验：以3寸～4寸密度最佳。驻豆19密度试验：中上等地以5寸～6寸密度最佳。大豆—小麦轮作与玉米—小麦轮作对比试验：遂平试验点大豆亩产231.97千克，泌阳试验点亩产194.52千克。参加省和国家中间试验的新品系及表现：驻02-19第二年参加国家长江流域夏大豆中早熟组区试，有望升入国家生产试验；驻豆20参加国家长江流域夏大豆中早熟组多点鉴定试验，2016年有望升入国家区试；驻豆03-9参加黄淮南片多点鉴定试验，2016年有望升入国家黄淮南片区域试验；驻豆16参加河南省预试，居预试A组试验21个品种（系）中第二位；驻豆17参加河南省预试，居预试B组试验21个品种（系）中第一位；驻豆19，2015年4月通过河南省大豆品种审定委员会审定。

（段 莹 潘正茂）

【芝麻新品种选育】 2015年，种植杂交亲本287份，选留270份。组配杂交组合115份，345个单株，收获113份。F1代～F3代种植226个组合，收获224个组合。F4代种植69个组合，选留单株386个；F5代种植211个株行，选留优良单株214个，其中表现优良的单株有5个。高代株行（F6代以上）建立株行（系）观察圃，种植448个株行（系），收获468个单株，表现较好的有12个，表现特别优良的有6份，计划进入2015年产量鉴定试验。芝麻品种（系）优选、提纯及系统选育：20个芝麻品种（系）199个株行，从中选出纯系、优系和变异优株共计248个，综合性状好的有5个。芝麻细胞核雄性不育及杂种优势利用研究：细胞核雄性不育人工自交153份，收获不育系后代材料166份，综合性状好的有4份，不育率稳定在50%以上。高代鉴定：材料66份，收获61份，有3个品系综合性状表现良好。芝麻新品种（系）比较试验：新品种（系）20个，以豫芝四号为对照。参加国家、省区试及生产试验的新品系：驻13B5参加2015年全国（江淮片）芝麻新品种区域试验；驻11J19参加2015年河南省芝麻新品种区域试验；驻14J50参加2015年河南省芝麻新品种预备试验；驻芝22号，2015年4月该品种通过河南省芝麻品种鉴定委员会鉴定。

（段 莹 潘正茂）

【花生新品种选育】 2015年，种植父本44份，母本4份，配置杂交组合55个。种植后代材料464份，其中F1代56份，F2代51份，F3代53份，F4代85份，F5代66份，F6代60份，F7代71份，F8代22份。其中，F305、F307、

2015年5月12日，全国劳动模范叶启营（左一）正在为汝南农广校的100多位学员讲解红薯的栽培技术。 杨军民 摄

F313、F344、F427、F449、F436、F462、F561、F650、F749、F750、F815、F820 等综合性状良好。品种比较试验：种植品系 64 份，对照品种为远杂 9102，其中 B02、B21、B24、B32、B38、B45、B48、B50 综合性状良好。新引进品种鉴定比较试验：新引进的 27 个品种（系）中，产量较高的有徐花 0413、豫花 23 号、濮花 28 号和冀花 7 号 4 个品种，较对照远杂 9102 增产极显著；豫航花 2 号、豫花 22 号、商花 5 号、维花 14 号、驻花 2 号等较对照远杂 9102 增产显著。高油品种鉴定试验：参试品种 4 个，远杂 9102（对照），3 个品种都适合在驻马店种植，以冀花 9 号表现最好。参加预试的新品系：驻 C1403 和驻 B1408 参加 2015 年省小粒组花生预试，驻 C1406 参加 2015 年夏播花生预试。

（段 莹 潘正茂）

【蔬菜新品种选育】 2015 年，新引进种质资源辣椒 35 份，茄子 53 份，丝瓜 10 份，番茄 65 份，资源圃共有辣椒种质资源 225 份，茄子 110 份，丝瓜 65 份，番茄 215 份。配制辣椒杂交组合 50 个，实收 36 个；配制茄子杂交组合 80 个，实收 65 个；丝瓜配制杂交组合 35 个，实收 20 个。新组合鉴定：39 个辣椒杂交组合，比对照增产 10% 以上适合保护地栽培的新组合 15 个；比对照增产 10% 以上，适合露地中晚熟栽培的较好组合 8 个。34 个茄子杂交组合，比对照增产的青茄新组合 6 个、紫茄新组合 4 个。13 个丝瓜杂交组合，表现较好的杂交组合 4 个。新品系比较：辣椒新品系 20 个，适宜保护地栽培的优良新品系 5 个，适宜露地栽培的优良新品系 4 个，推荐参加区域试验；茄子新品系 4 个，青茄中 2013-05F1、紫茄中 2013-09F1 表现最优，产量高、抗病性强，计划来年参加河南省区域试验；丝瓜新品系 5 个，适宜大田栽培的优良肉丝瓜品种 3 个。辣椒疫病抗病性鉴定试验：对 155 份辣椒资源材料，采用灌根法人工接种疫病病菌，初步筛选出高抗疫病资源材料 12 份，高感疫病资源材料 6 份。辣椒核心种质资源库的构建：对现有的 225 份辣椒亲本材料，初步建立了辣椒表型性状核心种质资源库，在辣椒 12 条染色体上分别筛选出具有多态性的 SSR 引物，利用筛选出的引物对资源材料进行 SSR 分子标记。参加国家、省区试及生产试验的新品系：驻椒 19 参加国家辣椒 2015 年度生产试验，居同组第二位，将通过国家蔬菜品种鉴定委员会鉴定。驻椒 22 和驻椒 23 分别参加 2015 年河南省露地组和保护地辣椒新品种区域试验，并同时参加生产试验。驻茄 11 和驻茄 12 参加 2015 年河南省第二轮茄子新品种区域试验和生产试验，将通过 2015 年河南省农作物审定委员会鉴定。萝卜新品种天驿青翠 2015 年 10 月通过河南省农作物审定委员会鉴定。

（段 莹 潘正茂）

【食用菌新品种选育】 2015 年，新引进品种资源材料平菇 14 份，香菇 5 份。通过种植鉴定，表现突出的平菇菌株 4 个；香菇 2 个即申香 215、808-4；创新了 6 个 808 新品系。新对珍稀菌类猴头菇、白玉菇进行种植观察；对上年初筛选出

2015年11月11日，西平县重渠乡河南绿安农业科技有限公司供港澳蔬菜基地里，菜农正在采收蔬菜。该基地占地1300亩，总投资2000万元，年生产680万千克供港澳蔬菜。同时，带动周边农户发展无公害蔬菜种植2800亩，1120户户均增收3000元。
胡军华 摄

的8份变异平菇资源，复筛获得2个表现较好的新菌株。平菇杂交育种，收集99单孢菌株12株，CCEF89单孢菌株18株。香菇育种，分离6个808新品系进行种植，引进新品种申香215，种植后继续系统选育。羊肚菇育种，收集10多株菌种，其中能够人工栽培的5株，高产、稳产的尖顶羊肚菌品种1个。（段　莹　潘正茂）

【驻豆19通过省农作物品种审定委员会审定】 驻豆19，2015年8月通过河南省农作物品种审定委员会审定。审定编号：豫审豆2015002；选育单位：驻马店市农业科学院；品种来源：郑88013/驻9702。驻豆19属有限结荚中熟品种，生育期110天左右。株型紧凑，株高75厘米左右；叶片卵圆形；有效分枝2个～3个；紫花，灰毛，荚灰褐；单株有效荚数49.2个，单株粒数97.2粒，百粒重20克以上；籽粒椭圆形，种皮黄色，脐褐色；成熟落叶性好；抗倒性强。据南京农大国家大豆改良中心抗病性鉴定，对花叶病毒病SC3表现抗病，SC7表现中抗。农业部农产品质量监督检验测试中心（郑州）检测：2012年检测结果，蛋白质含量46.4%，脂肪含量17.44%；2014年检测结果，蛋白质含量45.47%，脂肪含量17.48%；2年平均蛋白质含量45.94%，脂肪含量17.46%，蛋、脂合计63.4%。产量表现：2011年在河南省预试中，9点试验8点增产，平均亩产200.14千克，比对照豫豆22号增产11.16%，在43个参试品种中居第三位；2012年在河南省区试中，12点试验8点增产，平均亩产233.86千克，比对照豫豆22号增产4.85%，达极显著水平，其中有4个试点亩产超过250千克；2013年在河南省区试中，12点试验10点增产，平均亩产204.01千克，比对照豫豆22号增产8.3%，达极显著水平，居试验第三位，其中有3个试点亩产超过250千克；2014年在河南省生产试验中，7点试验汇总全增产，平均亩产213.34千克，比对照豫豆22号增产13.22%，居试验第二位。适宜在河南全省夏大豆区种植。栽培技术要点：一是播期和密度。6月上中旬为适宜播期，最好在6月15日前足墒播种，亩播量4千克～5千克；根据种植模式，一般行距30厘米～40厘米，株距13厘米～15厘米，出苗后及时间定苗，留苗密度1.2万株/亩～1.4万株/亩。二是田间管理。氮磷钾肥科学配比，一般亩施尿素4千克～5千克，磷酸二铵15千克～20千克，氯化钾6千克～8千克，肥力较高地块尽量少施尿素；开花结荚期遇旱及时浇水，提高百粒重；花荚期及时防治虫害，提高商品质量。
（姜　俊　赵红星）

【驻芝22号通过省芝麻品种鉴定委员会鉴定】 驻芝22号，2015年4月通过河南省芝麻品种鉴定委员会鉴定。驻芝22号是市农科院以“驻044”为母本、“豫芝5号”为父本，通过有性杂交选育而成的芝麻新品种。驻芝22号一般亩产85千克，高产条件下可达100千克以上。2012年河南省芝麻区域试验，9个点次汇总，驻芝22号平均亩产84.54千克，比对照（亩产80.66千克）增产4.8%，达显著水平；2013年河南省芝麻区域试验，8个点次汇总，驻芝22号平均亩产100.95千克，比对照（亩产93.62千克）增产7.83%，达极显著水平，居参试品种第二位；2014年河南省芝麻品种生产试验，6个点次汇总，驻芝22号平均亩产106.77千克，比对照（亩产97.99千克）增产8.96%，6个试点中有5个试点比CK增产，增产点次占83.3%。驻芝22号属单秆型，一般株高161厘米～170厘米，植株叶片对生，下部叶片较大，叶缘浅裂，中部叶型为椭圆形，上部柳叶形，三花四棱，茎秆绿色，茸毛较多，始蒴部位为47厘米，果轴长107厘米，单株蒴数91个，每蒴粒数66粒，千粒重3.025克，单株产量15.28克，花色为淡紫色，籽粒纯白。夏播从出苗到初花35天左右，初花至终花40天左右，全生育期90天左右。据农业部农产品质量监督检验测试中心（郑州）2015年测定，驻芝22号含油量52.74%，蛋白质含量19.04%，达到国家优质标准。该品种可在河南省芝麻产区种植。栽培技术要点：一是适时播种。春播应在气温稳定在18℃，夏播宜早。播种方式以等行距或宽窄行种植为宜。二是种植密度。中、上等肥力地块以每亩定苗0.8万株～1万株为宜，肥力较差、晚播地块每亩定苗1.1万株～1.2万株。三是田间管理。一般亩施复合肥（氮、磷、钾各15%）35千克左右，出苗后要及时间苗，4对～5对真叶期定苗，要注意防治病虫草害，重点防治枯萎病、茎点枯病，及时防旱排涝。四是适时打顶、适期收获。春播芝麻应在7月底打顶（摘去生长点约1厘米），夏播芝麻则应在立秋前后打顶。收获后要小捆架晒，以保证芝麻的外观品质。（姜 俊 赵红星）

【“天驿青翠”通过省蔬菜品种鉴定委员会鉴定】 天驿青翠，2015年10月通过河南省蔬菜品种鉴定委员会鉴定。萝卜新品种“天驿青翠”是驻马店市农业科学院于2008年以抗病、优质的农家萝卜品种西平青为母本，以高产的平丰三号为父本，进行有性杂交，经多代系统选育而成。该品种生育期70天～75天，植株半直立，生长势中等；叶片花叶型、绿色，叶片数13.91片，株高40.83厘米，开展度64.69厘米×61.66厘米；肉质根长圆柱形，露根率68.35%，皮色灰绿，肉色淡青色，肉质硬，微辣、稍甜，平均单根重0.98千克。蛋白质含量0.87克/100克，VC含量31.97毫克/100克，总糖4.53%。田间调查，抗霜霉病和黑腐病，适宜于河南省南部地区秋季栽培。（姜 俊 赵红星）

农村经营管理

【农村土地承包经营权确权登记颁证】 2015年，驻马店市确权工作任务433333.33公顷（650万亩），其中西平、确山整县推进，其他县区完成50%以上。全市共完成权属调查126.66万户，实测承包地块650101块，实测承包地面积123246.67公顷（184.87万亩）。各县区入户调查工作全部完成，相应的测绘公司已经确定，先后入驻村组进行基础信息录入工作；全市所有县区的航拍工作都已完成。西平、正阳、确山3县较早取得地籍影像资料进入实测阶段，西平县实测面积42826.67公顷（64.24万亩），正阳县实测面积42420公顷（63.63万亩），确山县实测面积18786.67公顷（28.18万亩）；遂平县、驿城区、上蔡县也已开始进入实测；汝南县、泌阳县、平舆县3县正在进行数据图解处理。（丁洪生 曾 勇）

【土地流转】 2015年，全市土地流转县区服务中心、乡服务站建设完毕，确定村级信息员2416名，市、县、乡、村一体化的土地流转服务队伍已经形成。全市完成市、县、乡3级网络对接，实现了土地流转信息的实时上传、即时汇总、全时查询、适时发布、动态监管等功能。全市土地流转217733.33公顷（326.6万亩），占家庭承包面积的31%，较2014年底增长了近7个百分点；农业适度规模经营面积186533.33公顷（279.8万亩），占耕地的26.5%。（丁洪生 曾 勇）

【新型农业经营主体培育】 2015年，全市依法注册农民合作社13550家，数量居河南省首位，拥有国家级示范社39家、省级示范社37家、市级示范社236家。依法注册的家庭农场5021家，较上年增加3024家，增长151.7%，居全省第一位，其中省级示范家庭农场9家。（丁洪生 曾 勇）

【农经统计】 2015年，完成了2015年度全市农村经济情况、农民收入与负担情况、村合作经济组织收益分配与资产负债情况、农经工作综合情况统计的汇总、分析和上报工作，对全市影响农民收入增长的有利条件和不利因素进行分析，为各级党委政府掌握农村经济运行情况提供数字依据。（丁洪生 曾 勇）

【农民负担监督管理】 2015年，市农业局开展农民负担检查，采取明察暗访的形式，进村入户，对全市9个县区22个乡镇农民负担情况进行检查，共清理涉农违规收费22570元，全部予以清退。及时发放农民负担监督卡192.8万份，入户率达到95%以上。全年受理农民负担案件43起，案件按期结案率100%，没有出现案件查处不力或处理不到位而引起的群众重复上访事件。（丁洪生 曾 勇）

【农业综合执法】 2015年，市农业部门在普法日、农资销售旺季、“万名科技人员包万村”活动等时间节点，加强种子、农药、肥料等主要农资方面的法律法规普及和宣传，特别是引导农民科学使用拌种剂，防止假冒伪劣拌种剂坑农害农现象发生，共印发宣传资料32万份。按照属地管理的原则，强化农资市场监管，定期和不定期进行市场抽查，及时开展季节性的市场大检查、联查互查等活动，严厉打击制售假劣农资的行为，共检查农资生产经营企业155家，立案10起，移交公安机关1起，涉案金额60多万元，挽回经济损失70多万元。（丁洪生 曾 勇）

农业综合开发

【农业综合开发概况】 2015年，驻马店市农业综合开发各类项目共争取中央、省财政资金3.3183亿元，完成高标准农田建设任务16380公顷（24.57万亩）、农业产业化经营财政补助项目6个，粮食增产科技支撑行动计划项目3个、部门合作项目1个。持续在西平、上蔡、汝南、确山、正阳、泌阳打造了6个连片面积5万亩~10万亩以上的高标准农田示范区，同步在项目区推进产业化和科技项目，有效提升了农业综合生产能力，促进了农民增收。　（杜瑞娟）

【高标准农田建设】 2015年，全市高标准农日建设工作坚持“集中连片、规模开发、逐步推进”的基本原则，打破村组界限，按区域、按流域规划，形成了当年项目区集中连片，3年~5年项目区连成一大片的开发格局。2015年，全市共投资30929.8万元，其中财政投资30751万元（中央财政资金20052.4万元、省财政资金9613万元、市级财政配套1085.6万元），自筹资金178.8万元。全年完成高标准农田建设任务16380公顷（24.57万亩），持续在西平、上蔡、汝南、确山、正阳、泌阳打造6个连片面积5万亩~10万亩以上的高标准农田示范区。项目区共建拦河坝13座、排灌站4座，开挖疏浚渠道779.05千米，新打修复机电井2226眼，修复配套159眼，建桥涵3552座，衬砌渠道2.42千米，铺设地埋管道789.35千米，架设输变电线路765.14千米，硬化道路235.52千米，修建支路153.5千米，建防护林380公顷（0.57万亩），实施科技培训1.95万人次，购置仪器设备2308台（件），进行科技示范推广4106.67公顷（6.16万亩）。项目实施后，新增灌溉面积10560公顷（15.84万亩），改善灌溉面积1833.33公顷（2.75万亩）；新增除涝面积7373.33公顷（11.06万亩），改善除涝面积3553.33公顷（5.33万亩）；新增节水灌溉面积10780公顷（16.17万亩），年节约水量1336.76万立方米；增加农田林网防护面积7000公顷（10.5万亩）；增加机耕面积933.33公顷（1.4万亩）；控制水土流失面积4.3平方千米；扩大良种种植面积1653.33公顷（2.48万亩），实现优质农产品种植面积12866.67公顷（19.3万亩）。项目区新增粮食2915.3万千克、棉花5万千克、油料268.3万千克、蔬菜22万千克，新增种植业总产值9049.72万元，项目区农民收入增加总额5501.64万元。（杜瑞娟　任慧敏）

【农业产业化项目建设】 2015年，按照“企业自愿申报、县级考察推荐、市级审查”的程序，全年共申报区域优势突出、符合产业发展要求的农业产业化经营财政补助项目6个，其中种植类1个、养殖类3个、加工类1个、储藏保鲜类1个。项目总投资4256万元，其中中央财政资金1460万元、省财政资金502.4万元、市级配套81.6万元、企业自筹资金2212万元。项目实施后年新增种植基地面积76.2公顷（1143亩），年出栏牛2400头，存栏牛3800头；新建厂房56994平方米。提供种苗500万株，蔬菜300万千克，牛肉95.5万千克，香菇200万千克，提供种畜禽4680头；年新增总产值25508万元、增加值2957.86元，新增利税2077.96万元，增加固定资产总额2940万元，年直接受益农户2927户，年

2015年5月28日，正阳县熊寨镇宋店村麦田里，麦秸打捆机正在作业。正阳县为秸秆找出路，对秸秆打捆机进行补贴，秸秆禁烧取得明显效果。
杨军民　田玉堂　摄

直接受益农民增加 8634 万元，年新增就业人数 286 人。农业规范化、集约化、产业化进一步增强，农业产业结构有效调整。 （王国云）

【粮食支撑科技行动计划】 2015 年，按照“依靠科技、主攻单产、增加总产”的总体思路，采取省农开办搭台，省级科研、教学、推广“三农”部门通力协作，项目区群众积极参与实施，省、市、县三级联动的工作机制，为保障国家粮食安全、促进河南粮食核心区和中原经济区建设进行有益探索，在示范区进行物化补贴、集成技术研究示范、技术培训、技术指导等任务。全年共安排粮食科技支撑行动项目 3 个，涉及西平、泌阳、上蔡 3 县，共争取省财政投资 192 万元；共建立万亩示范方 3 个。 （周保印）

【部门合作项目建设】 2015 年，由市林业部门联合财政部门共向上级农业综合开发办争取部门合作项目 1 个，项目总投资 198.8 万元，其中财政投资 196 万元、企业自筹 2.8 万元。林业生态示范项目 1 个，即遂平县林业生态（长淮防林）示范项目，项目实施单位遂平县林业局。 （周保印）

【扶贫工作】 2015 年，驻马店市共争取中央、省财政扶贫资金 2.0213 亿元，较 2014 年增加 2025 万元，对 132 个贫困村实施整村推进扶贫开发，共实施完成各类扶贫项目 420 个，实现 12.24 万农村贫困人口稳定脱贫。

专项扶贫。全市投入基础设施专项扶贫资金 12712.1 万元，完成 170 个行政村的整村推进建设项目，共实施道路建设项目 190 个，修建硬化水泥路 306 千米，解决了 30 万多人行路难的问题。投入产业发展专项扶贫资金 7155.9 万元，实施到户增收项目 111 个、科技扶贫和产业化贷款项目 52 个、互助资金项目 26 个，发放小额信贷贴息资金 511.5 万元，培训转移农村贫困劳动力 6979 人，扶持贫困农户近 3 万户。

行业扶贫。强化行业部门参与扶贫开发领导责任，加大对行业部门参与扶贫开发工作的督查问责。督促市直行业部门成立部门扶贫开发领导小组办公室，制定部门扶贫开发实施方案，依托部门职责，落实扶贫责任，运用行业资源做好扶贫开发工作。全年行业部门充分发挥部门资源优势支持扶贫开发，做到扶贫项目优先安排、扶贫资金优先保障、扶贫工作优先对接、扶贫措施优先落实。2015 年度，全市行业部门按照部门资金 40% 以上用到贫困地区的要求，共向全市贫困村倾斜项目资金合计 8000 余万元。

社会扶贫。2015 年，继续推进定点扶贫工作，全市共有 3 个中直单位、22 个省直单位、144 个市直单位和 632 个县区直单位参与定点扶贫工作。加强宣传引导，建立有效的机制和平台，落实好公益扶贫捐赠所得税税前扣除、吸纳贫困人口就业企业税收优惠、职业培训补贴等政策，广泛动员国有企业、民营企业、社会组织、公民个人结合自身特点和能力，开展各类帮扶活动。开展社会捐赠活动，充分发挥工商联、妇联、科协、扶贫日等平台作用，组织各类企业、社会组织、各界爱心人士参与和支持扶贫开发工作。全年共引进各类社会项目资金 20162.3 万元，帮助实施特色产业项目 182 个，举办培训班 200 余期，培训农民 1.2 万人次，捐物折款 1963.2 万元。 （尹胜利　王林昶　吴巧霞）

【新农村建设】 2015 年，全市重点围绕“三无一规范一眼净”（无垃圾乱堆、无污水乱流、无杂物挡道，日常生产生活物品摆放规范）的标准推进农村环境整治，围绕“三保三化”（保住房、饮水、用电安全，环境净化、道路硬化、村庄美化），推进省级达标村、示范村建设。全年共争取省级专项资金 2111 万元，着力开展 3 项工作：一是开展全面整治工作。按照“三无一规范”的标准，重点对农村垃圾乱倒、污水乱流、柴草乱垛、秸秆乱推乱放、日常物品堆放杂乱等问题进行整治，整治后，各试点村均已达到“三无一规范”的标准。二是推进达标村、示范村创建。在全面整治的基础上，重点围绕交通要道沿线、旅游景区周边和乡镇政府所在地，推进达标村和示范村建设。共建成达标村 563 个、示范村 261 个，分别占行政村总数的 22.2%、10.3%。全市累计投入各类资金 7.69 亿元，修建排水沟渠 1974 千米，建垃圾处理场、简易填埋场 1096 处，建污水处理厂、净化厂 19 处，配备垃圾池（桶）2.3 万个，购置保洁车辆 3446 个，硬化道路 1878 千米，清理改造坑塘 822 个，安装路灯 2.3 万个，绿化树木 62.8 万棵等。三是建立长效机制。各整治村普遍制定村规民约，开展卫生评比活动，部分村配备了专职保洁人员，建立了垃圾收集、转运、处理等机制，有效保证了日产日清，初步建成“有人干事、有钱办事、有章管事”的长效管护机制。截至年底，全市已有 1460 个村制定村规民约、1062 个村开展了卫生评比活动，1158 个村建立了保洁机制，959 个村建立了垃圾收集、清运、处理机制，共配备保洁人员 3479 人。 （任　亚　聂海博）

【新型农业经营主体培育】 2015 年，全市实施新型农业经营主体培育“六个一”工程，农民合作社、家庭农场迅猛发展，分别达到 13550 家、5021 家，增速、总量均处于全省领先位次。按照“体制机制创新、服务体系健全、农机装备领先、规模经营过半、农民增收明显”等标准，持续推进 10 个新型农业经营体系示范乡镇建设工作；持续探索组建现代农业产业联合体，累计发展 18 家。一是培育专业大户和新型职业农民。立足改造传统农民、引入新型农民、培育职业农民，推动农业经营主体职业化。支持有文化、懂技术、会经营的农村实用人才和农村青年致富带头人，通过流转土地、规模经营等多种方式，扩大生产规模。支持高等院校、中等职业学校毕业生、军队转业复员军人以及农业科技人员从事农业创业。支持外出务工成功人士、个体工商户、农村经纪人等返乡从事农业开发。2015 年，全市发展家庭农场 500 家以上，各县分别发展家庭农场 50 家以上。全市新发展农民合作社 1000 家。各县区在抓好上年组建的联合体运营的基础上，分别组建了 2 家现代农业产业联合体。二是统筹抓好新型农业经营体系建设示范乡镇。本着“超前探索、重点突破、机制创新、配套推进”的工作思路，2014 年，全市重点培育 10 个新型农业经营体系建设示范乡镇，作为加快构建新型农业经营体系试点乡镇，试点时间为 3 年。2015 年，继续在产业规划、主体培育、生产基地建设、土地流转、规模经营、综合服务平台建设、培养新型农民、农业社会化服务、农民增收等方面综合施策，重点在打造平台上下功夫，全市10个示范乡镇要建成集政策咨询、农民培训、土地流转、产权交易、征信服务、融资服务、农业保险、农技与社会化服务“八位一体”的农业综合服务平台，试点工作进展顺利。三是强化农业科技服务。健全和完善农业科技公益性服务体系，鼓励涉农科研机构和科技人员投身农业科技服务，引导农业企业、专业大户、家庭农场、农民合作社积极参与农业科技推广。加强农业职业技能培训和农业实用技术普及，提高农业经营者经营能力。　（李　东　陈诗忠）

【秸秆禁烧和综合利用】2015年，全市秸秆禁烧和综合利用工作形势总体好于上年。焚烧火点数比2014年大幅度下降，全年秸秆总体综合利用率达到了70.3%。“三夏”期间，全市小麦秸秆还田面积471133.33公顷（706.7万亩）、秸秆还田率达70.3%，秸秆工业利用和收储、流通总量40万吨以上，小麦秸秆总体利用率达70%以上；“三秋”期间，玉米秸秆还田面积34.6万公顷（519万亩）、秸秆还田率达79.8%，青贮氨化达到60万吨。主要做法：一是深入宣传。在全市开展“秸秆禁烧和综合利用宣传月”活动，通过媒体、县乡、村组、学校等多个渠道，采取多种方式广泛宣传秸秆禁烧工作的法律法规、危害、典型经验等，形成浓厚禁烧氛围。二是实行网格化监管。建立市、县（区）、乡镇（街道）、村委会、村民小组、农户“六级”监督落实机制。实行市督导组分包县区、县区领导包乡镇、乡镇领导和县直局委包村、村干部包组、村民组长及党员包户、农户包地块的“六包”责任制，目标明确、责任到人、严防死守，实现全天候禁烧、全覆盖监管。三是综合利用。按照疏堵结合、以疏为主，标本兼治的原则，实施秸秆综合利用“13485”工程：突出秸秆还田1个重点；培育秸秆饲料加工企业、秸秆利用工业企业、秸秆收储流通企业3类企业；锁定肥料、饲料、工业、能源4个产业；开展秸秆还田、饲料开发、工业利用、食用菌基料、秸秆流通、秸秆发电、燃料化利用、秸秆沤肥8个利用途径；达到保障安全、保护环境、涵养地力、节约能源、创收增效5个目的。“三秋”期间，以大规模推进玉米秸秆还田为主渠道，同时抓好秸秆青贮氨化、秸秆食用菌生产、秸秆发电、秸秆制煤制碳、秸秆沤肥等综合利用工作。

（李　东　陈诗忠）

【茶园建设】2015年，投资8000万元围绕基地建设和品牌建设2项重点任务，重点在确山、泌阳、驿城区山区发展茶产业，新建茶园533.33公顷（8000亩），其中已经达到采摘条件的茶园420公顷（6300亩），全年共生产干毛茶40吨，其中名优茶12吨，实现产值2000万元。河南祥润天目山旅游开发有限公司、泌阳县源丰茶场、驻马店comm缘茶叶有限公司3家茶企业被评为市级农业产业化龙头企业，已注册品牌有“白云毛峰”“天中银峰”等绿茶品牌和‘天中红’红茶品牌，“天中红”红茶和“白云毛峰”等绿茶销售形势持续向好。

（魏武忠）

渔　业

【渔业生产概况】2015年，市水产技术推广工作以调整渔业结构、加大科技培训力度为抓手，全力进行名特优新水产品种的引进、试验、示范与推广，提高养殖户健康养殖技术和科学养鱼水平。

渔业科技培训。为提高养殖生产者的养殖技术水平，驻马店市水产技术推广站举办水产技术培训班97期，印发渔业实用技术手册、渔业养殖技术资料48955份，培训懂技术、会经营、善管理的新型渔民和技术人员4724人。全年全市指导养殖面积6001.74公顷，其中指导池塘养殖技术面积3553.3公顷，产量23693.4吨；推广稻田养殖技术面积20公顷，产量30吨；推广网箱养殖技术面积41212平方米，产量459吨；指导大水面养殖技术面积1546公顷，产量3410.5吨。受益农户5883户。技术推广、技术指导过的养殖面积新增产量6121.2吨，新增产值6544.72万元。在抓好技术培训的同时，积极开展技术咨询服务、渔业公共信息服务，设立专家热线，建立信息用户769户，电话热线5088条。同时长期派专业技术人员深入塘边、船头，送技术、送信息，帮助渔农解决养殖过程中遇到的疑难问题，提高养殖户的养殖技术和效益。

名特优新水产品引进试验、示范与推广。2015年，市水产站从武汉百瑞生物技术有限公司引进黄颡鱼“全雄1号”50万尾，在泌阳县铜山湖渔场开展池塘养殖试验，产鱼5000千克；从天津市引进超级鲤，在泌阳三山水库进行网箱养殖试验示范，放养超级鲤13万尾，产鱼13万千克，产值156万元；在三山水库设置10个网箱，进行脆鲩养殖，养成成鱼5万千克；在汝南老河故道进行网箱养殖鳜鱼试验示范，设置4个鳜鱼养殖网箱，4个饵料鱼网箱，养成成鱼5000千克。

水产健康养殖新技术推广。2015年，全市推广了水产养殖节能减排新技术新模式：如池塘水质改良技术、池塘高效增氧技术、池塘80：20技术，推广了故河道网箱养殖技术、中小水面精养技术、水产养殖病害防治技术、水产品质量安全控制技术等水产健康养殖技术。

渔业病害预报测报。以汝南、正阳、上蔡、遂平、确山5个县为鱼病测报县，设立18个鱼病预报测报点，监测面积200公顷。在4月～10月对全市主养品种鲤鱼、草鱼、鲫鱼、鲢鱼、鳙鱼等鱼类进行病害测报，监测出鲤鱼急性烂鳃病、水霉病、草鱼烂鳃病、肠炎病、锚头蚤、指环虫等多种鱼病，及时准确预报上报并发布水产养殖病害信息，积极指导养殖户进行“四消”“四定”，开展健康养殖，有计划、有目的控制和消灭病原，减少或避免疫病爆发。（韩建强）

畜牧业

【畜牧业生产概况】2015年，按照农业部、省政府关于畜禽屠宰监管体制改革的有关要求，驻马店市畜禽屠宰监管职能由商务局调整到畜牧局，全市共增加畜禽屠宰监管行政管理机构8个、监督执法机构4个，增加行政编制6名、事业编制40名。2015年，市畜牧局推进畜牧业集群发展、品牌发展、生态发展、安全发展。肉、蛋、奶产量分别达到75.82万吨、31.96万吨、4.72万吨，生猪存栏533.5万头、出栏733.02万头，牛存栏86.97万头、出栏59.3万头，羊存栏154.9万只、出栏167.48万只，家禽存栏5289.91万只、出栏4617.1万只。被评为省重大动物疫病防控工作先进单位、省畜牧业发展先进单位、省畜产品质量安全监管工作优秀单位、省畜牧兽医综合执法优秀单位。

畜禽规模养殖场标准化建设。2015年，按照农业部制定的畜禽良种化、养殖设施化、生产规范化、防疫制度化、粪污无害化“五化”标准，全市共新建标准化养殖场99个，备案养殖场总数达到9748个，标准化规模养殖场占规模养殖场比例达到了50%。全市共创建国家级标准化示范场16个、省级示范场5个、生态畜牧业示范场7个。

产业化集群建设。2015年，全市用于畜牧产业化集群建设的各类资金达23亿元。新增2家畜牧产业化集群龙头企业在“新三板”挂牌，畜牧上市企业达到3家，分别是荣盛农牧科技集团、龙凤山农牧股份有限公司、金凤牧业设备股份有限公司。泌阳恒都食品有限公司新建1个肉牛屠宰加工厂，年屠宰加工能力达到30万头，初步形成了肉牛产业化运行机制；正阳牧原新建年产18万吨饲料加工厂和年出栏24万头生猪项目；西平海蓝开工建设存栏100万只蛋鸡养殖项目；荣盛农牧新增年出栏30万头生猪项目完成场区建设。

生态畜牧业建设。按照《河南省生态畜牧业示范场创建方案》，开展生态畜牧业示范创建活动，自2014年起，连续3年每年组织10个养殖场开展生态畜牧业示范场创建活动，探索发展生态畜牧业的有效途径。2014年有7个养殖场通过省局验收，被命名为生态示范场。2015年年底，组织10个养殖场参加生态示范场创建，正在等待省局验收。

夏南牛品牌建设。建立夏南牛良种繁育推广体系，新建夏南牛冷配示范站点24个。落实市夏南牛产业扶持政策，下达市级补贴资金663.08万元；采购夏南牛冻精6万剂，补贴资金30万元。

实施畜牧业扶持政策。2015年，全市实施畜牧业项目主要有4项。一是国家肉牛基础母牛扩群增量项目。全市共有6个县实施，争取中央补贴资金2669.3万元。二是国家生猪大县奖励项目。全市9个县区实施，奖励资金共5498万元。三是国家肉牛大县资金1000万元，其中确山县、泌阳县分别500万元。四是市级畜牧业发展资金项目940万元，其中支持夏南牛能繁母牛补贴资金663万元、泌阳县夏南牛原种场建设资金100万元、病死畜禽无害化处理厂奖励资金100万元、夏南牛冻精及冷配示范站点资金54万元、夏南牛宣传培训资金23万元。（羊国华）

【种畜禽管理】 2015年，驻马店市新增种畜禽场1个，全市种畜禽场达40个，其中一级种畜禽场9个（由省局办证），

2015年2月3日，泌阳县双庙街乡2.5万头夏南牛养殖场内，夏南牛之父祁兴磊（左）与技术员一起观测存栏牛的生长情况。 弓华静 摄

二级种畜禽场31个(由市局办证)。（羊国华）

【饲料监管】 2015年，驻马店市新获生产许可证企业11家（浓配料7家、单一饲料2家、添加剂2家）。全市获得行政许可企业55家，获饲料和预混合饲料生产许可证59个。按照属地管理原则，检查饲料生产企业46家（其中生产蛋鸡饲料企业5家）；蛋鸡养殖场269家，整改3家；抽取蛋鸡饲料样品30批次（饲料企业5批次，养殖场25批次）。（羊国华）

【地理标志品种资源保护】 2015年，“确山黑猪”省级地方标准通过省质监局地标委员会评审，建成3个保种场，制定《驻马店市地方畜禽遗传资源保护和利用规划（2015~2020年）》，明确了地方畜禽资源保护和利用目标。（羊国华）

【质量安全】 2015年，驻马店市建成并投入使用3处无害化处理场（西平、泌阳、上蔡），处理病死猪26.3万头；开展生猪保险，参保育肥猪173万头、能繁母猪10万头；完善市县两级实验室建设，实现市县监测工作联动，组织人员开发饲料中的黄曲霉毒素B1、B2、G1、G2，玉米赤霉烯酮、脱氧雪腐镰刀菌烯醇（质谱法和液相色谱法），畜产品中的特布他林、西马特罗、非诺特罗、氯丙那林、妥洛特罗、喷布特罗6种β－受体激动剂等新检验项目。全年共完成各类样品检验1429批次检9148项次。其中，完成各类监测任务972批次检3240项次，完成各项委托检验457批次检5908项次。（羊国华）

【动物卫生监督执法】 2015年，驻马店市推行产地检疫申报制度，加强生猪定点屠宰检疫工作。全市共检疫生猪421.11万头、牛12.35万头、羊122.04万只、禽类2525.81万只，其中跨省外调生猪234.85万头，定点屠宰检疫生猪133.99万头，检出病害猪2016头，屠宰检疫禽类490.4万只，检出病害禽类377只。推进服务型执法，实行行政处罚事前提示、事中指导、事后回访制度，坚持预先法律审核制度和行政处罚案件主办人制度，2015年全市共办理畜牧兽医行政执法案件196件，其中动物卫生监督案件69件，兽药案件86件，饲料案件41件，移送公安机关3件。（羊国华）

【动物疫病防控】 2015年，全市更新、完善一、二、三级监测网点306个，实现了动物疫情监测预警的定点、定时、定量和跟踪。免疫抗体监测204351份，病原学监测10673份，发布疫情预警信息38期。免疫生猪1387.15万头、牛167.37万头、羊260.37万只、禽5106.86万羽，口蹄疫、猪瘟、高致病性猪蓝耳病、高致病性禽流感和小反刍兽疫应免畜禽免疫密度均达到100%，免疫抗体合格率均达到国家规定标准，其中高致病性禽流感群体免疫抗体合格率达到97.3%，高致病性猪蓝耳病和小反刍兽疫免疫抗体合格率均达到80%以上。（羊国华）

【医政药政管理】 2015年，驻马店市畜牧局承担了国家执业兽医资格考试河南考区中的驻马店、信阳、南阳、周口、漯河、许昌、平顶山7市864名考生的考试工作。强化兽药GMP、GSP的后续管理，推行兽药二维码追溯管理，对5家兽药生产企业、306家兽药经营企业进行督导抽查；现场审核2家生产企业申报的21个产品批准文号，审定20个产品申报批准文号。（羊国华）

林　　业

【林业概况】 2015年，全市共完成造林8601.67公顷（129025亩），是省下达任务8195公顷（122925亩）的105%；森林抚育与改造14093.33公顷（21.14万亩），是省下达任务14093.33公顷（21.14万亩）的100%；义务植树1448万株，占市下达任务1420万株的102%。完成巩固退耕还林成果林业项目3189.67公顷（47845亩），兑现补助资金811.45万元。2015年下半年，根据市委、市政府决策部署，市林业局开展了驻马市创建国家森林城市的各项准备工作。12月9日，市委、市政府召开驻马店市创建国家森林城市暨今冬明春植树造林动员大会。（黑竞颖）

【集体林权制度改革】 2015年，市林业局根据《全省2015年度集体林权制度改革工作要点》要求，在巩固林改确权发证工作成果的基础上，加强林权管理服务机构建设，指导农民开展林业专业合作社建设，进一步加强林权管理，保障林农合法权益。加大对发展林下经济指导力度，倡导发展多种模式的林下种植、林下养殖等立体复合经营形式，从而使农林牧各业实现资源共享、优势互补、循环相生、协调发展的生态农业模式，确保农民不砍树也能致富，促进生态受保护、农民得实惠改革目标的实现。同时，根据国家和省的安排部署，开展国有林场改革的前期各项目准备工作。2015年3月，组织召开全市国有林场改革座谈会，通报了国家和河南省的国有林场改革政策和初步意见，安排部署国有林场改革前的各项准备工作。（黑竞颖）

【森林资源保护管理】 2015年，市林业局利用各种新闻媒体宣传普及林业法律知识，多次在市区组织展板、图片宣传，设立咨询台普法，在全市林业系统进行普法学习考试等。6月10日～12日，邀请省厅、市法制办专家对驻马店市林业系统进行为期3天的行政执法人员培训，培训人员100多人。全年共举办6次内容丰富、形式多样的法律法规宣传活动，发放宣传页近2000张，接受咨询人员120人。严格执行国家下达的“十二五”期间采伐限额，根据省厅下达年度木材生产计划，对各县（区）、国有林场年度生产木材严格限量，严禁超限额采伐。结合全市实际情况，完善林木采伐程序，规范林木采伐档案管理，严格采伐审批制度，认真进行伐前踏查、伐中监督和伐后验收。按照政策，各级林政部门不断改革和完善集体林采伐管理内容和方式，简化集体林采伐管理环节，为森林经营者提供林权审核、伐区设计和审批发证等“一站式”服务和监督管理。实现全市林木凭证采伐率、办证合格率均在98%以上，伐区林木凭证采伐和办证合格率达到97%以上。2015年共受理各类举报信件和上级部门领导批转的信访案件5起，全部落实；全市共发生各类林业行政案件232起，结案230起，查处率达99%，违法类型主要以滥伐、盗伐和毁坏林木、苗木和非法占用林地为主，行政处罚242人次。在全市范围内开展以自然保护区、森林公园、国有林场等为重点的非法侵占林地清理排查专项行动。全市共清理违法违规占用林地37起，面积11.45公顷，依法收回林地4.19公顷。（黑竞颖）

【森林公安】 2015年，驻马店市各级森林公安和资源管理部门严格执法，适时开展专项治理和集中整治活动，加大对林业案件的查处力度，依法严厉打击违法占用林地、毁林开垦、乱捕滥猎和食用野生动物、超限额采伐、盗伐林木、滥伐林木、非法运输、非法经营加工木材等破坏森林资源行为。特别是针对破坏西部山区生态环境问题，加大打击和治理力度，保护生态安全。全年全市森林公安机关共办理案件493起，侦查终结493，打击处理496人。其中，刑事案件105，逮捕107人，移送起诉127人；治安案件26起，治安拘留28人，结案26起；林业行政案件310起，结案310起，行政处罚313人。（黑竞颖）

【林业有害生物防治】 2015年，市林业部门强化林业有害生物防治体系建设，开展林业有害生物测报、防治、检疫以及松材线虫病、美国白蛾专项调查等工作。全市共发生各类林业有害生物31637.33公顷（474560亩），同比上升10.6%；全年累计实施防治作业面积32734公顷（491010亩），其中杨树食叶害虫飞防作业面积8680公顷（13.02万亩）。美国白蛾累计发生面积1301.53公顷（19523亩），分布范围7个县区78个乡镇（街道），全市共计实施美国白蛾飞机防治作业1.3万公顷（19.5万亩），地面防治作业12880公顷（19.32万亩）。全市有林地面积272175.53公顷（4082633亩），成灾面积140.67公顷（2110亩），成灾率0.52‰，比省厅下达目标3.6‰下降3.5个千分点；预测发生面积30426.67公顷（456400亩），实际发生31637.33公顷（474560亩），测报准确率为96%。全市共防治各类林业有害生物32734.07公顷（491011亩），无公害防治面积29596.73公顷（443951亩），无公害防治率为90%。全市应施检疫种苗产地检疫面积2797.93公顷（41969亩），实施产地检疫面积2751.13公顷（41267亩），种苗产地检疫率98%。（黑竞颖）

【森林防火】 2015年，全市森林防火工作按照“预防为主，积极消灭”的方针，落实各项预防和扑救措施，广泛开展宣传、教育和培训，切实加强火源管控。强化消防队伍和基础设施建设，建立并逐步完善防火预案和应急机制，森林火灾综合防控能力增强，整体防控水平不断提升，最大限度地避免和减少了森林火灾及其造成的损失。全年全市未发生1起森林火灾，森林火灾受害率远低于省定1‰的控制目标。（黑竞颖）

【科教兴林】 2015年，围绕实现绿色增长和林改后林农增收等对林业新品种、新技术、新成果的迫切需求，结合全市实际，重点推广了核桃（美国长山核桃、黑核桃）、板栗、泡桐、楸树等林木新品种20多个。2015年共申请上级林业科技推广示范项目资金200万元。根据驻马店市林业实际情况，对现有林业科研成果、技术进行筛选和组装配套，重点推广抗旱保湿造林、干旱裸露地造林、新品种培育及快繁、提高植物固碳能力的营林、重大病虫害的防控、各类立地类型的造林模式、生态廊道的造林模式等7项先进技术。2015年省林业厅下达驻市林业育苗任务800公顷（1.2万亩），全市完成育苗3626.96公顷（54404.45亩），育苗任务超额完成。其中，主要育苗树种为杨树、法桐、栾树等。（黑竞颖）

【林业产业】 2015年，全市林业产值目标任务53.408亿元，实际完成林业总产值53.5813亿元，比上年增长9.4%。其中，第一产业30.2704亿元，第二产业15.4699亿元，第三产业7.841亿元。以森林旅游业为主的第三产业蓬勃发展，全市4个国家级森林公园、3个省级森林公园和1个省级湿地自然保护区的景区基础建设和服务功能不断完善，森林旅游接待人数逐年增长。2015年全市森林旅游总收入2.2亿元，其中门票收入9000万元，旅游人数达到310万人次，其中海外人员12万人。全市大的林业产业正在崛起，大自然公司、遂平名品花木已成为上市公司，对全市林业产业发展起着龙头带动作用。（黑竞颖）

【退耕还林】 2015年，驻马店市完成巩固退耕还林成果林业项目3189.67公顷（4.7845万亩），兑现补助资金811.45万元。重点抓好森林生态效益涉农经济补偿工作和公益林信息管理系统建设，全面提高公益林管理水平，建立了省级公益林小班矢量数据库和基础信息数据库。（黑竞颖）

【薄山林场】 薄山林场位于河南省确山县城南20千米处，北纬32° 36′ ~ 32° 44′，东经113° 50 ~ 113° 58′。境内地处伏牛山与大别山交汇地带，属典型的浅山丘陵区，地貌多姿。气候属于北亚热带与暖温带过渡气候，四季分明、气候温和、雨量适中、无霜期长、光照充足，年降雨量1155毫米，相对湿度75%，年平均气温15.5℃，无霜期220天，具有雨热同季、复杂多样和气象灾害频繁的特点。薄山林场建于1954年，总经营面积6080公顷（9.12万亩），森林蓄积量51.6万立方米，森林覆盖率92%，其自然条件优越，野生动植物资源丰富，森林以针阔片状混交林为主，主要树种为栎类、马尾松。各类植物达131科、846种，鸟类近百种分属17目35科，兽类30余种。

2015年，薄山林场以安全生产、国有林场棚户区改造、林业生态工程建设、森林防火、森林资源保护、野生动植物保护、建设生态文明等为重点，完成了各项工作任务。一是林业生态工程建设。全面规划，适地适树安排造林，把植苗、点播和萌芽更新结合起来，提高林地生产率，全年共组织完成小面积造林20余公顷。在中幼林抚育工作中上严格执行采伐限额制度。采伐地点、采伐设计和作业实行层层把关、责任到人。全年组织全场干部职工共完成中幼林抚育面积1533.33公顷（2.3万亩），并顺利通过检查验收。二是森林资源保护。开展毁林、盗伐、非法征占用林地以及破坏野生动、植物案件的严打，维护依法治林的严肃性。在打击和破坏森林资源犯罪上，加强与周边乡镇、派出所的联系，逐步形成一套高效严密的治安体系。在林地管理上，排查非法征占用林地情况，加大执法力度，禁止林地违规租赁和承包，有效控制乱占、滥占林地不良势头。逐步做好薄山林场边界清查工作，补充和完善边界标志。做好林区立木消耗大清查，制定立木消耗指标，认真检查，实行并落实责任追究制。加大打击非法采伐、收购、运输木材的不法行为，做到突破一案，稳定一片。三是森林防火工作。深入宣传，加强教育，开展场群联防。对周边村镇宣传《中华人民共和国森林法》《森林防火条例》和有关法律、法规政策及森林防火知识。加强火源管理，严禁外来人员在林区烧荒、烧纸。控制入山人员，坚持入山登记制度。制定扑火预案，完善森林消防队伍建设，健全防火设备和工具，真正实现打早、打小、打了的预期目标。四是加强森林公园建设，发展旅游多种经营。森林公园建设坚持以市场为导向，以搞好旅游业发展为核心，重点做好“五一”、中秋节、“十一”3个黄金假期的旅游工作。全年共接待游客13多万人次，创收50多万元。五是搞好棚户区改造，加强基础设施建设。利用国家扶贫资金，全部用于林场护林危旧房改造工作。加强基础设施建设，确保护林员安全稳定的工作环境。全年共改造护林点2处，面积350平方米；维修林区及护林房8处，面积1080平方米；铺设5条道路；解决安全饮用水2处。　（黑竞颖）

水　利

【水利工作概况】 2015年，驻马店市水利工作以发展节水灌溉、建设旱涝保收田为中心，以打井配套、水毁工程修复、灌区节水改造、山区小流域和平原骨干沟河综合治理为重点，实行山水田林路综合治理，全市实现新增和恢复有效灌溉面积53333.33公顷（80万亩），完成率102%。新增和改善除涝面积3万公顷（45万亩），完成率118%；新增节水灌溉面积18666.67公顷（28万亩），完成率116%；新增水土流失综合治理面积73平方千米，完成率104%。全年共争取上级水利项目投资10亿元。对水利工程实行建设质量和安全监督分级监督管理，2015年全市开展的水库建设等10项工程已全部纳入政府建设质量与安全监督范围，达到全市水利工程建设质量与安全监督全覆盖。实行工程质量和安全监督管理巡检制，开展6个批次水利工程稽查巡检，全年没有发生重大质量和安全事故。　（韩　璐　陈　栋）

【重点水利项目建设】 截至2015年12月底，综合全市“十二五”及2015年度面上的各项水利工程项目总体进度为97%，由上半年的被动局面上升为全省第二位。一是病险水库除险加固项目。2014年列入专项规划的25座小（2）型病险水库除险加固项目建设任务已全部完成。2015年争取6座小（2）型和2座小（1）型病险水库除险加固项目投资计划1608万元，已经全面开工建设。石门水库除险加固工程投资完成率98%，板桥水库除险加固项目初步设计报告已经省水利厅审查。二是中小河流治理项目。“十二五”期间安排中小河流治理项目20个，批复总投资46632万元，除正阳县的2个项目因资金刚到位，其余18个项目已完成全部建设和验收任务。三是大型灌区续建配套及节水改造项目。宿鸭湖灌区续建配套与节水改造项目共下达投资4382万元，2015年11月完成全部建设任务，实施渠道防渗衬砌12.527千米，重建、维修各类渠系建筑物63座。四是小农水重点县项目。上半年安排第四批、第五批、第六批小农水重点县项目8个，总投资2.232亿元，2015年8月底完成全部建设任务；下半年安排第五、第六批小农水重点县项目5个，总投资1.584亿元，已完成建设任务的80%，计划2016年3月底完成建设任务。五是农村安全饮水项目。2015年11月提前完成2015年度农村饮水安全项目投资32601万元，全部实现入户通水，新建各类集中供水工程207个，解决农村居民58.5366万和11.108万学校师生的饮水不安全问题。全市已建农村集中供水工程实际受益人口有468.7万人，集中供水受益人口比例已达71.6%，根据河南省卫计委疾控中心公布的农村饮水工程水质检测情况，驻马店市农村饮水工程水质达标率为98%，供水保证率超过95%，位居全省先进行列。六是水土保持项目。2015年争取中央投资水土保持项目资金2289万元（遂平县嵖岈山项目214万元，确山县国家水土保持重点建设项目1083万元），已完成投资的60%。　（韩　璐　陈　栋）

【项目前期工作】 2015年，淮河流域滞洪区建设项目可研报告已经水规总院复审，土地预审、水保、环评等前置专项报告已经批复，省发改委正行文上报项目整本可研报告，力争2016年上半年通过国家发改委批复并开工实施，驻马店市境内投资近9亿元。驻马店市城市生态水系建设项目与郑州市水利建筑勘察设计院签订了规划项目服务合同，《驻马店市生态系统规划》编制方案现已完成。（韩　璐　陈　栋）

【水利发展规划】 2015年，市水利局统筹谋划“十三五”期间水利改革发展的目标任务、主攻方向、建设布局，编制完成《驻马店市水利发展“十三五”规划》，以防洪减灾工程、供水工程、治理保护、体制机制创新为重点，规划水利项目分6类47项，总投资308.1亿元。配合省水利厅完成《河南省水利发展“十三五”规划》修改工作，将驻马店市杨庄滞洪区改建水库工程、宿鸭湖水库生态清淤及扩容工程等14项工程纳入该规划；配合省水利厅完成《河南省“十三五”中小河流治理规划》《河南省流域面积50–200平方千米中小河流治理规划》《河南省小型病险水闸除险加固规划》等专项规划编制工作，将驻马店市23条中小河流、49个中小河流治理、210座小型病险水闸等项目分别列入相关规划，力争通过5年努力，加快推进水治理体系和能力现代化。
（韩　璐　陈　栋）

【防汛抗旱】 2015年汛期（6月～9月）全市平均降雨量379.5毫米，由于各河道、水库前期水位偏低，未形成洪水过程，平稳度汛。因平均降雨量与多年同期均值（561.8毫米）

相比减少3成，全市出现不同程度旱情。根据灌溉需要，薄山水库先后4次开闸放水灌溉，共放水1883万立方米，尽最大努力保证灌区农作物（水稻）用水需求。全市各级各部门立即行动，掀起抗旱保秋高潮，全市累计投入抗旱人数13.32万人次，行动机电井6.7万眼，泵站6处，抗旱设备8.3万台套，财政和群众自筹抗旱资金9346万元，抗旱浇水30万公顷次（450万亩次）。（韩 璐 陈 栋）

【水生态文明建设】 2015年，全市落实最严格水资源管理制度，省政府对驻马店市水资源管理制度考核为良好等级，市政府对全市各县区考核顺利完成。完成《水资源综合规划》《水资源保护规划》编制招标工作。按照驻马店市政府宿鸭湖环境综合整治工作部署，在清理宿鸭湖非法网箱养殖行动中市水利局代表市政府承担指挥任务，7月24日～8月10日，历时16天，彻底清除宿鸭湖库区多年积累的2335只非法养殖网箱，改善了宿鸭湖水库水环境。（韩 璐 陈 栋）

【水利改革发展】 2015年，市水利局细化水利改革时间表和路线图，将小型水利工程体制改革试点、农田水利设施产权制度改革及创新运行管护机制改革试点和水生态文明城市建设作为深化水利改革重点，坚持试点先行，以点带面、典型引路、稳步推进。西平县在小型水利工程体制改革试点工作中，采取宜包则包、宜股份则股份，合理选择水利设施管护机制；泌阳县出台相关文件鼓励支持社会法人、集体经济组织以及联户或个人承包开发“四荒”；板桥、薄山、宿鸭湖3大水库开展供水成本核算、水价测算，推进水价改革；编制的《驻马店市水生态文明城市试点实施方案》已通过省水利厅组织的专家评审，各项水利改革工作按照时间节点有序推进；移民安置办公室整体搬迁至驻马店市水资源管理中心办公、防汛抗旱物资仓库项目及驻马店市防汛机动抢险队项目规划选址、水利防汛通信塔重建项目选址等遗留问题得到妥善解决。（韩 璐 陈 栋）

【宿鸭湖水库概况】 宿鸭湖水库建成于1958年，是一座以防洪为主，结合灌溉、发电、养殖、旅游等多项目综合利用的大（1）型水利枢纽工程。位于驻马店市东24千米，汝南县城西6千米处，属淮河流域大洪河支流汝河干流控制工程，控制流域面积4498平方千米，占汝河流域面积的61%。水库设计水位57.39米，校核水位58.8米，总库容16.38亿立方米。水库大坝为均质土坝，南北走向，全长37千米。水库建筑物主要有大坝、五孔泄洪闸、七孔泄洪闸、桂庄灌溉渠首闸、南干灌溉渠首闸、桂庄输水涵闸及其电站、夏屯输水涵闸及其电站等。宿鸭湖水库是“亚洲第一大平原人工湖”，是当今中国人工修建的面积最大、堤坝最长的平原水库。2015年，宿鸭湖水库管理局被评为市直水利系统“目标管理工作”先进单位，机关党支部荣获“先进支部”称号。

项目建设与管理。水库除险加固工程全部完工，正在准备竣工验收。夏屯、桂庄两电站增容改造工作全面完成，10月16日水利部组织专家组对增容改造进行绩效评价，给予充分肯定，结论合格，并参加省级组织的优质文明工地

2015年2月17日，汝南宿鸭湖开始冬捕。 李喜保 摄

2015年12月4日，西平县引洪河治理工程施工现场。西平县全面实施“两河”（小洪河、引洪河）治理工程，计划用3年时间，将“两河”建设成为集“防洪、景观、生态、环保”为一体的综合性城市公园，以水点睛打造现代亲水新城。

丁　振　胡军华　摄

评比。宿鸭湖灌区续建配套及节水改造项目2014年总投资4382万元，完成投资4032万元，完成率92%，工程质量抽查全部合格。争取上级岁修经费30万元，完成工程量60%，完成投资18万元；特大防汛工程经费55万元，完成工程量30%，完成投资9万元；争取特大防汛补助经费30万元，正在上报实施计划；争取省级灌区维修养护经费80万元，完成工程量80%，完成投资68万元，是历年来争取上级经费最多的一年。为加快实施保障性安居工程项目进程，成立了工程项目领导小组，前期程序已走完，正进行设计，基础设施部分已开工。2015年10月21日，副省长王铁带队赴水利部汇报宿鸭湖水库清淤扩容项目，水利部副部长周学文同意启动该项目。12月28日，在省水利厅召开会议，要求宿鸭湖水库清淤扩容项目2016年2月底之前必须制定出可研报告，汛期前必须批复，并在汛期后开工。12月31日，市政府召开104次常务会议，成立宿鸭湖水库清淤扩容项目建管局，并批准2000万元前期经费，要求建管局抓紧和水利部水规总院对接。

防汛抗旱。及时编制完成《宿鸭湖水库2015年汛期调度运用计划》，印发《宿鸭湖水库管理防汛应急工作预案》，开展汛前大检查，对大坝主体、设施进行徒步拉网式检查，对泄洪闸、备用电源、通讯设施设备进行专项检查和养护，对水雨情自动测报、洪水预报调度、水库安全调度和防汛远程会商等系统进行试运行维护，及时完成各类防汛物资储备，落实抢险队伍，使防汛工作有备无患。汛期严格执行调度令，做到政令、调令畅通，全年执行省、市防指调度令1次，闸门启闭7次，全年水情信息报360次，做到无一差错。2015年全年降雨584毫米，总进库水量5.45亿立方米，总出库水量2.979亿立方米，开闸时间264小时，最大入库916立方米/秒，最高水位52.89米，整个汛期水库运行平稳，安全度汛。

水资源管理。开展水法规宣传工作，与汝南县公安局联合发布《禁止在宿鸭湖库区围湖造田》公告5000份，发放水法等法律宣传单1万份。全年共组织库区水行政巡查86次，发出违章通知书12份，清障通知112份，答复各类举报2起。2015年7月，为整治宿鸭湖水库环境污染，成立宿鸭湖环境综合整治工作小组，下发《关于宿鸭湖环境综合治理工作方案的通知》，对宿鸭湖水库环境污染进行综合治理。8月10日，由市水利局、市环保局、市农业局、汝南县人民政府和宿鸭湖水库管理局组成160余人的清理非法网箱队伍，对2600多箱没有拆除的网箱依法强制拆除，为宿鸭湖水库安全度汛提供保障。

综合经营。2015年，水电站共发电992万度，收入283.7万元；旅游办全年船只出航2000余次，接待游客1.3万余人次，营运收入40万余元，盈利10万元；水产试验场全年共培育大规格鱼种100万尾。　（李　琦　朱琳琳）

【板桥水库概况】2015年度，板桥水库管理局完成各项工作任务。全年未发生较大工程质量安全事故。2015年度被评为全省先进基层党校、河南省水利工会“基层工会先进之家”、驻马店市水利系统目标管理先进单位，继续保持国家级水产种质资源保护区、国家级水利风景区、省级文明单位等称号。加强水源地保护巡查工作，维护库区水事秩序，水质常年优于国家Ⅱ类水质标准。

防汛抗旱。修订完善板桥水库《防汛工作方案》《汛期调度运用计划》《防汛抢险应急预案》，落实各项防汛措施，全力搞好水库水情、雨情、工情监测，做好各项防汛工作。汛期流域平均总降雨量460毫米，入库总水量3600万立方米，最大入库洪峰流量201立方米/秒（6月24日），最高库水位1月1日8时为110.52米，相应库容2.201亿立方米。2015年流域范围平均总降雨500毫米，入库水量总计4000万立方米。

项目建设。板桥水库除险加固项目已完成初步设计报告，待市发改委牵头逐级申报。板桥灌区续建配套及节水改造项目2013年批复总投资1610万元已全部完成，并通过项目法人验收。水电站增效扩容改造项目通过省水利厅的启动和完工验收，取得省市行业主管部门的积极评价和认可。按照农村水电增效扩容改造绩效考评暂行办法，水利部水电局对该项目进行验收，确定为全国安全生产标准化建设示范单位。完成了2014年度重点岁修（坝下防汛路灯、机电维护等）、应急度汛（北坝头防汛道路水毁修复）、水毁修复（溢洪道左岸块石护坡拆除重建）、溢流坝段警戒隔离设施等项目，以上项目通过验收，工程质量合格。完成了2015年度重点岁修、应急度汛项目、省级水利工程维护资金项目、水毁修复项目的申报工作，正在逐步实施。棚户区改造项目完成了可研性研究报告、环境影响评价报告、设计招标等工作，工程现已破土动工实施。

水利经营。完成城市供水5799.9万立方米，配合市政府等相关部门完成水产经营承包经营权出让工作，进一步规范养殖的标准化程序，为水库渔业发展奠定基础。加强水力发电安全管理工作，全年发电163万度，完成供电117万度的计量、电费征收工作。完成植树绿化任务，增加绿化树种1100棵，全局新增绿化面积900平方米。

水文化建设。以防洪博物馆为依托，开展丰富多彩的宣教活动、文物征集工作；组织参与举办纪念“75·8”四十周年活动，水情教育工作初步达到存史、资政、警示、教育的目的。（梁群立　赵国彬）

【薄山水库概况】 2015年，薄山水库管理局强化水源地保护，做到计划用水、节约用水，全年灌溉放水5次，放水量1850万立方米，保证了沿渠农业用水需要。

项目建设。薄山水库管理局棚户区改造项目包括库区和确山办事处2处。库区正在进行场地平整，确山办事处正在进行拆迁。完成了薄山水库2014年度应急度汛工程和重点岁修工程，2015年度重点岁修工程和应急度汛工程正在实施中。积极配合做好薄山水库向驻马店市区供水工作。该项目已开工，预计工期18个月，做好库区范围施工的配合工作。薄山水库电站增效改造项目已进行完工验收，共完成投资950万元，基本完成设计改造内容，已开始发电。薄山灌区2014年度中央统筹资金维修管护项目正在实施当中。

防汛抗旱。2015年3月，组成汛前工程安全检查小组，相继对水库大坝、输水道工程进行拉网式细致检查，并对闸门机电设备进行试车。5月26日，召开水库防汛工作会议，安排布置2015年水库防汛工作任务。做好防汛调度工作，密切关注水库雨情、水情，做好水量调配，充分发挥水库兴利调节作用。截至2015年12月底，水库累计降雨量791.5毫米，入库水量5069万立方米（其中汛期来水量3942万立方米），出库水量10814万立方米（其中汛期出库水量5184万立方米），全年最高库水位114.8米，相应库容2.41亿立方米（1月16日），最低库水位111.28米，相应库容1.82亿立方米（12月31日）。

经营管理。薄山水库管理局利用现有水资源，搞好多种经营，大力发展经济建设。养鱼库面承包收入80万元。2015年4月～5月，按照上级指示精神对原来渔业生产船只重新鉴定审查，把每艘船的船体、船主、船机器铭牌照片集中一起上传到“中国内陆渔船管理信息系统”以作备案。争取渔业执法船1艘。全年发电量714万度，电业局结算，收入147万元。全年安全转供电135万度。其中，经营用电85万度，公共用电32万度，居民生活用电18万度，实现经营收入55万元。向确山县城供水410.8万立方米，0.15元/立方米，水费收入61.6万元。向古城电厂供水361.2万立方米，0.25元/立方米，水费收入90.3万元。宣传促进旅游开发，展示“十大最美丽的湖”“中原漓江”的良好形象。旅游门票分成15.4万元。（孙学高）

【水利工程局概况】 2015年，驻马店市水利工程局共签订工程施工合同99项，合同额4.8亿元；完成各类经营产值5.5亿元，其中完成本区水利工程经营产值7413万元，其他合作经营产值4.75亿元。主要完成的本区水利工程有：宿鸭湖水库、薄山水库、板桥水库3大水库电站增效扩容改造尾工。在建的水利工程主要有：宿鸭湖水库灌区节水改造二标三标，板桥水库灌区节水改造尾工，三架山水库除险加固尾工，新蔡县洼地治理工程及板桥、薄山水库岁修工程。在建的其他合作经营项目本省区主要有：平舆李屯老王岗高标准农田整治项目，遂平2014年嵖岈山项目区水土保持小流域综合治理项目，遂平2014年现代农业生产发展资金粮食产业类项目，平舆县2014年中央统筹资金农田水利项目，遂平县2015年农村安全饮水安全项目，太康县2014年新增500亿千克粮食生产能力规划项目，郏县蓝河水闸及水库除险加固项目，洛阳市洛河东湖河道治理工程，洛河偃师段洛河治理工程等。外省区的主要有：重庆龙溪河大灌区续建配套节水改造工程，重庆涪陵区八一桥水库除险加固工程，广东增城高标准农田建设项目，内蒙古海拉尔河治理工程，浙江宁波剡江堤防加固工程，安徽孙疃镇2014高标准农田项目，湖北十堰市张湾区石河沟水库工程，新疆福田灌区工程，海南定安县新竹镇土地整理项目，梁平县铜钵河综合治理工程一标段，喀什葛尔灌区配套与节水工程项目等。开展汛前检查，安排防汛值班，制定2015年防汛抢险应急预案，6月下旬组织队员进行集合点验演练，开展防汛抢险技术业务知识讲座、培训，保证防汛车辆、机械等设备正常使用，为防大汛，抢大险做好准备。除水利项目外，在土地、市政、工民建、安全饮水、小农水等领域项目上积极参与，在省外成立工程处参与市场竞争,多渠道开展合作经营。贯彻质量、安全、职业健康三体系认证目标要求，2015 年 4 月，水利工程局通过“三体系”换证审核。2015 年，签订 500 万元以上的合同 27 项,签订千万元以上合同 14 项。　（杨　良）

【河道管理局概况】 1964 年 6 月 27 日，在平舆县成立信阳专署洪汝河管理处，任务是统一管理大、小洪河，汝河，北汝河，洪河分洪道的河道和堤防以及吴宋湖、蛟停湖洼地蓄洪区、班台分洪闸等工程。1966 年 7 月，洪汝河管理处迁至驻马店。1968 年 3 月，与驻马店专署水利局工程管理科合并。1976 年恢复洪汝河管理处，正科级，隶属于驻马店地区水利局。2001 年更名为驻马店市河道管理局，隶属驻马店市水利局，副处级事业单位。2009 年驻马店市水利事业单位机构改革后变为纯公益性副处级事业单位，设办公室、人事科、财务科、水政科、工程科、防汛办公室和养护公司。

防汛工作。建立抢险突击队，成立防汛工作领导小组，设置应急抢险方案，制定和落实具体的工作程序和措施，掌握汛情和工情，保障设备正常运行，并做好抢险力量组织和准备工作。加强老王坡、蛟停湖、杨庄等重点河道排查力度，发现问题，及时整改。2015 年没有出现大的险情，河道安全度汛。

河道工程管理。落实 2015 年度防汛方（预）案和抢险方案的编制工作，2016 年的重点岁修工程及提防整治项目申报工作。完成 2015 年度中央特大防汛补助小洪河右岸平舆县后刘大桥至磨扇埠口堤防段锥探灌浆工程，项目投资 40 万元；完成 2015 年度河道堤防整治及重点岁修小洪河左岸上蔡县曹桥至李屯闸段锥探灌浆工程，项目投资 40 万元；完成 2015 年度省级水利工程运行维护资金小洪河上蔡段堤防隐患探测及黄泥桥至塔桥段左岸堤防灌浆工程，项目投资 45 万元；完成 2015 年度汝河新蔡县右岸赵庄段生态防护工程，项目投资 25 万元。编制 2016 年财政经费预算，包含生态防护工程、堤防灌浆工程及工程相关设备采购。重新修改工程管理制度，制定考核办法，落实奖惩制度。

河道采砂管理。成立专项整治工作领导小组、围绕水利中心工作，开展全市河道采砂执法检查。理顺管理体制，遏制非法采砂行为。严厉打击乱采乱挖、乱堆乱弃、乱建砂石场等非法活动。制定驻马店市西部山区河道采砂摸底排查报表，对非法采砂行为进行严厉打击。4 月份在市水利局牵头下，联合泌阳县公安局、水利局、河砂管理办公室，市海事局、板桥水库、板桥派出所联合执法，依法对板桥水库上游河道非法采砂进行打击，取缔非法采砂点 5 个，扣留铲车一辆，拆除房屋 9 间。积极与县区水利局联系，每月将全市河道采砂管理工作报送至水利厅。　（张银玲　陈亚东）

【水利勘测设计研究院概况】 驻马店市水利勘测设计研究院现为副处级机构规格，内设机构 9 个，编制 80 人，实有人员 119 人，其中在编在册 90 人，代地工 2 人，纳入编外人事代理管理 27 人，经费实行差额预算管理。主要任务：编制大中型水利建设项目建议书、可行性研究报告；负责全市水利工程勘测设计及技术研究、推广工作；参与全市水利工程建设有关标准、规范的制定；负责对本市小型水利工程建设方案的技术审查；承担全市水利工程地质勘察与工程测量。2015 年经济收入约 1630 万元，支出约 1590 万元。

项目建设。主要完成的水利前期工作有：《驻马店市中小河流水能开发规划》《正阳县城区供水第二水源地薄山水库方案论证》《练江河灌溉调节工程可行性研究报告》《驻马店市淮河、洪如河采砂规划》《河南省驻马店市 2014~2025 年节水灌溉规划》《小清河引水灌溉调节工程可行性研究报告》《驻马店市玉皇庙河生态水系综合治理规划》《河南省驻马店市涝区工程规划》等。主要完成的水利年度工程勘测设计包括：小清河引水灌溉调节工程一期工程初步设计，确山县赵湾水库初步设计，2014 年度遂平县安全饮水结余资金实施方案，上蔡县芦沟闸施工图设计，新蔡县潘港闸施工图设计，泌阳县抗旱应急工程实施方案，上蔡 2015 安全饮水实施方案及施工图设计，上蔡 2014 及 2015 安全饮水结余资金实施方案，慎水河治理工程施工图设计，奎旺河治理工程施工图设计，奎旺河节制闸施工详图，遂平县山洪沟魏楼沟实施方案，舞钢坑塘实施方案，遂平、西平 2015 年移民项目设计，上岗、黄庄、刘河、陡沟水库除险加固施工图，遂平县嵖岈山小流域水土保持综合治理工程实施方案。

业务拓展。一是水利工程监理。院属监理公司 2015 年共中标 2 个项目分别是：驿城区 2014 年第二批农业综合开发资金土地治理项目、驻马店市杨庄滞洪区安全建设完善工程监理及杨庄滞洪区安全建设监理竣工资料汇编工作，中标价合计 32 万元。二是工民建勘察设计。承揽了板桥水库、薄山水库、宿鸭湖水库、宋家场水库等水库棚户区改造多层建筑勘察设计；承揽了平舆县金丰粮库、遂平水文站中心站房、中心血站后勤服务楼、确山县城东南片区供水工程等 4 项岩土勘察工作。三是参与市场竞标，进行项目资源储备。2015 年，先后参加水利、建筑及土地项目投标 17 项，中标 11 项，完成了项目资源储备。

申报各类资质。2015 年 5 月顺利通过建设主管部门审查，完成了水利行业设计乙级、岩土勘察乙级、工民建设计丙级等资质的延续注册。2015 年 8 月，建设项目水资源论证乙级资质顺利通过省水利勘测设计协会初审，待中国水利勘测设计协会审批。完成了全省水利工程施工图设计文件审查机构的材料申报。　（刁淑平）

【移民安置概况】 驻马店市共有水库移民管理机构 8 个，其中市移民办属参照公务员管理的副处级事业单位，归市水利局管理，编制 11 人，实际工作人员 11 人；汝南县、泌阳县移民办属正科级县级直管事业单位；驿城区、遂平县、正阳县、确山县、西平县移民机构属事业单位，归所在县区水利局管理；平舆县、上蔡县、新蔡县、经济开发区未设移民机构，由所在水利部门代管。2015 年省移民办核定驻马店市纳入直补农村移民人数为 184856 人。主要分布在汝南县、泌阳县、驿城区、确山县 4 个县区。大部分水库移民家庭经济收入来源主要靠农闲外出打工、种植业和畜牧养殖业。在与市扶贫办和各县区核定后全市仍有贫困移民11268人。

直补资金发放。按照《河南省大中型水库移民后期扶持基金使用管理暂行办法》，配合市财政局对全市农村移民184856人发放后期扶持资金11091.4万元。2016年度后扶资金11091.4万元也已提前下达各县区，由各县区按2016年市核定移民人数发放。

项目建设。一是完成2014年度总资金8878.8万元（结余资金7103.1万元，小水库1052万元，库区基金423.7万元，应急补助资金300万元）。2014年下达2014年度项目资金7342.8万元，安排项目212个。2015年共下达各县区2014年度项目资金1536万元（其中2014年度第二批大中型水库库区基金184万元，2013年度大中型水库移民后扶结余资金应急处置补助部分项目经费300万元），已全部完成。二是2015年度省下达驻马店市移民后期扶持项目资金17132万元（其中第一批结余资金4199万元、第二批结余资金1404万元、第三批结余资金2025万元、第四批结余资金7496万元，跨省第二批库区基金285万元、第三批库区基金265万元、第四批库区基金437万元，省内库区基金157万元；小型水库第一批基金439万元、第二批基金435万元资金已全部下达到各县区）。除第四批结余资金正在申报项目外，其余工程项目已全部审批下达各县区，各县区正积极组织招投标，做好施工前的准备工作。三是2016年度结余资金5856万元，已下达各县区，项目正在申报中。

重点民生工程。市政府将扎实做好水库移民后期扶持工作列入驻马店市十项重点民生工程之一，切实抓好58项水库移民扶持重点民生项目建设，确保2015年11月底前完成项目建设任务。工程建设道路总长106.57千米，新桥2座，新打机井41眼，项目总投资2337.51万元。整个工程进展顺利，已按时完成。

强村富民。按照2020年全面建成小康社会的目标，省移民办决定从2014年开始在全省移民系统实施“强村富民”战略。通过制定规划，培育产业，强化帮扶，让移民超常规、跨越式发展，实现同步小康。为确保该项工作顺利开展，结合驻马店市实际，认真执行《驻马店市移民工作领导小组关于在全市移民村实施“强村富民”战略的意见》，继续在汝南、泌阳、确山、遂平、驿城区5个县区的44个村开展强村富民战略。加大对2014年19个试点村的帮扶力度，并取得较好带动作用。

（庄振超 陈治国）

农业机械化

【农业机械化概况】 2015年，驻马店市主要农作物耕、种、收综合机械化水平达到85.8%，比上年提高0.3个百分点；农机固定资产总值86.3亿元，较上年增加5.26亿元；农机总动力达到1300.7万千瓦，同比增加18.1万千瓦，农机安全生产形势保持稳定。制定下发《驻马店市2015年农业机械化教育培训大行动工作实施方案》，争取基层农技推广体系建设项目资金95万元，全年培训各类农机人员42029人次。2015年是“十二五”计划的最后一年，“十二五”期间，全市农机装备水平、作业水平、科技水平、安全水平和社会化服务水平实现了前所未有的快速提升。农业机械化成为“十二五”农业现代化发展的突出亮点。

机械化生产发展状况。继“十一五”末，全市耕种收综合机械化水平达到83.6%，“十二五”期间，机械化发展速度进一步加快。2015年底，在国家农机购置补贴政策支持下，驻马店市农机手淘汰了一大批小型机具，一批先进适用的机型步入寻常百姓家中。全市耕、种、收综合机械化水平达到85.8%，年均提高0.4个百分点，机械化在农业生产中的主导地位进一步确立。

农业机械科技含量提高。“十二五”期间，大功率、高性能的动力机械，多功能、复合式作业机械不断投放市场，小型、低水平机械逐步退出农业生产。5年间，全市大中型拖拉机增长35.4%，保有量达到9.51万台，80马力～100马力拖拉机成为近年来热销机型；联合收获机械拥有量达到2.71万台，增长59%，其中玉米收获机械达到5970台，增长119.5%。自走式玉米收获机成为市场主流，背负式逐步退出作业市场，玉米籽粒收获在全市各县区取得突破。花生收获机械技术日渐成熟，在优势区域得到大规模应用，呈跨越式发展之势。机械化对粮食生产贡献率持续提高。

农机社会化服务。农机化作业由耕种收环节为主向产前产中产后全环节加快拓展，各类新型主体不断涌现，服务模式不断创新，全程机械化服务能力明显增强。“十二五”期间，农机专业合作社迅速发展，质升量增，由“十一五”末的537个增加到2015年年底的878个，增长64%。农机合作社引领农机社会化服务的开展，带动先进农业技术的集成应用、规模化推广，促进了适度规模经营和产业化发展。

机械化薄弱环节进展状况。在土壤耕作、小麦生产全程实现机械化基础上，玉米机收水平达60%，增长35个百分点。花生机收实现优势区域重点突破，植保、畜牧养殖设施装备加快应用，设施农业机械化水平不断提高，机械化的一些薄弱环节得到加强。

农机安全生产。创建“平安农机”示范县国家级3个、省级2个，巩固了“政府负责、农机主抓、部门配合、群众参与”的农机安全监管工作长效机制。开展优质服务和依法行政活动，提升农机监管服务水平。未发生1起死亡在3人以上的较大农机事故。

（张 磊）

【“三夏”农机化生产】 2015年1月～5月，市农机局配合市政府和市直有关部门加强麦田管理工作，同时做好全市“三夏”农机化生产前的各项准备工作。5月20日，市农机局组织召开全市农机系统“三夏”小麦机收会战工作会议，调整了市“三夏”机收会战指挥部办公室组成人员，对如何做好全市“三夏”农机化工作进行安排部署。科学制订工作方案和应急预案，组织人员提前赴外省市合同引机8000多台，确保夏粮及时收获，颗粒归仓。全市农机系统设立32个农机服务接待站，加大引导调度力度，提高服务标准，加强与移动、联通联合，及时发布跨区作业信息，适时打出农机安全互助保险标识，吸引外地跨区作业机手参加。加强同市公安、交通、农办、农业、石油、气象、移动、联通等部门沟通协调，形成了各部门齐抓共管的良好局面。“三夏”

期间，全市共投入 60 多万台动力机械和 14 万台（套）农机具，共计发放跨区作业证 1.4 万张，完成小麦机收面积 67 万公顷（1005 万亩），机收率 99.1%，完成玉米机播面积 42.4 万公顷（636 万亩），机播率达到 98%。（张　磊）

【“三秋”农机化工作】 2015 年，全市农机系统共组织各类农业机械 50 多万台（套）投入“三秋”农机化生产。正阳、汝南、平舆、泌阳、确山、驿城区等县（区）局先后组织举办玉米、花生机收，秸秆还田等现场演示会 20 多场次。按照省局要求实施好第二批农机购置补贴项目，重点补贴粮食烘干机械、秸秆打捆机械和飞行植保机械。贯彻落实市委、市政府秸秆禁烧和综合利用工作会议精神，全力配合和支持当地党委政府做好秸秆禁烧和综合利用工作。2015 年，玉米种植面积 40.6 万公顷（609 万亩），玉米机收面积 25.8 万公顷（387 万亩），玉米机收率达 60.8%，接近全省平均水平。玉米秸秆还田面积大幅提高，共完成玉米秸秆还田 31.8 万公顷（477 万亩），秸秆还田率达到 75%。花生种植面积 19.52 万公顷（292.8 万亩），“三秋”花生机械化收获 14.6 万公顷（219 万亩），机收率达到 75%。“三秋”机耕面积 660666.67 公顷（991 万亩），其中深耕 28 万公顷（420 万亩），深松 12.8 万公顷（192 万亩）；机播面积 646666.67 公顷（970 万亩），机播率达 97.2%，其中精播 480666.67 公顷（721 万亩），比上年增长 11.7%。（张　磊）

【农机购置补贴】 2015 年，驻马店市共争取农机购置补贴资金 16610 万元，位居全省前列。围绕粮食生产全程机械化，重点补贴节能环保的大马力、高性能、复合型农业机械。围绕优势特色产业发展，对关键环节和薄弱环节先进适用农机具敞开补贴，助推农机化发展。落实延伸绩效考核，确保农机购置补贴政策科学、规范、公开、透明、高效、廉洁操作。实施农机报废更新试点工作。按照“全额购机、定额补贴、县级结算、直补到卡（折）”政策要求，全年共补贴各类农业机械 14617 台（套），受益农户 10843 户，新增大中型拖拉机 2428 台，补贴谷物联合收割机 969 台、玉米收获机械 1476 台、粮食烘干机械 13 台、农用航空器 17 台，补贴配套设备 5000 多台。（张　磊）

【农机专业合作社建设】 截至 2015 年年底，全市农机专业合作社达到 878 家（不含新蔡县），新增 58 家，无论发展数量还是发展质量均位居全省第一位。按照“扩量、提质、增效”原则，规范农机专业服务组织建设，推行合作式、订单式、托管式等服务模式，提升其社会化服务能力。有意识地选择在交通干道、高标准良田、“百千万”示范方附近建设农机专业合作社，通过打造亮点，推出一批设施完备、功能齐全、特色明显、效益良好的精品农机专业合作社，起到了典型示范带动作用。同时，鼓励和引导开展多种经营，实现由以前“输血型”发展方式向“造血型”发展方式转变。积极向上争取政策支持，在土地流转、项目资金支持、农机购置补贴资金等方面给予大力倾斜，加大对农机专业合作社理事长的培训力度。指导农机合作社开展适度规模经营，积极参与土地流转。截至 12 月底，全市农机专业合作社流转土地近 46666.67 公顷（70 万亩），占全市近 1/3。五是争取项目。全年共争取农机专业合作社的扶持项目 8 个，其中 4 个为省财政扶持资金 40 万元，另外 4 个为市财政扶持资金 10 万元。2015 年，全市有 3 个农机专业合作社被评为国家级农民专业合作社示范社。（张　磊）

【保护性耕作新技术推广】 2015 年，全市实施省级保护性耕作示范项目 2 个（分别为驿城区和上蔡县），2 个县区共实施保护性耕作面积 6400 公顷（9.6 万亩）。全年举办各类

2015年9月20日，正阳县在慎水乡刘塚村召开土地深松整地现场会，推广机械深松技术。　杨军民　田玉堂　郑玉华　摄

保护性耕作现场演示会10场次，印发保护性耕作宣传材料2万份，培训农机化技术指导员430人次、农民1.2万人次，举办技术培训班8期。10月16日，在上蔡举办2015年保护性耕作暨深松项目现场演示会议，近100人参加，促进了保护性耕作技术工作开展。组织相关人员深入2个项目县区，对20万元保护性耕作项目资金使用情况调研，确保项目资金落到实处。落实土地深松整地补贴政策，汝南、上蔡、平舆等单位完成了上年度土地深松试点任务，正阳、确山、驿城区3个县（区）局在资金紧张的情况下，挤出部分资金开展深松补贴，完成省局下达的126666.67公顷（190万亩）深松整地目标任务。 （张 磊）

【平安农机建设】 2015年，市农机部门开展专项治理行动，排查消除农业机械领域安全隐患，重点排查农机无牌、无证、安全设施不全、违章载人、未按规定维修检修等隐患。活动开展以来，全市共查处无牌196起，无证179起，违章载人180起，查处未检车辆146台，已全部整改到位。开展“查尽责、除隐患、保安全”活动，对本系统、本行业领域履职尽责、依法行政、执法监督、管理服务、隐患排查治理情况开展专项检查。对2015年全市16610万元的农机购置补贴资金使用情况进行督查工作，共核查各种农业机械13127台（套），受益农户9680户。汝南县通过国家级“平安农机示范县”验收;新创14个“平安农机”示范乡（镇)、28个“平安农机”示范合作社。 （张 磊）

【市农机公司改制】 2015年,在市国资委、市农机局指导下，市农机公司已正式出台企业改制实施方案，步入改制进程。市农机公司主动向上级有关部门进行汇报，争取政策支持，和市农业银行沟通、协商，盘活2块已死的公司资产，多方筹措改制资金。截至年底，企业改制已进入召开职工代表大会通过改制方案阶段。 （张 磊）

【农机安全互助保险工作】 2015年5月26日，“四省一司互助保险服务‘三夏’跨区作业工作协调会”在驻马店市召开，对全市近年来开展农机安全互助保险工作所取得的成绩给予充分肯定。2015年全市共收取保金190多万元，发展农机安全互助保险会员4045个，理赔事故388起，赔付100.8万元。与邮政储蓄银行建立服务农机联动机制，邮储银行全年累计向农机手、农机经销商发放贷款1184笔，贷款金额1.27亿元。 （张 磊）

工 业

工业综述

【工业经济发展概况】 2015年，全市规模以上工业企业发展到1406家，较上年增加31家，从业人员31.24万人，实现工业增加值574.87亿元，同比增长9.2%，总量居全省第十二位，黄淮4市第二位，增速高于全省平均水平0.6个百分点，居全省第十一位。全市非公有制经济单位23万个；吸纳就业人员213万人；实现增加值1058亿元，同比增长8.8%；实现总产值3888亿元，同比增长7.8%；累计完成营业收入3745亿元，同比增长7.5%；实缴税金63亿元，同比增长9.1%；实现利润总额473亿元，同比增长8.3%；发放劳动者报酬479亿元，同比增长10.5%；资产总额达到2320亿元，同比增长7.3%。 （任新军 尚小惟）

【昊华骏化集团有限公司成为驻市首个超百亿元企业】 2015年，昊华骏化集团有限公司围绕市委、市政府关于建设工业强市的战略部署，坚持走新型工业化道路，着力结构调整转型升级，提质增效开拓市场，全年主营业务收入超过100亿元，实现了驻马店市工业企业超百亿企业零的突破。市政府对昊华骏化集团有限公司通令嘉奖，并奖励科技创新资金100万元。 （任新军 尚小惟）

【服务企业】 2015年初，印发《驻马店市2015年企业成长帮扶和企业解困帮助促进工业经济平稳健康较快发展实施方案》，加大对“30强、30高、30新”企业的培育力度。协同有关部门贯彻落实好9月份市政府出台的《驻马店市企业还贷应急周转资金管理办法》，切实把1亿元企业应急周转资金真正用于为市本级流动资金暂时周转困难、原贷款银行保证足额续贷的企业提供短期应急还贷服务，支持企业健康发展。截至年底，天方生物科技有限公司已经成功向市政府申请使用应急周转资金3000万元。建立完善月督导、月推进、月考核、月通报等四项制度，促进企业服务制度化、常态化、长效化。截至年底，各县区、市直各有关部门共受理企业反映各类问题355条，已解决或作政策解释335条，问题解决率94.3%，主要涉及用工、用电、资金、土地、税收、环保、市政等方面。 （任新军 尚小惟）

【工业提质增效】 2015年，市工信委积极开展河南省先进制造业项目申报工作，金凤牧业股份有限公司、新创业管桩附件有限公司等企业的10个工业项目成功获得专项资金支持1440万元。开展2015年技术创新示范企业申报、工业品牌试点示范培育创建、科技成果奖申报等工作，天方药业、中云创光电、金凤牧业、叔度酒业等企业被评为河南省2015年工业品牌试点培育企业，获得省2015年度河南省工业和信息化科技成果奖一等奖1个（上蔡县恒通机械有限公司“HT506型勾臂式垃圾转运车”）、三等奖2个（河南中烟工业有限责任公司驻马店卷烟厂“叶丝加料热风温度稳定性的研究”和“组合式加热器在空调系统的应用研究”）。10月23日，配合中国汽车工业协会和河南省工业和信息化委员会在驻马店市成功举办2015中国·中部新能源汽车产业博览会，加快全市新能源汽车产业发展。制定下发《驻马店市重污染天气重点排污企业限产减排实施方案》，组织工业企业申报2015工业转型升级绿色制造、河南省工业节能产品和工业清洁生产技术改造项目。组织全市工信部门组团参

2015年1月8日，河南省惠洁管业有限公司员工在流水线上工作。该企业生产的聚乙烯、聚丙烯、聚氯乙烯、聚丁烯等管材（管件）供不应求，畅销全国各地，年产值10多亿元。　弓华静 摄

加豫沪、豫粤、京津豫、豫台、豫闽等区域产业合作活动，推动承接产业转移工作全方位、多层次、高水平发展。全年全市新签约项目22个，合同引进省外资金89.5亿元，开工在建项目51个，累计到位省外资金72.4亿元，竣工投产项目11个，完成投资80.25亿元。　（任新军　尚小惟）

【中小微企业】 2015年，驻马店市中小微企业已发展到1.3万家，吸纳就业人员65万人；实现增加值553亿元，同比增长9.4%；实现总产值2009亿元，同比增长10.2%；累计完成营业收入1938亿元，同比增长10.5%；实缴税金30亿元，同比增长12.4%；实现利润227亿元，同比增长8.8%；发放劳动者报酬163亿元，同比增长20.2%；资产总额1289亿元，同比增长11.2%。　（任新军　尚小惟）

【信息化建设】 2015年，市工信委组织全市40家工业企业参与国家级区域两化融合水平评估，300家工业企业参与省级区域两化融合水平评估，昊华骏化、天方药业被列入国家级两化融合管理体系贯标试点企业。组织顺达化工申报智能制造工厂，中集华骏、遂平史丹利申报智能制造车间。推荐中集华骏申报2015年河南省"互联网+"工业创新示范企业，推动互联网与工业融合创新。完成2013年河南省信息化发展专项资金在建项目验收和绩效评价工作，积极组织相关企业和学校申报河南省电子商务创业基地、就业基地和实训基地。联合河南省电子商务协会开展驻马店市"豫货通天下"电商企业和工业企业预对接活动，对接电子商务企业7家、工业企业60家。联合市网信办对全市市直部门和化工、环保等重点行业进行2015年网络安全检查，保障全市重要网络与信息系统安全稳定运行。　（任新军　尚小惟）

【承接产业转移】 2015年，驻马店市工信委根据《河南省制造业承接产业转移2015年行动计划》精神，先后组织参加豫沪、京津豫、豫台、豫粤、豫闽等5场区域性产业合作对接活动，成功签约一大批合作协议和项目。6月24日～28日，市工信委主任、党委书记李新奇带领各县区和部门负责人共52人组成驻马店市代表团，围绕驻马店市特别是中心城区的资源优势和主导产业优势，赴上海参加豫沪产业转移合作系列对接活动。在会上，邀请客商28名，其中重要客商3名；发布承接项目34个，总投资约217.42亿元；现场签约项目10个，总投资28.9亿元，省外资金28.3亿元，其中总投资3.5亿元的上蔡休闲食品加工基地项目上台签约。在精细化工产业专题对接会上，驻马店市代表团进行推介发言，播放了驻马店市产业集聚区宣传片，并对全市优势产业进行推介。推介会上签约项目4个，计划总投资35亿元，主要涉及化工、医药、新材料等行业，洽谈对接项目6个，计划投资总额75亿元。12月11日，驻马店市在厦门举办豫闽区域产业合作驻马店市情推介暨项目签约仪式，福建客商和驻马店各县区代表团成员约150人参加活动。会上介绍了驻马店市重点产业发展及产业合作的重点领域情况，签约

2015年10月26日，位于驻马店市电子产业园的京东商城豫南分拨中心的工作人员紧张地忙碌着，继阿里巴巴、慧聪网、中国网库等相继入驻该园区后，京东商城正式入驻并运营。 弓华静 摄

2015年1月13日，河南银泰新能源电动汽车现代化生产车间。

2015年8月3日，河南省海川电子玻璃有限公司生产线正在运行，所生产的0.3毫米~1.1毫米超薄电子玻璃畅销全国。

弓华静　摄

2015年9月1日，世界500强华润集团投资企业——华润雪花啤酒（驻马店）有限公司生产设备。

2015年1月27日，驻马店装备产业集聚区的河南金龙沃诚电动汽车产业园已经开始批量生产。图为技术人员正在对产品进行装配调试。 弓华静 摄

工业项目8个，合同金额31.7亿元。（任新军 尚小惟）

【中国·中部新能源汽车产业博览会】 2015年10月23日，由中国汽车工业协会和河南省工业和信息化委员会共同举办的2015中国·中部新能源汽车产业博览会在驻马店市天中广场举行。此次博览会吸引了国内200多家新能源汽车、零部件、充电设施生产企业2万余名经销商参会参展。参展的企业，既有郑州宇通客车、江淮汽车、奇瑞汽车等国内新能源汽车龙头企业，又有北方易初、森源重工、山东雷丁、河南银泰等国内主要的低速电动车企业。参展的新能源汽车有300多种型号，多家企业还在博览会上开展了电动车体验活动和新品产销新闻发布会。博览会期间，举办了以“探索与变革——聚焦新能源汽车产业化未来格局”为主题的中国中部新能源汽车产业发展高峰论坛。（任新军 尚小惟）

【快餐食品博览会】 2015年4月10日，市工信委组织河南懿丰油脂、驻马店古味小磨油股份有限公司等14家企业参加2015中国（鹤壁）快餐食品博览会。食博会以“安全、方便、营养、创新”为宗旨，由商务部外贸发展事务局、河南省食品工业协会主办。驻马店市展示展销摊位14个，产品涵盖面制品、调料、土特产等50多个品种，尽显浓郁的传统产业特色。（任新军 尚小惟）

【五大产业链产销对接大会】 2015年4月28日，驻马店市工信委组织市有关企业赴郑州国际会展中心参加2015年河南省五大产业链产销对接暨电商对接大会。本次对接活动由1个综合性对接大会、7个专题对接活动、企业信息化应用体验活动和2015年河南省供应链管理对接五大产业专题论坛组成。全市20余家企业参加对接活动。其中，中集华骏有限公司、银泰新能源汽车有限公司等12家企业参加了装备制造产业链产销对接活动；天方药业有限公司、河南后羿制药有限公司等6家企业参加了生物医药产业链产销对接活动；鑫企实业有限公司、正阳木易奇木有限公司参加了现代家居产业链产销对接活动。（任新军 尚小惟）

电力工业

【电力工业概况】 2015年，驻马店市全社会用电量完成111.44亿千瓦时，较上年同期增长2.54%，增幅居全省第二位。全年公司售电量完成103.38亿千瓦时，同比增长3.38%，增长率位列全省第二位。全年电网最大负荷233万千瓦，同比增长6.3%；全年最大日供电量4616万千瓦时，同比增长9.3%。（阙东阳）

【安全生产】 2015年，国网驻马店供电公司开展安全大检查、缺陷隐患整治和电力设施保护交叉互查等活动，公司顺利通过安全生产标准化二级达标验收。在电网运行方式复杂多变的情况下，全力配合±800千伏灵绍特高压直流输电工程施工和第二座500千伏变电站安全接入，实现了操作频繁、秩序井然、运行安全。精心调度，电网经受住了233

2015年驻马店市各县（区）用电完成情况表

区域名称	2015年全社会用电量（万千瓦时）	2014年全社会用电量（万千瓦时）	增长率（%）
总计	1114362	1086773	2.54
驿城区	396416	398141	－0.43
遂平县	100971	109932	－8.15
西平县	96363	89799	7.31
上蔡县	86126	75802	13.62
汝南县	50969	46543	9.51
平舆县	48787	44195	10.39
新蔡县	46448	43058	7.87
正阳县	61698	57846	6.66
确山县	94026	89823	4.68
泌阳县	90075	89592	0.54

万千瓦的大负荷考验。完成中国农加工洽谈会等12项重要保电任务。提升应急抢险能力，成功应对“10·1”风灾、“11·24”覆冰冻雨等恶劣天气，保障了电网安全稳定运行。

（阙东阳）

【电网项目建设】 2015年，电网总投资15.2亿元，投资规模再创新高。17项110千伏及以上工程通过省发改委核准。充分发挥属地协调作用，省内跨境最长的灵绍特高压直流输电工程驻马店段全线架通。推进强网工程，主网500千伏嫘祖变电站等6项110千伏及以上工程建成投运，新增容量123万千伏安、线路208.5千米。全年解决15.5万户“低电压”问题，配网线路、变压器重过载率同比降低2.1%和9.6%。

（阙东阳）

【农电工作】 2015年，驻马店市农电呈现新的发展局面。正阳县农电资产顺利划转省公司。市公司主管、县公司主体责任得到落实，综合管理与专业管理相结合的工作机制不断成熟完善，规范农电用工管理，完成农电用工档案规范工作。推进星级供电所评定和整改提升工作。全面启动县公司服务提升专项行动，不定期对县公司供电服务明察暗访。

（阙东阳）

【华能河南中原燃气发电有限公司概况】 华能河南中原燃气发电有限公司位于驻马店市工业集聚区，成立于2003年7月，2005年8月正式开工建设，概算总投资为24.8亿元，是“西气东输”配套项目、华中网调直调电厂，是豫南地区重要的电源支撑点，该项目的建设对改善和优化河南电源结构、提高电网可靠性、减少大气污染、支持河南经济发展具有重要意义。公司2台390兆瓦燃气—蒸汽联合循环机组分别于2007年11月6日和2008年1月31日进入商业化运行，肩负着河南电网、燃气管网保供、调峰的重要任务。截至2015年年底，公司累计完成发电量174.34亿千瓦时，共上缴税金6.52亿元。

安全管理。公司落实三级安全管理责任制，开展全员安全教育培训。规范开展防火防爆、危化品等专项检查，对

2015年3月26日，驻马店供电公司检修试验专业利用一天的时间对110千伏练江河变电站进行全面预试定检。

查出的隐患，制定整改计划，逐条落实整改。深化外包工程管理，实施承包商安全管理标准化建设，有效防范各类事故的发生。2015 年实现了全年无非计划停运目标，获得华能国际电力股份有限公司“安全生产先进单位”荣誉称号。

技术监督管理。公司于 2015 年 6 月顺利通过华能集团公司组织的技术监督动态检查验收。利用技术监督平台，及时发现并处理部分设备隐患，确保机组安全稳定运行。高度重视缺陷隐患治理，加大设备专项治理工作力度，先后完成了 30 多个技术升级项目，有效提升机组可靠性。

机组运行管理。协调电网调度和计划部门，争取有利机组运行方式。加强对标管理，全面查找差距和短板，持续改进，各项经济技术指标在行业内保持领先水平。强化节能降耗，2 台机组在发电量同比大幅减少的情况下，气耗率同比下降 0.0004 立方米 / 千瓦时，节约天然气 43.78 万立方米。

（高　娟）

重点企业

【驻马店卷烟厂概况】 河南中烟驻马店卷烟厂成立于 1949 年 7 月，前身为公营利华烟厂。2003 年重组到许昌卷烟总厂，2006 年重组到河南中烟工业公司，现为河南中烟工业有限责任公司下属生产厂。企业占地面积约 10.8 万平方米，现有在岗员工 793 人，离退休 930 人，共计 1723 人。现有一条 5000 千克 / 时制丝线，7 组卷接、包装联机设备，年设计生产能力 28 万箱，主要生产“黄金叶”“红旗渠”“散花”等卷烟品牌。2015 年实际生产卷烟 20.88 万箱，实现税金 24.15 亿元，其中国税 21.57 亿元，地税 2.51 亿元。2015 年度工厂荣获全国“安康杯”竞赛优胜单位、“模范职工小家”称号。

技术创新。2015 年，立项技术革新项目 52 个，申报实用新型专利 17 项，发明专利 1 项，取得发明专利证书 1 项、实用新型专利证书 2 项；获得河南省工信厅科技成果奖三等奖 3 项，市科技局优秀项目 2 项，发表科技论文 5 篇，QC 成果获得国优 2 个、省优 6 个，中质协优秀六西格玛项目 5 个，省质协质量信得过班组 2 个。

企业管理。2015 年，驻马店卷烟厂初步建成工厂资源存折管理体系并进行试运行。推进计量统计管理体系建设，通过成立专项工作小组集中攻关，试点选取制丝车间叶丝加料回潮工序编制计量统计作业指导书模板并推广应用，初步构建了涵盖制丝、卷包、动力 25 个主要生产工序的计量统计作业管理体系，奠定了工厂数据分析应用的基础。稳步推进精益生产，建立内训师队伍，开展精益工具培训、价值流图绘制和查找身边浪费点活动。开展培训 1664 人次，4 人通过行业高级技师、技师、营销师鉴定，15 人通过中高级工技能鉴定，2 人通过经济师考试。推进六西格玛、SPC 应用，细化各牌号工艺参数管控标准，完善产品卫生安全防控、预警体系，2015 年度国家局和公司技术中心成品抽检合格率 100%，卷烟材料安全性指标抽检合格率 100%，保持市场零退回。设备完好率 100%；卷接设备运行效率 94.04%、包装

2015年7月7日，国家烟草专卖局局长凌成兴（右二）到驻马店卷烟厂考察调研，驻马店市委书记余学友（右三）、河南中烟工业有限责任公司总经理杨自业（左一）陪同调研。厂长武超伟（右一）向凌成兴介绍卷烟产品质量。　张春美 摄

设备运行效率 88.41%，分别超出年度目标 5.04、7.41 个百分点。开展工序投入产出比分析，建立退出物计量统计模块，科学设定预警控制区间，提高成本即时化控制水平。2015 年度可控制造费用同比下降 14.68%，单箱卷烟能耗、烟叶、盘纸、嘴棒分别低于目标 0.28 元、0.02 千克、1.9 米、1 支。（徐　铮）

【平煤蓝天化工公司经营概况】 2015 年，平煤蓝天化工公司受市场冲击，遂平化工厂有效生产时间不足，加上中原甲醇厂自 2014 年 3 月 18 日以来持续停产，甲醇、二甲醚产量偏低。2015 年生产甲醇 10 万吨，同比下降 17.59 万吨，降幅 63.75%；生产二甲醚 5.15 万吨，同比下降 10.67 万吨，降幅 67.45%。全年实现收入 37.9 亿元，同比上升 4.28 亿元，增幅 12.7%。组建危化物流公司，整合武汉石油化工公司、信阳中油公司、危运公司、联运公司等经营单位优势资源，搭建大物流、大贸易平台，发挥整体合力，着重开展增量业务。推进位于遂平化工厂的二甲醚加注站建设，争取河南省、驻马店市民用二甲醚推广应用路条，重点做好民用二甲醚终端推广工作，民用二甲醚应用有序铺开。ABCF 高清洁醇基复合燃料通过集团内保产品资格准入，市场开发力度加大。

降本增效。2015 年，平煤蓝天化工公司通过技术攻关，攻克烟煤制气技术，用集团内部品质相对较高方山煤替代原料结构中的山西末煤，吨醇氨原料煤成本大幅下降，年创效 6000 万元，摆脱了对山西煤炭的依赖，打破了煤化工行业烟煤不能用于制取醇氨原料煤气的传统观念，为今后原料替代开辟了新途径。组织遂平化工厂 A、C1、C2、D 线开车，实现满负荷稳定运行，煤制甲醇比较优势日益凸现。立足与豫北化工、心连心等单位开展全面对标管理，找差距、补短板。注重技术创新降本增效，深挖内部潜力，进行生产装置节能技术改造，强化造气降氮改造、风机改造、变换、脱碳、提氢、合成工段工艺优化改造，减阻降温，提高产量，降低消耗，成效显著。实施以生产工艺优化为核心的运营提升管理，加强内部管理，突出技术改造，年减亏增效 1000 多万元。平蓝汇通化工公司甲酰胺项目试生产逐步运行正常。

项目建设。2015 年，重点调研论证中原甲醇厂原料替代改造项目，多方考察论证项目技术可靠性、经济可行性。加强项目前期筹备，推进环评、安评、征地等前期工作，采取售后回租、EPC 等方式引进战略投资商，落实项目资金。与国电驻马店热电公司开展合作，谋划年产 20 万吨乙二醇项目，构建煤—电—化—汽一体化发展模式，在“立足煤、延伸煤、超越煤”上做文章，实现与集团煤炭产业链的有效衔接。筹备光伏电站项目，加强考察学习和政策研究，落实项目建设规模、建设用地等前期工作，基本确定项目建设方案，积极编制项目可行性研究报告。（王　会）

【蓝天集团概况】 河南蓝天集团有限公司（简称“蓝天集团”）创立于 1986 年，已发展成为一家以清洁能源产业为主

2015年10月28日，蓝天燃气成功在新三板实现挂牌，图为敲钟挂牌仪式。

导的综合性企业集团。公司产业主要涉及投资、燃气、石化、置业、农业、矿业等6大产业板块，涉及天然气、煤化工、清洁电力、石油贸易、矿产开发、房地产开发、现代农业、高速公路、物业管理等多个领域。其中，燃气板块是蓝天集团核心产业板块，主要分为管道燃气、城市燃气、CNG加气站、LNG加气站4部分。公司已累计铺设高中低压燃气管道近2000千米，年销售天然气16亿立方，拥有各类燃气用户32多万户。集团下属23家分（子）公司和参（控）股公司。已形成资产总额99亿元，年销售收入65亿元，年纳税2亿元，年输气能力45亿立方米、开发天然气用户32万户、石油批发零售10万吨的规模。2015年11月8日，由河南省工商联、省工信委、省金融办及河南日报报业集团等多家单位联合，在河南人民大会堂正式对外公布2015河南民营企业100强名单。蓝天集团荣登河南民营企业百强榜，位列第32名。2015年，蓝天集团荣获“省级卫生先进单位”，是全市企业系统唯一获此殊荣的单位。

义买光彩行动。2015年9月30日下午，崔静海先生书画捐赠仪式暨蓝天集团义买光彩行动在市群艺馆举行。市委统战部部长姚新文、宣传部部长戚存杰出席活动并讲话。集团公司总经理扶廷明代表蓝天集团捐资500万元，义买崔静海先生“情系天中、扎根沃土”绘画展书画作品，用于支持驻马店市残疾人事业发展。

蓝天燃气在新三板挂牌。2015年10月28日下午，河南蓝天燃气股份有限公司新三板挂牌仪式在北京全国中小企业股份转让系统举行。河南省政协副主席、省工商联主席梁静，省发改委副主任、省能源局局长常建华，中原银行董事长窦荣兴，河南省能源局副局长任文杰，驻马店市委常委、统战部部长姚新文，驻马店市人民政府副市长杜中强，河南省光山县县委副书记、县长王建平，蓝天集团兼蓝天燃气董事长李新华，蓝天燃气总经理陈启勇，广发证券总裁助理王新栋等出席挂牌仪式。 （何 飞 申明洲）

【驻马店中集华骏车辆有限公司概况】 驻马店中集华骏车辆有限公司是中集集团的全资子公司，属中外合资企业。中集车辆集团隶属于中集集团8大业务板块之一，中集华骏是中集车辆集团的重要骨干企业之一。中集华骏占地80余万平方米，总资产8.6亿元，员工2000余人，主要产品有半挂车、自卸车、罐式车、厢式车、消防车，年生产能力4万台。主导产品半挂车的产销量连续15年位居全国同行业第一，自卸车的产销量连续十多年位居全国同行业前三甲。中集华骏具有业内一流的产品开发、生产制造、检测检验和市场营销体系，产品畅销全国，并批量出口到非洲、中东、东南亚、南美等海外区域。2015年年底，被国家工商总局评为国家驰名商标。2015年，中集华骏共完成各种车辆14183

2015年7月22日，驻马店中集华骏车辆有限公司生产车间正在进行安装作业。该公司主导产品半挂车的产销量连续9年位居全国同行业之首，自卸车的产销量连续多年位居全国同行业前三位，产品出口越南、坦桑尼亚、苏丹、俄罗斯等30多个国家和地区。 吴 波 摄

2015年6月1日，全国最大的天然调味品生产企业——十三香集团生产车间。

台，实现利税 1.2 亿元。公司员工李保全荣获“全国劳动模范”称号，陈运海被驻马店市总工会授予“驻马店市‘五一’劳动奖章”。

2015 年 1 月 6 日，以“科技驱动价值营销合赢未来”为主题的“中集华骏 2015 年商务会暨新品发布会”在驻马店市柏林建国国际酒店召开，来自全国各地及东南亚、中亚、非洲等地的近 500 位主机厂、经销商、服务商、供应商、大客户、金融和媒体代表等参会。（段青春　张　宁）

【王守义十三香调味品公司概况】 驻马店市王守义十三香调味品集团有限公司成立于 1984 年，是以调味品生产销售为主营业务，同时兼营彩印、包装材料等辅业的综合性调味品企业。公司位于驻马店市十三香路中段，占地面积 18 公顷（270 亩），建筑面积 22 万平方米，注册资金 1.6 亿元。2015 年，年产各种调料 5.3 万吨，实现销售收入 16 亿元，上缴税金 2.6 亿元。公司现有员工 2000 余人，公司管理人员 90% 以上拥有大专及以上学历，并且每年都从各大高校招聘优秀毕业生充实公司队伍，同时公司拥有技术人员 105 人，中高级技术人员 30 人，技术人员数占公司总人数的 15%。

2015 年，十三香公司新建建筑面积为 8 万平方米的标准化生产车间项目，由专业医药设计院按医药工业洁净厂房和 GMP 标准进行设计，实现洁净区、一般区域的包装及人员的分级管理，从设计理念及硬件上更加保障食品安全。车间主体共 4 层，分原料加工车间、十三香车间、系列车间、鸡精车间。项目建成后，十三香产品实现了原料密闭输送、处理，闭路研磨及自动配料，独特的混合及筛理工艺，成品料的密闭自动循环供料，包装材料自动循环输送，生产过程自动在线异物无损检测、自动检重，机器人自动码垛入库等自动化、高标准的生产流程。既保证了品质，降低了能耗，满足规模化生产的要求，又减少物料与外界的接触，保证了从原料到成品包装的安全，并且节省了人力成本。

2015 年 6 月，十三香公司出资 120 万元资助留守儿童小学——板桥博冠小学。多年来，公司坚持向贫困山区、助学支教、希望工程等社会公益事业累计捐款 2 亿元。为能够帮助更多的人，为社会做出更大贡献，使公益光彩事业有效良好的发展下去，本着“服务社会、扶贫济难”的宗旨，2015 年 12 月份注资 200 万元成立驻马店市十三香慈善公益协会。（王鹏举）

【豫龙同力水泥有限公司概况】 驻马店市豫龙同力水泥有限公司由河南同力水泥股份有限公司和驻马店市投资公司共同投资建设，是河南省首家上市的水泥生产企业。公司成立于 2003 年 8 月，本部位于河南省确山县同力大道，下属有信阳分公司、驿城子公司和同力混凝土子公司。公司现拥有 2 条新型干法水泥熟料生产线，采用当今世界上最先进的的新型干法水泥生产工艺，从工艺技术和设备上确保生产的高效率和产品的高质量。公司总体产能现为熟料 380 万吨，水泥 600 万吨，是豫南地区工艺最先进、规模最大的建材生产企业。

骨料项目及输送带建设项目。2015 年 3 月 27 日上午，由投资集团工程部牵头，在投资集团会议室召开河南同力水泥股份有限公司年产 200 万吨骨料生产线项目和驻马店市豫龙同力水泥有限公司金牛山破碎及输送项目的初步设计评审会，表决通过项目初步设计方案。2015 年 9 月，骨料土石方工程正式开工，现挖方部分已完成。土建工程现已开始施工，预计 2016 年 6 月建成投产。骨料生产线建成后，将利用该项目环保型的优势，依靠当地政府政策扶持，合理利用地方矿产资源优势，采用市场经济运作方式对县域内主要矿区、矿山开采企业进行整合，打造豫南地区大型建材基地和物流运输中心，培育同力水泥新的产业利润增长点。

签订出山店水库项目水泥供应合同。2015年10月30日，豫龙同力信阳分公司销售部与河南省水利第一工程局签订水泥销售合同，这标志着信阳分公司正式成为信阳市出山店水库重大项目水泥供应厂家。出山店水库工程是国务院部署的172项重大水利工程项目之一，是淮河干流上游修建的唯一一座大（Ⅰ）型水库，是河南省历史上单体投资最大的水利工程。工程投资约66.19亿元，计划总工期58个月，水泥需求20万吨。同力水泥成功签订出山店水库项目水泥供应合同，成为最大水泥供应方。

“互联网+”项目。2015年，驻马店市豫龙同力水泥有限公司推进“互联网+”项目。打造集综合建材供应和采购为一体的电商平台“同力商城”，让客户实现足不出户，就能采购同力产品，同时供应商也能供应原材料和备件。目前正在寻找产品销售物流的合作单位。建设“集中监控中心”，包括监控平台、400电话及运输车辆GPS定位3个方面。该项目现已完工，2015年12月份联网调试运行，实现对运营区厂区安全及运营车辆的有效监管。（邵子涵）

【天方药业公司业务概况】 2015年，天方药业公司利润总额首次突破亿元大关，纳税总额排名全市工业企业第二位。搬迁工作进展顺利，前期工作即将收尾。2015年，公司全年完成营业收入17.15亿元，同比增长5.3%，完成年初预算18.5亿元的92.71%，完成三季度中国医药调整后预算17亿元的100.88%。调整的主要原因是受合成分厂拆迁、子公司剥离、环保限产等因素生产减产，直接减少营业收入近2亿元。如果剔除这些影响因素，营业收入可达18.75亿元。实现利润1.62亿元，同比增长89%，完成年度预算1.2亿元的134.81%。缴纳各项税金1.46亿元，同比增长24%。由于受环保限产和合成分厂拆除等因素影响，原料药生产大幅下降。全年生产原料药约416.6吨和243万十亿，同比724吨和291万十亿下降42.47%。这也是造成营业收入增幅较小的一大主因。制剂生产基本正常。其中：片剂生产40亿片，同比上年42亿片下降5.82%；胶囊8.7亿粒，同比上年8.3亿粒增长5%；针剂1.9亿支，同比上年1.5亿支增长26.6%。2015年员工月人均收入3812元，同比增长12.83%，其中工资增长1.74%，绩效奖金增幅达76.67%。公司2015年度各项保险（五险二金）共支出4868.73万元，同比增长39.48%。

GMP认证工作。2015年，天方药业公司需要认证的有12条生产线含15个原料药和2个制剂。为保证认证工作有序实施，提前制定了GMP认证计划，明确目标任务，落实责任到人，并同步跟进发酵、合成分厂搬迁工作，做到有计划、有实施、有跟踪，实现了认证工作的系统闭环管理。公司获得了12条生产线含15个原料药和2个制剂的新版GMP证书，而且以高票通过了欧盟GMP认证，以零缺陷通过墨西哥官方GMP现场检查。公司境外注册先后完成了利塞膦酸钠原料药台湾注册第二轮和吉他霉素原料药台湾注

2015年11月16日，驻马店市天方生物工程有限公司生产车间正在检查设备运转情况。年产4万吨木糖醇、4万吨L-苹果酸及配套年产30万吨玉米淀粉糖和2×35th×3MW生物质发电供汽生产线项目，总投资16亿元，建设期5年。 吴 波 摄

册第一轮的发补资料上报；获得了 EDQM 对辛伐他汀、辛伐他汀（BHA）CEP 证书悬挂批复；完成了辛伐他汀、氧氟沙星、克林霉素磷酸酯印度再注册文件等。

科技创新。2015 年，天方药业公司对科研部门的组织架构进行改革，设立了产品 BD 事务部，主抓产品的筛选、引进、注册等工作。公司制定了《新产品研发和注册工作管理规定》《新产品立项调研管理办法》和《新产品立项调研管理办法》等 6 项管控制度，分别对研发资金风险把控、项目考核进行规范。加大投入，优化产品结构。2015 年公司新产品重点抓好瑞舒伐他汀钙的上市工作。同时，完成了左乙拉西坦注射液、阿齐沙坦等 6 个新产品项目的立项。然而，因国家药监局的临床检查风暴，瑞舒伐他汀钙随同全国 1622 个品种一样遭遇撤审。依托新药开发中心、博士后科研工作站等平台，开展研发项目技术攻关工作，完成盐酸美普他酚原料药项目、盐酸托莫西汀原料药项目的工艺研究工作，以及基药盐酸倍他司汀片、舒必利片、维生素 B1 注射剂等 6 个项目工艺研究工作。加强与高校和科研院所合作，开展科研成果申报工作。其中，曲克芦丁原料药工艺优化项目、福多司坦原料药工艺优化项目获得驻马店市科技成果奖，利拉萘酯原料药工艺优化研究项目获得驻马店市科技进步二等奖。完成了右兰索拉唑原料及缓释胶囊、长春胺缓释胶囊、阿加曲班原料及注射液 3 个项目注册申报工作；获得硫酸氢氯吡格雷原料药生产批件和片剂临床试验批件，完成了硫酸氢氯吡格雷片剂生物等效性试验资料上报和瑞舒伐他汀钙片剂临床试验数据自查工作。同时，新产品埃索美拉唑镁原料及肠溶胶囊、克林霉素膦酸脂 VA 酸凝胶项目已通过国家食品药品监督管理总局审评中心技术审评。

项目投资。全年公司生产经营性技改工程投资项目已完成审批 3223.72 万元；其他生产经营性固定资产投资项目已完成审批 746.09 万元；非生产经营性工程项目已完成审批 379.92 万元；大修预算费用已完成审批 1566.27 万元。根据国家投资体制政策，2015 年公司组织申报了两化融合管理体系贯标试点企业及外经贸发展专项资金等 4 个省、市专项项目。2015 年，已获批 2 个项目共到账扶持资金 393.5 万元。

环保工作。组织开展清洁生产、节能减排、环境保护法律法规等内容专项培训，提高员工节能环保意识。投入 600 万元对原料药分厂 219 车间无组织排放气体进行收集处理，项目实施后，该车间获得了河南省环保厅试生产资格，同时解除了挂牌督办。对原料药分厂废渣、污泥进行挤干处理，降低了运输成本和后处理成本。投入 700 万元对药渣烘干炉进行尾气排放治理，工程已全部结束，正在进行调试。按照环保法规有关要求，委托驻马店市环境监测站对各分厂排放废水污染因子每季度监测一次；对噪声、大气污染因子每半年监测一次。水站化验室每天对各生产车间、水站及总排口定时定点取样检测。结合各分厂生产特点，多策并举，深挖“节能减排”潜力。在制剂分厂对废水处理系统实施提标改造，以满足国家新的排放标准，现已完成工程项目招标；在四分厂实施药渣烘干废气改造项目、废水处置提标改造工程项目以及废水处理自动在线检测搬迁工程；在制剂分厂和原料药分厂分别实施厂区雨、污分流改造项目。（邓　懿）

贸易旅游

商业贸易

【商业贸易概况】 驻马店市商务局机关科室 22 个（原为 23 个科室，根据有关要求，将商务部门的生猪定点屠宰监督管理职责划入市畜牧局），事业单位 8 个（参公 3 个、全供 4 个、自收自支 1 个）。2015 年，市商务局荣获“2015 年度全省商务工作优秀单位”称号；市商务局办公室主任余嘉平、对外贸易科科长张付长、市场运行调节科科长刘霞，上蔡县商务局局长王新华荣获“2015 年度全省商务系统先进工作者”称号。加强市场监管，规范行政执法行为，全年共受理举报投诉 231 件，办结 222 件，咨询服务 352 件。全年共接来信来访 15 件 400 多人次，均得到妥善处理。

进出口贸易（不含新蔡县）。据海关统计，全市外贸进出口完成 4.45 亿美元，占目标任务的 102.8%，同比增长 11%，增幅居全省第三位，黄淮 4 市第一位。其中，出口完成 3.94 亿美元，同比增长 21%，增幅居全省第二位，黄淮 4 市第一位；进口完成 0.5037 亿美元，同比下降 32.7%。2015 年，市商务局联合市财政局下发《驻马店市外经贸发展专项资金管理办法》，重点培育外贸龙头企业，支持企业做大做强，提高国际竞争力。12 月 2 日，驻马店市公共保税中心进口保税仓和出口监管仓成功封关运营，在扩大开放、承接产业转移上起到重要推动作用。

利用境外资金。全市新批外商投资企业 13 家，合同利用外资完成 5.56 亿美元，占目标任务的 107%，全省仅驻马店市完成全年目标任务。实际利用外资完成 3.68 亿美元，占目标任务的 100.7%，同比增长 8.8%，高于全省 0.4 个百分点。

引进省外资金。全市新落地省外资金项目 251 个，合同利用省外资金 417.9 亿元；实际到位省外资金完成 222.4 亿元，占目标任务的 101%，同比增长 9%，高于全省 0.5 个百分点，增幅居全省第二位，黄淮 4 市第一位。

引进市外资金。2015 年，实际到位市外资金完成 220.7 亿元，同比增长 10.8%。

外经工作。全年对外承包工程完成 1000 万美元，占目标任务的 100%；完成境外投资 258 万美元；境外劳务完成 810 人，同比增长 8%。

社会消费品零售总额。全年全市社会消费品零售总额完成 699.2 亿元，占目标任务的 102%，同比增长 13.3%，高于全省 0.9 个百分点，增幅居全省第一位。（李耀华）

【开放招商】 2015 年，市商务局共组织招商活动 15 次，签约亿元以上项目 248 个，合同总投资 1628.5 亿元。其中：5 亿元～10 亿元项目 52 个，合同总投资 322.8 亿元；10 亿元以上项目 53 个，合同总投资 981.4 亿元。全年实际到位资金 467 亿元，占全市固定资产投资总额 1324 亿元的 35.2%。

2015年9月13日，浙江国际商城一期五金家居建材市场开业两周年，吸引全国各地客商前来考察学习。 张遥驼 摄

其中：全市新批外商投资企业13家即锜昌科技（驻马店）有限公司、驻马店腾飞农业科技有限公司、泌阳亿健食品有限公司、驻马店欧凯斯模具制造有限公司、信义光能（遂平）有限公司、平舆三泰电子科技有限公司、驻马店恩展生物能源有限公司、河南益万家农业有限公司、河南泗恩电子有限公司、河南龙甲天元信息科技有限公司、汝南天吉运动器材有限公司、驻马店联顺食品有限公司、河南新技畜牧工程技术公司，实际利用外资3.68亿美元，实际到位省外资金222.4亿元，实际到位市外资金220.7亿元。

统筹谋划，强力推进。依照《河南省人民政府办公厅关于印发2015年河南省对外开放工作行动计划的通知》，制订了《2015年驻马店市开放招商行动计划》《15个有投资意向的市主城区重大招商引资项目实行市领导分包责任制》《市政府办公室转发市发改委等14个市直部门开放招商专项工作方案的通知》《深入开展驻地招商工作的通知》等一系列政策文件。召开了重大招商项目谋划务虚会、主导产业招商谋划汇报会、全市开放招商总结表彰大会。

立足主导，专项招商。全年围绕主导产业共举办15次招商活动。1月5日～13日，在浙江省台州市成功举办市产业集聚区优势产业推介会，签约项目10个，计划总投资72亿元，其中合同项目7个，总投资35亿元。1月13日～15日，赴浙江温岭市举办“上蔡县温岭制鞋产业园项目签约仪式”，成功签约投资额70亿元的上蔡县温岭制鞋产业园项目，其中固定资产投资46亿元。3月30日，副市长李国胜率团参加在周口市举行的2015年“5+2”经济合作活动，重点进行驻马店市情和优势产业推介。4月20日～23日，市委副书记、市长陈星率团参加在郑州举办的第九届中国（河南）国际投资贸易洽谈会暨第三届世界新兴产业大会，签约项目42个，投资总额350亿元。6月10日～13日，市委书记余学友率团赴珠三角地区招商引资，共签约合作项目30个，合同总投资203.7亿元。6月24日～26日，市委副书记、市长陈星在长三角地区进行招商活动时，成功在上海市举办“驻马店市产业集聚区——精细化工专题招商推介活动”，签约项目4个，计划总投资35亿元；洽谈对接项目6个，计划投资总额75亿元。7月1日～2日，市委副书记、市长陈星率团赴长三角开展专题招商活动，在浙江永康市举行的驻马店（确山）—长三角（永康）优势产业推介暨项目签约仪式上，共签约项目26个，合同投资98.6亿元；洽谈对接意向项目27个，意向投资68.8亿元。8月13日，市委副书记、市长陈星率团赴长三角地区开展招商引资活动，在举行的河南驻马店（汝南）—长三角地区优势产业推介暨项目签约仪式上，共有9个项目成功签约，合同总投资62.8亿元。8月18日～19日，副市长李国胜带领市商务局、上蔡县有关负责人，在广东省惠州市举行驻马店（上蔡）优势产业推介暨项目签约仪式，共签约项目14个，总投资96.3亿元。9月6日～8日，驻马店市成功举办第十八届中国农加工洽谈会，共签约80个项目，总投资801.8亿元。其中，合同项目76个，总投资696.5亿元；协议项目3个，总投资80.3亿元；意向项目1个，总投资25亿元。9月7日～8日，副市长李国胜率团参加在厦门市举办的第十九届中国国际投资贸易洽谈会，在河南省举行的重点招商项目推介暨合作项目签约仪式上，驻马店市共签约6个项目，其中内资项目5个，合同总投资38.2亿元；外资项目1个，合同总投资2769万美元。9月9日，副市长李国胜率团参加河南省在广州市举行2015年珠三角地区驻地招商活动，驻马店市共签约3个项目，合同总投资26亿元。10月26日～27日，市委书记余学友率团赴珠三角地区恳谈对接项目，走访当地知名商会企业，会见重要客商代表，并举行河南驻马店—珠三角优势产业推介会暨项目签约仪式，共签约8个项目，计划总投资171亿元。12月2日～4日，市委副书记、市长陈星率团赴长三角地区开展招商引资活动，在上海市举行的河南驻马店—长三角地区（上海）优势产业推介暨项目签约仪式上，成功签署2个战略合作框架协议，签订17个项目，合同总投资88亿元；对接洽谈项目19个，意向总投资77.12亿元。12月23日，市委副书记、市长陈星，副市长李国胜，市商务局局长于明标等一行9人赴广州考察对接广东商城项目。

加强督导，强化履约。7月16日～20日，组织3个督导小组，深入8县3区及14个市直部门，对全市迎盛会大招商活动开展、2015年上半年招商引资目标任务完成、2014年中国农加工洽谈会等重点签约项目进展情况通过听取汇报、查看材料、现场查看等方式进行督导，促进了签约项目"三率"提高。（李耀华）

【内贸流通】2015年，全市开展农产品流通网络建设，培育和支持大型农产品批发市场、农贸市场、农业合作社、大型连锁超市等农产品流通企业，实施河南省农产品现代流通网络项目建设，全市农产品流通水平进一步提升。加强成品油市场监督管理。开展成品油市场安全生产大检查专项行动，推进成品油市场健康发展，全市有2个加油站（正阳县丰田加油站、中石油正阳县八站）被评为省级管理示范站。全市完成散装水泥供应量873.3万吨，超额完成全年目标任务，同比增长5%，散装率达到56%。市场运行监测全省领先。驻马店市生活必需品监测系统、重要生产资料监测系统、重点流通监测系统上报率、及时率均达到100%，市场监测和商务预报工作在省商务厅排名中居全省第二位。特殊行业监管到位，经营规范。推进典当行行业管理、二手车流通管理、老旧汽车报废更新工作，沐浴行业备案、文明餐桌活动等工作均按要求全面展开。（李耀华）

【电子商务】2015年，驻马店市有中小型电子商务企业2000多家，其中1500多家有网上交易额。1月～12月，全市电子商务交易额156.8亿元，同比增长124%，其中网络零售额26.3亿元，同比增长139%。

示范企业示范基地评选。泌阳县被确定为全国电子商务进农村示范县，河南金凤牧业设备股份有限公司、驻马店市晨钟生物科技有限公司、驻马店市发时达市场管理有限公司等3家企业获得河南省电子商务示范企业称号。开展电子

2015年10月12日，驻马店市电子商务产业园近百家企业入驻。

商务企业省级备案认定工作，全年备案认定企业 200 余家，从备案企业中评选出驻马店市电子商务产业园、黄淮学院电子商务产业园 2 个市级电子商务示范基地和 15 家市级电子商务示范企业。

电商平台载体建设。培育和引进 30 多家较大的平台载体，运营较好的有阿里巴巴·驻马店产业带、慧聪网、中国网库、来村网、泌阳商慧网、问买网、楚楚街、喜买网、云书网、去美商城、供销百汇通等 11 家电商平台载体。其中，阿里巴巴·驻马店产业带正式运营以来，累计上线企业突破 600 多家，日均访问量达到 1.5 万人次，实现线上线下交易额 10 亿多元，在全国 300 多家产业带排名中居 21 位，居河南省第一位。

营造电商发展环境。9 月 7 日，成功举办第十八届中国农加工洽谈会电子商务高峰论坛，以“互联网 + 农业，上山下乡进万家”为主题，重点研讨了驻马店市传统农业发展的现状。黄淮学院与河南省进口物资公共保税中心签署战略合作协议，成立全省首家校企合作的“跨境电子商务学院”。（李耀华）

【市场监管】 2015 年，驻马店市商务局加强执法队伍和“12312”服务平台建设，规范行政执法行为，全年共受理举报投诉 231 件，办结 222 件，咨询服务 352 件。一是打击侵权假冒。贯彻落实全国、省打击侵权假冒工作电视电话会议精神，按照任务分工，突出打假重点，开展打击互联网领域侵权假冒、网络侵权盗版和网络侵犯专利等专项行动。二是整顿市场秩序。联合有关部门，开展车用燃油专项整治活动，打击假劣车用燃油违法违规行为。贯彻落实《单用途商业预付卡管理办法》，促进全市单用途商业预付卡管理工作有序开展。学习药品流通行业管理相关法规，按时完成全市药品流通的统计上报工作。对市区 330 余户白酒销售商家进行巡查和备案登记，有效规范酒类流通市场秩序。（李耀华）

粮油购销

【粮油购销概况】 2015 年，驻马店市完成粮食收购 324 万吨，占年度目标任务的 107%。省政府安排驻马店市新增地方储备任务 4.25 万吨，全市已完成储备 2.25 万吨，其中市级储备 1.45 万吨，县级储备 0.8 万吨，剩余 2 万吨正在积极推进。完成市级储备粮油轮换共计 1.3 万吨。主食产业化和粮油深加工投资额 1.1 亿元，占目标的 110%。推进放心粮油进农村、进社区工作，新增“放心粮油示范经销店”10 个，占目标的 100%。推进主食产业化和粮油深加工业发展，主食工业化率达到 32%，占目标的 107%。打造产业集群，粮油加工转化率达到 87%，占目标的 109%。全市库存粮食“四无”粮油率达到 100%，占目标的 105.2%。2015 年，驻马店市粮食局被河南省委、省政府授予“省级文明单位”称号。（王　尚）

【夏粮收购】 2015 年，驻马店市夏粮收获期间遇雨，造成小麦质量下降，部分小麦不完善粒超标，给农民卖粮和政策性收购工作带来困难。驻马店市落实省政府夏粮收购会议精神，在全省率先出台补贴政策，鼓励小麦加工企业收购驻马店市不完善粒在 10% ~ 20% 的小麦，每市斤给予 1 分钱补贴。省、市财政共拿出 760 万元资金补贴小麦加工企业，起到良好成效。全市粮食加工、经营企业累计按市场价收购小麦 120.7 万吨，比上年增加 10%。全年全市各类粮食企业累计收购新产小麦 211.5 万吨，占全省收购总量的 10.6%，其中按最低价收购 90.8 万吨，完成夏粮收购工作。（王　尚）

【粮食收购主体管理】 按照省粮食局安排，对取得粮食收购许可证的收购主体和个体工商户进行全面核查。2015 年，全市粮食行政管理部门对 2013 年前取得粮食收购许可证的法人、其他经济组织及个体工商户进行收购资格核查。共有 710 家参加核查，其中通过核查 681 家，未通过 29 家。根据相关规定，对未通过核查的 29 家粮食经营企业依法分别进行处理，其中暂缓资格 8 家、注销 17 家、取消 4 家。2015 年共受理粮食收购许可证审核申请 10 家，并已全部完成。截至年底，全市具有粮食收购资格的法人及其他组织 821 家，其中国有及国有控股企业 175 家，私营企业 435 家，个体工商户 206 家，外资企业 5 家。（王　尚）

【粮食流通监管】 2015 年，夏粮收购期间，驻马店市粮食局成立 6 个小麦最低收购价收购督查组，分赴各县区进行督查。全年累计开展收购检查 834 次，出动检查人数 2521 人次，检查收购主体 1103 个，查处无粮食收购资格擅自从事收购活动的 25 起，未及时支付售粮款 5 起，并给予及时纠正和处理。2015 年，按照全省统一部署，市粮食局、发改委、财政局、农发行 4 部门联合组织开展全市粮食库存检查活动。督导检查储粮企业 96 家，占应检查企业的 98%。检查库存粮食 67844 吨。其中，地方储备粮小麦 6.5 万吨，商品粮 2844 吨。通过逐仓实际测量并与库存保管账核对，误差均在 ±3% 范围之内，库存粮食与保管账，账实基本相符。开展军粮供应专项检查，加强对军粮供应入库、加工、运输、储藏等环节管理监督。驻驻部队对军粮供应工作给予高度赞扬，满意度测评达到 100%。开展企业监督检查，推进粮食信用体系建设。2015 年，西平县粮食局被省局确定为粮食信用体系建设试点县。（王　尚）

【粮食流通体系建设】 2015 年，驻马店市粮食局推进粮食流通体系建设。一是“粮安工程”危仓老库维修改造工作。市粮食局高度重视 2014 年 ~ 2015 年“粮安工程”危仓老库维修改造项目开展，累计争取维修改造项目上级补助资金 5815 万元，地方政府和企业自筹资金 4055 万元，项目计划维修仓容 62 万吨，原址改造仓容 7.5 万吨。维修改造项目已全部竣工，原址改造项目基本完成。二是开展科学储粮。全市粮食收储企业现有总仓容 411.54 万吨，其中地方国有粮食企业 245.34 万吨，中储粮企业 90 万吨，民营企业 76.2 万吨。现库存粮食 363.7 万吨，其中地方国有粮食企业存粮 197.5 万吨，中储粮企业存粮 86.8 万吨，民营企业存粮 61.2

万吨。全市粮食收储企业实现机械通风仓容量289万吨，装备粮情测控系统仓容量185.8万吨，配备环流熏蒸系统仓容量84万吨。全市科学储粮率达到93%以上。三是对全市仓储设施情况进行专项调查。全市符合统计范围的企业共有251家，总仓容551万吨。其中，地方国有粮食企业143家，仓容251万吨；中储粮企业7家，仓容87万吨；民营企业99家，仓容211.6万吨；港澳台企业1家，外商投资企业1家，仓容1.05万吨。按企业类型来分，其中粮食收储企业200家，仓容403万吨；加工企业42家，仓容129万吨；物流中转企业1家，仓容6.6万吨；特殊企业1家，仓容0.4万吨；其他企业7家，仓容11万吨。从功能定位来分，物流节点1家，中心粮库7家，仓容87万吨；其他企业243个，仓容457万吨。（王　尚）

【主食产业化】2015年，驻马店市粮食局推动优质小麦、玉米、芝麻、花生基地和加工制造一体化发展，培育发展一批全产业链企业和特色食品产业集群，打造知名品牌，做大做强主食加工和粮油深加工产业，主食工业化率达到32%。全年全市主食加工企业累计生产馒头12万吨；面条21万吨，其中方便面6万吨、鲜湿面条8.7万吨、挂面6.3万吨；米制主食品160吨；速冻食品4000吨。主食产品中工厂化生产13.21万吨，作坊式生产40.7万吨，实现销售收入266281.7万元。（王　尚）

供销合作

【供销合作工作概况】2015年，驻马店市供销合作社推进深化供销合作社综合改革和改革试点工作，全年实现商品购销总额360.77亿元、实现利润5902万元、利税1.5亿元，分别同比增长19.07%、17.9%、17.53%，超额完成省总社和市委市政府下达的各项经济指标和工作任务。全系统连续13年安全生产无事故，安全统筹收入持续快速增长，突破220万元。夯实农商物流城项目建设。投资4000多万元的物流园区一期工程已投入运营；农村电商平台正在筹建中。全年共实现招商引资7.12亿元。组织撰写的《土地流转存在问题及对策建议》和《玉米价格下跌对种粮农民的影响及对策建议》得到市委、市政府肯定，并以《调查研究》《政府通报》印发，特别是市供销合作社调研组撰写的《玉米价格下跌对种粮农民的影响及对策建议》得到省政府副省长王铁，河南省供销合作社党组书记、理事会主任吕彩霞批示。市供销合作社被省委、省政府命名为“省级文明单位”，被省人社厅、省供销合作总社评为“全省供销合作社系统先进集体”。（王　琛）

【新型农业经营主体培育】《河南省委河南省人民政府关于深化供销合作社综合改革的实施意见》文件明确将市供销合作社定为全省供销合作社系统培育新型农业经营主体改革试点。市供销合作社把培育以基层供销社为纽带，以农民为主体的新型农业经营主体作为供销合作社综合改革的突破口，制订《关于大力培育新型农业经营主体的实施方案》。经过调研筛选，在全市确定22个为农服务示范联系点。全年全系统新型农业经营主体达到815家，入社农户20多万户，其中农民合作社653家，家庭农场30个，种养大户100家，农业企业32家，流转土地13333.33公顷（20万亩），托管土地2万公顷（30万亩），并拥有庄稼医院220个，社区服务中心205个，带动辐射农户35万户，年助农增收20亿元以上。全系统拥有注册商标经营主体31家，上蔡县“久久”面业，汝南县“一笑堂”工艺品、“利维康”酱菜，平舆县“宇翔”刺绣，遂平县“玉山名品”花木，西平县“荷花”食用菌，正阳县“伏陈醋”，益农庄园“宅鲜配”电商等已成为驻马店市农产品知名品牌。（王　琛）

【“新网工程”建设】2015年，全市供销合作社系统发挥城乡并举、产销衔接的网络优势，全面提升流通网络现代化水平。结合“万村千乡”工程，大力发展连锁经营龙头企业、配送中心、标准农家店、村级综合服务社和社区综合服务中心，推动以农资、农产品、日用消费品、烟花爆竹、再生资源5大网络为重点的“新网工程”建设。全系统网点总数达到4000个，覆盖80%的行政村。西平、遂平等县供销社实现“两个全覆盖”。（王　琛）

【农民合作经济组织发展】2015年，驻马店市供销社发挥主导作用，发展种植、养殖、加工、流通、旅游等多种类型的农民合作社。全系统自办、领办农民合作社653家，省级以上优秀农民专业合作社98家，涵盖种、养、收、加、销、运等行业，形成了多元化发展格局。上蔡县“久久”面业已形成产业联合体，流转土地6666.67多公顷（10多万亩），托管土地13333.33多公顷（20多万亩）。确山县豫宏中药材合作社种植夏枯草、半枝莲、白花蛇草等，已成为加多宝、王老吉、和其正等凉茶饮料企业最大供应商，辐射4个乡镇28个村委，带动3200农户，年产值1.4亿元。遂平县玉山花木专业合作社已在新三板挂牌上市。西平县荷花合作社食用菌罐头出口俄罗斯，年创汇1000多万美元。使用“阳光工程”“雨露计划”培训资金，实施新型农民社员素质提升工程，开展农民合作社社员、农产品经纪人和新型职业农民培训，累计培训农民经纪人1100余人次，开展农村技术技能型人才培训3万多人次。（王　琛）

【兴农富民工程】2015年，经市政府行文印发，市供销合作社与市工商局联合实施“兴农富民”工程，开展农资连锁经营，净化了农资市场，严厉打击了坑农害农不法行为。全年销售化肥188万吨，农药1339吨，农膜1116吨，确保全市农业生产需求。（王　琛）

【深化改革】2015年，驻马店供销社成立由市社党委书记、理事会主任任组长的深化改革领导小组，细化分工，明确措施，责任到人，确保各项改革落到实处。与宣传部门联合，在《驻马店日报》、驻马店电视台等主流媒体中开设《供销社为农服务基层行》宣传专栏，每周见报上镜，系统宣传报道文件精神和上级领导的批示、讲话以及系统工作亮点、工作成效，累计刊播发稿件70余篇。组成调研组前往山东、河北、广东、浙江等7省11市学习考察调研，取长补短，深入9县区基层社现场调研，加强与市直33个部门沟通协调会商，代市委市政府起草《关于深化供销合作社综合改革的实施意见》，把深化改革工作纳入全市改革大局统筹谋划、协调推进。根据各自条件和产业优势，选定泌阳县、汝南县作为县级供销社改革试点，平舆县西洋店镇、确山县朗陵办事处作为基层社改革试点，制订方案，确保取得实效。

（王 琛）

中 石 化

【中石化驻马店石油分公司经营概况】 2015年，中石化驻马店分公司轻油总量完成31.42万吨。其中，零售量25.63万吨，直批经营量5.79万吨。非油品实现销售额3952万元。天然气销售296万立方米。一是围绕“多卖一吨油”竞赛活动，开展差异化营销。落实月度经营分析，对完成任务差、管理落后的县公司和加油站定向帮扶。突出增量奖励，全部兑现到加油站，调动销售积极性；分析需求开展增值服务，开展加油送金顶山门票优惠券，开展洗车、各种优惠卡等增值服务；抓好微信营销手段运用，加大“中国石化河南石油”官方微信推广使用力度。同时建立片区经理、站长、卡点员三类微信群，做好信息上传下达。二是明确资源保障中心工作，合理优化资源配置。建立资源保障应急处置方案，全年油库共完成吞吐量99万吨；合理制定配送计划，通过保持低库存运作，有效降低运杂费支出；对罐车每月进行跟踪暗访，对在运罐车开展例行季度检查。三是加强客户维护，争抢终端市场。全年共维系直批老客户154个，开发新客户35个，加强经营活动风险防控。四是提高现场营销能力，抓好重点商品销售。拓展新业务扩大增量渠道，与中烟驻马店卷烟厂签署业务合作协议；新增“中原通ETC”充值代理点；与太平洋保险举行战略合作启动仪式；在客流量多的门店开展熟食加工销售；与中国电信联手推出“惊喜周末——翼支付加油优惠活动”；推进多元化营销，端午节期间易捷便利店便民销售走进社区；“易捷卓玛泉”获得中国农加工洽谈会组委会官方唯一指定用水；组织召开茶酒品鉴会；在市区加油站开展加油抽奖活动，促进重点商品销售。企业保持安全生产运行平稳，建立油库重大危险源辨识制度，举办安全资格培训班，开展在线远程安全教育。配合市技术监督局对82座站148个汽柴油进行质量监控，经检验质量全部合格。成功上线驻马店石油微信公众号，初步建立移动营销新渠道。

（舒华强）

【网建发展】 2015年，中石化驻马店石油分公司网建发展取得成效。一是规范操作程序，推进项目实施。全年完成新建加油站1座；完成油库油气回收改造和加油站油气回收和隐患治理改造70座；启动关闭站3座。二是抓好油气回收改造。通过各部门相互配合，主动协调市政府和安全、环保等相关职能部门，争取支持，确保工程顺利进行。

（舒华强）

中 石 油

【中国石油河南驻马店销售分公司概况】 中国石油河南驻马店销售分公司成立于2001年7月6日，是中国石油天然气股份有限公司下辖的地市级销售分公司，完成投资3亿多元，拥有控股或租赁油库2座，全资或租赁加油站31座，主要分布在驻马店市及各县（区），承担着中国石油进入驻马店的成品油资源的批发、零售以及销售网络的开发、建设、管理等职责。2015年，公司实现销售总量11.26万吨，其中柴油7.26万吨、汽油4万吨，完成全年预算的98.3%，同比增加0.66万吨，增幅6%。非油收入1227.39万元，完成全年计划指标108.9%，同比增加328.39万元。实现利润262.22万元。安全、环境等级责任事故为零，内控重大例外事项为零。全年上缴各项税费762.56万元，同比增加221.11万元。一是零售方面。做好“三夏”“三秋”期间农业用油供应工作，把组织资源作为保供市场的根本举措。为确保油品供应，中国石油河南驻马店销售分公司储备成品油10万多吨，完全满足农用油市场需求。同时，柴油在国家挂牌价的基础上优惠0.1元/升；对持卡消费客户，在此优惠基础上仍然享受现行优惠政策，发放农机专用IC卡1万多张。设立服务热线，保证服务热线畅通接听，设立休息室，为农机手提供免费、卫生的饮用水等，开展送油到田间地头、送油到收割现场等活动。二是批发方面。坚持旺季做销售、淡季稳市场，完善市场信息监测体系，提高驾驭市场的能力。资源紧张时期，分公司实时监控加油站库存，合理安排配置计划，与承运方加强沟通，补充运力异地调配，全力规避加油站脱销断档，确保加油站销量不受影响。三是非油品方面。2008年4月，中国石油河南驻马店销售分公司正式开展非油品销售业务。驻马店分公司非油品业务共计18大类2050余种商品，涵盖日常客户消费需求。

（刘艳春）

【网建发展】 截至2015年12月31日，中国石油河南驻马店销售分公司拥有加油站31座，控股油库1座即西平中油销售有限公司，租赁油库1座即驻马店石油有限公司。高度重视网络开发工作，积极与合作方沟通，推进项目落地实施，驻马店第八加油站、泌阳第一加油站分别于2015年10月、11月得以投运。加强市场调查，优选项目，做好储备，2个项目已上报河南省公司。与当地政府进行协调，推进驻马店第五加油站重建工作，已得到商务、规划部门支持，有望在2016年开工重建。

（刘艳春）

【安全管理】 2015年，中国石油河南驻马店销售分公司强化责任，加大安全管理力度。严格执行油品数质量管理办法，严控油品接卸关、储存关、销售关，实行不定时、不定位的化验，油品合格率达到100%。开展“无误差付油”，结合月度油品实物盘点对加油机和加油枪付油进行校检，油品在储存和销售环节的损耗得以有效管控，同比下降0.07%。强化油品接卸监督管控，从车辆进站、稳油、接卸到车辆离站全过程、全方位监控，有效保证油品接卸操作流程安全规范。

开展集中培训、远程培训、现场培训等多种方式岗位培训，全年共计培训21次，参加培训人数534人次。（刘艳春）

烟草专卖

【烟草专卖概况】 2015年，驻马店市烟草专卖局（公司）圆满完成年度目标任务。全年共销售卷烟22.36万箱，收购烟叶18.5万担。实现"两烟"销售收入54.16亿元，同比增长10.87%。其中，卷烟销售收入48.7亿元，烟叶销售收入5.45亿元。实现税利13.42亿元，同比增长39.22%，其中实现税金8.19亿元，同比增长57.2%。市烟草专卖局强化安全生产监督管理，顺利通过"安全生产标准化二级达标企业"复审，被省安监局授予"省级安全文化建设示范企业"称号，分别被省局和市政府评为"安全生产先进单位"。（石拴成）

【烟叶购销】 2015年，驻马店市烟叶种植面积4266.67公顷（6.4万亩），无偿为烟农建设购置烤房、烟草农用机械等生产基础设施共计投入4514余万元，免费为烟农提供种子、农药、化肥、农膜等产前投入共计5214余万元。烟叶生产经营工作严格按照"控制总量、提升质量"要求，深入开展"质量信誉深化年"活动，狠抓生产收购管理，烟叶收购等级合格率达到82.7%，工商交接合格率达到67.3%。全市收购烟叶18.5万担，种烟亩均收入达到4072元，上缴烟叶税5734万元，烟叶工作综合考评位列全省第三名。（石拴成）

【卷烟销售】 2015年，驻马店市烟草专卖局（公司）完成了省公司下达的22.36万箱的销量计划。加大品牌培育力度，销售结构持续提升，累计销售一、二类烟比重达到22.56%，同比增加2.92个百分点，实现含税单箱收入25485元，同比增加1877元，超额完成增长目标，增幅位列全省第三。强化基础管理，提高服务水平，客户满意度91.3分，实现了位次前移。按照"客户自愿、互动共建"的原则开展零售终端建设，完成了8%的年度目标，卷烟销售工作荣获全省系统先进单位一等奖。（石拴成）

【专卖管理】 2015年，驻马店市烟草专卖局突出卷烟打假，构建以驻村中心工作站为抓手的卷烟打假防控体系，得到省委政法委、省局肯定，并在全省进行推广。发挥公安、烟草联合打假机制作用，加强行政执法与刑事司法衔接，始终保持卷烟打假的高压态势。2015年，共查处各类违法案件1151起，查获违法卷烟381.89万支，刑事拘留14人，批捕5人，判刑6人，破获100万元以上的网络案件1起，被评为全省卷烟打假特殊贡献单位。（石拴成）

食盐专卖

【食盐专卖概况】 2015年，全市完成食盐购进28342吨，占年计划的113.3%；完成食盐销售27287吨，占年计划的109.1%；完成系统内工业盐购销5224吨。实现销售收入8136万元，毛利润2034万元；上缴税利450万元，同比增长2.74%；财务费用下降100%；资产负债率90.77%，比上年下降8.22个百分点；所有者权益增加为443万元。实现利润425万元，比上年同期增加23万元，资产状况显著改善。（刘　潇）

【食盐专营】 2015年，市盐业局坚持履行食盐专营行业责任，及时分解食盐购销任务，将年度计划下达到各县，定期对各项指标执行情况进行排队评比，提高购销工作的协调性和科学性。坚持以绿色、健康、环保为核心，加大食盐品种结构调整力度，以低钠盐、海藻精纯盐作引领，以海藻碘盐、精纯盐为主打，以绿色食盐、纸塑复合膜盐为补充，丰富食盐市场品种，满足不同消费群体多元化需求。引导群众实现食盐由"吃"到"用"的观念转变，由吃盐到洗浴用盐、保健用盐、清洁用盐，扩大市场食盐消费需求量，行业经济效益呈现出持续增长的良好态势。推进小工业盐和畜牧用盐供应，确保市场份额稳定增长。坚持"保本微利，稳定市场"的销售原则，让用盐企业得到实惠。开展用盐企业调查研究，加强工业企业和食品加工企业盐产品的监测维护，做好供应网络的访销工作。加强饲料专用盐市场维护管理，确保饲料专用盐不冲击食盐市场。（刘　潇）

【市场管理】 2015年，市盐业局推进依法行政。注重盐业市场的常态维护，坚持全方位、常态化的市场监管和执法检查。推行片区责任制和街道责任制，做到每条街道、每个商户都有专人管理和服务，充分发挥食盐零售网点的社会监督作用。修订完善《盐业行政执法责任制》《行政执法过错责任追究规定》《推进全市盐政稽查"三化"建设暨责任目标考核实施办法》等一系列规范性文件，加强盐业系统法治建设。全年相继开展了春节期间食盐市场整治，饲料生产企业用盐专项整治，集贸市场、学校食堂食用盐专项整治，流通环节食盐稽查和全市食盐安全访万家暨"双节"市场食盐专项整治等专项整治活动。5月15日～8月25日，在全市范围集中开展了"百日打假缉私盐"活动，保持盐政管理的高压态势。全市共查处涉盐违法案件516起，查获私盐364.58吨，罚款6.9万元，刑拘8人，批捕4人，判刑3人，破获团伙2个，端窝点15个，盐政执法保障有力，食盐市场逐步净化。利用"3·15"维护消费者权益日、"5·15"防治碘缺乏病日、"6·16"食品安全宣传周等组织各类宣传活动，通过设立咨询台、悬挂横幅、摆放展板、散发宣传资料等形式宣传盐政监管职能、盐业专营政策和食盐安全常识，增强群众食盐安全意识。（刘　潇）

旅　游

【旅游工作概述】 2015年，驻马店市接待国内外游客2436万人次，同比增长20.3%；实现旅游综合收入近134.7亿元，同比增长26.5%。其中，春节假日期间全市各景区、饭店、旅行社共接待游客88.29万人次，同比增长8.2%，实现旅游综合收入1.36亿元，同比增长15.6%；"十一"假日期间全

2010年~2015年驻马店市旅游业基本情况一览表

年度	国内旅游接待人数（万人次）	同比增长（%）	旅游总收入（亿元）	同比增长（%）
2010年	836	28.6	27.67	47.9
2011年	1118.5	33.8	53.48	93.3
2012年	1395.7	24.78	69.34	29.66
2013年	1684	20.8	85	25.3
2014年	2025	20.2	106.5	29.66
2015年	2436	20.3	134.7	26.5

市共接待游客338.8万人次，同比增长17.2%，旅游综合收入18.1亿元，同比增长24.96%。旅游投资及招商引资197.2亿元，争取上级旅游项目资金达到1521万元；旅游投诉率低于0.1‰，全市旅游市场平安和谐稳定。全市现有A级景区21家（其中国家AAAAA级旅游景区1家、国家AAAA级旅游景区4家、国家AAA及AA级旅游景区16家），国家、省、市乡村旅游和休闲农业示范县、示范点20余个，乡村客栈、农家餐馆等“农家乐”经营单位300多家，旅行社22家（国际社1家、国内社21家），星级饭店36家（五星级旅游饭店1家、四星级旅游饭店3家、三星级及以下旅游饭店32家），省际旅游汽车公司1家，全市旅游直接从业人员达3万余人，基本形成以“吃、住、行、游、购、娱”等要素为主体，其他关联产业为支撑，协调配套的旅游产业体系。2015年5月25日，国家旅游局公布了首批“全国旅游价格信得过景区”名单，1801家旅游景区成为首批“全国旅游价格信得过”景区。其中，驻马店AAAA级景区南海禅寺景区、老乐山景区和AAA级景区金顶山景区、铜山（湖）风景区榜上有名。　（汪　军）

【旅游规划】 2015年，驻马店市旅游局完成了一系列旅游规划。一是由市旅游局牵头，委托具有国家甲级旅游规划设计资质的九鼎德盛旅游规划设计有限公司完成《驻马店市“十三五”旅游产业发展规划》编制工作，规划不但明确了驻马店市“十三五”时期旅游业发展的指导思想、发展定位、发展目标和总体布局，而且包装推出了皇家驿站、嵖岈山休闲旅游度假区等21个重点旅游建设项目，总投资将近1000亿元。二是指导推进《大嵖岈旅游区旅游总体规划》《嵖岈山国家旅游度假区创建提升规划》等编制工作，为建设精品旅游景区奠定基础。三是参与推进《大别山区旅游发展规划》编制工作，邀请编制组专家到驻马店市实地考察并召开座谈会，争取将驻马店全域和更多旅游项目纳入规划大盘。四是由市旅游局牵头，委托河南省旅游信息中心和河南省旅游资讯有限公司完成全省首部“互联网+”旅游营销规划编制，在全省乃至全国率先开启“互联网+”旅游宣传营销的新思维、新实践，构建了互联网、微博、微信，线上、线下等多层次、多维度的旅游营销渠道。　（汪　军）

【旅游景区建设】 2015年，嵖岈山景区成功创建国家AAAAA级旅游景区、国家级生态旅游示范区和2015中国体育旅游精品景区，实现了驻马店市乃至豫中南地区AAAAA级旅游景区零的突破。金顶山和平舆上河城景区分别成功创建为国家AAAA和AAA级旅游景区，迈入国家精品旅游景区行列。皇家驿站、中原新e家汽车营地、象河谷乡村旅游综合体等项目落地生根并加速推进，嵖岈山温泉度假酒店成功荣膺国家五星级旅游饭店，遂平锦都国际酒店荣膺国家四星级旅游饭店，全市旅游景区走上了多元化、精品化发展之路。嵖岈山景区和竹沟革命纪念馆被命名为省级文明风景旅游区，嵖岈山景区还被评为全省首批“平安景区”创建先进单位。　（汪　军）

2015年10月28日，驻马店旅游暨重点旅游项目招商推介会在深圳举行，图为驻马店重点旅游项目签约仪式。

2015年11月30日，嵖岈山国家AAAAA级旅游景区揭牌仪式现场。

【旅游宣传促销】 2015年初，在武汉举办“心灵驿站、田园新城”驻马店旅游专场推介会，促成2列千人的武汉旅游专列开行驻马店。发起成立“一带一路”城市旅游联盟，牵头组建“鄂豫皖旅游联盟”，并在联盟15个成员城市之间开展“摇动鄂豫皖”手机微信摇旅游景区门票的旅游惠民活动。同时利用中原经济区城市旅游联盟的大平台，以联盟轮值主席单位牵头组织34家成员城市、上百家景区开展“陪你一起看秋色”系列大型旅游巡展宣传活动和中原经济区旅游联盟旅游景区惠民活动。在深圳举办驻马店旅游暨重点旅游项目专项招商推介会，现场共签约优势旅游项目6个，协议金额近200亿元。组织举办第三届中国旅游景区摄影大赛，提高驻马店市旅游产品在全国的知名度和影响力。承办“铭记历史、圆梦中华”全国红色旅游万里行主题活动（河南省）分会场启动仪式，有效宣传了竹沟革命纪念馆等驻马店市经典红色旅游产品。在驻马店高铁西站设置驻马店旅游集散中心，升级改版驻马店旅游网，设置政务网、资讯网、视频网和名优旅游商品展售等网络平台，开办驻马店旅游官方微信、官方微博，开通“12301”旅游服务热线，完成《驻马店市“互联网+”旅游营销规划》编制，启动线上、线下融合互动的旅游宣传营销活动，在2015年中国旅游产业年会上，“大联盟·微营销”荣获2015年中国旅游营销创新奖。

（汪 军）

【旅游品牌创建】 2015年，驻马店市旅游局开展“文明旅游”和旅游市场秩序专项整治活动，加大对旅行社低价揽客、零负团费的查处和打击力度，遏制旅游市场相互压价、恶性竞争现象，维护旅游者和旅游经营者合法权益。组织旅游饭店分会会员到山东、安徽考察学习旅游饭店经营管理经验，指导旅行社分会对全市旅游市场进行调研，探索新常态、新形势下旅行社经营管理发展方向；成立乡村旅游经营单位等级评定委员会，启动乡村旅游等级评定工作，组织乡村旅游经营单位负责人到信阳郝堂学习考察乡村旅游发展经验。指导确山县和天龙大酒店开展全省标准化示范单位创建工作，得到省旅游局肯定。开展全市旅游行业“查尽责、除隐患、保安全”专项检查整治活动，开展旅游饭店消防安全应急演练和春季、暑期、假期等旅游热点时段旅游客运、水上旅游和游乐设施、旅游消防等安全检查，确保全市旅游市场平安稳定。全市旅游服务质量明显提升，在全省旅游服务质量游客满意度调查中位列全省前三甲。

（汪 军）

【旅游融合发展】 2015年，市旅游局推进老乐山文化生态园、千年岭国家农耕文化公园、平舆上河城文旅商综合体、上蔡重阳文化产业园等文化旅游项目建设。指导遂平县成功创建为全国休闲农业与乡村旅游示范县，签约引进“原乡·记忆”乡村农业旅游综合体开发项目，提升和丰富驻马店市乡村旅游的发展空间。完成原创文化旅游动漫电影《盘古开天》的制作。指导金顶山景区开展文化提升工作，举办“五一”万人大寻宝、峡谷漂流节、萤火虫音乐节、“三山同登”群众登山健身大会等文化体育旅游节庆活动，拍摄制作奇幻探险电影《寻宝联盟》，塑造了“欢乐金顶”的旅游品牌形象。完成全国第一个《驻马店市互联网＋旅游宣传促销规划》的编制和线上、线下系列旅游宣传营销活动的策划工作；举办智慧旅游专题讲座，指导嵖岈山、竹沟革命纪念馆、南海禅寺、老乐山、金顶山等 AAAA 级以上景区建立完善景区流量监控、智慧化导览全景图、Wi-Fi 无线覆盖系统等智慧景区系统。承办“挖掘民俗特色，讲好老家故事——老家河南民俗文化论坛”，打开民俗文化旅游发展的窗口。

（汪　军）

【“心灵驿站、田园新城”驻马店旅游推介会】 2015 年 3 月 17 日上午，“心灵驿站，田园新城”驻马店旅游推介会在武汉举行，驻马店市副市长李国胜出席推介会并致辞。此次推介会重点对驻马店市嵖岈山景区及嵖岈山温泉小镇的“登山、赏花、品文化，健康、休闲、沐温泉”高端休闲度假产品和南海禅寺礼佛问道文化产品进行推介。武汉市旅游局与驻马店市旅游局，武汉市旅行社联合体与驻马店新世纪国际旅行社分别签订战略合作协议，并达成首批武汉—驻马店“嵖岈山号”2 趟旅游专列。（汪　军）

【寇武江到驻调研】 2015 年 4 月 17 日，省旅游局局长寇武江一行到驻马店老乐山景区进行考察调研。寇武江对老乐山景区“尊重自然、保护生态、造福人民、回报社会”的发展理念和景区高起点规划、大手笔投入、高标准建设、全方位提升，发展养老养生、休闲度假旅游的做法给予肯定。对于老乐山景区下一步发展，寇武江局长强调，一是要打好基础；二是要突出特色；三是要循序渐进。（汪　军）

【嵖岈山温泉酒店荣膺五星级旅游饭店】 2015 年 8 月 31 日，全国旅游星级饭店评定委员会正式下文，批准遂平县嵖岈山温泉酒店为五星级旅游饭店。这是驻马店市也是豫南地区第一家五星级旅游饭店，对于完善嵖岈山国际旅游度假区旅游服务功能，提升驻马店旅游接待水平，推动全市旅游产业转型升级具有重要意义。9 月 26 日，嵖岈山温泉酒店授牌仪式举行。（汪　军）

【嵖岈山景区成功创建国家 AAAAA 级旅游景区】 2015 年 10 月 8 日，全国旅游资源规划开发质量评定委员会发布公告，批准河南省驻马店市嵖岈山旅游景区为国家 AAAAA 级旅游景区。这是河南省第十一家国家 AAAAA 级旅游景区，也实现了豫中南地区国家 AAAAA 级旅游景区零的突破。11 月 30 日，嵖岈山国家 AAAAA 级旅游景区揭牌。（汪　军）

【旅游招商引资】 2015 年，驻马店市旅游局完善全市旅游项目库，编印《“生态家园、心灵驿站”驻马店重点旅游项目招商册》，指导嵖岈山景区、温泉小镇、老乐山景区、金顶山景区、天中山生态文化园、象河谷乡村旅游综合体等重点旅游景区旅游项目包装申报工作。全年全市争取国家旅游发展基金、省高成长服务业发展资金、旅游厕所革命补助资金和旅游标准化建设资金等共计 1526 万元，创历史新高。（汪　军）

【驻市获全国旅游创新营销大奖】 2015 年 12 月 25 日 ~ 26 日，由中国旅游协会、中国旅游报社举办的第五届中国旅游产业发展年会暨首届中国（国际）冰雪旅游峰会在冰城哈尔滨举行。驻马店市凭借“大联盟 · 微营销”为主题的创新旅游营销模式，经过单位申报、网上投票和专家评审，荣获 2015 年中国旅游营销创新奖。（汪　军）

【多项全国或区域性旅游活动在驻市举办】 2015 年，多个全国、全省性质的旅游活动在驻马店市举办。1 月 18 日，以“旅游、财富、智慧、创新”为主题的河南首届旅游财富年会暨河南旅游财富联盟成立大会在嵖岈山温泉小镇举办。3 月 28 日，由中国旅游景区协会主办的“普陀山杯”第三届中国旅游景区摄影大赛启动仪式在嵖岈山景区举行。8 月 31 日，“铭记历史 · 圆梦中华”全国红色旅游万里行主题活动（河南省）分会场启动仪式在确山县竹沟革命纪念馆举行。11 月 6 日，以“挖掘民俗特色，讲好老家故事”为主题的“老家河南民俗文化讲坛”在嵖岈山温泉小镇举办。第十七届亚洲象棋个人锦标赛暨首届亚洲象棋嘉年华会、2015 年全国群众登山健身大会暨河南省第五届‘三山同登’群众健身大会等活动分别在驻马店市老乐山景区、金顶山景区举办。（汪　军）

【全国首部原创 3D 旅游动漫电影《盘古开天》发行】 2015 年 9 月 9 日，依托驻马店市“中国重阳文化之乡”“中国梁祝之乡”“中国车舆文化之乡”“中国冶铁文化之乡”“中国女娲文化之乡”“中国嫘祖文化之乡”“中国盘古圣地”等传奇文化资源优势，创新文化旅游产业表现和宣传形式，市旅游局与黄淮学院动漫学院、驻马店市小卒动漫科技有限公司联合制作发布全国首部原创文化旅游 3D 动漫电影《盘古开天》。（汪　军）

2015年驻马店市A级景区一览表

旅游区（点）		地址	创建时间	A级	电话	传真号码
1	嵖岈山旅游景区	遂平县嵖岈山镇嵖岈山风景区	2015.08	5A	4779318	4779318
2	竹沟革命纪念馆	确山县竹沟镇延安街 119 号	2000.10	4A	7100010	7100010
3	南海禅寺	汝南县城南关	2013.11	4A	4039448	8039448
4	金顶山景区	驿城区蚁蜂镇金顶山	2015.01	4A	7388196	7126999
5	老乐山景区	确山县瓦岗镇乐山林场	1999.09	4A	3555555	3550001
6	铜山（湖）风景区	泌阳县	2001.10	3A	13839938299	7022431
7	白云山景区	泌阳县	2001.03	3A	13598900008	

续表

8	焦竹园革命纪念馆	泌阳县	2002.07	3A	15939602989	7922429
9	上河城景区	平舆县城南关	2005.11	3A	18790368277	
10	嵖岈山卫星人民公社旧址	嵖岈山镇	2007.01	3A	13623962319	
11	上蔡县蔡侯陵园	上蔡县城南关	2007.01	2A	13783342426	
12	上蔡县蔡明园公园	上蔡县城西关	2008.05	2A	13783342426	
13	天目山石门瀑布景区	确山县任店镇猴庙村何庄石门沟	2008.07	2A	13598903693	
14	遂平县龙天沟景区	遂平县西部山区	2009.07	2A	13939632938	
15	驻马店圆琳程现代农业科技园	遂平县城关西	2009.07	2A	15236900777	
16	驻马店温泉小镇水土保持科技园景区	遂平县嵖岈山镇	2009.07	2A	13939679696	
17	确山县临时治安委员会纪念馆	确山县盘龙镇建设街中段	2009.07	2A	13939699541	
18	南海公园景区	驿城区南海路南段	2010.12	2A	13673967152	
19	棠溪剑城景区	西平县城南关	2012.04	2A	13839928996	6217697
20	太极山庄	正阳县城	2012.04	2A	13803963193	
21	正阳明代古佛文化园	正阳县城	2012.04	2A	13803963193	

2015年驻马店市星级饭店一览表

饭店名称		地址	评定时间	星级	电话	传真号码
1	嵖岈山温泉酒店	遂平嵖岈山温泉小镇	2015.08	五	4999999	4999998
2	天龙大酒店	市文明路289号	2000.10	四	2859404	2859888
3	柏林国际酒店	市置地大道中段	2013.11	四		3613333
4	遂平锦都国际酒店	遂平县南关桥头	2015.01	四	4798888	
5	建苑大厦	市解放路168号	1999.09	三	2956698	2900007
6	中原大酒店	市解放路68号	2001.10	三	2958856	2958856
7	山海宾馆	驻马店市中华路西段	2001.03	三	2851149	2851131
8	颐和山庄	市高新区文明路北段	2002.07	三	2633669	2633168
9	天驿大酒店	驻马店市雪松路	2005.11	三	2661699	2661199
10	遂平电力宾馆	遂平建设路中段217号	2007.01	三	4900909	4906109
11	立天印象酒店	汝南县古塔路东段	2007.01	三	8051777	8051168
12	平舆凯悦大酒店	平舆县解放路87号	2008.05	三	5029220	2721166
13	上蔡政府招待所	上蔡县蔡都大道199号	2008.07	三	6912048	6922041
14	柏城宾馆	西平柏城大道139号	2009.07	三	6222771	6225472
15	全宇大酒店	遂平县灈阳大道北段	2009.07	三	4968888	4968111
16	金悦酒店	市解放路东段火车站	2009.07	三	2950000	2951111
17	鱼瑶度假村	薄山湖风景区	2009.07	三	7267668	7267668
18	平舆温泉大酒店	平舆县舆新大道北段	2010.12	三	5068888	5056716
19	天中山宾馆	汝南县中心大街1号	2012.04	三	8022285	8046666
20	遂平财苑宾馆	遂平灈阳大道北段	2012.04	三	4807111	4807888
21	福源大酒店	练江大道西段	2012.04	三	2803002	
22	泌阳崇学山庄	铜山湖景区	2012.04	三	7676777	7995218

续表

23	西平华港大酒店	西平县解放路与中原路交叉口	2013.11	三		6268887
24	圆琳程生态大酒店	遂平县城西关 2 千米	2013.11	三	4827999	4827681
25	兰花苑商务酒店	确山朗陵大道与 107 国道交叉口	2013.11	三	7034888	
26	驻马店宾馆	风光路北段	2007.09	三	2534107	2534103
27	泌阳宝颐酒店	泌阳县行政路中段	2013.10	三	7989999	7989999
28	奥搏豪森假日酒店	市天中山大道与汝河大道交叉口 50 米路西	2013.11	三	2103333	2101999
29	大京都饭店	市富强路中段 26 号	2002.11	二	2952197	2952188
30	碧海云天商务酒店	团结路西段联通大厦对面	2013.4	二		2681888
31	驿都宾馆	市富强路 329 号	2000.12	二	2952522	2939766
32	西平宾馆	西平县西平大道 180 号	2003.07	二	6248666	6222211
33	泌阳皇家别苑	泌阳杨集路向北 200 米	2013.11	二		7918111
34	遂平联通商务酒店	遂平文化路与国槐路交叉口	2013.4	二		
35	遂平皇冠商务酒店	遂平建设路西段	2013.4	二		
36	遂平佳和宾馆	遂嵖大道仁安医院对面	2013.4	二		

2015年驻马店市旅行社一览表

序号	单位名称	地址	电话	传真	批准文号	许可证编号
1	市新世纪国际旅行社	市风光路驻马店宾馆 1 楼	2916563	2919027	豫旅〔1998〕16	L-HEN — CJ00038
2	市友好旅行社	市乐山路南段轻纺局院内	2912211	2934537	豫旅〔1998〕48	17004
3	市阳光旅行社	市解放路西段市供销 1 楼	2821668	2820068	豫旅〔2000〕02	17002
4	市一利旅行社	市解放路西段教育学院对面	2886571	2885395	豫旅〔2000〕93	17014
5	市天龙旅行社	市文明路天龙大酒店大堂	2859777	2859737	豫旅〔2000〕147	17016
6	市芝麻花旅行社	市雪松路西段天驿酒店三楼	2935896	2982777	豫旅〔2001〕36	17017
7	市新闻旅行社	市解放路市委党校大门东侧	2883226	2883216	豫旅〔2001〕47	17009
8	市海峡旅行社	市文明路驿城区交通局楼下	2888990	2888993	豫旅〔2001〕189	17010
9	市中原旅行社	市乐山路与温州交叉路北	2958916	2958918	豫旅〔2000〕39	17020
10	市华夏旅行社	市文明路与团结路交叉口	2617977		豫旅〔2011〕325	17026
11	市畅游天下旅行社	市西园宾馆 1 号楼	2372980	2808655	豫旅〔2011〕324	17025
12	市神州旅行社	市解放路西园宾馆 1 号楼	2912588	2939469	豫旅〔2002〕26	17003
13	市春秋旅行社	市解放路党校大门东侧	2868858	2868816	豫旅〔2004〕80	17015
14	市诚信旅行社	市解放路中段	2881789	2881790	豫旅〔2005〕108	17012
15	西平山水旅行社	西平县柏城大道	6259488	6255996	豫旅〔2004〕93	17019
16	遂平嵖岈山旅行社	遂平县建设路西段	4779888	4908255	豫旅〔2003〕89	17018
17	市开心旅行社	市解放路金都大酒店大厅	2812136	2812136	豫旅〔2006〕81	17013
18	市九洲旅行社	市解放路文化局院内	2835856	2835856	豫旅〔2006〕291	17007
19	市天马旅行社	市解放路光明宾馆大厅	3660000	3253111	豫旅〔2006〕330	17005
20	市众信旅行社	市解放路党校院内三楼	2858877	2858878	豫旅〔2010〕182	17021
21	市青年旅行社	市解放路中段	2815099	2813189	豫旅〔2010〕182	17022
22	市千江月旅行社	市文化路中段	2889000	2886000	豫旅〔2010〕387	17023

“三区”建设

经济开发区

【驻马店经济开发区概况】 驻马店经济开发区是1994年3月经河南省人民政府批准设立的省级经济开发区。2009年8月，市委、市政府决定将遂平县石寨铺镇大刘庄、刁庄、大陈庄、南魏庄4个行政村整体划归开发区代管。2012年7月，遂平县石寨铺镇的张楼、大魏庄2个行政村整体划归经济开发区开源办事处管理。2009年12月，经驻马店市人民政府批准，开发区同时挂驻马店市驻北新区管理委员会牌子，全面履行新区建设与发展、城市建设与管理、社会管理与服务职能。全区辖关王庙乡1个建制乡和金河、金山、开源3个办事处，总面积110平方千米，总人口约16万人。开发区现有党政机关、企事业单位38个，其中党委下设工作部门6个，群团组织7个，管委会内设局委14个，直属事业单位2个，国有企业单位1个，派出机构1个，市直派驻开发区部门8个。2015年完成固定资产投资60亿元，占年度计划的110%；完成地方公共财政预算收入4.7亿元；社会消费品零售总额8亿元；城市化率90%以上。（魏全洲 宋 君）

【项目建设】 通过联席会议、手续代办、加大投入等措施，推进产业集聚区快速发展，经济技术产业集聚区已累计完成固定资产投资100亿元，发展指数排名全省第十四位，尤其2015年各项指标均高于省定标准，开发区基础设施日臻完善，服务功能不断健全。总投资3亿元的河南盛世伟业医疗器械制造有限公司一期项目正式投产，一期项目主要生产高分子绷带夹板、胸部护板类、止血防粘连类、生物材料、外科植入物以及医疗设备类等产品，产品质量处于国内同行业领先水平，二期全面开工建设；总投资30亿元占地近千亩拥有80万平方米标准化厂房的电子信息产业园区初步建成，已转移富士康生产线26条，用工达到600人，锜昌科技CNC生产线完成厂房装修；总投资18亿元年产3万辆轻量型厢式专用车项目正在建设，建成后将是国内同行业技术和创新型领军企业；广东省行业协会联合会斥资100亿元的广东商城等项目达成投资意向。大型移动互联网游戏与应用研发运营基地和新媒体影视制作运营基地项目正式签约，投资方为上海巨人网络科技有限公司，预计项目建成运营3年内营业收入可达3000万元以上，就业人数可达500人以上。驻马店城市门户消费通云商城项目正式签约，投资方为河南前沿电子商务有限公司。（魏全洲 宋 君）

【招商引资】 2015年1月4日～7日，开发区在珠三角地区开展产业招商活动，党委书记、管委会主任李新中先后考察对接了碧桂园集团、广东长鹿集团、广东恒大集团、深汕特别合作区、深圳富联盛集团、广东锜昌科技公司等众多项目企业。共签约9个项目，总投资147.7亿元，其中合同项目7个，总投资79.7亿元。3月30日，党委书记、管委会主任李新中会见中国建筑技术集团有限公司魏庆海经理一行，双方围绕中部汽贸物流园项目规划设计方案进行友好交谈。5月20日～21日，党委书记、管委会主任李新中率队赴北京中国网库总部对接洽谈电商谷项目。6月29日下午，北京网库互通信息技术有限公司与开发区正式签订“驻马店电商谷”项目合同。在2015年中国农加工洽谈会上，开发区签约亿元以上项目22个，合同总投资130.53亿元，固定资产投资121.5亿元。12月3日～4日，党委委员、管委会副主任张凯带领招商局一行5人赴上海参加河南驻马店—长三角（上海）优势产业推介会。与上海月星集团行政副总裁项斌签署总投资30亿元的驻马店月星国际环球城项目合作框架协议书。驻马店天中国际学校及附属综合体育馆项目成功入围财政部PPP示范项目，这也是全市唯一入围财政部的PPP示范项目。11月11日，开发区举行黄淮学院·开发区战略合作签约暨驻马店市电子商务学院揭牌仪式。

（魏全洲 宋 君）

【基础设施建设】 2015年，驻马店经济开发区围绕新区繁荣发展，坚持投资拉动。职教园区累计投入基础设施建设投资12亿元，学校建设投资8亿元；北部新区、小清河文化休闲商住区开局良好，其他片区建设井然有序。针对群众生产生活“最后一公里”问题，2015年拿出2亿多元财政资金，用于打通13条影响发展和民生的“断头路”，实施了一大批惠民工程，逐步改善新区的人居条件。通过招商引资，引进了恒大和碧桂园城市综合体、建业十八城、新区商业广场、月星国际环球城等一批项目。（魏全洲 宋 君）

【辖区服务】 2015年，围绕“双违”整治，规范主城区建设，全年共拆违20万平方米，全年没有发生一起大的违建。围绕大拆迁、大建设，2015年完成拆迁70万平方米，征地466.67公顷（7000亩），保障了恒大集团城市综合体、小清河饮水灌溉调节一期工程、市妇女儿童医院、铜山大道沿线、刁庄安置区二期、年产3万辆轻型厢式专用车等重点项目以及开源大道、体育路、纬一路、靖宇路、洪河大道等一批市政道路和惠民工程的推进和实施。坚持以安置促拆迁，关注民生，北部新区、小清河文化休闲商住区等片区安置区建设全面启动。多方搭建融资平台，累计为10多家企业融资近9亿元，开发区金融服务公司成为中心城区第一家由政府主导、服务中小企业的金融平台。（魏全洲 宋 君）

【电商产业发展】 2015年，驻马店经济开发区抓住机遇，打造电商产业优势，2.5产业初见雏形。占地26.67公顷（400亩）的驻马店市电子商务产业园累计完成投资10亿元，总建筑面积达到32万平方米，可容纳1000余家电商企业入驻，这是目前全国单体建筑面积最大的电子商务产业园区，已签约和入驻阿里巴巴、中国网库、京东商城等电商企业50余家。1月21日，“阿里巴巴·驻马店产业带”正式上线。“阿里巴巴·驻马店产业带”上线运营9个月签约入驻企业600家，线上交易额突破8000万元，带动线下销售5个亿，在全国 300 多个产业带中综合排名第 21 位。另一个升级版的电子商务产业园——驻马店网络产业园正在快速推进，建成后可集中入驻 100 余家大中型电商企业。随着诸多电商企业的入驻，电商氛围愈益浓厚，集聚效应日益显现，省委书记郭庚茂、省长谢伏瞻、省委副书记邓凯以及省高级人民法院院长张立勇、省高级人民检察院检察长蔡宁等领导先后视察后给予充分肯定。（魏全洲 宋 君）

【市汽车电子产业项目暨中部汽贸物流园项目推介会】 2015 年 1 月 22 日，2015 年驻马店市汽车电子产业项目暨中部汽贸物流园项目推介会在开发区召开。原国务院参事、全国政协第九届、第十届常委任玉岭，中国汽车工业协会副秘书长师建华，中国汽车工业配件销售有限公司总经理王笃洋，驻马店市政府副市长李国胜，国家信息中心制造业处处长李伟利，国家汽车零部件产品质量监督检验中心副主任杨贵霖，中国汽车工业协会专家沈铁轩，中国物流策划研究院执行院长李芏巍，中国汽车工业协会许海东，中汽联、市场协会专职副会长乔永锋以及一汽集团、上汽集团、长安汽车、博士车联、米其林、富士重工等企业负责人出席会议。（魏全洲 宋 君）

【驻马店慧聪电子商务产业基地项目】 2015 年 8 月 4 日，慧聪网合伙人、慧聪产业带总经理姚永超和慧聪产业带大区总监李彦格一行到开发区进行考察对接。8 月 24 日，驻马店慧聪电子商务产业基地项目正式签约，投资方为北京慧聪互联信息技术有限公司（简称慧聪网），预计产业带建成投入运营 3 年内，可实现企业线上交易额约 100 亿元，可提供约 1 万人的就业机会。（魏全洲 宋 君）

【外地客商到开发区考察】 2015 年 2 月 2 日 ~ 3 日，深圳富联盛集团总裁郭泉鑫一行 4 人到市经济开发区对接驻马店北斗智慧信息产业新城项目。7 月 21 日，JG 顶峰控股集团旗下上海顶峰房地产开发有限公司总经理吴兆先一行 3 人到开发区考察基础设施建设、商业金融、商业综合体等方面情况。7 月 23 日下午，河南前沿电子商务有限公司董事长安小兵一行到开发区考察。8 月 4 日 ~ 5 日，中国生态城市建设发展有限公司董事长、中国投资协会能源发展研究中心副秘书长朱德东一行 5 人到开发区考察基础设施建设、科技园区建设等。8 月 6 日下午，省政府大项目办特派稽查员孙亦功一行深入经济技术产业集聚区，现场督导年产 3 万辆轻量型厢式专用车改装生产项目进展情况。8 月 6 日 ~ 7 日，上海巨人集团副总裁丁国强、市场经理郑庆刚、产品经理张舒，北京中盟寰亚 CEO 刘思思，德国 BEKO（中国上海）字杉能源有限公司高级合伙人刘松林一行 5 人到开发区考察开发区自然地理环境及历史文化发展历程等。11 月 13 日上午，中残联组联部主任曹跃进等一行，在市残联党组书记理事长张银良等相关负责人陪同下，莅临市经济开发区检查指导残疾人基层组织建设工作。12 月 11 日 ~ 12 日，广东省行业协会联合会会长龚少林一行 30 人到开发区考察，实地察看了职教园区、经济技术产业集聚区规划展览馆、经济技术产业集聚区科技园，拟投资“广东商城”项目。12 月 14 日下午，驻马店驻郑州青年联合会会长、驿商会集团董事长陈卫宏一行 8 人到市经济开发区电子商务产业园考察交流。（魏全洲 宋 君）

产业集聚区

【产业集聚区概况】 2015 年，驻马店市产业集聚区全区规模以上企业完成主营业务收入 360 亿元，其中工业企业完成 320 亿元，同比增长 11%；增加值完成 80 亿元，其中工业企业完成 74 亿元，同比增长 14.7%；固定资产投资完成 80 亿元，同比增长 18%。（吴 鹏）

【招商引资】 2015 年，全区先后派出 20 余次招商小分队，先后到浙江台州、上海、北京、广州、厦门等地，围绕主导产业和产业链开展定点定向招商；同时，接待各类客商 60 余批 350 多人。在 2015 年中国农产品加工业投资贸易洽谈会市重点项目签约仪式上，市产业集聚区签约 8 个项目，计划总投资 128.5 亿元。2015 年全区共引进投资亿元以上的项目 16 个，计划总投资 149.3 亿元。其中，工业项目 14 个，计划投资 120.3 亿元，主要包括投资 37 亿元的合成氨清洁生产烷烃项目、投资 18 亿元的年产 20 万吨醋酸制乙醇联产 27 万吨醋酸酯项目、投资 17 亿元的新型合成原料药基地等。另外，投资 21 亿元的驻马店国际公路物流港项目、投资 8 亿元的百思特综合服务中心项目等一批工业配套产业项目已落户市产业集聚区。（吴 鹏）

【项目建设】 2015 年，市产业集聚区开展“项目建设推进年”活动，认真落实月通报、领导分包重点项目和模拟审批、联审联批等制度，确保项目质量。全年先后建成项目 10 个，其中总投资 30 亿元的海川电子玻璃一期、总投资 30 亿元的天方药业项目一期、总投资 13.5 亿元的后羿制药一期等重点项目先后建成投产。2015 年共有 22 个省、市重点项目，计划总投资近 167 亿元，2015 年度计划完成固定资产投资 48 亿元，已完成固定资产投资 49 亿元，超额完成年度投资计划。其中，省重点建设项目 5 个，计划投资总额 60 亿元，2015 年计划投资 13 亿元，全年完成投资 14 亿元，占年度计划投资的 107%。集中开工亿元以上重点项目 6 个，计划总投资 40 亿元。项目进展顺利，其中河南福和物流发展有限公司驻马店国际公路物流港项目综合办公楼、城市配送库房、信息中心等基本建成；河南广钢气体能源有限公司 40000Nm3h 空分项目正在进行设备安装。（吴 鹏）

【基础设施建设】 2014 年开工的总投资 2 亿元的“四路一桥”工程全部完工，滨河南路东段（中原至蔡州）、练江路东段（中原至蔡州）、蔡州路中段（滨河南路至工业二路）正在按照工程进度加快推进，已建成道路及项目周边绿化、亮化同步完成。日处理 5 万吨、专用处理工业废水的第三污水处理厂已建成投运。2013 年、2014 年开工的 12 万平方米公租房项目已竣工；17 万平方米金桥安置社区安置房已建成使用，

2015年4月9日，驻马店市产业集聚区内中多铝镁特型铝镁合金材料项目的6条生产线特型铝金材料成功下线。该项目总投资10亿元，全部建成投产后，将实现年销售收入20亿元、年税收8000万元，安排就业300人。　弓华静 摄

1200余户5500群众得到妥善安置；设计8万平方米的练江河南岸第二安置社区一期安置楼及其附属工程正在加紧建设，二期8.5万平方米建设即将招标。化工园区内13条高、低压线路迁移改造工程正在加紧施工，即将全部完工，可盘活200余公顷项目用地。　（吴　鹏）

【征地拆迁】 2015年，按照市委、市政府安排部署，由处级干部带队成立了4个征地拆迁片区指挥部，建立了晨会、日报告、周例会、督查等制度，从4月份开始，全力做好重点项目征地拆迁工作。累计完成征地333.33余公顷，拆迁房屋面积34万平方米，圆满完成市政府年初下达的目标任务，受到市政府表彰。第四季度全面完成了8条断头路修建、107国道扩建工程236户9万平方米房屋、练江河东段治理工程186.67公顷土地和2个公交场站等重点项目征地拆迁任务。同时，天中山大道道路工程、蔡州路北段道路工程等项目已开工建设。　（吴　鹏）

【总投资72亿元的10个项目集中落户】 2015年1月13日下午，市产业集聚区管委会在浙江省台州市举办市产业集聚区优势产业推介暨项目签约仪式，共邀请医药、化工企业70家，重要客商110人参加。此次项目签约仪式上，市产业集聚区共签约项目10个，计划总投资72亿元，其中合同项目7个，总投资35亿元。项目涉及医药、医疗器械、化工等领域。　（吴　鹏）

【总投资10亿元的华中正大项目开工】 2015年2月27日上午，市产业集聚区作为全市2015年第一批亿元以上重点项目集中开工的主会场，举行华中正大生物制药项目奠基仪式，该项目计划总投资10亿元。项目建成投产后，年可实现销售收入13亿元，税收8000万元。　（吴　鹏）

【总投资25亿元的4个项目集中开工】 2015年10月9日上午，市产业集聚区驻马店国际公路物流港、天中电子中铝超薄电子玻璃、高科技岩棉保温新材料、聚源精密铸造4个重点项目集中开工，计划投资近25亿元，全部建成投产后，年可实现销售收入近30亿元，税收近1.1亿元。这批项目顺利开工，开启了市产业集聚区做大做强新材料产业和现代化工业物流的新篇章。　（吴　鹏）

【驻马店公共保税中心保税仓库和出口监管仓库封关运营】 2015年12月2日上午，驻马店公共保税中心进口保税仓和出口监管仓封关运营启动仪式举行。市委副书记、市长陈星，副市长李国胜，市人大常委会副主任、市产业集聚区管委会主任乔登华以及南阳海关副关长齐生智，信阳出入境检验检疫局副局长甘祥坤，河南省进口物资公共保税中心有限公司总裁徐平，中国机械设备工程（河南）有限公司总经理廖阔出席仪式。该项目位于市产业集聚区大道南段，是政府主导、企业化运营的重要外向型经济服务平台，是河南省重点工业项目，由河南保税物流中心投资建设，占地约63.73公顷（956亩），总投资10亿元。该中心于2015年8月完成直属海关验收，并取得“保税仓注册登记证书”和“出口监管仓库登记证书”，正式获得“两仓”运营资格。项目

一期为封关区，建筑面积9.1万平方米，主要是出口监管仓库、公用型保税仓库、集装箱堆场、海关商检查验中心、配套用房等，主要功能包括：保税仓储、出口退税、转口贸易、采购和分拨、国际配送及简单的加工和增值服务。（吴 鹏）

【总投资近5亿元的3个项目集中开工】 2015年12月31日上午，市产业集聚区举行河南尚品食品二期、前进大道、蔡州路建设等3个项目集中开工仪式，项目总投资近5亿元，主要涉及食品精深加工和基础设施建设领域，其中河南尚品食品二期是市产业集聚区现有企业晋档升级、做大做强的典范。全部建成达产后，年实现销售收入10亿元，税收2200万元。前进大道、蔡州路道路排水配套工程的实施，有利于完善市产业集聚区基础设施，提升辖区功能。（吴 鹏）

城乡一体化示范区

【市城乡一体化示范区概况】 2015年10月15日，市机构编制委员会下发《关于印发〈驻马店市城乡一体化示范区主要职责机构设置和人员编制规定〉的通知》，明确了示范区主要职责、机构设置及人员编制等情况。示范区负责编制区域内总体规划、经济社会发展规划、土地利用规划，按照规定权限审批、核准建设项目，负责重大项目建设、招商引资、财政管理、机构编制、人力资源和社会保障、"三农"、旅游、投融资管理服务、环境保护和安全生产等工作；在城乡统筹、产业集聚、土地管理、规划建设管理、财税体制、公共服务管理、节能减排、投融资体制和对外开放等方面开展综合配套改革试验。驻马店市城乡一体化示范区位于市中心城区西侧，空间范围东至铜山大道，北至诸市乡北边界，西至汝河、尹河东岸及胡庙乡西边界，南至工业四路。京广高铁、107国道、220省道纵贯南北，328国道横贯东西。规划控制面积354平方千米，以"心灵驿站、田园新城"为发展总目标，规划形成"两心三轴三片"的空间发展结构。两心：高铁公共服务核心、先农湖景观核心。三轴：活力城市发展轴、美丽田园发展轴、城乡融合一体轴。三片："北新农、中服务、南宜居"三大功能片区，北部以新农综合体项目为引领，发展都市高效农业、三农示范小镇等，中部以高铁商务中心区为载体，打造高铁旅游商贸服务核心，大力引导金融、信息服务、管理咨询、营销推广等高端服务业集中集聚，南部依托山水，发展山水度假及都市生态乐活生活，发展养生养老、健康服务业。着力把示范区建设成为全市城乡一体化先行区、高端服务业集聚区、现代生态宜居区、都市农业示范区、休闲度假旅游区。（骆成勋）

【示范区主要工作】 2015年，市城乡一体化示范区以省委、省政府《关于加快城乡一体化示范区建设的指导意见》为指引，努力推进规划编制、重点项目建设、招商融资等工作。一是理清示范区发展思路。围绕示范区总体规划和专项规划实施，结合全市实际，提出示范区发展理念、思路和目标。2015年8月20日，市长陈星主持召开市政府第八十五次常务会议。会议听取了关于市城乡一体化示范区总体规划的汇报，批准了《驻马店市城乡一体化示范区总体规划（2013~2030）》。二是逐步完善管理体制。市编委会印发《示范区主要职责机构设置和人员编制规定》，办理了组织机构代码证，申请开设了示范区管委会财政账户；市政府常务会研究确定27平方千米起步区与刘阁办事处实行套合管理，明确了先期管理边界范围和管理模式；开展了刘阁街道行政区划调整工作。三是逐步完善规划体系。全面启动示范区综合交通体系规划、排水（雨水）防涝综合规划等10个专项规划，高铁西片区控制性详细规划及核心区城市设计。四是积极解决示范区用地问题。示范区对土地情况进行调查，提出《基本农田调整方案》和《2015~2017年需增加建设用地三年计划》，向市国土局提交了3年303.2公顷（4548亩）的建设用地计划，基本完成永久基本农田划定举证工作。五是推进商务中心区建设。市商务中心区核心区同信缤纷之窗、高铁新城、蓝天世贸中心、置地国际广场等6个项目都在稳步推进，累计完成投资30亿元。六是统筹推进起步区10大重点项目建设。在27平方千米起步区谋划了地下综合管廊、骨干路网建设、新会展中心、创业孵化园、安置小区等10个重点项目。七是推进招商融资工作。对商务中心区业态进行统筹谋划，协助项目业主做好招商工作。与中国一冶集团、北京新发地有限公司等签订战略合作意向书，对示范区片区各类场馆建设、骨干路网、生态水系、地下综合管廊等基础设施项目进行投资建设。（骆成勋）

【全省重点项目观摩点评组到驻观摩】 2015年4月1日，由省委常委、省政府常务副省长李克率领的全省重点项目暨产业集聚区建设第四观摩点评组到驻马店市城乡一体化示范区，就示范区规划建设情况及城市综合体片区开发项目建设情况进行集中观摩点评。市委副书记张宪中，市委常委、市委秘书长李宝清，市委常委、副市长张昕，市城乡一体化示范区规划建设指挥部办公室主任刘明放等陪同。（骆成勋）

【全市两区观摩点评组到示范区观摩指导】 2015年10月13日，开展全市商务中心区和特色商业区观摩活动。市长陈星带队对市商务中心区进行观摩点评，市委副书记张宪中，市委常委、市委秘书长李宝清，市委常委、副市长张昕，市委常委、政法委书记赵文峰，市政府副市长李国胜，市政府副市长王明威，市城乡一体化示范区管委会主任刘明放参加观摩点评活动。经过集中对所观摩"两区"建设情况进行实名打分评价，市商务中心区总分排名第二。（骆成勋）

【市政府召开专题会议研究示范区边界范围】 2015年10月20日，市长陈星主持召开市政府第92次常务会议，研究市城乡一体化示范区先期管理边界范围划定问题。会议决定，示范区起步区为铜山大道、中华大道、平山大道和洪河大道围合区域，面积约27平方千米，同时启动刘阁办事处区划调整工作，将诸市镇任马庄村、关王庙吴楼村及橡林街道塘坊社区居委会寨子营村民组、关王庙乡杨楼村管楼村民组整体划入刘阁办事处管辖，示范区与新刘阁办事处实行套合管理。（骆成勋）

科学文化

科　　学

科学技术

【科技工作概况】 2015年，驻马店市全年实施科技创新项目200项，其中争取国家、省级科技计划项目43个，预计获得资金支持2874万元，比上年多争取经费851万元，为历年来最高。其中，争取省重大科技专项4个，获省财政科技资金1800万元。认定省级工程技术研究中心8个，市级工程技术研究中心21个。创建省级院士工作站2个。建成全市首个国家级黄淮学院科技孵化器。认定高新技术企业13家、节能减排科技创新示范企业3家。成功培育市产业集聚区为高新技术产业开发区，填补了驻马店市无高新技术产业开发区的空白。建成驻马店市首个“河南省创新型农业产业化集群”，驻马店市成功加入河南中原现代农业科技示范区，并成功创建国家农业科技园区。黄淮学院、159医院等2个创新团队获省级创新型科技团队称号。培育知识产权优势企业6个，全市专利申请1342件，专利授权893件。在工业经济上，科技贡献率达50%，创造产值350亿元以上；农业经济上科技贡献率达55%，创造产值100亿元以上。通过科技计划项目实施、企业高新技术认定和省市级科技研发中心建立，为全市部分企业上市创造了条件，其中遂平名品彩色花木公司、泌阳中云创光电科技有限公司、蓝天燃气有限公司、西平县金凤牧业、确山县龙凤山牧业5家企业分别在新三版、中小版上市。市科技局荣获第四届中国创新创业大赛河南赛区暨“河南省科技创业雏鹰大赛”优秀组织奖，河南省第八届青年创新软件设计大赛优秀组织奖，全市招商引资和服务企业先进单位、河南省科技系统先进集体、全省科技宣传暨通联工作先进单位、省科技政务信息先进单位等称号。 （杨新立）

【科技计划项目】 2015年，驻马店市科技局申报省级计划项目。全年争取国家和省支持项目43个，获得支持资金2874万元，比2014年多851万元。组织申报省重大科技专项8项、自主创新产品项目6项。其中，泌阳县中云创“光通信”、西平县金凤牧业“智能化层叠式畜禽养殖装备研制及产业化”、遂平县全宇生物科技“差别化高性能维纶的柔性生产关键技术研发及产业化”、天方药业“瑞舒伐他丁”4个项目获重大专项立项，获得省科技经费支持1800万元，位居省辖市前列，这是驻马店市历年来争取省重大科技专项最多的一年。其中，河南金凤牧业、上蔡县恒通机械、汝南县广源车辆、河南华顺阳光、弘康环保公司5个项目获省自主创新产品立项，支持资金253万元。实施市级科技计划项目两批134项。下达经费支持项目两批646万元。通过市县财政5000万元的科技资金投入，带动1.5亿元企业研发投入和3.6亿元全社会研发投入。利用“科技计划项目申报管理系统”规范科技项目申报和管理。全年通过计划项目实施，研究开发新技术、新工艺357项，培育引进农业新品种88个，开发工业新产品109个，取得科技成果55项，申请专利135项，发表论文45篇，项目实施取得直接经济效益25.8亿元，利税3.5亿元。 （杨新立）

【科技创新平台建设】 2015年，市科技局突出科技创新平台建设，提升自主创新能力。一是研发中心建设和管理。2015年认定省级工程技术研究中心8个，市级21个。截至2015年底，省、市级工程技术研究中心分别达到31个和115个。二是科技企业孵化器和众创空间建设。合同黄淮学院创建省级科技企业孵化器并获认定。省级首批创业孵化基地和省级大学生创业示范基地获省科技厅授牌。“黄淮众创空间”获首批国家级众创空间授牌认定。同时探索建立了第一个县区创客空间——平舆县上河城众创空间。通过以上平台和其他多种形式推动大众创业万众创新。驻马店市在第四届中国创新创业大赛河南赛区暨“河南省科技创业雏鹰大赛”中3个项目获优秀团队奖，在河南省第八届青年创新软件设计大赛中友软件开发公司开发的“警民通软件”获二等奖，黄淮学院选送的“运动达人手机应用APP”获三等奖。三是建立院士工作站。引导企业与大校、大所开展科技合作，引进高层次科研人员特别是院士来驻开展科研活动。2015年，泌阳县食用菌工程技术研发中心获得中国工程院院士李玉的支持，建立了“河南真菌研究院士工作站”；确山县荣盛农牧科技集团股份有限公司获得中国工程院院士陈焕春的支持，建立了“河南荣盛农牧院士工作站”。2个工作站均获省授牌认定。 （杨新立）

【企业创新】 2015年，全市完成了“十百千”科技型企业培育目标。高新技术企业新认定13个，总数达26个。全市新认定创新型企业40家，达到（目标任务100家）108家；

新认定科技型企业430家，达到（目标任务1000家）1080家，均超额完成任务。建成省级高新技术产业开发区。指导市产业集聚区的企业建立省级和市级研发中心，实施科技研发项目，开展企业技术创新。推进"十百千"科技型企业培育工程，建立发展高新技术企业和创新型企业。市产业集聚区达到高新技术产业开发区标准，已通过省评审，填补了驻马店市无高新技术产业开发区之空白。落实企业创新优惠政策。新认定的高新技术企业减免税额达8360万元，企业享受研发费用加计扣除政策减免税收额3653万元。（杨新立）

【科技成果转化】2015年，取得市级以上科技成果95项，其中省级成果25项，市级科技成果70项。推荐参评省科技进步奖7项，其中3项获三等奖，占申报的3/7。评定市科技进步奖授奖项目99项，其中一等奖25项，二等奖61项，三等奖13项。对获奖成果颁发117.5万元奖金。从市本级科技经费中拿出280万元投入到17个成果转化项目中，推动科技成果转化。转化产值8亿元，利税6850万元。对4个转化经济效益突出的科技成果项目分别给予20万元科技资金奖励。（杨新立）

【人才队伍建设】2015年，市科技局加强科技人才队伍建设。一是年度"151"人才评审。新评选16个科技创新人才，其中英才1个、人才5个、青年10个，并分别给予20万元、10万元、5万元奖励。此类人才已达48人。这支队伍已成为驻马店市所在战线的科技领军人才。在"151"人才带动下，全市2个创新团队（黄淮学院"辣椒核心种植创新及分子育种创新团队"、159医院"颅脑损伤临床研究创新团队"）获省级创新型科技团队称号，是驻马店市首次获此项荣誉。二是科技人才备案工作。启动"百千万"（高级、副高级、中级职称）、"十百千"（院士、博士、硕士）科技创新人才队伍登记建台账。通过台账建设工作了解全市各类科技人才分布和缺口，进而有目的开展引进和培养工作以及定向支持科研工作。三是科技特派员行动计划和"三区"人才支持计划科技人员专项计划。2015年度派往驻马店市的省级科技特派员6个，并给予了18万元工作经费支持。省科技厅选派111名科技人员为驻马店市2015年度"三区"人才支持计划科技人员专项计划人选。组织受援地"三区"科技人才参加"三区"科技人才培训班6次，约70人。（杨新立）

【科技开放合作】2015年，市科技局开展科技开放合作，提升科技创新外向度。一是开展科技合作。在市政府与郑州大学开展市校合作的框架下，与郑州大学签署科技合作协议，拉开郑大科研人员和科技成果落地驻马店的序幕。同时积极引导各县区和企业采取跨界跨区域与中科院、中国农业大学、深圳大学、西北农大、江西农大、华中科技大学、河南农科院、河南农大、郑州轻工业学院 、郑州工业大学、黄淮学院等大校、大院、大所常年开展科技合作。引进人才，引进科研成果，征集上报豫沪技术合作项目11项。上报国际科技合作计划项目1项，并获得10万元支持。二是发挥中科院河南产业技术创新与育成中心驻马店分中心平台作用。全年共收集企业技术需求107项，企业人才需求22个，企业项目需求11项，企业研发团队21个。于2015年12月在林州科技合作会上新签科技合作意向项目9个，实施合作项目6个。三是促进转化项目投产见效。持续跟进已合作的汝南丰润能源公司"秸秆综合利用新技术产业化项目"、泌阳中云创"远程探照灯研发项目"、天方药业"以大宗抗感染抗生素林可霉素品质提升为目的的生产技术改造研究项目"，促成了遂平全宇富硒小麦技术推广示范项目的落地。据不完全统计，全市引进科研人才200名，其中院士3名，博士后4名，博士80名。引进科研成果20个，技术50项，科技合作金额18.5亿元。（杨新立）

【民生科技创新】2015年，市科技局推动民生科技创新，提高科技惠民水平。一是农业科技创新。围绕驻马店市优势资源和特色支柱产业，组织筛选重点科技项目进行支持。指导富民强县、成果转化、星火计划、重大科技专项等国家和省项目的实施。其中，实施国家科技项目1项，获得经费支持222万元；实施省项目15项，获得经费支持857万元。实施市级科技项目50项，其中26项获经费支持。二是成功创建国家农业科技园区。年初启动驻马店国家农业科技园区规划编制工作，同时指导正阳县编制省级农业科技园区规划，积极会同航天科工集团豫南基地创建"一、二、三产业融合发展第六产业"核心区。驻马店市泌阳县食用菌科技示范园区和正阳县农业科技示范园区获省农业科技园区批复，河南驻马店国家农业科技园区获得科技部批复。三是实施粮食丰产科技工程。围绕粮食生产和高标准粮田"百千万"建设工程，实施粮食丰产科技工程和科技特派员工程，攻克一批技术难题，支持粮食核心区建设，为全市粮食丰产提供保障。四是实施科技惠民计划项目。会同市卫生局、中心人民医院投资1000万元建立远程医疗中心，开展远程医疗服务，让全市人民享受到省内外优质医疗资源。五是开展科普工作。承办以"创新创业、科技惠民"为主题的河南省第十五届科技活动周启动仪式，举办驻马店市科技创新成果展，共展出全市各企业自主创新、拥有自主知识产权的产品75类3000多件，展板110个，发放资料5000多份，展示了全市创新创业取得的新成效。参加全市文化科技卫生"三下乡"集中服务活动，向群众宣传农业科技知识、地震防灾常识和知识产权保护知识，发放科普图书和材料1500份。向省推荐优秀科普作品市种子站王家润主编的《河南玉米主要新品种栽培管理及病虫草害防治技术》（中国农业科学技术出版社），获得二等奖。（杨新立）

【科技体制改革】2015年，驻马店市科技局贯彻落实中共中央、国务院，省委、省政府关于深化科技体制改革，推进创新驱动发展的若干意见，起草提请市委、市政府出台《中共驻马店市委 驻马店市人民政府关于深化科技体制改革加快创新驱动发展的若干意见》。贯彻落实科技部、财政部《关于深化中央财政科技计划（专项、基金等）管理改革的方案》和《河南省人民政府关于深化省级财政科技计划和资金管理改革的意见》，健全科技计划项目和经费管理机制。优化整合科技资源和科技计划项目，建立科技资源配置的新机制和新体系，起草提请市政府出台《驻马店市人民政府关于深化市级财政科技计划和资金管理改革的意见》，规范市级财政科技项目和资金管理。制订科技体制改革配套文件，起草下发《驻马店市重大科技专项管理暂行办法》《驻马店市产业技术创新战略联盟认定与管理办法》《驻马店市科学技术局关于专家咨询费发放标准的规定》《驻马店市科技计划项目管理办法》等文件。（杨新立）

【知识产权保护】2015年认定市级知识产权优势企业6家。全市专利申请1342件，专利授权893件，对178件授权专利资助资金14.39万元。在全市范围开展工业企业消除“零专利”活动，推动科技型企业、高新技术型企业、研发中心建设、人才培养等工作提升。开展维权专项行动。2015年知识产权局联合驿城区知识产权管理所先后开展流通领域的专利专项执法行动6次，受理专利侵权纠纷案件14起，办结14起，检查商品件数1000多件。（杨新立）

【防震减灾】2015年，全市科技部门完善地震监测体系建设，提升抗震减灾能力。修订完善《驻马店市地震应急预案》《驻马店市地震局地震应急预案》2个预案，调整市防震抗震指挥部成员名单，完成了置地公园避险避难场所相关设施建设任务。推进地震监测系列标准的落实，加强对地震监测设施和观测环境保护工作。市中心台网和“一县一台”建设工作正在有力推进。认定并挂牌成立全市318个地震宏观测报点。开展防震减灾知识进学校、进社区、进农村、进企业、进机关、进家庭活动，重点加强对中小学生的宣传教育和演练活动，建立防灾减灾宣传教育长效机制。开展业务技能培训和应急演练，参加国家和省局举办的业务培训，参加豫南地震应急联队在信阳市商城县开展的地震应急演练活动，提高锻炼了队伍使用管理地震监测仪器的能力和在地震监测中的精确、快速反应能力。（杨新立）

【科技宣传】2015年，市科技局利用主流媒体和科技网站宣传科技。2015年向市以上各类媒体报送稿件达360余篇。网络媒体采用70篇，省市级新闻媒体报刊采用60篇，编发《驻马店科技简报》35期。收集科技情报信息，全年编发《科技参考》共出版20期，发行1000多份，使政府部门在科技方面创造环境、建立规则、加强宏观调控发挥更大的效能。信息所充分发挥“一网三库”作用，用“万方创新助手”工具软件免费为每个县区5家企业提供所关注课题咨询报告一份，为企业科研决策提供数据支持与服务。对科技创新服务平台进行日常维护，新增《三严三实》栏目，发布实用信息近2150条，发布通知通告42项，政务公开21条，办事指南49条，科技动态及相关信息69多项。（杨新立）

【河南省2015年科技活动周启动仪式在驻市举办】2015年5月16日上午，河南省2015年科技活动周启动仪式在驻马店市黄淮学院举行。省政协副主席李英杰，省科技厅厅长贾跃，省科协副主席李宝红，省科技厅副厅长童孟进和市委副书记、市长陈星，市政协副主席郑玉林，黄淮学院党委书记杨德东、院长介晓磊与省属30多所高校等各界嘉宾1000多人参加启动仪式。本届科技活动周由河南省科技厅、中共河南省委宣传部、河南省科协、驻马店市人民政府主办，驻马店市科技局、中共驻马店市委宣传部、黄淮学院、驻马店市科协等承办。围绕“创新创业、科技惠民”这一主题，通过开展丰富多彩的群众性科技活动，普及科学知识，展示科技成果，宣传科技政策，让人民群众通过自身感受，更加理解创新、支持创新、参与创新，开启大众创业、万众创新的新时代，营造加快推动自主创新、促进创新驱动发展的良好社会氛围，使“建设创新型河南”成为全民自觉行动。（杨新立）

【张来武到驻马店调研】2015年12月3日，科技部副部长张来武带领调研组到驻马店市就第六产业发展情况进行调研。副市长冯玉梅陪同。张来武一行先后到正阳县好运来粮油购销有限公司、中国·正阳花生食品城、河南航天有机花生食品产业园、正阳县正泰种猪场进行实地调研，详细了解产业发展情况，与相关负责人进行交谈，听取意见、建议，协调解决有关问题。在随后召开的座谈会上，张来武解读了发展第六产业的真正内涵，强调了发展第六产业对提升全国农业高效发展、带动农民增收的重要意义。（杨新立）

2015年度驻马店市获河南省科学技术进步奖项目表

序号	项目名称	主要完成人	主要完成单位	推荐单位	获奖等级
1	高产、优质、抗病、高抗逆玉米新品种金富36选育与推广应用	许　波　许海涛　冯晓曦　王友华　曹素羽　谢军保　郭　兰	驻马店市农业科学院	驻马店市科学技术局	三等奖
2	优质丰产多抗广适茄子杂交种驻茄9号的选育及应用	姜　俊　赵红星　王　勇　姜国霞　魏小春　孟祥锋　霍焕霞	驻马店市农业科学院，郑州市蔬菜研究所，平顶山市农业科学院	驻马店市科学技术局	三等奖
3	温拌沥青混合料配合比设计技术	刘国礼　魏建国　李海湛　李　平　陈玉红　付其林　王德新	驻马店市华中公路设计有限公司，长沙理工大学	驻马店市科学技术局	三等奖

2015年度驻马店市科技进步奖一等奖授奖项目表

获奖序号	项目名称	完成单位	完成人	奖励等级
2015Y001	150℃高强度无卤阻燃环保辐照交联聚烯烃绝缘料	河南乐山电缆有限公司	苏朝化 苏世杰 王小磊 姜晓红 万 明 鹿 尘 刘艳玲 强军昌 李培生 苗天祥 杨 旭 王志刚 黄勇昌 兰国庆 陈计生	一等奖
2015Y002	全谷物预配杂粮馒头粉	遂平桐花面业有限公司	张 红 李庆龙 王盛莉 刘 勇 钱 露 罗 涛 石如云 李雅芳 李 龙 关 立 李文渊 何 贝 李 建 刘群中	一等奖
2015Y003	优质化处理农作物秸秆生产蛋白质饲料原料技术	河南双成生物科技有限公司	曹胜炎 魏 林 耿鹏飞 王 凯 吴冬君 张雯婷 胡瑞霞 张峰伟 苗华杰 杨 伟 赫成凯 杨 鹏 王炳安 周春杰 朱治美	一等奖
2015Y004	升降式中央集蛋系统的研发与应用	河南金凤牧业设备股份有限公司	周阿祥 张志辉 周 帅 张唯真 胡娜娜 赵超锋 赵 峰 苗华杰 崔永涛 张东升 张元鸣 朱建召 杨晓静 张志华 张卫杰	一等奖
2015Y005	真空固体渗锌技术在输电线路铁塔接地网的应用	河南鼎力杆塔股份有限公司	王玉杰 田玉伟 崔建新 赵运杰 魏 颖 戎改丽 赵 旭 陈军帅 潘俊岭 宋 刚 张卫平 于 千 闫云峰 李博文 田 亮	一等奖
2014Y006	矩圆型自卸汽车的研究与开发	驻马店中集华骏车辆有限公司	朱爱平 胡志鹏 韩月琴 张大勇 李保川 熊建军 刘万顶 葛志强 刘 亚 肖占平 李厚挺 路俊锋 袁向东 陈莉莉 陈华涛	一等奖
2015Y007	多点锚固预应力FRP片材快速加固梁式桥的施工技术研究	驻马店市达远路桥勘察设计院	魏景春 卓 静 段志华 张付东 温凌凌 胡 银 丁峰亮 宋 磊 曹新玲 王运华 魏俊超 马仁萍 牛春发 王 伟 杨 鹏	一等奖
2015Y008	阳台栏杆式平板太阳能热水系统与建筑一体化施工技术研究与应用	河南省置地建设工程集团有限公司 河南华顺阳光新能源有限公司	杜 虎 李岳徽 孙怀玉 王永波 汪 澜 梁秀丽 杨美丽 肖纪霞 皮俊升 杨 勇 余正茂 赵 东 张俊峰 张永革 吴玉岩	一等奖
2015Y009	警情推送取证系统	驻马店市利友软件开发有限公司	田 壮 吴 浩 李留青 张天慧 乔 林 王勇军 李中华 马名欢 刘 越 杨 赟 李军红 陈 松 徐志有 杨 鹏 王炳安	一等奖
2015Y010	家用高效太阳能光伏发电系统研制及应用	黄淮学院	李应生 孔新红 李明哲 宋 强 李 平 陈 焱 刘 珂 李瑞喆 王伟功 张永革 李二玲 刘群中 朱治美 吴 勇 赫成凯	一等奖
2015Y011	高产耐密优质玉米新品种创玉198的选育	驻马店市农业科学院	王成业 冯晓曦 许海涛 许 波 王友华 杨国良 杨明喜 王淑娟 何 曦 王玉洁 杨 允 卢浩慧 郝永征 王 磊 胡保德	一等奖

续表

2015Y012	优质丰产多抗广适茄子杂交种驻茄 9 号的选育及应用	驻马店市农业科学院	姜　俊　赵红星　王　勇　张　娟　李海勇　付　蕾　邢广洲　江　琳　于冬爱　赵　红　盆爱花　代永青　朱亚娟　高　严　李俊达	一等奖
2015Y013	丰产型驻豆 11 号品种选育	驻马店市农业科学院	任秀荣　赵景云　王建立　刘志强　张　芳　贾言华　许　巧　刘　霞　刘军丽　尚大朋　王红梅　杨瑞晗　刘贺芳　王园园　赵　红	一等奖
2015Y014	香菇精准化栽培技术提升与应用	驻马店市农业科学院	魏银初　班新河　王　震　孟祥锋　李九英　吴华军　张文科　史红鸽　朱　强　魏正伟　王　倩　郭永贞　禹　森　张新玲	一等奖
2015Y015	林木新品种——红伞寿星桃选育及推广	河南名品彩叶苗木股份有限公司	王华明　石海燕　邵明丽　孟献旗　王华昭　袁向阳　田耀华　刘中平　陈　宁　寇新良　李玉杰　王　璞　段淑娟　王献玲　赵　红	一等奖
2015Y016	驻马店地区果树虫害动态机制和防治技术研究	黄淮学院	刘军和　杨艳丽　禹明甫　黄西成　王云虎　黄宏新　潘　娜　刘小娟　杨子慧　刘河生　徐　辉　李　伟　梅　燕　张碧晖　陈迷想	一等奖
2015Y017	驻马店市城市绿地系统景观评价与应用	河南省驻马店农业学校	杨晓明　常卫民　胥哲明　高新成　潘中耀　张戎林　巩文忠　王荣霞　张　明　孙恩志　卢　翠　杨朝荔　常立亮　高海燕　解小华	一等奖
2015Y018	MRI 及　H-MRS 在诊断病毒性脑炎中的临床价值研究	驻马店市第二人民医院	侯效芳　郭春锋　梅金友　张学梅　田淑君　郭振宇　梁新生	一等奖
2015Y019	加减当归贝母苦参丸辅助治疗原发性肝癌的实验及临床研究	中国人民解放军第 159 医院	闫德祺　何水云　袁彩君　史新荣　魏红霞　申东方　万亚巍　宋继祖　李彦龙　孙朝阳　吴　飞　刘则鹏　阿力木·买买提　邓　丹	一等奖
2015Y020	益气化瘀通络法在卒中防治中的作用	驻马店市中医院	吕　哲　王　媛　刘华娟　段海洋　王琳琦　韩松林　刘建东	一等奖
2015Y021	非体外循环下冠状动脉旁路移植术的临床研究	驻马店市第一人民医院	韩　舟　郝翠平　陈　卫　郭　蕾　尼占洪　邵开运　朱　林	一等奖
2015Y022	驻马店市肾小球疾病病理类型及流行病学研究	驻马店市第一人民医院	邱明生　邢瑞贤　南　静　杨　文　殷秀伟　孙淑玲　张永兰　于二峰	一等奖
2015Y023	慢性阻塞性肺疾病患者缓解期健康教育研究	驻马店市中心医院	赵　兵　李　颖　麻恒翔　冯世军　闫　卫　商守宇　翟展艺　张华茹　李海明　吴翠平　魏　慧　李春苗	一等奖
2015Y024	宝石能谱 CT 物质定量分析对肝硬化结节与癌性结节鉴别诊断的临床价值	驻马店市中医院	朱合伟　聂　勇　张元立　张闯伟　雷景伟　孟　欢　刘　猛	一等奖
2015Y025	电磁场对骨髓间充质干细胞治疗大鼠脑外伤及并发症的研究	驻马店市中心医院	杨　扬　谢河秋　李　力　徐绪昌　刘继东　冯文献　王　纵	一等奖

科技普及

【科普宣传活动】 2015年，驻马店市科协开展科普宣传，提高全民科学素质。一是开展文化科技卫生“三下乡”活动。2月4日上午，由市委宣传部、市文明办、市科协等单位组织开展的2015年驻马店市文化科技卫生“三下乡”活动启动仪式在开发区关王庙乡政府广场举行。在关王庙乡“三下乡”活动现场，市科协和开发区科协组织科普志愿者通过展示宣传挂图、设立专家咨询台、发放科普资料和科普手册等多种形式，向当地群众宣传食品安全、节能减排、低碳生活、安全生产、防病减灾等与生活密切相关的科普知识，切实为他们提供科普宣传服务。这次活动，市科协共向当地群众发放各类科技读物、科普手册、科普资料500余份，接受科技咨询100多人次。二是组织科普宣讲团进行宣传。4月17日，市科协组织“科普宣讲团”成员、农业专家许时伦深入市科协帮扶村正阳县彭桥乡大刘村，举办小麦种植技术知识讲座，培训人次达到100余人次，发放各类培训技术材料300余份。市科协“科普宣讲团”专家向基层小麦种植户详细讲解了足墒播种、精细整地、药剂拌种、播后镇压等小麦高产栽培的关键技术，并对种植户进行现场农业技术指导，针对广大种植户提出的生产中遇到的技术难题进行解答，指导他们进行科学施肥、病虫害防治等麦田管理技术。三是开展2015年“科技活动周”活动。5月16日～22日，在全市范围内开展2015年驻马店市科技活动周活动。5月16日，科技活动周启动仪式在黄淮学院大学生创业园举行。在活动中，科协工作人员通过发放科普宣传手册、科普明白纸等宣传资料，展示科普挂图、摆放科普展板等形式向过往群众讲解低碳节能、食品安全、应急避险等知识，吸引了许多市民驻足观看和现场咨询。四是开展2015年全国科普日活动。9月22日，以“万众创新，拥抱智慧生活”为主题的全国科普日活动在驻马店市实验中学拉开序幕，驻马店市委副书记张宪中，市政协副主席、教体局副局长苗炳启，市政府副秘书长谢李利出席并指导活动，市科协、开发区科协、驿城区科协、市实验中学、市第三小学等单位参加活动。这次活动通过科普挂图、科普展板、科普知识宣传栏、科普咨询台、小发明小制作展览等形式，向中小学生宣传食品安全健康、环境保护、低碳生活、防震减灾、网络安全、反对迷信崇尚科学、创新创造等科普知识。活动共设立咨询台10个，展出展板100多块，发放科普资料1万余份，受益学生近5000人。五是开展2015年食品安全宣传周活动。6月17日，市科协组织机关全体工作人员参加2015年食品安全宣传周活动启动仪式。本年食品安全宣传周活动主题是“尚德守法 全面提升食品安全法治化水平”。6月19日，市科协组织机关工作人员到驿城区雪松办事处地矿社区开展食品安全宣传活动。通过悬挂宣传标语、摆放科普展板、展示科普挂图、设立咨询台、发放《科普知识手册》等科普资料，向社区居民宣传食品安全知识，增强居民群众的食品安全意识，提高安全防范能力。（徐翠英　冯　翔）

【河南省“科普进园区”驻马店报告会】 2015年5月28日下午，河南省“科普进园区”专家报告组在驻马店市产业集聚区管委会举办驻马店市首场专家报告会。报告会由市产业集聚区管委会副书记、副主任魏领主持，市科协党组书记王爱莲致辞，省科协科普部副部长祁长河讲话，郑州大学硕士研究生导师、教授张建华作关于《“互联网+”与驻马店市发展机遇》的科普报告。市科协机关干部职工、市直各单位、天方生物、河南尚鑫光伏等产业集聚区企业负责人共100余人参加会议。报告围绕“互联网+”发展背景解析、“互联网+”内涵阐释、“互联网+”背景下驻马店市发展机遇与策略，结合驻马店经济发展特色，从驻马店市“互联网+商业”“互联网+工业”“互联网+农业”“互联网+文化旅游业”“互联网+物流业”5个方面进行了讲解。（徐翠英　冯　翔）

【“中国流动科技馆”河南巡展活动泌阳站启动】 2015年9月10日，“中国流动科技馆”河南巡展活动泌阳站启动仪式在泌阳县体育场举行。本次活动由中国科协主办，中国科技馆、河南省科协承办，河南省科技馆、驻马店市科协、泌阳县人民政府协办，旨在贯彻落实《全民科学素质行动计划纲要》，推动建立广覆盖、系列化、可持续的流动科技馆公共服务机制，增强科普基础设施整体服务能力，让更多的人享受到科技馆这种互动体验式的综合科普教育，是提升全民科学素质的一次生动实践。巡展活动以“体验科学”为主题，共7个主题展区50件展品。活动通过展品展示、科学表演、科学实验和科普影视等方式，让广大群众特别是青少年学生享受到科技馆生动活泼的科普教育，启发青少年科技创新意识，开阔视野，培养青少年科技创新能力。本次巡展活动预计巡展16个站点，首站泌阳站展出时间预计2个月，随后将在上蔡县继续进行展出。（徐翠英　冯　翔）

【“科普中国——科技前沿大师谈”驻马店报告会】 2015年10月13日上午，大型科普活动“科普中国——科技前沿大师谈”驻马店报告会暨河南省科普进党校院士报告会（驻马店站）在市职工活动中心举行。中国科学院院士、计算数学专家崔俊芝作题为《信息化与数字城市、智慧城市》的专题报告。驻马店市委常委、统战部部长姚新文出席并主持报告会，市科协主席赵连中、市科协党组书记王爱莲出席报告会。市直各局委分管领导及有关科室科长、市委党校秋季主体班全体学员共700余人聆听了报告。报告会上，崔俊芝院士围绕从信息化到数字城市、数字化城市管理模式、智慧城市建设3个方面，分析了智慧城市与“互联网+”、智慧城市与大数据科学、智慧城市的市场化运营、智慧城市的文化建设的发展状况和前景及对现代城市建设的重要影响。（徐翠英　冯　翔）

气　象

【公共气象服务】 2015年，驻马店市地面气象观测、酸雨观测、雷达探测、农业气象错情率均为0.0‰。短期预报质量在主汛期连续3个月排名全省第二。5个酸雨百班通过验收。全国酸雨样品考核连续9年3项全优。在全省气象行业岗位技能竞赛中分获人影团体、个人全能三等奖，地面测报个人全能三等奖。1人获得市"五一劳动奖章"。公共气象服务主动及时，积极做好春运、"两会"、汛期、"三夏"、"三秋"、中国农加工洽谈会、春耕春播、秋收秋种等重大社会活动和重要农事季节气象保障服务。共制作发布预报服务材料432期，发送服务短信近70万条，发布预警信号42期。在对21家政府部门和社会企业开展的满意度调查中，气象服务满意率达100%。基层气象机构综合改革不断深入。成立了驿城区气象局；全市8个县气象台和市气象台、防雷中心的独立法人已登记完成；符合条件的6个县局经地方批准设立党组；市县两级成立了8个人工影响天气中心。

（李奕洁　于　谦）

【人工影响天气】 2015年，市气象局开展人影应用技术研究，建立主要农作物对人工增雨作业的精细化需求指标，提高人工增雨作业的针对性和实际效益。在6月16日夏种的关键期和8月5日玉米等秋作物需水高峰期组织2次人工增雨作业，共出动高炮30门、火箭11架，发射增雨炮弹970发、增雨火箭弹19枚，分别缓解和解除了当时旱情。市政府主要领导给予批示肯定。（李奕洁　于　谦）

【气象科研】 2015年，驻马店市成立了市级气象科学技术委员会，出台《科学技术研究项目管理办法》，规范科研项目管理和科学技术奖励评审工作。1项课题获市社会科学优秀成果一等奖，1项课题获市政府科学技术二等奖，正式发表科技论文12篇，其中核心期刊论文2篇，多篇论文参加"75·8"暴雨·洪水40周年等学术交流活动。2人被评为市拔尖人才。（李奕洁　于　谦）

【农业气象服务】 2015年，市气象局制作发布农业气象周报、农业气象灾害监测评估、农作物产量预报等各类服务材料270期。新型农业经营主体服务覆盖率90%以上。召开了"三夏"、秋收秋种等重点时节气象服务新闻通气会。秸秆禁烧气象服务工作获市政府肯定。3人获全市农业农村工作先进个人。推进平舆、西平、正阳、汝南、确山5个"三农"专项试点建设。在西平试点的基础上，探索建立气象为农服务社会化"双融"发展模式，在《中国气象报》上作专题报道。平舆县西洋店镇和老王岗乡被中国气象局认定为第三批标准化气象灾害防御乡（镇）。截至年底，已有1个县、6个乡镇被认定为标准化气象为农服务县和气象灾害防御乡（镇）。加强气象灾害防御组织体系建设。全市共建现代农业气象科技示范园13个，气象信息服务站170个，乡镇覆盖率89%；电子显示屏227块，气象预警大喇叭2810个，气象信息员4677人，村级覆盖率100%，农业农村公共气象服务覆盖面进一步扩大。建立了气象信息员辅助观测机制，增强本地区更大范围灾害性天气信息的获取能力。

（李奕洁　于　谦）

【气象现代化建设】 2015年，驻马店市政府成立气象现代化领导小组，组织召开了全市气象现代化工作会议，印发《驻马店市加快推进气象现代化实施方案》。4项公共气象服务项目列入政府购买服务指导性目录。成立"十三五"规划编制领导小组，编制"十三五"发展规划。市气象科普馆建设项目被列入市政府六项惠民实事，写入政府工作报告，市财政匹配解决1200万元建设资金。开展"75·8"特大暴雨洪水灾难40周年纪念活动，组织收集"75·8"历史照片、文字、视频、实物以及近40年来对致洪暴雨成因的研究成果等资料，并进行整理、归类和数字化处理。出版发行《河南驻马店气象灾害及防御》一书，拍摄制作《立天中 观风云——驻马店市气象现代化掠影》专题片。基层"一流台站"建设稳步推进。成立"一流台站"建设领导小组和基层台站规划

2015年7月9日，驻马店市政府召开全市气象现代化建设工作会议。

建设专家委员会，制定“一流台站”年度建设时间表，建立督查工作机制，对各地“一流台站”建设进行阶段性动态督查。西平、汝南、市局观测站已基本完成建设任务。平舆县局主体工程基本完成，已开展对比观测；上蔡、正阳、遂平、泌阳、确山正在积极推进中。（李奕洁　于　谦）

【气象社会管理】 2015年，市气象局强化气象社会管理职能。加强防雷安全检测。将防雷安全纳入全市安全生产工作要点和重点行业领域专项整治内容。加强对危化品企业、燃气公司等重点单位防雷安全检查，检测单位105家，发放检测报告138份，督办2家单位完成整改。严把防雷分阶段检测和竣工验收质量关，累计竣工验收单位37家，发放新建、改建、扩建检测报告105份，跟踪服务184次。加强施放气球安全管理。印发《加强施放气球安全管理工作的通告》，向全市礼仪公司及相关单位送达200余份，并在《驻马店日报》进行社会公告。（李奕洁　于　谦）

【2015年气候概述】 2015年，驻马店市总的气候特点为：全市平均气温、降水与常年同期正常，日照时数偏少。夏季伏旱、连阴雨、冰雹、雾霾是主要天气气候事件。夏季中伏，干旱迅速发展；末伏将尽，旱情得到解除。春、夏、秋3季均出现连阴雨天气过程，给小麦和玉米的生育带来不利影响。

降水。2015年，全市平均降水量736.2毫米，较常年同期偏少21%，比上年同期偏少28%。各县区年降水量为648.7毫米～839.4毫米，较常年同期偏少13.7%～24.2%。分月看，1月、2月、8月降水量异常偏少，7月、9月、10月、12月为显著偏少，6月为偏多，4月份为显著偏多，11月份为异常偏多，3月、5月份正常。

气温。2015年，全市平均气温为15.4℃，较常年同期偏高0.3℃，与上年持平。各县区年平均气温为14.9℃～15.9℃，驻马店市辖区和确山与常年同期持平，除遂平县偏低0.3℃，其他县偏高0.1℃～0.7℃。分月看，6月、11月份气温异常偏低，3月份偏高，1月份显著偏高，其他月份均属正常。年极端最高气温为36.8℃～38.1℃，年极端最低气温为–5.2℃～–8.1℃。

日照时数。2015年，全市平均日照时数1707.8小时，较常年同期偏少232.5小时，比上年同期偏多58.4小时，日照时数异常偏少。各县区年日照时数为1401.2小时～1943.3小时，除上蔡县与常年同期持平外，其他县区偏少80.1小时～499.7小时。分月看，6月、11月份日照时数异常偏少，其余月份日照时数均属正常。（李双霞　陈建杰）

【2015年气候影响评述】 2015年，驻马店市气候影响评述如下：

对农业的影响。1月下旬个别站点出现10厘米土层表墒较差的情况，2月出现降水，有效补充了土壤水分，为小麦返青及春季生长提供良好的墒情条件。3月底墒充足，温高光足，小麦拔节生长较为顺利。4月，出现了连阴雨天气，对关键生育期的小麦生长造成不利影响。5月的低温、大风、降水天气，降低了小麦灌浆效率，造成麦田倒伏，同时诱发了小麦锈病、赤霉病的发生。以上不利因素造成了小麦千粒重较低，影响了产量提高。6月，全市大部地区的墒情适宜，对玉米等秋作物的苗期和拔节生长有利。7月24日后的10多天，全市温高光足，对玉米抽雄吐丝开花十分有利。8月，大部分县区出现不同程度干旱，后面的几次降水过程，全市旱情基本解除，有利于玉米后期生长。9月、10月降水偏少，光照充足，有利于玉米等秋作物收打晾晒和整地备播工作的开展。11月的连阴雨天气补充了土壤水分，为小麦安全越冬提供了充足的水分条件。另一方面，出现的雨雪天气，使全市大部分地区小麦都出现不同程度的冻害。12月，气温较高，对小麦安全越冬较为有利。总之，本年度气候条件对农作物的影响为利弊兼有。

对交通运输业和旅游业的影响。春节期间雨雪天气较多，造成道路湿滑结冰，对农民工返城和学生返校造成一定延误。秋冬季雾霾天气较多，对人们日常出行和身体健康造成了一定影响，交通管理部门要密切关注天气预报和气象预警信息，做好大雾等恶劣天气的应急防范工作。“五一”和“十一”黄金周期间，天气晴好，没有明显的灾害性天气出现，对人们外出旅游、合理安排假期生活十分有利。

（李双霞　陈建杰）

【2015年主要气象灾害】 2015年，驻马店市平均气温、降水与常年同比正常，日照时数偏少。夏季伏旱、连阴雨、冰雹、雾霾是主要天气气候事件。春、夏、秋3季均出现连阴雨天气过程，给小麦和玉米的生育都带来不利影响。冬季的雨雪和雾霾天气给道路交通和人民出行都造成一定不便。按灾害类别分述如下：

夏季伏旱。2015年中伏里的7月24日～8月11日，全市平均降水量仅20毫米，较常年同期偏少8成，为历年同期降水量第三少值；而其间的8月5日之前基本无雨，加之天气晴好，温高光足，土壤水分消耗快，伏旱迅速发展，对夏玉米等秋作物生育十分不利。

连阴雨。4月1日～6日，全市出现了6天的长连阴雨天气过程，全市平均降水量为61.3毫米，较常年同期偏多5倍～10倍；伴随着连阴雨天气的出现，光照极差、气温陡降，给正处于穗分化的关键生育时期的小麦生长造成严重不利影响。6月23日～30日，全市出现了8天的长连阴雨天气过程，全市平均降水量137.3毫米，较常年同期偏多2倍，造成部分地块田间积水，个别地势低洼的地块发生内涝。秋季的10月4日～7日、11月5日～8日以及21日～24日，全市又出现了3次连阴雨天气过程，前两次连阴雨过程带来的降水有效改善了土壤墒情，有利于小麦整地备播工作的开展和小麦分蘖生根。而11月21日～24日的连阴雨伴有雨雪过程，加之气温较低，出现冻雨和结冰现象，对小麦分蘖生长较为不利，同时对小麦和露天蔬菜（尤其是萝卜和大白菜）造成较为严重的冻害。

冰雹。5月6日，上蔡县遭遇雷雨、大风、冰雹等强对流天气，最大风速达到7级～8级，小时最大降雨量达到39.1毫米，冰雹大如鸡蛋，小麦倒伏最严重是大路李、无量寺、邵店。根据上蔡县救灾办初步统计：全县受灾人口12.6万人，农作物受灾面积1.05万公顷，成灾面积7230公顷，经济损失5750万元。5月6日，泌阳县付庄、下碑寺、象河、春水4个乡因强对流天气出现冰雹，冰雹直径约10毫米～20毫米，此次冰雹对下碑寺的小麦、油菜等农作物无大的影响；象河乡焦林村约1500亩小麦绝收，吴楼、何庄、刘台约2000亩农田不同程度受损，其中刘台村500亩优质桃绝收，部分地区高压线、房屋、树木受损；春水乡前邓村受灾严重，孟冲、樊洼、毛胡张、铁冲、薛楼、马庄小麦减产约1/3；付庄乡李港村部分烟叶受损，部分田地小麦绝收，安子、焦庄、南河庄、申铺受灾严重。

雪。1月27日～29日，驻马店市出现一次大到暴雪天气过程，平均降水量为13.9毫米，积雪深度为5厘米～12厘米。2月27日～28日，出现小雨雪天气过程；11月23日～24日出现雨夹雪天气过程。

雾霾。2月16日、21日和24日，驻马店市大部分地区出现能见度小于200米局地小于50米的大雾天气，对交通造成一定影响。11月29日～30日以及12月8日，全市大部分县区出现能见度小于200米的大雾。12月8日～11日，全市雾霾天气严重，市气象台连发4次霾黄色预警信号，提醒市民注意出行安全和做好防护措施。（韩贵甫　陈建杰）

社会科学

【社会科学工作概况】2015年，驻马店市社科联发挥桥梁纽带、组织协调、咨询服务、宣传普及作用，推动全市哲学社会科学事业繁荣发展。开展“三严三实”专题教育活动和“四个全面”理论征文、残疾人工作理论课题调研等一系列学术活动，以及社科知识大篷车进基层、中原大讲堂·天中讲堂等普及活动；做好社科优秀成果评奖和社科规划项目立项、评审工作；抓好舆情信息、社会调研、学会管理等工作；做好《天中论坛》编辑印刷工作。市社科联先后被评为河南省社科联系统先进单位、2015年度全省社科联系统舆情信息工作先进单位、2015年度全省社科联系统新媒体工作先进单位、第八届河南省社会科学普及优秀作品评选组织工作先进单位。（刘　馨）

【学术研讨活动】2015年，驻马店市社科联组织理论学习，开展一系列学术研讨活动。2015年4月，与市委宣传部、驻马店日报社联合组织开展“四个全面”战略布局理论征文活动。共收到150余篇论文，评出一等奖15项、二等奖25项、优秀奖41项。优秀论文在《天中论坛》上进行集中刊发。结合纪念抗日战争胜利70周年，与市委宣传部、市党史办联合开展理论文章征集活动。与市残联联合开展残疾人工作理论课题调研活动。组织开展社科优秀成果评奖工作。评奖委员会办公室于5月～8月组织开展驻马店市2014年度（第22次）社会科学优秀成果评奖工作。经过个人申报、单位审验、评委个人阅评、集体定评，从上报的158项中评出社会科学优秀成果123项。对获奖成果发放奖金14.4万元。制定和实施社科规划项目。2月下旬，在征求题目的基础上，下发了申报通知。共申报项目448项，经社科规划领导小组成员和专家组评定审核，批准立项329项。经规划领导小组鉴定和评审，共结项305项，评出一等奖50项、二等奖66项、三等奖99项。对获得一等奖的成果发放科研资助经费10万元，并从一等奖中优中选优，汇编成册报送市领导和有关职能部门，促进成果转化和应用。指导县级社科联和社科类学

2015年4月15日，市社科知识大篷车进基层活动启动仪式在驿城区新华街道举行。

驻马店市2014年度社会科学优秀成果荣誉奖、一等奖获奖项目表

荣誉奖（4项）

序号	姓名	单位	成果题目	参加撰写人员
1	聂晓光	西平县委	提高认识 提升水平 扎实稳妥推进新型城镇化	
2	张树营	泌阳县人民政府	全力践行群众路线 推动泌阳科学发展	
3	张怀德	平舆县人民政府	扎实推进基层社会保障服务平台建设	
4	张银良	市残疾人联合会	弘扬焦裕禄精神 加快推进残疾人事业发展	

一等奖（29项）

序号	姓名	单位	成果题目	参加撰写人员
1	曹剑	驻马店职业技术学院	社会建设理论与实践研究	
2	羊守森	黄淮学院	大学生创新能力培养研究	刘奎 马卫国 张静 丁如剑
3	刘秉银	驻马店广播电视台	把握精髓、注重关联、改进方式、关注后续 ——改进领导活动和会议报道之我见	
4	王才	驻马店农校	哲学与人生	郭冬 张建忠 翟红然 张淼 魏华 姬苗苗
5	王占可	黄淮学院	城镇化背景下农村教育与农村经济协调发展探析	
6	董华亭	市财政局	促进驻马店市“美丽乡村”建设的财政问题研究	董社领 陶志英 韩伟华 李丽 方刚
7	张波	正阳县委党校	传承与创新优秀传统文化 ——谈基础教育的基础性作用	
8	李文忠	市一高	动态校本语文课程开发实验研究	
9	李鹏飞	市毛泽东书法艺术研究会	关于我市公共文化服务体系建设现状与思考	冯松涛 翟继峰 王伟松 王俊青
10	韩占兵	黄淮学院	中国区域财政支农与金融支农协同效率水平研究 ——基于省际面板数据的分析	
11	罗慧	市第一人民医院	我国公立医院人事制度改革研究	罗帅
12	王喜平	黄淮学院	高校图书馆为地方企业转型发展 提供信息服务的模式研究	
13	胡克红	驻马店职业技术学院	从《还乡》透视出的异化主题 ——克林悲剧命运探究	
14	栗贯清	市社科联	关于驻马店市社科类学会的调查与思考	王磊
15	黄新建	市委党校	新形势下地方政府有效应对网络舆情的对策思考	
16	曹留成	驻马店职业技术学院	高职高端技能型人才培养体系探索	
17	田燕	黄淮学院	用户需求角度下高校图书馆数字资源建设研究	
18	陈松	驻马店市气象局	基于气象科普如何向农村问题的延伸探讨	李明志 陈天锡
19	陈继伟	黄淮学院	行政职业能力培训教程	孙随根 马卫国
20	王建红	驻马店职业技术学院	对县级图书馆评估后的思考 ——以驻马店市县级图书馆为例	
21	商巧云	黄淮学院	地方高校图书馆服务 社会主义新农村建设的模式研究	
22	李杜娟	市幼儿园	让孩子的个性自由发展 ——幼儿美术活动生活化、游戏化的探索	
23	张爱曾	市中医院	医院人事代理人员档案管理刍议	
24	孔帅	驻马店农校	汤显祖“临川四梦”新探	
25	李维钊	泌阳县第二初级中学	生本理念下的初中作文教学研究	
26	高琳	驻马店职业技术学院	中国钢琴改编曲的美学特征分析	

续表

27	王金凤	市中心医院	信息时代档案人员素质培养与提高途径	
28	姜富宽	驻马店高级技工学校	基于行动导向的电子技术实训课程改革	
29	李　霞	市财政局	新形势下对提升财政监督科学化精细化水平的探析	

驻马店市2015年哲学社会科学规划项目一等奖获奖项目表

一等奖（50项）

序号	负责人姓名	单位	项目名称	项目组成员
1	刘文超	市发改委	驻马店市城乡一体化示范区发展战略研究	王振耀　王团结 骆成勋　冯　冰　王金峰
2	刘牧原	黄淮学院	天中历史文化资源开发利用研究	刘玉民　董庆涛　胡　滨
3	何　晞	市财政局	驻马店产业集聚区自主创新体系建设研究	齐向前　袁彬彬　葛琳琳 李中锋　周　珂　李　丽
4	田韫智	黄淮学院	新型城镇化背景下驻马店市城乡一体化研究	张　轲　雷　辉　杜　娟
5	侯守海	驻马店职业技术学院	驻马店市职业教育产教融合模式研究	罗新芳　刘厂有 鲁　燕　张　静
6	陈　晨	黄淮学院	驻马店农业现代化与新型城镇化互动研究	李艳丽　王金云 张保来　刘全荣　刘汝敏
7	李群奎	市委党校	驻马店产业集聚区主导产业布局研究	吕　英　孙萌萌 雷新芳　李光耀
8	邓轶芳	黄淮学院	驻马店文化旅游资源的开发与利用研究	邓轶玮　陈惠霞 张云逸　范春华　张晓芳
9	吕晓娟	黄淮学院	新型城镇化背景下城乡一体化研究	刘　燕　鲁　旭 焦海勤　徐春霞
10	刘明放	市发改委	适应经济新常态保持全市经济快速发展问题研究	范凌燕　冯　冰 陶志英　王金锋
11	崔　聪	黄淮学院	文化产业背景下驻马店市非物质文化遗产——确山打铁花的保护与传承研究	杨　潇　寇萌萌 赵　辉　李艳丽
12	张山林	黄淮学院	传承、创新、弘扬天中文化，推动文化软实力建设研究——以汝南文化为例	赵凌宇　梅会星　宋鹏远
13	胡艳妍	驻马店职业技术学院	我区民间传统曲艺特点与现代曲艺文化特点研究	李伟贞　丁　俊 韩　苏　任　毅　高静娴
14	崔　毅	市财政局	河南省城乡居民养老保险问题研究	张文靖　杨玉婷 张　乐　胥　慧　郑　越
15	李　婷	黄淮学院	新文化背景下西平大铜器的发展与创新研究	李田甜　刘爱珍 周　迪　郭学智
16	管保臣	西平县委宣传部	西平县文化产业发展问题研究	陈国才　田春雨　张红晓
17	翟华玲	西平县文化馆	从嫘祖文化浅议西平传统民俗文化的传承与创新	金春占　陈向阳　谢连生 张　涛　焦晓红　翟晓辉
18	翟书俊	市委党校	坚定中国特色社会主义道路自信研究	刘　淼　翟中海 高武军　刘　莎　孟　雅
19	李秋方	驻马店职业技术学院	中西方饮食文化差异之研究	郭　珣　万苗苗 彭小存　乔素华　黄春丽
20	魏　丹	驻马店职业技术学院	驻马店高职教育与区域经济发展现状分析与对策研究	张　翼　刘增丽 曹　剑　舒　斌
21	禹　玲	驻马店职业技术学院	高校图书馆联盟建设与发展研究	马丽君　刘艳霞 王志刚　马津伟

续表1

22	张　珂	驻马店职业技术学院	驻马店农业集约化和可持续发展研究	席　蕊　祖彦宾　孔祥欣 齐　丹　王贺丽　王冲冲
23	姚双喜	市财政局	大学生创业融资问题研究	刘永斌　柴　豪 董华亭　陶志英
24	韩文利	黄淮学院	基于驻马店特色文化的动漫创作研究	芦明明　刘　娜 王常远　张　准　刘　冰
25	李菊蕾	驻马店职业技术学院	驻马店推进依法治市研究	孙　妍　孙　健　宋渊渊 曾　昂　陈　卡　王雨洁
26	李云亮	汝南幼儿师范学校	驻马店职业教育与经济良性互动研究	黄飞奇　陈有良 李云志　曹毓刚　赵三化
27	王留喜	驻马店职业技术学院	驻马店民办教育发展状况及对策研究	远书贺　许雪红 余　乐　邢　飞
28	陈　琳	驻马店职业技术学院	财税体制“营改增”对驻马店税收收入影响研究	李珊珊　王　静 张　磊　陈　敏
29	张莹莹	市卫校	无纸化考试系统的开发研究	徐丽丽　樊璐璐　朱新慧
30	许卫平	市农经站	我市发展农业适度规模经营对策与研究	胡洪艳　王　欣 张中莲　蒋　磊　张新生
31	杨晓明	驻马店农校	中职学校“双师型”教师队伍建设研究	潘中耀　王　才　高新成 闫贺林　王永义　刘永顺
32	姜　俊	市农业科学院	驻马店市设施蔬菜园区建设与管理中存在的问题及发展对策研究	李　艳　王　勇　赵红星 孙联合　孔亚丽　李喜娟
33	张冬梅	确山县委党校	确山县农村留守儿童教育问题的调查与思考	张佩琳　孔　丽　赵墨秋
34	叶　刚	汝南幼儿师范学校	豫南农村留守老人社会支持、应对方式与心理健康的现状调查和对策研究	唐三运　张莹峥 邢玲玲　蔡红霞
35	王志刚	驻马店职业技术学院	城镇化背景下农村校长专业发展研究 ——基于驻马店市的研究	张焕俊　刘艳霞 李　凯　姚宏春
36	张廷崇	遂平县财政局	实现中国梦与驻马店实践研究	王永红　王红福　刘常葆 王新慧　孙新国　郑卫东
37	龙慧敏	黄淮学院	驻马店媒体融合现状与发展趋向研究	曹　娜　杜向菊 黎　鹏　袁丽丽　周环静
38	石　剑	驻马店高级技工学校	驻马店职业教育与经济良性互动研究	邱军英　王　丽　王　珂 姜富宽　阮飞飞　郑　亮
39	梁贵锋	市第七中学	关于把老河水库建成为驿城区储备水源地的可行性研究	山中华　杨运爽　吴　晗
40	耿书霞	市幼儿园	幼儿养成教育的研究	李杜娟　金　娜　张文君
41	耿有三	黄淮学院	高校图书馆学科服务创新与实践研究	王喜平　杨　艳 丁淑芳　李春光
42	关海涛	黄淮学院	驻马店市全民健身运动——自行车休闲健身骑行运动现状调查研究	薛兴华　宫明明 胡红卫　张苏伟　李臻峰
43	郑传民	市地税局	财税体制“营改增”对驻马店税收收入影响研究	李　响　李富成　孙　兵
44	范　军	黄淮学院	驻马店宗教旅游资源开发策略研究 ——以汝南南海禅寺为例	何军旗　李伟力
45	刘海廷	黄淮学院	经济发展新常态下驻马店市创业环境评价研究	吕　英　范菲菲 申文军　康　莉
46	张　磊	驻马店职业技术学院	驻马店构建现代创新体系 推动创新驱动发展研究	王　祥　苗晓环 陈　琳　马慧敏

续表2

47	闫　妍	黄淮学院	驻马店产业集聚区主导产业布局研究	李　静　袁彬彬 赵　敏　董　琳　刘玉雅
48	李纪良	遂平县农业局	关于遂平县农业集约化发展情况的调研报告	叶长兴　黄　英　高思亮
49	屈　晶	黄淮学院	驻马店市城镇化与房价关系研究	屈海涛　尤利平 刘　潇　乔　帅
50	李淑瑞	黄淮学院	驻马店市支持小微企业发展的税收服务本系研究	李艳丽　李　洁 刘　潇　彭宏超　李雅婷

会开展学术活动。召开了驿城区社科专家学者座谈会；开展了遂平县纪念抗日战争胜利70周年理论征文、上蔡县“四个全面”战略布局理论征文、西平县社会科学重点课题调研、泌阳县中共党史·中国革命史研讨会、财政科研课题评比等学术活动;撰写了金融学术调研报告，上古文化、楚汉文化、佛教文化、山寨文化考察报告等社科论文。（刘　馨）

【社科普及】 2015年，市社科联开展社科普及工作。一是开展社科知识大篷车进基层活动。4月15日，市社科知识大篷车进基层活动启动仪式在驿城区新华办事处举行。全年共开展社科知识大篷车进基层活动21场，为基层群众赠送社科类图书200余册，受众达4500余人。加大宣传力度，在媒体跟进报道的同时，利用微博发布现场照片和宣讲情况，并及时转发给省社科联和市委宣传部等官方微博互动。二是举办“中原大讲堂·天中讲堂”公益讲座。通过与省讲师团、黄淮学院、驻马店农校等联合，邀请专家教授开展“中原大讲堂·天中讲堂”，共举办讲座23场，受众达5000余人次。三是组织协调社科普及教育基地和市级社科类学会开展宣传普及活动。围绕各自业务，发挥自身优势，利用重大节庆日和法定假日，走进学校、广场、社区，开展天中历史文化、红色革命文化、日常健康知识等一系列宣传活动，取得良好社会效果。11月，省社科联普及处对驻马店市社科宣传普及工作进行考察调研，肯定了驻马店的做法。（刘　馨）

【信息调研】 2015年，市社科联围绕全市社科工作共编报各类信息200余条，分别被中国社科网、河南社科界、省社科联网站、《驻马店日报》、驻马店宣传等多家媒体和单位采用。做好微博更新维护工作，坚持做到每天更新发布，并结合国内大事件，省社科联、市社科联工作重点发布内容，发布了“互联网+”“抗日战争胜利70周年”等内容。11月，连续第七次被评为2015年度全省社科联系统舆情信息工作先进单位和新媒体使用工作先进单位。（刘　馨）

【《天中论坛》办刊工作】《天中论坛》作为市委、市政府委托市社科联主管、主办的全市唯一社科类综合性理论刊物，围绕市委中心工作，准确把握办刊导向，重视编校印刷质量，积极服务党委和政府职能部门。为提高编辑水平，先后邀请文字编辑和图片编排等方面专家，对全体编辑人员进行专业培训。按照《天中论坛》编辑制度，严格执行三级审稿制度，文字错误率明显减低，审稿水平提高。印刷装订成书后，全面审核整体色泽美观效果，及时提出修改和改进意见，把好最后一关。结合当前热点和具体实际，开辟《学习贯彻四个全面战略布局》《弘扬践行社会主义核心价值观》《纪念抗日战争胜利70周年》等栏目。5月份在市文新局召开的内刊座谈会上，《天中论坛》作为办刊优秀刊物在会上供大家学习传阅。截至年底，《天中论坛》已按时编辑印发6期130余篇文章，并做到了按照发放范围及时发送邮寄，反映了全市社科理论研究成果和社科工作动态。（刘　馨）

【学会工作】 驻马店市社科联为全面了解全市社科类学会的现状，2015年3月，对市级社科类学会进行梳理，注销了市档案学会、市钱币学会、市农村金融学会，吸纳了炎黄文化研究会、文明生活与本土文化研究会2个社科类学会。3月13日，筹备并召开市级社科类学会座谈会，对学会日常工作的开展进行培训指导,23个学会参会并发言。4月8日，对市文化产业学会成立情况进行批复。5月，郑州市社科联到驻马店市专门考查调研社科类学会管理及工作开展情况。市财政学会召开了第五届会员代表大会，开展了科研课题评比活动。市金融学会认真开展学术活动，全系统撰写调研报告200余篇。市教育学会出版会刊《天中教育》。内部审计协会召开全市第三届会员大会，选举产生新一届理事会和协会的领导机构及工作机构。市周易研究会撰写了包括上古文化、楚汉文化、佛教文化、山寨文化在内的《泌阳县山水文化浅述》和《泌阳县深度旅游大有希望》的考察报告。据统计，全市社科类学会共组织开展40余场学术活动、50余场讲座和700余项课题研究。（刘　馨）

【县级社科联工作】 2015年，驻马店市社科联加大对县区社科联业务指导和培训。8月，西平县社科联正式挂牌成立，全市县区社科联已有5家。9月，召开全市社科联系统工作会议，进一步理清县区社科联工作的思路。各县区社科联结合县情、区情，开展社科工作。驿城区社科联结合区情周密组织第三届社科普及周活动，召开全区社科专家学者座谈会。遂平县社科联组织遂平社科工作者推出了《家训 家之根国之本》等一批有价值的研究成果。遂平县社科工作者王万江、赵本善所写《求科学发展 创合作共赢——关于遂平县农民专业合作社的调查报告》在第八届中国管理科学大会评为一等奖。西平县社科联召开第一次代表大会，拟定了10个重点调研课题，将调研成果结集出版，呈送县委、县政府主要领导参阅。上蔡县社科联牵头邀请市委党校教授为全县200余名宣传员作“四个全面”精神解读；完成《蔡文化溯源》一书编写；成立了李斯文化研究会。泌阳县社科联与县委宣传部联合举办“百姓宣讲直通车”进基层宣传巡演活动；组织开展纪念抗日战争胜利70周年理论文章征集活动；举办了中共党史·中国革命史研讨会。（刘　馨）

文　化

文化事业

【公共文化服务体系建设】 2015年，驻马店市政府制订《关于加快构建现代公共文化服务体系的实施意见》和《基本公共文化服务实施标准（2016~2020）》，建立了由19家单位组成的公共文化服务协调机制。市群众艺术馆组织举办展览展示12项、培训讲座32期、文艺演出及其他文化活动66场次。市博物馆推出了临时展览——南阳汉画精品拓片展和驻马店纪念抗日战争胜利70周年特展。市图书馆（黄淮学院图书馆）全年免费接纳读者近200多万人次。各县区也不断加强图书馆、文化馆软硬件建设，在2015年全国第四次文化馆评估定级中，全市各文化馆全部达到国家三级及以上标准。2015年，全市50多座乡镇街道文化站进行达标建设，完善了内部设施配置。全市农家书屋新增400余万元的图书报刊，新建文化信息共享工程村级服务点50个。西平县投入资金1000余万元，在170多个行政村（居委会）开通智能广播网，安装音柱1万余只，为广大基层群众提供便民广播服务。上蔡县邵店镇等3个乡镇被评为省级民间文化艺术之乡，泌阳王店村等3个村被评为省级特色文化村。

（张文超）

【文化活动】 2015年，驻马店市完成了2017场“舞台艺术送农民”演出任务、2.74万场“农村电影放映工程”放映任务。围绕抗日战争胜利70周年，组织主题陈列展览、优秀剧目电影展播等活动。充分挖掘驻马店市文化艺术资源，相继举办戏迷擂台赛、舞龙大赛、才艺大赛、新春音乐会、“五一”文艺演出、“六一”文艺演出、国庆文艺演出、重阳文化节和各类农民文化节。按照市委、市政府在中心城区开展“六项惠民实事”的安排，在驻马店市中心城区举办40场“文化艺术进社区活动”演出，组织各业余文艺团队和文艺爱好者深入社区、军营、敬老院、工厂等进行文艺表演。

（张文超）

【文艺创作】 2015年，驻马店市共创作各类大剧本16个，

2015年5月8日晚，中共河南省委常委、省纪委书记尹晋华（第二排中）出席观看大型廉政豫剧《陈蕃》赴京汇报演出预演活动，亲切慰问剧组人员并合影留念。 刘华山 摄

小戏、小品、相声等其他剧本91个。大型新编廉政豫剧《陈蕃》在北京长安大戏院成功举办3场演出，参加苏州第十四届中国戏剧节并荣获优秀展演奖，成功申报国家艺术基金。6月16日～19日，配合河南省文化厅和省群众艺术馆成功承办河南省第十二届“群星奖”小戏小品大赛，其中驻马店市报送的小品《六个鸡蛋》、相声《我有钱了》荣获大赛一等奖。戏剧电影《家有贤妻》于12月18日举行首映式，并面向全国309条农村数字电影院线进行发行。时隔9年再次举办驻马店市第三届中青年戏曲演员大赛。举办“天中杯”第九届河南省戏曲红梅奖大赛、农村摄影大展、美术书法作品精品展、崔静海回报家乡作品展、群众书画展等重大展示活动。广大文艺工作者积极开展“教你一招”等文艺培训活动，免费培训各类文化骨干和文艺爱好者近10万人次。（张文超）

【文化市场】 2015年，驻马店市文化广电新闻出版局按照《驻马店市人民政府办公室关于开展行政职权清理和编制权责清单工作的通知》要求，开展行政职权清理工作，制定了权责清单。推行项目网上申报、网上公示，简化各环节工作流程，完善行政许可审核合一工作制度和行政审批服务机制。驻马店市文化广电新闻出版局服务窗口获得驻马店市行政服务中心第一、三季度优秀服务标兵和二季度红旗窗口等荣誉。开展“清源、净网、护苗、秋风”四大专项行动，共组织市工商、公安、城建、邮政等单位开展集中行动6次，对繁华街区、交通枢纽，网络企业、印刷、运输等关键环节进行清查。增设农村文化市场监管信息员161人。文化市场方面，共立案404起，责令停业整顿50家，吊销网络文化经营许可证1家，查处无证演出团体93家、有违规曲目歌舞场所38家、无证照歌舞场所50家。新闻出版市场方面，查缴涉嫌非法出版物33459册（张），取缔地摊、游商、无证经营单位61家，处置网络有害信息38条，查处较大案件16起，1起案件被国家版权局列为全国10起挂牌督办案件。广播电视方面，查处非法销售卫星接收设施门店43个，查处擅自安装使用接收设施580多套，打掉非法广播电台5个、非法电视台4个，下发电视台违规广告查处整改通知5份。排查整治各类文化经营场所和生产企业的安全隐患400余处。（张文超）

【文化产业】 2015年，考核命名了驻马店市首家文化产业示范园区——平舆上河城文化产业示范园区。对嵖岈山温泉小镇申报市级文化产业示范项目进行了考核评定。组织开展2015年度河南省省级高成长服务业专项引导资金扶持文化产业项目申报工作，申报项目3个。组织开展驻马店市文化产业项目征集工作，征集备案文化产业项目23个。组织参加第十届中国（义乌）文化产品交易会和第十一届深圳文博会，推介文化项目3个，成交金额300余万元。对驻马店市文化产业发展情况进行了摸底调查。（张文超）

【文化遗产保护】 2015年，驻马店市开展对抗日战争设施、遗址的调查。驻马店市博物馆、竹沟革命纪念馆等积极征集整理抗日战争文物，举办纪念抗日战争胜利70周年特展。持续开展全国第一次可移动文物普查，驻马店市各文物收藏单位认真进行馆藏文物信息登录和核对工作。驻马店市文物系统配合检察院对文物库房进行全面清库核对，摸清了馆藏文物的详细情况。配合练江河治理工程、华润新能源公司风

2015年12月19日，在驻马店市樊粹庭豫剧文化促进会成立之际，省内外的戏剧专家和樊粹庭研究专家以及驻市文艺界人士来到经济开发区樊粹庭小游园瞻仰樊粹庭铜像。　汪　洋　王晓光　摄

电项目、正阳大林贡岗墓葬区、107国道拓宽工程、华能国际股份有限公司风电场项目等工程进行文物考古调查，共完成调查总面积372平方千米，发现遗址6处、墓群2处、古寨8处。配合新蔡县南湖公园建设工程、东湖新城小区、航宇新城建设工程、恒大公司、置地公司、建业十八城建设工程、大杜庄瓷窑遗址、正阳大林乡贡岗墓地进行文物勘探，配合107扩建工程完成了驿城区国楼遗址、杨庄遗址、薛庄遗址和确山朗陵故城遗址的文物勘探，共完成勘探总面积70万平方米，发现遗址6处、墓群2处、墓葬57座、灰坑6座、陶窑2座、道路1条。配合正阳县薛寺遗址、小清河北片安置小区大杜庄遗址、新蔡县南湖墓地、遂平县和楼汉墓、驻马店建业十八城、高新区大杜庄瓷窑遗址、正阳大林乡贡岗墓地进行遗址考古发掘，完成发掘面积5340平方米，清理东周、汉代、宋元等时期的遗迹300余座，有灰坑、灰沟、陶窑、水井、道路等，出土铜器、玉器、玛瑙器、陶器、瓷器、石器、骨器等不同质地的文物300余件。驻马店市各文物单位对消防系统、安防系统以及应急突发行动反应机制等进行全面检查，组织各类消防安全培训班及突发事件应急讲座7次，排查整改重要安全隐患13处。对100名优秀文物保护员进行了表彰。纠正文物违法建设10起，破获文物盗掘案件2起、文物盗抢案件1起，抓获犯罪嫌疑人10余人，阻止文物保护区内违法建设8起。组织实施嵖岈山卫星人民公社安全防范工程、蔡国故城城墙加固工程等项目。开展2016年河南省文物保护专项补助资金申报，申报项目17个。编制文物安全技术方案、文物消防工程设计方案4项，上报审批2项。全国百项消防示范工程之一的中共中央中原局旧址消防工程设计方案编制完成。嵖岈山卫星人民公社旧址安全技防方案已获国家批准，国家拨付专项资金已到位，工程已进入招投标阶段。持续实施省级文物保护单位（地上部分）维修保护三年规划项目。对杨靖宇烈士故居，苏氏节孝坊，文庙大成殿，汝南东关、北关石桥等省级文物保护单位开展保护维修工作。接收个人捐赠文物25件/套（84件），征集文物269件（套），包括铜戈、铁鼎、铁剑、空心砖、漆木器、车马器等文物。驻马店市文化广电新闻出版局组织调研组前往新疆建设兵团十三师红星二场就当地军垦文化博物馆、地窝子遗址、《屯戍西疆》影视基地、老机关遗址的规划建设事项进行考察和商议，完成了军垦博物馆展览大纲。举办驻马店市第二届非物质文化遗产展示。遂平县、正阳县分别举办非物质文化遗产展演展示活动。针对30多项传统美术类非物质文化遗产项目进行保护与抢救，建立了影像文字资料库。全年划拨非物质文化遗产专项保护资金200万元。4个非物质文化遗产项目被河南省政府列入省级非物质文化遗产名录。

（张文超）

【市首家文化产业园区——平舆上河城】 2015年4月，驻马店市文化广电新闻出版局认定并命名平舆上河城为驻马

2015年8月28日上午，驻马店市第一部反映本土英雄的电影故事片《少年杨靖宇》首映式暨新闻发布会，在北京科学教育电影制片厂举行。

吴 波 摄

店市文化产业园区，这也是驻马店市第一家市级文化产业园区。平舆上河城位于河南省驻马店市平舆县境内，又名平舆清河旅游文化风景园，是平舆县首座国家AAA级景区，是涵盖旅游、休闲、星级酒店、大型商务政务会议接待为一体的复合型文化旅游产业园。（张文超）

社会文化

【驻马店市第二届音乐舞蹈暨小戏小品大赛】2015年1月30日下午，"唱响中国梦·舞出天中情"——驻马店市第二届音乐舞蹈暨小戏小品（曲艺）大赛颁奖晚会在市群众艺术馆群星剧场举行。共200个节目报名参赛，经组委会初评，60个音乐舞蹈类节目和20个小戏小品曲艺节目进入总决赛。舞蹈《红领巾·中国梦》、二胡重奏《新赛马》等23个节目获音乐舞蹈类一等奖，丝弦道《打订缸》、小品《卖鱼》等6个节目获小戏小品类一等奖。（张文超）

【驻马店市首届农村摄影大展和美术书法作品精品展】2015年2月17日上午，驻马店市首届农村摄影大展和市美术书法作品精品展在市群众艺术馆开展。市首届农村摄影大展共征集作品200余幅，其中67幅作品参加了第八届河南省农村摄影大展。市美术书法作品展展出百余幅美术书法作品。（张文超）

【"庆双节"戏剧周活动】2015年3月1日～8日，驻马店市演艺中心分别在市世纪广场、市人民广场举办为期8天的戏剧展演活动。先后演出了《清风亭上》《五世请缨》《三娘教子》《穆桂英挂帅》《血溅乌纱》《哑女告状》等16台经典剧目，观众达2万余人次。（张文超）

【驻马店市第十六届元宵灯谜晚会】2015年3月5日晚，由驻马店市委宣传部、市文化广电新闻出版局主办的"沪强·巴黎春天之夜"驻马店市第十六届元宵灯谜晚会在市天中广场举行。晚会现场由1个主台和2个副台组成，共有3000余条谜语，谜王争霸赛共产生出60位谜王。（张文超）

【河南省第二届中青年油画家学术提名展暨驻马店市首届油画展】2015年5月5日上午，由河南省书画院、河南省美术馆、驻马店市文化广电新闻出版局、市文联主办的河南省第二届中青年油画家学术提名展暨驻马店市首届油画展开展。本届提名展是在全省范围内选取的不同风格、不同流派和不同题材的代表作品，共展出120余幅油画作品，也是驻马店市第一次举办油画展。（张文超）

【河南省第十二届"群星奖"小戏小品（曲艺）大赛】2015年6月16日～19日，河南省第十二届"群星奖"小戏小品（曲艺）大赛决赛在驻马店市群艺馆群星剧场举办。河南省文化厅党组书记、厅长杨丽萍，驻马店市委副书记、市长陈星等出席颁奖晚会。67个节目参加决赛，驻马店市代表队的小品《六个鸡蛋》、相声《我有钱了》荣获一等奖。（张文超）

【驻马店市第二届戏迷擂台赛】2015年10月10日～16日，驻马店市文化广电新闻出版局举办全市第二届戏迷擂台赛，共有148名戏曲爱好者报名参加。经过5场初赛，40名选手于14日、15日参加复赛。10月16日晚，戏迷擂台赛总决赛在市天中广场开赛。市政府副市长冯玉梅，市政协副主席赵瑛，市委宣传部副部长、市文明办主任刘雪，市政府副秘书长谢李利，市文化广电新闻出版局党组书记、局长李林清等出席比赛并为获奖选手颁奖。20名选手荣获特等奖和一、二、三等奖。（张文超）

【文化艺术进社区活动】2015年，作为驻马店市中心城区六项惠民工程之一的文化艺术进社区活动自6月启动到12月结束。演出采取综艺类和戏曲类相结合的形式，活动地点主要以街道（社区）、学校、军营、工矿企业和敬老院为主。全市共有52支民营团体、业余文艺团队及1200多名演职人员参加演出，演出40场，受益群众近5万人。（张文超）

【豫剧《陈蕃》晋京演出】2015年5月15日～17日，驻马店市演艺中心编排的大型新编廉政豫剧《陈蕃》在北京长安大剧院成功举办3场演出。演出结束后召开的专家研讨会上，仲呈祥、姜志涛、王安葵、康式昭、温大勇、刘平、黎继德、林蔚然、谢柏梁、张平、陈涌泉、陈文云等专家学者提出了建设性意见和建议。《人民日报》、新华社、《光明日报》、《中国文化报》、《农民日报》等20多家新闻媒体对演出进行采访报道。（张文超）

【参加第二十届河南省歌曲创作大赛】2015年，在河南省第二十届歌曲创作大赛上，驻马店市10件作品获奖。其中，由张体龙、李卫东创作的《白发情思》，由谷天义、陈艳伟创作的《老家河南》获一等奖；由谷天义、汪辉创作的《好日子咱们唱着过》等3件作品获二等奖；由志合创作的《我的草原我的情》获三等奖；由张体龙、卫东、一岚创作的《风里雨里》等4件作品获优秀奖。（张文超）

【豫剧《陈蕃》参加苏州第十四届中国戏剧节】2015年11月1日晚，驻马店市演艺中心编排的豫剧《陈蕃》在第十四届中国戏剧节主办地苏州市开明大戏院上演并荣获优秀展演奖。这是驻马店市创排剧目首次登上国家级戏剧舞台。驻马店市委常委、宣传部部长戚存杰现场观看演出并出席第十四届中国戏剧节剧目评论会。（张文超）

【全市第三届中青年戏曲演员大赛】2015年12月15日～16日，驻马店市文化广电新闻出版局举办全市第三届中青年戏曲演员大赛。此次大赛是继2006年以来举办的全市最高级别的专业戏曲演员大赛，共有近40名优秀中青年戏曲演员参加复赛。比赛采用折子戏的形式进行比赛，涵盖豫剧、曲剧、丝弦道等剧种剧目。李莹莹、王军敏、李真、王军军、

杜新涛获得一等奖，王志愿等6人获得二等奖，李富香等6人获得三等奖。（张文超）

【戏剧电影《家有贤妻》首映】2015年12月18日，由驻马店市文化影视公司自拍、自编、自导、自演的数字电影《家有贤妻》在市群艺馆首映。河南省文联党组书记吴长忠，驻马店市委常委、宣传部部长戚存杰，市人大常委会副主任张德轩，市政协副主席赵瑛等出席首映式。电影由周明理担任编剧，王建伟担任导演，青年豫剧表演艺术家张淑慧、国家一级演员刘海功等主演。该影片外景地均取材于驻马店市农村，是驻马店市第一部拥有独立自主产权的电影，并面向全国309条农村数字电影院线发行。（张文超）

【“天中杯”第九届河南省戏曲红梅奖大赛】2015年12月21日～23日，由河南省文联、省戏曲家协会、驻马店市委宣传部、市文化广电新闻出版局主办的“天中杯”第九届河南省戏曲红梅奖大赛在驻马店市举办。大赛历时3天，参赛剧种有豫剧、曲剧、越调、京剧、四平调。全省102名优秀中青年戏曲演员经过5场比拼，共评出演唱组金奖21人，器乐组金奖5人。驻马店市选手李莹莹、王军敏获演唱组金奖，孙阳获器乐组金奖。（张文超）

文化新闻出版市场管理

【“扫黄打非”集中行动】2015年2月10日～11日，市“扫黄打非”办组织市文化新闻出版、公安、工商、城建、邮政、交通部门开展“扫黄打非”集中行动，重点检查了出版物集中销售场所、繁华街区、交通枢纽、电脑产品销售点、报刊亭、集市等部位。此行动共出动执法人员152人次，检查店档摊点42家，物流快递12家，印刷企业21家，暂扣涉嫌非法出版物15516册（张）（包括嫌疑非法报刊1.5万份，医疗杂志300份，图书216册），取缔地摊、游商、无证经营单位5个，发放宣传单2000多份，向26家违规单位发放告知书。12月10日～11日，在全市范围内组织开展“扫黄打非”集中行动，进一步深化“清源、净网、秋风、护苗”4个专项行动。共出动执法人员542人次，车辆77台次，检查印刷经营单位201家次，书店109家次，音像店18家次，快递87家，报亭133家，校园周边49处，车站8处，取缔非法地摊11个，各类非发教辅出版物1499册，图书1083册，音像192张。（张文超）

【文化市场综合执法“闪电”行动】2015年3月25日～26日，驻马店市文化广电新闻出版局在全市范围内开展了2015年文化市场综合执法“闪电1号”行动。共出动车辆24台、人员144人，查处违规经营网吧11家、歌舞场所2家，查处无证经营单位14家（其中网吧4家、歌舞场所3家、演出7家），暂扣电脑主机7台，收缴图书173册、音像制品230盘，取缔地摊1家。5月28日～29日，在全市范围内组织开展2015年文化市场综合执法“闪电2号”行动。中心城区此次行动共出动检查人员16人次，车辆4台次，发现2家经营不规范的网吧。8月6日～7日，在全市范围内组织开展文化市场综合执法“闪电3号”行动。共出动人员144人、车辆25台，检查经营单位512家，查处违规经营网吧22家，无证网吧5家，无证歌舞娱乐场所12家，暂扣电脑主机5台、服务器3台，暂扣非法出版物册1642册（张）。9月10日～11日，在全市范围内组织开展“闪电4号”行动。共出动人员175人次、车辆台30台次，查处违规经营网吧8家，暂扣电脑主机2台，暂扣涉嫌非法出版物996册（张）（其中图书706册、音像290张），取缔地摊4个。11月26日～28日，组织开展全市文化市场综合执法“闪电5号”行动。共出动人员203人次、车辆36台次，检查歌舞娱乐场所184家，查处有违规曲目38家并责令其立即整改。12月24日～26日，在全市范围内组织开展文化市场综合执法“闪电6号”行动。共出动人员233人次、车辆43台次，检查歌舞娱乐场所181家，当场责令整改存在安全隐患的歌舞娱乐场所24家，立案1家，查处无证歌舞娱乐场所74家并责令停业整顿。（张文超）

【侵权盗版及非法出版物集中销毁活动】2015年4月20日上午，驻马店市“扫黄打非”办开展侵权盗版及非法出版物集中销毁活动。市委常委、宣传部部长戚存杰出席活动并宣布销毁活动开始，副市长冯玉梅作销毁动员讲话。全市各县区共集中销毁各类非法出版物50181件。（张文超）

【夏季消防安全集中整治专项行动】2015年6月～8月，驻马店市文化广电新闻出版局在全市范围内开展娱乐场所夏季消防安全集中整治专项行动。共出动检查人员9604人次，车辆2382台次，检查经营单位3617家次，查处无证经营单位20家，消除安全隐患144起。（张文超）

文化遗产保护

【全市优秀文物保护员评选表彰】2015年3月3日，驻马店市文化广电新闻出版局在全市范围内组织开展对已在省、市文物行政部门登记备案的优秀文物保护员评选活动。评选活动采取自下而上，逐层推荐的方式进行，对评选出的100名优秀文物保护员发放证书和奖金。（张文超）

【南阳汉画精品拓片展】2015年5月18日～7月18日，驻马店市博物馆与南阳市汉画馆共同举办“龙卧南阳——南阳汉画精品拓片展”，展出67幅汉画像石拓片精品，内容涵盖饮食生活、车马出行、礼仪风俗等13种类。南阳汉画馆专家对驻马店市博物馆员工的拓片制作、讲解等进行了培训。（张文超）

【河南省第一次可移动文物普查工作（豫南片区）推进会在驻召开】2015年6月8日，全省第一次可移动文物普查工作（豫南片区）推进会在驻马店召开，河南省文物局副局长郑小玲，省文物局普查办副主任王瑞琴、徐彦，以及信阳市、周口市、驻马店市普查办的领导参加会议。王瑞琴对全省文物普查工作进展情况作简要通报，郑小玲作总结发言。

（张文超）

【陈爱兰一行到驻市调研】 2015年8月11日下午，河南省文物局局长陈爱兰、安全处处长秦文波、文物保护与考古处处长张慧明到驻马店市文物考古管理所和市博物馆就文物系统开展“三查三保”活动进行调研，并对文物安全保护工作进行检查。驻马店市副市长冯玉梅、市文化广电新闻出版局长李林清陪同调研。（张文超）

【“红色竹沟——中原抗战的摇篮”图片展】 2015年8月31日，“红色竹沟——中原抗战的摇篮”图片展在确山县竹沟革命纪念馆开展，共展出图片等资料100余幅。展览分“中共河南省委迁驻竹沟”“中共中央中原局设立竹沟”“竹沟是新四军的摇篮”“孤山冲抗日根据地的建立”“竹沟英明”等5大部分。（张文超）

【纪念中国人民抗日战争胜利70周年特展】 2015年8月31日，由驻马店市委宣传部、市文化广电新闻出版局、市委党史研究室主办，市博物馆承办的“勿忘历史珍爱和平——驻马店市纪念中国人民抗日战争暨世界反法西斯战争胜利70周年特展”活动开幕式在市博物馆举行。驻马店市委常委、宣传部部长戚存杰，副市长冯玉梅出席开幕式。展览共分为日军入侵，救亡兴起；统一战线，同仇敌忾；日军暴行，惨绝人寰；抗战砥柱，竹沟风采；豫南奋战，胜利之光5个单元，展出图片300多幅、展板260块、文物150多件。（张文超）

【“天中遗风”驻马店市非物质文化遗产展】 2015年9月5日～9日，由驻马店市委宣传部、市文化广电新闻出版局主办的2015年“天中遗风”驻马店市非物质文化遗产展于市天中广场南侧展出。参展的非物质文化遗产项目共计95项，其中展示类88项、展演类7项，基本涵盖驻马店市民间文学、传统音乐舞蹈、传统美术、书法、传统医药、传统戏剧、曲艺、杂技、民俗、传统手工技艺等内容。遂平大铜器、“尹喜派”河南坠子、丝弦道等一批传统曲艺节目在活动现场进行表演。（张文超）

驻马店市国家级非物质文化遗产名录表（9项）

盘古神话	第二批	泌阳县
打铁花	第二批	确山县
大铜器	第二批	西平县
梁祝传说	第一批	汝南县
罗卷戏	第二批	汝南县
“重阳节”民俗	第三批	上蔡县
大铜器	第四批	遂平县
棠溪宝剑铸造工艺	第四批	西平县
毛氏济世堂脱骨疽症疗法	第四批	新蔡县

【上蔡县蔡国故城北城垣抢修工程】 2015年11月9日，由北京建工建筑设计研究院勘测设计，河南省宏昌古建园林有限公司施工建设，河南安远文物保护工程有限公司监理的全国重点文物保护单位上蔡县蔡国故城北城垣抢修工程开工建设，工程计划工期180天。蔡国故城城墙经过3000多年的自然风化、雨水冲刷以及人为破坏等，多处出现滑塌、冲沟等，城垣遗址北段较为严重，本工程主要针对部分墙体滑塌、墙体崩塌等情况进行抢救性修复。（张文超）

驻马店市省级非物质文化遗产名录表（32项）

梁山伯与祝英台传说	第一批	汝南县
盘古神话	第一批	泌阳县
董永与七仙女传说	第一批	汝南县　西平县 平舆县
王莽撵刘秀传说	第一批	西平县　遂平县
农民画	第一批	汝南县
东岸桃核雕花工艺	第一批	上蔡县
重阳茱萸绛囊	第一批	上蔡县
大铜器	第一批	西平县　遂平县
罗卷戏	第一批	汝南县
杠天神	第一批	新蔡县
扁担戏	第一批	新蔡县
丝弦道	第一批	平舆县
打铁花	第一批	确山县
棠溪宝剑铸造工艺	第一批	西平县
太平车制作技艺	第一批	平舆县
“重阳节”民俗	第一批	上蔡县
嫘祖祭典	第一批	西平县
王祥卧冰传说	第二批	遂平县
西平鱼灯	第二批	西平县
杨集毛笔	第二批	上蔡县
芝麻种植及传统小磨香油制作技艺	第二批	驿城区　西平县
合水张氏正骨	第二批	西平县
升旗打酒火	第二批	西平县
王勿桥醋制作技艺	第三批	正阳县
查，拳	第三批	驿城区
担经挑	第三批	上蔡县
毛氏济世堂脱骨疽症疗法	第三批	新蔡县
核桃雕花工艺桃符制作	第三批	遂平县
王店大装	第四批	泌阳县
麦草画	第四批	汝南县
武驴	第四批	西平县
缠丝鸡蛋	第四批	驿城区

【驻马店市第一次全国可移动文物普查市级专家审核会】 2015年12月28日~31日，驻马店市第一次全国可移动文物普查市级专家审核会举办。市专家组成员彭爱杰、单晔、刘群、王岩、李合强主持数据审核，数据审核主要针对各文物收藏单位三级以上藏品录入的数据信息对照文物普查数据登录标准进行现场评审，共审核珍贵文物数据4869条，一般文物信息10077条。全市各县和市直单位普查工作分管领导和数据录入人员参加了审核会。（张文超）

驻马店市全国重点、省级文物保护单位

名称	时代	公布时间	地点	备注
全国重点文物保护单位				
中共中央中原局旧址	近现代	1988.1	确山县竹沟镇	第三批
蔡国故城	春秋	1996.11	上蔡县城周围	第四批
酒店冶铁遗址	战国至汉	1996.11	西平县酒店乡	第四批
下河湾冶铁遗址	战国至汉	2006.5	泌阳县马谷田镇	第六批
杨台寺遗址	新石器时代	2006.5	驻马店市驿城区	第六批
楚长城（河南长城——合并项）	春秋战国	2006.5	泌阳县（黄山、象河、板桥、高邑4乡）、确山县、驿城区、遂平、西平西部山区	第六批
悟颖塔	宋代	2006.5	汝南县城南关	第六批
宝严寺塔	北宋	2006.5	西平县城东关	第六批
嵖岈山卫星人民公社旧址	近现代	2006.5	遂平县嵖岈山乡	第六批
楚国贵族墓地（并入蔡国故城）	周至战国	2006.5	上蔡县大路李乡	第六批
西平县董桥遗址	新石器时代	2013.3	西平县吕店乡	第七批
驿城区台子寺遗址	新石器时代	2013.3	驿城区水屯镇	第七批
汝南县天堂寺遗址	新石器时代	2013.3	汝南县南余店乡	第七批
新蔡县葛陵故城	东周	2013.3	新蔡县李桥镇	第七批
平舆县沈国故城	春秋至汉	2013.3	平舆县射桥乡	第七批
正阳县正阳石阙	东汉	2013.3	正阳县城东关	第七批
平舆县秀公戒师和尚塔	金	2013.3	平舆县李屯乡普照寺村	第七批
河南省文物保护单位				
西平县耿庄遗址	新石器时代	1986.11	西平县重渠乡	二批
西平县上坡遗址	新石器时代	2000.6	西平县人和乡	三批
西平县冶炉城	战国	1986.11	西平县卢岗乡	二批
西平县小孟庄遗址	商至汉	2006.6	西平县师灵镇	四批
西平县小潘庄遗址	新石器至汉	2006.6	西平县出山镇	四批
西平县蜘蛛山造磨作坊旧址	三国－唐	2008.6	西平县出山镇蜘蛛山	五批
西平县牛寨遗址	新石器时代	2008.6	西平县宋集乡	五批
西平县苗塚遗址	新石器时代	2008.6	西平县环城乡	五批
遂平县唐岗遗址	新石器时代	1986.11	遂平县车站镇	二批
遂平县吴房故城	春秋	1986.11	遂平县城关	二批
遂平县魏湾遗址	新石器时代	2006.6	遂平县文城乡	四批
遂平县中王庄遗址	新石器时代	2006.6	遂平县文城乡	四批
河南省塑料机械股份有限公司	1929-2002	2008.6	遂平县建设路东段	五批
驿城区薛庄遗址	新石器时代	2008.6	驿城区橡林乡	二批
驿城区郭楼遗址	新石器时代	2008.6	驿城区橡林乡	二批
驿城区杨庄遗址	新石器时代	2008.6	驿城区橡林乡	三批
驿城区朱庄遗址	新石器时代	2008.6	驿城区古城乡	二批

续表1

驿城区国楼遗址	新石器时代	2008.6	驿城区朱古洞乡	二批
驿城区杨靖宇烈士故居	近现代	2008.6	驿城区古城乡	二批
驿城区马台寺遗址	新石器时代	2008.6	驿城区诸市乡	四批
驿城区五龙口遗址	新石器时代	2008.6	驿城区诸市乡五龙口村	四批
驿城区新庄遗址	夏、商、周	2008.6	驿城区新庄村	四批
驿城区道国故城	春秋、战国	2008.6	驿城区古城乡	四批
驿城区孔庄遗址	新石器时代	2008.6	驿城区水屯镇	五批
驿城区乔庄遗址	新石器时代	2008.6	驿城区水屯镇乔庄村	五批
驿城区宋庄遗址	新石器时代	2008.6	驿城区胡庙乡宋庄村	五批
驿城区西杨庄遗址	新石器时代	2008.6	驿城区朱古洞乡西杨庄村	五批
驿城区杨角寺遗址	新石器时代	2008.6	驿城区朱古洞乡杨角寺村	五批
泌阳县蒋庄遗址	新石器时代	2008.6	泌阳县官庄乡	二批
泌阳县太子岭遗址	新石器时代	2008.6	泌阳县老河乡	二批
泌阳县婆子山摩崖造像	北魏至宋	2008.6	泌阳县象河乡	四批
泌阳县焦竹园革命旧址	近现代	2008.6	泌阳县铜山乡	三批
泌阳县焦芳墓	明	2008.6	泌阳县贾楼乡焦坟村	四批
泌阳县张庄遗址	新石器时代	2008.6	泌阳县赊湾乡	五批
确山县曹庄遗址	新石器时代	2008.6	确山县曹庄村	一批
确山县临时治安委员会	近现代	2008.6	确山县县城	三批
确山县郎陵城	汉	2008.6	确山县任店镇	一批
确山县刘店农民暴动指挥部旧址	1923年	2008.6	确山县刘店镇	四批
确山县竹沟遗址	新石器时代	2008.6	确山县竹沟镇	四批
确山县赵楼遗址	夏、商、周	2008.6	确山县赵楼村	四批
确山县北泉寺	北齐至清	2008.6	确山县乐山林场	五批
汝南县北关石桥（汝河石桥）	明	2008.6	汝南县城北关	二批
汝南县东关石桥（汝河石桥）	明	2008.6	汝南县城东关	二批
汝南县刘备台遗址	新石器时代	2008.6	汝南县和孝镇	一批
汝南县文庙大成殿	明	2008.6	汝南县西大街	五批
平舆县台子寺遗址	新石器时代	2008.6	平舆县庙湾镇	二批
平舆县陈蕃墓	汉	2008.6	平舆县北关	五批
上蔡县光武台遗址	新石器时代	2008.6	上蔡县东岸乡	二批
上蔡县航寨遗址	新石器时代	2008.6	上蔡县朱里乡	二批
上蔡县高岳集遗址	新石器时代	2008.6	上蔡县杨集乡	二批
上蔡县十里铺遗址	新石器时代	2008.6	上蔡县邵店乡	二批
上蔡县李斯墓	秦	2008.6	上蔡县卢岗乡李斯楼村	三批
上蔡县蔡仲墓	西周	2008.6	上蔡县卢岗乡	三批
上蔡县蔡叔度墓	西周	2008.6	上蔡县卢岗乡	三批
上蔡县顺阳王墓	明	2008.6	上蔡县邵店乡	四批
上蔡县苏氏节孝坊	清	2008.6	上蔡县东岸乡	五批
正阳县江国故城	西周	2008.6	正阳县东南大林乡	三批
正阳县王家冢遗址	新石器时代	2008.6	正阳县熊寨乡	二批
正阳县临淮故城	汉	2008.6	正阳县皮店乡	四批
正阳县建安故城	南北朝	2008.6	正阳县铜钟镇	四批

续表2

正阳县李冢汉墓群	汉	2008.6	正阳县城郊皮庄村	四批
正阳县黄叔度墓	东汉	2008.6	正阳县城关镇	五批
新蔡县郭冢遗址	新石器时代	2008.6	新蔡县南郭村	二批
新蔡故城	春秋	2008.6	新蔡县城关	一批
新蔡县文庙大成殿	清	2008.6	新蔡县城内	三批
新蔡县周冢遗址	商、周	2008.6	新蔡县十里铺乡任庄	五批
豫中抗日根据地旧址	1944 年	2016.1	遂平县槐树乡李兴楼村	七批
辛亥革命烈士祠	1940 年	2016.1	新蔡县古吕镇胜利街居委会	七批
小南海古建筑群	明、清	2016.1	汝南县汝宁街道	七批
康庄遗址	商	2016.1	西平县杨庄乡康庄村	七批
天顶遗址	商、周	2016.1	西平县人和乡	七批
谢老庄遗址	新石器时代	2016.1	西平县人和乡谢老庄村	七批
台子坡遗址	新石器时代	2016.1	确山县普会寺乡台子坡村	七批
安城故城遗址	东周至魏	2016.1	平舆县老王岗乡	七批
李庄遗址	商、周	2016.1	上蔡县朱里镇李庄村	七批
老母洼遗址	新石器时代	2016.1	正阳县陡沟镇	七批
山照遗址	新石器时代	2016.1	遂平县嵖岈山镇	七批
百口井遗址	战国	2016.1	泌阳县春水镇	七批
大杜庄瓷窑址	宋、明	2016.1	驻马店市驿城区关王庙乡	七批
毛城故城遗址	东周	2016.1	新蔡县余店乡韩店村	七批
闫楼古墓群	商	2016.1	正阳县付寨乡	七批

专业文艺

【文联工作概况】 2015 年，全市在市级以上展览、演出、出版、刊发、播出各类文艺作品 3242 件，其中国家级 94 件、省级 640 件、市级 2508 件；在市以上获奖作品 1871 件，其中国家级 28 件、省级 224 件、市级 1619 件。（赵 靓）

【文艺活动】 2015 年，全市文联系统共组织和参与各类主题文艺活动、民俗文艺活动、节庆文艺活动 1000 余场次。

开展主题文艺活动。组织庆祝建党、新中国成立、抗日战争胜利以及宣传社会主义核心价值观、“中国梦”等系列主题文艺活动。其中，市本级举办了“我们的中国梦·文艺进万家”“庆祝建党 94 周年书画作品展”“书画进企业，艺术颂党恩”“纪念抗日战争胜利 70 周年摄影大赛”“纪念抗日战争胜利 70 周年诗歌征文及获奖作品朗诵会”“庆祝新中国成立 66 周年暨抗日战争胜利 70 周年驻马店市首届群众书画展”“《诗画天中》采风创作”等系列主题文艺活动。同时，在市文联文艺刊物《天之中》的《特别推荐》栏目连续刊登宣传推介驻马店道德模范和身边好人事迹的文章 27 篇，持续加大社会主义核心价值观的宣传力度。

组织专门领域文艺活动。举办驻马店市青少年才艺电视大赛、驻马店市残疾人书法绘画大赛、驻马店市艾滋病防治宣传进校园书画笔会等专题文艺活动，有效助推全市青少年素质教育、残疾人事业、艾滋病防治等专项工作顺利进展。

开展群众文艺活动。市县两级文联、企业行业文联和市县两级各文艺家协会，都各自组织开展了多次具有一定规模和影响的群众文艺活动；同时以帮助策划、领导出席讲话等形式，支持社会文艺团体、艺术培训机构常态化开展群众文艺活动。全年全市文联系统组织各类展、演、赛、评活动 400 多场次。1 月 2 日，举办驻马店市新春音乐诗会；1 月 12 日，丝弦道剧目《德孝情》走进大学校园演出；1 月 17 日，举行“墨韵天中”书法名家义写牌匾活动；3 月 19 日～31 日，在驻马店市举办“河南省第十三届中国画艺术展”获奖作品展；4 月 10 日，驻马店市书法投稿作品点评会召开，全市上百位书法界骨干参加；4 月 21 日，泌阳举办“同根同脉 共筑和谐”盘古山传统庙会；4 月 24 日，西平举办乙未年中华母亲节·嫘祖故里拜祖大典；4 月 23 日，庆“五一”全国“80 后”书法家扇面书法作品展在驻马店市开幕；5 月 5 日，举办河南省第二届中青年油画家学术提名展暨驻马店市首届油画展；5 月 17 日，市文联系统组织 30 多名书法家深入基层开展“结对子，种文化”活动；7 月 19 日，举办“纪念抗战胜利 70 周年诗歌朗诵会”；9 月 1 日，举办“纪念中国人民抗日战争胜利 70 周年暨情系天中·扎根沃土”——崔静海回报家乡书画作品展；9 月 26 日，举办驻马店市第七届舞蹈大赛；10 月 10 日，举办“纪念世界反法西斯战争

及中国人民抗日战争胜利70周年驻马店市首届群众书画作品展”；10月20日，上蔡举办中国·上蔡第十三届重阳文化节群众文化活动暨全国助学活动；10月21日，中国盘古文化纪念馆在泌阳县盘古山揭牌；12月20日，举办“相聚皇家”2016新年联欢晚会，等等。2015年，全市各县区文联也都参与组织了广场文化活动、“农洽会”民间文艺表演和重大节日的节庆文化活动等。有文艺刊物的县区也都做好刊物的编辑、出版工作。（赵　靓）

【协会活动】 2015年，驻马店市本级12个文艺家协会积极开展文艺活动，辅导文艺技能，服务人民群众。市戏剧家协会参与“送戏下基层”演出活动2017场次；参加“河南省中原大舞台”演出28场；开展“中国梦·天中情”新创文艺作品征集评奖活动；举办2014年度新创文艺作品评奖暨编剧培训会议，对118部（个）新创文艺作品进行评奖。市音乐家协会主办或参与举办“河南省首届电视钢琴大赛驻马店分赛区”比赛、快乐阳光2015童歌会大赛驻马店赛区比赛、阿尔达米拉杯中原吉他邀请赛、驻马店市音乐创作研讨会、“张霞教授从军、从艺从教43周年学生音乐会”等活动；成立驻马店市打击乐学会。市舞蹈家协会全年发展22名省级会员；举办了驻马店市第七届舞蹈大赛、皇家音乐会、王银武声乐研习班、舞协会员春季采风活动、老舞协重阳节文艺汇演以及小天鹅少儿艺术学校、小天使少儿艺术学校、花之舞艺术中心、美惠子舞蹈艺术学校等舞蹈培训机构的教学成果演出。市曲艺家协会发展市级会员23名、省级会员3名；参加各县区春节文艺晚会演出54场次；举办文化惠民演出、“深入生活·扎根人民·讲好故事”全省曲艺大赛、“中国精神·中国梦”主题文艺创作活动；全市20多个民营曲艺团体全年在农村基层演出2100多场次。市书法家协会发展省书协会员38人、中国书协会员5人；积极发动会员在本地举办个展和参加国家、省级展览，并经常组织开展书法交流、书法进企业、书法进校园、送文化下乡、书法交流点评等活动。市美术家协会主办或承办了2015驻马店美术书法作品新年展、河南省第十三届中国画艺术展获奖作品展、河南省市第二届中青年油画家学术提名展暨驻马店市首届油画展、“驿城有约”中国画名家六人作品展、河南省文化系统“廉政文化”美术作品展、庆“七一”驻马店市第三届残疾人书画大赛、徐亚力国画展、崔静海回报家乡美术作品展等活动；组织驻马店市12名油画家赴青海采风写生。市作家协会编辑网络电子有声文学杂志《柳色》3期，共发表作品120多篇；举办了“文旅结合同赢 妙笔增色天中”采风活动、三峡人家天中作家读书会、金顶山诗书笔会、诗教进校园、“把楹联写在党旗上”、“诗词飞扬党旗飘”诗歌征集、“尼雅杯”优秀诗词评选颁奖会暨优秀诗人表彰会、“中国人民抗日战争暨世界反法西斯战争胜利70周年”楹联诗词优秀诗作评选等活动；推荐发展省级会员6人，发展市级会员31人。市摄影家协会举办电影《少年杨靖宇》开机仪式摄影大赛、摄影艺术进校园、摄影作品交流联谊会、《天中文化大讲堂》之“摄影公益系列讲座”、纪念抗日战争胜利70周年“蔡洪坊杯”文化天中·魅力驿城摄影大赛、“简一大理石杯”美丽驻马店摄影大赛等活动；在泌阳、西平、确山、正阳等地举办摄影培训讲座。市电影电视家协会主办或承办了第二十六届中国新丝路模特大赛驻马店赛区比赛、端午节“爱心送粽子”慰问环卫工人公益活动、父亲节“为父亲洗脚”爱心公益活动等。市收藏家协会与《天中晚报》共同开辟《鉴宝》专栏，为广大市民、收藏爱好者免费鉴宝，并开通鉴宝热线；举办了驻马店市古玩艺术品交流博览会、“纪念抗日战争胜利70周年”集邮展览、“大爱天中——为癌症患者捐助”、“收藏知识进社区、进校园、进农村”等活动。市杂技家协会组织各演出团体，全年开展送杂技、魔术下乡、进社区等公益活动80余场，其中大型杂技剧《冰上天姿》赴河南尧山风景区、西安、内蒙古等地演出60场，观众达万余人次。（赵　靓）

【文艺惠民活动】 2015年，市文联以文艺志愿服务为抓手，扎实开展文艺惠民活动。市文联已初步组建起一支近200人的文艺志愿者队伍，并正在筹建市文艺志愿者协会。要求每个县区文联选择不少于6个、每个市级文艺家协会选择不少于3个农村村委或城镇社区作为联系点，开展“教你一招”文化惠民活动，为基层培养一批“永久牌”的群众文艺骨干。全年，全市已开展“教你一招”活动500多场次。市文联被评为河南省优秀文艺志愿服务组织。（赵　靓）

【文学创作】 2015年，全市在市级以上媒体中发表作品3200多篇（首）。在“中国人民抗日战争暨世界反法西斯战争胜利70周年”楹联诗词大赛中，驻马店市作者耿永红获一等奖，田春雨获二等奖，康湘民、郑松才获三等奖，奚家坤、赵大磊、宋汉杰、谢石华获优秀奖；在“诗意中原”——第四届“河南十佳诗人”评选活动中，驻马店市西平县作协主席奚家坤、驿城区作协主席康湘民获第四届“河南十佳诗人”荣誉称号；余永亮散文《记忆中的一年级》获“恩师情我的老师”全国征文大赛优秀奖；姚国禄的散文《夕阳下的村庄》获首届华夏散文奖二等奖、歌词《盛世中国》获感动中国——群文杯全国大型原创歌词大赛银奖；乔桂堂的散文诗《细密的生活》获《当代校园文艺》举办的首届中国当代文艺“桃李芬芳原创作品”大赛三等奖，并获得中国小诗网、中国小诗协会举办的中国小诗首届“十佳诗人”；陈传龙的短小说《夫与妻》获第十届“紫香槐杯”全国网络征文大赛小说类三等奖、散文《一座村庄的历史文化衰变》获作家报·九龙峪杯全国文学艺术大奖赛一等奖、散文《我爱北京天安门》在第二届“相约北京”全国文学艺术大赛中获一等奖。宋汉杰的诗词《游薄山湖》被录入《当代诗词大典·旅游卷》（第二卷），并评为一等奖；散文《游铜山峰湖》被录入《当代散文家力作选》（第六卷），并评为一等奖。柳书波散文《剜泽蒜》获2015年“中华情”全国诗歌散文大赛银奖，散文《春游西九华》获“2015年度中国散文年会”二等奖，散文《寻梦“天下第一庄”》获第四届全国人文地理散文大赛一等奖。（赵　靓）

【音乐创作】 2015年，全市创作词曲200多首。在3年一届的第十二届河南省“群星奖”音乐舞蹈大赛评奖中，驻马店市歌曲《幸福雨》获一等奖，歌曲《走过昨天》获二等奖，歌曲《天上人间》《飞雪迎春》获三等奖；在第二十届歌曲创作评奖中，驻马店市推荐的《白发情思》和《老家河南》获一等奖，《好日子咱们好好过》《小蚂蚁》和《梨花》获二等奖，《我的草原我的情》获三等奖，另有 4 首歌曲获优秀奖。另外，市音协主席汪辉、副主席谷天义为驻马店市第二届运动会谱写的会歌《让梦飞翔》，获得广大群众一致好评。

（赵　靓）

【舞蹈创作】 2015 年，全市 100 多个舞蹈培训机构在校学员近万人，其中近 3000 名舞蹈学员通过中国舞考级、国标舞考牌等等级考试，创历年之最。市国标舞协会摩登舞青年选手于龙琦、拉丁舞青年选手宋志凯在世界摩登舞、拉丁舞大赛中获得突出成绩；在“舞动生命，最美夕阳”2015 全国中老年广场舞总决赛中，驻马店市正阳县“芊莉”舞蹈队以总分第一的好成绩夺冠；市国标舞培训机构少儿拉丁舞选手在全国、河南省拉丁舞大赛中，荣获金奖 200 个，银奖、铜奖 300 个；市中国舞蹈培训机构少儿舞蹈选手在全国、省级舞蹈大赛中获金奖 110 个，银奖 220 个。（赵　靓）

【曲艺创作】 2015 年，在第四届河南省曲艺牡丹奖评选活动中，驻马店市表演的小品《卖鱼》、创作的小品《我很看好你》分别获得节目奖和创作奖。在河南省第十二届“群星奖”小戏小品（曲艺）大赛中，驻马店市群口相声《我有钱了》获一等奖，并代表河南省参加全国群星奖决赛；小品《冰箱坏了》获二等奖。在全省曲艺大赛中，驻马店市选送的故事《老姚有点事》和《烛光情 清丽梦》获一等奖，河南坠子《忘不了》、汝河大鼓《歌颂英雄杨靖宇》获二等奖。王新国的论文《浅谈如何发挥好基层曲艺在公共文化服务中的作用》在第四届中国曲艺（柯桥）高峰论坛中，获“入选论文奖”并在会上宣读。驻马店市群口相声《我有钱了》在第八届“西岗杯”全国相声新人新作推选活动中获入围奖。三弦书《闹嫁妆》入围“中华颂”第六届全国小戏小品大赛。在河南省第八届少儿曲艺大赛中，驻马店市的小品《新龟兔赛跑》获作品、辅导、表演二等奖，相声《恨爹不成刚》获大赛作品、辅导、表演三等奖。

（赵　靓）

【摄影艺术】 2015 年，刘凤鸣作品《牧归》获第十七届全国艺术摄影大赛优秀奖，《晨牧》获“魅力西昌杯”全国湿地摄影大展优秀奖，《牧羊曲》和《猫冬》分别荣获“美康杯”第八届河南省新人新作摄影比赛三等奖和优秀奖；陈晓力作品《金顶夕照》获全省“工行杯”摄影比赛优秀奖，《桃花报春》在工行河南省分行 2015 年庆祝“重阳节”书画、摄影展中获三等奖，并入选画册；赵大军作品《麦客写真》获河南省总工会“劳动美”摄影比赛三等奖；李进科作品《暮恋》和《过来吧》分别获全国第三届“鑫吉海杯”我的医院·我的家摄影比赛三等奖和优秀奖；张建海作品《上学路上》获

2015年10月10日，驻马店市首届群众书画作品展在市群艺馆举行。　　张　朝　摄

河南省第十四届艺术摄影展优秀奖，《历史的星空》（组照）、《建设者》分别获第十九河南省摄影艺术展二等奖和三等奖，《牧归》《舞、建设者》荣获全省“工行杯”摄影比赛优秀奖，《人间仙境》获“美康杯”第八届河南省新人新作摄影比赛优秀奖；杨德清作品《插翅难逃》获全国公安系统第五届“卫士之光”摄影大赛二等奖。（赵　靓）

【书法创作】 2015 年，在河南省第二十四届群众书法作品展中，驻马店市入展 70 件，获奖 29 件。在华夏文明——第三届“希望、圆梦”杯全国书法作品展中，驻马店市作者李昂获三等奖、彭海民获入展奖；在全国第十一届书法篆刻作品展中，驻马店市作者王红卫、张蕴慧入展；在“同和杯”全国书法大赛中，驻马店市作者李昂入展；驻马店市作者胡晖应邀到江西宜春参加庆“八一”全国名家笔会；在河南省第八届民间工艺博览会暨首届中秋民俗书画艺术展中，驻马店市作者徐清志、李昂获三等奖，胡晖、曹峰、李祉良获优秀奖。（赵　靓）

【美术创作】 2015 年，驻马店市作者薛水生的《心灯》等 8 幅作品入选河南省第二届中青年油画家学术提名展；《岁月如歌》在“继往开来·中国民主同盟美术作品展”中获一等奖，并在中国美术馆展出；《走好每一步》在“河南省廉政文化美术作品展”中获一等奖。开红四的《海之恋》入选全国中青年国画家作品展，《吉》入选美丽中国重彩画展。尚峰亦的《醒秋》入选“高洁品性·兰蕙人生”全国中国画作品展。汪莹莹的《葳蕤自生光》获河南省第八届版画展一等奖，《万物生》入选全国第二十一届版画展。李艳霞的国画作品入选“第三届造型艺术新人展”；张伯杰、刘春梅、王丽娜的作品在河南省第十四届中国画艺术展中获优秀作品奖；李楠的作品在河南省第十四届人物画展中获优秀作品奖。（赵　靓）

【影视创作】 2015 年，在河南省新闻奖（广播电视部分）、论文奖、文艺牡丹奖、播音主持奖等评选中，驻马店市作品共获国家级奖 1 部，省级二等奖 4 部、三等奖 9 部；另有 40 余部作品获国家、省级各类行业奖、单项奖和市委、市政府好新闻奖、市广播电视新闻奖。（赵　靓）

【戏剧创作】 2015 年，由驻马店市创排的大型廉政豫剧《陈蕃》在荣获文华大奖后，于 2015 年 5 月应邀在北京长安大戏院连演 3 场，演出取得巨大成功；11 月份《陈蕃》成功入选第十四届中国戏剧节参演剧目，是驻马店市原创戏剧首次登上全国规格最高、最具影响力的戏剧舞台。（赵　靓）

【杂技创作】 2015 年，驻马店市杂技演员赵双剑自制表演道具在《出彩中国人》电视栏目中上演“太空漫步”，并在国内巡回演出 300 多场。驻马店市杂技《冰上天姿》团队分别在河南尧山、西安、福建、深圳、广州、澳门等地演出百余场，随后踏出国门，前往日本、韩国等国演出。驻马店市部分杂技演员队常年在美国德州、北加州、拉斯维加斯州等地巡回演出，演出市场稳定，2015 年共演出 400 余场。（赵　靓）

【收藏活动】 2015 年，为适应市场和交流鉴赏需求，适时把收藏细分为书画、邮票、钱币、奇石、瓷器、玉器、古铜器等 10 大藏项。组织会员参加了国内数场大规模的艺术品交流活动、文博会和古玩艺术品拍卖会。在“河南省收藏家协会辉煌 20 年展”中，驻马店市选送的明代青铜器《渔翁得利》获金奖，并在河南省《华豫之门》鉴宝栏目登上珍宝台；在“海峡两岸交流展”中，驻马店市参展的明代鎏金佛像获得银奖。（赵　靓）

【民间文化】 2015 年，驻马店市围绕 7 个国家级民间文化之乡的后续建设，做实做好民间文化遗产抢救工程工作。4 月 21 日（农历三月初三），泌阳县盘古山传统庙会开幕，数万人齐聚盘古山，共同祭拜人根之祖盘古，弘扬“根文化”。庙会期间，举办了民间艺术表演系列活动。4 月 24 日（农历三月初六），西平县举行乙未年中华母亲节·嫘祖故里拜祖大典，近万名来自全国各地的炎黄子孙共贺人文女祖嫘祖诞辰，共庆中华母亲节。其间，还举办了西平嫘祖故里民间剪纸艺术展、嫘祖故里青年孝母爱亲演讲比赛和少年爱母孝亲书法比赛等一系列爱母孝亲宣传、教育活动。10 月 20 日，“爱佑中华 善孝同行”中国·上蔡第十三届重阳文化节群众文化活动举办，数千名群众共同庆贺九九重阳节，感受中华民族尊老敬老传统美德，体悟重阳文化的魅力与内涵。10 月 21 日，中国盘古文化纪念馆在泌阳县盘古山落成揭牌。此外，驻马店市民间艺术市场份额和社会影响也逐年扩大。西平棠溪宝剑、汝南麦草画、泌阳丝绢烙画、盘古金丝彩砂画等不断创新发展，积极开展对外交流，并代表驻马店出席北京、天津、深圳、上海等国际博览会、武汉中国中部博览会。西平棠溪宝剑正式获准国家工商总局商标局注册的“棠溪中华第一剑”和“棠溪天下第一剑”的商标使用权。“确山铁花”赴湖南浏阳、河北坝上等地表演，展示了驻马店市特殊的文化魅力。市民协谜语楹联学会成功举办多场楹联征集活动和谜语竞猜活动。（赵　靓）

【民间文艺项目获奖】 2015 年 6 月，在省文联举办的第二届“河南省民间文艺金鼎奖”评选活动中，驻马店市 5 个项目榜上有名：中国民间文艺家协会会员、国家级“非遗”项目——“确山铁花”的代表性传承人杨建军荣获“民间文艺个人成就金鼎奖”；上蔡县重阳文化专业委员会荣获“民间文艺集体成就金鼎奖”；市民协主席、国家级“非遗”项目——“棠溪宝剑”代表性传承人高庆民的作品“团圆剑”荣获“民间工艺美术作品金鼎奖”；西平大铜器舞表演队的《勇往直前》和西平县陈保明唢呐艺术团的《农家乐》分别荣获“民间表演金鼎奖”。（赵　靓）

报　刊

【驻马店日报社概况】 2015 年是驻马店日报报业集团成立

后的第一年，驻马店日报社（报业集团）多项工作受到上级表彰。报社有10人被市委、市政府授予驻马店市拔尖人才称号。报业集团的130多篇新闻作品被省内外媒体转载刊发或获奖。其中，《驻马店日报》刊发的新闻作品90多篇分获河南新闻奖、中国地市报新闻奖、中国城市党报新闻奖、河南省报纸理论宣传奖、驻马店新闻奖等。《驻马店日报》的编辑、记者在各级报刊发表学术论文30多篇。2015年度职称评审中，报社有22人顺利通过高、中级职称评审。《驻马店日报》综合质量和编校质量稳居全省同行先进行列。

舆论引导。《驻马店日报》2015年组织学习贯彻中共十八大，十八届三中、四中、五中全会精神和习近平总书记系列重要讲话精神以及亿元以上项目集中开工、"三严三实"专题教育、中国农加工洽谈会、道德模范、倡树社会主义核心价值观、打造"好人之城"品牌、全面深化改革、平安驻马店建设、美丽驻马店建设、粮食核心区建设、"六城联创"、纪念抗日战争胜利70周年等主题宣传，推出系列栏目，形成了规模效应、声势效应。做好小记者工作，全年小记者部共开办小记者课堂、组织户外采风等各类活动120余次。

新闻策划。2015年，报社策划了纪念抗日战争胜利70周年、喜迎记者节、走进文化之乡等大型走转改采访活动，刊发了一批重头稿件，增强了党报的影响力和核心竞争力。报社策划的12个系列评论受到读者广泛好评。

队伍建设。加强新闻队伍建设，开展经常性精品新闻大赛。强化"政治家办报"思想和政治责任意识，继续实行和完善专家带徒的"传帮带"活动。以周一学习日制度和业务大讲堂制度为抓手，有针对性地抓好政治、业务培训。开展"棠溪宝剑杯"精品新闻大赛等活动。推进"走转改"常态化，搞好记者蹲点活动。2015年，报社调整记者蹲点单位，重新确定60多个单位。9月，因驻马店日报社在"走基层、转作风、改文风"方面做出显著成绩，被中国地市报研究会表彰为中国地市报"走、转、改"先进集体。

英烈宣传策划。2014年，《天中晚报》推出"天中英烈生前身后事"系列报道受到省委宣传部长赵素萍的批示。2015年，《天中晚报》继续加大对英烈的报道力度。由天中晚报社申报的《天中英烈之生前身后事》一书，被列入驻马店市"五个一工程"项目。该书的出版，将丰富天中大地关于抗日战争系列的史料。这也是驻马店市新闻史上第一次全面系统报道抗日战争英雄事迹并集结成册。

《天中晚报》各项工作。2015年，《天中晚报》在国庆节期间推出的"秋实天中""劳动天中""收获天中"等10多个专版取得较好反响。2015年，《天中晚报》创新了"正报+周刊"的模式，设置5个周刊：天下文摘、圈子周刊、成长周刊、搜城周刊、望河楼，新增加《文学汇》《专栏作家》2个栏目，受到读者好评。　（傅维刚　程守俊　程建明）

【全媒体建设】2015年，驻马店日报社重视传统媒体与新媒体的融合发展，形成全媒体发展新格局。一是驻马店网做好自身宣传工作同时，为多家单位网站提供技术服务，建立网站集群。协办驻马店市政府网站，承办天中文明网，承办驻马店市政府驻政办事处网，承办驻马店市纪委"清风驻马店"微信等。2015年先后策划组织参与了中小学生国学经典诵读大赛、最美黄淮春色摄影大赛、植绿长寿山大型植树等活动。在全国网联地方新闻网站每月排名中，驻马店网一直位于前100名。2015年4月，在中国互联网第五届品牌大奖评选中，驻马店网获"全国媒体融合创新先锋品牌奖"和"全国地方网站最具影响力品牌奖"。二是河南手机报驻马店版内容丰富、速度快、功能全、互动性强，短小精悍、阅读方便，时效性强，让读者真正享受到"用手指翻动世界"的舒适和方便。三是新闻客户端天中云报与国内腾讯、今日头条、搜狐、凤凰知名移动媒体开展合作，稿件发布可以同步。四是报社提出建设微矩阵的构想后，在原有微博、微信的基础上，新创办天中楼市、金融e家、天中云报、法制天中、车在旅途、大驻马农家庄、科教苑、天中山8个微信号，形成强大的微矩阵，吸引了大量粉丝关注。天中晚报微信、微博等新媒体成长势头迅猛，截至12月7日，新浪微博粉丝9.2万多人，腾讯微博粉丝2.24万人，人民微博粉丝9.2万人，微信粉丝近5万人。单条最高阅读率6万次，多次在中原媒体纸媒公众号排名中位居第一，稳居前6。

（傅维刚　程守俊　程建明）

【经营管理】2015年8月，在中国报业协会第五次会员代表大会上，驻马店日报报业集团当选中国报业协会理事单位。2015年9月，驻马店日报报业集团承办的第六届河南省市级党报高层论坛举行，驻马店日报在会上做主题发言。报社在经营创收方法上，抓节点创收，如"两会"、中国农加工洽谈会的宣传创收；以活动带动创收，如车展、房展、行业标兵评选、糖酒招商会、市民购物节、消夏啤酒、健步走、马拉松、篮球赛等系列活动；非报经营实现大跨越，报社策划实施的践行社会主义核心价值观人物评选，编撰出版的《天中榜样》图书册，社会反响热烈，《天中》杂志、小记者活动等都有良好经济收益。系列活动得到认可。"感动天中"十大人物评选颁奖典礼活动成功举行，全省二类城市语言文字评估验收取得好成绩，"为党旗增辉，为报业添彩"演讲比赛、参与的全市纪念中国人民战争抗战胜利暨反法西斯战争胜利70周年歌咏比赛都有所斩获。报社在全市第二届暨首届全面健身运动会中荣获优秀组织奖。在全市"好记者，讲好故事"演讲比赛中3名选手获奖并荣获组织奖。

（傅维刚　程守俊　程建明）

【天中报业发行公司成立】2015年3月，市工商局批准天中报业发行公司正式成立。公司采取各种举措稳定报纸发行份数，在面临新蔡成为省管县后发行份数减少5000份的情况下，公司确保《驻马店日报》发行份数突破5万份。结合报纸价格调整，2015年仅日报实现报款收入1490万元，比上年增加120万元，实现增比9%。

（傅维刚　程守俊　程建明）

【天中晚报社概况】2015年，《天中晚报》在河南省报纸综合质量检测中被评为一级报纸。报社设立总编辑奖。成立了6个工作室，涉及民生、经济、文化等领域，每个工作室每月完成2篇稿件的报道任务，每期发稿至少一个版面。业务学习形成制度，杜绝虚假新闻等不良行为。组织学习《关于严防新闻虚假报道的若干规定》《关于禁止有偿新闻的若干规定》等，规范作风建设和制度建设，树立良好职业形象。加强新闻采编管理和行业自律，集中治理违法虚假医药广告等，打击“新闻敲诈”、治理“有偿新闻”，公布举报电话，全面接受社会监督。严格落实记者考核制度、完善首席记者考核制度。绩效考核制度公开透明，稿件质量、优稿数量、稿件类型等纳入考核内容。搭建全民公益平台，发挥纸媒的独特优势，加大公益宣传的力度，积极诠释公益影响和社会责任，呼唤全民公益意识的觉醒，吸引更多民众奉献爱心，传播善心。（李贺建）

【晚报宣传报道】 2015年，天中晚报社创新新闻运作方式和报道形式，推出一批重大报道。一是创建文明城建设报道。《天中晚报》开设《六城联创 宜居天中》《好人之城驻马店》《开展六成联创 做文明有礼驻马店人》《我身边的好人》《道德模范在身边》《好人之城》《卫士风采》等10个栏目，共发稿件478篇，报道了“嫂娘”赵小参、“农民工司令”张全收、勇救落水群众李耀文等驻马店好人100多位。其中，《火海救业主 感动两座城》对救火英雄李到信发专版22个进行连续报道；“最美基层干部”夏明臣发稿19篇。2015年，《天中晚报》报道的众多好人中有12位荣登“中国好人榜”，8人荣登“河南好人榜”。二是《天中晚报》猴年春节期间推出“新春走基层——天中人闯天涯”系列报道，取得很好效果。三是“两会”报道。全市“两会”期间，天中晚报开设《权威发布》《代表委员金点子》《两会人物》等栏目，刊登了《政府工作报告看热词，民生成为“最强音”》《两会上看“和谐之美”》等稿件。微信、微博和版面互动，动态消息、深度解读、现场直播相衔接，围绕政府工作报告，全方位、多角度对市“两会”进行宣传报道。四是麦收报道。2015年《天中晚报》的麦收报道，从往年的零碎化报道改为集中式报道。从5月21日麦收开始至6月11日秋种结束，《天中晚报》共发麦收相关稿件、图片79篇（幅）。五是抓住全民族抗日战争爆发78周年的时机，于7月7日推出《纪念全民抗战爆发78周年特刊——台儿庄战役中的天中将士》。六是庆国庆报道。国庆节黄金周正是驻马店秋收秋种的时节，《天中晚报》提前制定“‘十一’小长假特别报道”活动策划，10月8日天中晚报以《秋实天中》为主题用18个版面展示了天中大地上的美丽画卷。这次《秋实天中》关注的对象主要是劳动者，通过劳动场面、劳动表情、劳动故事的采写，反映主题，展现秋实天中。七是2015年年末岁尾，晚报每周用8个版策划了魅力2015·好人之城，魅力2015·公益天中，魅力2015·悦读天中，魅力2015·科技天中，魅力2015·民生天中，魅力2015·戏剧天中。（李贺建）

【新媒体发展】 2015年，晚报社新媒体影响力加大。微博、微信等开通后，报社利用这些平台，先后开展大驻马试吃团、试玩团、观影团活动40余次，与网友互动进一步增强，提高了官微影响力。微信公众号在全省排名中稳居前5。（李贺建）

2015年度驻马店日报社各类省级新闻奖、地市报新闻奖获奖目录表

标题	体裁	等级	作者	编辑
驻马店“好人大道”炫亮城市风景	消息	河南新闻奖一等奖	胡殿文　刘　阳 李　云	黄国伟　吴玉锋
文楼村“变脸”成为美丽乐园	通讯	河南新闻奖二等奖	陈　司　程建明	王振江　温培雅 郭雪峰
一位女性与一种古老文字演绎的传奇	通讯	河南新闻奖二等奖	温培雅	王振江　温培雅 毛书娟
警惕“语言腐败”	杂文	河南新闻奖二等奖	张大成	张大成　邹冬梅
大山深处的坚守	通讯	河南新闻奖三等奖	胡殿文　刘阳 吴玉锋	张大成　邹冬梅
灾难性报道的社会责任	论文	河南新闻奖二等奖	张大成	
从《史记》看古人如何利用和操纵舆论	论文	河南新闻奖二等奖	郑　刚	
全媒体时代地市级党报差异化共生路径探析	论文	河南新闻奖二等奖	姚　晶	
把握传播话语权 壮大主流思想舆论	论文	河南新闻奖三等奖	李丹丹	
传递正能量是媒体的责任	论文	河南新闻奖三等奖	邹冬梅	
明修栈道 暗度陈仓	漫画	河南新闻奖二等奖	程守俊	张大成
警惕“语言腐败”	言论	地市报“走转改”一等奖	张大成	张大成　邹冬梅
确山黑猪为什么这样“红”	通讯	地市报“走转改”二等奖	郑付生　张　勇	李国喜　柳浩楠
小小花生融合“大能量” 正阳“基点”走向全国	通讯	地市报“走转改”二等奖	韩祖和　刘　阳 周繁真	黄国伟　吴玉峰

续表

先生火炬照四方	通讯	地市报“走转改”三等奖	韩祖和　刘　阳	张大成　邹冬梅
付老汉进城 人在乐途	通讯	地市报“走转改”三等奖	刘仁忠　杨明华	李国喜 董腾飞
大爱创造生命奇迹	摄影	地市报“走转改”三等奖	张　朝	弓华静
找准切入点 把握大势引导主流	论文	地市报论文奖三等奖	王振江	
履行宣传阐释使命 厘清舆论引导内涵——《驻马店日报》关于提升社会主义核心价值观新闻宣传水平的有效实践	宣传文章	省优秀理论文章一等奖	韩祖和	赵国岩　李丹丹
主动作为 敢于担当	宣传文章	省优秀理论文章二等奖	韩祖和	赵国岩　李丹丹
掌控网上传播主动权 增强舆论引导总效应	宣传文章	省优秀理论文章三等奖	赵国岩	李丹丹
在媒体融合中做大做强党报理论宣传	宣传论文	省优秀理论论文二等奖	韩祖和　李丹丹	
实现理论宣传的大众化 提高党报舆论引导水平	宣传论文	省优秀理论论文二等奖	胡殿文	
理论宣传求实求效应把握好四个关键词	宣传论文	省优秀理论论文三等奖	赵国岩　姚　晶	
理论宣传入脑入心要抓好的契合点	宣传论文	省优秀理论论文三等奖	杨永霞	
立足满足受众需求 增强创新服务意识	宣传论文	省优秀理论论文三等奖	邹冬梅	
让报纸理论宣传更加出彩	宣传论文	省优秀理论论文三等奖	李丹丹	
地市级党报要在新媒体包围中占领理论高地	宣传论文	省优秀理论论文三等奖	郑素强　杨　丽	
抢救扶持汝南麦草画刻不容缓		省党报内参一等奖	胡殿文　王振江　毛书娟	刘　军　杜　平
创建全省文明城市验收之后的几点思考		省党报内参二等奖	刘军民　毛书娟　陈　诚	刘　军　陈　诚
驻马店市中心城市公厕现状调查报告		省党报内参二等奖	石新宇　李　杨	刘　军　陈　诚
新校落成遥遥无期 学生上学打游击		省党报内参三等奖	胡殿文　杜　平　吴　波	刘　军　杜　平
市区东张庄非法建房屡禁止		省党报内参三等奖	刘　军　陈　诚　徐　静	刘　军　陈　诚
楼顶私搭乱建空调房 居民诉求三年未拆除		省党报内参三等奖	李中海	刘　军　陈　诚

广播电视

【广播电视工作概况】 2015年，在河南省新闻奖（广播电视部分）年度评选中，驻马店广播电视台选送的作品《咱们一起过大年》获综艺类特别奖、《避雷针》获电视剧“大河奖”最佳编剧奖，专题片《圆梦》等4部作品获二等奖，另有12部作品获三等奖。在河南城市台好新闻奖评选中，驻马店广播电视台报送的作品《被冷落的人行天桥》荣获一等奖、《留守儿童快乐过大年》获二等奖，2部作品获三等奖。2015年，驻马店广播电视台还承担了全市十大法治人物、“感动天中”十大人物、全市新闻战线“好记者讲好故事”、全市“最美环卫工人”“最美母亲”“最美军嫂”等活动的承办、策划及宣传等工作。2015年，驻马店市广播电视台投资数百万元对现有采编播设备进行部分更新改造，并购买了首台电视新闻直播车，结束了驻马店市广播电视台不能进行电视

现场直播的历史。（孟继恩）

【宣传报道】2015年，驻马店广播电视台改进会议和领导活动的宣传报道，加大主题类、典型类、民生类、人物类等报道力度，推出更多面向基层、面向群众，清新朴实、生动鲜活的新闻报道，使各项宣传更接地气，更有朝气，更具活力。各宣传栏目围绕宣传贯彻中共十八届五中全会精神、“三严三实”专题教育、全国文明城创建、六城联创、第十八届中国农加工洽谈会、纪念抗日战争胜利70周年、开放招商、项目建设、产业集聚区发展、四项基础制度、质量立市、食品安全、防范打击非法集资、市二运会等20余项宣传重点，开办相关专题、专栏100余个。广播新闻频率重点打造了民生服务类节目《帮忙886》，依托节目成立“帮帮团”，除热线电话外，还开通微博、微信和QQ群，全方位接受群众咨询，为听众提供帮助，分忧解难；交通广播、汽车音乐广播进一步改版，增强互动性、参与性。全年共播发广播电视新闻稿件2万多条。经济、农业、法政、社教、房车等专题节目也分别结合各自定位，开展宣传，全年播发专题800余期，完善栏目合作、听评阅评、联审联看、质量考核、创新创优等宣传管理制度，总编辑和分管台领导坚持带头审看各档栏目，确保各项报道全年导向无差错。电视外宣在第二季度河南卫视《新闻联播》发稿排名中跃居全省第三，取得历史最好成绩。围绕市委、市政府重大决策、成功经验、突出成就等，加大对上宣传力度，把供稿重点放在中央台和省台《新闻联播》上，确保宣传效果。截至11月底，电视外宣共发稿450条，其中在中央台发稿20条，《河南新闻联播》发稿110多条；广播对上发稿中央台15条、省台400条。（孟继恩）

【媒体融合】2015年，驻马店广播电视台加强广播电视传统媒体与新媒体的融合，推进驻马店广视网、手机广视网、微信平台——掌上驻马店、手机客户端——驻马店通、微博——@驻马店广视网等新媒体建设，打造驻马店广播电视台“两网三微一端”全新的新媒体融合平台。汽车音乐广播、交通广播、娱乐广播也分别开通了官方微信平台，通过平台与听众进行实时交流、分享、互动。其他广播、电视栏目也开通了公共微信平台12个，实时与受众互动。（孟继恩）

【经济创收】2015年，驻马店广播电视台为应对传统广告大幅萎缩，主动为各县区、各单位和广告客户做好宣传服务，通过服务和合作，吸引赞助和广告，遏制了创收下滑的趋势。完善广告价格联议联审制度、五联单制度等，坚决停播违规违法医疗医药广告，净化了声屏、荧屏。发挥以活动带创收的优势，开展活动经济。成立广电之星培训基地、小演员培训基地，先后举办少儿才艺大赛、校园小主播大赛、校园小演员选拔赛、房展车展、家装建材展览、父亲节爱心活动、西瓜节、葡萄采摘等一系列贴近民众的活动。电台分别举办了主持人与听友联欢会、爱心助考、“快乐童声”征集、寻找天中牛人、“我和母亲共晚餐”、“明日之星”主持人大赛、“972欢乐购”等活动。驻马店广视网举办了情系环卫工人、父亲节“有爱大胆说出来”等活动。（孟继恩）

图书发行

【图书发行概况】2015年，全市书店完成营业总收入在2014年突破4亿元基础上同比实际增长6.6%；利润较上年同期增长112%，完成全年计划的147%。其中，市新华书店本身同比实际增长23%，利润完成全年计划的216%。国有资产保值增值率、净资产收益率都超额完成目标计划。市新华书店被河南省新华书店发行集团评为全省书店系统2015年度教育服务先进店、大众消费市场先进店、连锁经营示范门店、电商建设与运营先进店、教育装备业务先进店。（户平安）

【教材教辅发行】2015年，全市教材征订发行完成2229万多册，教辅征订发行完成1800万多册，读书活动用书完成码洋90万多册。其中，市新华书店发行教材同比增长7%，销售教辅同比增长21%，发行爱国主义教育读书活动用书同比增长1%，确保了“课前到书，人手一册”政治任务落实。全年共实现代发教材教辅26个品种，码洋约2200万元；分发运寒、暑假作业约230万册，近3.5万件，码洋2300余万元。（户平安）

【一般出版物发行】2015年，市新华书店一般图书销售共计1161万元，其中卖场FOS纯零售902.3万元，较上年同比增长15%。一是各类政治理论读物的发行工作。对《习近平治国理政》《习近平系列重要讲话读本》《习近平总书记在文艺工作座谈会上的重要讲话学习读本》等一批政治理论读物，积极协调市委宣传部下发文件，足额订购学习资料。同时，深入各级党政机关、企事业单位、厂矿学校上门征订，送书上门；在市店天中书城及各县店中心门市设立专柜专架，方便读者购买，充分满足全市党员干部学习需要。2015年全市发行各类政治理论读物共计100多万元。二是重点图书推销工作。在全店开展一般图书全员店外推销活动，实现店外推销136万多元。同时，打通线上线下发行渠道，开展好云书卡的推销工作，云书网卡销售近百万元，实现了店外推销新跨越。三是加强对图书市场和有关政策的调查研究、分析预测等工作，配合省店业务做好每季一个主题订货会，抓好营销活动的策划工作，每个月都要对各县业务、门市推出活动策划工作，并利用广播、报纸、电视等宣传形式向广大读者定期公布新书信息及销售排行榜。四是推动全民阅读活动开展，在春节、元旦、国庆等节假日开展丰富多彩的营销促销活动，结合“4·23”读书日打造“全民阅读在天中”活动品牌，组织开展全国知名作家天中大讲堂、中华优秀传统文化经典诵读、读书征文、知识竞赛等。适应形势发展，创办微信公众平台与QQ读书群，在微信和QQ群经常发布新书信息和阅读知识。（户平安）

【读者俱乐部工作】2015年，市新华书店采取新举措，创新读者俱乐部工作。一是改善借阅服务环境，调整卖场布局。提高服务档次，增添长条阅读椅，将墙边、柱子边等零星空

2015年12月26日，长篇小说《中原匪事》作者、驻市作家陈传龙在市新华书店签名售书。《中原匪事》由作家出版社出版。该书一上市就受到广大读者的喜爱，淘宝网、当当网、京东网、卓越亚马逊网、中国图书网等同时上架。张大成 摄

地都布置上阅读座位，方便广大读者阅读。二是开拓新业务。在6月份开展了少儿胶画、涂色画，并从河南科技出版社购进少儿手工制作材料，举办少儿手工兴趣班，已经接收体验会员200多人。将少儿手工黏土、胶画等经营项目，与少儿绘本馆充分融合，一边讲绘本故事，一边教孩子做手工，得到孩子们的喜爱与家长的赞许。三是加快会员发展与营销举措，为会员组织优质借阅图书，定期补充新书好书，最大限度满足会员借阅需求。推出各类丰富的营销活动，收集会员意见，改进会员服务水平。读者俱乐部会员卡借阅系统与天中书城系统信息联网，全面实行会员门市购书优惠。2015年，市新华书店俱乐部实现会费收入较上年同期增长17%，其中店校会员会费收入较上年同期增长21.15%。（户平安）

【电子商务工作】 2015年，市新华书店开展市场调研，摸清市场情况，找准开展电子商务的着力点。在做好电子商务各种证照办理的基础上，对乡村服务站建设，采取先乡镇、再集市、最后全覆盖的思路。抓住中国农加工洽谈在驻马店召开的时机，通过协调，争取到"农洽会"展位3个、合计展位面积近百平方米，展示销售特色商品，提高了新华书店和云书网的知名度、影响力。同时，积极与外地客商洽谈合作，全市引进外地商品500多种。健全体系，电子商务全流程运作。全力进行电子商务运营中心、特色馆实体店和乡村服务站3大建设，形成市、县、乡、村全覆盖。截至年底，已建成电子商务运营中心10个，全市招聘农村电商合伙人1619人，其中市店89个。丰富特色馆品种，加快商品采集、编目和上线工作。全市上线品种20208种，其中市店3284种。线上线下销售共计40多万元。全市各店都已与快递物流公司成功签约1家～2家，全市签约合作物流共12家，有的店已进入实质性运营阶段。丰富服务内容，已与中国电信驻马店分公司达成战略合作协议，为乡村合伙人发展、建设、运营植入新的业务，呈现出良好态势。（户平安）

【文化综合体建设】 2015年，市新华书店为落实好集团公司和市委宣传部对新华图书影视艺术中心项目建设要求，精心组织项目建设和业态植入各项工作。先后到先进门店参观学习考察，组成复合式书店规划设计小组，对卖场业态植入和总体布局进行规划设计，把新建卖场建成全新的复合式文化综合体和驻马店市城市文化项目建设的新亮点。认真研究、积极筹划新建项目的业态植入，将新华图书影视艺术中心打造成一座集图书销售、教育培训、艺术展示、儿童体验等为一体的全新一站式文化服务体验中心的大型复合式文化综合体。已初步完成《新华图书影视艺术在中心商业计划书》。按照施工规划和建设计划，在严格质量要求的基础上，抓紧工程建设。在推进项目建设的同时，市店对天中书城进行改造装修，封闭2、3层天井，新增卖场面积160多平方米，卖场环境进一步改善。募投资金支持项目正阳县店图书超市

综合楼、平舆县店的新华文化商城、上蔡县店的中心卖场改扩建工程正按照施工规划和建设计划积极推进。　（户平安）

教育体育

教育综述

【教育概况】 2015年，驻马店市共有小学、初中、普通高中、特殊教育学校、中等职业学校、高等学校2331所，在校学生116.35万人；共有在职教职工86235人，其中专任教师76313人。其中：幼儿园751所（另有附设幼儿班1796所），比上年增加23所；在园幼儿28.9万人（含附设幼儿班幼儿11.4万人），比上年增加1.49万人。小学1986所（另有教学点582个），比上年增加24所；招生12.61万人，比上年增加1.23万人；在校生64.45万人，比上年减少1.62万人。小学学龄人口入学率100%。平均每校325人（含小学所属教学点在校生），每班36.59人，每个专任教师负担学生17.86人，每万常住人口中拥有小学生1058人。初中270所，比上年增加4所；招生9.75万人，比上年减少0.55万人；在校生29.49万人，比上年减少0.55万人。初中学龄人口入学率100%。平均每校1092人，每班61.03人，每个专任教师负担学生14.26人，每万常住人口中拥有初中生484人。普通高中34所，与上年持平；招生4.88万人，与上年持平；在校生14.23万人，比上年增加0.12万人。平均每校4184人，每班68.79人，每个专任教师负担学生19.73人，每万常住人口中拥有高中生234人。特殊教育学校9所，招生164人，比上年增加62人；在校生888人，比上年增加89人。中等职业学校28所（含教师进修学校9所），招生1.4万人，在校生4.67万人。其中：普通中专（含中师1所）5所，招生0.58万人，在校生1.93万人；成人中专（即教师进修学校）9所；职业高中、职业中专14所，招生0.82万人，在校生2.74万人。中等职业学校招生数、在校生数分别占高中阶段招生、在校生总数的比例为22.29%、24.71%。高等学校4所（其中普通高校2所，成人高校2所），招生1.1万人，在校生3.43万人。其中，普通类招生0.69万人，在校生2.24万人；成人类招生0.41万人，在校生1.19万人。

全市各级各类学校（含幼儿园）共有在职教职工86235人（其中专任教师76313人）。幼儿园在职教职工12445人，其中专任教师8269人；小学在职教职工38080人，其中专任教师36080人；初中在职教职工22402人，其中专任教师20680人；普通高中在职教职工8258人，其中专任教师7212人；特殊教育学校在职教职工298人，其中专任教师279人；中等职业学校在职教职工3132人，其中专任教师2586人；高等学校在职教职工1620人，其中专任教师1207人。

幼儿园占地面积167.7万平方米，建筑面积82.52万平方米，图书156.97万册。普通中小学（含特殊教育学校）占地面积3073.24万平方米，建筑面积960.38万平方米，图书1995.94万册，固定资产732817.22万元，仪器设备总值

2015年6月7日，高考第一天，驻马店市第一高中考区学生们兴奋地走出考场。　张　朝　摄

2015年5月28日，第四届驻马店市中小学生中华经典诵读大赛总决赛在市会展中心举行。

55076.27 万元。普通中小学生均建筑面积分别为：小学 6.48 平方米，初中 9.83 平方米，普通高中 11.73 平方米。普通中小学生均图书分别为：小学 18.4 册，初中 19.19 册，普通高中 5.92 册。中等职业学校（含教师进修学校）占地面积 254.61 万平方米，建筑面积 76.84 万平方米，图书 103.28 万册，固定资产 66517.37 万元，仪器设备总值 15557.37 万元。

（王新洪　王梅枝）

【教育经费保障】 2015 年，驻马店市教体局会同市财政部门，安排农村义务教育阶段学校公用经费、免费教科书资金、家庭经济困难寄宿生生活费补助资金共计 84547.1 万元，其中公用经费 65563.8 万元（小学每生 630 元，初中每生 830 元，均含每生取暖费 30 元），免费教科书资金 9621 万元，家庭经济困难寄宿生生活费补助资金 9362.3 万元。安排城市义务教育阶段学校公用经费、免费教科书资金共计 5865.78 万元，其中公用经费 4985.58 万元，免费教科书资金 880.2 万元。全市所有义务教育阶段学生免费上学，农村家庭经济困难寄宿生享受到生活补助。

（王新洪　王梅枝）

【教师队伍建设】 2015 年，驻马店市教体局组织实施“国培”“省培”和“市培”计划，全年培训中小学教师 4.6 万人次。培训省、市级名师 200 人，市级骨干教师 880 人；培训中小学校长、幼儿园园长 743 人；培训农村学校教科研骨干和课题主持人各 1000 余人。100 名中职教师参加省级公共素质课培训，200 名中职教师参加市级特色专业、紧缺专业教师培训。小学、初中、高中专任教师学历达标率分别达到 100%、99.45%、98.72%。全市公开招聘中小学教师 1751 人，招聘特岗教师 1625 人，有 456 名教师参与下乡支教。评选市级师德先进个人 120 人、市职教名师 20 名、省教育厅学术技术带头人 34 人、省优秀管理专家 10 人、省优秀教师和优秀教育工作者 62 人，表彰市级优秀教师和优秀教育工作者 700 人。开展第四届市级“名师”评选活动，评选出市级“名师”100 名。

（王新洪　王梅枝）

【资助政策落实】 2015 年，驻马店市建立了覆盖学前教育到高等教育各个阶段的资助政策体系，普通高中和中职学校国家助学金资助标准由每生每年 1500 元提高到 2000 元，实现中等职业学校在校生全部免学费目标。各级财政资助经费达 1.87 亿元，资助家庭经济困难学生 24 万人次。为 1.31 万名大学生发放生源地信用助学贷款 1.06 亿元，为 183 名服务基层的高校毕业生办理国家助学贷款代偿资金 142.27 万元。

（王新洪　王梅枝）

【教学改革】 2015 年，市教体局以全面实施素质教育为目标，基础教育继续深化课程教学改革，重点加强校本教研，“三段五步”“导学案”等教学方法得到推广应用。在市直中小学校实施“推门听课评课”制度，“推门听课”采取不提前通知，不提前打招呼的方式，市教体局领导、市教研室学科教研员和学校领导按课程表随机选取听课学科教师，进班听课。听课后学校和教研员要组织听课教师和授课教师开展听评课教研活动。市基础教研室学科教研员每学期到市直每所学校听课不少于 10 节次，语文、数学、英语学科教研员到学校“推门听课”每学期不少于 20 节次。开展“一师一优课、一课一名师”活动，全市注册教师 32350 人，晒课 23165 节。（王新洪　王梅枝）

【语言文字】 2015 年，驻马店市 4000 多人通过培训测试取得普通话等级证书；创建评估验收市级语言文字规范化示范校 20 所，驻马店市顺利通过国家二类城市语言文字工作评估验收。成功举办全市第四届中小学生中华经典诵读比赛，开展全市第三届中小学生规范字听写大赛。评选出语言文字工作先进集体 30 名，先进个人 50 名，优秀普通话测试员 60 名。（王新洪　王梅枝）

【教育科研】 2015 年，驻马店市教育科研活动深入开展，举办送教科研下基层和课题主持人培训等活动，获批省、市级立项课题 1043 项，完成省、市级课题研究任务 678 项。（王新洪　王梅枝）

基础教育

【学前教育】 2015 年，驻马店市推进实施第二期学前教育三年行动计划。投入专项资金 1.37 亿元，完成新建、改扩建幼儿园 513 所，增设附属幼儿园 120 所。学前 3 年毛入园率达到 82%，学前 1 年毛入园率达到 93%。（王新洪　王梅枝）

【义务教育】 2015 年，驻马店市启动实施义务教育“两个规划”。“全面改薄”规划共完成项目学校 69 所，新建、改扩建校舍及附属工程完成约 10.872 万平方米，已投入资金 1.1621 亿元。“城镇扩容”规划共完成 47 所学校新建和改扩建任务，完成建设总规模 40.27 万平方米，已投入资金 67253.9 万元，增加学位 4.6 万个。2015 年，驻马店市组织各县区完成了 2015 年全市农村中小学校舍维修改造规划，全市规划总投资 21378 万元（其中中央资金 12297 万元，省级资金 5723 万元，农村税费改革转移支付 4%、资金 1928 万元，县区财政资金 1430 万元），改造项目学校 270 所，新建及维修改造校舍面积 20.23 万平方米。（王新洪　王梅枝）

【高中教育】 2015 年，驻马店市参加普通高考考生共计 52963 人，录取 44302 人，录取率为 83.68%，比 2014 年提高 1.23%，其中本科一批上线 4818 人，二批上线 14624 人，三批上线 24613 人，空军招飞 45 人，民航招飞 36 人，13 人被清华、北大录取。（王新洪　王梅枝）

【教育信息化】 2015 年，全市初中以上学校、城区所在地中小学全部实现互联网宽带接入，农村小学宽带接入率达到 60%；中小学多媒体配备到班比率分别达到 88% 和 63%，教学办公用计算机达到 6.5 万台；开展“人人通”实验学校创建和试点工作。教育信息化建设促进了信息技术与教育教学融合、扩大了优质资源共享。（王新洪　王梅枝）

2015年12月2日，著名童话大王郑渊洁回到母校——遂平县第一中学（原红旗中学），看望恩师，并为母校2000多名师生作了一场精彩的报告。　张　朝　代廷伟　摄

【农民工子女入学】 2015 年，驻马店市按照“以流入地政府为主、以公办学校为主”的原则，进城务工人员随迁子女实现“应入尽入”。全年共安排近 3.3 万名适龄儿童、少年进入城区及县城公办学校就读。（王新洪　王梅枝）

【学校安全】 2015 年，全市开展“平安校园”创建活动和“依法治教年”活动。37 所学校获省、市“平安校园”称号，63 所学校被评为省、市依法治校示范校，117 人被评为省、市先进个人，全年全系统未发生重大校园安全事故，在全省校园及周边治安综合治理考核中，位居第三名。（王新洪　王梅枝）

职业教育

【职业教育概况】 2015 年，驻马店市职业教育招生稳步提升，全市共完成招生 1.7 万人，在校生 4.67 万人。全市职教园区建设有新进展，驻马店高级技工学校、汝南幼儿师范学校搬迁入住。2015 年，园区共完成投资 79730 万元，其中项目单位建设投资 3.4 亿元，基础设施建设投资 28130 万元，儿童医院建设项目 2000 万元，教师公寓项目 1.56 亿元。加强品牌和特色专业建设，制定《驻马店市 2015~2018 年中等职业学校品牌专业特色专业建设规划》，成功申报农业学校畜牧兽医、正阳职业中专烹饪为省品牌示范专业建设项目，申报遂平县职业教育中心汽车运用与维修为特色专业建设项目。加强“双师型”教师队伍建设，全市有 282 人通过省“双师型”教师资格认定，5 人被评为省级“职教名师”，20 人被评为市级“职教名师”。（王新洪　王梅枝）

【校企合作】 2015 年，市政府召开了全市职业教育工作会，市教体局在泌阳县召开了校企合作现场会，中职学校与 436

家企业开展合作办学。正阳县职业中专“中德班”教学成绩突出，20 名应届机电一体化专业毕业生参加德国工商大会在中国的考试，通过率 100%。（王新洪　王梅枝）

民办教育

【民办教育概况】 2015 年，驻马店市新批民办小学 5 所，幼儿园 45 所，全市民办学校总数 864 所，教职工 20636 人，在校生 302651 人（含在园幼儿）。取消了民办学校收费许可制度和民办幼儿园收费备案制度。2015 年，全市民办教育新增投资 3.9 亿元。其中，全市投入 2.43 亿元，改扩建民办学校、幼儿园 265 所。全市民办学校建筑面积 2455177 平方米，全市民办教育固定资产 45.78 亿元。其中，固定资产较 2010 年的 16.7 亿元，净增 29.08 亿元。（王新洪　王梅枝）

【清理整顿非法办学】 2015 年，驻马店市共清理整顿无证办学的小学 9 所，无证办园 436 家。对 2 所小学和 21 所幼儿园分别下发整改通知书。全市取缔小学 5 所，幼儿园 360 所。同时，相关县区对具备办学条件的 3 所小学和 55 所幼儿园正在办理审批手续。（王新洪　王梅枝）

黄淮学院

【黄淮学院概况】 黄淮学院是 2004 年经教育部批准升格的一所全日制普通本科高校。学校占地 2460 多亩，建筑面积 58 万平方米，教职工 1200 余人，全日制普通在校生 2 万余人，馆藏图书 268 万册。学校设有党政办公室、组织部、宣传部、统战部、纪委、机关党委、工会、学生处、心理健康教育中心、团委、人事处、教务处、科研处、实验设备处、发展规划处、财务处、国际交流合作处、招生就业处、审计处、离退休职工管理处、基建处、后勤管理处、后勤服务总公司、保卫处、武装保卫部、继续教育学院、图书馆、学报编辑部、天中文化历史研究所、网络管理中心、创新创业园、基金会、建筑公司、建筑设计院、建筑工程质量检测中心、园林绿化中心、应用技术大学研究中心、国际学院、文化传媒学院、外国语言文学系、社会管理系、经济管理系、音乐表演系、艺术设计学院、数学科学系、电子科学与工程系、化学化工系、信息工程学院、体育系、建筑工程学院、生物工程系、护理学系。2015 年，学院申报了“物联网工程”“金融工程”和“食品科学与工程”3 个本科专业，“会计学”和“计算机科学与技术”2 个专业被立项为省级专业综合改革试点专业，专业结构与地方产业的契合度进一步提高。在对 2014 年立项的 141 门本科专业核心课程建设项目进行验收结项的基础上，又立项 47 门优质课程建设项目和 197 门重点合格课程建设项目，有 2 门课程列入教育部 2015 年下半年全国高校教师网络培训计划并在全国推广，3 部应用型教材获得第二批河南省“十二五”普通高等教育规划教材立项。积极创新网络思想政治教育，开通新浪官方微博和腾讯官方微信，与《河南教育》杂志社联办新媒体中心，实施社会媒体参与学校联动宣传，全年发布报道 2000 多篇，优化网络舆论生态，扩大了学校的美誉度和社会影响力。学校被授予“河南省高校维稳安保工作先进单位”“省级平安校园”“全国阅读先进单位”“省级文明标兵学校”“省级文明单位”等称号。（徐　君）

【科研工作】 2015 年，黄淮学院获批国家自然科学基金、国家社科基金项目和省部级项目 89 项，获得成果奖 96 项，发表论文 1400 多篇，出版著作 13 部，争取各类科研经费 700 多万元。与市农科院合作申报的“辣椒核心种子创制及分子育种”创新型科技团队成功获批为河南省创新型科技团队。先后承担教育部、应用技术大学联盟、省教育厅重大课题 12 项，参与制订《关于推动地方本科高校转型发展的指导意见》，起草撰写中国应用技术类型高校示范校建设工程项目的论证报告，并率先在全国研究制订《中国应用技术型高校建设标准》体系，为教育部和省教育厅科学决策提供重要参考。教育部、财政部、发改委出台的《关于引导部分地方普通本科高校向应用型转变的指导意见》中吸收了黄淮学院的研究成果。同时，学院还把这些研究成果在产教融合发展战略国际论坛、中德论坛等具有国内外影响的会议上进行广泛介绍，得到教育部领导、业界专家和兄弟院校认可。（徐　君）

【师资队伍】 2015 年，黄淮学院引进高职称、高学历人员 28 人，从行业企业外聘了 112 名兼职教师，评审通过正高职称 6 人、副高职称 26 人，33 人被评为省市学术技术带头人、拔尖人才和青年骨干教师，1 人被评为“河南省师德先进个人”，2 人被评为市优秀教师。有 8 名教师被聘为驻马店市第一批理论宣传专家库成员，2 名教师获河南省高等学校思想政治工作奖。选派 13 名博士、教授到县区开展为期 1 年的挂职锻炼，帮助行业企业建立了 3 个市厅级研究平台。“黄淮学院驻马店传奇文化研究中心”获批为省第三批“非物质文化遗产研究基地”；27 位教师被选聘为国家三区科技特派员，被选派到边远贫困地区和革命老区企业和村镇一线参加科技服务。选派 73 名教师到企事业单位生产、管理一线进行实践锻炼，200 余人参加“创新型人才培养实验教学”专题培训。通过举办教学技能大赛，评选了 100 名教学大奖赛获奖教师，并选拔 3 名教师参加全国教学竞赛，分别获一、二、三等奖。（徐　君）

【招生就业】 2015 年，黄淮学院全日制普通教育共报到新生 6700 余人，继续教育录取新生 2950 人，2015 届毕业生就业率达到 96.69%，并获批教育部高校毕业生就业协会校企合作委员会理事单位。（徐　君）

【学生资助工作】 2015 年，黄淮学院完善“奖、贷、补、助、减、保”一体化的资助工作体系，评选和发放各类奖助资金 1768 万元，为 236 名经济困难学生办理助学贷款 117.5 万元，协助 2142 名学生办理生源地助学贷款 1609 万元，提供勤工助学岗位 300 多个。开展心理健康教育，开展个体咨询 220 余人次，团体辅导近 5000 人次，完成对 2015 级 6000 余名新生心理普查与建档，有效化解了学生的心理困惑和成长风

2015年11月11日，副市长李国胜（左）与黄淮学院院长谭贞（右）为“驻马店市电子商务学院”揭牌。

险。（徐　君）

【改善办学条件】 2015年，黄淮学院改善办学条件，优化校园环境，加大对实验室及实验设备的投入力度，新建、改造、扩建实验室、工作室、多媒体教室80多个，新增教学仪器设备总值3089万元；市校共建的体育中心已基本满足使用需求，并成功承办市第二届全运会开幕式；顺利完成北区龙湖改造升级，提升了校园美化绿化水平，初步形成景观与生态条件俱佳的校园环境。（徐　君）

【承办第二届产教融合发展战略国际论坛】 2015年4月15日～16日，由教育部、河南省人民政府支持，应用技术大学（学院）联盟、中国教育国际交流协会、教育部学校规划建设发展中心主办，驻马店市人民政府、黄淮学院承办，致远教育投资和管理研究院协办的第二届产教融合发展战略国际论坛在驻马店举行。教育部副部长鲁昕，河南省人民政府副省长徐济超出席会议，来自国（境）内外的600余名嘉宾参加会议。会议围绕“拥抱变革，应用技术大学的使命与挑战”的时代命题，专家学者站在推动应用技术大学变革发展的战略高度，展示了产教融合、转型发展的最新理念和最佳实践，梳理了发展思路，展望了未来前景，针对推动应用技术大学主动适应、融入经济社会发展变革，为经济社会发展和学习者创造更多、更好价值，提出诸多良方善策。（徐　君）

【校企合作】 2015年，黄淮学院与德国菲尼克斯集团共同投资，合作共建了“工业4.0智能工厂实验室”，实现与国外知名企业合作零的突破；与中兴通讯股份有限公司签订共同投资1000万元共建“教育部—中兴通讯ICT产教融合创新基地”的协议；与河南省进口物资公共保税中心有限公司签订共建“跨境电子商务学院”战略合作协议；与上蔡县人民政府联合成立“上蔡县产业集聚区博士后创新实践基地”；与驻马店电子商务产业园共建“黄淮学院电子商务学院”、电商实习实训基地、大学生创新创业基地和公共服务平台，为驻马店市电子商务产业提供人才支撑；与驻马店置地集团共同投资3000万元共建的1.4万多平方米的“黄淮置地建筑协同创新中心”即将开工。（徐　君）

【黄淮学院获奖】 2015年，黄淮学院学生在各类学科竞赛中获得省级以上奖项317项，3个学生团队分别获得全国三维数字化创新设计大赛、全国大学生网络商务创新应用大赛和全国大学生“新道杯”沙盘模拟经营大赛3个全国一等奖，实现了在科技竞赛方面的历史性突破。在团中央、全国学联等部门联合主办的“寻访2015年大学生创业英雄”活动中，黄淮学院优秀毕业生王艺颖入选年度第五名，侯扬扬、袁泰喆入选年度百强。黄淮学院建设了“黄淮众创空间”和创客空间，成功申报了河南省高校唯一省级科技企业孵化器和省级首批创业孵化示范基地，“黄淮众创空间”获首批国家级众创空间，学校被评为“中国大学生创新创业产学研合作示范基地”。（徐　君）

驻马店职业技术学院

【驻马店职业技术学院概况】 驻马店职业技术学院是2009年经河南省人民政府批准、教育部备案成立的一所公办全日制高等职业技术学院。学院位于驻马店市淮河大道，占地40公顷，建筑面积15万平方米，建有实验室32个、实验分室65个，其中中央财政支持重点建设实验室2个，仪器设备总值近5000万元。学院建有校内外实训基地20多个，与沪东中华造船（集团）有限公司（央企）、飞毛腿集团（上市公司）、日月光集团（上市公司）、方正集团（上市公司）等多家企业形成良好合作办学关系，其中飞毛腿福建技工学校已招收500名学员。馆藏图书30余万册，各类期刊近1200种。现有教职工394人，硕士、博士42人，其中专职教师380人，教授、副教授100人，讲师207人。学院高职教育现设有6个系，即信息工程系、机电工程系、建筑工程系、教师教育系、经济管理系、艺术系，开设语文教育、英语教育、学前教育、机电一体化技术、计算机应用技术、计算机多媒体技术、建筑工程管理、应用电子技术、市场开发与营销、装潢艺术设计、会计电算化、音乐表演、商务英语、文秘、建筑工程技术、数控设备应用与维护、汽车检测与维修技术、物流管理、旅游管理、楼宇智能化工程技术、电气自动化技术、应用英语共22个专业。在校生8200人，其中全日制在校生5300人。2015年12月19日，河南省教育厅官网公布《河南省教育厅 河南省人力资源和社会保障厅 河南省财政厅 河南省发展和改革委员会关于公布河南省职业教育品牌示范院校和特色院校建设行动计划第一批项目学校验收结果的通知》，学院被授予“河南省职业教育特色院校”称号。 （王志刚）

【教学科研】 2015年，驻马店职业技术学院启动特色专业和精品课程建设工程，遴选5个～8个办学条件好、教学质量高、发展潜力大、学生就业率高的优势专业加以重点培育和建设。调整优化现有专业布局，2015年汽车技术服务与营销、工程造价、电子信息工程技术、电子商务、视觉传达艺术设计5个专业获省教育厅审批，同时完成2016年3个新增专业（会计信息管理、市政工程技术、工业机器人技术）的组织申报工作。完善人才培养方案，依据岗位需求和行业发展，对现有23个专业人才培养方案进行修订完善。推进职业教育教学改革，全年由学院推荐申报的教育厅教师教育课程改革课题有5名教师获准立项，完成省级教改项目“高职院校汽车检测与维修专业基于工作过程为导向的课程改革研究与实践”结项工作。2015年，科研工作方面，申报省（部）级项目4项，市（厅）级项目33项；获得市（厅）级优秀科研成果奖22项，2项成果荣获省教育厅科研成果一等奖，5项成果荣获市社会科学优秀成果一等奖；学校专业技术人员共发表论文280篇，核心期刊60篇，申报和完成科研项目37项，专利6项，获科研成果奖41项，出版著作9部。 （王志刚）

【招生就业】 2015年，驻马店职业技术学院按照“全员招生与专职组招生相结合”的招生工作指导思想，组成专职招生宣传工作小组，集中精力做好招生宣传工作。与黄淮学院达成全面合作、长期合作、资源共享办学协议。2015年，各类全日制招生人数共2330人，继续教育招生1204人。加强就业指导教师队伍建设，开展学生创业就业教育，坚持走校企合作、工学结合之路，拓展“订单培养”“冠名培养”的范围与渠道，建立牢固的校企合作机制，实现“招生—教学—就业”良性循环，毕业生就业率达到85.7%。本着公正、公平、公开的原则，做好81名学生专升本考试工作，上线率达到80%；表彰133名三好学生和优秀学生干部，2名学生获得国家奖学金，34名学生获得国家励志奖学金，230名学生获得助学金。 （王志刚）

【师资队伍建设】 2015年，驻马店职业技术学院加强教师职业道德建设，依托“依法治校年”为载体，开展形式多样的师德师风建设活动。引进高学历人员8人；资助培养57名校级专业带头人和骨干教师，3人评为省、市级学术技术带头人，1人被评为省级中青年骨干教师，3人评为省、市级优秀教师，5人评为市级拔尖人才；8人通过高级职称评审。积极推进“双聘”制度，从行业企业聘用兼职教师31人，全过程参与人才培养。落实“教师实践能力提升计划”，选派16名教师到企事业单位进行实践锻炼，提升创新和实践能力；组织教师参加考评员培训，使“双师型”教师增加32人。根据市委宣传部《关于聘请市委宣传部理论宣传专家库成员的通知》，学校党委书记孙海教授等5人被聘为市委第一批理论宣传专家库成员。校长宋大成被评为河南省教育厅优秀教育管理人才。 （王志刚）

【交流合作】 2015年，学院与郑州大学签署战略合作框架协议，结成战略合作伙伴，选派10余名教师开展交流合作；3月23日，学校在参加齐齐哈尔工程学院举办的职业教育课程建设联盟“2015年工作会议暨课程建设研修班”中，被聘请为《汽车综合故障诊断》课程教学指导委员会牵头单位。组织40余名骨干教师分赴齐齐哈尔工程学院、安阳职业技术学院、云南经济管理学院参加职业院校课程改革联盟研讨，邀请全国知名职业教育专家齐齐哈尔工程学院院长曹勇安教授作专题报告以及齐齐哈尔工程学院副院长蒋春艳一行8人到学院讲学。通过合作交流，教师视野得到拓展，实践能力得到提升，并在“职业教育课程建设联盟大课堂”第三期说课比赛中荣获一等奖。2015年，学院与河南威佳汽车集团、福建飞毛腿及昆山杰士德有限公司等多家企业签订联合办学协议，建立了就业合作伙伴关系。同时，组织各系部与本市及外地多家中小企业、事业单位建立了合作关系。校企合作内容不断拓宽，层次逐步深入，由传统单一的学生实习，转为校企联合办学、企业资助办学、毕业生定点就业等多种形式。2015年毕业生中98%落实就业。 （王志刚）

【在全省高职院校技能大赛中获奖】 2015年5月，驻马店职业技术学院学生参加第八届全国职业院校技能大赛河南赛区预选赛。“嵌入式产品开发”项目比赛，荣获亚军，并代表河南省参加全国职业院校技能大赛，荣获优秀奖。此外，在河南省高职院校技能大赛暨“2015年全国职业院校技能大赛高职组河南选拔赛”中，学院汽车专业代表队在汽车综合故障诊断项目中获得第三名、二等奖第一名；汽车检测与维修团体全省三等奖；汽车服务与营销第七名，三等奖第一名。 （王志刚）

【市文化艺术学校更名为驻马店市职业技术学校】 2015年5月15日，经市教育体育局研究决定，将驻马店市文化艺术学校更名为驻马店市职业技术学校。驻马店市文化艺术学校隶属驻马店职业技术学院，更名后隶属关系不变，更名后的驻马店市职业技术学校为全日制公办中等职业学校，普通中专性质。

（王志刚）

【施一公莅临学院考察指导】 2015年6月15日，中国科学院院士、清华大学校长助理、清华大学生命科学学院院长施一公莅临学院考察指导工作，并与全校师生代表进行座谈交流。

（王志刚）

体　育

【体育工作概况】 2015年，驻马店市运动员在国家级比赛中，共夺得冠军4个、亚军1个、第三名1个；参加省级冠军赛、锦标赛23项，共夺得冠军22个、亚军29个、第三名34个。2015年全年共注册运动员300多人，完成市体校招生145人，向省级以上运动队输送运动员12人，审批二级运动员39人，培养二级裁判员120多人。

（王新洪　王梅枝）

【市二运会暨首届全民健身大会】 2015年，驻马店市二运会暨首届全民健身大会历时161天，设青少年竞技组15项比赛，参赛运动员共1853人；全民健身组15项比赛，参赛选手2803人；学生组11项比赛，参赛运动员2523人。全部参赛运动员6500余人，工作人员、裁判员800余人，开幕式全民健身展示人员3200人，共约1.05万人，规模大、人数多，影响大，为全市历届大型赛事之最。

（王新洪　王梅枝）

【群众体育】 2015年，市教体局为各县区配备381个农民健身工程、70个乡镇体育工程、39条全民健身路径，建设多功能体育场2处。举办乡镇群体干部，健身气功、社会体育指导员等培训班18期，培训体育骨干500余人，培训各类社会体育指导员2000余人。承办“三山同登”“羽林争霸”等全国、全省品牌赛事；举办体育舞蹈、汽车场地越野、健步走等22项群众健身比赛，满足了人民群众多元化的体育健身需求。

（王新洪　王梅枝）

【体育产业】 2015年，全市体育社团已形成网络，成立市级体育类单项协会20个、各类体育健身俱乐部35个。全市民间体育组织共有会员30余万人，经常参加体育社团、俱乐部活动的外围会员有50余万人。依托体育社团举办了全国健身登山大会暨河南省第五届“三山”同登山健身大会、河南省“羽林争霸”羽毛球争霸赛等多项赛事。2015年，各类体彩销量达到3.63亿元，提前完成销售任务。

（王新洪　王梅枝）

【学校体育】 2015年，驻马店市积极开展足球进校园活动和校园足球特色学校创建工作，全市有24所中小学校经教育部批准成为首批全国校园足球特色学校。成功举办首届“市长杯”校园足球联赛，全市共有40所学校54个男女代表队参加比赛。举办了第十七届全市中学生“晨光”体育比赛活动。

（王新洪　王梅枝）

2015年10月28日，驻马店市第二届运动会暨首届全民健身大会在市体育中心举行开幕式。　弓华静 摄

社会民生

卫生计生

【全市卫生计生工作概况】 2015年是“十二五”规划的收官之年，驻马店市卫生计生系统完成了“十二五”事业发展规划。一是居民健康水平实现预期目标。人民群众健康水平显著提高，人均预期寿命在2010年基础上增长1岁；婴儿死亡率、5岁以下儿童死亡率、孕产妇死亡率与2010年相比分别下降35.4%、32.88%和42.01%。卫生资源总量持续增加。全市医疗卫生机构固定资产达到49亿元，比2010年增长27%。床位数28991张，比2010年增长28%。每千人口医院和卫生院床位数、每千人口执业（助理）医师数、注册护士数分别比2010年增加0.8张、0.27人、0.29人。二是卫生服务体系建设。争取中央投入5.4亿元，支持1个市级综合医院、2个儿童医疗服务机构、2个全科医生培养基地、7个县级医院、6个县级妇幼保健院、80个乡镇卫生院、2个社区卫生服务中心、8个卫生监督机构、3个重大疾病预防控制机构、11个农村急救体系项目和966个村卫生室；支持1个市级和4个县级中医院，2个国家中医重点专科建设，缓解了全市优质医疗卫生资源总量短缺的矛盾。三是医疗服务和重大疾病预防。二级以上综合医院平均住院日由2010年的15天下降至2015年的10天。甲、乙类法定传染病发病率持续下降。艾滋病、乙肝、结核病等重大疾病防控取得重大成效。地方病防治实现了规划目标。四是总体保持低生育水平。驻马店市低生育水平保持稳定，人口发展总体态势良好，妇女总和生育率保持在1.46左右，平均自然增长率控制在6‰以内。2015年，市卫生计生委党组成员、市中心医院院长陈建华荣获“2015年国家卫计委脑卒中防治工程模范院长”称号，市中心医院张华茹荣获“全省十大医德楷模”称号。市卫计委机关省级文明单位复创顺利通过验收。

（曹立新　马宏伟）

【市卫生计生委成立】 2015年1月25日上午，驻马店市政府在市政府9楼会议室召开会议，副市长冯玉梅，市委组织部副部长武兰芳和市政府副秘书长谢李利以及原市卫生局、原市计生委机关和所属二级单位党政一把手参加会议。会议宣布成立驻马店市卫生计生委，同时宣布了市卫生计生委领导班子组成人员。

（曹立新　马宏伟）

【九大三年攻坚行动计划】 2015年，驻马店市九大三年攻坚行动计划取得成效。一是县级公立医院综合改革全面实施，巩固了基本药物制度。二是村卫生室标准化建设超额完成。新建集体性质的标准化村卫生室799所，经过改扩建的村卫生室全部达标。三是乡镇卫生院标准化建设和服务能力提升全面完成。全市163所乡镇卫生院基本实现达标，实行了乡村一体化管理。群众就医感受度得到较大提升。四是中心城区床位及医疗服务能力倍增取得突破。市中心医院1000张床位新病房楼建成投入使用；市第二人民医院投资1亿多元进行新建改造，新增床位600张，总床位达到1200张；全科医生培养基地和市中心血站迁建项目已基本完工，完成投资8000多万元；市卫校迁建项目已陆续搬迁，完成投资近2亿元；市妇女儿童医院一期工程开工建设；市第一人民医院900张床新院区竣工投入使用，完成投资1.7亿元；市第二中医院新院区复建近期可投入使用，完成投资1.5亿元；驿城区卫生服务“六合一”综合业务楼建设项目主体已经封顶。2013年以来累计投入资金10多亿元，在中心城区改扩建增加病床3000张。五是公共卫生服务体系提升得到全面落实。全市新建9个县级卫生监督机构，所有县级疾控中心全面进行改造和装备提升，120急救指挥机构全部进行新建扩建。6个县区妇幼保健院争取国家投资7645万元，建筑面积达6.6万平方米，通过一级升二级验收。乡镇公卫办公室全部成立，接种室全部达标。六是城市社区卫生服务体系建设效果明显。共争取资金4000多万元，用于社区医疗服务基础设施建设、设备购置和人员培训，改善了医疗环境。新建开发区金山和开源2个社区卫生服务中心。对驿城区人民和南海2个社区卫生服务中心进行了服务能力提升。七是支持社会资本办医局面良好。市政府先后出台《关于进一步完善社会办医支持政策的意见》和《关于促进健康服务业发展的实施意见》。中心城区共建设二级民营医院3家。各县建成并投入使用10家，另有8家正在建设，6家正在规划中。初步形成多元化的办医格局，一定程度上满足了广大群众多样化、多层次的医疗卫生服务和健康服务新需求。八是卫生人才队伍建设扎实有序。加大人才自主培养力度，引进卫生急需人才，为市直3家医院增加编制650个，公开招聘本科以上毕业生199人。“369人才工程”公开招聘医学院校毕业生及特岗全科医生101人。为县级医院培养骨干医师225人，疾控和监督人才533人，为乡镇卫生院特培本科生181人，完成全科医师转岗培训701人，住院医师规范化培

2015年5月11日，市委、市政府举行全市庆祝“5·12”国际护士节暨先进事迹报告会。

训87人。为县级医院增加编制2701个，县级医疗机构招录专业人员1633人，乡镇招录专业人员1034人，有效缓解了基层人才和技术匮乏的燃眉之急。九是卫生信息化建设实现良好开局。全市所有县级医疗机构与市级医院实现了互联互通，信息共享。遂平县“云计算项目”试点工作取得进展，搭建基层卫生专网，实现基层医疗卫生多项业务系统部署。

（曹立新　马宏伟）

【医改工作】2015年，全市医改工作取得成效。一是公立医院改革。县级公立医院全面实施综合改革，取消药品加价，推行按病种付费、先看病后付费改革。政府办医责任得到强化，公益性逐步回归。二是新农合工作。人均筹资水平提高到470元，全市共有629.69万人参合，参合率达97.95%。全年共受理大病保险补偿患者15256人，人均补偿5102.9元。参合患者次均住院费用增幅下降2.22个百分点。35种重大疾病补偿政策持续完善。三是完善基本药物制度。基本药物配送率达90%以上，合理用药水平明显提高，群众基层就医负担明显减轻。县级医院基本药物使用比例均超过50%。全市乡镇卫生院次均门诊药品费用23.43元，同比下降6.91%；次均住院药品费用662.51元，同比下降15.03%；药品费用3.88亿元，占业务收入比重较上年降低2.24%。四是基层服务体系建设。加强基层医疗卫生服务体系标准化建设，共安排建设项目345个，总投资4.22多亿元，其中中央补助投资1.97亿元，创历史新高。完善基层收入分配激励措施，调动基层医务人员的积极性，提高服务质量和效率。开展乡村医生签约服务试点。健全基层稳定长效的多渠道补偿机制，落实对乡村医生的补助和支持政策。

（曹立新　马宏伟）

【计划生育】2015年，市卫计委严格落实目标管理责任制，对13个市直单位和32个乡镇（办事处）进行表彰，对5个乡镇办事处实施重点管理，对4个乡镇实施性别比治理工作重点管理。根据考核评估平台显示，全市主要工作目标统计准确率达97.85%，符合政策生育率96.99%，避孕措施落实率96.79%，流动人口计划生育均等化覆盖率89.15%，主要工作目标全部完成。全市共受理单独二孩申请7744件，发证6892个，生育2255人，低于生育预期。开展人口信息核查，加强对已婚育龄妇女的服务管理。全市纳入服务管理的已婚育龄妇女为1649524人，占总人口比例为21.66%。实行单独两孩生育登记制度，简化生育审批程序。完成流动人口婚育证明电子化改革，加强生育证规范办理服务，全市网上便民服务平台共申请办理生育证13741件，办结率95.04%。推进国家免费孕前优生健康检查项目工作，实现城乡覆盖率为100.8%。2015年，全市46560对育龄夫妇进行了孕前优生健康检查。综合治理出生人口性别比偏高问题。联合5部门出台《整治“两非”专项行动实施方案》。全市共立结“两非”案件243起，处理相关责任人473人，罚款63.077万元。推进计划生育家庭民生改善。建立城乡统一的独生子女父母奖励扶助制度，协同有关部门加大计划生育特殊困难家庭扶助关怀。市政府出台了救助关怀计划生育特困家庭的意见。为全市37.7万人次计划生育奖扶对象落实8项奖励优惠政策，发放各种奖扶资金1.4亿元。以驿城区为试点带动，推进流动人口卫生计生基本公共卫生服务均等化。完善流动人口计划生育“一盘棋”工作机制，全面开展网络化协作，建立健全区域协作制度，实现了婚育证明、避孕节育情况等网上办理和通报。完成国家流动人口动态监测任务，流动人口信息化建设工作在全省处于领先位次。（曹立新　马宏伟）

【公共卫生】 2015年，全市大力做好公共卫生工作。一是基本公共卫生服务均等化。基本公共卫生服务经费人均40元得到全面落实。全市累计建立居民健康档案734.79万份，电子规范化建档率达95.81%，各项预防接种、慢病管理等公共卫生项目顺利实施。二是重大疾病防控工作。疫情网络直报，法定传染病报告及时率达到100%，全年无甲类传染病报告，无传染病疫情突发事件发生。乙类传染病发病率较上年下降19.6%，死亡病例下降25.6%。免疫规划内疫苗接种率达到95%以上，全年登记治管活动性肺结核病人完成省定任务的105%，市结防所被国家卫计委表彰为全国结核病防治工作先进集体。艾滋病防治工作扎实有效。三是妇幼保健工作。新生儿疾病筛查率达到75%，与往年同期相比提高32.56%，完成省政府妇女儿童两规划中期评估工作。四是卫生应急工作。完成了市级卫生应急指挥平台建设。妥善处理多起突发事件医疗救援工作，完成各项重大活动的应急保障工作。市中心医院代表驻马店市参加全省应急知识大赛，荣获全省二等奖，并获得市政府通报表彰。五是卫生监督执法。完成国家和省下达的803份专项监测和1140份快速检测任务；开展公共场所日常卫生监督3629家，覆盖率99.95%；查办案件165件；开展“亮剑”和卫监行动，对3050家各类医疗卫生机构开展卫生监督，覆盖率99.9%；查处医疗机构违法案件1119件。在全省卫生监督知识竞赛和技能比武活动中获得集体三等奖，在全省“千案评比出精品”活动中，驻马店市参选的7份案件全部获奖，综合成绩全省第一。六是爱国卫生和创卫工作。确山县国家卫生县城、驻马店市省级卫生城市通过复审验收。中心城区创建国家卫生城工作全面启动。（曹立新　马宏伟）

【医疗服务】 2015年，全市医疗服务质量持续改善。开展医德医风专项治理，推进改善医疗服务行动计划及“先诊疗、后结算”服务模式，推进临床路径管理诊疗模式。落实医疗卫生行风建设“九不准”和优质服务60条以及二级以上医院“十大指标”宏观监管目标责任制，改善患者就医感受，为群众提供优质高效的医疗服务。院前急救工作扎实有效。中心城区受理呼救电话21997人次，派车20792车次，成功救治病人16433人，全年未发生任何因调度失误引发的医患纠纷。全年共采集血液21.6吨，同比增长0.9%；参加无偿献血者59916人次，同比增长2.3%，保证血液质量，较好满足了全市临床用血需求。（曹立新　马宏伟）

【中医工作】 2015年，市卫计委争取资金1.51亿元，用于市中医院儿科综合病房楼和遂平县、正阳县中医院迁建项目。泌阳、西平2县中医院顺利通过二级甲等中医院验收；市中医院李峥嵘等3人被确定为全国中医特色技术传承人才培训项目对象。403个村卫生室配备了中医诊疗设备；市中医院脑病科在国家中医重点专科“十二五”终期评估中全省排名第一，全国第四。（曹立新　马宏伟）

【医院管理】 2015年，全市加强医院管理，实施二级以上医院“十大指标”宏观监管目标责任制，与各县区、各医疗机构签订目标责任书，并把二级以上的民营医院也纳入目标责任管理。加强医疗安全管理，控制医疗不良事件发生，引导医院走质量效益型发展道路。推进优质护理服务，扩大优质护理服务覆盖面，丰富护理服务内涵，二级以上医疗机构优质护理服务病区覆盖率达100%。继续以抗菌药物临床应用管理为重点，突出基层抗菌药物使用监管，加强大输液管理，提高合理应用水平，要求各医疗机构首选使用基本药物，明确县级公立医院基本药物使用比例不低于50%；落实《医疗技术临床应用管理办法》和相关技术管理规范，建立机构准入、人员准入、技术准入三位一体的技术管理制度，严禁非法执业，全面提高全市医疗质量和依法执业水平。市卫生计生委举办全市医院评审专家培训班，特邀6位省级医院等

2015年9月15日，响应国家卫计委“服务百姓健康行动全国大型义诊活动周”的号召，市中心医院组织儿科、妇科、外科、内科等科室专家，来到确山县人民医院，为当地群众提供医疗服务。 陈思妤 摄

级评审专家围绕医院管理、医疗管理、药事管理、医院感染和临床检验用血以及医院评审的理念与方法等进行全面系统地讲授；完善医疗服务质量管理与控制指标体系，强化对医疗质量控制工作的管理；根据国家、省统一部署和要求，充实调整医院评审专家委员会，开展医院评审评价工作，对三级医院进行初审初评，推进县级医院争创二甲活动；纠正医疗服务领域存在的过度检查、过度用药，过度治疗等损害群众利益的突出问题，规范收费行为。以调整下放医疗机构设置审批权限工作和医疗机构校验为时机，对二级以上医疗机构进行全面督导检查，对问题突出的医疗机构采取限期整改，对不达标的科室采取要求限期达标，确保医疗质量安全，并依法依规执业；推行全方位医患沟通模式，加强医疗机构投诉管理，改进医疗服务工作，建立医患关系和谐办公室，确立行之有效的沟通机制，畅通患者投诉渠道。4 月份与市综治办联合组织召开全市医患纠纷预防与处置机制工作座谈会，推进全市平安医院建设工作。建立投诉管理台账。对投诉反映的问题认真进行登记，全年医政科共受理投诉 15 起，处理纠纷 8 起，并做到事事有落实、件件有答复。

（曹立新　马宏伟）

【卫生应急工作】 2015 年，驻马店建立了驻马店市级卫生应急平台，各项硬件设备已经安装调试到位，并与省卫计委应急网络进行对接，按照预期目标实现与全省的互联互通。按照河南省卫生厅省级卫生应急综合示范县（区）建设标准和要求，全面开展争创省级卫生应急综合示范县（区）创建工作，做好卫生应急工作。

突发公共卫生事件预防与处置工作。依据相关预案做好驻马店市埃博拉出血热、人感染高致病性禽流感等突发急性传染病的监测预警、技术培训、物资储备和应急处置工作。做好卫生应急值守和节假日值班，坚持实行有单位领导在岗带班、科室人员轮流值班的 24 小时值班制度，妥善处置各种突发紧急事件。积极组织做好在驻马店市举办的各种重要活动，特别是 2015 年全国农民工春晚、中国农加工洽谈会、春运、市人大政协“两会”、高招和中招、驻马店市第二届运动会等各种卫生应急医疗保障工作，确保各项活动顺利进行。

消防安全和反恐卫生应急工作。及时召开会议和下发通知，对应急队伍重新进行调整，对应急物资储备进行具体要求。组织市中心医院、市中医院、市第二人民医院、市疾控中心和市卫生监督所等市直医疗卫生单位先后开展反恐与消防安全生产卫生应急救援实战演练活动；组织参加市政府、市反恐办组织的河南省豫南片区在驻马店市图书馆和博物馆举行的消防和反恐综合演练活动；组织参加市反恐办在驻马店天中广场举行的“2015—捍卫天中”反恐紧急拉动演练。

防汛抗旱和救灾防病工作。组建市级防汛抗旱救灾医疗队和防疫队，全面启动应急机制，确保汛期做到组织、人员、药品、器械、车辆、后勤保障、综合协调七到位，做到防患于未然，一旦遇到重大灾情疫情能够及时妥善处理。

卫生应急示范单位创建工作。按照省卫生厅应急办的要求，依据《河南省卫生监督应急工作规范（试行）》《河南省疾病预防控制机构卫生应急工作规范（试行）》，驻马店市及时召开会议和转发省卫生厅应急办文件并提出明确要求，在全市疾控中心系统和卫生监督系统开展卫生应急示范单位创建工作。

卫生应急队伍建设。重新修订市级卫生应急队伍管理办法，加强对队伍的管理和调度。按照“立足市内、辐射周边”的原则，对市级卫生应急队伍及时进行调整，确保一旦发生突发紧急事件，能够拉得出、用得上、救得下。组织有关人员参加省卫生厅应急办组织的卫生应急管理、医疗、监督和疾控等各级各类卫生应急培训学习，提高了驻马店市各级各类卫生应急能力和水平。

宣传工作。与市政府应急办和驻马店日报社联合，在《驻马店日报》等市级新闻媒体上开通专栏，做好卫生应急知识宣传和健康教育工作，全年开设专栏 52 期。

卫生应急协作与交流。建立与周边地市的区域交流合作机制，加强信息互通、技术交流、联合演练，提升共同应对突发事件的能力。到周边地市学习完善应急管理和建设经验，为做好驻马店的卫生应急工作提供帮助。强化与市农业、林业、畜牧、公安、教育等部门的联防联控机制，共同做好各类突发事件卫生应急处置工作。　（曹立新　马宏伟）

【医师资格证考试】 2015 年，驻马店市组织开展 2015 年国家医师资格证考试报名工作，共审核通过临床执业医师 2150 人、临床执业助理医师 1209 人、口腔执业医师 54 人、口腔执业助理 260 人，有 4385 人参加国家医师资格实践技能考试驻马店考点临床类考试工作，有 3009 人参加国家医师资格的医学综合笔试考试。　（曹立新　马宏伟）

【新型农村合作医疗】 2015 年，驻马店市共有 629.69 万人参合，参合率为 97.95%。截至 11 月底，新农合到位资金为 23.61 亿元，其中农民个人缴费 5.67 亿元（含医疗救助和其他社会资助），各级财政配套资金到位 17.81 亿元，利息 1362.57 万元。1 月 ~ 12 月，全市参合农民受益 1755.6 万人次，总补偿金额 26.13 亿元。其中，门诊统筹补助 529.21 万人次，补偿支出 15579.74 万元；家庭账户补偿 1118.67 万人次，补偿支出 36720.37 万元；住院补助 80.06 万人次，补偿支出 20.09 亿元；住院分娩补助 2.23 万人次，补偿支出 1015.41 万元；特殊病种大额门诊补助 25.43 万人次，补偿支出 7077.94 万元，其中补偿额度达 1 万元以上的 30738 人，3 万元以上的有 5361 人，6 万元的有 1046 人，达到 10 万元的有 235 人，达到 15 万元的有 76 人，达到 20 万元的有 19 人。次均住院费用 5132.01 元，较 2014 年同期上涨 5.04%。住院率 13.07%，较 2014 年同期提高 0.59%；平均住院补偿比为 47.81%，同比下降 1.94%。　（曹立新　马宏伟）

【卫生监督执法】 2015 年，驻马店市卫生监督部门围绕社会和群众关心的热点问题，开展各项卫生监督执法工作。一是食品安全风险监测工作。成立领导组织，制订实施方案，召开专题会议，并对采样人员、检验人员和信息报告人员进行相关知识和技能培训，如期完成国家理化监测、微生物监测、专项监测以及快速检测任务。二是公共场所卫生监督工作。规范卫生行政许可，加强公共场所日常监管，采取一系列的便民措施。全年共发放卫生许可验收427个，复核卫生许可证272户，延续13个。全年全市共开展公共场所日常卫生监督3629家，覆盖率99.95%；查办案件165件，罚款13.17万元。加强生活饮用水监管，积极稳妥处置饮用水污染事件。8月3日，市卫生监督员在日常监督检查中发现市区自来水管网末梢水发黄，市卫计委及时启动《生活饮用水应急预案》，对生活饮用水进行采样送检，采取应急处置，在最短的时间内，水污染事件得到有效处置。2015年全市共监督生活饮用水单位121家，监督覆盖率为100%。开展游泳场所执法监督检查。组织执法人员对市区奥搏豪森假日酒店有限公司等5家游泳场所进行专项执法检查，对检查中发现的问题现场制作执法文书，要求经营单位进行整改，确保市区游泳场所卫生安全。（曹立新　马宏伟）

【医疗市场监管】2015年，驻马店市加强医疗市场监管。根据《河南省卫生计生委关于开展2015年整顿医疗秩序打击非法行医宣传月活动的通知》，组织卫生监督员走上街头，深入社区，开展打击非法行医宣传活动。按照《河南省卫生和计划生育委员会关于开展"亮剑—秋风行动"联合执法行动的通知》的精神，市执法人员在新闻媒体、公安部门的配合下，对辖区内的无证黑诊所进行集中打击和整治。取缔141家无证诊所，收缴药品59箱，捣毁牌匾18块，收缴器械1件，罚款9.3万元。向公安移送非法行医案件30起，追究刑事责任11人。对无证行医保持高压严打态势，净化医疗市场秩序。开展"卫监—秋风行动"，先后组织开展疾病控制机构及其计划免疫门诊、医疗机构麻疹预防与控制，托幼机构春季传染防控，企业、民营、市直医疗机构、社区卫生服务站的依法执业量化分级管理，放射卫生、医疗广告、医疗废物处置、采供血机构血液安全、预防性健康检查机构等专项检查，规范医疗机构执业行为。2015年，对开展放射诊疗工作的所有医疗机构的放射诊疗许可证持有情况，放射工作人员证的持有情况，放射工作人员放射防护知识培训、职业健康体检、健康监护档案情况，个人剂量监测及档案建立情况，放射工作人员、受检者的个人防护情况，放射机房建设防护情况，相关制度、方案、应急预案的建立情况等进行全面详细的监督检查，并要求存在问题的放射诊疗机构按照监督意见书提出的意见进行整改。全年共对3050家各类医疗卫生机构开展经常性卫生监督，覆盖率99.9%；对233户开展放射卫生监督，覆盖率99.57%；对5家职业（放射）卫生技术机构开展监督检查，覆盖率100%；对1家采供血机构开展监测检查，覆盖率100%。查处医疗机构违法案件1119件，罚款188.96万元。（曹立新　马宏伟）

【艾滋病防治】2015年，全市做好艾滋病防治工作。

源头治理。加强咨询检测工作。继续加强哨点监测，完善艾滋病检测监测网络。加强医疗机构检测能力建设和监管场所艾滋病检测工作，提升基层医疗卫生机构检测能力，切实提高高危人群接受艾滋病检测并知晓检测结果的比例。自愿咨询HIV检测本年应完成人次数5850人，全年检测工作完成率92.22%。加强艾滋病疫情监测和疫情管理。加大性传播干预工作力度。加强对HIV单阳配偶的管理。全市3820名HIV单阳配偶是关注的重点人群，加强对高危人群的干预。在各类宾馆、洗浴中心等公共娱乐场所摆放安全套，推广100%安全套措施，为易感染人群提供免费咨询检测服务。做好预防母婴传播工作。健全预防艾滋病母婴传播工作网络，加强疾病控制、妇幼保健、基层计划生育机构的资源整合，完善工作机制，落实目标责任，强化措施落实加强血液安全管理。推广无偿献血，强化采供血管理，推进血站核酸检测工作，按照河南省统一安排，2015年年底，驻马店市无偿献血人员全面开展血液核酸检测工作。

重点防控。结合疫情形势，严格落实属地责任，加强综合防治，遏制疫情蔓延。继续将高危人群作为重点，加大干预力度，强化健康教育和动员检测，最大限度地发现并有效管理传染源。对疫情上升快的人群，采取有效措施，遏制快速上升势头。建立教育和卫生部门信息通报机制，以大专院校为重点，通过各种形式的艾滋病预防知识和思想道德教育，做好青年学生艾滋病防治工作，上半年制作艾防宣传中性笔3.7万支，下发各县区和市属（包括省属驻驻马店市）各院校。通过文化、卫生等下乡（进社区）活动，发放毛巾、扑克牌、抽纸、纸杯、宣传折页等艾防宣传品，开展针对农民工、社区和中老年人群的艾滋病危害警示教育，扩大艾滋病综合干预覆盖面，引导他们充分认识艾滋病的危害性，减少危险行为。

医疗救治。加强抗病毒治疗管理。积极探索建立新型农村合作医疗等现行医保制度对艾滋病医疗救治保障工作的衔接机制，强化全市艾滋病定点救治机构的工作职责，提高为艾滋病患者的服务水平。对符合抗病毒治疗标准的病人及时纳入治疗管理。抗机会性感染治疗体系进一步完善，将艾滋病抗机会性感染治疗纳入新农合大病统筹的管理，继续探索艾滋病抗机会性感染治疗药物目录与基本药物制度结合的工作机制，建立和实施艾滋病治疗基本药物制度。强化对基层医疗卫生机构人员的培训，对艾滋病定点医疗机构一线医务人员进行艾滋病医疗救治知识培训。全面落实驻马店市艾滋病医疗救治政策。加强定点治疗机构学科与能力建设，完善救治网络。强化医疗救治队伍尤其是基层医务人员能力培训，持续提高治疗规范化水平。卫生计生、人力资源社会保障、民政等部门努力探索建立基本医保、大病保险、医疗救助和慈善救助等政策与现行艾滋病救治政策的衔接互补机制，完善患者转诊制度，统筹资金使用管理，进一步减轻艾滋病患者治疗负担。

救助工作。妥善安置艾滋病致孤人员，落实对各类涉艾人员的救助金。生活抚养费：散居的孤儿每人每月800元、集中供养的孤儿每人每月1000元，孤老每人每月200元；致单亲家庭未成年子女救助金每人每月200元；艾滋病感染者生活定量补助每人每月200元，其中18岁以下艾滋病儿童按照致孤儿童标准执行每人每月600元生活补助。艾滋病家庭成员全部纳入低保救助范围，并免费纳入"新农合"医疗范围。对涉艾家庭高中生全部落实每人每学年800元的救助政策，并对艾滋病致孤子女考上高中及中专的每人每学年给予 1200 元生活补助、考入大专及本科的每人每学年给予 3600 元生活补助。民政部门定期组织检查，及时发现纠正发放中存在的问题。（曹立新　马宏伟）

【招标采购】 2015 年，市卫计委严格做好招标采购工作。一是医用材料集中招标采购。结合医用耗材使用实际，按照质量优先、合理低价的原则，从评审招标文件、规范招标目录、严格资格审查、加强招标网络平台建设、加强中标后监管五个方面开展工作。本年度共有 945 家医疗器械生产、经营企业参加投标，其中经营企业 532 家、生产企业 413 家。投标品规 25917 个，经评标委员会评议及投标企业确认，产生中标品规 22451 个。二是医疗器械招标采购。根据市卫计委、市财政局、市监察局联合下发的《关于加强医疗器械集中采购管理的通知》文件要求，2015 年医疗器械招标采购会议共计 3 次。设备数量 121 项，预算总价 9839.6 万元，实际中标总价 8410.323 万元，节约资金 1429.277 万元，节约比率 14.5%。（曹立新　马宏伟）

【医疗事故技术鉴定】 2015 年，市医学会共接待受理医患纠纷、医疗纠纷、医疗事故技术鉴定等相关咨询 200 余人次，共受理医疗事故技术鉴定案件 11 起，已鉴定 6 起。另有 4 起，其中 3 起因为医患双方没有在法规规定的时限内提交材料、1 起患方另提出调解而中止。在已鉴定过的 6 起案件中，有 1 起构成一级甲等医疗事故，医方负次要责任，占纠纷鉴定的 16.7%；有 5 起构不成医疗事故，占纠纷鉴定的 83.3%；另有 1 起尚在鉴定程序进行中。（曹立新　马宏伟）

【学会管理】 2015 年，市医学会加强对各学会、协会、研究会及专业委员会学术活动经费管理，出台《驻马店市卫计委关于规范学术活动经费管理意见的通知》，规范学术活动经费管理。根据上级学会要求，结合全市学会工作实际情况，驻马店市医学会依据章程，先后成立临床营养专业委员会、神经外科专业委员会、颅脑神经外科暨神经修复专业委员会、影像技术专业委员会 4 个专科学会，引领学科发展，促进学科诊疗技术提升。（曹立新　马宏伟）

【继续医学教育】 2015 年，根据《驻马店市卫生技术人员继续医学教育实施办法》规定，按照《驻马店市继续医学教育学分授予及登记管理办法》的要求，全市共审验 700 多人，其中合格 600 多人，合格率占 80% 以上。完成 2013 年及此前遗留的住院医师规范化培训考核合格人员合格证书的发放工作。市医学会针对全市 2013 年及 2013 年以前参加住院医师规范化培训的 8 个专业理论考核合格人员遗留问题进行了具体处理，如遗失合格证书的补发等。（曹立新　马宏伟）

【驻马店市卫生和计划生育委员会挂牌】 2015 年 5 月 26 日上午，驻马店市卫生和计划生育委员会正式挂牌。按照市委市政府文件要求，市委、市政府将原市卫生局和市人口计生委合并组建市卫生和计划生育委员会，统筹规划全市医疗卫生和计划生育服务资源配置，组织实施基本药物制度，拟定计划生育政策，监督管理公共卫生和医疗服务，负责计划生育管理和服务等项工作。（曹立新　马宏伟）

【驻马店市荣获“全国无偿献血先进市”称号】 2015 年，全市采血点扩展到 15 个，新增校园采血点 2 个；采供血 107662 人次，采血量先后突破 18 吨和 20 吨大关，创历史最高水平，固定献血者比例达 51.5%，农村献血者比例达 64%，完全满足临床和急救用血需求。2015 年，国家三部委联合表彰无偿献血先进市 249 个，驻马店市再获殊荣，连续 6 届 13 年荣获“全国无偿献血先进市”称号。（曹立新　马宏伟）

人力资源和社会保障

【就业创业工作】 2015 年，全市就业局势总体稳定。以市政府名义出台《关于推动大众创业万众创新的实施意见》，推动大众创业万众创新，以创业带动就业。多渠道开发就业岗位，强化公共就业服务和就业培训，加大就业困难群体援助力度。全年城镇新增就业人员 7.83 万人，失业人员再就业 3.24 万人，帮助困难人员实现就业 1.2 万人，分别完成年度目标任务的 164%、163% 和 172%。城镇登记失业率 3.12%，低于省控目标 1.4 个百分点。发放小额担保贷款 4.82 亿元，完成年度目标任务的 107%。新增农村劳动力转移就业 6.73 万人，完成年度目标任务的 112%。作为中心城区六项惠民实事之一的市级公共就业服务信息网络建设顺利完成，总投资 260 万元。（张　乐　刘　洋）

【社会保障工作】 2015 年，驻马店市基本养老、医疗、失业、工伤和生育保险参保总人数分别达到 38.84 万人（机关事业 4.3 万人）、116.5 万人（城镇居民 72.5 万人）、34.7 万人、29.8 万人和 27 万人，均超额完成年度目标任务。城乡居民基本养老保险参保人数 411.2 万人，参保率达 99.5%。累计征缴社会保险费 25.7 亿元，确保了各项社会保险待遇按时足额支付。第十一次调整企业退休人员养老金待遇，调整了工伤保险待遇和失业保险金标准。城镇居民医保财政补助标准由每人每月 320 元提高到 380 元。失业、医疗、工伤、生育保险市级统筹进一步完善。开展社保基金专项检查，确保基金安全。（张　乐　刘　洋）

【全民技能振兴工程】 2015 年，市人社局推进全民技能振兴工程，全面提升各类劳动者技能素质。全年共开展各类劳动力技能培训 16.5 万人次，完成年度目标任务的 103%。其中，开展农村劳动力转移就业技能培训 4.58 万人，创业培训 6120 人，企业在岗职工技能提升培训 3.23 万人，失业人员再就业培训 2.56 万人。新培养高技能人才 4963 人。全市职业院校在校生达6.8万人。组织2.4万人参加职业技能鉴定，

2.1 万人取得相应资格证书。成功举办 2015 年驻马店市职业技能竞赛。整合培训资源，对全市 21 家培训机构进行评估，新批定点培训机构 18 家。驻马店高级技工学校成功申报发改委支持公共实训基地建设项目，争取财政贴息贷款 3500 万元。推行各类技工学校招生、培训、鉴定、就业“四位一体”，校企合作取得新成效。驻马店技师学院挂牌成立，办学层次提升到高等职业教育范畴。（张　乐　刘　洋）

【人才队伍建设】 2015 年，市人社局向上级推荐的 1 名享受国务院特殊津贴专家、4 名享受首届省政府特殊津贴专家、5 名省级学术技术带头人全部获得批准。顺利完成“2013~2014 年度驻马店市学术技术带头人”推荐选拔工作，评选出 100 名市级学术技术带头人。以市政府名义印发《关于实行驻马店市政府特殊津贴制度的意见》，在全省率先实行市政府特殊津贴制度。推进专业技术人员知识更新工程，全市网络注册继续教育培训人员 10 万余人，参加网络学习人数 7.2 万人，学习培训率位居全省前列。新增 6 个博士后研发基地，博士后研发基地总量达到 10 个。高层次人才国家化培养工作取得新突破，黄淮学院李荣强副教授成为全市第二位获得省 10 万元资助的人选。

（张　乐　刘　洋）

【人事管理工作】 2015 年，市人社部门成功备案 649 名公务员和参照公务员法管理人员的登记材料。顺利完成河南省 2015 年统一考试录用公务员驻马店职位 10047 名考生的网上报名、笔试、面试和体检工作，报考人数创历史新高。持续开展创建人民满意的公务员示范单位和示范岗活动，全市 10 个示范单位和 20 个示范岗获得省表彰。以公务员网络培训学院驻马店分院为平台，开展公务员网络培训 9030 人，任职培训 223 人，初任培训 262 人。圆满完成 26 名营以下军转干部安置工作。稳步开展事业单位岗位设置动态调整工作。加强对县区事业单位公开招聘工作的指导和监督，审查招聘方案 20 个，核准招聘计划 2611 名。认真组织市直 39 个事业单位工作人员的公开招聘工作，招聘人员 426 名。做好全市公务用车制度改革中安置司勤人员的政策解释、调查和摸底统计工作。完成 3009 名中小学教师中、高级职称的评定工作。改革工考考核模式，以人机对话形式组织开展 5958 名机关事业单位工人的技能岗位考核工作，涉及 18 个行业 132 个工种。完成 2015 年“三支一扶”高校毕业生的公开招聘工作。开展人事考试警示教育活动，严肃考风考纪，顺利完成各类人事考试组织工作，参加考试人员 4.96 万人。

（张　乐　刘　洋）

【改革工作】 2015 年，市人社局开展各项改革工作，降低了失业、工伤和生育保险费率，有效减轻了企业负担。全市失业保险降低费率惠及企业 2981 家，为企业减轻失业保险负担 2963 万元；为 19 家企业发放失业保险稳岗补贴 421 万元，惠及职工 6566 人。出台建筑业农民工参加工伤保险办法，在全省率先启动建筑业农民工参加工伤保险工作。启动实施城镇居民大病保险工作。深入县区开展调研，摸清了公务员队伍的现状、存在的主要问题，为实施县以下公务员职务与职级并行制度提供参考。按时顺利完成调整机关事业单位离退休人员离退休费标准和调整在职人员工资标准实施“预增发”工作。认真进行摸底测算，建好数据库，组织开展业务培训，为机关事业单位养老保险制度改革全面启动实施打好基础。驻马店市好的经验和做法，在全省机关事业单位养老保险经办管理工作会议上作典型发言，是 18 个省辖市唯一发言的单位。

（张　乐　刘　洋）

【和谐劳动关系构建】 2015 年，市人社局继续推动小微企业全面实行劳动合同制度。选定 288 家企业作为样本，完成企业薪酬调查工作。调整了企业最低工资标准。全面推进劳动保障监察“两网化”建设，加强书面材料审查和日常巡视检查，开展农民工工资支付等专项检查，为 6245 名劳动者追讨工资 9141 万元，取缔非法职介机构 6 家。受理劳动人事争议案件 1691 起，调解结案率 47.4%，法定时效内结案率 100%。市直、上蔡县、泌阳县、正阳县顺利通过全省仲裁院规范化建设达标验收。定期召开座谈会，交流情况，化解矛盾，企业军转干部保持总体稳定。

（张　乐　刘　洋）

【基层平台建设】 2015 年，全市 2750 个行政村（社区）全部建立了村级人力资源社会保障服务站。金保工程业务专网实现四级网络覆盖。推广使用全省新版就业管理系统，多项指标位居全省前列。加快推进社会保障一卡通建设，新发行 453 万张社会保障卡，超额完成省下达目标任务。按照“急用先行、先易后难”的原则，推进社保卡在城乡居民养老保险待遇发放以及城镇职工医疗保险就医结算应用。在全市设立 240 个社会保障卡服务窗口，在 2750 个行政村铺设助农取款 POS 机，方便持卡人办理取款、支付、转账、缴费和查询等业务。重新构建 12333 电话咨询服务中心，通过增加人工坐席、加强人员培训、规范业务流程等措施，为参保群众提供多业务、全方位的线上服务。2015 年，市人社局再次被市政府评为依法行政考核先进单位。（张　乐　刘　洋）

民政事务

【社会救助】 2015 年，驻马店市社会救助水平有新提高。

城乡低保。按照省厅工作安排，从 2015 年 1 月起，城市低保人均月补助标准由每人每月 195 元提高到每人每月 225 元，农村低保人均月补差标准由每人每月 99 元提高到每人每月 115 元。城市居民最低生活月保障标准不低于 380 元，农村居民最低生活年保障标准不低于 2600 元。全市实现了城市低保按月、农村低保按季社会化发放。截至 2015 年底，全市共有城市低保对象 62941 户、126737 人，累计支出低保金 35745.5 万元；全市共有农村低保对象 252796 户、392922 人，累计支出低保金 54927.7 万元。为进一步做好低保动态管理工作，全市加快建立低保救助家庭经济状况核对机制，从根本上解决家庭隐形收入和财产收入无法准确核定问题。各县区政府已经下发文件，市本级、上蔡县、遂平县已完成机房建设。

五保供养。全市共有五保供养对象42858人，集中供养16667人、分散供养26191人，集中供养率39%。集中供养标准由每人每年3200元提高到3800元，分散供养标准由每人每年2220元提高到2800元，累计支出五保供养资金15147.2万元。开展农村敬老院星级评比竞赛活动。鲁山县“5·25”火灾事故发生后，及时对农村敬老院进行全方位、多批次、拉网式的排查督导，督促敬老院建立安全隐患排查台账，对查出的296处安全隐患及时进行整改。强力推进农村敬老院事业单位法人登记。全市有93个敬老院办理了法人登记，其中确山、泌阳、上蔡、平舆4县全部完成法人登记。

医疗救助。全市医疗救助及农村困难群众重大疾病救助工作开展顺利。全市共救助城乡医疗救助对象196668人次，其中农村困难群众重大疾病对象5812人次；累计支出医疗救助资金7664.5万元，其中农村困难群众重大疾病资金1671.4万元。

临时救助。社会救助联席会议制度稳步推进，建立和完善临时救助制度，救助水平不断提高。全市共救助11195户，共发放临时救助资金533.9万元。

灾害救助。一是及时下拨救灾资金。2015年全市自然灾害程度与上年相比总体偏弱，全市有5个县区的20个乡镇（街道）遭受风雹、洪涝灾害影响，受灾人口18.4万人，农作物受灾面积25.4万亩，其中绝收1万多亩，直接经济损失8016.3多万元。为妥善安排好灾民生活，市共发拔救灾资金1555万元。二是做好冬春困难人口统计工作。全市摸排需冬春救助人员6.9万人，建立台账，制定了冬春救助实施方案。三是春节期间在全市开展“送温暖、献爱心”活动。共接收各类捐赠款物折合人民币204.7多万元。四是开展“全国综合减灾示范社区”创建工作。2015年，全市有3个社区申报“全国综合减灾示范社区”。（张富华　郭建设）

【社会养老服务】2015年7月，以市政府文件出台《关于加快发展驻马店市养老服务业的意见》，为全市养老服务业发展提供依据。完成2015年度省级高成长服务业专项引导资金扶持养老服务业发展项目申报工作。会同市财政局推荐上报驻马店市大河居家养老服务中心、确山县关爱中心老年公寓等7个养老服务业建设项目，正等待省厅审验材料。落实各项老年人优待政策。对百岁以上的老年人实行每月发放不少于100元的敬老补贴政策；免费为老年人办理老年人优待证；旅游景点门票实行70岁以上老人免费、60岁～69岁老人半价的优待；在免费乘坐市内公交车方面，驻马店市将国家规定的70岁以上老人扩大到65岁，全市凡65岁以上老人，均可享受每月免费乘车80次的优待。推进养老基础设施建设。在居家养老方面，全面开展居家养老服务网络建设，现共有城市社区居家养老服务中心10所、农村幸福院（农村社区）303所。驻马店市大河居家养老服务中心筹建的12349居家养老服务呼叫网络平台已装修完毕，人员已配备到位，机器调试已经结束，电话也已开通，正在洽谈加盟商家。在社会办养老机构方面，全市共有社会办养老服务机构28所，床位3000张。加强对社会办养老服务机构的安全生产管理。平顶山鲁山“5·25”特大火灾事故发生后，市老龄办高度重视，立即将相关情况上报局领导，并立即组织各县（区）展开社会办养老机构安全生产隐患排查整治工作，对辖区内社会办养老院进行消防安全专项检查，及时消除养老机构消防隐患。全市35所无证经营社会办养老机构通过整改取得许可证的5所，已整改正申请办证的5所，其他不具备整改条件的已全部依法进行关停。

（张富华　郭建设）

【社会福利】2015年，全市社会福利加快发展。一是县级社会福利中心建设工作。全市有7个县级福利中心项目，其中竣工并投入使用的有泌阳县、西平县、上蔡县、汝南县、确山县福利中心。驻马店市社会福利院老年养护楼项目年底前全部完工。借助春节前后消防安全检查和安全生产大检查的有利时机，在抓好消防、食品和残障人士、失能、半失能老人的安全防护基础上，完善各项规章制度，加强内部卫生管理，尽力在现有条件下提高服务水平。遂平县、平舆县福利中心主体工程已封顶，进入水电消防安装。正阳县福利中心项目已动工建设。二是儿童福利保障工作。共投入社会孤儿生活保障资金1373.8万元，使560名因艾滋病致孤人员、1199名因艾滋病致单亲未成年子女、338名艾滋病感染儿童、10233名艾滋病患者、3087名社会孤儿生活得到妥善救助。完善了社会散居孤儿的家庭寄养手续。按照市政府办公室《关于做好困境儿童分类保障工作的通知》要求和省厅安排，对全市困境儿童进行分类排查，共排查出自身困境儿童5120名，其中残疾儿童3633名（一级残疾1015人、二级残疾1079人、三级残疾1040人、四级残疾499人），重病儿童1487人；家庭困境儿童3533名，其中父母一方死亡、重病、重残（二级以上肢残、三级以上精神残疾）1984人，低保家庭子女1549人，监护困境儿童2788名，共计10415名，为下一步推行适度普惠型儿童福利保障制度提供科学依据。三是福彩发行。全年共销售福利彩票2.57亿元。四是慈善事业。支持公益慈善类社会组织发展，健全社会救助和慈善资源信息有效对接机制，促使有限的社会慈善资源发挥充分的社会效益。推进基层慈善组织网络体系建设，力争两年建立起市、县、乡有慈善公益社会组织机构，村级有慈善公益组织信息员的网络组织体系。筹建“以慈善促民生”项目，开办慈善超市，力争慈善超市网点布局合理，爱心人士的善举得到及时发挥，受助人士得到有效救助。

（张富华　郭建设）

【基层政权建设】2015年，全市基层政权建设工作顺利完成。一是完成全市第五届城市居委会换届选举工作。全市应换届192个社区居委会“两委”选举于7月底前全部完成，共选举产生“两委”干部1149人，其中社区党组织828人，社区居委会973人，“一肩挑”社区170人，“两委”交叉任职652人。二是社区建设工作。成立以市委副书记张宪中担

2015年8月4日，全国双拥办调研督导组巴谋国（前中）一行到驻马店市调研督导全国双拥模范城（县）创建工作。

任总召集人，组织部部长、分管副市长为召集人，相关单位负责人为成员的社区建设工作联席会议制度。市委、市政府出台《关于进一步加强城市社区建设的意见》，召开全市城市社区建设工作推进会议，全面安排部署全市城市社区建设。三是妥善处理第八届村级组织换届选举、第五届城市居委会换届选举工作后续问题。（张富华　郭建设）

【拥军优抚】 2015年，驻马店市全面落实拥军优抚安置政策。一是做好退役士兵安置和职业教育、技能培训工作。全年接收退役士兵3972人，符合安置条件的退役士兵290人，全部安置完毕，其中137名重点安置对象采取量化排名的办法全部安置到事业单位。2015年全市符合免费培训条件的自主就业退役士兵3682人，共有3574人参加培训，占应培训人员的95%。2015年，全市发放自主就业退役士兵一次性经济补助、退役士兵培训费、待安置期间生活补助费4973.7万元（一次性经济补助3413万元、培训费1472.8万元、生活补助费87.9万元）。二是落实优抚政策。全市享受抚恤补助的优抚对象共有66254人，其中残疾军人4582人，“三属”（烈属、因公牺牲军人遗属、病故军人遗属）915人，在乡复员军人4055人，带病回乡退伍军人5844人，参战参试人员11531人，60岁以上农村籍退役士兵人38351人，部分老烈士子女745人，铀矿开采退役人员231人。2015年下拨优抚对象抚恤补助经费19014.3万元，优抚对象医疗补助费1121万元（不含正阳县），各县区第三季度抚恤补助按标准已足额发放到户。做好义务兵家庭优待金发放工作，全年全市为7056名符合优待条件的义务兵发放优待金6690万元。9月30日，在确山县竹沟革命烈士陵园组织烈士纪念日活动，市四大班子领导、烈属、退伍老战士代表，解放军和武警官兵，市直单位、确山各界群众代表等500多人，参加了纪念日公祭活动。三是做好军休干部接收安置和服务管理工作。2015年上级下达驻马店市军休人员接收安置计划73人，干部、士官13人，军工60人，2015年共计接收安置26人，干部13人，病退士官3人，军工11人。除部队未派人来移交外，驻马店市接收率达100%。同时，军休干部政策、生活和医疗待遇全部落实到位。四是组织创建全国双拥模范城活动，确保实现全国双拥模范城“四连冠”。2015年4月初，全市召开创建全国双拥模范城（县）动员会。创建工作准备期间，在城区主要公共场所共设置双拥宣传标牌（物）58处，对“双拥大道”、商桐公路和济南军区确山训练基地场区内的800余块双拥宣传标牌进行维护更换。制作创建全国双拥模范城画册、汇报课件和专题片，装订创建全国双拥模范城（县）迎检材料汇编11本。组织开展“双拥在基层”活动，做好“八一”期间慰问走访部队和看望优抚对象等拥军优属工作。8月初，全国双拥办调研督导组到驻马店市调研督导全国双拥模范城（县）创建工作，对驻马店市全国双拥模范城（县）创建工作给予充分肯定，作为免检单位直接申报全国双拥模范城。五是驻马店市杨靖宇将军纪念馆改扩建项目完成前期信息收集等准备工作。（张富华　郭建设）

【民政专项社会事务管理】 2015年，市民政局做好民政专项社会事务管理工作。一是完成上蔡县五龙乡撤销建镇的审批工作。二是按照市深化改革办要求，完成了拟定驻马店市城乡一体化示范区行政区划调整意见，并多次向市深化改革办上报改革专项小组重点工作台账和重点改革事项分类审议清单建议表等工作。三是完成西平县宋集乡、正阳县袁寨乡撤乡建镇和驿城区部分行政区划调整的实地调研、座谈和材料收集、整理上报等工作。四是开展第二阶段地名普查工作。参照全国第二次地名普查试点单位工作经验，结合驻马店市实际，编辑制定《驻马店市地名普查操作指南》（16开本500余页）。五是完成市区划调整后的漯河驻马店线、南阳驻马店线2条市级边界线和驿遂线、驿确线、驿汝线、驿泌线、确汝线、确泌线6条县级边界线勘界工作成果资料的整理、立卷归档工作。完成上报省政府市区划调整后勘界成果资料档案6卷、省界线管理办公室18卷（6条线各2卷和6条边界线协议书附图各1卷）市行政区划调整后勘界工作成果资料档案工作。六是加强全市行政区域界线管理和界桩管护工作，促进界线档案管理工作逐步走向健全化、规范化。七是婚姻殡葬管理服务。全年共办理婚姻登记94655对。提请市委、市政府两办出台《关于党员干部带头推动殡葬改革的实施意见》，召开了全市殡葬改革工作会议。驻马店市殡仪馆项目已与有关单位建立取得接洽，项目进度稳步推进中。努力做好火化工作，全市共火化遗体2.4万具。规范公墓管理，下发《经营性公墓合同书》，西平县进行了农村公益性公墓试点工作。八是流浪乞讨救助管理工作。救助机构建设加快推进。确山县流浪未成年人救助保护中心正式投入使用；遂平县、西平县未成年人救助保护中心（县救助站）列为福利中心项目的主要内容，正在加紧建设。市救助站申报了国家二级救助站材料，等待验收。落实《河南省流浪乞讨救助补助资金管理暂行办法》，加强该专项资金管理，进行全市流浪乞讨救助资金的检查。开展救助宣传活动，如“夏季送清凉”“冬季送温暖”救助活动、设立临时救助点活动等，及时为街头流浪乞讨人员等生活无保障人员提供救助服务，保证他们生命安全。全市共救助各类求助人员11218人次。

（张富华　郭建设）

【社会组织发展管理】 2015年，全市社会组织培育发展与监督管理工作得到提升。一是落实《省政府办公厅关于四类社会组织直接登记的通知》和《河南省四类社会组织直接登记暂行办法》要求，有序实施行业协会商会、科技、公益慈善、城乡社区服务四类社会组织直接登记。全市直接登记的社会组织23家。二是加快推动行业协会商会去行政化，推进社会组织实现职能、财务、资产、住所“四个脱钩”。全市共有行业协会商会169家（其中市本级59家，各县区110家），实现脱钩133家，剩余36个行业协会，3个属于纪检部门延伸检查，33个属于垂直管理行业，除因机构改革下放地方或合并等原因未实现脱钩外，基本实现行业协会商会与党政机关脱钩。三是加强社会组织管理，规范社会组织监管制度。全市共有社会组织1612个（其中社团675个，民办非企业单位937个）。指导社会组织加强信息公开，利用市社会组织发展促进会已建立的《驻马店社会组织》（双月刊）和驻马店社会组织网站对全市社会组织健康发展给以积极引导，对社会组织的内部制度、民主管理、财务制度等予以公开。指导县区做好异地商会和非公募基金会登记管理工作，推进政府购买社会组织服务，使社会组织在社会管理中发挥更大作用。异地商会登记2家，非公募基金会尚未有人申请。依法查处社会组织违法行为，坚决取缔非法社会组织，加快建立社会组织综合执法协作机制，规范社会组织行为，提高政府监管效力。全市撤销社会团体44家，撤销社会团体分支机构11家，注销社会团体4家；全市撤销民办非企业单位16家，查处非法社会组织1家。四是开展行业协会自律与诚信创建活动、民办非企业单位塑造品牌与服务社会活动及社会组织示范创建活动，引导社会组织提高自律诚信度和社会公信力。下发《驻马店市民政局关于开展民办非企业单位塑造品牌与服务社会活动实施方案》，落实中央关于公平对待社会力量提供公共服务的有关要求，计划用3年~5年时间，初步建立与经济社会发展相适应，结构合理、功能完善、作用明显的民办非企业单位组织体系，培育一批符合现代社会组织体制要求的组织完善、管理科学、诚信自律、品牌良好的民办非企业单位。五是推进市级社会组织孵化基地建设工作。与黄淮学院达成共识，利用黄淮学院大学生创业园作为市级社会组织孵化基地，已进驻11家社会组织。

（张富华　郭建设）

居民生活

【居民消费价格水平统计】 2015年，驻马店市居民消费价格总水平（CPI）温和上涨，上涨趋势和全国、全省一致，总水平上涨0.9%，涨幅比上年回落0.9个百分点，创近6年来新低。其中，消费品价格上涨0.7%，服务项目价格上涨1.7%；食品价格上涨1.9%，非食品价格上涨0.5%。

2015年驻马店CPI变动特征。一是价格处于低位运行态势。2015年驻马店市CPI涨幅在“2”以下低位平稳运行。其中，10月份CPI同比上涨0.2%，创65个月来新低，步入“0时代”；随后9个月CPI同比在“1”时代徘徊；11月、12月CPI同比重回“0时代”。二是八大类商品及服务价格“六涨二降”。三是驻马店居民消费价格涨幅低于全省水平。2015年驻马店CPI同比涨幅低于全省涨幅0.4个百分点，低于全国0.5个百分点；驻马店CPI涨幅在全省18个地市中

2015年驻马店市CPI分月指数

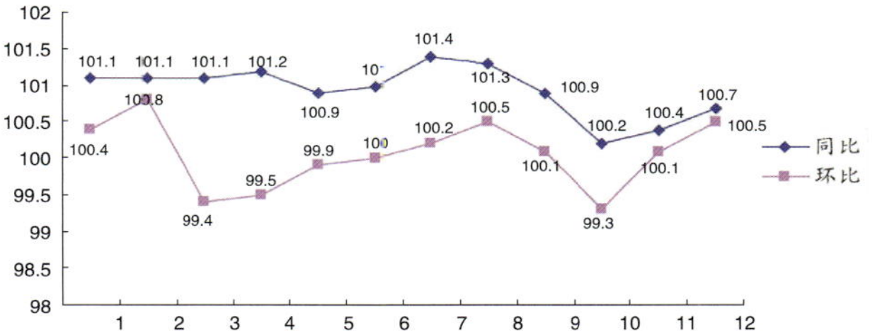

驻马店市2015年居民消费八大类价格指数涨跌一览表

项目名称	2015年	其中：12月份	
	同比（%）	环比（%）	同比（%）
居民消费价格总指数	0.9	0.5	0.7
一、食品	1.9	1.6	1.6
二、烟酒	1.6	0	3.3
三、衣着	2.1	0.1	1.3
四、家庭设备用品及维修服务	0.9	0.1	1.2
五、医疗保健和个人用品	0.7	0	0.7
六、交通和通信	−1.4	−0.2	1
七、娱乐教育文化用品及服务	1	0	1.7
八、居住	−0.2	0	−1.3

居下游水平，在黄淮4市中据第二。

CPI运行主要特点。一是食品类价格上涨。2015年驻马店食品类价格同比上涨1.9%，除油脂、鸡蛋、糖等少数类别价格有所下降，其他类价格均出现上涨。猪肉价格恢复性上涨。2015年，驻马店市猪肉价格上涨11.1%，拉动CPI上涨0.36个百分点。从分月情况看，猪肉价格除2月同比涨幅为0.7%，其他月份涨幅都在5以上，其中8月份涨幅最高，上涨19.6%。从环比看，此轮猪肉价格上涨从5月份开始启动，环比连续4个月上涨，环比最高为7月份，上涨10.3%，10月份猪肉价格开始回调，11月价格跌幅加深，12月份在节假日的影响下跌幅有所缩小。猪肉价格回调较快的原因：节假日过后，猪肉需求减弱，猪肉消费量减少；生猪存栏数量增加，生猪产能过剩，供过于求；玉米等猪饲料价格下跌。鲜菜价格涨幅加大，鲜瓜果价格由涨转跌。2015年度，鲜菜价格上涨8.3%，比上年同期扩大14.8个百分点，拉动CPI上涨0.25个百分点。从分月看，除1月份同比下降2%外，其他月份均上涨，上涨幅度在2%～20.9%之间。其中，7月份鲜菜价格同比上涨20.9%，为年度最高。12月份鲜菜价格同比上涨12.6%，环比上涨12.9%。2015年，驻马店市鲜瓜果价格同比涨幅为0.5%，与上年18.3%的涨幅相比回落17.8个百分点。鸡蛋价格下降。鸡蛋价格2014年屡创新高，养殖户在养殖效益刺激下扩大养殖规模导致市场供应过剩，2015年鸡蛋价格持续下降，与上年同期相比下降7.2%。其他主要食品价格有涨有跌。除油脂类和糖类价格分别下降3.3%和1.2%外，其他食品价格均出现上涨，其中粮食上涨2.5%，水产品上涨2.2%，在外用膳食品上涨2.3%、糕点饼干面包上涨1%。二是工业消费品价格平稳运行。各类工业品价格涨跌并存，总体走势相对平稳，其中涨幅较大是衣着类，上涨2.1%；移动电话机、电视机、电脑、轿车等产品由于更新换代较快，价格持续呈下行趋势，同比分别下降17.7%、4.7%、3.7%和1.3%。三是服务项目价格有所上升。2015年驻马店服务项目价格上涨1.7%，其中涨幅较大的有家庭服务价格上涨23.1%，衣着服务加工费上涨11.8%，课外教育服务上涨11%，学前教育上涨7.1%，中等教育上涨4.1%，个人服务上涨3.6%。

影响价格变化因素分析。一是国际大宗商品价格下降影响国内商品价格。2015年大宗商品价格普遍低迷，原油、煤炭、矿石以及农产品价格普遍下跌，输入性因素制约了国内商品尤其是非食品价格上涨，石油、黄金和油脂等价格出现明显下跌，与上年同期相比分别下降4.2%、13.6%和5.8%。二是成本因素影响价格走势。受劳动力成本、经营成本等因素上涨，推动修理服务、钟点工、体育健身活动等家庭服务价格明显上涨，衣着类价格也出现一定上涨；随着饲料成本（豆粕、玉米）价格走低，导致2015年养殖成本较低，对稳定猪肉和鸡蛋等农产品价格有一定作用。三是政策性因素调价影响。受国家政策性调价影响，汽油、柴油、液化石油气价格降幅较为明显；受5月份财政部上调卷烟从价税税率影响，烟草类价格上涨。（黄艳婷）

【农民收入】2015年，驻马店市农民收入呈现稳定增长态势。全年全市农村居民人均可支配收入达9173.5元，首次突破9000元，同比增长10%，扣除物价因素实际增长8.9%。

工资性收入持续增加。2015年全市农村居民人均工资性收入为3035.8元，同比增加311.5元，增长11%，对可支配收入增长的贡献率为37.3%，成为农民收入增长的主要因素。促进工资性收入增长的因素主要表现在：一是劳务经济收入快速增长。2015年全市各级政府继续采取各项措施，加大对农村青年的技能培训，加快农村剩余劳动力有序转移。据农民工监测调查资料推算，全市农村转移就业（包括本地和外出）总人数222.7万人，较上年增长2.2%，全年创经济总收入479亿元，同比增长14.5%。二是当地工价平稳增长。据调查，2015年大工工资水平平均每天150元～160元，技术全面的大工日工资180元～200元，与上年持平；男小工平均日工资90元～100元，女小工日工资70元～80元，同比增加10元。工价的稳定提升直接增加了农民的务工收入。

经营净收入稳步增长。2015年，全市农村居民家庭经营净收入人均达到4134.8元，同比增加308.6元，增长8.3%，对可支配收入增长的贡献率为36.9%，是农民收入增长的另一大支柱。全年粮食生产稳产增量，在2015年粮食价格特别是玉米价格下跌的形势下，依然保证了农民收入增加。据统计，第一产业经营净收入3503.1元，增长7.1%，其中农业经营净收入2695.8元，增长5.8%。此外，农业规模化经营成为农民增收新动力。至2015年年末，全市农民专业合作社达到12933家、家庭农场5144家，数量分别居全省第二和第一。

财产净收入渠道变宽。一方面，随着理财理念的变化和理财产品多样化，农民家庭由原先的单一储蓄向理财方式多渠道发展，促使财产性收入大幅增长。另一方面，随着农业规模化经营的推进，土地流转面积加大，增加了农民转让土地承包经营权的收益。2015年，农村居民人均财产净收入121.9元，同比增加10.4元，增长9.3%。

转移净收入提升。2015年，农村居民转移净收入人均达到1881元，比上年增加205.1元，增长12.2%，对可支配收入增长的贡献率为 24.5%。其增长得益于：一是外出务工寄回、带回收入的快速增加。2015 年，驻马店外出务工人员 129.8 万人，其中外出务工 125.2 万人，外出自营 4.6 万人，占农民工总量的 58.3%。与种地为主的农民相比，外出务工的农民致富的速度和程度都略胜一筹，而且收入也相对稳定很多，外出务工成为农民快速致富的重要途径。二是政府惠农强农政策的落实。粮食直补、良种补贴、农资综合补贴、农机具购置补贴等资金落实到户，农村低保、新农保发放到位，合疗补助应报尽报，使农村居民转移净收入大幅提升，成为农民增收的新亮点。

制约增收因素。一是低端农产品过剩，增产创收难度加大。二是农资价格持续攀升，农业生产成本增加。2015 年，农产品价格打破最低限价，实行市场定价，导致玉米等粮食价格下跌，农资价格却未受影响一路攀升，加大了农业生产成本，一定程度上抵减了农民增加的收入。另外，为减少成本的投入，部分农民选择购买质低价廉的农资产品或者在购买时候持观望态度，期待农资价格回落，错过种植施肥的最佳时机，影响农产品产量，一定程度上缩小了农民未来的增收潜力，影响了农民可支配收入的增加。三是贫困人口多，低收入群体下拉收入水平。全市有贫困县 6 个、贫困村 613 个，贫困人口 49.5 万人。其中，因缺资金技术致贫 37.9 万人，因病致贫 3.1 万人，因缺劳动能力致贫 4.2 万人，因居住不适宜生存山区、库区及生态脆弱区致贫 4.3 万人。低收入群体自我发展能力弱，成为农村居民可支配收入增加的“拖累”。四是农村劳动力转移就业趋缓，务工增收效应减弱。

（李怡明）

【农民消费】 2015 年，驻马店市农民生活消费稳中提升，农民生活质量逐步改善，消费结构日趋合理。全年农村居民人均生活消费支出 7197.9 元，同比增长 13.4%，恩格尔系数 33.8%，与上年相比下降 1.1 个百分点。八大类消费支出呈现“七升一降”格局，除医疗保健支出下降 1.8% 外，食品烟酒、衣着、居住、生活用品及服务、交通通信、教育文化娱乐及其他用品及服务支出同比分别增长 9.8%、19.4%、17.7%、12.8%、25.7%、17.5% 和 9.6%。

驻马店市2015年农村居民八大类消费支出构成情况表

项目	绝对值（元）	增幅（%）	占消费比重（%）
人均消费性支出	7197.9	13.4	100
一、食品烟酒	2434.6	9.8	33.8
二、衣着	604.8	19.4	8.4
三、居住	1373.8	17.7	19.1
四、生活用品及服务	597.1	12.8	8.3
五、交通通信	740.9	25.7	10.3
六、教育文化娱乐	724.2	17.5	10.1
七、医疗保健	594.6	−1.8	8.3
八、其他用品及服务	128.1	9.6	1.8

农村居民消费结构升级，实现由量到质的提升。从居民八大类的支出情况上看，衣、食、住三大基本生活消费支出占全市农村居民消费性支出的比重达 61.3%，仍是消费支出的主体，但是内容及形式均发生巨大变化：食品上，品种越来越丰富，主食消费越来越少，副食消费越来越多，外出饮食频率越来越高；衣着上，由注重得体、保暖等实用效果逐步过渡到时尚化、品牌化、个性化；同时，黄金白银等饰品价格下跌，激发了农民购买黄金首饰的热情；居住上，改善室内装修和完善配套设施的需求更加强烈，居室的洁净、舒适、美观等成为居民的一大追求。

交通通信消费持续升温，生活越来越便利。全市道路交通设施明显改善，农村实现了“路路通”工程，调查小区通公路的达 90% 以上，能便利乘坐公共汽车占 54.1%。每百户耐用消费品拥有量不断提升，其中家用汽车 8.3 辆、摩托车 62.3 辆、助力车 96.2 辆、移动电话 204.8 部。一方面，家庭交通设备消费异军突起，农村居民家庭用于车辆用燃料及零配件的消费大幅上涨。另一方面，网络的普及和第三方支付平台的应用，网上商店兴起，其相对低廉的价格、轻松的购物方式吸引了越来越多的农村家庭加入到网络购物的大潮中。调查显示，2015 年农村居民人均交通通信费用支出达到 740.9 元，同比增长 25.7%。

文教娱乐消费多样化，更加注重提升内涵。随着农村居民生活质量不断提高，文教娱乐消费支出呈现出新的特点：一方面农村居民的健康、休闲、娱乐等意识不断增强，节假日周边游、报旅游团等全家游逐渐成为一种新风尚；另一方面，家长对于子女的教育更加重视，课外辅导班、各类兴趣班在农村也已蔚然成风，学生从课堂走向培训班，满足了多样化、多层次的学习需求。同时，随着电视、网络等传播媒体的快速发展使居民的文教娱乐生活更加丰富多彩，文化娱乐类支出快速增加。2015 年人均教育文化娱乐支出为 724.2 元，同比增长 17.5%。

农村居民消费中存在的问题。一是消费市场供需结构不平衡。由于长期以来，许多工业企业的产品开发以城市市场为中心，多数商品的品种、功能、价格不能适应农民的消费需求，商品供应出现两个极端：一是高档精品多，农民买不起，也用不着；二是低档劣质品多，农民看不上，缺乏能刺激农民进一步消费的代表性产品。同时，农村最需要的优良种子、农药、化肥以及农副产品加工和存贮设备等方面新产品也相对不足。因此，农村的消费热点难以形成，农民本来就很有限的购买力难以充分发挥。二是消费市场缺乏有力监管。农村市场需求量大，前景好，发展快，而相应的监管机制不够完善，一些即将过期、城市下架的商品低价销往农村，更有甚者一些假冒伪劣、不合格的商品也充斥其中，损害了农村居民的利益，扰乱了农村消费市场，一定程度上影响了农民的消费信心。同时，农村市场很少开展售前、售中、售后一条龙服务，商品知识宣传、送货上门、免费安装、技术咨询等在农村甚为少见，销售服务链条的脱节，也在一定程度上限制了农村市场销售规模的扩大。三是农民收入制约消费需求。在农村，农民负担比较重，“存钱、盖房、娶媳妇”以及“存钱、养老、看病”等事项要占据农村家庭相当大比例的资金。相比城镇居民，农民在养老、医疗、教育等方面后顾之忧比较多，在考虑支出时，往往选择增加储蓄，减少即期消费，以增强抵御风险的能力，一定程度上抑制了消费需求。 （李怡明）

残疾人联合会

【市残联工作概况】 2015年，市残联提前完成省下达的各项任务目标。12月21日，市政府对市残联通令嘉奖。2015年，市残联被省委组织部、省委宣传部、省人社厅、省公务员局授予“河南省人民满意公务员示范岗”称号；被省委宣传部授予“全省先进基层党校”称号；被省文明办授予“全省志愿服务工作先进单位”称号；被省政府残工委授予“全省残疾人工作先进单位”和“全省残疾人民生工程先进单位”称号。 （吕银霞）

【0岁～6岁残疾儿童抢救性康复项目】 0岁～6岁残疾儿童抢救性康复项目被市委、市政府纳入2015年中心城区建设六项惠民实事工程之一。市残联成立了0岁～6岁贫困残疾儿童抢救性康复工程领导小组，制订方案，定期进行督导。组织开展残疾儿童调查摸底，筛选对象，分类建立康复需求档案，动态掌握残疾儿童发生、发展和康复状况，做到残疾儿童新发生一例，上报一例，康复转介一例。组织开展残疾儿童康复训练，同时，对残疾儿童家长进行康复技能培训。全市0岁～6岁残疾儿童抢救性康复项目投入资金309万元，其中争取国家财政资金206万元，市财政资金103万元。救助对象聋哑儿童45名、智障儿童38名、孤独症儿童8名、肢体脑瘫儿童115名，共计206名残疾儿童正在市残疾人康复中心接受全免费康复训练。 （吕银霞）

【残疾人就业培训】 残疾人就业培训工作被市政府纳入2015年十项重点民生工程之一。市政府办公室印发《2015年驻马店市残疾人就业培训工程实施方案》和《关于进一步做好新形势下残疾人就业创业工作的实施意见》，把残疾人就业培训作为全民技能振兴工程的一项重要内容，成立残疾人就业培训领导小组和办公室，把就业培训任务分解到各县区，明确相关部门的工作职责和工作任务，切实促进和稳定残疾人就业，全面提升残疾人生活水平。举办盲人保健按摩、电脑组装与维修等各类培训班。全市定点培训机构13个，实名制培训残疾人6224人，实现就业创业4529人，超额完成省残联下达的目标任务。对全市83家盲人保健按摩机构继续实行规范化管理，为40家盲人按摩店发放8万元扶持资金。10月30日，全市全民技能振兴工程工作推进会到市残疾人综合服务中心进行现场观摩对市残联实名制培训工作给予充分肯定。11月2日～4日，2015年全国残疾人职业培训工作暨残疾人职业培训基地建设规范研讨会在河南郑州召开，市残联在会上作经验介绍。加大残保金征收工作力度，全市征收残疾人就业保障金1511.8万元。 （吕银霞）

【市残疾人康复中心】 2015年3月15日，市残疾人康复中心成为郑州大学吞咽障碍研究所临床科研基地，并举办河南省首届吞咽障碍治疗研讨会。5月，市残联博爱幼儿园被河南省教育厅确定为全省学前融合教育的试点示范幼儿园，为残疾儿童康复教育提供更好的资源支持。投入资金30多万元对市残联博爱幼儿园教学环境和设施进行升级改造，探索实践“医教结合、融合教育、特教提升”的残疾儿童医疗和教育康复新模式，开展脑瘫儿童引导式教育和学前教育，听力残疾、智力残疾、孤独症儿童与健全儿童融合教育，开设融合教育班，招收辖区10名健全儿童。6月，市残疾人康复中心被华东师范大学言语听觉科学教育部重点实验室批准成立“早期融合教育实验基地”，利用互“联网+”、康复云平台等现代技术开展康复训练、康复指导，积累实践案例，开展残疾儿童教育康复实践研究。8月，在驻马店市举办“远程教育智慧康复新技术研讨会”。加强对定点机构的安全管理，排查不安全因素，确保残疾儿童康复训练和教育安全有效。加强对康复技术人员培训，组织康复医师、特教教师参加全省、国家级专业技能培训班进行培训，促进康复专业技术人员技能提升。加强县级残疾人托养中心建设。正阳县残疾人托养中心项目招标已结束，可开工建设。项目占地面积4000平方米，建设面积约3500平方米，项目总投资600万元。 （吕银霞）

【残疾人基层组织建设】 2015年3月，市残联举办全市残联系统依法履职培训班，提升全市残联系统干部职工依法履职能力。开展残疾人专职委员网上在线培训工作，印发《关于做好残疾人专职委员2015年度业务学习和教育培训工作的通知》，对全市2695名残疾人专职委员实行轮训。全市核发残疾人证2.8万份，累计核发残疾人证21万份，办证率达41%，办证人数、办证率位居全省第一位。无残疾人不满意及上访事件发生。 （吕银霞）

【残疾人康复工作】 2015年，市残联巩固完善残疾人康复进社区进农村工作。全市176个乡镇（街道）累计建立康复室176个，2532个村委（社区）分别建立康复站2532个。按照社区康复站规范化建设标准，建立规范化社区康复室站20个。加强康复协调员培训，推进持证上岗，培训康复协调员280名，占下达任务的112%。组织开展医疗康复、功能训练、知识普及、心理疏导、辅具适配、咨询转介等社区康复服务近3万人，促进了残疾人康复。开展澳门明德慈善驻马店光明行工作。完成复明手术1200例的任务，脱盲率100%以上，脱残率98%以上。加强康复机构规范化建设，明确康复机构功能定位和资源配置，推进残疾人康复服务体系建设。完成低视力残疾人配备640名；盲人定向行走训练560名；低视力儿童家长培训270名；成人听力残疾人康复310名；精神病医疗救助服药460名，住院100名；综合防治康复8300名；肢体康复训练820名，超额完成省下达的目标任务。11月3日，中国残联调研组在组长中国残联康复中心书记吴世彩、副组长中国残联康复部副主任冯力带领下一行9人对驻马店市开展“十二五”残疾人康复工作进行调研，对驻马店市残疾人康复工作给予肯定。（吕银霞）

【残疾人基本服务状况和需求专项调查工作】2015年，市委、市政府高度重视残疾人基本服务状况和需求专项调查工作，成立领导小组，制订方案，召开动员会。市残联将专项调查工作纳入年度工作目标管理，并与各县区残联签订目标责任书，市、县、乡层层建立责任制。全面完成了核查、培训、入户调查、数据信息录入和复录等工作。全市应完成调查188201人，已完成调查181843人，信息采集率达96.62%。在完成调查人数中，入户调查180543人，电话调查1300人，入户调查率达99.29%。原始录入和复录差错率均控制在0.5%以下。（吕银霞）

【残疾人维权工作】2015年，市残联推进“一法一办法”和相关工作条例落到实处，协助开展执法检查等活动。全面发挥市级残疾人法律援助中心的作用，完善市、县法律援助工作站服务功能，构建全市残疾人法律救助服务平台。4月，市人大常委会委员法律援助工作调研组到市残联调研残疾人法律援助工作。6月8日，中国残联维权部到驻马店市开展残疾人参政议政状况调研指导工作。继续实施无障碍改造项目，规范改造内容和工作流程，加强项目监督和管理工作，提升改造质量，全面完成130户残疾人进行家居无障碍改造任务。2015年，燃油补贴资金全部如数下拨至各县区，完成4425名燃油补贴资金的发放，加强燃油补贴资金的监督管理，做好燃油补贴原始档案资料的保存和数据库的更新完善。推进“一单式”信访，妥善处理3起盲人集体上访事件。（吕银霞）

【残疾人文体宣传工作】2015年5月11日，举办“播撒关爱阳光·奔向同步小康”残疾人文艺演出，市委副书记张宪中、市人大副常委会主任张杰、市政府副市长李国胜、市政协副主席王秋霞等领导出席。开展残疾人文化周、健身周活动，组团参加全市第二届残疾人运动会暨全民健身大会开幕式。加强市县两级盲人阅览室和文化服务站建设。积极发挥自强健身示范点作用，训练残疾人86名；积极协调体育部门举办残疾人健身指导员培训班。6月26日，举办驻马店市庆“七一”第三届残疾人书法绘画大赛暨廉政文化书法作品展，参赛作品86幅，1000多人参观。（吕银霞）

【残疾人教育扶贫社会保障工作】2015年，市残联做好2015年普通高招上线残疾考生统计工作，全市投入资金12万元，资助残疾人及残疾人子女大学生、残疾人学生59名。贯彻执行《驻马店市扶贫开发（2011~2020）实施纲要》，将残疾人列入扶贫计划，全市新建立省级残疾人扶贫基地2个、产业集聚区基层党组织助残扶贫基地1个、市级残疾人扶贫基地5个、县级残疾人扶贫基地30个，开展多种形式的扶贫帮扶，惠及残疾人1.2万多名。全市扶贫部门对残疾人进行的项目扶贫已使3000多人脱贫，基层党组织助残扶贫工程帮扶残疾人4万人次，农村残疾人扶贫示范基地辐射带动、安置就业残疾人1.2万人。贫困残疾人建档立卡1.1万人，纳入精准扶贫残疾人0.9万人。做好残疾人危房改造工作，与住建部门协调，为全市1100户贫困残疾人实施危房改造。全市5000多名重度残疾人实行低保救助；43.5万名城乡残疾职工、居民参加社会和医疗保险；建立4个较为规范的“阳光家园”托养机构，全市部分智力、精神和重度残疾人得到居家托养及机构托养服务，集中托养残疾人180名，居家托养残疾人1200名；全市新型城乡居民养老保险为5万多人次重度残疾人参保减免了个人缴费部分。（吕银霞）

【助残帮扶】2015年，市残疾人联合会利用双节、全国助残日等残疾人重大节日，邀请各级领导走访慰问残疾人，共投入资金100万元，慰问残疾人3000多人。开展“三夏”帮扶、“三秋”帮扶活动。“三夏”“三秋”期间，市、县区残联共投入资金30多万元，为2000多户（人）贫困残疾人提供资金、化肥、种子、机械等帮助。积极协调，整合资源，凝聚力量，全年争取资金和物质共计1.7亿元，惠及全市2万多名残疾人。开展各类助残物资的发放工作，免费发放助听器450台，台湾名门儿童轮椅58辆；集善如新奶昔固体饮料1782盒，集善工程——海王集团保健品海王蛋白粉840罐，大豆卵磷脂软胶囊1900瓶，海豹油胶囊800瓶；集善如新蜜儿餐2500袋；正保集善助学学习卡150张；美国撒玛利亚“6·1儿礼”110盒；LG爱的滋润化妆品40927件；爱心服饰6497件；康复器材——肌兴奋治疗仪3台，惠及全市各类贫困残疾人2万多名。10月13日～14日，河南省福利基金会、美国轮椅基金会为驻马店市肢体残疾人免费捐赠轮椅1100辆。（吕银霞）

【残疾人辅助器具适配工作】2015年，市残联开展曙光行动轮椅助行工程，免费为残疾人发放轮椅3970辆。组织开展彩票公益金辅助器具项目——假肢筛查工作，完成贫困残疾人假肢筛查登记166例、贫困成年矫形器普查登记62例。制作、装配0～6岁贫困残疾儿童抢救性康复项目脑瘫儿童矫形器73例，免费实名制发放儿童四件套脑瘫儿童轮椅、站立架、助行器、坐姿椅623件。开展彩票公益金辅助器具、低视力助视器和贫困成年听力助听器实名制验配工作，为全市贫困残疾人实名制免费适配各类彩金辅具324件、低视力助视器1275件、助听器53台、就业就学辅具53件。认真做好其他辅具适配工作和指导服务工作，完成辅具适配7300件；组织开展澳大利亚魏基成天籁列车项目工作，完成8656台助听器捐赠发放任务，惠及听力残疾人8656人。（吕银霞）

红十字会

【“369红会送医计划”项目】2015年，市红会注重探索创

2015年5月8日，市红十字会在世纪广场举行“5·8”世界红十字日宣传活动。

新，科学高效实施“369红会送医计划”项目。该项目是省政府9项重点工程之一，6月19日，河南省“红会送医计划”项目启动仪式在汝南县举办，市委副书记张宪中参加仪式并讲话。市红会严格按照省红会的统一部署和项目方案要求，第一时间成立项目领导小组，制订方案，开展调研，拓宽思路，招募专家和领导干部成为志愿者，发挥专家特长，整合各方资源，开展多种形式的探索和创新，市级各大医院50多名专家，市领导干部志愿服务队志愿者积极参加“369红会送医计划”活动。邀请省市领导参加项目启动仪式和授旗仪式，促进项目全面推进。截至11月份，已开展送医活动7次，超额完成全年目标任务，参与的专家志愿者89人次，受益群众1210多人，受益乡村医生150人，查房60多人次。免费送药品1万多元，免费送《妈妈服务手册》体检费8.1万元。

（李青峰　刘惠锋）

【人道救助】 2015年，市红会开展人道救助，关爱救助弱势群众。一是叫响“博爱在天中”募捐救助活动品牌。市红会积极争取政府支持，专门下发《驻马店市人民政府办公室转发市红十字会关于开展2015年“博爱在天中”活动实施方案的通知》，举行“5·8”红十字日大型社会宣传活动。全年全市红会系统共募集“博爱在天中”救助金230多万元，惠及弱势群众2000多人。在市第二中学组织了近千人参加的“防震减灾应急避险暨红十字急救演练”，参加省知识竞赛并获得团体三等奖。二是开展“红十字博爱送万家”活动。省红会“博爱送万家”启动仪式连续3年在驻马店市举行，2015年共发放温暖包850个，一次性发放救助金21万元，近千个贫困家庭受益。

（李青峰　刘惠锋）

【志愿服务】 2015年，市红会根据完善体系、优化队伍、激励培训、分类管理、活动引导的原则要求，积极探索和运用“1＋X”工作模式，在志愿服务方面探索新路子，打造新品牌。一是建立体系，注重培养。市县红会成立了志愿者管理中心、活动中心，试点乡村、社区红会成立了志愿者之家，制定管理办法，广泛招募志愿者，全市志愿者发展到3万余人。采取学习培训、岗位帮带、活动历练、经验交流、评星表先等方法，提升志愿者骨干素质能力。二是分类管理，活动引导。按照志愿者的特长，市和各县区成立了灾害救援、医疗救护、爱心服务等不同特色的红十字志愿服务队近600个，统一配发会徽、队旗，为志愿者骨干配发了马夹、帽子，成立“五有”核心领导小组，实行分类指导，科学管理。运用“参与式”的方法，经常性引导指导广大志愿者开展“学雷锋——红十字志愿者在行动”、“四进四帮”、免费送考、义务接送农民工、送医送药下乡等志愿服务活动100多次，参与志愿者近万人，数万名群众受益，社区志愿服务实现常态化。

（李青峰　刘惠锋）

【应急救护核心项目】 2015年，市红会精心打造应急救护核心项目品牌，惠及人民群众。自2013年8月成功争取到应急救护核心项目落户驻马店市后，市红会带领全市各级红会严格按照项目计划，精心组织，规范运作，深入企业、学校、机关、乡村、社区等广泛开展普及性培训，高质量完成了全部目标任务，并顺利通过省红会的评估验收。11月，获河南省红十字会应急救护核心项目先进集体。一是领导重视，规范运作。市委市政府高度重视，市政府办公室下发《关于在全市开展应急救护普及培训实施方案》的通知，指导各级认真实施项目。市红会第一时间成立应急救护核心项目建设领导小组和项目办，制定完善《应急救护核心项目资金管理办法》、培训计划等制度文件，全面推进，确保质量。二是广泛宣传，强化培训。市红会印制了各类宣传品，分别发放到各县区红会和社会各界。通过《驻马店日报》、《天中晚报》、电视台进行专题宣传，利用特定纪念日在街头、学校开展应急救护知识普及宣传和模拟演练。成功承办河南省应急救护核心项目启动会，先后举办应急救护核心项目师资培训班和复训班，举办全市首届红十字知识暨应急救护技能知识竞赛，分成人组和学生组，社会参与度高。三是加强督导，注重长效。印制督导明白纸，领导班子成员分别带队深入各县区，对应急救护核心项目推进情况进行督导检查，及时总结经验，查找不足，解决问题，帮助各县区积极推进项目建设。把参加过应急救护培训的人员发展为红十字志愿者，成立应急救护志愿服务队，立足当地，辐射周边，惠及更多群众，有效把红十字组织建设、志愿服务与项目建设相结合，打造特色鲜明的应急救护培训基地60个，建立长效培训机制，实现工作常态化。（李青峰　刘惠锋）

【“三献”工作】 2015年，市红会超额完成全年“三献”指标任务。共采集造血干细胞血样451人份，其中4位捐献者成功实施捐献；积极稳妥地做好人体器官捐献工作，已完成器官捐献11例，遗体捐献1例，走在了全省前列；配合中心血站积极做好无偿献血的宣传、推动和表彰工作。

（李青峰　刘惠锋）

区县概况

驿城区

【基本区情】 驿城区位于驻马店市中部，东与汝南县隔宿鸭湖相望，南与确山县毗邻，西与泌阳县交界，北与遂平县相连。总面积1327平方千米。全区辖人民、新华、西园、东风、老街、橡林、南海、雪松、刘阁、顺河、香山11个街道，胡庙、朱古洞、古城、老河4个乡，水屯、诸市、板桥、蚁蜂、沙河店5个镇，61个社区，137个行政村，1471个自然村。

因明代开始在此地设立驿站（递铺）而得名。明朝成化年间，隶属汝宁府确山县。1912年被划为确山县特别区，下辖6个保，后改为确山县辖市。抗日战争胜利后，驻马店市改为驻马店镇，仍属确山县辖。1949年3月驻马店解放，属确山专区，其下设4个镇公所，17个街道委员会；6月确山专区并入信阳专区。1951年春，下辖4区、17个街道。1953年2月改为确山县辖镇。1954年4月改为省辖镇；11月改为省辖市，信阳专区受托管辖。1958年4月降为县辖镇；11月划为确山县红色人民公社第七管理区，下辖3个分社29个大队。1959年3月驻马店管理区改为驻马店人民公社，10月改为驻马店镇。1962年12月驻马店改为专辖镇，隶属信阳专署。1965年5月，设立驻马店专区，驻地为驻马店镇。1980年9月复设驻马店市（县级），属驻马店地区，下辖4个街道、1个人民公社。2000年6月因撤地设市，驻马店镇改设驿城区，隶属新设驻马店市。2001年12月汝南县的水屯镇，确山县的朱古洞乡、胡庙乡、古城乡，遂平县的关王庙乡、诸市乡6个乡镇划入。2009年12月将确山县的蚁蜂镇划入。2010年5月、12月泌阳县的老河乡、沙河店镇先后划入。2011年1月泌阳县板桥镇划入。

【组织机构】

中共驿城区常务委员会

书　记　郑玉林（6月离）　贾迎战（6月任）
副书记　李卫明
常　委　郑玉林（6月离）　贾迎战
李卫明　郑远超　张　燕（女）
张二林　秦　峰（4月离）
张　生　张健锋

驿城区第十一届人大常委会

主　任　陈国民（3月离）　冯　收（3月任）
副主任　赵　威（女）　卢　军（女）
任国全　鲁　静

驿城区人民政府

区　长　贾迎战
副区长　刘瑞华（女）　刘新泰　李伟杰
李贺玲（女）　王学清

政协驿城区第十一届委员会

主　席　冯　收（3月离）　秦　峰（4月任）
副主席　田东林　李金枝（女）　郭永华
刘华冰　项祥国（1月离）　方付恒

驿城区人民法院

院　长　张　娟（女）

驿城区人民检察

检察长　聂旭光

驿城区各街道、乡镇党委书记、乡镇长

人民街道

党工委书记　戚健全
主　任　赛　睿

新华街道

党工委书记　张现华
主　任　冯华辉

西园街道

党工委书记　王红新（女）
主　任　刘俊峰

东风街道

党工委书记　薛　冰
主　任　邢　军（女）

老街街道

党工委书记　刘广银
主　任　张建伟

橡林街道

党工委书记　邵廉洁
主　任　白双喜

南海街道

党工委书记　张贺峰
主　任　尹华伟

雪松街道

党工委书记　张金晔（女）

驿城区图

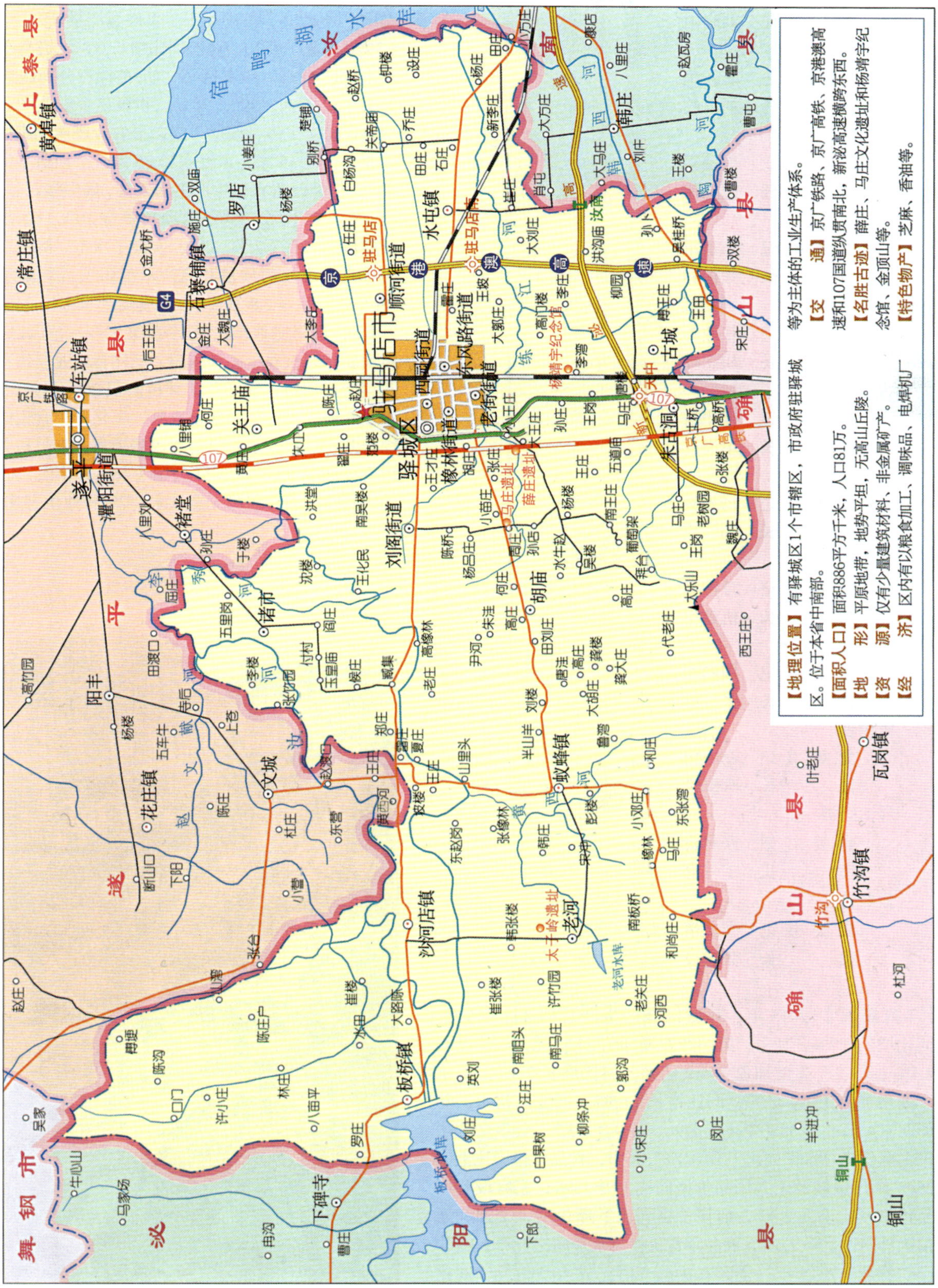

（原载《中国分省系列地图册·河南》，河南省测绘地理信息局、河南省地图院编著，中国地图出版社出版）

主　　任　朱　涛

刘阁街道

党工委书记　王太宇

主　　任　刘晓山

顺河街道

党工委书记　李新国

主　　任　刘　收

香山街道

党工委书记　王宗岩

主　　任　刘　伟

胡庙乡

党委书记　郑道军

乡　　长　张禄林

朱古洞乡

党委书记　张敬春（女）

乡　　长　胡志峰

古城乡

党委书记　韩华清

乡　　长　单尚礼

老河乡

党委书记　杨光辉

乡　　长　孙　克

诸市镇

党委书记　鲁国富

镇　　长　仇建军

水屯镇

党委书记　周然黎

镇　　长　张　健

板桥镇

党委书记　李　盟

镇　　长　李群伦

沙河店镇

党委书记　张林森

镇　　长　王三喜

蚁蜂镇

党委书记　李文清（女）

镇　　长　张建设

【年度概况】 2015年，驿城区全区生产总值304.3亿元，同比增长8.7%。其中，第一产业增加值27亿元，同比增长4.4%；第二产业增加值145.9亿元，同比增长7.3%；第三产业增加值131.4亿元，同比增长11.5%。产业结构由上年的9.3 ：51.8 ：38.9变化为8.9 ：47.9 ：43.2。全年全区居民消费价格总水平同比上升0.8%。其中，食品价格同比上升2%，医疗保健及个人用品价格同比上升1.4%，家庭设备用品价格同比上升3.3%，居住价格同比下降0.5%，交通和通信工具同比下降1.6%，商品零售价格总水平同比下降1.1%。

农业 2015年，全区农业总产值完成46.2亿元，同比增长4.5%；农业增加值完成28.1亿元，同比增长4%，其中农林牧渔服务业增加值10699万元。全年粮食作物种植面积85433公顷（1281495亩），全年粮食总产量48.3万吨，同比增长7.9%。其中，夏粮28.1万吨，同比增长5.2%；秋粮20.2万吨，同比增长11.8%。全年肉类总产量6.1万吨，同比下降4.2%，其中猪牛羊禽肉总产量5.9万吨，同比下降4.3%。禽蛋产量1.8万吨，同比增长0.8%；奶类产量2.3万吨，同比增长1.6%。年末猪、牛、羊、禽存栏分别达到33万头、7.8万头、12万头、390.7万只。积极培育农业产业化集群和新型农业经营主体，新增市级以上农业产业化集群4个、农民专业合作社15家、家庭农场35家。全面落实强农惠农富农政策，持续改善农村生产生活条件，确保强农惠农资金安全、及时、足额发放，共争取项目资金10962.62万元。推进高标准粮田“百千万”工程，实施了水屯、顺河、老河、沙河店等高标准粮田项目和高产示范田项目，新建高标准粮田1866.67公顷（2.8万亩），建成高产示范田2666.67公顷（4万亩），巩固完善扩大16个蔬菜生产示范园区标准化建设，新增新佳园农业生态种植园、老庄台农业立体科技园等多个蔬菜生产项目，新增蔬菜种植面积200公顷（3000亩）、温棚200座。实施小农水重点县、千亿斤粮食田间工程、农业综合开发、病险水库除险加固等项目，新打机井870眼，新增有效灌溉面积3273.33公顷（4.91万亩），加固水库3座，解决3.96万农村居民安全饮水。实施林业生态建设提升工程，

完成植树造林 1800 公顷（2.7 万亩）、360 万株。开展改善农村人居环境工作，15 个示范村和 30 个达标村试点整治成效明显。着力实施精准扶贫，解决 0.5 万人脱贫问题。

工业、建筑业　2015 年，全区完成全部工业增加值 1451251 万元，同比增长 7.8%。国有工业企业及年产品销售收入 500 万元以上的非国有工业企业（以下简称“规模以上工业企业”）增加值 1354943 万元，同比增长 7.4%。其中，国有企业完成增加值 82474 万元，下降 24.9%；集体企业完成增加值 1728 万元，下降 38.3%；股份制企业完成增加值 1039598 万元，增长 10.8%；外商及港澳台投资企业完成增加值 222017 万元，下降 4%；其他增加值 9124 万元，增长 8.8%。在规模以上工业中，煤炭开采和洗选业完成增加值 14621 万元，同比下降 13%；农副食品加工业增加值 92091 万元，同比增长 16.5%；食品制造业增加值 74197 万元，同比增长 11.8%；汽车制造业（原交通运输设备制造业）增加值 183591 万元，同比增长 19.9%；燃气生产和供应业增加值 144606 万元，同比增长 2.9%；纺织服装、鞋、帽制造业增加值 7865 万元，同比增长 36.8%。主要工业产品产量中，化肥、服装、软饮料等主要产品竞争力增强，产量同比有所增长。如化肥（折纯）72.5 万吨，同比增长 23.3%；服装 647 万件，同比增加 40.6%；软饮料 36.3 万吨，同比增长 5.4%；化学药品原药 0.26 万吨，同比减少 16.2%；布产量 0.3 亿米，减少 3.3%；钢材产量 39.7 万吨，减少 36.2%；粗钢产量 4.7 万吨，同比减少 51.5%；发电量 63.3 亿千瓦小时，下降 14.89%。

全年规模以上工业实现主营业务收入 5020807 万元，同比增长 11%；实现利税额 267445 万元，同比增长 15.5%；实现利润 188843 万元，同比增长 20.35%。全年区属规模以上工业企业完成增加值 519746 万元，同比增长 9%，区属规模以上工业企业完成产值 2111977 万元，同比增长 16.8%；产品销售率 95.9%。利润总额 113198 万元，同比增长 23.4%，利税总额 153728 万元，同比增长 15.5%。开展项目建设推进年活动，加快项目建设进度，鹏辉锂电池一期等 4 个工业项目建成投产，金龙沃诚电动汽车等 33 个工业项目扎实推进，德威电缆新材料科技产业园等 5 个工业项目开工建设。

全年全区实现资质以上建筑业总产值 1551234 万元，同比增长 12.8%。施工房屋面积 6346743 平方米，同比下降 14.9%；竣工房屋面积 2738785 平方米，同比增长 1.6%。

固定资产投资　2015 年，全区城镇固定资产投资完成 3244972 万元，同比增长 19.1%，其中房地产投资完成 777664 万元，同比增长 10.2%。驿城区城镇固定资产投资完

市区建设一览　唐 翀 摄

2015年驿城区国民经济基本情况表

项目	单位	完成数	比上年增长（%）
生产总值	万元	3043000	8.7
工业增加值	万元	1451251	7.8
农业总产值	万元	462000	4.5
粮食总产量	吨	483000	7.9
全社会固定资产投资总额	万元	3244972	19.1
农民人均纯收入	元	9450	9.7
城镇居民人均可支配收入	元	24916	8.7
地方财政一般预算收入	万元	103866	14.1
地方财政一般预算支出	万元	266516	11
社会消费品零售总额	万元	1474489	13.3
城乡居民年末存款余额	万元	3294000	增加 515000 万元

说明：国内生产总值、各产业产值按现价计算，增长速度按可比价计算

成1762781万元，同比增长19.7%。区属房地产开发完成投资510349万元，同比增长18.3%。其中，住宅投资459576万元，同比增长18.3%；商品房竣工面积1954675平方米；商品房销售面积1392035平方米，同比增长6.3%；商品房销售额514795万元，同比下降9.2%。加快推进天玺、滨河华侨城等35个“三项改造”和房地产开发重点项目，全面启动东祥、开源、滨河安置社区和练江河一、二、三片安置点建设，完成区属房地产开发投资51亿元。

交通 2015年，全年全区各种运输完成货物周转量1194820万吨千米，同比增长7%；旅客周转量完成494214万人千米，同比增长5%。公路客运量10603万人，同比增加1%，公路货运量6988万吨，同比增长1.4%。

国内贸易 2015年，全区社会消费品零售总额1554891万元，同比增长13.2%。分行业看：批发零售贸易业零售额1416122万元，同比增长14.3%；住宿业和餐饮业零售额138769万元，同比增长3.3%。分规模看：全年限额以上企业消费品零售额1051321万元，占社会消费品零售总额的67.6%；限额以下企业和个体户消费品零售额503570万元，占社会消费品零售总额的32.4%。全年驿城区区属社会消费品零售总额1474489万元，同比增长13.3%。分行业看：批发零售贸易业零售额1346648万元，同比增长14.3%；住宿业和餐饮业零售额127841万元，同比增长3.2%。分规模看：全年限额以上企业消费品零售额982268万元，占社会消费品零售总额的66.6%；限额以下企业和个体户消费品零售额492221万元，占社会消费品零售总额的33.4%。全区共有66家规模以上服务业企业，营业收入68.3亿元，同比下降3.2%。其中，14家规模以上营利性服务业企业营业收入27.5亿元，同比增长30.3%。乐山商场、大商新玛特、北京商场等重点商业企业运行良好，浙江国际商城二期义乌小商品市场等项目开业运营，大华国际商城等项目进展顺利。推进特色商业区建设，皇家驿站项目修建性详细规划已完成，加快推进旅游业发展，蚁蜂镇荣获全国特色景观旅游名镇，金顶山风景区成功创建国际AAAA级景区。着力推动“互联网+”产业发展，苏宁易购等4家全国性电子商务平台入住驿城区。

财政、金融 2015年，驿城区财政总收入165429万元，同比增长8.4%，一般公共预算收入103866万元，同比增长14.1%。其中，税收收入84203万元，同比增长11.4%，占公共财政预算收入的81.1%。财政总支出304993万元，同比增长9.9%，一般公共预算支出266516万元，同比增长11%。其中，一般公共服务支出35391万元，同比下降28.6%；教育支出57894万元，同比增长3.7%；医疗卫生与计划生育支出41809万元，同比增长75.9%；节能环保支出1805万元，同比增长4.7%；农林水事务支出23424万元，同比下降21.5%。

年末，全区金融机构人民币各项存款金额620.7亿元，比年初增加97.4亿元。城乡居民储蓄存款金额329.4亿元，比年初增加51.5亿元。年末金融机构各项贷款余额500.5亿元，比年初增加91.6亿元。

教育、科技、卫生 2015年，驿城区有普通高校2所，普通类招生6888人，在校生22348人，毕业生5552人；中等职业学校10所，招生5796人，在校生17631人；普通高中7所，招生7804人，在校生23023人；普通初中34所，招生13673人，在校生39597人；小学197所，招生16493人，在校生88622人；特殊教育学校1所，招生18人，在校生104人；幼儿园137所，在园幼儿30623人。新建和改扩建幼儿园6所，新增班额40个，新增学位1200个，确保了第二期学前教育三年行动计划顺利实施。建成使用中小学5所，新增班额178个，新增学位7072个。

2015年，驿城区荣获市级科技进步奖7项，3家企业通过省高新技术企业认定管理领导小组初审验收。26家区属工业企业与清华大学等30多家重点院校、科研院所实现战略合作，增强了企业自主创新能力。

2015年，驿城区区属共有医疗卫生机构28个，床位3428张。其中，医院6个，实有床位2947张。卫生技术人员3198人，其中执业医师、执业助理医师843人，注册护士1104人。市第二中医院迁建项目即将全面投入使用。

人口、人民生活和社会保障 2015年年末，驿城区总人口达81.44万人。常住人口95.03万人。公安户籍人口84.3万人，其中城镇人口42.6万人、乡村人口41.7万人。全年人口出生率11.34‰，死亡率6.35‰，人口自然增长率4.99‰。城镇化率63.96%，提高1.67个百分点。

2015年，驿城区城镇居民人均可支配收入24619元，同比增长8.7%。农村居民人均可支配收入9450元，同比增长9.7%。加快市政基础设施建设，东平路、东祥路等10条道路正在建设，14条断头路全面完成征地拆迁，其中10条路已进场施工，136条背街小巷和公厕、小游园等项目扎实推进，完成各类基础设施投资36.6亿元。全年化学需氧量排放量17013吨，二氧化硫排放量13459吨。

全年城镇新增就业12464人，下岗失业人员再就业

3864人，安排困难对象再就业1351人，农村劳动力转移就业6100人，动态消除了零就业家庭。开展农村劳动力技能就业培训4900人，再就业培训2614人，创业培训680人，城镇登记失业率控制在3.5%以内。社会保障不断完善，城乡居民社会养老保险实现全覆盖，企业退休人员养老金、城乡医保金标准提高，城镇居民大病保险和机关事业单位养老保险启动实施。全年共为全区17385名企业离退休人员和646名遗属发放养老金38705万元，为1242名事业单位离退休人员发放养老金3410万元，为8.99万名60周岁以上城乡居民发放养老金8712万元，发放失业保险金394.2万元，按时足额发放率均为100%。全区城镇居民得到政府最低保障18011人，农村低保户24719人，发放城乡低保资金8430万元。保障性住房进展顺利，1500套保障性住房已预分配800套，另有1000套正在建设。全年发放廉租住房租赁补贴76万元，惠民群众392户。争取农村危房改造资金1650万元，完成2063户农村危房改造任务。（刘贝贝）

遂平县

【基本县情】遂平县位于驻马店市中北部，总面积1072.9平方千米。东与上蔡、汝南为邻，北与西平接壤，西与舞钢市、泌阳毗连，南与驻马店市、确山交界。2015年，遂平县辖1个工业集聚区，濯阳、车站、莲花湖3个街道，玉山、石寨铺、嵖岈山、和兴、阳丰、沈寨、花庄、常庄8个镇，褚堂、文城、槐树3个乡及嵖岈山风景区管委会、凤鸣谷风景区管委会，207个行政村（居委会）。

唐元和十二年（817）四月李愬从吴房县文城栅出发，夜袭蔡州，平定吴元济叛乱。后取从此出兵，遂平蔡州之意，唐宪宗下诏"敕改蔡州吴房县为遂平县"。

尧舜禹时代，此地上应房星而称房。舜封尧子丹朱于此，为房邑。相传大禹创九州，房地属豫州。夏、商相沿。西周分封诸侯，房为子爵封地，称房子国，也叫房国（治今文城乡小文城村）。春秋时期，周景王十四年（前531）楚灭蔡，房子国归楚。周敬王十五年（前505）吴王阖闾攻楚，其弟夫概趁机回吴，自立为王，事败奔楚，楚昭王封之于房，始名吴房。战国相沿。秦始皇帝二十六年（前221）吴房属颍川郡；三十三年（前214）改属陈郡。西汉高帝四年（前203），始置吴房（治今文城乡小文城村）、濯阳（治今莲花湖街道）2县。属豫州刺史部汝南郡。东汉、三国、西晋属豫州部汝南郡。东晋十六国时，先后归后赵、前燕、前秦、后秦。南北朝时，南朝宋废吴房县，濯阳县属司州部汝南郡。北魏皇兴二年（468）省濯阳县，置遂宁（治今文城乡小文城村）、义绥（治今沈寨镇小寨村西南）2县，属豫州部襄城郡。北齐天宝四年（553）罢义绥县入遂宁县，改属文城郡。

隋大业二年（606）改遂宁县为吴房县（治今莲花湖街道），属豫州部汝南郡。唐贞观元年（627）裁吴房县，八年（634）复置，属河南道蔡州；元和十二年（817）四月，宪宗下诏"敕改蔡州吴房县为遂平县"（治文城栅南新城），先属溵州（治郾城），后属唐州；长庆元年（821），复隶蔡州。五代十国相沿。北宋属京西北路蔡州淮康军。南宋建炎三年（1129）改为吴房镇并入西平县。金皇统元年（1141）复置遂平县，属南京路蔡州；泰和八年（1208），属南京路蔡州镇南军。元至元七年（1270）省遂平县，入汝阳县，属蔡州；三十年（1293）复置遂平县，属河南江北行省汝宁府。明、清俱属河南布政使司汝宁府。1914年，遂平县先后属河南省豫南道、汝阳道。1928年直隶河南省。1932年隶属河南省第八行政督察区。

1948年9月成立遂平县爱国民主政府，驻玉山区（今玉山镇玉山村）。1949年1月遂平县爱国民主政府由玉山村迁驻遂平县城（治今莲花湖街道），属信阳专区；3月，全县设城关、沈寨、玉山、文城、诸市、界牌、任桥7个区，62个乡。1951年全县设王悦、沈寨、土山、文城、诸市、刘虎庄、常庄、和兴8个区和城关镇，143个乡。1955年11月撤区并乡，全县设阳丰、王悦、玉山、杨店、土山、文城、张台、诸市、褚堂、关王庙、石寨铺、刘虎庄、常庄、张店、和兴、沈寨、恒兴17个中心乡和39个乡及城关镇。1957年3月，改56乡和城关镇为26乡、镇。12月将26乡、镇合并为17乡。1958年4月，17乡合并为10乡，每乡为一集体农庄；8月，遂平县卫星人民公社建立，10个集体农庄均改称基层合作社，后改基层合作社为管理区。1959年改管理区为人民公社。即：车站、玉山、嵖岈山、沈寨、关王庙、常庄、石寨铺、诸市、和兴、文城。1962年设15个人民公社和1个镇。新增：张店、槐树、阳丰、张台、褚堂5公社和城关镇。1965年，遂平县由信阳专区析出，改属驻马店专区。1968年复将槐树公社并入嵖岈山公社。1977年增设花庄公社。1980年分析嵖岈山公社为嵖岈山、槐树2个公社，全县共有16公社1镇。

1983年12月，改公社为乡，全县有16乡1镇。即：车站、玉山、嵖岈山、沈寨、关王庙、常庄、石寨铺、诸市、和兴、文城、张店、花庄、槐树、阳丰、张台、褚堂和城关镇。1987年10月城关镇更名为濯阳镇。1994年10月车站乡改为车站镇。全县有15乡2镇。1997年12月玉山乡改为玉山镇。全县有14乡3镇。2001年12月关王庙、诸市2乡划归驻马店市驿城区。全县有12乡3镇。2005年11月，张台、张店2乡分别并入花庄、和兴2乡。全县有10乡3镇。2008年7月，嵖岈山、石寨铺2乡分别改为嵖岈山镇、石寨铺镇。撤销濯阳镇、车站镇，2009年设立濯阳街道、车站街道、莲花湖3个街道。全县有3街道3镇8乡。2011年，和兴、阳丰、沈寨3乡分别撤乡改镇，全县有3街道6镇5乡。2013年撤销花庄乡和常庄乡，设立花庄镇和常庄镇。

【组织机构】

中共遂平县委

书　　记　付自成
副 书 记　何　冬（女）　赵　峰
常　　委　付自成　何　冬（女）　赵　峰
　　　　　黄德华　杨欣宇　赵永俊　李全喜

张轶馨（女） 何 方 韩学锦
杨 锋

遂平县第十四届人大常委会

主 任 梁留平
副 主 任 池秀芝（女） 张宏民 王高峰
李贺宇 宋 丽（女，3月离）
张 莉(女,3月任） 李宗喜(3月任）

遂平县人民政府

县 长 何 冬（女）
副 县 长 杨欣宇 李东冉（女）
孙大杰 冯 磊 史光辉

政协遂平县第七届委员会

主 席 李云鹏
副 主 席 宋超英（女） 张 莉（女，3月离）
孙秀荣（女） 张廷崇

遂平县人民法院

院 长 刘金洲

遂平县人民检察院

检 察 长 戴海建

遂平县各乡镇、街道党委书记、乡镇长

工业集聚区

党委书记 曹鹤亭
主 任 安应照

濯阳街道

党工委书记 师建中
主 任 王 鑫

车站街道

党工委书记 魏富亮
主 任 师道清

莲花湖街道

党工委书记 张 峰
主 任 李广才（9月离）

遂平新区管理委员会

管委会书记 杨新华
主 任 马中阳

常庄乡

党委书记 李世奎
乡 长 徐鹏举

和兴乡

党委书记 徐 刚
乡 长 曹 辉

沈寨镇

党委书记 商文强
乡 长 吴华辉

槐树乡

党委书记 臧 珂
乡 长 李九州

嵖岈山镇

党委书记 刘 冰
镇 长 徐俊启

玉山镇

党委书记 郭俊峰
镇 长 张天雷

阳丰镇

党委书记 江海松
乡 长 李玲华（女）

文城乡

党委书记 刘中原
乡 长 刘 纯

花庄乡

党委书记 李 永
乡 长 徐 波

褚堂乡

党委书记 冉春玲（女）
乡 长 冯 涛

石寨铺镇

党委书记 刘世杰（女）
镇 长 张 亮

嵖岈山景区管委会

党委书记 王红军
主 任 曹 渊

凤鸣谷景区管委会

党委书记 张清明
主 任 杨凤亮

【年度概况】 2015年，遂平县全年生产总值165.1亿元，增长9.6%。其中：第一产业增加值29.1亿元，增长4%；第二产业增加值74.8亿元，增长8.4%；第三产业增加值61.2亿元，增长14.1%。一、二、三产业结构比重由2014年的19.5 ∶ 50.5 ∶ 30调整为17.6 ∶ 45.3 ∶ 37.1，其中第二产业比重下降2.5个百分点，第三产业比重提高7.1个百分点，二、三产业比重达到82.4%，较上年提高1.9个百分点。人均生产总值39571元，比上年增加2819元。全年居民消费价格比上年上涨0.9%。八大类商品和服务价格呈“四升四降”趋势，其中食品类价格上涨2.3%，衣着上涨3.4%。

农业 2015年，遂平县粮食种植面积99666.67公顷（149.5万亩），下降0.2%，其中小麦种植面积48760公顷（73.14万亩），增长0.1%；玉米种植面积47786.67公顷（71.68万亩），增长1.5%。油料种植面积16560公顷（24.84万亩），增长7.7%；蔬菜种植面积8686.67公顷（13.03万亩），下降7.8%。全年粮食产量62.5万吨，比上年增长4.2%，其中夏粮35.7万吨，增长4.7%，秋粮26.8万吨，增长3.6%。小麦35.5万吨，增长4.7%；玉米25.4万吨，增长4.8%；蔬菜产量25.9万吨，下降8.4%；油料产量5.6万吨，增长8.8%。全年肉类总产量7.7万吨，下降5.1%；禽蛋产量6.3万吨，增长3.6%；牛奶产量3177吨，增长7.3%。生猪存栏59.31万头，下降7.6%，出栏77.31万头，下降5.2%。年末农业机械总动力102.5万千瓦，年增长1.1%；大中型拖拉机9269台，增长1%。城乡居民生活用电量21862万千瓦时，增长10.7%。全年共完成人工造林646.67公顷（0.97万亩）。

遂平县图

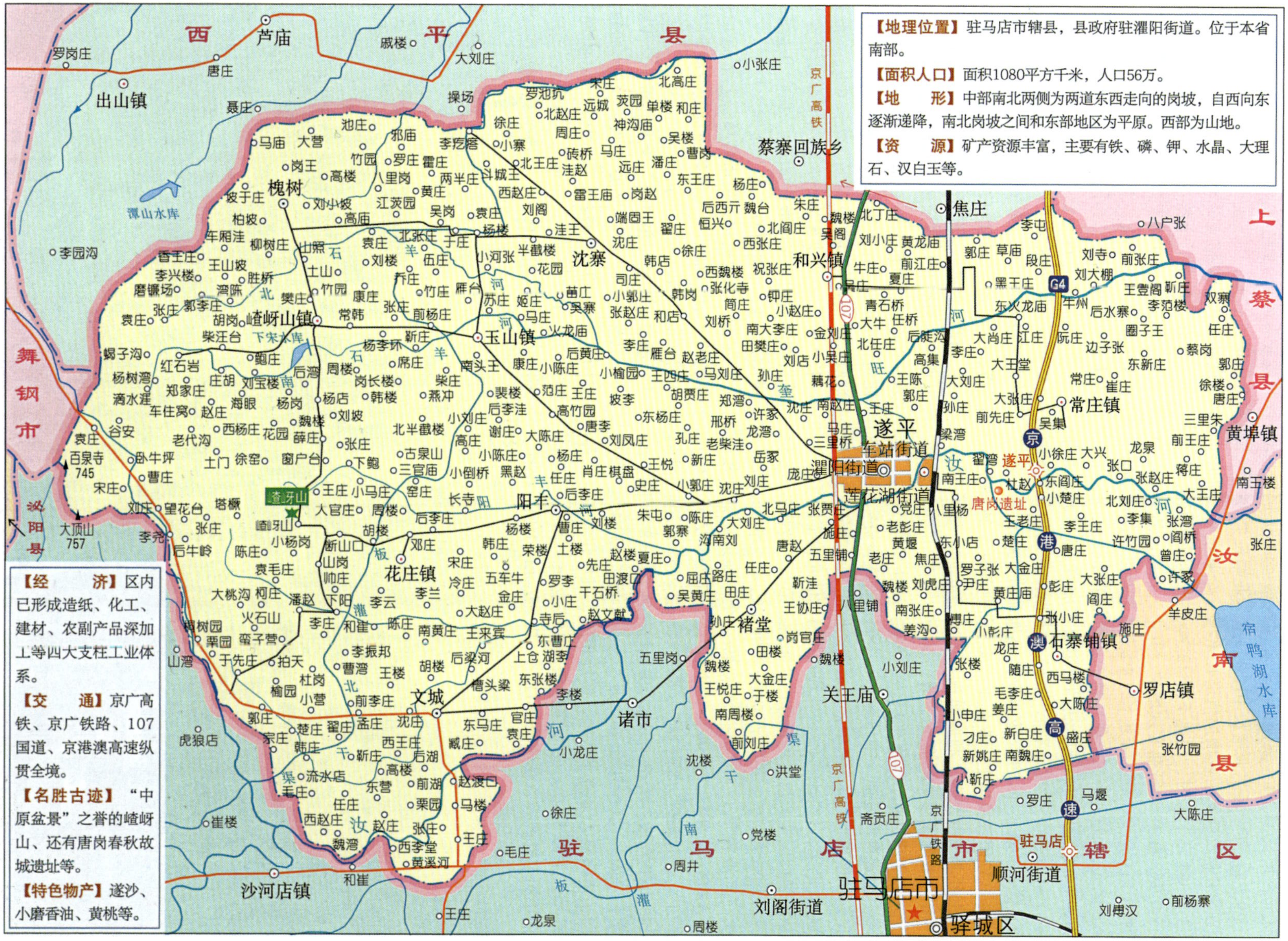

【地理位置】驻马店市辖县，县政府驻灈阳街道。位于本省南部。

【面积人口】面积1080平方千米，人口56万。

【地　　形】中部南北两侧为两道东西走向的岗坡，自西向东逐渐递降，南北岗坡之间和东部地区为平原。西部为山地。

【资　　源】矿产资源丰富，主要有铁、磷、钾、水晶、大理石、汉白玉等。

【经　　济】区内已形成造纸、化工、建材、农副产品深加工等四大支柱工业体系。

【交　　通】京广高铁、京广铁路、107国道、京港澳高速纵贯全境。

【名胜古迹】“中原盆景”之誉的嵖岈山、还有唐岗春秋故城遗址等。

【特色物产】遂沙、小磨香油、黄桃等。

（原载《中国分省系列地图册·河南》，河南省测绘地理信息局、河南省地图院编著，中国地图出版社出版）

年末共有国家级森林公园1个，森林覆盖率14.1%，林木覆盖率22.8%。

工业、建筑业 2015年实现规模以上工业总产值275.6亿元，增长11.1%，规模以上工业实现增加值58亿元，增长9.2%，其中轻工业增长10.2%，重工业增长7.1%。规模以下工业及个体工业增加值增长4.7%。全县全年工业用电量73385万千瓦时，同比下降12.3%。规模以上工业25个行业中，有18个行业实现增长。其中，农副产品加工业增加值15.9亿元，比上年增长3.8%；造纸及纸制品业增加值6.6亿元，增长1.8%；食品制造业增加值10.9亿元，增长26.8%；化学原料及化学制品制造业增加值3.5亿元，下降18.1%；皮革、毛皮、羽毛（绒）及其制品和制鞋业增加值2.6亿元，增长16.2%；家具制造业增加值0.36亿元，增长16%。137家规模以上工业企业实现主营业务收入265.8亿元，比上年增长12.9%；利润总额达到11.3亿元，增长14%；亏损企业亏损额1.85亿元，增长56.8%。

全年建筑业增加值9.9亿元，增长9.4%。

固定资产投资 2015年全社会固定资产投资完成145.8亿元，增长18.7%。其中，固定资产投资（不含农户）完成141.6亿元，增长19.4%；农户投资4.2亿元，下降11.4%。从城镇固定资产投资项目分产业来看，第一产业投资3.8亿元，增长38.5%；第二产业投资94.9亿元，增长21.2%；第三产业投资17.8亿元，增长4%。全年房地产开发投资25.15亿元，增长13.5%，其中住宅投资22.9亿元，增长17.1%。房屋施工面积182万平方米，增长52%，其中住宅146万平方米，增长47.3%。房屋竣工面积43.8万平方米，增长166%，其中住宅36.2万平方米，增长137.4%。商品房销售面积51.4万平方米，增长0.7%，其中住宅44.1万平方米，下降8.8%。商品房销售额15.7亿元，增长18.2%。全年固定资产投资在建项目112个，其中亿元以上项目65个。

国内贸易 全年全社会消费品零售总额61.2亿元，增长13.5%。分城乡看，城镇消费品零售额36.4亿元，增长13.6%；乡村消费品零售额24.8亿元，增长13.3%。分行业看，批发业零售额2.8亿元，增长21.5%；零售业零售额46.1亿元，增长12%；住宿业营业收入1亿元，增长16.6%；餐饮业营业收入11.4亿元，增长17.7%。

交通、旅游 全年遂平县公路货运量和货物周转量分别为306万吨和92451万吨千米，分别增长7%和8%；客运量完成367万人次，下降3%；旅客周转量完成18291万人千米，下降3.2个百分点。

年末，全县旅行社1家；旅游景区（点）5处，其中AA级以上旅游景区（点）2处，AAAA级以上景区1处；旅游星级饭店7家。全年共接待游客280万人次，旅游综合收入4.5亿元，分别增长12%、16%。

财政、金融 全年地方财政总收入8.2亿元，增长7.3%。其中，地方财政一般预算收入6.7亿元，增长13%；税收收入4.7亿元，增长5.5%，税收占地方财政一般预算收入的比重为70.6%，比上年同期75.5%下降5.1个百分点。地方财政一般预算支出23.7亿元，增长6%。一般公共服务支出增长4.9%，教育支出增长5.3%，科学技术支出增长21.4%，社会保障与就业支出增长20.5%，医疗卫生与计划生育支出增长20.7%，节能环保支出下降34.3%。

年末，金融机构人民币各项存款余额135.11亿元，比年初增长10.82%；人民币各项贷款余额81.54亿元，比年初增长24.73%。

教育、科技 2015年，全县高级中学3所（其中12年一贯制学校1所），招生3301人，在校生9357人，毕业生3310人，教育职工824人（其中12年一贯制学校246人）。初中学校18所，招生5256人，在校生16231人，毕业生5673人，教职工1511人。普通小学学校187所，招生9029

遂平县城一角。

2015年遂平县国民经济基本情况表

项目	单位	完成数	比上年增长（%）
生产总值	万元	1651000	9.6
规模以上工业总产值	万元	2756000	11.1
粮食总产量	万吨	62.5	4.2
全社会固定资产投资总额	万元	1458000	18.7
农村居民人均纯收入	元	9728	9.9
城镇居民人均可支配收入	元	21550	9.7
地方财政一般预算收入	万元	67000	13
地方财政一般预算支出	万元	237000	6
社会消费品零售总额	万元	612000	13.5
金融机构各项存款余额	万元	1351100	10.82

说明：国内生产总值、各产业产值按现价计算，增长速度按可比价计算

人，在校生41846人，毕业生5429人，教职工2502人。全县幼儿园26个，招生9433人，在园18925人，离园8286人，教职工434人。

2015年，拥有科技研究与技术开发机构10个，其中省级3个，市级7个。拥有高新技术企业3家，备案省级科技型企业38家。实施国家、省、市各类科技计划项目13项。申请专利77件，授权专利50件，全年获市级科技进步一等奖2项。研发农业新品种7个。

文化、卫生　2015年，共有艺术表演团体80个，文化馆1个，电视广播发射台和转播台1座，电视人口覆盖率99%。城区有线电视用户2万户，农村有线电视用户3万户，广播人口覆盖率97%。县内拥有气象卫星数据广播接收系统1个，区域气象观测站17个。

2015年，共有卫生机构22个，其中县城医院3个、乡镇卫生院16个（其中2个社区卫生服务中心），妇幼保健院1个，疾病预防控制中心（防疫站）1个，卫生监督所1个。病床床位2066张，其中乡镇卫生院床位586张。技术人员1979人，其中疾病预防中心卫生技术人员82人，卫生监督所卫生技术人员17人。全县执业医师和执业助理医师1037人，注册护士956人。

人口、人民生活和社会保障　2015年，全县总人口56.26万人，常住人口41.74万人，其中城镇人口21.68万，农村人口34.58万。人口自然增长率为5.11‰，出生率为11.75‰，死亡率为6.64‰。城镇化率38.54%，比上年提高1.72个百分点。

全年农村居民人均可支配收入9728元，增长9.9%；农村居民人均生活消费支出7086元，增长12.5%。城镇居民人均可支配收入21550元，增长9.7%；城镇居民人均消费支出17425元，增长17.9%。农村居民家庭恩格尔系数为30.32%，城镇居民家庭恩格尔系数为23.1%，比上年下降3个百分点。

全年城镇新增就业人员6494人，下岗失业人员实现再就业2800人，城镇登记失业率控制在3.4%以内。年末，参加企业养老保险人数18534人，参加城镇基本医疗保险人数78665人，失业保险月均参保职工人数2.88万人，参加工伤保险24116人。全县农村养老保险应参保人数32万人，实际参保人数31.7万人，参保率99%。2015年共收缴保险费2385万元，共发放养老金9407万元，发放率达到100%。新型农村合作医疗制度得到有效落实，全年全县参加合作医疗人数447626人，参合率97.83%，全年总计补偿参合农民资金19396.59万元，共101.26万人次。其中，补偿住院参合农民资金15046.13万元，共6.51万人次。全县全年共有城镇低保对象9073人，共发放最低生活保障资金2531.6万元；农村低保对象21722人，共发放最低生活保障资金3021万元。全年共有2889名五保对象，发放生活款896.6万元。

（薛永亮）

西平县

【基本县情】　西平县位于驻马店市北部，南起北纬33° 10'，北至北纬33° 32'，西起东经113° 36'，东至东经114° 13'。东邻上蔡县，西接舞钢市及舞阳县，南与遂平县毗连，北和漯河市源汇区、召陵区交界。京广铁路、京深公路、京港澳高速公路纵贯县境。全县总面积1089.77平方千米。可耕地79733.33公顷（119.6万亩）。2015年，西平县年末总人口885198人，其中城镇人口253463人，占全县总人口的28.6%。人口自然增长率5.2‰。辖师灵、权寨、出山、五沟营、盆尧5镇及柏城、柏亭、柏苑3个街道，芦庙、吕店、谭店、宋集、人和、重渠、焦庄、专探、二郎、蔡寨、杨庄11个乡和老王坡管理委员会、产业集聚区，共有255个行政村，29个居委会，2918个村民小组，138个居民小组(小区)，1230个自然村。

据郦道元《水经注》载："西平县故柏国也。汉曰西平，其西吕墟，即西陵亭也。西陵平夷，故曰西平。"

西周为柏皇氏后裔封地柏子国，后归楚国。战国属韩。秦属颍川郡。西汉高帝四年（前203）置西平县，治今县境西部与舞钢市交接地带，属豫州汝南郡。东汉属豫州刺史部汝南郡。建初七年（82）置西平侯国。章和二年（88）仍为西平县。三国属魏豫州汝南郡。东晋大兴二年（319）归属后赵。永和七年（351）属前燕，太和五年（370）属前秦，前秦亡后归东晋。南北朝时，初属南朝宋，后属北魏，改置为襄城郡，郡治在今县城西师灵。北魏天安年间（466～467）分西平县置武阳县。北齐改置文成郡，属豫州汝南郡。

隋属汝南郡，开皇初废文成郡，大业末县废。唐属河南道豫州；武德四年（621）复置西平县，属道州；贞观元年（627）并入郾城县，属豫州；天授二年（691）分郾城县复置西平县，不久又废；四年（716）再置西平县，治所移今址，属仙州；二十六年（738），改属豫州；天宝元年（742）

属汝南郡，乾元元年（758）复属豫州。宝应元年（762）属蔡州；元和十二年（817）属殷州；长庆元年（821）殷州废，仍属蔡州。五代时属河南彰义军蔡州。宋属京西北路蔡州汝南郡淮康军。金属南京路蔡州防御使，泰和八年（1208）属蔡州镇安军。元属汴京路蔡州，至元三十年（1293）属汝宁府。明属河南布政司汝宁府。清属汝宁府。1914 年属汝阳道。1928 年直属河南省政府。1932 年 11 月属河南省第八行政督察区。

1948 年 8 月，中共西平县委和县民主政府成立。1949 年 3 月属确山专区，5 月改确山行政公署为信阳专区。1965 年 6 月属驻马店专区。1967 年属驻马店地区。2013 年撤销环城乡，设立柏苑街道。

【组织机构】

中共西平县委

书　　记　聂晓光

副 书 记　孙清华

常　　委　聂晓光　申保卫　孙清华　胡晓黎　王胜利　邢光辉　边镇西　管保臣　赵海金　李　彬　罗　强

西平县十四届人大常委会

主　　任　李振良

副 主 任　刘爱玲　董玉振　丁建华　于翠华

西平县人民政府

县　　长　申保卫

副 县 长　邢光辉　吕先坡　王　兴　段彦杰　孟　丽　张　磊　白付理（12 月离）

政协西平县第十四届委员会

主　　席　王梅军

副 主 席　李书全　冯旺志　刘　宇

西平县人民法院

院　　长　黄依群

西平县人民检察院

检 察 长　余卫东

西平县各乡镇、街道党委书记、乡镇长

柏城街道

党工委书记　王西领（11 月离）　丁建华（11 月任）

主　　任　陈　龙

柏亭街道

党工委书记　曹富祥（11 月离）　李　轩（11 月任）

主　　任　李　轩（11 月离）　于　杰（11 月任）

柏苑街道

党工委书记　李　军（3 月任）

主　　任　李　军

出山镇

党委书记　杨华平

镇　　长　肖松峰

师灵镇

党委书记　张群良（11 月离）　苗桂录（11 月任）

镇　　长　苗桂录（11 月离）

权寨镇

党委书记　陈宏伟　管保臣（3 月任）

镇　　长　赵勇柱

五沟营镇

党委书记　王书田

镇　　长　李汝伟（11 月离）

盆尧镇

党委书记　焦春平（11 月离）　丁中华（11 月任）

镇　　长　丁中华

人和乡

党委书记　姬连成（11 月离）　董海建（11 月任）

乡　　长　张　燕（11 月离）

宋集乡

党委书记　陈彦章（11 月离）　姬军正（11 月任）

乡　　长　张翼腾（3 月离）

谭店乡

党委书记　郭中亚

乡　　长　马洪岗（11 月离）

吕店乡

党委书记　安宏伟

乡　　长　武钢举

芦庙乡

党委书记　姬凤群（11 月离）　马洪岗（11 月任）

乡　　长　刘　哲（11 月离）

杨庄乡

党委书记　李　婕（11 月离）　张　燕（11 月任）

乡　　长　王怀臣

专探乡

党委书记　刘卫松

乡　　长　龚会军

二郎乡

党委书记　史春华（11 月离）　应奎显（11 月任）

乡　　长　董海建（11 月离）

蔡寨乡

党委书记　应奎显（11 月离）　吕贺华（11 月任）

乡　　长　吕贺华（11 月离）

焦庄乡

党委书记　闫　力（11 月离）

乡　　长　于　杰（11 月离）

老王坡管理委员会

党委书记　李松林（11 月离）

主　　任　姬军正（11 月离）　李汝伟（11 月任）

【年度概况】 2015 年，西平县地区生产总值完成 184.9 亿元，增长 9.7%，比年度计划目标增速提高 1.2 个百分点。其中：第一产业增加值完成 47.6 亿元，增长 4.6%；第二产业增加值完成 62.6 亿元，增长 9%；第三产业增加值完成 74.7 亿元，增长 14.4%。全县人均生产总值达到 27109 元，增长 8.7%。城镇居民人均可支配收入 20564 元，增长 8.7%；农村居民人均可支配收入 9907 元，增长 10%。

西平县图

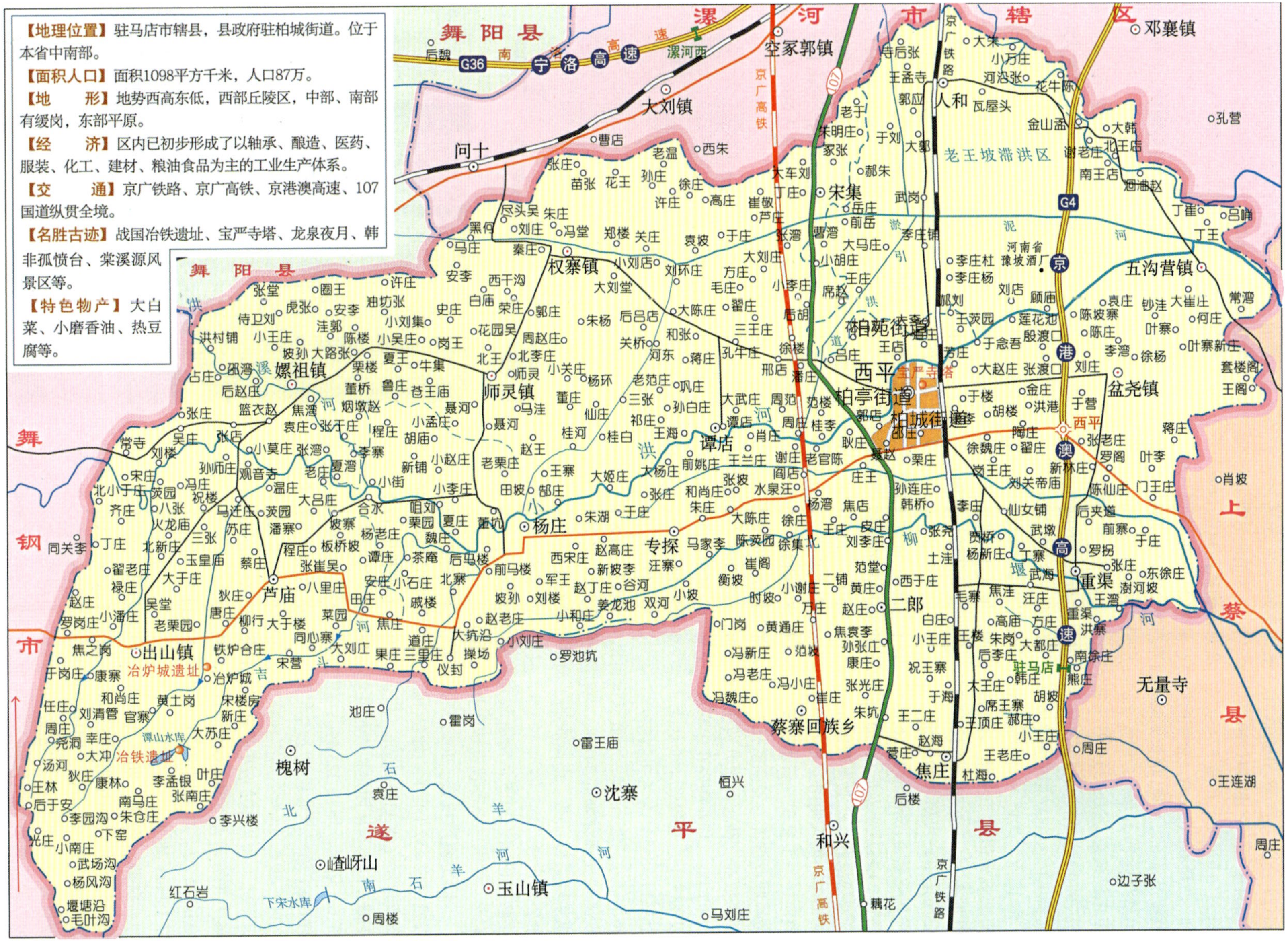

【地理位置】驻马店市辖县，县政府驻柏城街道。位于本省中南部。

【面积人口】面积1098平方千米，人口87万。

【地　　形】地势西高东低，西部丘陵区，中部、南部有缓岗，东部平原。

【经　　济】区内已初步形成了以轴承、酿造、医药、服装、化工、建材、粮油食品为主的工业生产体系。

【交　　通】京广铁路、京广高铁、京港澳高速、107国道纵贯全境。

【名胜古迹】战国冶铁遗址、宝严寺塔、龙泉夜月、韩非孤愤台、棠溪源风景区等。

【特色物产】大白菜、小磨香油、热豆腐等。

（原载《中国分省系列地图册·河南》，河南省测绘地理信息局、河南省地图院编著，中国地图出版社出版）

农业 2015年，全县耕地面积79730.8公顷。全年农作物总播种面积167111公顷，其中粮食作物播种面积138471公顷。粮食总产量959102吨，增产3.9%。小麦播种面积68124公顷，产量516908吨，增产4.9%；玉米播种面积70004公顷，产量441190吨，增产2.7%。油料作物播种面积11541公顷，产量57450吨；蔬菜作物播种面积14980公顷，产量689696吨。全年肉类总产量11.8万吨，增长3.6%；禽蛋产量6.2万吨，增长6.5%；奶类产量2484吨，增长7.1%。生猪存栏89.1万头，增长2.6%；出栏121.1万头，增长4%。年末机械总动力133.4万千瓦，年增长1.1%；大中型拖拉机7370台，增长2.1%；化肥施用量（折吨）69988万吨，增长1.1%；农村用电量31682万千瓦时，与上年基本持平。

工业 2015年，全县工业总产值完成248.7亿元。全年实现规模以上工业增加值49.2亿元，增长10.6%。工业用电量5.9亿千瓦时，增长15.2%。产业集聚区加快发展，完成固定资产投资79.2亿元，增长23%；规模以上工业企业实现主营业务收入140.6亿元，增长45%；税收1.1亿元，增长29%；从业人员2.4万人，增长38%，顺利晋位省"一星"产业集聚区。产业集聚区综合服务楼和农产品检测检验技术培训中心投入使用。光电产业园已入住企业9家，产业集群效应进一步显现。新建省级、市级工程技术研究中心各2家，金凤牧业被评为省高新技术企业，并申报了"省长质量奖"，金凤牧业、新益面粉分别在"新三板""新四板"实现挂牌，卫平门业、华业陶瓷在上海股权交易中心挂牌。全年在建项目133个，总投资179亿元，其中工业项目44个，亿元以上项目38个。分4批集中开工亿元以上项目17个，总投资96.1亿元。26个省、市重点项目已完成投资51.8亿元，完成年度投资计划的118%。利用省外资金27亿元，超额完成年度目标任务。中国农加工洽谈会签约亿元以上项目46个，总投资205.7亿元。同时，成功承办西平·中国服装产业转移论坛、2015河南服装大会暨互联网+中国服装制造论坛、中国国际畜牧机械产业联盟论坛。

固定资产投资 2015年，西平县全年全社会固定资产投资完成132.1亿元，增长16.2%。其中：固定资产投资（不含农户）完成119.9亿元，增长20.1%；农户投资12.2万元，下降11.6%。从固定资产投资项目分产业来看，第一产业投资6.6亿元，增长223.4%；第二产业投资75.7亿元，上升27.6%；第三产业投资22.4亿元。全年房地产开发投资15.2亿元，增长5.6%。其中，住宅投资14.6亿元，增长7.3%。房屋施工面积102.6万平方米，下降33.9%。房屋竣工面积36万平方米，下降58.4%。商品房销售面积38.5万平方米，增长22.2%。全年固定资产投资在建项目133个，其中亿元以上项目38个。

财政、金融 2015年，全县一般公共预算收入完成69355万元，为年预算的100%，增长13.8%。其中：税收收入完成54796万元，同比增长11.3%；纳入地方一般公共预算管理的非税收入完成14559万元，增长24.6%；税收收入占一般公共预算收入的比重为79%，超过了年初预定75%的比重目标。全县一般公共预算支出321010万元，为支出调整预算数的99.9%，同比增长11.5%。

年末金融机构人民币各项存款余额185.9亿元，增长12.5%；各项贷款余额80.4亿元，增长24.9%，金融运行比较平稳。

交通、旅游 2015年，全县客运站发班次906班次/日，旅客发送量5700人次/日；全年完成客运量约978.2万人次，客运周转量57646万人千米。西平县县城至乡镇、乡镇至行政村已全部通车，通车率100%。货运周转量82477.6万吨千米，货运量和货运周转量分别比上年同比增长15.59%、28.6%。

2015年，共接待国内游客13.3万人次，实现旅游综合收入2350万元，旅客投诉率0.3‰，无重大旅游安全事故发生。同时，配合中央电视台《地理中国》栏目组在西平县的拍摄工作，在星级饭店配发《人民画报驻马店专刊》2000多册，积极为旅游企业服务。

文化、卫生 2015年共创作各种体裁的文艺精品30多篇（件）。上报市局评奖作品20多篇（件）。在驻马店市新创文艺作品评奖中，西平县上报的8篇文艺作品分别获得市二、三等奖。主持申报的社会科学规划项目在驻马店市哲学社会科学规划项目中在结项的基础上，分别获得3个二等奖、2个三等奖。6月24日，在第二届"河南省民间文艺金鼎奖"评选活动中，西平大铜器表演队表演的《勇往直前》和由陈

保民创作的唢呐《农家乐》分别荣获“民间表演金鼎奖”；国家级非遗项目——“棠溪宝剑”代表性传承人高庆民先生的作品《团圆剑》荣获“民间工艺美术作品金鼎奖”。

截至2015年年底，西平县拥有各类医疗机构367个，其中县级医疗机构5个，分别为县人民医院（二级甲等综合医院）、中医院（二级甲等中医院）、妇幼保健院（二级专科医院）、第二人民医院、计划生育技术指导站；乡镇卫生院17个、乡镇（街道）计生服务中心20个、村卫生室285个、个体诊所17个、单位卫生室（所）12个；民营医院10个，其中二级医院1个。全县医疗机构总床位达到3132张，达“十一五”末（1955张）的1.5倍以上；卫生技术人员总数达3800人，与“十一五”末（1982人）相比，将近翻了一番；每千人口拥有床位数3.64张，拥有执业（助理）医师数1.45人、注册护士数1.43人。县、乡两级医院（不含计生单位）总资产达8.06亿元。

教育 2015年，全县共有各级各类学校（含幼儿园）357所，其中幼儿园97所，小学223所，初中31所，普通高中3所，职业高中2所，特殊教育学校1所。全县共有教职工9531人，其中幼儿园1597人，小学4214人，初中2516人，普通高中921人，职业高中260人，特殊教育学校23人。全县共有专任教师8173人，其中幼儿园1015人，小学3992人，初中2206人，普通高中724人，职业高中214人，特殊教育学校22人。全县共有各级各类在校学生115125人，其中幼儿23874人，小学学生47172人，初中学生28088人，普通高中学生14659人，职业高中学生1256人，特殊教育学生76人。

城镇建设 2015年全年共发放建设工程规划许可证9份，建筑面积295391.6平方米；审批建设用地规划许可证18份，用地面积49.35公顷（740.2亩）；办理建设项目批前公示28份。全年新增天然气用户5500户，新铺设天然气管道8.6千米。2015年10月，成功通过省级园林城复验专家组的复验考核。全县园林式小区和单位已达到95家。新增绿地面积10.1公顷，新增附属绿地面积8.4公顷，绿化三大指标分别达到42.8%、32.8%、9.23平方米/人，同比增长1.1%、1.5%、0.3%。

人口、人民生活和社会保障 2015年年末，全县总人口885198人。其中，城镇人口253463人，占全县总人口的28.6%；乡村人口631735人，占全县总人口的71.4%。2015年出生人口7454人，出生率8.49‰；死亡人口4682人，死亡率5.34‰；自然增加人口2772人，自然增长率5.2‰。城镇居民可支配收入20564元，增长8.7%；农村居民可支配收入9907元，增长10%，居民储蓄存款余额152亿元，增

西平县城一角。

2015年西平县国民经济基本情况表

项目	单位	完成数	较上年增长（%）
生产总值	万元	1849369	9.7
规模以上工业增加值	万元	492000	10.6
粮食总产量	吨	959102	3.9
全社会固定资产投资总额	万元	1320729	16.2
社会消费品零售总额	万元	900917	13.5
农村居民人均可支配收入	元	9907	10
城镇居民人均可支配收入	元	20564	8.7
全部从业人员平均工资	元	39700	7.6
地方财政一般预算收入	万元	69355	13.8
地方财政一般预算支出	万元	321010	11.5
金融机构各项存款余额	万元	1858835	12.5

说明：国内生产总值、各产业产值按现价计算，增长速度按可比价计算

长18.1%。

2015年，全县城镇新增就业7271人，占市局下达目标任务4400人的165%；新增农村劳动力转移就业8200人，占市局下达目标任务6000人的136%；城镇失业人员再就业3491人，占市局下达目标任务2000人的174%；帮助就业困难人员实现就业1106人，占市局下达目标任务670人的165%；农村劳动力技能就业计划5602人，占市局下达目标任务5100人的110%；再就业培训1906人，占市局下达目标任务1800人的106%；创业培训480人，占市局下达目标任务550人的87%；发放小额担保贷款844笔，金额4580万元，占市局下达目标任务4500万元的102%；城镇登记失业率控制在3.1%以内，低于市控目标，动态消除“零就业家庭”。

城镇企业职工基本养老保险参保人数截至11月底达到31428人，其中在职企业职工参保人数达到20831人，占市局下达目标任务20696人的100.65%；征缴企业养老保险金10697万元，占市局下达目标任务11872万元的90.1%。城乡居民社会养老保险参保人数截至11月底已达51.86万人，其中16周岁～59周岁缴费人数36.89万人，60岁参保人数14.96万人，征缴养老保险金4008.56万元，发放养老金14161.8万元，符合条件的到龄人员养老金发放率100%。社会保障卡累计持卡人数54.49万人，占市局下达目标任务55万人的99%。机关事业单位养老保险截至11月底参保单位共33个，参保职工1993人；征缴机关事业养老保险金958万元，基本养老金待遇支出1139万元，基金滚存结余1426万元。退休人员养老金支出全部实现社会化发放，发放率100%。城镇基本医疗保险截至11月底参保8.3万人（其中城镇职工医保参保3.4万人，城镇居民医保参保4.9万人），占市局下达目标任务11.6万人的72%；征缴城镇职工医疗保险金6033万元，占市局下达目标任务6700万元的90%。失业保险截至11月底月均参保2.66万人，占市局下达目标任务2.55万人的104%；征缴失业保险金375.11万元，占市局下达目标任务365万元的103%。生育保险截至11月底参保2万人，占市局下达目标任务2.2万人的91%；征缴生育保险金114万元，占市局下达目标任务360万元的32%。工伤保险截至11月底参保人数达到25987人，占市局下达目标任务2.32万人的112%；征缴工伤保险费579万元，占市局下达目标任务480万人的121%。（于　威）

上蔡县

【基本县情】上蔡县位于河南省东南部、驻马店市东北部，地处北纬33°　4′～33°　25′，东经114°　6′～114°　42′之间，东邻项城市，西连西平、遂平县，南接汝南、平舆县，北邻商水、郾城县。总面积1529平方千米，其中耕地112776.62公顷。总人口151.66万人，其中乡村人口123.8万人，人口自然增长率5.15‰。辖蔡都、卧龙、重阳、芦岗4个街道，杨集、黄埠、洙湖、朱里、党店、华陂、塔桥、东洪、邵店、和店、五龙11个镇和大路李、无量寺、杨屯、崇礼、蔡沟、韩寨、齐海、东岸、小岳寺、西洪、百尺11个乡，460个行政村，45个居民委员会，1562个自然村。

因周为蔡国，公元前493年蔡昭侯迁都于州来，改州来为下蔡，蔡国故地称之为上蔡。

周武王元年（前1046），周武王封其同母弟叔度于蔡地，建立蔡国，定都今上蔡。周景王十四年（前531），楚灭蔡国，设立蔡县。周贞定王二十二年（前447），楚师灭蔡，蔡侯齐出亡，蔡地尽归于楚。周显王二十三年（前346），魏、韩联合伐楚，上蔡归韩，韩釐王时置上蔡县。秦王政十七年（前230），秦灭韩，属颍川郡，西汉高祖四年（前203），属豫州刺史部之汝南郡，三国属魏国豫州汝南郡。晋泰始四年（268），改上蔡县为武津县。东晋及十六国时期，先后属后赵、前燕、前秦、后秦，后复为东晋所属。南北朝初属南朝宋，后属北朝。南朝宋移上蔡县治于悬瓠城（今汝南县汝宁街道），属汝南郡。北魏神龟二年（519），于县境北部置临汝县，又曰武津县（治今朱里镇岗郭村），属汝阳郡，北齐省入上蔡县。隋开皇六年（586）复置武津县；大业六年（607），复改武津县为上蔡县，治所在今上蔡县城。唐属河南道蔡州。元和十一年（816）省入遂平，长庆元年（821）复置上蔡县。宋属京西北路蔡州汝南郡淮康军节度。金属京南路蔡州镇南军节度。元属河南行省汝宁府。明洪武初，废上蔡县，四年（1371）复置。属河南布政使司汝宁府辖。明代全县共划分为36里，清初，仍因之，后来改里为图，每图之下划为二里，全县有36图72里。中华民国初，属汝宁府。

1913年属豫南道，1914年属汝阳道。1927年直属河南省。1931年，上蔡县试行自治，取消旧里名称，全县共划为9个自治区，区下辖乡（镇），共为223个乡（镇）。1932年，属河南省第八行政督察区。1933年全县改自治，实行

保甲，全县仍划为9个区，区下设联保，全县共有联保126个。1935年合并为76个联保，改原来的9个区为3个区，取消区公所，改设区署。1940年全县合并为31联保。1941年取消区署和联保，县下直接设乡（镇）和保甲，全县共分17乡（镇）337保，3841甲。

1948年10月，上蔡县西部建立洪河县，属豫皖苏解放区第七专区。1949年3月，洪河县并入上蔡县，属确山专区，上蔡县人民政府成立，共划为10个区：蔡沟、东岸、洙湖、塔桥、华陂、百尺、黄埠、邵店、东洪、城关。同年6月，撤销邵店区，增设五龙区，撤销塔桥区并入洙湖区，8月，属信阳专区，至9月，共辖9个区。区下划乡，共为170个乡。1950年11月，恢复邵店、塔桥2个区，增设和店、朱里2个区，五龙区更名为申庄区，1951年7月又改为展庄区，共为13区，213乡（镇）。1952年10月，增设高岳区和周庄区，乡数增加为206个，镇数增加为13个。1954年10月，城关区更名为城关镇，全县共为15个区219乡（镇）。1956年1月，撤销周庄、和店、展庄3个区，邵店区更名为周集区，华陂区更为湖岗区，全县共为12个区；4月，撤销12个区，改设为大王、杨集、蔡沟、林堂、东岸、张寨、大姬、白圭庙、朱里、史彭、百尺、石桥、黄埠、邵店、东洪、东里、五龙、贾庄、党店、崇礼、无量寺、赵集、杨丘、张集、孟尧25个中心乡，中心乡下又设100个小乡和1个城关镇。1957年3月，撤销25个中心乡和100个小乡，设立和店、芦村、杨集、高岳、蔡沟、林堂、东岸、洙湖、张寨、塔桥、白圭庙、朱里、蒋集、华陂、史彭、百尺、鸳店、石桥、黄埠、邵店、东洪、五龙、大吴、西洪、党店、崇礼、无量寺、齐海、赵集、杨丘、张集、孟尧32个乡和1个城关镇。1958年7月，全县33个乡（镇）改建为14个乡（镇），乡镇下辖438个高级农业生产合作社。同年11月，全县14个乡（镇）改为14个人民公社，人民公社下设生产大队和生产队。1961年10月，分为50个人民公社，同时新划为9个区。1962年7月，撤销9个区，新设立和店、杨集、蔡沟、林堂、东岸、洙湖、塔桥、白圭庙、朱里、华陂、百尺、石桥、黄埠、邵店、东洪、五龙、周庄、湖岗、党店、崇礼、无量寺、申庄、张集、杨丘、孟尧、城关26个人民公社。

1965年7月，属驻马店专区。1966年5月，撤销白圭庙、林堂、石桥、杨坵、张集、湖岗、孟尧、周庄8个公社，新设城郊、西洪2个公社，申庄公社更名为齐海公社，变动后全县为20个公社。1976年2月，划出百尺、城郊2个公社中的大路李、谢堂、大胡、肖里侯、肖里王、涧沟王、聂坡、栗庄、姜庄、朱里桥、陈桥、湾李、孟尧、马堂、唐楼、郝坡16个大队设立大路李公社；划出朱里公社的张集大队，蔡沟公社的康湖、赵庄、徐楼、邱路口4个大队，东岸公社的石桥、何庄、前陈、耿陈、郭庄、张市店、义公、任集、贾寨、庄湖10个大队，东洪公社的大骆、坡李2个大队，共17个大队设立韩寨公社；划出华陂、朱里、西洪3个公社中的小岳寺、大明、西伍张、业王、望东湖、双河、边张、时庄、大岳寺、赵集、郭七、朱寨、陈集、坡吴、杨炉、大屯16个大队设立小岳寺公社。1977年7月，划出齐海公社中的石桥、王庄、宋庄、穆庄4个大队和东洪公社中的后楼、万庄、龚庄、别庄4个大队设立石桥公社；划出洙湖公社的邱庄、韩王2个大队，五龙公社的张宇、李宣、田庄、张俭、杨屯、陈法寨、魏楼7个大队设立杨屯公社。至此，全县共有25个公社。1981年8月，城关公社更名为城关镇。

1983年，公社改乡，辖和店乡、杨集乡、蔡沟乡、东岸乡、洙湖乡、塔桥乡、朱里乡、华陂乡、百尺乡、石桥乡、黄埠乡、邵店乡、东洪乡、五龙乡、西洪乡、党店乡、崇礼乡、无量寺乡、齐海乡、小岳寺乡、韩寨乡、大路李乡、杨屯乡、城郊乡、城关镇。1987年10月，城关镇更名为蔡都镇，城郊乡更名为芦岗乡。1987年12月，杨集、黄埠撤乡建镇。1994年10月，洙湖撤乡建镇。1995年11月，朱里撤乡建镇。1996年1月，党店撤乡建镇。1997年12月，华陂撤乡建镇。2005年11月，撤销石桥乡，并入东洪乡。2009年6月，撤销蔡都镇、芦岗乡，将东洪乡的石桥村、王庄村，齐海乡的丁赵村、申赵村、朱庄村5个村并入县城区，分别设立蔡都、芦岗、卧龙、重阳4个街道。2010年5月，塔桥、东洪撤乡建镇。2012年，撤销邵店乡，设立邵店镇。2014年，撤销和店乡，设立和店镇。

【组织机构】

中共上蔡县委

书　　记　彭宾昌（11月离）　胡建辉（12月任）
副 书 记　胡建辉　王东征
常　　委　彭宾昌（11月离）　胡建辉　王东征　牛清泉　陈　黎（女）　孔艾华（女）　闫　峰　张金涛　张本亭（5月离）　李　新（5月任）　宋海潮　郑　珺

上蔡县第十三届人大常委会

主　　任　肖开义
副 主 任　王保军　朱学礼　李　新　赵　宁（女）　李克臣

上蔡县人民政府

县　　长　胡建辉
副 县 长　陈　黎（女）　安永生　侯　杰　贾少毅　张剑飞　禹明甫　甄爱武

政协上蔡县第九届委员会

主　　席　臧海声
副 主 席　王留柱　王建军　张翠平（女）　李湘俊

上蔡县人民法院

院　　长　付自强

上蔡县人民检察院

检 察 长　孟卫民

上蔡县各乡镇、街道党委书记、乡镇长

蔡都街道

党工委书记　王立新
主　　任　赵建国（12月离）　杨玉柱（12月任）

芦岗街道

党工委书记　杨维新
主　　任　赵盘根

卧龙街道
党工委书记 刘卫华
主　　任 张红岩
重阳街道
党工委书记 张炳辉
主　　任 邵亚伟
杨集镇
党委书记 丁华伟
镇　　长 刘向猛
黄埠镇
党委书记 苏国忠
镇　　长 程建党
洙湖镇
党委书记 肖红旗
镇　　长 刘玉涛
朱里镇
党委书记 张　冰（10 月免） 赵建国（12 月任）
镇　　长 朱志发
党店镇
党委书记 陈保进
镇　　长 张耀宇
华陂镇
党委书记 李慧贤
镇　　长 葛云亮
塔桥镇
党委书记 张耀华
镇　　长 刘东升
东洪镇
党委书记 宋海波
镇　　长 王银朋
邵店镇
党委书记 王新伟
镇　　长 王珍华
和店镇
党委书记 冯建民
镇　　长 苏静峰
五龙镇
党委书记 李　勇
镇　　长 张永喜
大路李乡
党委书记 齐海霞
乡　　长 杨玉柱
无量寺乡
党委书记 李留群（9 月离） 魏华伟（9 月任）
乡　　长 李爱荣
杨屯乡
党委书记 朱松涛
乡　　长 张清华
崇礼乡
党委书记 张国耀
乡　　长 孙广周
蔡沟乡
党委书记 赵建伟
乡　　长 赵树明
韩寨乡
党委书记 魏卫国
乡　　长 田计划
齐海乡
党委书记 赵建军
乡　　长 韩红蕾（12 月离） 叶胜利（12 月任）
东岸乡
党委书记 张献中
乡　　长 谢恭旭
小岳寺乡
党委书记 孙民志（10 月免） 韩红蕾（12 月任）
乡　　长 毛卫国
西洪乡
党委书记 张春香
乡　　长 张轶豪
百尺乡
党委书记 徐　伟
乡　　长 翟得力

【年度概况】 2015 年，上蔡县全年生产总值（GDP）184.8 亿元，比上年增长 9.3%。分产业看，第一产业增加值 40.5 亿元，增长 4.4%；第二产业增加值 72.9 亿元，增长 9.1%；第三产业增加值 71.4 亿元，增长 12.3%。三次产业结构由上年的 21.8 ∶ 41.4 ∶ 36.8 调整为 21.9 ∶ 39.5 ∶ 38.6，其中第二产业比重下降 1.9 个百分点，第三产业比重提高 1.8 个百分点。人均生产总值 18731 元。全年居民消费价格总水平比上年增长 0.9%。食品类价格增幅较大，比上年同期上升 1.7%。其中，粮食价格上升 2.7%，肉禽及其制品上升 3.1%，鲜菜上升 5.7%，农业生产资料价格总水平上升 0.3%，商品零售价格总水平与上年持平。

农业 2015 年，全县耕地面积 112776.62 公顷。全年农作物总播种面积达到 203578 公顷。其中，粮食作物播种面积 166062 公顷，小麦播种面积 87864 公顷。夏粮面积 87868 公顷，增长 0.67%；秋粮面积 78194 公顷，增长 1.51%。蔬菜面积 12450 公顷，增长 2.07%；油料面积 19655 公顷，增长 1.03%；棉花面积 723 公顷，减少 9.1%。全年粮食总产量 1065233 吨，比上年增长 4.39%。其中，夏粮产量 654832 吨，增长 5.3%，夏粮单产产量 497 千克，增长 4.6%；秋粮产量 410401 吨，增长 2.96%，秋粮单产产量 349.9 千克，增长 1.4%。

全年实现农林牧渔业总产值 757673 万元，比上年增长 4.6%。其中：农业产值 438212 万元，增长 3.2%；林业产值 4381 万元，增长 5.9%；牧业产值 265146 万元，增长 5.8%；渔业产值 8986 万元，增长 7.7%；农林牧渔服务业产值 40948 万元，增长 9.9%。农林牧渔业增加值 421915 万元，比上年增长 4.6%。其中：农业增加值 249638 万元，增长 3.2%；

上蔡县图

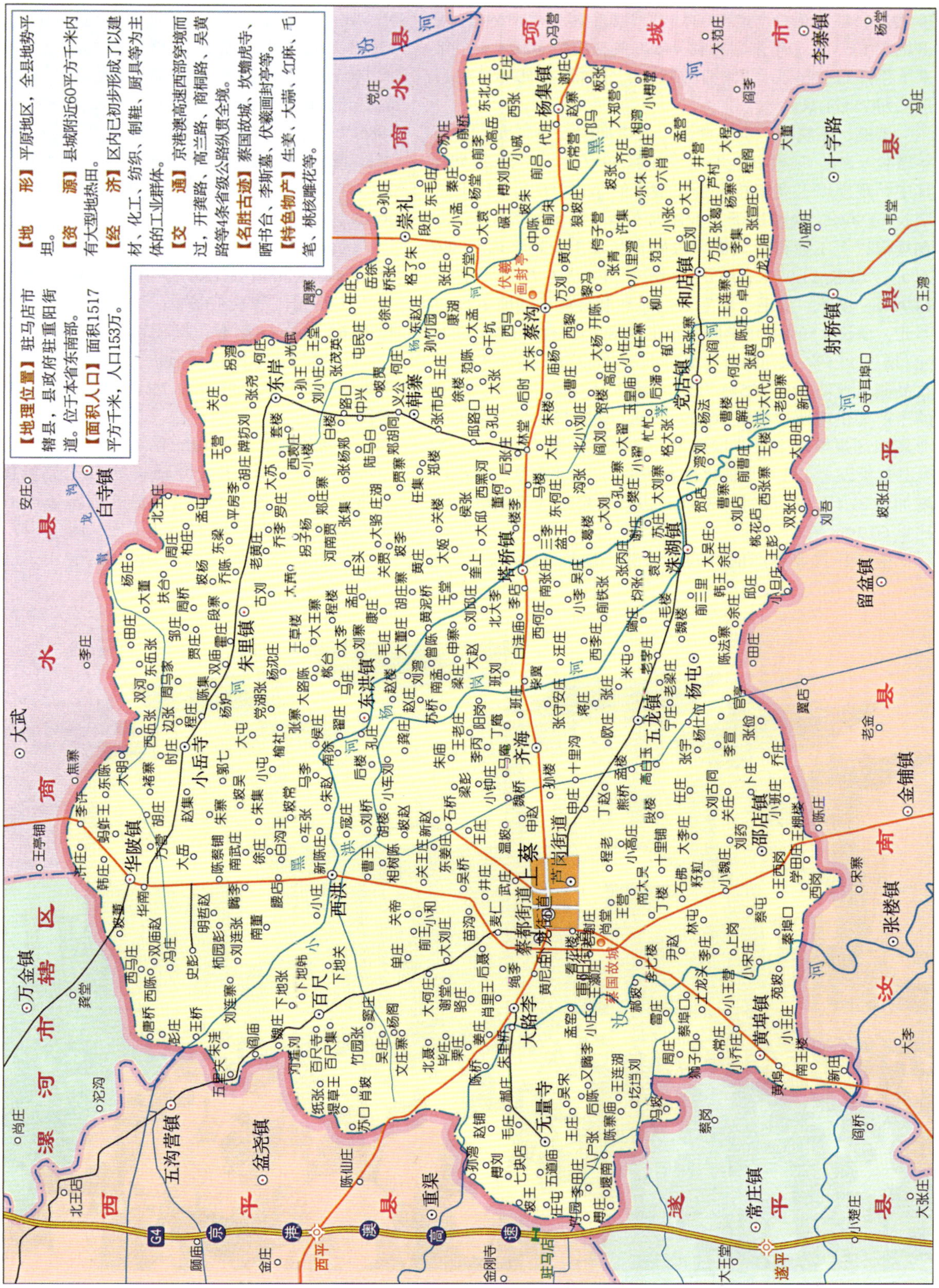

（原载《中国分省系列地图册·河南》，河南省测绘地理信息局、河南省地图院编著，中国地图出版社出版）

林业增加值2524万元，增长5.9%；牧业增加值145994万元，增长5.8%；渔业增加值7093万元，增长7.7%；农林牧渔服务业增加值16666万元，增长9.9%。全年肉类总产量79214吨；禽蛋总产量52034吨。年末生猪存栏615941头，出栏791053头；年末牛存栏44690头，出栏40024头；年末羊存栏118326头，出栏167155头；家禽存栏8040827只，出栏6875421只。

工业、建筑业 全年全部工业增加值63.9亿元，比上年增长9.2%。规模以上工业增加值59亿元，增长10.5%。其中，规模以上高新技术企业增加值52069万元，比上年增长14.96%。规模以下工业增加值4.8亿元，增长5.2%。在规模以上工业行业大类中农副食品加工业增加值91886万元，增长11.98%；纺织业增加值49316万元，增长14.79%；皮革、皮毛、羽毛及制品和制鞋业增加值100634万元，增长4.59%；化学原料和化学制品业增加值21100万元，增长13.5%；医药制造业增加值37398万元，增长8.19%；食品制造业增加值40543万元，增长24.44%；电力、热力的生产和供应业增加值10399万元，增长12.57%。全年产业集聚区规模以上工业增加值51.3亿元，增长14.7%，占全县规模以上工业增加值比重86.9%；产业集聚区主导产业增加值31.1亿元，增长13.3%，占产业集聚区工业增加值比重60.7%。

全年建筑业总产值167494万元，增长0.1%。房屋建筑施工面积92万平方米，比上年下降5.2%；房屋竣工面积65万平方米，下降7.1%。

固定资产投资 2015年，完成固定资产投资119.4亿元，比上年增长20.5%。在固定资产投资中，第一产业投资97013万元，增长92.1%；第二产业投资563908万元，增长1%；第三产业投资532633万元，增长39.5%。全年房地产开发投资15亿元，比上年增长21.9%。房屋施工面积808602平方米，下降19.5%。房屋竣工面积886868平方米，增长29.5%；商品房销售面积683061平方米，增长18.9%。2015年，产业集聚区固定资产投资完成101.96亿元，增长16.3%。

国内贸易 2015年，社会消费品零售总额完成767871万元，比上年增长13.4%。按销售地域分，城镇零售额484551万元，增长13.6%；乡村零售额283320万元，增长10.6%。分行业看，批发业零售额56957万元，增长12.7%；零售业零售额601495万元，增长13.7%；住宿业零售额19462万元，增长11.7%；餐饮业零售额89957万元，增长4.9%。

交通和邮政业 2015年，上蔡县公路运输货物周转量421965万吨千米，比上年增长7%；公路货物运输量1135万吨，同比下降1.4%。公路旅客周转量75373万人千米，增长5%；旅客运输量1254万人次，同比下降3.5%。

邮政业全年完成总收入9107万元，增长11.58%。2015

2015年10月20日，“爱佑中华 善孝同行”中国·上蔡第十三届重阳文化节群众文化活动暨全国助学活动走进上蔡慈善演出在上蔡县蔡明园举行。 张 朝 摄

2015年上蔡县国民经济基本情况表

项目	单位	完成数	较上年增长（%）
生产总值	万元	1848472	9.3
工业增加值	万元	639000	9.2
规模以上工业增加值	万元	590000	10.5
农林牧渔业总产值	万元	757673	4.3
粮食总产量	吨	1065233	4.39
全社会固定资产投资	万元	1194000	20.5
公共财政预算收入	万元	56563	12.5
公共财政预算支出	万元	433874	12.8
农村居民人均可支配收入	元	8866.6	10.9
城镇居民人均可支配收入	元	20954.9	9.6
社会消费品零售总额	万元	767871	13.4

说明：国内生产总值、各产业产值按现价计算，增长速度按可比价计算

年电信公司完成业务收入2127.7万元，增长23.8%，宽带用户13205户，手机用户5.5万户；移动公司完成业务收入27778.3万元，增长6.3%，宽带用户12297户，手机用户48.7万户；联通公司完成业务收入7204.5万元，增长7.9%，宽带用户12305户，手机用6.9万户。

财政、金融　2015年，上蔡县公共财政预算收入完成56563万元，比上年同比增长12.5%。其中，税收收入36485万元，增长11.7%。公共财政预算支出433874万元，增长12.8%。其中，教育支出94866万元，增长0.5%；社会保障与就业支出80333万元，增长24.7%；医疗卫生支出79471万元，增长16.2%；农林水事务支出63071万元，增长9.2%。

年末，金融机构各项存款余额2550731万元，比年初增加235520万元，其中居民储蓄存款余额2158371万元，比年初增加271191万元。金融机构各项贷款余额939451万元，比年初增加70192万元。

教育　2015年，全县共有普通高中4所，在校生23218人。普通初中（含民办）50所，在校生61502人。小学（含教学点）479所，在校生119607人。中等职业学校1所，在校生4880人。特殊教育学校1所，在校生98人。

文化、卫生　2015年，全县共有艺术表演团体1个，文化馆1个，公共图书馆1个。广播电台1个，电视差转台1个，有线电视转播台1个。广播人口覆盖率和电视人口覆盖率均达到100%，有线电视用户9.7万户。

年末，全县共有卫生机构36个，床位3547张，专业卫生技术人员2766人，其中医生1520人、护士1246人。医院2个，卫生防疫机构2个，妇幼卫生机构1个。卫生防疫防治机构人员220人，妇幼卫生机构人员55人，乡（镇）卫生院26个，床位1492张，卫生技术人员1071人。

人口、人民生活和社会保障　2015年年末，全县总人口151.66万人，常住人口98.41万人，出生率11.71‰，死亡率6.56‰，自然增长率5.15‰。城镇化率为34.08%。全年城镇居民人均可支配收入20954.9元，比上年增长9.6%；城镇居民人均消费性支出15933元，增长10%。农村居民人均可支配收入8866.6元，增长10.9%；农民人均生活消费支出6770元，增长14.1%。

全年城镇新增就业8549人，下岗失业人员再就业3462人，年末城镇登记失业率3.14%。农村劳动力转移就业人数41万人。2015年农村参加医疗保险人数120.7万人，参合率为98.99%，职工和居民医疗保险人数7.3万人。城乡居民参加基本养老保险人数71万人。参加失业保险人数4.16万人，全年共有110人领取失业保险金。

2015年，全县发放城镇居民最低生活保障资金2740.8万元，发放农村居民最低生活保障资金9398.6万元。享受城镇最低生活保障5538户，城镇最低生活保障人数为10844人，享受农村最低生活保障38612户，农村最低生活保障人数为69387人。全县敬老院发展到24个，收养院民7939人。

（张　燕）

汝南县

【基本县情】　汝南县位于驻马店中部，东与平舆县接壤，南靠正阳县，西与确山县、驿城区和遂平县毗邻，北连上蔡县。处在北纬32°29′～31°11′，东经114°06′～114°35′之间，总面积1502平方千米，其中可耕地面积92666.67公顷（139万亩）。辖汝宁、古塔、三门闸3个街道，老君庙、和孝、梁祝、王岗、留盆、金铺、东官庄、常兴、罗店、张楼、韩庄、三桥12个镇和板店、南余店2个乡，281个村（居）委会，县政府所在地汝宁街道辖新华街、南大街、西大街、东大街东关、西关、大付庄7个社区居民委员。

因其大部分地域在汝河南岸而得名。夏禹时为豫州地域。西周为挚国地。春秋为沈、蔡2国地，战国属楚。秦初属颍川郡，后属陈郡。西汉为汝南郡之上蔡、宜春、安城等县地。东汉、三国因之。东晋汝南郡治迁悬瓠城（即今汝南县城）。南朝宋元嘉二十九年（452）"刘义隆置司州治悬瓠城，领郡九，县三十九"（《魏书》），奠定了悬瓠在豫东南的中心地位。北魏皇兴二年（468）改司州为豫州，置上蔡县（原上蔡县改曰临汝县），悬瓠城为豫州、汝南郡、上蔡县治所。北周大象二年（580）改豫州为舒州，隋仁寿四年（604）豫州改溱州；大业三年（607）复汝南郡，改县名为汝阳，并将保城并入，属未变。唐武德四年（621）复豫州；宝应元年（762）为避代宗李豫讳，改豫州为蔡州；贞元七年（791）析汝阳县西北部置汝南县；元和十三年（818）又废汝南县入汝阳。宋属依旧，又为淮康军治，汝阳县仍属蔡州，隶京西北路；建炎三年（1129）金兵攻陷蔡州，改蔡州属南京路，置镇南军。金天兴二年（1233）金朝皇帝完颜守绪在悬瓠立行宫，遂废。元至元三十年（1293）元世祖忽必烈命截断汝

河，下游水患缓解，人民生活得以安宁，又改蔡州为汝宁府，汝阳县治仍故。明属汝宁府。辖今汝南、平舆2县和正阳县的一部分。

1913年改汝阳县为汝南县，属豫南道。1914年属汝阳道，1927年道废，直属河南省政府。1932年在县城设河南省第八行政督察区，辖汝南、西平、遂平、上蔡、新蔡、正阳、确山7县。1933年，设区、联保和保，辖10个区、90个联保、1095保、11215甲。民国24年（1935），将10个区缩编为5个区，辖81个联保，901保。1940年，撤区、联保，恢复乡镇。设24个乡、5个镇。

1949年，汝南县解放，改属信阳专区。设10个区，辖38个乡。1950年2月，河南省政府批准建立汝南市，县置如故；11月，将原10个区调整为15个区。1951年4月，撤销汝南市，辖地归属汝南县。析汝南县东部8个区置平舆县，上蔡县的陈庄、唐桥、李庄、大冀、朱楼、大张6个乡划入汝南县，全县共有10个区，辖144个乡，1个城关镇。1953年6月，将张教庄乡的16个村和王楼乡的4个村划入确山县。1956年2月撤销区级建制，设24个中心乡，辖75个乡。1958年8月实行公社建制，设城关、王岗、水屯、三桥、红光、金铺、留盆、大王桥、官庄、光明、马乡、和孝12个人民公社。1961年9月实行区、公社制，将12个人民公社调整为8个区，下辖36个公社，1个城关镇。1962年7月，撤销区建制，设刘屯、留盆、金铺、王桥、水屯、老君庙、官庄、常兴、和孝、红光、三桥、王岗、马乡、城关镇14个公社（镇）。1969年属驻马店地区。1975年2月，将红光公社的板店、许屯、魏岭、东升、刘营、前进、杨洼、柴庄、仲庄、王庄10个大队划出，新建板店公社。将光明公社的韩庄、徐寨、翁屯、王竹园、和庄、王楼、陶庄桥、六里庄、林庄9个大队和水屯公社的肖屯大队划出，新建韩庄公社。1975年4月，将王岗公社的余店、大刘庄、徐庙、红旗、薛庄5个大队及马乡公社的李楼、潘庄、秧湖3个大队划出，新建余店公社。将和孝公社的大王庄、邓店、李楼、姜寨、东风5个大队和常兴公社的四新、前进、冯楼3个大队划出，新建大王庄公社。1977年2月，将金铺公社的河北、方桥、杨沟、邢桥、姚湾、庙东、守法李、王沟、张楼9个大队划出，增设张楼公社。留盆公社的小邱、金赵、老金、耿庄4个大队划归金铺公社。1977年7月，又将王岗公社的张岗、卢岗、夏湾、尹庄寨、孔寨、何岗、大胡7个大队划出，建张岗公社。将官庄公社的辛屯、王屯、余店、王庄、赖楼、焦庄、滕冢8个大队划出，建舍屯公社。至此，全县辖21个公社（镇），252个生产大队，3358个生产队。

1983年12月，公社改乡，设有20个乡和1个镇。原大队更名为村民委员会，生产队更名为村民小组。1987年始，先后有老君庙等10个乡撤乡建镇。2011年12月，水屯镇划归驻马店驿城区管辖。辖20个乡（镇），281个村（居）民委员会。2005年11月，撤张岗乡入王岗镇；撤舍屯乡入官庄乡；撤王庄乡入常兴乡。2009年6月，撤销汝宁镇、三门闸乡、三里店乡，设立汝宁、三门闸、古塔3个街道。2012年，撤销三桥乡和张楼乡，设立三桥镇和张楼镇。2014年，增设宿鸭湖街道。

【组织机构】

中共汝南县委

书　　记　吕　方（10月离）　彭宾昌（11月任）
副 书 记　刘军民
常　　委　吕　方（10月离）　彭宾昌（11月任）
　　　　　刘军民　刘翠萍　陈雁飞　李　峰
　　　　　李　涛　王志伟　李方杰　董新奇
　　　　　赖学争

汝南县第十三届人大常委会

主　　任　毛富国
副 主 任　赵奋发　刘　军　贺庆华　刘昌斌
　　　　　魏国民

汝南县人民政府

县　　长　刘军民
副 县 长　刘翠萍　冯　勇　韩国华　成文科
　　　　　冯　明

政协汝南县第十一届委员会

主　　席　刁建国（1月离）　陈雁飞（2月任）
副 主 席　刘景华　金中照（1月离）　李金山
　　　　　刘建华　魏　靖　赵银中（1月任）

汝南县人民法院

院　　长　宋琳明

汝南县人民检察院

检 察 长　田冬松

汝南县各乡镇、街道党委书记、乡镇长

汝宁街道

党工委书记　旦海涛

古塔街道

党工委书记　施惠杰
主　　任　倪红卫

三门闸街道

党工委书记　贺继超

板店乡

党委书记　李文学
乡　　长　张立祥

留盆镇

党委书记　严　冬
镇　　长　王中伟

金铺镇

党委书记　赵胜利
镇　　长　李迎彬

张楼镇

党委书记　熊　伟
镇　　长　张钊远

罗店镇

党委书记　马红敏
镇　　长　王　晔

老君庙镇

党委书记　韩宏伟
镇　　长　宋应选

汝南县图

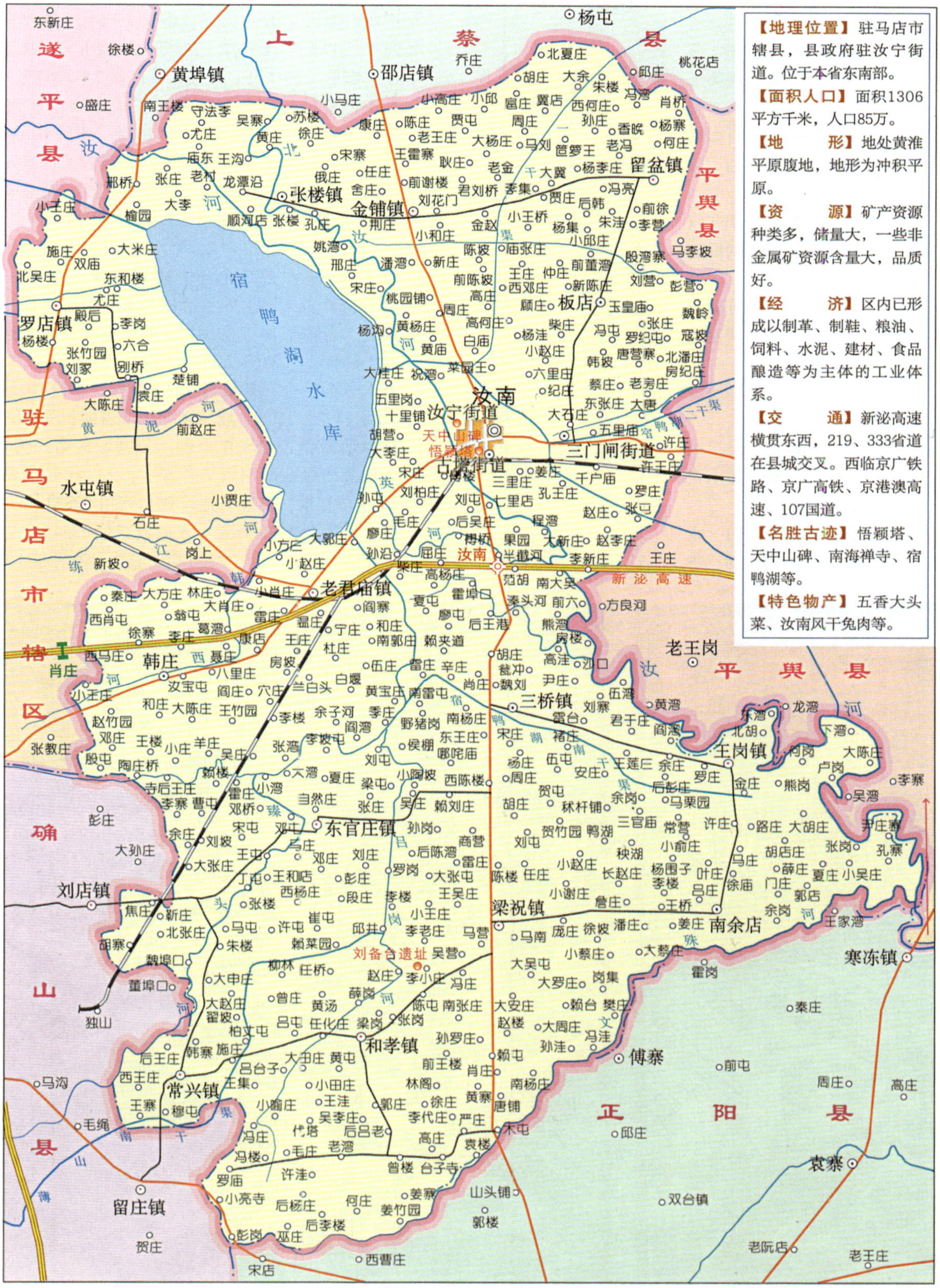

【地理位置】驻马店市辖县，县政府驻汝宁街道。位于本省东南部。

【面积人口】面积1306平方千米，人口85万。

【地　　形】地处黄淮平原腹地，地形为冲积平原。

【资　　源】矿产资源种类多，储量大，一些非金属矿资源含量大，品质好。

【经　　济】区内已形成以制革、制鞋、粮油、饲料、水泥、建材、食品酿造等为主体的工业体系。

【交　　通】新泌高速横贯东西，219、333省道在县城交叉。西临京广铁路、京广高铁、京港澳高速、107国道。

【名胜古迹】悟颖塔、天中山碑、南海禅寺、宿鸭湖等。

【特色物产】五香大头菜、汝南风干兔肉等。

（原载《中国分省系列地图册·河南》，河南省测绘地理信息局、河南省地图院编著，中国地图出版社出版）

韩庄镇
党委书记 胡世权
镇　　长 杨欲晓
东官庄镇
党委书记 赖　燕
镇　　长 赖英杰
常兴镇
党委书记 石如凯
镇　　长 刘　阳
和孝镇
党委书记 辛文献
镇　　长 刘红建
梁祝镇
党委书记 陈运华
镇　　长 邓建伟
三桥镇
党委书记 吕凌云
王岗镇
党委书记 马　威
镇　　长 霍永贵
南余店乡
党委书记 白　刚
乡　　长 刘　华

【年度概况】 2015 年，汝南县国民生产总值完成 1632351 万元，增长 8.3%，其中第一产业增加值 458839 万元，增长 4.5%；第二产业增加值 614114 万元，增长 9.5%；第三产业增加值 559298 万元，增长 9.9%。三次产业结构调整为 28.1 ：37.6 ：34.3，二、三产业比重较上年提高 2.2 个百分点。

农业 2015 年，全县粮食产量 774206 吨，增长 4.45%。其中，夏粮产量 527970 吨，增长 5.5%；秋粮产量 246236 吨，增长 2.27%。棉花产量 516 吨，下降 6.36%；油料产量 184752 吨，增长 11.07%。汝南县被农业部确定为“小麦高产创建示范县”“玉米高产创建示范县”“花生高产创建示范县”。全县土地流转面积 2.5 万公顷（37.5 万亩），占耕地面积的 27%，参与农户 2.9 万户。现有家庭农场 1934 家、种植大户 406 户、专业合作社 1667 家，累计注册 133.33 公顷（2000 亩）以上的示范社 8 家。农村扶贫开发工作整村推进。先后在 16 个贫困村实施扶贫开发，受益人员 4.73 万人，对 942 户 3163 人进行资金扶持，全年脱贫人员达 1.235 万人。全年全县共植树 322.4 万株，折合片林面积 1166.67 公顷（1.75 万亩）。建城区绿化覆盖面积为 492.42 公顷，园林绿地面积为 468.97 公顷，公园绿地面积为 158.39 公顷，人均公园绿地面积近 7 平方米 / 人。全年商品材原木产量 7600 立方米，实现林业产业总产值 23851 万元；林下经济总产值达到 1188 万元；人造板产量 73545 立方米；发展林下经济 146.67 公顷（2200 亩），其中林下种植 100 公顷（1500

亩）、林下养殖 46.67 公顷（700 亩）；种苗花卉产业完成育苗 13.33 公顷（其中新育 7 公顷），种植花卉 333.33 公顷（5000 亩）。全年有标准化畜禽养殖小区 165 个，规模养殖场 396 个，规模养殖户总数达到 5687 个；有畜牧专业合组织 74 个，带动农户 6207 户。全县规模饲养比重达到 80%，较 2014 年提高 2 个百分点。全年生猪存栏 89.3 万头，出栏 104.8 万头，比上年增长 0.3% 和 0.5%；牛存栏 9.24 万头，出栏 8.99 万头，比上年增长 2% 和 0.5%；羊存栏 65.4 万只，出栏 88.9 万只，比上年增长 0.3% 和 0.5%；家禽存栏 728.7 万只，出栏 785.2 万只，比上年增长 0.4% 和 0.1%。全县肉类总产量 86411 吨，下降 4.34%；禽蛋产量 23797 吨，下降 3.44%；奶类总产量 3175 吨，下降 27.36%。全县水产养殖面积达到 12333.33 公顷（18.5 万亩），水产品总量达到 3.73 万吨，渔业总产值达到 4.25 亿元，同比增长 1.2%。

农业机械化持续发展。年检年审拖拉机、联合收割机共 4178 台，办理驾照 850 本，办理新牌证 1814 个，免费发放跨区作业证近 6000 张。全年累计培训各类农机人员 4605 人，其中农机技术人员 430 人，农机手 4120 人。全县发展农机合作社累计 180 个，其中国家级示范社 2 个，省级示范社 1 个，市级示范社 15 个。全年农机购置补贴资金 2026 万元，补贴各类农机具 1902 台，受益农户 1187 户。汝南县被定为河南省农机职业技能培训基地，农业综合机械化率达 85.8%。

工业　2015 年，新开工及续建项目 41 个，合同总投资 237.52 亿元，实际利用省外资金 56.25 亿元。其中，新开工项目 15 个，合同总投资 106.04 亿元。产业集聚区列入省重点项目 1 个，为总投资 8 亿元的海翔模具。年产各类模具 50 万余套、各类塑料制品 500 万套项目，全年累计完成投资 7.88 亿元。列入市重点项目 17 个，合同总投资 85.45 亿元，累计完成投资 55.83 亿元。产业集聚区建成面积 8.93 平方千米，新增 0.06 平方千米。累计入驻企业 116 家，从业人员 2.2 万人。实现产值 173.49 亿元，同比增长 11.55%；实现增加值 37.16 亿元，同比增长 12.1%；完成固定资产投资 54.4 亿元，成功创建全省一星级产业集聚区。全年可实现产值 200 亿元，增加值 42.5 亿元，完成固定资产投资 62 亿元。

固定资产投资　2015 年，全社会固定资产投资 1294511 万元，比上年增长 16.7%。其中，固定资产投资（不含农产）1231006 万元，增长 18.6%；农户投资 63505 万元，下降 10.9%。在固定资产投资（不含农户）中，国有及国有控股投资 103863 万元，比上年下降 39.2%；民间投资 1126143 万元，增长 30.1%。第一产业投资 86384 万元，增长 153.5%；第二产业投资 665721 万元，增长 4.2%；第三产业投资 478901 万元，增长 41%。全年亿元及以上固定资产投资在建项目 38 个，完成投资 478901 万元，比上年增长 41%。新开工项目 109 个，完成 564167 万元，下降 217.4%。全年房地产开发投资 141940 万元，比上年增长 26%，其中住宅投资 106589 万元，增长 33%。房屋施工面

汝南县城鸟瞰。

2015年汝南县国民经济基本情况表

项目	单位	完成数	较上年增减%
国内生产总值	万元	1632251	8.3
工业增加值	万元	614114	9.5
农业总产值	万元	799648	4.6
粮食总产量	吨	774206	4.45
规模以上工业增加值	万元	522550	10.6
全社会固定资产投资总额	万元	1294511	16.7
农村居民人均可支配收入	元	9278.9	9.8
城镇居民人均可支配收入	元	19418.8	8.6
地方财政预算收入	万元	56025	12
地方财政预算支出	万元	292765	13
社会消费品零售总额	万元	662136	13.4
城乡居民年末存款余额	万元	1369623	14.4

说明：国内生产总值、各产业产值按现价计算，增长速度按可比价计算

积 118.6 万平方米，下降 17%，其中住宅 71 万平方米，下降 14.4%。房屋竣工面积 37.9 万平方米，增长 12.4%，其中住宅 27.2 万平方米，增长 54%；商品房销售面积 59.1 万平方米，下降 10%，其中住宅 43.2 万平方米，下降 0.4%。

国内贸易 2015 年，社会消费品零售总额 662136 万元，比上年增长 13.4%。分城乡看，县的消费品零售额 513117 万元，增长 13.4%；县及县以下消费品零售额 149019 万元，增长 13.4%。分行业看，批发零售贸易业完成零售额 562239 万元，增长 12.7%，住宿和餐饮业完成零售额 99897 万元，增长 17.1%。

财政、金融 2015 年，全县公共财政预算收入合计完成 56025 万元，比上年增长 12%。其中，增值税完成 3188.5 万元，增长 25.9%；企业所得税完成 3071.6 万元，增长 11.8%；个人所得税完成 410.9 万元，下降 1102%；营业税完成 12490.5 万元，增长 7.3%。公共财政预算支出完成 292765 万元，增长 13%。

年末，全县金融机构人民币各项存款余额 1637899 万元，较年初增长 9.3%，其中城乡居民储蓄存款余额 1369623 万元，较年初增长 14.4%。金融机构各项贷款余额 606329 万元，较年初增长 17.9%，其中短期贷款 215216 万元，增长 21.9%；中长期贷款 391105 万元，增长 63.9%。保险事业健康发展，全年人身险保费收入 9148 万元，人身险赔付 3240 万元；财产险保费收入 1920 万元，财产险赔付 661 万元。

交通、邮电、旅游 2015 年，全县公路通车里程 1534 千米，其中高速公路通车里程 25 千米。全县营运车辆拥有量为 12789 辆，其中营运货车 12480 辆，营运客车 309 辆（班车客运 219 辆，城区出租车 90 辆），客运班线 35 条。全年全县客运量 1898 万人，客运周转量 63060 万人千米，货运量 2129 万吨，货运周转量 344379 万吨千米。全县乡镇通班车率 100%，行政村通班车率 90%。辖区内货运企业 7 家，物流提货站 14 家。机动车维修企业 319 家，驾培学校 4 家，二级客运站 2 个，乡镇农村客运站 16 个。全年共安检客车 294 辆、货车 105 辆、教练车 56 辆，客车年审率 100%。

全年完成邮电业务总量 5434 万元，比上年增长 8.3%。包裹快递业务累计完成收入 56.85 万元。电子商务业务累计完成收入 375.63 万元。分销物流业务累计完成收入 85.5 万元。函件业务累计完成收入 113.32 万元。集邮业务累计完成收入 148.89 万元。发行业务累计完成收入 253.76 万元。零售业务累计完成收入 22.32 万元。本地移动电话用户 46.6 万户，新增 13.2 万户；互联网用户 4.6 万户，新增 1.2 万户。

全年接待游客 160 万次，实现旅游总收入 5600 万元，全县星级酒店 2 个，国际国内旅行社 3 家。农历二月十九举行南海禅寺古庙会和开光庆典等旅游节庆活动，增添文艺演出、书画笔会、商品物质交流等，吸引海内外数十万信众、游客和商客。

科技、教育 2015 年实施国家农业科技成果转化项目 1 项，省科技富民强县专项行动计划 1 项，市级重大科技项目 2 项，市级科技项目 6 项。先后争取省、市资助科技研究开发经费到账拨付 226 万元，实施县级科技项目 17 项，资助资金 40 万元。资助专利申请授权共 40 项，资助金额 6.7 万元。全年全县专利授权 35 件，其中发明专利 2 件。帮助各乡镇（街道）建立科技示范网络站点 108 个，促进农村科技示范网络的发展。整合科技培训资源，依托科技示范基地，组织专业技术人员举办技术讲座 20 余场，有 2100 多人聆听讲座，培养农民技术员 360 人，培育科技示范户 500 多户。组织人员先后到河南农大、河南农科院、驻马店市农科院等科研机构开展科技合作，引进推广小麦、玉米等粮食作物的配方施肥、精量播种、免耕早播、科学灌溉、适期收获、秸秆还田等农作物栽培技术 11 项、新品种 12 个，推广应用覆盖面达到 95% 以上。

全年创建省级示范性幼儿园 2 所，市级示范性幼儿园 8 所、市一级幼儿园 5 所、市二级幼儿园 10 所。全年投入资金约 9400 万元，用于改扩建城区学校、新建教师周转宿舍、学前教育推进工程项目、校安工程项目。2015 年，全县高考本科录取人数比上年增加 112 人，高分考生数量取得突破，其中一本比 2014 年增加 110 人，二本比 2014 年增加 118 人，理科 600 分以上考生达到 39 人。一批民办学校快速发展壮大。汝南县双语学校、清华园学校、职业教育中心，首批被认定为河南省优质民办教育资源学校。接收外来人员子女入学率 100%，其中公办学校接纳率达到 90% 以上。开展群众体育活动 8 次，参加人数近 2 万人。

广播电视、文化、卫生 全年共播发广播新闻稿件 2930 多条，电视新闻稿件 3560 余条。全年在省、市台发稿 660 多条。其中，省台发稿 20 多条，市广播电台发稿 180 余条，市电视台发稿 450 余条。有 8 篇作品分别获得驻马店市广播电视新闻作品二、三等奖，名列全市第三位；有 5 篇作品获得河南省广播电视新闻作品二、三等奖，名列全市第四位；在河南省电视专题片创作大赛中，汝南县参赛作品获得驻马店市唯一的一等奖；汝南县电视台拍摄制作的《天下之中——汝南》先后获得市政府新闻一等奖和省政府新闻三

等奖。城区数字电视用户发展到1.7万多户，城区数字电视入户率达到82%。全县17个乡镇中有12个乡镇开通了有线数字电视，用户达到4.5万户。

全年共创作作品27个，其中有大型现代喜剧《夕照凤鸣谷》,电影剧本《夕阳恋》,平安建设话剧小品《老爸不怕骗》《打气》和《刘老汉擒贼》，快板剧《俺爸俺妈爱吃鱼》，诗歌情景剧《永远的丰碑》和戏曲大剧本《阴阳之间》。业余作者创作戏曲历史剧《颜真卿》、河南坠子《陈毅探母》等19个作品。全年省、市、县“舞台艺术送农民”演出14场，送戏下乡100场。开展公益电影放映活动，281个行政村每村实现农村电影放映“一村一月一场”，全年免费放映电影3324场次。经文物局审批，准许对国保单位“悟颖塔”制作保护编制规划，现已进入招标程序。全县现有重点文物保护单位46处。有国家级非物质文化遗产2个，即梁祝传说和罗卷戏；省级非遗保护项目3个，即董永遇仙的传说、王桥农民画、麦草画；市级非遗保护项目3个，即范张鸡黍、民间面塑、九莲灯。

年末，全县卫生医疗机构25个，其中乡镇卫生院22个。全县卫生技术人员1787人，其中乡镇卫生院卫生技术人员1015人。2015年人均筹资水平470元，全县参合农民67.97万人，参合率95.88%。乡级定点医疗机构门诊直报全面展开，全县受益群众达227.97万人次，共总付补助款25328.41万元，基金支付率为82.1%。公共卫生服务项目及健康档案更加规范，2015年9月底，全县累计建档727980份，建档率98.56%。

人口、人民生活和社会保障　2015年年末，全县总人口85.42万人。常住人口65.41万人。出生人口9703人，出生率11.36‰；死亡人口5287人，死亡率6.19‰；全年净增人口4416人，自然增长率5.17‰。城镇化率34.13%，比上年提高1.65个百分点。

全年城镇居民人均可支配收入19418.8元，比上年增长8.6%；农民人均纯收入9278.9元，比上年增长9.8%。

年末，企业参加基本养老保险31491人，其中在职18325人，离退休13166人。参加基本医疗保险106538人，其中在职职工36188人，退休人员14973人。发放城镇居民最低生活保障4085.79万元，城镇居民得到政府最低生活保障的有17142人；发放农村最低生活保障金7307.48万元，农村享受最低保障人数为52106人。　（王怀若）

平舆县

【基本县情】平舆县位于驻马店市东部，东邻新蔡县、安徽省临泉县，西连汝南县，南接正阳县，北接上蔡县、项城市。总面积1282平方千米，耕地面积89333.33公顷（134万亩），年末总人口100.62万人。辖古槐、清河、东皇3个街道，杨埠、东和店、庙湾、射桥、西洋店、阳城、郭楼、李屯、万金店、高杨店、万冢11个镇，十字路、辛店、老王岗、双庙、玉皇庙5个乡，177个村民委员会、47个居民委员会。

古代因此处为太平车（称舆又称平舆）的发源地，县以此得名。夏、商为挚地。西周为沈国地。战国属楚，秦置平舆县(治今射桥镇古城村),属颍川郡。汉至晋均属汝南郡。南朝宋废平舆县。北魏太和二十一年（497）复置，属豫州汝南郡。北齐废。隋大业二年（606），复置平舆县，属蔡州。三年（607）属汝南郡;十三年（616）置舆州，辖平舆1县。唐贞观元年（627）废平舆县；天授二年（691）复置（治今平舆县城），属河南道豫州。五代属蔡州。北宋至元初均属蔡州。元至元七年（1270）废平舆县，入汝阳县。

1951年4月从汝南县析出一区（杨埠）、二区（史寨）、三区（后刘）、四区（李屯）、十一区（和店）、十二区（郭楼）、十三区（庙湾）、十四区（高楼）等8个区，164个乡，复置平舆县。10月，增设万冢区、射桥区。杨埠为一区，史寨为二区，后刘为三区，李屯为四区，和店为五区，庙湾为六区，平舆为七区，西洋店为八区，万冢为九区，射桥为十区。

1955年8月合区并乡，将全县10个区、145个乡、11个区辖镇合并为杨埠、庙湾、万金店、李屯、平舆、万冢、西洋店、后刘8个区，辖70个乡。1956年3月撤销区，建立万金店、射桥、和店、李屯、杨埠、郭楼、万冢、四门戴、玉皇庙、后岗、西洋店、三桥、邢寨、庙湾、蔡营、王岗、大麻、高杨店、梁桥、平舆、樊寨、洪山庙、刘寨23个中心乡，辖47个一般乡。1957年3月撤销中心乡和一般乡，全县划分为24个乡，即：和店、史寨、万冢、三桥、万金店、郭楼、张营、后岗、十字路、后刘、邢寨、梁桥、射桥、西洋店、王岗、龙王庙、四门戴、庙湾、杨埠、李屯、高杨店、平舆、玉皇庙、辛店。1958年5月将24个乡合并为姬庄、平舆、万冢、张营、射桥、庙湾、十字路、两路口、高平寺、王岗、西洋店、史寨、梁桥、龙王庙14个乡；7月又把14个乡并为平舆、万金店、西洋店、李屯、万冢、射桥、杨埠、庙湾8个乡；8月将全县360个高级农业生产合作社合并成立平舆、万金店、西洋店、李屯、万冢、射桥、杨埠、庙湾8个人民公社，辖288个大队、2190个生产队。1962年3月，增设后刘、和店2个人民公社。7月撤销平舆人民公社，增设城关、大王寨、辛店、郭楼、高杨店等5个人民公社。全县共辖有14个人民公社，364个大队、3258个生产队。1963年2月，将大王寨人民公社改为平舆人民公社，城关人民公社改为城关镇。1977年6月，增设十字路、双庙、王岗、红旗4个人民公社，全县共有17个人民公社，1个镇，231个大队。1981年11月，和店人民公社更名为东和店人民公社，红旗人民公社更名为玉皇庙人民公社，王岗人民公社更名为老王岗人民公社。1984年1月，18个人民公社管委会改为18个乡（镇）人民政府。1987年10月，城关镇更名为古槐镇，平舆乡更名为东皇庙乡。1988年，全县共有17个乡、1个镇、254个村民委员会。1993年11月，东和店乡和杨埠乡撤乡建镇；1995年11月，庙湾乡撤乡建镇；1997年12月，射桥乡撤乡建镇；1999年12月，西洋店乡撤乡建镇。至2000年年底，全县共有12个乡、6个镇、253个村民委员会、23个居民委员会。

2004年，将全县268个村民委员会调整为220个村民委员会。2007 年 4 月，撤销古槐镇，成立古槐、清河 2 个街道；10 月，后刘乡、郭楼乡分别撤乡建镇，后刘乡更名阳城镇；10 月，撤销东皇庙乡，建东皇街道。2008 年 7 月，万金店乡、李屯乡撤乡建镇。

【组织机构】

中共平舆县委

书　　记　王兆军（9 月离）张怀德（12 月任）
副 书 记　张怀德（12 月离）
常　　委　王兆军（9 月离）张怀德　朱雪河　刘军安　王启现　张　新（女）　张振伟　赵向阳　王新科　石玉兴　刘　辉　魏国强

平舆县第十三届人大常委会

主　　任　周晓华
副 主 任　彭洪黎　程　彦（女）　商根喜　王洪博　鲍怀亮

平舆县人民政府

县　　长　张怀德
副 县 长　王启现　朱东升　杨　荔　韩崇江　刘银业　马　林

政协平舆县第八届委员会

主　　席　禹卫东
副 主 席　胡　炜　李献国　吴玉峰　黄冰燃

平舆县人民法院

院　　长　张元真

平舆县人民检察院

检 察 长　魏道军

平舆县各街道、乡镇党委书记、乡镇长

古槐街道

党工委书记　代向阳（1 月离）朱瑞霞（1 月任）
主　　任　邢　超

清河街道

党工委书记　夏洪亮（1 月离）代向阳（1 月任）
主　　任　郭全安（1 月离）王耀山（1 月任）

东皇街道

党工委书记　丁庆红
主　　任　赵　静

十字路乡

党委书记　年明丽
乡　　长　韩庆华

射桥镇

党委书记　褚占峰
镇　　长　刘　震

庙湾镇

党委书记　贾苏胤
镇　　长　周　倜

玉皇庙乡

党委书记　朱瑞霞（1 月离）李松勇（1 月任）
乡　　长　张　健

阳城镇

党委书记　吴　志
镇　　长　付　地（1 月离）郭全安（1 月任）

高杨店镇

党委书记　赵　华
镇　　长　王洪亮

万冢镇

党委书记　韩建民
镇　　长　辛长松

杨埠镇

党委书记　林春祥
镇　　长　郑华伟

东和店镇

党委书记　马全丽
镇　　长　王　明

郭楼镇

党委书记　田建中
镇　　长　孙留喜

万金店镇

党委书记　李慧阳
镇　　长　温留闯

李屯镇

党委书记　王国伟
镇　　长　王洪涛

西洋店镇

党委书记　周俊峰
镇　　长　吴红运

双庙乡

党委书记　李松勇（1 月离）付　地（1 月任）
乡　　长　王俊峰

辛店乡

党委书记　姚保平
乡　　长　程　鹏

老王岗乡

党委书记　王洪斌
乡　　长　李　辉

【年度概况】2015 年，全县生产总值 1757988 万元，按可比价格计算较上年增长 8.9%。其中，一、二、三产业增加值分别完成 377442 万元、756597 万元和 623950 万元，增长 4.7%、8.6% 和 12.1%。三大产业结构为 21.5 ∶ 43 ∶ 35.5。全社会能耗增长 5.8%，单位 GDP 能耗降低 2.8%。居民消费价格指数（CPI）较上年上涨 0.4%。

农业　2015 年，全县粮食种植面积 123133.33 公顷（184.7 万亩），较上年增长 1.54%，其中小麦种植面积 70333.33 公顷（105.5 万亩），增长 0.7%。棉花种植面积 246.67 公顷（0.37 万亩），与上年基本持平；油料作物种植面积 26133.33 公顷（39.2 万亩），下降 0.95%；蔬菜种植面积 16866.67 公顷（25.3 万亩），与上年基本持平。全年粮食总产量 795128 吨，较上年增长 4.79%。其中，夏粮总产量 516609 吨，增长 5.22%；

平舆县图

【地理位置】驻马店市辖县，县政府驻清河街道。位于本省东南部。
【面积人口】面积1285平方千米，人口99万。
【地　　形】地处淮北平原，地势平坦，西北略高于东南。
【资　　源】县城25平方千米以内的深层地下水为“锶和偏硅酸复合型优质饮用天然矿泉水”。
【经　　济】区内已初步形成以建筑、建材、机械、化工、皮革、造纸、粮油加工、酿酒、手工艺品加工等八大支柱产业。
【交　　通】有南北向的大广高速，东西向的新泌高速，106国道穿境而过，多条省道在县城交会。
【名胜古迹】沈国故城、葛坡故城等。
【特色物产】芝麻、小磨香油、黄牛皮、山羊皮等。

（原载《中国分省系列地图册·河南》，河南省测绘地理信息局、河南省地图院编著，中国地图出版社出版）

秋粮总产量278519吨，增长4.01%。油料总产量61086吨，下降0.72%；棉花总产量238吨，与上年持平。蔬菜总产量691654吨，增长1.19%。全年肉类总产量77896吨，较上年下降5.23%。其中，猪肉产量59772吨，下降5.3%；牛肉产量6210吨，下降10.2%；羊肉产量3054吨，增长0.2%；禽肉产量7383吨，增长5%。生猪年末存栏515509头，下降7.22%；生猪出栏781599头，下降5.32%。牛出栏41398头，下降9.87%；羊出栏248293只，增长0.2%；家禽出栏6249075只，增长5.01%。禽蛋产量24819吨，增长3.45%。蜂蜜产量212吨，下降56.6%。

2015年，新增有效灌溉面积8940公顷（13.41万亩），年末全县有效灌溉面积6.84万公顷（102.6万亩）；除涝面积新增4800公顷（7.2万亩），年末达到4.13万公顷（61.95万亩）。新增机电井2682眼，年末达到16435眼。节水灌溉面积新增5950公顷（8.925万亩），年末达到8060公顷（12.09万亩）。农业机械总动力170万千瓦，较上年增长1.37%。农用大中型拖拉机1.67万台，增长1.2%。稻麦收割机1834台，玉米联合收割机1413台，小型拖拉机64910台。

工业、建筑业 2015年，全县完成工业总产值4023984万元，较上年增长20.2%。全年完成工业增加值756597万元，较上年增长8.6%。其中，规模以上工业企业完成工业总产值3576582万元，较上年增长13.2%，全年完成工业增加值688653万元，较上年增长9.1%。在规模以上工业中，产业集聚区完成工业总产值3218125万元，同比增长12%，产业集聚区完成工业增加值625335万元，同比增长9.9%。规模以上工业企业产销率100%。规模以下工业企业完成工业总产值447402万元，较上年增长6.3%，规模以下工业企业增加值67944万元，较上年增长6%。在规模以上工业中，国有工业完成增加值2933万元，增长7.8%；非公有制完成增加值685720万元，增长25.1%。28家中型企业完成增加值267107万元，较上年增长8.1%。高技术产业完成增加值98288万元，下降12.3%。全县规模以上工业实现主营业务收入3443741万元，较上年增长18.4%。其中，产业集聚区主营业务收入3145247万元，增长17.1%。规模以上工业实现利润总额333217万元，较上年增长17.3%。全年工业用电量17281万千瓦时，同比增长9.33%。

2015年，全社会建筑业总产值429114万元，较上年增长15.1%；实现增加值138200万元，较上年增长9.6%。

固定资产投资 2015年，全社会固定资产投资完成1416278万元。其中，固定资产投资完成1351171万元，较上年增长19.5%。在固定资产投资中产业集聚区完成投资876695万元，同比增长2.1%，占全县投资额的64.9%；商务中心区完成投资139142万元，占全县投资额的10.3%。农户投资完成65107万元。在固定资产投资中，国有投资159076万元，较上年增长210.8%；民间投资1192095万元，较上年增长10.5%。按产业分，第一产业投资9190万元；第二产业投资813190万元；第三产业投资534791万元。全年房地产业开发投资142532万元，较上年增长26.6%，其中商品住宅投资133441万元，同比增长36.8%；商业营业用房投资9059万元，同比下降9%。全年完成商品房销售

平舆县城一角。

2015年平舆县国民经济基本情况表

项目	单位	完成数	较上年增长（%）
生产总值	万元	1757988	8.9
工业增加值	万元	756597	8.6
规模以上工业增加值	万元	688653	9.1
粮食总产量	吨	795128	4.8
全社会固定资产投资	万元	1351171	19.5
农村居民人均可支配收入	元	9233	10.5
城镇居民人均可支配收入	元	21495.8	9.9
地方公共财政一般预算收入	万元	65663	12
地方公共财政一般预算支出	万元	334847	13.6
社会消费品零售总额	万元	724916	13.4
金融机构人民币各项存款余额	万元	1996984	12

说明：国内生产总值、各产业产值按现价计算，增长速度按可比价计算

面积852271平方米，同比下降9.6%。

社会贸易　2015年，全县社会消费品零售总额完成724916万元，较上年增长13.4%。按经营地统计，县的消费品零售额579847万元，增长11.56%；县以下的消费品零售额145069万元，增长11.64%。分行业看，批发零售贸易业零售额570424万元，增长12.1%；住宿和餐饮业零售额154492万元，增长9.5%。限额以上批发零售贸易业实现零售额302443万元，增长14.3%。全年外贸出口总额1304万美元，较上年增加378万美元。

交通、邮电和旅游业　2015年，交通运输、仓储及邮政电信业实现增加值44872万元，较上年增长4.5%。全年完成货物周转量74.4亿吨千米，较上年增长14%；货运量0.3亿吨，较上年增长2%；客运周转量6.71亿人千米，较上年增长5.1%；客运量0.155亿人次，较上年下降1.1%。全年完成邮电业务总量35163万元，较上年增长4%。其中，电信业务总量27388万元，增长2.6%；邮政业务总量7775万元，增长9.4%。局用电话交换机总容量4.8万门，呈下降趋势。年末本地固定电话用户15919户，较上年下降20.5%。其中，县城固定电话用户9594户，下降14%；农村固定电话用户6325户，下降28.7%。移动电话用户44.11万户，较上年同期增长1.8%。互联网用户4.08万户，较上年增加7652户，增长23.6%。

2015年全年接待国内外游客56万人次，旅游总收入20万元。全县共有AAA级旅游景区1处，星级酒店3家。

财政、金融　2015年，全县财政总收入83571万元，较上年增长9%。其中，公共财政预算收入65663万元，增长12%。全年税收收入43651万元，增长4%。各税种完成情况：增值税5201万元，下降3.9%；营业税17595万元，增长4.3%；企业所得税3370万元，增长32.7%；个人所得税420万元，城市维护建设税1226万元，房产税409万元，城镇土地使用税3126万元，土地增值税1013万元，车船税1229万元，耕地占用税7522万元，契税2362万元。非税收入22012万元，增长32.4%。全年地方公共财政一般预算支出334847万元，较上年增长13.6%。其中，一般公共服务支出44978万元，下降23.7%；公共安全支出9418万元，增长38.8%；教育支出69572万元，增长2.4%；文化体育与传媒支出1561万元，增长5.6%；社会保障和就业支出60628万元，增长20.8%；医疗卫生和计划生育支出52446万元，增长14.6%；城乡社区事务支出10567万元，增长661.9%；农林水务支出45156万元，增长25.4%；交通运输支出11414万元，增长198.7%；商业服务业等事务支出1275万元，增长158.6%；国土资源气象等事务支出821万元，住房保障支出15270万元。

年末，金融机构人民币各项存款余额1996984万元，较上年末增长12%。其中，住户储蓄存款余额1584680万元，较上年末增长14.9%。人民币各项贷款余额606909万元，较上年末增长26%。2015年保费收入13517万元，较上年增长16%。其中，人寿保险保费收入11107万元，财产保险保费收入2410万元。全年赔款及给付3138.9万元，较上年下降6.9%。其中，人寿保险赔付2820万元，财产保险赔付318.9万元。

教育、科技　2015年年末，全县共有普通高中4所（2所完全中学，2所高级中学），招生5640人，在校生18923人，毕业生7146人。普通初中34所（26所初级中学，6所九年一贯制学校，2所完全中学），招生10125人，在校学生33128人，毕业生12097人。小学299所（175所成建制小学，124所小学教学点），招生15933人，在校学生76820人，毕业生10647人。特殊教育学校1所，招生50人，在校学生115人，毕业18人。成人中等专业学校1所，招生602人，在校学生1880人，毕业生456人。（独立）幼儿园36所，在校幼儿10637人。小学附设幼儿园在园12193人，入园10159人，离园13310人。全县“两免一补”安排资金12225.4万元，其中免学费9586.4万元、免教科书费1286万元，一补资金1532万元。

2015年，全县共获得市级以上科技成果奖1项，专利申请109项，发明专利28件，授权专利89件。全年技术合同认定10项，成交金额2090万元。全县拥有科研与技术开发机构8个。全县拥有产品质量监督检验机构2个，专业人员45人。全年对30家企业进行定期监督检查，抽查商品30批次。

文化、卫生　年末，全县有艺术表演团体10个，文化馆、公共图书馆各1个，电视发射台和转播台各1座，广播电台1座，广播电视人口覆盖率100%。全县有公园7个。

年末，全县共有卫生机构31个，其中医院3个，卫生院19个，妇幼保健院1个，卫生防疫机构1个，卫校1个，卫生监督所1个，“120”急救中心1个，农合办1个，平舆县基本医疗卫生机构财务管理中心1个，计划生育技术指导站1个。全县共有病床床位3087张，千人口拥有病床数4张。卫生技术人员2718人，其中执业医师（含助理执业医师）1130人，千人口执业医师1.12人，千人口注册护士数1.25人。

环境保护　2015年，全县有环境监测站19个，专业监

测人员46人。污水处理厂4个，人员95人。主要污染物化学需氧量（COD）排放量14862.3吨（包括农业污染排放量11633.5吨），二氧化硫（SO_2）排放量1938.1吨，氨氮（NH3-N）排放量1520.1吨，氮氧化物（NOX）排放量1031.6吨。PM10为0.077。全县全年共发生各类生产安全伤亡事故0起，死亡0人。全县亿元GDP生产安全事故死亡人数为0人。

人口、人民生活和社会保障 2015年年末，全县总人口100.62万人，常住人口71.73万人。人口出生率11.4‰，人口死亡率6.21‰，自然增长率5.19‰。城镇化率达到36.74%。

全年全县居民人均可支配收入13278.6元，增长11.7%。其中，农村居民人均可支配收入9233元，较上年增长10.5%；农村居民人均生活消费支出6839.4元，较上年增长8.3%。城镇居民人均可支配收入21495.8元，较上年增长9.9%；城镇居民人均消费支出15525元，较上年增长6.3%。居民居住条件进一步改善，耐用消费品拥有量继续提高。

2015年，全县发放城镇居民最低生活保障金4403.2万元，较上年提高8.1%，享受最低生活保障15695人。全年发放农村最低生活保障金5400.9万元，比上年提高14.4万元，享受最低生活保障人数40187人。年末全县城镇参加基本养老保险36791人。参加城镇医疗保险人员127645人。参加失业保险人员32881人。年末，参加城乡居民社会养老保险549109人，其中60岁以上待遇享受人员166154人，16岁～59岁参保人员382955人。发放养老保险金12096.72万元。全县各类社会敬老院（福利院）30个，床位数2375张。其中，公办敬老院20家，床位1499张；社会办敬老院10家，床位876张。集中供养5113人，全年发放金额388.9万元。分散供养23642人，全年发放金额1326.4万元。（苏会强　秦继东）

正阳县

【基本县情】 正阳县位于驻马店市东南部，淮河北岸，东与新蔡、息县接壤，西与确山县毗邻，北靠汝南、平舆，南与罗山、信阳隔淮河相望。总面积1903平方千米，其中耕地面积14万公顷（210万亩），总人口86万人。辖真阳、汝南埠、寒冻、铜钟、陡沟、熊寨、大林、永兴8个镇和慎水、付寨、袁寨、新阮店、油坊店、雷寨、王勿桥、闾河、皮店、彭桥、兰青11个乡。全县有282个行政村和13个居民委员会，3670个自然村。

清雍正元年（1723）为避雍正皇帝胤禛名讳，改"真阳"为"正阳"。

夏代为慎国地，属豫州。商为挚国地。周初，南部属江国，北部属沈国，中部为慎国。春秋属蔡国。后复为慎国。战国属楚。秦王政二十四年（前223），属秦国。秦始皇帝，二十六年（前221）属颍川郡。西汉初，置慎阳国。汉元狩五年（前118）废慎阳国，置慎阳县，因在慎水之北得名。治今真阳镇。魏、晋仍之。南朝宋改名真阳县。北朝东魏真阳县改属宜阳郡。北朝北齐并入保城县。隋开皇元年（581）撤保城县。十六年（596）设真邱县。唐延载元年（694）改为淮阳县。神龙元年（705），复名真阳县，属蔡州。宋、金因之。元朝真阳县又改属息州，后属汝宁府。明洪武四年（1371）撤真阳县入汝阳县；景泰四年（1453）置真阳镇，设巡检司。正德元年（1506）真阳镇升为真阳县，属汝宁府。清雍正元年（1723）为避雍正皇帝胤禛讳，改县名为正阳县，属汝宁府。

1914年8月，属河南汝阳道。1921年，县境划分为5个区。第一区，简称中区，治所设在县城；第二区，简称东区，治所设在王勿桥；第三区，简称南区，治所设在铜钟；第四区，简称西区，治所设在增益店今（熊寨镇）。第五区，简称北区，治所设在寒冻。分别辖154个街村。后又改街村为乡镇。1927年，直属河南省人民政府。1932年，属河南省第八行政督察区。1949年，改属信阳专区。全县划分为城关镇和寒冻、汝南埠、铜钟、陡沟、熊寨、王牌寺6个区，下辖174个乡。1956年，调整合并为23个中心乡（镇），即：城关镇、山头铺、王牌寺、陈寨、油坊店、闾河店、岳城、寺王店、王勿桥、西严店、新丰集、永兴铺、漫塘铺、姚楼、老店、康店、孟庄、胡冲店、王店、徐庄、袁寨、梁庙、熊寨。1958年，中心乡（镇）又合并为9个乡，即：城关乡、铜钟乡、熊寨乡、陡沟乡、汝南埠乡、王勿桥乡、闾河乡、寒冻乡、袁寨乡；8月，全县9个乡改为9个人民公社，即：红旗（城郊）、上游（汝南埠）、五星（袁寨）、东风（铜钟）、先进（寒冻）、红星（王勿桥）、团结（闾河）、钢铁（陡沟）、工农（熊寨）。1961年，9个人民公社改为9个区（镇），辖40个小公社，372个生产大队。1962年，撤销区和小公社，并为城郊、袁寨、寒冻、汝南埠、王勿桥、闾河、铜钟、陡沟、熊寨9个公社和1个城关镇。1965年，属驻马店专区。1966年，增设大林、皮店、兰青、雷寨、油坊店5个公社。1975年，增设西严店、永兴、岳城、新阮店、付寨5个公社。1977年，增设彭桥、梁庙2个公社，全县共有22个公社（镇）。

1983年，全县22个公社（镇）改建为22个乡（镇）。1987年10月，城关镇改名真阳镇，城郊乡改名慎水乡。1988年10月，汝南埠、铜钟、寒冻、陡沟4乡撤乡建镇。1996年4月，熊寨乡撤乡建镇。2005年11月，撤岳城乡入汝南埠镇，撤梁庙乡入真阳镇；撤西严店乡入雷寨乡。2007年9月，大林乡撤乡建镇；2009年11月，永兴乡撤乡建镇。

【组织机构】

中共正阳县委

书　　记　刘艳丽（女）
副 书 记　毕启民
常　　委　刘艳丽（女）　毕启民　李贵喜
　　　　　邵奉公　陶玉强　李迎春
　　　　　王静娴（女）　马桂荣（女）　梁　军

正阳县第十三届人大常委会

主　　任　李保国
副 主 任　王春山　张太祥　王建军
　　　　　李　峰（女）

正阳县图

【地理位置】驻马店市辖县，县政府驻真阳镇。位于本省东南部。

【面积人口】面积1904平方千米，人口82万。

【地　　形】平原地区，西部有缓坡、低岗，其余为淮河冲积湖平原。地势西北高，东南低。

【经　　济】区内已形成以建材、农副产品加工、皮革加工、造纸、化工、机械等六大支柱产业为主的工业生产体系。

【交　　通】大广高速穿过境西部，有多条省道在县城交会。

【名胜古迹】黄叔度墓、王家家遗址等。

【特色物产】生姜、大蒜等。

（原载《中国分省系列地图册·河南》，河南省测绘地理信息局、河南省地图院编著，中国地图出版社出版）

正阳县人民政府

县　　长　毕启民
副 县 长　陈玉杰　刘一修　李中原
　　　　　田　野　陈　剑　刘晓军　胡敬忠

政协正阳县第八届委员会

主　　席　冀富银
副 主 席　王思宝　张汉收　王　莉（女）
　　　　　黄翠萍（女）

正阳县人民法院

院　　长　姚　强

正阳县人民检察院

检 察 长　刘　冰（女）

正阳县各街道、乡镇党委书记、乡镇长

真阳镇

党委书记　周宏伟
镇　　长　刘　飞

慎水乡

党委书记　刘勇军
乡　　长　袁　强（3月离）　彭　超（女，4月任）

付寨乡

党委书记　左艳荣（女，3月离）　杨文中（3月任）
乡　　长　杨文中（3月离）　吴新华（4月任）

寒冻镇

党委书记　张宏伟（3月离）　殷　亮（3月任）
镇　　长　殷　亮（3月离）　李学宝（4月任）

袁寨乡

党委书记　吴　娟（女）
乡　　长　翁玉杰（3月离）　杨　浩（4月任）

新阮店乡

党委书记　鲁　民（3月离）　王静娴（女，兼）
乡　　长　秦海林

油坊店乡

党委书记　戴卫国
乡　　长　廖　峰（3月离）　王慧峰（4月任）

汝南埠镇

党委书记　冯建民
镇　　长　王小兴（3月离）　管　霞（女，4月任）

雷寨乡

党委书记　邹东升（3月离）　袁　强（3月任）
乡　　长　尹启明（12月任）

王勿桥乡

党委书记　姚青勋（3月离）　吴春华（3月任）
乡　　长　郑新全（3月离）　黄　森（4月任）

永兴镇

党委书记　李东升
镇　　长　吴春华（3月离）　梅一禾（4月任）

闾河乡

党委书记　刘凤民（3月离）　孙道怀（3月任）
乡　　长　孙道怀（3月离）　汤广勇（4月任）

铜钟镇

党委书记　闫滋煌（回族，3月离）
　　　　　翁玉杰（3月任）
镇　　长　朱建磊（3月离）　钟祖利（4月任）

大林镇

党委书记　吴群生
镇　　长　周　勇

皮店乡

党委书记　雷　耕
乡　　长　郭卫东

兰青乡

党委书记　张　雁（3月离）　王小兴（3月任）
乡　　长　郑　永

熊寨镇

党委书记　冯新民（3月离）　陈俊章（3月任）
镇　　长　陈俊章（3月离）　潘正文（4月任）

彭桥乡

党委书记　夏广德（3月离）　刘媛玲（女，3月任）
乡　　长　刘媛玲（女，3月离）　邓彦雷（4月任）

陡沟镇

党委书记　李　俞
镇　　长　侯晓云（3月离）　刘金辉（4月任）

【年度概况】 2015年，全县生产总值1459236万元，比上年增长8.7%，位居全市第五位。其中，第一产业增加值498807万元，增长4.1%；第二产业增加值404619万元，增长9.0%；第三产业增加值555810万元；增长12.7%。一、二、三产业结构比为34.1 ∶ 27.7 ∶ 38.2，二、三产业的比重为65.9%。

农业 2015年，全县粮食作物种植面积144746.67公顷（217.12万亩），比上年增长2.8%。其中，夏粮种植面积105120公顷（157.68万亩），比上年增长0.75%；秋粮种植面积39620公顷（59.43万亩），比上年增长0.2%。油料种植面积87760公顷（131.64万亩），比上年增长2.68%。其中，花生种植面积84906.67公顷（127.36万亩），比上年增长3.1%。全年粮食总产量86.4万吨，比上年增长4.8%，粮食生产实现“十二连增”。其中，夏粮65.55万吨，比上年增长5.2%；秋粮20.82万吨，比上年增长3.7%。油料总产量38.1万吨，比上年增长3.9%，其中花生总产量37.4万吨，比上年增长4.2%。继续保持“全国粮食生产先进县”“全国油料生产百强冠军县”和“全国花生种植第一大县”荣誉称号。生猪存出栏211万头，比上年下降5.1%，规模化养殖比重达到90%以上；猪肉总产量88967吨，比上年减少6.3%。花生、三黄鸡被列入《中国地理标志大典》，王勿桥醋业有限公司获得2015年度“市长质量奖”。加大涉农资金整合力度，全年建设高标准粮田6533.33公顷（9.8万亩）。积极推进农业产业化集群培育工程，培育发展家庭农场、农民专业合作社2673家，流转土地26666.67公顷（40万亩）。完成了第一批农村土地承包经营权颁证工作。实现1.1万人脱贫，扶贫开发示范村建设工作位居全市第三位。以改善农村人居环境为载体，加大农村环境卫生整治，取得明显成效，受到省、市政府表彰，荣获“全省改善农村人居环境工作先进县”称号。

工业、建筑业 全年实现工业增加值33.95亿元，比上年增长8.9%。其中，规模以上工业实现增加值31.8亿元，比上年增长9.7%；规模以下及个体工业实现增加值2.15亿元（剔除本年升规模以上企业基数），比上年增长6.2%。2015年，实施市属重点项目8个，完成投资14.1亿元；新开工4批亿元以上项目17个，总投资77.1亿元，累计完成投资24.6亿元。争取政策性项目58个，总投资9.9亿元，争取政策性资金7.4亿元。开放招商成果丰硕。围绕培育壮大食品、装备制造业两大主导产业，开展“迎盛会、大招商”活动，先后成功举办了正阳（义乌）、正阳（广州）优势产业招商推介会。全年新签约亿元以上项目15个，合同总投资120.6亿元；实际利用境外资金2500万美元，超额完成年初市下达的目标任务。维维华中物流园、三优粮油、古汉井醋、台湾巴布豆卫生用品、牧原食品、消失模铸件暨阀门生产等一批重大项目相继落地并开工建设，圣诞产品产业园、中科能物联网中央空调、河南正花有机食品产业园、太极文化产业园、陶瓷产业园等项目顺利签约。正阳县被评为全市“开放招商先进县”。

全年实现建筑业增加值65095万元，比上年增长9.7%。全年累计上报各类建设用地286.67公顷（4300亩），批复246.67公顷（3700亩）；实现异地补充耕地、代保基本农田费用4亿多元。

固定资产投资 2015年，完成全社会固定资产投资117亿元，比上年增长14.7%。其中，固定资产投资112亿元，比上年增长18.5%。产业集聚区固定资产投资增长64.8%，规模以上工业主营业务收入增长60%，均排名全省第一位。出口创汇269万美元，增幅达到241%，位居全市第一位。全年房地产开发投资12.3亿元，比上年增长32.1%。商品房销售面积61.85万平方米，同比增长20%。商品房销售额25.9亿元，同比增长55%。

国内贸易 2015年，全社会消费品零售总额55.9亿元，比上年增长13.4%，位居全市第二位。分行业看，批发业销售额21.28亿元，比上年增长12%；零售业销售额62亿元，比上年增长15%；住宿业营业额8836万元，比上年增长13%；餐饮业销售额75442万元，比上年增长15.8%。

交通、邮政 2015年，全县公路全年各种运输方式完成货物周转量505837万吨千米，货运量755万吨。旅客周转量319221万人千米，客运量684万人次。客货运周转率同比增长9%。棠西线、永定线等3条干线公路的升级改造初步完成，已具备通行条件。新建农村公路126千米。在市政府开展的农村道路畅通工程评比活动中，正阳县综合评分位居全市第二位，受到市政府通报表彰，获得市财政奖补资金401.5万元。息邢高速公路项目得到批复。

全年完成邮政业务总量3659.8万元，比上年增长2.6%。移动电话用户39万户，增加3.2万户，增长9.5%。固定电话2.1万户，比上年减少8.6%。

2015年9月18日，正阳县大林乡漫塘村朱喜文家的水稻开始收割。正阳县南部5乡镇种植水稻30万亩。

杨军民　高万宝　摄

2015年正阳县国民经济基本情况表

项目	单位	完成数	较上年增长%
生产总值	万元	1459236	8.7
工业增加值	万元	339524	8.9
规模以上工业增加值	万元	318000	9.7
粮食总产量	吨	864000	4.8
全社会固定资产投资总额	万元	1170000	14.7
农民人均纯收入	元	8957	10.1
城镇居民人均可支配收入	元	19116	8.6
地方财政一般预算收入	万元	48400	20.9
地方财政一般预算支出	万元	336700	9.3
社会消费品零售总额	万元	559000	13.4
城乡居民年末存款余额	万元	1356000	14.6

说明：国内生产总值、各产业产值按现价计算，增长速度按可比价计算

财政、金融　2015年，完成地方财政一般预算收入4.84亿元，比上年增长20.9%，增幅位居全市第一位。其中，税收收入2.85亿元，同比增长12%，税收占地方财政一般预算收入的比重为58.9%。地方财政一般预算支出33.67亿元，同比增长9.3%。2015年县财政用于民生支出24.1亿元，占公共财政预算支出的72.9%。

年末，全县金融机构各项人民币存款余额173亿元，比上年增长14.6%。其中，个人存款余额135.6亿元，比上年增长18%。各项贷款余额69.7亿元，比上年增长11.8%。全县首家村镇银行——玉川村镇银行开业运营，农商银行启动了上市程序。

教育、文化、卫生　全县共有各级各类学校558所（含幼儿园），其中普通高中4所（含民办高中部1所），职业中专1所，初中29所（含民办学校3所），小学277所（含民办4所），特殊教育学校1所，幼儿园248所（含民办幼儿园79所）。全县在校学生15万人，其中学前幼儿2.8万人，小学生8.6万人，初中生2.4万人，高中生1.3万人，职业学校学生3500人，特教生54人。全县共有在职教职工7400人。中小学教师学历合格率均达100%。2015年全县普通高中报考4532人（不含体育艺术类考生），其中重点进线449人，进线率10%；进入二本线人数1519人，进线率33.6%；三本进线2693人，过线率达59.4%。过重点线考生比上年增19人，过600分以上50人。

全县共有艺术表演团体38个，文化馆1个，文化站17个，公共图书馆1个，电视台1个，调频广播电台1个，有线电视台1个。全县拥有数字电视用户13.5万户，广播电视覆盖率100%。

全县共有卫生机构30个，医院27个。其中，县医院2个，中医院1个，妇幼保健医院1个，乡（镇）卫生院21个。全县共有病床1869张，卫生技术人员2135人，执业医师（含助理）769人。全县新型农村合作医疗参合人员共710778人，参合率达98.72%，位居全省前列。全年共补偿参合患者1812221人次，补偿医疗费用29484.94万元。其中，门诊补偿1765867人次，补偿医疗费用7740.42万元；住院补偿96354人次，补偿医疗费21744.52万元。

人口、人民生活和社会保障　2015年年末，户籍人口86万人。城乡居民收入增加，全年城镇居民人均可支配收入19116元，比上年增长8.6%，扣除物价影响实际增长6.3%；农村居民人均纯收入8957元，比上年增长10.1%，扣除物价影响实际增长8.8%。年末，全县在岗职工40790人，在岗职工年平均工资39684元，比上年增长4.8%。城镇化率达到29.7%，提高1.6个百分点。

2015年，全县新增城镇就业人员7220人，失业再就业人员3046人，其中就业困难人员再就业1152人。发放小额担保贷款6547万元。全县新增农村劳动力转移就业1.09万人，实现劳务收入24.8亿元。全县城镇登记失业率0.8%，低于市控制目标3.7个百分点。

年末全县参加城乡居民基本养老保险人数42.1万人，全县基本养老保险、医疗保险、失业保险、工伤保险和生育保险参保总人数分别达到1.88万人、11.14万人、3.09万人、2.75万人、1.92万人。征缴参保金3694万元，发放养老金1.01亿元。城镇居民医保财政补助标准由320元提高到380元。新农合参合710778人，参合率98.725。门诊补偿208953人次，补偿金额1669.6万元。参合农民住院补偿96188人次，补偿金额21737.7万元。2015年，全县共有城乡低保对象37423户48324人。其中，城市5362户11985人，农村32061户36339人。全年共发放低保金8303.1万元，其中城市3177万元，农村5126.1万元。全县共有五保户4593户4839人，其中集中供养1620人、分散供养3219人，全年共发放五保供养金1486.6万元。集中供养标准每人每年3800元，分散供养标准每人每年2800元，分别比上年增加11.8%和12.7%。全年共救助困难群众2316人次，共支出临时救助资金114.6万元。全年累计支出各类医疗救助资金1150万元。累计救助流浪乞讨人员201人次，提供救助金35.7万元。全年共发放涉艾滋病救助金53.5万元。发放百岁老人敬老补助金5.6万元，免费为60岁以上老年人办理老年优待证2334本。　（侯存生　陈新顺）

确　山　县

【基本县情】　确山县位于驻马店市南部，东依汝南、正阳县，南接信阳市平桥区、南阳市桐柏县，西邻泌阳县，北毗驻马店市驿城区。全县总面积1612平方千米，耕地面积66802公顷。辖盘龙、三里河、朗陵3个街道和竹沟、新安店、任店、留庄、刘店、瓦岗、石滚河、双河镇、李新店9个镇和普会寺1个乡。全县共有174个村委会和27个居委会。

因县城南4.5千米处有确山，县以山得名。西周县境北部地属道国，东南一隅地属江国。春秋属楚。秦属颍川郡。西汉为朗陵县（治今任店镇）、安昌县、阳安县3县地，属

确山县图

【地理位置】驻马店市辖县，县政府驻盘龙街道。位于本省南部。

【面积人口】面积1667平方千米，人口53万。

【地　　形】山区、丘陵、平原各占三分之一，西部山区，东部平原，山间盆地及浅山丘陵广布其间。

【资　　源】境内矿产资源丰富，金属和非金属矿藏已探明的有40多种，其中花岗岩、大理石、石灰岩、萤石的储量和品位均居河南省第一位。

【经　　济】区内有以机械、化工、采矿等为主体的工业生产体系，是豫南最大的建材生产基地。

【交　　通】境内有京广铁路、京广高铁、京港澳高速，新泌高速以及107国道。

【名胜古迹】素有“小延安”之称的革命圣地竹沟、郎陵古城、杨靖宇故居、薄山湖等。

【特色物产】板栗、全蝎、五香变蛋等。

（原载《中国分省系列地图册·河南》，河南省测绘地理信息局、河南省地图院编著，中国地图出版社出版）

汝南郡。东汉省安昌入朗陵。东魏改朗陵为安昌，属初安郡。隋开皇十八年（598）改称朗山县（治今盘龙镇），属汝南郡。唐初属北朗州，贞观元年（627）属蔡州。宋大中祥符五年（1012），改朗山县为确山县，属蔡州。五代因之。元、明、清属汝宁府，治所不变。1913年属豫南道。1914年属汝阳道。1927年直属河南省。1932年属河南省省第八行政督察区。

1949年，属信阳专区；1949年，建有一区城关、二区瓦岗、三区胡庙、四区韩庄、五区李楼、六区狮子桥、七区新安店，下设77个乡。1951年，县城改为城关区，析四区南部及二区秀山乡为一区，六区西部置八区，下辖138个乡、12个镇、14个街道。

1953年6月，将汝南县西部的张教庄乡和王楼乡2个乡的4个村划入确山县。1956年，撤区并乡，全县设1个镇，20个中心乡，兼管47个一般乡，下辖223个高级农业生产合作社（时称集体农庄），即：城关镇；杨庄中心乡兼管3个一般乡；盘龙中心乡兼管1个乡；竹沟中心乡兼管3个乡；石滚河中心乡兼管4个乡；蚁蜂中心乡兼管2个乡；胡庙中心乡兼管2个乡；臧集中心乡兼管2个乡；高庄中心乡兼管3个乡；顺河中心乡兼管1个乡；古城中心乡兼管3个乡：李楼中心乡兼管2个乡；刘店中心乡兼管2个乡；关公庙中心乡兼管2个乡；李新店中心乡兼管2个乡；任店中心乡兼管3个乡；双河中心乡兼管2个乡；芦庄中心乡兼管4个乡。1957年，泌阳县前城乡杜河乡划入确山县。1958年4月国务院决定将驻马店镇改为县辖镇并划归确山县。1958年8月撤销乡（镇）建制，将全县262个高级农业生产合作社合并为2个镇，13个人民公社，即：城关镇、驻马店镇、红旗（老街）、跃进（杨店）、和平（李新店）、钢铁（新安店）、火箭（普会寺）、东风（刘店）、英雄（古城）、粮源（蚁蜂）、幸福（胡庙）、超英（任店）、超美（城郊）、红星（留庄）、红色（竹沟）人民公社。

1958年11月，撤销15个人民公社（镇）建制，建立确山红色人民公社，下辖8个管理区，即城关、新安店、邢河、任店、竹沟、吴桂桥、胡庙、驻马店。1959年4月，确山红色人民公社改为确山县人民公社联合社，8个管理区改为8个公社。

1961年9月，撤销确山县人民公社联合社，恢复确山县人民委员会，8个人民公社改为2个镇和8个管理区，即驻马店镇、城关镇和高庄、胡庙、瓦岗、任店、李新店、留庄、吴桂桥、城郊等8个管理区，下辖八里、朱古洞、三里店、贯山、赵庄、独山、刘店、古城、吴桂桥、留庄、黑留庄、普会寺、邢河、顺山店、杨店、双河、新安店、李新店、木寨、候庙、黄山坡、任店、石滚河、王楼、瓦岗、邢店、唐庄、竹沟、蚁蜂、臧集、胡庙、王庄、顺河、三关庙、刘阁、高庄等36个人民公社。

1962年6月，撤销管理区，36个人民公社调整为21个人民公社；12月，驻马店镇划为专辖镇，划归信阳专署直辖。1963年3月，又将21个人民公社1个镇，调整合并为1镇、13个人民公社。即城关镇和高庄、杨店、新安店、留庄、任店、普会寺、竹沟、瓦岗、三里店、刘店、古城、蚁蜂、胡庙。1970年3月，三里店改为城郊人民公社。1971年1月，高庄及胡庙公社的4个大队划归驻马店镇。1975年2月，增设顺山店、双河2个人民公社；6月，增设朱古洞人民公社。

1980年7月，驻马店市的顺河、刘阁、韩庄人民公社划归为确山县辖；11月，地名普查，将韩庄人民公社改为香山人民公社。至此，全县共有21个人民公社（镇），即：杨店、双河、李新店、顺山店、新安店、留庄、任店、普会寺、刘店、城郊、古城、朱古洞、顺河、刘阁、香山、胡庙、蚁蜂、竹沟、瓦岗、石滚河、城关镇。下辖街道3个、生产大队261个、生产队3653个。1983年底，公社改乡，生产大队改称村民委员会，生产队改为村民小组，全县有21个乡镇、261个村民委员会、3653个村民小组。

1986年5月，顺河、刘阁、香山3个乡划归驻马店市（县级）管辖，确山县辖1个镇和17个乡。1987年10月，城关镇改名盘龙镇，城郊乡改为三里河乡。1988年10月，竹沟、任店、新安店、留庄乡撤乡建镇。1997年12月，刘店乡撤乡建镇。2000年6月，蚁蜂乡撤乡建镇；12月，全县有盘龙、蚁蜂、刘店、竹沟、任店、新安店、留庄7个镇和胡庙、朱古洞、古城、三里河、瓦岗、石滚河、普会寺、李新店、顺山店、双河、杨店11个乡。

2001年9月，朱古洞、古城、胡庙3个乡划归驻马店市驿城区，2005年11月，撤杨店乡，并入双河乡，撤顺山店乡，并入新安店镇。2009年4月，双河、瓦岗2个乡撤乡建镇；7月，石滚河乡撤乡建镇；12月，李新店乡撤乡建镇。2009年12月，经河南省政府批准，将蚁蜂镇整建制划归驻马店市驿城区管辖，调整后的蚁蜂镇所辖行政区域和政府驻地不变。2011年6月，新蔡被河南省政府确定为省直管试点县（市）。2014年，撤销盘龙镇和三里河乡，增设盘龙、三里河、朗陵3个街道。

【组织机构】

中共确山县委

书　　记　栗明伦
副 书 记　路　耕
常　　委　栗明伦　路　耕　彭广峰　焦尔荣
　　　　　李　蕴　王富彦（3月离）
　　　　　殷玉金（3月任）　张万兵　郭金枝
　　　　　刘　志　张建华

确山县第十三届人大常委会

主　　任　聂庆忠
副 主 任　李爱玲　杜全华（2月离）
　　　　　李守峰（2月任）　郭全新　刘永顺

确山县人民政府

县　　长　路耕
副 县 长　彭广峰　高其良　吴玉冰　张保红
　　　　　张　杰　吴仲鑫（下派）　王衍章（下派）

政协确山县第十届委员会

主　　席　陶宏启
副 主 席　桂治河　卫百友　刘凤鸣　赵晓宏

确山县人民法院

院　　长　王　芳

确山县人民检察院

检　察　长　侯亚军

确山县各街道、乡镇党委书记、乡镇长

盘龙街道

党工委书记　王仲秋

主　　　任　张　伟

三里河街道

党工委书记　杨卫军

主　　　任　郑胜利

朗陵街道

党工委书记　韩成良

主　　　任　陈联合

刘店镇

党委书记　李军伟

镇　　　长　李　艳

普会寺乡

党委书记　韩志强

乡　　　长　李新政

留庄镇

党委书记　赵勇军

镇　　　长　侯建伟

双河镇

镇　　　长　党　生

新安店镇

党委书记　朱志鹏

镇　　　长　龚喜庆

任店镇

党委书记　张维扬

镇　　　长　尤冬梅

瓦岗镇

党委书记　马中山

镇　　　长　王双全

石滚河镇

党委书记　杨彦博

镇　　　长　李　伟

竹沟镇

党委书记　刘冬梅

镇　　　长　景钟明

李新店镇

党委书记　孟保安

镇　　　长　许晓蜂

【年度概况】 2015年，全县完成生产总值（GDP）1370658万元，较上年增长8.7%，其中第一产业增加值314568万元，较上年增长4.4%；第二产业增加值565618万元，较上年增长8.6%；第三产业增加值490472万元，较上年增长11.6%。三次产业结构为24.8 ∶ 46.9 ∶ 28.3。二、三产业增加值占GDP的比重为77.1%，上升1.9%。人均生产总值34045元，较上年增长5.2%。全年居民消费价格总水平为100.2%，商品零售价格总水平99.3%，农业生产资料总水平为101.8%。

农业　2015年，全县粮食总产550697吨，较上年增长4.1%，单产396.2千克，较上年增长4.1%。油料总产106130吨，较上年增长35.7%，单产254千克，较上年增长1.5%。农林渔业总产值590231万元，增长4.5%。畜牧养殖业持续发展。肉类总产量70141吨，较上年下降4.7%。禽蛋总产量

确山县新区一角。

2015年确山县国民经济基本情况表

项目	单位	完成数	比上年增长%
生产总值	万元	1370658	8.7
工业增加值	万元	503065	8.6
规模以上工业增加值	万元	455808	9.5
农业总产值	万元	590231	4.5
粮食总产量	吨	550697	4.1
全社会固定资产投资总额	万元	1200393	19.7
农民人均可支配收入	元	8958.43	10.4
城镇居民人均可支配收入	元	21111.13	9.6
地方财政一般预算收入	万元	63421	14.7
地方财政一般预算支出	万元	240005	12.3
社会消费品零售总额	万元	504696	13.3
城乡居民年末存款余额	万元	1150000	17.28

说明：国内生产总值、各产业产值按现价计算，增长速度按可比价计算

18922吨，较上年增长37.6%。畜牧业产值240091万元。全年农村用电量14047.18万千瓦小时，较上年增长6.4%。年末农业机械总动力112.89万千瓦，较上年增长1.6%。农用拖拉机4.47万台，其中小型拖拉机4.13万台，大中型拖拉机3488台。大力发展烟叶、食用菌、中药材、茶叶等特色种植业，特色种植业产值占农业总产值的比重提高到22%。确山夏枯草成功申报地理标志保护产品。以龙凤山农牧、荣盛牧业等龙头企业为依托，积极发展黑猪、生态羊等特色畜牧业，全县规模化养殖场达到780家。

工业、建筑业 2015年，全部工业增加值503065万元，增长8.6%。其中，规模以上工业增加值455808万元，同比增长9.5%，规模以下工业增加值同比增长5.6%。规模以上工业企业实现工业主营业务收入1957730万元，较上年增长9%；利税总额271907万元，较上年增长5.1%。利税总额占主营业务收入的比重为13.9%。产品销售率99.87%。单位GDP能耗下降2.9个百分点，规模以上工业能耗457474吨标准煤。全年全社会用电量94026万千瓦小时，同比增长4.68%。全年完成建筑业总产值767267.2万元，较上年增长11.2%；完成建筑业增加值62552万元，较上年增长8.9%。

固定资产投资 全年固定资产投资总额1200393万元，同比增长19.7%，其中房地产资产投资235126万元，较上年增长15.7%。

交通、邮电 2015年，全县完成普通载货汽车货运周转量271852万吨千米，较上年增加10.8%；客运周转量59767万人千米，较上年下降6.6%。邮电通信业迅速发展，全年完成邮电业务总量4353万元，较上年增长9.46%。

国内贸易 2015年社会消费品零售总额504696万元，较上年增长13.3%。其中，批发业零售额188121万元，较上年增长11.1%；零售业零售额550961万元，较上年增长14.3%。住宿业零售额9110万元，餐饮业零售额107038万元。

财政、金融 2015年，全县地方财政总收入78856万元，较上年增长14.3%，税收43957万元，较上年增长14.4%。一般公共预算收入63421万元，较上年增长14.7%。人均一般公共预算收入1575元，较上年增长12.9%。全县一般公共预算支出240005万元，较上年增长12.3%。金融运行形势良好。年末各项存款余额146亿元，比年初增加15亿元，同比增长11.85%；各项贷款余额51亿元，比年初增加4.8亿元，同比增长10.49%。城乡居民储蓄存款余额115亿元，比年初增加17亿元，同比增长17.28%。人均居民储蓄存款余额28564.3元。

教育、文化、卫生 2015年，全县基础教育学校252所（含民办学校），高中2所。在校学生107481人，其中高中生10101人，初中学生25669人，小学生51309人，幼儿园学前儿童20287人。小学学龄儿童入学率100%。全县有文化馆1个，文化站台12个，剧团1个，电影院1个。卫生事业继续发展，年末，全县共有医疗卫生机构26个，其中乡卫生院14个。

人口、人民生活和社会保障 年末全县总人口52.8万人，常住人口40.27万人，其中乡村常住人口24.88万人、城镇常住人口15.39万人。全年人口出生率11.7‰，死亡率6.42‰，人口自然增长率5.28‰。全县城镇化率达到38.21%。

城乡居民收入继续增长。城镇非私营单位在岗职工（含劳务派遣）年平均工资39449元，较上年增长14.9%；城镇居民年人均可支配收入21111.13元，较上年增长9.6%。农民年人均可支配收入8958.43元，较上年增长10.4%。农民人均现金收入11130.46元，较上年增长8.97%；农村居民人均家庭生活费支出6736.67元，较上年增长7.85%。城市居民人均住房面积47.06平方米，农村居民人均住房面积28.91平方米。

社会保障事业稳步发展。全县参加养老保险职工人数27822人，其中事业单位9486人，企业在职18336人；参加医疗保险居民31012人。全县参加新型农村合作医疗农民受益234.27万人次，补偿金额19337.22万元，其中门诊统筹112.07万人次，补偿金额2183.26万元，家庭账户补偿114.38万人次，家庭账户基金递减2812.77万元。门诊受益面517%。住院受益5.74万人次，补偿金额14124.89万元。

（许　霞）

泌阳县

【基本县情】 泌阳县位于驻马店市西南部，南接桐柏，北连方城、舞钢市，西临唐河、社旗，东交遂平、确山、驿城区。总面积2335平方千米，其中耕地104573公顷。全县辖羊册、马谷田、春水、赊湾、官庄、郭集、泰山庙、王店8个镇和象河、黄山口、双庙街、高店、盘古、高邑、下碑寺、贾楼、杨家集、付庄、铜山11个乡及古城、花园、泌水3个街道，共319个村委会和34个居委会。

泌阳县图

【地理位置】驻马店市辖县，县政府驻花园街道。位于本省南部。

【面积人口】面积2789平方千米，人口91万。

【地　　形】浅山丘陵区，总体格局是“五山一水四份田”。

【资　　源】资源充足，蕴藏着铝矾土、铁等20多种矿产资源。水资源充沛。

【经　　济】区内已初步形成了医药、化工合成、水泥、棉纺、食品、饮料、饲料加工等门类较齐全的工业生产体系。

【交　　通】沪陕高速、焦桐高速、新泌高速穿境而过，有驻南、确内等6条省道贯穿全境。

【名胜古迹】蒋庄、太子岭、铜山湖风景名胜区等。

【特色物产】象河大枣、老河板栗、羊册白菜等。

（原载《中国分省系列地图册·河南》，河南省测绘地理信息局、河南省地图院编著，中国地图出版社出版）

因位于泌水河之阳（北岸）得名。春秋属楚，战国属韩。秦属南阳郡。西汉置比刚、舞阴2县，属南阳郡；东汉、三国因之。东晋十六国时先后属前燕、前秦、后秦、东晋。南北朝时期，南朝宋永初元年（420）置昭越县（治今铜山乡古城岗村）。北魏延兴二年（472）置东荆州（治今泌水镇），改比阳县为阳平县；翌年，置江夏郡江夏县（郡、县同治今高店乡丁道村）。南朝齐建元元年（479），于舞阴设西汝南、北义阳2郡，同年侨置高邑县（治今高邑街）。建武四年（497）属北魏。北魏景明初（500～503）置西郢州（治今赊湾乡张湾村）。永熙三年（534），今县境东部属东魏，西部属西魏。东荆、西郢2州属西魏。西魏恭帝元年（554）改东荆州为淮州、西郢州为鸿州。北周天和二年（567）省鸿州入淮州。

隋开皇三年（583）废舞阴、城阳、江夏3郡，五年（585）改淮州为显州。七年（587）改阳平县为饶良县。十八年（598）改江夏县为慈邱县。大业元年（605）改昭越县为同光县，不久废。二年（606）改饶良县为比阳县，三年（607）改舞阴县为显冈县，改显州为淮安郡，隶豫州。唐武德四年（621），复改淮安郡为显州。贞观二年（629），废显冈入比阳，九年（688）改显州为唐州。天宝元年（742）改唐州为淮安郡。乾元元年（758）复为唐州，隶山南东道。天佑三年（906）移唐州于泌阳（今唐河）。比阳、慈邱2县仍隶唐州。五代后周显德三年（956）三月，废慈邱入比阳，仍隶唐州。宋、金沿袭不变。元至元三年（1266），废比阳为毗阳镇，隶泌阳县。明洪武十四年（1381）于毗阳镇置泌阳县，隶南阳府，清因之。1913年属汝南道。1927年直属河南省政府。1933年属河南第六行政督察专员公署。

1947年年底，县境内分设中共泌北、泌西、泌东3县。泌北县（治今方城县酒店村），辖泌阳县的郭集、羊册、象河、春水等北部边缘地区与舞阳县南部的宋集（今属舞钢市）和方城县的小史店、唐河县的下洼（今属社旗县）等地。泌西县（治今羊册镇古城寨），辖大磨、双庙、官庄、饶良4个区。泌东县（治今贾楼乡曾沟），辖邓庄、王店、马谷田、石头河、牛蹄5个区。泌阳城关为桐柏区二专署直辖。1948年4月，撤销泌北县，所属羊册、郭集划归泌西县；象河、春水划归泌东县。

1949年1月，泌东、泌西2县合并为泌阳县。10月全县设9区、2镇，即大磨、马谷田、王店、牛蹄、春水、羊册、官庄、饶良、双庙和城关、沙河店镇。区下辖197个乡。1953年7月，增设梅林区。城关镇改为城关区。1954年4月，撤销沙河店镇，归牛蹄区管辖。1955年年底，撤销梅林区。1956年，撤销牛蹄区，改设板桥区；5月，改区建乡。1957年，调整为8区、1镇，另置8个县直辖乡。

1958年3月，撤销县直8个乡，合并为赊湾乡、陈岗乡；8月，区改为乡，设10乡1镇；10月，改称“泌阳人民公社”，辖11个管理区；年底，撤销陈岗管理区，分别并入城郊、赊湾两管理区。1959年3月，撤销“泌阳人民公社”，复为县。管理区改为人民公社。1961年8月，改社为区，全县设10区、1镇，下辖74个人民公社。1962年3月，74个人民公社调整合并为54个，下辖433个生产大队。1965年7月，饶良区划归社旗县。1969年1月，撤销原公社，改9个区（镇）为人民公社，新增郭集、太山、杨集、立新、沙河店、大路庄6个人民公社。1976年年初，又增设高店、董岗、双庙、象河4个人民公社。1977年春，增设黄山口、高邑、下碑寺、贾楼、城郊5个人民公社。

1983年11月，公社改乡，全县辖23个乡、1个镇，有394个村民委员会。1987年6月，羊册、沙河店2乡撤乡建镇。10月城关镇更名为泌水镇，城郊乡更名为花园乡。全县设泌水、羊册、沙河店3镇和象河、春水、黄山口、郭集、泰山庙、官庄、付庄、下碑寺、板桥、老河、大路庄、王店、贾楼、杨家集、双庙街、赊湾、花园、高邑、马谷田、陈庄、高店21个乡。2010年，老河乡、沙河店镇划归驻马店市驿城区，2011年1月，板桥镇划归驻马店市驿城区，年末撤销花园乡、泌水镇，设立花园街道、泌水街道、古城街道。2012年，撤销郭集乡设立郭集镇。2013年，撤销泰山庙乡和王店乡，设立泰山庙镇和王店镇。

【组织机构】

中共泌阳县委

书　　记　高万象（12月离）　张树营（12月任）
副 书 记　张树营（12月离）　张中林（7月离）
常　　委　高万象（12月离）　张树营
　　　　　张中林（7月离）　杜永军　宋炳顺
　　　　　李志娴（女）　吕　靖　李新耀
　　　　　李　勇　梁　忠（女）　桂兆权

泌阳县第十三届人大常委会

主　　任　王群生
副 主 任　岳清玲（女）　张增家　毛永翔
　　　　　庞长和　李其钊

泌阳县人民政府

县　　长　张树营
副 县 长　宋炳顺　刘业鹏　刘　念
　　　　　刘欣英（女）　王庆怀
　　　　　赵　伟（4月任）

政协泌阳县第九届委员会

主　　席　邢继伟
副 主 席　王广超　刘世祥　何清福　张宏超
　　　　　徐文贵

泌阳县人民法院

院　　长　孙亚轩

泌阳县人民检察院

检 察 长　黎梅香（女）

泌阳县各街道、乡镇党委书记、乡镇长

泌水街道

党工委书记　苗　峰
主　　任　张　勇

古城街道

党工委书记　安　生
主　　任　袁　洋

花园街道

党工委书记　刘天坤

主　　任　陈　磊

羊册镇

党委书记　关居义

镇　　长　刘　兵

赊湾镇

党委书记　吕　涛

高店乡

党委书记　王　磊

乡　　长　贾清化

马谷田镇

党委书记　李庚建

镇　　长　付　彬

高邑乡

党委书记　张道通

乡　　长　张　科

王店镇

党委书记　周文革

镇　　长　李婉玉

铜山乡

党委书记　刘广华

乡　　长　张　辉

下碑寺乡

党委书记　侯　东

乡　　长　曹兴菊

春水镇

党委书记　李元峰

镇　　长　杨春瑞

象河乡

党委书记　邱士用

乡　　长　韩　庚

黄山口乡

党委书记　徐德合

乡　　长　王化党

官庄镇

党委书记　徐安军

镇　　长　谷德生

郭集镇

党委书记　禹建功

镇　　长　李培明

泰山庙乡

党委书记　陈　鑫

镇　　长　汪继兴

双庙乡

党委书记　孙书贵

乡　　长　刘广超

杨家集乡

党委书记　朱　璐

乡　　长　李春堂

贾楼乡

党委书记　梁朝阳

乡　　长　程　杰

付庄乡

党委书记　窦　强

乡　　长　李其威

盘古乡

党委书记　陈国强

乡　　长　赵全来

【年度概况】 2015年，全年实现地区生产总值186.2亿元，比上年增长8.6%，其中第一产业实现增加值49.7亿元，增长4.5%；第二产业实现增加值74.62亿元，增长8.4%；第三产业实现增加值61.8亿元，增长12.7%。人均生产总值27304元，比上年提高近2000元。

农业 2015年，全县粮食作物种植面积112006公顷，比上年增长1.4%，其中小麦种植面积60029公顷，增长1.97%。油料种植面积46175公顷，增长9.52%。全年粮食产量627265吨，比上年增长6.84%。其中，夏粮360666吨，增长6.74%；秋粮266599吨，增长6.99%。油料产量156690吨，增长22.54%。继续落实上级各项惠农政策，全年发放各类惠农补贴2.9亿元。全县培育形成省、市级农业产业化龙头企业32家、省级农业产业化集群3个、农业专业合作社753个，全县土地流转面积25333.33公顷（38万亩），占承包耕地面积的32.7%。加快发展特色产业。食用菌种植量突破2亿袋，实现产值34亿元。被确定为国家级出口食用菌质量安全示范区和全国主产基地县。“泌阳花菇”入选2015年全国互联网地标产品50强。烟叶种植面积2880公顷（4.32万亩），产值1.863亿元，实现税收4099万元；林果种植23333.33公顷（35万亩），年产干果2.6亿千克，产值8亿多元。牛存栏32万头，其中夏南牛存栏28万头；生猪存栏79.8万头。肉类总产量14.3万吨。新建标准化规模肉牛厂6个，存栏100头以上肉牛规模养殖场179个，培育夏南牛养殖村100个，创建国家级肉牛标准养殖示范场4个。畜牧业产值42亿元。全年完成水利工程投资4.39亿元，除险加固小型水库14座，新增有效灌溉面积4433.33公顷（6.65万亩），旱保田6346.67公顷（9.52万亩），小流域治理26.3平方千米，解决安全饮水10.87万人。年末全县农业机械总动力166万千瓦，农用运输车15820辆。大中型拖拉机6455台，拥有大型联合收割机1079台。农作物耕、种、收机械化水平达85.6%，农业专业合作社126家，其中5家被评为国家级示范合作社。林业持续发展。完成林业生态省提升工程建设项目8447.33公顷（12.671万亩），其中造林3040公顷（4.56万亩），中幼林抚育5340.67公顷（8.011万亩），全民义务植树285万株，森林覆盖率44.8%。

工业 2015年，全年实现规模以上工业增加值651080万元，比上年增长9.3%。其中，轻工业增加值增长19.26%，重工业增加值增长5.89%；公有制工业增长4.31%，非公有制工业增长11.61%，高技术产业增长41.93%。全年规模以上工业企业主营业务收入353.28亿元，增长8.59%；利税39.69亿元，增长6.27%。截至2015年底，县产业集聚区共入驻项目138个。全年新引进落地项目21个，其中亿元以上项目

12 个，建成投产项目 5 个，产业集聚区全年完成固定资产投资 92 亿元，实现主营业务收入 280 亿元，从业人员达 4 万人。

固定资产投资 2015 年，全社会固定资产投资完成 1386800 万元，比上年增长 17.4%。固定资产投资 1321772 万元，增长 19.4%，其中民间投资 1099998 万元，增长 20.3%，占固定资产投资 96.3%。分产业看，第一产业投资 67144 万元，增长 18.2%；第二产业投资 778775 万元，增长 26.9%；第三产业投资 475853 万元，增长 10.3%。全县产业集聚区完成固定资产投资 930613 万元，增长 10.2%。全年房地产开发投资 188006 万元，比上年增长 15%。商品房销售面积 554672 平方米，增长 2.53%；商品房销售额 160775 万元，增长 4.42%。

贸易 2015 年，泌阳县全年社会消费品零售总额实现 675184 万元，比上年增长 13.2%。按经营地统计，城镇消费品零售额 508054 万元，增长 12.9%；乡村消费品零售额 167130 万元，增长 14.2%。按行业统计，批发业零售额 338006 万元，增长 12%；零售业零售额 636118 万元，增长 15.1%；住宿业零售额 18994 万元，增长 13.3%；餐饮业零售额 121108 万元，增长 16.4%。全年进出口总额 2738 万美元，比上年增长 122.9%。出口额 2738 万美元，增长 123.9%。实际利用外商直接投资 3383 万美元，增长 8%。引进省外资金 20.8 亿元，增长 8.2%。全县应用电商企业达 500 多家，建立乡村服务网点 100 余家，交易额 1.35 亿元，泌阳县荣获全国电子商务进农村综合示范县。

交通、旅游 2015 年，完成客运量 1080 万人，增长 9%，旅客周转量 60069 万人千米，增长 10%；公路货运量 90019 万吨，增长 10.8%，货运周转量 328063 万吨千米，增长 11%。全年完成通村公路 101 千米，32 座农村公路桥梁和 3 条总长 44.5 千米的县乡道开工建设，县城至铜山湖的 105 路公交车线路开通运营。至年底，全县公路通车里程 3562 千米，初步形成以高速公路为骨架、以干线公路为支撑、以农村公路为脉络的公路交通网络。

旅游业稳步发展。铜山湖湿地被命名为国家级湿地公园。现有 AAA 级以上景区 3 处，星级酒店 3 家，全年接待游客 375 万人次，实现旅游收入 7000 万元。

财政、金融 2015 年，全县财政总收入 88289 万元，比上年下降 3.1%，其中地方公共财政预算收入 7.2 亿元，增长 14.3%。全年税收收入 50439 万元，增长 5%。地方公共财政预算支出 371012 万元，增长 9%。其中，社会保障与就业支出增长 4.5%，医疗卫生与计划生育支出增长 7.9%，教育支出增长 5.1%，科学技术支出增长 16.9%，文化体育与传媒支出增长 40.1%，农林水事务支出增长 0.2%，城乡社区事务支出增长 171.4%。

年末，全部金融机构人民币存款余额 1536278 万元，增长 6.53%。其中，个人存款 1102890 万元，增长 18.02%；单位存款 412623 万元，减少 9.93%；其他存款 20.765 万元，减少 58.05%。全部金融机构人民币贷款余额 544700 万元，增长 16.25%。

教育、科技 2015 年年末，全县共有各类学校 367 所。其中，小学 332 所，普通中等学校 30 所，普通高中 3 所，中等职业技术学校（含进修学校）2 所。全年各类学校招生 34451 人，在校生 134098 人，毕业生 29609 人。小学招生 16363 人，在校生 80617 人，毕业生 11744 人；普通中学招生 17182 人，在校生 50028 人，毕业生 15876 人；各类中等职业技术学校招生 906 人，在校生 5453 人，毕业生 1989 人；幼儿园在园幼儿 34190 人。“两免一补”安排资金 11280.8 万元，资助困难学生 22840 人次。2015 年，全县高考考生 6130 人，进本科线 3600 人，占报考人数 58.7%，其中进一本线 772 人，占报考人数的 12.6%。

2015 年，全县共有省级工程技术研究中心 4 家，市级

泌阳县盘古开天辟地公园。

2015年泌阳县国民经济基本情况表

项目	单位	完成数	比上年增长（%）
生产总值	万元	1862198	8.6
规模以上工业增加值	万元	651080	9.3
农业总产值	万元	910000	4.5
粮食总产量	吨	627265	6.84
全社会固定资产投资总额	万元	1386800	17.4
农民人均纯收入	元	9097	10.9
城镇居民人均可支配收入	元	21443	9.8
地方财政一般预算收入	万元	72000	14.3
地方财政一般预算支出	万元	371012	9
社会消费品零售总额	万元	675184	13.2
金融机构年末存款余额	万元	1536278	6.53

说明：国内生产总值、各产业产值按现价计算，增长速度按可比价计算

工程研究中心10家，农村专业技术协会98个，科普示范基地230个，泌阳县农村专业协会被中国科协、财政部评为“基层科普行动计划”先进单位，2015年被批准为全国科普示范县。全年受理申请专利131件，授权专利87件，组织实施各类科技计划项目26项，申报市级科技成果5项，其中3项获市科技进步二等奖。

文化、卫生　2015年共创作大型剧本2部，小品等曲艺作品9个，其中三弦书《闹嫁妆》获第六届全国小戏小品曲艺大展奖，其他获奖作品有小品《新龟兔赛跑》、相声《恨爹不成钢》、河南坠子《忘不了》。全年完成送戏下乡200场，巡回公益放映电影4176场。全年对市电视台供稿采用410条，对省电视台供稿采用9条。全年发展有线电视用户1000多户。年末共有文化馆1个，艺术表演团体3个，公共图书馆2个，纪念馆1个，国家重点文物保护单位2个，电视台1座，广播电台1座，全县有线电视用户7.5万户，电视人口覆盖率100%。全年全县运动员在全省各项体育比赛中，共获得10枚金牌、16枚银牌、4枚铜牌。

2015年年末，全县共有卫生机构402个（含个体诊所），其中医院、卫生院28个，妇幼保健院1个，疾病预防控制中心1个。全县卫生技术人员2537人，其中执业医师、助理执业医师984人，注册护士757人；卫生机构床位数2625张。开工建设县中医院门诊楼综合大楼，启动县人民医院、县妇幼保健院搬迁工程。建成标准化卫生室66个，新农合参合人数73.8万人，参合率98.4%。

人口、人民生活和社会保障　2015年末总人口91.96万人，常住人口68.22万人。2015年人口出生率11.65‰；死亡率6.35‰；自然增长率为5.3‰。城镇化率36.6%，比上年提高1.64个百分点。

全年城镇居民人均可支配收入21443.95元，比上年增长9.8%；人均消费性支出17201元，增长8%。全年农村居民人均纯收入9097.6元，比上年增长10.9%；人均生活消费支出8451元，增长7%。

全年共有6558人城镇居民享受政府最低生活保障，全年发放城镇居民最低生活保障金1713万元；37464人农村居民享受政府最低生活保障，全年发放农村最低生活保障金4726万元。全年救助城乡医疗困难群众51124人次，发放城乡医疗救助资金849万元。全县共有各类福利院床位数1601张，收养1575人。　（张国锁　李广正）

天中文摘

文 论

建设道德高地 打造好人之城

——写在《天中榜样》出版之际

余学友 陈 星

道德是文明的基石，是加强精神文明建设、建设中华民族共有精神家园的基础性工程。中华民族素以“文明古国”“礼仪之邦”著称于世，历来重视道德修养，崇尚道德模范。自孔子以“礼”释“仁”始，就将我们这个民族外在的礼仪内化为道德，传承至今。道德是一面镜子，它能映射出社会的真假善恶、瑕瑜美丑，给人以鞭策和鼓舞；道德是一把尺子，它能丈量出人类文明的高度，给人以启示和引导。在思想多样化、价值多元化的今天，随着物质生活的不断丰富，精神世界和道德领域备受关注，尤其需要健康向上的道德风尚来引领，迫切需要道德的力量来推动。树立道德模范，倡导良好社会风气，培育文明道德风尚，既是社会主义精神文明建设的重要任务，也是时代所趋、群众所盼、事业所需。

党和国家历来重视道德建设。毛泽东同志在新中国成立初期就指出“应将各地典型的好人好事加以调查分析和表扬，使全党都向这些好的典型看齐，发扬正气，压倒邪气”。十一届三中全会后，邓小平同志反复强调要重视以思想道德为核心内容的精神文明建设，指出“建设社会主义精神文明，最根本的要使广大人民有共产主义的理想，有道德、有文化、守纪律”。江泽民同志在2001年全国宣传部长会议上，最早提出“把依法治国与以德治国紧密结合起来”的治国方略。在全面建设小康社会、加快推进社会主义现代化的进程中，胡锦涛同志强调指出，我们始终要高度重视和切实加强社会主义道德建设，大力弘扬社会公德、职业道德、家庭美德、个人品德，为我国经济社会发展提供强有力的思想道德保障。2013年9月，习近平在会见第四届全国道德模范及提名奖获得者时讲话指出，道德是社会关系的基石，是人际和谐的基础，要始终把弘扬中华民族传统美德、加强社会主义思想道德建设作为极为重要的战略任务来抓，为实现中华民族伟大复兴的中国梦提供强大精神力量和有力道德支撑。在驻马店实现富民强市、加快崛起的新征程中，市委、市政府审时度势，长远谋划，将道德建设与经济建设、政治建设、文化建设、社会建设、生态建设有机融合，列入经济社会发展总体规划，制定了《加强文明驻马店建设的实施意见》，提出了建设富强、文明、平安、美丽驻马店的工作要求。要实现这一宏伟蓝图，不仅要依靠法律行政、经济技术等方面的硬措施，还要依靠思想道德、精神文明等方面的软实力，只有将埋藏在人民心中的道德力量激发出来，与市委、市政府决策形成共鸣，转化为推动经济社会发展的动力，才能最大限度地做到发展成果由人民共享，实现真正意义上的文明进步、科学发展。

时代进步需要健康向上的道德来引领，社会发展需要道德模范来推动。为集中展示驻马店市道德建设的成果，发挥道德模范在公民道德建设中的示范引领作用，广泛动员人民群众参与道德建设，驻马店日报报业集团、市文明办组织编写了《天中榜样》一书。该书集中展示了部分历届“感动天中”十大人物、践行驻马店精神年度优秀人物以及入选“中国好人榜”“河南好人榜”、市级以上道德模范，共72人的先进事迹，内容真实生动，富有艺术感染力，是道德建设的生动鲜活教材。一德立而百善从之。一个典型就是一面旗帜，一个模范就是一座丰碑。每一个道德模范都有一串感人的故事，都能给人以感动和启迪，这些道德模范来自群众、来自基层、来自社会各行各业，是人们可敬可学可亲的榜样。他们爱国爱党的鲜明政治立场，助人为乐、扶危济困的高尚情操，无私奉献、诚信守诺的优秀品质，尊老爱幼、孝行天下的义举善行，集中体现了中华民族的传统美德，充分反映了新时期驻马店精神的丰富内涵，有力诠释了社会主义核心价值体系的本质要求，在全社会大力学习宣传道德模范的感人事迹，努力弘扬道德模范的高尚精神，必将加深人们对社会主义核心价值体系的理解和认同，激发人们支持和参与道德建设的热情，为建设“四个驻马店”、构建社会主义和谐社会提供强大的精神动力和道德支撑。希望全市各级各部门要以道德模范为榜样，大力开展“学雷锋树新风，争做文明驻马店人”活动，广泛组织形式多样的学习宣传教育和道德实践活动，在全社会营造学习道德模范、关爱道德模范、崇尚道德模范、争当道德模范的浓厚氛围，让我们从身边的事情做起，从具体的小事做起，自觉投入道德实践活动，不断提高自身道德修养，以忠心对待祖国，以爱心对待社会，以诚心对待事业，以真心对待他人，用实际行动为践行社会主义核心价值观，为实现伟大的中国梦做出应有的贡献。

杨靖宇的高贵

曼　娘

“头，不仅用来思考，还用来高贵”。父亲这样说的时候，我想起了杨靖宇将军，想起了网上那张黑白相片。

透过冰冷的电脑屏幕，我依然能够感受到这张相片的沧桑，尽管经过了细心的保管和电子图像的精心处理，还是掩盖不住时光留下的印记。照片里的他，方正的脸，塌陷的腮，颧骨高峻，左颧骨下方有冻伤的痕迹，短发长须，眼睛微闭，嘴唇微张，牙齿清晰可见。我知道，这个头颅曾经骄傲地架在一副身材健硕的躯体上，威震东北；这个头颅，曾经带领众勇士充满激情地喊唱着“我们是东北抗日联合军，创造出联合军的第一路军；乒乓的冲锋杀敌缴械声，那就是革命胜利的铁证……”

是的，他被人们唤作杨靖宇。他创建了以磐石红石砬子为中心的游击根据地，配合全国抗日战争，智慧地领导着抗联战士与日伪军游击作战数百次，他的足迹遍及长白山麓和鸭绿江畔，在白山黑水间转战，让日伪军闻之魂飞魄散。毛泽东曾专门撰文称赞，“有名的义勇军领袖杨靖宇……坚决抗日艰苦奋斗的战线，是人所共知的。”

可是，这个头颅却在刚满三十五岁的时候，被生生地砍了下来，脱离了那个高大稳健的身躯，带着中国人的骄傲和倔强折服了杀害他的敌人——那些日本军人，还有日本女人，他们穿着黑色的和服去拜祭杨将军的头颅。

往事多么不堪回首！法西斯的铁蹄踏破了我们的国，离散了我们的家。中国人不堪屈辱，起来反抗了。杨靖宇就是其中的代表人物。杨靖宇并不姓杨，本姓马，名尚德。1932年奉命到吉林南满组建游击武装，为了便于开展工作，化名杨靖宇。靖宇，朝鲜语，驱逐外敌。其实，姓名仅仅是一个代号，一个区分自己和他人的名称，但姓名同时又被赋予了很多责任，祖训说“行不更名，坐不改姓”，姓名里面自是有着丰富的含义。

而在这片从来就不缺少气节和忠烈的土地上，走出了千万个杨靖宇。十四年的东北抗联游击战争中，“杨靖宇”已经不仅仅是一个将军的名字，更是所有抗联将士的化身，是所有被日本侵略者点燃怒火的生命。

杨靖宇牺牲后，残忍的日军割其头示众报功，又剖其腹查验胃肠，他们不明白“胃里没有一粒粮食，只有未消化的草根和棉絮”的杨靖宇到底是凭着什么样的意志，能在茫茫林海中八天断粮没水无眠，还能与日军周旋战斗。到底是什么样的意志，才会让这个中国将军八天前与警卫员合吃一碗雪水糊糊的胃，能够吞咽下成团成团的棉絮。

杨靖宇牺牲的消息传开后，抗联一路军将士抱头痛哭：头可断，血可流，坚决把抗日的大旗打下去，打到底，为杨司令报仇！

“亲爱的同志们团结起，从敌人精锐的枪刀下，夺回来失去的我国土，解放亡国奴的牛马生活！英勇的同志们前进呀！赶走日寇推翻满洲国。这一次的民族革命战争，要完成弱小民族的解放运动。高悬在我们的天空中，普照着胜利军旗的红光。冲锋呀，我们的第一路军！冲锋呀，我们的第一路军！”

在杨靖宇作词的《东北抗日联军第一路军歌》嘹亮的歌声中，一路军将士频繁对敌人发起拼死攻击。《日军战场实录》说，这支部队“打疯了”。能不“疯”吗？这“疯”是对杨靖宇的祭奠，这“疯”是对侵略者的仇恨。恨有多深，打得就有多狠，满腔的仇恨射出“疯”的子弹，我们要的是，让侵略者滚出中国！

终于，在杨靖宇牺牲五年后，1945年8月15日，日本宣布无条件投降。虽然，从此以后，我们开始了漫长的等待，等待日本承认八年的侵华历史，等待日本幡然醒悟！

时间到了1957年7月15日，靖宇陵园在吉林省通化市江东胜利街东山之巅落成了！朱德为杨靖宇题词：人民英雄杨靖宇同志永垂不朽！9月25日，哈尔滨万名军民恭送杨靖宇将军遗首。1958年2月23日，在庄严的《国际歌》中，杨靖宇将军的遗首和遗骨对接合葬。毛泽东、刘少奇、周恩来、朱德等党和国家领导人敬送了花圈。十八年的身首异处，终于合而为一了。

如今，英雄牺牲地蒙江县已更名为靖宇县。是为纪念。每年到杨靖宇殉身处参观的人数达几十万人次之多。这让我们日渐干枯的灵魂欣喜地看到了希望：一代代中国人没有忘记抗联将士血染战袍魂断沙场的壮举，是他们牵制了数十万日军侵华，使关东军无法入关，是他们四保临江扭转整个南满战局，是他们给我们带来了当下的安宁与和平，是他们用自己的顽强挺起了中国脊梁，凝聚起民族力量。

翻看一页页落满尘埃的史册，抚摸一张张泛黄的老照片，那些视死如归的勇士们，或伤痕遍身，或嘴角带血，或反剪双手，或戴着脚镣手铐，但他们无一不昂扬着高贵的头颅，不向恶势力低头。他们，不愿意让乞求玷污了高贵的信仰，也不愿意让背叛迷失了高贵的方向，更不愿意让享乐腐化了高贵的灵魂。他们，才是真正的共产党人。

（原载《人民日报》2015-05-16）

穿越历史　烛照时代

陈涌泉

最早知道陈蕃，缘于他的那句名言“大丈夫处世，当扫除天下，安事一室乎”；后来在王勃的《滕王阁序》中，通过“物华天宝，龙光射斗牛之墟；人杰地灵，徐孺下陈蕃之榻”认识到他的礼贤下士；接着又在《世说新语》里看到他“言为士则，行为世范，登车揽辔，有澄清天下之志”。但对陈蕃的这些认识还仅是只鳞片爪，真正全面、深入了解他，走进他的心灵，是从应邀为驻马店市豫剧团创作新编历史剧《陈蕃》开始的。

驻马店豫剧团是活跃在中原大地、深受观众欢迎的知名院团。在市委、市政府的大力支持下，在中国剧协副主席、河南省戏剧家协会主席李树建的长期定点帮扶下，他们以打造地方文化名片、创作精品力作为己任，从深厚的历史文化积淀中发掘题材，经过充分论证，选定了陈蕃这个人物。我与著名导演张平继《程婴救孤》《台北知府》《王屋山的女人》等剧后，又开启了一次新的合作。

东汉桓帝年间，先是外戚专权，接着宦官主政。外戚与宦官相互斗争，但贪婪、腐朽的本质高度一致，他们大肆兼并土地，疯狂卖官鬻爵，致使国势每况愈下，民不聊生，内忧外患，弊窦丛生。面对这样的局面，一群有良知的士大夫痛彻心扉，拍案而起，担着身家性命，与外戚、宦官集团展开了一场轰轰烈烈、艰苦卓绝、可歌可泣的斗争，陈蕃就是其中的灵魂人物。

陈蕃，字仲举，汝南郡平舆（今驻马店市平舆县）人，东汉时期名臣，与窦武、刘淑合称“三君”。少年时便有大志，被举为孝廉。从郎中做起，一直做到太傅，名列三公。他一方面为政严峻，百官敬畏；一方面又爱民如子，视民如伤，深受天下百姓和士大夫阶层的拥戴。他一生都在抗外戚，斗宦官，谏皇帝，宦海沉浮，五起五落。灵帝初年，大宦官王甫、曹节等矫诏作乱，劫持灵帝、太后，诛杀大臣。陈蕃率部属、门生80余人奋起抵抗，壮烈牺牲。从此，东汉彻底陷入混乱，走向分崩离析。《后汉书》评价陈蕃等，“汉室乱而不亡，百余年间，数公之力也”。

与陈蕃同时期还有一位名臣叫李膺，字元礼。二人堪称东汉末年黑暗夜空的双子星座，世人莫辩高下。蔡邕评价二人：“陈仲举强于犯上，李元礼严于摄下。犯上难，摄下易。”认为陈蕃应在李膺之上。可见，敢于犯颜直谏是陈蕃的最大特点。众所周知，唐代魏征是有名的诤臣，但他对于唐太宗多采取迂回战术，谏得很有艺术性；而陈蕃对汉桓帝，包括窦太后、汉灵帝，则是正面强攻，直来直去。在《陈蕃》剧中，我们就多次写到他对汉桓帝痛陈时弊，直斥当时“狱由怨起，爵以贿成”的腐败现实，并发出“夫不有臭秽，则苍蝇不飞”这样的发人深省的警世之言；他指责汉桓帝“杜塞天下之口，聋盲一世之人，与秦焚书坑儒，何以为异？”“今陛下临政，先诛忠贤。遇善何薄，待恶何优！”特别是他力请惩治王甫、曹节等大奸巨贪时，完全是置个人生死于度外。

对邪恶势力零容忍的内在动力，是源于他对黎民百姓的爱，对国家社稷的情。我们在剧中用大量的笔墨刻画了陈蕃亲民爱民、勇于担当的精神。查访途中，看到满目疮痍，百姓流离失所，他“触目惊心魂欲断，不由心中起疑团，这哪像政通人和太平景？似曾见颂歌声中血斑斑”；闻听贪官草菅人命，百姓蒙屈衔冤，他怒发冲冠，“此案我若不去管，怎忍百姓衔奇冤，乡亲仍将受蹂躏，贪官还要继续贪，此案定要查到底，还百姓一片朗朗天”！通过明察暗访，陈蕃发现陵桂民不聊生，怨声载道，所谓“反贼”均为衔冤百姓，并查出地方官吏勾结大宦官王甫、曹节私分朝廷赈灾款，草菅人命、杀人灭口的累累罪行。陈蕃以挽江山于既倒，扶大厦于将倾的气概，誓要惩恶肃贪。然而，汉桓帝的首鼠两端使得陈蕃的愿望成为泡影。汉桓帝不肯纳谏，放虎归山，终成大患。陈蕃以死殉节，东汉走向灭亡。一个人的悲剧也正折射出一个时代的悲剧。

耿直、亲民是陈蕃的主要特征，但在该剧中，我们没有停留在这一层面，透过陈蕃的人生抉择，写出他的风骨和情操。东汉士人集团特别看重士大夫的节操，风骨凛然，他们公开宣扬“以天下名教是非为己任”，品评时政与当时人物的“清议”蔚为壮观，在朝野上形成了巨大的舆论力量。陈蕃正是以“忠清直亮”的风骨，挺起了伟岸的脊梁，为东汉筑起一座抵挡溃败的堤坝。这是我们民族的宝贵的精神财富，也是这个时代稀缺的品质。

其他人物我们也注重表现其复杂性，比如剧中的汉桓帝，他曾对陈蕃吐露心扉，诉说自己年少登基，在大将军梁冀淫威之下仰其鼻息、受尽屈辱的不堪过往。是诸位宦官帮助他一举剪灭梁冀集团，有恩于他，故不忍杀戮。这样的汉桓帝有血有肉，有自己的内心世界，没有落入传统模式下“昏君”的窠臼。

好的历史剧应当具有强烈的现实意义，能够揭示出历史发展的规律，穿越历史，烛照时代，对社会、人生产生启迪；同时在艺术上也要有创新突破，源于历史又不拘于历史，由历史事件、历史人物升华为艺术情节、艺术形象。该剧立上舞台后，受到广大观众的热烈欢迎，先后荣获黄河戏剧节金奖、河南省“文华大奖”，并被省纪委评选为“清风中原”廉政题材优秀剧目，在全省开展巡演。饰演陈蕃的优秀青年演员张淑慧被誉为当代豫剧“第一女须生”。应中国戏剧家协会邀请，该剧5月15日将进京演出，希望能够得到首都观众的喜爱。

（原载《光明日报》2015-05-11）

李斯功过有新论

——《李斯评传》读后

周少川　吕亚非

李斯是与秦朝历史有着密切关系的政治家，也是颇具争议的历史人物。他辅佐秦始皇建立了我国历史上第一个统一的中央集权封建国家，制定和完善了一系列巩固统治的政治、经济措施和法律制度，在我国历史上影响极为深远。秦因暴政二世而亡，作为丞相的李斯负有一定的责任，但他最终为人所害，身死族灭的结局，也让人叹惋。李斯一生与秦王朝成败相始终，集开创之功与倾覆之责于一身。要对这样一个呈现出多重复杂性又具有深远历史影响的人物作全面研究和准确评价，是颇有难度的。尚景熙先生的《李斯评传》（以下简称《评传》）首次以评传的形式，为李斯研究贡献了一份新成果。全书24万余言，分14章，从李斯早年为郡小吏始，历叙其佐秦统一六国，建立君主专制的封建帝国等，直至最后含冤入狱，腰斩咸阳市终，并附录有李斯年表。全书结合秦王朝的兴盛与灭亡，完整地记述了李斯生平事迹，对李斯一生的功过作出了新的论断。

最近有幸拜读了《评传》，受益匪浅，感觉《评传》具有以下鲜明的特色。

一、爬梳剔抉，改旧说之偏见，实事求是，还李斯本来历史面目。

李斯虽贵为千古一相，但历来口碑不佳，毁多誉少，这大概出于《史记·李斯列传》对李斯人物形象的塑造，有些文学作品对李斯的评价更低，多以投机政客、鼠辈小人视之，历史上的李斯真是如此不堪吗？明代著名思想家李贽说：“始皇出世，李斯相之，天崩地坼，掀翻一个旧世界，是圣是魔，未可轻议”。以当今的史学视角而言，应该如何给李斯一个正确的评价呢？从以往的研究来看，虽有朱绍侯《对李斯功过的评述》等有分量的学术论文，但也有不少是延续《史记》观点的人云亦云之说。《评传》在全面搜集爬梳剔抉历史材料的基础上，为重新评价李斯的功过提出了新见解。

首先，《评传》对《史记》的记载提出了质疑。《史记》自然是秦史研究最重要的史料之一，但《史记》的脱漏篡乱也是比较严重的。由于秦政苛暴为后世诟病及司马迁的个人好恶等原因，《史记》中有关秦代的史料是存在一些问题的。不少史学家就曾对《史记》关于秦史记载提出了一些质疑，如晚清学者郭嵩焘在《史记札记》中说：“史公传李斯，历载赵高所以愚弄二世及李斯者，多近于故事传说。”史学名家吕思勉、钱穆等也指出了《李斯列传》中的诸多不可信之处。

《评传》也对《史记》有关李斯的记载提出了质疑。在本书的《序言》中，作者就明确表示不赞同司马迁“涵有个人喜恶的情绪，亦即喜之则褒，恶之则贬”的史笔。指出在秦国的政治家中，百里奚、商鞅、张仪、范雎的功劳只是使秦国一时强大，而李斯则辅佐秦始皇统一了全国，建立了完善的帝国制度，在政治、经济、文化诸领域作出了划时代贡献。但在《史记》中，百里奚等四人都是才华毕露、功绩卓著，而《李斯列传》中对其贡献仅用“斯皆有力焉”一笔略过，而以铺张的笔法大写其见鼠、辞荀、沙丘之变等经过。李斯之所以被认成阿顺苟合，罪恶多端的“仓中鼠”形象，《评传》以为“非世人误也，太史公笔赋予耳！”关于秦始皇暴政开始的时间，根据《史记·始皇本纪》的记述，秦始皇在统一六国后暴政就开始了，世皆沿用此说，但《评传》认为从史实来看，秦始皇从全国统一至始皇三十二年的前半年，并未推行暴政，而是励精图治的。在此期间，秦始皇废分封，行郡县，统一度量衡，还曾赐爵一级，赐黔首六石米两双羊，在出土的《云梦秦简》中，有秦王朝颁发的《为吏之道》，其中要求官吏“严刚勿暴，廉而毋刖，毖下毋陵，敬上毋犯，审知民能，善度民力”。以上所述，都看不到暴政的气氛。秦始皇三十二年下半年，方士卢生奏录图书曰“亡秦者胡也”，秦始皇发兵三十万北击匈奴，暴政才从此开始，接著便是征百越、修长城、筑离宫、作骊山墓、焚书、坑儒。对于秦始皇推行暴政期间，李斯的地位和态度，《评传》也有自己的看法。《史记》以为李斯“严威酷刑”，是秦始皇的帮凶。《评传》却认为秦始皇推行暴政期间，“专任狱吏，狱吏得亲幸”。李斯虽贵为丞相，但却不是用事大臣，用事大臣是统属狱吏的御史大夫。对于秦始皇的暴政，李斯的态度是有一个变化过程的。最初是谏阻，《史记·平津侯主父列传》载秦始皇“务胜不休，欲攻匈奴，李斯谏曰：不可……胜必杀之，非民父母也。靡弊中国，快心匈奴，非长策也。”然不为秦始皇采纳。秦朝暴政开始后，始皇高度独裁，不听谏阻，于是身为丞相的李斯，只能承办具体任务，有所规辩也要依照秦始皇的心思和要求。《史记》说李斯“不务明政”，《评传》以为不然。统一六国后，李斯为相期间的治国政策，是采纳古代政治之精华，吸收六国之长而制订的。这点从社会行为法则和礼仪规范的制订，便可窥见一斑。《史记·礼书》言“至秦有天下，悉内六国礼仪，采择其善，虽不合圣制，其尊君抑臣，朝廷济济，依古以来”。《评传》认为“李斯的治国方略应是在‘因时而治’的原则下，‘法今’、‘师古’，选用有益于国的实施。”如废分封，行郡县，尚农抑末等等。

其次，《评传》充分肯定了李斯的历史功绩。《史记·李斯列传》对李斯的贡献评价不高，《评传》则搜集相关史料，结合《始皇本纪》等篇章，对李斯一生的历史功绩作出充分的肯定。

作者指出在秦的统一战争中，李斯为用事大臣，掌握枢纽，是整个战局的操纵者。早在李斯入秦时，就提出了重金收买六国大臣、刺杀不为秦所用者、最后军事进攻的统一三大步骤。前两步的游说、间谍、颠覆活动，打乱了诸侯国的计划，为统一战争制造了有利条件。在军事行动中，李斯又“阴修甲兵、饰政教”，推行“官斗士，尊功臣，盛其爵禄”的军事爵制，积极提高战斗力量。借着李斯的有力举措，在统一战争中，秦终得以“胁韩弱魏，破燕、赵，夷齐、楚，卒兼六国，虏其王”。因此作者盛称：“李斯是秦国间谍机构与在六国进行离间颠覆活动的掌握者与运作者，也是军事的主要经管与策划人。”《评传》指出统一六国后，李斯为秦朝国家制度的建设奉献了九大业绩。又归纳了李斯废分封，行郡县；立法度，以法治国；尚农抑末，大力发展农业经济；缓刑、薄赋、均徭；推行封建人伦，整顿不良习俗；上下同心，协力经营等六大治国方略。作者认为：“以上李斯的治国方略，加上统一六国的策略，窃以为即李斯的帝王之术的整个内涵，亦即建立统一的封建帝国的具体措施。通过这些具体措施的实施，达到社会安定，天下咸服与庶民安居乐业的目的。”从而实事求是地评价了李斯在秦朝统一、建国、治国的一系列重要历史贡献。

其三，《评传》也对李斯的一些做法提出了批评。对于李斯一些错误的做法，在本书的第十至十三章也进行了具体分析，作出批评。始皇三十四年，秦始皇置酒咸阳宫，百官祝寿，淳于越继王绾之后再次建议秦始皇分封诸弟子。秦始皇下丞相议，李斯驳斥了淳于越；并且建议禁私学，焚《诗》、《书》，以法为教，以吏为师，使秦代的文化专制政策达到顶峰。《评传》批评了焚书的恶劣行径，否定李斯无原则应合秦始皇的奴性态度。始皇在三十七年病死于沙丘，赵高胁迫李斯拥立胡亥为太子。《评传》以为从《史记》记载来看，李斯确实恋爵禄、护子孙，在与恶势力的斗争中，瞻前顾后，软弱无力，终于屈服赵高，同意帮助胡亥即位，最后冤杀扶苏、蒙氏兄弟，一步步成为赵高的傀儡和帮凶。陈胜、吴广揭竿而起；李斯进谏，被二世下狱。为保禄位性命，他阿二世之意而上《督责书》，怂恿二世继续施行严刑酷法，而且变本加厉。《评传》以为李斯的难处虽然可以理解，但一个人在最危险最困难的时候才显示出节操之高下，与自杀的冯劫、冯去疾相比，李斯大为逊色。作者指出："他为了保身保家保子孙竟达到如此程度，是应该严厉批判的。"

二、勾稽索隐，赋予李斯丰满的历史形象，展现跌宕起伏的秦朝兴衰史。

《评传》一书多方勾稽史料，在《史记·李斯列传》的基础上，详细陈述史实，赋予了李斯丰满的历史形象。是书前六章按早年为郡小吏，师事荀卿，入秦献策，谏逐客，韩非之秦朝，统一六国等大事各为一章，记述了李斯在秦统一过程中所发挥的重大作用。第七至九章分述中央集权君主专制国家的建立，建设帝国的九大业绩及任相期间的治国方略，集中表彰了李斯在建设、治理国家方面的贡献。第十至十四章分述始皇暴政，政权黄昏，沙丘政变，李斯身死而秦亡，系统分析了秦王朝的衰亡与李斯的悲惨结局。全书按章节标题，纲举目张，使得李斯的生平事迹具体清晰，是非功过，一目了然。

例如，在辅佐秦王政统一的过程中，《史记》本传只是概括地提到李斯说秦王灭六国成帝业，献计"阴遣谋士赍持金玉以游说诸侯。诸侯名士可下以财者，厚遗结之；不肯者，利剑刺之。离其君臣之计，秦王乃使其良将随其后。"。然并未叙其具体内容。《评传》结合《史记》在其他篇目的相关记载，将离间六国的史实一一表出。如：魏公子信陵君曾两败秦军，威震天下，"秦王患之，乃行金万斤于魏，求晋鄙客，令毁公子于魏王……秦数使反间，伪贺公子得立为魏王未也。魏王日闻其毁，不能不信，后果使人代公子将。公子自知再以毁废，乃谢病不朝，与宾客为长夜饮，饮醇酒，多近妇女。日夜为长饮者四岁，竟病酒而卒……秦闻公子死，使蒙骜攻魏，拔二十城，初置东郡。其后秦稍蚕食魏，十八岁而虏魏王，屠大梁。"赵武安君李牧数却秦军："秦多与赵王宠臣郭开金，为反间，言李牧、司马尚欲反。赵王乃使赵葱及齐将颜聚代李牧。李牧不受命，赵使人微捕得李牧，斩之。废司马尚。后三月，王翦因急击赵，大破杀赵葱，虏赵王迁及其将颜聚，遂灭赵。"为确保在与其他五国争战时，齐国不插手，"后胜相齐，多受秦间金，多使宾客入秦。秦又多予金，客皆为反间，劝王去从秦。不修攻战之备，不助五国攻秦，秦以故得灭五国。"而"五国已亡，秦兵卒入临淄，民莫敢格者。王建遂降，迁于共。"如此则李斯所献计谋在秦统一六国战争中的作用就显得十分突出。

与统一过程中的作用相比，在建立和建设秦帝国的过程中，李斯发挥了更重要的作用。在实行分封制还是郡县制的廷议中，李斯力排众议，推行郡县制度，加强了中央集权。正如《评传》所言"秦始皇采纳李斯废分封、行郡县的建议，朝廷通过三公九卿直接控制郡、县、乡、里，就建立起了十分严密的统治体制。这一统治体制，不但用于秦代，并为历代的封建王朝所采用。"对于李斯废分封、行郡县之功，《史记》在《始皇本纪》《李斯列传》虽有重点表述；然而对李斯在其他方面的贡献，则只用"明法度，定律令，皆以始皇起。同文书。治离宫别馆，周遍天下。明年，又巡狩，外攘四夷，斯皆有力焉"之说一语带过。《评传》则汇辑史料，分别记述了李斯在秦帝国的建设中，参与主持了管制反秦残余势力，销毁天下兵器；明法度、定律令；统一度量衡、车轨、钱币和文字；修驰道、疏交通；夷城郭、通川防、平覆地形；尊大臣、盛爵禄、加强朝廷团结等各项措施的制定和实施。这一系列举措，从政治、经济、文化等方面巩固和加强了秦王朝的统治，也奠定了两千多年的封建制度。此外，秦帝国建立之后刻石记功，刻石的撰文与篆书皆李斯所为，他的小篆书法，成为传国珍宝、百世法式而影响深远，这些刻石及玺符对于研究李斯以及秦朝历史也有重要意义。李斯为相期间，还推行了一系列治国方略，有力促进了秦王朝初期的稳定和发展。《评传》具体叙述了李斯在建设秦王朝过程中发挥的作用，使得李斯事迹更加清晰明了，深入人心，千古一相的形象跃然纸上。

全书以李斯为中心，对各个时期对于李斯人生道路有重大影响的相关人物，如荀卿、吕不韦、韩非、赵高等记述甚详；对于兼并统一进程，事关各国兴亡的重大历史事件也都有详细叙述。一部《评传》抵得上一部战国末期和秦王朝的兴亡史，显得十分厚重。这一方面固然是由于李斯在秦王朝的重要作用所决定，一方面也与作者的辛勤努力是分不开的。

三、深入考辨，对若干历史问题提出自己的独立见解。

《李斯列传》起首便有一段轶事，李斯见厕中鼠与仓中鼠境遇之不同，乃叹曰："人之贤不肖譬如鼠矣，在所自处耳。"历来皆以为这是李斯的"老鼠哲学"，是李斯不顾一切追逐名利的真实写照。《评传》却认为："李斯要使自己做出一番事业，成为一个贤能有为的人……应是要有一个使自己能够做出一番事业的良好环境。"应该说，李斯有很强烈的事功思想，有建功立业的愿望，事实也证明他也具有这方面的才能，建立了不朽的功业。事功思想是战国时期士阶层的普遍风尚，如果简单的归之为追逐名利、利己主义，未免有些不合实际。

对于韩非之死，《史记·老子韩非列传》认为是李斯嫉妒、陷害而毒杀。然同传中又记"人或传其书至秦。秦王见孤愤、五蠹之书，曰：'嗟乎，寡人得见此人与之游，死不恨矣！'李斯曰：'此韩非之所著书也。秦因急攻韩。韩王始不用非，及急，乃遣非使秦。"这里面的"人或传其书至秦"者，《评传》以为即是李斯，不然秦始皇读书喟叹的时候，李斯何以知道此乃韩非所著，可见是李斯有意向秦王举荐韩非的。即妒之，又荐之，这是非常矛盾的。即使李斯后来在存韩取韩的同题上与韩非意见相左，也不至于一定要置之死地。何况对于这个秦王曾经渴望相见的人，如果没有秦王的命令，李斯怎敢擅自杀害？如果韩非为李斯所药杀，则后来秦王悔之的时候，发现韩非竟在狱中中毒而死，也断不会就此了事而不追查。《评传》以为韩非之死，是因他与姚贾的矛盾及存韩的用心造成的。作者指出："韩非在韩十年怀才不遇，并与韩王搞得很僵；入秦后，为了存韩劝秦王政攻赵，又诽谤刚为秦立过大功的姚贾，结果被杀。"

关于沙丘之变，《史记》载"七月丙寅，始皇崩于沙丘平台"；"行，遂从井陉抵九原"；"行从直道至咸阳，发丧。太子胡亥袭位，为二世皇帝"。《评传》以为读后不能不使人怀疑。首先，秦始皇死的地点可能不是沙丘。作者以为"当时从沙丘至咸阳，应该由今豫北渡黄河，经洛阳，入函谷，怎么却北上井陉、九原，到达塞北，行程一千余里，时间达两个月之久呢？”这与李斯“得时无怠”的主张不符，秦始皇很可能病死在上郡或咸阳。其次，胡亥为二世皇帝也可能是秦始皇诏谕，而非篡夺。作者以为扶苏谏坑儒，始皇使其监军于上郡，此后再未提过扶苏，皇帝出巡，也没有召回扶苏留守咸阳，况胡亥又为秦始皇爱子。因此“赐扶苏玺书还是个谜，不能视为真有其事”。

《评传》有上述诸多优点，与作者早年曾参加《李斯文集》的编纂（即后来出版的《李斯集辑注》），积累了丰富的材料密切相关。又因作者为上蔡人，与李斯同乡，故得以游村越野，寻找遗迹，搜集传说，增加一些关于李斯的见翻资料，可谓得他人所未得。诚然，《评传》也存在诸如目前学界已有的李斯研究成果未能充分利用，对李斯的思想分析仍显不足等缺憾。然而，应该特别提出的是，在参加《李斯文集》编纂四十年之后，尚景熙先生仍以古稀之年，发奋开始《李斯评传》的撰稿。在县城文献资料查阅十分不便的情况下，他孜孜矻矻，年届九旬而终成此书。这种活到老学到老，矢志不渝的精神，不仅令人感佩不已，也将成为激励后学不断求学术进步的动力。

（原载 2014 年《历史文献研究》）

《重阳文化》序言

高有鹏

盛世修文，古今皆然。时值河南省大力推行华夏文明传承与创新区建设之际，由黄淮学院天中历史文化研究所组织编写的《重阳文化》一书，历经两年的苦心研究，终于封笔付梓。这是黄淮学院在文化建设方面取得的一个可喜硕果，更是驻马店市当代文化建设的一大收获。

九九重阳节，一个有地点出处的传统节日，肇始于人文厚重的古蔡之地。东汉桓景与费长房“九月九登高避难”故事，成就重阳这一传统佳节；自此以降，每逢重阳，上至官宦，下至百姓，或朋友相邀，或举家相携，郊游登高、观秋赏菊、佩戴茱萸、食重阳糕、饮菊花酒……大人登高歌赋，小儿风筝嬉戏，男人高朋宴会，女人赏菊戴囊，千般民风，万般童趣，其乐也融融，其趣也陶陶！重阳节自上蔡产生后，流布河南，流布中原，流布全国，流布世界，它以其浓厚的文化底蕴和多姿多彩的节日习俗给世人带来无限的浪漫与快乐！这是重阳文化的起源地上蔡县为祖国传统文化做出的一大贡献。

上蔡县是千年古县，是文化大县，有着悠久的历史和灿烂的文化。史志载：“汝旁之国，惟蔡俗为近古，重礼义，敦俭朴，犹有先王之遗风”。东方人文始祖伏羲氏在此创先天八卦，实为当世天下最先进的科学文化，“蔡”字本义，草字头即当地盛产之“蓍草”，“祭”即当地出产的“白龟”，蓍草与白龟正是古代占卜和先天八卦创立的必备材料，当今上蔡仍有“白龟庙”，历经两千余年风风雨雨仍然顽强存世，并在默默无闻中向世人诉说着：这里是华夏文明的重要发祥地之一！公元前 11 世纪，周武王封其弟叔度于蔡，建立蔡国，史称蔡。后来由于诸侯争霸，蔡国屡迁河南新蔡、江西上高、安徽凤台等地，上蔡，即“尚蔡”，先祖之地也。蔡氏诸侯，武功纵横五百载，文德垂流三千年，天下蔡姓一家亲，血脉亲情源上蔡！孔子当年周游列国，曾在蔡岗“被厄于陈、蔡之间，愤而作《春秋》”。当年围攻孔子师徒之人即上蔡桓氏大族（重阳节创立者桓景为其后裔），桓氏族人并非有意加害孔子，实则欲阻止孔子南下出任楚国令尹（即相国），使中原诸侯免遭楚国内侵。后人不知实情，曲解历史，蔡人冤矣！孔门七十二贤，上蔡有五位；漆雕开为孔门大弟子，传《尚书》学第一人，开后来“思孟学派”之先河；孔子死后，儒学一分为八，号“儒家八派”，漆雕氏为其中之一派，上蔡先贤为我国儒家思想的创立做出过杰出贡献！秦始皇统一中国，被公认为“影响世界的 100 位历史伟人”，其中最得益于上蔡人李斯。是李斯辅助嬴政统一全国、废除分封、实行郡县、统一文字，实现国家大一统。两汉时期，上蔡有“通明相”翟方进、“中国经济史第一人”《盐铁论》著者桓宽、“天下第一方术士”费长房。两汉以降，上蔡人刘隐于唐末社会动乱之际率蔡州兵南下，在广州建立南汉国；北宋“上蔡先生”谢良佐位列程门四大弟子之首，被认为是“程朱理学”的承前启后者……古蔡之地，物华天宝，人才辈出，文功武治，群星灿烂。

做史容易，做文化难。以前，人们一提起重阳节，仅仅知道桓景与费长房故事、重阳诗词以及登高、辟邪、赏菊、佩茱萸、食重阳糕五大重阳核心民俗要素，对重阳其他内涵则相对陌生。重阳佳节有着悠久的历史，其实质在于太阳崇拜，人们崇拜亲情、友情，增进友谊，健康体魄，留下许多生动的传说故事。纵观全书，突出特点有四：一是观点新，如论述重阳节的来历，作者提出“重阳节是古汝河孕育的传统节日，是道家文化孕育的传统节日”，给人耳目一新；二是材料新，本著所引用资料，并没有局限河南一省一地，而是参考查阅全国其他省份众多府志、县志以及古今重阳节研究成果，使所有结论都建立在扎实的论据之上，如通过新材料发掘，发现重阳节除登高、辟邪、赏菊、佩茱萸、食重阳糕五大重阳核心民俗外，在饮食文化上还有吃重阳粽、重阳面、重阳糍粑、重阳粥、螃蟹、柿子、煎饼、新豆、南瓜、芝麻糖、牛肉、素食，喝金银花茶、缸面子酒等等；在祭祀文化上还有祭祀元帝、太上老君、火神、太阳公公、斗姆、王母娘娘、眼光奶奶、九皇爷、土地神、田神、山神、家虎、狐仙、鸡冠大王、城隍神、财神、灶神、染布缸神、酒神、妈祖、黄帝、炎帝、老子、关羽、范仲淹、岑参、陈旭等等；在重阳杂俗上还有放风筝、踢毽子、唤黄雀、赛跑、赛马、斗牛、赛船、赛箭、赛摔跤、赛爬杆、学生放假、妇女休息等等，这就大大开阔了人们对重阳文化的认知视野；三是理念新，本著没有就事论事，而是史论结合，突出以学育人、以文化人的咨政观，如论述重阳尊老文化，就明确提出“国家应通过法律确定重阳节为法定节假日”的新理念，很值得政府与社会重视；如提出重阳文化资源的开发与利用，很值得上蔡县资政借鉴。四是研究力度深，作者没有平铺直叙重阳民风民俗，而是从重阳与上蔡、重阳与郊游文化、重阳与酒文化、重阳与饮食文化、重阳与辟邪文化、重阳与女性文化、重阳与尊老文化等多角度对重阳节展开全方位、深层次理论研究，这就进一步拓宽了重阳文化的研究领域，使重阳文化研究大大向前推进一步。当今中国已经步入老年社会，重阳节又是唯一的一个“老人节”，相信重阳节不会永远沉寂下去，也相信会有越来越多的人注重《重阳文化》著作的社会价值。

所谓“文”，美也，善也；所谓“化”，变也，生也。文化就是用美好的风尚和精神去影响人、教化人、感化人，使社会变得更加和谐与美好。华夏文明传承与创新区已建设有年，政府搭台、学者唱戏、民众听戏“三位一体”合作共建地方传统特色文化，不失为地方文化建设的一种好体制；集中高校专家与地方合作共建地方传统特色文化，不失为地方文化建设的一种好机制。中华文化积淀着中华民族最深沉的精神追求，是中华民族生生不息、发展壮大的丰厚滋养；中华优秀传统文化是中华民族的突出优势，是我们最深厚的文化软实力。上蔡县传统文化的厚重与博大精深，无时无刻不散发着一股令人难以拒绝的魅力，总会让人产生一种无名的敬重感。沐浴传统文化的香辉,加强传统文化的普及与宣传，对于今天的社会而言，对于新时代的每一个华夏子孙，仍然具有深远而特殊的教育意义，值得我们广泛地借鉴，深刻地学习。上蔡县作为中国重阳文化之乡、全国科技进步先进县，众多文化资源需要深度发掘，以提高古蔡文化品位，提高上蔡文化软实力，为上蔡新时期经济建设和社会发展注入活力与动力。上蔡崛起，文化先行，热切渴望国内外专家学者，一如《重阳文化》科研团队一样，为弘扬传统文化，为建设富强、文明、平安、美丽的上蔡建言献策。

祝福上蔡，祝福天下，如重阳的阳光和煦温暖。

（原载 2015 年 10 月河南人民出版社《重阳文化》）

通　讯

平凡的咏叹

——追记在深圳火海救人英勇牺牲的河南小伙儿李到信

《河南日报》记者　侯　皓

一

这一次，“好人之城”驻马店又很伤心。

三年前，农民李国喜跳进冰河救人，用自己的命换了一家三口的命。走的时候，好多人去送他，没有几个不抹泪的……

两年前，海警张旭探亲回家，山洪中救起落水老乡，自己却被冲跑了。他的灵堂内外，人都挤不动，哭声传出几里地……

现如今，保安李到信魂归故里，在深圳火海救人的他就剩下一盒骨灰，9 岁的儿子给抱着，深圳的人千里相送，家乡的人倾城泪迎。遗像上，他阳光帅气，谁看了心里都不落忍……

他们曾经都是咱身边的普通人，但后来成为人们怀念的英雄。

他们都做着平凡的事，但在生命尽头迸发出耀眼的人性光辉。

许多人觉得，每当“好人之城”从痛哭中昂起头，都会变得比以前更有光彩、更有感召力。

二

“那天下午风很大。”深圳市龙岗区阳基新天地家园物业主管石曹涛回忆说。

2015 年 2 月 14 日是个周末，既赶上西方的情人节，也到了咱们的年根儿，再有 4 天就过年。

小区的楼里，一层能住四户，挨得很近，过道也窄。15 层过火的那家是租户，因忘拔电器起了火，当时人不在，但第一时间冲上去救人的李到信不知道。

石曹涛和几个保安说起这个事就直摇头，“李到信拿的是灭火器、消防斧，还有十楼的业主韩汉斌和保安陈俊良也跟着往上跑，他们是怕房间里困着人。”

“我们保安每周都有消防演练，可那不是为了救火，而是练习侦查火情、疏散人员，给消防队救火争取时间。”石曹涛叹息地说，要是早知道房里没人，李到信说不定就不会牺牲，消防队离这儿很近，几分钟就能赶到。

当时，砸门声惊动了 15 楼 D 座的业主由远志，他一开门就认出了那个曾经帮他搬过家的保安李到信。

“他和另一个人在最前面砸门，后面几个人离得远点。”由远志说，楼道里起初很平静，不像出了事，直到门被破开的一瞬间，他才发现判断失误，对火海的想象被全部激活。

屋内的明火与穿堂的强风刚一接触，陡然间就变成一个肆虐的狂魔，浓烟裹着灼热的气浪一下淹没了楼道，本想上去帮忙的由远志下意识地关上了门，因为他一岁多的女儿正在家中熟睡。但就在关门的那一刻，他看到了冲进火场的李到信的背影……

两个多月后，由远志家的楼道墙壁上还是一片焦黑的狼藉，这很容易勾起他的回忆。站在楼道中，由远志说:“当时我和李到信前后只有几米的距离，现在离得就远了。”

他忘不了李到信义无反顾的背影。

那一天，英雄和普通人之间的距离真的很近。

三

李到信也有个一岁的儿子，比由远志的女儿只大三天。他只在儿子出生时，陪了妻儿十多天，就又赶回深圳打工。

他既是两个孩子的父亲，又是家中的独子，老的小的都得靠他。原本李到信的父亲李久周很能干，可现在，他腰椎间盘疼得厉害，连地里的活都扛不动。

李到信的家在驻马店西平县吕店乡烟墩村，家里日子过得挺难。堂屋里除了有面大镜子，三个旧沙发，一溜破柜子，连个电视都没看见。这主要是前些年，李到信得了肾病综合征，家里东挪西借，折腾进去快 40 万元。他的妻子于克敏先在外面打工，李到信病刚有起色，夫妻俩就一起干，全家省吃俭用了 10 年，可到他出事时还差几万元欠款没还完……

“发生火灾的那个下午，李到信不值班，他正在宿舍中休息。”石曹涛说，他完全有理由不上去。

有一位小区的业主私下对记者说：“保安一个月只挣 3000 块的工资，就是给 3 万，也不用这么拼。”

在西平县杨庄高中，学习李到信英雄事迹的主题班会上，几个小伙伴为了一个问题争论起来——危难来临时，李到信的行动是出于本能，还是经历抉择？

“这个重要吗？”高二年级 27 班的于江杰说，事实是李到信第一个奋不顾身地冲向火场，而他身后，1 岁的宝宝还没有学会叫爸爸。教室里沉默了，不知是谁先哭出了声。

主题班会后，全校学生自觉来到操场，在向英雄李到信学习的大红布上庄严地签下自己的名字。夕阳把这些年轻的脸庞映得红彤彤的。

四

这几天，美国科幻英雄大片《复仇者联盟 2》正在国内热映。钢铁侠、绿巨人、雷神……剧中的美国英雄帅气狂野，各具异能，炫目的视觉特效让人眼花缭乱。

荧幕上的英雄可以天马行空，而现实中的英雄却有血有泪。

当新天地家园的火灾被消防队扑灭的时侯，消防员背出了奄奄一息的李到信。

“他就像一个非洲人。”有目击的业主说。

深圳市第二人民医院的杨维琦是李到信的主治医生，他说：“一个人的烧伤面积达到 30% 就有生命危险，而李到信入院时烧伤面积达到 50%，再加上有重度吸入性损伤，当时能抢救过来已属不易。”

在医院的那两个月里，英雄李到信又变回了一个凡人。

“换药时，他也疼得受不了。”杨维琦说，深度烧伤的创面是长不好的，必须植皮，而每天两个小时的换药时间最难熬。纱布直接从肉上揭下来，血流不止，靠按压无法止血，需要缝扎。

“用碘伏消毒时，李到信实在忍不住了，就要求我们为他换一种刺激性小点的药。”杨大夫说，有时还要打止疼针。

他也会紧张，有时情绪很低沉。杨维琦说，后来我们每周允许家人探视两次，他的精神渐渐好了许多。

李到信的母亲李桂英说：“毛毛（李到信小名）看到我们哭，他也流泪，我们后来就不敢在他面前哭了，安慰他说，毛毛你会好起来的，他虽然点头，但是我知道，他心里还是放不下我们。”

“他的求生欲望很强。”杨维琦说，医院知道他是救火英雄，为他组织了最好的医疗团队，还请来全国的专家进行会诊。

然而从 4 月 4 日开始，已经长好了 15% 创面的李到信病情突然恶化，陷入昏迷。杨维琦说，10 天时间里，我们抢救了 10 次，最终李到信全身多器官衰竭，4 月 14 日凌晨 3 点，他还是走了。

“病情好转那时候，电视台还去采访他，问以后遇到这种情况你还会不会去救人，毛毛就说还救。”李久周说，“我跟他妈是在电视里看的，俺俩就给那儿哭，医生没跟他说，跟我说了，他就是能出院，俩胳膊也再抬不起来了，还咋救人？”

李久周喃喃地说：“那也中啊，活着就中，人走嘞太早了……”

五

毛毛走了。乡亲们都接受不了——

那个从小热爱劳动，主动打扫学校厕所的小学生真的走了吗？

那个帮残疾同学打饭，为他成立帮扶小组的班干部真的走了吗？

那个打小就不说脏话，没跟人红过脸的好哥们真的走了吗？

那个亲切地喊着大爷，帮着大家干农活的热心孩子真的走了吗？

那个没事就给邻居帮忙，招呼进家也不进的阳光男孩真的走了吗？

那个一起去参军，在连队能吃苦、心肠好，带领班里战士各项工作争先进的班长老大哥真的走了吗？

……

村民赵胜云说：“只要是找毛毛帮忙，他都会搭把手。”

村民张全福说：“2007 年我四岁的小侄子掉水坑里，毛毛二话没说就跳下去救，救火的事他肯定做得出来。”

邻居王娥说：“毛毛真好啊，他一家子人都好，1975 年村里发大水，半截墙头都没剩下，他爹久周干过泥瓦匠，谁家的房子没给盖过？他腰就是那时落下的病根。听说毛毛这事，我没少哭，心里不得劲啊。”

走进李到信家的院子，看见他妻子于克敏抱着一岁的娃站在屋檐底下，那悲戚的神色，让记者想问的问题都问不出口，就陪着她站着，她自己在那说，那年到信还在家养病，她在外打工，到信不知从哪弄了两条鱼，硬是在家养了快俩月，等她过年回来，到信专门做了红烧鱼给她吃……在医院躺着时，到信还说，要可去给爷爷立碑，还要给奶奶过 80 大寿……

还有啥，听不清楚。记者临走时，她突然说，“现在我就想着把两个孩儿养好。”这句话在场的人都听清了。

六

李到信走了。社会上有许多人都伸来援手。

“不能让英雄有后顾之忧啊！”深圳市河南商会副会长李超说出了大家的心声。

李到信住院期间的巨额医疗费有人出；李到信家的法律援助有人主动做；李到信的后事家乡人和深圳人一起办。

河南省政府驻深圳办事处、驻马店市委市政府、西平县委县政府，“家里人”都赶来慰问……

李到信生前工作过的单位、街道办事处、龙岗区委、深圳市见义勇为基金会，出钱又出力……

在深圳市的河南老乡，中原大联盟、深圳市河南商会、西平商会等组织的人们，就像是在办自己家的事……

“目前，李到信93万的工伤保险，已经有80万赔付到位，剩下的今年年底前也能付清。”为李到信家进行义务法律援助的邵卫国律师说，另外，还有几十万的社会捐款也都送到了英雄家人的手中。

正在筹办西平商会的黄建鑫告诉记者，当他们得知家乡人李到信的事迹后，感到很悲痛，也感到很提气。他说，“目前我们西平商会还没筹备好，但对李到信家的长期关爱小组已经成立。我们会定期赶赴李到信家，无论是他爱人的工作还是孩子的学业，都要管到底。”

得知李超的公司也想解决李到信两个孩子的上学问题，黄建鑫很兴奋，“大家都想到一块去了，我们下来后要一起好好商量商量，一定要把好事办好，让英雄安息，把英雄的精神传承下去。”

七

英雄李到信走了，把生命定格在31岁，那个如夏花般绚烂的年纪，但他留下的东西更多。

采访中，记者遇见了两个李到信的同龄人。

董向娜，杨庄高中的地理老师。她说：“一直以为英雄很遥远，没想到英雄就在身边，还是我的同龄人。以前总想着干大事才能当英雄，可一听李到信的事迹，除了救火那次，李到信更多的时候就是一个平凡的好人。”

“在平凡的岗位上，做力所能及的事，也能向社会播撒爱。”董向娜问我，“是不是这样呢？”一时间，她倒像是记者，我内心却有些慌乱。

由远志，就是火灾那天的亲历者，正好也是31岁。

他说：“李到信真的是个英雄，我时常怀念他，每次想到他，我就想多做一些事，参加更多的社会服务。”

由远志是慈善组织狮子会中山服务队的义工。接受采访的那天，他就穿着服务队明黄的T恤衫。

帮助白内障患者，捐资助学，筹集善款……那天我们聊了好多他所参加的社会活动。“还远远不够啊！”由远志说着又把目光投向了不远处那间出事的房门。

（原载《河南日报》2015-05-19）

散　文

父亲是我最崇拜的人

施一公

常常有学生和朋友问我：这辈子你崇拜过谁？我过去48年唯一崇拜的人是我的父亲。在我的生命中，父亲对我产生了至关重要的影响。

我的籍贯是云南省大姚县，是我爷爷施平的出生地。爷爷年轻时就接受了革命思想的熏陶，后来离开了云南，就读于浙江大学农学院，在那里与我的奶奶杨琳相爱并结婚。奶奶是当时杭州进步学生革命活动的主要组织者之一，并因此被国民党政府判定是共产党员而被捕入狱；1935年1月5日，我的父亲出生在浙江省杭州市，出生后18天，他的母亲就牺牲在国民党的监狱里；为了纪念和怀念奶奶，爷爷给父亲起名施怀琳。

爷爷随后投身革命、参加抗战，无暇照顾我的父亲，只能把他托付给亲戚朋友抚养长大。一直到新中国成立后，爷爷四处打听，才辗转在云南老家找到我的父亲，并把他接到北京身边。父亲从出生就命苦，可以说没有真正见到过生母，而直到长大成人后才与生父第一次团聚。

父亲是在哈尔滨工业大学读的本科，母亲在北京矿业学院读书，都是上世纪50年代的大学生。1962年，父亲大学毕业后分配到河南省电力工业局，次年母亲也从焦作矿业学院调到郑州，与父亲在同一个单位工作。1967年5月5日，我出生在河南郑州，有两个姐姐和一个哥哥。那时正好赶上河南省“文革”的高潮，就是武斗开始，所以我母亲在找医院的时候都非常周折，好不容易找到了一家医院，生下了我。“文革”期间出生的孩子，大部分的名字都带有时代色彩，叫文革、卫东的有很多，父亲很希望我有一个响亮一点的名字，但是又不希望太落俗套，最后想了又想，还是取意一心为公，选择第一个字和最后一个字，“一公”，作为我的名字。父亲赋予这个名字中的寓意，在我一生中的很多重要关头，潜移默化地影响着我的选择。

从我有一点点懂事开始，就记得家里挂的一个精致的大镜框，里面是一位面带微笑的年轻女子的黑白照片，那是我奶奶大学入学时照的，每次搬家，父亲总是小心翼翼地把镜框包裹好，而每到一处、新家安顿完毕后又把照片悬挂在最显著的地方。

1969年10月底，我两岁半，跟随父母下放到河南省中南部的驻马店地区汝南县老君庙乡闫寨大队小郭庄。那时的往事，我自己当然已经不记得了，后来母亲告诉我，我们家下放的重要原因之一是受走资派爷爷的牵连和影响，“文革”期间爷爷在四人帮的监狱里被关押折磨了整整4年半。我们离开郑州的那一天，一大早就开始把收拾好的家具和行李搬到大卡车上，上午8点多就离开了郑州，父亲带着年幼的哥哥坐在驾驶室司机旁边，大姐则站在车上面，一路颠簸，开了十几个小时，才到达两百千米开外的小郭庄。因为我和二姐都还太小，跟着母亲坐火车到驻马店镇车站，下来后再乘坐汽车到公社林场与父亲的大卡车汇合，到达小郭庄的时候已经是晚上10点多了。村民已经把当地村西头上的一个牛棚腾了出来，开始味道很重，后来父亲母亲多次整改粉刷才好些；直到1972年离开小郭庄，这间牛棚成为我童年记忆里最温暖的第一个家。

后来母亲告诉我们：父亲认为我们会一辈子生活在小郭庄、不会再有机会回到省城郑州了；也许是因为这个原因吧，父亲特别认真地干农活。每天天刚蒙蒙亮，父亲就起床，背上一个箩筐，拿把小铲子，顺着小路去捡拾牛粪、用于农田施肥；白天则是到地里田间向乡亲们学习各种农活；父亲很聪明，不仅很快就熟练掌握了各种农活技能，还学会了一边撑船、一边在寨河里撒网打鱼。驻马店地处豫南，春夏季多雨，每次大雨过后，父亲都会带上大姐，两人配合到田间抓青蛙；父亲手持自制的长叉，循着声音、用手电筒的光柱照射青蛙，此时的青蛙一动不动，很容易被长叉捕获，然后扔到背着的一个带盖的小口箩筐里。在田间转一大圈下来，就会有几十只青蛙入筐;第二天，父亲会烹饪美味的田鸡宴。

我记忆中的父亲特别能干，我甚至觉得他无所不能。为了让我们住的更舒适一些，聪明的父亲弄来高粱秆、石灰、黄胶泥，把牛棚装修一新，还隔出好几个小房间。父亲是位很好的理发师，我在到清华上学以前的18年间，从没有去过理发店，总是父亲给我理发；当然，在这方面，哥哥姐姐和妈妈也靠父亲。父亲还是个很出色的裁缝，我一直到小学毕业为止几乎没有买过一件衣服，大多数是继承哥哥姐姐穿小了的衣服，而哥哥姐姐的几乎所有衣裤和我过年时偶尔惊喜获得的新衣服都是由父亲亲手裁剪缝纫的。除了剪发和裁衣，父亲还有一手好的木工手艺，会打造很美观实用的家具，20世纪70年代我们家里用的床、柜子、桌子、椅子大部分都是我父亲亲手制作的，有些家具现在仍在使用。1970年以后，父亲在全公社唯一的高中讲授数学和物理，他讲课认真而又生动，颇得学生喜爱。再后来进了城，父亲又在当地的镇机械厂带领技术人员进行硬质合金的技术革新。1977年恢复高考，他辅导表姐、表哥、大姐认真复习数理化，给他们讲解方程式、热力学，X、Y、Z……我当时一点儿都听不懂，但感觉科学真酷，这种耳濡目染的环境对我潜移默化的影响非常大。等我们回到了郑州，父亲又去郑州工学院任教，给学生讲课。再再后来又去工厂，做管理工作……

对待左邻右舍，父亲更是一生助人为乐，这是他的做人准则。到了小郭庄之后不久，父亲就成了全村90多口人的义务理发师，一年四季常常有老乡请父亲理发，逢年过节则是排队到我们家门口理发；而父亲则从来都是来者不拒、大度宽厚。我们家从郑州搬到小郭庄带去的最珍贵的一大件就是一台半新的上海牌缝纫机，这台缝纫机在当地马上出了名，父亲用它不仅负责我们全家的衣裤制作，还帮助全村的乡亲做衣服；春节前一个月，村里的乡亲大多会到镇里百货店撕上几尺布料，回来请我父亲量体裁剪，大姐和母亲也会帮忙缝纫，我则几乎天天在缝纫机踩踏旋转的规律节奏声中入睡。后来大姐告诉我，父亲每年春节前都会免费为乡亲们裁剪、制作近百件衣裤。乡亲们为了感谢我们家的帮助，常常拿来自己家里的土产，比如红薯干、豌豆角等等，我父母则还以一些白面细粮。这样久而久之，父亲不仅在村里，而且在大队和公社都开始享有名气，很受乡亲们尊重。大家有事情、有矛盾时也会找父亲来商量调解，甚至邻村乡亲结婚都会请我的父亲参加，以增添分量。

刚到小郭庄时，那里还没有通电，电线杆也只架设到光明公社和闫寨的大队部，村民们也舍不得点蜡烛和煤油灯，一般天黑以后就上床睡觉了。晚上，整个村子漆黑一片，只有看家狗偶尔汪汪叫上两声。1969年底，在征得村干部同意后，父亲带着大姐和几个乡亲，买来电线、瓷瓶，竖起一个个用树干削制而成的电线杆，把电从大队部一直引到小郭庄。小郭庄成为远近一多个村庄中第一个通电的，这在当时是件了不起的大事！

1972年夏天，父亲工作调动到驻马店地区工业局，我们也举家搬迁到驻马店镇。离开那天，几乎是全村出动、邻里乡亲都来送行，难舍难分；村里的众多孩子们则是围着搬家的解放牌卡车看来看去、爬上爬下，非常新鲜；我的母亲从集镇上买来两斤糖果，分给孩子们吃。37年之后，2009年9月底，我携妻子儿女陪同母亲和两个姐姐重回小郭庄，几乎所有上了年纪的村民都出来了，热情地拉住母亲和大姐，问长问短，一再邀请我们住几天再走；很多村民得知我父亲早已辞世的消息后，纷纷向母亲表达感激、思念之情，这些乡亲的深厚情谊让老母亲眼眶润湿、让我感动不已。

父亲的言行举止对我影响非常大。他很幽默，在家里常常给我们讲讲笑话、开开玩笑；很豪爽，待人宽厚，做事情很大气，从不斤斤计较；很开朗、很有范儿，在驻马店镇生活的那几年里，父亲常常骑车带我出去，一边骑车一边吟唱样板戏选段，其中《智取威虎山》和《红灯记》里的几段我都是在父亲的自行车上听会的。2014年底，新版的《智取威虎山》上映，我马上想起父亲、立即去电影院里回味了精彩的剧情，也更加怀念我亲爱的父亲。不知不觉中，从小父亲就成了我的偶像，我做事的时候总想得到父亲的夸奖，父亲对我既慈祥又要求很严格，他很少批评我，但是也很少会表扬我；即使对于我获得1984年全国高中生数学联赛河南赛区第一名这样的荣誉，他也只是轻描淡写地赞扬了两句，并要我看到不足戒骄戒躁。父亲的厨艺极佳，逢年过节都是父亲掌勺炒出一盘盘可口的菜肴，1985年我保送清华大学之后，父亲很高兴，亲自下厨给我做了一桌美味庆祝。他总是希望我能够做得再好一点，不能知足常乐，而我也一直为了不让父亲失望而努力学习和进取，直到现在，我做每一件大事的时候总能想到要对得起父亲的在天之灵。我觉得从小到大，一直到清华毕业至今，对我影响最深的人是我父亲，而真正意识到这一点，是27年前的一天。

1987年9月21日，父亲被疲劳驾驶的出租车在自行车道上撞倒，当司机把我父亲送到医院的时候，他还处于昏迷状态，但血压和心跳等生命体征都还正常。但是，医院急救室的那位医生告诉肇事司机：必须先交付500元押金，然后才能救人。四个半小时之后，待司机筹了500块钱回来的时候，我父亲已经测不出血压，也没有心跳了。我最敬爱的父亲在医院的急救室里躺了整整四个半小时，没有得到任何救治，没有留下一句遗言，也再没有睁开眼睛看他儿子一眼，就离开了这个世界。这个事故对于还在上大学三年级的我打击太大了，我无法承受突然失去父亲的痛苦；自己的世界倾覆、价值观崩溃了，之后一年多的时间里常常夜不能寐、凌晨三四点跑到空旷的圆明园内一个人抒发心中的悲愤。直到今天，夜深人静时我还是常常想起亲爱的父亲、也抑制不住对父亲深深的思念。当时这件事让我对社会的看法产生了根本的变化，我曾经怨恨过，曾经想报复这家医院和那位见死不救的急救室当值医生：医护人员的天职不是救死扶伤吗？

为什么见死不救？不救救我的父亲？！

但是，我后来逐渐想通了：这样的悲剧不止我一个家庭。中国这么大的国家，这么多人，每天，不知道有多少人、多少家庭在经历着像我父亲一样生离死别的人为悲剧。父亲活着的时候，总是在不遗余力地帮助着邻里乡亲和周边许许多多没有那么幸运的人们，以自己的善良付出给这个世界带来温暖和关爱。子承父志，如果我真的有抱负、真的敢担当，那就应该去用自己的行动来改变社会、让这样的悲剧不再发生、让更多的人过上好日子。我开始反思、也开始成熟。

其实直到父亲意外去世，我一直都非常幸运。从小学就接受了很体面的教育，中学、大学更是如此，大家都很关照我；我不缺吃，不缺穿。我缺啥呢？我觉得我缺乏像父亲一样的胸怀和回报之心。父亲去世后，我真正开始懂事了，我发誓要照顾好我的母亲，回报从小到大爱护、关心我的老师和父老乡亲们，用自己的力量让周围的世界变得更加美好，这种心情跟随我在国外漂泊了十八个春秋。

现在我回来了，回到了清华大学。外面总有些人在揣度我的回国动机，说施一公回来如何如何。其实，我不止一次告诉大家，是我的真心话：我回到清华最想做的事就是育人，培养一批有理想、敢担当的年轻人，在他们可塑性还较高的时候去影响他们，希望清华的学生在增强专业素质、追求个人价值的同时，让他们清楚而坚定地从内心深处意识到自己对于这个国家和民族义不容辞的责任，承载起中华民族实现强国大梦之重任！

2015 年 1 月 5 日，是我父亲的八十岁冥寿。这天，我恰好在杭州——父亲的出生地——开会。一天忙碌之后，我回到酒店自己的房间，情不自禁地想起父亲，泪流满面，只能给父亲的在天之灵写信：“爸爸，您走得太早了、太急了，都没能赶上一天好日子、也没能叮嘱儿子一句话；27 年来，儿子拼命努力，只怕辜负了您的期望。”

我深深地怀念我的父亲，也希望自己能有像父亲一样的大爱和情怀。父亲的吟唱似乎就在我耳边：今日痛饮庆功酒，壮志未酬誓不休；来日方长显身手，甘洒热血写春秋！

（原载《光明日报》2015-03-03）

盘古赋

孙熙汝

泌水之南三十里，有盘古山矗焉。峻峰耸峙，林木蓊郁。晴日白云闲度，雨霁紫烟轻绕。民间纷传，此乃宇宙混沌初分福地；官府认定，确属盘古开天辟地之所。春祈秋报，佑护五谷丰登；青烟散绮，缭绕万家香火。岁岁有祭，代代相因，虽历千年而盛况不衰。

天地鸿蒙，无始无终，先祖盘古幽卵中，凡一万八千岁。嫉长夜之难明，怒黑暗之如磐，驭气奔雷，挥斤运斧。于是危卵裂分，灵光乍现。混沌初开，乾坤始奠。气之清轻上浮者为天，气之重浊下凝者为地。天立四极，地辟八荒。日初升而耀彩，月上弦而飞光。天有三宝，日月星周而复始；地有三宝，水火风相克相生。呜呼！不生盘古，亘古如夜。恩光遍施，普照万类。哀哀我祖，诚先知先觉、大慈大悲者也！

盘古盛德，膏泽斯民。分筋析骨，虽殒身而不惜。吐气成云雨，子民得甘霖之福；漓血为江河，众生有盘楫之利。日月经天，春秋代序，大地上冷暖变易；江河行地，旱涝无虞，农桑事丰歉得调。宇宙间山石田土，皆盘古之灵肉；岗峦上鸟兽草木，得盘古之闰气。采于山，薇可茹；钓于水，鲜可食；耕于垄，粟可出；驰于原，麋可猎。遐迩内外皆有所资，鳏寡孤独皆得所养。呜呼，稻黍稷并麦菽，世有五谷之称；马牛羊鸡犬豕，古擅六畜之名。今人大快朵颐，悦于目而快于心者，皆盘古本体所化，实先祖恩义所赐。所世生民，当思木本水源，常怀慎终追远。扪心自问，岂不感奋？

盘古盛德，宣教敦伦，奠文明教化之基。洪荒之世，野处穴居。茹毛饮血，活剥生吞。自盘古开天地，历三皇，经五帝，人伦肇开，文明有继。神农尝百草，医药有方；后稷播百谷，藜食攸赖。燧人氏钻木取火，烹饪初兴；有巢氏构木而居，宫室始创。开贸易，识稼穑，炎帝兴业；制琴瑟，定嫁娶，伏羲立规。冠冕衣裳从黄帝制；桑麻存绩自元妃始。当此时也，仁而威，惠而信，近者服，远者怀。敦信修睦，万方来朝。率土之滨，文质彬彬，皆翩翩君子之风矣。神州文明手写口传，伦理教化渐开新纪。

呜呼！盘古懿德，华夏永昌。山川秀丽，千载谁赏？托先祖隆恩，代代龙种继旺世；赖改革洪福，泱泱大国矗东方。喜看今日之域中，圣世黎民，嬉游光天化日之下；太平气象，辉映景星庆云之祥。追本溯源，感念有怀；抚今瞻后，志气发扬。盘古生而鸿蒙开，盘古殒而恩泽降。我辈思之慕之，仰之敬之，刊石以纪，其道大光。永驻人心，源远流长。

（原载《河南日报》2014-08-12）

天中赋

陈洪彦

吾赋天中，肇始发祥，根深叶茂，源远流长。远古洪荒，混沌玄黄。状如鸡子，惟惚惟恍。中有盘古，元始天王。执凿挥斧，遂分阴阳。垂死化身，万物以降。发声以雷霆乍起，嘘气而风云激荡。双目合而日月起落，五体陈而山岳曲张。筋脉为地理而纵横，血液成江河以流淌。肌肉销而田土得生，毛发没而草木以长。齿骨融而金石溢彩，精髓化而珠玉闪光。汗水流而雨泽纷纷，身虫变而黎庶攘攘。即今传说犹在耳，依旧泌水流汤汤。

龙祖者，伏羲也。生于陇西，徙治陈仓。都于宛丘，首在三皇。画卦于蔡，建庙于房。演太极并两仪，推八卦与四象。成文字之雏形，启文明之滥觞。制嫁娶而正姓氏，教渔猎以结绳网。取诸兽而图腾以龙，合女娲而华夏日昌。嫘祖者，西陵氏之女。西陵地平，又名西平，嫁于轩辕之帝黄。开启异族之婚嫁，发明神州之蚕桑。繁衍颛顼及舜禹，兼有帝喾尧周商。百家姓氏之目，其后裔数第一；九州立国之多，除子孙再无双。周叶谢袁，薛邵雷方，源自洪汝，根在吾壤。

柏蔡道挚，吕沈汝江，分茅裂土，各成国邦。中华蚕神，受祭拜丝毫无愧；人文女祖，得美名实所应当。太妊者，挚任氏之仲女。挚者，平舆之古称也。嫁于季历，生子姬昌。此女性情，贤淑端庄。尤善胎教，行不虚妄。育子明圣，终为文王。爱满夫君子孙，周室国运绵长；母仪天下古今，人间万古流芳。奚仲造车舆，成宗师一代；棠溪淬宝剑，耀光焰万丈。插茱萸饮菊酒，成重阳之习俗；登高处补真气，实蔡人之首创。

吾赋天中，位居中央，万物入镜，六合擎掌。背据黄河，广野茫茫；前望长江，湖水荡荡；左耸泰岳，文采煌煌；右卧伏牛，群山苍苍。面荆楚而通郑赵，连宛洛以接齐疆。老乐山天目山，踞虎盘龙；象河关朗陵关，锁鄂阻湘。驿道贯穿南北，官家驻马乎吾店；淮水流经西东，气候分野于敝乡。日月轮转，分明兮春夏秋冬；阴晴变幻，兼具乎雨雪风霜。丘山连绵，平原浩荡。湿地凄凄，水库汪汪。嵖岈山怪石嶙峋，白云山重峦叠嶂。云梦山吞云吐雾，金顶山蕴气涵氧。宿鸭湖雁鸣凫游，板桥湖鹰飞鱼翔。薄山湖襟青带绿，铜山湖佩紫怀黄。村野乡里，多北地之杨柳榆槐；城市街道，常南国之桂杉枫樟。红薯随垅，玉米成行。棉花洁白，油菜金黄。错错落落，芝麻大豆；高高低低，花生高粱。广种小麦，麦经四季，平畴于初夏垂首；间植大稻，稻熟一晌，水田至仲秋飘香。

禹分九州，豫居其中；豫州广袤，汝为其央。考日影而测分数，此地为正；聚土石以作标识，天中名扬。颜公囚蔡，挥毫而心志得表；后人立碑，刻石而精神以彰。周武王封国，蔡吕国烜赫一时；汉高祖设郡，汝南郡荣膺在榜。唐宋金为蔡州，龙虎风云之重镇；元明清称汝宁，国民生计之粮仓。算而今，驻马之店早成大市；看当下，汝水之滨已辟广场。历史沿革，名称转换任其纷纭；世事变迁，天中之谓我实永享。

吾赋天中，文明碰撞，众美辐辏，群星闪亮。八面来风，四方接壤。兼收并蓄，灿烂辉煌。孔子厄蔡，身佚志广。问津晒书，断炊绝粮。君子固穷，弦歌悠扬。孔贤七十有二，天中共记六徒；儒学赤县分八，漆雕自成一帮。西汉翟方进，承衣钵于大儒董子；北宋谢良佐，奠根基乎心学陆王。画卦亭边，蓍草最灵；蔡河之畔，道教始创。韩非集法家之大成，李斯定秦朝之典章。天中书院，曾沐儒风；乐山宫观，常排道场。南海寺北泉寺，端坐如来；悟颖塔宝严塔，普照佛光。气接乎东西南北，余韵袅袅；惠泽于儒法道佛，大观洋洋。

钟灵毓秀，名士倜傥。汝多俊彦，各怀理想。陈涉有鸿鹄之浩叹，桓宽有盐铁之论讲。陈蕃出山，誓扫天下不平；二许煮酒，只评人物莠良。干宝搜神，专记述奇诡怪异；范缜灭鬼，偏不信魑魅魍魉。袁安清操，卧雪成千古之画题；柳永至孝，卖身热仙女之衷肠。天中硕儒，聚半朝之于汉廷；汝宁同乡，连一表而惊明皇。白山黑水，苌弘化碧血，杨靖宇杀倭寇可歌可泣；青松翠柏，竹沟照丹心，新四军抗日顽为国为党。北国龙舞，南国凤翔，吾兼南北，龙凤呈祥。雄狮守门，猛虎踞墙。麒麟送子，龟鹤安康。图腾灵物，我亦多样。南风婉约，北风豪壮。南辞华丽，北歌粗犷。天下之中，角徵宫商。读《汝坟》诵《禹贡》，质朴简练；品王粲味应玚，慷慨悲凉。羽化蝶飞，山伯恋英台，亦现实亦浪漫；男耕女织，牛郎追织女，半人间半天上。物华天宝，天中风物不胜枚举；地杰人灵，汝宁英才难以尽详。

中华泱泱，豫州朗朗，吾赋天中，情慨而慷。某也不敏，幸生是乡。文濡墨染，试作歌唱，权抛砖而引玉，兼励志以图强。追曩昔之峥嵘，寄未来以希望。赤子之心可鉴，夙日之愿得偿。

（原载《驻马店日报》2015-07-27）

诗　　歌

一个人的光芒

——诗颂杨靖宇将军（外二首）

耿永红

一个人的光芒

烽烟凶猛。在山巅磨刀的人
把月亮磨成一把锃亮的宝刀。在树林熬炼果实的人
把太阳制成一粒药丸。疗治积贫积弱的
家邦
而一个人
在抗战史上打磨躯体，锋刃闪光，姓氏嘹亮

一个身影，如箭镞锐利，如闪电璀璨
铸钢铁意志，拥流水柔肠
他雄踞于废墟。高耸起一座民族的脊梁

多少人站着，而他躺着
他比站着的人伟岸高大。多少人醒着，而他睡着
他比醒着的人活得辉煌
一个人的名字，镶满血染的荣光，一个人的传说
不会褪色，持续绿诗续香

用草木喂养身体的人，让一生
发出金玉一样的光芒，这个大喊打鬼子的人
声音振聋发聩
几十年后，犹在每个中国人耳边回响
这个在浓稠的黑夜
一次次突围的人，拼尽所有的力气
把江山打磨得光芒万丈——

家邦曾经黯淡，那么暗那么黑
而这一点儿荧光，是那么美，那么顽强
多少火苗渐渐萎谢了。只有萤火，这永生的孩子

那么执拗，发着微光

将军的胃

这只胃一生孤陋寡闻，不识名酒佳肴
白山黑水砥砺
杨靖宇和它惺惺相惜
它识得棉絮、草根和树皮。这贫瘠的胃
晚生几十年
错过灯红酒绿里浮映的红男绿女
错过歌舞盛世，香车宝马频，衣香鬓影丽

此去经年
杨靖宇的胃，继续贫瘠
哪怕它曾经令一页丹青忍不住颤栗
哪怕它曾经成为一面旗帜，引领无数人向自由
向新生，奋勇前行
这只胃
是孤独的胃，寂寞的胃。一只中国将军的胃
是伟大的胃，光荣的胃，高尚的胃
今天，我再次翻开这段记忆，手微颤，眼含泪
只想替它写一篇墓志铭——
棉絮。草根。树皮。
欲望很浅。胃口很小。

这是杨靖宇将军的胃
是中国历史上最清贫的一只胃
它不知道觥筹交错中，饕餮大餐是甜还是咸
它喝了很多西北风。它咽下大东北很多冰凉的雪水
这胃是中国军人最朴素的胃
不食民脂民膏
不餐朱门酒肉
一生茹辛含苦。化为一页常读常新的传奇

杨靖宇之歌

沿两岸回溯
你看帆影低调，青山缄默
热爱青山绿水的人，生死比鸿毛轻
履痕比泰山重。一个人从故乡里掏出鸟鸣
掏出杨榆槐柳。他把这些树木当孩子，植在村头
替他看守古老的庄园。多少年过去了
你看：山峰苍翠，故乡葳蕤

一个人，把爱恋献给和平，把寂寞留给亲人
一个人，把身体献给祖国，把灵魂留给家邦
一个人，把体内的阳光掏光，把黑暗留给自己
一个人，把钢枪深情擦亮，把子弹留给敌人

天空蔚蓝，放风筝的孩子记得
三月清风托送起他高远的理想
在月下饮酒闲聊的人，将一腔热泪就着
一段滚烫的传奇下咽。一杯酒一叹息
枯藤老树已旧，小桥流水崭新
多少人在路上前仆后继，沿着一个英雄的履迹

风雷吹打，他坟前青草坚韧柔美
霜雪打磨，他走过的路上，草木茂盛如初
一个人踩下的脚窝，深藏忧喜
一个人憨厚的笑容，淳朴的脸庞，在晨露夕光中
化身千亿，化身一座不老不朽的丰碑

（此组诗2015年9月获河南省纪念中国人民抗日战争暨世界反法西斯战争胜利70周年楹联诗词征集活动一等奖）

爱的史诗

默　露

1

一个人与一个人，若干年，或近或远，距离着美感。
加西亚·马尔克斯去了。《百年孤独》成云烟。
渡边淳一去了。知天命的年龄里偶遇了《失乐园》。

2

一个人与一个人，若干年，默默的当着粉丝。或近或远，距离着感叹。

她哒哒的脚步如鼓，敲响你破解谜底的渴盼。

她匆匆的身影如燕，春去秋来翩翩过你的双眼。

你见或者不见，她就诗意的栖居在你目之所及的水边。

她是30年前月姥的红线没能牵成的遗憾。

她是麦收时节农家备收的镰，在季节里寒光闪闪着思想的冷艳。

3

一个人与一个人，若干年，若即若离、若隐若现在生活的各个空间。

学习、讨论、聚会、喝酒、聊天、游玩。

季节变幻赤橙黄绿，朋友演绎黑紫青蓝 。

你隔岸观火，默默着一份淡然。

喧嚣的山风中，你是低谷里一棵平静的树。醉酒的疯狂里，你能默不作声，数载间独守着内心的平衡。

竹影扫地，你不愿将尘土惊起。 雁渡寒潭，你不想让流水留下踪迹。

4

一个人与一个人，若干年，不即不离。心悠然在蓝天，情埋藏在心里。

缘分的气息，在朋友的圈中呼来唤去，麻木成无聊的成语。你和她，灵魂却在泥淖中坚守着莲花高洁不染的独立。

各人在各人的世界里耕耘，现实的工作中似乎从未有过交集。

春风中感悟花儿开放的欢喜，秋天里收获果实累累的甜蜜。

5

一个人与一个人，若干年，若即若离、不即不离。何时何地竟有了交集。

懈怠时轻声细语的鞭策鼓励。

摔倒后悄悄搀扶十指相扣的无语。

困惑中有你真知灼见的慰藉。

寂寞时有她默默陪伴的善解人意。

6

一个人与一个人，若干年，缘落缘起。爱，终于在滚滚红尘中开启了序曲。

思念，开始出没在每一个闲暇，每一个夜幕晨曦。

百鸟婉转的山林。

残垣断壁的古迹。

黄沙满地的河滩。

每一次出游，都丰满着关爱的羽翼。

每一个行程，都温暖着回忆。

7

一个人与一个人，若干年，缘落缘起。爱，在事业中花开满地。

冷静的反思自己。回归朴实的领地，她不再有顾忌。因为，你对她的一切从不会嫌弃。

谢绝灯红酒绿的应酬，你坚定着修身养性，有所作为的期许。

8

一个人与一个人，若干年，若即若离、不即不离。何时起灵与肉合二为一，和谐起人类生生不息的探秘。

自然的篝火燃起。心与心缩短着距离，唇与舌搅绕着默契。

雪藏的谜底，揭开如饥似渴的神奇！

9

一个人与一个人，若干年前，出生在同一个季节里，缘生缘聚，陌生又熟悉。你中有我，我中有你。

运程中不经意的一首四言绝句，竟然巧合着你和她之间惊人像似的人生秘笈。

爱在骨髓里补充能量，诗情在期冀中闪闪发光。

10

若干年后，你还是你。而她已回不到往昔。

陆游与唐婉，穿越历史的记忆，相识相知相见恨晚在"十年生死两茫茫"的花园里。青春的花蕊凋谢，歌者在枝头萎靡。超凡脱俗的爱，在孤独的基因里哭泣。

仿若未来无以复加的甜蜜，在时光的隧道中，无疾而终的沉寂。

（此诗作获 2014 年度河南省报纸副刊优秀作品一等奖）

乡音二首

陈群红

中

每当这个字向上鱼跃
从体内跃出家乡的河流
血，禁不住一热
骨骼兴奋地响了一下

中！
说，就说得堂堂正正
说，就说得温文儒雅
说，就说得不卑不亢

中！
时刻擦亮这个字的尊严
"中庸"的中
"中国"的中
"中原"的中
"天中"的中

中！
一个字的赞许
与承诺，简短而丰富
胜过世上所有的方言

得 劲

印象中
父亲一生都念叨着这个词
他说一会儿不念叨
身子骨就会散架
父亲一辈子活得苦累
偏偏他的身板又瘦又小
肩上拉着车，躬起的脊背

还要背负起一个家
无形中，“得劲”一词
给了他挺胸做人的精气神

流汗时，父亲说的是得劲
流泪时，父亲说的是得劲
流血时，父亲仍然说的是得劲

平平凡凡的父亲
很少喊带有政治色彩的口号
至今回味在我舌尖上的
就是他留下的那一句
伴有火辣乡音的口号
——得劲

（原载《天中晚报》2014-06-26）

小　说

螳螂之恋

白　芷

夏娜死了。我亲眼看见她从半空飘落，上半身后仰，双臂环在胸前，在缓缓下落的过程中，仓促完成了一个拥抱。我扒着悬崖间的石缝，抑制住跟着往下跳的冲动，看着她的黑发在空中散开，飞舞，像丝丝缕缕的黑色忧伤，覆盖着她的脸，同时掩去她最后的容颜。

夏娜的血染红了大半个天空，秋阳掉进滚烫的铁水，挣扎浮沉之间，放射出骇人的光芒。淡黄色的蝴蝶粘在已经开始枯萎的草地上，腹部以下，由于暴力而离断。肇事的百米巨型“蜈蚣”，鲜艳的龙头倒挂树上，瞪着青白眼珠，与夏娜遥遥相望。

徒弟们围拢过来连叫着师傅，试图给我恢复温暖，而我，却真真切切闻到了寒冰的气息，如利刃插进前胸后背。我还闻到血腥味，闻到夏娜，闻到草莓啫喱的香味。

夏娜喜欢草莓味的唇部啫喱，临行前，她特意穿上了淡黄色绒衫，衬着光滑饱满的脸蛋，如同刚刚剥落茧壳的粉蝶，绕着行李箱飞来飞去。

这是我第一次答应她的疯狂，带她随我外出拍摄，她高兴得像个女学生。

女学生十七岁跟了我。

夏天的正午，有人在楼下叫隔壁女孩的名字，把我从美梦里揪出。我恼火地蹦下床，拉开门冲到阳台，准备扔下一枚炸弹，把叨扰者炸个粉碎。炽白的烈日下，站着位青葱女孩，短袖迷彩，扎小辫，两只手拢着，喇叭花一样开在嘴边，正一声一声叫着李杏儿，声音圆润清亮，带着卷舌音，如凉脆的冰糖葫芦，在那个夏天的正午，迅疾征服了我的听觉和视觉。对于电影里走出的文艺女兵，哪个二货舍得扔炸弹？

我拉开窗，右手潇洒地在空中划了条弧线，哎！她不在。

女孩目光滞了滞，说，吵到你啦！

上来坐？

不啦，晚上我再来。她飞快地说完，咯咯笑着跑了。

我心里痒痒的，没明白她为什么要笑。整整一下午，我不停地看手机，盼天黑，盼冰糖葫芦的声音再次响起。

我着了魔似地拉拢李杏儿，甚至不惜厚着脸皮，央求她带女伴共进晚餐。李杏儿磕着南瓜子警告我，她可是敢爱敢恨的主儿，想清楚了？我说我就好这口儿。

第三天，夏娜就留在了我的宿舍，很突兀。我不确定她是不是随便的女孩。跟她交往了，赴汤蹈火也心甘情愿，这是我的感触。简陋的宿舍烧成了火海，更是花海，我整整晕了一个夏天，闻着花香，听着画眉鸟的歌唱，乐不思蜀。朋友们说，小子毁球了。毁就毁了吧，得妻如此，值。我搂着十七岁的夏娜，在出租小屋里疯狂地做爱，她汗涔涔的头发，小兽一样的喘息，常常让我愧疚。每当她仰着脸，用孩童般的黑眼珠充满信赖地望着我，让我都不知道该怎样去疼她。

作为摄影师，我不能给她太多，虽然作品获奖带来不少名誉，也带了数不清的徒弟，但终归还是没有固定工作，没房没车没存款，挣的钱也全用在了昂贵的旅费和摄影器材上。

我说，我得出去挣钱。

夏娜抱着我的胳膊，脸贴上来说，不要钱，就要你，看见你在阳台上挥胳膊我就开心。

娜娜，我会挣很多钱给你花。

我不要钱就要你。

吃风喝沫？

嗯，就吃风喝沫，我是蝴蝶你是螳螂，喏，吃了我吧！

公螳螂不吃母蝴蝶，公螳螂要事业。

她噘着嘴，模仿韩剧说，叔叔，这么快就把我排第二了？

叔叔？哈哈！我学她的调，把叔字拐个弯儿，再挑上去。

她咯咯咯笑一阵，坐起来说，那好吧，我也上学去。

夏娜学的市场营销，相比之下，她其实更喜欢生物。

我看过她珍藏的蝴蝶标本。打开本子，草地青翠，彩蝶飞舞，那是个奇异的世界。珍珠蝶、燕尾蝶、琉璃凤蝶、玫瑰水晶眼蝶、阿波罗绢蝶，还有最美丽的蓝色多瑙河蝶……每只标本左上角都贴着小卡片，用黑色的瘦体字标明蝴蝶的品种、采集地和制作时间。

一谈起蝴蝶，夏娜就变得滔滔不绝。她说蝴蝶身上的粉末是尘状鳞片，一触即落，翅膀上的鳞片不仅美丽，还能保护蝴蝶在小雨里飞行；那些斑点则代表有毒，斑点越多毒性越强，目的就是在吸花蜜的时候警告它的敌人：别惹我，我很强！蝴蝶的天敌有螳螂、蜘蛛、蜥蜴和蛙。

螳螂？

比如一种产于东南亚的兰花螳螂，它们隐藏在兰花中伪装自己，步肢演化出类似花瓣的造型，随花色调整身体颜色，很漂亮的，遇到兰花螳螂蝴蝶就惨了。

我把双手比成钳状，扑过去。

夏娜躲开，走到阳台坐下，继续说，我梦见自己前世就是一只淡黄色的蝴蝶，翅膀上两粒黑点，是永不消逝的电波，最后我被做成标本，就靠那两粒黑点与众姐妹传递信息。成年后，蝴蝶姐妹四散分开，各自有了家族，有一天，电波传来其中一个姐姐的噩耗，姐姐带着她的家族迁徙，采了被农药污染的花朵，造成整个家族的灭亡。

夏天的夜晚，月华如水，阳台上茉莉花香正浓，兰花修长的叶子映在夏娜的衣裙上，变幻出模糊的阴影，夏娜的神情，便有了庄子梦蝶般的恍惚。听她胡言乱语，我隐隐担心，但也没有太担心，直到出事，我才意识到我错了。

我低估了夏娜在我心目中的分量，她掏走了我的一切，突如其来的悲伤如此厚重，厚重得我无力支撑。景区工作人员抬来两副担架，把我和夏娜一起抬出山谷。他们认定夏娜属于自杀，安全带不可能断裂，何况我们是偷着进来放风筝的，并没有经过允许。出于道义，他们还是给了十五万赔偿金。没了夏娜，我要钱干什么？我想潇洒地转身，把钱抛给别人，眼前却浮现出我的儿子们可怜巴巴的眼神。这对双胞胎，从此没了母亲。我最终抽出一沓钱塞进怀里，剩下的钱分给了一个捡塑料瓶的老太，和一个光脚男孩。

无论如何，我不能没有夏娜。在双胞胎儿子震天响的哭声里，我像木偶一样任人摆布，由于我的迟钝，那更像一场拉拉扯扯。徒弟们给我换上黑西装、白头巾。一张张陌生的面孔轮番出现，我不知道他们打哪儿来，更不知道他们是谁。我只知道夏娜死了，而我不能没有夏娜。

她说的没错，我就是隐藏在花丛中的螳螂，从认识她那天起，就蜕变为邪恶杀手。淡黄色的蝴蝶因为好奇，成为我永久的猎物。当最初的新鲜、浪漫隐退，我们的生活就和大多数夫妻一样，暴露出了种种霉点。摄影师注定比别人多有艳遇，女孩掀开帐篷钻进来也是有的，我不是圣人，我喜欢她们。所以，我找各种理由拒绝夏娜的跟随。

想想真够操蛋，我们同居十五年，这才第一次带她外出拍摄。夏娜一直没有跟我结婚，她心里埋着病毒，以不结婚来对抗我妈当初的武断。

自从见过我妈，粉蝶一样的夏娜就变得粗糙、坚硬起来。我是家里唯一的男丁，上边四个姐姐。我妈酷爱跟周边农民叫骂、械斗。十三岁那年，因为半尺宅基地跟邻居闹翻，人家把我堵在路上暴打，我跑了。从那以后，我妈不再让我回家，她怕家里的独苗被人掐了。她盼着我长大，在本地结门旺族，最好娶个彪悍的老婆带回来，满足她的好斗的欲望。粉蝶一样的夏娜没心没肺，她打心眼里看不上，她说这人中看不中用。二姐家在装修，她叫我去帮忙。我前脚刚走，后脚她就撵夏娜滚蛋。

夏娜还傻乎乎地说，我爱耿直。

我妈说她不要脸，我儿瞎了眼，三天就睡一疙瘩是啥好女人。

那时候夏娜已经怀孕了，妈却叫她上山采蒲公英。第二天孩子流了，她又抱怨夏娜不小心，煞气重。夏娜气得拎包就走，几十里山路，又刚流了孩子，夏娜累了就坐地上歇歇，渴了就喝井水，可身上没钱，能往哪走呢？瘪瘪嘴，她又回来了。回来告诉我说，孩子是不小心扭掉的。

纸里包不住火，为这个，我跟我妈绝了交，带着夏娜四处闯荡。后来，有了双胞胎儿子，我们再没回去过。直到孩子四岁，夏娜看我一个人养家难，要出来找工作，我们才又带儿子回豫南。我妈答应帮我们照看，可对夏娜还是不冷不热。

我妈病了，顽固性便秘，在医院都不能正常排便，肚子止不住地疼。由于病痛和衰老，她不再强势，穿衣、梳头、洗脸，干任何小事都气喘吁吁。我帮她把衣服穿得拧巴，头梳得疙瘩，一气之下，她按呼叫器喊来护士，要剃头。

我拗不过，夏娜来的时候已经剃了一半。

夏娜一把夺过护士的备皮刀，呵斥道，你干吗呢？

是她，她让剃的。护士指指我妈。

她迷糊你也迷糊吗？要是你妈你剃吗？

我从未见夏娜如此彪悍过。她心疼地看着我妈裸露的半边头皮，轻轻梳着枯黄的半边头发说，瞧瞧糟蹋成什么样了。又数落我，你也是，伺候病人怎么伺候的。

我妈握住夏娜的手，往下掉眼泪，她说，这辈子我对不起你，我做了坏良心的事，才得了这怪病。

夏娜抱抱我妈的肩膀说，过两天就好了，别瞎想了。

一哭一抱之间，多年的块垒轰然倒塌。

你跟耿直，啥时候领证儿？孩子都恁大了，真一辈子不结婚？

夏娜认真地看了我一眼说，不是不结，是没当回事，你看，孩子户口在老家，户口本上有小孩没我，我呢，现在也想开了，结婚就那么回事，感情有了什么都好，感情没了，即便结了也得离。

唉！你还是恨我。

一直到我妈死，夏娜都没有跟我领证。我妈死在了夏娜怀里，她偷偷用了五瓶开塞露，临死泻干净了，全拉在夏娜身上。

我的悲痛铺天盖地。冬天的夜晚，夏娜在唱：

坚强得太久，好疲惫，
想抱爱的人沉沉地睡。
灰色空间你是谁？
怎么为我流泪。

梦见发着光的草原，
回到很久以前，
我选择不恨，
带着平静走远……

母亲死后，没有生育的二姐带走了我们的儿子，我继续没有底线地野外拍摄，靠微薄的收入养活两张嘴。夏娜大学毕业后一直没有找到工作，往返于超市饭馆之间打零工。闷了，她会给我发短信，报告，我想你了！我有意逗她说，耿大队收到！我能想象她在手机那头咯咯咯的笑声。

我精心布置了火锅、肉丸、香菜、红薯粉、芝麻酱和蒜泥，然后倒杯红酒，拍成照片，文字注明：一个人的晚餐，凑合着吧。给她发过去。

她很快回复：哈！这还叫凑合啊？吃得完吗你！

我知道，在野外，我吃得越铺张夏娜越高兴。

等填饱肚子，我再发一张，空碗，剩菜，文字注明：尚未收拾的餐桌。考考你的记忆力，我刚刚吃掉了什么？有奖问答。

耿直你怎么那么好玩呢？我又听到她咯咯咯的笑声。

夏娜很容易满足，不管离开多久，只要我回来时带几只蝴蝶，她就开心。她专门做了三角形纸盒让我装蝴蝶。成虫蝴蝶交配产卵后，冬季来临之前会死亡，也有品种迁徙到南方过冬。夏娜说，迁徙的蝴蝶群非常壮观，还说，世界上最美丽的蝴蝶在南美的巴西、秘鲁。

为此，我真地去了一趟巴西。

当我打开纸袋，放出翅膀亮红的邮差蝴蝶时，夏娜欢喜的尖叫让我激动了一个晚上。

我参与了蝴蝶标本的全部制作过程。夏娜在灯下一点一点操作，每当昆虫针刺入蝴蝶，她都止不住肩膀颤抖。她一边做，一边说，首先，昆虫针自胸背部插入，接着，将针对准展翅板槽中间垂直插下，喏，这样虫体背面与蝴蝶展翅板就平行了。

她选了一枚小镊子，夹住前翅翅脉轻轻向前拉，一直拉到与身体垂直，再压上透明的压翅条。

她说，标本是为长久美丽，为了更自然，我们得用昆虫针拨弄一下蝶翅、足和触角。

整理好的标本放在阳台上，夏娜得意地伸出两根指头说，大功告成，两周后自行干燥。

由于夏娜喋喋不休的对梦的诉说，我也开始做梦。我梦见自己落在一群马蹄之下，白马、黑马、枣红马，个个大张着鼻孔，马蹄高高扬起，似要踏碎我的脑壳。那场景如此真切，以至于能闻到干爽凌厉的马儿的气息。

早餐的时候，我告诉夏娜，娜娜，我梦见撞上一群奔跑的马，鼻孔大张，前蹄高扬……

我还没说完，夏娜的汤勺当啷掉了，两滴白色的豆浆刺目地溅在领口上，她紧张地问，踏碎了吗？

呵呵，当然没有。

她停止了进餐，怔怔地望着我，睫毛蝴蝶翅膀一样忽闪着说，耿直，我们结婚吧！

我被蝴蝶效应打了个愣怔，咬了口油条说，怎么想到这个。

夏娜推开汤碗，慢慢起身，离开，背对我说，我以为你会开心。

我们没房。

我不要房，我怕房。

谁结婚不要房？哪有怕房的道理？我们不是小孩了，等两年，攒够了钱，我风风光光把你娶回来。

耿直，我怕买房，我怕被囚禁在一个地方，你说过，儿子长大后就带我去玩，看蝴蝶迁徙。夏娜不再用黑眼珠望我，她开始流泪。

我不知道她是什么时候开始动不动就流泪的，男人容易在女人的眼泪里投降，也容易在眼泪里烦躁。烦躁是因为心疼，表现出来的，却是冷淡和暴躁。

我离开餐桌，摇摇晃晃陷进沙发说，昨晚整理照片没休息好，我想睡会儿。

合上眼皮，我从眼缝里看见她绝望的神情，狠心地想，无论如何，我不能让我的女人在出租屋里结婚，绝不。

夏娜翻电脑，无意间翻到了蕊的裸体照。蕊是我徒弟，后来做了我的模特，又不仅仅是模特。在我的镜头里，她出现的频率过高，眼神也过于异常，这些都没逃过夏娜敏锐的目光。当天夜里，夏娜一声不响离家出走了，包里塞了两罐啤酒。她的包很大，生气的时候就挎着包走路，倔倔倔一走个把小时，带着啤酒，买了吃的，一边走一边吃一边哭。我也不知道她什么时候学会喝酒的。平日里她脆弱得简直有些神经质，而喝酒的夏娜是个粗拉拉的女人。我不知道哪个夏娜是真的。开始我不放心，跟着她，她不回来我就一直跟着。后来鸡毛蒜皮事多了，我也失去了耐心，大家都是成年人，每人的发泄方式不同，反正她走走就回来。她离不开我。

但我错了，夏娜没有像以前那样走走就算。她打电话给二姐，按的免提。

姐，我想结婚！

好啊，结，结，呵呵，早该结喽！

耿直不愿意。

咋会！我叫他结，等我把猪卖了，帮你们买房，买了房就结。

我不要房，我想现在就结。

没房咋行？没房不行，听姐的，今年猪快出栏了，等明年咱再多养几十头！话筒里传来嗞嗞啦啦的笑声，像粗糙的砂纸打磨着破砖。

夏娜放下电话说，耿直，咱俩都不会生活，我们只是对方的大麻，大麻能过一辈子吗？

越来越神经了。

是的，神经，我还想疯呢！夏娜发作道，疯了多好，无拘无束可以不受道德法律约束做任何想做的事！

我冷冷地揶揄她，真疯了，恐怕不记得要做什么了。我早在心里做好了准备，编造各种假话，就等她发作，等她说蕊。

可她就是不说，倚在门框上，她在发抖，好一会儿才说，小时候，邻村一个姐姐疯了，在大街上唱戏、骂人，你知道吗耿直，我羡慕她，羡慕她站草垛上拿棍子当枪打的样子，我还羡慕我同学，我想飞，像同学一样飞……

我没耐心听她絮叨没用的。一个不安分的灵魂，住进了想过安稳日子的女人身体，注定要多些动荡。

那时候，我还不知道这种动荡会对一个内心脆弱的女人造成什么样的伤害。

我问她，你选择野外，还是安稳？

带我出去。放心，我不会再提结婚。

只要不结婚，怎么都好。我松了口气，突然有点可怜她。

不能否认，除了房子的原因，我还舍不得那些女孩，无法想象，结婚之后没有她们激发灵感，我该怎么拍照片。

可她都不提蕊，一句都不提。

我和二姐同时忽略了一个问题，之前夏娜拒绝领证，为什么又突然提出结婚？被“病毒”困扰多年，忧然解脱，可以想象，那一瞬她多么渴望和我结婚。但我们都拒绝了，异口同声让已经三十二的夏娜再等两年。

夏娜不等了。她突然失去了行为能力，不会骑车，不会做饭，最后都不会起床了。我坐在床边，诧异而担忧地望着我的女人，束手无策。

医生说，她患上了抑郁症，他说夏娜有精神病家族史。

夏娜整夜整夜睡不着，瞪着眼睛说话。她说，耿直，我不想再活着了，我想跳楼，轻轻一跃，多愉快啊，什么都没了。我最好的同寝室姐妹就是跳楼死的，我亲眼目睹她从楼上飘下去，白裙子，红腰带……

她就是不说蕊。就是不说。只是默默流泪。

我心疼了，我说，娜娜，一切不会像我们想的那么简单，也不会像我们想的那么严重。

我举了各种各样的例子开导她，她只念叨死，穿着淡黄色绒衫，躺床上，头发上粘着“蓝色多瑙河”——那是世界上最美丽的蝴蝶，此刻，正以标本的形式散发出蓝色荧光，微弱而魅惑，它还有一个名字叫“光明女神”。“光明女神”没有给夏娜带来任何光明，她一动不动躺着，嘴唇翘了皮。她在努力变成标本。

我说，夏娜，你这样不道德。

我不想这样，但脑子不受控制，我就是想跳楼，就是想我同学就是喜欢她飞的样子。她很腻歪地又哭起来。

我难以理解她的绝望。当今社会，哪个优秀男人没有艳遇呢？不就为喜欢自己的徒弟拍了裸照吗？至于醋劲儿这么大吗。我恼火得想立马买机票，也飞得远远的，而实际上却是连门都不敢出，寸步不离守着她，整整两天。我做了她最爱吃的饭菜，却没法撬开她的嘴。

她越来越虚弱，闭着眼睛，话也不说了。

我第一次对她妥协，我说，我错了，起来，我带你拍照去。

她猛睁开眼，我要大风筝，带我飞。

我一咬牙，说，给你做大风筝，让你飞！

夏娜喝了两盒牛奶，吞了七个鸡蛋。我心惊肉跳。带她拍照容易，怎么让她飞？我真为难了，开始后悔答应她的疯狂。她疯了，我也跟着要被逼疯了。

我上网查阅了古今中外所有关于风筝的资料，打印下来，整整研究了一个月。确实有载人风筝的实例，有位风筝爱好者，就曾把自己十岁的儿子挂在风筝上放飞。结合滑翔伞的原理，我设计了一款“龙头蜈蚣”的巨型风筝，长一百米，身子由一个个圆片串连，每一片都有各自的升力板，这些升力板累加起来，要把八十多斤重的夏娜带上天，应该不成问题。

夏娜看了我的设计图，说她不喜欢蜈蚣，让改成蝴蝶。

我说，娜娜，蝴蝶是平板的，不适合做载人风筝，就蜈蚣吧。

我召集了这些年跟我学过摄影的几十个徒弟，把“蜈蚣”肢解领走，分头制作。徒弟都是好徒弟，除了崇拜我的摄影水平，还崇拜我的设计。我学过美术，负责制作龙头。金黄的龙头红胡须，雪白的獠牙绿犄角，两颗青白眼珠子，十分抢眼。半个月后，徒弟们也送来了自己的作品。我领着他们加班加点把蜈蚣连接起来，身子涂上黄蓝相间的颜色，插上彩色的羽毛做脚，为了安全，还在龙头上安装了控制上升高度的拉线，秋千木板吊在龙头下，拇指粗的尼龙绳，方便抓握。夏娜表现得很安静，守在旁边，一会儿给这个递杯水，一会儿给那个擦把汗，我一度怀疑，她是不是好了。

试飞那天有三四级风。我们一行人拖着巨大的“蜈蚣”，开车来到旷野。陆续来了很多人围观，有群众，也有风筝爱好者。众目睽睽之下，我们忙活了半个多小时，“龙头蜈蚣”只懒洋洋地扭了扭身子，就趴在地上不动了。徒弟们脸都绿了。

经过反复多次试验，研究场地、风力，后来调整了主线方向，尽量竖直，把风筝的拉力转换为升力，我们才学会让蜈蚣的尾巴翘上天。几天之后，龙头也能缓缓上升了，连着秋千上的石块，如一条长长的彩练划破天空。

试验终于成功了，夏娜迫不及待地坐上秋千。金灿灿的秋阳，天蓝得耀眼，“龙头蜈蚣”带着我的女人越飞越高，风呼啦啦吹着竹条和彩色的羽毛，她在笑，开心地笑。夏娜好久没笑了，她的笑很珍贵，整个人在蓝盈盈的背景下散发出炫目的光彩。

临行前的晚上，我从后边抱着夏娜柔软的腰肢，蠢蠢欲动。两个人顺成并行的S，我的手摸索着扣上她的双乳。我听见她睡梦中的呻吟，望着她微微上翘的唇，真想狠狠吻上去。四周静得只有轻微的鼻息。她终于安稳了。我怕搅扰这难得的安稳，正正身子，躺好。夏娜却咯咯笑着凑上来，捉住我的嘴，婴儿一样吮吸起来。

楼下的迷彩女孩，还有冰糖葫芦一样的笑声。

欲望爆裂，噼噼啪啪在黑夜燃烧。

我迅速被调动，也变成吮吸花蜜的蝴蝶，任夏娜在我身下拱涌。有一片光透过窗帘的缝隙，贴在床头，像窥视的眼睛。不管了，就让它看着两个挣扎的灵魂如何在黑夜里狂欢吧。

凌晨两点，我们欢爱。

之后，汗腻腻抱住对方，笑。

楼下电动车的报警器骤然响起，响了一夜。

我们行进在开往山谷的路上，夏娜的头依着我的肩。

我问，你幸福吗？

不幸福。

为什么？

你把我一个人丢下，不再陪我走路的时候，有一回，我抱着啤酒一直走到江边，也没见你的影子，就坐在山头看海鸥，哭，那会儿，我真盼望有只螳螂出来把我吞了。

我用下颌摩挲她的头发，说，我保证，以后不让你一个人走，好吧。

我也保证以后不哭，知道你烦我哭。

夏娜开始唱一首歌，淡淡的忧伤在车厢里弥散：

如果爱我你抱紧我。
吃了我，
让我的血液融入你的身体。
把我吃掉好好活着，
别舍不得……

后车厢的徒弟们纷纷侧目，有人说，这么怪的歌，什么名儿？

夏娜望望我说，歌的名字叫《螳螂之恋》，螳螂被配偶吃掉之前唱的歌。

到山顶的时候已近正午，我们抓拍了很多精彩的镜头。开心的时光溜得飞快，天色渐晚，西方飘起灿烂的云霞，游客三三两两下山。

起风了。我们的好戏即将上演。

以云霞大山为背景，拍摄风筝载人的镜头，还是这样一位美女，照片不获奖都难吧。到那时，我们的房子就又多了两个角。找到山顶一处平坦地，我们汗流浃背地把蜈蚣长长的尾巴放上了天。然后是龙头。再然后，就是缓缓上升的荡秋千的夏娜。我借了景区的安全带，把夏娜牢牢捆绑在秋千木板上。

关键时刻到了，我却发现还没有换广角镜头，手刚伸进马甲口袋，夏娜变了脸。我瞅瞅四周，风向风力正常，我带着疑惑接着换镜头，不时抬头看她。夏娜继续在龙头的牵引下缓缓上升。越升越高。

她的手松开了，像喇叭花一样拢在嘴边，她喊，耿直，我是女人，我想结婚，就这么难吗？

我的心被内疚紧紧攥住了。

她又喊，我跟你同居了十五年！

回去我们就结婚！我冲动地张了张嘴，却没有出声。

她张开双臂喊，还好我飞过了，蝴蝶一样飞过了，这辈子再没有遗憾！

等我发觉不对，命令徒弟控制龙头高度的时候，夏娜已经掏出水果刀，毅然划向秋千的绳索！

她真的像蝴蝶一样飞了，一路穿过云，穿过风，穿过我们所有人的视线向崖下飞去……

夏娜！我狼嚎一样吼了出来。

她果然说到做到，她再也不哭了。

我和徒弟们手里拉着松塌塌的绳索，对着风筝残骸发呆，谁能想到，在我们如此精彩的作品之下，竟隐藏着这样夺人心魄的大悲。

我小心翼翼从夏娜身体里抽出秋千木板，跪在她离断的遗体旁边保证，娜娜，我是男人，说话算话，以后……再不让你一个人走路。

二姐怀着内疚，高价请了美容师，为夏娜整理遗容。他们把夏娜摊在白布上，所有伤口都修饰得严丝合缝，似乎她从未破碎、离断过。隔着透明的塑料薄膜，那不是夏娜，是淡黄色的蝴蝶标本。

守夜的时候，我清退所有人，与烛光里的夏娜悄悄絮语。

去吧，取出昆虫针。

我不允许你总这么疯狂。

爱我就这么做。

娜娜，我舍不得。

快去。

我忍痛拖出硕大的昆虫针，使出全身力气从她胸背部插入，瞬间接通了蝴蝶家族的电波：有一只淡黄色的蝴蝶，正追随姐姐的家族飞越太平洋……

（原载《山花》2014 年 B 版第 11 期）

统计数据

2015年，崂山风景区成功创建国家AAAAA级旅游景区。图为崂山猴石。

统计数据

2015 年全市行政区划和土地面积表

单位：个、平方公里

县区	乡级合计	街道办事处	镇数	乡数	类似乡级单位	村级合计	居民委员会	村民委员会	土地面积
全市	181	37	77	60	7	2536	301	2235	13633
驿城区	21	12	5	4		206	66	140	1225
开发区	4	3		1		27	6	21	
西平县	21	3	5	11	2	285	29	256	1090
上蔡县	26	4	11	11		460	28	432	1529
平舆县	19	3	11	5		224	46	178	1281
正阳县	19		8	11		295	13	282	1889
确山县	13	3	9	1		200	9	191	1701
泌阳县	24	3	8	11	2	356	37	319	2345
汝南县	17	3	12	2		281	37	244	1502
遂平县	17	3	8	3	3	202	30	172	1071

重点年份全市国民经济主要指标表

指标	单位	1990 年	1995 年	2000 年	2005 年	2010 年	2014 年	2015 年
一、人口								
年末总人口	万人	745.6	778.6	810.4	835.28	883.07	788.28	792.48
二、年底社会从业人员	万人	367.7	495.4	518.3	538.35	566.50	508.90	513.84
三、生产总值	万元	550259	1587936	2718660	5003555	10497700	15409169	16482560
第一产业	万元	292310	722213	951710	1701860	2320723	3509036	3567198
第二产业	万元	108013	497524	1002546	1926505	4332580	6414317	6645930
第三产业	万元	149936	368199	764404	1375190	3344397	5485816	6269432
四、固定资产投资								
1. 全社会固定资产投资	万元	46255	267860	627965	1600800	6683751	11826077	13828300
2. 固定资产投资	万元	28000	153400	396165	1197600	6005600	11123477	13281800
房地产开发	万元	400	7500	4368	53291	1070501	1879030	2161418
3. 农村农户固定资产投资	万元	18300	114500	231800	403194	678171	702600	546500
五、财政和金融								
1. 财政								
财政收入	万元	24454	58999	131502	137901	619204	856458	959790
财政支出	万元	47544	96495	206961	532477	2201094	3501998	384243
2. 金融								
国家银行各项存款	万元	177049	552959	1220341	4004061	9584666	19828906	22354724
国家银行各项贷款	万元	342047	785721	1306552	2407264	4902792	9393453	11146747

说明：1. 本表指标均按当年价格计算，2014 年、2015 年全市数据除了财政金融均不含省直管县（新蔡）

2. 财政收支 2015 年起为一般公共预算收支，2012 年～2014 年为地方公共财政预算收支，2010 年以前为总收支

续表 1

六、工资								
职工工资总额	万元	44437.5	112523.7	191507	310276	851449	2057992	2395664
职工平均工资	元	1489	3256	5691	9494	21492	36328	39770
七、人民生活								
1. 城镇居民人均可支配收入	元 / 人	1004	2521	4407	6900	13702	21320	22608
2. 农村居民人均可支配收入	元 / 人	449	1086	1905	2486	4861	8270	9174
八、农业								
1. 农业总产值	万元	454525	1237486	1642331	2978313	5103820	6306691	6492846
2. 农业增加值	万元	292310	722213	949734	1701860	2906659	3635177	3742476
3. 主要农产品产量								
粮食	吨	3387055	3508410	3698873	5315198	6703560	6408656.73	6746054
棉花	吨	18478	39214	25897	20474	18440	3553	2789
油料	吨	314728	746891	682192	723639	935102	1011232	1104506
烟叶	吨	9092	10258	17635	16451	19182	17037	15572
4. 年底大牲畜头数	万头	138.52	169.58	196.39	206.24	146.32	95.14	91.12
年底生猪头数	万头	134.02	264.03	504.58	665.53	640.95	575.00	533.50
年底山绵羊只数	万只	127.63	215.31	312.91	430.84	191.70	155.92	154.90
肉类总产量	万吨	10.1	34.2	63.8	84.14	78.50	78.09	75.82
九、工业								
1. 工业增加值	万元	92421	457882	948201	1724842	3930357	6071700	5760100
规模以上工业增加值	万元	33523	200700	342600	761300	2798500	5091500	5748700
2. 主要工业品产量								
纱	吨	7349	11323	17992	49358	48887	335482	402101
布	万米	2227	3516	2835	3210	3530	2717	2628
机制纸及纸板	吨	26331	86093	51717	188748	303461	389837	370860
塑料制品	吨	35429	24925	45688	210575	64235	169142	194900
发电量	万度	25949	32376	65372	88212	669315	805780	694300
水泥	吨	307323	1116576	1610000	111315	4722233	14960374	16464101
合成氨	吨	96564	157301	226695	2360000	698847	1420178	1664345
小麦粉	吨						5246284	5984445
十、批发零售贸易业、餐饮业								
社会消费品零售额	万元	169380	477793	952685	1630328	3795202	6168898.514	6991930
1. 按销售地区分								
市的零售额	万元	36203	94432	178399	300654	2775594（城镇）	4530877.262	5119466
县的零售额	万元	65816	184342	341018	648622			

续表 2

县以下零售额	万元	67361	199019	433268	681052	1019608（乡村）	1638021.252	1872464
指标	单位	1990 年	1995 年	2000 年	2005 年	2010 年	2014 年	2015 年
2. 按行业分								
批发零售贸易业	万元	121391	290271	550366	1364687	3271405	5322437.461	6016703
住宿餐饮业	万元	5783	39536	117367	236089	495297	846461.0528	975227
其他	万元	42206	18898	55893	29552	28500	0	0
十一、对外贸易								
进出口总额	万美元			1916	6962	23199	40062	44463
出口总额	万美元		1771	1832	5060	17822	32577	39426
进口总额	万美元			84	1902	5377	7485	5037
实际利用外资	万美元		505	1530	3134	12550	33792	36758
十二、教育								
高等学校在校学生数	人	1100	1348	3051	27208	35722	36495	34272
普通中专在校学生数	人	6101	12034	18814	44903	108119	57823	46713
普通中学在校学生数	人	253353	238068	415606	555330	601931	501129	437171
十三、卫生								
卫生机构床位数	张	11054	11383	11263	11942	21844	28991	30806
卫生技术人员	人	13436	16089	16341	17574	23882	30214	31216
医生	人	6007	6046	5826	6314	10265	12018	12265

说明：1. 肉类总产量 1995 年前为猪牛羊肉产量；2.2015 年起农民人均纯收入更名为农村居民人均可支配收入

重点年份全市主要社会经济指标人均水平表

指标	单位	1990 年	1995 年	2000 年	2005 年	2010 年	2015 年
一、生产总值	元	745	2072	3475	6010	14112	27001
二、财政和金融							
财政收入	元	33	102	163	166	857	1569
财政支出	元	64	124	257	639	3046	6283
金融机构各项存款	元	239	713	1514	4807	13403	36551
金融机构各项贷款	元	462	1013	1621	2890	6785	18226
三、职工工资和人民生活							
在岗职工平均工资	元	1489	3256	5691	9494	21492	39770
居民消费水平	元	442	1119	1590	2447	6676	13393
# 农村居民	元	388	972	1324	1781	4432	9483
城镇居民	元	1171	2470	3730	5538	11978	19467
城镇居民家庭人均可支配收入	元	1004	2317	4407	6900	13702	22608
城镇居民家庭人均消费性支出	元	932	2101.2	3378	4862	10183	16791
农村居民人均可支配收入	元	449	1086	1905	2486	4861	9174
农民人均生活消费支出	元	379	966.3	1210	1815	3670	7198
四、主要工农业产品产量							

续表

发电量	千瓦时	35	41.7	81.1	133.6	926.3	1135.2
水泥	公斤	41	143.9	199.7	283.3	653.5	2692.0
纱	公斤	1	1.46	2.2	5.9	6.8	65.7
布	米	3	4.5	3.5	3.9	4.9	4.3
粮食	公斤	458	452.2	458.8	722.4	927.7	1103.0
棉花	公斤	2.5	5.1	3.2	2.8	2.6	0.5
油料	公斤	42.5	96.2	84.6	98.4	129.4	180.6
烟叶	公斤	1.2	1.3	2.2	2.0	2.7	2.5
肉	公斤	13.6	44.1	79.2	101.0	108.6	124.0
五、卫生							
每万人拥有医院病床数	张	15	14.7	14	14.3	30.2	50.4
每万人拥有医生数	人	8	7.8	7.2	7.6	14.2	20.1

说明：1. 人均财政收入 2010 年后为人均公共财政预算收入

2.2005 年后人均指标按常住人口计算；3.2015 年起农民人均纯收入更名为农村居民人均可支配收入

历年全市生产总值表

（按当年价格计算）

单位：万元

年份	生产总值	第一产业	第二产业	第三产业	人均生产总值（元）
1978	116098	58018	21280	36800	185
1979	118361	65378	19271	33712	185
1980	134786	71802	27707	35277	207
1981	199340	128674	24826	45840	302
1982	173368	101532	24461	47375	260
1983	211008	137117	23634	50257	312
1984	236448	137593	28252	70603	346
1985	270944	158565	39513	72866	392
1986	259061	124702	52329	82030	371
1987	349590	187543	61517	100530	494
1988	392329	207753	83934	100642	547
1989	490813	263410	96390	131013	674
1990	550259	292310	108013	149936	744
1991	402725	142170	122287	138268	537
1992	599185	275028	165700	158457	790
1993	817990	383982	224339	209669	1069
1994	1097650	466038	361832	269780	1425
1995	1587936	722213	497524	368199	2046
1996	1924357	855350	602664	466343	2463

续表

1997	2209816	899037	749709	561070	2808
1998	2370803	913301	832457	625045	2994
1999	2515271	968566	871128	675577	3148
2000	2718660	951710	1002546	764404	3373
2001	2955688	997882	1105193	852613	3635
2002	3197778	1085151	1173377	939250	3907
2003	3308494	949491	1318852	1040151	4017
2004	4273907	1570764	1522213	1180930	5158
2005	5003555	1701860	1926505	1375190	6010
2006	5719231	1845612	2260448	1613171	7365
2007	6674772	1936616	2724501	2013655	8665
2008	8061314	2263872	3448136	2349306	10520
2009	8977627	2326310	3809321	2841996	11669
2010	10497700	2820723	4332580	3344397	14064
2011	12397115	3301338	5158236	3937541	17325
2012	13697076	3553053	5672391	4471632	19537
2013	15425722	3824328	6447642	5153751	22304
2014	15409169	3509036	6414317	5485816	25352
2015	16482560	3567198	6645930	6269432	27001

说明：2014 年、2015 年全市数据不包括省直管县新蔡数据

2014 年～2015 年全市分行业的生产总值及构成对比表

（按当年价格计算）

单位：万元

行业	绝对额		构成（以生产总值为 100）	
	2014 年	2015 年	2014 年	2015 年
生产总值	15409169	16482560	100.0	100.0
第一产业	3509036	3567198	22.8	21.6
农林牧渔业	3635177	3742476	23.6	22.7
农业	2016069	2033150	13.1	12.3
林业	28972	27737	0.2	0.2
畜牧业	1384748	1425455	9.0	8.6
渔业	79247	80856	0.5	0.5
农林牧渔服务业	126141	175278	0.8	1.1
第二产业	6414317	6645930	41.6	40.3
工业	5573071	5760098	36.2	34.9
建筑业	841246	885832	5.5	5.4
第三产业	5485816	6269432	35.6	38.0
交通运输、仓储和邮政业	535208	574351	3.5	3.5

续表

信息传输、计算机服务和软件业	210219	214392	1.4	1.3
批发和零售业	1011461	1142065	6.6	6.9
住宿和餐饮业	480605	473625	3.1	2.9
金融业	441921	559143	2.9	3.4
房地产业	442679	464011	2.9	2.8
租赁和商务服务业	179365	217358	1.2	1.3
科学研究、技术服务和地质勘查业	117691	142622	0.8	0.9
水利、环境和公共设施管理业	124734	151155	0.8	0.9
居民服务和其他服务业	216449	262300	1.4	1.6
教育	500444	506454	3.2	3.1
卫生、社会保障和社会福利业	276035	434507	1.8	2.6
文化、体育和娱乐业	98405	119248	0.6	0.7
公共管理和社会组织	724459	832923	4.7	5.1

2015 年全市按行业门类分组的法人单位情况表

单位：个

行业分类	法人单位数			产业活动单位数	
		单产业法人单位数	多产业法人单位数		多产业法人所属的产业活动单位数
总计	34896	33966	930	41161	7195
农、林、牧、渔业	4702	4698	4	4737	39
农业	2045	2044	1	2045	1
林业	91	90	1	105	15
畜牧业	1589	1588	1	1591	3
渔业	67	67	0	68	1
农、林、牧、渔服务业	910	909	1	928	19
采矿业	489	488	1	490	2
煤炭开采和洗选业	6	6	0	6	0
石油和天然气开采业	1	1	0	1	0
黑色金属矿采选业	104	103	1	104	1
有色金属矿采选业	8	8	0	8	0
非金属矿采选业	361	361	0	362	1
开采辅助活动	1	1	0	1	0
其他采矿业	8	8	0	8	0
制造业	6026	6017	9	6042	25
农副食品加工业	870	869	1	870	1
食品制造业	252	252	0	252	0

续表 1

酒、饮料和精制茶制造业	104	104	0	104	0
烟草制品业	0	0	0	1	1
纺织业	208	207	1	208	1
纺织服装、服饰业	152	152	0	153	1
皮革、毛皮、羽毛及其制品和制鞋业	290	289	1	290	1
木材加工和木、竹、藤、棕、草制品业	441	441	0	441	0
家具制造业	218	218	0	218	0
造纸和纸制品业	63	63	0	63	0
印刷和记录媒介复制业	130	130	0	131	1
文教、工美、体育和娱乐用品制造业	117	117	0	117	0
石油加工、炼焦和核燃料加工业	2	2	0	2	0
化学原料和化学制品制造业	153	152	1	155	3
医药制造业	69	69	0	69	0
化学纤维制造业	5	5	0	5	0
橡胶和塑料制品业	208	208	0	208	0
非金属矿物制品业	1646	1646	0	1654	8
黑色金属冶炼和压延加工业	27	27	0	27	0
有色金属冶炼和压延加工业	13	13	0	13	0
金属制品业	423	421	2	426	5
通用设备制造业	79	79	0	79	0
专用设备制造业	170	169	1	170	1
汽车制造业	32	31	1	32	1
铁路、船舶、航空航天和其他运输设备制造业	37	37	0	37	0
电气机械和器材制造业	114	113	1	113	0
计算机、通信和其他电子设备制造业	80	80	0	80	0
仪器仪表制造业	12	12	0	13	1
其他制造业	58	58	0	58	0
废弃资源综合利用业	21	21	0	21	0
金属制品、机械和设备修理业	32	32	0	32	0
电力、热力、燃气及水生产和供应业	143	135	8	250	115
电力、热力生产和供应业	66	59	7	169	110
燃气生产和供应业	21	20	1	25	5
水的生产和供应业	56	56	0	56	0
建筑业	702	684	18	778	94
房屋建筑业	313	305	8	331	26
土木工程建筑业	128	123	5	145	22
建筑安装业	59	56	3	69	13

续表 2

建筑装饰和其他建筑业	202	200	2	233	33
批发和零售业	6158	6078	80	6931	853
批发业	2787	2769	18	2964	195
零售业	3371	3309	62	3967	658
交通运输、仓储和邮政业	653	641	12	827	186
铁路运输业	10	10	0	12	2
道路运输业	355	349	6	427	78
水上运输业	30	30	0	30	0
装卸搬运和运输代理业	62	60	2	64	4
仓储业	146	145	1	148	3
邮政业	50	47	3	146	99
住宿和餐饮业	697	697	0	713	16
住宿业	214	214	0	222	8
餐饮业	483	483	0	491	8
信息传输、软件和信息技术服务业	251	248	3	386	138
电信、广播电视和卫星传输服务	71	68	3	185	117
互联网和相关服务	94	94	0	115	21
软件和信息技术服务业	86	86	0	86	0
金融业	124	98	26	654	556
货币金融服务	49	30	19	508	478
资本市场服务	8	8	0	9	1
保险业	48	41	7	115	74
其他金融业	19	19	0	22	3
房地产业	975	975	0	980	5
房地产业	975	975	0	980	5
租赁和商务服务业	1004	1000	4	1040	40
租赁业	186	186	0	186	0
商务服务业	818	814	4	854	40
科学研究和技术服务业	2798	2798	0	2858	60
研究和试验发展	43	43	0	44	1
专业技术服务业	290	290	0	323	33
科技推广和应用服务业	2465	2465	0	2491	26
水利、环境和公共设施管理业	254	250	4	280	30
水利管理业	88	87	1	93	6
生态保护和环境治理业	53	53	0	57	4
公共设施管理业	113	110	3	130	20

续表 3

居民服务、修理和其他服务业	432	430	2	443	13
居民服务业	209	208	1	213	5
机动车、电子产品和日用产品修理业	154	154	0	159	5
其他服务业	69	68	1	71	3
教育	2170	2048	122	3614	1566
教育	2170	2048	122	3614	1566
卫生和社会工作	1215	1144	71	2500	1356
卫生	1042	971	71	2306	1335
社会工作	173	173	0	194	21
文化、体育和娱乐业	737	733	4	798	65
新闻和出版业	13	13	0	17	4
广播、电视、电影和影视录音制作业	47	45	2	48	3
文化艺术业	298	296	2	348	52
体育	11	11	0	11	0
娱乐业	368	368	0	374	6
公共管理、社会保障和社会组织	5366	4804	562	6840	2036
中国共产党机关	83	80	3	104	24
国家机构	1965	1731	234	3308	1577
人民政协、民主党派	10	9	1	11	2
社会保障	108	108	0	195	87
群众团体、社会团体和其他成员组织	581	577	4	603	26
基层群众自治组织	2619	2299	320	2619	320

历年全市农产品产量表

单位：万吨

年份	粮食总产量	夏粮	秋粮	小麦	玉米	油料总产量	棉花总产量	水果总产量	蔬菜总产量
1990	338.71	180.28	158.43	173.60	113.89	31.47	1.85	1.31	65.82
1991	160.11	82.01	78.10	79.65	56.52	9.38	1.96	1.96	49.96
1992	250.74	155.72	95.02	151.55	55.99	21.63	3.44	3.44	50.45
1993	353.81	207.60	146.21	202.16	88.02	41.40	3.38	2.27	70.34
1994	273.29	183.30	89.98	175.89	44.45	45.47	2.02	2.05	112.96
1995	350.84	191.50	159.34	184.27	104.58	74.69	3.92	2.30	120.93
1996	389.18	225.70	163.48	216.03	111.42	63.24	4.23	3.61	132.14
1997	402.47	274.95	127.52	262.90	80.27	54.84	3.85	3.72	137.62
1998	351.29	195.09	156.20	185.12	106.82	55.07	3.45	4.26	177.79
1999	409.41	248.04	161.36	235.17	113.16	65.37	2.55	4.65	191.97
2000	369.89	242.90	126.98	230.50	77.13	68.22	2.59	5.32	230.77

续表

2001	413.75	282.44	131.31	263.97	94.39	37.59	3.14	5.84	233.95
2002	494.03	294.96	199.06	276.41	153.71	67.35	3.59	6.42	248.94
2003	335.06	260.45	74.61	246.21	55.03	28.83	1.63	6.38	132.35
2004	539.70	337.20	202.50	315.65	159.72	65.23	2.58	6.94	253.27
2005	531.52	322.02	209.50	302.06	165.98	72.36	2.05	8.30	295.06
2006	615.94	373.00	242.94	365.66	210.64	75.23	2.79	8.72	291.43
2007	606.84	398.70	208.15	378.15	185.08	74.39	1.77	10.68	350.24
2008	650.58	413.29	237.29	404.93	204.36	78.13	2.47	11.77	343.23
2009	663.38	421.23	242.15	413.41	202.16	87.82	2.02	12.87	365.12
2010	670.36	423.85	246.51	421.34	206.63	93.51	1.84	13.67	379.72
2011	684.86	424.89	259.97	422.24	221.01	95.05	1.39	14.44	390.27
2012	702.32	429.98	272.35	427.91	233.04	102.73	0.88	14.83	430.23
2013	708.45	434.48	273.96	432.92	237.87	111.92	0.85	15.19	432.50
2014	640.87	397.44	243.43	396.23	214.27	101.12	0.36	11.89	390.43
2015	674.31	418.99	255.32	417.97	223.60	110.45	0.28	12.60	403.61

说明：2014 年起全市数据不包含省直管县新蔡数据

2010 年～2015 年全市农村基本情况表

指标	单位	2010 年	2011 年	2012 年	2013 年	2014 年	2015 年
乡村户数	万户	185.24	182.55	182.93	182.39	159.72	157.81
乡村人口数	万人	742.92	731.67	733.11	732.09	632.99	623.53
乡村劳动力资源数	万人	555.26	549.18	551.65	549.73	466.51	456.43
乡村从业人员数	万人	483.16	484.32	486.34	483.36	409.90	401.77
男	万人	253.19	253.12	254.05	252.70	218.05	213.37
女	万人	229.97	231.20	232.29	230.66	191.85	188.40

2015 年底各县区农村基本情况表

县区	乡镇个数（个）		乡村户数（万户）	乡村人口数（万人）	乡村从业人员（万人）		
		镇个数（个）				男（万人）	女（万人）
全市	139	76	157.81	623.53	401.77	213.37	188.40
驿城区	10	5	11.48	43.45	24.95	13.46	11.49
西平县	16	5	19.35	78.32	55.48	28.37	27.44
上蔡县	22	9	30.53	123.87	73.29	38.57	34.72
平舆县	16	11	20.05	81.98	54.51	28.48	26.02
正阳县	19	8	18.11	65.62	43.44	24.31	19.13
确山县	12	10	10.95	40.86	26.12	13.75	12.38

续表

泌阳县	19	8	16.55	68.19	46.48	24.62	21.86
汝南县	14	12	18.79	73.42	48.24	26.12	22.12
遂平县	11	8	11.98	47.83	29.27	15.70	13.57

说明：2014 年、2015 年全市数据不包含省直管县（新蔡）

历年全市按现价计算的农林牧渔业总产值表

单位：万元

年份	农林牧渔业产值					
		农业	林业	牧业	渔业	农林牧渔服务业
1990	454525	354521	8086	88212	3706	
1991	293945	174805	7575	107831	3734	
1992	448624	303186	11073	130366	3999	
1993	619047	446469	13308	154431	4839	
1994	791236	534149	18565	231301	7221	
1995	1237486	846311	23173	358282	9720	
1996	1432747	988709	28896	402570	12572	
1997	1530853	987403	28682	498298	16470	
1999	1662742	1034257	26705	586572	15208	
2000	1642331	969267	29984	626350	16730	
2001	1722962	1000113	31615	674421	16813	
2002	1866267	1084395	32792	730654	18426	
2003	1669718	647842	36603	937885	18994	28394
2004	2746683	1424591	40927	1225406	24886	30873
2005	2978313	1512747	40482	1359474	30306	35304
2006	2838560	1550218	50088	1162155	35446	40653
2007	3356597	1820117	89300	1343191	55040	48949
2008	3934712	2065369	99940	1652597	57137	59669
2009	4109532	2140908	92772	1726006	65706	84140
2010	5103820	2630198	37302	2143600	78417	214303
2011	5966909	3146104	36518	2450454	89033	244800
2012	6422483	3471841	39381	2536883	110035	264343
2013	6912480	3711978	47292	2727885	129221	296104
2014	6306691	3450785	46829	2406876	122289	279912
2015	6492846	3601134	53574	2382060	129012	327066

说明：1995 年以前数字未与农业普查资料衔接

2014 年～2015 年全市农林牧渔业分项产值表

项目	绝对数（万元）		构成		2015 年比 2014 年增减（%）
	2015 年	2014 年	2015 年	2014 年	
农林牧渔业总产值	6492846	6306691	100.0	100.0	0.0
一、农业产值	3601134	3450785	55.5	54.7	0.7
1. 谷物及其他作物	2260647	2312679	34.8	36.7	-1.9

续表

(1) 谷物	1418175	1396976	21.8	22.2	-0.3
(2) 薯类	34097	150475	0.5	2.4	-1.9
(3) 油料	627536	588913	9.7	9.3	0.3
(4) 豆类	29644	31030	0.5	0.5	0.0
(5) 棉花	1966	1979	0.0	0.0	0.0
(6) 麻类	49	486	0.0	0.0	0.0
(7) 糖类	1974	3914	0.0	0.1	0.0
(8) 烟草	42994	39015	0.7	0.6	0.0
(9) 其他农作物	104212	99891	1.6	1.6	0.0
2. 蔬菜园艺作物	1099315	892337	16.9	14.1	2.8
(1) 蔬菜（含菜用瓜）	729455	605482	11.2	9.6	1.6
(2) 食用菌	361336	278780	5.6	4.4	1.1
(3) 花卉	8524	8075	0.1	0.1	0.0
3. 水果、坚果、饮料和香料作物	225782	231237	3.5	3.7	-0.2
(1) 水果（含果用瓜）	162068	155886	2.5	2.5	0.0
(2) 坚果	29929	40642	0.5	0.6	-0.2
(3) 茶及其他饮料	33540	34500	0.5	0.5	0.0
4. 中药材	15390	14532	0.2	0.2	0.0
二、林业产值	53574	46829	0.8	0.7	0.1
（一）林木的培育和种植	33377	24041	0.5	0.4	0.1
（二）竹木采运	13932	12092	0.2	0.2	0.0
（三）林产品	6265	10696	0.1	0.2	-0.1
三、牧业产值	2382060	2406876	36.7	38.2	-1.5
（一）牲畜饲养	739212	791723	11.4	12.6	-1.2
1. 牛的饲养	601382	599665	9.3	9.5	-0.2
2. 羊的饲养	95996	147345	1.5	2.3	-0.9
3. 其他牲畜饲养	21358	15373	0.3	0.2	0.1
4. 奶产品	16702	25143	0.3	0.4	-0.1
（二）猪的饲养	1191611	1085222	18.4	17.2	1.1
（三）家禽饲养	317966	361628	4.9	5.7	-0.8
1. 肉禽	66111	83443	1.0	1.3	-0.3
2. 禽蛋	251855	278185	3.9	4.4	-0.5
（四）狩猎和捕捉动物	100	80	0.0	0.0	0.0
（五）其他畜牧业	133171	168223	2.1	2.7	-0.6
蚕茧	36	88	0.0	0.0	0.0
兔	28980	29393	0.4	0.5	0.0
四、渔业产值	129012	122289	2.0	1.9	0.0
五、农林牧渔服务业	327066	279912	5.0	4.4	0.6

说明：本表绝对数、构成按当年价格计算，发展速度按可比价格计算

2015 年全市各县区耕地面积表

县区	年初耕地面积（公顷）	年内减少面积（公顷）	年内增加面积（公顷）	年末耕地面积（公顷）
全市	847822.1	1500.9	956.0	847277.3
驿城区	67824.4	288.5		67535.9
西平县	79721.7	118.5	40.5	79643.8
上蔡县	111935.2	234.6	0.1	111700.8
平舆县	94504.8	170.4		94334.4
正阳县	142298.2	251.6		142046.7
确山县	79720.4	207.0	71.6	79585.1
泌阳县	104573.3	95.2	690.7	105168.9
汝南县	100166.2	63.4		100102.8
遂平县	67077.8	71.8	153.0	67159.0

2015 年全市各县区年末耕地面积分类表

县区	年末耕地面积（公顷）	水田面积（公顷）	水浇地面积（公顷）	旱地面积（公顷）
全市	847277.3	20849.3	203493.6	622934.3
驿城区	67535.9	27.1	251.8	67257.0
西平县	79643.8		73670.9	5972.9
上蔡县	111700.8		108954.2	2746.6
平舆县	94334.4	2.1	571.1	93761.2
正阳县	142046.7	15758.8	126.7	126161.2
确山县	79585.1	2379.6	6.0	77199.4
泌阳县	105168.9	845.1	1701.7	102622.0
汝南县	100102.8	1836.5	18016.2	80250.1
遂平县	67159.0		195.0	66964.0

2009 年～2015 年全市农业机械和农产品加工机械年末拥有量表

项目	单位	2009 年	2010 年	2011 年	2012 年	2013 年	2014 年	2015 年
农业机械总动力	万千瓦	1271.48	1326.94	1361.44	1388.25	1416.20	1270.36	1300.72
柴油机动力	万千瓦	1208.00	1256.83	1282.74	1307.87	1331.54	1201.94	1230.93
汽油机动力	万千瓦	7.46	10.41	11.44	11.96	12.11	11.06	11.15
电动机动力	万千瓦	56.02	59.70	67.26	68.42	72.56	58.38	58.65
农用大中型拖拉机	万台	7.46	7.86	9.18	9.72	10.04	9.12	9.51
	万千瓦	164.94	185.40	218.47	237.63	249.59	230.60	240.00
轮式拖拉机	万台	7.36	7.83	9.17	9.72	10.04	9.20	9.49
	万千瓦	160.98	241.33	217.87	237.05	248.66	231.30	244.68
小型拖拉机	万台	53.50	53.30	51.86	51.49	51.30	46.31	45.60

续表

	万千瓦	680.74	676.07	588.74	654.77	648.47	586.63	581.78
大中型拖拉机配套农具	万部	19.04	23.20	26.21	27.90	16.31	26.73	27.89
农用排灌动力机械	万台	7.20	7.34	7.67	7.82	7.84	7.22	7.33
柴油机	万台	3.20	3.21	3.30	3.32	3.16	2.84	2.86
电动机	万台	4.00	4.13	4.37	4.49	4.63	4.41	4.42
农用水泵	万台	20.67	19.82	20.24	20.43	20.46	18.19	18.29
节水灌溉机械	万套	6.41	6.98	7.11	7.19	7.36	6.26	6.16
联合收获机	万台	1.48	1.84	1.99	2.21	2.51	2.50	2.71
机动割晒机	万台			0.70	0.60	0.60	0.60	0.55
机动脱粒机	台	24900	30001	26031	26821	31578	25458	26241
谷物烘干机	台				5	16	88	103
农产品初加工动力机械	万台	6.55	6.57	6.66	6.65	6.69	5.88	5.92
	万千瓦	49.43	49.92	48.65	50.95	50.77	43.78	44.08
柴油机	万台	2.34	2.07	2.09	2.07	2.02	1.86	1.87
	万千瓦	25.40	22.62	20.37	22.57	21.97	20.35	20.34
电动机	万台	4.21	4.50	3.57	4.58	4.63	3.97	4.01
	万千瓦	24.03	27.30	28.28	28.38	28.58	23.18	23.44

说明：从 2014 年始，全市数据不再包含省管县新蔡县数据

重点年份全市主要农产品产量表

单位：吨

指标	1990 年	1995 年	2000 年	2005 年	2010 年	2014 年	2015 年
一、粮食	3387055	3508410	3698873	5315198	6703560	6408657	6743054
1. 夏收粮食	1802766	1914983	2429027	3220197	4238479	3974404	4189877
小麦	1735964	1842679	2304977	3020590	4213444	3962331	4179666
夏杂粮	66802	72304	124050	199607	25035	12073	10211
2. 秋收粮食	1584298	1593427	1269846	2095001	2465081	2434253	2553177
稻谷	101500	113482	137988	140337	185544	144453	156068
玉米	1138891	1045846	771349	1659752	2066265	2142697	2235955
大豆	105286	171187	93791	107305	75079	57689	56161
红薯	192793	224371	235426	169079	127002	83597	99698
高粱	18033	17089	7045	6737	2972	1906	1856
谷子	5305	4401	2360	1324	34	20	17
其他秋杂	22481	17051	21887	10467	8185	3891	3422
# 绿豆	15690	11379	15887	9588	8044	3867	3410
二、棉花	18478	39214	25897	20474	18440	3553	2789
三、油料	314728	746891	682192	723639	935102	1011232	1104506
# 花生	139795	517292	561483	598833	803735	873075	964284
油菜籽	126265	144232	56220	76528	80977	84719	85306

续表

芝麻	48668	85367	64489	48278	50390	53438	54916
四、麻类	17604	15041	1496	921	7768	1003	101
# 黄红麻	17121	14948	1496	921	7768	1003	101
五、烟叶	9092	10258	17635	16451	19182	17037	15572
# 烤烟	8922	10258	17635	16451	19182	17037	15572
六、糖料	16803	80894	60278	75439	74886	34034	16451
# 甘蔗	16796	80871	60278	75439	74886	34034	16451
七、蔬菜（含菜用瓜）	658225	1209292	2307728	2950574	3797224	3904306	4036077
八、瓜果	217679	758980	1077047	1292059	1446083	822601	858712

重点年份全市林业生产情况表

指标	单位	2000 年	2005 年	2010 年	2014 年	2015 年
一、营林情况						
1. 当年造林面积	公顷	3167	18720	11569	11271	11998
人工造林	公顷	3167	18720	9035	7421	8799
# 用材林	公顷	1187	15767	5813	3953	4692
经济林	公顷	1090	493	37	374	477
防护林	公顷	890	2454	5643	6944	3471
2. 迹地更新面积	公顷	428				
3. 封山育林面积	公顷	35493	10344	5201	18483	3199
4. 零星植树	万株	2230	4280	2835	1150	
5. 育苗面积	公顷	1594	3147	1695	1448	2942
# 当年新育	公顷	1136	696	1695	742	
6. 低产林改造面积	公顷			547	377	372
二、主要林产品产量						
油桐籽	吨	28000	3300	54658	9599	9775
核桃	吨	6	40	292	771	874
板栗	吨	8203	6497	21322	14706	14926

重点年份全市牧业生产情况表

指标	单位	2005 年	2010 年	2011 年	2012 年	2013 年	2014 年	2015 年
一、牲畜年底头数								
（一）大牲畜	万头	206.24	146.32	138.55	132.72	131.51	95.14	91.12
# 役畜	万头	106.36	16.03	14.42	14.77	14.42	—	—
牛	万头	196.93	139.00	131.00	124.90	123.46	90.09	86.97

续表

（二）猪	万头	665.53	640.95	660.74	682.72	653.89	575.00	533.50
（三）羊	万只	430.84	191.70	188.62	184.77	185.14	155.92	154.90
山羊	万只	424.22	190.32	187.31	183.43	184.00	154.15	152.67
绵羊	万只	6.62	1.38	1.31	1.34	1.14	1.77	2.23
（四）家禽	万只	5432.3	5848.90	6081.45	6379.83	6375.00	5252.18	5289.91
（五）养兔	万只	310.78	614.99	650.84	675.52	674.82	395.54	386.65
二、猪、牛、羊出栏头数								
猪	万头	793.7	729.70	753.52	800.02	838.74	773.36	733.02
牛	万头	97.32	75.22	74.70	73.24	73.37	58.49	59.30
羊	万只	420.06	196.26	190.25	189.40	189.73	166.61	167.48
三、肉类总产量	吨	841408	784975	797258	832125	862157	780900	758171
#猪肉	吨	603214	547911	558000	591000	619600	584800	560570
牛肉	吨	120034	113070	112504	110200	110400	87880	88955
羊肉	吨	49484	23300	23196	23150	23190	20493	20600
禽肉	吨	49214	62500	63000	68917	68950	52400	54549
兔肉	吨	12212	26000	28135	26050	26591	23672	23359
四、其他畜产品产量								
1. 奶类产量	吨	14000	64948	69520	72080	72122	63165	47218
#生牛奶	吨	13865	64400	69000	71500	71520	62546	46665
2. 山羊毛	吨	5	319.55	330.71	343.47	621.68	629.08	635.59
3. 绵羊毛	吨	123	116.76	118.83	131.58	132.94	130.69	130.71
#细羊毛	吨	106	104.50	105.86	99.09	107.33	117.02	105.41
4. 羊绒	吨	20	212.00	234.44	240.00	258.68	262.99	230.17
5. 蜂蜜	吨	3384	45400	46090	4555	46081	41473	41662
6. 禽蛋	吨	295000	325057	320050	331230	336200	269100	319551

历年全市工业总产值和工业增加值表

年份	工业增加值（亿元）	工业增加值比上年增长（%）	规模以上工业增加值（亿元）	规模以上工业增加值比上年增长 %	规模以上工业主营业务收入（亿元）	规模以上工业利润总额（亿元）	规模以上工业税金总额（亿元）
1990	9.24	15.0	3.35	7.0	17.51	−0.20	1.87
1991	10.28	11.3	3.73	11.1	20.28	0.13	2.24
1992	13.66	37.2	7.19	22.0	24.49	0.29	2.49
1993	21.07	37.0	12.32	35.0	37.14	1.00	2.80
1994	33.47	39.4	16.76	36.1	49.09	2.34	3.72
1995	45.79	16.0	20.07	19.7	77.75	4.51	5.15

续表

1996	54.91	17.2	24.74	24.3	85.52	4.02	5.80
1997	68.30	23.4	27.07	9.5	91.97	2.84	6.68
1998	75.83	15.9	28.68	10.7	82.94	3.90	5.54
1999	80.75	11.8	30.55	11.8	82.99	3.15	5.70
2000	94.82	13.4	34.26	9.2	84.31	1.51	5.84
2001	105.45	11.5	37.83	13.4	90.60	4.15	7.46
2002	112.89	10.2	39.61	13.6	107.15	5.00	7.92
2003	128.18	11.9	43.35	14.6	123.88	4.97	8.46
2004	149.77	10.4	56.01	18.0	160.04	5.93	9.02
2005	172.48	16.5	76.13	24.0	224.72	12.04	11.34
2006	204.30	16.3	100.29	22.8	330.35	17.59	14.07
2007	247.90	17.9	135.09	26.6	483.59	34.56	20.07
2008	313.74	14.2	190.99	20.8	695.92	47.39	28.68
2009	343.11	12.2	221.14	17.6	845.72	55.29	33.01
2010	393.04	15.2	279.85	21.5	1023.29	80.90	41.34
2011	471.31	17.9	355.18	23.9	1478.67	117.19	52.89
2012	519.09	14.9	402.09	18.6	1686.77	125.87	59.36
2013	581.40	11.9	476.40	14.7	1900.90	144.30	65.50
2014	607.17	9.3	509.15	10.5	2203.54	151.09	65.26
2015	576.01	8.3	574.87	9.2	2576.17	174.82	74.86

2015 年全市规模以上工业增加值、总产值及销售产值表

单位：万元

分类	工业总产值	比上年增减 (%)	工业增加值	比上年增减 (%)	工业销售产值	比上年增减 (%)
总计	2632.95	13.39	574.87	9.20	2592.95	13.43
轻工业	1421.75	14.76	317.17	10.09	1400.50	14.71
重工业	1211.20	11.84	257.70	8.15	1192.44	11.98
国有企业	76.70	5.73	11.92	4.20	76.67	5.70
集体企业	7.41	-23.59	1.56	-27.11	7.14	-24.17
股份合作企业	0.74	-47.34	0.19	-47.83	0.74	-47.34
股份制企业	2225.78	16.39	492.67	12.05	2193.17	16.55
外商及港澳台商企业	127.23	6.38	25.23	1.61	122.88	5.07
其他经济类型企业	195.09	-5.46	43.30	-9.89	192.34	-5.66
国有控股企业	252.78	3.10	65.98	4.89	250.32	5.57
大中型企业	1554.06	10.63	335.82	7.73	1527.70	10.77

2015 年全市规模以上工业企业主要统计指标表

分组	企业单位数（个）	工业总产值（万元）	比上年增减 %	工业增加值（万元）	比上年增减 %
总计	1438	26329476	13.2	5748730	9.2
一、按轻重工业分					
轻工业	704	14228276	14.4	3171707.84	10.1
重工业	734	12101201	11.7	2577021.92	8.1
二、按企业规模分					
大型企业	27	5889040	8.0	1284005	6.3
中型企业	277	9651558	12.1	2074232	8.1
小型企业	1134	10767414	19.0	2385258	13.6
三、按经济类型分					
国有企业	13	766992	5.7	119202	4.2
集体企业	9	74132	−23.6	15609	−27.1
股份合作企业	1	7440	−47.3	1854	−47.8
股份制企业	1173	22257770	16.2	4926748	12.1
外商及港澳台商投资企业	31	1272275	5.6	252279	1.6
其他企业	634	1950867	−5.8	433038	−9.9

2015 年全市主要工业产品产量表

指标名称	单位	2015 年	2015 年比 2014 年增减 (%)
铁矿石成品矿	吨	0	0.0
大米	吨	153677	−14.8
小麦粉	吨	5984445	10.1
饲料	吨	1671962	4.9
食用植物油	吨	801597	25.4
鲜、冻畜肉	吨	22806	−66.2
淀粉	吨	50560	−27.0
白酒	千升	18562	−11
啤酒	千升	153965	−23
卷烟	万支	0	0
纱	吨	402101	20
布	万米	2628	−3
服装	万件	2700	−2
人造板	立方米	3018953	5
家具	件	363556	3
机制纸及纸板	吨	370860	−5

续表

合成氨	吨	1664345	17
农用氮、磷、钾化学肥料总计（折纯）	吨	857267	18.0
尿素	吨	528307	24.7
药品原药	吨	3658	−8.0
中成药	吨	2657	−36.5
塑料制品	吨	194900	5.9
水泥	吨	16464101	10.0
砖（折标准砖）	万块	1872228	−13.9
钢材	吨	498040	−20.1
铸铁件	吨	150785	64.3
铸钢件	吨	36573	20.6
电动自行车	辆	2494565	25.1
电光源	万只	45386	12.5
发电量	万千瓦小时		
自来水生产量	万吨	3925	−2.1

2015 年全市建筑施工企业主要经济指标表

指标	单位	合计	国有及国有控股企业
施工企业个数	个	217	24
其中：有工作量的企业个数	个	214	24
签订的合同额	万元	4326833	688302
总产值	万元	4026220	740017
建筑工程产值	万元	3334013	575275
安装工程产值	万元	277023	53870
其他产值	万元	415183	110872
竣工产值	万元	2105511	362869
房屋建筑施工面积	平方米	14672390	1116502
其中：本年新开工面积	平方米	8236010	561875
房屋建筑竣工面积	平方米	8156650	813326
房屋竣工率	%	55.6	72.8
竣工房屋价值	万元	867699	80498
年末从业人数	人	145801	23853

说明：1. 本表统计范围仅包括资质以上建筑业施工企业（下同）

2. 本表中的部分计算指标是按原始计量单位计算的（下同）

历年全市固定资产投资表

单位：亿元

年份	全社会固定资产投资	固定资产投资		农村农户固定资产投资
			房地产开发投资	
1990	4.63	2.80	0.04	1.83
1991	7.48	3.35	0.03	4.13
1992	9.07	5.39	0.05	3.68
1993	15.04	9.42	0.23	5.62
1994	19.45	10.91	0.20	8.54
1995	26.79	15.34	0.75	11.45
1996	36.59	24.26	0.51	12.33
1997	46.53	28.32	0.96	18.21
1998	54.72	31.45	0.91	23.27
1999	58.88	37.40	0.43	21.48
2000	62.80	39.62	0.44	23.18
2001	69.18	44.25	0.50	24.93
2002	76.43	50.14	1.72	26.29
2003	86.63	58.95	2.57	27.68
2004	116.43	85.50	3.49	30.93
2005	160.08	119.76	5.33	40.32
2006	216.46	172.35	9.60	44.11
2007	298.69	248.47	28.02	50.22
2008	425.81	367.66	49.78	58.15
2009	562.29	494.54	76.85	67.75
2010	668.38	600.56	107.05	67.82
2011	735.35	662.52	144.65	72.83
2012	895.15	817.58	168.25	77.57
2013	1093.14	1014.90	181.32	78.24
2014	1182.61	1112.35	187.90	70.26
2015	1382.83	1328.18	216.14	54.65

说明：2011 年以前固定资产投资为城镇固定资产投资；2014 年、2015 年全市数据不包含省直管县（新蔡县）

重点年份全市城镇居民家庭基本情况表

项目	单位	2005 年	2010 年	2014 年	2015 年
一、调查市、县数	个	10	10	10	10
二、平均每人全年实际收入	元	7106	14446	21776	24252
可支配收入	元	6900	13702	21320	22608
三、平均每人全年实际支出	元	6415	12475	17313	20747
消费支出	元	4862	10183	15219	16791
四、平均每人使用面积	平方米	23.7	33.0	34.1	42.0

重点年份全市城镇居民家庭平均每人全年现金收支情况表

单位：元 / 人

项目	2005 年	2010 年	2014 年	项目	2015 年
一、家庭总收入	7106	14446	21778	一、家庭总收入	24252
# 可支配收入	6900	13702	21320	# 可支配收入	22608
1. 工薪收入	4843	9372	10235	1. 工薪收入	11395
(1) 工资及补贴收入	4645	8688	11050	(1) 工资及补贴收入	10230
(2) 其他劳动收入	198	684	985	(2) 其他劳动收入	154
2. 经营者净收益	567	1579	3209	2. 经营者净收益	5249
3. 财产性收入	87	131	573	3. 财产性收入	819
# 利息、股息与红利	49	76	348	# 利息、股息与红利	246
4. 转移性收入	1608	3364	5975	4. 转移性收入	3862
# 离退休金	1136	2825	3929	# 离退休金	2085
捐赠收入	265	260	214	社会救济和补助	27
记账补贴	3	85	120	记账补贴	
二、家庭总支出	6415	12475	17313	二、家庭总支出	20747
# 消费性支出	4862	10183	15219	# 消费性支出	16791
1. 食品	1738	3312	4833	1. 食品烟酒	4711
2. 衣着	665	1480	1976	2. 衣着	1856
3. 家庭用品及服务	360	806	1404	3. 居住	3059
4. 医疗保健	352	892	1231	4. 生活用品及服务	1894
5. 交通通信	552	1025	1426	5. 交通通信	1682
6. 教育文化娱乐服务	528	1190	1921	6. 教育文化娱乐	1673
7. 居住	486	1043	1570	7. 医疗保健	1090
8. 杂项商品和服务	183	435	859	8. 其他用品和服务	825

历年全市城镇居民家庭平均每人全年购买主要商品数量表

项目	单位	2005 年	2010 年	2014 年	2015 年
食用植物油	公斤	7.00	7.20	8.76	12.90
猪肉	公斤	12.45	12.05	13.95	13.51
牛羊肉	公斤	3.60	3.83	4.00	4.03
家禽	公斤	9.33	10.28	10.25	11.46
鲜蛋	公斤	11.67	12.9	14.44	14.4
鲜菜	公斤	114.16	103.01	95.97	76.6
白酒	公斤	2.01	2.21	2.76	3.73
啤酒	公斤	5.12	3.19	2.58	4.85
茶叶	公斤	0.06	0.08	0.12	0.16
鲜瓜果	公斤	49.29	64.28	70.0	64.92
鲜奶	公斤	8.67	9.84	10.74	10.04
奶粉	公斤	0.53	0.37	0.5	0.61
服装（取消）	件	7.20	8.48		
鞋类	双	3.03	3.06	3.87	4.10

重点年份全市农民家庭基本情况表

项目	单位	1990年	2000年	2005年	2010年	2014年	2015年
调查户数	户	1000	1660	960	960	703	583
调查户常住人口	人	4906	6753	3938	3939	2933	2072
平均每户常住人口	人	4.91	4.05	4.1	4.10	4.17	3.55
平均每户整、半劳动力	人	2.99	2.75	2.92	2.93	2.83	2.21
平均每个劳动力负担人口	人	1.64	1.47	1.41	1.4	1.48	1.61
平均每百个劳动力文化状况							
1. 文盲半文盲人数	人	26.83	5.18	9.5	6.35	2.12	3.49
2. 小学程度人数	人	32.03	24.67	18.43	15.83	16.62	18.89
3. 初中程度人数	人	31.49	56.45	60.09	65.03	67.77	61.95
4. 高中程度人数	人	0.30	11.90	9.61	9.94	10.85	13.76
5. 中专程度人数	人	0.30	1.52	1.50	1.60		1.49
6. 大专程度人数	人	0.05	0.27	0.85	1.24	2.65	0.42
平均每人经营土地面积	亩	1.85	1.72	1.82	1.90	2.40	2.37
耕地面积	亩	1.75	1.70	1.82	1.90	2.00	2.14
自留地面积	亩	0.10	0.02				
平均每户经营林地面积	亩	0.02	0.04			1.37	0.75
拥有住房面积	平方米	13.89	20.15	23.67	29.72	31.77	38.54
拥有住房价值	元	74.67	137.9	560.87	537.30	656.60	698.70
平均每户生活用电数量	度		78	209.3	462.55	1187.50	1191.45
平均每百户使用安全饮用水住户	户		48.66	58.6	70.31	65.43	76.62
平均每百户有取暖设备的住户	户		0.46	1.25	20.2	25.8	30.88
平均每百户使用液化气的住户	户			1.04	12.71	12.52	17.36
平均每百户使用煤炭的住户	户			7.29	5.63	2.42	1.02

说明：2015年为城乡住户一体化新口径指标数据，下同

2010年～2015年全市农民家庭平均每百户耐用品年未拥有量表

项目	单位	2010年	2011年	2012年	2013年	2014年	2015年
洗衣机	台	80.42	87.50	91.00	86.20	87.78	96.09
电冰箱	台	53.75	67.30	72.20	67.80	73.13	82.88
空调机	台	15.21	26.20	29.60	35.78	40.54	48.77
抽油烟机	台	1.67	1.90	1.90	4.43	4.70	2.57
微波炉	台	5.73	7.20	7.70	10.73	10.24	6.99
热水器	台	25.31	40.30	43.10	36.63	44.82	58.80
太阳能热水器	台	19.38	31.60	32.90	30.15	37.14	50.60
助力车	辆	124.69	121.50	122.40	65.76	83.07	96.26

续表

摩托车	台	47.81	50.90	47.20	62.18	58.76	62.30
汽车（生活用）	台	0.10	1.40	1.50	5.62	6.69	8.30
固定电话机	部	28.33	19.60	19.10	13.97	18.49	14.88
移动电话	部	141.56	177.90	179.20	171.72	193.18	204.84
接入互联网的	部	1.46	26.80	14.20	32.71	54.04	56.45
彩色电视机	台	106.46	111.40	111.30	105.45	111.39	115.91
接入有线电视网的	台	37.81	66.20	64.80	53.32	63.30	72.63
摄像机	台	1.04	0.70	1.40	1.36	1.14	0.34
照相机	架	2.71	1.90	2.00	2.56	2.56	1.88
家用计算机	台	1.46	5.80	8.80	17.38	12.23	14.88

历年全市贸易和外经情况表

年份	社会消费品零售总额（万元）	进出口总额（万美元）			实际利用外商直接投资（万美元）
			出口总额	进口总额	
1981	64385				
1982	70716				
1983	77598				
1984	88814				
1985	105230				
1986	121932				
1987	137682				
1988	156600				
1989	171592				
1990	169380				
1991	178736				
1992	216096				
1993	264106				
1994	361448				
1995	477793				
1996	601525	1554	1336	218	
1997	721790	1527	1143	384	
1998	806100	1418	1155	263	5228
1999	870645	1252	1172	80	540
2000	952685	1916	1832	84	1530
2001	1050043	2014	1935	79	244
2002	1155349	3092	2770	322	770
2003	1276661	3788	3226	562	1052
2004	1430376	5372	4551	821	2577

续表

2005	1630328	6962	5060	1902	3134
2006	1872491	9581	8067	1514	4409
2007	2200156	11488	9460	2028	5764
2008	2691085	14519	11819	2700	7238
2009	3209009	13968	12911	1057	8366
2010	3795202	23199	17822	5377	12550
2011	4472292	27434	18732	8702	22103
2012	5181291	27210	21630	5580	27020
2013	5898901	40439	31955	8484	31590
2014	6168899	40062	32577	7485	33792
2015	6991930	44463	39426	5037	36758

重点年份全市社会消费品零售总额

单位：万元

指标	1990 年	1995 年	2000 年	2005 年	2010 年	2014 年	2015 年
社会消费品零售总额	169380	477793	952685	1630328	3795202	6168899	6991930
（一）按销售地区分							
城镇	102019	278774	519417	949276	2775594	4530877	5119466
乡村	67361	199019	433268	681052	1019608	1638021	1872464
（二）按行业分							
批发零售贸易业	121391	290271	550366	1364687	3271405	5322437	6016703
住宿和餐饮业	5783	39536	117367	236089	495297	846461	975227
其他	42206	18898	55893	29552	28500	0	0

2008 年 ~ 2015 年全市进出口贸易总额表

单位：万美元

指标	2008 年	2009 年	2010 年	2011 年	2012 年	2013 年	2014 年	2015 年
进出口总额	14519	13968	23199	27434	27210	40439	40062	44463
进口总额	2700	1057	5377	18732	5580	8484	7485	5037
出口总额	11819	12911	17822	8702	21630	31955	32577	39426

2015 年各县区利用外资情况表

单位：万美元

县区	合同利用外资	实际利用外资
总计	55632	36758
驿城区	21107	3683
西平县	0	32
上蔡县	0	2530
平舆县	2600	2480

续表

正阳县	0	2500
确山县	17800	2600
泌阳县	2500	2610
汝南县	3080	2360
遂平县	4404	2858
开发区	641	150
市产业集聚区	3500	0

2014 年～2015 年全市旅游业基本情况表

指标	2014 年	2015 年	2015 比 2014 年增长 (%)
入境游客接待人数（人次）	30800	36568	14.6
入境游客接待人天数（人天）	83556	91110	8.2
国内旅游接待人数（万人次）	2025	2435.2	20.3
国内旅游接待人天数（万人天）	5054	6090	20.5
旅游总收入（亿元）	106.50	132.77	24.7
旅游创汇收入（万美元）	3053.7	3497.2	10.2

2015 年全市金融机构信贷收支情况表

单位：万元

项目	绝对数	比重（%）
资金来源总计	22027668	100.0
一、各项存款	22354724	101.5
二、借款及非银行业金融机构拆入	350	0.0
三、应付及暂收款	568305	2.6
四、各项准备	355824	1.6
五、所有者权益	754687	3.4
六、其他	−2006222	−9.1
资金运用总计	22027668	100.0
一、各项贷款	11146747	50.6
二、债券投资	1758850	8.0
三、股权及其他投资	212616	1.0
四、联行往来（净）	8590731	39.0
五、外汇买卖	−168	0.0
六、应收及预付款	147687	0.7
七、固定资产	171206	0.8

2015 年市、县、区居民消费价格指数表

类别及品名	全市			驿城区	确山县
		城市	农村		
居民消费价格总指数	100.9	100.7	101.0	100.8	100.6
服务项目价格指数	101.7	101.8	101.7	101.9	100.2
一、食品	101.9	101.9	101.9	102.0	102.1
1. 粮食	102.5	102.6	102.6	102.1	102.0
2. 油脂	96.7	98.9	96.5	98.3	100.0
3. 肉禽及其制品	103.1	100.9	103.3	101.1	104.9
4. 蛋	93.8	89.4	94.1	90.2	93.1
5. 菜	107.3	109.8	107.1	109.9	107.3
6. 干鲜瓜果	101.0	102.4	100.9	102.7	101.3
7. 液体乳及乳制品	99.6	97.3	100.0	97.2	100.0
二、烟酒及用品	101.6	96.8	102.2	96.9	104.9
三、衣着	102.1	101.0	102.3	100.6	100.9
服装	102.2	101.8	102.3	101.3	101.3
四、家庭设备用品及维修服务	100.9	102.4	100.7	103.3	99.7
耐用消费品	100.2	99.0	100.3	100.6	99.5
五、医疗保健和个人用品	100.7	101.3	100.6	101.4	100.2
1. 医疗保健	100.5	101.2	100.4	101.2	101.1
中药材及中成药	101.3	100.6	101.4	100.8	99.2
西药	100.3	100.8	100.2	100.7	103.3
医疗保健服务	100.3	102.1	100.2	102.1	100.0
2．个人用品及服务	101.1	101.7	101.0	101.9	98.8
六、交通和通讯	98.6	98.4	98.6	98.4	98.7
1. 交通	98.5	98.0	98.6	98.1	99.1
2. 通信	98.7	99.0	98.7	99.0	99.1
七、娱乐教育文化用品及服务	101.0	100.1	101.1	100.1	99.1
1. 文娱用耐用消费品及服务	97.0	92.5	97.4	92.5	94.2
2. 教育	102.8	104.2	102.6	104.2	100.2
八、居住	99.8	99.5	99.8	99.5	99.5
1. 建房及装修材料	99.9	99.0	99.9	99.4	99.8
2. 水、电、燃料	97.8	97.9	97.8	97.8	97.9

泌阳县	遂平县	西平县	上蔡县	汝南县	平舆县	新蔡县	正阳县
101.2	100.9	102.0	101.0	100.6	100.4	101.4	101.4
101.4	99.6	104.0	101.6	103.3	101.0	103.7	101.2
101.9	102.9	102.3	101.7	101.4	101.4	102.2	103.9
100.7	102.9	101.5	102.7	104.4	102.5	100.5	106.0
96.2	94.7	100.0	96.2	94.8	94.8	97.4	95.4
103.1	103.0	105.3	103.1	99.8	102.4	102.2	104.3
92.6	92.3	89.4	98.2	96.7	94.5	90.7	92.9
106.7	114.8	106.2	105.7	107.3	107.7	104.8	112.7
108.9	114.7	102.5	101.5	103.3	94.0	94.8	99.6
97.9	100.2	100.7	100.0	102.4	100.0	100.0	100.0
104.3	98.9	103.9	100.0	101.3	102.3	100.0	102.0
103.0	102.5	107.1	100.5	100.2	101.7	100.9	102.7
103.9	104.3	104.6	100.5	101.5	101.2	100.8	103.3
100.2	100.3	100.8	102.2	96.7	102.1	101.1	101.1
99.5	99.2	99.7	102.2	98.3	101.2	100.8	99.1
100.8	100.0	101	100.8	101.3	100.1	101.2	100.3
100.8	100.4	100.6	100.3	100.2	101	102.1	99.8
102.9	101.4	101.6	100.5	101.0	105.1	100	98.7
100.1	100.3	99.7	100.5	100.2	100.2	100	100.2
100.0	100.0	100.9	100.0	100.0	100.2	105.3	100.0
100.8	99.3	101.7	102.1	103.0	98.5	99.1	101.3
100.3	98.4	97.6	98.8	98.2	99.5	100.8	96.7
101.6	98.4	97.6	98.5	97.2	99.9	102.5	95.4
98.0	98.5	97.7	99.4	100.0	98.7	97.8	98.4
100.5	99.5	104.2	101.4	100.6	99.4	103.4	101.3
97.9	97.3	96.2	100.0	97.1	94.6	99.2	98.4
101.3	99.9	107.2	102.7	103.2	100.0	105.8	102.8
99.7	99.1	100.1	100.4	101.2	98.7	100.4	99.2
99.8	100.0	100.4	101.9	97.0	98.7	100.7	99.1
99.1	99.5	98.1	96.8	98.4	95.7	100.0	98.3

历年全市地方财政收支总额表

单位：万元

年份	总收入		总支出			
		各项税收		一般公共服务	文教科卫事业费	农林水事务
1986	14199	12397	30091	5496	10977	4422
1987	17552	14610	34835	6138	11264	5116
1988	19862	16687	40553	6109	12523	4656
1989	23770	20531	47206	7370	14206	6353
1990	24454	20598	47544	7989	15542	5687
1991	22600	18297	46290	8386	17337	7124
1992	31762	26185	60298	10956	20579	8764
1993	43746	35578	69160	13071	23551	6685
1994	40826	25663	76905	16170	29968	7540
1995	58999	34557	96495	21151	34716	6940
1996	76557	44029	123075	24993	42472	8593
1997	106865	49966	157095	19975	43315	9111
1999	127614	62355	190958	24916	53082	9649
2000	131502	75007	206961	27572	63538	11942
2001	123521	78483	247500	32975	75941	21368
2002	126706	100848	312832	39284	100812	18426
2003	125518	95617	339873	40075	111516	16420
2004	160360	97154	432104	45431	127624	10723
2005	137901	81152	532477	53068	152490	19428
2006	186519	108758	690492	68126	202374	24956
2007	291921	156734	1037775	143500	268022	92820
2008	384240	189042	1272171	175948	373912	121120
2009	477386	218868	1659176	205292	467846	177064
2010	619204	277117	2201094	253365	572589	239721
2011	780008	350553	2740947	319152	783441	275583
2012	972467	430585	3496554	408655	974492	394413
2013	1136425	526557	3085236	449258	1110014	452133
2014	1315667	625214	3501998	454094	1281360	495425
2015	1426179	672037	3842437	425827	1364416	505986

说明：2007年以前农林水事务支出为支援农业生产和各项农业事业费，一般公共服务支出为行政管理费。2013年后财政总支出实为公共财政预算支出（含新蔡）

2010年～2015年全市卫生事业发展情况表

项目	单位	2010年	2011年	2012年	2013年	2014年	2015年
一、卫生机构、床位							
1. 卫生机构数	所	407	406	417	417	415	420
(1) 医院	所	45	44	53	58	58	62
县及县以上医院	所	45	44	46	46	46	46
(2) 卫生院	所	187	187	185	186	187	188

续表

(3) 专科防治所、站	所	2	2	2	2	2	2
(4) 妇幼保健所、站	所	10	10	10	10	10	10
(6) 门诊部	所						0
(7) 急救中心	个					6	6
(8) 采供血机构	个	1	1	1	1	1	1
(9) 疾病预防控制中心	个	10	10	10	10	10	10
(10) 其他卫生机构	所					141	141
2. 卫生机构床位数	张	21844	22527	24793	26801	28991	30806
二、卫生机构人员							
1. 卫生机构人员数	人	39227	39596	40430	45427	46191	47635
2. 卫生技术人员数	人	23882	24738	25990	29385	30214	31216
医生	人	10265	10763	11100	11864	12018	12265

2015 年全市卫生机构、床位、人员数表（不含诊所）

机构类别	机构数（个）	床位数（张）	人员数（人）				
				卫生技术人员	其他技术人员	管理人员	工勤人员
总计	3460	30806	47635	31216	2130	1698	3476
一、医院	62	20428	20292	16856	768	787	1881
综合医院	37	14517	141497	11918	517	480	1282
中医医院	12	4354	4765	3928	155	214	468
中西医结合医院	2	115	136	97	7	7	25
民族医生	0	0					
专科医院	11	1442	1194	913	89	86	106
二、社区卫生服务中心（站）	11	371	381	324	21	14	22
三、卫生院	188	8861	8758	7369	430	261	698
街道卫生院	3	190	196	155	18	13	10
乡镇卫生院	185	8671	8562	7214	412	248	688
中心卫生院	51		2646	2240	128	73	205
乡卫生院	134		5916	4974	284	175	483
四、门诊部							
五、诊所、卫生所、医务室	120		300	293	0	0	7
诊所	107		266	259	0	0	7
卫生所、医务室	13		34	34	0	0	0
六、妇幼保健院（所、站）	10	1115	1288	1084	71	51	82

续表

省辖市（地区）属	2	156	136	100	13	5	18
县属	8	960	1152	984	58	46	64
七、专科疾病防治院（所、站）	2	30	61	41	5	2	13
八、疾病预防控制中心	10		1039	617	130	66	226
九、卫生监督所（中心）	10		360	220	26	29	85
省辖市属	1		68	31	0	4	33
县属	9		292	189	26	25	52
十、医学在职培训机构	8		281	203	16	20	42

机构类别	人员数（人）						
	合计	执业医师	执业助理医师	注册护士	药师	技师	其他
总计	47635	7646	4619	11582	1785	2368	3216
一、医院	20292	4695	911	7885	955	1347	1063
综合医院	14197	3471	512	5713	577	896	749
中医医院	4765	978	333	1637	332	390	258
中西医结合医院	136	28	10	37	3	9	10
民族医院	0	0	0	0	0	0	0
专科医院	1194	218	56	498	43	52	46
二、社区卫生服务中心（站）	381	109	33	107	20	30	25
三、卫生院	8758	1533	1830	1885	563	669	889
街道卫生院	196	33	50	34	9	18	11
乡镇卫生院	8562	1500	1780	1851	554	651	878
中心卫生院	2646	485	530	536	190	211	288
乡卫生院	5916	1015	1250	1315	364	440	590
四、门诊部	0	0	0	0	0	0	0
五、诊所、卫生所、医务室	300	135	33	89	0	1	35
诊所	266	118	30	82	0	1	28
卫生所、医务室	34	17	3	7	0	0	7
六、妇幼保健院（所、站）	1288	318	34	443	49	90	50
省属	0	0	0	0	0	0	0
地属	136	51	2	29	4	6	8
县属	1152	267	32	414	45	84	42
七、专科疾病防治院（所、站）	61	18	6	10	1	4	2

续表

八、疾病预防控制中心	1039	195	134	94	24	73	97
九、卫生监督所（中心）	360						220
市属	68						31
县属	292						189
十、医学在职培训机构	281	59	17	38	13	12	64

2010 年～2015 年全市司法基本情况表

指标	单位	2010 年	2011 年	2012 年	2013 年	2014 年	2015 年
一、律师基本情况							
1. 律师事务所	个	35	35	35	34	34	35
2. 事务所工作人员	人	321	340	355	398	398	413
3. 民商	件	2822	2813	4432	6675	6177	5325
4. 刑事辩护	件	1433	1826	1923	1780	2064	2167
5. 法律咨询	件（次）	65102	66111	19631	16380	18742	18510
6. 代写法律事务文书	件	8431	8520	2208	2860	2162	2190
二、公证工作基本情况							
1. 公证处	个	11	11	10	10	10	10
2. 公证人员	人	69	70	68	70	71	71
3. 办理公证文书	件	15171	14851	16492	18000	13184	13463
经济合同	件	5650	5164	6247		6144	2115
三、调解工作基本情况							
1. 调解委员会	个	3179	2748	2745	2745	2916	2812
2. 调解人员	人	16406	9718	9111	9511	8417	8153
3. 调解民间纠纷	件	12117	14096	16294	16500	36788	50567
成功调解民间纠纷	件	11874	13673	15855	16090	36068	49264

2015 年全市各级各类教育事业基本情况表

单位：人

类别	学校数（所）	学生数			教职工数	
		毕业生数	招生数	在校学生数	合计	其中：专任教师
一、高等学校	4	12163	10992	34272	1620	1207
普通高校	2	11262	10205	32158	1620	1207
成人高校	2	901	787	2114		
二、中等职业学校	28	18183	13978	46713	3132	2586

续表

三、成人技术培训学校						
四、普通中学	297	140122	146291	437171	30660	27892
高中	34	45115	48776	142260	8258	7212
初中	270	95007	97515	294911	22402	20680
五、小学	1986	102213	126075	644483	38080	36080
六、幼儿教育	751	121391	163245	288999	12445	8269
七、特殊教育学校	9	61	164	888	298	279

2015 年全市中小学主要比率表

县区	初中			小学		
	专任教师学历达标率（%）	平均班额（人/班）	生均建筑面积（平方米/生）	专任教师学历达标率（%）	平均班额（人/班）	生均建筑面积（平方米/生）
驻马店市	99.45	61.03	9.83	100	36.59	6.48
驿城区	99.60	61.87	8.12	100	47.85	5.34
西平县	99.91	54.12	11.08	100	27.46	7.77
上蔡县	99.20	70.94	8.79	100	33.80	6.39
平舆县	99.13	55.94	14.33	100	37.76	8.85
正阳县	98.38	60.74	12.06	100	38.61	5.63
确山县	99.72	59.42	7.09	100	35.24	5.26
泌阳县	99.67	63.33	9.45	100	39.79	6.29
汝南县	99.95	57.72	8.43	100	33.92	7.00
遂平县	99.62	57.15	13.09	100	35.43	6.58
新蔡县	99.55	60.34	12.03	100	34.96	6.74

2010 年～2015 年全市文化事业发展情况表

单位：个

项目	2010 年	2011 年	2012 年	2013 年	2014 年	2015 年
1. 艺术表演团体	12	12	12	9	9	9
2. 艺术表演场所	13	13	13	12	12	11
# 剧院	4	4	4	12	11	11
3. 演映出场次合计	647	441	417	987	1713	27228
电影放映场次				887		27228
4. 图书馆	10	10	10	9	9	9
5. 图书、报刊总藏量（册、件）	593693	600436	684237	661304	672556	728119
古籍	6663	6663	6663	6137	6137	6144
图书	483437	485395	528893	505770	514048	563403
报刊	101459	108375	108646	115982	115982	151897
6. 群众艺术馆	1	1	1	1	1	1
7. 文化馆	10	10	10	9	9	9
8. 文化站	187	190	197	170	170	170

说明：本表 2013 年、2014 年、2015 年数据不含新蔡县

2015年全市专业技术人员情况表

指标	单位	数量
专业技术人员数		93086
1. 工程技术人员	人	4571
2. 农业技术人员	人	2379
3. 科学研究、实验技术人员	人	288
4. 卫生技术人员	人	15111
5. 教学人员	人	65194
专业技术人员中级以上职称技术人员比重	%	51

历年全市总人口表

单位：人

年份	总人口	按性别分		性别比	按农业、非农业分		人口密度
		男	女	（女=100）	农业	非农业	（人／平方公里）
1950	3889600	2010332	1879268	107.0	3722900	166700	257
1951	3903300	1981569	1921731	103.1	3783000	120300	259
1952	3926700	2009148	1917552	104.8	3773400	153300	260
1953	4016400	2055259	1961141	104.8	3847300	169100	266
1954	4158800	2330629	1828171	127.5	4007000	151800	275
1955	4259000	2156480	2102520	102.6	4107700	151300	282
1956	4278800	2174919	2103881	103.4	4111500	167300	284
1957	4352400	2215591	2136809	103.7	4164300	188100	288
1958	4389300	2220715	2168585	102.4	4212300	177000	291
1959	4325300	2251156	2074144	108.5	4137600	187700	286
1960	4043000	2013403	2029597	99.2	3868600	174400	268
1961	4065300	2036605	2028695	100.4	3906200	159100	269
1962	4289400	2186976	2102424	104.0	4122200	167200	284
1963	4374200	2235861	2138339	104.6	4199900	174300	290
1964	4356200	2205469	2150731	102.5	4171700	184500	288
1965	4476000	2231632	2244368	99.4	4288500	187500	296
1966	4631212	2306470	2324742	99.2	4433469	197743	307
1967	4741900				4539500	202400	314
1968	4901400				4691000	210400	324
1969	5080700				4906700	174000	336
1970	5253100				5059700	193400	348
1971	5430804	2713734	2717070	99.9	5179724	251080	360
1972	5567879	2786404	2781475	100.2	5349228	218651	369
1973	5739532	2872635	2866897	100.2	5508034	231498	380
1974	5873180	2943629	2929551	100.5	5750997	234173	389
1975	5984149	3007905	2976244	101.1	5639007	233152	396

续表

1976	6086888	3064291	3022597	101.4	5849871	237017	403
1977	6211814	3136452	3075362	102.0	5970126	241688	411
1978	6333921	3196324	3137597	101.87	6080702	253219	419
1979	6460777	3263716	3197061	102.08	6168511	292266	428
1980	6562342	3317569	3224773	102.87	6241093	321249	435
1981	6630772	3351005	3279767	102.17	6295314	335458	439
1982	6719832	3398349	3321483	102.31	6370449	349383	445
1983	6800256	3450376	3349880	102.99	6440862	359394	451
1984	6875916	3495593	3380323	103.41	6498893	377023	456
1985	6950122	3537847	3412275	103.68	6542122	408000	461
1986	7032225	3582350	3449875	103.83	6598696	433529	466
1987	7122934	3634036	3488898	104.15	6668992	453942	472
1988	7221611	3689397	3532214	104.45	6748935	472676	479
1989	7341582	3740263	3601319	103.85	6846713	494869	488
1990	7455892	3827459	3628433	105.48	6941238	514654	494
1991	7548465	3875082	3673383	105.49	7016744	531721	500
1992	7618688	3914417	3704271	105.67	7061927	556761	505
1993	7674849	3956622	3718227	106.41	7079198	595651	509
1994	7732382	3986043	3746339	106.4	6991908	740474	513
1995	7786392	4016784	3769608	106.56	7001149	785243	516
1996	7840319	4049641	3790678	106.83	7015650	824669	520
1997	7900309	4084167	3816142	107.02	7047660	852649	524
1999	8023855	4156484	3867371	107.48	7138966	884889	532
2000	8104191	4187458	3916753	106.9	7257687	846504	537
2001	8156437	4215015	3941422	106.94	7255404	901033	539
2002	8210453	4251905	3958548	107.41	7291628	918825	544
2003	8263147	4281611	3981536	107.54	7313635	949512	548
2004	8307452	4254246	4053206	104.96	6915123	1392329	551
2005	8352800	4269660	4083140	104.57	6793516	1559284	554
2006	8402494	4268100	4134395	103.23	6669060	1733435	557
2007	8442335	4322215	4120120	104.91	6256143	2186193	560
2008	8487836	4332814	4155022	104.28	6138367	2349469	563
2009	8530344	4324907	4205437	102.84	6014711	2515633	566
2010	8830733	4596304	4234429	108.55	6203590	2627143	585
2011	8873307	4449753	4423554	100.59	6074666	2798641	588
2012	8916536	4481451	4435085	101.06	5934846	2981690	591
2013	8960066	4491889	4468177	100.53	5833899	3126167	594
2014	7882800	3979944	3902856	101.98	4929100	2953700	578
2015	7924800	4007559	3917241	102.31	4821448	3103352	581

说明：2014 年、2015 年数据不含直管县（新蔡县）

历年全市分三次产业的从业人员表

年份	从业人员（万人）				从业人员构成（以从业人员为 100）		
		第一产业	第二产业	第三产业	第一产业	第二产业	第三产业
1995	435.4	316.0	47.6	71.8	72.6	10.9	16.5
1996	449.2	316.8	56.0	76.4	70.5	12.5	17.0
1997	452.0	307.3	57.3	87.4	68.0	12.7	19.3
1998	465.3	309.7	57.9	97.8	66.6	12.4	21.0
1999	479.8	322.9	58.6	98.3	67.3	12.2	20.5
2000	486.1	326.2	58.4	101.4	67.1	12.0	20.9
2001	489.8	338.6	58.9	92.4	69.1	12.0	18.9
2002	525.5	357.5	68.9	99.1	68.0	13.1	18.9
2003	533.3	356.3	72.1	104.8	66.8	13.6	19.7
2004	533.4	346.2	76.3	110.9	64.9	14.3	20.8
2005	538.4	340.2	87.0	111.2	63.2	16.2	20.7
2006	536.1	308.2	99.1	128.9	57.5	18.5	24.0
2007	542.2	287.6	124.4	130.2	53.0	22.9	24.0
2008	551.7	288.4	130.6	132.7	52.3	23.7	24.0
2009	559.2	278.5	140.8	139.9	49.8	25.2	25.0
2010	566.5	272.7	147.1	146.7	46.7	48.1	26.0
2011	571.1	266.7	150.8	153.6	46.7	26.4	26.9
2012	575.7	263.0	153.0	159.7	45.7	26.6	27.7
2013	575.3	261.5	169.2	144.6	45.5	29.4	25.1
2014	508.9	223.9	153.3	131.7	44.0	30.1	25.9
2015	513.8	214.4	157.3	142.1	41.7	30.7	27.7

2015 年全市各县区分三次产业的从业人员表

县区	从业人员（万人）				从业人员构成（以从业人员为 100）		
		第一产业	第二产业	第三产业	第一产业	第二产业	第三产业
全市	513.8	214.4	157.3	142.1	41.7	30.7	27.7
西平县	63.6	12.4	26.8	24.4	19.4	42.2	38.4
上蔡县	83.6	41.7	21.7	20.1	49.9	26.1	24.1
平舆县	64.2	31.3	23.0	9.9	48.7	35.8	15.4
正阳县	51.1	25.3	10.4	15.4	49.6	20.4	30.1
确山县	35.0	16.3	9.8	8.9	46.5	28.3	25.4
泌阳县	61.1	18.9	23.5	18.7	30.9	38.4	30.6
汝南县	55.2	31.9	14.7	8.6	57.8	26.7	15.6
遂平县	38.0	17.6	11.5	8.9	46.4	30.3	23.5
驿城区	62.2	19.1	15.9	27.2	30.7	25.6	43.7

说明：全市 2015 年数据不含新蔡县

历年全市职工工资总额、平均工资及指数表

（年底数）

年份	工资总额（万元）	国有	城镇集体所有制	平均工资（元）	国有	城镇集体所有制	平均工资指数（以上年为 100） 全部职工	国有	城镇集体所有制
1985	21124	16833	4290	833	897	652	113.6	118.0	101.1
1986	25225	20234	4991	939	1013	722	112.7	112.9	110.7
1987	29172	23353	5818	1042	1121	812	111.0	110.7	112.5
1988	35388	28675	6713	1222	1316	937	117.3	117.4	115.4
1989	39171	31899	7272	1321	1424	1002	108.1	108.2	106.9
1990	44438	36168	8270	1489	1572	1100	112.7	110.4	109.8
1991	46915	38693	8222	1559	1669	1189	104.7	106.2	108.1
1992	55507	46140	9368	1751	1884	1300	112.3	112.9	109.3
1993	66198	55370	10696	1999	2158	1455	114.2	114.5	111.9
1994	87201	73306	12860	2572	2833	1838	128.7	131.3	126.3
1995	112524	95089	15218	3256	3451	2367	126.6	121.8	128.8
1996	131363	108782	18323	3637	3854	2694	111.7	111.7	113.8
1997	152473	112556	31826	4092	4304	3416	112.5	111.7	126.8
1999	177666	134053	33031	5258	5569	4327	122.8	121.6	132.3
2000	191507	143184	36398	5691	6083	4532	108.2	109.2	104.7
2001	207680	154865	41437	6148	6614	4854	108.0	108.7	107.1
2002	231565	173694	48024	6884	7336	5711	112.0	110.9	117.7
2003	255198	182333	48628	7760	8250	6594	112.7	112.5	1115.5
2004	281925	192593	412	8553	9073	7289	110.2	110.0	110.5
2005	310276	206402	61418	9494	10132	8334	111.0	111.7	114.3
2006	371118	239109	74581	11033	11746	10180	116.2	115.9	122.2
2007	477140	299163	102863	14134	14872	13664	128.0	127.0	134.0
2008	608250	437506	36327	16968	19067	12821	120.0	128.0	94.0
2009	708598	463531	36044	19128	21149	16064	113.0	111.0	125.0
2010	851449	544625	38519	21492	23513	16193	112.4	111.2	100.8
2011	1084964	622647	49734	24861	26361	20797	115.7	112.1	128.4
2012	1400459	759630	58927	29219	30593	24937	136.0	130.1	154.0
2013	1811176	784911	69675	32289	34028	29114	110.5	111.2	116.8
2014	2057992	832088	72920	36328	38986	32200	112.5	114.6	110.6
2015	2395664	952838	82385	39770	42996	35883	109.5	110.3	111.4

说明：本表平均工资指数未扣除职工生活费用价格变动因素

2015年全市民用车辆拥有量表

指标	单位	总计	营运	非营运	校车
合计	辆	1278396	68519	657945	
一、汽车	辆	387812	51525	335497	790
1. 载客汽车	辆	294990	9883	284317	790
大型	辆	2563	2276	144	143
中型	辆	2960	1760	553	647
小型	辆	286850	5847	281003	
微型	辆	2617		2617	
2. 载货汽车	辆	68587	32836	35751	
重型	辆	13109	12568	541	
中型	辆	2580	2369	211	
轻型	辆	52872	17892	34980	
微型	辆	26	7	19	
3. 其他汽车	辆	24235	8806	15429	
二、摩托车	辆	334419	12003	322416	
1. 普通	辆	333433	12003	321430	
2. 轻便	辆	986		986	
三、拖拉机	辆	551142			
四、挂车	辆	5023			
补充资料：机动车驾驶员	人	1031111			
其中：汽车驾驶员	人	824354			

2014年～2015年驻马店市辖主要干道一览表

路线编号	路线名称（路线起止点）	简称	路线路段里程（公里）	
			2015年	2014年
一、高速			373.5	373.5
G4	北京—港澳	京港澳高速	119.5	119.5
G40	上海—西安	沪陕高速公路	33.2	33.2
G45	大庆—广州	大广高速	27.0	27.0
S38	新蔡—泌阳	新阳高速	140.8	140.8
S49	焦作—桐柏	焦桐高速	53	53
二、国道			121.6	121.6
G106	北京—兰考—黄冈—广州线	京广线	8.0	8.0
G107	北京—郑州—武汉—广州—深圳线	京深线	113.6	113.6
三、省道			1092.8	1092.8
S206	商丘市—南阳桐柏	商桐线	139.7	139.7

续表

S213	濮阳南乐吴家庄（省界）—信阳新县姑畈（省界）	吴黄线	106.3	106.3
S216	驻马店平舆—信阳商城伏山（省界）	平长线	11.8	11.8
S219	安阳永和乡（省界）—信阳罗山定远（省界）	永定线	146.6	146.6
S220	开封尉氏邢庄七里头（接 S219）—确山蚁峰（接 S206）	七蚁线	37.8	37.8
S224	驻马店确山—信阳狮河平靖关（省界）	确平线	72.1	72.1
S234	平顶山叶县止张—南阳桐柏县城	平桐线	80.8	80.8
S331	周口项城高寺西 G106 始—三门峡市卢氏兰草（省界）	高兰线	114.8	114.8
S333	周口项城贾岭镇张新庄（省界）—南阳南召南河店镇	张南线	178.7	178.7
S334	驻马店汝南老君庙—驻马店泌阳二铺	君二线	95.6	95.6
S335	新蔡棠村—南阳西峡	棠西线	108.5	108.5
四、县道			1525.8	1525.8
X001	五沟营镇—师灵（与 X022 交点）	五师线	36.2	36.2
X002	弥陀寺乡小陈庄接 X004 线—练村镇接 S216 王新安大桥南	小练线		
X003	杨集 S331 起点—市界	杨坡线	51.5	51.5
X004	高杨店街（X011）—蛟停湖乡出点（X004 终点）	高蛟线	17.8	17.8
X005	大程（与项城界）—小马庄（与 X022）交点	大小线	107.5	107.5
X006	庙湾道班—北小潘庄（X014 上路口）	庙北线	126.1	126.1
X007	洙湖（X005）—查岈山风景区（X022 交点）	洙查线	76.9	76.9
X008	庙湾街—小亮寺（S224 上路口）	庙小线	92.4	92.4
X009	索店—袁庄	索袁线	31.5	31.5
X010	寒冻镇（S213 下路口）—西朱庄（S224 上路口）	寒西线	69.5	69.5
X011	石楼—马庄	石马线	109.6	109.6
X012	界沟河—老王岗大街	界老线	67.6	67.6
X013	白云山—荣庄（泌阳与社旗界点）	白荣线	38.0	38.0
X014	熊寨镇（S335 下路口）—大林乡汤庙村	熊大线	56.0	56.0
X015	栎城（S335）—盘龙镇	栎盘线	76.4	76.4
X016	白桥道班—香山公墓	驿葡线	12.2	12.2
X017	杨庄户乡小寨孜村—栎城乡东丁湾（接 S335 线）	小东线		
X018	寺后张东（与漯河交界）—黄埠镇出点（与 S206 交叉）	寺黄线	48.3	48.3
X020	马庄（与 G107 交点）入点—瓦岗结束点（与 S334 交叉）	马瓦线	73.0	73.0
X022	潘庄（与 G107 交点）—蚁蜂镇东	潘蚁线	118.0	118.0
X024	先庄—藏集	先藏线	25.6	25.6
X026	刘阁乡政府—西南胡	刘西线	45.5	45.5
X028	王顶庄（X022 交点）—双河（S335 交点）	王双线	131.3	131.3
X030	白云山—大张湾（X030 与 X041 交点）	白大线	61.4	61.4
X032	王稳—泌阳县	王泌线	18.3	18.3
X034	斗门阳—泌阳（官庄路口）	斗泌线	35.2	35.2

说明：高速公路和国省道路都不含新蔡县；县道里程 1599.56 公里，不含新蔡单独拥有的 X002 和 X017 两条县道，含新蔡跨县县道数据

重点年份全市客货运量及周转量表

指标	1995年	2000年	2005年	2010年	2014年	2015年
一、运输量						
（一）客运量（万人）	7217	5731	7308	13560	17556	17362
公路	7196	5703	7308	13555	17545	17350
水运				5	11	12
（二）货运量（万吨）	2068	2806	3963	15981	11361	11708
公路	1966	2711	3696	15107	8863	8736
水运	79	87	260	874	2498	2972
二、周转量						
（一）旅客周转量（万人公里）	203260	188441	259321	862744	746707	784248
公路	202883	187935	259321	861597	746445	784248
水路				147	262	
（二）货物周转量（万吨公里）	132202	213971	319438	4228362	3563104	4161164
公路	107111	187534	239125	3512684	1395579	1493697
水运	24139	25986	80000	715578	2167525	2667467

历年全市旅客和货物周转量、邮电业务总量表

年份	旅客周转量（万人公里）			货物周转量（万吨公里）				邮电业务总量（万元）
		地方铁路	公路		地方铁路	公路	水运	
1981	32051		32051	15061	207	13595	1259	379
1982	39529		39529	19926	340	17778	1808	381
1983	46210		46210	22848	434	19812	2602	380
1984	54859		54859	31769	492	25202	6075	504
1985	57507		57507	39160	542	28557	10061	585
1986	112511		112511	38576	636	26271	11669	627
1987	145044		145044	51648	798	37899	11955	775
1988	144288		144288	53167	773	35673	16721	924
1989	183281	213	183068	78977	620	58934	19423	1007
1990	175187	82	175105	100004	518	78144	21342	1180
1991	165791	225	165566	97219	593	76475	20151	2169
1992	182782	434	182348	98935	668	78326	19941	2697
1993	193091	98	192993	108999	795	85647	22557	3667
1994	198304	396	197908	129609	897	105439	23273	5845
1995	203260	377	202883	132202	952	107111	24139	10113
1996	217550	444	217106	135020	579	109253	25188	17295
1997	237387	477	236910	215316	627	189807	24882	26069

续表

1999	200989	477	200512	202221	273	176828	25120	47130
2000	188441	506	187935	213971	451	187534	25986	82527
2001	193973	436	193537	223739	746	192448	30545	99404
2002	226049	1049	225000	257600	561	212000	45039	101752
2003	248899	815	248084	280893	326	228928	51639	138145
2005	259321		259321	318438	313	239125	80000	272000
2006	286979		286979	366298	607	281998	83700	328097
2007	408275		408275	608998		458998	150000	498768
2008	485779		485779	792440	135	550305	242000	612600
2009	759767		759767	3521352		2923143	598209	565182
2010	862746		862597	4237684		3512681	725000	603745
2011	1022095		1022095	6011603		4320610	1080062	610931
2012	1098749		1098749	6550901		4982960	1567941	350159
2013	1186845		1186845	7533876		5587386	1946490	648946
2014	746400		746400	3653100		1395600	2167500	540400
2015	784248		784248	4161164		1493697	2667467	562000

索　引

主　题　索　引

说　明

一、本索引采取主题分析法，按汉语拼音字母（同音字按声调）顺序排列。阿拉伯数字、字母开头的条目排在索引末尾。

二、部类、类目、分目、次分目的标题用黑体字；条目用宋体字，图表用楷体字。

三、索引名称后的数字表示内容所在的页码，数字后的英文字母（a、b）表示栏别，左栏为 a，右栏为 b。

四、“附见”放在类目或条目下面，前空两格。

五、名称有简繁之分或内容有交叉的条目，为便于读者检索，在索引中重复出现。

六、全市性内容条目，可在“驻”“市”或“中共”字头中查阅。

A

B

C

D

E

F

G

H

J

K

L

S

T

Z

图照索引

说明

一、本索引采取主题分析法，按汉语拼音字母（同音字按声调）顺序排列。
二、索引名称后的数字表示内容所在的页码。

B

C

D

F

G